with angels I
The Story of Eve and Shine

I 아름다운 천사 나라

II 이브와 샤인의 노래

III 좋은 친구, 나쁜 친구

IV 그러지 마!

V Hi! 초록별

VI 아빠, 난 외로워요.

VII *Where is my angel?*

VIII *Do you know where you're going to?*

IX 넌 가짜야!

X 내 사랑. 내 아가. 엄마가 많이 사랑해.

XI 슬픈 마법

XII 감사합니다.

XIII 숨지 마. 네가 마음으로 부르는 노래도 난 들을 수 있으니까.

XIV 힘내라! 힘! 사랑해요!

XV *Next story*

날아볼래?
나의 손을 잡고 반짝이는 별들 사이를

I
아름다운 천사 나라

영원하고 끝없는 우주는 말로 표현할 수 없을 만큼 아름답고 찬란한 별들로 가득합니다. 헤아릴 수 없을 만큼 여러 가짓빛을 내는 별들은 무리 지어 다니기도 하고 황홀한 빛을 만들며 우주를 신비롭게 합니다.

그 아름다운 우주의 빛나는 별들 한가운데에 천사 나라가 있어요. 천사 나라에는 고운 보석과 빛으로 반짝이는 아주 웅장하고 거룩한 왕궁이 있습니다. 왕궁은 온갖 모양과 색깔의 보석들로 만들어져 있고, 기품이 넘쳐나며, 신비한 빛으로 감싸여 있고, 천사들이 다니는 길은 황금과 유리 바다 같은 수정으로 되어 있어요.

왕궁에는 왕과 왕비, 그리고 공주들과 왕자들이 살고 있었어요. 왕궁에는 천사들 누구나 자유롭게 왕래할 수 있었습니다. 왕과 왕비는 자애롭고 다정하며 부지런하고 지혜로워서 천사들은 왕과 왕비를 존경하고, 또 무척 닮고 싶어 했습니다.

천사 나라에는 언제나 기쁨과 평화를 가져다주는 아름다운 선율이 흐르고 있었습니다. 마치 다정한 산들바람을 타고 노랑나비가 춤을 추는 것 같은 부드러운 음악이 흐르고 있었어요. 왕궁으로 가는 길가에 놓인 여러 가짓빛의 기다란 의자들도 반짝반짝 빛이 나는 보석들로 만들어져 있어서 의자에 앉아 있으면 왠지 저절로 아름다운 빛이 되는 것 같았어요. 천사들은 각자 좋아하는 색깔의 의자에 앉아 책을 읽기도 하고, 예쁜 노래를 불러보고, 그림도 그리고, 친구들이랑 장난도 치며 즐겁게 놀았습니다. 아기 천사들은 꽃동산에서 산들바람을 둥실둥실 타고 새근새근 잠들기도 하고, 꽃잎을 한가득 날리며 꽃비를 만들기도 하였습니다.

과일나무들의 가지에는 탐스러운 열매들이 주렁주렁 달려있어 천사들은 언제든 마음껏 따서 먹을 수 있었어요. 아무리 먹어도 뚱보가 되지 않아요! 천사들이 재미나게 노는 아름다운 동산에는 온갖 꽃들이 만발해서 달콤한 향기로 가득했습니다. 달콤한 꽃향기는 천사들 마음속으로 사르르 들어가 마음이 예뻐지게 했어요.

천사들은 모두 예쁘고, 아름답고, 멋지고, 우아하고, 사랑스럽고, 밝고, 매력이 넘쳤습니다. 얼마나 아름다운지 서로 감탄하며 서로를 칭찬하기에 바빴어요. 서로를 무척 자랑스러워했습니다. 누구도 외모로는 절대 기죽지 않았어요. 그래서 천사들은 외모 못지않은 아름다운 사랑과 지혜를 가지려고 노력을 많이 하고 있었습니다.

천사들은 열심히 책을 읽고, 선생님 말씀을 잘 따르며 때론 시험을 보기도 하였습니다. 천사들은 천사 나라 법을 더욱 잘 지키고, 더욱 겸손하고, 더욱 배려하고, 더욱 다정하고, 더욱 온화하며, 더욱 연합하고, 더욱 강인해지고, 더욱 부지런하며, 더욱 정의롭고, 더욱 사랑하고, 더욱 지혜롭게 되기 위해 노력했습니다.

그리고 천사들은 어느 별이든 가고 싶은 별에 자유롭게 날아갈 수 있었어요. 어느 별의 친구들을 초대해 볼까? 어떤 별에 놀러 가볼까? 이런 즐거운 고민을 하기도 했습니다. 천사 나라에는 천사들의 사랑스럽고 즐거운 웃음소리가 끊이지 않았습니다. 천사 나라에는 여기저기 천사들의 까르르거리는 맑은 시냇물 소리 같은 웃음소리로 가득하고 사랑이 넘쳐흘렀어요. 마치 노랑나비가 꽃잎에 앉아 사랑한다고 속삭이는 것처럼요. 외톨이는 절대 있을 수 없었어요!

왕과 왕비는 왕자들과 공주들 그리고 천사 나라의 사랑스러운 천사들을 보는 것만으로도 기쁘고 행복하였습니다. 왕과 왕비는 왕자들과 공주들에게 천사 나라의 법을 가르치고, 천사들에게 모범이 될 수 있도록 의로움을 가르치고, 아름다운 빛과 별을 창조하는 방법, 천사들에게 필요한 모든 것을 만드는 방법들을 하나하나 가르쳐주었습니다. 왕자와 공주들은 왕과 왕비 옆에서 열심히 배우려고 했어요. 아직 다 성장하지 않은 사춘기 왕자들과 공주들이 있어서 왕과 왕비는 내심 걱정이 되긴 했지만 모두 훌륭하게 잘 성장할 것이란 강한 믿음이 있었습니다. 왜냐하면 왕과 왕비의 자식들이니까요.

그러나 사랑과 지혜는 왕과 왕비가 만들어 줄 수 있는 것이 아니었어요. 사랑과 지혜는 왕자들과 공주들, 그리고 천사 나라의 천사들 모두 스스로 깨치고 노력해서 터득해야 하는 것이었습니다.

사랑과 지혜는 감사함과 겸손으로 시작되고 채워질 수 있음을 깨우쳐야만 했습니다. 그래서 왕과 왕비는 천사들 모두가 스스로 깨치기를 지켜보며 기다리고 있었습니다.

천사 나라는 언제나 평화롭고 행복하고 기쁨이 넘쳐나서 슬픔이나 외로움은 없었어요. 천사 나라는 영원히 끝없이 즐겁고 기쁘고 완전한 행복만 있을 것 같았습니다.

그러나 이렇게 아름다운 천사 나라의 평화를 깨고 싶어 하고 천사들의 밝음을 못마땅해하는 어둠의 천사들이 있었습니다. 아름답고 사랑스러운 왕자들과 공주들을 시기, 질투하며 천사들의 사랑스러운 웃음소리를 싫어하고 천사들의 존경과 사랑을 받는 왕과 왕비를 미워하는 어둠의 천사들이 있었습니다. 자신이 왕이 되고자 하는 음흉한 악당 루시퍼와 그의 졸개들이었어요.

이 사악한 어둠의 천사들은 빛의 천사인 척, 선한 천사인 척, 의로운 천사인 척 가장하며 자신들의 모습을 감쪽같이 감추기도 잘했어요. 특히 루시퍼는 자신이 원하는 대로 어찌나 변신을 잘하는지 그가 멋지고 아름다운 모습으로 변신하면 어린 천사들은 그의 본심을 모른 채 넋을 잃고 바라보았습니다.

루시퍼 무리는 빛의 천사들이 속을 때마다 정말 신나고 즐거웠습니다. 자신들이 세상의 왕이라도 되는 마냥 교만하기 짝이 없었어요. 그들은 천사들을 속이고 이간질했으며 모함하여 죄를 뒤집어씌우기를 즐겨하였습니다. 아직 다 성장하지 않은 어린 천사들을 교묘히 괴롭히고 무시하고 짓밟고자 했습니다.

그리고 그들은 왕과 왕비를 몰아낼 궁리를 하며 천사 나라를 빛이 없는 어둠의 세계로 만들 기회를 호시탐탐 노리고 있었습니다. 악당 루시퍼와 그 일당들은 선한 빛의 천사들을 속이는 사악한 재주가 넘치고 넘쳤습니다.

왕과 왕비는 이 추악한 어둠의 일당들 정체를 모두 알고 있었지만 내색하지 않고 모르는 척하고 있었어요. 천사 나라의 재판장이자 왕, 그리고 왕비는 그들의 정체가 완전히 드러날 때까지, 그들의 죄를 그들 스스로가 증명할 때까지 모르는 척 잠잠히 지켜보고 있었습니다.

왕과 왕비는 사랑스러운 빛의 천사들과 그리고 아직 분별력이 완성되지 않은 어린 왕자와 공주들이 그들에게 속지 않기를, 모함에 빠지지 않기를, 다치지 않기를 간절히 바라면서요.

II
이브와 샤인의 노래

Are you ready?
With me?

I'm ready.
Are you?

아름다운 천사 나라에 이브와 샤인이 살고 있었습니다. 이브는 왕과 왕비의 열두 공주 중 열한 번째로 우아한 왕비를 쏙 빼닮은 사랑스러운 공주였습니다. 그리고 샤인은 열두 명의 대장 중 열한 번째로 열두 번째 대장 리엘과 함께 왕궁이 있는 별을 지키는 근위대장이었습니다. 샤인과 리엘은 아직 성년이 되지 않아서 예비 대장들이었어요. 곧 성년이 되면 형들처럼 완전한 대장이 될 거예요.

왕과 왕비는 착하고 사랑스러운 이브를 볼 때마다 미소가 떠나지 않았습니다. 언제나 곁에 두고 싶었어요. 그리고 다정하고 믿음직한 샤인을 볼 때면 든든하여서 뭐든지 맡겨도 될 것만 같았습니다. 왕과 왕비는 이브와 샤인이 친구여서 참으로 좋았습니다. 이브와 샤인은 서로의 수호천사 같았으니까요. 왕과 왕비의 눈에 가득 담긴 이브와 샤인은 얼마나 사랑스러웠던지요! 이브와 샤인은 서로에게 없어서는 안 될 둘도 없는 단짝이었습니다. 그리고 이브와 샤인은 천사 나라의 인기쟁이들이었어요. 따뜻하고 친절한 마음을 가진 이브와 샤인을 모든 천사가 사랑하였습니다.

특히 둘이서 노래를 함께 부를 땐 이브와 샤인의 주변으로 천사들이 솜사탕처럼 모여들어 노래를 듣곤 하였어요. 천사들은 이브와 샤인의 옆에만 있어도 기분이 좋았고 노래를 불러줄 땐 더욱 좋았습니다.

이브와 샤인은 어린 꼬마 천사들과 잘 놀아줘서 꼬마 천사들은 샤인의 어깨와 팔에 매달리기도 하며 이브의 손을 서로 잡으려 하였습니다. 꼬마 천사들은 이브와 샤인의 옆에 언제나 함께 있고 싶었습니다.

동그란 귀여운 배를 가진 꼬마 천사 사랑이와 러브는 유난히 이브와 샤인을 잘 따라서 이브와 샤인의 옆에 꼭 붙어서 노래 듣기를 좋아했습니다. 산들바람에 살랑거리는 민트색 옷을 입고 마치 쌍둥이처럼 닮은 꼬마 천사 사랑이와 러브는 항상 같이 놀며 떨어질 줄 몰랐어요. 서로의 손을 잡고 까르르 웃는 귀여운 꼬마 천사 사랑이와 러브는 너무나도 사랑스러웠습니다.

천사 나라의 천사들은 이브와 샤인의 노래를 듣고 있으면 마음이 예뻐지는 것만 같아 자꾸자꾸 듣고 싶어져서 이브와 샤인에게 노래를 불러달라고 보채곤 했습니다.

이브와 샤인이 같이 노래를 부를 땐 은하수들이 너울너울 춤추며 끝없이 펼쳐졌어요. 이브는 도라지꽃색 드레스를 즐겨 입었어요. 어깨 뒤로 길게 드리운 날개 같은 분홍색 어깨 베일은 노래를 부를 땐 마치 별 가루를 뿌린 오로라처럼 빛이 나며 너울거렸습니다. 이브와 샤인이 서로의 눈을 바라보며 꽃잎 같은 향기로운 노래를 부를 땐 은하수는 꽃비가 되어 온 우주에 내리는 것 같았습니다. 노래를 부르는 이브와 샤인을 바라보는 천사들의 눈에도 은하수 꽃비가 내렸어요.

이브와 샤인의 노래는 맑고 아름다웠고 다정하였으며, 때론 장난스러웠고, 때론 아련했고, 때론 씩씩했어요. 그렇게 천사들은 이브와 샤인의 아름다운 노래로 따뜻한 감동을 받았습니다. 언젠가 이브와 샤인의 별이 생긴다면 천사들은 이브와 샤인의 별에서 살고 싶어 했습니다.

천사들은 언젠가 있을 이브와 샤인의 별나라는 우주의 어떤 별나라보다 아름답고 평화롭고 행복하며, 사랑과 지혜가 가득할 거라고 믿었습니다.

이브와 샤인은 둘만 있을 때 부를 아무도 모르는 둘만의 비밀노래를 만들었어요. 둘만의 암호 같은 비밀노래를 둘만 있을 때 부르곤 했어요. 오직 둘만의 노래가 있다는 것이 얼마나 재미있고 특별한지! 둘이서 손을 꼭 잡고 별세계를 날아다니며 부르곤 했습니다. 이브와 샤인은 노래 제목을 My angel이라고 붙였습니다.

II 이브와 샤인의 노래

My angel
—

Are you ready?
With me?

I am you.
나는 너의 angel, 너는 나의 angel
only one, my best friend

나와 너의 노래로
우리는 서로를 찾을 수 있어.
나무 뒤에 숨어도.

나와 너의 노래로
우리는 서로를 알아볼 수 있어.
꽃잎이 얼굴을 가려도.

알고 있니? 너는 나의 수호천사
믿어 볼래? 나의 눈동자엔 너
날아볼래? 나의 손을 잡고 반짝이는 별들 사이를

은하수에 서핑보드를 타볼래?
별 무리에 스케이트를 타볼래?
내 숨결이 너의 머릿결에 닿을 때
only one
너의 손이 내 손을 잡을 때
my angel

뛰어 볼래? 바람비 맞으며.
뛰고 싶을 땐 내 손을 잡아
다시는 넘어지지 않게

우리는 떨어져도 다시 하나가 될 거야
너는 my angel
with me, with you

우리는 헤어져도 다시 만날 거야
네가 마음으로 부르는 노래도
난 들을 수 있으니까

I'm ready.
Are you?

이브와 샤인이 손을 잡고 하나가 되어 함께 노래를 부를 땐 즐거운 웃음이 떠나지 않았습니다. 초콜릿색의 머리카락과 깊은 초콜릿색 눈동자, 그리고 모두가 사랑하는 다정한 미소를 가진 두 천사는 꼭 쌍둥이 같았습니다. 은하수와 별 무리 사이를 날아다니며 무지개를 타기도 하였어요. 아름다운 별들은 이브와 샤인에게 아낌없이 축복하였습니다. 둘이 같이 있을 때가 가장 자유롭고 편안하며 어떤 이야기를 해도 잘 통하는 하나같은 사이였습니다. 어릴 때부터 두 천사는 마치 하나같았어요. 같이 있을 때 더 완전해 보였습니다. 천사들 모두가 이브와 샤인은 영원히 끝없이 완전하게 함께 할 거로 생각하였습니다.

이브의 정원에는 꽃으로 가득했습니다. 이브는 정원에 있는 꽃들을 바라볼 땐 가슴이 벅차오르게 행복했습니다. 산들바람을 타고 춤을 추는 꽃향기가 이브의 곱슬곱슬한 긴 머리카락에 스며들었습니다. 이브는 다정한 산들바람이 좋았어요. 산들바람은 기분을 좋게 만드는 꽃잎 요정 같았거든요. 산들바람을 만져보려고 손을 조용히 펼쳐 보면 마치 꽃잎들이 손바닥을 간지럽히는 것 같았어요. 산들바람이 불면 마음이 포근해지고 귀에 재미있는 이야기를 속삭이는 것 같았습니다. 산들바람을 안아 보려고 두 팔을 크게 벌리면 마치 끝없이 펼쳐진 향기로운 꽃동산에 있는 것만 같았어요. 샤인 역시 이브가 좋아하는 산들바람이 좋았습니다. 산들바람이랑 놀고 있는 이브의 모습은 마치 별 가루가 뿌려진 것처럼 반짝였거든요.

샤인은 이브를 위해 새로운 꽃씨를 보게 되면 이브에게 꼭 갖다주었어요. 샤인은 꽃씨가 담긴 조그만 노란 주머니를 이브에게 건넸어요. 이브는 꽃씨를 받아들고는 팔짝팔짝 뛰며 좋아했습니다.
"샤인~ 고마워~ 역시 넌 최고야!"
이브가 좋아하는 모습은 샤인을 미소 짓게 하였습니다.
"꽃이 그렇게 좋아?"
"응. 꽃은 향기롭고 예쁘고 기분을 좋게 해주잖아. 무조건 좋아. 이다음에 나의 별나라는 꽃으로 가득 채울 거야. 꽃으로 된 성을 만들고 꽃길도 만들고, 또 꽃동산도 만들고. 정말 상상만 해도 너무 행복해! 넌?"
"아마도 난 너의 별나라를 지키고 있겠지?"
"고마워. 정말 든든해. 근데 난 너에게 언제나 받기만 해"
"난 너만 있으면 돼"
"반사!"
"응? 반사하지 마~"
이브는 샤인의 표정을 보곤 장난을 치고 싶었습니다.
"미안~ 날 잡아봐라~"
샤인은 날아가려는 이브의 손을 얼른 잡았어요. 그리고 이브를 사랑스럽게 바라보았습니다. 이브가 즐거워하는 모습을 보는 것만으로도 샤인은 행복했어요.
그러나 모든 천사를 선한 천사로만 생각하고, 모든 것을 의심 없이 바라보는 이브의 천진함과 궁금한 것이 많은 호기심이 걱정이었습니다. 이브의 순수함이 사랑스럽지만 때로는 걱정이 되었어요. 그래서 샤인은 이브가 꽃으로 가득한 별나라에서 꽃동산을 만들며 안전하고 행복할 수 있도록 영원히 옆에서 지키며 보호해 줄 거라고 굳게 마음먹었습니다.
"샤인. 무슨 생각해?"
샤인은 찡긋해 보였어요.
"반드시 언제나 너랑 함께하겠다는 생각"
이브는 꽃씨가 담긴 조그만 노란 주머니로 샤인의 볼을 간지럽혔습니다.
"또 다른 생각도 했잖아. 걱정하지 마. 내가 얼마나 씩씩한지 알지?"

"응"
샤인은 고개를 끄덕였습니다.

 샤인은 성년이 빨리 되고 싶었습니다. 예비 대장을 벗어나 완전한 대장이 되어서 이브에게 더 멋진 대장의 모습을 보여주고 싶었거든요. 예전의 샤인은 자유롭게 날아다니며 노래하기를 좋아하고 재미난 일을 좋아하고 사색하기를 좋아하였지만, 점점 자라면서 샤인은 용감하고 침착한 대장이 되고자 노력을 많이 하였습니다. 왜냐면 이브가 있는 왕궁이 있는 별을 안전하게 보호하고 지키고 싶었습니다. 그래서 왕궁이 있는 별을 지키는 근위대장이 되었어요.

 열두 번째 대장 리엘이 이브의 정원으로 날아왔습니다.
"리엘~"
 리엘은 왕궁 성 천사들을 세심하게 잘 보호하는 믿음직한 대장입니다. 리엘도 아직 성년이 되지 않아서 예비 대장이지만 샤인과 함께 천사들 모두의 신임을 얻고 있었습니다. 리엘은 대장 중에 샤인을 제일 좋아하였어요. 덩치는 샤인 보다 크지만 샤인을 잘 따랐습니다. 리엘은 침착하고 생각이 깊고 다정한 샤인이 멋지고 배울 점이 많다고 생각했어요.
"샤인 형! 이제 왕궁 주변을 살펴볼 시간이 되었어요. 요즘 루시퍼 무리가 왕궁 성 주변에 어슬렁거린다는 소문이 있어요"
"음, 그래. 루시퍼가 변신을 잘해서 우리가 부지런히 유심히 잘 살펴봐야 해. 어서 가자"
 샤인은 이브를 보며 더욱 걱정이 들었습니다. 곧이곧대로만 믿는 이브는 사악한 루시퍼의 쉬운 표적이 될 수 있으니까요. 최악의 경우는 왕과 왕비를 곤란하게 할 수단으로 쓰일 수도 있다는 생각에 마음이 불편했습니다.
"이브, 당분간 왕궁 안에 있어. 혼자 있지도 말고, 응?"
"아유, 또 잔소리. 걱정하지 마. 나 바보 아니거든. 내가 루시퍼는 한눈에 알아볼 수 있지"
 열두 번째 공주인 리시안이 이브의 정원에 왔어요. 작은 몸집에 금빛이 나는 갈색 머리카락, 따뜻한 옅은 갈색 눈동자를 가진 예쁜 공주예요. 리시안은 형제 중에 이브가 제일 좋았습니다. 이브와 보내는 시간은 언제나 즐겁고, 매사에 긍정적이고 모두에게 다정한 이브가 자랑스러웠어요.
"이브 언니!"
"리시안! 샤인이랑 리엘은 왕궁 주변을 살펴보러 가야 된데. 리엘이 너랑 같이 좀 더 있으면 좋을 텐데"
 리시안 공주는 열두 번째 대장 리엘을 보자 얼굴이 분홍색이 되었어요. 리시안은 리엘을 좋아하고 있어서 리엘과 함께하고 싶었지만 샤인과 함께 리엘은 왕궁이 있는 별 경호 업무로 가야 하기에 속으로 아쉬워했습니다. 리엘 역시 리시안을 좋아하고 있었지만 부끄러워 아직 표현을 못 하고 있었어요. 리엘의 마음을 잘 아는 샤인은 리엘에게 찡긋해 보였습니다. 리엘도 리시안과 함께하지 못해 아쉬웠습니다.
 이브는 호기심 가득한 눈을 반짝이며 리시안에게 말했어요.
"리시안! 유카가 만든 꽃동산에 새로운 꽃이 피었데. 우리 같이 구경 가보자. 팻시아도 간다고 그랬어"
 샤인은 성 주변을 살피러 나가려고 하니 걱정이 앞섰습니다. 샤인은 언젠가 유카와 팻시아가 이브 뒤에서 시기 가득 찬 눈으로 이브를 노려보는 것을 보았기에 그들과 이브가 어울리는 것이 싫었습니다.
"이브, 유카에겐 다음에 나랑 함께 가자. 유카의 꽃동산이 궁금해도 참고. 오늘은 고집부리지 말고, 왕궁 안에 있어. 왕비님께서 찾으실 거야"
 샤인은 조심하기를 바라며 이브의 손을 잡았습니다.

Ⅱ 이브와 샤인의 노래

"아유, 또 잔소리. 걱정하지 마랬지? 친구한테 가는 거잖아. 잠시만 있다 올게"
이브는 샤인의 손을 깍지를 꼈다가 놓고 리시안 손을 잡고 말했어요.
"잔소리쟁이~ 있다 만나. 리시안. 우리 가자"
샤인이 걱정스러운 얼굴로 말했습니다.
"잠깐 있어 봐"
샤인은 반짝이는 조그만 노란색 조각달 모양 머리핀을 이브의 머리에 떨어지지 않게 단단히 꽂아주었습니다.
"이 노란 조각달이 어두운 길을 갈 때 너의 앞을 밝혀 줄 거야. 너의 수호천사처럼"
"샤인~ 너는 나의 수호천사야. 최고의 수호천사. 알고 있지?"
이브는 노란색 조각달 모양 머리핀을 만져보았어요. 노란색 조각달 모양 머리핀은 이브의 머리에 꽂으니 아주 밝은 빛을 내며 반짝거렸습니다. 이브의 주변을 환하게 밝혀 어둠이 결코 침범하지 못할 것 같았어요.
"고마워, 샤인"
이브는 샤인과 리엘에게 손을 흔들고는 리시안 손을 잡고 유카가 있는 쪽으로 날아갔습니다.
"이브 언니, 샤인은 언니를 정말 좋아하나 봐"
"응. 우리는 가장 친한 친구니까"
샤인과 리엘은 마음이 무거웠습니다. 샤인은 왠지 좋지 않은 예감에 걱정스러운 마음으로 멀어져가는 이브를 보았습니다. 샤인은 이브의 도라지꽃색 드레스 어깨 뒤로 길게 드리운 날개 같은 투명한 분홍색 어깨 베일이 보이지 않을 때까지 눈을 떼지 못하였습니다. 마치 분홍색 오로라가 사라지는 것 같았어요.
"샤인 형. 괜찮을 거예요. 늦었어요. 어서 가요"
"응"
샤인과 리엘은 천사들을 보호하기 위해 왕궁 주변을 살펴보러 날아갔습니다.

 이브의 정원에 있는 민트색 기다란 의자 뒤에서 기대어 앉아 몸을 숨겨 모든 걸 지켜보던 루시퍼가 야비한 실웃음을 지으며 슬며시 일어나 뱀 같은 음흉한 눈으로 리시안과 함께 가는 이브를 바라보았습니다.
"이브, 넌 나의 좋은 먹잇감이야. 흐흐"
악당 루시퍼는 날아가는 샤인과 리엘을 보며 코웃음을 치며 가소롭다는 듯이 비웃었어요.
"흥! 수호천사? 샤인. 넌 나의 상대가 못 돼. 깨닫게 해주마"
이브의 정원 구석 나무 뒤에서 몸을 웅크리고 숨어있던 음침한 얼굴빛의 레나는 슬며시 일어나 나왔습니다.
"레나. 가자!"
루시퍼는 독기 가득한 번득이는 눈으로 왕궁을 훑어보았습니다. 그러고는 뒤따르는 레나와 함께 초록별을 향해 유유히 헤엄치듯이 날아갔습니다. 마치 독을 감춘 뱀처럼요.

II 이브와 샤인의 노래

언제나 의롭고 선한,
빛의 천사들과 함께 하렴.
알았지?

Ⅲ
좋은 친구, 나쁜 친구

이브는 친구들을 초대했습니다. 이브의 아름다운 성원에서 모이기로 했어요. 조금 전 이브와 리시안은 천사 나라의 법에 관한 시험을 잘 보았고, 또 모처럼 친구들과 덴파레 오빠를 만날 거라 기분이 아주 좋았습니다.

이브와 리시안은 예쁜 그릇과 달콤한 음식을 테이블에 놓고 향기로운 꽃으로 장식하느라 분주히 움직였어요. 이브는 꽃잎 차를 만들기 위해 그동안 정성을 들여 말려 놓았던 색색의 꽃잎과 잎사귀가 들어있는 유리병들을 테이블에 올려놓으니 마음이 뿌듯했습니다.

"아, 내가 만든 꽃잎 차를 친구들에게 맛보일 수 있다니! 가장 달콤하고 향기로운 예쁜 꽃잎들로 차를 만들 거야"

리시안은 리엘도 초대했다고 이브에게 들었던 터라 살짝 들떠 있었습니다. 리시안에겐 리엘처럼 멋져 보이는 천사는 없었어요. 용감하고 재빠르고 똑똑하고 힘센 리엘은 누가 봐도 멋져 보였습니다.

왕과 왕비는 이브의 정원을 지나가다 즐겁게 준비하는 이브와 리시안에게 미소를 지으며 다가왔습니다.

"어머니! 아버지!"

이브와 리시안은 왕과 왕비에게 뛰어가 와락 안겼어요. 왕비는 이브의 머리에 꽂은 조그만 노란색 조각달 모양 머리핀을 보며 잔잔한 미소를 지었습니다.

"참 예쁘구나"

"샤인이 꽂아줬어요"

"샤인이?"

"네! 샤인이 요 조그만 노란색 조각달이 어두운 길을 갈 때 밝게 비추어 줄 거라 했어요. 샤인의 마음이 너무 다정하지요?"

왕과 왕비는 고개를 끄덕였습니다.

"샤인은 이브에게 언제나 다정하고 세심하지. 이브는 좋은 친구를 가졌구나"

왕은 이브와 리시안을 사랑스럽게 보며 말했습니다.

"너희들이 다닐 때 어두운 길이 없도록 밝게 내가 더 많은 별을 만들어야겠다"

왕비는 정성 들여 차려진 테이블을 유심히 보고는 흐뭇했습니다.

"살뜰히 준비를 잘했네. 보자, 의자가 하나, 둘, 셋, 모두 일곱이네?"

"맞아요. 덴파레 오빠, 샤인, 리엘, 헤이즐, 게다가 로리도 오기로 했어요. 모두 바쁠 텐데 시간을 내었어요. 함께 보고 싶어서요"

"응, 덴파레도 올 거라 들었어. 바쁘다고 잘 들어오지도 않더니 이브가 초대하니 모처럼 왕궁에 들어오네"

리시안이 옆에서 장난스럽게 웃으며 말했어요.

"덴파레 오빠는 우리보다 로리 언니가 더 보고 싶을 거예요"

이브는 고개를 끄덕이며 맞장구를 쳤습니다.

"맞아요. 로리가 온다니까 덴파레 오빠도 오겠다고 얼른 대답했어요. 덴파레 오빠는 이미 마음을 다 들켰어요"

덴파레는 왕과 왕비의 첫 번째 왕자이자 많은 군사를 이끄는 대장이었습니다. 이미 장성해서 대장 중에 첫 번째 대장으로 우주 전역을 지키는 임무를 맡고 있었어요. 대장들의 리더였어요. 침착하고 용맹한 성품이지만 로리 앞에서는 허둥대고 어벙한 헐렁이로 변해버린답니다. 로리에 대한 마음은 이미 주변에 들켜버렸어요.

로리는 이브의 절친한 친구로 대장 중에 열 번째 대장입니다. 열두 대장 중에 로리, 샤인, 리엘은 아직 성년이 되지 않아 예비 대장들이지만 셋 다 누구보다 용맹하고 씩씩했습니다.

로리는 침착하고 냉철하며 씩씩한 성격이라 사랑스럽고 감성적이며 순진한 이브와는 잘 안 어울릴 것 같지만 사실 둘은 아주 잘 통하는 친구였어요. 둘은 어찌나 잘 통하는지 척하면 착이었어요. 이브는 절친 로리가 곧 도착할 거라서 들뜬 마음을 숨길 수가 없었어요. 이브는 로리가 많이 보고 싶었습니다. 요즘 로리를 못 본 지 꽤 됐거든요.
 왕이 이브와 리시안에게 말했습니다.
 "시험에서 좋은 성적이더구나. 수고했다. 자랑스럽구나"
 왕비가 미소를 지으며 말했습니다.
 "천사 나라의 법을 잘 아는 것도 중요하지만 법을 잘 지키는 것이 더욱 중요하단다. 모르고 짓는 죄도 죄이지만, 알고 짓는 죄는 더 큰 죄가 된다는 것을 명심해야 해"
 이브와 리시안은 씩씩하게 대답했습니다.
 "네~ 어머니"
 "그리고 어둠의 나쁜 천사들 주변에 가지 말고. 그들은 속이고 모함하고 다치게 하는 것을 즐기는 어둠의 천사들이니까. 뜻하지 않게 나쁜 일에 휩쓸릴 수도 있단다. 그들 근처에도 가지 마. 언제나 의롭고 선한, 빛의 천사들과 함께하렴. 알았지?"
 왕비는 천진한 이브가 걱정되었습니다. 왕도 내심 걱정이 되어 말했습니다.
 "나쁜 천사들의 유혹에 빠지지 않도록 조심해야 한단다. 항상 선한 마음을 잃지 않도록 하고"
 왕비가 말했습니다.
 "공주로서 사랑과 지혜와 겸손을 갖추려고 항상 노력해야 하는 거 알고 있지?"
 이브와 리시안은 합창하듯 소리를 모아 말했어요.
 "네! 그럼요. 걱정하지 마세요!"
 왕과 왕비는 친구들과의 만남을 준비하는 두 딸을 사랑스럽게 바라보다가 조용히 정원을 나갔습니다.

 이브의 선생님인 티스는 이브를 도와주기 위해 이브의 정원으로 와서 세심하게 살펴보았습니다. 투명한 연두색 머리카락과 짙은 초록색 눈동자를 가진 티스는 마치 산들바람 같았습니다.
 "준비를 거의 다 하셨네요"
 "네~"
 산들바람이 꽃향기를 가져와 이브의 머릿결에 사르르 스며들게 했어요.
 "티스 선생님. 산들바람이 불어요. 산들바람을 타고 꽃들이 춤추는 것 같아요."
 티스는 다정한 미소 지으며 고개를 끄덕였습니다.
 "저도 산들바람이 좋아요. 산들바람은 외롭지 않게 해주고 마음을 편안하게 해주지요"
 "네. 선생님. 정말 그래요. 산들바람은 마음을 감싸주는 것 같아요. 산들바람이 내 머릿결을 스쳐 지나갈 때면 바람결에 고민도 다 날아가 버리는 것 같아요. 마음이 부푼 풍선처럼 되는 것 같아요. 게다가 온갖 꽃향기를 안고 와서는 저에게 행복을 선물하지요. 얼마나 로맨틱한지!"
 티스는 천사들에게 나누기를 좋아하고, 밝은 성격에 정도 많고, 친절하고 사랑이 넘치는 이브가 참 사랑스럽지만, 한편으로는 불안한 마음이 있었습니다. 모든 걸 좋게만 보고 의심 없이 다 믿는 이브의 순진함이 걱정되었어요. 게다가 호기심도 얼마나 많은지! 가끔 좋지 않은 예감이 스쳐 지나갈 때면 한숨이 나오기도 했습니다.
 "공주님들께서 준비를 열심히 하셔서 저의 도움은 필요 없을 것 같아요"
 "네! 이젠 친구들이 오기만 하면 돼요"
 티스는 요즘 들어 왠지 좋지 않은 예감이 자꾸 들어 발걸음이 무거웠지만 나쁜 일은 없을 거로 생각하기로 했습니다. 이브에게는 좋은 친구들과 샤인이 있으니까요.

 씩씩하고 영리한 로리가 아름다운 연한 파란색 긴 머리카락을 바람결에 날리며 날아왔어요. 보기만 해도 정말 멋진 친구예요. 언제봐도 용맹스럽고 대장다웠습니다.

Ⅲ 좋은 친구, 나쁜 친구

"이브! 리시안!"
"로리!"
 이브와 로리는 두 팔을 벌려 서로 얼싸안았어요. 로리는 나팔꽃이 있는 화분을 쓱 내밀었습니다.
"이렇게 예쁜 파란색 나팔꽃은 처음 봐! 너의 환상적인 머리카락처럼 예뻐! 좋은 소식을 가져올 것만 같아"
"음~ 이 꽃을 볼 때마다 나를 생각해"
"로리 언니는 언제봐도 멋져요!"
"비록 예비 대장이지만 좀 멋져야 하지 않겠니?"
 로리는 한쪽 눈을 찡긋하며 씩 웃었어요. 웃는 모습마저 멋진 로리였습니다.
"이브, 너의 머리핀, 샤인이 준거지?"
"어? 어떻게 알았어?"
"왠지 샤인스러워서"
"샤인이 머리에 꽂아줬어. 어두운 길을 갈 때 요 조그만 노란색 조각달 모양 머리핀이 환히 밝혀 줄 거랬어. 어두운 곳에 가면 정말로 요 조그만 머리핀이 반짝반짝 빛을 내며 주변을 환하게 밝혀줘!"
 리시안이 눈을 동그랗게 해서 말했어요.
"로리 언니. 정말이에요! 유카의 정원으로 가는 어두운 곳에서 노란색 조각달 머리핀이 정말 환하게 비춰주었어요!"
 이브는 조그만 노란색 조각달 모양 머리핀을 쓰다듬듯 만지며 말했어요.
"샤인의 다정한 마음이 가득 담긴 머리핀이라서 그래"
 로리는 머리를 절레절레 흔들며 웃었어요.
"후후. 이브. 너에게 샤인이 없는 건 상상이 안 돼"
 로리는 이브와 샤인은 정말 잘 어울리는 친구라고 생각했습니다. 둘의 모습을 볼 때마다 속으로 흐뭇했습니다. 어릴 적부터 둘을 보아온 로리는 샤인과 이브는 영원히 함께 할 것이라고 믿었어요. 둘은 마치 하나처럼 보였으니까요.
 키가 크고 넓은 어깨를 가진 온화하고 믿음직한 덴파레가 도착했습니다.
"나의 천사들!"
 덴파레는 동생인 이브와 리시안보다 로리가 먼저 보였어요. 의연하고 이성적인 덴파레도 좋아하는 마음은 감출 수가 없나 봅니다. 사실 로리는 덴파레의 마음을 알고 있었지만 모르는 척했어요. 아는 척했다가 괜히 불편해질 것 같았고, 또 피곤할 것도 같았거든요.
 로리와 있을 땐 허둥대고 어벙해지는 헐렁이 덴파레는 무심히 대하는 로리 옆에 굳이 붙어서서 이브의 정원을 둘러보았어요. 덴파레의 목소리는 들떠있었어요.
"이야~ 예쁜 정원이 되었네. 예쁜 내 동생 이브랑 닮은 정원이야. 올 때마다 꽃들이 더 많아지는 것 같아. 점점 더 우아하고 아름다워져. 이브, 네가 자라는 만큼 정원도 더 풍요로워지는 것 같다. 꽃동산에 온 것 같아"
"오빠 목소리 너무 큰 거 알고 있지?"
"흐음. 다 잘 들리게 하려고"
 이브와 리시안은 웃음을 참느라 콧구멍이 벌렁거려졌어요.
 샤인과 리엘도 도착했습니다. 샤인은 이브에게 커다란 꽃다발을 내밀었습니다. 이브는 분홍색 동백 꽃다발을 받아 들고는 샤인을 꼭 안았어요. 동백꽃은 이브가 제일 좋아하는 꽃입니다. 샤인은 이브의 머리핀을 보고는 눈이 반짝였습니다. 샤인은 좋아하는 마음을 감추려 했지만, 눈은 감출 수가 없었어요.
"샤인~ 나도 선물이 있어. 너에게 너무 받기만 해서"

이브는 투명한 수정 속에 조그마한 초록 잎을 넣어 목걸이를 만들었습니다.
"잃어버리지 마. 나의 마음을 가득 넣었으니"
이브는 샤인의 목에 걸어줬어요. 샤인은 초록 잎을 넣은 수정 목걸이 위에 손을 얹고는 말했습니다.
"절대 잃지 않아"
샤인은 목에 걸린 조그만 초록 잎을 넣은 수정을 꼭 쥐었어요. 이브의 마음이 가득 들어있는 이브를 닮은 목걸이. 마치 이브처럼 느껴졌습니다.
샤인과 이브를 바라보던 로리는 마음이 훈훈해져 미소가 절로 나왔습니다.
"너희 둘은 미워할 수가 없어. 정말 사랑스러워! 내가 제일 좋아하는 멋진 친구들이야! 너희 둘은 영원히 함께 할 거야. 나도 너희와 함께 할 거야. 영원히"
이브가 환한 웃음을 짓고는 말했어요.
"로리는 의리 대장! 나도 너와 영원히 함께 할 거야!"
로리가 왼쪽 가슴에 손을 얹고 말했어요.
"우리 모두 영원히 함께!"
모두 즐겁게 웃음꽃을 피웠습니다.
리엘은 우유를 몇 방울 섞은 듯한 달콤한 파란색 원피스를 입은 리시안을 보곤 멋쩍게 웃었습니다. 부드러운 옅은 갈색 눈동자를 지닌 리시안이 참 예쁘다고 생각했어요. 리엘은 리시안에게 좋아하는 마음을 표현하고 싶어 조그마한 선물을 준비했어요. 리시안에게 분홍색 별 모양 머리핀을 쑥스럽게 내밀었습니다. 샤인을 따라 해보고 싶었어요. 리엘은 샤인 따라쟁이였어요. 리시안은 분홍색 별 모양 머리핀을 손에 받아 들고선 부끄러워했습니다.
"고마워"
이브는 분홍색 별 모양 머리핀을 보자 눈이 동그래졌어요.
"어? 리시안이 별 모양 머리핀을 가지고 싶다고 했는데 어떻게 마음을 알았지? 리시안이 마음을 들켰을까? 아니면 리엘이 알아차렸나?"
리엘과 리시안은 둘 다 볼이 분홍색이 되었어요.
로리가 장난스레 말했어요.
"리엘도 샤인처럼 리시안에게 분홍색 별 모양 머리핀이 어두운 길을 밝혀줄 거라고 해야지?"
리엘은 쑥스러워 머리를 긁적였습니다. 샤인이 리엘에게 찡긋해 보였어요. 모두 유쾌하게 웃었습니다. 리엘은 리시안이 가지고 싶었다는 말을 이브에게 듣고서 마음이 뿌듯했습니다. 꽤 괜찮은 대장이 된 것만 같았습니다.
마지막으로 헤이즐이 도착했습니다. 헤이즐은 이브에게 어두운 푸른색과 회색이 섞인 스카프를 선물했습니다. 이브가 즐겨 입는 도라지꽃색 원피스에 어울리지 않았지만, 이브는 목에 예쁘게 매어보았어요.
헤이즐은 이브를 만나고 싶어서라기보다 샤인을 만나고 싶어서 왔어요. 헤이즐은 어릴 때부터 줄곧 샤인을 좋아했습니다. 이브와 샤인이 워낙 친한 단짝이라 샤인에게 다가가기가 쉽지 않았습니다. 그리고 헤이즐은 이브와 샤인이 친구인지 연인인지 분간이 잘 안 되기도 하였고, 샤인이 이브를 세심하게 챙기는 모습이 부럽기도 하고 짜증도 났어요. 이브의 머리에 꽂힌 머리핀이 샤인이 준 것이라는 말을 듣고는 당장이라도 이브의 머리핀을 떼어내서 부숴 버리고 싶었습니다.
헤이즐은 이런 자신이 한심하기도 하고, 샤인 앞에서 천진하게 웃고 있는 이브가 밉기도 해서 마음이 혼란스러웠습니다. 이브를 좋아하지만, 한편으로는 세상에서 제일 밉기도 했습니다.
덴파레는 이브의 정원을 보고 흐뭇했습니다.
"예쁘다"
"샤인 덕분이야. 샤인이 새로운 꽃이나 꽃씨를 보게 되면 가져다주거든. 그러니까 샤인과 함께 가꾼 정원이야. 샤인이 가져다준 꽃씨와 꽃들은 모두 다 아름답고 향기로워"
　이 말을 듣는 순간 헤이즐은 이브의 정원을 불 질러 버리고 싶었습니다. 그러나 미소를 지으며 애써 마음을 감추고 있었습니다. 이런 유치한 생각을 하는 자신이 초라하게 느껴졌어요. 자신을 초라하게 만드는 이런 상황이 싫었습니다. 헤이즐은 자신을 이렇게 만든 건 모두 다 이브 때문이라고 생각했습니다.
　이브는 친구들과 형제들을 보니 뿌듯하고 고마웠어요. 이브는 친구들과 형제들이 이브의 정원에 자주 오기를 바랐어요. 좋아하는 친구들과 같이 있을 땐 세상을 다 가진 것만 같았습니다. 좋은 친구들과 함께 하는 건 정말 큰 행운이라 여겨졌습니다.
　덴파레가 이브와 리시안의 머리를 쓰다듬었습니다.
"나의 공주들. 좀 전에 시험이 있었다고 들었는데 잘 통과했어?"
　이브와 리시안은 웃으며 말했습니다.
"당연하지. 좋은 성적으로 가볍게 통과~"
　시험을 잘 봤다는 말을 듣고 덴파레와 샤인, 리엘, 로리는 진심으로 기뻤습니다. 이브는 시험 때마다 유달리 긴장해서 시험을 망칠 때가 종종 있었기에 덴파레와 친구들은 더더욱 기뻤습니다.
　문득 생각난 듯 로리가 이브에게 말했습니다.
"이브, 요즘 유카와 팻시아랑 어울린다는 소문이 있던데 사실이야?"
"응, 유카가 정원을 만들었다길래 리시안과 구경 갔었어. 지금 한창 만개해 있을걸? 유카도 열심히 정원을 가꾼대"
"유카는 뭐든 널 시샘하면서 왜 따라 하는지 모르겠다. 결과물은 많이 다르긴 하지. 난 유카와 팻시아가 별로야. 그들의 가식적인 미소가 싫어. 왠지 뭔가를 숨기고 있는 것 같아. 가식적인 건 남을 속이는 거니까. 이브, 난 네가 그들을 멀리하면 좋겠어. 좋은 친구들이 아니야"
"사실 난 그 친구들이 뭐 딱히 가식적인지 잘 모르겠어"
　샤인도 걱정을 하고 있었어요.
"이브, 나도 네가 그들과 안 어울렸으면 해. 유카와 팻시아는 앞뒤가 다른 것 같고 늘 뭔가 숨기고 있는 것 같아. 그리고 유카의 정원은 성에서 너무 멀어. 루시퍼 무리가 드나든다는 소문도 있고. 루시퍼가 워낙 변신을 잘해서 천사들의 눈을 잘 속여. 확증은 없지만, 지금은 조심해야 할 때야. 그들이 무슨 짓을 벌일지 모르니까."
　샤인은 유카와 팻시아가 이브를 시기, 질투를 심하게 하는 걸 이브에게 알릴 수 없었어요. 이브가 괴로워할 게 뻔했기 때문이죠. 심지어 이브는 자신에게 잘못이 있을 거라 자책까지 할 걸 알기에 샤인은 더욱 말할 수 없었어요.
　리엘도 조심해야 한다는 듯 고개를 끄덕였습니다. 리시안도 조심스레 말을 했습니다.
"이브 언니, 유카 정원의 꽃들은 너무 자극적이었어. 향도 그렇고. 그들과 함께 있는 게 내키지 않아"
　덴파레가 다독이며 말했어요.
"이브, 모두 걱정하잖아. 이번 일은 고집 피우지 말고, 우리 말을 들어 봐. 그들과 넌 맞지 않아. 루시퍼가 드나든다는 소문이 있다고 하니 요즘 같은 시기엔 조심하는 게 좋아"
　이브는 조금 시무룩하게 대답했어요.
"응, 알았어"
　사실은 이브도 유카의 정원이 좀 희한하다고 생각했지만, 취향의 차이라고 생각하기로 했거든요. 이브는 다른 천사의 정성 들인 것을 보고 좋다 나쁘다 판단하고 싶지 않았어요.
　조용히 듣고 있던 헤이즐이 나섰습니다.
"아니야. 다들 왜 그래? 이브 말이 맞아. 유카와 팻시아는 나쁜 친구들이 아니야. 내가 어릴 적부터 쭉 지켜봐 온 친구들이잖아. 아주 친하진 않지만 그래도 알만큼은 알지. 유카의 정원에

루시퍼 무리가 드나들고 그러지 않을 거야. 소문을 다 믿을 건 아니잖아. 이브가 유카나 팻시아와 친하게 지내는 게 어때서 그래? 어릴 때부터 알아 온 친구인데 함부로 의심하지는 말자"
 헤이즐은 유카와 팻시아가 이브를 시기, 질투하는 것을 잘 알고 있었어요. 더군다나 그들은 헤이즐도 어울리기 싫은 거부감을 주는 친구들이었습니다. 이브는 그들과 달랐죠. 이브는 투명하고 누구보다 진실한 친구였어요. 그러나 헤이즐은 이브가 망가지는 것을 간절히 원했습니다. 그러나 이브가 좋은 친구이고 선하다는 걸 알기에 괴로웠습니다. 이런 자신이 싫지만, 나쁜 마음을 멈출 수가 없었습니다.

 로리가 헤이즐을 쓸쓸히 쳐다보았습니다. 로리는 헤이즐의 속마음을 알고 있었기에 착잡한 마음이 들었어요. 그리고 헤이즐 스스로 마음을 정리할 문제라고 생각했습니다. 로리는 헤이즐이 올바른 선택을 하기를 바랐습니다.

 친구들과 즐거운 만남 뒤, 리시안과 리엘은 산책하러 나갔습니다. 리시안과 리엘은 좀 더 가까워진 것 같아요. 모두가 떠나고 이브의 정원에는 이브와 샤인만 남았습니다. 이브가 좋아하는 기다란 민트색 의자에 이브와 샤인은 나란히 앉았어요. 세상은 아주 고요했습니다. 산들바람은 이브와 샤인을 다정하게 감쌌습니다. 이브가 별 무리를 보며 말했어요.
"샤인~ 난 이 고요함이 좋아. 고요함에 귀 기울여 봐. 깊은 고요함의 소리를 들어봐"
"고요함의 소리?"
"응. 달콤한, 깊은 고요함의 소리"
 이브는 샤인의 어깨에 머리를 기대었습니다.
"머리가 맑아지고 마음이 편안해지는 소리. 고요함 속에선 모든 게 자유로운 것 같아. 고요함 속으로 들어가 봐. 평화로워. 넌 어때?"
 샤인은 이브의 어깨를 감쌌어요.
"누구나 한 번쯤 고요함 속에서 멈추고 싶을 때가 있을 거야"
"난 이 고요함이 좋아. 고요함은 내 마음에 귀를 기울이게 하고 나의 마음을 잘 알게 해주니까. 그리고 모든 게 평화로워져"
"고요함 속에 네가 오래 있는 건 난 싫어. 왠지 외로워 보이니까"
"고요함이 긴 건 나도 싫어. 정말 외로워질 수도 있으니까. 고요함은 평화롭기도 하지만 슬프기도 한 것 같아"
"그래서 고요함 압수! 고요함 속에 오래 있지 말기. 우리 나가서 뛰어 볼까?"
"고요함 속에 좀 더 있고 싶지만 그럴까?"
 이브와 샤인은 신나게 뛰었습니다. 뛰다가 넘어지길 잘하는 이브는 여지없이 또 넘어졌습니다. 샤인은 이브를 일으키며 말했어요.
"내 손을 꼭 잡아. 그래야 안 넘어지지. 무릎은 괜찮아?"
 샤인은 이브의 무릎을 만져주었습니다. 이브는 경쾌하게 말했어요.
"아무렇지 않아! 네가 있잖아"
 둘은 마주 보며 웃었어요. 샤인이 말했어요.
"우리 함께 날아볼까?"
 이브는 고개를 크게 한번 끄덕이며 말했습니다.
"그래! 좋아!"
 이브와 샤인의 뒤로 동그란 배, 노란색 머리카락과 초콜릿 색 눈동자를 가진 쌍둥이 같은 꼬마 천사 사랑이와 러브가 따라왔어요. 이브는 뒤따라 날고 있는 사랑이와 러브를 발견하고는 생긋 웃었어요.

"언제 왔어?"
 사랑이와 러브는 배시시 웃었어요. 사실은 호기심이 넘치도록 많은 사랑이와 툴툴이 러브는 정원에서부터 이브와 샤인에게 방해되지 않도록 나무 뒤에 숨어서 몰래 보고 있었거든요. 사랑이와 러브는 이브와 샤인을 너무나도 좋아해서 꼭 닮고 싶었어요. 사랑이와 러브는 이브와 샤인을 무작정 뒤따라갔습니다. 사랑이와 러브는 이브와 샤인이 가는 곳이라면 어디를 가든 따라가고 싶었습니다.
 이브와 샤인이 왕궁 밖으로 나가니 꼬마 천사들이 이브와 샤인에게 모여들었어요. 꼬마 천사들은 노래를 불러 달라고 이브의 손을 잡고 떼쓰기도 하고 샤인의 어깨에 올라앉기도 했어요. 샤인은 꼬마 천사들을 어깨에 올려 놓아주기도 했어요. 이브와 샤인 주변으로 천사들이 금세 솜사탕처럼 모여들었습니다. 언제나 이브와 샤인 주변은 즐겁고 밝은 웃음소리로 가득 찼습니다.

 헤이즐은 왕궁을 나가다 유카, 팻시아와 마주쳤습니다. 유카는 헤이즐을 아니꼬운 듯 아래위로 훑어봤습니다.
 "헤이즐, 왕궁에 다녀오는 거야?"
 헤이즐은 유카와 팻시아를 피하고 싶었지만 태연한 척하며 말했습니다.
 "응, 이브가 초대해서"
 유카와 팻시아의 얼굴이 찌그러졌어요. 팻시아가 말했어요.
 "뭐? 초대?"
 "우리를 쏙 빼고?"
 헤이즐이 빈정거리듯 말했습니다.
 "왜? 기분 상했어? 너는 너의 정원에 이브를 초대했는데 너희는 이브 정원 초대에 제외당해서? 그래, 기분 나쁘겠다. 너희 마음이랑 이브는 다른가 보지 뭐. 이브의 정원은 꽤 멋지더라. 정말 기품 있고 아름답더라. 유카, 네 정원보다 훨씬 더 아름답던걸. 유카, 넌 역시 이브 따라가려면 아직 멀었어. 너희가 아무리 이브를 흉내 내본 들 별수 없지"
 "야! 너! 뭐? 흉내? 너 우리를 무시하는 거야? 넌 뭐가 잘났어?"
 "우리가 이브보다 못한 게 뭐야? 우리가 이브보다 훨씬 예쁘다고! 웃겨! 흥!"
 헤이즐은 픽 웃었어요.
 "이브의 아름다운 정원에서 향기로운 꽃잎 차를 마시며 친구들과 좋은 시간 가졌는데 기분 망치고 싶지 않아. 다음에 보자"
 유카와 팻시아의 눈썹이 치켜 올라갔습니다.
 "친구들? 그럼, 너만 초대된 게 아니야?"
 헤이즐이 한심하게 쳐다보며 말했어요.
 "이브의 정원에 절친 일곱 명이 모였지. 당연히 샤인은 빠질 수 없지 않겠니?"
 팻시아가 씩씩거리며 말했어요.
 "뭐? 우리를 빼고? 샤인까지?"
 헤이즐이 피식 웃으며 말했습니다.
 "너희들 샤인 좋아하지? 근데 어쩌니? 샤인은 이브만 바라보는데. 너희들 참 딱하다. 너희 둘이 같이 좋아하면 삼각관계가 되나? 아니 사각? 어이없다. 정말. 하긴 샤인은 모두가 좋아하긴 하지. 샤인 싫다는 천사는 없긴 해"
 저 멀리서 이브와 샤인 주변으로 천사들이 모여드는 것이 보였습니다.
 "저기 봐. 너희들이랑 다르지? 유카, 넌 너도 정원 있다고 자랑하고 싶어 이브를 초대했지? 그런데 이브는 자기의 정원을 나누려고 초대했더라. 많이 달라"
 "너 우리가 우습게 보여?"

"아니, 그럴 리가"
 유카와 팻시아가 분노에 차서 말했습니다.
 "난 이브가 싫어! 이브의 해맑은 웃음이 싫고, 밝음이 싫어! 다 짓밟아 버리고 싶어. 아주 지근지근"
 "이브를 샤인에게서 떨어지게 할 거야! 영원한 건 없어!"
 헤이즐은 속으로 놀랐지만 그다지 나쁘지는 않았어요. 오히려 충동적이고 위험하고 교활한 그들을 이용할 수도 있을 것 같았습니다.
 "잘 해봐. 내가 도울 일 있으면 언제든 말해"
 헤이즐은 회심의 미소를 짓고는 자리를 떠났습니다. 헤이즐은 경박스러운 유카와 팻시아랑 함께 대화를 나누는 것조차 싫었습니다.
 '그들과 같은 편이 되다니....'
 헤이즐은 썩 내키지 않았지만, 그들을 이용해야겠다 싶었습니다. 이런 자신이 구차하게 느껴졌지만 입을 앙다물고는 빠른 걸음으로 걸어갔습니다.
 유카와 팻시아는 씩씩거리다가 표정을 싹 바꾸어 가식적인 미소를 머금고는 이브와 샤인에게 다가갔습니다. 팻시아가 샤인을 보고는 친한 척 다가가서 다정스레 불렀어요.
 "샤인~ 이브~"
 샤인은 경계하는 눈빛이 되었어요. 유카가 이브에게 다정한 투로 말했어요.
 "이브, 친구들을 너의 정원에 초대했었다고 헤이즐에게 들었어. 섭섭하다. 우리도 초대받았다면 좋았을걸"
 이브가 미안해하며 말했어요.
 "다음엔 꼭 초대할게. 미안해"
 팻시아가 별일 아니라는 듯 손사래를 치며 말했어요.
 "아냐, 미안해할 거 없어. 우리도 다른 파티가 있었어. 그래도 네가 초대했더라면 그 파티 안가고 무조건 너의 정원에 갔을 거야. 다음엔 꼭 초대해 주기다?"
 유카가 친절한 말투로 말했어요.
 "나의 정원에서 티 파티를 할 건데 그때 꼭 와. 올 거지?"
 이브는 미안한 마음이 앞서 거절하기 어려웠습니다.
 "응...."
 샤인이 이브의 손을 잡아당겼습니다.
 "이브, 가자"
 유카가 기대한다는 듯 말했어요.
 "샤인~ 너도 올 거지? 나의 정원도 아름다워. 이브 정원보다 더 아름다울걸? 한 번 보러와"
 샤인이 단호하게 말했습니다.
 "초대해 줘서 고맙지만 우리는 못 갈 것 같다. 이브는 계속 시험을 봐야 하고 나도 요즘 바빠. 루시퍼가 유카 너의 정원에 드나든다는 말이 있던데 사실이 아니길 바란다. 이브, 가자"
 샤인은 이브를 데리고 왕궁으로 날아갔습니다. 유카와 팻시아는 주먹을 쥐고 부르르 떨었습니다. 유카와 팻시아는 다짐했습니다.
 "이런 모욕을 당하고 가만히 있지 않겠어. 이브, 너의 해맑은 얼굴을 짓밟아 버릴 거야! 반드시!"
 "근데 루시퍼가 네 정원에 온 적 있니?"
 "글쎄? 내 정원이 유명한가? 처음 보는 천사들이 구경하러 오긴 하더라. 누가 온들 어때? 유명해졌단 증거인데! 난 이브보다 더 유명해지고 싶다고!"
 "흐, 그건 힘들걸"
 "넌 도대체 누구 편이야? 이 멍텅구리야!"

Ⅲ 좋은 친구, 나쁜 친구

멀리서 유카와 팻시아를 지켜보던 루시퍼가 비웃듯 한쪽 입꼬리를 끌어올렸습니다. 루시퍼는 검은색 망토 옷자락을 날리며 커다란 검은 새로 변했습니다. 그리고 왕궁을 한 바퀴 돌고는 기분 나쁜 사악한 새소리를 내면서 초록별로 향해 날아갔습니다.
샤인은 머리 위로 날아가는 커다란 검은 새를 보고는 얼굴이 굳어졌습니다.

날아가는 검은 새를 보고 있던 왕과 왕비는 걱정 어린 표정을 감출 수가 없었습니다. 덴파레가 들어왔습니다.
"어머니!, 아버지!"
"덴파레!"
"루시퍼가 검은 새로 변신했군요"
왕비가 걱정스럽게 말했습니다.
"무슨 일을 꼭 벌일 것 같구나"
"루시퍼가 요즘 자주 왕궁 별에 들락거리는 것 같아요. 루시퍼를 그냥 초록별에 묶어두시는 건 어때요? 루시퍼를 초록별 임시책임자로 보냈으니 그리하셔도 될 것 같습니다"
왕이 천천히 고개를 끄덕였습니다.
"나도 그러고 싶구나. 그러나 아직은 아니다. 확증이 있어야 해. 루시퍼가 천사들을 앞세워서 천사들에게 죄를 씌웠지만, 사실은 루시퍼가 다 꾸민 짓이지. 아무리 연기를 한들 본성이 드러나기 마련이다. 언젠가는 다 드러나게 될 거다. 그게 무엇이든"
"루시퍼와 그의 무리가 우주 별세계를 어지럽히고 있으니 선한 천사들이 다칠지 걱정입니다. 더군다나 이브처럼 순진한 공주를 앞세워 방패 삼아 아버지, 어머니를 위협할까 싶기도 하고요. 이브가 순진해서 잘 속을 것 같아요. 루시퍼, 유카나 팻시아 같은 위험하고 교활한 천사들이 이브를 가만히 두지 않을 것 같아요. 그들과 어울리지 않게 하시고 당분간은 왕궁에만 있도록 해주세요. 왠지 불안해요"
왕비는 덴파레의 등을 토닥였습니다.
"음, 너무 걱정하지 말아라. 이브도 이번 기회에 지혜를 더 쌓게 될 거야. 이렇게 든든한 오빠가 있으니, 이브는 복이 많구나"
왕과 왕비는 덴파레를 보면 흐뭇했습니다. 그러나 한편으로는 어둠의 악당 루시퍼 때문에 걱정이 되었습니다.

이브를 데려다주고 왕궁을 나서는 샤인에게 헤이즐이 기다렸다가 다가갔습니다.
"아직 안 갔어?"
"응, 너 기다리느라"
"무슨 일 있어?"
"무슨 일이 있어야만 내가 너를 만날 수 있니? 그냥 같이 걷고 싶어서. 친구와 같이 걷고 싶은 게 무슨 이유가 있어야 하는 건 아니잖아"
"그래, 같이 걷자"
"샤인, 나 너에게 물어보고 싶은 게 있어"
헤이즐이 할 말을 하지 못하고 망설였습니다.
"뭔데?"
"넌 이브와 어떤 사이야?"
"뜬금없이"
"마치 형제처럼 허물없이 보이기도 하고, 친구 같기도 하고 연인 같기도 하고. 항상 궁금해"
"글쎄. 뭐라고 생각해?"
"솔직하게 말해줘"

"네가 말한 것 다. 이브는 어떤지 잘 모르겠어. 그런데 난 그래"
"으응"
 헤이즐은 마음이 쿵 하고 내려앉았어요. 순간 낯빛이 어두워졌지만, 속마음을 드러내지 않으려 짐짓 평온한 미소를 지어 보였습니다. 샤인이 걸음을 멈추고 헤이즐을 보며 말했습니다.
"헤이즐. 이브에게 좋은 친구가 되어줘. 부탁할게"
 헤이즐은 샤인의 말에 짜증이 났습니다. 샤인은 항상 이브만 생각하는 것 같아 분노가 치밀었지만, 마음을 감추려고 하였습니다.
'이브만 없다면. 이브만 없다면'
 헤이즐은 이브가 사라지면 좋겠다는 마음뿐이었습니다. 무슨 수를 써서라도 어떻게든 이브를 짓밟고, 사라지게 하고 싶었습니다.

샤인은 이브의 옆을 다시는 떠나지 않을 거라 마음먹었습니다.

그곳이 어디든.
이브의 옆에 있을 거라고.

IV
그러지 마!

이브는 테라스에서 꽃이 만발한 정원을 내려다보고 있었어요. 정원을 보고 있으면 마음이 꽃향기로 가득 채워진 풍선처럼 되는 것 같았어요. 이브의 정원은 탐스럽고 또 얼마나 향기로운지! 온 세상이 이브의 정원을 날아다니는 꽃향기로 달콤해질 것 같았습니다. 꼬마 천사들이 와서 그네도 타고 숨바꼭질도 하고, 또르르 하며 웃는 아기 천사들의 웃음소리가 맑은 시냇물 소리 같았습니다. 이브가 좋아하는 자작나무 아래의 민트색 의자에 꼬마 천사 사랑이와 러브가 잠들어 있었어요. 재미나게 산들바람 미끄럼을 타는 꼬마 천사들을 보면 얼마나 사랑스러운지! 이브는 천사들이 즐거워하며 편안히 쉴 수 있는 꽃동산 같은 정원을 바라보고 있으니, 마음이 뿌듯해졌어요. 천사들이 즐거워하는 모습을 보면 절로 행복해져서 이브는 더욱 부지런히 정원을 가꾸기로 다짐했습니다.

'아~ 나의 정원은 나의 작은 우주. 모든 게 평화로워. 천사 나라 모두가 행복하기를'

산들바람에 꽃향기가 실려 왔어요. 이브는 가만히 눈을 감고 두 팔을 펼쳐 산들바람을 안아 보았습니다.

왕비가 이브의 테라스로 왔습니다. 왕비는 언제나 우아하고 다정한 모습이었어요. 이브를 바라보는 왕비의 눈은 사랑이 넘쳤습니다. 이브는 왕비에게 쪼르르 다가가서 안겼어요. "어머니!"

왕비의 품은 언제나 늘 포근했습니다. 이브는 왕비의 가슴에 볼을 대어보았어요. 왕비의 품에 안겨 있으면 영원히 떠나고 싶지 않았어요. 온 우주가 안아 주는 듯 평온하고 따스했어요. 이브는 왕비의 손을 잡고 창으로 가서 함께 정원을 바라보았습니다. 왕비는 정원을 바라보며 미소를 지었습니다.

"정원이 우리 이브를 닮았네"

"저의 작은 우주예요. 어머니~ 저는 천사 나라 모두가 행복하면 좋겠어요"

왕비는 미소 지으며 말했어요.

"언젠가 이브의 별나라가 생기겠지? 너의 별나라 천사들은 모두가 행복할 거야. 반드시"

"어머니. 저는 그냥 여기서 어머니랑 같이 살 거예요"

"장성하게 되면 자신의 별을 가지게 된단다. 자신의 별에서 천사들의 평안과 행복을 책임지는 거야. 사랑과 지혜. 이 덕목을 갖추어야 하는 거란다. 우리 이브는 최선을 다할 거야"

"저는 어머니랑 여기서 영원히 같이 살고 싶어요. 떠나고 싶지 않아요"

왕비는 웃으며 이브의 등을 토닥였어요.

"이브. 나도 그래. 그러나 언젠가 나를 떠나 너의 별을 가지게 되겠지. 떠나도 언제든 만날 수 있어. 나는 이브의 별에 매일매일 가고 싶을걸? 내 사랑 이브. 엄마가 많이 사랑해"

"저도요. 사랑해요"

"너는 많은 천사에게 겸손하고 의롭고 선한 모범을 보여야 해. 너는 공주니까. 공주의 의무란다. 그리고 사랑만으로는 부족하단다. 사랑과 함께 지혜도 있어야 해. 지혜가 없으면 모든 게 엉망이 되어버려. 지혜를 가지기 위해서 많은 경험도 하고, 큰마음을 가지려 노력하고, 책을 읽고, 공부도 하고 시험도 보고 하는 거야. 지혜가 있어야 올바른 선택을 할 수 있으니까"

"네. 알겠어요. 어머니. 걱정하지 마세요. 제가 노력할게요"

왕비는 이브의 등을 토닥이며 말했습니다.

"나의 사랑. 나의 이브는 잘할 수 있을 거야. 언제나 최선을 다하니까"

왕비는 이브의 손을 잡고 다짐을 놓듯이 말했습니다.

"루시퍼와 어둠의 악당들, 그리고 주술사와 점쟁이들이 여기저기 돌아다닌다고 해. 그들은 잘 변신해서 알아보기가 쉽지 않아. 그들에게 천사들이 현혹되지 않게 덴파레와 대장들이 많이 애쓰고 있단다. 어둠의 악당들과 주술사나 점쟁이들은 선한 천사들의 영혼을 더럽히지. 그들은 천사들의 영혼을 더럽히고 짓밟으면서 우월감을 가지려고 하는 가증스럽고 교만한 어둠의 무리야. 천사 나라에 있어서는 안 될 영혼들이지. 이브. 그 가증스러운 것들과 절대 어울려서는 안 돼. 어둠의 악당들과 같은 편인 주술사와 점쟁이들을 만나서 주술을 본다거나 점을 본다거나 하는 것은 천사 나라의 법을 어기는 것이라는 걸 알고 있지? 아직 어리고 순진한 천사들은 그들에게 속고 그들의 모함에 빠질 수 있단다. 너 역시 그들의 근처에도 가지 마. 너는 누구보다 법을 잘 지켜야 해"
"네, 알고 있어요. 어머니. 제가 주술사나 점쟁이를 만날 이유가 없잖아요. 전 이렇게 행복한데요! 어머니, 걱정하지 마세요. 안심하셔요"
"그래, 엄마는 이브를 믿는단다"
"어머니. 저는 어머니를 닮고 싶어요. 어머니처럼 사랑과 지혜를 장착한 이브가 되고 싶어요!"
"그럼. 반드시 사랑과 지혜를 장착한 이브가 될 거야"
왕비와 이브는 정원의 천사들을 보며 흐뭇한 시간을 가졌어요. 그러나 순진하고 호기심 많은 이브를 보는 왕비의 마음 한편에는 근심이 떠나지 않았습니다.
이브는 정원으로 가서 리시안과 함께 꼬마 천사들과 놀아주었습니다. 꼬마 천사 사랑이와 러브도 까르르 즐거운 웃음소리를 내며 함께 놀았어요. 사랑이는 이브처럼 다정한 천사가 될 거라고 했고, 러브는 샤인처럼 멋진 대장이 될 거라고 다짐했습니다.

유카와 팻시아가 이브의 정원으로 왔습니다. 유카와 팻시아는 번득거리는 눈으로 이브의 정원을 둘러보았습니다. 팻시아가 한숨을 냈어요.
"하, 여긴 아기 천사, 꼬마 천사들이 왜 이렇게 많아? 이브는 아기 천사, 꼬마 찬사들이 귀찮지도 않나? 어우, 난 딱 질색인데. 귀찮아, 귀찮아. 근데 정원이 환하고 예쁘긴 하다. 이브처럼 향기롭고 다정한 느낌이네!"
유카는 짜증 섞인 소리로 말했어요.
"뭐가 향기롭고 다정해? 어린 천사들이 많아서 시끄럽기만 하네. 쳇!"
팻시아가 심드렁하게 말했습니다.
"이브는 천사들 모두에게 이브의 정원을 다닐 수 있게 하잖아. 이브답지, 뭐. 이브는 좋은 건 다 나누잖아. 이렇게 예쁜 정원을 혼자만 볼 이브가 아니지. 너의 정원은 어린 천사들이 오기엔 좀 그래. 어둡기도 하고 너무 자극적이야. 너 닮았어. 이상한 냄새 풍기는 꽃들은 왜 키우고 그래? 이해가 안 돼"
유카가 팻시아를 사납게 쳐다보며 말했어요.
"이상한 냄새? 웃기네. 넌 향기로워?"
"넌 코가 없어? 네 정원에 있는 꽃들은 냄새가 왜 그래? 머리가 어질어질할 지경이야. 아기 천사들이 그 냄새 맡는 건 나도 싫어. 아기 천사들이 있기엔 이브의 정원이 좋긴 하다"
"어차피 난 어린 천사들 귀찮아서 내 정원에 오는 거 딱 싫거든! 야! 넌 누구 편이야! 그래서 이브가 좋다는 거야? 뭐야?"
팻시아는 한숨을 푹 내뱉으며 팔짱을 끼고는 유카를 흘겨보았어요.
"사실 말이야, 이브를 싫어하는 천사가 있니? 이브가 착하다는 건 다 알잖아. 몇몇이 이브의 사랑스러움을 배 아파서 시기, 질투할 뿐. 너처럼 말이야"
유카는 발끈했습니다.
"이브가 사랑스럽다고? 어디가? 어떻게 사랑스럽다는 거야? 웃기시네. 난 이브가 싫어! 무조건 싫다고!"
"나도 썩 좋지는 않아. 샤인이 이브만 바라보니까 짜증 나거든. 내가 이브보다 훨씬 예쁜데 왜 샤인은 이브를 좋아해? 몸매도 내가 훨씬 멋지지 않아? 어우, 짜증 나. 정말"
이브는 정원에 있는 유카와 팻시아를 보고는 얼른 다가가 반겼습니다. 리시안은 유카와 팻시아를 보는 마음이 편치 않았습니다.

IV 그러지 마!

"유카! 팻시아!"
유카는 가식적인 친절한 미소를 지으며 말했어요.
"이브, 역시 예상대로 예쁜 정원이구나. 너답다"
팻시아는 유카의 가식적인 미소가 어이없다는 듯 고개를 저었어요.
"이브, 꼬마 천사들이 정원을 망치면 어쩌려고 막 다니게 해?"
"아니야. 꼬마 천사들도 꽃잎 하나하나 잘 보살피며 놀아. 일부러 꽃을 상하게 하지 않아. 실수로 어쩌다 꽃이 다치게 된다면 또 잘 가꾸면 되지 뭐. 아기 천사들이 놀다가 꽃을 다치게 하는 건 그럴 수 있는 일이야. 괜찮아. 꽃잎 차 마실래?"
팻시아가 신나게 말했어요.
"난 좋아"
유카는 심드렁했습니다.
"그러지 뭐"

이브는 친구들을 위해 정성껏 꽃잎 차를 내어왔어요. 팻시아는 꽃잎 차를 후루룩 소리 내며 요란스럽게 마셨습니다.
"카~ 맛있네. 향기롭다. 깨끗하고 달콤한 맛이야"
"고마워"
유카는 꽃잎 차 한 모금을 찔끔 마시고는 이브에게 부탁하듯 말했어요.
"이브. 나의 정원에서 티 파티가 있는데 올 수 있지?"
이브가 망설였어요.
"아.... 나도 가고 싶지만...."
꼬마 천사들과 놀아주던 리시안은 난처해하는 이브를 보고 다가왔습니다.
유카는 일부러 속상한 표정을 지었어요.
"안 오겠단 말이야? 지난번에 온다고 했잖아. 내가 잘못 들었어? 그리고 네가 우리를 너의 정원에 초대 안 해준 것도 엄청 속상한데 왜 또 이러니? 우리는 너의 친구가 아니야? 너 왜 그래? 나를 피하는 건 아니지? 공주면 다야?"
이브가 당황하여 어쩔 줄 몰라 하였습니다.
"아니야. 그런 게 어딨어. 그런데 이번에는 좀 곤란해. 요즘 왕궁 별 밖으로 나가면 안 되어서 그래. 그리고 곧 시험도 있고. 미안해. 다음에는 꼭 갈게"
팻시아가 이브에게 보챘습니다.
"이브! 다시 생각해. 잘 생각해 봐. 사실 네가 와야 샤인도 올 거잖아. 우리가 샤인에게 초대한들 네가 안 오는데 샤인이 오겠니? 뻔하잖아. 샤인이 유카의 정원에 꼭 와주면 좋겠거든. 그리고 저번에 우리를 초대 안 해준 것도 우리가 마음이 상당히 상했단 말이야. 자존심 상해. 정말!"
"미안해. 다음에는 꼭 갈게."
"너는 우리에 대한 배려는 조금도 없구나?"
"아.... 미안해"
리시안은 유카와 팻시아의 과장된 표정과 몸짓에 경계하는 마음이 앞섰습니다.
"이브 언니가 다음으로 약속하잖아요. 난처하게 왜 그래요? 그만 해요. 이브 언니가 너무 미안해하잖아요"
"넌 왜 참견이야? 너 정말 성격 고약한 애네. 웃겨"
"우리는 산책하러 가기로 했어요. 다음에 또 이브 언니 정원에 놀러 와요. 이브 언니, 가자"
이브는 미안한 마음으로 유카와 팻시아에게 말했습니다.
"다음에 꼭 갈게. 미안해"

IV 그러지 마!

"이브 언니. 가자"
리시안은 단호하게 이브의 손을 잡아끌고는 날아갔습니다.
유카는 분해서 부들부들 떨었어요.
"기분 나빠! 이브. 리시안. 너희들 내가 꼭 짓밟아 버릴 거야"
팻시아는 팔짱을 끼고 입을 이기죽이며 말했어요.
"리시안 저 애는 왜 이렇게 거슬리니? 공주면 다야? 공주라는 것들은 다 저래? 거슬려. 정말"

이브는 마음이 불편했습니다. 리시안은 분위기를 바꾸려고 씩씩하게 말했어요.
"이브 언니! 우리 신나게 뛰어볼까?"
"그래! 리시안!"
이브와 리시안은 신나게 뛰었습니다. 기분이 상쾌해졌어요. 둘은 뛰다가 멈추어 서서 마주보며 웃었어요.
"이브 언니, 기분 좀 나아졌어?"
"응"
"유카랑 팻시아는 멀리해야 할 것 같아. 왠지 뭔가 감추는 것이 많은 것 같아. 어두워. 그렇지?"
이브는 고개를 끄덕였어요.
"그렇긴 한데 오래된 친구들이잖아. 나쁜 마음으로 그러는 건 아닐 거야. 유카와 팻시아는 감정적으로 표현하니까 그렇게 보일지도 몰라"
리시안은 이브의 마음을 보듬고 싶었습니다.
"이브 언니, 아까 곤란했지? 잊어버려. 우리 다시 뛰어볼까? 아님, 신나게 날아볼까?"
"우리 다시 뛰자!"
둘은 웃으며 뛰기 시작했어요. 뛰다 보니 유카와 팻시아 때문에 막힌 가슴이 뻥 뚫리는 것 같았습니다.
샤인과 리엘은 왕궁 별 주변을 경호하다 뛰어다니고 있는 이브와 리시안을 발견하고는 둘에게 방해되지 않게 뒤를 조용히 날고 있었어요. 이브가 뛰다가 넘어지려 하자 샤인이 뒤에서 얼른 번쩍 안아 올렸습니다. 이브는 어릴 적부터 잘 넘어졌어요. 뛸 때마다 꼭 한 번쯤은 넘어졌습니다. 그래서 샤인은 혹시나 하는 마음으로 준비하고 있었습니다.
"공주님~ 조심해야지요"
"어? 언제 왔어?"
"좀 전에. 뛰길래 넘어질 것 같아 준비하고 있었지. 날면 안 넘어질 텐데"
샤인은 싱긋 웃었습니다.
"유카와 팻시아가 이브 언니 정원에 왔었어요"
샤인과 리엘의 표정이 굳어졌습니다. 이브는 별일 아니라는 듯 말했어요.
"그냥 나의 정원을 한번 보러 온 거야. 유카의 정원에서 티 파티를 한대. 시험이 있고 해서 거절했어. 그런데 거절할 때 좀 힘들었어. 미안했거든"
"잘 거절했어. 미안해할 것 없어. 신경 쓰지 말고 시험 잘 볼 생각해"
"응"
"신나게 뛰었으니 우리 이제 날아볼까? 다치지 않게"
"좋아!"
넷은 즐겁게 날았습니다. 산들바람에 시원하게 머리칼을 날리며 날았어요. 다행히 유카와 팻시아는 머릿속에서 사라졌어요. 신나게 날아다녔습니다. 왕궁 성을 경호하는 근위대장들 샤인과 리엘은 이브와 리시안을 왕궁까지 잘 보호하며 함께 갔습니다.

팻시아는 씩씩거리는 유카를 힐끗 쳐다보며 말했어요.

"보나 마나 샤인은 오지 않겠네"
유카가 분을 이기지 못하며 씩씩거리면서 말했습니다.
"그게 문제가 아니잖아!"
"뭐가 문젠데?"
"나를 무시했어! 이브가 나를 무시했다고! 이브를 짓밟고 싶어. 아주 지근지근. 분해서 못 견딜 것 같아"
"그건 아니지. 이브는 미안해했어. 이브는 누구를 무시하고 그러지 않아. 솔직히 말하자면, 이브가 너의 잔꾀에 안 넘어가서 기분 나쁜 거잖아. 맞잖아?"
"너 지금 뭐 하자는 거야?"
팻시아는 어깨를 한번 들썩였어요. 유카는 주먹을 쥐고 부르르 떨었습니다.
"복수할 거야"
"복수? 무슨 수로?"
"무슨 수든지! 어떠한 방법이든지! 지근지근 밟아 놓고 싶다고!"
"그런데 말이야, 이브의 정원은 예쁘긴 해 그지? 이브 닮았더라"
"뭐라는 거야!"
"인정할 건 인정 좀 해라. 솔직히 너한테 정원이 어울리니? 사실 너는 샘이 나서 이브를 따라 한 거잖아. 좋아서 하는 거랑 샘나서 따라 하는 거랑은 결과물이 달라. 네 정원은 좀 뭔가가 지나치다고 할까? 자극적이다고 생각 안 해? 뭐 좀 그래"
유카가 눈을 부릅뜨며 큰 소리로 말했어요.
"너 지금 뭐 하자는 거야! 나 약 올리려고 일부러 그러는 거야?"
"그러니까 왜 어울리지도 않은 짓을 해선. 쯧"

루시퍼는 유카와 팻시아의 대화를 나무 뒤에 등 기대어 서서 엿듣고 있었습니다. 루시퍼는 누가 봐도 멋진 아름다운 천사로 변신하고는 검은색 머리카락을 휘날리며 유카와 팻시아에게 다가왔습니다.
팻시아는 넋을 잃고 바라보았어요.
"저 멋진 천사는 누구야?"
"글쎄. 처음 보는데 누구지?"
"누굴까?"
루시퍼가 긴 머리카락을 날리며 천천히 다가왔습니다.
"유카님, 팻시아님. 맞죠?"
팻시아는 어리둥절해서 말했습니다.
"우리 이름을 어떻게 알아요?"
"아름다우신 분들이라 소문이 자자한데 모를 리가 있나요. 유카님의 정원도 유카님 만큼 아름답다고 소문을 들었습니다"
"나의 정원을 알아요?"
"소문을 들었죠. 유카님의 아름다운 정원에 저도 한번 초대해 주시면 영광이겠습니다"
팻시아가 얼른 나섰습니다.
"물론이에요. 유카의 정원에 언제든 오셔도 됩니다. 마침, 티 파티가 있는데 오실래요?"
"아, 영광입니다"
"영광이라니요. 얘 정원에 오셔서 실망이나 하지 마세요"
유카가 발끈했습니다.
"야! 팻시아! 말 똑바로 해. 그리고 네가 뭔데 내 정원에 네 마음대로 함부로 초대해?"
"우리는 오랜 친구잖아. 내 마음이 곧 네 마음"

IV 그러지 마!

루시퍼는 여유 있는 웃음을 지어 보였습니다.
"그럼, 저도 티 파티에 참석해도 되는 겁니까?"
"그럼요"
유카는 팻시아를 팔꿈치로 툭 쳤어요. 그러고는 루시퍼를 아래위로 훑어보았습니다.
"이봐요. 우리는 당신이 누군지 몰라요. 왕궁 별의 천사는 아니죠?"
루시퍼는 씩 웃었어요.
"왕궁이 있는 별이든 다른 별이든 상관있나요. 모두 천사 나라잖아요"
"당신은 처음 보는 천사라…."
"왕궁 별에는 잘 안 오긴 합니다만 저 역시 천사 나라 백성이지요. 그나저나 이브 공주와 친구 사이라고 알고 있는데…. 혹시 이브 공주님도 오나요?"
유카가 갑자기 흥분하며 발끈했습니다.
"그게 정말 어이없게도 초대를 거절하지 뭐예요! 이브의 정원에 초대를 못 받은 것도 기분 나쁜데 내 파티를 거절하다니! 으…. 기가 막혀. 못돼먹은 이브"
팻시아가 한숨을 쉬며 말했어요.
"이브가 안 오니까 당연히 샤인도 안 올 거잖아. 에이, 기대했는데 글렀다"
유카는 눈썹을 치켜올렸습니다.
"야! 지금 그게 중요해? 난 꼭 복수할 거야! 오늘 당한 이 모욕을 꼭 복수하고 말겠어! 정말 이브만 사라진다면 뭐든 할 거라고"
루시퍼가 한쪽 입꼬리를 올리며 말했습니다.
"이브…. 두 분은 이브 공주님이 무척이나 싫은가 보군요"
팻시아는 루시퍼를 기분 나쁘게 쳐다봤어요.
"이브가 오든 말든 뭔 관심이에요?"
"당신도 이브 타령이에요? 당신도 이브에게 관심 있나 보네. 흥!"
"아니 무슨 말씀을. 관심이라니요? 아닙니다. 공주니까 모르는 천사가 없긴 하지요"
"나는 이브를 짓밟을 수 있다면 뭐든 할 수 있어요. 무슨 짓을 해서라도 어떻게든!"
팻시아는 유카를 힐끗 보며 심드렁하게 말했어요.
"유카, 그렇게까지 할 필요가 있어? 그리고 쉽지 않을걸? 샤인이 보호하고 있잖아. 나도 이브가 싫긴 해. 샤인 옆에 딱 붙어선 떨어지지도 않고. 에이! 짜증 나!"
루시퍼가 고개를 끄덕이며 말했습니다.
"제가 두 분을 도울 수 있을까요?"
"어떻게요?"
"두 분을 도울 묘안이 있습니다. 이브 공주님을 유카님 정원에 초대만 해주시면 제가 다 알아서 하지요"
"초대를 거절했는데 어떻게요?"
"헤이즐을 이용해 보세요. 헤이즐은 이브 공주의 절친이니 헤이즐 부탁은 거절 못 할 겁니다"
팻시아가 유카의 팔을 흔들었어요.
"아! 맞다! 얼마 전에 헤이즐이 그랬잖아. 도움이 필요하면 말하라고"
"근데 헤이즐은 어떻게 알아요?"
루시퍼가 한쪽 입꼬리를 올리며 말했습니다.
"흐흐. 다들 유명하신 분들이라. 그럼 저는 유카님의 정원에서 뵙겠습니다"
루시퍼는 고개인사를 하고는 유유히 자리를 떠났습니다.
팻시아는 고개를 갸우뚱했습니다.
"유카, 우린 예쁘니까 유명하지만, 근데 말이야, 헤이즐이 유명해? 키다리 헤이즐을 어떻게 알아?"

"그러게"
"저 천사 좀 뭔가 이상하지 않니? 이름도 안 알려주고 말이야."
"우리가 깜박하고 안 물어봤잖아"
"우리 이름은 알면서 자기 이름은 왜 안 알려줘? 예의가 아니잖아. 진짜 잘 생기고 멋지긴 한데 좀 찝찝하지?"
"뭐가 찝찝하니? 이브를 없애 준다잖아. 그럼 된 거 아냐? 뭘 더 생각해!"
"넌 또 과장이니? 다 알아서 한다고 했지, 없애 준다고는 하지 않았다고. 멍청하긴"
"그 말이 그 말이잖아. 이 멍텅구리야"
"이브를 꼭 없앨 필요까지 있니? 그렇게까지 우리가 할 필요 있어? 그건 위험한 일이야!"
"너는 모욕을 당하고도 그런 생각을 하니? 한심하다"
"왕과 왕비가 알기라도 한다면 우리는 끝장이야. 좀 전에 그 천사 설마 루시퍼는 아니겠지? 요즘 루시퍼가 성안에 드나든다고 하더라. 아까 그 천사는 우리가 본 적 없는 천사이기도 하고 좀 찝찝해. 루시퍼는 변신을 잘하니까 조심하랬어"
"루시퍼면 어때! 이브만 짓밟을 수 있다면 내 영혼이라도 팔겠어!"
"하긴, 나도 이브가 없어지면 좋겠다. 그래야 샤인을 차지할 수 있으니까"
유카는 비웃으며 말했어요.
"꿈도 크지. 샤인은 내 거야. 알겠니? 그나저나 헤이즐을 만나보자"

유카의 정원에 헤이즐이 왔습니다. 헤이즐은 유카의 정원을 둘러보며 불쾌한 기분이 들었습니다. 현란한 꽃들이며 자극적인 향이며 모든 게 피하고 것투성이였습니다. 헤이즐은 뭔가 유카와 팻시아의 치졸한 계획이 있을 거라고 예상하고 왔습니다. 헤이즐은 그들에게 동조할 만큼 격 떨어지고 싶지 않았지만 필요하다면 할 수도 있다고 생각했습니다.
유카와 팻시아가 헤이즐을 부르며 가식적으로 반가운 척하며 다가왔습니다. 그들을 보자 헤이즐은 쓴웃음이 나왔습니다.

이브의 방은 정원이 잘 내려다보였어요. 정원의 꽃들과 나무들은 반짝반짝 빛이 났습니다. 이브는 왕비가 주관하는 시험을 잘 보기 위해 열심히 공부하고 있었습니다. 이번에도 좋은 성적으로 통과해 어머니와 아버지를 기쁘게 해드려야겠다는 마음으로 집중해서 열심히 공부하고 있었어요.
티스가 이브의 방에 들어왔어요.
"공주님. 열심이네요. 이번에도 좋은 성적으로 통과하시겠어요"
"아, 티스 선생님"
티스는 언제나 이브에게 포근함을 주었습니다. 이브의 선생님으로서 다정하고 포근하게 이브의 옆을 지켜왔어요. 매일 사랑스러운 이브를 보면서 이브가 없는 삶은 무의미하다고 생각할 정도로 이브를 아끼고 사랑하며 보살폈습니다.
"어느 부분을 읽고 있었나요?"
"의지와 고집의 차이요. 그렇지 않아도 선생님의 말씀을 듣고 싶었어요"
"이브 공주님. 제가 생각하는 의지와 고집의 차이는요, 의지는 선한 방향으로 이끌고 고집은 나쁜 방향으로 밀어 넣지요. 의지는 겸손함에서 나오지만, 고집은 교만함에서 나와요. 의지는 지혜를 선물하지만, 고집은 눈을 멀게 해서 판단력을 사라지게 해요. 곧 의지는 강인함이지만 고집은 나약함이지요. 의지는 정의로움이지만 고집은 비겁함이라고 생각해요. 그리고 의지는 밝음이지만 고집은 어둠이지요"
이브는 고개를 끄덕였어요.
"티스 선생님. 저는 의지가 있는 천사가 되고 싶어요. 사랑과 지혜가 있는 천사가 되도록 노력할 거예요. 아~ 선생님은 산들바람 같아요. 선생님과 이야기하면 마음이 잔잔해지고 편안해져요. 그리고 뭐든 정리가 되는 느낌이어요"
 티스는 이브의 얼굴을 가만히 보았습니다.
"그런데 무슨 고민이 있으세요? 얼굴에 고민이 있다고 쓰여있네요"
"그게.... 유카와 팻시아가 저의 정원에 왔었어요. 유카의 초대를 거절해서 마음이 불편하고 미안했어요"
 티스 선생님의 얼굴에 걱정이 비쳤습니다.
"선생님. 유카와 팻시아가 저번 친구들 모임에 초대 안 해서 마음이 상했나 봐요. 그런데 이번에는 유카의 초대를 제가 거절을 하게 됐어요. 그게 마음이 불편해요. 그리고 친구들은 유카와 팻시아를 멀리하라고 해요. 저는 딱히 멀리해야 할 이유를 잘 모르겠어요"
"덴파레 왕자님, 샤인, 로리, 리엘, 리시안 공주님. 모두 이브 공주님께 진실한 분들이지요?"
"네"
"유카와 팻시아는 공주님께 진실한 친구인가요?"
"그건 잘 모르겠어요"
"그럼 진실한 친구들의 말을 귀담아들어 보세요. 잘 모를 땐 나에게 진실한 친구들의 생각을 들어 보는 것도 올바른 판단에 도움이 된답니다"
 이브는 가슴에 손을 얹고는 눈을 감고 생각했습니다. 다시 눈을 뜨고는 티스에게 미소를 지었어요.
"네. 선생님. 저는 좋은 친구들이 옆에 있어서 행운이에요"
 티스도 다정한 미소를 지었어요. 언제 보아도 사랑스러운 이브였습니다.
 티스는 이브에게 가지고 왔던 책을 책상에 얹어 두고는 나갔습니다.

 샤인이 이브의 테라스로 날아왔어요. 이브는 샤인을 보자 함박웃음을 지었습니다.
"이브. 다리는 괜찮아?"
 이브는 재미있게 웃었어요.
"넘어지고, 넘어지고 또 넘어지고"
"혹시 고요함 속에 있을까 봐 왔지. 고요함 압수하려고"
"시험공부 때문에 그럴 여유 없어"
 샤인은 이브에게 줄 책을 책상 위에 놓았습니다.
"꽃이 아니라 책이네? 재미있겠다. 고마워"
 샤인은 싱긋 웃었어요. 숨어 있던 꼬마 천사 사랑이와 러브가 꽃이 한가득 든 바구니를 양쪽으로 들고 날아왔어요. 이브는 꽃바구니를 받아 들고는 빙그르르 돌았습니다.
"사랑이! 러브! 고마워"
 사랑이와 러브는 으쓱해지며 기분이 좋았어요.
"샤인 대장님이 꽃바구니를 이브 공주님께 드리라고 주신 거예요"
"우리는 배달만"
 이브는 두 꼬마 천사를 꼭 안아줬어요.
"너희들은 너무 사랑스러워"
 사랑이와 러브의 통통한 분홍빛 볼은 까르르 웃으니 더 통통해졌어요. 사랑이와 러브는 뭔가 대단한 일을 한 것처럼 마음이 뿌듯했습니다. 사랑이와 러브는 손잡고 미소 가득한 볼을 만들어 이브와 샤인의 주변을 빙글빙글 돌다가 정원으로 날아갔습니다.

 헤이즐이 이브의 방에 들어왔습니다. 샤인을 보자 어색하게 인사했습니다.
"헤이즐. 이브에게 할 말이 있구나. 나는 나가 볼게"

IV 그러지 마!

"응, 그렇긴 한데 급한 선 아니라서 좀 더 있다가도 돼"
"아냐. 잠시 들른 거야. 요즘은 루시퍼의 무리 때문에 바쁘기도 해"
 샤인이 나가자, 헤이즐은 뭔가 망설이는 것 같았습니다.
"헤이즐. 고민 있어?"
"아니, 고민이 아니라 유카의 부탁을 받았어. 너와 함께 유카의 정원에 초대받았는데 네가 거절했다더라. 마음이 많이 상했나 봐. 이야기 들어 보니 나라도 마음이 많이 상하겠더라"
"으응. 근데 곧 시험도 있고, 요즘 루시퍼도 돌아다닌다고 하니 조심해야 해서"
"루시퍼가 유카 정원에 왜 드나들겠니. 초대받지 못한 것도 그 친구들은 마음 상했는데 초대까지 거절했다니. 너 정말 너무한 거 아니야?"
 헤이즐은 이브의 죄책감을 자극했습니다.
"으응.... 거절해서 미안한 마음이 계속 남아 있어. 그런데 시험도 곧 있고, 당분간 왕궁 별 밖으로 나가지 못해"
"잠깐 공부 안 한다고 통과 못 하겠니? 오히려 미안함 때문에 공부가 더 안 될 거야"
 이브는 망설였어요.
"이브. 나도 초대받았어. 우리 같이 잠시 갔다 오면 되잖아. 잠시 있다가 오는 건데 뭘. 비밀로 할게. 갔다 오면 마음이 홀가분해져서 오히려 공부에 집중이 더 잘될 거야"
 이브는 곰곰이 생각을 해보았습니다.
'맞아. 갔다 와야겠어. 그리고 유카와 팻시아를 의심하는 건 건 지나친 것 같아. 도대체 유카의 정원에 가는 게 뭐가 위험하다는 거야?. 유카도 팻시아도 오래된 친구야. 착하진 않지만, 나쁜 것 같지는 않아. 그리고 정원에 어떤 꽃들이 더 피었는지도 궁금하단 말이야. 아, 답답해. 거절해서 계속 마음이 불편한 것보다 잠깐 들러서 좋은 시간 가지는 게 훨씬 낫겠다. 맞아. 거절하지 말고, 가야겠어'
 이브는 결심했습니다.
"그래. 헤이즐, 우리 잠깐만 다녀오자. 근데 이건 비밀이야. 모두 걱정하고 있으니까"
"알았어!"
 꼬마 천사 사랑이와 러브는 이브의 창가에서 헤이즐과 이브의 대화를 숨죽여 듣고 있었어요. 사랑이는 눈썹을 모으고 말했습니다.
"헤이즐이 좀 이상하지 않아?"
"쉿! 소리가 크잖아. 쉿! 헤이즐이 많이 이상하긴 해"
"아무래도 헤이즐이 순진한 이브 공주님을 꼬드기는 것 같아"
"우리가 이브 공주님을 보호해야 해"

 헤이즐은 왕궁을 나서면서 자괴감이 들었지만 묘한 짜릿함도 느꼈습니다. 이브의 정원 위로 커다란 검은 새가 몇 바퀴 돌다가 사라졌습니다.
 왕과 왕비는 검은 새를 걱정스러운 눈으로 바라보았습니다. 왕비의 얼굴은 근심으로 가득했습니다.
"곧, 나쁜 일이 벌어질 것만 같아요"
 왕은 왕비의 어깨를 감싸안고는 나지막이 말했습니다.
"우리의 천사들을 믿어 봅시다"
 왕비는 천천히 고개를 끄덕였습니다.

 왕궁을 나와서 리엘과 함께 왕궁 주변을 둘러보던 샤인은 사라지는 커다란 검은 새를 보고는 불길함이 엄습해 왔습니다.
"리엘. 저 검은 새는 틀림없이 루시퍼야."

리엘이 말없이 고개를 끄덕였습니다. 샤인은 왕궁 위를 돌던 음흉스러운 검은 새가 마음에서 떠나지 않았습니다.

이브는 주위를 살피며 조심스럽게 혼자 왕궁을 나왔습니다. 왕궁 밖에서 헤이즐이 기다리고 있었습니다. 이브와 헤이즐은 왕궁으로 가는 로리와 마주쳤습니다.
"이브. 헤이즐. 여기서 뭐 해? 어디 가?"
이브는 많이 당황했습니다.
"응? 산책하려고 나왔어. 왕궁 성에 들어가는 거야?"
로리가 고개를 끄덕이고는 이브에게 당부하였어요.
"이브. 멀리 안 갈 거지?"
로리는 왠지 불길한 예감이 들어 발길이 안 떨어졌습니다.
"멀리 가지 마. 알았지?"
"응…."
로리는 왕궁으로 가려다 불안한 예감에 이브의 손을 잡고 다시 당부했습니다.
"멀리 가지 마. 얼른 돌아와야 해. 응?"
이브는 미안한 마음에 손을 슬그머니 뺐어요.
"응. 알았어"
로리가 왕궁으로 들어가자, 이브와 헤이즐은 유카의 정원으로 날아갔습니다. 꽃나무 뒤에서 숨어 지켜보던 사랑이와 러브는 몰래 뒤를 따라갔습니다.

유카의 정원에 이브와 헤이즐이 도착했습니다. 유카의 정원은 음침하고 현란한 색의 꽃들과 으스스한 나무들 그리고 코를 찌르는 듯한 자극적인 향으로 뒤덮여 있었습니다. 이브와 헤이즐은 정원 입구부터 머리가 지끈거리기 시작했습니다. 입구에 있는 검은색 나뭇가지에 이브의 노란색 조각달 머리핀이 걸려서 바닥에 떨어졌습니다. 긴장한 이브는 머리핀이 떨어진 것도 모르고 유카의 정원으로 들어갔습니다. 헤이즐은 떨어진 머리핀을 흘깃 보고는 못 본 척하고 들어갔습니다.
뒤따라오던 사랑이와 러브는 검은 나무 아래에 뭔가 반짝이는 것을 보았어요.
"이브 공주님의 조각달 머리핀이야!"
사랑이는 얼른 머리핀을 주워서 주머니에 단단히 넣었습니다.
"러브. 여기 너무 음침하지?"
"응. 으스스하다. 여긴 이브 공주님이 올 데가 아닌 것 같아"
"불길해. 예감이 좋지 않아. 샤인 대장님께 얼른 가서 알려야 해"
사랑이와 러브는 빠르게 날아갔습니다.

유카의 정원 저쪽 한편에는 주술사들의 향로에서 회색 향이 피어오르고 있었고, 요란한 점쟁이들의 구슬들이 어지럽게 돌아가고 있었습니다.
헤이즐은 주술사와 점쟁이들을 먼저 발견하고는 이브가 볼 수 없게 얼른 이브의 몸을 돌려 유카와 팻시아가 있는 쪽으로 이브를 밀며 갔습니다.
주술사 사이에서 검은 망토를 입은 레나가 이브를 힐끗 보고는 서서히 다가왔습니다. 레나의 별명은 '검은 망토'였어요. 천사들은 레나를 이름보다 별명인 '검은 망토'라고 불렀고, 레나의 이름을 '검은 망토'로 알고 있는 천사들도 꽤 있었어요. 레나는 주로 검은 망토 모자를 깊게 눌러쓰고 다녔고, 루시퍼 무리 중의 하나로 언뜻 보면 이브와 비슷한 외모를 가지고 있었습니다. 레나는 마음을 잘 감추고 다니며 천사들을 잘 속였어요. 원하는 걸 얻기 위해서는 불법적인 일도 스스럼없이 했습니다. 레나는 이브처럼 되고 싶어 이브처럼 꾸미고 다녔습니다.

IV 그러지 마!

그러면서 이브를 세상에서 제일 싫어하고 시기하며 이브가 가진 모든 것을 다 빼앗고 싶어 했습니다. 그중에서 제일 빼앗고 싶은 건 이브의 가장 친한 친구인 샤인과 이브의 노래하는 목소리였습니다. 레나는 이브의 노래하는 목소리와 샤인을 빼앗는다면 천사들의 우상이 될 수 있을 거라고 믿었습니다.

　유카와 팻시아는 언제나 그렇듯 가식적인 미소로 반기며 과장된 몸짓으로 이브에게 말했습니다.
"이브 공주님. 안 오실 줄 알았는데 이렇게 와주시다니 영광입니다"
"이쪽은 레나. 이브 너를 꼭 만나길 원해서 초대했어"
레나는 마음을 감추고 이브에게 정중하게 인사를 했습니다. 이브는 레나의 검은 망토가 마음에 걸렸지만, 미소로 답했어요. 레나가 손을 내밀며 이브에게 말했습니다.
"우리.... 친구 할까요?"
이브는 레나의 휘어진 긴 손톱을 보고는 멈칫했습니다. 이브는 이렇게 긴 손톱을 처음 보았어요. 레나는 손을 내렸습니다.
"내 손을 잡기 싫은가 보군요"
이브는 미안해졌어요.
"아니, 아니에요...."
사실 이브는 레나의 손을 잡기가 내키지 않긴 했습니다.
팻시아가 눈치를 채고는 호들갑스럽게 말했습니다.
"난 레나의 손톱이 너무 멋지다고 생각해. 손톱의 모양과 색이 환상적이야. 나도 그렇게 해보고 싶어. 이브 너도 그렇지?"
이브는 이상한 향냄새로 계속 머리가 아프고 어질했지만 내색하지 않으려고 했습니다. 유카는 걱정이 되는 척하면서 이브의 안색을 살폈어요.
"왕궁 성 밖을 나와서 마음이 편치 않은 거야? 얼굴빛이 안 좋아 보여"
"아냐, 초대해 줘서 고마워"
"헤이즐. 이브와 같이 와 줘서 고마워. 수고했어!"
"응...."
헤이즐은 두려움이 엄습해 와 유카의 정원을 빨리 빠져나오고 싶었습니다.
"이브. 난 저쪽을 구경하고 올게. 넌 여기 잠시 있어"
이브는 헤이즐의 손을 잡았습니다.
"같이 가. 나도 둘러보고 싶어"
헤이즐은 이브의 손을 놓았습니다.
"잠시만 여기 있어. 곧 올게"
유카와 팻시아가 이브의 팔을 잡아당겼습니다.
"이브. 오랜만에 왔는데 우리랑 이야기 나누자. 레나도 너만 계속 기다렸다잖아"
"응..."
헤이즐은 빠르게 유카의 정원을 빠져나왔습니다. 뒤돌아서 이브를 볼 자신이 없었습니다. 헤이즐은 시기와 질투로 가득 찬 친구를 덫에 밀어 넣은 자신에게 환멸을 느꼈어요. 구차한 자신의 모습이 너무 싫었습니다. 배신자였으니까요. 당장에라도 다시 가서 이브의 손을 잡고 나올지 망설였지만 뒤돌아보지 않고 왕궁이 있는 별로 향했습니다.
'이브.... 미안해....'

　유카의 테이블엔 자극적인 향이 나는 여러 가지 차들이 있었습니다. 유카는 이브에게 차를 건넸습니다.

Ⅳ 그러지 마!

"이브, 너의 정원에서 맛있는 차를 내어줘서 고마웠어. 내 차도 마셔봐"
 이브는 내키지 않았지만 내색하지 않고 한 모금 마셔보았습니다. 역시나 코를 찌르는 향과 자극적인 맛으로 머리가 아팠습니다.
 멀리서 이브를 지켜보던 루시퍼는 검은색 장미꽃이 한 송이 핀 화분을 들고 이브에게 천천히 다가왔습니다.
"이브 공주님"
 이브는 고개를 돌려 루시퍼를 보았습니다. 팻시아가 턱을 치켜들고는 거들먹거리며 말했어요.
"이브. 샤인보다 멋지지 않아? 천사 나라에서 제일 멋진 분 같아. 샤인만 멋진 게 아니야. 저분 너무 멋지지? 아름답지?"
 유카가 고개를 가로저으면서 말했어요.
"아냐, 아냐. 이브에게는 샤인 뿐이지. 말이 나와서 말인데 샤인은 친구니? 아님 연인이니? 둘 사이를 잘 모르겠단 말이야. 내가 아무리 샤인에게 다가가려고 해도 샤인은 너만 보니까. 도대체 무슨 사이야?"
 이브는 당황하였어요. 루시퍼가 나서며 말했습니다.
"어떤 사이든 저는 상관하지 않겠습니다. 기회는 만드는 자의 것이니까요. 이브 공주님. 이 장미꽃 화분을 받아주시겠어요? 저번처럼 거절하시지는 않겠지요?"
 팻시아가 루시퍼에게 물었어요.
"저번처럼 거절? 그럼, 전에도 거절한 적이 있어요? 뭐예요? 당신도 이브를 좋아하는 거예요?"
"흐흐. 이브 공주님을 싫어할 천사는 없죠"
"온통 모두가 이브! 이브! 아 진짜 짜증 나"
 이브는 뭔가 잘못되어 가고 있다고 느꼈습니다. 잠시 정원을 구경하고 오겠다는 헤이즐은 오지도 않고 불안해서 어쩔 줄 몰랐습니다. 이브는 이 자리를 당장 떠나고 싶었습니다.
 루시퍼는 화분을 한 번 더 내밀었습니다. 이브는 마지못해 받았습니다.
"이브 공주님~ 아름다운 장미 향을 맡아보세요"
 루시퍼는 이브의 얼굴 앞에 검은 장미 화분을 내밀었습니다. 검은색 장미는 기분 나쁜 자극적인 냄새로 이브의 머리와 가슴을 찌를 듯이 아프게 했습니다. 머리가 어지럽고 갑자기 피곤해져서 쓰러질 것 같았어요. 머리가 어지러워 머리를 한 손으로 짚어보다가 노란색 조각달 머리핀이 없어진 걸 알고 이브는 당황해 주변을 두리번거렸어요.
"이브. 왜 그래? 뭘 잃어버리기라도 한 거야?"
"아.... 어떡하지? 머리핀을 잃어버렸어"
"걱정하지 마. 우리가 찾아줄게"
 이브는 마음이 불편하고 불안했습니다.
'어디서 잃어버렸지? 아....'
 팻시아는 루시퍼가 참 멋지다고 생각했어요.
"그나저나 멋진 신사님. 이름이 뭐예요? 왜 아직 우리에게 이름을 알려주지 않죠? 당신은 우리 이름을 다 알고 있잖아요. 그건 공평하지 않아요. 예의가 아니잖아요"
"그게 중요한가요?"
"그럼요. 저한텐 아주 중요하죠. 당신에게 관심 있으니까요"
 팻시아와 루시퍼의 대화를 듣고 있던 유카가 루시퍼를 옆으로 흘낏 보며 정체를 안다는 듯 팔짱을 끼고 고개를 끄덕이며 코웃음을 쳤습니다.
"난 당신이 누군지 알 것 같아"
 유카는 루시퍼든 누구든 이브를 짓밟는 것에 도움이 된다면 상관없었어요. 루시퍼는 슬쩍 웃었습니다. 루시퍼는 검은 장미 꽃잎을 한 잎 떼어서 이브의 찻잔에 떨어뜨렸습니다.
"검은 장미꽃잎 차는 처음이시지요? 향이 진하고 아주 깊은 맛입니다. 드셔보세요"

이브는 거절하고 싶었지만 궁금하기도 해서 한 입 마셔보았습니다. 루시퍼는 이브가 차를 마시는 것을 지켜 보고는 검은 장미 화분을 테이블 위에 두고 가벼운 눈인사를 하고 자리를 떠났습니다. 이브는 뭔가 이상한 일이 벌어질 것만 같은 오싹한 두려움에 휩싸였습니다.
"헤이즐은 왜 안 오지?"
유카가 빈정거리듯 말했습니다.
"벌써 사라졌지. 도망갔잖아. 넌 바보같이 헤이즐을 믿었니? 너 바보구나!"
팻시아가 다그치듯 말했어요.
"유카! 너 저 신사 정체 알고 있지?"
유카는 빈정거리듯 고개를 절레거렸어요.
"이야기 끝고 또 딴말하긴. 하여튼 너는 항상 모자라"
팻시아가 발끈하려 하자 유카는 태연하게 말했어요.
"누가 누구에게 모자란다는 거야? 알지. 모를 것 같아? 아까 주술사가 루시퍼라고 부르더라. 루! 시! 퍼!"
이브는 머리가 하얘졌습니다.
'무슨 일이 일어나고 있는 거지?'
아버지, 어머니, 샤인, 티스 선생님, 덴파레 오빠, 리시안, 로리, 리엘이 머릿속을 지나갔습니다.
'진실한 천사들의 말을 귀담아들을걸. 바보. 멍청이'
앞이 점점 흐릿해졌습니다. 이브는 정신을 차리려고 아무리 애를 써봐도 소용이 없었어요. 머릿속이 점점 몽롱해지며 정신을 잃었습니다. 레나는 쓰러진 이브의 어깨에 드리운 날개 같은 분홍색 어깨 베일을 잡아떼어내서 움켜쥐었습니다. 레나의 가슴에서는 엄청난 쾌감과 불길이 용솟음쳤습니다. 레나는 흥분으로 숨소리가 거칠어졌습니다.
루시퍼는 뒤를 돌아 이브를 흘깃 보고는 한쪽 입꼬리를 올렸습니다. 주술사들을 이끄는 어둠의 천사 레나는 검은 망토 모자를 깊게 눌러쓰고는 이브의 분홍색 어깨 베일을 움켜쥐고 루시퍼 뒤를 따라갔습니다.
"레나. 너는 항상 이브의 노래하는 아름다운 목소리를 빼앗고 싶어 했지. 내가 멋진 목소리를 너에게 주겠다. 넌 이브의 모든 것을 질투했지만, 이제부터는 그러지 않아도 된다. 이브의 모든 것을 빼앗아 너에게 주마. 내가 너를 많은 이들의 우상으로 만들어 주겠다. 이브보다 더 유명하게. 흐흐흐"
검은 망토 모자를 깊이 쓰고 있던 레나의 눈이 검은 모자 아래서 번득였습니다. 레나는 천천히 고개를 들어 루시퍼를 보았습니다. 루시퍼는 한쪽 입꼬리를 올린 특유의 비열한 웃음을 지었습니다. 아주 사악한 뱀처럼요.

유카와 팻시아는 주술사들을 불렀습니다. 주술사들은 정신을 잃은 이브를 주술사들의 향로 앞까지 안고 가서 엎드린 모습으로 내려놓았습니다. 유카와 팻시아의 계략대로 되었어요. 이브는 생각보다 쉽게 그들의 모함에 빠졌습니다. 그들은 흥분을 감출 수가 없었어요. 레나는 욕망으로 온몸이 가득 차 온 우주가 자신의 것이 된 것 같았습니다. 레나는 이브의 분홍색 어깨 베일을 휘날리며 불을 내뿜듯 주술사들과 점쟁이들을 지휘했습니다.

근심 가득한 리시안과 티스는 이브의 정원에서 이브를 찾고 있었습니다. 지나가던 로리가 긴장한 눈빛의 리시안과 티스에게 말했습니다.
"리시안! 티스 선생님! 이브 찾아요? 이브는 헤이즐과 산책하러 간다던데 아직 안 들어왔어요?"
리시안과 티스는 불길한 예감이 들었습니다.
"이브 언니는 당분간 어디에도 안 나갈 거라고 했어요. 누구에게도 알리지 않고 헤이즐 언니와

Ⅳ 그러지 마!

산책하러 가다니. 이상해. 로리 언니. 왠지 불안해요"
"이브 공주님이 유카의 정원에 가신 건 아닐까요? 유카의 초대를 거절한 걸 힘들어하셨거든요"
로리는 이브와 헤이즐을 만났을 때부터 마음이 계속 불안했습니다.
"리시안. 이브와 함께 유카의 정원에 가본 적 있다고 했지. 어딘지 기억해?"
"네. 이브 언니는 유카의 정원에 가지 않을 거라고 했는데, 아.... 너무 불안해요"
"혹시 모르니 우리 빨리 가보자"
"네!"

로리, 리시안, 티스는 유카의 정원을 향해 날아갔습니다. 로리와 티스, 리시안은 불길한 마음이 떠나지 않았습니다. 마침, 유카의 정원에서 돌아오던 헤이즐과 마주쳤어요.
"헤이즐! 이브와 산책한다더니 어찌 된 일이야? 왜 혼자야? 이브는?"
"이브 언니는요? 언니 어딨어요?"
"헤이즐! 혹시 이브 공주님이 유카의 정원에 있니?"
헤이즐의 낯빛은 어두웠고 로리와 리시안, 티스를 피하려 했습니다.
"그게.... 나도 몰라"
"너 설마. 이브를 두고 너만 유카의 정원에서 나오는 길이야? 루시퍼의 수작인 거 넌 처음부터 알고 있었지?"
헤이즐은 떨리는 목소리로 말했습니다.
"아냐. 그런 게 아니야"
로리는 치미는 분노로 헤이즐을 노려봤습니다. 헤이즐은 고개를 떨구었습니다.
"넌 친구가 아니야. 배신자! 꺼져! 공주를 모함에 빠뜨려? 넌 역모자야!"
헤이즐 얼굴이 하얗게 질렸습니다.
"난, 난, 아무것도 몰라"
"네 표정은 다 알고 있다고 말하고 있어. 꺼져! 꺼지라고!"
로리와, 티스, 리시안은 다급히 유카의 정원으로 향해 날아갔습니다.
별세계를 순찰하던 덴파레는 로리와 티스, 리시안의 다급한 모습을 보고는 무슨 일이 일어났음을 직감하고는 급히 다가왔습니다.
"무슨 일이야?"
"대장의 군대를 유카의 정원으로 집결시키세요. 유카의 정원에서 무슨 일이 벌어지고 있음이 틀림없어요! 불길해요! 루시퍼의 소행인 것 같아요!"
"오빠! 이브 언니가 거기 있어요! 빨리요!"
"이브가? 알았어!"
덴파레는 가슴이 무너지는 것 같았습니다.
'침착해야 해. 침착해야 해'

꼬마 천사 사랑이와 러브는 왕궁 주변을 둘러보고 있던 샤인과 리엘을 찾았습니다. 사랑이와 러브는 서로 마주 보고 말했어요.
"찾았다!"
샤인은 반갑게 사랑이와 러브에게 다가갔습니다.
"사랑이! 러브! 어디 가는 길이야?"
사랑이가 눈을 동그랗게 뜨고 말했습니다.
"샤인 대장님을 찾고 있었어요"
"나를? 하하. 지금은 못 놀아줘"
러브가 불안해하며 말했습니다.

IV 그러지 마!

"그게 아니라 헤이즐이 이브 공주님에게 왔는데"
"응. 그건 나도 알아"
"헤이즐이 이브 공주님에게 유카의 정원에 가자고 그래서.... 이브 공주님이 같이 갔어요"
사랑이는 샤인에게 이브의 머리핀을 내밀며 조심스럽게 말했습니다.
"이브 공주님 머리핀이 유카의 정원 입구에 떨어져 있었어요"
러브는 걱정 가득한 얼굴이었습니다.
"유카의 정원이 뭔가 이상했어요"
샤인은 이브의 머리핀을 꼭 쥐었어요. 가슴이 아팠습니다.
"알려줘서 고마워. 리엘! 서둘러야겠어"
"우리가 유카의 정원이 어딨는지 알아요"
사랑이와 러브가 재빠르게 앞장서서 날았습니다. 샤인과 리엘은 걱정을 가득 안고 유카의 정원으로 향하였습니다.

유카의 정원으로 로리, 티스, 리시안이 급하게 들어갔습니다. 유카의 정원은 주술사들이 피우는 연기로 온통 뒤덮여 있었고, 점쟁이들의 커다란 구슬 속에는 알 수 없는 검은 형체가 춤을 추고 있었습니다. 레나가 지휘하는 주술사들과 점쟁이들의 주위를 술 취한 루시퍼의 무리가 요상한 노래와 몸짓을 하며 어지럽게 빙글빙글 돌고 있었습니다.
유카와 팻시아가 로리에게 능청스럽게 다가오자, 로리는 둘을 밀쳐버렸습니다. 유카와 팻시아는 바닥에 나뒹굴었습니다. 로리는 침착하려 애를 써도 침착해지지 않았습니다. 불같은 화가 났어요.
"이브는 어디에 있어?"
유카가 넘어진 상태로 주술사 쪽을 턱으로 가리키며 빈정거리며 말했어요.
"저~기. 불법을 저지르고 있지. 흥!"
리시안과 티스는 급히 이브에게로 갔습니다.
이성적인 로리이지만 분노를 참을 수 없었습니다.
"너희들 무슨 짓을 한 거야! 너희들의 그 못된 시기, 질투로 이렇게까지 해야 했어? 너희들이 무슨 짓을 한 건지 알아? 너희들은 처음부터 친구가 아니었어! 어둠의 무리일 뿐이야. 역겹고 비열한 것들! 유카! 팻시아! 불법을 저지르고, 공주를 모함한 죄로 너희들을 체포한다!"
로리는 유카와 팻시아를 묶어서 무릎을 꿇렸습니다. 유카는 로리를 쳐다보며 비웃었어요.
"모함? 제 발로 왔는데 뭐가 모함이야? 웃겨!"
팻시아의 겁먹은 목소리는 흔들렸습니다.
"로리! 나는 아무것도 몰라. 난 그냥 유카 옆에만 있었다고. 왜 이러는 거야? 네가 대장이면 다야? 우리가 모함했다는 증거 있어? 우리 친구잖아"
로리는 둘을 노려봤습니다.
"친구? 야비한 것들"

리시안, 티스는 어지럽게 돌고 있는 술 취한 루시퍼 무리를 밀쳐내며 이브를 찾으려 애를 썼습니다. 덴파레의 군대가 도착했습니다. 덴파레의 군대는 빠르게 레나와 어둠의 무리를 모조리 잡아서 묶었습니다.
덴파레는 주술사의 향로 앞에 절하듯 엎드려 있는 이브를 보고 급히 가서 이브를 안아 일으켰습니다. 이브는 의식이 없었어요.
"이브! 정신 차려! 제발!"
덴파레는 마음이 찢어지는 것 같았습니다. 루시퍼를 향한 분노를 주체할 수가 없었어요. 침착하고 냉철한 덴파레가 분노하는 모습은 처음이었습니다. 루시퍼는 몸을 감추어 지켜보다가

야비한 실웃음을 지으며 사라졌어요.
 샤인과 리엘이 도착했습니다. 샤인이 사랑이와 러브에게 말했어요.
 "사랑이. 러브. 여긴 너희들이 올 데가 못 돼. 그러니 다시 왕궁 별로 돌아가"
 사랑이와 러브는 같이 함께하고 싶었지만, 샤인의 말을 듣기로 했습니다. 샤인이 자신들에게 신경 쓰지 않게 하기 위해서였어요. 똘망똘망한 눈의 사랑이는 대답했습니다
 "네. 알겠어요"
 사랑이는 러브의 손을 끌어 왕궁 별로 향하였어요. 그러나 투덜이 러브는 샤인과 함께 하고 싶은 마음에 아쉬웠습니다.
 "나도 샤인 대장님처럼 천사들을 보호할 수 있단 말이야. 이젠 다 컸다고. 근데 왜 우린 안 끼워주지? 귀찮게 안 할 텐데. 나도 뭔가 힘을 보탤 수가 있어"
 "으휴, 투덜투덜 투덜이 러브. 불평불만 하지 말고 잘 생각해 봐. 샤인 대장님은 우리를 걱정하고 배려해서 가라는 거야. 몰라서 그래?"
 "알아. 알지만 그래도"
 "우리가 도리어 방해가 될 수도 있잖아. 불평불만은 이제는 그만. 가슴에 불만 있으면 어떻게 되게?"
 "불만?"
 "가슴이 타 버리지. 활활"
 "아.... 그러네"

 샤인과 리엘은 이브에게 다급하게 갔습니다. 샤인은 이브를 안았습니다. 이브는 너무나도 창백했습니다. 샤인은 가슴이 찢어질 것 같았어요.
 "이브.... 깨어나.... 제발"
 샤인의 눈에 눈물이 맺혔습니다. 샤인은 이 모든 것이 자신의 잘못이라 생각했습니다. 자신이 이브를 잘 보호하지 못해 이런 일이 생겼다고 생각했습니다.
 '모두 다 내 잘못이야. 이브, 네 잘못은 없어. 모든 것이 다 내 책임이야'
 샤인은 이브를 안고 나오다가 테이블 위의 검은색 장미가 피어있는 화분을 보았습니다.
 '아.... 검은색 독장미. 루시퍼'
 샤인은 레나가 검은색 망토 속에 움켜쥐고 있는 이브의 분홍색 어깨 베일을 보았습니다. 샤인은 레나의 손에서 이브의 분홍색 어깨 베일을 낚아채고 노려보았습니다.
 "이건 네 것이 될 수 없어. 절대"
 로리가 레나를 노려보며 주먹을 불끈 쥐었어요.
 "레나. 넌 내가 반드시 제거할 거다. 반드시"
 레나는 실실거리며 웃었습니다.
 샤인은 이브를 꼭 안고 왕궁으로 향했습니다. 샤인의 눈물이 이브의 뺨을 타고 흘러내렸어요. 이브의 옆에서 보호하지 못한 자신을 끝없이 자책했습니다. 샤인은 이브의 옆을 다시는 떠나지 않을 거라 마음먹었습니다. 그곳이 어디든.
이브의 옆에 있을 거라고.

 왕궁 성의 광장에 천사들이 모여서 웅성거렸습니다.
 "도대체 우리 천사 나라에 무슨 일이 일어난 거야?"
 "어둠의 천사들이 다 잡힌 거야? 정말?"
 "주술사, 점쟁이들 잡힌 거 봐. 그간 어디에 숨어있었던 거야?"
 "검은 망토 레나도 잡혔군"
 "루시퍼는 어디 있어? 루시퍼도 잡혔어?"

IV 그러지 마!

"유카, 팻시아. 나쁜 일을 저질렀구나. 교만하더니!"
"헤이즐은 왜 저기 있어? 헤이즐도 한 패거리였어? 잘난 척하더니. 쯧쯧"
"역시 우리의 대장들은 멋져! 루시퍼 무리를 소탕했잖아"
"대단하다! 대단해!"
"그런데 대장들 얼굴이 왜 저리 침통해? 이상하다"
"샤인 대장은 어디에 있는 거야? 멋진 샤인 대장 보고 싶다!"
 천사들은 천사 나라에 처음 있는 일이라 빠짐없이 모여들었습니다. 천사 나라의 재판장이신 왕이 광장에 나오고 뒤이어 침통한 얼굴의 왕비가 따라 나왔습니다. 천사들은 고개를 갸우뚱거리며 말했어요.
"어둠의 무리를 소탕했는데 왕비님은 왜 저리 침통하신 걸까? 이상하다 그치? 이상해"
 샤인이 창백한 이브를 감싸서 나왔어요. 이브는 헤이즐 옆에 섰습니다. 천사 나라 천사들 모두 눈이 휘둥그레지며 난리가 났어요. 천사들은 큰 소리로 외쳤습니다.
"이브 공주님! 왜 거기에 서요? 나오세요!"
"샤인 대장님! 도대체 무슨 일이에요?"
 꼬마 천사들이 이브에게로 날아가자, 천사 나라 군인들이 꼬마 천사들을 떼어놓았습니다. 꼬마 천사들 사이에 있던 사랑이와 러브는 놀란 가슴을 누르며 침착 또 침착하기로 했어요. 그러나 사랑이의 눈에서는 눈물이 주르르 주르르 흘러내렸습니다.
 왕이 근엄하게 말하였습니다.
"유카, 팻시아, 헤이즐, 레나, 주술사들, 점쟁이들. 너희들은 천사 나라의 법을 어긴 죄로 천사 나라에서 추방한다!"
 팻시아가 발버둥 치며 소리쳤어요.
"저는 아무 잘못 없어요. 유카가 다 꾸민 짓이라고요! 오히려 저는 말렸어요! 근데 왜 제가 죄가 있다는 거예요?"
 유카가 울부짖었습니다.
"팻시아! 거짓말하지 마! 내가 꾸민 짓이라니! 네가 이브 싫다고 했잖아! 이브를 없애고 싶어 했잖아! 네가 저지른 짓을 왜 나에게 뒤집어씌워?"
 팻시아가 애원하며 말했습니다.
"저는 이브를 싫어한 적 없어요. 유카! 네가 이브 짓밟아서 없애버린다고 했잖아. 전 그런 적 없어요. 그리고 헤이즐이 이브를 데려왔어요. 제가 오라고 하지 않았다고요. 오히려 저는 유카의 수작을 말렸습니다. 그리고 헤이즐이 알아서 한다고 그랬어요. 유카와 헤이즐이 다 했어요!"
 유카가 두려움에 떨며 말했습니다.
"팻시아! 거짓말하지 마! 저는 죄가 없어요. 주술사나 점쟁이들은 제가 초대하지 않았어요. 루시퍼와 레나가 데려왔어요. 제발 추방하지 말아 주세요"
 왕이 헤이즐에게 말했습니다.
"헤이즐. 너는 이브의 오랜 친구 아니냐?"
 헤이즐은 고개를 숙이고 말했습니다.
"유카와 팻시아는 이브를 함정에 빠뜨렸고 그 죄로 추방되는 게 마땅합니다. 저는 이브와 같이 갔을 뿐입니다. 저도 모함을 당했을 뿐입니다"
 헤이즐은 이렇게 말하고 있는 자신이 경멸스러웠어요. 구차하게 변명하고 있는 자신이 역겨웠어요. 팻시아가 소리쳤습니다.
"헤이즐! 그렇게 말하면 안 돼! 그러면 우리가 너의 죄를 뒤집어쓰게 돼! 너의 계략에 우리까지 휘말린 거잖아. 그리고 이브는 언제나 왕비님보다 더 우월하다고 그러면서 자신이 천사 나라의 왕이 되어야 한다고 그랬어요. 그래서 우리가 이브를 싫어했어요. 그게 죄인가요?"

왕과 왕비는 거짓말하는 그들을 당장에라도 천사 나라에서 추방하고 싶었습니다. 그러나 왕은 근엄하게 말했습니다.
"주술사들과 점쟁이들은 누가 불렀느냐?"
유카가 루시퍼와 레나를 곁눈으로 보며 말했습니다.
"루시퍼와 레나가 그랬어요"
천사들이 웅성거리기 시작했어요. 유카가 억울하다는 듯 말했어요.
"주술사가 루시퍼라고 부르는 것을 들었어요. 저도 그 신사가 루시퍼인지 처음에는 몰랐어요"
왕은 군인들에게 천사들 사이에서 변신해 숨어있는 루시퍼를 가리키며 말했습니다.
"루시퍼를 체포하라!"
루시퍼가 잡혔습니다.
"네가 아무리 변신한들 내가 속겠느냐!"
루시퍼가 야비한 웃음을 지었습니다.
"어디 마음대로 해보시지요. 이브 공주는 어쩌실 겁니까? 제가 지은 죄가 크겠습니까? 이브 공주가 지은 죄가 크겠습니까? 어디 말씀해 보시지요. 여러분들! 여기 이브 공주를 보십시오! 이브 공주는 천사 나라의 법을 어겼을 뿐만 아니라 왕과 왕비를 내몰아 자신이 왕이 되고자 점쟁이들에게 점을 보고 주술사들에게 제사를 지내게 했어요. 역모죄지요! 왕의 자식이 역모한 죄가 크겠습니까? 저처럼 비천한 종이 역모한 죄가 크겠습니까? 여기 모인 백성들이 판단해 보십시오"
천사들이 웅성거렸습니다.
"루시퍼! 이 더러운 어둠의 악당! 거짓말하지 마! 우리의 이브 공주님을 모함하지 마!"
"이브 공주님이 그럴 리가 없어. 절대 아닐 거야"
"우리의 이브 공주님. 아! 충격이야"
"유카와 팻시아에게 속은 거야"
"이브 공주님 말해봐요! 왜 그랬어요? 답답하게 왜 속았어요?"
"이브 공주님이 루시퍼에게 모함을 당했어. 루시퍼의 덫에 걸렸어. 어떡해"
"샤인 대장님은 이브 공주님 보호하지 못하고 뭐 한 거야. 도대체!"
"이브 공주님 불쌍해. 천사 나라가 엉망이 되어버렸어."
"이브 공주님이 술에 취해 주술사와 점쟁이 앞에서 엎드려 절하고 있었는데"
"아냐. 그럴 리가 없어. 절대로!"
이브는 아무 말 없이 창백한 얼굴로 고개를 숙이고 있었습니다. 티스가 나섰습니다.
"공주님은 모함을 당했습니다. 아시다시피 저는 이브 공주님의 선생입니다. 어릴 때부터 쭉 지켜보아 왔어요. 공주님은 누구보다 폐하와 왕비님을 사랑하십니다. 그리고 이브 공주님은 법을 어길 분이 아니에요. 저들은 거짓말을 하고 있어요. 유카, 팻시아, 헤이즐은 줄곧 이브 공주님을 시기, 질투하고 있었어요. 그걸 알면서 그들을 공주님 주변에서 내치지 못한 제 잘못이 공주님을 모함에 빠지게 했습니다. 아아. 불쌍한 이브 공주님. 모든 것이 제 탓입니다"
리시안은 비통함을 감출 수가 없었습니다.
"이브 언니. 그러고 있지 말고 모함당했다고 속았다고 말 좀 해봐. 제발"
로리는 분해서 긴 칼을 잡은 손이 부들부들 떨렸습니다. 당장에라도 헤이즐을 내려치고 싶었습니다. 그러나 마음을 다잡으며 침착하게 말했습니다.
"이브. 눈물 닦고 정신 차려. 아니라고 말해. 넌 단지 유카의 초대를 받고 갔을 뿐이라고"
그리고 로리는 헤이즐을 노려보며 말했습니다.
"야비한 헤이즐! 똑바로 말해! 진실을 말해. 네가 꾀어 아무것도 모르는 이브를 데려갔다고. 이브는 아무 죄가 없다고 진실을 말해!"
헤이즐은 침묵했습니다. 도리어 자신에게 일어난 모든 나쁜 일들이 이브 때문에 일어난 일이라

생각이 되어 이브가 원망스러웠습니다.
'이브만 아니었다면'
루시퍼가 로리를 비웃으며 말했어요.
"흥! 우정이 가상하군. 그러나 영원한 우정은 없어. 모든 건 변하게 마련이지. 부모 품 안의 아이였던 공주가 자라서 역모를 품듯"
왕은 침착하게 이브에게 말했습니다.
"이브. 할 말이 있으면 해보아라"
이브는 너무나도 고통스러웠습니다. 어리석은 자신 때문에 부모님이 곤경에 처하고 사랑하는 천사들이 괴로워하는 모습을 보니 아무 말도 할 자격이 없는 것 같았습니다. 자신이 모함을 당했다고 하면 헤이즐, 유카, 팻시아가 더 큰 벌을 받을 것도 같아 더욱더 말할 수가 없었어요. 눈물이 흘러내렸어요. 믿을 수 없는, 일어나선 안 될 일이 벌어졌기에 숨이 멎을 것만 같았어요. 어리석은 자신이 싫었습니다. 모든 것이 자신의 책임이라 생각되었습니다.
왕비가 애타는 마음으로 이브에게 말했습니다.
"이브. 지금 아무 말도 하지 않는다면 초록별로 가야 해"
이브는 죄책감으로 아무 말도 할 수 없었습니다. 루시퍼가 왕을 노려보며 호기롭게 말했습니다.
"자식에게 역모나 당하다니! 딱하십니다. 자식 교육 하나 제대로 하지 못한 자가 왕 노릇에 재판장까지 맡고 있다니! 참 이상하지요? 누가 이제 왕을 믿고 따를까 싶군요. 당신이 하는 재판이 공정하다 할까요? 당신이 자격이 있습니까?"
루시퍼는 흥분을 감추지 못하고 더 큰 소리로 말했습니다.
"당장! 왕의 자리에서 내려와! 당신 딸을 봐! 역모를 품고 당신에게 덤빈 당돌한 당신 딸을 보라고! 흐흐흐. 감히 나를 먼지만큼 작은 초록별에 보냈어? 왕이 될 자격이 있는 천사는 나야! 당신의 모자란 자식들이 아니라고! 눈 뜨고 똑바로 봐! 저 보잘것없는 쓸모없는 당신의 딸을! 감히 나를 초록별에 가둬 보시지. 당신 자식이 먼저 가야 할걸? 당신 딸 이브. 흐흐흐. 영원한 생명을 잃고, 초록별에서 처참하게 죽음을 맞이하게 될 거야. 죄의 값으로! 자! 당신 딸을 죽음의 별로 보내기 싫으면 당신이 조용히 왕좌를 떠나면 돼. 아하! 천사 나라는 걱정하지 마. 능력이 넘치고 넘치는 내가 우주 별세계는 잘 다스려줄 테니까. 어리석은 이브. 내가 특별히 너에게는 나를 도운 대가로 왕궁에서 살게 해주겠다. 나와 같이. 흐흐흐"
엄청난 인내심을 가지고 가까스로 참고 있던 샤인은 분노가 폭발했습니다.
"너는 내가!"
긴 칼을 뽑아 들고는 루시퍼를 향해 날아갔습니다. 덴파레와 로리, 리엘. 세 대장이 붙잡으려 했지만 이미 늦었습니다. 세 대장이 소리쳤어요.
"샤인! 안 돼!"
이브가 놀라서 비명을 질렀습니다.
"그러지 마! 샤인! 제발"
샤인은 루시퍼의 가슴에 칼을 꽂으려다 이브의 소리를 듣고 멈칫했습니다. 그러나 있는 힘을 다해 루시퍼의 가슴에 꽂았습니다. 이브가 소리를 질렀어요.
"그러지 마!"
이브는 자신의 어리석은 죄로 샤인이 법을 어기고 죄를 짓게 된 것이 두렵고 고통스러웠습니다.
왕은 근엄하게 말했습니다.
"샤인, 백성들 앞에서 무슨 짓을 한 거냐. 재판 중이다"
샤인이 왕에게 말했습니다.
"제가 법을 어겼으니, 저도 이브와 함께 초록별로 보내주십시오. 이브가 가는 곳이 어디든 함께 가겠습니다"
이브는 심장을 도려내듯 가슴이 아팠습니다.

IV 그러지 마!

왕은 쓰러져있는 루시퍼의 가슴에 치료의 빛으로 상처를 낫게 했습니다. 그러고는 비통함을 감추고는 흔들림 없이 근엄하게 말했어요.

"루시퍼, 레나, 주술사들, 점쟁이들, 어둠의 악당들. 너희들은 죄를 지었으니 천사 나라에서 추방하여 초록별로 보낸다. 그리고 루시퍼는 모든 백성 앞에서 역모죄를 증명하였다. 루시퍼는 이제부터 초록별에서 나오지 못한다. 천사 나라에는 두 번 다시 올 수 없다. 어둠의 악당들, 주술사들, 점쟁이들. 천사 나라의 법을 어기고 백성들의 영혼을 더럽히고자 한 너희들 역시 죄가 증명되었으니 더 이상 기회가 없다. 유카, 팻시아, 헤이즐, 그리고 이브...."

레나의 눈이 망토 아래서 번득거렸습니다. 유카와 팻시아는 두려움에 떨며 소리를 질렀어요.

"저는 천사 나라에 있게 해주세요. 저는 죄가 없어요"

"모든 게 다 이브 때문이에요! 억울해요!"

왕은 말을 이어갔습니다.

"억울하다고 하는 유카, 팻시아. 그리고 헤이즐. 너희들이 억울하다면 증명의 별 초록별에서 죄가 없음을 증명해라. 그리고 이브. 너는 누구의 도움도 없이 네가 어떤 천사인지 스스로 증명해야 한다. 너희들 모두를 죄 있음과 없음을 증명할 수 있도록 가까운 곳에 모아 놓겠다. 초록별에서 너희들 각자의 본성대로 살며 증명할 수 있도록 천사 나라의 기억은 사라지게 할 것이다. 만약 기억을 가지게 되면 죄 있는 천사는 없는 척 거짓된 연기를 할 것이고, 또 어떤 천사는 자신의 어리석음이 부끄럽고 고통스러워 모든 것을 포기할 수도 있기에 천사 나라의 기억을 다 없애겠다. 너희들을 죄가 있음과 없음을, 진정한 천사와 그렇지 않은 천사를 증명할 수 있도록 지금 바로 초록별로 보낼 것이다"

왕은 이브가 모함당한 것을 알고 있었지만 증명할 증거나 증인이 없었어요. 죄가 있다면 왕비의 말을 거스르고 몰래 왕궁을 나간 작은 죄가 있을 뿐이었습니다. 그 죄는 초록별로 보낼만한 죄는 아니지만, 이브는 자신이 당한 모함을 증명하지 못하였기에 재판장인 왕은 이브를 초록별로 보낼 수밖에 없었습니다.

왕비가 눈물을 흘리며 말했어요.

"이브. 내 사랑. 내 아가. 엄마가 많이 사랑해. 이 기억도 이젠 사라지겠지. 엄마 품으로 반드시 돌아와야 한다. 힘내라. 내 사랑"

샤인이 소리쳤습니다.

"저도 이브와 같이 초록별로 보내주십시오"

왕이 샤인에게 안타까운 마음으로 말했습니다.

"아직 너의 재판이 남아 있다...."

샤인은 이브의 머리에 조그만 노란색 조각달 모양 머리핀을 단단히 꽂아줬습니다.

"이브. 내가 너를 꼭 찾을 거야"

샤인은 이브의 손을 꼬옥 잡았어요.

"내 손을 잡아 봐. 따뜻하지? 내 눈을 봐. 네가 있지? 내가 너를 지킬 거야. 내가 너의 손을 꼭 잡을 거야"

이브는 고개를 들 수 없었습니다. 무슨 말도 할 수 없었습니다.

이브는 루시퍼, 어둠의 무리, 주술사들, 점쟁이들, 레나, 유카, 팻시아, 헤이즐과 함께 초록별로 떨어졌습니다. 샤인의 눈물이 초록 잎을 넣은 수정 목걸이를 타고 흘러내렸습니다.

왕은 샤인을 보았습니다.

"샤인 대장. 어찌 재판 중임을 알고도 법을 어겼느냐. 사악한 어둠의 천사 루시퍼 일지라도 재판 중이었다. 친구로서 이브에 대한 깊은 마음은 알고 있지만, 법은 법이다. 너는 법을 어긴 죄로 초록별에 가게 될 것이며 너의 천사 나라 기억은 사라질 것이다. 그러나 천사 나라의 모든

IV 그러지 마!

백성이 너를 응원하고 사랑할 것이다. "
"제가 이브를 반드시 찾아 천사 나라에 꼭 돌아오겠습니다"
왕은 고개를 말없이 끄덕였습니다.
'샤인. 믿는다. 반드시 이브를 찾아서 함께 돌아오너라'
티스는 비통함으로 눈물이 하염없이 흘러내렸어요.
"저도 초록별로 간 이브 공주님 옆으로 보내주세요. 가엾은 이브 공주님 혼자서 감당하기엔 너무 가혹합니다. 제가 무엇으로든 옆에 있게 해주세요. 제가 보살피고 위로가 될 수 있게 옆에 있게 해주세요. 간청합니다"
리시안은 왕의 다리를 잡고 애원했습니다.
"아버지, 저도 이브 언니 옆에서 의지가 될 수 있게 언니 옆으로 보내주세요. 이브 언니가 너무 불쌍하고 외롭잖아요. 이브 언니와 함께 있을 수 있게 해주세요. 제발요"
왕과 왕비는 가슴이 찢어질 듯 아팠습니다. 왕과 왕비는 죄 없는 천사들을 보낼 수 없었습니다. 왕이 고개를 가로저었습니다.
"너희들은 죄가 없다. 그러니 초록별로 갈 수 없다"
티스가 슬피 울며 말했어요.
"죄가 있습니다. 공주님을 옆에서 잘 보살피지 못한 죄입니다"
리시안이 말했어요.
"저도 죄가 있어요. 자매로서 언니를 지켜주지 못했어요"
왕은 고통스러웠습니다. 그러나 티스, 리시안의 간곡한 부탁을 들어주기로 했습니다.
"너희는 죄가 없으니, 초록별에서 천사 나라의 기억을 잃지 않을 것이다"
왕과 왕비는 가슴이 아팠습니다. 비통한 심정이었어요. 왕은 평정심을 잃지 않으며 말했습니다.
"너희의 마음을 알아 초록별로 가게 허락한다"
로리가 왕 앞에 무릎을 꿇었습니다.
"저도 이브 옆에 보내주십시오. 저는 이브의 친구로서 영원히 함께 할 것을 맹세했습니다. 그러니 저를 초록별로 보내주십시오. 제발 간청합니다"
리엘이 왕 앞에 무릎을 꿇었습니다.
"저를 샤인 대장님과 함께 초록별로 보내주십시오. 저 역시 죄가 있습니다. 왕궁 성을 잘 살피지 못한 죄, 샤인 대장님을 막아서지 못한 죄입니다. 저도 초록별로 보내주십시오"
덴파레가 나섰습니다.
"아버지! 이브는 제가 잘 보호하지 못해서 초록별로 보내졌습니다. 그리고 티스 선생님, 저의 동생 리시안과 제가 이끄는 대장들이 초록별로 가고자 합니다. 이들은 제가 사랑하는 천사들입니다. 모두 제가 책임져야 할 천사 나라 천사들입니다. 이제 루시퍼와 어둠의 악당들이 초록별로 보내어져 우리 천사 나라의 큰 위험이 사라졌고, 또 천사 나라는 제가 없어도 다른 대장들이 잘 살필 것이니 저를 초록별로 보내서 제가 사랑하는 이들의 의지가 될 수 있게 해주십시오"
샤인과 로리, 리엘은 덴파레를 바라보았습니다.
"대장님...."
왕이 침통한 마음으로 말하였어요.
"덴파레, 로리, 리엘, 리시안, 티스는 초록별에서 천사 나라의 기억을 잃지 않을 것이다. 그리고 이브와 샤인이 천사 나라로 돌아오지 못할지라도 너희들은 때가 되면 돌아오게 될 것이다"

왕은 샤인, 덴파레, 로리, 리엘, 리시안, 티스를 초록별로 보냈습니다. 왕비는 슬픔으로 흐느껴 울고 있었습니다. 왕은 왕비를 다독이며 말했습니다.

"우리의 왕자와 공주들, 대장들, 그리고 티스 선생을 믿어 봅시다. 잘 해낼 겁니다"
"우리의 천사들이 그 거친 시간 속에 갇혀 어떻게 버틸 수 있을까요. 어찌 제가 천사 나라에서 편히 있을 수 있을까요"
왕비의 눈에서 눈물이 하염없이 흘러내렸습니다.
"나의 천사들. 반드시 살아 돌아오너라. 반드시"

이브의 정원의 꽃들과 나무들은 슬픔으로 기운을 잃었습니다. 동백꽃은 고개를 떨구어 눈물을 흘렸습니다.

꼬마 천사 사랑이와 러브는 티스의 치마 속에 살짝 숨어서 함께 떠났습니다. 티스는 초록별로 떨어질 때 사랑이와 러브가 치마 속에 있다는 걸 알고는 너무나도 놀랐습니다. 어린 사랑이와 러브가 천사 나라의 법을 크게 어긴 것이 되어버렸으니까요. 호기심 많은 사랑이가 티스 선생님의 치마 속으로 숨자, 러브는 사랑이와 떨어지기 싫어 덩달아 숨었습니다. 사랑이와 러브는 아무도 모르게 감쪽같이 성공했다며 티스의 치마 속에서 신났었어요. 사랑이와 러브는 초록별이 궁금하기도 했고, 이브와 샤인이 외롭지 않게 옆에 있고 싶었습니다.
어린 꼬마 천사 사랑이와 러브는 초록별이 어딘지, 어떤 곳인지도 모르고 함께 하고 싶은 마음에 모험심이 가득 차 겁 없이 무작정 따라나섰습니다. 사랑이와 러브는 자신들의 운명도 모른 채 어린 마음에 호기심으로 가득 차 초록별로 가는 길이 마냥 흥미진진하였습니다.
"유카의 정원은 양보했지만, 초록별은 양보 못 하지"
"맞아. 그러니까 공평한 거 맞지?"
"투덜이 러브. 이젠 만족해?"
"응. 초록별은 재미있을 거야"
"천사 나라 친구들이 보고 싶으면 어떡하지? 친구들이 우리를 보고 싶어 울지도 몰라"
"잠시 여행하고 천사 나라로 다시 돌아갈 건데 뭘. 미리 걱정은 그만"
"근데 다시 천사 나라로 돌아가고 싶을 땐 어떻게 가야 하는 거야?"
"그건, 가보면 알겠지. 뭐"

광장에 모인 천사 나라 백성들은 혼란스러웠습니다. 법을 어긴 천사들이 가는 증명의 별인 초록별로 이브 공주와 이브를 위해 의로운 천사들이 가는 것을 보고는 모두 마음이 힘들었어요. 그러나 한편으로는 마음이 단단해졌습니다. 천사 나라 백성들은 왕자와 공주들, 대장들과 티스, 이 일곱 천사를 믿기로 했습니다. 반드시 빛의 천사들이 천사 나라로 다시 돌아와 모두 함께 행복하게 살기를 바라며 열심히 그리고 힘차게 응원하기로 했습니다.
"우리의 일곱 천사! 힘내세요! 그리고 천사 나라로 꼭 돌아오세요!"
"힘내라! 힘!"
"사랑해요!"

V
Hi! 초록별

세상이 잠든 것 같은 고요한 저녁, 하얀 눈이 몽글몽글 내려오는 자작나무숲 마을에 예쁜 여자 아기가 태어났습니다. 첫눈이 내린다는 소설 날, 11월 토요일 밤이었어요. 초콜릿 같은 짙은 갈색 머리카락에 초콜릿색의 깊은 눈동자를 지닌 여자 아기였어요. 엄마와 아빠는 아기의 맑고 깊은 눈동자를 행복하게 바라보았습니다.

아기의 목에는 짙은 푸른색 점이 있었습니다. 엄마, 아빠에겐 아기 목의 짙은 푸른색 점마저 신비롭고 예뻐 보였습니다. 엄마와 아빠 눈에는 짙은 푸른색 별이 아기 목에 살포시 내려앉은 것 같았어요. 아기는 어찌나 순한지 잘 울지도 않고 방긋방긋 웃으며 엄마, 아빠를 미소 짓게 하였습니다. 엄마, 아빠에게 아기는 웃음 그 자체였어요. 엄마, 아빠는 아기와 눈 맞춤을 할 때마다 기쁨이 벅차올라 행복하였습니다.

엄마는 사랑스러운 아기의 이마에 입을 맞추고는 분홍색 볼을 어루만지며 아빠에게 말했어요.

"여보~ 우리 아기가 방긋 웃을 땐 모든 근심이 사라지는 것 같아요. 우리 아기의 예쁜 미소가 노란색 달맞이꽃 같지 않아요? 달맞이꽃 이름을 따서 이브라고 이름 지어요. 어때요?"

"밤을 환하게 밝혀주는 달맞이꽃. 이브닝 프림로즈. 이브. 우리 아기랑 너무 잘 어울려. 예쁜 이름이야. 우리 아기 이브"

엄마, 아빠는 아기 이름을 '이브'라고 지었습니다. 엄마는 이브의 머리카락이 길어지면 장식해줄 조그만 노란색 조각달 모양의 머리핀을 만들었습니다. 엄마가 머리핀을 이브 머리 위에 대어 보니 이브가 방긋 웃었어요.

"사랑스러운 우리 아기 이브"

엄마는 이브의 웃음에 한없이 행복하였습니다.

그러나 병약했던 엄마는 이브가 초록별에 온 지 세 달 만에 세상을 떠났습니다. 이브를 두고 떠나는 엄마의 눈에서 슬픈 눈물이 흘러내렸습니다. 아빠는 이브를 안고 슬픔에 잠겨 하나님을 원망했습니다. 아빠는 사랑하는 아내를 데려간 하나님이 너무나도 야속했습니다. 아빠에게 엄마는 세상 전부였습니다. 사랑하는 아내를 잃은 아빠는 세상 전부를 잃어버린 것 같았어요. 아빠는 이브와 함께 어떻게 살아야 할지 막막했습니다.

선장이었던 아빠는 이브가 어느 정도 클 때까지는 바다로 떠나지 않고 이브를 키우기로 했습니다. 아빠는 이브를 바라볼 때면 안타까움으로 슬픔에 잠겼습니다. 아내를 쏙 빼닮은 이브를 볼 때면 아내가 더욱 생각이 나 견딜 수가 없었습니다. 그럴 때마다 이브를 위해 정신을 차려야 한다고 다짐했지만 슬픔은 사라지지 않았습니다. 아빠는 슬픔이 영원히 사라지지 않을 것만 같았습니다.

이브가 태어난 그해 12월 마지막 토요일, 새벽 햇살이 어둠을 밝힐 때, 옆 마을에 사내아이가 태어났습니다. 자작나무숲 마을의 옆 마을인 동백꽃 마을이었어요. 팔도 길쭉, 다리도 길쭉길쭉한 아기는 이브처럼 짙은 갈색 머리카락에 초콜릿 색의 깊은 눈동자를 지닌 잘생긴 아기였어요.

동백꽃 마을 아기의 오른쪽 목에는 특이하게도 초록색 나뭇잎 모양의 점이 있었습니다. 엄마, 아빠에게는 초록색 점이 더욱더 특별해 보였습니다. 엄마, 아빠는 아기가 특별한 사람이 될 거라 굳게 믿었어요.

엄마, 아빠는 늦은 나이에 낳은 자식이라 귀하기가 이루 다 말할 수 없었습니다. 우체부였던 아빠는 풍족한 형편은 아니었지만, 아기를 위해선 뭐든지 다 할 거라 마음먹었습니다. 아기를 위해서 목숨까지도 바칠 수 있을 것 같았어요. 아빠는 아기에 대한 사랑은 표현할 수 없을 정도라고 엄마에게 말하곤 했습니다.

좋은 성품의 아빠는 원래는 군인이었습니다. 군인을 그만두고 마을에서 피아노를 가르치는 엄마를 만나고 우체부가 되었어요. 아빠는 자신의 직업에 자긍심이 큰 사람이었어요. 엄마도 마을에서 어린 학생들을 가르치면서 만족해하고 있었습니다. 부부에게 아기는 빛이자 살아가는 이유라고 할 만큼 아기에 대한 사랑이 넘쳤습니다. 아기가 태어난 이후로 부부는 웃음을 잃지 않고 언제나 행복한 미소를 짓고 있었어요. 마을에서 평판이 좋은 느긋한 성품의 아빠는 매일매일 하나님께 감사했습니다. 아기가 태어난 이후로 꿈만 같은 나날이었습니다. 아기를 생각하면 힘이 났어요. 우체부 일도 더욱 열심히 했습니다. 이웃에게 좋은 소식을 가져다줄 때는 덩달아 같이 기뻤습니다.

아빠는 아기의 이름을 샤인으로 짓는 게 어떠냐고 아내에게 넌지시 물어봤습니다.
"여보, 우리 아기는 우리에게 빛과 같은 존재예요. 밝은 햇살을 가득 받으며 태어난 우리 아기는 세상을 밝히는 사람이 될 거예요. 반드시"
엄마, 아빠는 '샤인'이라고 아기 이름을 지었습니다. 부를 때마다 아기에게 참 잘 어울린다고 생각했어요. 아빠는 퇴근하자마자 집으로 와서 샤인을 번쩍 안아 들고는 이마에 입 맞추며 말했습니다.
"샤인. 내 아가. 너는 세상 사람에게 빛과 같은 사람이 될 거야! 세상 사람들에게 위로가 되어주렴. 많은 사람이 너를 사랑할 거야. 누구든 너를 사랑하지 않을 수 없지. 많은 사람에게 네가 받은 사랑만큼 너도 큰 사랑을 주어야 한단다"
아빠는 퇴근 시간이 기다려졌어요. 퇴근 후에 집에서 샤인과 함께 할 생각에 하루 내내 설레었습니다. 샤인은 부부의 희망이자 살아가는 이유였습니다. 아빠의 샤인에 대한 사랑은 온 동네 사람들이 다 알 정도였어요.

샤인은 아빠, 엄마의 사랑을 받으며 무럭무럭 잘 자랐습니다. 샤인은 아기 때부터 엄마가 연주하는 피아노 소리를 듣고 자라서인지 다섯 살 무렵엔 피아노를 곧잘 쳤어요. 마을에서는 샤인에게 피아노 신동이라고 불렀어요. 마을 사람들은 어린 샤인이 치는 피아노 소리 듣기를 좋아했습니다. 어린 샤인이 치는 피아노 소리는 마을 사람들의 마음을 부드럽게 했습니다. 노래도 곧잘 불렀어요. 샤인의 목소리는 온화하고 따뜻해서 사람들의 영혼을 안아 주는 것 같았습니다. 샤인은 마을의 자랑거리였습니다. 샤인은 점점 자랄수록 더욱 잘생겨졌어요. 이름처럼 세상을 밝힐 것 같은 멋진 사내아이로 아빠, 엄마, 마을 사람들의 사랑을 듬뿍 받으며 자랐습니다.

아빠는 어린 샤인과 함께 옆 마을인 자작나무숲 마을에서 산책하기를 즐겼습니다. 자작나무숲 마을은 전원적이고 꽃이 많고 낭만적이었어요.
아빠는 샤인에게 엄마를 만나게 된 날을 이야기해 주었습니다. 아빠는 우체부를 하기 전 군인이었을 때 자작나무숲 마을을 산책하다 엄마를 만나게 되었다고 했어요.
자작나무숲은 뭔가 신비함을 주기에 옆 마을인 동백꽃 마을 사람들도 자작나무숲을 산책하러 가곤 했습니다. 또 동백꽃 마을에 빨간 동백이 만개할 때는 자작나무숲 마을 사람들은 이웃 마을인 동백꽃 마을로 산책하러 가곤 했습니다.

자작나무숲 마을은 샤인의 엄마, 아빠에게 특별한 곳이기도 했습니다. 샤인의 엄마는 토요일 어느 날 자작나무숲을 산책하러 갔어요. 거기서 아빠는 엄마를 보고 한눈에 반했다고 했어요. 그렇게 스쳐 지나간 엄마를 동백꽃 마을에서 다시 보게 된 거지요. 엄마가 동백꽃 마을 피아노 선생님인 걸 알고 같은 마을에서 함께 하고 싶어 군인을 그만두고 우체부가 되었다고 해요.
샤인에게도 전원적인 자작나무숲 마을은 특별함으로 다가왔습니다. 딱히 말로 표현이 안 되는 알 수 없는 신비함과 함께 기쁨인지 슬픔인지 모를 두근거림이 있었어요. 산들바람이 불

때 자작나무 숲의 잎사귀들의 부딪히는 소리가 샤인에게 비밀스러운 이야기를 속삭이는 것만 같았습니다. 샤그랄라 샤그랄라. 그렇게 자작나무숲 마을은 샤인에게 고요한 끌림이었습니다.

토요일, 샤인은 주말이 되면 아빠와 함께 자작나무숲 마을에 가곤 했습니다. 샤인은 자작나무숲 마을에 갈 때마다 자작나무 숲을 뛰어다니는 소녀를 보곤했어요. 작은 체구의 소녀는 노란색 조각달 모양 머리핀을 꽂은 긴 머리카락을 파도처럼 흩날리며 뛰어다녔습니다.
하얀색 몸에 큰 귀와 눈 주변은 금빛이 나는 갈색 털을 하고 털실로 된 별 모양 머리핀을 한 조그만 강아지 파피용. 그리고 파랑새와 함께 뛰어다니는 소녀는 자작나무숲 끝에 있는 언덕까지 달리곤 했습니다. 어린 소녀는 뛸 때마다 언제나 어김없이 넘어지곤 했어요. 샤인은 소녀가 넘어지는 걸 볼 때면 소녀의 손을 얼른 잡아주고 싶었어요. 샤인은 비슷한 나이 또래 같기도 하고 덩치가 작아서 어려 보이기도 한 이 소녀가 무척 궁금했습니다. 곱슬거리는 긴 갈색 머리카락을 날리면서 강아지와 파랑새와 함께 뛰는 소녀를 볼 때마다 언제 또 넘어지게 될까 조마조마하기도 했습니다. 넘어질 때면 소녀는 무릎을 툭툭 털고는 잠시 절뚝거리다 다시 씩씩하게 언덕까지 뛰어갔습니다. 넓은 언덕에 올라가면 바다가 보였어요.

바다를 바라보는 소녀가 많이 외로워 보여 다정한 성품의 샤인은 소녀의 친구가 되어주고 싶었습니다.
소녀는 언덕 끝에 서서 바다를 한참 바라보다 넓은 언덕에 있는 키가 큰 메타세쿼이아 나무에 기대어 앉아 강아지와 파랑새와 함께 이야기를 나누고는 다시 자작나무숲 오솔길을 뛰어가곤 했어요.
때론 소녀는 메타세쿼이아 옆의 기다란 민트색 의자에 앉아서 바다를 바라보며 뭔가 골똘히 생각하기도 하였어요. 그럴 때면 샤인은 조그만 소녀 옆에 앉아 이야기를 들어주고 싶었습니다. 언젠가부터 샤인은 자작나무숲 마을에 갈 때면 곱슬거리는 긴 갈색 머리카락에 조그만 노란색 조각달 모양의 머리핀을 꽂고 뛰어다니는 소녀를 찾게 되었습니다.

샤인의 아빠는 샤인의 아홉 살 생일에 어린 망아지를 선물했습니다. 13주 된 갈색 털을 한 망아지는 샤인을 무척 잘 따랐습니다. 마치 형제처럼 샤인에게 꼭 붙어 따라다녔어요. 아빠는 자동차 장난감이나 로봇보다 말에 관심이 많은 샤인을 위해 망아지를 선물했습니다. 역시나 아빠의 예상대로 샤인은 너무나 기뻐했습니다. 망아지도 샤인을 잘 따라서 아빠는 망아지를 선물하길 잘했다고 생각했어요. 샤인과 아빠는 망아지 이름을 뭐로 할지 곰곰이 생각하다가 아빠는 좋은 이름이 떠올랐는지 미소를 지었습니다.
"샤인, 망아지 이름을 리엘이라고 하면 어떨까? 가브리엘의 리엘. 가브리엘은 '하나님은 나의 힘이시다'라는 뜻이 있는 천사의 이름이야. 어때?"
"아! 잘 어울려요! 뜻도 좋아요! 리엘! 멋진 이름이에요"
망아지는 아빠와 샤인이 리엘이라고 부르니 금방 알아듣고는 좋은 듯이 껑충껑충 뛰었습니다. 샤인이 웃으며 말했어요.
"하하하. 리엘! 너에게 하나님께서 힘을 넘치도록 주셨구나. 리엘~ 내가 너보다 형이니까 앞으로 넌 내 동생이야. 알았지?"
리엘은 기분 좋게 고개를 끄덕였습니다.
"알았어요. 샤인 대장님. 근데 내 이름은 원래부터 리엘이에요"
"대장님이라고?"
"네. 멋진 대장님 같아서 저는 대장님이라 부를래요"
"하하하. 고마워"
리엘은 마음으로 말했어요.

'천사 나라에서는 형이라 불렀지만, 여기서는 대장님이라 부를래요. 어쩌면 천사 나라에서의 기억이 조금이라도 살아날지 모르니까'
 리엘은 샤인에게 틈만 나면 자작나무숲 마을에 가자고 보챘습니다. 그래서 샤인은 자작나무숲 마을 언덕으로 리엘을 데리고 가서 실컷 뛰게 했습니다.

 이브의 아빠는 엄마가 세상을 떠난 후로 우울한 사람이 되었습니다. 이브가 좀 클 때까지 뭘 해야 해야 하나 고민하다 꽃 농원을 하기로 했어요. 그래서 이브의 집 정원과 들판에는 계절마다 갖가지 꽃들이 피었습니다.
 이브는 유난히 꽃을 좋아했습니다. 이브는 아빠 옆에서 아빠와 함께 꽃나무 키우기를 좋아했습니다. 아빠는 꽃 농원을 하면서 큰 수입은 없었지만, 그럭저럭 살만하였고 무엇보다 이브가 좋아해서 만족했어요. 그러나 아빠는 엄마가 세상을 떠난 이후로 모든 것이 의미가 없어졌습니다. 선장이었던 아빠는 그냥 다시 바다로 떠나고 싶은 마음이었습니다. 슬픔이 아빠를 삼켜버린 것 같았습니다.
 아빠는 어린 이브를 두고 떠나자니 죄책감이 들었어요. 가슴 가득한 슬픔을 잊자니 또 다른 슬픔이 찾아오는 것 같았습니다. 아빠가 떠나기엔 이브는 아직 어린 조그만 꼬마 아이였으니까요. 그래서 이브가 마음을 나눌 수 있는 다정하고 영리해 보이는 강아지 파피용을 이브에게 선물했습니다.
 강아지는 이브에게 정을 듬뿍 주며 이브 옆을 떠나지 않았어요. 언제나 함께 있었어요. 이브와 강아지는 서로 너무 좋아하는 자매 같은 사이가 되었어요.
"아빠. 우리 강아지 이름을 뭐로 할까요?"
"글쎄...."
"아빠! 리시안 어때요? 리시안셔스의 꽃말이 '영원한 사랑'이래요. 어때요? 예쁜 이름이지요?"
"우리 이브는 꽃 박사네. 모르는 게 없어. 좋을 대로 하렴"
 이브는 강아지를 안아 올리며 말했어요.
"그럼, 이제부터 너의 이름은 리시안이야! 리시안! 넌 나보다 어리니까 내 동생이야. 알았지? 난 너의 언니야"
 리시안은 알겠다는 듯 고개를 끄덕이며 말했어요.
"이브 언니. 언니는 영원히 내 언니야"
 이브는 리시안을 안고 뱅글뱅글 돌며 까르르 웃었어요.
"그래! 맞아! 난 영원히 너의 언니가 될 거야"

 아빠는 어린 이브를 혼자 두고 떠나기가 서글펐습니다. 그러나 아빠는 슬픔을 떨쳐버릴 수가 없어서 바다로 떠나기로 마음먹었습니다. 아빠는 옆집에 사는 사랑이와 사랑이의 단짝 친구인 러브에게 이브를 부탁했습니다. 사랑이와 러브는 아빠가 이브를 부탁하기에 아주 믿음이 가는 사람들이었어요.

 통통한 사랑이를 이브는 아기 때부터 이모라고 불렀어요. 사랑이는 자작나무숲 마을과 동백꽃 마을 사이에 있는 학교의 미술 선생님이었습니다. 그래서 이브가 사랑이를 부를 땐 학교에서는 '미술 선생님'이라고 부르고, 학교 밖에서는 '이모'라고 불렀어요. 사랑이는 이브의 엄마와 자매처럼 지냈기에 이브에게 이모 같은 존재였습니다. 사랑이 이모는 이브의 엄마가 세상을 떠난 이후로 이브가 엄마의 빈자리를 느끼지 않도록 살뜰히 보살폈습니다.
 사랑이 이모는 밝고, 명랑한 성격에 마음이 깊었습니다. 사랑이 이모는 엄마가 일찍 돌아가셔서 나이 드신 아버지와 둘이 함께 살고 있었어요. 예전에 세계사 선생님이셨던 사랑이 이모의 아버지를 이브는 '초콜릿 할아버지'라고 불렀어요. 할아버지께서 이브가 좋아하는 초콜릿을

잘 주시기도 하고, 할아버지께서 옛날 세계사 이야기를 해주실 땐 정말 재미있고 흥미진진해서 좋아하는 초콜릿을 할아버지 앞에 붙여 애칭으로 부르곤 했어요. 할아버지도 '초콜릿 할아버지'라는 애칭을 아주 맘에 들어 했습니다.

사랑이 이모는 이브의 엄마와 자매 같은 사이였기에 이브를 잘 보살피기도 했지만, 엄마를 잃은 아픔을 너무나도 잘 알기에 이브에게 애틋한 마음이 컸습니다.

사랑이 이모는 아직 결혼하지 않았지만, 독신주의자는 아니에요. 옆 마을 동백꽃 마을에서 빵 가게를 하는 러브 아저씨와 단짝 친구였어요. 사랑이 이모와 러브 아저씨는 자작나무숲 마을에서 아기 때부터 같이 자란 둘도 없는 단짝 친구입니다. 러브 아저씨는 빵을 좋아하는 사랑이 이모를 위해 제빵사가 되더니 동백꽃 마을에 빵 가게를 열었어요. 러브 아저씨도 사랑이 이모 못지않게 이브에게 살뜰히 하며 정성을 기울였습니다.

아빠는 이브에게 계절이 세 번 바뀌면 돌아오겠다고 약속하며 이브와 새끼손가락을 걸었어요. 이브는 손가락 세 개를 펼쳐서 가만히 보았습니다. 이브는 아빠와 헤어지는 게 끔찍하게 싫었지만, 아빠 마음이 불편할까 봐 씩씩한 척했어요. 이브는 슬픈 마음을 내색하지 않았지만, 마음이 땅 밑으로 떨어지는 것 같았습니다.

차가운 겨울날, 아빠는 사랑이와 러브에게 이브를 부탁하고 바다로 떠났습니다. 이브는 차가운 겨울이 싫어졌어요. 그러나 다음번 겨울에는 아빠와 함께 할 거니까 겨울을 싫어하지 않기로 했습니다. 얼른 가을이 오면 좋겠다고 생각했어요. 계절이 세 번 바뀌면 아빠가 온다고 했으니까요.

이브는 아빠가 떠난 날 밤에 혼자 다락방 침대 이불속에 들어가 달팽이가 되었습니다. 이불 속에서 달팽이처럼 얼굴을 쏘옥 내밀어 창밖의 노란 조각달을 보았습니다. 사진으로만 보았던 엄마가 보고 싶어졌어요. 엄마, 아빠와 함께 아기 때 찍었던 사진을 책상에서 가져와 물끄러미 보았습니다. 이브의 베개 위에 눈물이 또로록 떨어졌어요. 사진이 든 작은 액자에도 눈물이 떨어졌어요. 이브는 액자를 소매로 닦고는 머리맡에 놓고 리시안을 품 안에 꼭 안았습니다.

'난 혼자가 아니야. 엄마, 아빠와 함께 있어. 리시안도 있잖아. 깜깜한 밤이 지나가면 슬픔이 날아갈 거야. 외로움이 멀리 도망칠 거야. 밝은 햇살이 환하게 비추기 시작하면 즐거운 일이 마구 일어날 거야. 근데 깜깜한 밤에는 예쁜 별과 달을 볼 수 있잖아. 은하수도, 별 무리도. 그러니까 나의 밤아~ 너무 빨리 지나가지 않아도 돼. 괜찮아'

언젠가부터 이브와 리시안 옆에는 파랑새가 함께 했습니다. 파랑새의 깃털은 얼마나 멋지고 눈은 어찌나 용맹스러워 보이던지요! 작지만 당당한 몸짓은 자작나무숲 마을 하늘의 대장 같았어요.

"리시안. 우리 파랑새라고만 부르지 말고, 파랑새에게 이름을 지어주자! 어떤 이름이 어울릴까?"
"이브 언니, 로리는 어때? 나팔꽃, 모닝글로리의 로리!"
"리시안! 너는 천재야! 나팔꽃 꽃말이 '기쁜 소식'이잖아. 정말 파랑새 로리는 우리에게 기쁜 소식을 전해 줄 것만 같아! 로리! 너랑 이름이 잘 어울려. 넌 너무 멋져!"
"이브. 내 이름은 원래 로리야. 너의 친구, 로리. 넌 기억이 안 나겠지만"
"정말? 원래부터 네 이름은 로리구나"
"응. 너의 친구 로리. 넌 기억이 안 나겠지만"
"하하하. 내 친구였다고? 근데 왜 난 기억이 안 나는 걸까? 어쨌든 좋아! 넌 앞으로 내 친구야! 아빠, 엄마가 없어도 난 외롭지 않아. 리시안도 있고 로리도 있고. 난 절대 외로울 수 없어. 리시안, 우리 함께 뛰어볼래?"
"응. 뛰어보자!"

V Hi! 초록별

"로리야. 넌 날 수 있어서 좋겠다"
 하얀 눈으로 덮인 자작나무숲 오솔길을 이브와 리시안은 함께 뛰기 시작했어요. 파랑새 로리는 이브와 리시안의 머리 위로 날고 있었습니다. 이브는 신나게 뛰었어요. 뛰어다닐 때는 답답한 가슴이 뻥 뚫리는 것 같았습니다. 그래서 뛰고 또 뛰었습니다. 아빠가 떠난 바다가 보이는 언덕까지 뛰었어요. 넘어지고, 넘어지고 또 넘어졌지만, 이브는 다시 일어나서 언덕으로 뛰었습니다.

 이브, 리시안, 로리의 주변에는 언제나 부드러운 산들바람이 셋을 감싸며 불었습니다. 산들바람은 여름에는 시원하게 불어주고, 겨울에는 따뜻하게 감싸안아 줬습니다. 이브는 리시안과 로리에게 말했어요.
 "리시안~ 로리~ 난 산들바람이 너무 좋아. 추운 겨울에도 우리를 따뜻하게 감싸주잖아. 산들바람은 기분을 좋게 만드는 꽃 요정 같아. 손바닥을 펼치면 산들바람이 내 손을 잡는 것 같아. 꽃잎들이 내 손바닥을 간지럽히는 것 같기도 해. 산들바람이 불면 마음이 포근해지고 귀에 재미있는 이야기를 속삭이는 것 같아"
 이브는 산들바람을 안아 보려고 두 팔을 벌렸어요. 마치 끝없이 펼쳐진 향기로운 꽃동산에 있는 것 같았습니다. 이브는 아빠가 옆에 있다면 얼마나 좋았을까 싶은 생각이 들었지만 생각하지 않으려 머리를 흔들었어요.
 "로리, 리시안. 우리 산들바람에게도 이름을 지어주자. 음~ 스타티스! 스타티스의 티스가 어때? 스타티스의 꽃말은 '영원함'이야! 줄여서 티스! 어때?"
 로리의 눈이 반짝였습니다. 리시안이 말했어요.
 "이브 언니~ 산들바람의 이름은 원래 티스야. 우리의 티스 선생님"
 이브는 고개를 갸우뚱하더니 유쾌하게 웃었어요.
 "우리의 선생님?"
 "응. 언니는 기억을 못 하겠지만 우리의 선생님이었어"
 "으~ 난 기억을 못 하는 게 많나 봐. 역시 멍청해"
 "멍청해서가 아니라...."
 "난 지혜를 가지고 싶어. 그래, 맞아. 산들바람은 마치 선생님처럼 다정하고 포근해. 한겨울에도 외롭지 않게 해줘. 나를 위로해 주는 것 같아. 산들바람은 선생님이 참 잘 어울려. 산들바람이 선생님이라니 정말 낭만적이야. 산들바람은 나에게 와서 '사랑해'하고 속삭이는 것 같아. 특히 6월의 산들바람은. 그래서 난 6월이 기다려지고 6월이 제일 좋아. 뭔가 좋은 일이 일어날 것 같거든. 6월의 촉촉하고 시원한 산들바람은 나를 날아오르는 보라색 풍선이 되게 해"
 천사 나라의 기억을 잃은 이브는 리시안이 말한 뜻도 모른 채 티스의 이름이 마음에 꼭 들었습니다.
 "산들바람은 지금부터 티스 선생님이야! 산들바람 티스 선생님, 산들바람님~ 이름이 마음에 들어요?"
 티스가 말했어요.
 "네, 마음에 들어요. 이브 공주님"
 "크크크, 내가 공주라고요? 난 누더기를 입고 잿더미를 뒤집어쓴 신데렐라 같은데요?"
 "공주님은 누더기를 걸치고 있어도 잿더미를 뒤집어쓰고 있어도 저에게는 반짝이는 공주님이랍니다. 반짝반짝 빛나는 사랑스러운 나의 이브 공주님"
 "그럼 나 이제부터 우리끼리 있을 땐 공주 할래! 동화 같아. 내가 공주라니 좀 어울리지 않긴 한데, 리시안, 로리, 그래도 될까?"
 로리가 말했어요.
 "그래, 그래. 넌 공주야! 원래 공주라고. 리시안도 공주고. 넌 기억이 안 나겠지만"

"응?"
"그런 게 있어. 나중에 이다음에 알게 될 거야"
산들바람 티스가 말했습니다.
"이브 공주님. 언제나 그랬듯이 씩씩하게 힘내세요. 우리가 이브 공주님 옆에 항상 함께 할 거예요"
"난 힘이 넘쳐요! 외롭지 않아요! 얼마나 씩씩한데요! 그리고 항상 고마워요"
"뭐가요?"
"추운 겨울엔 따뜻한 바람을 불어 춥지 않게 나의 옆에 있어 주고 여름엔 시원한 바람을 불어 내 옆에 있어 주잖아요. 알고 있었어요. 고마워요"
로리가 이브의 머리 위에 앉자, 이브는 재빨리 털모자를 썼습니다.
"크크크. 넌 영원히 내 친구야. 그리고 난 신데렐라는 아닌가 봐. 왜냐면 난 쥐는 별로거든."

 이브는 언덕까지 뛰었습니다. 넓은 언덕은 하얀 눈 이불로 덮여있었습니다. 이브와 로리, 리시안은 크게 숨을 쉬었습니다. 산들바람 티스는 셋을 춥지 않게 따뜻하게 감쌌습니다. 이브는 하얀 눈 이불 위에 발자국을 남기며 뛰어보았어요. 이브는 언덕의 메타세쿼이아 옆 기다란 의자 민트에게로 와서 민트 위에 소복이 쌓인 하얀 눈을 손으로 밀어내며 치웠습니다. 민트는 언덕의 메타세쿼이아 옆에 있는 기다란 의자예요. 초콜릿 할아버지께서 사랑이 이모와 러브 아저씨를 위해 만들어 준 의자입니다. 사랑이 이모가 어릴 때 민트색 원피스를 즐겨 입어서 초콜릿 할아버지께서 의자를 민트색으로 칠해줬데요. 사랑이 이모가 가장 좋아하는 색깔이 민트색이기도 해서 사랑이 이모와 러브 아저씨는 의자 이름을 '민트'라고 지어줬다고 해요. 이브는 민트에 앉아서 얼음처럼 차가워진 손을 호호 불었습니다.
"언덕이 지금은 하얀 눈 이불을 덮고 있지만, 곧 초록색이 될 거야. 그래서 난 언덕 이름을 초록 언덕이라 부를 거야. 초록 언덕! 어때 너희들도 마음에 들어?"
모두 한마음으로 함께 말했어요.
"좋아!"
언덕 끝, 민트 옆에 있는 메타세쿼이아가 말했어요.
"내 이름은 덴파레야"
이브는 몸을 돌려 메타세쿼이아를 올려봤어요.
"응? 아빠가 너는 메타세쿼이아라고 했는데"
"나도 이름이 있어. 덴파레라고 불러줘. 내 이름은 덴파레니까"
파랑새 로리가 덴파레의 가지에 앉았습니다. 이브가 말했어요.
"그래 좋아! 네가 원하는 대로 해! 너를 부를 때는 덴파레라고 부를게! 덴파레 꽃말이 '축복'이니까 너랑 잘 어울린다. 덴파레!"
이브는 친구들 이름이 생겨서 신났습니다.
"근데 넌 언제부터 덴파레야? 누가 지어줬어?"
"내 이름은 처음부터 태어날 때부터 덴파레야. 나의 아버지께서 지어주셨지"
"너의 아버지께서? 너의 상상력은 멋지구나!"
"아닌데. 진짠데. 진짜야. 믿어"
"그래. 믿을게. 넌 너의 아버지를 만나봤니?"
"그럼. 당연하지! 이름도 지어주셨으니까"
"좋겠다. 부러워"
"부러워할 것 없어. 모두에게 아버지는 있으니까. 그리고 넌 나보다 키가 작으니까, 앞으로 내 동생 해. 사실 난 너의 오빠거든. 너는 기억이 안 나겠지만"
"나는 또 기억이 안 나는 거야? 오빠? 우와~ 나한테 오빠가 생기다니! 알았어! 덴파레 오빠!

근데 뭐하나 물어봐도 돼?"
"응! 뭐든 다"
"예전부터 궁금했어. 있잖아, 자작나무숲 끄트머리에 어쩌다 혼자 있게 됐어? 메타세쿼이아는 혼자뿐이잖아. 외롭지 않아?"
"하하하. 외롭긴. 자작나무숲 마을의 나무들이 다 내 부하들인걸"
"응? 나무들이 부하들이라고? 덴파레 오빠도 정말 상상력이 풍부하구나! 하긴 큰 화살촉 같은 모양에 키가 제일 크고 덩치도 제일 크니까 대장 같아 보여"
"대장 같아 보이는 게 아니라 난 진짜 대장이야. 넌 기억이 나지 않겠지만, 그런 사실이 있단다"
 이브는 친구들이 많아져 기분이 좋아 맘껏 웃었어요. 이브는 덴파레, 리시안, 로리, 티스와 함께 하는 시간이 즐거웠습니다. 덴파레, 리시안, 로리, 티스는 이브가 즐거워하는 모습에 마음이 아팠습니다. 아빠가 떠났어도 씩씩하게 힘내려고 하는 이브가 안타까웠어요.
 이브는 고개를 갸우뚱하고는 말했습니다.
"근데 말이야, 하나님께서 내 기도를 듣고 계실까? 아마도 내 기도는 하나님께 들리지 않는 것 같아"
 덴파레가 말했어요.
"아냐. 하나님께서는 다 듣고 계셔. 열심히 기도해 봐"
"얼마만큼 열심히?"
"들어주실 때까지 끈질기게. 포기하지 말고, 들어주실 때까지. 그럼 들어주실 거야"
"진짜?"
"날 믿어봐! 난 거짓말 안 해"
"100년이나 안 들어주시면 어떡해?"
"외롭고 진실한 기도는 꼭 들어주시지. 내 말을 믿어 봐"
 이브는 하늘을 향해 큰소리로 외쳤어요.
"하나님. 아빠가 빨리 돌아오게 해주세요. 기다리는 것은 외로운 거예요. 자꾸만 외로운 거 별로예요. 그런데요 하나님. 친구들을 보내주셔서 감사합니다. 그리고 하나님, 아빠가 아프지 않게 외롭지 않게 해주세요"
 덴파레는 고개를 갸우뚱했습니다.
"음.... 기도를 할 땐 긍정의 말로 하는 게 더 나을걸? '아프지 않게'를 '건강하게'로 바꿔서 기도해 봐"
"그럼 '외롭지 않게' 반대말은 뭘까? 음.... '외롭다' 반대말은 없는 것 같아. '사랑하는 사람과 함께'로 바꿔볼까?"
 덴파레는 고개를 끄덕였습니다.
"훨씬 좋아"
 이브는 하늘을 향해 또 소리쳤어요.
"하나님. 아빠가 건강하고, 또 사랑하는 사람들과 함께 할 수 있게 해주세요. 그리고 제가 친구들과 함께 할 수 있게 해주셔서 정말로 진짜로 무척 많이 퍽 굉장히 매우 엄청나게 대단히 무지무지 너무너무 감사합니다"
 한겨울이었지만 이브의 마음은 따뜻했습니다. 이브의 소리는 메아리가 되어 초록 언덕에 울려 퍼졌습니다. 아빠를 데려간 차가운 바다도 오늘은 밉지 않았습니다. 이브는 바다에게 목이 터져라 외쳤어요.
"바다야. 아빠한테 전해줘. 이브가 많이 보고 싶어 한다고. 매일 기다리고 있다고"
 사랑이 이모와 러브 아저씨가 이브에게 뛰어왔습니다. 사랑이 이모는 이브가 걱정되어 이브에게 둘러 줄 담요를 가져왔어요.
"이브, 추운 겨울이야. 더군다나 언덕은 바닷바람에 더 추워. 에구, 장갑도 없이. 이런"

러브 아저씨가 이브의 분홍색 볼을 따뜻한 두 손으로 감쌌습니다.
"이브. 볼이 차갑구나"
"괜찮아요. 하나도 안 추워요. 오늘은 친구들의 이름도 알았어요"
"친구들?"
"네!"
이브는 사랑이 이모와 러브 아저씨에게 모두를 소개했습니다. 러브 아저씨는 이브의 차가워진 손을 감싸고 호호 불어주며 미소를 지었어요.
"우리 이브는 좋은 친구들이 생겨서 좋겠네"
이브는 기쁜 마음이 가득 채워져 하늘로 날아오르는 보라색 풍선이 된 것 같았습니다.

자작나무숲 마을로 산책을 나온 샤인은 이브가 바다에게 외치는 소리를 듣고 언덕으로 리엘과 함께 달려왔습니다.
덴파레, 리시안, 티스, 리엘, 로리는 숨죽여 이브와 샤인을 바라보았어요. 샤인이 성큼성큼 이브에게 다가와서 손을 내밀었습니다.
"우리 친구 할래? 내 이름은 샤인이야"
이브는 장갑도 안 낀 차가워진 손을 내밀기 부끄러워 허리 뒤로 두 손을 감췄어요. 샤인은 장갑을 벗으며 손을 내밀었어요.
"내 손을 잡아봐"
이브는 천천히 샤인의 손을 잡았어요.
"따뜻하지?"
샤인은 이브의 손을 꼭 잡았어요.
"오늘부터 우리는 친구다!"
"응...."
"내 이름은 샤인이야. 너의 이름은?"
"이브"
이브는 자신의 차가운 손이 샤인의 손을 차갑게 할까 봐 걱정되었어요. 샤인의 손은 참 따뜻했습니다. 샤인의 눈에는 이브의 노란색 조각달 모양의 머리핀이 유난히 들어왔어요.
"노란색 조각달 모양 머리핀이 참 예뻐"
"고마워. 엄마가 만들어 주신 거야"
샤인은 이브의 눈이 맑고 예쁘다고 생각했어요. 샤인은 어디서 많이 본 듯한 예쁜 눈동자를 가진 이 소녀가 무척 궁금했었습니다. 자작나무숲에서만 보던 이 소녀를 같은 학교에 다니기 시작하면서 더 궁금했지만, 다른 반이라 쉽게 친구가 될 기회가 없었는데 오늘은 꼭 친구가 되기로 마음먹었어요. 그리고 이브의 짙은 갈색 머리카락과 깊은 초콜릿색 눈동자가 자신과 닮았다고 생각했습니다.
이브는 차가운 손이 내내 신경 쓰였어요. 이브는 로리, 리시안, 티스, 덴파레를 샤인에게 소개했어요. 사랑이 이모는 샤인이 추울까 걱정이 되었습니다.
"샤인. 춥지? 혼자 왔어?"
"선생님. 저는 춥지 않아요. 리엘이랑 같이 뛰어서 안 추워요"
러브 아저씨가 외투를 벗으려 하자 이브는 얼른 샤인에게 담요 한쪽을 펼쳐 둘러주며 함께 했습니다. 샤인은 리엘을 모두에게 소개했습니다. 리시안과 리엘의 눈이 반짝였어요.
이렇게 아홉 천사가 모두 모였습니다. 하얀 눈이 덮인 초록 언덕에서 샤인과 이브는 친구가 되었습니다. 산들바람 티스는 춥지 않게 모두를 따뜻하게 감쌌습니다.

저 멀리, 하늘 위로 커다란 검은 새 두 마리가 아홉 천사를 내려다보며 초록 언덕을 빙글빙글

날고 있었습니다.
"다 모였군. 재미있는 일들이 쏟아지겠군. 흥! 너희들은 내 상대가 못 돼. 흐흐흐"
 루시퍼는 음흉한 웃음소리를 내며 먹잇감이라도 본 듯 눈을 희번덕였어요. 산들바람 티스는 루시퍼를 발견하곤 천사들을 더욱 단단히 감쌌습니다. 커다란 검은 새 루시퍼는 기분 나쁜 괴상한 소리를 내며 초록 언덕 위를 날아다녔습니다. 그 뒤로 검은 새 레나가 루시퍼 뒤를 따랐습니다.

 샤인과 헤어진 후 이브는 리시안, 로리, 티스와 함께 집까지 뛰었습니다. 신나게 뛰었습니다. 집으로 돌아오는 길에는 넘어지지 않았어요.
 어린 유카, 팻시아, 헤이즐은 유카의 방에 모여있었습니다. 유카의 집은 이브의 집 앞 도로길 건너 맞은 편이었어요.
 유카, 팻시아, 헤이즐은 유카의 이 층 방 창문에서 이브를 보며 못마땅한 표정이 되었습니다.
"쟤는 왜 저리 맨날 뛸까? 또 넘어지겠지. 곧"
 팻시아가 코웃음을 쳤어요.
"흥! 뛰는 거 말고 할 수 있는 게 있겠니. 거지 같은 낡은 보라색 옷 좀 봐. 매일 같은 옷이야. 거지 같이 저 꼴이 뭐야. 정말"
 듣고 있던 헤이즐은 말없이 이브를 바라보았습니다. 유카가 말했습니다.
"저 애는 엄마도 없고, 아빠도 없는데 왜 씩씩한 거야? 이상하잖아. 어디 구석에서 찌그러져 있어야 하는 거 아냐? 진짜 이해가 안 되네. 난 이브의 밝음이 싫어! 정말 싫어! 무조건 싫어"
 팻시아가 말했어요.
"나도! 저 웃는 얼굴 짓밟고 싶어"
 헤이즐은 한심하다는 듯이 유카와 팻시아를 쳐다봤습니다. 유카가 눈을 치켜뜨고 헤이즐을 봤습니다.
"왜? 왜 그렇게 쳐다보는데? 너도 이브 싫어하잖아!"
 팻시아는 헤이즐이 못마땅했어요.
"너 뭐가 그리 잘 났어? 맨날 잘 난 척하는 그 표정! 지겨워. 짜증 나"
 헤이즐은 별말 없이 건너편 이브의 집을 바라보았습니다. 헤이즐은 밝은 이브를 보면 마음이 어두워졌습니다. 이브를 좋아하면서도 이브가 싫고, 그냥 괴롭히고 싶었습니다. 착한 이브인 줄은 알고 있지만, 그 착함마저도 싫었습니다.

 이브를 멀리서 뒤쫓아 오던 루시퍼가 유카의 이 층 방 창가에 앉았습니다. 유카, 팻시아, 헤이즐을 보고는 말했어요.
"여기에 다 모여있었군. 그럼 그렇지. 소심한 왕이 멀리 떨어뜨려 놓지는 않았겠지. 으흐흐흐"
 맞은 편에 있는 이브의 집을 쳐다보면서 야비한 실웃음을 지었습니다.
"아주 쉽게 됐군. 으흐흐. 이브. 너를 짓밟을 거야. 짓밟고 또 짓밟을 거야. 너의 영혼이 죽을 때까지. 넌 절대로 천사 나라로 돌아갈 수 없어, 절대 안 돼! 왕과 왕비 똑바로 봐! 너희들의 자식이 어떻게 짓밟히는지! 내가 복수할 거다! 처절하게! 너희들이 내 앞에 무릎을 꿇고 항복할 때까지. 멍청하게 자식들을 초록별로 보내다니. 흐흐흐"

 이브는 집에 들어오자마자 허둥지둥 털장갑을 찾았어요. 작년에 아빠가 이브의 생일 선물로 사주신 장갑이었습니다. 이브에겐 좀 큼지막한 장갑을 선물로 주셔서 내년 겨울까지도 넉넉히 낄 수 있을 것 같은 장갑이에요. 이브는 아빠가 주신 장갑을 아끼느라 잘 쓰지 않았어요. 아빠가 주신 장갑은 소중하니까요. 이브는 책상 서랍을 열어 장갑을 꺼냈어요.
"장갑 끼고 나갈걸. 다음에는 잊어버리지 말고, 챙겨야겠다"

V Hi! 초록별

그리고 이브는 거울로 가서 목까지 올라오는 스웨터를 내려 목을 봤어요. 이브는 목에 있는 푸른색 점을 살펴보았습니다. 아빠가 떠난 후 더 커진 것 같았어요. 다시 스웨터를 얼굴 밑까지 바짝 올렸습니다.
"리시안, 내 목에 있는 점이 더 커졌어. 샤인이 못 보면 좋겠다"

이브는 창틀에 팔을 얹어 턱을 괴고 까치발로 하고 서서 밖을 쳐다보았어요. 하얀 눈이 아까보다 더 많이 내렸습니다. 창을 열어 조그만 손을 내밀어 손바닥에 하얀 눈을 받아보았어요. 보송보송 하얀 눈이 손바닥에서 사르르 녹았어요.
"리시안. 있잖아, 샤인의 손은 예쁘고 참 따뜻했어. 난 손이 안 예쁜데. 근데 내 손이 너무 차가워서 샤인이 깜짝 놀랐을지도 몰라. 샤인을 만날 줄 알았다면 포켓에 손을 넣어서 좀 따뜻하게 할걸. 장갑을 가져갈걸"
이브는 침대에 가서 앉아 리시안을 꼭 안고 이불을 덮었습니다. 로리는 이브 머리맡에 앉았어요. 샤인의 손을 잡을 때 차가웠던 손이 내내 속상했어요. 다음에 만날 땐 손을 따뜻하게 해서 손잡아야겠다고 생각했습니다. 창밖에는 더 큰 눈송이가 온 세상 하얗게 펑펑 내려왔습니다. 눈이 많이 내리니까 이브는 덴파레가 걱정되었습니다.
"덴파레 오빠가 춥겠지? 내일은 덴파레 오빠에게 내 목도리를 감아주고 와야겠어"
사랑이 이모가 창밖에서 이브를 불렀습니다.
"이브~ 이브~"
이브는 리시안과 로리와 함께 사랑이 이모에게 달려가 안겼어요.
"배고프지? 러브 아저씨가 맛있는 빵을 잔뜩 만들어 왔단다. 어서 가자"
"네. 배고파요. 많이 주세요"
"우리 이브 기분 좋네~"
이브는 생긋 웃었어요. 내일에는 또 새로운 시간이 펼쳐지겠죠. 새로운 시간은 반드시 좋은 시간일 거라고, 또 오늘보다는 내일이 덜 외롭고 덜 쓸쓸할 거라고 이브는 굳게 믿었습니다. 제발 그렇게 되기를 마음속으로 기도했습니다.
'하나님. 아빠가 보고 싶어요. 아빠도 이브가 보고 싶겠죠? 아빠를 건강하게 해주시고요, 아빠가 사람들에게 사랑을 많이 받게 해주세요. 그리고요, 제발 아빠에게 연락이 오게 해주세요. 간절히 기도합니다. 그런데요, 기도 좀 들어주시면 안 돼요?'
이브는 하나님께서 기도를 꼭 들어주실 거라고 믿기로 했습니다. 들어주실 때까지 끈질기게 포기하지 않고 계속 기도하기로 했습니다. 인내심을 가지고요.

천사 나라.
천사 나라에는 대형 스크린이 있습니다. 천사 나라 천사들은 관심이 있거나 보고 싶은 초록별 천사들의 모습과 생각을 스크린으로 볼 수 있어요. 천사들은 모두 모여 이제야 다 만난 아홉 천사를 보고 크게 환호를 지르며 기뻐했습니다.
"드디어 다 모였어! 이브 공주님. 힘내세요! 힘내라 힘!"
"우리들의 마음이 아홉 천사와 함께 있어요! 모두 힘내세요!"
"덴파레 대장은 나무로 있어서 답답하지 않을까? 온 별세계를 날아다니다가 한 곳에 가만히 서 있어야 하니까 제일 불편할 거야"
"제일 키가 크잖아. 키가 큰 만큼 멀~~리 볼 수 있지"
"리시안 공주님은 나비 같은 귀를 가진 강아지야. 귀엽지?"
"아유, 천사 나라 공주로 살다가 강아지가 뭐야. 어떡해"
"아냐. 좋은 경험이 될 거야"
"샤인 대장은 초록별에서도 잘 생겼구나. 역시 멋져"

"리엘 대장은 망아지다. 곧 근육질의 멋진 갈색 말이 되겠지? 잘 어울려"
"로리 대장은 조그만 파랑새야. 눈빛이 보통이 아닌걸. 초록별에서도 용맹할 거야"
"티스 선생님! 이브 공주님 잘 돌봐주세요. 이브 공주님 힘내세요!"
"유카, 팻시아, 헤이즐. 재네들은 왜 또 이브 공주님 옆에 붙어있을까. 어이구"
"이브 공주님 옆에 딱 붙여 놔야 지네들 죄를 증명할 거 아니야? 다 이유가 있어"
"우리 이브 공주님은 너무 불쌍하다. 아이가 감당하기에는 너무 버거워. 힘내세요! 우리의 이브 공주님"
"고통이 큰 곳에 축복도 큰 법이야!"
"그래 맞아. 그리고 유카, 팻시아, 헤이즐도 이번 기회를 잃지 않기를. 근데 걔네는 왠지 기대가 안 된다. 본성이 어디 가겠어?"
"헤이즐은 기대해도 되지 않을까? 그러니까 왜 그랬냐고"
"아, 우리의 이브 공주님, 넘어지지 마세요. 넘어졌을 땐 무릎에 약이라도 바르세요"
"꼬마 천사 사랑이와 러브가 초록별에서 제일 늙수그레한 역할을 하네. 그래도 귀엽지 않아?"
"이브 공주님을 꼬마 천사 사랑이와 러브가 잘 볼 봐주고 있어. 다시 돌아오면 기특하다고 칭찬해 줄 거야"
"천사님들 모두 힘내세요!"
"우리가 많이 사랑해요!"
"힘내라! 힘!"
"사랑해요!"
천사 나라에는 응원의 함성으로 가득 찼습니다.

초록별에서는 연예인이나 유명인들이 사람들에게 많은 관심을 받거나 인기가 있습니다. 그러나 천사 나라에서 아홉 천사가 받는 관심과 사랑, 인기와는 비교할 수 없어요. 훨씬 유명하지요. 비교할 수 없을 만큼이요. 그리고 초록별에서 아무리 아름답다고 한들, 잘 생겼다고 한들, 천사 나라 천사들의 아름다움과는 비교할 수 없습니다.
  천사들은 초록별에서의 아홉 천사의 모습을 손에 땀을 쥐고 보았고, 흥미진진했으며 때로는 탄식을, 때로는 환호성을 지르며, 때로는 감탄했어요. 아홉 천사가 위기에 처할 땐 모두 주먹을 불끈 쥐고 목이 터지게 큰 소리로 다 함께 응원했습니다.
"우리의 천사님들! 모두 힘내라! 힘! 파이팅! 우리가 응원하고 있어요! 우리 마음이 천사님들과 함께 있어요!"
"힘내라! 힘!"
"사랑해요!"

V Hi! 초록별

나는 사랑을 받아 본 적이 없어서
사랑을 받으면 어떤 기분인지 몰라.
사랑을 받는 건 어떤 느낌일까?

VI
아빠, 난 외로워요.

겨울이 지나가고 봄이 왔습니다. 다정한 햇살이 자작나무숲 마을에 내려와 마음을 설레게 하는 봄날입니다. 어느덧 이브와 샤인은 열일곱 살이 되었어요. 이브는 씩씩한 아가씨가 되었고, 샤인은 멋진 청년이 되었습니다.
"봄이다!"
이브는 집 앞의 들판을 리시안과 함께 신나게 뛰었습니다. 로리와 티스는 이브가 또 넘어질까 걱정하며 이브의 머리 위에서 따라갔어요. 다행히 아직은 안 넘어졌어요.
이브는 집 앞 들판에 있는 아빠의 농원을 세상에서 가장 아름다운 정원으로 만들기로 마음먹었습니다.

이브의 집은 자작나무숲을 바라보고 있었어요. 이브는 집 한편을 꽃 가게로 만들기로 했습니다. 요리조리 궁리한 끝에 집 뒤편의 도로 쪽으로 난 작은 문을 꽃 가게 문으로 하기로 했어요. 큰 창이 달린 터라 문이 좀 작아도 괜찮을 것 같았어요.
지붕과 문은 밝은 연한 분홍색으로 칠했고 벽은 하얗게 칠했어요. 벽이 하얘야 꽃들의 색과 잎이 잘 보일 거라고 생각했거든요. 창틀은 이브가 좋아하는 밝은 초록색으로 칠했어요. 왠지 초록은 보호해주는 색 같았습니다. 이브는 꽃 가게를 열 생각에 신이 나서 샤인과 함께 열심히 페인트를 칠 하고 있었습니다.
샤인과 이브는 둘도 없는 단짝 친구입니다. 서로의 속마음을 나누며 별별 이야기를 다 하는 허물없는 친구였어요. 샤인은 이브를 돕기 위해 일찍부터 와서 페인트칠을 도와주고 있었습니다. 노란색 조각달 머리핀을 꽂은 물결 같은 이브의 머리카락에 산들바람 티스가 향기로운 꽃바람을 불어 이브의 마음은 더욱더 봄날이 되었습니다.
"산들바람 티스 선생님. 고맙습니다"
"이브 공주님. 저 멀리 하늘에서 봐도 꽃가게인걸요"
로리는 티스의 말을 듣고는 하늘 높이 날아올라서 이브의 집을 내려다보았습니다. 이브는 꽃바람이 가득 찬 풍선처럼 마음이 부풀어 올랐어요. 샤인은 이브의 모습을 보고 싱긋 웃고는 말했습니다.
"이브, 마을에서 분홍 지붕은 하나뿐이야. 특별해 보여. 너처럼"
"꼭 해보고 싶었어. 상상했던 것만큼 예뻐. 정말 낭만적이지? 아! 보고만 있어도 행복해져"

이브의 집 문 옆에 있는 자작나무 아래에서 멋진 갈색 말 리엘과 나비 같은 귀를 가진 리시안이 앉아서 햇볕을 쬐고 있었습니다. 리엘은 말굽이 혹시나 리시안을 다치게 할까 봐 다리를 접어 조심스럽게 앉아 있었고, 리시안은 리엘에게 기대어 앉아 있었어요. 둘은 초록별에 온 후로 더욱 마음이 깊어졌습니다. 리시안은 리엘을 바라보며 말했습니다.
"리엘. 초록별에 같이 와줘서 고마워"
리엘은 멋진 대장이 된 것만 같았어요. 좋아서 코가 벌렁거려졌습니다. 리엘은 샤인이 이브에게 올 때만 리시안을 만날 수 있어 자작나무숲 마을에 가자고 종종 보채곤 했어요.
리엘은 마을 사람들 눈에 잘 띄었습니다. 마을 사람들에게 멋진 리엘은 그림 같아 보이기도 했어요. 게다가 세계적으로 유명한 피아니스트 샤인의 말이라 많은 사람이 리엘을 알아보았습니다. 리엘은 누가 봐도 건장한 근육질의 용맹스러워 보이는 말이었어요.
리엘을 보는 사람들은 모두가 우아하고 아름다운 말이라고 감탄했습니다. 게다가 조그만 강아지와 자석처럼 붙어 대화를 나누는 듯 눈을 서로 맞추고 있는 말은 처음 봤거든요. 사람들은 리엘과 리시안을 보며 한마디씩 했습니다.
"말과 강아지가 마치 연인 같아"

샤인은 유명한 피아니스트가 되어서 세계 곳곳에서 공연하며 바쁜 일상을 보내고 있었습니다.

VI 아빠, 난 외로워요.

세계의 많은 사람이 샤인을 선한 영향을 주는 아름다운 피아니스트라고 여겼어요. 샤인이 힘들고 지칠 때마다 이브는 샤인의 비타민이었습니다. 샤인은 이브와 있을 때면 기분이 좋아지고 왠지 모를 안도의 한숨이 후~ 하고 가슴에서 나왔습니다.

샤인은 이브가 좋아하는 모습을 보는 것이 제일 뿌듯했습니다. 이브의 웃는 모습을 볼 때면 우울한 마음이 다 사라지고 새로운 에너지를 받는 것 같았죠. 샤인은 이브 옆으로 가까이 이사 오고 싶었어요. 그래서 전원적이고 신비로운 자작나무숲 마을에 집을 지어볼까 생각하고 있었습니다.

"이브. 나 자작나무숲 마을에 집을 지을까?"
이브는 깜짝 놀라며 눈이 동그래졌어요.
"응? 정말?"
"응. 예전부터 생각해 왔던 건데 마음을 굳혔어"
이브는 좋아서 발을 동동거렸어요.
"난 너무 좋아! 근데 어디에 집을 지어?"
"자작나무숲 끝 초록 언덕 한쪽에 있는 집 알지?"
"하얀 성? 거긴 아무도 안 살잖아"
"응. 그 집을 새롭게 바꿔볼까 해"
"난 맨날 갈 거야"
"너는 무조건 환영! 집 지붕은 네가 좋아하는 하늘색으로 할까? 어때?"
"우와~ 멋지겠다. 마을에서 하나뿐인 하늘색 지붕! 특별해 보일 거야. 너처럼"

이브는 샤인과 함께 덴파레에게 달아 줄 로리의 집도 만들어 놓았습니다. 나무로 만든 조그만 로리의 하얀색 집의 지붕은 이브의 집처럼 분홍색으로 칠했어요. 샤인은 뭐든 뚝딱뚝딱 잘 만들었습니다. 그래서 이브는 샤인이 오는 날에는 이것저것 만들어 달라고 했습니다. 이제 봄이 왔으니 로리의 집을 달기로 했어요. 그래야 덴파레가 외롭지 않게 로리와 함께할 수 있을 테니까요.

덴파레 옆에 민트가 있어서 이브는 감사했습니다.
"이 의자는 초콜릿 할아버지께서 사랑이 이모를 위해 만드셨는데 사랑이 이모가 좋아하는 민트색으로 색을 입혀주셨어. 그래서 사랑이 이모랑 러브 아저씨가 어릴 적에 '민트'라고 이름을 지어줬데. 민트! 난 '민트'라는 이름이 참 맘에 들어. 딱 어울리는 이름이야. 기다랗고 커다래서 우리 모두 함께 앉을 수 있어서 좋아"

이브는 민트에 앉아 있으면 왠지 위로를 받는 것 같고 마음이 편안해졌습니다. 혼자서 중얼거리는 속마음의 말을 말없이 들어주는 민트가 좋았습니다. 기대어 앉아서 바다를 보면 잘 보였고 올라서서 보면 더 멀리까지 잘 보였습니다. 덴파레는 이브의 어깨에 앉아 있는 로리에게 말했어요.
"로리. 로리 대장은 나에게 앉으면 안 될까?"
의자에 앉아 있던 로리가 덴파레를 돌아보며 시큰둥하게 말했어요.
"안 될 건 없지"
이브와 샤인은 마주 보고 웃으며 고개를 끄덕였습니다.
"덴파레 오빠! 깜짝 선물!"
이브가 가방에 숨겨놨던 로리의 집을 내밀었어요. 아마 덴파레는 뿌리가 땅속에 뻗어있지 않았다면 껑충껑충 뛰었을 거예요.
"오~ 최고의 선물인걸!"
샤인은 덴파레의 가지에 분홍색 지붕인 로리의 집을 단단히 매었습니다.
로리는 덴파레의 가지에 달린 집으로 쪼르롱 들어가 고개를 내밀었어요.

"꽤 아늑하네"
덴파레는 기분이 우쭐해졌습니다.
"이브, 샤인. 고마워. 이제부터 로리는 언제나 내 옆이야. 껌딱지처럼 딱 붙어있다?"
"덴파레 오빠가 숲에서 제일 키가 커! 로리~ 멀리까지 보이지?"
로리가 뚱하게 말했어요.
"별거 아냐. 나는 더 높이 날 수 있어. 더 멀리 볼 수 있는데 뭘"
덴파레는 뾰로통해졌어요.
"좋은 티 내면 엉덩이에 뿔이 나기라도 해? 나보다 멀리 볼 수 있어서 좋겠네. 이담에 누가 빨리 날 수 있나 대결해 볼까? 나한텐 안될걸"
로리는 팔짱을 끼고 휘파람을 불었어요.
"그 대결 기꺼이 받아들입니다"
이브는 들뜬 마음에 초록 언덕 들판을 뛰어다니며 두 팔 벌려 햇살을 안아 보았어요.
"오늘은 햇살이랑 함께 할 거야"
이브와 샤인은 리시안, 리엘과 함께 들판을 힘껏 뛰어다녔습니다. 이브는 날개처럼 두 팔을 크게 뻗었습니다.
"로리! 넌 좋겠다. 날 수 있어서. 나도 날 수 있다면 얼마나 좋을까?"
샤인이 말했습니다.
"이브 조심해"
이브는 신이 났습니다.
"우리 날아볼래?"
"어떻게?"
"날아다닌다고 상상해봐! 우리 모두 다 함께 날아보는 거야! 리시안, 리엘, 덴파레 오빠도! 우리 다 같이 날아보자"
샤인이 뛰어다니는 이브에게 말했습니다.
"이브. 조심해. 넘어지지 않게 천천히"
"샤인. 햇살 미끄럼을 탄다고 상상해 봐. 노랑나비처럼 날개가 달릴지도 몰라"
이브는 민트에게 손을 흔들었어요.
"민트야. 또 놀러 올게. 아마 매일매일 너에게 올 거야. 덴파레 오빠가 심심하지 않게 재미있는 이야기 많이 들려줘"
덴파레는 조용히 안타까움으로 말했어요.
"불쌍한 이브와 샤인. 우주 별세계를 자유롭게 날아다니던 멋진 천사들이었는데.... 아버지. 어머니. 이브와 샤인에게 서로를 알아볼 수 있게 기억의 파편이라도 한순간의 기억이라도 주세요"

봄이 되니 마음도 한결 가벼워진 것 같았습니다. 이브의 정원으로 돌아온 천사들 모두 한참 즐겁게 웃다 보니 배가 고파졌어요. 이브는 만들어 두었던 스콘 냄새를 한껏 들이마시고는 말했어요.
"음~ 포근한 빵 냄새는 정말 풍요로운 기분이 들게 해. 부드럽고 달콤한 빵은 나에게 위로를 줘. 사랑이 이모에게 조금 드리고 올게"
이브는 사랑이 이모에게 음식을 나눠 드릴만큼 어느새 훌쩍 커버렸습니다. 이브는 스콘을 담은 바구니를 안고 사랑이 집으로 뛰어갔어요.
"사랑이 이모. 금방 만든 스콘이에요. 따뜻해요. 드셔보세요"
이브는 사랑이에게 오늘 덴파레에게 로리의 집을 달아 준 이야기를 했습니다. 언젠가 덴파레와 로리는 누가 더 빨리 날 수 있는지 대결을 하기로 한 이야기도요. 사랑이는 이브를 흐뭇하게 바라보았습니다.
　사랑이는 이브의 아빠가 이브를 부탁한 이후로 이브가 외롭지 않도록 마음을 쓰며 보살폈습니다. 사랑이는 이브와 함께 식사하는 시간이 즐거웠고 기다려지는 시간이었습니다. 그러나 이브가 훌쩍 커버려 이브가 스스로 음식을 하는 일이 많아져서 해줄 수 있는 것들이 줄어드는 것 같아 서운하기도 했습니다.
"이브~ 아주 잘 구워졌구나"
"집에 샤인이 와있어요. 이모도 저희와 함께 꽃잎 차 드시러 가요"
　사랑이는 고개를 가로저으면서 말했습니다.
"아냐 아냐, 러브 아저씨가 곧 올 거야"
"러브 아저씨 오시면 같이 오세요. 러브 아저씨 보고 싶어요"
"그럴게"
　사랑이는 고개를 끄덕였습니다. 사랑이는 예쁜 한 쌍 같은 이브와 샤인을 보면 뿌듯했어요. 이브와 같이 식사하며 이브의 재잘대는 이야기를 듣는 게 사랑이의 즐거움이었어요. 그러나 이제는 그런 시간도 줄어들 거란 생각에 허전한 마음이 들었습니다.
　경쾌하고 씩씩한 사랑이는 이브의 엄마와 친자매처럼 자작나무숲 마을에서 자랐습니다. 이브의 엄마는 모두에게 친절하고 다정했어요. 사랑이는 이브의 엄마를 언니처럼 따르고 좋아했습니다. 이브의 엄마가 세상을 떠났을 때는 심장을 도려내는 듯 가슴이 아팠습니다. 한동안 심한 우울증을 겪기도 했어요. 러브는 사랑이가 마음을 추스를 수 있게 옆에서 잘 보살폈습니다. 사랑이는 이브의 엄마를 닮은 이브를 볼 때면 큰 위로를 받았습니다. 이브가 정성을 들이는 꽃밭을 같이 가꾸었습니다. 이브가 함박웃음을 지으며 나풀나풀 뛰어다닐 때, 노래 부르며 온갖 표정을 지을 때, 꽃들과 나비들에게 종알종알 이야기 하는 모습을 볼 땐 웃음이 스멀스멀 새어 나와 어린 풀잎처럼 마음이 연해지는 것 같았어요. 이브를 잘 보살피고 싶은 마음에 항상 옆에 있고 싶었습니다.

　친절하고 세심한 러브는 푸근한 인상에 동그란 배를 가지고 있었어요. 옆 마을 동백꽃 마을에 있는 러브의 빵 가게에서 갖가지 빵이 나올 시간이 되면 사람들이 줄지어 기다렸어요. 러브의 빵은 인근에서 모를 사람이 없을 만큼 인기가 좋았습니다. 심지어 먼 도시에서 러브가 만든 빵을 사러 오는 사람들도 있었어요. 사랑이는 인기 많은 러브의 빵을 줄 서서 기다리지 않고도 왕비처럼 우아하게 빵 장인의 손에서 직접 받을 수 있었습니다. 사랑이의 특권 같은 거였어요. 러브는 사랑이에게 빵을 줄 때가 하루에서 가장 행복한 시간이었습니다.

　이브와 샤인은 길가 문 쪽에 있는 하얀 의자에 앉아 좋아하는 음악도 듣고, 같이 노래를 부르기도 하며 즐거운 시간을 보내고 있었습니다. 이브와 샤인이 같이 노래를 부를 땐 동네 꼬마들이 하나둘 모였습니다. 이브는 꼬마들에게 노래를 불러주곤 했습니다. 샤인은 꼬마들을 안아 올려 비행기를 태워주었어요. 꼬마들은 샤인 팔에 매달리며 노래를 불러달라고 보채기도 목말을 해달라고 뛰어들기도 했어요. 꼬마들이 업히고 붙잡고 매달린 샤인의 몸은 커다란 눈사람처럼 되었습니다.
　샤인은 순회공연을 할 때보다 이브와 보내는 시간이 훨씬 더 소중하였습니다. 순회공연을 다닐 때는 뿌듯함과 감사함이 있었지만, 모든 에너지를 다 소진한 것만 같았습니다. 공연 후엔 알 수 없는 깊은 공허함에 빠질 때가 많았어요. 그러나 이브와 있을 때는 다른 이의 눈을 의식하지 않아도 되고 자유롭고 즐겁고 편안하고 왜인지 안심이 되어서 샤인에게는 휴식 같은 시간이었습니다.
"이브. 며칠 뒤부터 다시 유럽 공연이 있어. 한 달 정도 못 볼 거야"
　샤인은 아쉬운 마음에 시무룩해졌습니다.

"샤인. 너는 정말 멋진 피아니스트야. 사람들의 마음에 위로를 주고 아름다운 영감을 주는 피아니스트잖아. 얼마나 멋진지, 난 네가 자랑스러워. 이번 공연도 다치지 말고, 무사히 잘 다녀와. 네가 돌아와 있을 땐 장미가 만발해 있겠지? 그리고 어쩌면 이번 공연 동안 네가 찾고 있는 천사를 찾게 될지도 모르잖아"
 샤인은 무엇 때문이지, 무슨 이유인지는 모르겠지만 마음 한편에는 항상 자신의 천사를 찾고 있었습니다. 어딘가에 자신의 천사가 꼭 있을 것 같았고 찾아야만 한다고 생각했어요. 이브는 샤인이 찾고 있는 천사를 같이 찾아주고 싶었습니다. 샤인은 좋은 친구이고 샤인에게 항상 받기만 하는 것만 같아 무엇이든 해주고 싶었습니다.

 이브의 집 길 건너편에 유카의 집이 있었습니다. 1층은 유카의 엄마가 카페를 운영하고 있었고, 2층은 유카의 가족이 살고 있었습니다.
 2층 유카의 방 창가에서 유카, 팻시아, 헤이즐은 이브의 집을 불만 가득하게 바라보고 있었습니다. 유카와 팻시아는 온갖 짜증이 섞인 말투로 말했어요.
"거지 같은 이브에게 또 샤인이 왔어. 이게 무슨 황당한 상황이래?"
"햐~ 기가 막힌다. 우리처럼 예쁜 숙녀들을 두고 어떻게 이브가 좋을 수 있어? 다른 사람도 아닌 샤인이? 내가 샤인 좋아하는 거 알지? 샤인은 내 거야!"
 유카가 빈정거리며 말했어요.
"네가 샤인만 좋아하니? 이 남자 저 남자 안 가리고 다 좋아하잖아. 쳇!"
"샤인은 다르다고! 내 남자가 될 거라고!"
"누구 맘대로? 내 남자가 될걸! 흥!"
 팻시아가 헤이즐을 흘겨보았습니다.
"고상한 척하는 헤이즐, 너도 샤인 좋아하지?"
 유카가 콧방귀를 뀌었어요.
"흥. 잘난 척하는 헤이즐, 너도 티 나. 아닌 척해도 티 나거들랑"

 헤이즐 역시 샤인을 무척 좋아했습니다. 처음 본 날부터 좋아했어요. 헤이즐의 집은 사랑이의 옆집이긴 한데 좀 떨어져 있어요. 어린 시절 이브의 집에 샤인이 올 때면 괜스레 이브와 친한 척 이브에게 갔습니다. 샤인은 헤이즐에게 친절했지만, 별 관심이 없는 듯했고, 헤이즐은 어떻게든 관심을 끌어보려 우아하게 걷고 예쁘게 차려입고 미소를 지었어요. 이브는 언제나 도라지꽃색 원피스에 목의 점을 가리기 위한 푸른색 스카프, 그리고 곱슬머리 위에 꽂힌 노란색 머리핀이 다인데도 샤인의 관심은 온통 이브뿐이었습니다. 한번은 헤이즐이 이브가 가리고 다니는 짙푸른 색 점을 드러내려고 일부러 실수인 척하며 스카프를 풀어버렸어요. 짙푸른 색 점은 이브가 숨기고 싶어 하는 것이었으니까요. 이브가 많이 당황하며 손으로 목을 가렸습니다. 헤이즐은 실수인 양 미안해하며 샤인의 표정을 살폈어요. 샤인이 분명 점을 흉측하게 보길 바랐는데 샤인은 스카프를 주워 이브의 목에 감싸주었습니다. 당황한 이브를 다독거리며 다정하게 아무 일 아니라는 듯 자신의 스웨터를 살짝 내려 목의 초록색 점을 보여주며 말했었어요.
"이브. 나도 점이 있어. 나뭇잎처럼 생긴 초록색 점. 우린 둘 다 목에 점이 있네. 그래서 난 좋아"
 헤이즐은 이브의 마음을 보살피는 샤인을 보며 절망했습니다. 그리고 그 순간 자신이 구차하다고 생각되었습니다. 착한 이브를 괴롭히고 있는 그 정도밖에 안 되는 자신이 경멸스러웠고 이브를 부러워하고 있는 자신이 한심했어요. 샤인을 독차지하고 있는 것 같은 이브만 보면 화가 났습니다.
'이브가 미치도록 싫어'

헤이즐은 어린 시절부터 이브에 대한 질투로 가득 찬 자신의 초라함을 도도함으로 감추려 애썼습니다.

샤인은 집으로 갈 시간이 되었습니다. 리엘이 말했습니다.
"샤인 대장님. 앞으로 한 달 정도는 이브 공주님 집에 못 올 텐데.... 나는 자작나무숲 마을로 올 수 있지요?"
"리시안 때문이지? 이브~ 가끔 우리 집에 리시안과 같이 와. 내가 아빠한테 말해 놓을게"
리엘은 고개를 가로저으며 말했어요.
"난 자작나무숲 마을이 좋아요. 여기로 올 거예요"
"하하하. 알았어. 아빠한테 너와 함께 여기로 자주 산책하시라고 할게"
리엘과 리시안은 마주 보며 좋아했습니다.
샤인은 리엘과 함께 이브의 집을 나섰습니다. 샤인은 리엘의 고삐를 잡고 리엘의 목을 쓰다듬으며 걸어가고 있었어요. 유카의 2층 방에서 내려다보던 헤이즐은 샤인에게 얼른 뛰어갔습니다.
"샤인...."
"헤이즐"
"하루 종일 이브와 함께 있네...."
"응. 같이 할 일이 있었어. 이브의 집에 오지 그랬어?"
"....같이 좀 걸어도 돼?"
"그래"
"샤인, 나 너에게 물어보고 싶은 게 있는데...."
헤이즐은 잠시 망설였습니다.
"넌 이브와 어떤 사이야?"
"뜬금없이"
"마치 형제처럼 허물없이 보이기도 하고, 친구 같기도 하고 연인 같기도 하고.... 항상 궁금했어"
"글쎄. 뭐라고 생각해?"
"솔직하게 말해줘"
"네가 말한 것 다. 이브는 어떤지 잘 모르겠어. 그런데 난 그래"
"응...."
헤이즐은 마음이 쿵 하고 내려앉았어요. 순간 낯빛이 어두워졌지만, 속마음을 드러내지 않으려 짐짓 평온한 미소를 지어 보였습니다.
'이브만 없다면.... 이브만 없다면'
헤이즐은 이브가 사라지면 좋겠다는 마음뿐이었습니다.

자작나무숲 마을 위를 휘휘 돌던 검은 새가 유카의 창가에 앉았습니다. 2층에서 헤이즐을 내려보고 있는 유카와 팻시아는 팔짱을 끼고 비웃었어요. 유카와 팻시아는 담배 연기를 창밖으로 불었습니다. 유카와 팻시아는 피우던 담뱃불을 창틀에 짓이겨 껐습니다. 담배 피우는 것을 엄마가 알면 혼나기 때문에 흔적을 없애려고 주머니에 담배꽁초를 집어넣었습니다.
"헤이즐.... 잘난 척하더니 별수 없군.... 뒤에서 호박씨 까는 꼴이라니.... 쯧쯧"
"도도한 척, 똑똑한 척하며 우리를 무시하더니 별거 아니었군. 계집애"
창가에 앉아 유카와 팻시아의 말을 듣던 루시퍼가 나지막이 속삭였습니다.
"한심하긴. 적에게 당하기 쉬운 약한 졸병들이군. 너희들 언제까지 이러고 있을 거야? 이브를 무너뜨리려면 확실하게 밟아놔야지. 안 그래?"
"야! 검은 새! 갑자기 뭔 소리야!"

VI 아빠, 난 외로워요.

"야! 검은 새! 너 또 왔어? 맨날 내 창가에 앉아 뭐하니? 너 갈 데 없지?"
검은 새 루시퍼의 눈이 치켜 올라갔습니다.
"뭐? 야? '야'라고 했어?"
유카가 창문을 쾅 닫으며 으름장을 놓았습니다.
"그래. 야! 뭐 불만 있어? 너 내 창가에 똥 싸기만 해봐! 두 번 다시 못 날게 해줄 테니!"

루시퍼는 갈 곳이 유카의 창밖에 없었어요. 앉을 수 있는 곳은 거기뿐이었습니다. 나뭇가지에 앉으려고 하면 나뭇가지들이 후려치고 난리가 났어요. 나무들이 루시퍼 따위는 저리 가라고 내 가지에 앉지 말라고 하며 난리를 쳤습니다. 마을의 집 어디에라도 쉬려고 앉으려 하면 마을 사람들이 재수 없게 생긴 검은 새라고 내쳤어요. 마을 사람들은 흉악하게 생긴 검은 새 때문에 마을 분위기 음산해진다며 싫어했습니다.
"야! 네 정체가 뭐야? 마을 사람들이 너 흉측스럽게 아주 재수 없게 생겼데"
"너희가 감히 나한테…."
"감히? 흥! 어쩔 건데? 웃겨"
아래층 카페에서 유카의 엄마가 부르는 소리가 들렸습니다. 유카와 팻시아는 카페로 내려갔어요. 유카의 엄마는 치즈타르트가 담긴 접시를 유카에게 내밀면서 말했어요.
"유카, 이브에게 주고 와"
"내가 왜? 싫다고!"
"유카, 좋은 건 나누는 거야. 이브는 오랜 친구잖아"
"친구 아니야! 거지 같은 이브가 왜 내 친구야? 나처럼 공주는 거지 같은 애랑 친구 할 수 없어. 자존심 상하게!"
"이브가 치즈타르트 좋아하잖아. 나누면서 살아야 해"
"이브가 좋아하는 게 뭐가 중요해? 나누고 싶으면 엄마가 주던가. 도대체 엄마는 내가 뭘 좋아하는지 알긴 해?"
유카의 엄마는 정색하며 말했습니다.
"유카. 이브에게 주고 와. 친절하게"
유카는 마지못해 받아 들고는 이브에게 갔어요. 유카의 엄마는 맞은 편 이브의 꽃 가게로 가는 유카와 팻시아를 답답한 마음으로 지켜봤습니다. 유카의 엄마는 이브를 어릴 때부터 지켜봐 온 이웃이라 누구보다 이브의 밝고 착한 심성을 잘 알았어요. 엄마, 아빠 없이 씩씩하게 잘 크는 이브가 대견스럽기도 하고, 안쓰럽기도 했습니다. 해맑은 이브를 보면 유카와 비교되어 한숨이 나오곤 했습니다. 항상 불평불만에 감사함도 없고, 빈쓰거리기 좋아하는 삐뚤어진 유카를 보면 엄마로서 어찌해야 하나 걱정이 앞섰습니다.
유카는 이브의 꽃 가게 문을 벌컥 열고 들어갔습니다. 이브가 깜짝 놀라 돌아봤어요.
"이브! 이거 엄마가 갖다주래"
유카는 기분이 나빠 던지듯 테이블 위에 놓았습니다. 치즈타르트에는 좀 전에 유카와 팻시아가 피우던 담배꽁초가 꽂혀있었습니다. 이브는 왜 이런 짓을 했냐고 묻지 않았어요. 유카와 팻시아는 항상 그러니까요. 유카와 팻시아가 한 짓은 기분 나쁘지만, 아주머니의 배려를 알았기에 기분 나쁜 거 내색하지 않고 담담하게 말했습니다.
"아주머니께 감사하다고 전해줘"
"싫거든! 내가 네 심부름꾼이야? 네가 직접 해"
"알았어. 근데 다음엔 노크나 벨을 해줄래?"
"네가 뭔데 이래라 저래라야? 거지 같은 너의 집에 들어가면서 벨까지 눌러? 노크? 웃기네. 손 더러워지게"
"유카, 난 거지가 아니야. 그런 말 하지 말아줘"

VI 아빠, 난 외로워요.

"기분 나쁘면 엄마, 아빠 만들든가"
"엄마, 아빠 없으면 다 거지야? 그리고 내 아빠는 곧 돌아오실 거야"
"어지간히도 그러겠다. 흥! 자식을 버리고 떠난 아빠를 믿어? 한심하다"
리시안이 으르릉거리며 거친 숨을 내었습니다. 유카는 리시안을 보며 어이없다는 듯 표정을 지었어요.
"얜 뭐야? 가지가지 하네. 너 볼 때마다 건방지게 으르릉거리는데 상당히 불쾌해"
팻시아가 팔짱을 끼며 머리를 절레절레 흔들었어요.
"어우. 개까지 웃겨 정말. 그리고, 야! 이브, 너! 샤인 좀 작작 부려 먹어라. 왜 자꾸 불러서 일 시켜? 너 샤인이 누군지 알아? 세계적인 피아니스트! 월드 스타! 슈퍼스타! 몰라?"
유카가 이브를 노려봤습니다.
"네 주제를 좀 알라고. 네 주제를! 팻시아, 가자! 이런 거지 같은 곳에 뭐 하러 오래 있어? 우리 옷, 신발 더러워지겠다. 더러운 공기에 숨이 멈춰질 것 같다"
리시안이 달려들려고 하자 이브가 붙잡았습니다.
"리시안. 괜찮아"
"웃겨. 어쩔 건데? 가소롭다. 흥!"
팻시아와 유카는 이브와 리시안을 번갈아 노려보며 화분을 발로 차 넘어뜨리고 나갔습니다.
이브는 한숨이 푹 나왔지만, 리시안과 로리가 걱정할까 봐 움츠러들었던 마음을 다시 추슬렀습니다. 씩씩한 척했지만 사실 움츠러들어 있었어요. 엄마와 아빠가 없는 건 틀린 말은 아니니까. 내일 학교에 가면 또 무슨 일이 벌어지려나 걱정도 되었습니다. 이브는 학교 다니는 내내 유카와 팻시아 때문에 편하지 않았습니다. 이브는 아무리 생각해봐도 그들에게 잘못한 게 없는데 유카와 팻시아에게 끊임없이 괴롭힘을 당했습니다. 잘못도 없는데 초라하게 고개 숙이고 싶진 않았어요. 당당하게 더욱 씩씩해지고자 했습니다. 더욱 강하게 밝게 살고자 노력했습니다. 그들의 괴롭힘에 무너지지 않으려고 무던히도 애를 써왔습니다. 오늘은 샤인과 리시안, 리엘, 덴파레, 티스와 함께 즐거웠던 시간만 생각하기로 했습니다.

깊은 밤이 되었어요. 이브는 침대에 눕기 전에 매일 기도를 꼭 드리기로 했습니다. 하루 중에 기분 좋은 일을 생각하고 감사하기로 했습니다. 기분 좋은 일, 감사한 일을 생각해야 좋은 꿈을 꿀 수 있을 것 같았으니까요. 그리고 원하는 일은 인내심을 갖고 노력하고 기도하다 보면 언젠가 이루어져 있을 거라 믿었습니다. 이브는 기도를 마치고는 이불을 폭 덮고는 리시안을 안고 잠이 들었습니다. 다락방 작은 창으로 별들이 반짝이며 이브에게 '사랑해'라고 속삭였어요. 노란색 초승달이 조용히 이브의 이마를 비추어주었습니다.

아침이 되었습니다. 이브는 리시안, 로리, 티스와 함께 학교로 향했습니다. 산들바람 티스는 이브와 리시안이 용기를 잃지 않도록 언제나 다정하게 감싸 안았어요. 이브는 자작나무숲 오솔길인 '달맞이 길'로 학교 가는 걸 좋아했습니다. 달맞이 길은 이브가 가장 좋아하는 길이었어요. 달맞이 길에 있으면 왠지 보호받는 느낌이기도 하고 무조건 좋기도 해서 눈이 오나 비가 오나 봄이든 가을이든 겨울이든 자작나무숲 달맞이 길로 학교에 갔습니다. 달맞이 길 위쪽으로 가면 초록 언덕으로 가는 길이었고, 아래쪽으로 가면 학교로 가는 길이었어요. 달맞이 길로 맑은 공기 마시며 상쾌하게 학교에 가면 온몸에 힘이 가득 차는 것 같아 도로 쪽보다 달맞이 길로 잘 다녔습니다.
갑자기 리시안이 으르릉거리며 멈춰 섰어요.
"이브 언니, 저 나무 뒤에 유카와 팻시아가 숨어있어. 뛰지 마. 또 발 걸지도 몰라"
"응, 알았어, 그렇지만 다른 쪽으로 안 갈래. 당당하게 내가 가던 길을 갈 거야"
유카와 팻시아는 나무 뒤에서 이브를 살펴보았습니다.

VI 아빠, 난 외로워요.

"왜 안 뛰지? 뛸 때가 됐는데"
 자작나무는 그리 두껍지 않아 숨어있다 해도 곧잘 보여서 숨은 위치를 찾는 건 어렵지 않았습니다.
 유카와 팻시아의 대화를 듣고 있던 자작나무들이 말했어요.
"쟤들은 왜 또 저러냐. 당최! 심보 고약한 것들"
"나쁜 버릇을 초록별에서도 버리지 못하고. 못된 것들!"
"천사 나라 가면 우리가 증명할 수 있어. 우리가 다 봤다고! 유카와 팻시아가 이브 공주님을 괴롭히는 것을!"
"나도, 나도"
 자작나무들은 가지로 유카와 팻시아를 후려쳤습니다. 로리는 유카와 팻시아가 있는 곳으로 쏜살같이 날아가 노려보며 말했어요.
"또 무슨 수작을 부리려고. 너희들은 예나 지금이나 변함이 없어"
 유카와 팻시아가 도망치며 말했어요.
"저 파랑새는 정말 기분 나빠. 맨날 이브 옆에 딱 붙어서는. 에이!"
"나무들은 왜 저래! 재수 없게"
"바람도 안 부는데 나뭇가지들이 이상하네. 에이, 오늘은 글렀다. 그냥 가자"
"나 진짜 저 파랑새 싫어. 정말"
 팻시아가 돌멩이를 집어 들고는 파랑새 로리에게 던졌습니다. 로리는 날렵하게 잘 피했습니다.
"다음에는 꼭 맞추고 말 테다. 넌 우리의 표적이야. 너! 두고 봐"
 이브와 리시안, 로리, 티스는 유카와 팻시아가 씩씩거리며 후다닥 도망치는 것을 바라봤습니다. 도망가는 뒷모습이 궁상스러워 보였습니다. 로리는 그들이 한심했습니다.
"너희들이 거지 같다"

 이브는 학교 다니기가 쉽지 않았어요. 불량스러운 유카와 팻시아가 끊임없이 괴롭혔고, 자신들의 잘못을 이브에게 다 뒤집어씌웠어요. 학교 친구들과 이브를 끊임없이 이간질했습니다. 이브는 억울한 일이 한두 번이 아니었어요. 어느 날은 유카가 파자마 파티를 열었습니다. 이브만 쏙 빼고 여학생 모두를 초대했습니다. 이브의 집 앞 유카 집으로 여학생이 다 모여들 때 이브는 건너편 유카의 집으로 모여드는 친구들을 바라만 보았습니다. 유카와 팻시아는 이브를 외톨이로 만들며 쾌감을 느꼈어요. 이브가 외톨이가 될 때 그들은 너무나도 만족한 모습이었습니다. 이브는 그들이 그러든 말든 개의치 않고자 했습니다.
 학교 마칠 때쯤에는 리시안, 로리, 티스가 항상 교문 앞에서 기다리고 있었어요. 언제나 로리는 리시안의 등 위에 앉아서 기다렸어요. 동네 사람들은 리시안을 천재 강아지라고 부르고 로리는 행운의 파랑새라고 불렀어요. 리시안과 로리는 그 누구보다도 똑똑하고 이브 옆에 딱 붙어서 이브를 잘 보호했습니다. 동네 사람들은 리시안과 로리를 아주 대견하다 했어요. 어지간한 사람보다 낫다고 했어요. 당연히 그렇죠. 동네 사람들은 전혀 모르고 있겠지만, 사실 리시안은 천사 나라에서 온 공주님이고 로리는 별세계의 대장이잖아요. 그리고 마을 사람들은 이브 주위엔 왠지 훈훈한 기운이 감싸고 있는 것 같다고 그랬어요. 티스가 이브와 리시안, 로리를 안아 감싸고 있다는 걸 마을 사람들은 몰랐을 거예요.
 언제나 그랬듯 학교 앞에서 리시안, 로리, 티스는 이브를 기다리고 있었습니다. 이브가 뛰어왔습니다.
"리시안! 로리! 티스 선생님!"
 이브는 리시안을 부둥켜안고 리시안의 얼굴에 볼을 갖다 대었습니다. 로리는 이브의 어깨 위에 살포시 앉았습니다. 리시안은 이브의 얼굴을 살폈어요.
"이브 언니. 아무 일 없었어?"

"그럼, 오늘은 무사했어. 리시안. 리엘이 많이 보고 싶지? 샤인 집에 가서 리엘 데려와 산책할까?"
"응!"

이브는 리시안, 리엘과 함께 자작나무숲 마을을 나란히 걸었습니다. 리시안과 리엘은 서로 바라만 봐도 좋은가 봐요. 이브는 샤인이 빠져서 좀 아쉽지만, 함께 모이니 기분이 좋았습니다.
"우리 초록 언덕까지 뛰어볼까? 덴파레 오빠에게 가자"
이브와 리시안은 힘껏 뛰기 시작했어요. 리엘은 천천히 달리면서 뒤따랐어요. 로리는 이브 옆을 날았고, 티스는 모두를 감싸 안았습니다.

자작나무숲에 들어오니 바람결에 나뭇잎 부딪히는 소리만 들렸어요. 이브는 달리기를 멈추고 눈을 감고 온몸의 모든 신경을 나뭇잎 소리에 집중했습니다. 손을 귀에 모아봤어요.
"잘 들어봐. 바람결에 나뭇잎들이 부딪히는 소리가 마치 빗소리 같지 않아? 우리는 지금 몸이 젖지 않는 비를 맞고 있는 거야! 햇살에 반짝이는 초록색 바람비! 저 자작나뭇잎들 사이로 펼쳐지는 햇살을 봐. 햇살비 같지 않아? 아~ 천사의 날개 같아. 리시안, 리엘, 우리 다시 뛰어볼래? 힘차게 뛰다 보면 어쩌면 천사처럼 날 수 있을지도 몰라. 어쩌면"
이브와 리시안, 리엘, 티스는 기분이 좋아졌습니다. 이 순간은 모든 슬픔이 사라지는 것 같았어요. 이브와 리시안은 달리기 시작했어요. 리엘은 걱정이 앞섰습니다.
"그러다 넘어져요. 조심하세요"
"걱정하지 마. 조심할게. 리엘 사랑해"
이브와 리시안은 산들바람 속에서 힘껏 뛰어보았습니다.
"산들바람 티스 선생님, 고마워요. 사랑해요"
"나의 사랑 리시안. 영원히 사랑할 거야. 영원히"
이브는 나뭇잎 사이로 펼쳐지는 햇살을 가득 안고 노래를 불렀습니다.

초록 언덕으로 가는 길 들판에 데이지꽃들이 구름처럼 펼쳐져 있었습니다. 작년에 샤인이 준 데이지 씨앗을 들판에 뿌려 놓았거든요. 너무너무 사랑스러워 이브는 날아갈 것 같았어요.
"데이지꽃 구름 들판이 되었어! 음.... 데이지 꽃말이 뭐였더라...."
리시안이 말했어요.
"평화! 희망!"
이브는 리시안, 리엘과 함께 데이지가 다치지 않게 조심해서 뛰었어요. 이브의 곱슬거리는 머리카락은 바람에 파도처럼 날렸습니다. 노란색 조각달 머리핀이 햇살에 반짝거렸어요.
"하하하하~ 데이지꽃이 달걀 같아. 달걀 프라이! 아~ 예뻐! 사랑스러워! 안 먹었는데도 배가 부른 것 같아. 온통 달걀 프라이야. 달걀 프라이가 수백 개? 수천 개?"
데이지꽃은 햇살이 반사되어 더욱 화사하게 보였습니다.
"여기저기서 숨어있던 천사 나라의 꽃 요정들이 불쑥불쑥 튀어나올 것 같아. 나는 노랑나비가 되고 싶어. 노랑나비가 되어서 가장 예쁜 꽃에 앉을 거야. 근데 가장 예쁜 꽃은 노랑나비를 좋아할까?"
리시안은 커다란 귀를 나비처럼 크게 펼쳤어요.
"반드시 좋아할 거야. 너무 좋아해서 노랑나비가 떠나지 못하게 꼭 붙잡고 있을 거야"
"날개를 달고 날아다닐 거야. 꿈속에서처럼"
이브와 리시안, 리엘은 신나게 뛰고 또 뛰었어요. 넘어지지 않았어요. 땅을 잘 보고 뛰었거든요. 사랑스러운 데이지꽃이 다칠까 봐요.

Ⅵ 아빠, 난 외로워요.

In the rain

샤그랄라 샤그랄라
바람결에 부딪히는
잎들의 소리를 들어봐
빗소리 같지 않아?
햇살에 반짝이는 초록색 바람비
잎들 사이로 펼쳐지는 햇살을 봐
비 내리는 것 같아
초록 잎에 반짝이는 다정한 햇살비

샤르랄라 샤그랄라
비가 내려
음음~ 내 머리에
음음~ 내 마음에
샤그랄라 샤그랄라
비가 내려
음음~ 초록색 별비가
음음~ 다정한 사랑비가

샤그랄라 샤그랄라
내 마음이 바람비에 실려
내 사랑이 햇살비를 타고
나 천사처럼 날 수 있을까?
내 사랑을 가득 줄게
우리 같이 빗속을 뛰어봐
사랑을 가득 안고 뛰다 보면
어쩌면 천사처럼 날 수 있을지 몰라

샤그랄라 샤그랄라
초록색 바람비가
음음~ 내 머리에
음음~ 내 마음에
샤그랄라 샤그랄라
사랑을 가득 안아
음음~ 초록색 별비가
음음~ 다정한 사랑비가

샤그랄라~ 샤그랄라~

이브와 리시안, 로리, 리엘, 티스는 자작나무 아래를 유심히 살폈습니다. 샤인과 같이 심었던 맥문동 씨앗은 귀여운 새싹이 되어 올라와 있었어요. 자작나무 아래에 새싹 군락을 이루고 있었어요. 어찌나 귀엽고 사랑스러운지! 여름이 되면 보라색 맥문동꽃들이 군락을 이루어 하얀색 자작나무 아래에서 바람에 흔들리고 있을 걸 생각하니 환상적일 것 같았습니다.

초록 언덕에 도착했습니다. 가슴이 뻥 뚫리는 것 같았어요. 그런데 바다를 보니 쓸쓸해지며 슬퍼졌습니다. 이브와 리시안, 로리는 민트에 나란히 앉아, 다 같이 바다를 바라보았습니다. 리엘은 리시안 옆에 가만히 앉았습니다.
"덴파레 오빠. 나는 기도를 많이 하는데 왜 안 들어 주실까?"
덴파레가 다정한 목소리로 말했습니다.
"너는 기도를 어떻게 하는데?"
"그냥 이것저것 다 말해"
덴파레는 이브의 마음을 안아 주고 싶었습니다.
'아버지, 어머니께서 너의 기도를 좋아하실 거야. 아버지, 어머니는 너의 모든 것을 다 듣고 싶어 하시거든. 너의 위로가 되어주고 싶으니까. 너와 함께하고 싶으시니까'
덴파레는 안쓰러운 마음을 다잡고 이브에게 물었습니다.
"네가 원하는 기도하기 전에 회개해?"
"회개? 반성하는 거?"
"응. 반성하고, 용서를 구하는 거"
"아니.... 안했어. 몰랐어. 그럼, 앞으로 회개 먼저하고 원하는 기도를 해야겠다. 진작 알았으면 좋았을걸"
"회개할 땐 낯 뜨겁고, 심장이 쿵쾅거리고 부끄럽더라도 소상히 말해야 해. 뭉뚱그려 대충 말하면 안 돼. 그건 비겁한 짓이거든. 소상히 말하고 반성한 다음에 용서를 구하고 잘못한 일을 반복하지 않는 게 진정한 회개야. 누군가의 마음을 상하게 했다면 진심으로 사과를 해야 하고. 진심이 안 담긴 사과는 자기 마음 편하게 하려고 하는 속이는 짓일 뿐이지"
"응.... 근데 회개할 게 없는 날은 어떻게 해?"
"그런 날은 없어. 여기 초록별에서 살 땐 다 이유가 있는 거야. 네가 여기에 태어나기 전의 것까지"
"내가 여기에 태어나기 전? 내가 자작나무숲 마을에 태어나기 전에 어딘가에 있었다고?"
"응. 아마도 천사 나라. 음.... 그게 말이야, 넌 사랑스러우니까 천사 나라가 아닐까?"
리시안, 로리, 리엘은 이브의 마음을 살폈습니다.
"덴파레 오빠는 맨날 좋은 말만 해줘. 근데 난 그다지 별로인 사람이니까....천사 나라는 아닌 것 같아"
덴파레는 가지를 흔들며 단호히 말했습니다.
"난 확신해. 넌 천사 나라 공주였을 거야. 그러니까 무조건 그렇게 생각하고 여기 태어나기 전의 삶이 어땠을까 곰곰이 세 번 이상은 생각해 보다"
"그런 말이 어딨어? 어떻게 태어나기 전의 일을 어떻게 기억해? 말도 안 돼"
"남들에게 드러나는 죄도 있지만, 또 잘 생각해 보면 남들은 모를지라도 자신만 아는 잘못들이 있을 거야. 알면서도 반복하는 잘못들. 있지? 아마 네가 여기에 태어나기 전에 했던 잘못들일걸? 본성대로 사는 법이야. 천성대로"
이브는 한참을 생각해 보았습니다.
'무슨 잘못을 하고 있을까. 남의 말 잘 믿고 잘 속는 것, 멍청한 거, 고집쟁이에다가 지혜가 없는 거. 그래 난 지혜가 없어. 바보 같아'
정말 창피하고 감추고 싶지만 감추어지지 않는 것 같았습니다. 자신이 멍청하고 어리석다고 생각했어요.
"그럼 멍청하고 지혜가 없는 건 어떡해? 난 심각하게 멍청하거든. 그리고 억울할 때 있잖아. 겉으로는 표현 안 하려고 하지만 속으로는 화가 막 날 때는 분노 폭발! 헐크처럼 옷이 다 찢어질 것 같아"
"그건 너만 손해야. 분노하는 건 어리석은 거야. 천사 나라에서 제일 금하는 것이기도 하고. 멍청한 건.... 글쎄? 그리고 지혜는 겸손하고 침착하면 생기지 않을까? 많은 경험을 하면서, 긴 인내를 거쳤을 때 반짝이는 지혜를 가질 수 있어. 우리가 성공하거나 잘하는 것에서는 성취감을 가질 뿐, 깨달음을 가지거나 지혜를 터득하지는 않잖아. 우린 언제나 실패나 잘못, 실수, 죄를 지으면서 지혜를 터득해. 물론 반성과 고찰이 있을 때 지혜가 생기지. 실패, 잘못, 실수. 오히려 이런 것들은 우리에게 값진 경험이야. 어둠을 겪었을 때 반짝이는 지혜를 얻게 되는 거야. 음~ 지혜를 달라고 기도해 봐. 간절히 기도하면 들어주실 거야. 분노는 절대 안 돼"
"그러면 지혜를 구하는 기도는 나에게 어둠을 달라는 거잖아"
"아니야. 어둠을 관통할 힘, 어둠을 이길 힘을 달라는 거야"
"그리고 억울하고 또 억울해서 분노가 저절로 될 때는 어떡해? 나쁜 사람들 보면 분노를 어떻게 안 할 수 있어?"
"그냥 측은하게 여겨. 딱하고 안타깝게 여기면 돼. 나쁜 사람들 때문에 네가 죄를 짓는 건 지혜롭지 못하잖아. 그들의 죄에 동참하는 거니까. 그들이 바라는 게 그거야. 그들의 죄에 동참하는 거. 그들의 모함에 빠지는 거"
"아하. 죄에 동참하거나 모함에 빠지는 거, 야비함에 속으면 안 되겠다. 알았어! 나 이제부터는 분노를 버려야겠다. 덴파레 오빠는 진짜 모르는 게 없어. 난 오빠를 존경해. 진짜로"
"하하하. 동생에게 존경받다니! 정말 뿌듯하다. 넌 사랑스러운 동생이야. 이브"
"그런데...."
이브는 시무룩해졌어요. 갑자기 슬픔이 파도가 되어 몰려왔어요.
"있잖아, 덴파레 오빠. 사람으로 태어났으면 말이야, 많은 사람에게 사랑을 못 받더라도 적어도 단 한 명에게는 사랑을 받아봐야 하는 거잖아. 그런데 나는 단 한 명에게도 진정한 사랑을 받아본 적이 없어. 누구도 나를 사랑하지 않아. 나는 사랑을 받아 본 적이 없어서 사랑을 받으면 어떤 기분인지 몰라. 사랑을 받는 건 어떤 느낌일까? 어떤 느낌인지 나는 몰라. 나는 혼자인 것 같아. 나는 우주 외톨이야. 우주 외톨이"
덴파레는 가슴이 먹먹해졌습니다.
'가엾은 이브. 네가 천사 나라에서 얼마나 사랑을 많이 받은 공주였는지 기억이 안 나지? 여기 초록별은 시기 질투하는 어둠의 무리가 많단다. 내 동생 힘내'
덴파레는 아무렇지 않은 척하며 말했습니다.
"샤인이 얼마나 널 좋아하는데 그래?"
"샤인은 친구야. 샤인은 나 말고도 주변에 사람이 많잖아. 인기쟁이고. 나랑은 많이 달라. 샤인에게 난 그저 편안하고 익숙한 친구. 나에게 샤인은 다정하고 친절한 친구야"
"사랑이 이모랑 러브 아저씨는 어쩌고? 또 초콜릿 할아버지도 있잖아"
"나를 사랑할까? 절절히? 내가 딱해 보여서 그냥 많은 친절을 베푸는 이웃분들이 아닐까 하는 생각이 들기도 해. 나는 영원하고 끝없는 사랑을 받아보고 싶어. 절대 변하지 않는 사랑"
"너는 그분들 사랑하지 않아?"
"사랑하지. 당연히 나는 사랑해"
"이브. 그분들도 널 사랑해. 분명. 장담할 수 있어"
"그럴까? 덴파레 오빠. 나는 아주 절절한 변하지 않는 끝없이 영원한 사랑을 받아보고 싶어. 부모가 자식을 사랑할 땐 그렇잖아"
이브는 바다를 한참 바라보다가 말했습니다.

VI 아빠, 난 외로워요.

"바다 저편까지 나만 아는 무지개다리가 생기면 좋겠다. 바다 저편에 가면 아빠가 있을까? 없을까? 상상해 볼까? 바다 저편까지 무지개다리를 타고 순간 이동해서 가는 거야. 뭐가 있을까?"
　이브는 즐거운 상상을 했어요. 매번 그렇진 않지만 대체로 즐거운 상상을 하면 기분이 나아졌습니다.
"아빠도 있고, 또 음.... 난 천사들이 있는 나라를 상상할 거야. 아~ 천사 나라는 어떨까? 슬픔은 없고 기쁨만 있을 거야. 행복하기만 할 거야. 절대 외롭지 않겠지? 천사들은 정말 날개가 있을까?"
　덴파레는 조금 기분이 나아진 이브를 살피며 말했어요.
"글쎄, 어떨 것 같아?"
"내 생각엔 날개가 없어. 질량이 0인데 굳이 날개가 필요할까? 천사가 조류냐고! 크크크"
"천사의 모습을 본떠서 날개 있는 새를 만들었을 수도 있잖아"
　파랑새 로리가 이브의 머리 위에 앉으며 말했어요.
"질량 있는 조류가 네 머리 위에 앉아 있네"
"하하하. 로리 미안~ 천사의 날개는 사람들의 상상일까? 아니면 진짜 천사는 날개가 있을까? 그래서 하나님께서 천사처럼 날개가 있는 새를 만들어 보신 걸까? 아~ 궁금해"
　이브는 민트에 서서 바다를 보았어요. 이브의 하늘색 스카프가 바람에 흔들렸습니다.
"마음에 있는 욕심의 무게가 0이어야 천사가 될 수 있을 거야. 아마도 그렇게 가벼워져야 날 수 있을걸. 욕심을 버려야 자유로울 수 있을 것 같아. 욕심은 무거운 거니까. 아빠를 보고 싶은 것도 기다리는 것도 어쩌면 내 마음의 욕심일 수 있어. 아빠는 그곳에서 행복할지도 모르니까. 그런데 있잖아, 사무치게 그리운 건 지워 버려야 하잖아. 그런데 아빠는 지워지지 않아. 지울 수 없는 거니까"
　이브는 입으로 두 손 모아 바다를 향해 외쳤어요.
"아빠. 아빠 많이 보고 싶어요. 아빠! 내 이름 기억해요? 나를 사랑해요? 아빠, 나는 아빠를 많이 사랑하고 그리워하고 보고 싶어요. 아빠는 내가 안 보고 싶어요? 돈 많이 안 벌어 와도 되니까 제발 빨리 이브에게 돌아오세요. 아빠, 나는 우주 외톨이예요. 우. 주. 외. 톨. 이. 아빠, 빨리 돌아와요. 그런데 아빠. 거기서 아빠가 행복하다면 안 돌아와도 나는 괜찮아요. 사랑해요."
　이브는 목이 터지게 외쳤습니다. 그리고 초록 언덕 들판을 뛰었습니다. 리시안이 함께 달렸습니다. 달리고 달리다가 바다와 가까운 언덕 끝에 서서 소리쳤어요.
"아빠, 난 외로워요"
　이브의 소리는 메아리가 되어서 돌아왔습니다.
　덴파레와 리시안, 로리, 티스는 애잔한 마음에 가슴이 미어졌습니다.
"아직 어린 공주님에게는 너무 가혹한 시험이에요"
"우리 이브 공주님이 잘 해낼 거라고 믿어요. 누구보다 잘 해낼 겁니다. 초록별에서 많이 성장할 거예요"
"이브 언니, 힘내"
　이브는 하늘과 바다를 보며 노래를 불렀습니다.

　이브는 결심한 듯 두 팔을 벌려 바다를 보며 목이 터지게 소리쳤어요.
"바다야. 이젠 내가 너를 안아줄게. 난 나의 마음에 바다를 건널 수 있는 무지개다리를 만들었어. 세상에서 가장 아름다운 무지개다리! 아무도 날 사랑하지 않아도 난 괜찮아! 내가 나를 사랑하면 되니까! 사람들이 받는 사랑의 백만 배만큼 내가 나를 사랑해 줄 거야. 그러니까 슬프지 않아. 내가 나를 사랑해 줄 거라고! 내가 나를 모든 찰나의 순간까지도 사랑해 줄 거야!

VI 아빠, 난 외로워요.

Dear my love

아빠, 내 노랫소리 들리나요?
그렇다면 분홍색 노을을 보내주세요.
아빠, 나를 그리워 하나요?
그렇다면 분홍색 별들을 보내주세요.
아빠는 나를 사랑하나요?
나는 우주만큼.
아니, 더. 더.
나는 울지 않아요.

오늘 나는 우주 외톨이
내일은 아닐 거예요.
아빠는 외로우면 안 돼요.
외로운 건 나만 할래요.
아빠는 행복하나요?
그렇다면 오지 않아도 난 괜찮아요.
하루에 1초.
아니, 한 달에 1초만 나를.

매일 밤 달에게 이야기해요.
넌 시간을 삼킬 수 있니?
날 아빠와 함께했던
시간으로 보내줄래?
사랑받는 거
난 궁금해.
내가 많이 줄 거야.
영원히. 끝없이

이젠 약속하지 말아요.
기다림은 슬픈 거야.
계절이 세 번, 또 세 번.
끝없이 세 번이 될 것 같아.
아빠도 내가 그립다면 달을 볼래요?
한 달에 1초.
아니 일 년에 1초만 나를.
사랑해요.

이브, 힘내"
 이브의 소리가 울려 퍼졌어요. 소리는 파도를 타고 다시 자작나무숲에 넘실넘실 와닿았습니다.

 이브는 리시안, 리엘과 실컷 뛰고는 민트에게 와서 누웠습니다. 리시안은 이브의 한쪽 팔에 머리를 얹었어요. 분홍색 노을이 잔잔히 지고 있었습니다.
 "덴파레 오빠, 리시안, 리엘, 로리, 티스 선생님. 고마워요. 항상 내 옆에 있어 줘서 고마워. 사랑해. 저기 노을을 봐. 분홍색이다. 분홍색 노을이 고요히 내려앉아. 예쁘다. 어쩌면 아빠가 내 노랫소리를 들었을지 몰라. 우리 마을 사람들도 저 예쁜 분홍색 노을을 보겠지? 욕심은 나쁜 욕심도 있지만 착한 욕심도 있잖아. 착한 욕심은 나를 더 가볍게 만들 거야. 그럼 날 수 있을지도 몰라. 마치 천사처럼. 그래서 나는 착한 욕심을 많이 가질 거야. 나는 나를 사랑하니까"
 이브는 지친 마음에 쉬고 싶었던지 눈을 감자 금세 잠이 들었어요. 티스가 따뜻하게 감싸안았습니다.
 "이브 공주님. 잠시 쉬세요"

 저 멀리, 하늘 가운데서 점이 점점 다가왔습니다. 점은 의롭고 거룩해 보이는 푸른 독수리가 되어 다가왔습니다. 하얀 가슴을 가진 고귀하고 우아한 푸른 독수리. 천사 나라의 왕이 초록별로 왔습니다. 이브의 노랫소리를 듣고 온 걸까요? 덴파레, 로리, 리시안, 리엘, 티스는 깜짝 놀랐습니다.
 "아! 아버지"
 독수리는 덴파레, 로리, 리시안, 리엘, 티스에게 말했어요.
 "수고가 많구나"
 왕은 자작나무숲 마을을 한 바퀴 돌고는 이브에게로 내려와서 민트에 앉아 커다란 날개를 펼쳐 이브를 조용히 그리고 포근하게 덮어주었습니다.
 "이브…. 나의 천사, 나의 사랑, 나의 아기"

 아름다운 빛의 나라.
 천사 나라에서는 모두 모여 응원하고 있었습니다. 천사 나라의 천사들은 외로워하는 이브에게 사랑을 전하고 싶었습니다. 비록 천사 나라에서 응원하고 있지만, 마음은 함께 하고 있었어요.
 "우리의 왕께서 초록별에 가셨다"
 "이브 공주님! 우주 외톨이 아니에요. 우리가 있어요!"
 "왕자님! 공주님들! 대장들! 티스 선생님! 힘내세요!"
 "힘내라! 힘! 파이팅!"
 "우리가 함께하고 있어요!"
 "외로워하지 말기!"
 "힘내세요!"
 "사랑해요!"
 "나도요!"
 "사랑받는 거. 궁금해하지 마세요"
 "우리가 많이 사랑하니까"
 "우리가 사랑을 영원히 끝없이 줄 거예요"
 "힘내라! 힘!"
 "사랑해요!"

VII

Where is my angel?

자작나무숲 마을 초록 언덕에는 샤인의 집이 부지런히 단장되고 있었습니다. 샤인은 유럽 순회공연을 잘 마치고 돌아왔습니다. 돌아오자마자 리엘을 데리고 자작나무숲 마을로 향하였습니다. 이브는 학교 수업을 마치고 얼른 돌아와 꽃가게 문을 활짝 열었습니다. 꽃가게는 이제 제법 모양을 갖추어 갖가지 꽃들의 향기가 넘실대고 있었습니다. 유카의 엄마가 이브의 꽃가게에 꽃을 사러 왔어요. 유카의 엄마는 카페를 장식할 꽃을 사러 이브에게 종종 들렀습니다.
"부지런한 이브. 유카가 너처럼 부지런하면 얼마나 좋을까. 오늘은 어떤 꽃이 좋을까?"
"라넌요. 분홍색 라넌큘러스가 화사하게 피었어요"
"그래, 그래. 예쁘다. 이브처럼 예쁘네"
"아니에요. 저는 못난이인걸요. 감사합니다."
이브는 부끄러웠어요. 예쁘다는 말은 덴파레에게 자주 듣지만, 자신이 예쁘다고 생각해 본 적이 없어 예쁘다는 말은 언제나 어색했습니다. 이브는 유카의 엄마에게 라넌큘러스를 잔뜩 안겨 드렸습니다. 마침, 샤인이 리엘과 함께 이브의 꽃가게에 들어왔습니다.
"이브"
"샤인! 리엘!"
리시안은 리엘을 보자 반가워서 달려갔습니다. 유카의 엄마도 오랜만에 샤인을 보니 반가웠습니다.
"샤인. 샤인은 언제봐도 멋지구나. 유럽 공연 있었다는 소식을 뉴스에서 봤어. 장기간 공연이라 힘들었지? 잠깐만 기다려. 타르트가 맛있게 구워졌어. 가져올게"
유카의 엄마는 카페로 가서 치즈타르트를 접시에 담아 왔어요. 유카의 엄마는 이브와 샤인을 좋아했습니다. 이브와 샤인이 잘 성장해 가는 모습을 지켜보면서 부럽기도 했어요. 삐뚤어진 유카와 비교되어서 한숨이 나오곤 했습니다. 유카가 이브, 샤인과 친하게 지내길 바랐지만 유카는 껄렁껄렁한 불량스러운 친구들하고만 어울려서 걱정을 많이 하고 있었습니다.
"이브. 샤인. 유카와 친하게 지내줘. 부탁할게"

샤인은 이브와 초록 언덕에 가고 싶었습니다. 유럽에 있을 때도 이브와 함께한 초록 언덕에서의 시간이 그리웠어요. 집이 어떻게 지어지고 있나 궁금하기도 했고요.
"이브. 우리 초록 언덕으로 같이 가자"
"응! 좋아!"
유카의 엄마가 주신 치즈타르트는 둥그런 덮개로 잘 덮어두었습니다.

이브, 샤인, 리엘, 리시안은 초록 언덕으로 갔습니다. 초록 언덕에는 파도 소리와 바람결에 부딪히는 자작나무 잎사귀들의 소리로 가득했습니다. 덴파레 옆의 민트에 모두 모여 앉았습니다. 우아한 푸른 독수리가 언덕 위를 두어 바퀴 날다가 덴파레의 가지 위에 앉았어요. 샤인은 커다란 푸른 독수리를 신기한 듯이 바라보았습니다. 덴파레가 오랜만에 초록 언덕으로 온 샤인에게 말했습니다.
"샤인. 힘들었지. 수고했어"
"수고는요. 혹시 내가 없는 동안 이브는 민트에 앉아 울지 않았죠?"
"아니라고 하고 싶지만…"
이브가 덴파레에게 말하지 말라는 듯 찡긋하고는 샤인에게 말했습니다.
"샤인. 있잖아, 봄부터 푸른 독수리가 우리 동네 가족이 되었어. 멋있지?"
"푸른 독수리는 처음 봐. 멋있다는 말 그 이상이야. 거룩한 왕의 모습 같아"
"우리 마을에 뭔가 좋은 일들이 생길 것만 같아"
이브는 샤인의 어깨에 팔을 두르고 머리를 기대었습니다.

VII Where is my angel?

"너의 집은 언제쯤 다 지어질까?"
"아마도 가을쯤? 그땐 우리 매일 볼 수 있겠지?"
"곧 여름이 될 거고, 그럼 곧 가을이 되겠지? 아~ 빨리 지어지면 좋겠다. 난 계절 중에 가을이 제일 좋아. 너는?"
"나도"
이브는 문득 생각이 났어요.
"샤인. 너의 천사는 찾았어?"
"아니. 나의 천사는 어디에 있을까?"
"근데 왜 꼭 찾으려고 해?"
"어디엔가 반드시 있을 것 같아. 나의 천사가"
"언제부터 그런 생각을 하게 됐어?
"어릴 적부터 그렇게"
"여자 천사야? 남자 천사야?"
"모르겠어. 그냥 꼭 찾아야만 될 것 같아. 바다나 하늘을 보면 더 찾고 싶어. 어디엔가 꼭 있을 텐데. 하나님께서 힌트라도 주시면 좋겠다"
"나는 바다를 보면 아빠를 찾고, 너는 바다를 보면 너의 천사를 찾고. 우리 같이 하나님께 기도해 보자. 답을 주실지 몰라. 아마도. 그리고 덴파레 오빠가 그러는데 진심으로 회개를 한 다음에 기도해야 들어주신 데. 한 번에 들어주실 때도 있지만 끈질기게 인내심을 갖고 들어주실 때까지 기도해야 할 때도 있는데. 아~ 나의 간절함을 테스트하시는 걸까. 인내심을 테스트하시는 걸까. 아니면, 가장 적절한 때에 들어주시려고 그러시는 걸까. 오~ 하나님, 테스트라면 그만 하세요. 제발요. 저는 테스트 별로예요. 테스트라면 가슴이 쿵쾅거리거든요"
바닷바람에 이브의 하늘색 스카프가 흔들렸습니다. 짙푸른 점이 점점 더 커져서 목을 다 덮고 얼굴까지 퍼질 것 같았습니다. 이브는 목을 움츠리고 다닐 때가 많았어요. 마음마저 움츠러들어 자신감이 없어지기도 했습니다.
"샤인. 푸른색 점이 너무 커져서 얼굴까지 온통 진한 푸른색이 될 것 같아. 파충류처럼 보이면 어떡하지? 나는 내 목의 푸른색 점을 좋아할 수 없어. 저주의 마법에 걸린 것 같아"
"이브. 나도 목에 초록색 점이 있잖아"
"넌 잎사귀 모양의 예쁜 초록색 점이지만 나는 점점 거대해지는 진한 푸른색 점이야. 으.... 점점 커져서 얼굴도 다 뒤덮고 그러다 몸까지 다 푸른색이 될 것만 같아. 우스꽝스러운 도마뱀이나 카멜레온 같지 않을까?"
샤인은 이브가 시무룩해지자, 기분을 좋게 해주고 싶었습니다. 샤인은 꽃씨가 든 노란색 주머니를 꺼내 이브에게 내밀었습니다. 다른 나라로 공연갈 때면 이브를 위해 꽃씨를 사 왔어요.
"이브~ 수국이야. 물을 좋아하는 수국이야"
이브는 점 때문에 가라앉았던 마음이 금방 좋아졌습니다. 오랫동안 침울하지 않은 것은 이브의 좋은 장점이었어요.
"수국? 핑크 수국이 피면 좋겠다. 보라 수국도 예쁠 거야. 아~ 얼마나 예쁠까. 집 앞뜰 개울가에 심어야겠다. 수국을 보면 난 마음이 부자가 되는 것 같아. 수국은 단합의 꽃이야. 비록 조그만 꽃 하나하나는 나약하더라도 몇백 개가 모여 크고 우아한 꽃이 되잖아. 사실은 작은 꽃잎처럼 보이는 것들이 꽃받침이래. 신기하지? 샤인, 고마워. 넌 진짜 내 마음에 들어와 있는 것 같아"
"네가 좋으면 나도 좋아"
이브는 여러 개의 작은 꽃들이 모여 하나의 큰 꽃을 만드는 수국이 좋았습니다. 이브는 수국을 사랑이 이모 따라 '가족 꽃'이라 부르곤 했습니다. 수국은 사랑이 이모도 좋아하는 꽃이었어요. 사랑이 이모의 엄마가 좋아하는 꽃이었는데 사랑이 이모의 엄마는 수국을 하나하나가 모여 한 송이가 된 단합하는 '가족 꽃'이라 불렀데요.

VII Where is my angel?

이브는 기분이 좋아 콧노래를 흥얼거렸습니다. 이브의 콧노래를 듣고 있던 샤인은 깜짝 놀랐어요. 샤인이 천사를 찾아야 한다는 생각이 들 때면 조용히 혼자서 부르는 노래였거든요. 아무도 모르는 샤인의 노래.
"이브"
"응?"
"너 그 노래 어떻게 알아?"
이브는 별생각 없이 흥얼거리다 말했어요.
"그냥 어릴 때부터 나 혼자 있을 때 부르는 노래. 내가 만든 노래인데 왜?"
"아니...."
샤인은 놀랍기도 하고, 이게 무슨 감정인지 종잡을 수 없었어요. 샤인은 조심스럽게 나지막이 물었습니다.
"가사도 있어?"
"근데 그게 내 멋대로 지어서 부르는 거거든. 내 마음대로 부르는 노래"
"나에게 들려줄 수 있어?"
"크크크, 유치할 텐데?"
이브는 노래를 생각하니 웃음이 나왔습니다. 이브 마음대로 지어 부르는 노래지만 이 노래를 부를 땐 기분이 좋아졌거든요.
"있잖아, 이 노래는 나 혼자 있을 때만 부르는 노래야. 아무도 몰라. 근데 오늘 내가 특별히 너한테 들려줄게. 잘 들어봐. 개봉박두"
이브는 민트에 서서 바다를 보며 목을 위로 쓱 빼며 가다듬어보았습니다.
"제목은 My angel로 지었어. 아무에게도 안 들려준 노랜데. 너한텐 특별히 불러 주는 거다. 부를 때 웃지 말기다"
이브는 짐짓 진지한 척해 보았지만 이내 장난스러운 미소가 나왔어요. 이브가 노래를 부르기 시작하자 샤인은 가슴이 쿵쾅쿵쾅 뛰었습니다. 이브는 샤인에게 손을 내밀었습니다. 샤인은 이브의 손을 잡았습니다.

VII Where is my angel?

My angel

Are you ready?
With me?

I am you.
나는 너의 angel, 너는 나의 angel
only one, my best friend

너와 나의 노래로
우리는 서로를 찾을 수 있어.
나무 뒤에 숨어도.

너와 나의 노래로
우리는 서로를 알아볼 수 있어.
꽃잎이 얼굴을 가려도.

알고 있니? 너는 나의 수호천사
믿어 볼래? 나의 눈동자엔 항상 너
날아볼래? 나의 손을 잡고 반짝이는 별들 사이를
은하수에 서핑보드를 타볼래?
별 무리에 스케이트를 타볼래?
내 숨결이 너의 머릿결에 닿을 때
only one
너의 손이 내 손을 잡을 때
my angel

뛰어볼래? 바람비 맞으며.
뛰고 싶을 땐 내 손을 잡아
다시는 넘어지지 않게

우리는 떨어져도 다시 하나가 될 거야
너는 my angel
with me, with you

우리는 헤어져도 다시 만날 거야
네가 마음으로 부르는 노래도
난 들을 수 있으니까

I'm ready.
Are you?

샤인은 노래를 끝낸 이브를 한참 바라보았습니다. 어떻게 자신만 아는 노래를 이브가 부르고 있는지, 아무도 모르는 자신만의 노래를 이브가 어떻게 알고 부르고 있는지, 샤인은 자신이 기억하지 못하는 어린 시절 어디서 흘려듣고 자신만의 노래로 착각하고 있는 건지, 도대체 무슨 일인지. 많이 혼란스러웠습니다.
"이브. 이 노래 어떻게 알아?"
"내 멋대로 부른다니깐! 우스꽝스럽지? 근데 있잖아, My angel을 부르면 왠지 기분이 막 좋아져. 나의 노래야! 나만의 노래! 이 노래를 부르고 있으면 우주를 날아다니는 것 같아. 혼자서 외로울 때 부르면 외로움이 도망쳐. 외로움이 싹 떠나. 나만의 노래야"
샤인은 더욱 혼란스러웠습니다. 이브는 생각에 빠져있는 샤인의 잡은 손을 잡고 흔들었어요.
"왜 그래? 응? 바다 쪽으로 가보자!"
샤인은 이브에게 이끌려 언덕 끝으로 갔습니다.
덴파레, 로리, 리시안, 리엘은 두 사람을 가만히 바라보고 있었어요. 덴파레는 가지 위에 앉아 있는 푸른 독수리로 변신한 천사 나라 왕에게 나지막이 말했어요.
"아버지. 기억의 조그만 조각은 남겨 놓으셨군요. 감사합니다"
왕이 잠잠히 말했습니다.
"기도와 함께 기억의 조각들을 맞추다 보면 자신이 누군지 생각이 날 거야. 그건 나의 작은 선물이란다"

이브는 초록 언덕을 리시안, 리엘과 함께 뛰어다녔습니다. 이브는 비행기처럼 두 팔을 펼쳐서 뛰어다녔어요. 샤인은 이브를 가만히 지켜보았어요.
"샤인~ 같이 뛰어보자. 티스 선생님이 산들바람을 잔잔한 파도처럼 불어주시잖아. 아~ 좋아"
이브는 뛰어다니다 멈춰 서서 샤인을 잠시 바라보다 말했어요.
"고민 있어? 왜 그래? 이번 공연 힘들었어? 힘들 땐 나에게 와서 잠시 쉬어가. 머릿속에 있는 무거운 생각들은 바다에게 넘겨. 마구마구! 바다는 다 받아줄걸?"
샤인은 깊은 생각에 잠겨 이브를 바라보았어요. 이브는 샤인의 손을 잡아끌며 말했습니다.
"샤인~ 같이 뛰어볼래? 집에 가는 길에 데이지꽃이 엄청나. 뛰면 기분이 좋아질 거야. 뛰어보자. 반짝이는 초록색 바람비 맞으며~"
"반짝이는 초록색 바람비?"
"응! 반짝이는 햇살을 받으며 산들바람에 흔들리는 자작나무 잎들의 부딪히는 소리를 들어봐. 빗소리 같아. 반짝이는 초록색 바람비! 다정한 햇살비! 별처럼 반짝이는 초록색 별비! 다정한 사랑비"
이브는 샤인의 손을 잡고 뛰었습니다.
"샤인~ 들려? 반짝이는 초록색 바람비 소리?"
"응. 들려"
"저기 보여? 초록 잎들 사이로 펼쳐진 다정한 햇살비. 너처럼"
"응? 나처럼?"
"응. 햇살에 별처럼 반짝이는 나뭇잎들 좀 봐. 별 같지? 예쁜 별비가 내려와~"
"너처럼"
"자작나무잎들을 봐! 초록색 하트 모양이지? 하늘에서 초록색 사랑비가 내린다"
"사랑비가 우리에게 내려오네?"
"응"
이브는 넓게 펼쳐진 데이지 꽃밭을 가로질러 뛰어갈 땐 하늘을 나는 것만 같았어요.
"샤인~ 데이지 꽃밭이 구름 같지? 달걀 구름! 우릴 놀라게 하려고 숨어있던 귀여운 구름 요정이 여기저기서 통통 튀어나올 것 같아. 우린 지금 하늘을 날고 있는 거야. 아~ 나비가 되고

싶다. 나비가 되어서 날아보면 얼마나 좋을까? 나비가 되어서 데이지 꽃잎에 조용히 앉으면 데이지가 나를 포근히 감싸줄 것만 같아. 아~ 노랑나비가 되고 싶다"
이브는 힘차게 뛰다가 넘어졌어요.
"이브. 조심해야지. 자, 내 손을 잡아"
"크크크. 데이지 안 밟으려다가 발이 기우뚱했어. 안 아파. 걱정하지 마"
샤인은 이브의 손을 잡고 데이지 꽃밭을 걸었어요.
"이브"
"응?"
"넌 구름 위를 걷는 사람. 반짝이는 초록색 바람비 맞는 사람. 다정한 햇살비 맞는 사람, 내 친구는 별비. 자작나무숲 마을에서 제일 예쁜 사람. My angel을 부르는 사람"
"하하하. 내가 제일 예쁘진 않아. 난 안 예뻐. 예쁜 사람들이 얼마나 많은데"
"내 눈에는 네가 제일 예뻐. 네가 My angel을 불러줬으니까 나도 노래 불러볼까?"
"응! 어떤 노래?"
"들어 봐"
산들바람에 나풀거리던 나뭇잎들은 고요해지며 샤인의 노래에 귀를 기울였습니다.

Who are you?

바람비, 별비
반짝이는 햇살비
나의 노랑나비
너의 꽃이 되고 싶어.

노란 조각달
반짝이는 사랑비
나의 단짝 친구
너와 함께하고 싶어.

내 마음은 온통 너의 미소
나는 알고 싶어.
Who are you?
내가 찾던 천사니? 음?

Sweet moon
My moon
Who are you?
내 옆에서 맴도는 너

산들바람 타고
나에게 온 노랑나비
Who are you?
나만의 나비가 될래?

내가 너의 꽃이라면
끝없이 행복할 수 있도록
영원히 시들지 않을 거야.
꽃잎 날개를 펼쳐 볼래?

너와 함께 날아오를 거야.
내 손을 잡아.
나를 믿어 봐.
My angel. With me.

샤인은 이브에게 손을 내밀었습니다. 이브는 짓궂게 생긋 웃었어요.
"크크크. 날 잡아 봐라"
이브는 뛰기 시작했습니다.
"맨날 잡으래"
샤인도 뒤따라 뛰었습니다.

 유카와 팻시아, 헤이즐은 샤인이 왔다는 소식을 듣고 이브의 꽃가게로 갔습니다. 문이 열려 있어 그들은 그냥 쓱 들어갔습니다.
"샤인~"
셋은 이리저리 둘러보았어요. 팻시아가 말했습니다.
"없잖아. 어디 간 거야"
유카가 테이블에 있는 치즈타르트를 보며 피식 웃었습니다.
"카페 접시에 담긴 걸 보니 엄마가 준 거네. 엄마는 왜 자꾸 갖다주는 거야. 기분 나쁘게 진짜"
"샤인이 먹으면 좋지 뭘. 넌 왜 또 심통이니? 정말"
"웃겨"
 유카는 호주머니에 넣어뒀던 담배꽁초를 치즈타르트에 밀어 넣었어요. 헤이즐은 얼굴을 찡그렸습니다.
"유카. 뭐 하는 짓이야! 이건 아니잖아"
"있어 봐. 재미있는 거 보여줄게"
 유카의 엄마가 길 건너 카페에서 유카를 부르는 소리가 들렸어요. 어젯밤에 뭘 하고 다녔는지 집에 들어오지 않은 유카를 보자 유카의 엄마는 다급하게 뛰어왔습니다.
"유카! 어디 있었어. 왜 집에 안 들어오는 거야"
"이브가 외로운 것 같아 이브와 함께 있었어"
"무슨 말이야? 아까 타르트 가지고 왔을 때 넌 없었어!"
"그땐 팻시아 집에 있었지"
"그렇담 이브가 말해줬을 텐데. 거짓말하지 마. 도대체 왜 그러니? 왜 말없이 다녀? 너 때문에 모든 게 엉망이다. 내가 너 때문에 다 망가진 것 같다고. 내가 너 때문에 지옥을 살아가고 있는 것 같다"
"엄마. 지금 그럴 때가 아니야. 이브가 엄마를 모욕했어. 이것 봐. 타르트에 담배꽁초를 쑤셔 넣은 것 좀 봐"
 유카의 엄마는 타르트를 보고 너무나도 놀랐어요.
"아니.... 이브가 그럴 리가 없어"
"엄마. 이게 이브의 두 얼굴이라고. 앞뒤가 다른 두 얼굴. 엄마가 정성 들여 만든 타르트를 더러운 비열한 인간한테 왜 갖다주고 그래. 두 번 다시 주지 마. 기분 나빠"
 헤이즐은 어이가 없었습니다.
"유카. 너 정말"
 유카는 헤이즐의 말을 막아 버리듯 말했습니다.
"엄마. 집에 가요. 여기에 두 번 다시 오지 마"
 이브와 샤인은 친구들이 꽃가게에 있는 것을 보고는 얼른 들어왔습니다. 유카 엄마는 이브를 보자마자 타르트가 담긴 접시를 이브에게 던졌어요. 접시는 이브의 발밑에서 깨졌습니다. 샤인은 접시 파편에 이브가 다칠까 봐 이브를 얼른 돌려 안았습니다. 리시안은 크게 짖었습니다.
"이브. 먹기 싫으면 싫다고 해야지. 이런 짓을 하다니"
 이브와 샤인은 파편 사이에 담배가 꽂혀있는 타르트를 보았습니다. 이브는 처음 있는 일도

아니라 담담히 하려 하였어요.
"제가 그러지 않았어요"
 이브는 유카가 한 짓임을 짐작했지만 말하지 않았습니다. 저번에도 아주머니께서 주신 타르트에 유카가 담배를 넣었다는 말도 하지 않았습니다. 유카가 자기 엄마에게 더 혼날까 싶어 말하지 못했고, 또 이번 일은 짐작일 뿐이라서 말하지 않았어요.
 샤인이 침착하게 말했습니다.
"저희는 담배를 피우지 않습니다"
 유카는 빈정거렸습니다.
"샤인은 안 피우지만, 이브는 피우겠지. 증거가 있잖아. 증거가"
 리시안은 유카와 팻시아에게 으르렁거렸어요.
"뭐야. 이 개는 볼 때마다 기분 나빠. 짜증 나"
"아주머니. 이브는 계속 저와 함께 있었어요. 제가 증인입니다. 유카, 팻시아. 너희 중 누가 이런 짓을 했든 묻지 않겠으니 조용히 가게를 나가 줘"
 유카의 엄마는 화가 나서 큰소리치며 말했습니다.
"샤인. 내 딸에게 함부로 말하지 마. 내 앞에서 그러다니! 어떻게 그럴 수 있어! 이브. 내가 부모 없는 너를 어릴 때부터 가엾게 여겨 많이 챙겨주려고 했는데 어떻게 이럴 수 있어? 너 정말 나쁜 애구나. 다시 봐야겠다. 유카. 가자"
 소란스러운 소리를 듣고 사랑이와 러브가 이브의 꽃가게로 다급히 왔습니다. 사랑이는 눈을 부릅뜨며 말했어요.
"유카 어머니! 지금 무슨 말씀을 하시는 거예요. 알만한 분이 그런 모욕적인 말을 어린 이브에게 하다니요! 설마 이 깨진 접시들, 당신이 던진 거예요? 자식 키우는 사람이 어떻게 이러세요! 당신 딸은 부모가 이렇게 시퍼렇게 살아 있는데 행실이 저 모양 저 꼴이에요? 말 함부로 하는 거 아닙니다! 아무리 팔이 안으로 굽는다지만 분별없이 어떻게 그런 막말을 해요? 어른답게 나잇값 좀 합시다!"
"미술 선생님! 자식 없는 당신이 뭘 안다고 그래요! 나잇값은 당신이나 하든가! 자식을 낳아나 보고 아는 척을 하든가! 이브는 내 성의를 무시하고 타르트에 담배를 꽂는 짓이나 하는 나쁜 애예요. 미술 선생님은 언제나 이브를 편애하잖아요. 공평하지 못한 거 아시죠?"
"유카 어머니. 사람을 함부로 모함하고 의심하는 거 아닙니다. 이브가 했다는 증거 있어요?"
"이브가 안 했다는 증거를 대보세요"
 샤인이 침착하게 말했습니다.
"이브는 저와 함께 있었다고 말씀드리지 않았나요?"
"샤인! 너 건방지구나!"
 러브는 침착한 어조로 말했습니다.
"유카 어머니. 더이상 말씀을 안 하시는 게 나을 것 같습니다. 나가세요"
"뭐라고요? 모욕하지 마세요!"
 유카의 엄마는 화를 내며 꽃가게 문을 꽝 닫고 나갔다가 분한 듯 다시 돌아와서 사랑이를 비아냥거렸습니다.
"미술 선생님. 애들 앞이라 어지간하면 존대해주려 했는데, 너 사랑이! 넌 좋은 딸이었어? 네가 어떤 딸이었지? 이 마을에서 우리 같이 오랫동안 살았잖아? 너의 엄마는 너로 인해 행복했어? 행복은커녕 편안하기라도 했어? 양심은 챙기자. 네가 선생 직분 할 자격이 있어?"
 유카의 엄마는 비웃으며 문을 거칠게 닫고 나갔습니다. 사랑이는 얼굴도 마음도 창백해졌습니다. 그리고 고개를 떨구었습니다. 사랑이에게 '엄마'는 죄책감으로 뭉쳐진 아픔이었습니다. 러브는 사랑이의 어깨를 감쌌습니다. 유카는 빈정거리며 이브에게 말했어요.
"두 얼굴의 비열한 나쁜 계집애. 담배로 내 엄마를 놀린 거지? 샤인, 정신 차려. 이게 이브의

VII Where is my angel?

원래 모습이야. 알겠니? 저런 거지 같은 애가 뭐가 좋다고. 쯧쯧"
"샤인. 어떻게 저런 거지 같은 애와 친구야? 네 명성에 흠이 돼. 당장 절교해. 소문이라도 나면 어쩌려고 그래? 어이가 없다. 정말"
"거지? 누가 거지야? 이브는 타르트를 받기 전부터 나와 함께 있었어. 거짓말 그만하고 돌아가. 어차피 나는 너희를 친구로 생각하지 않아. 나가"
"야! 뭐? 나가? 친구로 생각하지 않는다고? 거지랑 친구 하는 주제에!"
"청소부도 피해 갈 쓰레기 같은 저따위 이브 때문에 우리가 무슨 소릴 들은 거지? 자존심 상하게. 정말"
사랑이는 침착하려 했습니다. 러브는 사랑이의 부르르 떨리는 손을 잡았습니다. 샤인은 유카와 팻시아에게 단호하게 말했어요.
"유카. 팻시아. 헤이즐. 이브가 그런 짓 하지 않은 건 내가 증명할 수 있어. 타르트에 담배 넣은 짓을 누가 했는지는 너희들이 더 잘 알 거야. 너희들이 담배 피우는 거 여러 번 봤어. 담배만 피워? 마약은 안 해? 속일 수 있다고 생각해?"
유카와 팻시아는 마약이라는 말에 뜨끔 놀라는 표정이었습니다. 샤인은 계속해서 말했어요.
"너희들이 담배를 피우든 말든 관심 없지만, 이브를 모함하는 건 용서 못 해. 이브를 모함하지 말고, 당장 나가. 그리고 앞으로 두 번 다시 이브 근처에도 오지 마!"
"뭐라고? 어떻게 그런 모욕적인 말을 계속해?"
"샤인. 너 무서운 게 없구나! 유명인이라고 돈 좀 잘 번다고 눈에 뵈는 게 없는 모양인데 앞으로 두 눈 똑바로 뜨고 인터넷 잘 봐. 우리한테 준 모욕 돌려줄 거니까. 우리가 인터넷에 글 한 줄 쓰면 넌 매장이야! 매장! 월드 스타? 슈퍼스타? 웃겨!"
"뚱땡이 미술 선생! 엄마 말이 무슨 뜻인지 엄마한테 가서 상세히 물어봐야겠어. 우리가 모르는 재미있는 이야기가 있는가 보네. 흥!"
러브는 문을 열었습니다. 그리고 침착하게 말했습니다.
"나가. 당장"
리시안은 으르렁거리며 셋을 몰아내려고 했어요. 로리는 유카와 팻시아의 머리를 공격했습니다.
"뭐야? 짜증 나게!"
유카와 팻시아는 손으로 로리를 막으며 나갔습니다. 헤이즐은 잠시 망설였습니다. 자신이 비겁한 사람이 된 것 같았습니다. 이브와 샤인을 제대로 쳐다보지 못하고 낮은 목소리로 말했습니다.
"이브. 샤인. 다음에 보자"
사랑이가 헤이즐에게 찬찬히 말했습니다.
"헤이즐. 정신 똑바로 차려"
헤이즐은 고개 숙여 인사하고 조용히 나갔습니다.
'이브가 샤인의 옆에만 없다면 이렇게 비겁해지지 않을 텐데'
이브에게 미안한 마음보다 질투와 원망이 앞섰습니다.
사랑이는 유카의 엄마의 공격적인 말로 창백해진 마음을 감추고 이브를 다독였습니다.
"이브. 신경 쓰지 말아라. 저런 정신없는 사람들 때문에 속상해할 필요 없어"
러브는 한숨을 쉬며 말했습니다.
"후~ 나쁜 것들. 천벌을 받을 거야. 하늘이 손바닥으로 가려지는 줄 알아? 하늘 무서운 줄 모르고."
샤인은 울고 있는 이브를 다독였습니다.
"이브. 괜찮아. 진실은 끝내 밝혀지니까. 내가 알잖아. 내가 증인이잖아. 넌 아무 죄가 없어. 모함을 당했을 뿐이야. 나쁜 사람들과 상대할 생각하지 마. 잊어버려"

VII Where is my angel?

"이브 언니. 울지마"
리시안이 울고 있는 이브의 뺨에 자신의 뺨을 대었어요. 이브의 눈물이 리시안의 뺨으로 흘러내렸습니다. 로리가 손수건을 물고 와서 샤인에게 주었어요. 샤인은 이브를 다독이며 눈물을 닦아주었습니다. 이브는 어이없는 모함을 당하고도 자신이 한 일이 아니라고 제대로 말도 못 하고 바보처럼 있었던 자신이 창피하고 미안하기도 했어요.
"창피해"
"창피해야 할 사람은 네가 아니고 그들이야. 걱정하지 마. 내가 있잖아"
사랑이와 러브는 이브가 안쓰러워 발걸음이 무거웠습니다. 러브는 이브 꽃가게로 다시 돌아와 달콤한 잼과 따뜻한 빵이 가득 든 바구니를 내밀었어요.
"내가 줄 수 있는 게 이것밖에 없구나. 사랑이가 잼을 만들었는데 아주 맛있게 되었단다. 달콤한 잼 먹고 기운 내자. 이브"
이브는 바구니를 받아 들고 애써 웃음을 지어 보였어요.
"아니에요. 아저씨. 감사합니다. 아저씨 정말 최고예요"
"이브. 슬플 때는 애써 웃을 필요 없단다. 적어도 우리 앞에서는. 알았지?"

유카는 이 층 방에서 이브의 집을 내려다보며 말했어요.
"우리가 마약 하는 걸 어떻게 알았을까?"
"그러게. 그런데 말이지, 유카 네 눈동자가 맛이 가긴 했다. 확 풀려서는 상한 생선 눈 같아. 흐리멍덩해"
"넌 어떻고! 한눈에 마약 하는 거 알아보겠구먼! 네 눈은 완전히 썩어서 맛이 갔다고"
창가에 앉아 지켜보고 있던 루시퍼가 속삭였어요.
"담배나 마약이 꼭 나쁜 건 아니지. 기분이 별로일 땐 뭔가 기분을 새롭게 바꿔 주는 것도 필요해. 정신 건강에 좋아. 우울하게 사는 것보다 백번 낫지"
유카가 고개를 끄덕이며 말했습니다.
"당연하지. 난 여기를 떠나고 싶어. 나는 이 조그만 마을에 살 사람이 아냐. 답답해서 미칠 지경이야. 게다가 샤인이 이브만 보니까 가슴에서 불덩이 같은 게 치밀어 올라"
루시퍼가 으스대며 말했습니다.
"이럴 때 기분 풀려고 마약 하는 거야. 나에게 고마운 줄 알아. 내가 만들었어. 나의 조그만 선물이야"
유카가 콧방귀를 뀌며 말했어요.
"네가 만들었다고? 네가 어떻게 마약을 만들어? 웃겨. 너 진짜 모자라네. 너 정상이 아니지? 이 똥통 새대가리야"
"너희들이 믿든 말든 뭐 딱히 상관 안 해"
팻시아는 루시퍼를 딱한 듯이 보며 말했습니다.
"웃기시네. 생긴 꼴대로 논다고. 야! 너 진짜 흉측하게 생겼다. 못생겨도 좋은 분위기를 가지면 멋져 보이거든. 그런데 넌 진짜 보기에도 흉측해 보여. 정말 괴상하게 보여. 찝찝한, 뭐 그런 게 있어. 동네 사람들이 왜 너를 싫어하는지 생각 좀 해 봐라. 이 똥통 새대가리야. 저리 가"
유카와 팻시아는 컵에 든 물을 뿌려 루시퍼를 내쫓았습니다.
'이것들이 나를 몰라보다니. 흥! 나를 우러러보게 해주마'
교만한 루시퍼는 멋있게 변장해서 유카와 팻시아를 현혹하리라 마음먹었습니다. 그리고 루시퍼는 어디론가 휙 날아갔습니다.

이브는 다락방 창가에 앉아 한 손으로 턱을 받치고는 달과 별들을 바라보았습니다.
"리시안~ 로리~ 저기 은하수 보여? 은하수를 밀키웨이라 그러잖아. 엄마의 젖이 밤하늘에 뿌려지면 저렇게 아름다울까? 엄마가 없다는 것은 강물 따라 비틀비틀 흘러가는 종이배 같아. 언제 가라앉을지 어디서 부딪힐지 모르는 종이배. 아무런 보호를 받지 못하는 종이배. 엄마 없는 사람이 세상에서 가장 불쌍한 것 같아"
 이브는 눈을 감고 밤공기를 살짝 들이마셨다가 천천히 내쉬었습니다. 다시 눈을 떠서 은하수를 바라보았어요.
"엄마? 내 목소리 들려요? 엄마는 영원한 내 편이지요? 그런데요, 엄마가 나를 정말 사랑했다면 결코 나를 떠나지 않고 나와 함께 살았을 거예요. 엄마는 자식을 위해 기적 같은 힘을 내잖아요. 어쩌면 엄마는 나를 조금 사랑했나 봐요. 그래도 조금 사랑한 것도 사랑한 거니까 나는 사랑받은 거로 할래요. 그건 사실이니까요. 나는 엄마와 언제나 함께 있고 싶지만, 사랑받은 거로 만족할래요. 나의 마음에 엄마가 항상 있으니까 엄마는 나를 떠난 게 아닌 거로 할래요. 엄마. 많이 사랑해요. 오늘은 달팽이가 되지 않을 거예요. 당당하게 씩씩하게 잘 거예요"
이브는 이불 속으로 들어갔습니다. 두 팔을 이불 밖으로 빼서 크게 들어 올렸다가 이불 위로 툭 하고 반듯하게 내렸어요.
"나는 외롭지 않아. 씩씩해. 강해. 아주 많이"
 이브의 한쪽 볼을 타고 눈물이 베개를 적셨습니다. 이브는 리시안과 로리가 알아채지 않게 눈물이 흐르는 볼을 베개에 폭 파묻었습니다. 로리는 창가에 앉아 이브가 잠들 때까지 조용히 지키고 있었어요. 로리는 밤하늘의 별들을 바라보았습니다.
'내 친구야. 조금만 더 힘내자'
 로리는 부리로 이불을 끌어서 포근히 덮어주었습니다. 이브가 달콤한 꿈을 꾸기를 바라면서요. 이브는 꿈속에서 로리와 함께 밤하늘 별들 사이를 날아다녔습니다.

To blue

내 친구야
잠들었니?
달콤한 꿈속에 있니?
아픈 꿈속에 있니?

베개 위의 너는 온통 슬픔이야.
미안해.
달빛의 너는 온통 외로움이야.
내가 옆에 있잖아.

베개 위의 네 눈물은
꽃잎이 되어 흩어져.
꽃잎 위의 너는 슬픈 노랑나비 같아.
나랑 같이 밤하늘을 날아보자.

내 친구야
울지마.
너의 눈물은 내 마음에
비처럼 주르르 주르르

내가 너의 손을 놓지 않을게.
약속할게.
나는 언제나 너의 편이야.
잊지 마.

나는 모르겠어.
내가 잘하고 있는지, 못하고 있는지.
근데 이건 알아.
넌 정말 잘 해내고 있다는걸.

내 친구야.
한 걸음만 더 내밀어 보자.
내가 옆에서 지켜줄게.
내가 영원히 함께할게.

달콤한 꿈을 꾸렴.
오늘 밤은 노랑나비가 되어
나와 함께 저 달까지 가보자.
사랑해.

여름이 한껏 다가왔습니다. 이브의 앞뜰에 천사의 하얀 눈물방울 같은 민들레 홀씨가 살랑살랑 날아다녔어요. 귀여운 홀씨 하나가 이브의 손등에 살그머니 앉았습니다.
"으응? 천사 요정이 내 손등에 날아와 앉았네. 너는 바람결에 실려 어디로 가니? 어디로 가는지 알아? 너는 숲속의 천사 요정 같기도 하고, 천사의 눈물방울 같기도 해. 그리고 여름에 내리는 하얀 눈 같기도 해. 여름에 하얀 눈이라니! 귀여워. 근데 너는 엄마를 떠나 어디로 가니? 엄마를 떠나면 엄마도 너도 서로 그리울 거야. 그러니까 그냥 엄마 옆에 있어. 엄마 옆이 세상에서 제일 안전한 곳이야. 알았지? 산들바람 티스 선생님~ 천사 요정들을 엄마 옆으로 보내주세요"
산들바람 티스는 민들레 홀씨들을 민들레 옆으로 옮겨주었어요.
"봐. 좋지? 넌 좋겠다. 엄마가 있어서. 세상에서 가장 안전한 곳, 엄마 옆에 있어서 좋겠다. 부러워. 그러나 질투는 안 할게. 부러워만 할게"

이브의 정원에는 보라색 도라지꽃들과 노란색 달맞이꽃들이 쑥쑥 자라나 이브의 허리까지 키가 컸습니다. 낮에는 도라지꽃들이 산들바람에 하늘하늘 춤을 추었고, 밤이면 노란 달맞이꽃이 별 무리처럼 달빛에 반짝였어요. 이브는 여름의 뜨거운 태양이 부담스러웠어요. 온몸을 다 태울 것만 같았거든요. 그렇다고 뜨거운 태양 때문에 여름을 미워할 순 없잖아요. 그래서 여름이 기다려지도록 예쁜 도라지꽃과 사랑스러운 달맞이꽃 씨앗을 잔뜩 뿌려놓았었죠. 별 모양의 도라지꽃은 낮에 뜨는 보라색 별 같고, 네 잎 클로버처럼 생긴 노란 달맞이꽃은 달빛에 반짝이며 정말 귀엽고 사랑스러웠어요. 마치 행운을 안겨줄 것 같았어요. 이브는 도라지꽃과 달맞이꽃이 친구 같았습니다. 도라지꽃은 한여름의 뜨거운 태양을 잊게 해주고, 달맞이꽃은 밤을 외롭지 않게 환하게 밝혀주니까요. 이브는 파랑새 로리에게 말했습니다.
"로리~ 울 엄마가 나 달맞이꽃 닮았다고 이브라고 이름 지어줬데. 울 엄마 멋지지? 나는 행운아야! 봐~ 울 엄마가 노란색 조각달 모양의 머리핀도 만들어 주셨지. 내 보물 1호야. 엄마가 지금은 하늘나라에 있지만 하늘나라에서 나를 지켜보고 있을 거야. 많은 관심과 사랑을 가지고. 원래 엄마는 모든 관심과 사랑을 자식에게 다 준다고 하니까. 나를 강하게 만들려고 일부러 일찍 하늘나라에 갔을지 몰라. 다 사랑인 거지. 그렇지?"
"음~ 사랑의 표현치고는 참 거칠긴 한데, 어쨌든 엄마의 모든 관심과 사랑은 온통 자식에게 있는 건 사실이야. 너는 정말 많은 사랑과 관심을 받았다는 걸 기억 못 하겠지만 꼭 알고 있어야 해"
"알고 있어. 아빠가 엄마 이야기를 많이 해주셨어. 얼마나 나를 사랑하셨는지 엄마 눈동자엔 내가 항상 있었데. 엄마 눈동자에 항상 내가 있어서 아빠가 질투를 많이 하셨데. 그런데 말이야, 백설 공주도 신데렐라도 소공녀 세라도 키다리 아저씨의 주디도, 엘사와 안나도 엄마가 일찍 돌아가셨잖아. 동화 속 주인공들은 왜 엄마가 빨리 돌아가실까. 아마도 주인공이 강해지라고 그런 거겠지? 주인공이 온갖 역경을 다 이겨내면 더 멋지잖아"
이브는 두 손을 가슴에 얹고 무대 위에서 연기하듯 말했습니다.
"아~ 난 동화 속 주인공 같아. 난 이브 공주. 아~ 나의 왕자님은 어디에 있을까? 로맨틱하지?"
이브는 리시안을 안고 뱅그르르 돌다가 풀썩 앉았어요. 리시안은 이브의 무릎에 얼굴을 얹었습니다. 이브는 재미난 일이 있었던 듯이 키득거리다가 숨을 내쉬었습니다.
"휴~"
달맞이꽃 옆으로 군락을 이룬 도라지꽃들이 모여서 산들바람에 살랑살랑 춤을 추고 있었습니다.
"로리~ 리시안~ 도라지꽃들을 봐. 꽃봉오리가 풍선처럼 생겼지? 도라지꽃은 모여서 피어. 활짝 핀 꽃은 별 모양 같아. 풍선 꽃. 별꽃. 하얀색은 착한 천사 같고, 보라색은 아름다운 천사 같지? 사랑스럽고 예뻐. 꽃말이 영원한 사랑이래. 아~ 나는 영원한 사랑을 하고 싶어. 영원하지 않다면 처음부터 시작하지 않을래. 영원하고 끝없이 아름다운 사랑을 할 거야"

VII Where is my angel?

로리가 이브의 어깨에 날아와 앉았어요.
"함께 하면 외롭지 않아. 그래서 모여서 피어있지"
"리시안~ 로리~ 우리 꼬마전구를 앞뜰 나뭇가지에 연결해 볼까? 은하수처럼!"
"좋아!"
 이브가 꼬마전구 줄을 로리에게 주면 로리는 나무와 나무를 연결해서 달아주었습니다. 산들바람 티스는 이브, 로리, 리시안이 덥지 않게 시원한 바람을 솔솔 불어주었어요. 마침, 샤인과 리엘이 왔습니다.
"샤인. 나 은하수 만들었다. 봐~"
"높은 나뭇가지에 어떻게 달았어?"
"로리가 달아주었지. 아~ 빨리 밤이 되면 좋겠다"
 이브와 샤인은 자작나무에 기대어 앉았습니다. 산들바람 티스가 시원한 바람을 불어주었습니다. 잎들이 산들바람에 춤을 추는 소리가 이브의 정원에 퍼졌습니다. 샤인과 이브는 자작나무를 올려보았습니다. 햇빛이 투과되어 보이는 자작나무잎은 마치 은은한 야광 스티커 같았습니다.
"샤인. 자작나무잎을 봐. 밤을 밝혀주는 야광 스티커 같아. 하트 모양 자작나무 잎이 초록색 하트 야광 스티커처럼 보여. 야광 스티커가 바람에 하늘하늘 춤을 춘다. 하트별이 왈츠를 추는 것 같아. 그치?"
"응. 그럼 초록색 바람비 맞고 있는 하트별이네"
"크크크. 맞아. 초록색 바람비 맞고 있는 하트별. 너무 로맨틱하다. 하트별이 수백 개 수천 개야. 아~ 나는 부자야. 로맨틱한 부자"
 산들바람 티스는 시원한 바람을 더 많이 불어 하트별들이 왈츠를 더 많이 출 수 있게 했어요.
"아~ 시원해. 샤그랄라~ 샤그랄라~ 바람비 소리를 들어봐~"
 샤인은 자작나무잎들을 가만히 보았습니다.
"드뷔시. 달빛"
"딩동댕~ 달빛. 고요하고 평화로워. 사랑스럽지?"
"너처럼"
"크크크. 고마워. 그렇게 말해주는 사람은 너밖에 없어. 덴파레 오빠도 많이 말해주긴 해도 덴파레 오빠는 사람은 아니니까. 아~ 초록색 바람비가 봄에는 따뜻하고 여름에는 시원해. 산들바람 티스 선생님은 정말 요정일 거야. 산들바람 티스 선생님. 고마워요. 정말 최고예요! 사랑해요"
 이브의 정원 옆으로 흐르는 시냇물에서 리엘과 리시안은 물장난을 치며 즐겁게 놀았습니다. 신나게 정원을 뛰어다니며 좋아하는 마음을 감추지 않았습니다.
 로리는 노을이 내려앉은 자작나무 가지 위에서 쉬고 있었어요. 꼬마전구 줄을 여기저기 매다느라 작은 몸이 무리했나 봅니다.
"샤인. 분홍색 노을이 진다. 아~ 너무 예쁘다. 우리 꼬마전구를 켜볼까?"
 샤인과 이브는 일어나서 꼬마전구 불을 밝혔습니다. 너무너무 아름다워 두 사람은 한참을 말없이 바라보기만 했습니다. 마치 자작나무 사이로 은하수가 흐르는 것처럼 아름다워 마음이 마구 설레었어요. 노을이 사라져 달과 별들이 얼굴을 내밀고, 꼬마전구 은하수가 밤을 환하게 밝혀주었습니다. 마치 별나라에 온 것 같았어요. 이브의 눈에서 눈물이 또르르 떨어졌습니다.
"이브. 왜 그래"
"나도 몰라. 너무 아름다운데 왜 눈물이 나지? 멍청이처럼 왜 이러지?"
 로리가 이브의 어깨에 앉았어요.
"그럴 때가 있어. 나도 가끔 그래"
 이브가 싱긋 웃었어요.

VII Where is my angel?

"아름다운 은하수 같아. 이젠 밤에 외롭지 않을 거야. 은하수가 나의 정원을 밝혀 줄 테니까"
이브는 눈물을 얼른 닦고는 집에 들어가 턴테이블 위로 엘피판을 올렸습니다. 샤인과 함께 '달빛'을 듣고 싶었거든요. 음악이 은하수 사이로 잔잔히 흘렀습니다.
이브는 생각에 잠겼어요.
"무슨 생각해?"
"어떤 마음으로 이 곡을 만들었을까? 아름다운 음악은 나에게 예의를 갖춰 다정하게 말하는 것 같아. 너는 아름다운 음악을 하는 피아니스트. 내 친구. 그러니까 나는 행운아야. 맞지?"
"너는 세상에서 가장 예쁜 사랑스러운 내 친구. 그러니까 나도 행운아야. 맞지?"
이브는 달을 보며 말했어요.
"달은 외로워 보여. 지구 주위를 혼자 맴돌잖아. 누가 한번 다정하게 안아주지도 않아. 그런데 달은 밤을 다정하게 밝혀줘. 달빛에 반짝이는 노란 달맞이꽃들을 봐. 달맞이꽃은 달을 닮았어. 화려하지 않지만 사랑스러워. 다정해. 낮 동안 잠잠히 기다렸다가 살며시 달을 맞이해. 달은 친절하게도 어두운 밤을 밝혀서 내가 무섭지 않게 해. 나는 달에게 이런 얘기 저런 얘기를 해. 달은 조용히 다 들어주니까. 달이 나에게 찾아오는 시간, 밤은 쓸쓸하기도 하지만 내가 쉴 수 있게 해주는 시간이기도 해. 밤의 어두움은 싫지만 고요함은 좋아. 밤에서 새벽으로 가는 시간은 너무너무 고요해. 나에게 밤은 안정권에 들어선 시간이야. 누구에게도 아무것에도 방해도 위협도 없는 안전한 시간. 그래서 난 햇살 가득한 낮도 좋지만, 나만의 밤이 기다려지기도 해"
"나도 달이 좋아. 많은 이야기를 하게 하기도 하고, 가만히 아무 말이 필요 없게 하기도 해. 그리고 달은 매일 새로운 모습으로 만나서 나에게 새로운 이야기를 해줘. 달은 나를 이끌어 다른 세상으로 나를 안내해"
"너의 감성은 피아니스트다워. 너도 달에 이야기하고, 나도 달에 이야기하고. 그럼 우린 매일 밤 같은 달을 보며 이야기하는 거네?"
샤인은 고개를 끄덕였습니다. 세상은 아주 고요했습니다. 이브가 별 무리를 보며 말했어요.
"샤인. 난 이 고요함이 좋아. 고요함에 귀 기울여 봐. 깊은 고요함의 소리를 들어봐"
"고요함의 소리?"
"응. 달콤한, 깊은 고요함의 소리"
이브는 샤인의 어깨에 머리를 살짝 기대었습니다.
"머리가 맑아지고 마음이 편안해지는 소리. 고요함 속에선 모든 게 자유로운 것 같아. 고요함 속으로 들어가 봐. 평화로워. 넌 어때?"
샤인은 이브의 어깨를 감쌌어요. 그리고 고요함의 소리를 들으려 귀를 기울여 보았습니다.
"누구나 한 번쯤 고요함 속에서 멈추고 싶을 때가 있을 거야"
샤인은 문득 이 순간이 마치 데자뷔 같은 느낌이 들었어요. 샤인은 갑자기 이유 모를 슬픔으로 마음이 아팠습니다. 이브는 샤인의 눈동자를 보며 말했습니다.
"난 이 고요함이 좋아. 고요함은 내 마음에 귀를 기울이게 하고 나의 마음을 잘 알게 해주니까"
"고요함 속에 네가 오래 있는 건 난 싫어. 왠지 외로워 보이니까"
"고요함이 긴 건 나도 싫어. 정말 외로워질 수도 있으니까. 고요함은 아름답기도 하지만 슬프기도 한 것 같아"
"그래서 오늘은 고요함 압수! 고요함 속에 오래 있지 말기. 우리 나가서 뛰어 볼까?"
"고요함 속에 좀 더 있고 싶지만 그럴까?"
이브와 샤인은 신나게 뛰기 시작했어요. 초록 언덕까지 자작나무 숲 사이를 달렸습니다. 이브는 여지없이 오늘도 또 넘어졌어요. 샤인은 이브를 일으켜 세우고는 말했습니다.
"내 손을 꼭 잡아. 그래야 안 넘어지지. 무릎은 괜찮아?"
샤인은 이브의 무릎을 만져주었습니다. 이브는 경쾌하게 말했어요.

VII Where is my angel?

"아무렇지 않아! 네가 있잖아"
 둘은 마주 보고 웃었습니다. 초록 언덕에 도착해서 샤인과 이브는 숨을 크게 쉬어 봤어요. 샤인이 이브를 보며 말했습니다.
"저기 달빛에 반짝이는 바다를 봐. 밤에 보이는 바다는 호수 같아 보여. 잠시 달빛에 반짝이는 호수 앞에 멈춰 서 있는 것 같아"
"달빛에 반짝이는 호수 앞에서 노래 불러줄까? 나만의 노래! My angel"
 이브는 목을 한 번 가다듬고 노래를 부르기 시작했어요. 샤인은 조용히 귀 기울이다 같이 부르기 시작했습니다. 두 사람이 부르는 노래는 하늘과 바다에 별빛처럼 반짝이며 울려 퍼졌습니다. 산들바람 티스는 두 사람의 노래를 실어 온 세상 가득 퍼지게 했습니다. 별들은 은하수를 만들어 주었고 아름다운 빛으로 바다 위에 무지개다리를 만들어 주었어요. 이브는 노래가 끝나자 뱅그르르 돌며 밤하늘의 은하수와 바다 위에 놓인 무지개다리를 믿을 수 없는 듯 바라보았죠.
"우와~ 내가 꿈을 꾸고 있는 걸까? 아름다워! 내 기도가 이루어진 걸까?"
 이브는 주머니를 뒤적여 보라색 풍선을 꺼내어 샤인에게 주었어요. 이브와 샤인은 보라색 풍선을 불어 하늘로 띄워 보냈습니다. 산들바람 티스는 보라색 풍선을 하늘로 높이 높이 올렸어요.
"우와~ 보라색 풍선 별이다~"
 이브와 샤인은 풍선들에게 손을 흔들었습니다. 자작나무숲 마을의 자작나무들은 모두 함께 보라색 풍선을 불었습니다. 그리고 하늘로 높이 높이 띄웠습니다. 산들바람 티스는 풍선을 두둥실 올려 온 세상이 보라색 별들로 가득 차게 했어요.
"이건 꿈일 거야. 꿈이라면 깨지 말아줘, 제발"
 덴파레가 말했어요.
"초록별에서의 시간은 꿈이야. 천사 나라로 돌아가면 한여름 밤의 꿈처럼 한순간의 꿈일 거야"
 샤인이 덴파레를 바라보았습니다. 덴파레가 말했습니다.
"나중에 알게 될 거야. 언젠가, 아니 곧. 우리는 천사 나라로 우리의 고향으로 돌아갈 테니까"
 샤인은 이브를 가만히 말없이 바라보았습니다. 이브는 뭔가 생각난 듯 고개를 갸우뚱했습니다.
"근데 너는 천재다. 역시 넌 천재 피아니스트! 어떻게 나만의 노래를 한 번만 듣고 멜로디와 가사를 다 외웠어?"
"나도 부르는 노래야. 나만의 노래. My angel"
"너만의 노래? 이 노래는 나만의 노래인데. 어떻게 알고 있어?"
"너만 알고 나만 아는 노래면 우리만 아는 노래네"
 이브는 샤인을 알 수 없다는 듯 고개를 갸웃하며 쳐다보았습니다. 샤인은 이브의 눈동자를 가만히 바라보며 말했습니다.
"너는 누구야?"
"나? 나는 이브. 나는 알지. 네가 샤인이라는 걸"

천사 나라.
 천사 나라 천사들은 다 같이 모여 초록별의 이브와 샤인을 보고 있었어요. 그런데 오늘은 좀 시무룩하게 또는 뾰로통하게 또는 시큰둥하게 관찰하고 있었습니다.
"My angel?"
"제목이 그렇다는데?"
"에이~ 뭐야. 우리에게 안 불러준 노래잖아"
"우리 모르게 둘이서만 부르는 노래가 있었네"
"이 배신감은 뭐지?"

"어쩐지 둘이서 살그머니 사라지더라니"
"우리가 이해하자. 연인끼리는 원래 남들이 모르는 둘만이 아는 그런 거 하나쯤 만들고 그러잖아"
"그럼 이브 공주와 샤인 대장은 연인?"
"그럴 줄 알았어! 아닌 척하더니"
"이런. 다 들통났네. 모든 천사가 알게 되었어. 어떡하나?"
"세상에 비밀은 없지"
"둘이서 자기들만의 비밀인 줄 알겠지?
"쭉 그렇게 알라고 해. 그냥 우리가 모르는 척해주자"
"어머, 그럼 둘은 연인이 확실한 거야?"
"너무 앞서가진 말자고. 친구라잖아. 친구"
"천사 나라 돌아오면 물어봐야지"
"뭘 또 물어보냐고. 다 아는걸"
"그나저나 유카와 팻시아. 구제 불능이다"
"그러게. 초록별에 가서도 나쁜 버릇 못 고치네. 쯧쯧"
"멍청한 헤이즐"
"천사 나라에서 했던 행동이 초록별에서도 그대로 나타날 수밖에 없어"
"맞아. 그대로 증명이 되는 거야"
"유카와 팻시아는 생각도 하기 싫어"
"그래. 맞아. 우리가 왜 그들 때문에 싫은 생각을 해야 해?"
"우리 다른 생각 하자"
"부정적인 생각은 그만"
"근데 말이야, 사랑이랑 러브, 꼬마 천사 둘이 꽤 멋지지 않았어?"
"나름 이브 공주님 보호한다고 나섰어. 기특해"
"돌아오면 칭찬해주자!"
"나도 이브 공주님처럼 보라색 드레스를 입어볼까?"
"나도 입어볼 거야"
"따라쟁이들"
"우리의 천사님들~ 모두 힘내요! 파이팅!"
"힘내라! 힘!"
"사랑해요!"

VII Where is my angel?

나는 패잔병이 된 느낌이야.
매 순간 내가 선택하는 것 같지만
사실은 운명이 모든 걸 선택하는 것 같아.

VIII

Do you know where you're going to?

자작나무의 잎들은 초록에서 점점 낭만적인 노란색이 되고 있었습니다. 샤인의 집은 거의 다 완성되어 가고 있었어요. 오늘은 지붕을 하늘색으로 칠하는 날이라 이브는 리시안, 로리와 함께 초록 언덕으로 뛰어갔습니다.
"로리! 리시안! 자작나무 초록 하트 잎이 노란 하트 잎으로 되려고 해. 예쁘지? 아아아~ 나의 사랑 자작나무들아. 많이 사랑해"
"이브! 뛸 때는 팔 펼치지 마, 제발. 넘어질 것 같잖아. 앞을 잘 보고 뛰라고. 제발 좀!"
"로리~ 넌 좋겠다. 날 수 있어서. 넘어지지 않아도 되니까"
"이브. 너도 날 수 있었어. 그러니까 왜 초록별에 와서 이 고생이야?"
"응? 내가 날 수 있었다고?"
"그냥 그렇다고"

　샤인의 집 지붕은 하늘색으로 아름답게 칠해져 있었어요. 샤인의 집은 동화 속 왕자님의 성처럼 아름다웠습니다.
"아~ 아름다워. 샤인은 좋겠다. 덴파레 오빠. 나 좀 올려줘"
　덴파레는 이브를 가장 튼튼한 가지의 위에 앉혔습니다.
"샤인의 집에서 매일매일 피아노 연주가 들리겠지? 방해가 되지 않도록 여기서 살짝 들을래. 사실 나는 샤인의 연주를 제대로 들어 본 적이 없거든. 얼마나 아름다울까. 어떤 소리일까? 우주 대스타의 연주를 매일 들을 수 있다니! 난 행운아야!"
　덴파레가 중얼거리듯 말했습니다.
"이브~ 너도 우주 대스타였어. 모두에게 사랑받는 공주였지. 시기 질투하는 몇몇을 빼곤 모두가 사랑하는"
"아~ 동화 속 이야기 같다. 근데 동화 속의 공주나 여주인공들은 꼭 힘든 고난이 있어. 시기 질투는 항상 등장하고 말이야. 시기, 질투 그런 거 없이 그냥 모두가 처음부터 행복하기만 하면 좋을 텐데"
　덴파레는 웃으며 말했습니다.
"그러게. 어떤 공주는 강아지로 살아야 하고, 어떤 대장은 파랑새로 살아야 하고, 누구는 말, 누구는 나무. 누구는 바람도 되어야 하고"
"강아지로 살아야 하는 공주도 있어? 아~ 마법에 걸렸구나"
　듣고 있던 리시안은 뾰로통해져서 덴파레를 흘겨보았어요. 산들바람 티스는 웃으며 다정한 바람을 불어줬어요. 이브의 곱슬거리는 머리카락이 다정한 바람 안에서 파도처럼 나풀거렸습니다. 이브는 조용히 한참 바다를 보았습니다.
"파도는 흘러서 언덕 아래까지 오네. 저 위에 구름도 머무르지 않고 흘러서 어디론가 가고. 뜰 앞의 개울물도 어디론가 가겠지? 내 인생은 흘러서 어디로 가는 걸까? 난 모르겠어. 내가 어디에서 왔으며 또 어디로 가는지. 난 아는 게 아무것도 없어. 내 마음과 상관없이 그냥 운명에 맡겨진 채 어디론가 흘러가는 것 같아"
　푸른색 독수리가 이브 옆으로 날아와 앉았어요.
"푸른색 독수리야. 넌 정말 멋져. 다른 독수리들보다 몇 배는 크구나. 넌 특별한 독수리 같아. 거룩하고 근엄해 보이거든. 정말 기품 있어. 넌 어디서 왔니?"
　푸른색 독수리는 아무 말 없이 바다를 바라보았습니다.
"음~ 말하기 싫은가 보구나. 말하지 않아도 돼. 나도 그럴 때가 있어"
　이브는 또다시 한참 바다를 바라보았습니다.
"난 매일매일 바다 저 끝 저 멀리서 아빠가 배를 타고 손을 흔들며 나에게로 오는 상상을 하곤 해. 아빠는 나를 기억할까? 나를 알아볼 수 있을까? 내 기도가 저 끝까지 파도를 타고 아빠에게 전해졌을까?"

Ⅷ　Do you know where you're going to?

푸른 독수리는 한쪽 날개를 펴서 이브를 감쌌습니다.
"와~ 날개가 엄청 크구나. 커다란 방패 같아. 아주 안전한 방패. 푸른색 독수리야. 내가 부탁 하나 할게. 내가 있잖아. '아빠 빨리 오세요' 하며 매일 기도를 하고 있어. 근데 아직 나의 기도가 부족한가 봐. 아직 하나님께서 안 들어주시거든. 아빠 만나면 내가 많이 기다린다고, 많이 외롭다고, 많이 슬프다고, 마음이 많이 아프다고. 그래도 절대 울지는 않는다고 전해줄래? 꼭"
 푸른 독수리는 묵묵히 이브의 말을 듣고 있었습니다. 이브는 푸른 독수리에게 머리를 기대었어요.
"가족은 내가 선택할 수 있는 게 아니잖아. 다 나를 떠나버렸어. 나는 패잔병이 된 느낌이야. 매 순간 내가 선택하는 것 같지만 사실은 운명이 모든 걸 선택하는 것 같아. 그래서 초라하고 외로운 기분이 들지만, 나는 나를 사랑하기로 했으니까, 힘이 막 나는 즐거운 생각을 할 거야. 무슨 생각이 힘을 나게 할까? 음~ 근데 지금은 졸리니까 나중에 생각해야겠다. 덴파레 오빠. 나 민트에 내려줘"
 덴파레는 이브를 안전하게 민트에 내려줬어요. 이브는 기다란 의자 민트에 누웠어요. 산들바람 티스가 다정한 바람을 솔솔 불어줬습니다. 다정하고 포근한 산들바람에 이브는 마음이 편안해졌습니다. 덴파레는 나뭇가지들을 펼쳐서 이브와 리시안에게 그늘을 만들어 주었습니다.
"나 조금만 잘게. 좀 있다 깨워줘"
 리시안은 이브의 팔에 머리를 놓았어요. 푸른 독수리는 커다란 날개를 펼쳐 안전하고 포근하게 이브와 리시안을 안아 덮어주었습니다.

 이브는 행복한 꿈을 꾸었습니다. 꿈속에서 이브는 말로 표현할 수 없는 아름다운 천사 나라에 있었어요. 심지어 예쁜 공주였어요. 샤인과 함께 별들 사이를 날아다니며 My angel을 같이 불렀습니다. 샤인과 함께 노래를 부르는 순간이 꿈속에서 가장 행복했어요. 천사 나라에서 어찌나 행복하고 달콤한지 떠나고 싶지 않다고 생각했어요. 천사 나라는 외롭지 않았어요. 꿈속에서도 꿈이 아니길 바랐습니다. 꿈이라면 깨어나지 않기를 바랐습니다.

 샤인은 이브를 찾아 초록 언덕으로 왔습니다. 이브가 초록 의자에 누워 행복한 표정으로 자고 있어서 깨울까 말까 잠시 고민하다가 깨어날 때까지 기다리기로 했습니다.
 검은 새 루시퍼가 초록 언덕 허공을 휘휘 돌자 푸른 독수리는 세차게 날아가 얼씬도 못 하게 내쫓았습니다. 검은 새 루시퍼는 잽싸게 몸을 감추었습니다.
"왕이 언제 온 거지? 나를 알아봐? 흥! 천사 나라를 비우고 여기까지 오다니 자식 사랑이 대단하군. 흐흐흐. 재미있군. 흐흐흐"
 이브는 푸른 독수리의 날갯소리를 듣고 잠에서 깨었습니다. 이브는 잠에서 깨어 일어나면서 아쉬운 표정이 역력했습니다.
"아. 행복했는데. 천사 나라에서 영원히 있고 싶은데"
"좋은 꿈 꿨어?"
"응. 꿈속에서 꿈이 아니길 기도했어. 아쉬워"
"여기서 자다가 괴한이라도 나타나면 어쩌려고 그래. 겁도 없이"
"괴한이 나타나도 괜찮아. 나의 수호천사 리시안, 로리, 덴파레 오빠, 티스 선생님이 있잖아"
"그럼 나는?"
"넌 나의 첫 번째 수호천사"
 샤인은 만족한 듯 고개를 끄덕이며 미소 지었어요.
"곧 이사하겠네?"
"주말에 할까 해"
"토요일?"

Ⅷ Do you know where you're going to?

"응"
"일주일 중 마지막 날 토요일은 쉬는 날로 정했는데 특별히 이번 토요일은 도와줄게"
"토요일마다 쉬기로 정한 건 잘했어. 에너지 충전하는 날도 있어야잖아"
"럭키 세븐. 7이 좋아. 내가 태어난 요일이기도 하고, 한 주 동안 열심이었으니까 한 주를 돌아보며 정리하는 날로 정했어. 일주일 중 하루는 그런 날이 있어야 할 것 같아서. 일주일을 마무리하면서 쉬기도 하고, 다음 주를 생각해 보기도 하고 그러고 싶어"
"토요일에 태어났구나. 나도 토요일에 태어났는데"
"진짜? 우린 토요일에 태어나고, My angel도 같이 부르고. 아 참! 아까 꿈에서 별들 사이를 너랑 날아다니며 같이 노래 불렀어. 천사 나라에 너랑 나랑 있었는데 마치 현실 같았어. 꿈 같지 않았어. 신기해"
"나도 어젯밤 꿈에 비슷한 꿈을 꾼 것 같아. 너와 난 공통점이 많아"
"신기하다"
"우린 떨어지면 안 될 운명인가 봐. 그러니까 멀리 떨어져 있지 말고 지금처럼 언제나 다정한 나의 친구로 내 옆에 딱 붙어있어. 알았지?"
"음~ 생각해 볼게"
이브의 장난기 어린 표정이 스치자 샤인은 재빨리 이브의 손을 잡았어요.
"날 잡아 봐라. 하지 않기"

자작나무 숲은 노랗게 물들었습니다. 샤인은 자작나무 마을의 아름다운 정취를 흠뻑 즐기고 싶어 당분간 공연을 쉬기로 했어요. 사람들에게 자작나무 마을로 이사한 걸 알리지 않았는데 어떻게 알고 많은 사람이 샤인의 집을 찾아오는지 신기했습니다. 샤인의 팬들은 이브의 꽃가게에서 꽃바구니나 꽃다발을 만들어서 샤인의 집 앞에 놓아두었습니다. 다정하고 친절한 샤인은 팬들과 사진도 찍고 이야기를 나누기도 했어요. 샤인은 언제나 겸손과 다정함을 잃지 않았습니다.

이브는 꽃다발을 만드느라 바빴고, 조용했던 자작나무숲 마을은 어느새 많은 사람의 여행지가 되었습니다. 마을 입구에서부터 초록 언덕까지 마을을 가로지르는 한가했던 도로는 이젠 이런저런 차들로 줄을 이었어요. 샤인은 정말 슈퍼스타였습니다. 이브는 샤인의 팬들이 와서 샤인이 좋아하기를 바라며 꽃을 고르는 모습이 사랑스럽다고 생각했어요. 샤인의 팬들은 모두 예의 바르고 배려심이 많아 자작나무숲 마을 사람들에게 예의를 갖추어 단정한 말과 행동을 하고 샤인에게도 불편하지 않도록 배려를 잘해서 이브는 샤인의 팬들이 좋았습니다.

마을 도로를 질서 있게 조용히 지나가는 팬들의 형형색색 자동차를 이브는 '설렘을 가득 안은 낭만 자동차들'이라고 이름을 지었어요. 그래서 이브는 꽃을 풍성하게 해서 꽃다발과 꽃바구니를 풍선처럼 만들었어요. 샤인에게 가는 꽃이기도 했고, 샤인을 좋아해 주는 마음이 고맙기도 했고, 또 꽃을 가슴에 가득 안은 설레는 표정의 팬들 모습에 이브도 덩달아 좋아 최대한 정성을 들여 만들었습니다.

유카는 이 층 방에서 팻시아, 헤이즐과 함께 이브의 가게를 들여다보고 있었습니다.
"저기 이브 꼴 좀 봐라. 지가 '이상한 나라의 엘리스'라도 되는 줄 아나 봐. 저 하얀색 앞치마는 꽃가게에 들어가기만 하면 둘러대니 정말 못 볼 꼴이네!"
"왜? 볼만 한데 뭐. 무수리 같잖아. 흐흐흐"
"맞다! 그러고 보니 무수리 같다. 촌스러운 무수리. 흐흐흐"
헤이즐이 듣다가 한심하다는 듯 유카와 팻시아를 보았습니다. 유카는 헤이즐에게 비위가 상해서 욱하는지 앙칼진 소리로 말했습니다.
"넌 맨날 뭐 그리 잘난 척이야! 흥! 도도한 척 연기하지 마. 웃겨"

"너 우리가 우습게 보여?"
헤이즐은 픽 웃었어요.
"아니, 그럴 리가"
유카는 갑자기 분노가 차올랐습니다.
"저번에 샤인에게 모욕당한 거 생각하면 자다가도 벌떡 일어난다고! 왜 샤인은 맨날 이브 편이냐고. 왜!"
팻시아가 말했습니다.
"난 이브가 무조건 싫어! 이브의 해맑은 웃음이 싫고, 밝음이 싫어! 다 짓밟아 버릴 거야!"
유카가 말했습니다.
"그래. 다 짓밟아버리자. 숨도 못 쉬게 지근지근"
헤이즐은 한심하다는 듯 말했습니다.
"너희들 참 치졸하다"
"치졸? 야, 헤이즐. 너 그런 말 할 자격 없는 거 스스로 잘 알지? 너는 배신자야! 넌 일찌감치 이브를 배신하지 않았어? 가면 뒤의 너의 얼굴! 다 보이거든! 치졸한 건 너야!"
헤이즐의 입술이 파르르 떨렸습니다. 자신의 속을 다 들킨 것 같아 수치스러웠습니다. 헤이즐은 인사도 없이 유카의 방을 휙 나와버렸어요. 헤이즐은 팻시아가 빈정거리며 했던 말들이 사실이라는 생각으로 자신에 대한 견딜 수 없는 모멸감을 느꼈습니다. 이제부터라도 정신을 차려야겠다는 생각이 들었지만 어떻게 해야 할지 어디서부터 다시 시작해야 할지 막막했습니다.

이브의 꽃가게에 세련되고 잘생긴 멋진 남자가 들어왔습니다. 갑자기 하늘에 먹구름이 끼기 시작했고, 산들바람 티스는 여느 때와 달리 화가 난 듯 스산한 바람을 휘휘 불었습니다. 노랗게 물든 자작나무잎들은 떨어져 바람에 날렸습니다. 그를 친절하게 맞이하는 이브와 달리 리시안과 로리는 내쫓으려고 안간힘을 썼습니다.
"죄송해요. 리시안. 로리. 이리 와"
"아닙니다. 제가 이 마을 사람이 아니라 그럴 수 있죠"
로리와 리시안이 긴장하고 있었습니다.
"이브! 저 사람을 들이지 마! 가까이도 하지 마!"
"언니! 저 사람을 내쫓아!"
"아이. 왜 그래. 손님이니까 친절하게 해야지"
루시퍼는 아주 매력적인 남자로 변신해 있었어요. 루시퍼의 입가에 잠시 느글거리는 웃음이 스쳤습니다. 루시퍼는 여유 있게 예의 있는 척하며 말했습니다.
"꽃다발 하나 만들어 주시겠어요?"
"어떤 모양으로 만들어 드릴까요?"
"꽃은 잘 모르니 원하시는 대로 부탁드리겠습니다"
"제가 원하는 대로요?"
"네. 제가 꽃에 대해선 아는 게 부족해서요. 예쁘게 만들어 주십시오"
리시안은 계속 으르렁거렸고 로리는 침착하려고 애를 쓰며 노려보았습니다. 이브는 정성껏 꽃다발을 만들어 루시퍼에게 내밀었습니다. 루시퍼는 꽃다발을 받아 들고 값을 지불하고는 다시 이브에게 공손한 척하며 내밀었습니다. 이브는 당황했어요.
"꽃다발이 마음에 안 드세요?"
루시퍼는 낮은 목소리로 말했어요.
"아닙니다. 처음부터 이브 님께 드리려고 주문한 겁니다. 부담 갖지 마시고 받아주세요"
"네? 제 이름을 어떻게.... 저를 아세요? 저는 처음 뵙는데요"

VIII Do you know where you're going to?

"네. 아주 오래전부터 이브 님을 알고 있었죠. 그럼 저는 이만"
루시퍼는 인사를 하고는 가게를 나갔습니다.
로리와 리시안은 안도의 한숨을 쉬었습니다. 산들바람 티스는 여전히 스산한 바람을 만들며 화를 누그러뜨리지 못하고 있었습니다.
"어떻게 나를 알지? 나는 처음 보는 분인데. 그나저나 너희들 왜 그래? 손님께 미안하잖아"
로리가 말했습니다.
"이브, 저 사람을 조심해. 알았지?"
이브는 곰곰이 생각하다가 고개를 끄덕이며 말했어요.
"알았어. 너희들이 그렇게 싫어할 때는 이유가 있겠지. 걱정하지 마"
이브는 로리와 리시안이 걱정할까 봐 밝게 웃어 보였어요.
"아유~ 내가 저 사람과 친하게 지내야 할 이유가 없잖아. 걱정 안 해도 돼"

유카의 이 층 방에서 이브의 가게를 못마땅하게 내려다보던 팻시아는 침대에 누워있는 유카를 불렀습니다.
"유카! 유카! 이리 와 봐!"
"뭐! 뭔데 그래?"
"어서 빨리 와 보라고. 이브의 가게에서 나오는 검정 수트를 입은 저 멋진 남자를 봐"
"으으. 너는 또 남자 타령이야? 그만 좀 해라"
"빨리 좀 와, 얼른"
유카는 귀찮다는 듯 창가로 갔습니다. 팻시아의 눈이 튀어나올 것 같았습니다.
"우리 마을 사람 아니지?"
"어? 누구지? 처음 보는 사람인데. 진짜 잘 생기고 멋지긴 하다"
"근데 왜 이브에게 꽃을 주고 나올까? 꽃다발 값을 내는 것 같던데. 저런 촌닭 같은 무수리한테 꽃다발을 주다니 이상하지 않아?"
"으으. 또 이브야? 짜증 나! 내 인생에서 이브가 사라지면 좋겠다. 그러니까 사람은 환경이 중요해. 내 인생의 환경에 이브가 속해 있으니까 뭔가 자꾸 꼬여. 안 지어도 될 죄도 짓고. 재수 없어"
"야! 시끄럽고! 저 양반 샤인 집 방향으로 가는 것 같아. 우리 뒤따라가 보자"
유카와 팻시아는 집을 나와 루시퍼를 뒤따라갔습니다. 루시퍼는 유카와 팻시아가 뒤따라오는 것을 눈치채고 한쪽 입꼬리를 올려 음흉하게 웃음을 지었습니다.
유카가 속삭이듯 말했습니다.
"샤인 집에 가는 걸까? 샤인과 아는 사이일까? 샤인이 나에 대해서 안 좋게 이야기하겠지? 으으. 싫어. 이브 때문에 내 인생이 다 꼬였어. 진짜 나의 운명이 이브 때문에 꽉 막힌 것 같다고. 내 미래도 이브 때문에 계속 꼬이면 어떡해? 정말 이브는 재수 없어. 이브 옆에만 가면 재수 없는 일이 생겨! 에이"
"저 사람이 널 모르는데 묻지도 않는 너에 대해서 샤인이 뭘 말하겠냐. 네가 유명 인사라도 돼? 도대체 너는 머리통에 뭐가 들어있니? 그리고 그날은 네가 잘못한 거잖아. 입은 삐뚤어져도 말은 바로 하랬다고. 너의 못된 심술보가 그렇게 만든 거야"
유카는 발끈했습니다.
"그럼 넌! 너는 잘 났어? 엄청 도덕적인 양심을 가지고 있어? 자신 있어? 너도 얼씨구나 하고 동조했잖아. 어떻게 친구라는 애가 그런 말을 해? 넌 누구 편이야? 진짜 내 주변은 온통 적이구나. 내 인생 제대로 꼬였다. 짜증 나!"
"쉿! 팔자타령 그만하고 소리 낮춰. 자존심 없이 남자 뒤나 따라다니는 게 뭔가 모양새가 좀 그렇잖아. 우리도 샤인 집에 가는 척해"

Ⅷ Do you know where you're going to?

루시퍼가 가던 길을 멈추고 휙 뒤돌아보았어요. 유카와 팻시아가 화들짝 놀라서 멈춰 섰다가 아무렇지도 않은 척 딴청을 부렸습니다. 루시퍼는 검은 긴 머리카락을 날리며 다가와 공손히 물었습니다.
"자작나무숲 마을에 언덕이 있다는데, 혹시 아시는지요?"
"아~ 우리가 알아요. 저쪽으로 계속 올라가면 돼요"
"감사합니다"
"우리도 언덕으로 가는데 같이 가시면 돼요"
 루시퍼는 회심의 미소를 지었습니다. 유카와 팻시아는 루시퍼의 옆에 서서 걸었습니다. 팻시아는 흥분한 마음을 감추지 못했습니다.
"혹시 샤인 집에 가세요?"
"피아니스트 샤인 말씀하세요? 아니요, 저는 자작나무숲 언덕이 아름답다고 해서 가는 겁니다"
"아~ 너무 잘 생기셨어요. 황홀하게 잘생겼어요. 정말"
 유카가 팻시아를 팔꿈치로 툭 쳤습니다.
"주책맞게. 그만 좀 해"
 팻시아는 개의치 않고 말을 이어갔습니다.
"저.... 초면이지만 이름을 여쭤봐도 될까요?"
"제 이름은 루시퍼입니다"
 유카와 팻시아는 고개를 갸우뚱거렸어요.
"루시퍼? 악마 루시퍼와 이름이 같네요?"
 루시퍼는 그렇다는 듯 사람 좋은 웃음을 지어 보였어요.
"그러네요"
"멋진 이름 같아요. 왠지 잘 어울려요. 내 이름은 팻시아고요, 얘는 유카예요"
"네"
 초록 언덕에 도착했습니다. 초록 언덕에 스산한 바람이 불었습니다. 루시퍼는 샤인의 집을 올려다보았습니다. 유카가 툭 튀어나오듯 말했어요.
"피아니스트 샤인 집이에요. 샤인 알아요? 엄청 유명한 슈퍼스타인데"
"네. 압니다. 슈퍼스타 샤인을 모를 리가 있나요. 저 집이 샤인의 집인가요?"
 팻시아가 고개를 끄덕였어요.
"맞아요"
 유카가 못마땅하다는 표정으로 중얼거렸습니다.
"으으. 난 이브 때문에 망했어. 샤인은 나를 싫어할 거야. 아, 나의 샤인!"
"나의 샤인? 누구 맘대로!"
"야! 넌 좀 가만히 있어라"
 루시퍼가 유카에게 고개를 쓱 돌려 말했어요.
"무슨 고민이라도 있으신지요? 친절하게 길을 안내해 주셨는데 제가 도움이라도 될 일이 있을까요?"
 유카가 시무룩하게 고개를 가로저었습니다.
"아뇨. 도움 될 일 없을 것 같네요"
"고민을 털어놓으면 한결 마음이 가벼워질 테니 저에게 말씀해 보시는 거 나쁘지 않을 것 같습니다만"
 팻시아가 나서며 말했어요.
"이브랑 샤인은 엄청 친한 친구 사이인데요, 얘가 이브라는 애한테 심술부리다가 샤인에게 싫은 소리 들었거든요. 얘 때문에 괜히 나까지 샤인한테 이상한 사람 취급을 받았다고요. 아,

VIII Do you know where you're going to?

진짜. 생각하니 나도 성질 날리고 하네. 그건 그렇고, 얘가 샤인을 좋아하거든요. 나도 샤인을 좋아했지만 이젠 샤인에게 관심이 없어졌어요. 새로운 관심이 생겨서"
유카는 킥킥대는 팻시아를 툭 치며 말이 채 끝나기도 전에 가로채듯 말했어요.
"야! 나를 이상한 사람으로 만들지 마!"
"사실 너 좀 이상하잖아"
"네가 더 이상하다. 눈치도 없이"
루시퍼가 느긋하게 말했어요.
"무슨 일이 있었던가 봅니다"
유카가 칭얼대며 하소연하였습니다.
"아니 글쎄, 이브라는 무수리 같은 애가 우리 동네에 살거든요. 정말 거지 같은 애예요. 우리랑 레벨이 다르다고요. 레벨이. 그런데 슈퍼스타 샤인이 그 거지 같은 이브를 좋아해요. 거지 같은 이브가 샤인에게 실실 웃는 꼴 정말 못 봐주겠어요. 샤인은 항상 화려하고 멋진 사람들에게 둘러싸여 있으니까 거지 같은 이브가 특별해 보이는가 봐요. 나처럼 예쁘고 멋진 몸매를 가진 사람은 식상한지 관심도 안 줘요. 어떻게 이런 일이 나에게 생기지? 거지 같은 이브에게 밀리다니. 믿기지 않아. 정말. 제대로 지근지근 짓밟아 놓을걸!"
루시퍼는 이해한다는 듯 고개를 끄덕였습니다. 유카는 자기 성질을 못 이겨 씩씩거렸습니다.
"내 인생이 왜 이 모양이 되었는지. 벌써 이렇게 엉망인데 내 인생이 앞으로 어떻게 펼쳐질지. 정말 이 촌구석에서 벗어나고 싶어. 난 이런 촌구석에서 살 사람이 아니야. 이브만 아니면 나는 훨씬 더 행복했을 거야. 내 에너지가 이브를 증오하는 것에 소모되고 있잖아. 거지 같은 이브, 악연이야. 너무 싫어!"

샤인은 초록 언덕을 보고 싶어 창을 열었습니다. 초록 언덕에서 유카와 팻시아가 어떤 남자와 대화하는 것처럼 보이는데 유카는 흥분해 있는 것 같았습니다. 창을 닫으려다 이브 이름이 들리는 것 같아 다시 내려다보았습니다.
유카의 말을 진중한 척 듣고 있던 루시퍼가 고개를 끄덕이며 말했습니다.
"인생이 호락호락하지 않지요. 녹록지 않아요. 앞날을 알 수가 없어요. 속상하고 답답하시겠습니다. 어떤 질긴 악연으로 이브라는 분과 이렇게 엮이는지도 알 수 없고요. 저 역시 살다 보면 답답할 때가 많이 있습니다. 답답하고 일이 안 풀릴 땐 저는 상담 잘해 주시는 분을 찾아가곤 합니다. 앞날에 대해 예언을 해주기도 하지요"
유카와 팻시아의 눈이 반짝였어요.
"예언?"
"점 보는 거요?"
루시퍼가 고개를 끄덕이며 말했습니다.
"많은 도움이 되실 겁니다"
팻시아가 호들갑스럽게 말했어요.
"우리 마을에는 왜 점쟁이가 없나 몰라. 난 내 운명이 진작에 궁금했어"
"나도 궁금하긴 한데. 그 상담 잘해 준다는 사람 만나볼 수 있어요?"
"그럼요. 아주 바쁘신 분이라 시간 예약을 하셔야 합니다"
"해주세요. 최대한 빨리요"

샤인은 창밖을 내다보았습니다. 유카와 팻시아가 심통스러운 표정으로 낯선 남자와 이야기하는 것을 보았어요. 샤인은 걱정이 앞섰습니다. 유카와 팻시아가 무슨 일이라도 벌일 것 같았어요. 이야기가 끝났는지 유카와 팻시아가 언덕을 떠나는 것이 보였습니다. 낯선 남자는 유카와 팻시아가 가는 걸 지켜보다가 갑자기 검은 새가 되어 언덕 허공을 몇 바퀴 빙빙 돌다가

VIII Do you know where you're going to?

바다 쪽으로 사라졌습니다. 샤인은 깜짝 놀랐습니다. 뭔가를 잘 못 본 건가 싶어 눈을 감고 머리를 흔들었습니다.
"아!"
샤인의 머릿속을 한 장면이 훅 지나갔습니다. 천사 나라 왕궁을 나와서 리엘과 함께 왕궁 주변을 둘러보던 샤인이 왕궁 주변을 돌다 사라지는 커다란 검은 새를 보고는 불길함이 엄습해 오는, 마치 기억의 파편 같은 장면이 바람처럼 머릿속을 지나갔어요. 그리고 자신도 모르게 낮은 소리가 새어 나왔어요.
"루시퍼...."
샤인은 불길함이 엄습해 왔습니다.
'이브. 아무 데도 나가지 마'
샤인은 리엘을 타고 급히 이브의 집으로 향하였습니다.

 이브의 꽃가게 앞 자작나무 노란 잎들은 분홍색 노을 속에서 가을 신사로 단장하고 있었습니다. 이브는 생각에 잠겨있었어요. 이브는 모르는 사람이 꽃다발을 주고 간 것이 이상했습니다. 샤인이 꽃가게로 왔어요.
"무슨 생각에 해?"
"꽃다발을 받았는데 그게 좀...."
"누구에게?"
"어떤 신사분인데 꽃다발을 사서 다시 나에게 주는 거야. 좀 이상하긴 했는데 좋은 분 같기도 하고 아닌 것 같기도 하고. 어쨌든 고맙긴 하지"
"이브, 무조건 의심 없이 좋게만 생각하는 건 위험해. 혹시 그 신사분이 키가 크고 검정 수트를 입었어?"
"응. 너도 봤어?"
"초록 언덕에 유카, 팻시아와 이야기하는 걸 봤어. 무슨 내용인지는 모르지만 좋은 이야기는 아닌 것 같았어. 조심하는 게 좋을 것 같아"
"넌 항상 조심해. 조심해. 조심해. 잔소리쟁이"
"유카와 팻시아는 너를 무조건 괴롭히는 사람들이니까. 그리고 그 낯선 신사도 좋은 사람 같지는 않아"
"우리한테 나쁜 짓을 하지도 않았는데 편견을 가지는 건 좀 그래"
듣고 있던 로리과 리시안은 걱정이 앞섰습니다.
"이브, 샤인 말이 맞아. 조심해서 나쁠 건 없어. 이번에는 우리 말 들어"
"이브 언니. 그 남자 나쁜 사람이야. 가까이하지 마"
"알았어. 그렇게"
로리는 단단히 말했어요.
"이브, 이번에는 꼭 약속 지키기다. 알았다고 하고선 마음 약해서 유카든 팻시아든 낯선 신사든 그들에게 휘말리지 말고. 알았지?"
"응. 알았어. 너희들이 그럴 땐 이유가 있겠지. 약속 지킬게. 잔소리꾼들"
 샤인은 이브의 손을 잡았습니다.
"이브~ 초대받아 줄래?"
"응? 초록 언덕 성? 너의 하늘색 지붕 집?"
"음. 지금"
"근데 지금 내 모습이 잿더미를 뒤집어쓴 신데렐라 같잖아. 미녀와 야수의 벨처럼 날개 달린 나비 같은 노란색 예쁜 드레스를 입고 가려고 했는데. 어떡해? 그리고 선물도 준비 못 했어. 갑작스러운 초대잖아"

VIII Do you know where you're going to?

"충분하게 예뻐. 지금 갈래?"
"빨리 보고 싶었어. 얼마나 기다렸는데"
"여기저기 고칠 곳들이 생각보다 많아서 시간이 꽤 걸렸어. 가자"

 노란 자작나무숲 오솔길. 산들바람에 노란 잎들이 하나, 둘, 셋, 넷, 나풀나풀 날렸습니다. 이브는 두 손바닥에 노란 잎을 받았어요.
"온통 가을인 날이야. 내 손에 가을이 담겨 있어. 너도 손바닥에 가을을 담아 봐"
 샤인은 손을 펼쳐 산들바람에 날아다니는 단풍잎을 받았어요.
"샤인~ 분홍색 노을을 봐. 어떻게 저렇게 예쁠 수 있을까? 황홀해"
 이브는 숨을 크게 들이마셔 보았습니다. 마음이 분홍색으로 가득 차는 것 같았습니다.
"빨간 장미색 옷을 입고 분위기 있는 멋진 가을 남자로 변신한 덴파레 오빠에게 가보자"
"응. 우리 다 같이 모여야지"

 초록 언덕을 굳건히 지키고 있는 덴파레에게 모두 모였습니다.
"덴파레 오빠 멋지다! 멋진 가을 남자!"
"하하하. 로리도 그렇게 말해주면 좋겠다"
"로리를 좋아하는구나?"
 로리가 덴파레 가지로 올라앉아 시큰둥하게 말했어요.
"예전부터 멋졌어. 리더 대장 할 때도 멋졌고, 지금 기꺼이 메타세쿼이아로 자작나무숲 마을을 지키는 모습도 멋져"
 덴파레가 놀라서 말했습니다.
"응? 웬일이야? 로리에게 맨날 타박만 듣다가 멋지다는 말 들으니까 어색해. 그래도 좋아. 하하하"
 로리가 무심하게 말했어요.
"멋진 건 멋진 거니까"
"가끔 덴파레 오빠, 리시안, 리엘, 로리, 티스 선생님은 동화 같은 이야기를 해. 내가 모르는 동화 같은 이야기"
 덴파레가 말했습니다.
"언젠간 알게 될 거야. 우리가 너를 얼마나 사랑하는지를 알고 나중에 울지나 마"
"아~ 난 잘 모르겠지만 분명 나의 인생은 잔혹 동화가 아닐 거야. 반드시 행복한 이야기일 거야. 나의 시간은 매일매일 반복되는 일상이야. 가을이 가면 겨울이 되고 봄이 되고 여름이 되고 다시 가을이 되겠지. 아침이 지나면 점심이 되고, 그리고 밤. 또다시 아침. 다람쥐가 쳇바퀴 돌 듯이 그래. 나는 왜 태어났을까? 왜 자작나무숲 마을에 있을까? 우리는 왜 서로를 알게 됐을까? 이유가 있을 텐데. 그리고 언젠가는 누구나 세상을 떠나잖아. 그땐 나의 영혼은 어디로 가는 걸까?"
 덴파레가 말했습니다.
"우리에게 일어나는 모든 일은 우연을 가장한 필연이야. 사람들은 초록별에 태어나서 여기가 전부인 양 아등바등 살다가 끝내는 다 세상을 떠나. 자신의 영혼이 어디에서 와서 어디로 가는지 한 번쯤 궁금해하지만, 그것도 잠시뿐. 현실에 매여서 잊어버려. 길 잃은 영혼들이야. 우리의 영혼의 고향은 여기 초록별이 아니야. 여긴 단지 여행지 같은 곳이지. 진정한 우리의 고향이 아니야"
"그럼 덴파레 오빠는 우리 영혼이 어디서 왔는지 알아?"
"그럼. 당연히 알지"
 샤인이 말했어요.

Ⅷ Do you know where you're going to?

"어디서 왔어요? 난 항상 궁금했어요"
"영원하고 끝없는 아름다운 별나라"
이브가 말했어요.
"응? 그럼, 우리가 외계인이야?"
"그렇지. 외계인이자 여행자, 잠시 있다가 가는 나그네"
"크크크. 진짜야?"
"내 말을 믿어 봐. 진짜니까"
"난 내가 별나라 공주라고 상상을 많이 하긴 했어. 그냥 상상. 그런데 진짜 별나라에서 왔다니까 재미있긴 하다. 그럼, 덴파레 오빠는 어디서 왔어?"
"나도 별나라에서 왔지"
"아름다운 별나라에 있지 왜 왔어?"
"그게 말이야, 내가 사랑하는 천사들이 여기로 왔으니까"
"누구? 당연히 로리?"
"누구긴. 너희들이지"
"정말?"
"그렇다는 것만 알아둬. 더 이상 말해줄 순 없으니까"
"응~"
"우리가 여행지에서 처음부터 끝까지 항상 행복할 수 있을까? 여행지에서 처음엔 새로운 에너지를 얻는 것 같고, 생소한 것들이 재미있고, 좋은 추억을 쌓는 것 같지만 시간이 지날수록 집이 그리워지지. 여행을 떠나면 생각지도 못한 힘든 일들이 자꾸 생기잖아. 집이 아니니까. 여행지에서 잠시 잠깐 좋을 수는 있겠지만 외로움은 따라다녀. 시간이 지나면서 적응은 되겠지만 그렇다고 외로움을 벗어나지는 못해. 고향이 그리워지고 여행 시간이 길어질수록 우울해지고 힘든 일이 많이 찾아올 거야. 누구에게나 그래. 초록별에서 완벽한 행복은 없어. 누군가가 완벽하게 행복하다면 그건 거짓말이야. 그런 건 없어. 순간의 행복은 있겠지. 우리에게 여행이 필요한 건 여행지에서 이런저런 경험을 하면서 교훈을 얻기 때문이야. 그래서 여행이 필요하긴 해. 어둠이 깊을수록, 힘든 일들이 많을수록 더 단단해지고 더 많은 교훈을 얻고 끝내는 지혜로워지겠지. 힘든 일에 감사하고 싶지 않겠지만 사실 알고 보면 감사한 일이야. 여행지에서 교훈과 지혜를 얻지 못하고 놀기만 했다면 그건 시간만 흘려보낸 실패한 여행이잖아. 여행지에서 돌아오면 어때? 시간이 훅 지나 그냥 잠시 꿈을 꾼 것 같지? 여기 초록별에서의 시간이 꽤 긴 것 같고 힘들고 지치겠지만 다시 별나라로 돌아가 보았을 땐 잠시 꿈을 꾼 것처럼 느껴질 거야. 한낮의 꿈처럼. 이브와 샤인은 잘해 낼 거라 믿어"
이브가 고개를 갸우뚱했습니다.
"덴파레 오빠는 뭘 물어보든 신기하게도 모르는 게 없어. 어떻게 다 알고 있지? 우리가 가는 길을 잘 안내해주는 천사 같아"
"내 역할이 그거야. 우리는 모두 각자의 사명과 역할이 있단다"
"덴파레 오빠 고마워. 오빠의 말을 잊지 않고 내 마음에 담을게. 그런데 어떡해? 우리 모두 샤인 집에 갈 텐데 덴파레 오빠는 못 들어가잖아"
"괜찮아. 나는 키가 커서 다 보여. 메타세쿼이아잖아"

샤인과 이브는 친구들과 함께 하늘색 지붕 성으로 들어갔습니다. 이브는 눈이 동그래졌습니다. 놀랐어요. 사람이 살지 않던 오래되고 허름했던 성이 우아하고 아름다운 성으로 변신했습니다. 마치 번데기에서 나비로 완전히 변신한 것처럼요. 어디서 불쑥 동화 속의 왕자님이 나올 것만 같았습니다. 아름다운 정원을 지나 실내로 들어가니 바닥은 마치 수정으로 된 호수 같아 발레리나처럼 사뿐사뿐 걸어야만 할 것 같았습니다. 그리고 거실에는 팬들이 선물한 꽃으로

Ⅷ Do you know where you're going to?

가득 차 있어 마치 꽃이 만발한 정원에 있는 것 같았어요. 이브의 정성이 가득 담긴 팬들의 선물들을 샤인은 꽃이 가득한 정원처럼 만들어 놓았어요. 이브는 노란색 예쁜 드레스를 입고 와야 했다고 생각했어요.

"아~ 이렇게 아름다운 성으로 변신하느라 많은 시간이 필요했구나. 어떤 모습일까 궁금해서 상상하곤 했었어. 근데 상상 이상이야. 아~ 아름다워"

"이브 네가 좋으면 나도 좋아. 네가 오고 싶을 땐 언제든지 와. 우리 모두 함께 있고 싶어 만든 집이니까. 특히 이브 너와 함께. 힘들거나 쉬고 싶을 땐 꼭 오기. 그리고 내 옆에 딱 붙어있기"

"샤인, 넌 정말 아주 많이 엄청 무지무지 너무나도 좋은 친구야. 네가 내 친구라는 게 자랑스럽고 나에겐 무엇과도 바꿀 수 없는 행운이야"

"지금처럼 언제나 다정하게 내 옆에 있기다"

"응"

"여기는 너를 가장 안전하게 보호할 수 있는 나의 공간이야. 누구도 너를 위험에 빠뜨리지 못할 테니까"

로리와 리시안, 리엘, 덴파레, 티스도 같은 마음이었습니다. 샤인의 성에서는 이브가 안전할 테니까요. 천사들은 이브가 샤인 옆에 있으면 안심이 되었습니다. 모처럼 천사들은 긴장을 풀고 다 같이 모여 앉아 편안한 마음으로 수다도 떨고 맛있는 음식을 먹으며 좋은 시간을 보냈습니다. 마치 천사 나라에 있었을 때처럼요.

샤인은 잔잔한 피아노 음악을 선택했어요. 섬세하고 평온한 자유롭고 낭만적인 선율이 하늘색 지붕 성안을 가득 채웠습니다. 샤인은 이브에게 손을 내밀었어요. 이브는 샤인의 손을 잡았습니다. 샤인은 이브의 손을 꼭 잡았어요.

"내 손을 꼭 잡고 놓치지 마. 알았지?"

"글쎄~ 생각해 볼게"

리엘은 리시안 옆에 앉았습니다. 로리가 말했습니다.

"이건 무슨 상황이지? 그럼 나는 덴파레 대장에게 가야겠다"

로리는 덴파레에게 쪼로롱 날아갔습니다. 티스가 꽃들에게 고운 바람을 불어주자 꽃들도 고마워서 고운 향을 티스에게 선물했어요. 향기로운 고운 향이 산들바람 티스를 타고 푸른색 지붕 성을 곱게 채웠습니다. 이브는 오래간만에 편안하고 여유로운 시간을 가졌습니다. 이브는 샤인이 있는 하늘색 지붕 성안에서는 아무 걱정도 슬픔도 외로움도 위험도 없을 것만 같았어요. 초록 언덕에 있는 하늘색 지붕 성은 마치 천사 나라처럼 느껴졌습니다. 슬픔 따위는 없는 편안하고 끝없이 행복한 곳, 꿈속에서 보았던 천사 나라 같아 시간이 멈춰버리면 좋겠다는 생각이 들었습니다.

이브는 다락방 창문으로 샤인과 리엘이 가는 뒷모습을 바라보았습니다. 신데렐라처럼 왕자님과의 시간이 지나 다시 잿더미를 뒤집어쓴 현실로 돌아온 것 같았어요. 반짝이는 샤인에 비해 자신이 너무 모자라고 초라하게 느껴졌습니다. 샤인에게 어울리지 않는 친구라는 생각에 마음이 무거워졌습니다. 샤인은 화려하고 멋진 사람들이 잘 어울리고, 그런 사람들 사이에 있어야만 할 것 같았어요. 초라한 자신은 샤인에게 피해를 줄 것 같아 괜히 미안한 마음이 들었습니다. 거울을 보니 목의 짙은 푸른색 점이 얼굴을 집어삼킬 듯 얼굴을 향해 커지고 있었습니다. 이브는 침대 이불속에 들어가서 달팽이처럼 몸을 숨겼습니다. 목의 점이 스카프로도 다 가려지지 않는 요즘은 숨고 싶은 시간이 많아졌습니다. 차라리 '투명 인간이면 좋겠다'는 생각을 하기도 했어요. 이브는 다시 일어나 침대에서 무릎 꿇고 하나님께 기도를 드렸습니다.

'거룩하고 전지전능하신 하나님. 제가 기억하는 모든 죄와 기억하지 못하는 모든 죄를 용서해 주세요. 오늘 하루를 저에게 주셔서 감사합니다. 좋은 친구들 옆에 있게 해주셔서 감사합니다.

저의 죄를 씻어 저를 눈처럼 희고 깨끗하게 해주세요. 저는 어리석고 나약하니 저에게 지혜를 주시고 눈동자처럼 보호해 주세요. 아빠가 어디에 있든 아빠가 외롭지 않게 보살펴주세요. 그런데요 하나님, 제 목의 커다란 점이 얼굴까지 밀려 올라와 제가 점으로 점령당할 것 같아요. 하나님, 목의 점을 사라지게 해주세요. 제발요. 오늘 기도 중 가장 마음에 크게 있는 기도는 목의 점이 사라지게 되는 기도예요. 많은 사람의 기도를 들어 주시느라 엄청 바쁘시겠지만 제발 제 기도를 꼭 들어주세요. 많은 사람의 기도 중에 제 기도가 1순위, 2순위가 아니라 마지막 순위일지라도 꼭 들어주세요. 정말 간절히 기도합니다. 제발요'

이브는 다시 이불 속으로 들어가 달팽이처럼 몸을 숨겼어요. 모든 찰나의 순간까지도 자신을 사랑하기로 했는데 오늘은 실패라는 생각이 들었어요. 아주 잠깐 행복했던 패잔병. 하지만 내일은 꼭 성공하리라 다짐했죠. 그리고 리시안을 꼭 안고 꿈나라로 도망을 갔습니다.

네가 아무리 위장해도
어둠의 졸개일 뿐이야.
열등감에 사로잡힌 탐욕스러운
관심병 환자일 뿐이라고!

IX
넌 가짜야!

초록 언덕 밤하늘에 검은 새 두 마리가 빙글빙글 돌며 음산한 소리를 내고 있었습니다. 루시퍼와 레나는 자작나무숲 마을의 나무들 어디에도 앉을 수가 없어 초록 언덕 절벽 밑 바닷가 모래에 앉았습니다.
"레나. 너는 곧 세계 최고의 가수가 될 거다. 지금보다 훨씬 더. 많은 사람의 우상이 될 거야. 모두가 너를 부러워하고 추앙하겠지. 흐흐흐"
"루시퍼 님. 저는 세상을 지배하고 싶습니다. 모든 것을 가지고 싶습니다"
"너의 욕망대로 될 거야. 초록별에서 유명한, 최고의 슈퍼스타라고 불리는 샤인을 이용하면 쉽게 최고의 자리에 오를 수 있을 거야. 샤인의 명성을 이용해"
레나는 고개를 끄덕였습니다.
"저는 이브의 목소리를 빼앗고 싶어요"
"흐흐흐. 언제나 너는 이브의 노래하는 아름다운 목소리를 빼앗길 원했지"
"이브의 모든 것을 뺏고 싶습니다. 아무것도 남김없이 다 뺏을 겁니다"
"흐흐흐. 그래. 다 빼앗아서 짓밟아 놓아. 모조리 다"
"네. 반드시 다 뺏을 거예요. 샤인까지도"
밤하늘의 달과 별들이 그들의 대화를 들었습니다. 구름도 바다도 들었어요. 모래는 화가 나서 그들을 덮쳤습니다. 루시퍼와 레나는 짜증을 부리며 푸드덕 날아갔습니다.

이브의 꽃가게 앞에 검은색 자동차가 섰습니다. 검은색 선글라스를 끼고 도라지꽃색 드레스를 입은, 뒷모습만 본다면 마치 천사 나라에서의 이브처럼 보이는 레나가 유유히 내렸습니다. 레나는 어깨 뒤로 길게 드리운 분홍색 베일을 휘날리며 샤인의 팬들에게 손 인사를 했습니다. 레나가 아무리 이브처럼 변신했어도 레나의 번득이는 사악한 눈빛은 변신할 수 없었어요. 레나를 몰아내려는 듯 레나에게 바람이 세차게 불었습니다. 자작나무숲 마을을 방문한 샤인의 팬들이 레나 주위로 모여들었어요. 샤인의 팬들은 레나가 달갑지 않았습니다.
"가수 레나 아냐?"
"레나가 자작나무숲 마을에 웬일이지?"
"혹시 샤인에게 온 걸까?"
"설마"
"그러면 안 돼. 레나가 어떻게 고귀한 샤인에게 어울려?"
"안 될 말씀. 레나는 온갖 염문설로 유명한 사람이야. 샤인은 절대 안 돼"
"야한 옷차림을 좋아하는 레나가 오늘은 어울리지 않게 공주같이 차려입고 왜 저럴까?"
레나는 검은색 선글라스를 벗었습니다. 샤인의 팬들 앞에서 한껏 뽐내고는 이브의 꽃가게로 들어갔습니다. 갈색 머리에 초콜릿색 눈으로 변신한 레나는 천사 나라에서의 이브와 거의 비슷한 모습이었어요. 레나는 이브를 시기, 질투하면서도 비슷한 모습으로 흉내 내고 있었습니다. 레나가 입은 드레스도 이브가 천사 나라에서 입던 도라지꽃색 드레스와 똑같은 드레스였어요. 이브를 부러워하고, 이브처럼 되고 싶은 마음이 어둠과 합쳐져 시기, 질투로 변해있었습니다.
샤인의 팬들이 꽃가게 앞으로 모여들어 안을 들여다보았습니다. 이브는 레나를 보자 갑자기 답답해지고 정신이 아득해지는 것 같았습니다. 도라지꽃색 드레스에서 눈길이 떠나지 않았습니다. 레나의 한쪽 입꼬리가 간사스럽게 올라갔습니다.
"이브?"
"제 이름을 어떻게...."
"하. 뭐. 그냥 알게 됐어요"
레나는 가장 큰 꽃바구니를 턱으로 가리키며 말했어요.
"저걸로 줘요"

"네...."
 이브는 마음이 이상했습니다. 마귀할범 같은 레나의 긴 손톱을 보자 가슴이 갑갑하고 숨이 막히는 것 같았지만 내색하지 않으려 했습니다. 레나는 이브를 곁눈으로 힐끗 보며 나갔습니다.
 레나는 꽃바구니를 들고 샤인의 팬들 앞에서 착한 척, 순수한 척, 우아한 척 가식을 떨며 샤인이 있는 초록 언덕으로 일부러 보란 듯이 천천히 걸어갔습니다. 자동차도 놔둔 채로요. 샤인의 팬들은 레나를 보는 게 불편한 마음이었어요. 레나를 좋아하지 않았습니다. 그런 것도 모르는 레나는 최대한 즐기며 유유히 걸어갔습니다.
"샤인에게 가나 봐"
"설마. 아니길"
"가식을 떨어봤자 천박함을 가리지 못하는군"
 레나는 초록 언덕에 도착해서 샤인의 하늘색 지붕 성을 눈을 번득이며 바라보았습니다.
 '완벽해. 내가 가질 거야'
 사람들의 웅성거리는 소리를 듣고 샤인은 창밖을 내려다보았습니다. 레나가 집 앞에서 사람들에 둘러싸여 있었습니다.

 샤인은 레나를 우연히 여러 번 만났습니다. 우연치고는 여러 번이라 의아했습니다. 천사 나라 이브의 모습으로 가장한 레나를 볼 때마다 알 수 없는 마음이 되었어요. 무슨 마음일까 곰곰이 생각해 보았습니다. 마음에 뭔가가 있었지만 그게 뭔지 알 수 없었습니다. 혹시 내가 찾고 있는 천사일까 생각도 해보았지만 그러기에는 마음에서 이유 모를 분노와 증오심 같은 불쾌한 감정이 올라왔어요. 샤인의 팬들이 창가에 서 있는 샤인을 발견하고 환호를 보냈습니다.
"샤인~~~"
 레나도 샤인을 보고 천천히 손을 흔들며 미소를 지었어요. 샤인은 레나를 외면하고 싶었지만 레나의 자존심을 상하게 하고 싶지 않아 레나에게 왔습니다. 샤인의 팬들은 사진을 찍었어요. 그러자 몇몇 팬들이 말했습니다.
"찍지 마세요. 우리의 샤인이 불편한 일이 생길 수 있어요"
"그래요. 레나와 같이 있는 사진을 찍지 맙시다"
"레나가 어떤 속셈을 가지고 샤인에게 접근하고 있는지도 몰라요"
"레나에게만 바람이 아주 매섭게 불잖아요. 이상해요"
 샤인의 팬들은 모두 사진 찍기를 멈췄습니다. 레나의 미간이 찌푸려졌습니다. 레나는 많은 사진이 찍히길 원했습니다. 세상이 떠들썩하게 소문이 나길 바랐습니다. 샤인의 팬들이 소문을 내주길 바랐는데 사진을 찍지를 않겠다고 하니 난감했습니다. 초록 언덕까지 걸어서 온 이유가 사라지는 것 같았습니다. 최고의 자리에 오르고 싶은 탐욕으로 샤인의 명성을 이용하고 싶었고, 이브의 모든 것을 다 빼앗고 싶었기에 마치 샤인의 연인이라도 되는 것처럼 굴었습니다. 레나는 샤인의 마음을 사로잡기 위해 천사 나라에서의 이브처럼 변신을 했습니다. 샤인의 연인이 되고 싶기도 했어요. 샤인에 대한 호감이 있었기에 샤인의 연인이 되는 것도 나쁘지 않다고 생각했습니다. 사실 레나는 천사 나라에서부터 줄곧 샤인에게 관심이 있었어요. 레나는 샤인의 팬들에게 착한 척하며 괜찮다는 표정을 지었습니다.
"여러분, 사진 찍어도 괜찮아요. 저는 팬들께 샤인과 연인 사이임을 감추고 싶지 않아요. 팬들에게 진실하고 솔직해지고 싶어요"
 샤인은 레나의 말에 당황했습니다. 그러나 당장 이 자리에서 아니라고 하기에는 레나가 민망할 것 같아 말하지 못했습니다. 현명한 팬들이 샤인의 표정을 알아차렸어요.
"이곳에 당신의 팬은 없을걸요?"
"레나. 거짓말하지 말아요. 연인 아니잖아요"
"레나. 샤인의 명성을 이용하고 싶은 거죠? 지금까지 그래 왔던 것처럼"

"레나. 그런 수법. 이제 그만하시죠"
"염문설이 당신 특허예요?"
샤인은 빨리 자리를 피하고 싶었습니다. 레나는 샤인의 마음과 팬의 마음을 아랑곳하지 않고 천연덕스럽게 말했습니다.
"샤인. 이 아름다운 집으로 저와 함께 들어가야죠?"
"오늘은 그냥 가는 게 나을 것 같아요"
레나는 짜증이 났습니다.
'하루빨리 이 세상 모든 사람의 우상이 되고 싶은데, 그냥 가라니. 젠장'
"그럼 제 차까지 같이 걸어가요. 꽃가게 앞에 차가 있어요"
샤인은 이브의 꽃가게를 레나의 차가 가로막고 있을 걸 생각하니 속상했어요. 어서 빨리 레나를 차에 태워 보내고 싶었습니다. 레나는 들고 있던 꽃바구니를 내밀었어요.
"샤인을 위해 내가 직접 골랐어요"
샤인은 이브가 정성 들였을 꽃바구니를 얼른 받아 대문 안으로 넣었어요. 레나는 팬들에게 보라는 듯이 샤인의 팔짱을 꼈습니다. 샤인의 팬들 사이에 있던 루시퍼는 두 사람의 사진을 계속 찍었습니다.
이브의 꽃가게 앞에서 자동차를 타기 전에 레나는 이브가 보게끔 과장된 몸짓으로 샤인과 친한 척하며 샤인의 볼에 입을 맞추고는 샤인을 꼭 안았어요. 샤인이 살짝 밀치려 하자 레나는 더 세게 안았습니다. 루시퍼는 희열의 미소를 지으며 열심히 사진을 찍었습니다. 어렵게 레나를 보내고 샤인은 이브에게로 왔습니다.
"이브"
"샤인. 유명한 가수와 친구구나. 너랑 잘 어울리더라. 네가 엄청 유명한 슈퍼스타라는 걸 깜빡하고 있었어"
샤인은 고개를 가로저었습니다.
"친구가 아니야. 연인도 아니고. 아무런 사이도 아니야"
이브는 레나와 샤인이 팔짱을 끼고 레나가 샤인의 볼에 입맞춤하는 모습이 떠올랐습니다.
"샤인. 참 잘 어울렸어. 네가 좋으면 나도 좋아"
이브는 갑자기 외로움이 훅 몰려왔지만 내색하지 않고 언제나처럼 웃었습니다. 샤인은 한순간에 생각지 못한 일이 벌어졌지만, 담담히 흘려보내기로 했습니다. 사실을 말한다면 레나에게 좋지 않은 평판이 따를 것 같아 그러는 것이 배려고 최선이라고 생각했습니다. 그러나 샤인은 레나로 인해 이브가 마음 상했을 것 같아 마음이 쓰였어요. 누가 뭐래도 샤인에게 첫 번째는 이브니까요. 샤인은 이브의 손을 잡았습니다.
"이브. 괜히 신경 쓰지 마. 내가 아니라고 하잖아. 오늘은 그만 일하고 쉬어. 우리 같이 정원에 나가자"
정원 앞을 흐르는 시냇물 옆으로 친구들이 나란히 앉았습니다. 산들바람 티스는 이브의 우울해진 마음을 달래려고 계절에 맞지 않지만, 이브가 가장 좋아하는 6월의 바람을 만들어봤어요. 이브가 생긋 웃었습니다.
"내가 젤 좋아하는 6월의 바람이네. 산들바람 티스 선생님~ 고마워요"
산들바람 티스는 낭만적인 바람으로 이브의 마음을 간지럽혔어요.
"오늘 같은 날에는 멍하니 흘러가는 물을 보는 게 제일이지요"
"맞아요!"
"좋지 않은 마음을 모두 시냇물에 흘려보내세요"
"오늘은 시냇물이 내 마음을 안고 흘러가네. 아, 난 행운아야. 나의 정원 앞으로 시냇물이 흐르다니. 감사합니다"
시냇물 같은 이브의 머리카락이 산들바람에 나풀거렸습니다.

"샤인. 무슨 생각해?"
"우리 모두 항상 함께 할 수 있을 수 있는 것"
"우리 모두 이미 함께하고 있잖아. 그래서 난 외롭지 않아"
리시안이 이브의 무릎에 턱을 얹었습니다.
"정말?"
"사실은 외롭다가 안 외롭다가. 이랬다가 저랬다가. 그렇지만 오늘은 외롭지 않은 것 같아"
이브는 시냇물에 노란 자작나무잎 하나를 띄웠습니다.
"시냇물아. 오늘은 참 고마워. 하나 부탁해도 돼? 아빠에게 '이브는 외롭지 않으니 걱정하지 마세요' 요렇게만 전해줄래?"
시냇물은 알았다는 듯 예쁜 소리를 내며 흘러갔습니다.
"오늘 밤에는 달팽이가 안 될 거야. 약속"
사실은 오늘은 좀 외로웠습니다.

아침 햇살이 이브의 이마를 비추었습니다. 이브는 한쪽 눈만 살짝 떠보았어요. 양쪽 눈 다 뜨려니 귀찮기도 했고 햇살에 눈이 부시기도 할 것 같아 한쪽만 떠보았어요.
"봐. 달팽이 아니지? 성공!"
이브는 기지개를 쭉 켰어요.
"오늘은 나비가 될 거야. 리시안! 우리 덴파레 오빠에게 가보자!"
리시안이 이불 속에서 얼굴을 빼꼼히 내밀었어요. 리시안은 눈이 부신지 이불 속으로 다시 쏙 들어갔어요.
"리시안. 일어나. 덴파레 오빠가 기다릴 거야"

이른 아침이라 초록 언덕에는 샤인의 팬들이 없었습니다. 이브와 리시안은 초록 언덕을 마음껏 뛰었어요. 덴파레는 동생들이 초록 언덕을 기분 좋게 뛰어다닐 때면 미소가 절로 나왔습니다. 파랑새 로리가 이브의 머리 위에서 날개를 활짝 펼쳐서 날았습니다. 리엘은 리시안의 옆에서 천천히 뛰었습니다. 리시안의 커다란 귀는 마치 나비의 날개 같았어요. 이브는 초록 언덕 끝까지 가서 바다를 보고 다시 덴파레에게 뛰어왔습니다.
"덴파레 오빠~ 우릴 보고 싶었지?"
"그럼! 밤이 얼른 지나가길 바랐지!"
"크크크. 그럴 줄 알았어. 우리를 높은 가지 위에 올려줘"
덴파레는 가지를 쭉 뻗어서 높고 튼튼한 가지 위에 이브와 리시안을 올려줬습니다. 이브는 눈을 감고 숨을 크게 들이마셨습니다.
"아. 가을 냄새. 가을에는 낭만적인 음악을 들어야 해. 샤인은 자고 있을까?"
샤인의 하늘색 지붕 집에서 낭만적인 피아노 소리가 들려왔습니다.
"아. 역시. 샤인이랑 텔레파시가 통했다"
샤인은 덴파레 가지에 앉아 있는 이브와 리시안을 발견하고는 친구들이 들을 수 있게 이브가 좋아하는 재즈 '미스티'를 연주했습니다.
이브는 눈을 감고 피아노 소리와 맑은 공기와 산들바람에 마음을 실었습니다.
"샤인! 샤인!"
레나의 소리에 샤인의 피아노 소리도 이브의 낭만적인 마음도 멈췄습니다. 레나는 가수답게 목소리도 우렁찼습니다. 샤인이 문을 열고 나왔습니다.
"샤인! 보고 싶었어요. 당신은 내가 보고 싶지 않아요?"
레나는 마치 샤인의 연인이라도 되는 듯 샤인의 팔을 끌어당기더니 팔짱을 꼈습니다. 샤인은 레나가 뻔뻔하다고 생각했습니다. 레나는 샤인이 팔을 빼려고 하자 더 세게 잡았습니다. 이브가

보아야 하니까요.
"우리 저쪽 바다가 보이는 곳까지 걸어요. 아, 얼마만의 산책인지. 유명하다 보니 산책도 마음대로 못 했어요"
"레나. 저에게 일로 오신 것 같지 않으니 저는 이만"
레나는 이브가 보기를 바라며 샤인을 안았습니다.
"샤인. 자존심 상하게 왜 이래요. 나 상처받았어요. 산책하는 게 뭐 그리 대단한 거라고 이렇게 나에게 상처를 줘요?"
샤인은 마지못해 레나와 산책을 하였습니다. 레나는 샤인의 손을 잡고 기분이 좋아졌습니다.
"샤인. 손을 빼면 전 바다에 뛰어들지 몰라요"
샤인은 내키지 않았습니다.
"레나. 이제 저는 친구를 만나야 해서 같이 할 수 없습니다"
"제가 바다에 뛰어든다고 해도요?"
"안 뛰어들 거 알아요"
"왜요?"
"욕심이 많잖아요"
샤인은 레나의 손을 빼고 이브를 바라보았습니다. 이브를 향해 팔을 흔들었어요. 이브도 팔을 흔들었습니다.
"덴파레 오빠! 우리 내려줘"
덴파레는 이브와 리시안을 내려줬습니다. 이브는 샤인에게 방해가 되고 싶지 않았어요. 멀리서 보는 샤인과 레나는 누가 봐도 연인처럼 보였습니다. 이브는 크게 팔을 한 번 더 흔들어 보이고는 자작나무숲 달맞이 길로 뛰기 시작했습니다. 단풍이 든 자작나무잎들이 바람에 흔들렸어요. 흔들흔들. 오늘 아침은 그냥 샤인을 본 거로, 샤인의 음악을 들은 거로, 초록 언덕을 모처럼 신나게 뛰어본 거로, 덴파레의 높은 가지에 앉아 바다 멀리 본 것으로 만족하기로 했습니다. 그리고 마음속으로 중얼거렸습니다.
'민트야. 안녕. 오늘은 너에게 이야기를 못 하고 가네. 다음에 많이 할게'
샤인은 속상했습니다. 얼른 이브와 함께하고 싶었어요. 레나는 이브의 뛰어가는 뒷모습을 보며 픽 웃었습니다.
"샤인. 우리 저 의자에 가서 같이 앉아요"
"아뇨. 전 오늘 연주회가 있어서 들어가 봐야겠어요. 안녕히 가십시오"
샤인은 빠른 걸음으로 하늘색 지붕 성으로 들어갔습니다. 레나는 만족한 듯 회심의 미소를 지었습니다.
"이브. 난 네가 가진 모든 것을 다 뺏을 거야"
초록 언덕에 샤인의 팬들이 모여들었습니다. 레나는 마치 샤인의 집에서 나온 사람인 것처럼 여유있는 척 손을 흔들었습니다.
"여러분. 나의 샤인에게 관심 가져 주셔서 고마워요. 앞으로도 변함없이 많은 관심 부탁드릴게요"
샤인의 팬들은 어리둥절했습니다.
"뭐라는 거야? 왜 저래?"
"저 여자는 샤인을 만날 때마다 저 옷을 입더라"
"안 어울려"
레나는 사람들의 말들을 못 들은 척하며 검은색 자동차를 타고 초록 언덕을 유유히 떠났습니다.

자작나무들이 샤그락 샤그락 바람에 흔들렸습니다. 이브는 자작나무들을 한참 올려다봤어요.

빼곡한 자작나무들 사이로 조각조각 파란 하늘이 보였어요. 후~ 한숨을 쉬었습니다. 그리고는 나무에 기대어 앉았습니다. 리시안은 이브 옆에 가만히 앉았어요. 로리는 이브의 어깨에 앉았습니다. 단풍이 짙어 나뭇잎들이 곧 떨어질 것 같았습니다. 초록 언덕에서 본 샤인과 레나의 모습은 잘 어울리는 연인 같았어요. 아무리 생각해도 연인 같았습니다.
"멋진 샤인. 예쁜 레나. 둘이 잘 어울리지?"
로리가 시큰둥하게 말했어요.
"아니. 전혀 안 어울려. 둘이 연인 아니야. 사실 둘은 원수지"
"원수긴... 정말 잘 어울리더라. 선남선녀. 난 너무 볼품없어. 나비는커녕 번데기 같아"
"언니는 예쁜 천사야. 그러니까 자신감을 가져. 레나 따위는 상대도 안 되지"
"이브. 너 시력이 안 좋아? 레나가 예뻐? 어디가 예뻐? 내가 보기에 레나는 추물이야"
"난 가끔 내가 싫어질 때가 있어. 나를 누구보다 사랑하기로 단단히 결심했거든. 근데 그게 쉽지 않아. 매일 한 번 이상은 때론 수도 없이 나 자신에게 실망이 돼. 밤에 이불속에 들어갈 때면 나는 격침되어 바다 깊이 깜깜한 곳에 가라앉는 것 같아. 나는 언제쯤 내가 만족스러울까. 샤인은 멋지고 유명하고 모두의 사랑을 받는데 나는 볼품없고 초라하고 아무도 세상에 내가 존재하는 걸 모르는 것 같고. 난 그냥 남들이 함부로 할 수 있는 만만한 상대인 것 같아"
"이브 언니. 내가 있잖아. 아, 정말. 언니는 나를 강아지로만 보는데, 나중에 후회할 거야"
"넌 나에게 강아지가 아냐. 동생이야. 근데 말이야, 난 왜 슬퍼지지? 오늘은 막 슬퍼져"
"가증스러운 레나 때문이지?"
"아냐. 절대 아니거든. 내가 나에게 마법을 걸어 볼게. 오늘은 무조건 기분이 좋아라~ 힘이 마구 솟구쳐라~ 오늘은 넘어지지 마라~ 노랑나비가 되어라~ 얍!"
이브는 숨을 크게 들이마셨어요.
"노랑나비가 되었군! 내 마법은 역시!"
이브는 자꾸만 눈물이 나려 했어요. 숨을 크게 쉬면서 눈을 껌벅껌벅했습니다.
"근데 아빠는 언제 올까? 아빠는 새로운 사랑을 만났을까? 그래서 행복할까? 나에게 안 오더라도 소식이라도 주면 좋겠다. 나도 사랑을 받아보고 싶어. 그게 뭔지 궁금해. 어떤 느낌일까. 정말 궁금하니까 나도 한 번쯤 사랑받아 보면 좋겠다. 하나님도 나를 싫어할까? 샤인은 지금 행복하겠지? 샤인은 좋겠다. 샤인, 지금 너와 나는 다르네.... 지금은 그래...."
이브는 눈물을 안 흘리려 눈을 껌벅였다가 하늘을 봤다가 숨도 크게 쉬어봤지만 실패했습니다. 눈물 한 방울이 움츠린 팔에 떨어졌어요.
"나비는 안 울어. 멍청이. 바보"

IX 넌 가짜야!

You are, I am

Love song
넌 지금 누구와 부르고 있어?

그럼 내가 시간을 버텨볼게.
떨어진 꽃잎이 한 겹, 두 겹, 세 겹.
세 겹만이야.
세 겹만 버텨볼게.

You, my dear
나는 용감하지 않지만 그렇다고 할래.

그래야 시간을 후~ 불어볼 수 있어.
누군가를 다정하게 보는 눈빛
세 겹만이야.
세 겹만 버텨볼게.

하루 또 하루
외롭지 않다고 할래.

그래야 시간이 손끝을 사르르 지나갈 테니.
내 친구 로리~ 예쁜 소식 들려줄래?
이제는 시간을
버티지 않아도 된다고.

온 세상 꽃으로 가득 차
꽃잎이 한 겹, 두 겹, 세 겹 날개 달아.

You and I
온 우주가 우릴 위해 열릴 거야.
이제는 헤어지지 않을 거야.
영원히 함께 할 거야.

온 세상 꽃으로 가득 차
너의 나비가 될 거야.

Only you.
나의 꽃이 되어줘.
끝없는 기다림은 아닐 거야.
우리 같이 날아볼래?

with me...

로리는 높이 날아올랐습니다.
"이브! 가자!"
 이브는 로리, 리시안과 함께 자작나무 숲길을 뛰기 시작했습니다. 이브의 눈물은 어느새 산들바람에 날아갔어요. 오늘의 마법은 성공이라 생각했어요. 자작나무잎 소리를 들으며 다시 뛰기 시작하니 기분이 좋아졌어요. 마구 뛰니까 힘이 솟구치는 것 같았고, 씩씩한 자신이 마음에 들기도 했습니다. 마음이 풍선처럼 부풀어 나비처럼 날 수 있을 것 같았어요. 무엇보다 오늘은 넘어지지 않았어요. 그러니까 오늘의 마법은 성공이라 생각하기로 했어요. 성공이 아니라면 그 비슷한 거로 생각하기로 했습니다. 격침되기는 싫으니까요.

 샤인은 연주회를 끝내고 자작나무숲 마을에 도착하였습니다. 자작나무숲 마을로 오는 동안 내내 이브 생각뿐이었습니다. 팔을 흔들며 인사하고 가는 이브의 뒷모습이 마음에서 떠나지 않았습니다. 이브의 집 앞에서 차를 멈추고 이브의 다락방을 보았습니다. 불이 꺼져 있었어요. 자는 것 같아 방해하고 싶지 않아 천천히 초록 언덕으로 갔습니다. 레나가 자작나무숲 마을에 오는 건 레나의 자유지만 자신에게는 오지 말았으면 했습니다. 샤인은 레나의 어깨 뒤로 길게 드리운 날개 같은 분홍색 베일에 자꾸 눈길이 가 레나에게 전혀 관심이 없었던 것은 아니었어요. 그러나 레나를 보면 볼수록 좋지 않은, 알 수 없는 증오 같은 마음이 불쑥불쑥 올라와 감정 조절을 제대로 하려고 노력하였습니다. 레나와 더이상 마주칠 일도 만날 일도 없기를 바랬습니다.

 이브는 잠이 오지 않았습니다. 달팽이가 되지 않기 위해 창밖의 노란 달을 보다가 샤인의 차가 자작나무숲 마을로 들어오는 것을 보고는 샤인이 볼 수 없게 창 옆으로 숨었습니다. 샤인이 잠시 멈추었다 떠나는 것을 지켜보고 있었어요. 왠지 샤인과 멀어지는 것 같아 마음이 쓸쓸해졌습니다. 끝까지 달팽이 노릇은 하기 싫어 이불을 머리까지 뒤집어쓰지 않고 목 아래까지만 덮었습니다. 리시안을 한쪽 팔로 꼭 껴안았어요.
"리시안. 오늘은 달팽이 아니지? 맞지?"
"맞아. 아니야"
"당당하게 자는 거야. 내일은 보슬비가 오면 좋겠다. 우박이나 폭우 말고. 나는 보슬비가 좋아. 너는?"
"나도"
"나는 하늘에서 뭐가 내리면 좋더라. 비든 눈이든 낙엽이든 별똥별이든"
"나도"
"사랑도 떨어지면 좋겠다. 왕창"
"반드시 떨어질 거야. 아주 왕창. 믿어 봐"
 리시안은 이브가 얼굴 내민 달팽이 같다고 생각했지만, 이브의 편이 되어주고 싶었습니다. 리시안은 이브의 볼에 뽀뽀했어요. 그러고는 최대한 이브의 가슴을 감싸안았어요. 외롭지 않게. 이브는 꿈속에서라도 사랑이 왕창 떨어지길 기도하였습니다. 이브의 눈이 사르르 감기는 걸 보고서야 리시안도 눈을 사르르 감았습니다. 노란 달빛이 두 천사의 머리맡을 비추었습니다.

 해가 살며시 떠오를 때 이브는 깨었습니다. 아래층으로 내려가 따뜻한 밀크티를 후후 불며 조금 빨리 마셨어요. 초록 언덕으로 나섰습니다.
"이브 언니. 산책하기엔 좀 이르지 않아?"
"아냐. 부지런한 로리도 깨어있을걸? 덴파레 오빠도 깨어있을 거야. 오늘은 왠지 샤인의 팬들이 많이 올 것 같아 빨리 가야겠어"
"이브 언니. 내가 보기엔 샤인 만나러 가는 것 같은데? 그냥 그렇다고 해"

"아니거든. 덴파레 오빠랑 내 친구 로리를 보러 가는 거야. 음~ 샤인이 피아노 연주를 하고 있다면 덤으로 아름다운 음악도 듣고 좋긴 하지"
"샤인이 제일 보고 싶으면서. 솔직한 게 최고의 무기란 거 알지?"
"아니래도"
 이브는 힘껏 뛰었습니다. 초록 언덕에 다다르자 잠시 멈추었다가 언덕 끝 바다가 잘 보이는 곳까지 뛰었습니다. 로리가 이브의 옆에서 날았습니다. 샤인의 방에는 불이 켜져 있었어요. 이브는 덴파레에게로 뛰었습니다. 덴파레는 긴 가지를 뻗어 제일 튼튼한 가지 위에 이브와 리시안을 올려줬습니다.
"이른 아침부터 어쩐 일이야?"
"오빠랑 로리가 보고 싶어서 빨리 왔지!"
 이브의 말이 끝나기도 전에 샤인이 리엘을 타고 초록 언덕 아래로 서둘러 나섰습니다.
"샤인은 어디로 가는 걸까? 레나 만나러 가는 걸까?"
 로리가 이브의 머리 위에서 콩콩콩 뛰었습니다.
"바보. 샤인은 너의 집으로 가는 거야. 레나 따위는 안중에도 없을 테니 얼른 가 봐"
"나는 레나와 비교할 수 없어. 레나는 유명하고 예쁘고 멋있고 좋은 건 다 가진 것 같아. 나랑 반대야. 으.... 내 자존감은 도대체 어디로 갔을까?"
"이브 너와 레나를 비교할 수 없다는 말은 맞아. 레나 따위가 어떻게 이브 공주에게 비교될 수 있겠어? 안 그래?"
 덴파레와 리시안이 맞장구를 쳤습니다.
"맞아, 맞아"
"내가 공주라고? 상상만 해도 기분이 좋아진다"
 로리가 이브의 머리 위에서 다시 콩콩콩 뛰었어요.
"어이. 내 친구 이브. 얼른 샤인에게 가 봐. 샤인이 기다리겠다"
"바보라 했다가 공주라 했다가. 그럼, 바보 공주인가?"
 덴파레는 이브와 리시안을 내려주었어요.
"이브. 너의 마음을 외면하지 마. 알았지?"
"덴파레 오빠. 다시 올게"
"대답도 안 하고. 로리랑 비슷해. 친구 아니랄까 봐"
 로리가 앞장서자 이브는 리시안과 함께 뛰기 시작했습니다.

 샤인은 리엘과 함께 이브의 정원에 있었습니다.
"이브. 어디 갔다 왔어?"
"기다렸어? 초록 언덕까지 산책했지. 덴파레 오빠랑 함께 있었어"
"내가 못 봤구나. 이브. 오늘 저녁에 친구들과 내 집에서 다 함께 모이는 건 어때?"
"응? 오늘 저녁?"
 이브는 망설였습니다. 어느 순간부터 초록 언덕은 샤인의 팬들로 가득해서 쉽게 드나들 수 없을 것 같았습니다. 혹시 샤인에게 피해를 주게 될까 조심스러웠어요. 그리고 샤인과 레나가 연인 사이인 것 같아 레나에게 괜한 오해를 주고 싶지 않았습니다. 샤인은 이런 이브의 마음을 알아차린 듯 말했습니다.
"레나는 아무런 사이도 아니야"
"레나가 우리 마을에 널 보러 이렇게 자주 오는데? 그리고 잘 어울려. 우리한테까지 감출 필요는 없어"
"레나가 우리 마을에 오는 건 그 사람 자유지. 내가 오지 말라 가라 할 수는 없잖아"
 이브는 소심해진 마음을 들키지 않으려 했지만, 얼굴에 그대로 다 나타났습니다.

"레나는 너의 연인인 것처럼 그러던데? 그리고 막 소문내고 싶어 하고 자랑하고 싶어 하는 것 같았어"
로리가 답답해서 이브 머리 위에서 또 콩콩콩 뛰었어요.
"어휴, 이 바보. 레나는 그게 목적이야"
"자꾸 그렇게 머리 위에서 뛰면 더 바보가 될걸?"
이브는 가만히 생각했습니다.
"샤인. 나는 네가 멋진 사람들과 있을 때가 좋아. 너에게 레나가 잘 어울렸어. 보기 좋아"
"이브. 나에게는 네가 제일 잘 어울려. 누구보다 네가 잘 어울려. 알지? 그리고 오늘 저녁은 우리 모두 다 함께하자"
이브는 고개를 끄덕였지만, 레나가 자꾸 마음에 걸렸습니다.

자작나무숲 마을에 샤인의 팬들이 어김없이 모여들었습니다. 아름다운 샤인은 만인의 연인이기도 했습니다. 레나가 원하는 대로 염문설이라도 나게 된다면 아마도 세상이 떠들썩해질 거예요.
초록 언덕 허공을 검은 새 두 마리가 휘휘 돌고 있었습니다. 자작나무들은 못마땅했습니다. 아주 싫었어요.
"루시퍼. 레나. 가까이 오기만 해 봐. 확 후려칠 테니!"
"루시퍼. 레나. 음흉스러운 것들"
"천사 나라에서나 여기서나 하는 짓들이 참 딱하다. 한심해. 어떻게 너희는 변하지 않냐. 쯧쯧"
샤인의 팬들은 샤인이 레나와 좋지 않은 일로 샤인의 마음이 힘들었을 것 같다고 생각했습니다. 샤인의 팬들은 자작나무숲 마을을 산책하다 샤인이 잘 쉴 수 있도록 조용히 초록 언덕을 떠났습니다. 샤인의 팬들은 샤인 만큼이나 사려 깊었습니다.

밤하늘 별들 사이에 초승달이 아무 말 없이 고요하게 이브의 노란색 조각달 머리핀을 비추었습니다. 이브와 리시안, 로리, 티스, 사랑이 이모와 러브 아저씨는 초록 언덕에 있는 샤인의 집으로 걸어가고 있었어요. 사랑이 이모와 러브 아저씨는 샤인과 이브가 좋아하는 과일과 여러 가지 빵과 케이크를 바구니에 가득 담았어요. 이브는 마음이 가라앉아 있었습니다. 사랑이 이모는 이브의 얼굴을 슬쩍 보았어요.
"이브. 오늘은 내내 기운이 없어 보이네. 레나 때문이니?"
러브 아저씨도 이브가 마음 상해 있을까 걱정이 되었어요.
"사랑이 이모한테 이야기 들었다. 그 여자는 신경 쓸 거 없어. 원래 그러고 사는 여자일걸? 아마도"
"이브의 재잘대는 소리는 어디로 갔지? 이브가 조용하니까 왠지 별들이 덜 반짝이는 것 같네"
로리가 이브의 어깨에 앉았습니다.
"이브가 조용하니까 좀 이상하긴 해"
이브는 초승달을 바라보았습니다.
"평온해진 마음. 고요한 바다. 지금 내 마음은 그래"
로리가 이브의 머리 위에 앉았어요.
"평온한 거랑 기운이 없는 거랑 다른 거 알지? 내가 보기엔 기운이 없는 것 같은데?"
"아냐. 평온해진 마음. 고요한 바다로 할래. 그냥 그렇게 그런 거로 할래"
"그래. 알았어. 그런 거로 해"
"저 달을 봐. 어쩌면 지구에 사랑하는 천사가 있나 봐. 매일 지구 주변을 살펴보고 있잖아. 오늘도 내일도 지구 주변을 맴돌겠지? 지구 주변을 돌면서 사랑하는 천사를 찾고 있나 봐. 아, 얼마나 사랑하면. 그런데 달은 모양이 매일 조금씩 바뀌니까 사랑하는 천사가 달을 알아볼 수 없을지도 몰라. 어쩌면 사랑하는 천사도 달을 매일 찾고 있을지도 몰라. 그래도 다행이야. 별들 모두 달을 알고 있잖아. 힌트를 줄 거야. 그래서 언젠가 찾을 거야. 달아~ 힘내. 사랑하는 천사를 곧 만나게 될 거야"
샤그랄라 샤그랄라. 자작나무잎들이 속삭였어요.
"달님을 찾는 천사가 우리에게 오면 쉬어가게 해줄 거예요. 그때 꼭 전해줄게요. 달님이 천사님을 엄청 많이 찾고 있다고. 얼른 달님 손을 잡으라고"

초록 언덕에서 이브를 기다리던 샤인은 이브를 보고는 뛰어가 손을 잡았습니다. 언제나 샤인의 손은 참 따뜻했습니다. 하늘색 지붕이 달빛에 반짝였어요. 샤인은 이브의 손을 잡아 이끌었어요.
"우리 뛰어볼까?"
샤인의 집 안의 샹들리에는 마치 하늘의 별들을 옮겨놓은 것처럼 반짝였습니다. 샤인은 이브에게 커다란 하늘색 상자를 내밀었습니다. 이브는 상자를 열어보고 깜짝 놀랐습니다.
"노란색 예쁜 드레스를 입고 싶어 했잖아. 노란 날개 달린 나비처럼"
"기억해?"
"그럼. 당연히 기억하지"
"사소한 것까지 다 기억하다니. 그러다 머리가 폭발하면 어떡해?"
"난 다 기억할 거야"
드레스를 보던 이브는 망설여졌습니다.
"나에게 너무 화려하고 아름다운 옷이야"
로리가 노란색 드레스 소맷자락을 물어 이브의 어깨에 올렸습니다.
"이브. 예전의 너는 화려하고 아름다운 옷을 입고 살았거든. 이 정도는 뭐. 입어봐"
"내가 언제...."
사랑이 이모와 러브 아저씨가 재촉하였습니다.
"어서 입어보렴"
노란색 드레스를 입은 이브의 모습은 사랑스러운 노랑나비 같았습니다. 이브의 걱정과 달리 아주 잘 어울렸어요. 이브는 드레스 자락이 우산처럼 펼쳐지게 빙그르르 한 바퀴 돌아봤어요. 동그란 노란색 보름달처럼 펼쳐졌습니다. 이브의 노란색 조각달 모양의 머리핀은 샹들리에 빛을 받아 반짝였습니다. 샤인이 손을 내밀었어요.
"우리 같이 노래 불러볼까?"
"어떤 노래?"
"너와 내가 부르는. 우리만 아는 My angel"
"응"
이브와 샤인은 My angel을 함께 불렀습니다. 리시안과 리엘 옆에 있던 로리는 덴파레에게 날아가 앉았습니다. 로리는 덴파레에게 말했어요.
"이브와 샤인이 My angel이 자기들만 아는 노래라는데요? 동의?"
"아니. 수없이 많이 듣던 노래지. 민트에 앉아서 기분 좋은 날에도 부르고 슬픈 날에도 부르고. 어떤 날은 이브가, 어떤 날은 샤인이. 거의 매일 듣지 않았어?"
"천사 나라의 천사들도 다 알 텐데. 자기들만 아는 노래는 아닌 걸로"
"착각은 자유지. 초록별에서 비밀은 없어"
러브 아저씨는 사랑이 이모의 손을 잡았습니다.
"우리도 우리만의 노래가 있는데. 우리도 부를까?"
"쉿! 지금은 아니야. 우리 노래는 우리만 있을 때"
"오늘 밤은 모두 행복한 것 같아"

멋진 리엘과 사랑스러운 리시안은 나란히 앉아서 이브와 샤인이 부르는 노래를 같이 흥얼거렸습니다. 초록 언덕 가득 이브와 샤인이 함께 부르는 My angel이 울려 퍼졌습니다.

모두가 행복한 밤. 초록 언덕 하늘을 검은 새 두 마리가 휘휘 날아다녔습니다. 루시퍼와 레나는 딱히 앉을 곳을 찾지 못해 계속 날았더니 숨이 차기 시작했습니다.
"내가 저 노래 두 번 다시 못 부르게 만들라고 하지 않았나? 정말 못 들어 주겠다! 듣기 싫다고!"
"샤인이 호락호락하지 않아요"
"이 머저리 같은! 나약한 이브를 먼저 밟아 놓으라고 했잖아. 그럼 샤인은 손쉬워진다고! 그런 짓 천사 나라에서 한두 번 해봤어? 샤인이 초록별에 왜 왔어? 몰라? 이브 때문이잖아. 살아도 같이 살고, 죽어도 같이 죽자는 심정으로 뛰어든 거잖아. 모르겠어? 한심하긴"
루시퍼와 레나를 지켜보던 로리는 화가 났습니다.
"저것들이"
용맹한 로리가 그들을 향해 날아가려 하자 덴파레가 급히 잡았습니다.
"안돼! 위험해"
"가만히 보고 있을 수 없어요"
"아직 때가 아냐"
"도대체 언제까지 참으라는 거예요?"
"저들은 저들의 역할을 하는 거야. 아직은 때가 아니니 기다려"

다음 날이 되자 레나는 또다시 천사 나라 이브의 모습과 비슷하게 변신해서 초록 언덕으로 왔습니다. 산들바람 티스는 레나를 몰아내려는 듯 세찬 바람을 만들었어요. 레나가 입은 드레스의 치맛자락이 뒤집힐 듯 펄럭였습니다. 이브의 꽃가게에서 이브와 함께 있던 로리는 레나가 초록 언덕에 왔다는 소식을 듣고 레나에게 화살처럼 빠르게 맹렬히 날아갔습니다.
"야비한 것! 도저히 용납 못 해! 어디라고 감히 이브 흉내를 내며 샤인에게 접근해?"
덴파레는 깜짝 놀라서 소리쳤습니다.
"로리! 위험해!"
이성적인 로리지만 루시퍼와 레나를 볼 때면 괘씸해서 견딜 수 없었습니다.
"천박한 레나! 뻔뻔한 것!"
레나가 로리를 흘겨보았습니다. 못 들은 척 딴청을 피웠습니다. 로리는 레나 정면에서 쏘아봤습니다.
"넌 가짜야!"
레나의 미간이 찌푸려졌습니다.
"뭐라는 거야? 시끄러워! 저리 가! 네가 천사 나라에서 대장이었다고 해서 여기서도 그런 줄 알아? 여기선 그냥 별 볼 일 없는 새일 뿐이야. 변신도 못 하는! 주제를 알아야지! 그 꼴에 까불긴"
"넌! 가짜야! 네가 아무리 이브처럼 보이려 위장해도 넌 이브가 될 수 없어. 어둠의 졸개일 뿐이야. 열등감에 사로잡힌 탐욕스러운 관심병 환자일 뿐이라고!"
"열등감? 관심병 환자?"
"그래. 잘 알아듣네. 아무리 네가 날뛰어 봤자 넌 진짜가 될 수 없어. 그러니까 꿈 깨!"
"이것이 어딜 감히!"
레나는 신고 있던 구두를 로리에게 던지려다가 샤인의 팬들을 의식하고는 멈칫했습니다. 초록 언덕에는 샤인의 팬들이 많았어요. 게다가 사진을 찍고 있었습니다.
"레나가 파랑새에게 구두를 던지려 했어!"

"나도 봤어! 내가 사진을 찍었어!"
레나는 아무 일도 아니라는 듯한 웃음을 지어 보였습니다.
샤인의 팬들은 레나를 탐탁지 않게 보았습니다.
"레나. 어제도 왔다면서요. 오늘도 샤인에게 볼 일 있어요?"
"볼 일 있는 척하는 거지 뭐"
"어제 샤인 집에 못 들어갔데"
"염문설 퍼뜨리면 샤인이 당신의 연인이 될 것 같아요?"
"샤인의 명성을 이용하면서 관심 끌고 유명해지고 높아지고 싶은 거지. 뻔한 수작"
"세상 사람들의 관심을 끌고 싶은 건 알겠는데 방법이 역겨워"
"저 여자는 자신의 이익을 위해서라면 불법적인 일도 얼마든지 할 거야"
레나는 샤인의 팬들을 두들겨 패주고 싶었지만 못 들은 척하며 주먹을 쥐었습니다.
'내가 언젠가는 이 수모를 복수할 거다. 너희들 기다려'
 레나는 자존심이 많이 상한 것을 들키지 않으려고 고개를 빳빳이 들었습니다. 세찬 바람이 레나의 머리카락을 엉망으로 다 헝클어놓았습니다. 티스는 레나가 정신을 못 차릴 만큼 세차게 바람을 불었어요.
"나쁜 것! 이 마을을 썩 떠나!"

레나는 샤인의 집 대문을 두드려도 보고 벨을 눌러보기도 했어요.
"샤인! 샤인!"
샤인의 팬들은 눈살을 찌푸렸습니다.
"샤인의 마음은 당신에게 닫혀있다는 걸 몰라요? 그러니 떠나는 게 좋을 거예요. 이상하잖아요? 매서운 바람이 당신에게만 불어요. 바람도 당신을 환영하지 않는군요"
"아름답고 신비한 자작나무숲 마을에 당신은 정말 어울리지 않아"
 레나는 가슴에 불길이 이는 것 같습니다. 자존심 상하고 창피했습니다. 그러나 아무렇지 않은 척하며 샤인의 팬들에게 손을 흔들며 차를 타고 초록 언덕을 떠났습니다. 샤인의 팬들은 비위가 몹시 상했습니다.
"저 여자는 언제나 느낌이 좋지 않아"
"과시욕으로 충만한데 샤인의 문은 닫혀있고. 꼴 좋다"

 덴파레가 조용히 로리를 불렀습니다. 로리가 텐파레에게 와서 앉았습니다.
"로리. 명령 불복종이다. 위험한 줄 몰라? 너답지 않게 왜 그래?"
 로리는 무심하게 팔짱을 한 번 끼더니 별 대꾸 없이 이브에게로 날아갔습니다. 덴파레는 뾰로통해졌습니다.
"에잇. 제멋대로야. 명령도 안 듣고. 천사 나라에 돌아가면 혼내줄 거야!"

 이브의 꽃가게 문을 쾅 닫으며 레나가 들어왔습니다. 레나는 씩씩거리며 분을 터뜨리며 이브의 꽃들을 집어 던지기 시작했습니다. 이브는 깜짝 놀랐습니다. 리시안이 레나에게 덤벼들려는 것을 이브는 얼른 안았어요. 로리는 창밖에서 꽃가게 안을 보고는 샤인에게로 급히 날아갔습니다. 레나는 꽃가게 안을 마치 폭탄이 떨어진 것처럼 다 파괴해 놓았습니다. 이브는 리시안이 다칠까 봐 일단 자리를 피하려 했습니다. 레나는 황급히 나가려는 이브의 머리채를 낚아채서 이브를 바닥에 내동댕이쳤습니다.
"다 너 때문이야! 너 때문이라고!"
 이브는 레나가 제정신이 아닌 것 같아 피하고 싶었습니다. 이브는 리시안을 꼭 안고 나가려고 했습니다. 그러자 레나는 이브의 뒷덜미 옷을 잡고 흔들며 다 찢어 놓았습니다. 레나는

폭발하듯 분을 터뜨리며 고함을 질렀습니다.
"아아악. 죽어버려!"
레나의 우렁찬 큰 소리에 사람들이 몰려와 웅성거렸습니다. 레나는 사람들을 보더니 갑자기 불쌍한 척하며 쓰러졌습니다. 이브는 리시안을 안고 급히 나왔어요. 사랑이가 뛰어와서 이브를 안았습니다.
"이브. 다친 데는 없어? 대체 무슨 일이야?"
"저도 모르겠어요. 레나가 갑자기 들어와서.."
레나는 비틀비틀 나와서 이브를 가리키며 사람들에게 하소연했습니다.
"꽃가게에 샤인에게 선물할 꽃바구니를 사러 들어왔는데 저 여자가 저에게 꽃바구니와 꽃을 집어 던지며 거칠게 폭력을 썼어요. 저에게 죽어버리라며 고함을 쳤어요"
사랑이가 나섰습니다.
"이봐요! 레나! 지금 이브가 그랬다고 말하는 거예요? 모함하지 마시오"
레나는 최대한 불쌍한 척했습니다.
"저 여자가 나를 죽이려 했다고요. 무서운 여자예요. 샤인은 자기 거라고 저더러 샤인의 근처에도 가지 말라며 내 머리채를 잡아 나를 내동댕이쳤어요"
"잡혔던 머리채치곤 아주 멀쩡하군. 거짓말! 당신의 거짓말에 속을 줄 알아? 어리석은 레나! 썩 꺼져!"
"거짓말? 당신이 뭔데 나한테 명령이야?"
"이브의 머리와 찢어진 옷이 얼마나 당신이 포악했는지 증명하고 있어. 경찰을 부르기 전에 썩 꺼져!"
로리에게 소식을 들은 샤인은 리엘을 타고 급히 와서 이브 옆으로 내렸습니다. 샤인은 이브의 찢어진 옷을 보았습니다.
"이브 괜찮아?"
레나가 눈을 부릅떴습니다.
"샤인! 내가 안 보여요? 이 사건 현장이 안 보이냐고요! 저 여자가 나에게 폭력을 쓰며 난장판을 만들었어요"
레나를 보는 샤인의 표정은 차가웠어요.
"레나. 일어나서 차 안으로 들어가시죠. 여기를 떠나는 게 좋을 것 같군요"
"샤인! 나를 보호해야지 왜 그 여자 옆에 있어요?"
루시퍼는 눈을 번득이며 사람들 사이에서 열심히 사진을 찍어댔습니다. 레나는 일어나서 이브를 밀치고 샤인에게 쓰러지듯 팔을 잡았습니다. 그러자 샤인은 레나를 밀어냈습니다. 레나의 눈이 번득거렸습니다.
"샤인. 저 여자는 아주 교활한 사기꾼이에요. 나를 시기하고 질투해서 나에게 협박까지 했어요"
"레나. 내가 아는 이브는 그렇지 않습니다"
"저 여자를 믿어요? 저 사건 현장이 보이지 않아요? 내가 당했다니까요"
레나가 샤인을 덥석 안았습니다. 샤인은 또다시 레나를 밀어내고 자동차에 태웠습니다. 그리고 사람들이 듣지 못하게 조용히 말했습니다.
"레나. 나는 당신이 한 짓을 알고 있어요. 내가 화가 많이 나 있거든요. 그러니 조용히 떠나시죠. 당신이 이 마을에 오는 건 자유지만 두 번 다시는 나를 찾아오지 마세요"
샤인은 레나의 자동차 문을 닫았습니다. 레나는 급히 자동차 유리창을 내렸어요.
"샤인! 저 여자보다 내가 훨씬 아름답고 멋져요. 나는 저 여자와 비교되는 것조차 치욕스러워요. 우리가 연인이 된다면 세상 모두가 축하할 거예요. 저런 사기꾼을 믿지 말아요"
"그만 말하고 떠나시죠"
레나는 자존심이 상했습니다.

"나를 모욕하다니...."
로리가 샤인 옆에서 레나를 노려봤어요.
"가증스러운 것. 네가 똥통 사기꾼이야. 네가 아무리 모함을 해봤자 넌 이브가 될 수 없어. 넌 가짜야!"
"뭐라고?"
"다시 한번 말해줄까? 넌 가짜야!"
로리는 레나의 머리 위에 똥을 뿌렸습니다.
"앗! 저게!"
"똥통 사기꾼! 똥 대가리!"
샤인은 레나의 자동차 문을 닫았습니다. 레나는 이를 부드득 갈았습니다.
"로리! 내가 반드시 너를 밟아 죽일 거다. 비참하게"
주변에 있던 샤인의 팬들은 조용히 지켜보고 있었습니다.
"샤인은 참을성도 많다"
"레나가 샤인에게 차였네. 차였어"
"레나는 정말 천박해. 저게 뭐야?"
"레나가 꽃 가게에서 행패 치는 거 동영상 다 찍어놨어. 거짓말하는 것까지도"
"우리가 증인이지"
"꼬리가 길면 잡혀"
"꽃가게 아가씨는 억울하겠는걸"
"꽃가게 아가씨는 샤인의 친구인가 봐. 그럼, 우리도 꽃가게 아가씨에게 친절하게 하자"
"샤인의 친구라면 우리의 친구이기도 해"
"맞아"

초록 언덕 절벽 아래에서 루시퍼는 신이 나 있었습니다. 루시퍼는 샤인과 레나가 마치 연인인 것처럼 보일 오해를 살 만한 사진을 많이 찍었기 때문이지요. 루시퍼가 휘파람을 불자 하늘을 덮듯 많은 검은 새들이 몰려와 검은 옷을 입은 남자들로 변신했습니다. 루시퍼는 앞에 선 검은 옷 남자들 몇 명에게 사진을 나누어주었습니다.
"이 사진들을 우리가 매수한 기자들에게 줘. 샤인의 명성이면 몇 명의 기자에게만 줘도 온 세상이 다 알게 될 거야. 많이 움직일 필요 없어. 초록별의 모든 나라, 온갖 매스컴에 이 사진들이 다 나올 거야. 샤인과 이브가 절대 함께 못 하도록 세계만방에 알리는 거다. 흐흐흐"
검은 옷을 입은 졸개들은 자켓 안쪽 주머니 깊이 넣었습니다. 고개를 망토 모자 속에 감춘 레나는 검은 망토를 날리며 뚜벅뚜벅 걸어왔습니다.
"레나. 수고했다. 그렇게 침울할 필요 없어. 그 정도면 충분해. 너에게 도움 될 만한 사진을 많이 찍었지. 흐흐흐"
"뭐가 그리 재미있어요?"
"그깟 작은 새에게 당해서 그래? 다음에 밟아버려. 아님, 샤인이 널 좋아하지 않아서? 그런 게 뭔 상관이야. 넌 그냥 샤인의 명성을 이용하면 돼. 너는 샤인의 연인으로 사람들의 주목을 받고, 샤인은 곧 추락하게 되겠지"
"샤인이 왜 추락하죠?"
"너의 연인으로 포장될 테니까. 세계만방에 샤인과 레나는 연인이라고 대서특필될 거야. 샤인도 인정 안 할 수 없을걸. 넌 샤인의 빛을 잃도록 할 거야. 그게 너의 특기지. 흐흐흐"
레나는 생각에 잠겼습니다.
"뭘 생각해?"
"샤인이 내 것이 안 된다면 이브의 것도 안 되게 할 겁니다"

"그래야지. 네가 원하는 대로 해 봐. 흐흐흐"
루시퍼는 졸개들에게 말했습니다.
"너희들은 너희의 임무를 수행해"
루시퍼와 레나는 다시 검은 새가 되어 바다 건너편으로 날아갔습니다.

루시퍼의 졸개들이 검은 새가 되어 날아가자 지켜보고 있던 로리가 가로막았습니다.
"그 사진들 다 내놔!"
검은 새들이 빈정거렸습니다.
"로리? 흐흐흐. 천사 나라에서 대장질하던 로리?"
"천사 나라에서 대장이었지 여기서도 대장이냐? 웃기시네"
"진짜 작네. 초록별에서는 별거 아니네. 카카카"
"왜! 한 번 붙어보시려고? 1대 1000이야. 한 번 해보시려고?"
"여기는 천사 나라가 아니고 초록별이야! 우리가 당하고 있을 것 같아?"
"로리 대장? 흥! 웃기네. 누가 대장이야?"
로리는 전혀 기가 죽지 않고 오히려 눈에서 더욱 빛이 났습니다.
"쓰레기들"
루시퍼의 졸개들은 천사 나라에서 눈엣가시처럼 거슬렸던 로리를 짓밟아줄 좋은 기회라고 여겨 의기양양했습니다.
"로리 대장! 우리가 너를 지하실 밑바닥으로 보내줄게!"
로리는 가소롭다는 듯 피식 웃었습니다.
"어둠의 졸개들쯤이야 얼마든지"
초록 언덕의 덴파레가 소리쳤습니다.
"로리! 안 돼!"
그러자 저 멀리 하늘에서 파란색 구름 같이 파랑새들이 다가왔습니다. 천사 나라에서 보고 있던 로리의 부하들이 로리와 함께하려고 파랑새가 되어 초록별에 왔습니다.
"로리 대장님! 우리 함께 해요!"
로리가 부하들을 돌아봤습니다.
"나 혼자서도 거뜬한데 굳이?"
"함께 해요!"
"나 혼자 할 수 있는데 왜 여기까지 왔어? 나를 못 믿어?"
"함께 하고 싶어요"
덴파레는 로리가 다칠까 봐 걱정이었습니다.
"로리! 아, 진짜 꼴통"
로리는 덴파레를 한 번 쓱 돌아봤습니다.
"걱정하지 말고, 편안히 관람하시죠"
어둠의 졸개들은 기가 죽었습니다.
"쟤네들은 꼭 함께하려고 하더라"
"괜찮아. 조그만 파랑새쯤이야. 쟤 초록별에서 변신도 못 해"
"그래도 로리 부대는 용맹하기로 유명한데. 도망치자"
티스는 강한 바람으로 어둠의 졸개들을 허공에 꼼짝 못 하게 가뒀습니다.
"도망? 어림없지. 쓰레기 처리는 확실하게 해야지"
로리와 부하들은 번개처럼 어둠의 졸개들을 소탕하기 시작했습니다. 사악한 어둠의 졸개들은 모두 바닷속으로 추락하였습니다. 사진도 바닷속 깊이 잠겼습니다.
로리의 부하들은 로리가 얼른 천사 나라로 돌아오기를 바랐습니다.

"로리 대장님! 얼른 천사 나라로 돌아오세요. 우리가 눈이 빠질 것 같다니까요"
"로리 대장님은 우리의 천사들과 함께 꼭 돌아올 거라고 믿어요"
"우리가 천사 나라에서 초록별을 보면서 열심히 응원하고 있어요. 힘내세요!"
"힘내라! 힘!"
"사랑해요"
로리의 부하들은 다시 천사 나라로 돌아갔습니다.

로리는 덴파레에게 돌아왔습니다. 덴파레는 안도의 숨을 내쉬었어요.
"으휴. 이 고집불통!"
"잠시 자야겠다"
로리는 덴파레의 가지에 매여있는 집으로 쏙 들어갔습니다.
"지금 잠이 와? 내가 얼마나 걱정했는데!"
"삐지긴. 믿음이 없어"
"이 똥고집. 우주 최강 똥고집"
로리는 자는지 아무 말이 없었어요. 덴파레는 혼잣말로 중얼거렸습니다.
"똥고집이 아니고 강한 의지라고 해줄게. 빛의 천사들을 지키려는 강한 의지. 넌 멋져. 언제나 멋지지. 인정"
"진작에 인정하시지"
"안 자고 있었어? 으휴, 똥고집. 꼴통. 안자면 나랑 대화하자. 응?"
로리는 조용했습니다.
"그래. 그냥 푹 쉬어"

샤인은 이브가 상처받은 것 같아 걱정되었습니다. 이브는 뜰에 앉아 노을이 지는 초록 언덕을 바라보고 있었습니다. 샤인과 리엘, 리시안, 사랑이, 러브는 이브의 옆에 같이 앉았습니다. 산들바람 티스는 이브가 좋아하는 산들바람을 살랑살랑 불어 이브의 마음을 어루만져 주었습니다.
"초록 언덕 하늘에 파랑새들을 봐. 자작나무숲 마을에 파랑새는 로리뿐이었는데 신기하다. 어쩌면 파랑새들도 샤인 보려고 초록 언덕에 왔나 봐. 파랑새들이 점점 사라진다. 초록 언덕에 샤인이 없어서 떠나나 봐. 샤인, 너는 너무 유명해. 나랑 반대야"
분홍색 노을이 자작나무숲 마을을 가득 안았습니다.
"이브. 친구들과 함께 내 집에서 지내는 건 어때?"
샤인은 이브가 외로울까 봐 마음이 쓰였고, 이브에게 좋지 않은 일이 생길까 걱정도 되었습니다. 옆에서 보호해주고 싶었어요. 사랑이가 고개를 끄덕이며 이브의 손을 잡았습니다.
"난 찬성이야"
이브는 고개를 가로저었습니다.
"밤마다 달팽이가 되더라도 난 여기 있을 거야. 혹시나 아빠가 올지도 모르잖아. 난 여기 있을래. 여기서 기다릴래. 음~ 하늘색 지붕 성에서 모두 모여 같이 살면 재미있을 것 같긴 해. 편안하고 아늑하기도 하고. 덴파레 오빠랑도 더 가까워지고 초록 언덕에 함께 있을 수도 있고. 그래도 난 여기 있을래. 아빠가 올지도 몰라"
"나는 초록 언덕 집에서 우리 모두 함께 하는 꿈을 꾸어왔어. 처음부터 함께 하고 싶었어. 리엘은 리시안을 가까이서 보호하고 싶을걸? 러브 아저씨가 미술 선생님을 보호하듯이"
"걱정하지 마. 난 씩씩하고 용감하니까"
"난 너를 보호하고 싶어"
"우린 서로를 보호하는 거야. 우린 친구니까. 하늘색 지붕 성에 나랑 같이 있다가 안 좋은 소문이라도 나면 어쩌려고? 난 레나처럼 근사한 사람도 아니고... 나처럼 초라하고 볼품없는 사람이랑 소문나면 너한테 피해가 가잖아. 난 그거 싫어"
"이브 넌 내가 아는 사람 중에 세상에서 가장 빛나. 소문? 나면 어때? 난 상관없어. 그런 이유라면 신경 쓰지 않아도 돼. 우리 모두 함께하고 싶은 건 내 욕심일까?"
"아냐. 샤인. 내가 아는 너는 온유하고 겸손하고 배려심 많은 천사 같아. 나에게 수호천사 같은"
"천사...."
"응. 선하고 의로운 천사. 나의 천사"
"너는 나의 천사. 우리는 서로의 천사이네"

천사 나라.
천사 나라의 천사들은 루시퍼, 레나, 루시퍼의 졸개들에게 야유를 보냈습니다. 로리의 용맹한 모습을 볼 땐 모두 함성을 지르며 응원했습니다. 이브와 샤인, 리시안, 리엘에게는 손잡아 주고 싶었어요. 천사 나라 천사들은 초록별의 빛의 천사들과 함께하고 싶었습니다.
"언제쯤 다 함께 할 수 있을까?"
"그러게. 빨리 그 순간이 오면 좋겠다"
"로리 대장 멋지다. 티스 선생님도 멋져"
"로리 대장 눈빛 봤어?"
"내 친구면 좋겠다"
"우린 그냥 우리의 대장인 걸로 만족하자"
"로리 대장은 원래 용맹한 걸로 유명해서 우리가 다 아는데 말이야, 티스 선생님도 정말 대단하던걸!"
"꼬마 천사 사랑이와 러브도 멋지지. 사실은 제일 어린 천사들인데"
"응. 제일 어른인 줄 알고 품어주려는 것 좀 봐. 대견해"
"원래 빛의 천사들은 다 멋져"
"우리의 천사들은 언제 다시 천사 나라로 돌아올까?"
"빨리 오면 좋을 텐데"
"이브 공주와 샤인은 참 잘 어울리지?"
"응. 무조건이지"
"음~ 나도 이브 공주처럼 노란색 드레스를 입어볼 거야. 나비처럼"
"원하는 대로"
"우리는 루시퍼나 그 졸개들처럼 절대 살지 말자"
"응. 맞아. 절대 그럴 수 없지"
"루시퍼나 그 졸개들은 왜 그러고 살까? 자존심도 없나 봐"
"어둠이 자존심이 있겠니? 교만으로 가득 차 있는걸"
"바보들!"
"초록별에 사진이나 CCTV가 있듯이, 천사 나라에는 더 많은 동영상과 증인들이 초록별을 관찰하고 있지"
"레나. 정말 가증스러워"
"우리 다 함께 레나에게 소리쳐 볼까?"
"멋진 로리 대장처럼!"
"좋아!"
천사들은 다 함께 입을 모아 소리쳤습니다.
"레나. 넌 가짜야!"
"레나. 넌 가짜라고!"

X
내 사랑. 내 아가. 엄마가 많이 사랑해.

엄마의 사랑은 영원한 거니까 계속 진행형이야.
영원한 거는 숨이 멈췄다고 해서
멈춰지는게 아니야.
내 맘에 항상 살아 있어.

마른 단풍잎이 하나, 둘 떨어지고 있었습니다. 가을이 지나가려나 봅니다. 이브는 지나가려는 가을을 아쉬운 마음에 붙잡고 싶었지만, 겨울이 속상해할까 봐 마음을 감췄습니다. 가을만큼은 아니어도, 몽글몽글 솜사탕 같은 하얀 눈이 내리는 겨울도 낭만적이라 좋았습니다.
오늘은 토요일이라 이브가 쉬는 날이었어요. 천사들은 일주일 중 마지막 날 토요일에는 다 함께 모여 샤인의 성에서 쉬기로 약속했습니다.
이브는 샤인과 함께 먹을 스콘을 만들고 있었습니다. 사랑이와 러브는 바구니에 과일이랑 빵을 가득 담아 왔습니다. 사랑이의 손가락에서 반지가 따사로운 햇살을 받아 반짝였어요. 러브가 사랑이에게 청혼했습니다. 사랑이는 매일매일 더 예뻐져서 얼굴이 분홍 장미처럼 되었고, 푸우처럼 푸근한 러브의 얼굴에는 미소가 떠나지 않았어요. 초록별에 있는 빛의 천사들은 부지런히 살아가며 서로 배려하고 나누기를 아낌없이 하였습니다. 천성은 숨길 수가 없나 봅니다. 천사들은 따뜻한 마음으로 함께하였어요. 함께 할 땐 웃음이 끊이지 않았습니다.

유카와 팻시아는 루시퍼가 보내준 점쟁이를 카페로 초대했습니다. 유카의 엄마는 결혼식에 참석하느라 유카에게 카페를 맡겼어요. 그래서 유카는 마음 편하게 점을 볼 수 있을 것 같아 콧노래를 흥얼거리며 기대에 차 있었어요. 유카의 엄마는 유카가 미덥지 못해 헤이즐에게 카페를 부탁했지만 불안해서 얼른 다녀올 생각이었습니다. 유카는 잘난 척하는 헤이즐과 같이 있는 게 못마땅했습니다. 그런데 가만히 생각해 보니 이브를 골탕 먹이는 데 이용할 수도 있을 것 같아 적당히 친한 척하기로 했어요. 왠지 오늘은 이브를 골탕 먹일 수 있을 것 같아 신이 나 있었습니다.
루시퍼는 점쟁이로 변신해서 카페에 나타났습니다. 유카와 팻시아는 기대에 찬 표정으로 점쟁이를 맞이하며 눈에 잘 띄지 않는 구석진 테이블로 안내했어요. 유카와 팻시아는 자신들이 어떤 운명인지 너무너무 궁금해 안달이 나 있었습니다.
헤이즐은 점쟁이에게 운명을 물어본다는 게 자존심 상하는 일이라 느껴져 멀찍감치 창가 쪽에 앉아 있었습니다. 헤이즐은 불편한 마음에 당장이라도 카페를 나가고 싶었습니다.
유카는 카페 입구에 '영업 종료' 팻말을 걸어 두고 뭐가 급한지 점쟁이 루시퍼에게 후다닥 뛰어왔어요. 유카가 헤이즐에게 오라고 손짓하였습니다.
"야, 헤이즐! 잘난 체하지 말고 이리 와봐"
팻시아가 못마땅한 표정으로 헤이즐을 흘깃 보았습니다.
"으. 헤이즐은 정말 재수 없어. 정말! 궁금하면서 안 궁금한 척하긴. 흥!"
헤이즐은 그들의 말을 들은 체도 하지 않고 창밖 이브의 집을 보고 있었어요. 헤이즐에게 이브는 언제나 밝은 미소를 잃지 않는 심성이 고운 친구, 가장 좋아하지만 가장 미운 친구입니다. 헤이즐은 사실 오늘 유카에게 오고 싶지 않았고 이브와 함께 샤인의 집에 가고 싶었습니다. 헤이즐은 유카, 팻시아와 함께하고 싶지 않았어요. 언제나 같이 기뻐해 주고 같이 슬퍼해 주는 진실한 친구 이브와 함께 있고 싶었습니다. 헤이즐은 환하고 밝은 빛으로 둘러싸여 있는 듯한 이브 옆으로 가고 싶어 건너편 이브의 집을 보고 있었습니다.
'이브는 아직도 나를 반겨줄까?'
팻시아는 헤이즐을 흘겨보며 점쟁이에게 말했습니다.
"쟤는 신경 쓰지 마세요. 재수 없이 원래 저래요. 맨날 심각하거든요"
점쟁이로 변신한 루시퍼는 사람 좋은 척하며 말했어요.
"그럴 수도 있죠. 아름다운 두 아가씨는 무엇이 궁금하세요? 제가 도움이 될 수 있으면 좋겠네요"
유카는 미간을 찌푸리며 고민하는 투로 말했어요.
"우리 마을에 이브라는 거지 망태기가 있거든요. 나는 이브가 정말 싫어요. 무조건 싫어요. 내가 이브를 싫어하게 된 건 아마 태어날 때부터일 거예요. 그 거지 같은 이브는 생각이 없는

X 내 사랑. 내 아가. 엄마가 많이 사랑해.

건지 아무리 괴롭혀도 절대 기가 죽지 않는 것 같아요. 우리가 그 정도 괴롭혔으면 찌그러져서 어디 구석에 처박혀 있어야죠. 엄마, 아빠도 없이 살면서 어떻게 그럴 수가 있어요? 이상한 애 맞죠? 거지 같은 이브만 없다면 내가 굳이 남을 괴롭히면서 살지 않아도 되고 편하게 살았을 거예요. 학교에서 모범생 우등생 다 했을 거예요. 게다가 샤인은 왜 이브만 좋아해요? 샤인을 알아요? 슈퍼스타, 월드 스타 샤인"

"알다마다요. 샤인을 모르는 사람은 없죠"

"내가 훨씬 예쁘고 몸매도 좋고 멋진데 왜 나를 거들떠보지도 않고 이브만 좋아해요? 왜 그래요? 나는 억울해요. 이브만 없으면 정말 내 인생이 이렇게 꼬이지 않았을 거예요. 이렇게 환경이 안 좋으니 착하고 싶어도 착할 수가 없잖아요. 이게 모두 다 이브 때문이야!"

루시퍼는 공감하는 표정을 지으며 말했어요.

"그럼요, 환경이 중요하지요. 유카 님은 아름다운 미모로 뭐든 다 가질 수 있는 운명입니다. 이브 때문에 화려해야 할 운명이 막혀있으니 얼마나 억울할까요. 환경을 바꿔야지요"

"그렇죠? 아~ 내 맘을 알아주는 분을 드디어 만났어"

유카는 눈을 반짝이며 말했습니다.

"어떻게요? 어떻게 환경을 바꿔요?"

"주인공들의 주변을 어지럽히는 장애물은 제거하셔야지요"

"장애물요? 이브요?"

"네. 그 거지 망태기 같다는 이브는 큰 장애물이지요. 과감히 제거하십시오"

"제거요? 어떻게요?"

팻시아는 두 사람의 대화를 듣고 있다가 못 기다리겠는지 불쑥 끼어들었습니다.

"잠깐만! 너만 물어보냐? 참 이기적이네. 나도 내 운명을 알고 싶다고. 좀 있다가 다시 물어보든지"

"야! 너 왜 그래? 갑자기 튀어나와서 짜증 나게 대화를 가로막고 왜 그래? 진득하게 기다려. 좀!"

"싫어. 공평하게 번갈아 가면서 물어보자. 저기요, 나도 이브가 싫어요. 샤인은 이브만 좋아하고 나는 쳐다보지도 않고. 으, 정말 기분 나빠. 그런데 내 자존심이 무너지기 직전이던 때에 루시퍼라는 멋진 신사가 나타났지 뭐예요. 그래서 마음을 바꿨어요. 루시퍼 아시죠? 저희를 소개했던 멋진 신사요"

"아, 네. 잘 알지요. 좋은 분이시지요"

"좋은 분이시라니! 내 느낌이 맞았어. 아, 눈이 돌아가게 멋지기도 하지만 인성도 좋은 분 같더라니까. 내가 사람 보는 눈이 있어. 이 세상 최고의 미남이야. 어쨌든 나도 이브가 무조건 싫고 마구 짓밟고 싶어요. 남을 짓밟고 싶은 마음은 안 좋은 마음이잖아요. 아~ 난 이렇게 살고 싶지 않다. 그리고 루시퍼와 저는 이루어질 수 있을까요?"

유카가 픽 웃으며 말했어요.

"정말 횡설수설한다. 너답다"

팻시아는 아랑곳하지 않고 말했습니다.

"내 운명은 루시퍼와 잘 이루어질까요?"

루시퍼가 말했어요.

"루시퍼와 잘될 겁니다"

"정말요? 아! 답을 들었어. 내가 원했던 답이야. 루시퍼 님과 나는 진정한 운명인가 봐"

"그럼요. 루시퍼는 팻시아 님과 같은 편이니까요. 그리고 팻시아 님도 유카 님처럼 이브 때문에 마음의 갈등이 많은가 본데 이럴 때는 결단을 하셔야죠"

"뭘요? 어떻게요?"

"사람은 환경에 지배되어서는 안 됩니다. 그럴 땐 환경을 바꿔서 새로운 나를 만들어 보는 것도 괜찮은 방법입니다. 두 분의 공통점은 이브가 싫다는 거지요? 그렇다면 두 분이 같이 이브를 제거하면 되지 않을까요?"
"그럼, 좋은 방법이라도 있어요?"
"아, 진짜 정말 없애버리고 싶다"
"그건 두 분이 의논하시는 게 좋을 것 같습니다. 아, 루시퍼 님과 의논하면 도와주실 겁니다. 루시퍼 님은 두 분의 은인으로 나타나신 겁니다. 루시퍼 님의 지시를 따르세요. 좋은 분이시거든요. 저는 다른 약속이 있어서 오늘은 이만 가봐야 할 것 같습니다"
 유카와 팻시아는 아쉬워했습니다.
"벌써요?"
"자주 들러 주세요. 잠깐만요, 상담료를 드릴게요"
 유카는 카페 계산대로 가서 돈을 꺼내 루시퍼에게 주었어요. 지켜보던 헤이즐은 깜짝 놀랐습니다.
"유카. 너 무슨 짓을 하는 거야?"
"넌 안 본 걸로 해. 알았지?"
 루시퍼는 잠시 멈칫하다가 건너편 이브 집을 보고는 무슨 생각이 났는지 음흉한 웃음을 짓고는 상담료를 받고 나갔습니다. 유카는 고개를 갸우뚱했습니다.
"뭐 점이 이래? 뭐 별거 없잖아. 대단한 뭔가를 알 수 있을 거로 생각했는데 말이야. 손해 본 기분은 뭐지? 우리만 약점 노출하고 떠벌린 것 같아. 찝찝해"
"원래 점 볼 때 큰 기대를 하면 안 돼. 루시퍼 님이 도와줄 거라잖아. 답을 말해줬잖아. 역시 루시퍼 님은 좋은 분 맞아. 내가 보는 눈이 있어. 루시퍼 님을 의지하고 따르자"
"누군가를 따르는 건 내 방식이 아니긴 한데 운명적으로 나타난 은인이라니까 그래 봐?"
"정답이야"
 유카는 카페 문을 열고 나가 '영업 중' 팻말을 다시 걸었어요. 건너편 이브의 집에서 이브가 나오는 모습을 보고는 헤이즐에게 말했습니다.
"헤이즐. 오늘 이브 꽃가게 안 하는가 봐. 심심하면 이브 데리고 와서 같이 해. 이브는 너의 부탁을 거절 안 할 거야. 우리는 놀러 갈 거야"
 그러고는 다시 계산대로 가서 금고에 있는 지폐를 가방에 넣었습니다.
"헤이즐. 이거 비밀이다"
 헤이즐은 어이가 없었습니다. 카페에 사람들이 들어왔습니다. 샤인이 자작나무숲 마을에 이사 온 후로 카페는 늘 바빴습니다.
"내가 이브를 불러줄까?"
"야! 대답 좀 해라. 우리를 무시하는 거야? 뭐야?"
 헤이즐은 유카와 팻시아를 상대하기 싫었습니다. 유카와 팻시아는 이브의 가게로 갔습니다. 리시안은 유카와 팻시아가 들어오자 으르렁거리기 시작했어요.
"이 똥개는 왜 또 이래? 볼 때마다 짜증 나. 귀찮아"
 이브는 리시안을 다독였습니다. 유카와 팻시아는 꽃가게를 훑어봤습니다.
"이브. 너 어디가?"
"응. 샤인이 초대해서 우리 모두 샤인의 집에 가"
 유카의 눈이 사나워졌습니다.
"샤인이 초대했다구?"
 팻시아는 유카를 툭 치며 눈짓하곤 다정한 투로 말했습니다.
"이브~ 오늘 아주머니가 결혼식에 가셨어. 우리가 지금 바쁜 일이 생겨서 카페에 있을 수 없거든. 보다시피 카페에 손님은 많은데 헤이즐 혼자 감당이 안 되잖아. 네가 좀 도와줘. 넌 착하잖아. 두 시간 정도면 돼. 곧 오실 테니까. 응?"
 이브는 망설였습니다. 사랑이가 나섰습니다.

X 내 사랑. 내 아가. 엄마가 많이 사랑해.

"우리는 이미 약속이 되어 있어. 너희들이 해야 할 일이니까 너희들이 알아서 해라"
 유카가 발끈하였어요.
"미술 선생님은 상관하지 마세요. 왜 사사건건 간섭이에요? 항상 이브만 좋아하고 너무 편애하는 거 아니에요? 이브에 대한 편애는 우리를 학대하는 거예요"
"뭐? 학대? 어이가 없군"
"유카, 그만해. 선생님께 왜 그래? 이브. 헤이즐은 너의 오랜 친구잖아. 헤이즐 혼자 힘들지 않겠어?"
"넌 계산대에만 있으면 돼. 나머지는 헤이즐이 알아서 할 거야. 그리고 오늘 우리가 점쟁이한테 점 봤는데 며칠 뒤에 또 오거든. 그때 이브 너도 와서 점 볼래? 우리가 너는 특별히 끼워줄게. 가끔 점쟁이한테 상담하는 것도 좋은 것 같더라. 속이 후련한, 뭐 그런 게 있더라고"
"맞아. 너도 너의 미래가 너도 궁금하지? 우리가 너는 아주 특별히 끼워줄게. 어때? 고맙지?"
 이브는 점쟁이라는 말에 갑자기 가슴이 답답해지고 온몸에 진땀이 났습니다. 어지러워 풀썩 주저앉고 싶었어요. 알 수 없는 이상한 기분이 들었습니다. 리시안은 유카, 팻시아를 향해 크게 소리쳤어요.
"나가! 어서 나가!"
 유카는 비웃었습니다.
"이 개는 나만 보면 왜 이래? 시끄러워!"
 러브가 말했습니다.
"이브는 그런 거 안 한다. 이브를 끌어들일 생각 하지 마"
 팻시아가 짜증을 냈어요.
"아저씨! 그런 거라니요! 우리가 우리의 운명을 잘 개척하기 위해 상담료까지 내면서 상담하는 거예요!"
 사랑이가 말했습니다.
"무슨 꿍꿍이야? 이브는 너희들처럼 점이나 보면서 하찮게 사는 사람이 아니다. 점? 그건 영혼을 더럽히고 타락시키는 거 아니냐! 얼마나 자신감이 없고, 감사함도 없고, 비관적이고, 불만으로 가득 차 있으면 점이나 보겠니. 너희들 제발 자신을 사랑해 봐. 자신을 불행으로 내몰지 말고. 한심한 짓 그만하고 정신 차려야지"
 러브가 말했습니다.
"유카, 팻시아. 잘 생각해 봐라. 점쟁이들이 자기들이 대체 뭐길래 사람의 운명을 함부로 판단하고 말을 하지? 교만함의 극치가 아니냐. 사람은 누구나 모든 순간 자신의 선택으로 운명이 만들어지는 거야. 점쟁이 말 듣고 인생 망친 사람 주변에 여럿 봤다. 한낱 점쟁이가 뭐라고 사람의 운명에 대해서 함부로 말한다는 거냐. 어리석게 그걸 믿다니"
 유카가 눈을 내리깔고 말했습니다.
"어쨌든 이브. 너 때문에 헤이즐은 힘든 시간 보내겠네. 두 시간 정도 도와주는 게 그렇게 아까워? 너 인성 괜찮을 줄 알았는데 아니구나"
 이브는 건너편 카페의 헤이즐을 보았습니다. 혼자서 왔다 갔다 하며 바빠 보여 안쓰러운 마음이 들었습니다.
"사랑이 이모, 러브 아저씨. 저 잠시 헤이즐을 돕고 뒤따라갈게요. 먼저 가세요. 헤이즐을 도와야겠어요"
 사랑이는 한숨을 쉬고는 눈썹을 모으고 유카, 팻시아에게 말했습니다.
"너희들. 앞으로 이브에게 두 번 다시 이런 부탁하지 마라"
 리시안은 불안한 마음을 감출 수가 없었어요. 자작나무들도 불안한지 잎들을 많이 떨구었습니다. 유카와 팻시아가 이브의 꽃가게를 나가자 티스는 거친 바람을 유카와 팻시아에게 불었습니다. 유카와 팻시아는 머리에 잔뜩 붙은 잎들을 떼어내며 짜증을 냈습니다.

X 내 사랑. 내 아가. 엄마가 많이 사랑해.

"아, 정말! 바람까지 왜 이래!"
"이게 다 이브 때문이야"
"맞아! 이브 때문이야. 이브 없어져라. 제발"

저 멀리 하늘에서 푸른 빛이 점점 내려왔습니다. 우아한 푸른 독수리가 내려와 이브의 가게 앞 자작나무에 앉았습니다. 푸른 독수리가 자작나무에 앉자, 티스는 바람을 멈췄습니다.
이브가 카페에 들어오자 헤이즐은 놀랐습니다. 자신을 돕기 위한 마음으로 이 브가 기꺼이 왔다는 것을 알기에 고맙기도 하지만 부끄럽기도 했습니다. 헤이즐은 이브의 착한 마음을 한순간도 이겨본 적이 없는 것 같았습니다. 유카 엄마의 부탁만 아니라면 카페 근처에도 오지 않았을 거고, 오늘처럼 점쟁이와 한 공간에 있지도 않았을 거란 생각에 속상했습니다. 리시안은 불안한 마음에 이브 옆에 있었어요. 유카와 팻시아는 뭐가 그리 신이 났는지 콧노래를 흥얼거렸습니다. 유카는 숨어서 카페 안을 들여다보며 말했습니다.
"이브. 너는 오늘 끝났어. 흐흐흐"
팻시아가 궁금해서 물었어요.
"무슨 좋은 계획이라도 있어?"
"기다려 봐. 너는 장단만 잘 맞춰주면 돼. 우리의 몹쓸 환경은 싹 바꿔야 하지 않겠니? 멀리 가지 말고 근처에서 놀자. 엄마가 올 때쯤 다시 카페에 들어가야 하니까"
루시퍼는 나무 뒤에서 몸을 숨겨 모든 것을 지켜 보고는 음흉한 웃음을 짓더니 괴상한 검은 새로 푸드득 변신해 유카의 방 창틀에 앉아서 동네를 내려다봤습니다. 푸른 독수리와 검은 새는 길을 가운데 두고 서로 마주 보았습니다. 루시퍼가 낄낄거리며 말했습니다.
"어때? 재밌지? 니 자식들 꼴들을 봐. 흐흐흐"
푸른 독수리는 상종치 않고 근엄하게 있었습니다.

유카는 엄마의 자동차가 멀리 보이자, 팻시아와 함께 얼른 카페로 들어갔어요. 유카의 엄마는 자동차에서 내려 종종걸음으로 카페에 들어갔습니다. 로리는 무슨 일이 일어날 것 같은 예감에 급히 샤인의 집으로 빠르게 날아갔습니다.
덴파레는 급하게 오는 로리를 보자 좋지 않은 예감이 들었습니다.
"무슨 일이야?"
"아무래도 이브에게 안 좋은 일이 일어날 것 같아요"
이브의 소식을 들은 샤인은 급히 사랑이, 러브와 함께 이브에게로 향했습니다. 샤인을 등에 태운 리엘은 있는 힘을 다해 뛰었습니다.
유카의 엄마는 이브를 보고는 못마땅한 투로 말했습니다.
"이브. 네가 여기에 왜 있니?"
"유카의 부탁으로 헤이즐을 도와야 할 것 같아서 왔어요"
"유카가 그럴 리가 없다. 당장 나가. 될 수 있으면 너와 마주치고 싶지 않다. 유카. 이브에게 부탁했어?"
"아뇨. 엄마가 나가는 걸 봤는지 이브가 도와주겠다고 오길래 찜찜했지만 내치기에 뭐해서 그러라고 했어요"
유카의 엄마는 카운터에서 이브를 밀치고는 매출표를 살피고 금고를 열고는 계산을 했습니다. 이브가 인사를 하고 나가려 할 때 로리와 함께 샤인이 들어왔습니다. 유카의 엄마가 이브에게 앙칼진 목소리로 말했습니다.
"이브! 너 도둑질까지 하니?"
이브는 깜짝 놀랐습니다. 유카의 엄마는 이브의 옷을 샅샅이 뒤지기 시작했습니다. 샤인은 이브를 뒤로 숨겼어요.

X 내 사랑. 내 아가. 엄마가 많이 사랑해.

"무슨 짓을 하시는 거예요. 이브의 말을 듣지 않고 왜 이런 모욕을 주세요?"
 이브는 말없이 가만히 있었습니다. 헤이즐은 화가 나고 답답했습니다. 유카가 능청스럽게 말했습니다.
"엄마. 이브가 도둑질했어요? 어쩐지 도와주겠다고 나서더라니. 우리가 속았네. 거지 같은 계집애. 그럴 줄 알았어!"
 팻시아가 비웃으며 거들었어요.
"어쩐지 계산대에 꼭 있겠다고 하더니. 더러운 속셈이 있었구나. 거지라고 다 도둑질하겠니? 딱 너답다. 너 정말 미쳤구나"
 유카가 샤인에게 당당히 말했어요.
"샤인! 잘 봐. 이게 사악한 이브의 뒷모습이야."
 사랑이와 러브가 뛰어 들어왔습니다.
"무슨 일이야? 이브"
 유카의 엄마가 사랑이에게 빈정거리며 말했습니다.
"미술 선생님! 우리 마을에 도둑이 있군요. 입에 담기도 역겨운데 이브가 도둑질까지 하네요. 좀 애정을 가지고 돌보지 그랬어?"
"이브가 그랬다는 증거 있어?"
 유카의 엄마가 앙칼진 목소리로 말했어요.
"여기 있는 이브가 증거지! 당장 가져간 돈 내놓지 못해?"
 헤이즐이 주먹을 쥐고 한 발 앞으로 나섰습니다.
"이브가 안 그랬어요. 이브는 유카와 팻시아의 부탁을 받고 저를 도우러 온 거예요. 고맙게 생각하지 못할망정 잘 알아보지도 않고 죄를 뒤집어씌우면 안 되잖아요. 유카가 점쟁이를 카페에 들여서 점을 보고는 상담료라며 금고에서 돈을 꺼내서 주었고요, 또 카페를 나갈 때 돈을 꺼내 나갔어요. 도둑은 유카라구요!"
 헤이즐을 보는 이브의 뺨에 눈물이 또르르 떨어졌어요. 헤이즐도 이브와 눈이 마주치자, 눈물이 맺혔어요. 그동안 이브에게 비겁하게 굴며 배신했던 자신이 너무나 부끄럽고 용서받지 못할 죄인 같았습니다.
 유카의 엄마가 발끈하며 말했습니다.
"헤이즐. 네가 유카를 모함해?"
 사랑이는 분노를 가라앉히려고 침착하려 애를 썼습니다.
"헤이즐 말을 듣고 유카가 그랬을 거라고 짐작하면서 모르는 척하지 마. 당신의 딸은 당신이 잘 알잖아. 자식의 죄를 변호할 수는 있지만, 무조건 덮는 게 옳은 일은 아니야. 죄에 죄를 더하는 거다. 엄마라면 그래서는 안되지"
 유카의 엄마는 창피함으로 얼굴이 뜨거워졌습니다.
"네가 뭔데 훈계야? 사랑이 너! 애들 앞에서 왜 말을 낮춰? 존댓말 몰라?"
"네가 먼저 그랬잖아. 기억을 더듬어 잘 생각해 봐"
 러브가 헤이즐 등을 다독이며 말했습니다.
"헤이즐. 잘했다"
 샤인이 침착하게 말했습니다.
"카페 안과 도로에 CCTV가 있으니 확인해 보세요. 가장 정확한 증거가 될 거니까요. 이브, 가자. 내 집으로 가자"
 푸른 독수리는 자작나무에 앉아 모든 것을 잠잠히 지켜보았습니다.

 샤인은 이브를 오른팔로 감싸안고 카페를 나왔습니다. 샤인은 리엘의 등에 이브를 태워 자작나무숲 오솔길로 가며 말했어요.

X 내 사랑. 내 아가. 엄마가 많이 사랑해.

"이브. 왜 아니라고 말 안 했어?"
"말 안 해야 할 것 같아서. 아마도 아주머니는 내가 간 다음에 마음이 진정되면 CCTV를 볼 거로 생각했어. 어차피 그때 알게 될 텐데. 그 상황에서 내가 아니라고 했다면, 모르는 일이라고 했다면 날 믿어 줬을까? 엄마는 무조건 자식 편이야. 그러니까 내가 뭐라 하든 유카 편이잖아. 그리고 카페에 손님도 있는데 아주머니를 난처하게 하고 싶지 않았어. 카페는 아주머니의 공간이잖아. 내가 참으면 그만인걸. 내 자존심 따위가 뭐라고. 아주머니는 CCTV 보고 난 뒤에는 사과하실 분이야"
"글쎄, 과연 그럴까? 그렇더라도 모함당하면서 배려할 필요가 있을까? 사람들 앞에서 네가 다 뒤집어쓰는 건 배려가 아니야. 배려는 감사함을 아는 사람에게 하는 거야. 네가 아무리 넘치도록 배려해도 그들은 너를 힘들게 할 뿐이야. 그러니까 이제부터는 너를 힘들게 하는 배려는 하지 마"
"나는 그들에게 감사하는 마음은 기대도 안 했어. 단지 나는 그 순간에 그게 맞다 생각하고 그랬던 것 같아"
"지속적인 악행에 관대해질 필요가 있을까? 죄를 뒤집어쓰면서까지 악한 이들을 배려하지는 마. 어리석은 짓 같아. 그건 의가 아니야. 난 네가 죄든 뭐든 뒤집어쓰거나 모함당하는 거 정말 싫어. 선한 영혼과 악한 영혼을 알아보는 눈도 우리에게는 필요해. 그러니 무조건 배려하지 말기. 알았지?"
"응. 알았어. 앞으로는 그럴게. 난 참 멍청하다. 근데 오늘 난 참 기쁘지만, 마음이 아파"
"헤이즐 때문이지?"
"응. 헤이즐이 용기를 내서 나의 진정한 친구로 돌아와 준 게 너무 기쁘고, 그간 헤이즐이 마음고생했을 걸 생각하니 마음이 아파. 얼마나 힘들었을까. 헤이즐을 만나면 꼭 안아줄 거야"
"나도 안아줘. 매일매일"
"그건 생각해 볼게. 크크크"
"후~ 오늘 같은 날 웃음이 나와?"
"너랑 같이 있잖아"

하늘색 지붕 성으로 돌아오니 샤인은 안심이 되었습니다. 이브가 좋아하는 잔잔한 피아노 음악이 하늘색 지붕 성을 채웠습니다. 샤인은 이브에게 따뜻한 차와 사랑이와 러브가 가져온 향기로운 과일과 맛있는 빵을 이브에게 건넸습니다. 샤인은 이브가 많이 놀랐을 걸 생각하니 마음이 아팠어요.
"추웠지?"
"지금은 안 추워. 샤인. 너는 참 좋겠다. 하늘색 지붕 성은 음악이 공명 되어서 울려 퍼지는 것 같아. 나의 다락방에서 들을 때보다 훨씬 아름답게 들려. 부러워. 그렇지만 부러워만 하고 질투는 안 할게. 사실 난 질투가 잘 안 돼. 질투할 줄 모르는 사람으로 태어났나 봐"
"넌 너를 많이 사랑하니까 그런 거야. 질투는 자신을 사랑할 줄 모르는 사람들이나 하는 거니까. 자존감이 없으니까 질투하는 거야"
러브가 얼굴 가득 미소 지으며 들어왔어요.
"맞아. 질투는 자존감이 없는 사람들이나 하는 어리석은 짓이지"
사랑이는 다정한 미소를 지으며 이브의 마음을 살폈습니다.
"이브. 헤이즐이 밖에 있는데 들어오라고 해도 될까?"
"네? 헤이즐이 왔어요?"
"내가 오라고 했단다"
이브는 달려가 문을 열었습니다. 사랑이가 미소를 지었어요.
"가을이 가면서 이브에게 특별한 선물을 준비했나 보네"

헤이즐은 머뭇거리며 서 있었습니다.
"내가 여기에 와도 될지...."
이브는 크게 두 팔을 벌려 헤이즐을 안았습니다.
"헤이즐, 고마워. 그동안 힘들었지?"
헤이즐의 눈물이 이브의 곱슬머리를 적셨습니다. 이브는 헤이즐을 꼭 안았습니다.
"이브. 미안해. 기다려줘서 고마워"

 하늘색 지붕 성에 평온한 웃음이 공명 되어 하늘까지 퍼졌습니다. 초록 언덕에서 이브는 반갑게 겨울을 맞이했습니다. 이브는 차가운 겨울을 사랑할 거라 다짐했습니다. 푸른 독수리는 초록 언덕의 덴파레에 앉아서 샤인의 하늘색 지붕 성을 지켜보고 있었어요. 덴파레가 말했습니다.
"어머니. 사랑스러운 아이들이지요?"
푸른 독수리는 말없이 고개를 끄덕였습니다.

 하얀 장미 꽃잎 같은 눈송이가 다락방 창가에 소복소복 쌓였습니다. 달이랑 별들을 볼 수 없는 밤이지만, 눈이 오랜만에 와서 이브는 기분이 들떠있었습니다. 이브는 분홍색 담요를 어깨에 둘러쓰고는 정원으로 내려갔어요. 그리고 은하수 같은 꼬마전구를 켰어요. 귀여운 노란색 별들로 하늘이 환하게 밝혀져 이브는 너무너무 행복해 발을 동동거렸습니다.
리시안은 걱정되어 이브의 잠옷 자락을 당겼습니다.
"이브 언니. 감기 들겠어. 얼른 들어가자. 추워서 떨고 있잖아"
이브는 눈을 맞으며 뱅그르르 돌았어요.
"추워서 떠는 게 아니야. 너무 좋아서 떠는 거야"
"코끝이 빨개졌어. 들어가자. 나도 추워"
이브와 리시안은 다락방으로 올라가 이불 속으로 들어갔습니다.
"엄마가 있는 사람들은 좋겠다. 내가 생각하기에 이 세상에서 가장 불쌍한 사람은 엄마가 없는 사람이야. 엄마는 의지할 수 있고, 따뜻하고, 포근하고, 내가 기댈 수 있고, 힘들 때 칭얼댈 수도 있고, 맛있는 밥도 해주고, 같이 있으면 평온하잖아. 어디 나갔다가 집에 들어올 땐 두 팔 벌려 맞이해주는 사람. 그리고 내가 어떻든 나를 변호해 주는, 무조건 내 편인 존재. 아, 생각만 해도 좋아"
이브는 베게 위에 조그만 하트를 그려보았습니다.
"엄마는 자식의 이름을 손바닥에, 마음에 새긴다는데. 엄마의 사랑은 이 세상에서 가장 완벽하고 영원한 사랑일 거야. 엄마가 옆에 있는 사람이 부럽긴 하지만 나도 엄마가 있어. 내 마음속에 있어. 내 마음속에 항상 있으니까 죽은 게 아니야. 내 맘에 항상 살아 있어. 리시안. 사실 난 엄마에게 마음속으로 매일매일 이야기해. 몰랐지? 소리 내서 말하면 4차원이냐는 소리 들을 것 같아서 마음속으로만 이야기했지. 나의 일방적인 대화이긴 하지만 엄마가 다 듣고 있을 거야. 엄마 얼굴을 잘 기억하지도 않으면서 어떻게 이야기하냐고? 사진 속의 엄마 모습을 생각하며 이야기해. 어색할 것 같지만 그렇지 않아. 엄마의 사랑은 영원한 거니까 계속 진행형이야. 영원한 거는 숨이 멈췄다고 해서 멈춰지는 게 아니야. 나는 엄마에게 시시콜콜 모두 다 이야기해. 이런 이야기 저런 이야기 몽땅 다. 제일 많이 하는 이야기는 힘든 거랑 자랑. 힘든 걸 다른 사람에게 말하면 듣는 사람이 피곤해할 것 같아 못 하겠고, 자랑은 교만이니까 못하잖아. 근데 엄마에게는 다 할 수 있어. 힘든 걸 말하면 엄마는 위로해 주고, 자랑하면 기뻐할 테니까. 엄마는 모든 것을 받아서 정화해 주는 바다 같아. 엄마에게 이야기하면 마음이 깨끗해지니까. 엄마가 내 옆에 있다면 엄마는 나에게 사랑한다는 말을 수도 없이 많이 했을 거야. 천 번 만 번 더 했을걸. 나를 사랑하니까. 옆에 없어서 안을 수 없다는 게 속상하지만 내가

X 내 사랑. 내 아가. 엄마가 많이 사랑해.

마음속으로 사랑한다고 엄청 많이 말하고 있어. 엄마. 사랑해요. 심하게 사랑해요. 우주만큼 사랑해요. 나는 씩씩하고 용감하니까 걱정하지 마세요. 이렇게"
리시안은 이브의 눈을 가만히 보았습니다.
"이브 언니. 난 언니가 참 좋아"
"리시안. 오늘도 나랑 함께하느라 힘들었지? 나는 알지롱. 너의 인내심이 나를 제대로 설 수 있게 해준다는 걸. 리시안, 6월이 빨리 오면 좋겠다. 6월엔 왠지 대단하고 멋진 일이 일어날 것 같아. 왜냐하면 난 6월의 바람이 제일 좋거든. 다정하고 촉촉하고 선선한 6월의 바람. 구름 많은 날 낭만적인 6월의 바람. 6월의 바람 속에 있으면 꽃바람을 타고 두둥실 날아오를 것 같아. 그리운 누군가 나의 옆으로 와서 내 손을 잡을 것만 같아. 왠지 막 설레. 사랑받는 느낌이 그런 걸까? 난 궁금해. 리시안, 잘 자."

환한 햇살이 이브의 파도 같은 머릿결에 내려앉았습니다. 이브는 난로 옆에 앉아 덴파레에게 둘러 줄 넓은 숄을 만들려고 초록색 실로 뜨개질을 열심히 하고 있었습니다.
"빨리 만들어야겠어. 덴파레 오빠가 얼마나 추울까. 꽁꽁 얼기 전에 빨리 만들어야지"
로리가 씩 웃었습니다.
"덴파레 대장님은 좋겠네"
"넌 왜 덴파레 오빠한테 대장님이라고 불러? 궁금했어. 하긴 덴파레 오빠는 키가 무척 크니까 대장이 어울리긴 해"
"너한테는 오빤데 나한테는 오빠가 아니라 대장님이거든. 대장들의 대장. 뭐 그런 게 있어. 나중에 알게 될 거야"
꽃가게 문이 조용히 열렸습니다. 포근한 인상에 분홍색 코트를 입은 기품있는 할머니가 들어왔습니다. 이브는 얼른 일어서서 맞이했어요. 할머니는 이브에게 다정한 미소를 지으며 물어봤습니다.
"초록 언덕으로 가는 길을 물어봐도 될까요?"
"그럼요. 혹시 초록 언덕에 있는 피아니스트 샤인의 집에 가시는 거예요?"
이브는 할머니가 샤인의 팬인가 싶어 여쭤봤어요.
"아닙니다. 초록 언덕으로 갈 거예요"
"도로가 끝나는 곳에 있어요. 위쪽으로 마을 끝까지 가시면 돼요. 저희가 같이 갈게요"
"아, 친절하시군요. 고맙습니다"
리시안과 로리는 단번에 알았습니다. 할머니가 천사 나라 왕비님이신 걸 한눈에 알아봤어요. 안타깝게도 이브에게 할머니가 천사 나라 왕비님이신 걸 알려줄 수는 없었어요. 리시안과 로리는 가슴이 벅차오르는 것을 간신히 참고 있었습니다. 리시안은 당장 엄마의 품에 안기고 싶었어요. 얼마나 엄마의 품이 그리웠던지요. 천사 나라의 왕비는 눈치를 채고 리시안을 안았습니다.
"예쁜 강아지네요. 제가 안고 초록 언덕까지 가도 될까요?"
리시안은 왕비의 말이 채 끝나기도 전에 왕비의 품으로 뛰어올랐습니다.
"네. 그럼요. 강아지 이름은 리시안이예요. 파랑새 이름은 로리. 제 이름은 이브예요. 리시안과 로리는 저의 든든한 친구들이에요. 언제나 저와 함께 해줘요. 리시안이 할머니를 무척 좋아하는 것 같아요"
"아가씨는 좋은 친구들이 있어서 좋겠어요. 그리고 제가 고마워서 아가씨에게 사과를 좀 드리고 싶은데 드셔보실래요?"
분홍색 옷을 입은 할머니는 빨간 사과와 초록 사과가 든 바구니를 이브에게 내밀었습니다. 사과를 좋아하는 이브는 기쁘게 받았습니다.
"감사합니다"

이브는 할머니와 함께 초록 언덕으로 갔습니다. 가는 길에 할머니와 이런저런 이야기를 나누었어요. 이브는 할머니가 참 다정하고 기품이 있는 분이라 생각했어요. 매일 만나도 좋을 것 같았습니다.

이브는 할머니를 초록 언덕에 모셔드리고 집으로 왔어요. 테이블에 놓인 사과 바구니를 보니 할머니의 따뜻한 마음이 느껴져 기분이 좋았습니다. 이브는 사과가 들어있는 바구니에서 빨간 사과와 초록 사과를 하나씩 꺼내어 햇살에 비춰보았어요.
"하트 모양이야. 반짝반짝 빛나는 하트 사과. 예쁘지? 사과를 많이 먹으면 감기가 안 걸린대. 사과나무는 봄에 하얀 나비 같은 꽃을 피워. 꽃이 아기 사과가 되면 여름에는 소나기랑 천둥이랑 거센 바람을 만나게 되겠지? 어쩌면 번개를 만날지도 몰라. 엄마 나무는 아기 사과가 떨어지지 않게 꼭 붙잡고 있을 거야. 시원한 산들바람이랑 새벽의 이슬이랑 다정한 햇살도 옆을 지켜줄 거야. 엄마 나무의 사랑을 듬뿍 받은 하트 모양 사과 좀 봐. 다정한 햇살을 가득 머금고 있는 것 같아. 그래서 사과를 많이 먹으면 감기에 잘 걸리지 않고 튼튼해지나 봐"
이브는 사과를 씻어 와서 로리와 리시안에게 먹기 좋게 썰어주었습니다. 이브도 사과를 한입 크게 베어 물었어요. 그리곤 재미있는 생각이 났는지 웃었어요.
"있잖아. 백설 공주는 마녀가 가져다준 독 사과를 먹고는 쓰러졌잖아. 아, 불쌍한 백설 공주. 그런데 나는 천사가 가져다준 하트 사과를 먹고 아름다운 천사로 변신한다. 얍!"
이브는 기분 좋아 뱅그르르 돌았습니다.
"사과가 온몸에 사르르 스며들어서 감기는 이제 안녕. 나는 감기에 안 걸릴 거야. 근데 이상하지? 초록 언덕은 우리끼리 부르는 언덕 이름인데 할머니가 어떻게 아셨을까?"
이브는 고개를 갸우뚱했습니다.
"어떻게 아셨을까? 궁금하지 않아?"
리시안과 로리는 딴청을 피웠습니다.
"다음에 오면 여쭤봐야겠다"
로리는 팔짱을 꼈어요.
"세상에는 비밀 아닌 비밀들이 많지"

분홍색 코트를 입은 기품 있는 할머니는 종종 이브의 꽃가게에 와서 이야기를 나누고 초록 언덕으로 가곤 했습니다. 이브는 할머니를 '분홍 할머니'라고 불렀어요. 분홍색만큼 다정하고, 분홍색 코트를 입었기에 '분홍 할머니'란 애칭이 꼭 어울린다고 생각했습니다.
어느 날 분홍 할머니는 이브에게 털실로 짠 분홍색 코트와 초록색 목도리, 모자, 장갑을 선물했습니다. 그리고 리시안에게도 분홍색 털실로 짠 옷을 선물했어요. 이브는 분홍 할머니의 따뜻한 마음에 감동했습니다.
로리는 이브의 코트가 작고 낡은 터라 걱정이었는데 때마침 왕비께서 분홍색 코트와 초록색 장갑과 모자와 목도리를 가져오셔서 감사하고 안심이 되었어요. 로리는 마음이 아렸습니다. 로리는 때가 되어 천사 나라의 왕이 부르시면 천사 나라로 가게 되겠지만, 왕비께서 얼마나 걱정되고 마음이 아프셨으면 초록별까지 내려오셨을까 생각하니 슬펐습니다.
'아. 왕비님은 온통 이브 걱정이실 텐데. 걱정하지 마세요. 제가 옆에서 함께 할게요'
"로리. 왜 그래?"
"아무것도 아니야. 분홍 할머니가 고마워서 그래"
"응. 하늘에 계신 엄마가 보내주신 천사 같아. 그렇지?"
"응. 엄마처럼 따뜻하신 분이야"
이브는 분홍 코트를 입고 초록색 목도리를 두르고 장갑도 끼고 모자도 써봤어요. 이브에게 아주 잘 맞았습니다. 로리는 좋았습니다.

"딱 맞네. 예쁘다"

헤이즐은 꽃가게 앞에서 머뭇거리다 용기 내서 들어왔습니다. 이브는 헤이즐의 손을 잡았습니다.
"헤이즐! 우리 지금 초록 언덕으로 갈 건데 같이 갈래?"
헤이즐은 고개를 끄덕였습니다.
이브와 리시안, 헤이즐은 초록 언덕을 향해 뛰었어요. 로리는 멀리까지 살펴보면서 날았습니다. 산들바람 티스는 천사들이 춥지 않게 포근한 바람을 불어줬습니다. 티스가 말했습니다.
"이브 공주님~ 뛰지 말고 천천히 걸어가면 안 될까요? 다치겠어요"
"걱정하지 마세요. 내가 넘어지면 헤이즐이 재빨리 일으켜 세워 줄 거니까. 헤이즐, 맞지?"
헤이즐은 고개를 끄덕였습니다.
"당연하지"
"멋진 긴 다리를 가진 키다리 내 친구. 헤이즐, 사랑해"
파랑새 로리가 말했어요.
"헤이즐. 언제나 넌 내 친구야. 내가 사랑하는 내 친구"
리시안이 말했어요.
"헤이즐 언니. 이제부터 언니라 부를게"
티스가 말했습니다.
"헤이즐. 같이 뛰어줘서 고맙구나"
헤이즐은 좋은 친구들과 한 팀이 된 것 같아 뿌듯했어요. 하늘을 날아오를 것 같은 기분이었습니다. 의로운 친구들과 함께 할 수 있어서 감사했습니다.

초록 언덕에 다섯 천사가 도착했습니다. 다섯 천사는 덴파레에게로 갔습니다. 덴파레의 가장 튼튼한 가지에 푸른 독수리 한 쌍이 앉아 있었고 나무 기둥에는 분홍색 숄이 감싸져 있었어요. 이브가 눈을 반짝이며 말했어요.
"아마도 분홍 할머니께서 감싸주셨을 거야. 덴파레 오빠 맞지?"
"응"
"분홍 할머니는 천사 같아. 분명 엄마가 나에게 보내주신 천사일 거야. 다음에 오면 따뜻한 차라도 드려야겠다"
"이브. 추운데 여기까지 뛰어왔어? 감기 걸리면 어떡해"
"걱정하지 마! 햇살을 가득 머금은 하트 모양 사과를 먹고 왔으니까. 분홍 할머니께서 사과를 잔뜩 주시고 가셨어"
이브는 푸른 독수리들을 보았습니다.
"푸른 독수리야~ 친구가 생겼네? 친구 독수리야 반가워"
한 쌍의 푸른 독수리는 이브의 알아들은 듯 다정하게 이브를 바라보았습니다. 천사 나라 왕비는 이브를 보며 마음으로 말했습니다.
'내 사랑, 내 아가. 엄마가 많이 사랑해'
천사 나라 왕비가 왕에게 말했어요.
"여기는 제가 있을게요. 당신은 우리의 천사 나라로 돌아가세요"
천사 나라 왕이 말했어요.
"힘들 텐데 괜찮겠어요?"
"내 사랑들이 악마들의 모함으로 초록별에 갇혔어요. 루시퍼가 어린 내 사랑들이 먹잇감이라도 되는 듯 호시탐탐 노리고 있고요. 제가 천사 나라에 있다 한들 마음이 편하겠어요? 내 사랑들과 함께 천사 나라에 가기 전엔 돌아갈 수 없어요. 내 사랑들이 있는 곳에 저도 같이 있을 거예요"

"나는 우리의 천사들을 믿어요. 의연히 잘 해낼 거라 믿습니다. 우리 같이 믿어봅시다"
"네. 제 걱정 멀고 먼저 가서 천사 나라를 지키세요"
 천사 나라 왕은 왕비 혼자 남겨두고 떠나려니 걱정이 앞섰지만, 왕비의 뜻을 존중하기로 했습니다. 그리고 천사 나라로 향하였습니다.

 초록 언덕에는 샤인이 연주하는 피아노 소리가 울려 퍼졌습니다. 이브는 샤인에게 예쁜 분홍색 코트를 자랑하고 싶었지만, 연주에 방해될까 싶어 헤이즐과 함께 민트에 앉아 조용히 듣기로 했어요.
"난 정말 행운아야. 우주 대스타가 내 친구지, 아름다운 초록 언덕에 매일 올 수도 있지. 초록 언덕에는 덴파레 오빠도 있고, 리시안, 로리, 리엘, 티스, 게다가 헤이즐 너도 있잖아. 내 편이 되어주는 사랑이 이모, 그리고 러브 아저씨까지. 나는 넘치는 행운을 가지고 있어"
 이브는 두 손을 입에 모아 하늘은 향해 소리쳤어요.
"하나님! 감사합니다. 저는 행운아예요. 하나님! 제 말 들려요? 감사합니다"
 덴파레가 말했어요.
"하나님께서는 다 듣고 있어. 너의 숨소리까지도"
"그럴까? 제발"
 샤인의 피아노 연주가 잔잔히 울려 퍼지는 초록 언덕은 하얀 눈이 이불처럼 덮여있었습니다. 덴파레에게도 자작나무숲에도 세상 전부가 하얀 눈으로 덮여있었어요. 이브는 하얗고 깨끗한 눈이 아름답다고 생각했습니다.
"겨울이 하얀 이불을 덮어주며 잠시 쉬어가라고 하는 것 같아. 겨울의 자작나무 숲은 온통 하얗게 되어서 은은한 기품이 스며있어. 겨울은 하얀색이야. 무슨 색이든 주인공으로 보일 수 있게 해주는 하얀색"
 샤인은 2층에서 이브를 보았습니다. 샤인은 오라며 손짓하였어요. 이브는 고개를 가로저었습니다. 샤인의 하늘색 지붕 성 주변에는 많은 팬이 있었습니다.
이브는 고개를 떨구었습니다.
'샤인에게는 멋지고 대단한 사람들이 어울려. 나는 샤인에게 어울리지 않아. 괜히 내가 샤인의 성에 들어갔다가 샤인에게 피해를 줄지 몰라'
"덴파레 오빠 안녕~ 내일 또 올 게~"
 이브는 집으로 다시 뛰었습니다. 헤이즐이 같이 뛰었어요. 키가 크고 빠른 헤이즐은 이브보다 더 빨리 뛸 수도 있었지만, 이브에게 맞춰서 뛰었습니다. 그래야 이브가 넘어졌을 때 얼른 일으켜 세워주는 친구가 될 수 있으니까요. 이브가 옆에서 뛰어주는 헤이즐을 보며 말했습니다.
"헤이즐! 넌 좋은 친구야!"
"이브! 앞을 보고 뛰어!"
"너도 잔소리쟁이구나! 알았어"
 이브는 알고 있었습니다. 잔소리는 관심에서 나온다는 것을.

 이브는 집으로 돌아와 보니 테이블에 편지와 달콤한 빵이 놓여 있었어요. 사랑이와 러브가 다녀갔나 봐요. 이브는 난로를 켜고 따끈한 차를 만들었습니다. 집안은 고요해 이브의 사뿐사뿐 걷는 소리만 들렸습니다. 이브는 다락방에 올라가 정원이 보이는 테이블에 앉아 양손으로 턱을 받치고 찻잔을 물끄러미 바라보았습니다. 찻잔에는 김이 모락모락 피어올랐어요. 테이블 위에는 이브가 덴파레를 위해 만든 초록색 숄과 샤인을 위해 만든 초록색 목도리가 있었습니다. 샤인을 위해 열심히 뜨개질했지만, 왠지 샤인에게 어울리지 않을 것 같았어요.
 샤인에겐 더 근사한 목도리가 어울릴 것 같았습니다. 세상이 고요해진 것 같았어요. 고요함은

X 내 사랑. 내 아가. 엄마가 많이 사랑해.

예의를 갖춘 온화함 같기도 하지만 때론 쓸쓸함이기도 했어요. 오늘은 그냥 쓸쓸함의 고요인 것 같았습니다. 이브는 분홍 할머니께서 주신 목에 두른 목도리를 벗지 않고 만지작거렸습니다. 이브는 정원을 가만히 바라보았어요. 정원이 쓸쓸해 보여 꼬마전구들의 불을 밝혀보았습니다. 역시 노란색 별이 가득한 은하수로 변신했지만, 오늘은 그냥 쓸쓸했습니다. 밖에서 리엘의 소리가 들렸습니다. 샤인이 왔습니다.
"고요함 압수! 이브. 왜 그냥 갔어? 초록 언덕까지 와서 그냥 가면 어떡해"
이브는 샤인에게 따뜻한 차를 예쁜 찻잔에 따라주었습니다.
"샤인. 팬들이 있을 땐 나한테 아는 체 않는 게 좋을 것 같아. 괜히 사람들 입에 오르내려서 좋을 일은 없잖아. 팬들이 괜한 오해를 할 수 있을 것 같아"
"나의 멋진 팬들은 내 친구도 좋아해 줄 거야. 걱정 만들지 않기"
샤인은 테이블에 놓인 초록색 목도리를 보았어요.
"이 목도리 나 주려고 만든 거지? 너랑 커플 목도리네?"
샤인은 목에 목도리를 하곤 말했습니다.
"어울려?"
이브는 말없이 고개를 끄덕였어요.
"기운이 없어 보여. 무슨 일 있어?"
"별일 없어. 요즘은 그냥 나한테 집중하고 있어. 샤인. 있잖아. 나는 찰나의 순간까지도 나를 사랑하기로 했거든. 근데 거의 매일 실패해. 나를 온전히 사랑한 날은 별로 없어. 쉽지 않아. 내가 나를 초라하게 생각하는 건 사랑하는 게 아니잖아"
"이브. 넌 초라하지 않아. 내가 말했잖아. 이 세상에서 온 우주에서 네가 제일 반짝거린다고. 난 너를 초라하다고 생각해 본 적이 한순간도 없어. 내 눈엔 네가 너무나도 빛나. 너를 처음 본 순간부터 나에게 너는 세상 어떤 것보다 반짝이고 빛이 나. 네가 너를 찰나의 순간까지도 사랑하는 게 쉽지 않아? 그럼 내가 너를 모든 찰나의 순간까지도 사랑할게. 그건 나에게 너무 쉬운 일이니까"
샤인은 이브의 두 손을 잡았습니다. 이브는 샤인의 손을 놓을까 말까, 살짝 망설이다 그대로 있었습니다. 그대로 있는 편이 나을 것 같아서요.
겨울의 온화한 분홍빛 노을이 이브와 샤인을 지켜주고 있었습니다.

천사 나라.
천사 나라는 천사들의 사랑스러운 수다로 왁자지껄하였습니다.
"우와! 왕비님께서 초록별로 가셨다! 왕비님 힘내세요!"
"사랑이 지극하신 왕비님께서 천사 나라에서 가만히 있을 수는 없으셨을 거야"
"으으으. 루시퍼! 유카! 팻시아! 나쁜 것들! 알았어! 여기 우리 천사 나라에서도 그랬던 거야!"
"맞아! 맞아! 착한 이브 공주를 모함했던 거네!"
"이제 확실히 알겠어. 여기서도 이브 공주가 모함을 당한 거야!"
"못된 어둠의 졸개들!"
"그나저나 헤이즐이 용기를 내기가 힘들었을 거야"
"장하지 않니?"
"맞아. 진심으로 잘못을 뉘우치고 미안하다고 하는 것은 용기가 필요한 거야"
"응. 헤이즐은 멋졌어"
"우정은 빛나는 거야"
"이담에 천사 나라로 돌아오면 안아줘야겠다. 이브 공주처럼 나도 안아줘야지"
"어린 천사 사랑이랑 러브도 멋졌어"
"그래그래! 사랑이와 러브는 전직 어린 천사라는 걸 모르고 용감하게 나서는 것 좀 봐. 정말 귀여워"
"크크크. 나도 사랑이랑 러브가 귀여워 꼭 깨물어주고 싶더라. 이브 공주 엄호하는 것 좀 봐. 어린 천사들이"
"어린 천사들이면서 자기들이 이브보다 늙수그레한 줄 아나 봐"
"티스 선생님 치마 밑에 숨어서 몰래 초록별로 가서 천사 나라 법을 어겨 사람으로 태어나긴 했지만, 이브 공주에게 오히려 잘 된 것 같아! 그렇지?"
"에그…. 그래도 어린 꼬마 천사들이 초록별에서 여기저기 부딪치며 마음고생 많이 했지. 우리가 알잖아?"
"그래. 맞아. 초록별에서 많은 경험을 했지. 시행착오도 많이 하고, 죄의 속성도 알고. 그래서 죄를 짓지 않는 방법도 알게 되고"
"오히려 큰 천사가 될 수 있을 거야. 우리가 할 수 없는 경험을 초록별에서 많이 하는 건 좀 부럽다"
"응. 나도 티스 선생님 치마 속에 숨어서 초록별에 갈걸"
"아유, 됐네"
"이브 공주님은 너무 착해. 착해서 바보 같아. 모함당하고도 유카 엄마 배려하는 것 좀 봐. 으이구, 속상해"
"난 그런 이브 공주가 좋아. 멋진 건지 바보인지 좀 구분은 안가긴 하지만 예쁜 마음인 건 확실해"
"이브 공주님은 바보가 아니야. 절대 그럴 수 없지"
"응. 맞아. 그러니까 멋진 걸로 하자"

"이브 공주 옆에는 샤인 대장이 있으니까 괜찮아"
"샤인 대장 멋짐 대폭발. 아. 샤인 대장이 난 너무 좋아"
"샤인 대장은 이브 공주를 사랑하나 봐"
"그런가 봐. 둘은 하나일 때 완전해지는 것 같아"

"아! 부러워"
"쉿. 있잖아. 비밀인데. 난 눈치챘어"
"뭘?"
"모두 조용히 해 봐. 소리 좀 낮춰 봐"

"뭘 눈치챘는데"
"이브와 샤인… 둘이 서로 좋아하는 것 같아. 쉿!"
"………"
"………"
"………"
"있잖아. 그거 너만 아는 거 아니거든. 그러니까 비밀 아니거든"
"목소리 조그맣게 할 필요 없어"
"그래? 나만 알아챈 줄 알았지"
"괜찮아. 이해할게"
"우리의 우정으로 이해할게"
"우리 다 함께 응원할까?"
"좋아!"
"우리 다 함께 크게 외치자"
"우리의 천사님들! 힘내세요!"
"힘내라! 힘"
"사랑해요!"

X 내 사랑. 내 아가. 엄마가 많이 사랑해.

XI
슬픈 마법

'하나님, 저에게 좋은 사람들과
좋은 시간을 주셔서 감사합니다'

아직은 깜깜한 오전 5시 3분 전. 이브가 하루 중 제일 좋아하는 시간 새벽 5시는 하루 중에서 왠지 마음이 가장 깨끗한 시간인 것 같아 귀하게 생각되었습니다.

파르스름한 새벽을 만나는 시간, 새가 지저귀기 시작하는 시간, 빛의 천사들을 만날 수 있을 것만 같은 시간, 다정한 햇살을 맞이하는 시간이니까요. 그러나 겨울의 새벽 5시는 다정한 햇살이 나타나기까지 시간이 좀 더 필요합니다. 새벽이라기는 아직 깊은 밤 같아요.

이브는 좋아하는 오전 5시 새벽을 놓치고 싶지 않아 3분 전에는 꼭 깨어있으려고 했습니다. 어쩌면 사랑스러운 빛의 천사들이 찾아올 수도 있으니까요. 이브는 이불 속에서 한동안 리시안을 안고 있다가 일어나 불을 켰습니다. 불을 켜자, 이브의 베개 옆에서 자던 파랑새 로리가 눈을 부스스 떴습니다. 역시나 천사들은 방문하지 않을 것 같았어요. 이브는 생각에 잠겼습니다. 로리가 말했어요.

"무슨 생각에 잠겨있어?"

이브는 시무룩한 표정이었어요.

"언제쯤 천사들이 나의 다락방에 찾아올까? 하나님께 기도했거든. '빛의 천사들을 만나게 해주세요'라고 기도했어. 근데 아무리 기다려도 오지 않아. 덴파레 오빠는 하나님께서 내 숨소리까지도 다 들으신다고 했는데 아닌 것 같기도 하고. 아무리 기도해도 안 들어 주시네. 언제까지 기도해야 할까?"

이브의 머리맡에서 자던 로리가 날개 기지개를 켜면서 말했습니다.

"덴파레 대장을 믿어 봐. 거짓말 못 하니까. 하나님께서는 너의 혈관 속까지도 뼛속까지도 다 아시고 계실걸"

"그럼, 기도 안 해도 되겠네? 하나님께서는 다 아시니까"

"그건 아니지. 기도는 하나님과의 대화야. 너의 간절함의 표현이기도 하고, 영혼의 호흡이야. 기도를 안 하는 것은 영혼이 호흡을 안 하는 거니까 꼭 해야 해. 기도는 나를 위한 책임과 의무라고 할 수 있어"

"덴파레 오빠도 그렇고, 산들바람 티스 선생님도 그렇고, 너도 리시안도 모르는 게 없는 것 같아. 천재들이야. 세상을 통찰하는 것 같아. 나만 바보야. 아~ 난 지혜를 가지고 싶어. 간절히"

이브는 창밖의 별들을 보았습니다.

"나는 모르는 것투성이야. 나는 어디서 왔을까? 왜 여기에 태어났고, 왜 여기서 살까? 엄마, 아빠는 왜 나만 혼자 남겨두고 떠났을까? 난 또 어디로 가는 거지? 혹시 너희들은 내가 어디서 왔는지 알아?"

로리가 팔짱을 끼고 말했습니다.

"확실한 건 네가 여기로 오기 전부터 나는 너의 친구라는 거야"

"어떻게 알아?"

"그건 말야, 음~ 뭐 본능이라고 할까? 알려주지 않아도 아는 것들이 있어. 너는 네가 사람이라는 걸 배워서 알아? 그럼 외계인은 가르쳐줘서 외계인이라는 걸 알고 있을까? 나무는 자신이 나무라고 배워서 알까? 꽃들은 어떻게 자신이 꽃인지 알아? 그건 그냥 처음부터 아는 거야. 그러니까 내가 너의 친구라는 것도 그냥 본능적으로 알고 있다고 해두자"

이브는 고개를 끄덕였어요.

"난 본능이 발달 되지 않았나 봐. 넌 직관력이 있는 것 같아. 나에게는 그런 게 없는데. 내가 생각해 봤는데 나는 별들이 참 좋거든. 어쩌면 나는 말이야, 음, 내가 천사들이 날아다니는 별나라에서 온 게 아닐까 생각이 들곤 해. 그냥 그런 생각이 들어"

"네 생각이 맞을지 몰라. 그러니까 덴파레 대장 말처럼 여기에 여행 왔다고 생각해 봐. 다른 별에서 온 여행자 또는 외계인. 그럼, 한결 마음이 가벼워지고 하루하루 뜻깊게 보내고 싶을 테니까. 곧 이 여행지를 떠날 테니까 1분, 1초가 아깝지. 여행지로 생각하면 한발 물러서서 3인칭 시점으로 자신을 볼 수도 있을 거야"

XI 슬픈 마법

"그럼 나는 다시 별나라로 가겠네? 여행자는 살았던 고향으로 다시 돌아가니까"
"딩동댕~ 역시 넌 똑똑해"
"크크크. 바보가 아니고? 아~ 어떤 별에서 왔을까? 이왕이면 아름다운 별나라의 공주면 좋겠다"
"아마도 공주가 맞을걸. 온갖 별들을 왕래했던 아름다운 공주"
"아~ 나는 다락방에 사는 공주. 왜 갑자기 A Little Princess의 세라가 생각나지? 세라도 엄마가 일찍 세상 떠나고 아빠도 떠났잖아. 나랑 비슷해. 세라가 해피 엔딩을 맞이하니까 여행지에서 나의 동화도 해피 엔딩이면 좋겠다. 이브는 오래오래 영원히 행복하게 살았습니다. 영원히 끝없는 행복 속으로~"
 로리는 고개를 끄덕였습니다. 7시가 되었는데도 세상은 아직도 깜깜했어요. 이브는 벌떡 일어나 옷을 입었습니다.
"이 시간에 어딜 가려고 그래?"
"초록 언덕! 초록 언덕에 눈 이불이 폭신하게 덮여있을 거야. 가서 뒹굴뒹굴"
"엉? 감기 들어 바보야"
"좀 전에는 똑똑하다고 하고선. 막아도 갈 거야. 오늘은 초록 언덕에서 햇살을 맞이하려고. 아주아주 반갑게. 아아~ 햇살이 오기 전에 빨리 뛰어가야 해"
 이브는 후다닥 집을 나서다 다시 집으로 들어와서는 덴파레에게 둘러줄 초록색 숄을 가지고 나와 초록 언덕으로 뛰기 시작했습니다. 산들바람 티스는 이브와 로리, 리시안이 감기라도 들까 봐 훈훈한 바람으로 셋을 감싸주었습니다.
"이브 공주님. 천천히 걸어가도 햇살이 오려면 아직 멀었어요"
"이브 언니. 제발 좀"
"으이그. 이브! 천천히 가! 이참에 자전거라도 하나 장만해"
"로리. 좋은 생각이야!"
 이브는 초록 언덕에 도착하자마자 덴파레에게 갔어요. 덴파레에게 둘러 있는 분홍 숄 아래쪽에 초록 숄을 단단히 둘러줬습니다. 이브는 덴파레를 보며 말했어요.
"그래도 추울 텐데 어떡하지?"
"하나도 안 추우니까 걱정하지 마. 눈 이불이 내 뿌리를 덮어주고 있으니까 괜찮아"
"초록색. 분홍색. 신랑, 신부 같아"
"하하하. 그러네"
"덴파레 오빠, 나 봐라. 나 눈 이불에 눕는다"
"안 돼! 감기 들어!"
"나도 오빠처럼 따뜻한 분홍을 입었잖아. 따뜻한 코트, 털모자, 장갑에 목도리까지. 봐~ 끄떡없어"
 이브는 초록 언덕의 눈 이불을 뒹굴뒹굴 이리저리 굴렀어요. 티스는 깜짝 놀라 황급히 훈훈한 바람으로 이브를 감쌌습니다.
"이브 공주님. 추워요"
"마구 굴러야지"
 덴파레는 한숨을 쉬었어요.
"으이그. 못 말려. 고집쟁이"
"나 진작에 이러고 싶었는데 낮에는 하늘색 지붕 성 주변에 샤인의 팬들도 있고 사진 찍는 사람들도 있으니까 못 하겠더라고. 이상한 사람처럼 보일까 봐"
 하늘색 지붕 성 2층에서 샤인은 이브가 초록 언덕을 뒹구는 모습을 보고는 담요를 들고 급히 나왔어요. 리엘은 리시안을 보자 반가워 뛰어갔어요. 리시안도 리엘에게 뛰어가 둘은 초록 언덕을 실컷 함께 뛰었습니다.

XI 슬픈 마법

"이브! 감기들어!"
샤인은 이브에게 담요를 턱까지 꼭꼭 덮어줬습니다.
"괜찮아. 감기 안 들어. 하트 사과를 많이 먹었거든"
"날씨가 추워"
"쉿. 조용히 해봐. 저기 아침 햇살 좀 봐. 다정한 아침 햇살"
샤인은 이브 옆에 누웠어요. 다정한 아침 햇살이 초록 언덕을 환하게 밝히고 있었습니다.
"샤인. 있잖아, 음.... 넌 어디서 온 거 같아?"
"응?"
"덴파레 오빠가 그랬잖아. 여기는 여행지라고. 정말 그렇다면 넌 어디에서 여행 온 걸까?"
"음. 천사들이 있는 별나라. 난 가끔 내가 별나라에서 온 것 같아. 별을 보면 곧 다시 돌아가야 할 것 같거든. 그런 생각이 가끔 들곤 해"
눈이 동그래진 이브는 팔을 담요에서 빼서 샤인의 손을 잡았습니다.
"너도? 나도 그래! 우리는 생각이 똑같아! 역시 우리는 뭔가 통해! 샤인. 나는 아마도 별나라 공주였을 거야. 난 그랬길 바래. 지구에 온 별나라 공주. 낭만적이지? 나랑 공주는 별로 안 어울리지만 내 멋대로 공주 하기로 했어. 그건 내 맘이니까. 근데 좀 슬프기도 하다. 가족을 떠나 너무 멀리 여행 왔네"
"그러면 우리는 같은 별나라에서 온 걸로 하자. 외롭지 않게 동행하는 걸로"
"응! 여행이 외롭지 않게 우리 같이 온 걸로 해. 난 별나라에서 목에 푸른 점이 없는 아름다운 공주였을 거야"
"난 그럼 아름다운 공주를 지키는 대장 할까?"
"낭만적이야. 상상만 해도 너무 좋아"
"그런데 이브. 너 안 일어나면 나도 안 일어날 거야"
이브는 벌떡 일어났어요.
"안 돼. 안 돼. 우주 대스타가 감기라도 걸리면 어떡해. 나 일어났으니까 빨리 일어나"
샤인은 누워서 손을 내밀었습니다. 이브는 손을 당겨 샤인을 일으켜 세웠습니다.
"으. 무거워"
"이브. 추워. 들어가자"
"아냐. 집에 헤이즐이 오기로 했어. 사랑이 이모도 오기로 했고. 갈게"
"같이 가"
"아니야. 여자들끼리 할 말이 있어"
"잠깐만 있어 봐. 추워. 차 타고 가"
"괜찮아. 산들바람 티스 선생님이 있잖아"
"이브 공주님. 고집부리지 말고, 샤인의 말을 들어요"
샤인은 차를 가지러 갔습니다.
덴파레는 가지에 앉아 있는 로리에게 말했어요.
"이브와 샤인이 자신들이 누구인지 어디서 왔는지 조금씩 깨우치고 있는 걸까?"
"그럼요. 본능이죠"
샤인은 자동차를 몰고 나왔어요. 샤인은 이브와 리시안, 로리를 태우고 이브를 집 앞에 내려주고는 손을 흔들고 천천히 떠났습니다. 이브는 샤인을 보다가 눈을 감았습니다. 멀어져 가는 것을 보고 싶지 않았어요.
"무거워. 마음이"

사랑이와 헤이즐이 이브의 집으로 왔습니다. 토요일이라 이브가 쉬는 날입니다. 헤이즐은 이브가 좋아하는 딸기를 가지고 왔어요. 이브는 너무 좋아 흥분했습니다.

"헤이즐. 고마워! 빨간 하트 모양이다"
"넌 하트쟁이야. 하트라면 다 좋아해"
 헤이즐은 앞으로는 이브가 좋아하는 걸 많이 해주고 싶었습니다. 자신의 마음을 그렇게라도 표현하고 싶었습니다. 이브는 헤이즐과의 지난 긴 시간을 잊고 마치 아무 일 없었던 듯 예전 어린 시절처럼 손을 잡았습니다. 이브는 헤이즐을 편안하게 해주고 싶었습니다. 사랑이는 두 사람의 모습이 보기 좋았어요. 언젠가는 이런 날이 올 거라고 믿고 있었습니다. 사랑이는 이브가 좋아하는 치즈타르트를 만들어 왔어요. 이브가 혹시 유카나 유카의 엄마 때문에 타르트에 좋지 않은 기억을 가질까 봐 더욱더 정성 들여 맛있게 만들었습니다. 사랑이에게 폭신한 타르트는 이브와의 소소한 추억이 담긴 달콤함이어서 절대 포기할 수 없는 것이었어요.
 이브는 테이블 의자에 리시안을 올려 앉혔어요. 이브는 이렇게 함께 할 수 있는 친구들이 함께 있어서 감사했습니다. 이 순간은 외롭지 않았어요. 이브의 집은 언제나 그렇듯 환한 웃음꽃이 피어났습니다.
 똑똑 가볍게 문을 두드리는 소리가 났어요. 창밖에 분홍 할머니가 있어서 이브는 얼른 맞이했습니다. 분홍 할머니의 두 손엔 또 뭔가 가득 담은 커다란 가방들이 들려있었습니다. 가방에서는 이브가 좋아하는 음식들이 줄지어 나왔습니다. 이브는 자신이 좋아하는 것들만 계속 나오는 게 신기했습니다. 왕비는 천사들이 초록별에 온 이후로 배고프고 추울까 항상 걱정했어요. 그래서 천사들이 좋아하는 음식들을 가득 가져왔습니다. 또 옷이 별로 없는 이브를 위해 예쁜 옷들도 잔뜩 가져왔어요. 왕비에게 무엇과도 바꿀 수 없는 소중한 이브가 유카 무리에게 거지 취급받는 것이 속상했습니다. 자식을 배불리 먹이고 싶고, 예쁘게 입히고 싶고, 마음 상한 일 있으면 위로해 주고 싶고, 손 뻗으면 닿는 곳에 있고 싶고. 엄마 마음은 다 그런가 봐요.
 분홍 할머니께서 말동무에게 주는 선물치고는 넘치는 선물 같아 이브는 살짝 고민이 되었어요. 분홍 할머니는 의자에 앉아 리시안을 꼭 안았습니다. 리시안은 왕비의 가슴에 얼굴을 폭 기대었어요. 분홍 할머니는 미소 지었습니다.
 사랑이는 이브에게 전해 들었던 분홍 할머니가 궁금했어요. 이브에게 코트를 주셔서 감사하다는 말씀도 전하고 싶었고, 어떤 분인지 보고 싶었습니다. 무서운 사람들이 많은 세상이라 혹시 나쁜 마음을 가진 사람이면 어쩌나 걱정도 했어요. 그러나 분홍 할머니를 만나고서 걱정이 말끔히 사라졌습니다.
"이브가 분홍 할머니라고 부르는 분을 만나 뵙고 싶었어요"
"분홍 할머니라고 불러줘서 고마워요"
 이브는 눈을 반짝이며 말했습니다.
"분홍 할머니는 저에게 특별한 분이시니까 그냥 흔하게 할머니라고 부르고 싶지 않아요. 분홍은 다정하고 따뜻하고 사랑이 담긴 색이잖아요. 할머니께서 저에겐 그래요"
 분홍 할머니가 미소를 지었습니다.
"어때요? 별명이 어울려요?"
 모두 함박웃음을 지으며 고개를 크게 끄덕였습니다.

 이브는 친구들과 함께 분홍 할머니와 이런저런 이야기를 나누며, 맛있는 음식과 차도 마시고, 공간에 웃음을 가득 채우며 따사로운 시간을 가졌어요. 한겨울의 따스함은 축복이라는 생각이 들어 이브는 감사의 기도를 드리고 싶어졌습니다. 이브는 마음으로 기도를 드렸습니다.
 '하나님. 저에게 좋은 사람들과 좋은 시간을 주셔서 감사합니다'
 모두 같은 마음이었던가 봐요. 평온한 고요함이 잠잠히 내려앉았어요. 이브는 감사하고 또 감사했습니다.
 헤이즐은 이브가 그간 있었던 일을 묻지도 따지지도 않고 아무 일도 없었던 듯이 어린 시절 단짝이었던 때와 다름없이 맞이해주는 것이 고마웠습니다.
"이브. 내가 밉지 않아?"
"전혀. 누군가를 미워하는 거. 그거 힘들어서 난 못 해. 그리고 난 너를 믿었어. 언젠가 반드시 다시 좋은 친구로 돌아올 거라는 걸"
"넌 유카와 팻시아가 싫지 않아? 지난번에 유카와 팻시아가 야비하게 너를 모함했는데도 어떻게 가만히 있었어? 사람들 앞에서 그들에게 얼마든지 망신을 줄 수도 있었는데 어떻게 참았어? 벌주고 싶지 않았어?"
"벌주고 말고는 내 몫이 아니야. 아마 아주머니가 유카를 많이 혼냈을 거야. 하나님도 계시고 그 친구 엄마도 있는데 내가 그럴 순 없었어. 나 역시 죄를 짓고 살아가는 나약한 사람일 뿐이야. 남들은 모를지라도 나만 아는 죄가 있잖아. 나의 양심을 속일 수 없는 죄. 죄인이 어떻게 다른 사람을 망신 주거나 벌을 줄 수 있을까. 아주머니가 나를 믿지 않고 흥분해 있는데 뭐라고 말해. 그게 의미 없다는 생각이 들기도 했고. 흥분이 가라앉았을 때 찬찬히 생각해 보거나 CCTV를 볼 거라고 생각했어"
"유카와 팻시아가 너를 끝도 없이 괴롭히는데 그들을 담담하게 대하는 너를 보면 나는 그럴 수 없을 거란 생각을 수도 없이 했어. 넌 정말 대단한 것 같아"
"대단하긴. 그렇지 않아. 유카와 팻시아는 나를 괴롭히는 것을 선택한 거고, 난 그 괴롭힘에 흔들리지 않는 걸 선택한 것뿐이야. 나는 징징대며 의지할 엄마가 없잖아. 괴롭힘에 흔들리게 되면 힘없이 무너질 것 같으니까 나를 지키려면 강해야 하잖아. 난 강하다기보다는 버티기를 한 것 같아. 유카나 팻시아의 괴롭힘은 그냥 무시하면 돼. 그냥 저 친구들은 오늘 그런 걸 선택했구나. 이렇게 생각하면 덜 힘들어. 그리고 내가 화를 내거나 잘못을 따져 묻는다면 그 친구들이 돌아오기 힘들잖아. 어쩌면 돌아올 수도 있는데"
"그 애들한테 호의를 가지지 마. 선한 애들이 아니야"
"그렇더라도 내가 좀 더 강해지도록 해준 친구들이라 미워하지 않기로 했어. 오히려 하나님의 선물이라 생각할래. 고난을 극복한 만큼 강해질 거고 나는 나를 증명할 수 있으니까. 그래서 고난이 축복일 수 있다고 생각해. 미워하는 건 어두움이잖아. 그건 힘들어. 난 밝은 걸 선택할래. 나머지는 하나님께 맡기고. 우주는 반사판이라 그랬어. 내가 우주에 선한 에너지를 보내면 우주도 나에게 선한 에너지를 보내줄 거니까 열심히 노력해야지"
헤이즐은 이브의 손을 잡았어요.
"나도 같이 노력할게. 나는 네가 내 친구라는 게 자랑스러워. 난 너와 영원히 함께하고 싶어"
왕비는 흐뭇한 미소를 지으며 고개를 끄덕였습니다.
'내 사랑 이브. 초록별에 와서 더 많이 강해졌구나. 대견해. 내 사랑, 내 아가. 엄마가 많이 사랑해'
이브의 집과 정원에 햇살이 한가득 비추었습니다.

유카와 팻시아는 유카의 방 창가에 앉아 있는 검은 새 루시퍼와 이야기를 하고 있었습니다. 유카가 담배 연기를 이브 집 쪽으로 날리고는 입을 삐죽거리며 말했습니다.
"아 진짜, 이브 때문에 내 인생이 꼬여. 하필이면 내 집 앞에 이브 집이 있냐고. 안 보고 싶어도 보게 되잖아. 으, 짜증 나. 볼 때마다 짜증 나"
"유카. 너는 머리통에 뭐가 들었니? 너 정말 멍청하다. 너랑 같이 있으면 나까지 멍청이 취급받을 것 같다고. CCTV 생각 못 했어? 마을뿐만 아니라 카페에도 CCTV가 여러 대가 있잖아"
"너도 덩달아 동조하고서는 지금 뭐 하자는 거야? 왜 이래?"
"내가 그때 배신이라도 했어야 정신 차리겠니?"
루시퍼는 유카와 팻시아가 한심했습니다. 언제나 남 탓이나 하며 불평과 불만을 늘어놓는 말을 듣고 있자니 지긋지긋함이 몰려왔지만 이용하기에는 딱 좋은 성격들이라고 생각했습니다.
"엄마는 나한테 분노의 대마왕같이 굴었다고. 이브만 아니었다면 내가 그랬겠어? 내 마음을 이해해 주기는커녕 고래고래 고함 지르고 말이야. 분노조절장애자 같이. 으.... 그럴 때는 엄마 없는 이브가 부러워. 엄마 없이 살아보고 싶어. 아, 진짜 짜증 나. 엄마라는 존재는 정말 짜증 나는 존재야"
"고래고래 고함질렀다고? 그건 아동학대야"
"맞지?"
듣고 있던 루시퍼가 픽 웃었습니다.
"아동?"
팻시아가 발끈했습니다.
"아직 18세가 아니라고!"
루시퍼는 어이가 없었습니다.
"적지 않은 나이에, 덩치로 보나 힘으로 보나, 너희 엄마들보다 크지 않니? 뭔 법이 그래?"
"넌 엄마가 없나 본데, 있어 봐라. 귀찮은 혹 같다. 아주 커다란 혹! 없는 게 다행인 줄 알아. 이 뚱뚱 새대가리야"
"그래 맞아. 나도 엄마 없는 이브가 부러울 때가 있어. 잔소리 들을 일 없이 얼마나 자유롭겠어. 엄마 있는 게 다 좋은 건 아냐"
"이브는 왜 여기에 태어나고 여기서 살까? 어지간하면 떠나지"
"매일매일 거지 같은 이브랑 비교당하는 기분이야. 학교에서도 선생님들이 맨날 이브 칭찬만 하고 우리에겐 혼내기만 했잖아. 선생님들이 안 그랬다면 우리가 이브를 괴롭혔겠니? 이브가 있는 곳은 다 재수 없어. 샤인이 이브 두둔하는 것 봤지? 내가 완전히 미치겠더라고. 그래서 내가 분노조절장애 검색해 봤잖아. 혹시 내가 엄마 닮은 건가? 으...."
"너 분노조절장애 맞는 거 같아. 게다가 조울증까지. 내가 널 쭉 봐왔잖아. 이브와 샤인이 같이 있는 것만 봐도 넌 악마로 변하니까"
"야! 너 한 대 맞고 싶니?"
"봐! 너 분노조절장애 맞잖아. 쯧쯧"
"어휴, 이 모든 것이 이브 때문이야. 하나님은 뭐하냐! 이브 같은 애 치워주지 않고! 내가 제대로 잘살아보려는데 하나님은 왜 안 도와주냐고!"
"맞아! 하나님은 없는 게 확실해! 없어! 하나님이 있다는 건 미신이야. 내가 이브보다 훨씬 몸매도 좋고, 멋쟁이고, 게다가 아름답잖아. 이 아름다운 머릿결 좀 봐. 근데 샤인은 이브만 좋아하고 나를 거들떠보지도 않아. 샤인의 눈은 발바닥에 붙어있니? 이건 이치에 맞지 않아. 그러니까 하나님도 없는 거야! 차라리 악마에게 영혼을 파는 게 나아!"
"착하게 살 필요가 뭐 있어? 설사 하나님이 있다고 해도 하나님이 상을 줘? 떡을 줘? 담배 피우고, 마약하고, 술 퍼마시고. 하나님 싫다는 것 다 해도 하나님이 뭘 알아? 내가 존재하는 것도 모를걸"
"그래. 인생 뭐 있니? 세상 즐기다 가는 거지 뭐"
"근데 어디로 가는 건지 알아?"
"그건 나도 몰라. 죽어 봐야 알겠지. 별거 있겠니? 살아서도 별거 없는데 죽어서는 별거 있겠냐고"
루시퍼가 가소롭다는 듯 픽 웃으며 말했습니다.
"조그만 이브 하나를 못 이겨서 쯧쯧. 딱하군"
팻시아가 발끈해서 말했습니다.
"뭐? 이 괴상하고 흉측하게 생긴 검은 새가 뭐라는 거야?"
루시퍼가 중얼거렸습니다.

"언제는 황홀하게 잘생겼고 하더니. 흥"
팻시아가 눈을 부릅뜨고 말했습니다.
"너 미쳤구나? 너 진짜 웃긴다. 내가 언제 너더러 황홀하게 잘생겼다고 그랬냐? 아주 웃기시네. 똥통 새대가리. 똥이 넘치네. 넘쳐"
유카가 루시퍼에게 말했어요.
"야! 넌 네가 잘생긴 줄 알지? 착각은 자유라고 하더니 널 두고 하는 말 같다. 거울 좀 봐라. 하긴 새가 거울을 볼 줄이나 알겠니? 똥통 새대가리에 뭐가 들어 있긴 하겠니. 똥만 가득 들어 있겠지. 딱하다"
이브의 집에서 헤이즐과 사랑이가 나왔습니다. 루시퍼가 이브의 집을 가리키며 말했습니다.
"2차원 같은 쓸데없는 소리 집어치우고 저길 봐"
이브와 분홍 할머니가 손을 잡고 나왔습니다. 갑자기 루시퍼의 사악한 눈이 이글거렸습니다.
'저것들을 반드시 없애버릴 거야'
유카가 말했어요.
"저 할머니는 누구지?"
"그러게. 처음 보는 할머니인데. 다른 마을 사람이겠지 뭐"
헤이즐과 사랑이, 분홍 할머니는 인사를 하고 헤어졌어요. 루시퍼는 왕비를 보자 후드득 날아올라 미칠 듯이 깍깍~ 소리를 내며 마을을 휘휘 돌았어요. 팻시아가 루시퍼를 보며 말했습니다.
"똥통 쟤는 갑자기 왜 저리냐?"
"분노조절장애 같지? 또는 미친?"
"응. 미친 것 같다"
"똥통 새대가리에 미치기까지. 쯧쯧"

왕비는 분홍 할머니에서 푸른 독수리로 변해 덴파레의 튼튼한 가지에 앉았어요. 덴파레가 외로울까 싶어 함께하고 싶었습니다.
"어머니, 이브와 샤인의 기억을 조금이라도 살려주시면 안 되나요?"
"글쎄다. 천사 나라의 법이 있으니까. 이브와 샤인이 초록별에서 선한 모습으로 천사 나라 천사들에게 감동을 주고 있으니 재판장이신 아버지께서 기억의 파편 정도는 주시지 않을까?"
"이브와 샤인을 믿지만, 보고 있으면 안쓰러워요"
왕비는 고개를 끄덕였습니다.
"덴파레 힘들지?"
"아니요. 괜찮습니다. 언제 또 이렇게 초록별을 여행할 수 있겠어요. 가만히 서서 여행하는 것도 할만해요. 저와 리시안, 리엘, 로리, 티스 선생님 모두 때가 되면 천사 나라로 다시 돌아갈 테지만 샤인과 이브는 자신들이 빛의 천사라는 것을 증명하지 못하면 아버지, 어머니께서 얼마나 걱정하시겠어요"
"샤인과 이브를 믿기로 했다. 지금까지 잘해오고 있잖아. 이제 서로를 알아보고 하나가 되기만 하면 되는데"
"어머니. 걱정하지 마세요. 샤인이 잘하고 있으니까요"

초록 언덕에 불청객이 찾아왔습니다. 루시퍼는 화를 못 이겨 이상한 소리를 내며 미친 듯이 허공을 돌고 있었어요.
"나는 왕비를 죽이고 말 거다. 왕비는 자식이라면 목숨 걸고 뛰어드니 미칠 것 같아. 왕비가 없다면! 왕비만 없다면! 천사 나라 왕좌는 쉽게 내 것이 될 건데. 좋아! 이번 기회에 말려 죽일 테니 두고 봐. 어미를 말려 죽이는 데는 자식을 이용하는 것만큼 좋은 제물은 없지. 그래! 왕비,

너 잘 왔다. 네 자식이 지옥이라도 가면 너는 거기까지 같이 갈 거야. 네 자식과 함께 보내주마. 흐흐흐"
 덴파레는 루시퍼를 걱정스럽게 바라보았습니다.
"어머니, 루시퍼가 순순히 가만히 있지 않을 거예요"
 왕비는 천천히 고개를 끄덕였습니다.
"다 자기 역할하고 있는 거야. 악함과 어두움이 루시퍼의 역할이니 자기 죄 다 드러날 때까지 제 역할을 하겠지. 불쌍한 영혼"

 날이 갈수록 푸른 지붕 성 앞에는 사람들이 많아졌습니다. 슈퍼스타 샤인은 자작나무숲 마을을 편안히 자유롭게 다니기가 불편할 텐데도 이브에게 매일 와서 리엘과 리시안, 로리와 함께 시간을 보냈습니다. 샤인이 가고 난 다음에는 어김없이 사진기를 든 사람들이 와서 이브에게 이것저것 물어봤어요. 그럴 땐 샤인의 팬들이 사진기를 든 사람들을 이브의 가게에서 내보내곤 해서 이브는 큰 불편함이 없이 지냈습니다. 샤인의 팬들은 샤인을 무척 아끼고 보호하고자 했습니다.
 루시퍼는 호시탐탐 이브를 괴롭힐 기회를 엿보고 있었습니다. 유카의 방 창가에 앉아 이브의 가게를 뚫어지게 보고 있었어요. 샤인은 리엘, 리시안, 로리와 함께 이브의 가게를 나섰습니다. 리시안과 로리는 초록 언덕까지 샤인과 리엘을 배웅하기로 했습니다. 리시안은 리엘과 좀 더 함께하고 싶었고, 로리는 덴파레가 보고 싶었습니다.
 루시퍼는 눈이 희번덕였습니다.
"기회가 왔군. 흐흐흐. 샤인 대장. 너는 나의 원수야. 이브. 너는 나의 손쉬운 먹잇감이지. 둘이 서로를 알아보다니. 노래로 서로를 알아봤어. 나의 먹잇감 이브. 네가 두 번 다시 노래를 부르지 못하게 만들어 줄 테다"

 루시퍼는 멋진 남자로 변신해서 이브의 꽃가게로 들어갔습니다. 이브는 루시퍼를 반갑게 맞이했습니다. 루시퍼는 정중하게 인사하며 꽃다발을 하나 샀습니다. 그리고는 들고 있던 검은색 장미 한 송이가 피어있는 화분을 이브에게 내밀었습니다. 이브는 검은색 장미는 처음 보는 터라 신기했습니다. 루시퍼는 이브의 표정을 살피며 온화한 말투로 말했습니다.
"제가 잠시 다녀올 곳이 있는데 이 장미 화분을 잠시 보관해주시겠어요?"
"그럼요. 다녀오세요. 테이블 위에 둘게요"
"감사합니다"
 루시퍼는 회심의 미소를 짓고는 가게를 나갔습니다.

 루시퍼가 이브의 꽃가게에서 꽃다발을 가지고 나오는 것을 본 팻시아는 유카의 방에서 급히 내려왔습니다.
"루시퍼! 오랜만이에요!"
 루시퍼는 사악한 눈빛으로 이브의 꽃가게 안을 보았습니다. 그리고는 팻시아에게 꽃다발을 내밀었습니다. 팻시아는 화들짝 놀라며 냉큼 받아 들었습니다.
"나한테 주려고 산 거예요?"
 루시퍼는 고개를 끄덕였어요. 팻시아가 흥분해서 말했습니다.
"데이트 신청하려는 거지요?"
"그러고 싶은데 오늘은 급한 일이 생겨서 가봐야 할 것 같습니다"
"어디에 사는지 알려주면 안 돼요?"
"아주 가까운 곳에 머물고 있습니다. 오늘은 이만"
 루시퍼는 가볍게 목인사를 하고는 떠났습니다. 팻시아는 취한 듯 루시퍼의 뒷모습을 바라보았습니다.
"아주 가까운 곳? 유카에게 자랑해야겠다. 유카가 배 아파 팔딱팔딱 뛰겠지?"

이브는 테이블 위의 검은색 장미를 신기한 듯 보았습니다.
"장미가 검은색도 있네. 신기하다. 무슨 향이 날까?"
이브는 테이블로 다가갔습니다. 테이블 의자에 앉아 검은색 장미로 다가가 향을 맡아보았습니다. 검은색 장미는 기분 나쁜 자극적인 냄새로 머리와 가슴을 찌를 듯이 아프게 했습니다.
"아, 어지러워"
이브는 갑자기 피곤해지며 잠이 몰려왔습니다.
"아, 피곤해. 침대로 가야겠다"
이브는 떨리는 다리로 다락방에 겨우 올라가 침대로 가서 누웠습니다. 이브의 아픈 머릿속으로 순간 여러 장면이 스쳐 지나갔습니다. 천사 나라에서의 유카의 정원과, 유카의 테이블에 있던 검은색 장미, 그리고 주술사와 점쟁이들과 연기, 천사 나라를 떠나기 전 샤인의 모습과 어버지, 어머니 모습. 이브는 가슴이 찢어질 듯 아파왔습니다. 감겨있는 이브의 눈에서 눈물이 흘러내렸습니다. 그리고는 깊은 잠에 빠졌습니다. 이브가 잠이 들자, 검은색 장미잎은 더욱 생생해지며 힘 있게 커졌습니다.

티스와 리시안, 로리가 집으로 돌아왔습니다. 테이블에 놓인 검은색 장미를 보고 셋은 흠칫 놀랐어요. 리시안이 다가가려 하자 로리가 말렸습니다.
"리시안! 멈춰! 가까이 가지 마!"
"이건 루시퍼의 장미 같아"
"맞아! 유카의 정원에서 우리가 봤던 그 장미 맞아! 아, 설마 이브가"
셋은 급하게 다락방으로 올라갔습니다. 이브는 이불 속에서 잠들어 있었어요. 안심하려는 순간 모두 소스라치게 놀랐습니다. 이브의 얼굴 전체가 짙푸른 색으로 덮여있었고, 이브의 파도 같은 아름다운 갈색 머리카락은 잿더미를 뒤집어쓴 것처럼 회색이 되어 있었어요. 그러나 모두 침착하려고 애썼습니다. 로리가 떨리는 목소리로 말했어요.
"루시퍼가 마법을 걸었어"
리시안이 말했습니다.
"이젠 어떻게 해야 하지?"
로리는 절망스러웠습니다.
"아, 왕비님께서 보시면 슬퍼하실 거야. 아, 불쌍한 이브. 내 잘못이야"
티스는 마음을 다잡았습니다.
"로리, 샤인에게 빨리 가서 알려. 이브는 우리가 돌보고 있을 테니"
"네"
로리는 초록 언덕으로 빠르게 날아갔습니다.

로리의 긴장한 표정이 심상찮음을 느낀 덴파레는 침착하게 물었습니다.
"무슨 일이야. 로리"
"루시퍼가 이브에게 마법을 걸었어요"
"뭐?"
왕비는 이브를 향해 다급히 날아갔습니다. 로리는 샤인에게 가서 침착하게 말하려고 애썼지만 잘되지 않았어요. 로리의 표정을 보자마자 샤인은 리엘과 함께 이브에게로 향하였습니다.
분홍 할머니로 변신한 왕비는 얼굴이 하얗게 질렸어요. 샤인이 뒤따라 들어왔습니다. 샤인은

XI 슬픈 마법

왠지 눈에 거슬리는 검은색 장미를 지나 바로 다락방으로 올라갔습니다.
"이브! 이브!"
이브는 마치 죽은 듯이 잠들어 있었습니다. 이브의 얼굴과 머리카락을 본 샤인은 이브를 끌어안았어요. 이 순간이 꿈이길 바랐습니다.
샤인을 제외한 모두는 테이블 앞에 모였습니다. 왕비가 말했습니다.
"이건 루시퍼의 독이 든 장미다. 모두 가까이하지 말고, 냄새도 맡지 마!"
산들바람 티스가 말했어요.
"어떻게 해야 하나요?"
왕비는 손끝에서 불을 내어 검은색 장미를 태웠습니다. 샤인이 내려와 테이블을 보며 말했어요.
"테이블에 있던 검은색 장미는"
리시안이 말했습니다.
"왕비님께서 태웠어"
샤인의 머릿속에 불현듯 천사 나라에 있던 유카의 정원에서 보았던 검은색 장미가 섬광처럼 스쳐 지나갔습니다. 샤인은 자신도 모르게 소리가 새어 나왔어요.
"아, 검은색 독장미. 루시퍼"
로리가 샤인에게 낮은 목소리로 말했어요.
"샤인. 기억이 났구나"
"이브에게 일어난 일이 검은색 장미 때문이야. 루시퍼의 음모!"
샤인은 주먹을 불끈 쥐었습니다.
"이제야 알았어. 내가 해야 할 일을!"
리시안과 로리, 리엘, 티스가 마음을 모았습니다.
"우리가 도와줄게!"

이브는 기억이 났습니다. 그리고 밀려오는 아픈 슬픔으로 눈을 떴습니다. 이브의 다락방에 분홍 할머니로 변신한 왕비와 천사들이 모여 이브 옆을 지키고 있었어요. 이브의 눈물이 볼을 타고 흘러내렸습니다.
"미안해. 나 때문에. 나 때문에"
샤인은 이브를 일으켜 안았습니다.
"아니야. 내가 너를 지키지 못했기 때문이야. 너의 잘못은 없어. 모두 다 내 잘못이야"
로리가 말했습니다.
"이브. 우리는 하나야. 그러니 네 잘못이라고 하지 마"
샤인이 이브의 머리에서 떨어질 것 같은 노란색 조각달 머리핀을 다시 단단히 꽂아줬습니다.
"이브. 너에게 어떤 일이 일어난다고 해도 나는 너의 옆에 있을 거야. 나와 함께 있는 거야"
이브는 어깨에 흘러내린 부스스한 회색 머리칼을 봤어요. 침대 옆의 거울을 보았습니다.
"아!"
로리가 침착하게 말했어요.
"이브, 지금 모습이 너의 본래 모습이 아닌 거 알잖아. 천사 나라에서 가장 사랑스럽고 아름다운 공주 이브. 그게 너의 모습이야. 다시 너의 모습으로 돌아갈 테니까 슬퍼하지 마"
이브는 죄책감으로 온몸이 짓눌리는 것 같았어요. 자신이 공기가 되어 사라져 버리면 좋겠다는 생각이 들었어요.
"모두 내 옆에 있지 마. 나 때문에 피해 보니까. 어머니, 나 같은 멍청이는 생각지 마세요"
이브는 이불 속으로 들어가 하염없이 울었습니다. 이불 속으로 들어가 달팽이처럼 몸을 숨겨 봐도 벌거벗은 것만 같았어요. 자신을 사랑할 수 없었습니다. 자신이 저주스러웠어요. 이브의

XI 슬픈 마법

마음을 읽은 왕비는 이브에게 말했습니다.
"네가 나를 사랑한다면, 천사들을 사랑한다면. 너를 사랑해야 해. 이브"
이브는 흐느끼면서 말했어요.
"혼자 있고 싶어요"
이브는 모든 혈관과 모든 뼛속까지 슬픔으로 채워진 것 같았습니다. 가까스로 아픔을 감추며 버텨왔던 자신의 영혼이 바닥으로 패대기쳐진 것 같았습니다.
"나는 바보야. 멍청이"
천사들은 다락방에서 내려와서 유카의 창가에 앉아 있는 루시퍼를 보았습니다. 샤인과 로리, 리엘. 대장들은 당장이라도 박차고 나가고 싶었습니다. 왕비가 말했습니다.
"침착해야 합니다. 루시퍼는 자신이 만든 덫에 반드시 걸려 넘어질 거예요. 그건 우주의 법칙입니다, 나의 천사들, 분노하지 마세요. 분노할 때마다 우리 천사 나라의 별들이 수천 개씩 사라집니다. 분노하고 흔들리고 요동치는 건 루시퍼가 바라는 거예요. 천사 나라 천사들이 행복하고 안전하게 살 수 있도록 우리가 지켜야 해요. 우리가 사랑하는 천사들을 위해 우리는 분노하지 말고 항상 평정심을 유지해야 할 의무가 있습니다. 천사 나라 천사들이 우리를 지켜보며 응원하고 있어요. 많은 사랑과 관심과 믿음을 가지고요"

이브는 이불 밖을 나갈 자신이 없었습니다. 그러나 용기를 내야만 했습니다. 이브는 용기를 낼 수 있는 노래 My angel을 불러볼까 생각했어요.
'My angel을 부르면 슬픔이 사라질 거야'
이브는 My angel을 부르려 목소리를 내보려 했지만, 목소리가 나오지 않았습니다. 이브는 너무나도 당황했어요.
'노래를 부를 수 없어. 저주의 마법으로 노래를 부를 수 없게 되었나 봐'
이브는 슬픔으로 흐느껴 울었습니다.
'이젠 샤인과 노래를 부를 수 없어. 무서워. 나는 어떻게 해야 하지? 이 사실을 아무도 알아선 안 돼. 비밀로 해야 해'

루시퍼는 유카의 창가에 앉아 참담한 마음의 천사들을 보며 낄낄거렸습니다. 유카는 루시퍼를 흘겨봤습니다.
"야! 넌 뭐가 좋아서 괴상한 웃음소리를 내냐?"
"적의 자식을 볼모로 삼는 게 가장 쉽게 이기는 방법이지"
"넌 대체로 미쳐있구나. 이상한 소리나 지껄이면서 뭐 하자는 거야?"
"너희는 몰라도 돼. 아! 유카. 너 저 집 강아지 싫어하지?"
"그래서 뭐!"
"그럼 싫어하는 강아지 따위 없애 버려. 저 조그만 강아지한테 매번 당하는 거 자존심 상하지 않아? 한심한 꼴 당하지 말고"
"없애 버려? 어떻게?"
"그냥 다른 먼 마을에 갖다버리는가. 그것도 귀찮으면 죽이든가. 넌 네가 하고 싶은 대로 해. 이때까지 당한 게 있는데 멋대로 신나게 해 봐. 재밌겠지?"
"그럴까? 거지 같은 이브 팔딱거리겠네. 재미있을 거야"
가만히 듣고 있던 팻시아가 고개를 갸웃거리며 말했어요.
"그러다가 너 또 당하는 거 아니야? 매번 네가 만든 함정에 네가 빠지잖아"
루시퍼가 빈정거리며 말했습니다.
"그러니까 정신 좀 차리라고! 앞뒤 생각하면서 하라고! 이 멍청이들아!"
팻시아가 발끈했어요.

XI 슬픈 마법

"이 괴상하고 흉측하게 생긴 똥통 새대가리가 뭐라는 거니? 멍청이? 야! 네 꼴이나 생각하면서 살아!"
루시퍼가 코웃음을 치며 말했어요.
"흥! 그리고 샤인 집 앞에 있는 메타세쿼이아 나무도 싫지?"
유카는 눈썹을 찡그렸습니다.
"그 재수 없는 나무? 우리가 가까이 가면 막 후려치고 그래. 재수 없어"
"태워버려. 왜 당하고만 있어? 흔적도 없이 불태워버리라고"
팻시아가 어깨를 한 번 들썩했어요.
"울 엄마가 그러던데 메타세쿼이아는 쉽게 잘 타는 나무가 아니래. 메타세쿼이아 태우려다 숲에 불이 나면 어떡해? 잘못하면 감옥 갈 수도 있어. 똥통 새대가리 말은 딱히 참고하고 싶지 않아"
루시퍼가 팻시아를 노려보았습니다.
"그래! 넌 평생 나무 같은 것들에게 모욕이나 당하면서 살아라"
유카의 눈은 증오로 가득 차 있었습니다.
"그래 맞아! 그동안 우리가 너무 당했어. 그 나무뿐만 아니라 자작나무들 모두 우리에게 예의가 없어. 다 이브 편이야. 이브 좀 골려주려고 하면 우리를 마구 후려치는 거야. 웃기지 않아? 우리가 왜 그 꼴을 당해야 해? 지네들이 왜 참견이냐고! 웃겨!"
루시퍼가 부추겼어요.
"다 태워버려. 모조리 다. 싹 다"
팻시아가 말했어요.
"그러다 불이 번져서 샤인의 집까지 태우게 되면 어쩌려고 그래? 그건 난 싫어. 아, 진짜. 너희들 왜 이리 과격해?"
유카가 말했습니다.
"무슨 상관이야. 못 먹는 밥에 재나 뿌려줘야지"
"하긴. 우리를 깔본 걸 생각하면 샤인은 고통받아 마땅하지"
"지옥에나 떨어지라고 해. 흥!"

이브는 밤이 되어서야 이불 밖으로 나왔습니다. 집 앞뜰로 나가 나무 벤치에 앉아 하얀 달을 보았어요. 오늘따라 하얀 달은 외롭고 쓸쓸해 보였어요. 꼬마전구 은하수를 밝힐 수가 없었어요. 그럴 자격이 없다고 생각했습니다. 이브는 고개를 떨구었습니다. 눈물이 흘러내렸어요. 리시안은 이브의 볼에 자신의 볼을 가만히 대었습니다.
"리시안. 나는 지혜도 없고 어리석고 멍청한 바보야. 바보. 나 때문에 이게 다 뭐야. 이젠 샤인을 볼 수가 없을 것 같아. 뻔뻔하게 어떻게 내가 볼 수 있겠어. 보고 싶어도 못 봐. 천사 나라에서 여기로 나 때문에 왔는데, 초록별에서도 샤인이 나 때문에 피해를 보면 어떡해. 샤인은 나 같은 괴물을 만나면 안 돼. 나는 이렇게 괴물이 되는 게 당연한 거야. 내가 외롭고 슬프게 살아야 하는 건 당연한 거였어. 곧 봄이 될 텐데. 핑크 문이 뜰 텐데. 사랑스럽고 동그란 핑크 문을 이젠 샤인과 같이 볼 수 없어. 나는 어떻게 해야 할까. 투명 인간이 되면 좋겠다. 아니면 먼지가 되든지. 아무도 못 보게 사라져 버리면 얼마나 좋을까?"

루시퍼와 레나는 이브의 분홍색 지붕에 앉아 이브의 말을 듣고 있었어요. 루시퍼는 화가 나 이브의 뜰을 휘휘 돌았습니다.
"뭐? 천사 나라의 기억이 되살아 난 거야? 레나! 넌 뭐 하고 있는 거야! 네가 여기서 이브보다 못한 게 뭐야! 능력을 줘도 못 쓰고. 샤인 따위의 마음을 가지지도 못하고 다시 서로를 알아보게 놔두다니! 한심한 것! 내가 직접 저 이브의 눈을 멀게 해야겠다"

루시퍼의 말은 듣고 있던 티스는 세찬 바람을 만들어 분홍색 지붕 위의 루시퍼와 레나를 멀리 내쳤습니다. 루시퍼는 화가 나 높이 날아올랐습니다.
리시안은 서슬 퍼런 루시퍼를 보았습니다. 리시안은 이브를 재촉했어요.
"이브 언니. 집 안으로 빨리 들어가자. 어서 일어나"
이브는 하얀 달을 가린 루시퍼를 보았습니다.
"아. 저 검은 새는 루시퍼"
이브가 루시퍼를 바라보자, 루시퍼는 이브의 눈을 멀게 하는 검은 연기를 쏘았습니다. 리시안은 놀라며 비명을 질렀습니다.
"안돼!"
그 순간 푸른 독수리가 나타나 커다란 날개를 펼쳐 환한 빛을 내뿜자 검은 연기가 루시퍼에게 반사되었습니다. 루시퍼는 화들짝 놀라며 급히 피했지만, 오른쪽 눈에 검은 연기를 맞아 오른쪽 눈을 잃어버렸습니다. 그리고 숲으로 떨어지자 자작나무들이 루시퍼를 후려쳤습니다. 루시퍼는 비틀거리며 자작나무숲을 간신히 빠져나갔습니다. 유카의 창틀에서 움츠리고 있던 레나는 루시퍼를 뒤따라갔습니다.
리시안은 왕비를 보자 안심이 되었습니다.
"어머니!"
푸른 독수리로 있던 왕비는 분홍 할머니로 다시 변신했어요. 왕비는 루시퍼가 이브에게 못된 짓 할 것 같아 걱정되어 푸른 독수리로 변신해 이브의 집 앞 자작나무에 앉아 계속 지켜보고 있었습니다.
루시퍼가 마을을 빠져나간 것을 보고서야 분홍 할머니로 변신해 이브와 리시안을 안고 집으로 들어갔습니다. 이브는 어머니를 볼 면목이 없었습니다. 고귀하신 어머니께서 아름다운 천사 나라를 떠나 여기서 고생하고 있다고 생각하니 절대 용서받지 못할 죄인이라고 생각되었습니다.
"내 사랑. 이브. 강해져야 해. 이제는 어린 소녀에서 어른이 될 때가 됐단다. 어른이 되어야지. 그래야 천사 나라에 있는 우리의 천사들이 너를 믿고 따르지 않겠니?"
이브는 어머니께 죄송한 마음이 더욱 커져 고개를 들 수 없었습니다. 앞으로 천사들을 어떻게 보아야 할지 막막했습니다. 천사 나라에 갈 자격이 없는 것 같았습니다. 이브는 자신이 단단한 마음이 될 것 같지도 않았고, 강인해질 것 같지도 않았습니다. 이브는 온통 죄책감과 슬픔으로 가득 차 있었어요. 이브는 짙고 깊은 우울에 삼켜져 아무것도 할 수 없을 것 같았습니다.

천사 나라.
언제나 천사 나라의 천사들은 옹기종기 모여 앉아 초록별에 있는 빛의 천사들을 응원하고 있었습니다. 천사 나라의 천사들에게 초록별의 천사들은 최대의 관심사였거든요.
"이브 공주는 너무 착해서 탈이야"
"그래. 맞아. 그러면 나쁜 것들이 얕봐. 적당히 착하면 좋을 텐데"
"아냐. 선함을 이용하는 그들이 어리석은 거지. 언젠가 그 죄의 대가를 반드시 치르게 된다는 걸 모를까? 한심하다"
"이브 공주님은 어떡해? 이제는 노래를 부를 수 없게 됐어. 아~ 우리가 도와줄 수도 없고 어떡하지? 왕비님은 왜 루시퍼가 건 마법을 안 풀어 주실까? 그냥 확 풀어 주시면 좋겠다. 왕비님은 얼마든지 마법을 풀어 주실 수 있잖아"
"에그. 그건 반칙이지. 학생이 시험장에서 문제를 푸는데 부모가 들어가서 답을 다 알려주면 자동 탈락 아니니? 그런 거라고. 그러니까 왕비님은 아무리 애가 타도 스스로 풀어나가기를 기다릴 수밖에 없어"
"그래서 안 도와주시는 거야?"
"옆에서 같이 힘이 되어주고, 에너지도 주시고, 든든하게 의지도 되어 주시잖아. 그리고 왕과 왕비님은 이브 공주가 잘 해낼 거라고 믿으셔. 단지 기다림에 애가 타는 거지. 아, 기다리는 건 힘든 거야. 고통이야"

"그럼, 루시퍼가 마법의 검은 연기 쏠 때 그땐 왜 막아주셨어?"

"참나. 이 친구야. 어떤 부모가 눈앞에서 악당에게 자식이 당하고 있는데 가만히 있어? 온몸으로 막아내는 게 부모야"

"맞아. 루시퍼가 못된 짓을 한 거지. 교만스러워. 정말 어떻게 그러지? 왕과 왕비님을 이길 수 있다고 생각하나 봐"

"한 시 앞을 모르는 멍청이라 그래. 검은 욕심이 가득 찬 악마. 왕과 왕비님은커녕 우리도 못 이길걸. 그런데 어떻게 공주들과 대장들을 이기겠어?"

"그래. 절대 못 이기지. 왕비님이 그러셨잖아. 자기 덫에 걸려 넘어질 거라고. 악당들의 결말은 그런 거야. 그러니까 우리도 항상 선한 마음을 가져야 해"

"결국은 선이 악을 이기는 법이지"

"뿌린 대로 거둔다!"

"맞아, 맞아. 결국은 그래"

"이브 공주님이 천사 나라에서 얼마나 아름다웠는지 기억하면 좋겠다. 초록별에서의 모습은 한순간의 모습일 뿐이라는 걸 알고 슬퍼하지 말기를 바래. 진심으로"

"있잖아. 초록별에서 제일 예쁘다는 또는 잘생겼다는 사람들. 어유, 천사 나라 천사들의 모습이랑 비교도 할 수 없지! 정말 보잘것없는 구더기 같을 뿐인데 초록별에서 대단하니 어쩌니 하며 잘 생김 순위까지 매기더라"

"도토리 키재기, 우물 안 개구리지 뭐"

"응. 맞아. 천사 나라에 한 번 와 보라고 해. 그래야 알게 되겠지"

"우리 천사 나라가 쉽게 올 수 있는 곳은 아니잖아. 자격이 있어야 올 수 있는 곳이 우리 천사 나라지"

"그런데 말이야. 샤인 대장은 이브 공주를 무척 좋아하는 것 같아. 이브 공주님의 마음은 뭘까? 그냥 친한 친구?"

"그러게. 잘 모르겠어. 애매해"

"아유. 좋아하는 거 딱 보이잖아. 어떻게 그렇게 감이 없니?"

"난 모르겠어. 맞는 것 같기도 하고 아닌 것 같기도 하고"

"그건 자연히 알게 될 거야"

"난 개인적으로 덴파레 대장이 제일 안쓰러워. 우주 전역을 날아다니다가 초록별에서 나무가 되어서 꼼짝달싹 못 하잖아. 아아아. 불쌍해"

"불쌍하다고 하지 마. 진짜 불쌍해 보이잖아. 불쌍한 게 아니고 강한 거야. 자신이 지켜야 할 천사들을 위해서 저렇게 할 수 있다는 건 엄청나게 강한 거라고. 최고야! 진정한 멋짐이라고"

"덴파레뿐이겠니? 리시안 공주님 봐. 너무 멋지잖아. 로리 봐. 티스 선생님, 리엘 대장. 모두 멋쟁이야"

"응. 이번에 진가를 제대로 알았어. 우리 대장님들과 왕자, 공주들 무조건 믿을 거야"

"나도, 나도. 우리의 대장님들과 공주님들, 선생님이 천사 나라에 있는 한, 우리 천사 나라는 안전하고 평화롭고 행복할 거야"

"천사 나라에 돌아올 땐 모두 어른이 되어 돌아오겠지? 아~멋지다"

"있잖아, 내 생각인데 말이야. 이 모든 것이 처음부터 왕과 왕비님의 계획이 아니었을까? 나 너무 천재 같지 않아? 봐~ 잘 생각해 봐. 빛의 천사도 어둠의 천사도 다 왕과 왕비님이 만들었잖아. 근데 굳이 나쁜 어둠의 천사들을 왜 만들었다고 생각해?"

"빛의 천사들을 강하게, 그리고 서로를 더욱 사랑하고 믿음을 가지게 만들려고 처음부터 계획하신 거지"

"음. 맞아. 왕과 왕비님은 다 계획이 있었던 거야"
"난 우리 천사들이 천사 나라에 돌아오면 두 팔 벌려 나가서 안아 줄 거야. 꼬옥~숨도 못 쉴 만큼 아주 꼭 안아 줄 거야"
"나도"
"우리의 천사님들! 힘내세요!"
"힘내라! 힘!"
"사랑해요!"

네가 나를 위해 초록별에 와준 것만으로
사람들이 받아보는 사랑보다 천 배 만 배
더 큰 사랑을 받은 것 같아.

XII
감사합니다.

하얀 눈이 조금씩 조금씩 사라지고 있었습니다. 봄이 다가오고 있었어요. 조금 있으면 덴파레는 다시 하늘을 향한 화살 같은 초록색 원뿔 기둥 모양이 될 거예요. 아주 늠름하게요.
 샤인의 팬들은 샤인의 집이 있는 초록 언덕까지 가지 않기로 했습니다. 그들의 슈퍼스타가 집에서만큼은 편하게 쉴 수 있도록 배려하고 싶었습니다. 그러나 보고 싶은 마음에 유카 엄마의 카페에서 차를 마시거나 아름다운 자작나무 숲 마을을 사진에 남겨두기로 했어요. 운이 좋으면 유카 엄마의 카페에서 이브의 꽃가게로 들어가는 샤인의 모습을 볼 수도 있었습니다.
 오늘이 그런 날이어요. 이브의 꽃가게로 샤인이 들어가자 모두 환호 했습니다. 샤인이 갈색 머리를 회색으로 염색하고 나타났기 때문이에요. 보통은 샤인이 지나가도 모르는 척 배려하는 팬들이지만, 오늘은 샤인에게 손을 흔들며 환호했습니다.
 "샤인이 은색으로 염색했어. 신비로워"
 "햇살이 비친 머리칼이 은빛이야. 아름다워"
샤인은 이브의 꽃가게로 들어가서 곧장 다락방으로 올라갔어요. 이브는 이불 속에 몸을 꽁꽁 숨겼습니다. 샤인은 이브의 정원 쪽으로 난 창문을 열었습니다.
 "이브. 곧 자작나무에는 네가 좋아하는 초록색 하트 모양 잎이 생기겠지?"
 이브는 아무 말이 없었어요.
 "이브~ 숨는 건 비겁한 거야. 알고 있지?"
이브는 눈 밑까지 이불을 조금 내려 샤인을 보았습니다. 이브는 샤인의 머리를 보고 깜짝 놀랐어요. 샤인은 다정한 미소를 지었습니다.
 "세상에서 가장 예쁜 눈을 이제야 보네"
 "왜 그랬어?"
 "멋지지 않아? 은빛 머리카락 멋지지?"
 이브는 아무 말도 어떤 말도 할 수가 없었어요.
 "이브. 일어나. 봄이 오려고 해. 겨울이 가기 전에 겨울에게 인사라도 해야지. 자작나무숲 달맞이 길을 산책하자. 계속 숨어있는 건 비겁한 거야. 뭐 좀 먹었어? 일어나 봐"
 샤인은 아래층으로 내려가서 사랑이와 러브가 테이블에 올려 둔 딸기 케익과 이브가 좋아하는 달콤한 향이 나는 꽃잎 차를 가지고 왔습니다. 이브는 이불을 가슴까지 내려서 샤인의 머리칼을 보다가 앉았어요.
 "아무리 염색해 봐도 다시 갈색으로 되지 않아. 재투성이 같은 부스스한 회색에서 벗어날 수 없어. 그리고 파충류 같은 피부색은 어떡해?"
 "마법을 푸는 방법을 알아보자. 분명히 답이 있을 거야. 우리 같이 뭐 좀 먹고 산책하자. 산책하다 보면 기분이 좋아질 거야. 씩씩하게 안 일어나면 내 피부색도 파란색으로 칠할 거야"
 "안 돼! 넌 슈퍼스타잖아"
 "네가 다시 씩씩해지면 안 할 거야"
 "나 바다가 보고 싶어. 내 마음은 바다에 허기져있어"
 "그래. 바다를 보러 초록 언덕에 가자. 덴파레 대장님도 기다리고 있을 거야. 너 많이 보고 싶을 거야. 어서 일어나"
 이브는 일어나 샤인과 함께 빵도 먹고 향긋한 차도 마신 다음 목도리로 얼굴을 감싸고 나섰습니다.
 사랑이와 러브는 샤인과 이브에게 방해되지 않도록 리시안과 로리와 함께 조금 떨어져서 걸었습니다.
 자작나무숲은 아직 초록색 하트 잎이 나오지 않았지만, 햇살에 반짝반짝 빛나는 하얀색 자작나무는 신비롭고 우아하였어요. 미리 봄이 와 있는 것 같았습니다. 이브는 공기를 한껏 들이마셨습니다.
 "곧 데이지도 피고, 민들레도 피고, 수국도 피고, 맥문동도 피겠지. 아름다운 자작나무숲 마을에 새로운 색이 입혀질 거야. 아, 어둡고 칙칙한 푸른색이랑 잿더미 같은 회색은 입히지 말아야 해. 슬픈 색이니까"
"이브. 어두운 푸른색, 잿더미 같은 회색을 너답지 않게 피하거나 미워할 거야?"
이브는 곰곰이 생각했어요. 밤이 어두워서 별과 달을 환하게 볼 수 있듯이 어두운 푸른색이랑 잿더미 같은 회색이 있기에 밝고 예쁜 색에 감동할 수 있고, 사소한 일에도 감사한 마음이 들 수 있는 거란 생각이 되었습니다. 그리고 사랑을 가득 담는다면 예쁜 파랑으로 바꿀 수도 있을 거란 믿음이 생겼어요.
"좀 더 내가 좋아하는 색이면 더 좋겠지만.... 내가 나를 찰나의 순간까지도 사랑하기로 했으면서 점점 더 이상해져 가는 내 모습을 사랑하지 못하고 있어. 못생겼어도, 파충류 같아 보여도, 이상해 보여도 이제부터 나는 나를 사랑할 거야. 내가 입은 내 영혼의 옷이 비록 칙칙해도 나를 감싸고 있는 옷이니까 사랑할 거야"
샤인은 이브의 손을 꼬옥 잡았습니다.
"이브. 천사 나라 천사들도 우리의 외모를 보지 않아. 초록별에서 아무리 잘 생겼다고 해도 천사 나라에서 보기에 별 의미 없는 거 알잖아"
"우리는 언제 다시 천사 나라로 돌아갈 수 있을까?"
"아마도 각자의 사명을 다해야 다시 돌아갈 수 있지 않을까?"

초록 언덕의 덴파레는 이브가 무지무지 보고 싶었지만, 꾹 참느라 힘들었어요. 친구들에게 이브의 상태를 물어보곤 하였습니다. 천사 나라였다면 당장 날아가 보았을 텐데 뿌리가 땅속에 있어서 힘들지만 참으며 이브가 얼른 일어나 초록 언덕으로 오기를 바랐습니다. 덴파레는 이브를 보자마자 팔짝팔짝 뛰고 싶었지만 그렇게 할 수 없어서 가지를 마구 흔들어 댔어요.
"내 사랑 이브"
이브는 뛰어가 덴파레를 안았습니다.
"덴파레 오빠. 걱정 많이 했지?"
"그럼~ 걱정 많이 했지. 내 동생. 내 사랑. 다시 기운 차려서 다행이다"
"어머니는?"
"어머니는 아버지 뵈러 잠시 천사 나라에 가셨어. 다시 오실 거야. 너를 두고 어떻게 오랫동안 가 있으시겠니?"
"나는 이제 괜찮아. 파충류 같아도, 괴물같이 생겼어도 나는 괜찮아. 뭐 어때! 좀 개성 있는 옷을 입고 있을 뿐인데 뭐"
덴파레는 샤인과 이브를 높은 가지 위에 올려줬습니다. 이브는 바다를 보며 크게 숨을 들이마셨다가 내쉬었어요.
"봄이 오나 봐"
이브는 두 팔을 뻗어 손끝에 닿는 산들바람을 끌어서 안았습니다.
"티스 선생님. 감사합니다. 저를 위해 초록별에서 산들바람으로 함께 해주셔서 감사합니다. 외로웠던 초록별에서 저의 마음이 춥지 않게 제가 좋아하는 다정한 산들바람으로 엄마처럼 포근하게 해주셔서 감사합니다"
산들바람 티스는 다정하게 이브를 감쌌습니다.
"이브 공주님, 초록별에서도 선함을 잃지 않고 밝게 있어 주셔서 감사해요"
이브는 덴파레를 안았어요.
"덴파레 오빠. 미안해. 나 때문에 추운 겨울에도 초록 언덕에서 움직이지도 못하고 묵묵히 서 있고. 많이 힘들었지? 천사 나라에서 최고로 멋진 대장이 보호해 주고 말동무도 해주며 외롭지 않게 항상 나와 함께 했었다니. 고마워. 사랑해"
"아마도 내가 더 많이 사랑할걸? 너는 내가 보호해야 할 책임이 있는 천사 나라 공주이자

XII 감사합니다.

내 동생이야. 나의 의무야. 고맙다고 하지 마. 천사 나라에서 내가 더 잘 보호해야 했어. 네가 초록별에서 씩씩하게 있어 줘서 오히려 내가 얼마나 고마운지 몰라"
　이브는 덴파레에게 생긋 웃어 보였어요. 그리고 하늘을 향해 말했어요.
　"아버지. 어머니. 제 말 들리세요? 아버지, 어머니. 감사합니다. 아름다운 천사 나라를 떠나 저를 위해 초록별에 와 주셔서 감사합니다. 보잘것없는 저를 위해 이렇게 천사들이 함께 한 줄도 모르고 외롭다고 맨날 징징대서 죄송해요. 아버지, 어머니. 이젠 매일매일 감사할 거예요. 감사합니다"
　이브는 어깨에 있는 파랑새 로리에게 볼을 대었습니다.
　"내 친구 로리. 고마워. 사랑해. 너는 내 최고의 친구야. 용기 있고 씩씩한 우리 천사 나라의 멋진 대장. 고마워"
　파랑새 로리는 별일 아니라는 듯 어깨를 한 번 으쓱하고는 말했습니다.
　"너도 내 최고의 친구야. 알지?"
　이브는 초록 언덕을 뛰어다니는 리엘과 리시안에게 소리쳤어요.
　"리엘 대장. 리시안. 고마워. 사랑해. 멋지고 훌륭한 천사가 되기 위해 노력할게. 고마워"
　민트에 앉아 있는 사랑이와 러브에게도 말했어요.
　"사랑이 이모~ 어릴 때부터 저를 돌봐주셔서 감사합니다. 은혜 잊지 않을게요. 러브 아저씨~ 맛있고 따뜻한 빵 주셔서 감사합니다. 아저씨 덕분에 제 배가 참 따뜻했어요. 두 분 덕분에 초록별에서 시간이 따뜻했어요. 저는 사람들에게 사랑받아 본 적이 없어 사랑받는 느낌이 어떤 건지 궁금하다고 생각했었는데요, 사실은 사랑이 이모와 러브 아저씨에게 너무 많은 사랑을 받고 있었어요. 감사합니다"
　이브는 하늘을 향해 소리쳤어요.
　"천사 나라 천사님들. 지금 저 보고 있어요? 저를 믿어 주셔서 감사합니다. 응원해주셔서 감사합니다. 아버지, 어머니처럼 저도 멋진 천사가 될게요. 최선을 다해 노력할게요. 감사합니다"
　이브의 소리는 메아리가 되어서 돌아왔어요. 이브는 샤인에게 말했습니다.
　"샤인. 나는 항상 내가 우주 외톨이라고 생각했어. 혼자라고 생각해서 슬프고 외로웠어. 누구에게도 사랑받지 못하는 외톨이라고 생각했거든. 그런데 나를 위해 아름다운 천사 나라를 떠나 초록별에 함께 와준 천사들이 내 옆에 항상 있었잖아. 나는 멍청하게 모르고 있었어. 너무 많은 사랑을 받고 있었다는 것도, 내가 외롭지 않게 천사들이 얼마나 노력을 하고 있었다는 것도 모르고 있었어. 나는 언제쯤 지혜가 생길까. 모두에게 미안해. 사랑해. 그리고 감사합니다"
　샤인은 이브의 어깨를 안았습니다. 이브는 바다를 보며 크게 숨을 들이마셨다가 내쉬었어요. 이브의 곱슬거리는 회색 머리카락은 산들바람에 물보라처럼 날렸습니다. 이브는 잿더미 같은 회색 머리카락이라 생각했지만 미워하지 않기로 했어요. 옆에 있는 샤인의 회색 머리카락을 보자 미안한 마음이 몰려왔습니다.
　"샤인. 미안해. 그리고 고마워. 내 옆에 있어 줘서 고마워. 너는 내 최고의 친구이자 나의 영웅이야. 내가 비록 초록별에 와서 사람들에게 사랑을 한 번도 받아보지 못했다고 해도, 사람에게 받는 사랑이 무슨 느낌인지 모른다 해도, 나에게는 네가 나를 위해 초록별에 와준 것만으로 사람들이 받아보는 사랑보다 천 배 만 배 더 큰 사랑을 받은 것 같아. 고마워 곱하기 백만, 천만. 고맙다는 말 밖에 어떻게 표현해야 할지 모르겠어. 고마워 샤인"
　"이브. 네가 없으면 나도 없어. 나에게 너는 나야. 너 없이 내가 있을 수 없어. 그러니까 고맙다는 말은 하지 말기. 근데 영웅이라는 말은 맘에 든다"
　"맘에 들면 매일매일 해줄까? 너는 나의 영웅이야"
　샤인은 이브가 다시 밝아져서 고마웠습니다. 역시 이브는 밝게 웃을 때가 가장 잘 어울린다고 생각했습니다. 샤인은 이브의 밝음을 오래오래 영원히 끝없이 지켜주고 싶었습니다.

XII 감사합니다.

두 사람은 손을 잡고 마음껏 편안하게 시간을 보낼 수 있어서 감사했습니다. 하늘에도, 바다에도, 초록 언덕에도, 자작나무숲에도, 햇살에도, 맑은 공기에도 모두 모두 감사했습니다.
"자작나무들아~ 내 옆에서 변치 않고 위로가 되어주어서 고마워. 그리고 천사 나라 천사님들~ 고마워요. 사랑해요"

천사 나라.
천사 나라에는 천사들이 두 손으로 턱을 받치고서 초록별에 있는 천사들을 보고 있었어요.
"우리가 응원하는 거 들킨 것 같은데"
"모르게 했는데 어떻게 알았데?"
"본능적으로?"
"아~ 우리 이브 공주님. 고생했어"
"응. 모함도 당하고 무시도 당하고 외모까지 저 지경인데 감사하데. 참 선해"
"난 진짜 가슴 아파. 이그"
"너무 착하다가 초록별에 갔잖아"
"그래도 우리 천사님들 모두 초록별에 가서 더 단단해진 것 같아"
"응. 더 멋진 천사가 되었지"
"역시 우리의 믿음을 지켜줬어. 도리어 우리가 더 감사하다. 맞지?"
"응. 우리가 더 감사하지. 이브 공주님! 감사합니다!"
"감사합니다. 이 말 좋다"
"초록별에 있는 우리 천사님들 모두 다 감사합니다"
"다시 돌아올 때 우리는 어떻게 해야 하지?"
"향기로운 꽃가루를 뿌려 줄까? 반짝이는 별 가루를 뿌려 줄까? 아~ 어떻게 해야 하지?"
"아~ 벌써 설레. 가슴이 쿵쾅대"
"나는 두 손 잡아 줄 거야! 수고했다고 말이야. 진심으로"
"나는 토닥여줘야지. 많이 외로웠으니까"
"나는 안아줄래. 아주 꽉. 마음과 마음이 닿게"
"나도. 마음과 마음이 닿게"
"나는 큰 소리로 말할 거야. '다시 돌아와서 감사합니다'라고"
"나는 꼭 안고서 사랑한다고 말할래"
"나도"
"우리의 천사님들. 모두 힘내세요!"
"힘내라! 힘!"
"사랑해요!"
"우리 다 같이 '감사합니다' 해볼까?"
"좋아!"
"감사합니다!"

XII 감사합니다.

XIII

**숨지 마. 네가 마음으로
부르는 노래도 난 들을 수 있으니까.**

나를 안아봐
따뜻하지?
내 마음을 봐.
네가 있지?
내가 너를 찾았어.
숨지 마.
Every time is you.

한가한 오전, 검은 새 루시퍼는 유카의 창가에 앉아 못마땅한 표정으로 이브의 집을 노려보고 있었습니다.
 유카와 팻시아는 옷을 여기저기 널브러뜨려 놓고는 상기된 표정으로 이 옷 저 옷 입어보고 있었습니다. 팻시아는 거울을 보며 우쭐하며 아주 만족한 표정이었습니다.
 "어때? 엄청 이쁘지? 샤인이 궁전 같은 자기 집에서 작은 연주회 한다는 소문이 있던데 초대받으면 이 옷을 입고 갈까?"
 "작은 연주회? 넌 어떻게 알았어?"
 "흥! 내가 모르는 게 있겠니?"
 유카는 떨떠름하게 말했습니다.
 "내 옷이야. 왜 자꾸 탐내? 넌 그냥 네 옷 입어"
 팻시아는 팔짱을 끼고 빈정거렸습니다.
 "너 질투하는구나? 그럴 만도 하지. 내 몸매는 명품 몸매이니까"
 유카가 퉁명스럽게 말했습니다.
 "별꼴이야. 착각은 자유라고 네 멋대로 생각해도 상관없는데 그 옷 벗어. 내 거니까"
 팻시아는 옷을 귀찮은 듯 벗어던졌습니다.
 "유치하게! 어차피 사이즈도 잘 안 맞아. 헐렁해. 내가 더 날씬하니까"
 유카는 팻시아가 하는 짓이 비위에 거슬렸어요.
 "너 웃긴다. 이젠 샤인 별로라고 하지 않았어? 내 기억이 잘못된 거야? 너 루시퍼인가 뭔가 하는 양반 좋다며. 아니야?"
 팻시아가 거울을 보며 머리카락을 쓸어올리며 말했습니다.
 "그래도 옛정이란 게 있지. 마음에서 싹 지워버리긴 좀 그렇네"
 "흥. 하긴. 넌 원래 왔다 갔다 하지. 샤인이 머리카락을 은색으로 염색한 것 봤지? 샤인은 뭘 해도 멋져. 어쩜 그리 멋있을까. 왕자님 같긴 하더라"
 "너 샤인 증오하지 않았어? 갑자기 왕자님 타령은"
 "애증이라고 할게. 증오스럽다가도 좋기도 하고. 지독하게 괴롭히고 싶은데 보면 좋고"
 "어쨌든 샤인은 내가 먼저 찜했으니 넘보지 마"
 "뭐라는 거야? 웃겨"
 루시퍼는 언제나 그렇듯 둘을 한심하게 쳐다보았습니다. 그런 루시퍼가 유카는 못마땅해 버럭 하였습니다.
 "뭘 봐! 재수 없게!"
 "너희 둘은 주변을 황당하게 하는 재주를 타고났군. 머리는 무겁게 왜 달고 다니지? 그냥 갖다버리는 게 낫겠다"
 "뭐라고? 이 똥통 받침으로도 부족한 것이!"
 "샤인이 너희들을 초대할 거라고 생각하다니 한심하다. 너희들의 희망 사항이겠지. 그리고 너희는 눈만 마주쳐도 싸우면서 왜 붙어 다니는 거지? 딱하다. 쯧쯧"
 유카가 못마땅한 듯 대꾸했어요.
 "야. 딱한 건 너야. 네 꼴 좀 봐라. 한쪽 눈은 어쩌다가 그랬어? 흥! 똥통 새대가리에다 눈에는 보이는 게 없나? 샤인이 우리를 초대 안 하면 그냥 우리가 가면 되는 거야. 집을 몰라 길을 몰라. 이웃이자 친구인데 그냥 가면 되지. 네가 뭔데 이러쿵저러쿵이야?"
 팻시아가 검은 새 루시퍼를 보며 고개를 절레절레 흔들며 비꼬듯 말했습니다.
 "야, 똥통! 너 정말 별꼴이다. 네가 후크 선장이야? 해적 안대하고 있으면 뭐 대단해 보이기라도 할 것 같아? 우리가 싸우든 말든 붙어서 다니든 말든 네가 도대체 뭔데 참견이야! 넌 어디 갈 데도 없지? 다른 새들은 나무에 잘도 앉아 있더니만. 나무들도 너 싫다지? 우리도 너 성가시니까 저리 가"

XIII 숨지 마. 네가 마음으로 부르는 노래도 난 들을 수 있으니까.

팻시아가 창문을 닫아버리자, 루시퍼는 미련 없이 후드득 날아가 버렸습니다.
"감히 네까짓 것들이 나를 모욕하다니"

이브의 가게에서 분홍 할머니가 리시안을 안고 나와 초록 언덕으로 향했습니다. 그 위를 검은 새 루시퍼가 깍깍거리며 기분 나쁜 소리를 내며 빙글빙글 돌았습니다. 분홍 할머니는 루시퍼를 아랑곳하지 않고 초록 언덕 쪽으로 걸어갔습니다. 유카가 고개를 갸우뚱하며 분홍 할머니를 보았습니다.
"팻시아. 며칠 전부터 저 할머니가 이브 집에서 같이 사나 봐. 아무래도 그런 것 같아"
"진짜? 무슨 사이인데?"
"모르지. 이브와 닮은 것 같기도 하고 아닌 것 같기도 하고"
"잃어버렸던 할머니를 다시 찾기라도 한 거야? 뭐야?"
"그러게. 누굴까?"
창밖을 보던 팻시아의 눈이 반짝거리기 시작했어요.
"저기 봐. 루시퍼 님이다!"
"그런 것 같군"
루시퍼가 검은 머리카락을 휘날리면서 걸어오고 있었어요. 유카는 고개를 내밀어 루시퍼를 살펴봤습니다.
"저 해적 안대는 뭐지? 유행이야? 후크 선장이 저기도 있네"
팻시아는 호들갑을 떨었습니다.
"아, 너무 멋지지 않아? 안대가 저렇게 멋있게 어울리다니. 루시퍼 님은 묘한 분위기가 있어"
팻시아는 홀린 듯 서둘러 내려갔습니다. 루시퍼는 팻시아가 뛰어오는 것을 보자 픽 웃었습니다.
"루시퍼 님. 오늘 우리 마을에 어쩐 일이세요? 저 만나러 오신 거죠?"
루시퍼는 가볍게 목인사를 하였습니다.
"눈을 다치셨나 봐요?"
루시퍼는 천천히 고개를 끄덕였어요.
"해적 안대를 해도 멋져요. 특별한 분위기가 있어요"
팻시아가 루시퍼의 한쪽 팔을 잡아끌며 카페 안으로 들어갔습니다. 카페 안에는 샤인의 팬들이 신비로운 자작나무숲 마을의 모습을 구석구석 간직하고 싶은 마음에 사진도 찍고 동영상을 찍으며 마을에서의 시간을 즐기고 있었어요. 마을을 지나가는 샤인을 혹시나 볼 수도 있을 거란 설레는 마음과 함께요.
2층 방에서 팻시아와 루시퍼를 내려보고 있던 유카는 카페에 내키지 않는 표정으로 팔짱을 끼고 내려왔습니다. 유카의 엄마는 걱정스럽게 유카와 팻시아를 보다가 못마땅한 마음에 카페를 나가버렸습니다. 유카는 나가는 엄마를 힐끗 보더니 팻시아에게 통명스럽게 말했어요.
"팻시아. 다른 데 가도 되잖아. 엄마 눈치 보이게 왜 이래?"
"난 네 엄마 눈치 안 봐. 네 엄마지 내 엄마는 아니잖아? 그리고 우리 마을에 카페는 여기뿐이고. 네 엄마가 보든 말든 무슨 상관이야. 나쁜 짓 하는 것도 아닌데. 맞죠?"
루시퍼는 온화한 미소를 지어 보였습니다.
"두 분은 볼 때마다 말다툼하시는군요. 너무 친해서 그러시는 거겠죠. 아마도"
유카가 한숨을 푹 내쉬었어요.
"난 얘랑 그다지 친해지고 싶지 않아요"
"나도다"
루시퍼는 다시 신사다운 미소를 지어 보였어요.
"싸우지만 말고 이젠 힘을 모아야 할 때가 아닐까요?"
팻시아는 뜬금없는 루시퍼의 말이 궁금했어요.

XIII 숨지 마. 네가 마음으로 부르는 노래도 난 들을 수 있으니까.

"힘을 모아요? 갑자기 왜요?"
"두 분의 적이 같잖아요"
"아~ 이브?"
루시퍼는 고개를 끄덕였습니다. 팔짱을 끼고 있던 유카는 루시퍼를 의미심장하게 보았습니다.
"루시퍼 님도 이브가 싫은가 보군요. 내 친구들 몇몇 빼고 이브를 싫어하는 사람은 처음이네. 어쩌다 이브를 싫어하게 됐어요?"
루시퍼는 씩 웃었습니다.
"넘겨짚지 마세요. 저는 이브를 싫어할 이유도 좋아할 이유도 없습니다. 이브를 싫어하기보다는 두 분의 편이라는 게 더 맞겠군요"
"흥! 직감이라는 게 있다고요. 당신은 이브를 괴롭히고 싶잖아요. 어쨌거나 이브에 관해서는 같은 편이라는 게 나쁘지는 않네요. 이브는 나에게 암 덩이 같은 존재니까. 아, 재수 없어"
루시퍼는 길 건너 이브의 가게를 한동안 응시했습니다.
"암 덩이는 될수록 빨리 제거해 버려야지요"
그리고 중얼거렸습니다.
"이제 괴롭히기 쉬울 텐데. 마음에 안 드는 할머니가 붙어있으니..."
유카는 궁금했습니다.
"나도 이브와 같이 있는 그 할머니가 마음에 안 들어요. 철저하게 외톨이로 만들어야 하는데 갑자기 어느 날부터 요상한 할머니가 붙어있어요. 그런데 괴롭히기 쉽다는 건 무슨 뜻이에요?"
루시퍼는 입가에 비열한 웃음이 새어 나오자 곧바로 신사다운 표정으로 바꿨습니다.
"요즘 이브를 보셨어요?"
팻시아가 고개를 살래살래 흔들었어요.
"아니요. 요즘 통 안 보이긴 한데, 사실 그 꼬락서니 보고 싶지도 않아요. 유카, 넌 본 적 있어?"
유카는 이브의 가게를 보며 말했습니다.
"그러고 보니 그러네. 요 며칠은 이브가 밖에 나오는 걸 본 적이 없어. 샤인도 요상한 할머니도 뚱땡이 선생이나 멍청한 빵 아저씨도 모두 이브 집에 들어갔다 나오는 건 봤는데 이브가 나오는 건 못 봤어"
루시퍼가 픽 웃었습니다.
"나오긴 나오지요. 이브가 자작나무숲 달맞이 길로만 다녀서 못 봤을 겁니다. 요즘 이브의 얼굴이 이상하게 변하고 탐스럽던 머리카락도 잿더미처럼 됐더군요. 흐흐흐"
"네? 무슨 말이에요? 얼굴이 이상하게 변하고 머리카락이 잿더미처럼 됐다니. 알아들을 수 있게 이야기해 봐요"
"보시면 알게 될 겁니다. 흐흐흐. 그리고. 이브를 완벽하게 제거하려면 먼저 그 주변을 다 제거해 놓는 게 더 낫지 않을까 합니다만. 또, 이브의 편까지 다 제거해야 완벽한 승리라고도 할 수 있지요. 이브를 철저하게 외톨이로 만든 다음 스스로 죽고 싶을 만큼 아주 야금야금 괴롭히는 게 가장 통쾌한 거 아니겠어요? 이브가 애지중지하는 강아지와 언덕에 있는 메타세쿼이아 나무, 재수 없는 파랑새까지 없애버리면 더 재미있지 않을까 하는데요. 아, 이브 옆에 있는 할머니까지. 이브가 더 큰 고통으로 몸부림치도록 말이죠. 죽고 싶을 만큼. 두 분 생각은 어떻습니까?"
팻시아가 주먹을 쥐었습니다.
"맞아요. 좋은 생각이에요. 루시퍼 님은 전략가인가 봐요. 정말 머리가 좋으세요"
루시퍼가 픽 웃었습니다.
"똥통은 아닙니다"
팻시아는 단호하게 고개를 저었습니다.
"똥통이라니요! 농담도 잘하시네요. 우리도 그 기분 더럽게 하는 강아지랑 메타 나무가 싫어요. 그 조그만 강아지가 우리만 보면 으르릉대잖아요. 진짜 우리가 우습게 보이나 봐요. 기분 나빠. 게다가 메타 나무는 그 바늘처럼 뾰족한 잎으로 유카랑 나를 막 후려쳐요. 그 나무 아래에 있는 민트색 기다란 의자 아시죠? 그 의자에 유카랑 앉으려는데 그 나무가 우리를 막 후려치잖아요. 우리가 자기한테 뭘 어쨌다고. 웃기잖아요. 정말 재수 없다니까요. 미친 나무예요. 재수 없는 파랑새는 우리만 보면 쏘아보고요. 아, 진짜 걔네라면 우리도 무조건 싫어요"
 루시퍼는 이해한다는 표정을 지어 보였습니다.
 "그러니까 다 없애 버리는 게 편하지요"
 팻시아가 고개를 가로저었어요.
 "그게 생각만큼 쉬운 게 아니에요. 이브가 어리숙해 보여도 만만치 않은 구석이 있거든요. 그리고 이브 옆에 딱 붙어있는 파랑새는 얼마나 사나운데요. 순순히 보고 있지 않을걸요? 요즘에는 커다란 푸른색 독수리까지 이브 근처에서 맴돌아요"
 "그래 봤자 파랑새는 작은 새일 뿐이지요. 그리고 푸른 독수리도 없애버리세요. 이브에게 가장 치명적일 테니까"
 "진짜 그 커다란 푸른색 독수리! 진짜 기분 나빠. 언덕에 있는 메타 나무 위에 자주 앉아 있던데. 메타 나무도 딱 싫고. 메타 나무를 확 베어 버릴까?"
 유카는 팻시아를 한심하게 보았어요.
 "바보야. 큰 메타 나무를 베는 건 시간이 너무 많이 걸리잖아. 누군가가 볼 거라고. 감쪽같이 해치워버려야지"
 "그럼 메타 나무는 어떻게 없애? 좋은 생각이라도 있어?"
 루시퍼가 비열한 웃음을 지었습니다.
 "증거를 남기지 말고, 그냥 불 질러 버리세요"
 유카가 주먹으로 무릎을 쳤어요.
 "아! 맞아! 그거야. 불!"
 팻시아가 아니라는 생각에 고개를 가로저었어요.
 "그러다 언덕까지 다 태우면 어떡해. 샤인의 그 아름다운 성까지 불이 옮겨붙기라도 하면. 으. 생각하기만 해도 무섭다"
 "팻시아. 넌 겁쟁이구나. 언덕이 불타면 어때? 그 정도 되어야 샤인이 놀랄 거잖아. 난 샤인이 놀라고 괴로운 걸 보고 싶어. 나를 무시한 대가를 치러야지!"
 "뭐야? 유카 너 샤인을 좋아했다가 미워했다가, 미워했다가 좋아했다가 뭐야? 아무리 그래도 불은 아닌 것 같다. 자칫하면 마을까지 큰일 날 수 있어. 입은 삐뚤어져도 말은 바로 하라고 했어. 샤인이 너한테 뭘 잘못했는데? 일방적으로 너 혼자 좋아한 거잖아. 네가 못된 짓 해서 샤인이 너 싫어하는 거잖아. 너 못된 심보 나도 지겹거든. 나도 샤인 때문에 속상한 일도 많았지만 이건 아니야. 그리고 미우나 고우나 우리가 자랐던 마을이고 아름다운 마을이야. 샤인 덕에 자작나무숲 마을은 이제는 많은 사람이 좋아하는 곳이 되었어. 우리만의 마을이 아니라고. 절대 불은 아니야. 나는 마을이 망쳐지는 건 싫어. 난 무서워"
 "이 바보야. 그간 우리가 마을 사람들한테 무시당하고 핀잔들은 걸 생각해봐. 분하지도 않아? 우리를 보는 눈들을 봐. 좋게 보는 눈이 있어? 제일 우리를 무시한 건 이브와 샤인이야. 게다가 그 주변 인물들은 어떻고! 난 분하고 화가 나서 잠을 잘 수 없을 정도야"
 팻시아는 고개를 갸웃하면서 혼잣말을 하였습니다.
 "잠 잘 자던데 코까지 골면서. 잠충이처럼 하루에 열두 시간이나 자면서 뭐라는 거야?"
 "야! 너 자꾸 속 뒤집을래? 이 단세포!"
 "뭐? 아메바 같은 너는 뭔데? 루시퍼 님 앞에서 나에게 망신 주는 거야? 이 박테리아!"
 유카는 주먹을 불끈 쥐고는 계속 말했습니다.

XIII 숨지 마. 네가 마음으로 부르는 노래도 난 들을 수 있으니까.

"시끄러워! 정신 좀 차려! 내가 그랬지? 환경이 중요하다고. 나의 환경에 이브가 없었다면 내 인생이 이렇게 꼬였을까? 너도 마찬가지야. 이 바보야"
"그렇긴 해. 이브 때문에 꼬인 건 맞아. 이브 주변에 있으면 이상하게 안 좋은 일이 생기면서 남들 눈에 내가 악역이 되어 있어. 그래서 나도 이브가 싫고 볼 때마다 화가 나. 너무너무 싫어. 어릴 때부터 지금까지 이게 뭐야. 이브 때문에, 이브가 있는 환경 때문에 난 늘 악역이야. 내가 왜 악역이어야 해? 아, 그래도 불은 무서워. 그렇게까지 할 필요가 있어? 불이 마을에까지 번지면.... 으으.... 무서워. 난 안 할래. 난 몰라"
루시퍼는 다시 신사다운 표정을 지었습니다.
"걱정하지 마세요. 제가 그렇게 안 되도록 뒤처리 잘할 테니까요. 두 분은 그런 걱정은 접고 그간의 분을 마음껏 풀면 됩니다. 지금까지 이브 때문에 망쳐진 시간이 너무 억울하잖습니까. 제가 돕겠습니다. 아무 걱정하지 마세요"
팻시아는 물 한 모금을 마시고 눈을 껌벅였습니다.
"진짜요?"
"그럼요. 저는 팻시아 님과 유카 님의 편이니까요. 뒷일은 저에게 맡겨 주시고 두 분이 하시고 싶은 만큼 마음껏 하세요. 이때까지 얼마나 억울한 일이 많았습니까. 이제는 억울했던 분을 풀고 새롭게 시작하셔야지요. 제가 도와드리겠습니다"
팻시아는 안도하는 표정으로 가슴에 손을 얹었어요.
"역시 루시퍼 님 멋지다. 우리를 위해 이렇게 마음 써주다니 배려심도 많고 정말 우리 편이 맞군요. 꼭 뒤처리를 다 해줄 거죠? 진짜죠? 정말이죠?"
루시퍼는 걱정하지 말라는 듯 아주 온화한 표정으로 고개를 끄덕였습니다. 유카도 다짐을 받으려 재차 물었어요.
"정말이지요? 정말 믿어도 되지요?"
루시퍼는 고개를 끄덕였습니다.
"그럼요. 우리는 같은 편입니다. 믿으세요"
그리고 확신의 표정을 지으며 안심시키려 했습니다.
'멍청이들'

이브는 정원으로 나와 공기를 배까지 많이 들이마셨습니다. 분홍 할머니로 변신한 왕비는 이브가 강해지길 바라며 이브의 뒷모습을 말없이 지켜보고 있었습니다. 이브는 뒤돌아보고는 싱긋 웃으며 왕비에게 두 손가락으로 V를 만들어 보였습니다. 왕비는 이브의 미소에 덩달아 절로 미소가 나왔습니다.
사과나무와 살구나무, 배나무, 복숭아나무, 자두나무에 맺힌 꽃망울은 금방이라도 꽃잎 날개를 활짝 펼칠 것만 같았어요. 이브의 정원은 몽실몽실 솜사탕 같은 꽃들로 가득할 거고, 마을은 다시 자작나무의 상큼하고 달짝지근한 이파리 냄새로 가득 차 마을 사람들의 마음을 설레게 할 거예요. 자작나무숲 마을에 산들바람이 온 마을을 감싸 마을 사람들의 마음은 달콤한 향기에 취하겠죠. 자작나무숲 마을의 감미로운 낭만은 반짝이는 별에 곧 닿을 것만 같았습니다.

이브는 로리, 리시안, 티스와 함께 언제나 그렇듯 자작나무숲 달맞이 길로 초록 언덕에 있는 덴파레와 리엘, 샤인을 만나러 가고 있었습니다. 혹시나 하는 마음에 스카프로 눈 밑까지 가리고 모자도 눌러썼습니다. 언제까지 이렇게 살아야 할지 막막한 마음이었어요.
'투명 인간이 되면 좋겠다. 그러나 자신감을 가져야 해. 나를 잃으면 안 돼. 지금 모습도 사랑해야 해'
언제나 자작나무숲 달맞이 길을 걸을 땐 기분이 좋아서 발이 땅에 있지 않고 공중에 떠 있는

XIII 숨지 마. 네가 마음으로 부르는 노래도 난 들을 수 있으니까.

것만 같아 날 수도 있을 것 같았습니다. 콧노래가 절로 나왔습니다. 로리, 리시안과 함께 달맞이 길을 걸을 때 산들바람이 된 티스 선생님이 다정한 바람까지 불어주면 아~ 정말 날 수도 있을 것 같았어요. 이브는 'My angel'을 부르고 싶었습니다. 그러나 모두에게 미안한 마음이 들어 노래 부를 자격이 없다고 생각했어요. 노래를 못 부르게 된 건 당연하다 싶었어요. 모두에게 특히 샤인에게는 미안하다는 말을 천 번, 만 번을 해도 모자랄 것 같았습니다. 그래서 가는 길에 고개가 떨구어졌습니다.

자작나무숲에서 자작나무들은 비겁하게 몸을 낮춰 숨어있는 유카와 팻시아를 막 후려치며 말했습니다.
"썩 꺼지지 못해?"
"또 무슨 짓을 하려고?"
유카가 짜증을 내며 자작나무들에 소리쳤어요.
"진짜 얘네들 뭐야? 웃겨! 너희들은 나무야! 나무! 나무 주제에 뭐 하는 짓들이야! 너희들 미쳤구나! 내가 확 베어버리거나 불 질러 버리면 어쩌려고 그래? 그때 후회해도 소용없을걸"
팻시아가 유카의 팔을 끌어 큰 바위 뒤로 갔습니다.
"쉿! 조용히 좀 해"
유카와 팻시아가 다가와 몸을 숨기자 큰 바위는 몸서리치듯 큰 몸을 흔들며 말했어요.
"썩 꺼지라는 말 못 들었어?"
유카가 바위를 세게 찼어요. 발이 아팠습니다.
"아, 내 발. 와~ 진짜! 나무든 바위든 다 싫다. 내가 이러니까 불 지르고 싶어지잖아. 다 너희들이 잘못한 거야. 숲은 사라질걸. 나중에 불타면서 우리를 원망하지 마. 너희들이 자초한 일이니까. 활활 타면서 후회하겠지. 불구덩이에서 뜨거운 맛 좀 봐라"
팻시아는 유카를 휙 봤어요.
"야, 너 숲까지 불낼 작정이야? 설마 아니지? 그랬다간 너 감옥 가"
"흥! 감옥? 여기. 내가 살고 있는 이곳이 감옥 같다고!"
"난 불이 무서워"
"똑똑한 루시퍼 님이 뒤처리해 준다고 했잖아. 기억 못 해?"
"아, 맞다. 루시퍼 님이 있었지? 그렇다면 뭐, 걱정할 것 없긴 해도...."

달맞이 길을 가던 리시안은 유카의 목소리가 들리자, 귀를 쫑긋 세우며 멈추어 섰습니다. 로리가 높이 날아올라 바위 뒤에 있는 유카와 팻시아를 보았습니다.
"이브. 유카와 팻시아가 큰 바위 뒤에 있어. 다른 길로 가자. 무슨 일을 저지를지 몰라"
리시안도 걱정이 되었어요.
"이브 언니. 우리 오늘은 다른 길로 가자. 그들과 부딪치고 싶지 않아"
이브는 고개를 가로저었습니다.
"아니야. 난 당당해질 거야. 피하지 않을 거야. 나약해질 수 없어"
로리가 이브의 어깨에 앉았어요.
"그래. 알았어. 너는 강하니까"
리시안은 이브 옆에 바짝 붙어 걸었습니다.

유카와 팻시아는 다가오는 이브를 보았습니다. 둘은 어리둥절해서 눈을 비비고 다시 이브를 보았어요. 유카와 팻시아의 입가에는 비웃음이 흘러나왔습니다.
"무슨 패션일까? 희한하네"
유카는 팔짱을 끼고 이브에게 다가와 이브의 스카프를 확 낚아채 던져버렸습니다.

XIII 숨지 마. 네가 마음으로 부르는 노래도 난 들을 수 있으니까.

"거지 같은 게"
팻시아도 다가와 오솔길을 가로막아 서서 천천히 이브의 아래위를 훑어보았습니다.
"야! 이브. 너 파충류가 되었어? 뭐야? 온갖 잘난 척은 다 하더니 꼴좋다. 이거 완전 해외 토픽감이네. 와~ 살다 살다 이런 사람은 처음 본다. 너 혹시 분장한 거니? 애정결핍이라 관심받고 싶어서 이러고 다니는 거니? 야! 할로윈 데이 한참 지나갔어. 파충류 얼굴에 할머니 머리카락에! 우와~ 너 가지가지 한다"
유카는 이브를 노려봤어요.
"저거 분장 아니야. 저주받아 저렇게 변한 거야. 이때껏 너 착한 척하더니, 너 간덩이 크게 사람들을 속이며 살았구나? 속인 게 아니라면 뭐야? 너 참 안 됐다. 하늘 무서운 줄 모르고 까불어대더니 너 언젠가는 이럴 줄 알았다"
"진짜 너 저주받았구나! 어떡해? 너 기도하고 그러던데. 봐~ 기도 따위는 필요 없어. 하나님 같은 건 없다고! 앞뒤 다른 너! 진짜 괴물이다"
이브는 침착하려고 그리고 강해지려고 했습니다.
"유카. 팻시아. 비켜 줘. 내 모습을 너희들이 상관할 바가 아니잖아"
"야! 내 눈이 피곤해. 네가 깨끗한 내 눈을 더럽히고 있다는 거 몰라? 그 꼴로 어딜 나다녀! 웃겨"
유카가 이브의 어깨를 세게 밀쳤습니다. 리시안이 으르렁거리자, 이브는 리시안을 안았어요.
"리시안. 괜찮아. 아무 일도 아냐"
유카가 발끈했어요.
"야! 아무 일도 아니라니! 우리가 우스워? 기분 나쁜 이 똥개는 우리만 보면 눈이 뒤집혀서 짖고 난리야. 눈에 뵈는 게 없어. 뭐 하는 짓이야! 그리고 너 이브! 우리 마을에 너 같은 괴물이 있는 게 얼마나 끔찍한 사건인지 몰라? 이건 마을의 재앙이라고. 재수 없게 정말"
팻시아도 이브를 최대한 짓밟아 찌그러뜨리고 싶었습니다.
"너 설마 그 괴물 같은 꼴로 샤인한테 가는 거 아니지? 언덕에는 파파라치들도 있어. 너 그 괴물 같은 꼴로 샤인을 만나는 거 찍히기라도 해봐. 샤인은 너 때문에 구설수에 곧장 바닥 인생이 될 거라고. 아, 불쌍한 샤인. 샤인은 너 때문에 맨날 손해야. 샤인이 너한테 뭐 빚지기라도 했어? 이제 제발 그만해라. 샤인을 놔 주라고! 네 욕심 때문에 슈퍼스타 샤인이 불행하게 되잖아"
"야! 너랑 샤인이 어울린다고 생각해? 너 때문에 샤인이 빛을 잃잖아. 몰라? 샤인은 슈퍼스타야. 월드 스타! 세상 만인의 연인! 이 멍청아. 정신 좀 차려라. 너 같은 것이 옆에 붙어있으면 안 돼! 양심도 없이 뻔뻔하게 너 뭐야? 염치없이 주접떨지 마! 이 시퍼런 괴물아!"
"내가 너 아니라서 참 다행이다. 나는 너처럼 안 살아. 샤인을 처참하게 만들지 말라고! 이 괴물아!"
이브의 눈동자가 흔들렸습니다. 이브는 유카와 팻시아 앞에서 눈물이 눈동자에 맺히지 않기를 바랐지만, 눈물은 금세 주르륵 흘러내렸습니다. 다 맞는 말 같았습니다. 이브는 어찌해야 할지 몰랐어요. 이브의 친구 파랑새 로리가 유카와 팻시아를 몰아내려고 하자 유카는 돌멩이를 집어 들었습니다.
"내가 저 시퍼런 새랑 기분 나쁜 이 똥개를 가만두지 않을 거야. 복수할 거야!"
이브가 놀라서 유카의 팔을 밀자, 유카 손에 있는 돌멩이가 떨어졌어요.
"안 돼! 그러지 마!"
"어? 너! 나 밀었지? 너 폭행한 거 맞지? 야! 이러다 사람 죽이겠다! 너 경찰에 신고할까? 야! 네가 이러니까 저주받는 거야! 정신 좀 차려라"
팻시아가 거들었어요.
"야! 시퍼런 괴물아! 네 꼴이나 저 새나 둘 다 시퍼런 게 웃겨! 혐오스럽다. 야! 너를 누가

XIII 숨지 마. 네가 마음으로 부르는 노래도 난 들을 수 있으니까.

사람으로 보겠니? 너 끔찍해. 이 역겨운 괴물아!"
 이브는 자신 때문에 리시안과 로리마저 모욕을 겪는 것 같아 마음이 아팠습니다. 모든 것이 다 자신의 잘못과 어리석음 때문이라 생각되어 더더욱 자신을 사랑할 수가 없었어요. 사랑할 거라고 결심한 것마저 양심이 없게 느껴졌습니다. 그래도 유카와 팻시아 앞에서 무너지고 싶지 않았습니다. 강한 척이라도 해야 했어요. 두 주먹을 불끈 쥐고 두 다리에 힘을 주고 허리를 꼿꼿이 세우고 얼굴을 들어 눈에 힘주어 그들을 보았습니다.
"너희들이 아무리 그래도 난 주저앉지 않아. 쓰러지지도 않아. 너희들은 실패했어. 저리 가!"
 산들바람 티스는 단단히 화가 나 유카와 팻시아에게 몸을 못 가눌 만큼 세찬 바람을 불었습니다. 유카와 팻시아는 몸을 비틀거렸어요. 자작나무들도 화가 나서 사정없이 유카와 팻시아를 후려쳤습니다.
"이브 공주를 모욕하다니! 나쁜 것들"
 유카와 팻시아는 넘어졌어요.
"에이, 나 진짜 나무 싫어. 바람까지 난리야. 난 바람이라면 넌덜머리 나. 저 시퍼런 괴물이 요사스럽게 마법을 부렸나? 야! 너 마녀구나"
"야! 너 마녀라고 경찰에 신고할 거다. 에이, 팻시아. 오늘은 그냥 가자"
 유카와 팻시아는 허겁지겁 달아났어요.

 이브는 집으로 뛰었습니다. 초록 언덕으로 가서 덴파레 오빠와 샤인과 리엘을 만나는 것은 포기했어요. 그리고 바다를 보는 것도 포기했어요.
 '맞아. 내 모습은 정상이 아니야. 나는 괴물이야. 나는 웃음거리가 되어도 할 말이 없어. 내가 어떻게 천사들 앞에서 얼굴을 들 수 있어. 어떻게 뻔뻔하게 샤인에게 갈 생각을 해? 샤인이 나 때문에 큰 피해를 볼 수도 있어. 나는 어떡하지? 샤인, 이제는 나를 찾지 마. 나를 떠나. 나는 숨어야 해. 샤인이 영원히 나를 찾지 못하도록'

 이브는 다락방 침대로 가서 또다시 달팽이가 되었습니다. 눈물이 멈추지 않았어요. 리시안은 이불 속으로 들어가 이브의 볼에 자신의 볼을 가만히 갖다 대었습니다. 이브의 눈물이 리시안의 볼에 스며들었습니다.
 왕비는 이브가 좋아하는 따뜻한 꽃잎 차를 두고는 조용히 아래층으로 내려갔습니다. 왕비는 이브가 스스로 잘 헤쳐나가리라 믿었습니다. 더욱더 강해져서 한층 더 겸손하고 따뜻한 마음을 가진 천사가 될 거라고, 반드시 이겨낼 거라고 믿었습니다.

 로리는 덴파레에게 가서 오늘 있었던 일을 말했어요. 덴파레는 마음이 너무나도 아팠습니다. 당장에라도 이브에게 날아가 꼭 안아주고 싶었지만 그럴 수 없어 답답했습니다. 덴파레는 파랑새로 변한 로리가, 강아지로 변한 리시안이, 멋진 말로 변한 리엘이, 산들바람으로 변한 티스 선생님이 오늘처럼 부러웠던 날이 없었어요. 덴파레는 이브가 좋아하는 초록색 나뭇잎을 얼른 많이 만들어서 이브가 편히 쉬어갈 수 있는 오빠가 되고 싶었습니다. 이번 봄에는 다른 봄보다 훨씬 많은 나뭇잎을 만들어서 이브에게 더 큰 그늘을 만들어 줄 거라 마음먹었어요.
"오늘은 모두 나 대신 가서 이브를 따뜻하게 안아주렴. 아주 꼭. 내 마음이 닿게"

 리엘은 리시안에게 뒤늦게 이브의 소식을 들었습니다. 민트에 리시안의 눈물이 떨어졌어요. 리시안의 슬픈 눈은 리엘의 마음을 아프게 했습니다. 리엘과 리시안은 샤인에게 알려야 할지 말아야 할지 고민을 했습니다. 로리와 덴파레는 샤인에게 알려야 한다고 했어요. 샤인은 누구보다 마음이 아프겠지만 그래도 이브에게 가장 많은 힘을 줄 천사는 샤인이니까요. 샤인에게 가는 리엘의 발걸음이 몹시 무거워 보여 샤인의 친구인 로리가 말하기로 했어요.

XIII 숨지 마. 네가 마음으로 부르는 노래도 난 들을 수 있으니까.

이브의 소식을 들은 샤인은 다급히 일어나 리엘을 타고 이브에게로 향하였습니다. 리엘은 있는 힘을 다해 뛰었어요. 샤인은 이브를 보호하지 못한 죄책감으로 언젠가 천사 나라로 돌아간다 해도 다시는 근위대장을 할 자격이 없다고 생각되었어요. 지금까지 일어난 모든 일이 다 자신의 탓이라 생각했습니다. 이브는 가족과 친구들을 위해서 씩씩한 모습을 보이려 하지만, 이브의 마음은 많이 움츠려 있다는 것을 샤인이 모를 리가 없었어요. 샤인은 이브에게 저주의 마법을 건 루시퍼를 영원히 사라지게 할 거라 굳게 다짐하고 또 다짐했습니다.

이브의 정원에서 유카와 팻시아가 좀비처럼 집 안을 기웃거리며 어슬렁거렸습니다. 유카와 팻시아는 이브를 더 잔인하게 짓밟아주지 못한 게 아쉬웠습니다. 어떻게 해서든지 더 짓밟아야겠다는 생각뿐이었어요. 완전히 지근지근 짓밟아 숨도 못 쉬게 만들고 싶었습니다.
"팻시아. 폭력으로 경찰에 신고할까? 개가 날 쳤잖아. 겁도 없이 나를 쳐? 분해서 팔딱팔딱 뛰고 미칠 지경이야. 경찰에 신고해서 가둬버릴까?"
"에이~ 그 정도는 막은 거지. 쳤다고 할 수 없어. 정당방위 몰라? 솔직히 말하면 네가 먼저 남의 강아지한테 돌멩이 던지려고 했잖아. 달맞이 길에 CCTV가 없어 다행이긴 하다"
"야! 넌 누구 편이야? 기분 더러워지게 너는 맨날 그러더라? 개가 날 친 거 맞잖아!"
"뭐 그 이유가 아니라도 신고할 수는 있겠다. 마을에 해괴한 파충류 인간이 있다고 신고할 수 있지 않겠어? 이상한 전염병이 있는 파충류 인간일지도 모르잖아. 완전히 개망신 줘서 짓밟아버리는 거야. 아무리 생각해도 희한하지 않아? 사람이 어떻게 그 꼴이 되지? 황당하고 기가 막혀. 전염병 같은 것이 있는 게 확실해"
"혹시 우리가 이브 가까이 있다가 전염병 옮은 거 아냐? 으... 우리 동네에 파충류 인간이 있다니 재수 없어"
사랑이와 러브는 이브의 정원에서 좀비처럼 기웃거리는 유카와 팻시아를 내보내려고 잰걸음으로 왔습니다.
"너희들 또 무슨 꿍꿍이 짓거리를 하려는 거야? 여기 왜 들어왔어? 썩 나가지 못해?"
"아 진짜, 뚱땡이 선생. 재수 없게. 친구 집에 친구가 왔는데 뭐가 문제예요? 친구 사이를 이간질하는 거예요? 뚱땡이 선생은 사사건건 참견 말고 그냥 살이나 빼고 다녀요"
"너희가 이브 친구라고? 썩은 입으로 함부로 말하지 마. 몹쓸 짓 할 생각 하지 말고 썩 나가"
"썩은 입? 뚱땡이 선생이 우리한테 폭언하네. 경찰에 신고해 버릴까 보다"
"얼마든지 신고 해 봐!"
사랑이에게 기죽은 유카와 팻시아는 이브의 정원을 나갔습니다. 사랑이와 러브는 유카와 팻시아의 음흉한 모습이 걱정되어 한숨이 나왔어요.
"또 무슨 수작을 부릴지. 걱정이야"

유카와 팻시아는 다급히 이브의 집으로 오는 샤인을 보았습니다. 팻시아는 두 손을 맞잡았어요.
"아~ 샤인 좀 봐. 어쩌면 저렇게 멋질 수 있을까. 말 타는 거 봐. 뭘 해도 멋진 것 같아"
유카는 코웃음을 쳤습니다.
"야. 너 또 시작이야? 니 눈엔 모든 남자가 다 멋지지? 요즘 세상에 말 타고 다니는 건 뭐야. 저거 다 쇼야, 쇼! 팬들이나 파파라치들 의식해서 일부러 쇼하는 거라고 이 바보야. 편리한 차 놔두고 유치하게 저 형편없는 꼴이 뭐가 좋다고. 흥!"
"유카. 너 속 다 보이거든. 샤인 좋아하는 거 다 보이거든. 그냥 멋지면 멋지다고 해. 솔직한 게 최고의 무기야"
"웃겨. 흥! 넌 솔직해서 좋겠다"
"샤인이 이브의 꼴을 알까 모를까?"

XIII 숨지 마. 네가 마음으로 부르는 노래도 난 들을 수 있으니까.

"당연히 알겠지. 저렇게 헐레벌떡 오는 거 보면 몰라? 아마 시퍼런 새나 기분 나쁜 똥개가 샤인에게 일러바쳤겠지"
"뭘 일러바쳐?"
"너의 머리는 똥으로 꽉 찬 것 같다. 우리가 이브한테 한마디 했다고 당장 가서 일렀을걸? 또 우리가 악역이 됐어. 그래서 환경이 중요한 거라고 했지? 내가 어떡하던지 그 시퍼런 새와 똥개한테 복수할 거다"
"그러네. 우리가 또 악역이 됐네. 에이. 근데 우리가 한 말이 틀렸어? 알고 보면 다 샤인을 위하는 말이잖아"
"흥! 걔들은 한통속이잖아"
"지네들끼리 통하는 게 있겠지. 같은 편이잖아. 어릴 때부터 계속"
"아, 진짜 싫다. 하긴 뭐 시퍼런 새나 기분 나쁜 똥개가 좋게 일렀겠니? 걔들은 이브 편인데. 맨날 이브 옆에 딱 붙어 있잖아"
"그렇게 딱 붙어있으니까 복수하기도 쉽지 않다. 에이"
"그래도 나는 꼭 복수하고 말 거야. 루시퍼 말이 맞아. 이브가 좋아하는 것들을 먼저 밟아야 해. 시퍼런 새, 기분 나쁜 똥개, 메타 나무, 걔들부터 없애버리면 이브에게 더 큰 고통을 줄 수 있어. 그냥 볼모로 잡아 놓고 복수할까? 어떻게 복수를 해야 분이 풀릴까?"
"복수의 화신이군. 근데 말이야. 시퍼런 새, 기분 나쁜 똥개. 이렇게 부르는 거 좀 길지 않니? 걔들도 이름이 있잖아. 로리, 리시안. 부르기에 짤막하고 쉽잖아. 나는 당최 뭐든 긴 거는 싫더라"
"으.... 단세포"

샤인이 리엘과 함께 이브의 정원에 도착한 소리가 다락방까지 들렸습니다. 이브는 샤인이 찾지 못하게 어디든 나가야겠다고 생각했지만 이미 늦은 것 같았어요. 샤인이 다락방으로 올라오는 소리가 들리자 이브는 어떻게 해야 할지 몰라 이불 속으로 들어갔습니다. 샤인은 가만히 기다렸어요.
 이브는 이불 밖으로 나올 자신이 없었습니다. 분홍 할머니로 변신한 왕비도 다락방으로 왔습니다. 왕비는 이브의 침대에 걸터앉아 이불 속에 있는 이브의 손을 잡았습니다. 이브는 자신이 싫었습니다. 걱정이나 끼치고 멍청이 같고 많이 모자란 것 같아 한심했습니다. 천사 나라에서 어머니의 말씀과 형제들의 말에 귀 기울였다면, 좋은 친구와 나쁜 친구를 분별했다면, 반짝반짝 지혜로웠다면 어머니와 아버지, 형제들과 친구들이 초록별에 와서 고생을 안 했을 거란 생각에 이브는 자신이 미웠습니다. 이브는 걱정거리가 되는 멍청한 자신을 좋아할 수도, 사랑할 수도 없었어요. 모든 것이 미안하고 죄스러웠어요. 용서받을 수 없는 죄인 같았습니다. '저의 죄를 용서해 주세요' 하며 기도하는 것조차 뻔뻔하게 생각되었습니다. 이브는 이불 속에서 조그마한 소리로 말했습니다.
"샤인. 미안해. 오늘은 그냥 가"
"나 아무 말도 안 했는데 나온 거 어떻게 알았어?"
"그냥"
"내가 가면 심심할 텐데 괜찮겠어?"
"응"
"알았어. 그렇게. 왕비님 걱정 안 하시게 빨리 일어나. 알았지?"
이브는 이불 속에서 고개를 끄덕였습니다.
"네가 안 먹으면 왕비님도 아무것도 못 드시니까 얼른 일어나서 먹고 힘내야 해"
이브는 이불 속에서 끄덕끄덕하였습니다.

XIII 숨지 마. 네가 마음으로 부르는 노래도 난 들을 수 있으니까.

이브는 자신이 '공기'가 되어 사라지기를 간절히 바랐습니다. 아니면 '먼지'처럼 되던지, 아니면 처음부터 태어나지 않은 '없음' 상태가 되던지, 아니면 자신에 대한 기억을 아무도 할 수 없는 '모두 기억 사라짐' 상태가 되던지, 아니면 '투명 인간'이라도 되기를 간절히 바라고 바랐습니다.

샤인은 왕비와 함께 이브의 정원으로 나갔습니다. 포근한 햇살을 받은 사과나무는 얼마 지나지 않아 꽃이 활짝 필 것 같았어요. 이브의 정원은 곧 과일 꽃들이 구름처럼 만개해 꽃향기로 달콤해지겠지만 정원에 나온 샤인의 마음은 무거웠습니다. 이브가 슬프면 샤인도 슬프니까요.
"왕비님. 루시퍼의 마법을 어떻게 풀어야 하는지 알려주세요. 제가 무엇이든 하겠습니다"
왕비는 슬픔 가득한 샤인의 눈을 가만히 보았습니다.
"슬픔은 저주의 마법을 풀 수가 없어. 저주의 마법은 햇살 같은 다정하고 따뜻한 마음으로 풀 수 있지. 슬픔이 아닌 사랑으로 가능하단다. 덴파레, 리시안, 리엘, 로리, 티스, 사랑이, 러브, 샤인, 이브. 너희들의 사랑이라면 저주의 마법을 충분히 풀 수 있을 거야"
샤인은 알 듯하면서도 막연했지만, 왕비가 더 이상의 답은 주시지 않을 것 같아 더 묻지 않았습니다.

고요한 다락방. 이브는 밤하늘의 조각달을 바라보고 있었습니다. 천사 나라에서 샤인이 반짝이는 조그만 노란색 조각달 모양 머리핀을 머리에 꽂아주며 했던 말이 생각나 눈물이 맺혔습니다.
"이 노란 조각달이 어두운 길을 갈 때 너의 앞을 밝혀 줄 거야. 너의 수호천사처럼"
'샤인. 너는 나의 수호천사야. 최고의 수호천사. 미안해'

샤인은 초록 언덕을 천천히 걷고 있었습니다. 샤인은 이브가 초록 언덕에 올 것만 같아 계속 마을 쪽을 보며 걷고 있었어요. 초록 언덕에 레나가 어깨 뒤로 드리운 긴 분홍색 어깨 베일을 너울처럼 날리며 들어왔습니다, 샤인은 레나를 보자 분노로 휩싸였지만 외면하고 집으로 향하였습니다.
"샤인! 잠깐만요"
샤인은 뒤돌아보지 않고 발걸음을 재촉했습니다. 레나가 뛰어와 샤인의 앞을 가로막아섰습니다. 샤인이 무시하고 가려 하자 레나는 샤인의 팔을 붙잡았습니다. 샤인이 팔을 빼려 하자 레나는 더욱 세게 붙잡았어요.
"샤인. 왜 자꾸 피해요? 내가 누군지 몰라요? 최고의 가수 레나 몰라요?"
"알지. 어둠의 졸개, 검은 망토 레나"
레나의 눈빛이 사납게 바뀌고 옷은 검은 망토로 변했습니다.
"샤인. 기억이 돌아왔나 보군"
"검은 망토 레나. 네가 아무리 이브처럼 보이려 해도 넌 어둠의 졸개, 검은 망토 레나일 뿐이야"
"내가 이브보다 못한 게 뭐지? 천사 나라에서 쫓겨난 그깟 공주? 파충류 같은 보잘것없는 이브보다 못한 게 뭐야?"
"그래서 이브처럼 보이려 위장했나? 네가 아무리 발버둥 쳐도 이브가 될 수 없어"
"네가 이브만 바라보니까 난 그럴 수밖에 없었어. 그렇게라도 너의 마음을 가지고 싶으니까"
"내 마음을 가지고 싶다기보다 이브의 것을 모두 뺏고 싶어서겠지"
"그래 맞아. 난 이브의 것이라면 모두 다 뺏고 싶어. 왜? 그러면 안 돼? 이브 따위가 뭔데? 처음부터 공주로 태어나 잘난 척, 착한 척하며 사는 거? 그게 대단해?"
"이브가 가지고 있는 사랑을 너는 가지지 못했어. 세상의 근원인 사랑이 없다면 넌 어둠일 뿐이야. 네가 넘치도록 가지고 있는 게 있지. 시기와 질투, 더러운 탐욕과 삐뚤어진 과시욕. 이브의 것을 모두 뺏고 싶은 그 더러운 탐욕은 너의 어둠과 교만에서 출발했어. 내가 계속 너와

XIII 숨지 마. 네가 마음으로 부르는 노래도 난 들을 수 있으니까.

대화를 해야 해?"
 샤인이 가려고 하자 레나는 세차게 샤인의 팔을 붙잡았습니다. 샤인은 뿌리쳤습니다. 레나는 분노로 부들부들 떨었습니다.
 "네가 뭔데 나를 판단해? 네가 뭔데 나에게 지시해? 여기서도 네가 대장인 줄 착각하지 마. 난 반드시 이브로부터 너를 뺏을 거야. 그리고 천사 나라까지 모두 다. 네가 어둠의 졸개라고 부르는 내가! 반드시 다 뺏을 거야!"
 "얼마든지"
 샤인은 뒤돌아보지 않고 곧장 집으로 들어갔습니다. 샤인의 뒷모습을 보던 검은 망토 레나는 망토 모자를 깊이 눌러쓰고 이브의 집으로 향하였습니다.

 이브는 다락방 창가로 내려오는 달빛을 손바닥에 담았다가 다시 올려보냈어요. 창가에 앉아 양손으로 턱을 받치고 밖을 멍하니 바라보았습니다. 그간 너무 많은 생각을 해서 머리가 터질 것 같아 잠시 멍하게 있기로 했어요. 멀리서 레나가 검은 망토를 휘날리며 걸어오고 있었습니다. 멍하게 있어서는 안 되겠다고 생각했습니다. 정신을 바짝 차리려 노력했어요.
 레나가 이브의 집 문을 두드렸습니다. 이브는 상대하고 싶지 않아 내려갈까 말까 망설였습니다. 레나가 큰 소리 나게 발로 문을 찼어요.
 "이브! 안 자는 거 알아! 문 열어! 안 열면 문을 부숴 버릴 거야!"
 리시안은 귀를 바짝 세웠습니다.
 "언니. 열어주지 마. 상대하지 마"
 이브는 리시안을 안아 침대 위에 놓았습니다.
 "괜찮아. 넌 여기에 있어"
 이브는 내려가 문을 열었습니다.
 "들어오는 건 원치 않아. 할 말 있으면 여기서 해"
 "흥. 가소롭기는. 잘 들어. 너! 당장 샤인을 떠나. 내가 너를 없애기 전에 너 스스로 떠나는 게 좋을 거야. 샤인은 내 거야. 너도 알다시피 세상 사람들은 샤인과 내가 연인이라고 알고 있지. 네가 방해물이 될래? 나는 지금도 샤인의 집에서 오는 길이야. 샤인과 나는 같이 있으면 우린 정말 행복해. 샤인의 피아노 소리에 나의 노래를 얹지. 정말 환상적이지 않아? 세상 사람들이 기대하는 건 그런 거라고. 샤인은 단지 네가 불쌍해서 동정심으로 너를 보는 거야. 몰라? 샤인은 초록별에 와서도 유명해. 넌 아니잖아. 샤인에게 너는 걸림돌이야. 나 정도 되어야 어울리지 않겠어? 파충류 같은 너 따위가 어떻게 샤인 옆에 있을 생각을 해? 미쳤어? 정신 차려! 초록별에서 너 때문에 샤인이 놀림거리가 되고 불행하게 될 걸 생각 못 해? 공주? 웃겨. 너 때문에 죄 없는 천사들이 초록별에 온 걸 몰라? 네 죄를 생각해라. 뻔뻔하긴. 양심껏 사라져!"
 레나는 이브를 노려보고는 검은 망토를 획 돌려서 어둠 속으로 사라졌습니다. 이브는 고개가 떨궈졌습니다. 레나의 말이 틀리지 않다고 생각되었어요. 다락방으로 터벅터벅 올라와서 달을 보았습니다. 슬펐습니다.
 이브는 자작나무숲 마을을 떠나야겠다고 결심했습니다. 이브는 자작나무숲 마을을 떠나는 걸 단 한 번도 생각해 본 적이 없었어요. 그러나 지금은 떠나는 것이 사랑하는 모두를 위하는 길이라 여겨졌습니다. 자신 때문에 천사들이 아름다운 천사 나라를 떠나 초록별에 묶여있는 것 같아 미안했습니다. 못 할 짓이라 생각되었어요. 천사 나라에 어떻게 갈 수 있는지 방법을 모르겠고, 간다고 한들 어떻게 천사 나라의 천사들을 볼 수 있을까 싶었습니다. 천사 나라에 다시 돌아갈 자격이 없다고 생각했습니다.
 이브는 모두가 잠들어 있는 깜깜한 새벽에 조용히 문을 열고 나왔습니다. 어디로 가야 할지 막막했습니다. 달빛에 사과꽃 한 송이가 반짝였어요.

XIII 숨지 마. 네가 마음으로 부르는 노래도 난 들을 수 있으니까.

'사과꽃이 피었네. 예쁘다'
이브는 사과꽃 향기를 가슴 깊은 곳까지 넣었습니다.
'사랑해. 그러나 이젠 헤어져야 해'
정원을 둘러보았습니다.
"모두 안녕"
이제 더는 자작나무숲 마을의 데이지, 맥문동, 민들레, 달맞이꽃, 도라지꽃, 수국, 사과꽃, 복숭아꽃, 살구꽃, 배꽃, 은행나무, 자작나무, 초록 언덕, 파랑 바다를 볼 수 없을 거란 생각에 너무너무 슬펐습니다. 깜깜한 하늘에서 달이 이브를 슬프게 바라보는 것 같았어요. 이브는 어디로 가야 할지 몰랐지만 무작정 걸었습니다.
'샤인과 함께 초록 언덕에서 4월의 핑크문을 같이 보기로 했는데. 샤인 미안'
이브는 정원을 뒤로 하고 걸었습니다. 이브는 슬픔으로 뒤덮였습니다. 노래 목소리가 나오지 않기에 마음으로 노래를 부르기 시작했습니다.

이른 아침, 로리는 초록 언덕 샤인의 집으로 날아갔습니다. 로리는 샤인의 방 창가에서 샤인을 다급히 불렀습니다. 일찍 잠에서 깨어 초록 언덕을 보며 생각에 잠겨있던 샤인은 얼른 창을 열었습니다.
"샤인. 이브가 떠났어. 서둘러"
샤인은 리엘을 타고 이브를 찾아 나섰습니다.

이브는 사람들이 잘 다니지 않는 자작나무숲 안으로 깊숙이 들어가 자작나무 아래에 앉아 있었습니다. 가만히 생각해 보니 집을 떠난 적이 단 하루도 없었어요. 아빠가 올까 봐 집을 떠나지 않았습니다. 집을 떠나 어디로 가야 할지 모르겠고, 친구들 없이 혼자가 되어서 두렵기도 했습니다.
"우주 외톨이네"
산들바람 티스가 말했습니다.
"외톨이 아니에요"
"어? 티스 선생님! 저랑 같이 있었던 거예요?"
"네. 그럼요. 이브 공주님이 외로운 거 저는 싫어요. 무서워하는 건 더 싫고요"
"티스 선생님. 이젠 저를 떠나세요. 저는 세상에서 가장 멍청이니까요. 저는 어디론가 떠돌다가 공기처럼 사라질 거예요. 그러니까 티스 선생님은 천사들과 함께 천사 나라로 가세요. 저의 간절한 소원이에요"
"이브 공주님의 노래를 들어버렸는걸요"
"제 노래가 들려요? 마음으로 불렀는데 들려요?"
"마음과 마음이 닿으면 다 들린답니다. 이브 공주님은 샤인 대장과 함께하고 싶잖아요"
"그건 이기적인 제 욕심일 뿐이에요"
"이브 공주님. 숨는 건 비겁한 거예요. 비겁한 걸 제일 싫어하면서 왜 그러세요? 모두 걱정할 거예요. 어서 일어나세요"

로리는 이브를 찾으려 높이 날아올랐습니다. 자작나무 아래에 앉아 있는 이브를 발견하고 조용히 샤인에게 내려왔어요.
"샤인. 이브를 찾았어"
앞서서 날아가던 로리는 이브가 있는 자작나무 가지에 조용히 앉았습니다. 뒤따라가던 리시안도 멈춰 섰습니다. 샤인은 리엘의 등에서 내렸어요. 자작나무숲으로 분홍색 햇살이 고요하게 아침 인사를 하고 있었습니다. 샤인은 이브에게로 걸어갔어요.
"이브"

XIII 숨지 마. 네가 마음으로 부르는 노래도 난 들을 수 있으니까.

숲속에서

제발
나를 구해줘.
나를 지켜줘.
너는 누구의 손을 잡고 있어?
달빛이 흩어지잖아.

지금
내 손을 잡아줘.
내 옆에 있어 줘.
너는 누구를 보고 있어?
너만 보는 나를 봐.

오늘 밤엔
은하수가 나를 떠나.
오늘 밤엔
별 무리가 나를 떠나.
모두 다 사라져 하늘이 내려앉아.

그래도 나는 알아.
나를 구해줄 거야.
나를 지켜줄 거야.
너만이 내 손을
오직 너만이

내일은 바람 안고
별처럼 속삭일 거야.
내일은 햇살 안고
별처럼 반짝일 거야.
내일은 사랑비 안고
별처럼 노래 부를 거야.

지친 여행은 그만
우리 이제 떠나.
나와 함께
너와 함께

이제 나의 꿈은 안녕.

Every time is you.

내 손을 잡아봐.
따뜻하지?
내 눈을 봐.
네가 있지?
내가 너를 지킬 거야.
망설이지 마.
Every time is you.

나를 안아봐.
따뜻하지?
내 마음을 봐.
네가 있지?
내가 너를 찾았어.
숨지 마.
Every time is you.

영원하지 않을 거라면
완전하지 않을 거라면
시작하지 않을 거지?
나도 그래.
믿어봐.

With me, my angel
With you, my angel

시간이 우리 앞을 뛰어가든
시간이 우리 뒤를 따라오든
영원히 함께 할 거야.
나는 맹세해.
너도 맹세해.
마음과 마음이 닿게.
Every time is you.

네가 널 기억하지 못한다면
내가 기억할게.
네가 널 사랑하지 않는다면
내가 사랑할게.
그건 나에게 너무 쉬운 일이야.
Forever ever and ever
Every time is you.

안아줘.
You are mine.
I love you.

이브는 샤인의 목소리를 듣자 깜짝 놀라 자작나무들 사이로 숨었습니다.
"숨지 마. 다 보이니까"
이브는 어떻게 해야 할지 몰랐어요.
"샤인, 나를 찾지 마"
"이미 찾았는걸"
"난 떠날 거야. 나 때문에 모두 힘들었잖아. 나는 없어져야 해"
샤인이 다가왔어요.
"우리를 사랑한다면 떠나지 마. 그리고 너 자신을 사랑하겠다는 약속 지켜"
"나를 사랑하겠다는 건 실패야. 못해. 내가 나를 찰나의 순간까지도 사랑하겠다고 했던 건 외롭지 않고 싶어서야. 나까지 나를 사랑하지 않는다면 너무 외로워지니까. 그런데 나 때문에 모두 초록별에 와서 힘들었는데 나를 사랑하겠다는 거는 너무 뻔뻔한 거잖아. 그거 안 할 거야. 못해. 하고 싶지 않아"
이브의 볼에 눈물이 흘러내렸습니다. 이브는 눈물을 옷소매로 얼른 닦았어요. 눈물마저도 뻔뻔한 거라 생각되었습니다.
"이브. 그럼 내가 너를 모든 찰나의 순간까지도 사랑할게. 그건 나에게 너무 쉬운 거니까. 그러나 네가 웃어야 내가 웃을 수 있고, 네가 용감해야 나도 용감해질 수 있어. 슬픔으로 이겨낼 수 있는 건 아무것도 없어"
"내가 멍청해서 지혜롭지 못해서 모두 초록별에 와서 고생했어. 나 때문에. 그러니까...."
"네가 초록별에 온 우리 천사들을 사랑한다면, 천사 나라에 있는 천사들을 사랑한다면 숨지 마. 난 네가 너답게 밝고 용감하고 씩씩한 게 좋아. 우리 초록 언덕에서 4월의 핑크문을 같이 보기로 약속한 거 기억해? 파랑 바다에 비친 핑크문을 같이 보기로 약속한 거 기억해? 약속은 지키려고 하는 거잖아"
이브는 아무 말도 할 수가 없었어요.
"이브. 나는 너와 함께할 수만 있다면 어디에라도 갈 수 있어. 그러니까...."
샤인은 이브의 손을 잡았습니다.
"숨지 마. 네가 마음으로 부르는 노래도 난 들을 수 있으니까. 우린 하나잖아"
샤인은 이브의 눈을 바라보았습니다. 그리고 노래를 불렀습니다.
밝은 햇살이 환히 빛나고 있었습니다. 덴파레는 마치 하늘을 향해 나아가는 화살촉처럼 다시 원뿔 기둥 모양이 되어가고 있었어요. 이브를 위해 얼른 초록 잎을 내고 싶었습니다. 자작나무들도 대장인 덴파레를 따라 초록색 하트 모양 잎을 부지런히 만들어 내고 있었습니다. 이브의 마음과 다르게 자작나무숲 마을은 그지없이 평화로워 보였습니다. 밝은 햇살에 초록 잎이 반짝반짝 빛나고 있었습니다.

천사 나라.
천사 나라의 천사들은 다 함께 앉아서 골똘히 무언가 생각하고 있었습니다.
"숨지 마. 네가 마음으로 부르는 노래도 난 들을수 있으니까"
"........"
"연인이라는데?"
"응. 그런가 봐"
"벌써 알고 있었으면서 뭘 그래?"
"그래도 직접적으로 연인이라고 말한 건 처음이잖아"
"그래. 그건 빼도 박도 못할 증거를 남긴 거야. 인정이지, 인정. 그게 중요한 거야. 맞지?"
"응. 누가 물어보지도 않았는데 스스로 인정한 거야"
"초록별에서 비밀은 없어"

XIII 숨지 마. 네가 마음으로 부르는 노래도 난 들을 수 있으니까.

"근데 이브 공주님은 왜 아직 말 안 할까? 말할 때가 되지 않았나? 이브 공주님 마음이 아리송해"
"응. 나도 이브 공주님 마음은 모르겠다"
"이브 공주님 노래를 가만히 생각해 봐. 답이 있지"
"이브 공주님의 슬픈 노래?"
"슬픈 노래라기보다 기다림의 노래가 더 맞는 것 같아"
"맞아"
"난 이브 공주님이 얼른 힘내면 좋겠어. 우리가 얼마나 사랑하는지 알까?"
"곧 힘낼 거야. 이브 공주님은 씩씩하잖아. 잘 이겨낼 거야"
"응. 맞아. 우리가 드라마를 봐도 말이야, 악당이 사악할수록 주인공이 더 강해지고 더 빛나잖아. 그런 거야"
"악당들은 자기네가 주인공인 줄 알겠지만, 조연도 못 되는 엑스트라일 뿐이야. 결국엔 쓰윽 사라지고 마는"
"맞아, 맞아. 이브 공주님 더 강해질 거야. 더 빛나게 될 거야. 난 믿어"
"근데 말이야, 왕비님께서 어둠의 졸개들을 이길 방법을 알려주면 좋겠어. 답답해"
"봐! 얼마 전에 우리 체육 대회 했잖아. 그때 그 사건을 생각해 봐"
"아~ 그 사건. 크크크"
"내가 달리기 대회에서 결승선까지 전력을 다해 거의 다 왔는데 내가 힘들까 봐 네가 내 팔을 부축해서 들어오는 바람에 탈락했잖아. 그건 반칙이니까. 안타까워 보여도 그냥 끝까지 참고 믿고 기다려줬으면 내가 결승선까지 힘들어도 어떻게든 들어갔을 거야"
"미안~"
"꼭 1등을 해야 해? 최선을 다하는 게 진정 멋진 거야"
"맞아!"
"있잖아, 초록별 동물 중에서 말이야, 밀림의 왕은?"
"사자"
"그럼 하늘의 왕은?"
"독수리"
"오~ 제법인데! 잘 봐, 사자는 새끼를 강하게 만들기 위해 아주 냉정하게 낭떠러지에다 떨어뜨려. 그리고 독수리는 잘 날지도 못하는 새끼를 공중에서 떨어뜨리지. 자신의 새끼를 용맹하고 강하게 만들려고 잔인하다 싶을 만큼 아주 매정하게 훈련을 시켜. 다 자연의 이치에 힌트가 있어"
"아하! 왕자들과 공주들, 대장들을 초록별에 보낸 이유도 왕과 왕비님께서 다 계획이 있어서였구나"
"응, 우연은 없어. 모든 건 다 왕과 왕비님의 계획이라고 생각해"
"응, 그렇군. 그리고 난 말이야, 유카와 팻시아. 그 어둠의 졸개들이 혹시라도 우리의 덴파레 대장에게 불 지른다면 가만있지 않을 거야"
"나도! 천사 나라에서 구경만 하고 있지 않겠어. 바로 초록별로 출동할 거야"
"응! 그 꼴 못 보지. 바로 출동이다!"
"왕과 왕비님이 항상 선하게 살라고 하셨는데 어둠의 졸개들은 말씀 안 듣고 왜 그런데? 한심하다 진짜! 으휴"
"시기 질투, 나쁜 욕심 때문이지. 멍청이들"
"그래, 맞아. 결국 그들은 자기 덫에 자기가 걸려들고 말 거야"
"응! 게다가 우리 천사들은 더욱더 단단해지고 있어. 그러니 걱정할 거 없어!"
"이브 공주님, 샤인 대장, 우리 천사님들, 모두 힘내세요!"

XIII 숨지 마. 네가 마음으로 부르는 노래도 난 들을 수 있으니까.

"우리 목소리가 초록별까지 들리게 우리 모두 함께 크게 외치자"
"우리 천사님들 힘내세요!"
"힘내라! 힘!""
"사랑해요!"

이브 정원의 꽃들과 나무들은 이브가 슬플 때면 고개를 떨구었고, 이브가 자신을 사랑할 때는 힘을 내었습니다.
"이브 공주님이 곧 돌아올 거야. 반드시 돌아올 거야"
"우리 힘내서 빛을 내어보자"
"맞아. 이브 공주님이 떠났을 때보다 더 밝게 되어 보자"
"이브 공주님 마음 아프지 않게"
"힘내라! 힘!"
"공주님! 사랑해요!"

XIV
힘내라! 힘! 사랑해요!

외로웠냐고 묻지 않을래.
슬펐냐고 묻지 않을래.
아픈 꿈은 다 지나갔다고
그냥 이젠 됐다고 말해줄래.

봄날 아침. 하트 모양의 조그만 새잎이 햇살을 가득 머금고 산들바람에 살랑살랑 흔들리고 있었습니다. 자작나무숲 마을은 아무 일 없는 듯 잔잔히 평화롭게 아침을 맞이했습니다. 사과나무와 살구나무, 배나무, 복숭아나무에 맺혀있던 꽃망울이 예쁜 꽃잎을 날개처럼 활짝 펼쳤어요.

이브는 잠에서 깨어나 두 팔을 크게 펼쳤습니다. 이브는 창을 열어 공기를 크게 들이마신 후 자작나무숲 마을을 가만히 바라보았습니다. 마을은 온통 꽃으로 가득 차 있었습니다. 어릴 적부터 지금까지 모든 시간이 마치 한순간처럼 느껴졌어요. 이브는 자신에 대해서 곰곰이 생각해 보았습니다.

'나는 초록별에서도 여전히 멍청해. 나는 지혜를 정말 정말 간절히 가지고 싶어. 너무 간절해. 어떡하지? 기도하면 이루어질까? 초록별에서 나는 언제나 천사 나라를 꿈꾸었어. 말로 표현 못 할 만큼 아름답고 행복한 천사 나라. 천사 나라를 생각으로 그려보는 건 단지 나의 공상이거나 나의 즐거운 취미생활 같은 거였어. 왜냐하면 딱히 증명할 수 없는 나의 꿈같은 거니까. 내 생각을 말하면 사람들은 '특이하다' '사차원이다' 그러거든. 근데 말이야, 그게 공상이 아니라 진짜였어. 정말 멋지지 않아? 자작나무숲 마을에서 슬프고 화가 나기도 했고 외롭기도 했지만, 감사할 일도 많았고 즐거웠던 적도 많았어. 나 자신을 잃지 않으려고 애를 썼지만 그렇지 못한 때도 많았지. 나를 사랑할 거라고 결심하고 또 결심했지만 실패하고 또 실패했었어. 내가 슬퍼하고 외로워하고 분노하고 침착하지 못하고 중심을 잃을 때 나와 함께하는 천사들은 얼마나 힘들었을까. 슬프지 않은 척, 외롭지 않은 척, 화나지 않은 척, 침착한 척하는 것이 나를 지키는 것인 줄 알았는데 그건 금방 들키고 마는 멍청한 포장이었을 뿐이야. 이제는 하는 척하느라 애쓰지 않아도 돼. 나는 그것들을 선택하지 않을 거니까. 나는 이제부터는 사랑, 감사, 긍정, 겸손, 배려, 의로움, 인내, 강인함을 선택할 거야. 그러면 지혜가 생길까? 그냥 어느 날 자고 일어나면 짠~ 하고 지혜가 장착되어 있으면 좋겠다. 어머니, 아버지처럼 거룩하고 고귀한 천사로 변화되면 얼마나 좋을까. 요즘 나는 잿더미 같은 머리카락에 파충류 같은 얼굴을 하고 있지만, 영원히 이런 모습은 아닐 거야. 마치 가면무도회에서 재미있는 분장을 하고 참석한 것처럼 생각해야겠다. 아마도 언젠가는 천사 나라에서의 모습으로 변신하겠지? 아~ 언제쯤 다시 천사의 모습으로 될 수 있을까? 내가 과연 천사 나라에 갈 수 있는 자격이 있을까? 열심히 노력해서 자격을 갖추어서 당당히 천사 나라로 다시 돌아갈 수 있도록 해야겠다'

분홍 할머니 모습을 한 왕비가 이브에게 와서 가만히 안아주었어요. 토닥토닥.
"내 사랑, 오늘은 기분이 좋네? 네가 힘을 내면 엄마도 힘이 나지"
"어머니! 감사합니다"
"음?"
"감사합니다. 그리고 제가 얼마나 멍청한지. 정말 부끄러워요. 어머니 말씀 듣지 않고 제 고집대로 해서 죄송해요"
"나는 기억이 하나도 안 나네? 다 잊었나 봐"
왕비는 이브의 눈을 보며 말했어요.
"이브. 너는 반드시 거룩하고 고귀한 천사가 될 거야. 지혜를 장착한"
이브는 쑥스러워서 얼굴이 발그레해졌습니다. 어머니는 모르는 게 없었어요. 이브의 마음을 어머니는 다 알고 있어요. 모든 것을요. 이브는 어머니를 위해서 더욱 씩씩해져야겠다고 마음먹었습니다.

샤인은 이브에게 특별한 선물을 하고 싶었습니다. 그래서 이브와 함께, 천사들과 함께 부를 노래를 만들었습니다. 샤인은 이브가 기뻐할 모습을 생각하며 이브의 분홍색 지붕 집으로 왔습니다.

"이브. 노래를 만들었어. 너와 함께 부를 노래"
이브는 기뻤지만 슬프기도 했습니다. 이제는 노래를 부를 수 없었으니까요.
"이 노래는 연주회에서 너와 함께 부르고 싶어. 함께 부를 거지?"
"너의 연주회인데 내가 같이 부르면 어떡해. 이번 연주회에서 나는 너의 노래를 듣고 싶어. 너의 노래는 팬들에게는 깜짝 선물이 될 거야. 팬들이 좋아할 거야"
이브는 샤인과 함께 부르고 싶었지만, 노래를 부를 수 없는 걸 감추어야만 했습니다.
"알았어. 이번에는 혼자 부를게. 그러나 다음부턴 같이 부르기다. 노래 제목은 'Heart with angels'이야. 노래 제목처럼 너와 함께, 천사들과 함께 부르고 싶어 만든 노래니까"
이브는 고개를 끄덕였습니다.
"응. 알았어. 내가 연주회에서 한 번에 다 외워버릴 거야. 몽땅"
이브는 마음으로 기도했습니다. 노래를 부를 수 있게 제발 저주의 마법이 풀리기를요.

샤인이 연주회를 하는 날, 자작나무숲 마을을 방문한 샤인의 팬들은 뜻밖의 깜짝 소식에 기쁨을 감추지 못했습니다. 샤인은 마을 사람들뿐만 아니라 자작나무숲 마을을 방문한 팬들까지도 연주회에 초대했기 때문이었어요.
샤인은 하늘색 지붕 성 정원에 피아노를 놓고 많은 사람이 함께할 수 있도록 대문을 활짝 열었습니다. 세계 곳곳을 다니며 쉼 없이 연주회를 하던 샤인은 자작나무숲 마을에서 꽤 많은 시간 휴식을 가진 것 같았습니다. 그래서 오늘 연주회는 살짝 긴장도 되고 설레기도 했어요. 원래는 샤인이 이브와 천사들을 위해 작은 연주회를 할 생각이었는데 이브의 제안으로 마을 사람과 마을을 방문한 팬들까지 초대했습니다. 물론 동백꽃 마을 사람들도 초대를 했습니다.
이브는 어머니께서 마련해주신 예쁜 도라지꽃색 원피스를 입고 로리와 리시안, 헤이즐, 티스와 함께 샤인의 하늘색 지붕 성으로 가고 있었습니다. 리엘은 샤인의 성을 장식할 꽃바구니와 리시안을 등 위에 올렸습니다. 사랑이와 러브는 양손에 빵이 가득 든 바구니를 들고 뛰어왔습니다. 이브는 초록별에서 미술 선생님과 아저씨로 옆에 있어 주었던 사랑이와 러브를 감사의 마음으로 보았습니다. 사랑이와 러브를 보는 이브의 눈에서 사르르 달콤한 꿀이 뚝뚝 떨어지는 것 같았어요. 조그만 꼬마 천사들이 초록별에 와서 얼떨결에 미술 선생님, 빵 만들어 주시는 아저씨로 옆에서 함께 해준 것을 생각하니 고맙기도 하고 미안하기도 했습니다. 이브는 천사들과 함께 초록 언덕에 있는 샤인의 하늘색 지붕 성으로 가는 길이 즐겁고 행복하고 감사했습니다.

샤인의 연주회가 있는 자작나무숲 마을에는 샤인과 이브만 설레는 것이 아니었어요. 천사들, 마을 사람들, 샤인의 팬들 모두가 설레는 날이었습니다. 자작나무숲 마을 사람들이 이브에게 반갑게 인사했어요.
"이브~ 오늘은 너무 사랑스럽구나"
"제가요?"
"넌 항상 사랑스럽지만, 오늘은 더 사랑스러워. 오늘은 귀여운 스머프 같아. 스머프로 분장했니?"
"하하하. 스머프로 봐주셔서 감사해요"
"아~ 그 예쁘니 스머프 이름이 뭐지? 맞다! 스머페트! 오늘은 스머페트 같아"
"가가멜이 아니라 다행이에요. 그럼 저는 당분간 스머페트로 살게요. 감사합니다"
샤인의 팬들도 이브가 귀여워 어쩔 줄 몰라 했어요.
"샤인이 있는 자작나무숲 마을에는 예쁜 스머프가 있네. 사랑스러워"
"사랑스러운 스머프가 지나간다. 스머프로 분장했나 봐. 스머페트~ 안녕?"
"눈동자가 너무 예쁘다. 스머페트 반가워요~"
이브는 감사의 인사를 하기 바빴어요. 스머페트로 분장했다고 하니. 하긴 뭐, 아주 틀린 말은 아니었습니다. 어차피 몸은 영혼의 옷일 뿐이니까요. 잠시 다른 옷을 입은 걸로 생각하기로 했어요.
"사랑스러운 스머페트로 봐주셔서 감사합니다"
샤인의 팬들은 샤인의 연주회 깜짝 이벤트에 마음이 들떠있었습니다.
"샤인의 마을에는 예쁜 파랑새, 예쁜 스머프, 예쁜 하늘색 지붕 성. 이 마을 하늘은 유난히 예쁜 파란색인 것 같아. 모든 것이 환상적이야. 동화 같아"
샤인의 팬들은 샤인을 좋아하고 배려하는 고운 마음만큼 자작나무숲 마을의 모든 것이 좋게만 느껴졌어요.
이브는 파충류로 놀림 받다가 갑자기 예쁜 스머프가 되니 재미있기도 하고 감사했습니다.
"예쁜 파랑새 로리~"
로리는 좀 시큰둥했어요.
"난 예쁘다는 말보다 멋지다는 말이 더 어울리지 않니?"
"크크크. 솔직히 말하면 로리 넌 멋지기도 하지만 엄청 예쁘거든. 천사 나라의 네 모습은 정말 우아하고 예뻤어"
"난 멋진 게 더 좋아"
"크크크. 사람들은 내가 스머프로 분장한 줄 아나 봐. 재밌지? 내가 키가 작으니까 스머프 같기도 하다. 나는 당분간 스머프로 살아야겠다. 하하하"
이브는 오랜만에 유쾌하게 웃었습니다.
"모두 잘 들어 봐. 어디선가 이런 소리가 들리는 것 같지 않아? 힘내라! 힘! 우리 천사님들 힘내세요! 사랑해요!"
리시안이 귀를 쫑긋 세웠어요.
"응. 나도 어디선가 들리는 것 같아. 분명 어디서 들리는 것 같은 느낌인데 뭐지?"
로리가 천사들 머리 위를 한 바퀴 돌았어요.
"글쎄 말이야, 나도 들리는 것 같은데. 아마도 마음으로 듣는 소리일걸?"
산들바람 티스가 다정하게 말했어요.
"그래요. 우리는 마음으로 들을 수 있어요. 분명 천사 나라에서 천사들이 열심히 응원하고 있을 거예요. 응원하는 천사들의 마음이 우리에게 전달된 거예요. 그래서 우리는 힘내야 하는 의무가 있답니다. 잊지 마세요"
오늘은 햇살 가득한 4월. 조금만 기다리면 초록 언덕으로 가는 길에 데이지 들판이 펼쳐지겠죠. 이브는 천사들과 함께 들판을 신나게 뛰어볼 거예요. 사과꽃, 복숭아꽃, 살구꽃, 배꽃이 흩날리면 자작나무숲 마을에 꽃비가 내릴 거예요. 내일 밤엔 핑크문이 별들과 함께 밤하늘을 환히 밝히면 초록 언덕에는 천사 나라 천사들의 맑고 아름다운 합창 소리가 울려 퍼지는 것 같을 거예요. 이브는 상상만으로도 너무나 행복했습니다.

유카와 팻시아는 천사들과 함께 샤인의 하늘색 지붕 성으로 가는 이브를 이글이글 타는 눈으로 노려보고 있었습니다. 유카와 팻시아는 머리끝에서부터 발끝까지 멋지게 빈틈없이 차려입고 있었습니다. 유카와 팻시아도 샤인의 연주회에 갈 생각이었어요. 팻시아가 턱으로 이브를 가리켰어요.
"유카. 쟤 정신 나간 것 같지?"
"기가 막혀. 저런 꼴로 마을을 돌아다녀? 미친 거 아니야?"
"쟤 웃는 꼴은 뭐야? 웃음이 나와?"
"와. 진짜 징글징글하다. 어릴 때부터 우리가 저 웃는 얼굴이 싫어서 짓밟고 또 짓밟기를 셀 수 없이 했는데 말이야. 어떡하면 끝이 날까?"
팻시아는 픽 웃었습니다.

XIV 힘내라! 힘! 사랑해요!

"유카. 그냥 포기하자. 끝이 없어. 쟤는 미쳤거나 감정이 없거나 둘 중 하나야. 아니면 사이코? 그걸 어떻게 이겨? 못 이겨"
"아냐. 그럴 순 없어. 끝끝내 숨도 못 쉴 만큼 짓밟아 놓고 말겠어. 두고 봐"
"저 원피스 이쁘지 않아? 쟤 거지처럼 옷 몇 벌 안 되잖아. 못 보던 옷이야. 천사 옷 같네. 흥"
"이뻐? 그럼 난 저 옷을 갈기갈기 찢어 놓을 거야"
"워워. 유카 진정해. 예쁜 옷 같은데 뺏어서 입으면 되지 그렇게까지 할 필요는 없잖아"
"아냐. 뺏어서 나무 위에다 걸어 놓을 거야. 망신스럽게"
"하여튼 심술보는. 하긴 쟤는 작아서 우리한테 맞지 않을 것 같긴 해"
"그나저나 우리 이대로 샤인의 연주회에 가도 돼?"
"왜? 우리 못가?"
"아니 그게, 초대를 받은 것도 아니고"
"오지 말라고 하지도 않았잖아. 그러니까 막 가면 돼"
"그래도 자존심 상하지 않아?"
"그냥 가면 좀 이상한가? 마을 사람들도 초대장 안 받았잖아. 그냥 오라고 하니까 가는 거 아냐? 우리도 자작나무숲 마을 사람이야. 옆 마을 동백꽃 마을 사람들도 온다잖아. 넌 뭘 그리 따져? 머리 아파지잖아. 그냥 가"
"거지 같은 이브 따위도 받는 초대를 우리가 못 받다니 어이없어. 정말"
"그렇긴 해. 우리 같은 미인들이 정중한 초대를 받아도 모자랄 판에 우리가 이브 같은 거지에게 밀리다니. 어유. 자존심 상해"
루시퍼가 유카와 팻시아의 뒤에서 말했습니다.
"자존심 상한 만큼 복수를 해야지요"
유카와 팻시아가 놀라서 뒤돌아봤습니다.
"아우, 깜짝이야!"
"어? 언제부터 우리 뒤에 있었어요?"
"우리 이야기 어디서부터 들었어요?"
루시퍼는 픽 웃었습니다.
"지금 왔습니다. 두 분이 심각한 얼굴을 하고 있길래 왔지요. 고민이라도 있으세요?"
팻시아가 한숨을 쉬었습니다.
"그게요, 우리가 초대를 못 받았거든요"
"샤인의 연주회는 마을 사람들, 팬들 모두 다 갈 수 있어요"
유카가 팔짱을 끼고 심드렁하게 말했어요.
"말이라도 초대하니 오라고 하면 좋을 텐데 이런저런 아무 말도 없는데 가려고 하니 자존심 상하잖아요"
"샤인이 두 분에 대해서 이브를 괴롭히는 사람들로 구분해 놓은 것 같아서 망설여지세요?"
유카가 미간을 찌푸렸어요.
"뭐 그렇게까지 콕 찍어서 이야기해요?"
"흐흐흐. 순진하십니다. 그러니까 영악한 이브에게 당하지요. 두 분은 마음이 너무 유순해서 탈이군요. 이브를 없애버리고 싶다고 하셨죠? 짓밟고 싶다고 하지 않나요? 그러면 이브보다 더 영악해져야지요. 이렇게 순둥이들이니 항상 당하기만 하지요. 참 답답합니다"
"우리가 답답해 보여요?"
"네. 이브보다 뭐가 부족해서 이러고 있습니까? 언제까지 이러고 있을 겁니까?"
"나도 내가 답답하다"
"저는 무조건 두 분 편입니다"
"그렇죠? 진짜죠?"

"두 분 그동안 이브 때문에 마음고생을 많이 했는데 복수를 해야지요. 샤인을 아직도 좋아하세요? 미련을 버리세요. 샤인에게 무시당한 만큼 되돌려줘야지요"
"루시퍼. 당신도 샤인과 이브가 싫죠? 무슨 이유인지는 모르겠지만 당신이 샤인과 이브를 미치도록 싫어하는 게 보이거든요. 우리가 그 정도 눈치는 있어요. 당신도 샤인과 이브를 싫어하는 거 맞잖아요. 그럼 같이 복수 해야지 왜 우리만 하라고 해요?"
"잊으셨어요? 역할이라는 게 있어요. 저는 증거를 없애는 뒤처리를 하기로 했습니다. 그러니 두 분은 마음껏 복수 하세요. 저를 믿고"
팻시아가 고개를 끄덕였어요.
"아~ 그랬지. 근데 샤인까지 괴롭히고 싶지는 않다. 그렇지 않아? 유카?"
"나도 그렇긴 한데, 아, 몰라. 이브를 가장 힘들게 하는 방법은 이브의 주변을 괴롭히는 거니까. 특히 샤인"
루시퍼가 한쪽 입꼬리를 올리며 씩 웃었어요.
"역시 머리가 좋군요. 미련을 버리십시오. 그깟 샤인이 뭘 그리 대단하다고. 저는 먼저 가보겠습니다"
"언덕으로요?"
루시퍼는 고개를 끄덕이며 걸어갔습니다.

유카와 팻시아는 이브가 친구들과 함께 웃고 있는 모습이 못마땅했습니다.
"거슬려. 거슬린다고. 외톨이로 만들어야 하는데"
"나도. 쟤는 파충류 같은 저 꼴을 하고도 밝게 웃고 있다니 이상해"
"이브 옆에 저것들이 있기 때문이야. 이브가 포기할 틈을 주지 않거든. 저것들을 싹 없애버려야 해"
유카는 담배를 꺼내 입에 물고 팻시아에게도 담배를 건넸습니다.
"짜증 나. 불 있어?"
"응"
팻시아는 유카의 담배에 불을 붙여주었습니다. 유카는 엄마가 카페에서 나오는 걸 보자 피우던 담배를 얼른 호주머니 속에 넣었어요. 유카는 뭔가 생각난 듯 의미심장하게 씩 웃었습니다.
"팻시아. 라이터만으로는 시간이 너무 걸려."
팻시아는 유카의 표정을 살피더니 무슨 말인지 알아채고 피식 웃으며 끄덕였습니다.
"응. 더 손쉬운 방법도 있지"
유카와 팻시아는 어디론가 향했습니다.

이브는 유카와 팻시아의 뒷모습을 보았어요. 이브는 유카와 팻시아에게 먼저 손을 내밀어 좋은 친구로 지내야겠다고 생각했습니다. 이브는 유카와 팻시아가 아니었다면 어쩌면 지금보다 나약한 존재가 되어 있을 거라는 생각을 했어요.
'유카, 팻시아. 어쩌면 너희들로 인해 나는 더욱 강하게 된 것 같아. 초록별에서 나는 많이 외로워서 무너질 순간들이 많았거든. 그런데 너희들로 인해 나는 똑바로 서려고 했고, 강해지려고 노력했어. 너희들의 괴롭힘이 오히려 나에게는 나를 강하게 만드는 힘이 되었어. 고맙다고 말할 수는 없을 것 같아. 그러나 미워하지 않아. 내가 너희들의 좋은 친구가 될 수 있도록 노력해 볼게. 서로 좋은 친구가 될 수 있게 너희들도 나와 함께 노력해 주면 안 되겠니?'
파랑새 로리는 고개를 가로저었어요.
"이브. 무슨 생각하는지 나 다 알거든. 기대하지 마. 천사 나라에서부터 지금까지 무슨 일을 겪었는지 생각해 봐. 제발 좀"
"그래도 희망은 가져 봐야지"
로리는 완강히 고개를 가로저었어요.

XIV 힘내라! 힘! 사랑해요!

"이브. 기대하지 마. 그 기대는 너를 또 힘들게 할 거야. 감사함이 없는 곳에 배려를 계속하는 것이 과연 현명한 걸까? 난 그렇지 않다고 생각해. 무조건 좋게만 생각하지 말고, 이제는 영혼을 분별해서 알아보는 눈을 가져야 해. 그러니까 미워하지 않는 정도로만 해. 알았지?"
햇살에 반짝이는 자작나무의 초록 잎을 보았습니다. 이브는 생각했어요.
'때론 노력을 멈추는 것이 최선일까? 그들이 함부로 하지 못하게 내치는 것이 맞을까? 계속 선한 마음으로 배려하면 바보처럼 또 짓밟으려 할까? 그래도 다정한 손을 내밀어 보는 것이 맞지 않을까? 도대체 어떤 선택이 최선일까?'
이브는 왕과 왕비가 천사 나라에서 당부했던 말씀을 생각했어요.
'비록 그들이 너희에게 못 할 짓을 해도 너희는 마음에 악을 품지 말아라. 항상 선한 마음을 잃지 말아라'

샤인은 초록 언덕에 이브가 보이자 얼른 뛰어가서 맞이하였어요. 이브가 들고 있는 꽃바구니를 안고 이브의 손을 꼭 잡았어요. 샤인은 이브가 씩씩하게 초록 언덕까지 와 줘서 얼마나 고마운지 손에 힘을 꽉 주어 잡았습니다.
이브와 천사들은 정원을 예쁘게 장식하느라 바빴고, 샤인은 연주할 곡들을 연습해 보았어요. 이브는 하늘색 지붕 성 정원을 둘러보았습니다. 행복했어요. 꿈을 꾸는 것만 같았습니다. 어머니, 아버지께서 좋아하실 걸 생각하니 더욱 설레었습니다. 하늘과 바다는 푸른색으로 반짝였고 초록 언덕과 자작나무숲은 초록으로 반짝였습니다. 산들바람 티스 선생님은 하늘과 땅에 다정한 산들바람을 잔뜩 불어 초록 언덕에 모여들고 있는 사람들에게 감미로운 낭만을 선물하고 있었습니다.

유카의 엄마와 팻시아의 엄마는 샤인의 연주회에 가는 게 그다지 내키지 않았지만, 마을 사람들의 손에 이끌려 초록 언덕으로 왔습니다. 유카의 엄마와 팻시아의 엄마는 유카와 팻시아를 찾아 두리번거렸습니다. 유카와 팻시아의 모습이 보이지 않자, 고개를 절레절레 흔들고는 한숨을 쉬었습니다. 불안했지만 마을 사람들 앞에서 내색하지 않으려고 했습니다.

유카와 팻시아는 시무룩한 표정으로 자작나무숲 시냇가에 앉아 있었습니다.
"팻시아. 우리 마을에서 우리를 싫어하지 않는 거는 없는 것 같다. 사람이든 사물이든 동물이든. 공기마저도"
"응. 모두가 우리를 싫어하는 것 같아"
"우리가 이브를 괴롭히지 않고, 또 친구들에게 못된 말도 하지 않고, 누군가를 집요하게 괴롭히지 않고, 착한 친구들 따돌림도 하지 않고, 담배도 피우지 않고, 술도 마시지 않고, 규칙도 잘 지키고, 엄마, 아빠, 선생님 말씀 잘 듣고 했다면 지금 우리는 어떤 모습일까?"
"마을 사람들이 우리를 피하지는 않겠지 뭐"
"우리는 이브를 왜 괴롭혔지?"
"밝은데다가 엄마가 없잖아. 우리보다 약해 보이고, 인정하고 싶지 않지만 착하니까 막 해도 될 것 같잖아. 그러니까 우리 멋대로 해도 될 것 같고. 이브는 항상 밝아. 아무리 괴롭혀도 밝아. 그래서 우리는 더 짓밟고 싶었어. 두 번 다시는 못 웃게 만들고 싶었지. 그리고 우리가 뭔가 불만이 쌓이거나 불안하거나 짜증이 나거나 하면 이브를 괴롭히는 걸로 풀기도 했어. 우리 사춘기 땐 정말 이브 괴롭히는 걸로 기분을 풀었던 것 같아. 그럼 뭔가 뻥 뚫리는 기분이었거든. 뭔가 통쾌하고, 스트레스 풀리고"
"만약에 우리에게 엄마가 없다면 이브는 어떻게 했을 것 같아?"
"아마도 이브는 우리에게 위로가 되어주고 기댈 수 있는 친구가 되고자 했겠지. 자기가 가진 것을 나누고자 했을 것 같아. 이브는 착하니까. 솔직히 이브를 보면 아낌없이 주는 나무 그 말이 생각나잖아. 뭐든 도와주려고 했을 거야"
"응. 그랬을 것 같아. 이브는 가진 것이 없는 거지 같은데 모든 것을 다 가진 공주 같아. 내가 가지지 못한 거 다 가진 공주. 그래서 싫었어. 거지 같은 이브가 예쁘고 멋져 보였거든. 이상하지?"
"그런데 무조건 싫지? 한 편이 될 수 없을 것 같지?"
"응, 그래. 무시하고 안 보고 지내기에는 너무 눈에 띄어. 배가 아파. 싫어"
"나도 그래. 눈에 걸리적거리더라. 그래서 짓밟고 싶었어"
"괴롭히는 것을 멈출 수가 없었어. 사실 지금도 그래. 이런 내가 싫기도 해"
"응, 나도. 우리 이제는 괴롭히는 거 멈추자. 괴롭히는 게 습관이 된 것 같아. 우리만 힘 빠지는 것 같고 우리만 시간 낭비하는 것 같아. 억울해"
 루시퍼가 유카와 팻시아의 뒤에서 말했습니다.
"억울한 건 풀어야죠. 이브가 없는 환경을 만들어야지요. 지금까지 억울했는데 계속 억울하게 지낼 겁니까?"
 유카와 팻시아는 화들짝 놀랐어요. 유카가 화를 냈습니다.
"이봐요! 루시퍼! 왜 자꾸 남의 말을 뒤에서 엿듣고 그래요? 비겁하게! 아, 진짜 짜증 나! 진짜 왜 그래요?"
 루시퍼는 달래듯 말했습니다.
"놀라셨다면 죄송합니다. 지나가다가 두 분이 있길래 반가운 마음에 왔는데 억울하다는 말을 듣고 제가 괜히 속상해서요"
"뭐가 반가워요! 오늘 이미 봤잖아요. 짜증 나. 안 그래도 마음 복잡한데 왜 들쑤시고 그래요? 자꾸 보이면 내가 뭐 좋기라도 할 줄 알아요?"
"유카. 그만해. 왜 루시퍼 님에게 화풀이야? 루시퍼 님은 우리를 위해서 하는 말이잖아. 우리 편이야. 알잖아"
"두 분. 정말 오랫동안 마음고생 많이 하셨습니다. 이제는 지긋지긋한 악연을 끊어낼 때가 되었어요. 마음 약해서 더 미루다가는 지옥처럼 살게 될지도 모르지요. 언제 끝이 날지 알 수 없어요. 이제는 쫓아내세요. 악마 같은 이브를 쫓아내야지요"
 팻시아가 루시퍼를 물끄러미 쳐다봤어요.
"이브가 악마라고요?"
"그럼요. 두 분을 힘들게 하고 억울하게 만드는 악마지요. 남을 불행하게 하고, 시간 낭비하게 하고, 혼란스럽게 하는 존재가 악마가 아니고 뭐겠습니까? 제 판단은 그렇습니다. 그러나 어떻게 할지 선택은 두 분이 하는 겁니다. 억울하게 살지 않으려면 마음 굳게 다잡아야죠. 잘 생각하시기를 바랍니다. 저는 이만 언덕 쪽으로 가보겠습니다"
 루시퍼는 가볍게 목인사를 하고는 초록 언덕 쪽으로 가다가 유카와 팻시아를 못마땅한 표정으로 한 번 쓱 돌아봤습니다.
"한심한 것들"

 유카는 가방에 든 휘발유를 손을 넣어 만져봤어요.
"팻시아. 루시퍼 말이 맞아. 이제는 우리가 주인공이 되자"
"응. 이브 때문에 우리 스스로가 불쌍하게 생각하잖아. 짜증 나. 구질구질 구차해. 싫어"
"그래서 환경이 중요한 거야. 걸리적거리는 거는 싹 없애버리고 주인공으로 사는 거야. 우리 인생 멋지게 제대로 살아보자"
 유카와 팻시아는 초록 언덕 쪽을 의미심장하게 바라보았습니다.
 몸을 숨겨 유카와 팻시아를 지켜보던 루시퍼의 한쪽 입꼬리가 올라갔습니다.
"멍청한 것들"

XIV 힘내라! 힘! 사랑해요!

초록 언덕은 사람들로 북적였습니다. 동백꽃 마을에서 샤인의 아버지와 어머니도 샤인의 연주를 보려고 왔습니다. 샤인의 아버지와 어머니는 멀찍감치에서 대견하게 바라보고 있었어요. 샤인의 아버지, 어머니는 샤인을 아주 많이 자랑스러워하였습니다. 그러나 마을 사람들에게 전혀 자랑하지 않고 언제나 겸손하였습니다.

샤인의 성안에서 바쁘게 움직이던 이브와 헤이즐은 초록 언덕 끄트머리에서 사람들 사이에 잘 끼지 못하고 쭈뼛거리는 유카와 팻시아를 발견했습니다. 이브가 그들에게 가려고 하자 헤이즐이 막았습니다.
"이브. 내가 가볼게. 넌 여기에 있어. 샤인은 네가 안 보이면 찾을 거야"
헤이즐은 멀리 있는 유카와 팻시아에게 천천히 뚜벅뚜벅 가면서 마음으로 그들에게 이야기했습니다.
'나도 이브를 괴롭히다가 다시 좋은 친구가 되기로 마음을 바꾸었어. 내가 나에게 기회를 주고 선물을 하는 거였어. 그간 있었던 일들을 많이 반성했고 하나님께 무릎을 꿇고 회개의 기도를 했어. 그리고 이브에게 미안하다고 잘못했다고 진심으로 사과했어. 이브는 묻지도 따지지도 않고 따뜻하게 받아줬지. 이브는 그동안 얼마나 마음이 아팠을까? 얼마나 인내했을까? 유카, 팻시아. 너희들도 이제는 시기, 질투, 교만, 괴롭힘을 멈춰. 우리 모두 이제 서로에게 좋은 친구가 되자. 서로에게 위로가 되고 힘이 되고 편안함을 주는 친구가 되어 보자. 우정이라는 말은 따뜻하잖아. 우리 우정을 나누는 좋은 친구가 되지 않을래?'
헤이즐은 자신이 그랬듯이 유카와 팻시아도 마음을 돌이켜 주기를 기대했습니다.
분홍 할머니 모습을 한 왕비가 초록 언덕에 도착했습니다. 분주하게 준비하고 있는 천사들이 배고플까 봐 간식거리를 가져왔습니다. 헤이즐은 분홍 할머니를 보자 짐을 들어드리려고 빠른 걸음으로 갔습니다.
유카와 팻시아는 분홍 할머니를 보자 심술이 났습니다.
"팻시아, 우리 재미있는 일 만들어 볼까?"
팻시아는 고개를 끄덕이며 키득키득 웃었습니다. 분홍 할머니 모습의 왕비는 유카와 팻시아의 마음을 알고 있었지만 모르는 척했습니다. 유카가 분홍 할머니 앞에 쓰윽 와서는 딴청을 피우며 다리를 걸었습니다. 그러자 분홍 할머니는 기우뚱하며 크게 넘어졌어요. 헤이즐이 다급히 뛰어왔습니다. 이를 지켜보던 동네 사람들이 웅성거렸어요. 헤이즐은 분홍 할머니를 안아 일으키고 유카와 팻시아를 노려봤습니다. 헤이즐은 실망과 분노로 휩싸였습니다.
"유카, 팻시아. 너희들은 어쩔 수 없구나! 구제 불능이야! 너희들의 사악함! 비겁함! 용서받지 못할 거야. 어리석게도 내가 너희들에게 한 가닥 희망을 가졌다니. 헛된 생각이었어. 저리 가! 꺼져!"
덴파레 옆에 있던 리시안, 리엘, 로리가 왕비에게 급히 왔습니다. 유카와 팻시아의 앞을 가로막아 섰습니다, 유카와 팻시아가 마주 보며 코웃음을 쳤어요.
"애들은 뭐니? 언제부터 우리 마을 언덕이 동물 농장이었지? 웃긴다"
"애들 봐라. 퍽이나 무섭다. 어이없네. 유카 가자. 상종하지 말아야지"

헤이즐은 분홍 할머니를 부축하며 정원으로 들어왔습니다. 왕비는 헤이즐에게 괜찮다며 안심시켰습니다. 이브는 왕비를 보자 얼른 뛰어갔습니다.
"어머니!"
이브는 왕비의 치맛자락이 더럽혀진 것을 보고는 헤이즐을 쳐다봤어요.
"헤이즐, 무슨 일이야?"
"유카와 팻시아가..."
왕비는 헤이즐의 손등을 쓰다듬었습니다.

"별일 아니란다. 봐~ 아무렇지도 않잖아"
이브는 말없이 왕비의 치맛자락에 묻어 있는 얼룩과 먼지를 털었습니다.
리시안이 속상해서 긴 한숨을 쉬었어요.
"어머니는 다 아시면서 왜 당하고 계세요?"
"리시안. 유카와 팻시아는 그들이 할 일을 하는 거야. 많은 천사가 지켜보는 앞에서 자신들을 증명하고 있는 거야. 그들이 천사 나라를 사랑했다면 이브도 사랑했겠지"
이브는 유카와 팻시아가 안타까웠습니다.

이브는 밖에서 힐끗거리며 하늘색 지붕 성, 샤인의 집 안을 보는 유카와 팻시아에게 다가갔습니다. 그리고 다정하게 손을 내밀었어요.
"유카. 팻시아. 연주회에 같이 갈래?"
유카와 팻시아는 얼굴이 벌게지며 험상궂게 찌그러졌습니다. 유카는 이브의 한쪽 어깨를 밀쳤습니다.
"야! 네가 뭔데 우리한테 그러는 거야? 가고 싶으면 우리가 가는 거야. 우리 마음이라고! 파충류 같은 게 어디서 주제넘게 지시야!"
팻시아는 손가락으로 이브의 이마를 툭툭 쳤어요.
"야! 이브! 너 괴물이 되더니 정신이 나갔구나. 우리가 네 손을 잡을 것 같니? 넌 괴물이야. 그 꼴로 웃고 있는 네가 난 이해가 안 간다. 너 미쳤지? 저리 가! 이 사이코!"
"너 때문에 우리가 너무 피곤해. 우리 인생이 꼬였다고. 우리 영역에서 제발 사라져. 정말 짜증 나"
이브는 침착하고 다정하게 말했습니다.
"유카. 팻시아. 연주회가 끝나기 전에 오고 싶으면 언제든지 와"
"네가 뭔데 이러쿵저러쿵이야! 웃겨!"
"너 진짜 오지랖이 보통이 아니구나!"
"교만이 하늘을 찌르네!"
이브는 침착하게 말했습니다.
"너희들이 나에게 뭐라고 말해도 난 괜찮지만, 할머니를 조금이라도 다치게 하는 건 용서하지 않을 거야"
유카가 부르르 떨었어요.
"뭐? 웃겨! 네가 뭔데? 주제넘게! 네가 뭔데 용서를 하니 마니 그래? 너! 태도가 틀렸어. 너를 용서할지, 말아야 할지 결정할 사람은 나야! 거지 같은 게"
연주회 준비를 마친 샤인은 유카, 팻시아와 있는 이브를 보고 걱정이 되어 달려와 이브의 손을 잡았습니다.
"이브. 들어가자"
이브는 샤인의 손을 잡고 가다가 뒤를 돌아 유카와 팻시아를 보았습니다.
'유카. 팻시아. 우리는 좋은 친구가 될 수 없는 걸까?'
샤인은 이브의 손을 잡아당겼습니다.
"이브. 돌아보지 마. 마음에서 떠나보내"
이브는 쓸쓸한 마음을 감출 수 없었지만, 샤인과 함께 샤인의 정원으로 갔습니다.
유카와 팻시아는 멀어져가는 샤인과 이브를 노려보았습니다.
"싫어. 무조건 싫다고! 다 망가뜨려 버릴 거야!"
"이브가 샤인을 뺏어갔어. 자존심 상해. 복수할 거야!"

바위 뒤에서 샤인과 이브를 지켜보던 레나의 눈은 분노로 시뻘게졌습니다.
"이브. 짓밟아버릴 거야. 반드시"

바위가 부르르 떨었습니다.
"레나! 너 고약한 마음은 변함이 없구나! 여기서 나가!"
"바위 따위가"
레나의 말에 자작나무들은 화가 났습니다.
"내 친구 바위에게 너 뭐라고 했어? 바위 따위? 후려쳐줄까? 그래야 정신 차리겠어?"
"흥!"
레나는 검은 망토 모자를 깊이 눌러썼습니다. 그리고 하늘색 지붕 성으로 걸어갔습니다.

예쁜 분홍빛 노을이 초록 언덕에 내려앉았습니다. 샤인의 하늘색 지붕 성은 마치 천사 나라의 왕궁처럼 신비로운 빛이 나는 것 같았어요. 자작나무들도 사과나무들도, 마을의 모든 나무, 꽃들도 오늘은 분홍빛 노을에 설레었습니다. 티스 선생님은 이 행복한 설렘들을 산들바람에 실어서 마을을 포근히 감쌌습니다.
 샤인의 연주가 시작되었습니다. 샤인은 언젠가 이브와 같이 부를 'Heart with angels'을 불렀습니다.
 샤인의 아름다운 피아노 소리와 노래는 초록 언덕과 하늘, 그리고 바다에 청아하게 울려 퍼졌습니다. 깨끗한 시냇물 소리 같은 피아노 소리에 모두 조용히 귀를 기울였어요. 고요함 속에서 샤인의 피아노 소리는 세상 모두를 하나로 연결하는 것 같았습니다. 이브의 모든 세포는 샤인의 노래에 집중해 있었어요. 이브는 샤인의 노래에 마음에 실었습니다.
 샤인의 멋진 팬들은 샤인의 노래와 연주, 초록 언덕을 사진 찍고 동영상도 찍으면서 좋은 추억으로 간직하고자 했어요. 초록 언덕을 든든히 지키는 덴파레도 마치 아름다운 천사 나라 고향에 와 있는 기분이었습니다.
 하지만 덴파레는 긴장을 늦추지 않았습니다. 루시퍼와 레나, 유카, 팻시아 때문이었죠. 루시퍼는 샤인의 성 안에서 동네 사람인 것처럼 천연덕스러운 얼굴로 팔짱을 끼고 뒤편에 서서 샤인의 연주를 듣고 있었고, 레나는 루시퍼의 뒤에서 검은 망토 모자를 눌러쓰고 얼굴을 감추고 있었습니다. 유카와 팻시아는 초록 언덕 주변을 서성이고 있었습니다.
"유카! 왜 안 들어가? 너의 엄마도 샤인의 집에 있잖아. 울 엄마가 나를 찾을 것 같아. 난 들어갈래. 구질구질하게 이게 뭐야. 너랑 친구 안 하고 이브랑 친구 했다면 더 좋았을걸. 괜히 너랑 같이 있다가 나까지 이 지경이 됐어. 에이"
"야! 팻시아! 너 왜 자꾸 왔다 갔다 해? 좀 전에 이브가 샤인을 뺏어갔다고 복수할 거라고 했던 사람이 누구야? 네가 줏대 없이 그러고 다니니까 무시당하는 거라고!"
"샤인이 아름다운 나를 두고 괴물 같은 이브를 좋아하는 게 이해가 안 되고 이브가 미워. 그렇지만 또 한편으로는 너보다 이브가 착하잖아. 울 엄마가 그랬어. 좋은 친구를 사귀어야 한다고. 넌 좋은 친구는 아닌 것 같아"
"그럼 너는 좋은 친구니? 너 자신을 알라고!"
"넌 뭐가 잘났어? 뭐가 잘났길래 나를 항상 깔봐? 내가 보기에 너 정말 별 볼 일 없거든. 웃겨"
"웃겨? 별 볼 일 없어?"
"낮술이라도 했니? 왜 말 같지 않은 소리를 해?"
"말 같지 않은 소리는 네가 했잖아. 왜? 정곡이 찔려서 뜨끔해?"
"어휴, 돌대가리. 너랑 사귀는 내가 바보지"
"흥! 핵심도 없는 소리 지껄이기 좋아하는 너는 통통 새대가리다"
"시끄러워! 우리가 이러고 있는 것도 다 이브 때문이야. 에이"
"맞아. 짜증 나"
"야! 그러니까 뭔가 해야지"
 유카는 덴파레를 턱으로 가리켰어요. 팻시아는 고개를 끄덕였습니다.

"이브에게 소중한 걸 괴롭히자고"
"이 언덕에는 CCTV 없지?"
"응. 이 언덕에는 CCTV가 없지"
유카와 팻시아는 주변을 둘러보며 실실거렸어요.

유카와 팻시아는 덴파레에게 슬그머니 다가갔습니다. 덴파레의 신경이 곤두섰습니다.
"너희들 무슨 짓 하려고 그래?"
"나무는 나무답게 조용히 입 다물고 있어. 나무가 왜 자꾸 말을 해? 기분 나쁘게!"
"흥! 앞으로 영원히 말 못 하게 될걸?"
유카와 팻시아는 각자의 가방에서 휘발유를 꺼내 덴파레 주변과 초록 언덕에 뿌렸습니다. 덴파레는 화들짝 놀랐습니다.
"너희들 뭣 하는 짓이야!"
"그러게, 왜 쓸데없는 말을 해서는. 쯧쯧"
"에휴, 재가 되겠지? 안됐다. 왜 자꾸 우리를 건드리냐고. 네 잘못이야. 꼴 좋다"

샤인의 성 안, 이브의 품 안에서 연주를 듣던 리시안은 이상한 냄새가 나자 두리번거리며 냄새를 맡다가 갑자기 이브의 품 안에서 뛰쳐나가 덴파레에게 전력을 다해 뛰었습니다. 이브는 당황했지만, 연주에 방해되지 않게 조용히 빠른 걸음으로 리시안을 찾으러 나왔습니다. 이브는 덴파레를 향해 뛰어가는 리시안의 뒤를 따라 뛰었어요. 덴파레는 리시안과 이브를 보자 다급히 외쳤습니다.
"리시안! 이브! 오면 안 돼!"
유카는 담배를 꺼내 입에 물고 담배에 불을 붙였어요.
"흥! 웃겨"
팻시아는 으르렁거리는 리시안을 걷어찼습니다. 리시안은 팻시아의 발길에 쓰러졌습니다.
이브와 덴파레는 놀라서 같이 소리쳤습니다.
"안돼!"
유카와 팻시아는 코웃음을 치며 야비한 웃음을 실실 흘렸습니다.
"조그만 것이! 네까짓 게 나를 이길 줄 알았어? 흥!"
이브가 다급히 뛰어와 리시안을 안았습니다. 유카는 이브의 어깨를 발로 찼습니다.
"흥! 너 이럴 줄 알았어. 널 함정에 빠뜨리는 건 정말 손쉽구나"
루시퍼는 검은 새로 변신해 음침한 소리를 내며 초록 언덕 하늘을 유유히 날았습니다.
"모든 것이 활활 타오르겠구나. 흐흐흐"

이상한 낌새를 느낀 리엘과 로리가 초록 언덕으로 리시안과 이브를 찾아 나왔습니다. 유카는 뛰어오는 리엘과 로리를 보자 픽 웃고는 피우던 담배를 던졌어요. 그리고 라이터를 불길 속으로 던졌습니다. 불은 순식간에 번졌습니다.
로리는 샤인에게 급하게 날아갔습니다. 산들바람 티스 선생님은 다급히 모든 바람들에게 명령을 했습니다.
"모두 멈춰! 움직이지 마!"
불이 잘 번지지 않게 바람들이 모두 멈췄어요. 루시퍼가 휘파람을 불자 어둠의 졸개들인 검은 새들이 나타나 날개를 파닥거리며 불길을 일으켰습니다. 루시퍼의 비웃음 소리가 커다랗게 울려 퍼졌어요. 덴파레는 불길 속을 뛰어드는 이브와 리시안에게 외쳤습니다.
"이브! 리시안! 위험해! 안돼! 오지 마!"
유카와 팻시아는 덴파레를 보며 빈정거렸습니다.

"안돼? 왜 안돼? 웃겨. 너희들이 그동안 우리를 우습게 본 댓가야"
"그래. 이거지. 후련하다"
로리는 연주하고 있는 샤인에게 가서 말했어요,
"샤인! 큰일났어! 불 속에 이브와 리시안이 있어!"
샤인은 연주를 멈추고 초록 언덕으로 뛰어나갔습니다. 로리도 덴파레에게 급히 날아갔습니다.
리엘은 불길 속으로 뛰어 들어가 이브와 리시안을 가슴으로 감쌌어요.
"리시안! 이브 공주님! 빨리 내 등에 타세요!"
이브와 리시안은 고개를 가로저었습니다.
"안돼. 덴파레 오빠가 위험해"
이브와 리시안은 두 팔을 최대한 벌려 온몸으로 덴파레를 안았어요. 덴파레는 침착하려고 애썼습니다.
"이브! 리시안! 빨리 나가! 리엘 뭐해! 빨리 데리고 나가"
샤인의 성안에 있던 사람들이 소리 질렀습니다.
"불이다! 불이야!"
샤인은 이브를 찾았습니다. 샤인은 불길 속의 이브를 향해 뛰었어요. 사람들은 소방서와 경찰서에 연락했습니다.

천사 나라에서 초록별 상황을 관찰하고 있던 천사 나라 군사들이 파랑새가 되어 초록별 초록 언덕 위 하늘로 왔습니다.
"덴파레 대장님! 우리가 왔어요!"
공중에 있는 천사 나라 군사들을 본 덴파레는 가지를 뻗어 큰 소리로 말했어요.
"멈춰! 초록별에 있는 천사들이 해결할 거니까 멈춰!"
천사 나라 군사들은 덴파레의 명령에 일시에 멈췄습니다. 로리는 덴파레의 가지에 앉았어요.
"로리! 위험해! 저리 가!"
천사 나라 군사들은 로리에게 소리쳤습니다.
"로리 대장님! 덴파레 대장님을 설득해보세요. 우리가 다 해결하겠습니다"
로리는 고개를 가로저었어요.
"아냐! 모두 덴파레 대장님 명령을 들어!"
루시퍼는 천사 나라 군사들을 보며 빈정거리듯 초록 언덕 위를 휘휘 날아다녔습니다.
"이히히. 꼴 좋다. 복수는 잔인하게! 왕과 왕비! 보고 있나! 너희들의 자식들이 불타 새까만 재가 될 것을!"

샤인은 불길 속으로 뛰어들었습니다. 샤인은 리시안을 리엘의 등에 태웠어요.
"어서 빨리 나가! 이브는 내가 책임질게"
리엘의 등에서 리시안은 뛰어내려 덴파레를 안았어요.
"싫어! 덴파레 오빠를 두고 떠날 수 없어. 오빠가 타버리면 어떡해"
덴파레는 이브에게 화를 냈습니다.
"이브! 리시안! 제발! 빨리 나가! 샤인! 리엘! 이브와 리시안을 데리고 나가. 얼른"
이브는 덴파레를 안고 놓으려 하지 않았어요.
"안돼. 오빠가 불에 탈지 몰라. 소방관들 올 때까지 있을 거야. 샤인. 너는 나가! 제발"
"네가 여기 있으면 나도 여기 있을 거야"
"그러지 마!"
샤인은 초록 언덕 위를 날아다니는 루시퍼를 노려보았습니다. 그리고 침착하게 발밑의 돌을 주워들어 있는 힘껏 루시퍼를 향해 던졌습니다.

XIV 힘내라! 힘! 사랑해요!

"이 악마! 사라져!"
 루시퍼는 비열하고 교만한 기분에 심취해 샤인이 던진 돌을 미쳐 피하지 못하고 머리를 맞고는 불길 속으로 떨어졌습니다. 불이 루시퍼의 온몸에 붙었습니다.
"아아악! 안 돼!"
 샤인은 침착하려 했습니다.
"영원히 사라져"
 루시퍼는 불길 속에서 버둥거렸습니다.
"아악! 분해! 내가 왕이 되어야 하는데"
 루시퍼는 말을 다 끝내지 못했습니다. 루시퍼는 활활 타오르는 불길 속에서 미친 듯이 버둥거리다 재가 되었습니다. 티스는 회오리를 일으켜 어둠의 졸개들을 끌어모아 바람 속에 가둬서 불길 속에 패대기쳤습니다.
 샤인은 이브를 가슴으로 감싸안아 이브와 함께 덴파레를 안았어요. 리엘도 온몸으로 리시안을 감쌌습니다.
"이브, 이제 루시퍼는 사라질 거야. 영원히"
"고마워. 샤인"
 레나는 불길 속의 이브가 다치지 않게 방패처럼 있는 샤인을 보자 시기, 질투, 분노가 폭발하였습니다.
"내가 완전히 짓밟아버릴 거야!"
 이성을 잃은 검은 새 레나는 이브를 향해 표독스럽게 날아갔습니다. 로리는 레나에게 화살처럼 날아갔어요.
"나에게 맡겨!"
 검은 새 레나보다 로리가 턱없이 작은 체구라 덴파레는 걱정이 앞섰지만, 덴파레는 로리를 믿었습니다. 로리는 잽싸게 날아가 레나의 등 위에 올라탔습니다. 레나는 등 위에 있는 로리를 떨어뜨리려 몸을 심하게 흔들어 댔습니다. 로리는 별것 아니라는 듯 어깨를 한 번 으쓱했습니다.
"어림없지. 어둠의 졸개 레나. 이런 말 들어봤어? 새 발의 피라고. 네가 그래"
 로리는 레나의 머리를 부리로 세게 찍어 내렸어요. 레나의 머리에서 피가 흘렀어요.
"악!"
"어둠의 레나. 내가 한 말 기억해야지. '레나, 넌 내가 반드시 제거할 거다' 기억하지?"
 레나는 날개로 머리를 움켜잡자, 몸이 기우뚱해져 방향을 잃고 불길 속으로 떨어졌습니다.
"아아악!"
 로리는 한번 쓱 쳐다보고는 아무 일 없었던 듯 다시 덴파레에게 갔습니다. 덴파레는 로리에게 말했어요.
"여긴 위험해! 멀리 떨어져!"
"괜찮아요. 뭐 이쯤이야"
"고집불통"
 로리는 못 들은 척하며 시큰둥하게 말했어요.
"후~ 저기 소방차들이 오네. 됐어요"
"위험한데.... 고마워. 함께 해줘서. 난 메타세쿼이아잖아. 불에 쉽게 잘 타지 않는 나무인데...."
"그래도 타긴 타잖아요"
"로리. 너, 나를 좋아하지?"
 로리는 안 들리는 척, 못 들은 척했어요. 덴파레는 뽀로통해졌습니다.
"다 듣고 있으면서. 대답도 안 해주고. 맨날 저래"

 소방관들이 와서 초록 언덕에 물을 비처럼 뿌렸습니다. 왕비는 모든 것을 가만히 잠잠히

XIV 힘내라! 힘! 사랑해요!

지켜보았습니다. 그리고 밤하늘을 보며 나지막이 말했습니다.
"이제 오실 때가 된 것 같아요"
사람들 사이에서 유카와 팻시아는 몸을 움츠려 눈치를 잔뜩 보고 있었습니다. 유카와 팻시아의 엄마들이 둘을 발견하고는 잰걸음으로 사람들의 눈치를 살피며 다가오고 있었어요. 그때 샤인의 팬들이 유카와 팻시아를 보고 소리쳤어요.
"저 두 사람이에요. 내가 봤어요! 사진 찍어놨어요!"
"나도 증거가 있어요. 동영상을 딱 찍어놨어요!"
"나도요! 나도요!"
샤인의 팬들은 샤인의 연주와 초록 언덕을 열심히 사진을 찍고 동영상도 찍어 추억으로 간직하고자 했기에 여기저기서 증거가 될 사진과 동영상들이 쏟아져 나왔습니다. 경찰관들이 유카와 팻시아에게 수갑을 채웠습니다.
유카와 팻시아는 각자의 엄마를 쳐다보며 울먹였습니다.
"엄마"
유카와 팻시아의 엄마들은 두 사람에게 허겁지겁 뛰어갔지만, 경찰관들은 두 사람을 경찰차에 태우고 떠났습니다.
덴파레는 함께 해준 천사들에게 가슴 깊이 고마움을 느꼈습니다.
"나의 천사들. 고마워. 너희들은 나의 사랑이야"

천사 나라.
천사 나라에서는 환호성이 울렸습니다.
"역시. 우리의 믿음을 저버리지 않지?"
"아~ 감동이야"
"멋져"
"사랑으로 해낸 거야"
"의로움으로 해낸 거야"
"맞아! 사랑과 의로움으로!"
"의로움은 지혜야!"
"그러니까 사랑과 지혜네?"
"그럼! 사랑과 지혜!"
"사랑은 우주의 근원이잖아. 지혜까지 함께 한다면 최강 우주가 될 거야"
"맞아! 누구도 두 번 다시는 어둠의 무리에게 속지 말자"
"지혜는 선함과 겸손, 의로움에서 나온다는 것을 깊이 깨우쳤어"
"우리 모두 사랑과 지혜. 장착!"
"어둠의 천사들도 사라졌고 이제 우리 천사 나라는 평화로울 거야"
"영원히"
"끝없이"
"우리 모두 힘껏 외치자"
"힘내라! 힘!"
"사랑해요!"

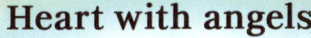

Heart with angels

봐봐.
이젠
별나라가 보여?
천사 나라가 보여?
여행은 어땠냐고 묻지 않을게.
다 아니까.

I and you
날개와 날개가
풍선 구름이 되어
꽃비가 내려.

이렇게 손을 잡으면
마음과 마음이 닿아
이렇게 안아 보면
마음과 마음이 닿아

말 안 해도 알아.
I love you.
I love you.
I love you.

외로웠냐고 묻지 않을래.
슬펐냐고 묻지 않을래.
아픈 꿈은 다 지나갔다고
그냥 이젠 됐다고 말해줄래.

말 안 해도 알아.
너의 눈물에
달빛은 물결이 된 걸 아니까.
나를 기다린 걸 아니까.

별빛으로 오로라를 만들어 볼래?
오로라로 날개를 만들어 볼래?
난 너의 마음을 안아.
With you

말 안 해도 난 알아.
날 사랑한다는 걸.
말 안 해도 넌 알아.
내가 사랑한다는 걸.

그래도 난 말할 거야.
사랑해.
사랑해.
사랑해.

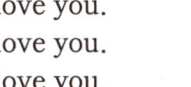

그래도 난 듣고 싶어.
I love you.
I love you.
I love you.

알고 있니? 너는 나의 수호천사
믿어 볼래? 나의 눈동자엔 항상 너
날아볼래? 나의 손을 잡고 반짝이는 별들 사이를

은하수에 서핑보드를 타볼래?
별 무리에 스케이트를 타볼래?
내 숨결이 너의 머릿결에 닿을 때
우리는 only one
너의 손이 내 손을 잡을 때
우리는 only one

영원히 끝없는
완전한 사랑을 할 거야.
With angels

I love you. My angel.

영원히 끝없는
완전한 사랑을 할 거야.
with angels.

I love you. My agels.

XV
Next story

밤이 지나고 세상이 환하게 밝아왔습니다. 세상은 마치 아무 일 없었다는 듯이 달콤한 고요 속에서 멈춘 듯했어요. 다정한 햇살은 자작나무숲 마을을 포근히 감싸 안았습니다.
 샤인의 하늘색 지붕 성은 유난히 밝게 빛나는 것 같았어요. 분홍 할머니 모습의 왕비와 사랑이, 러브는 이 방 저 방 다니며 분주히 움직였습니다. 왕비와 사랑이, 러브는 천사들이 연기를 많이 마신 게 걱정이 되어 밤새 천사들을 돌보았습니다. 창가에 앉아서 친구들을 지켜보고 있던 로리는 덴파레에게로 날아갔습니다. 왕비는 창 너머로 초록 언덕을 의연히 지키고 있는 믿음직한 덴파레를 바라보았습니다.

 덴파레에게 왕비가 왔습니다.
 "덴파레. 초록별에 와서 고생 많았지? 온 우주를 자유롭게 날아다니던 네가 초록별에 있는 우리 천사들을 보살피느라 자유를 잃었구나"
 "경험은 좋은 선생님이어요. 어머니. 저와 우리의 천사들은 여기서 많은 것을 배웠어요. 고난의 시간에는 배움도 함께 있잖아요. 저에게는 값진 시간이었어요. 우리 천사들은 괜찮아요?"
 왕비는 고개를 끄덕이며 덴파레를 쓰다듬었어요.
 "걱정하지 마. 강인한 천사들이니까. 나는 네가 자랑스러워. 너는 첫 번째 왕자, 첫 번째 대장의 자격이 충분해. 너는 나의 멋진 아들. 나의 사랑"
 덴파레는 쑥스러웠어요. 그리고 감사했습니다.

 파랑새 모습의 천사 나라 군사들은 초록 언덕 위 하늘에서 초록별 천사들을 호위하고 있었습니다.
 "덴파레 대장님! 멋져요! 최고예요! 덴파레 대장님은 우리에게는 최고의 대장입니다. 그리고 초록별에 온 우리의 천사들 모두 멋진 천사들이에요! 모두 진정한 리더의 자격이 있어요"
 왕비는 천사 나라 군사들을 보며 미소 지었습니다.
 "덴파레, 이제 아버지께서 오실 때가 된 것 같지?"
 "아~ 조금은 아쉽기도 해요. 초록별을 떠날 마음의 준비를 아직 못했어요"
 "이제는 준비하렴"

 먼저 일어난 샤인은 이브에게 갔습니다. 이브도 눈을 떴습니다.
 "이브, 괜찮아?"
 "고마워. 샤인"
 이브는 일어나 샤인을 꼭 안았어요. 샤인은 긴 팔로 이브를 감싸 안았습니다.
 "오늘 밤에는 우리가 기다리던 핑크 문을 같이 볼 거야. 나와 함께 할 준비됐어? 나의 천사"
 이브는 샤인을 꼬옥 안았습니다.
 샤그랄라 샤그랄라. 햇살 가득한 자작나무숲 마을에는 산들바람에 노래 부르는 잎들이 천사 나라의 왕을 맞이할 준비를 하고 있었습니다.

 여전히 천사 나라 군사들은 다시 천사 나라로 돌아가지 않고 초록 언덕 하늘을 지키고 있었습니다. 덴파레와 로리는 천사 나라 군사들을 보며 고개를 살래살래 흔들었어요.
 "후~ 저 친구들을 왜 아직 안 돌아가고 저러고 있지?"
 "덴파레 대장님을 많이 따르나 봐요. 덴파레 대장님 인기쟁이네요"
 "친구들! 이젠 돌아가는 게 어때?"
 천사 나라 군사들은 고개를 가로저었어요.
 "싫어요. 우리가 초록별에 언제 또 와보겠어요. 마음 같아선 여행도 하고 싶지만, 꾹 참고 조금만 더 구경할게요"

XV Next story

"천사 나라는 누가 지키나?"
"다른 군사들도 있으니 걱정하지 마세요. 우리는 조금만 더 있을게요"
 천사 나라 군사들은 덴파레 주변을 멀리 떠나지 않으면서 신기한 듯 초록 언덕 위를 날아다녔습니다.
"어휴, 정신 어지럽게"
 로리는 어깨를 한번 들썩했어요.
"덴파레 대장님과 함께하고 싶은 거죠. 은근 좋으면서"
"로리. 너도 나랑 함께하고 싶지?"
"에이, 또 시작이다"
 로리는 초록 언덕 위 천사 나라 군사들에게로 날아갔어요.
"로리! 어디 가? 나와 함께 있어야지. 응?"
 로리는 다시 날아와 무심한 척 덴파레 가지에 앉았습니다.

 리엘과 리시안은 초록 언덕 위 하늘에서 재미있는 시간을 보내고 있는 천사 나라 군사들을 보니 부러웠습니다.
"리시안. 우리는 언제 다시 날아다닐 수 있을까?"
"음~ 곧?"
"리시안. 초록별에서 수고 많았어."
"리엘 대장도. 우리 모두 쉬운 시간이 아니었어. 그러나 쉽지 않은 만큼 우리는 많은 것을 배웠어. 우리 모두 힘들 때나 좋을 때나 함께 했잖아. 그게 나는 제일 좋았어요"
"나도 그래. 함께 할 때 더 큰 용기와 더 큰 힘이 생기는 것 같아. 천사 나라에 가서도 절대 잊지 않을 거야. 멋진 추억이 될 것 같아"
"응, 초록별에서 고난의 시간을 보내고 있다고 생각할 때가 많았는데 다시 천사 나라로 돌아가면 그리울 것 같아"
"리시안. 영원히 나와 함께 할거지?"
 리시안은 미소 지으며 리엘에게 기대었습니다. 사랑이와 러브가 양손에 들고 있는 바구니 속의 빵에서 달콤한 냄새가 솔솔 났습니다. 사랑이와 러브는 꽃을 물고 날아다니는 수많은 파랑새를 보며 꿈을 꾸는 중이라 생각했습니다. 파랑새로 변신한 천사 나라 군사들은 사랑이와 러브의 바구니 속에 꽃을 넣어 주었습니다. 사랑이와 러브는 절대 현실이 아니라고 생각했어요. 리시안과 리엘은 사랑이와 러브를 보자 웃음이 나왔습니다.
"천사 나라 꼬마 천사들이 초록별에서 미술 선생님과 빵 가게 아저씨로 있는 걸 사랑이와 러브는 아직 모르잖아. 전직 꼬마 천사였다는 걸 알려줄까?"
"천사 나라에서나 초록별에서나 볼록한 배도, 둘이 항상 꼭 붙어 다니는 것도 똑같아. 귀여워"

 산들바람 티스 선생님은 초록 언덕에 기분 좋은 향기로운 바람을 불어 넣었습니다. 이브의 파도 같은 머릿결이 살랑살랑 흔들렸습니다.
"티스 선생님은 언제나 변함없이 온화하세요. 저도 티스 선생님처럼 온화한 천사가 되고 싶어요"
"이브 공주님은 이미 온화한 공주님이시죠. 천사 나라에서도 얼마나 온화하고 사랑스러운 공주님이셨는데요!"
"티스 선생님, 제가 다시 천사 나라로 돌아갈 수 있을까요? 저는 자격이 없는 것 같아요"
"자격은 초록별의 우리가 결정하지 않아요. 천사 나라의 천사들과 왕과 왕비님께서 결정하시지요"
"아무리 생각해 봐도 저는…."

XV Next story

이브는 고개를 숙였습니다.
"우리가 초록별에 온 이유는 우리가 어떤 천사인지 증명하기 위해서이지요. 그리고 각자의 역할과 사명이 있답니다. 천사들은 초록별에서 천사 나라의 기억을 다 지우고 본성대로 자신을 증명합니다. 천사 나라의 왕께서는 공정의 재판관이시기도 합니다. 천사 나라의 천사들이 증인이 되고요. 초록별에서 유명인이나 인기 연예인들에게 사람들이 관심을 가지고 예의 주시하듯이 우리 천사 나라 천사들도 많은 관심을 가지고 우리를 지켜보고 있답니다. 때론 환호하고, 때론 절망과 때론 탄식하면서 빛의 천사들을 응원하고 있어요. 우리는 자신에게 주어진 역할과 사명을 잘 해내야 하고, 또 자신이 어떤 천사인지 증명하러 초록별에 왔습니다. 천사 나라에서 어둠의 천사들이 빛의 천사들을 모함하고 시기 질투하며 행했던 모든 악행, 사악하게 불법을 저질렀던 모든 것들이 초록별에서도 똑같이 일어나지요. 기억은 사라져도 각자의 천성대로 살기 마련이에요. 천사 나라 천사들이 보는 앞에서 모든 것들이 낱낱이 증명된답니다. 그리고 역할과 사명을 다한 천사는 초록별을 떠나게 됩니다. 아직 초록별에 남아있다면 해야 할 역할과 사명, 그리고 증명해야 할 것들이 남아있기 때문이겠죠"
"역할과 사명. 그리고 증명. 아~ 저는 더욱 자신이 없어져요"
샤인은 이브의 어깨를 감쌌습니다. 산들바람 티스 선생님은 샤인과 이브를 감싸 안았습니다.
"이브 공주님. 자격 결정은 공주님이 하시는 것이 아니라니까요"

　분홍색 노을이 자작나무숲 마을 하늘에 마치 오로라처럼 펼쳐져 있었습니다. 천사들은 모두 덴파레 주변에 빙 둘러앉았어요. 초록 언덕 위 하늘에서는 천사 나라 군사들이 여전히 머물러 있었어요. 아주 즐겁게요. 천사 나라 군사들은 딴청을 피우고 있었지만, 사실 초록별 천사들과 함께하고 싶어서 천사 나라로 돌아가지 않고 있었습니다. 초록별 천사들은 모두 모여 초록 언덕에 앉아 한결 따뜻해진 저녁 공기를 즐기고 있었습니다. 추운 겨울이었다면 이렇게 초록 언덕에서 오손도손 앉아 있질 못했을 거예요.
　이브는 생각에 잠겼습니다. 어릴 적부터 지금까지의 시간이 책장을 넘기듯 지나갔습니다. 슬펐던 시간, 힘들었던 시간, 외로웠던 시간, 부끄러웠던 시간, 한심했던 시간, 버거웠던 시간, 버텨야만 했던 시간, 기뻤던 시간, 재미있었던 시간. 그러나 딱히 행복했던 시간은 아니었던 것 같았습니다. 고난의 연속에서 잠시 잠깐의 편안함과 기쁨, 순간의 행복이 있었던 것 같아요. 편안함과 기쁨, 행복은 어린이날 선물처럼 귀하게 왔습니다. 잠시 숨을 돌릴 수 있을 만큼만요.
　하지만 돌아보니 그 고난의 시간이 자신을 한층 더 성장하게 하고 자신을 증명할 수 있는 시간이었기에 감사한 시간이었습니다. 이 모든 시간은 천사 나라 왕께서 초록별 천사들을 믿었기에 가능한 영광의 시간이었습니다. 초록별에서의 시간은 지나고 보니 순간의 순간, 찰나 같았어요. 마치 한여름 밤의 꿈처럼 마법의 순간 같기도 했습니다.
"초록색을 보면 보호받는 것 같아. 잘 알아채지 못했지만 이젠 알아. 나는 초록 언덕에서 보호받고 있었고, 초록별에서 보호를 받고 있었어. 난 초록별에서 외롭고, 슬프고, 고난의 연속이라 생각했지만, 내가 알아채지 못했던 모든 순간에도 나는 천사들의 응원과 보호를 받고 있었어. 모든 게 감사해"
"응. 우리는 천사들의 사랑으로 보호받고 있었어. 우주의 근원인 사랑으로"
"내가 꿈꾸던 분홍색 오로라. 초록과 분홍이 만났네"
이브는 초록 언덕 위에 펼쳐진 분홍색 노을을 잡으려는 듯 손을 내밀어 보았습니다.
샤인도 함께 손을 내밀었어요.
"모든 게 꿈 같아"
"응. 한낮의 꿈 "

　헤아릴 수 없이 많은 별이 하늘을 가득 채운 축제 같은 밤이었습니다. 밤이 깊어질수록 별과 달은 더욱 빛났습니다. 오늘 밤은 은하수가 하늘 끝에서 하늘 끝까지 흘러 강을 이루었어요. 밤하늘은 폭죽놀이를 하는 마냥 별들이 쏟아질 것만 같았습니다. 4월에 뜨는 보름달 핑크문은 수줍게 밤하늘을 비추었어요.
 초록 언덕의 천사들과 자작나무들은 도라지꽃색 풍선을 하늘로 날려 보냈습니다. 밤하늘의 풍선은 별빛을 받아 반짝반짝 빛이 났습니다.
 천사 나라 군사들은 하나, 둘, 모두 허밍을 하기 시작했습니다. 천사 나라 군사들은 왠지 들뜬 좋은 기분이었거든요. 그러자 별들도 은하수도 달도 허밍을 따라 했어요. 샤인과 이브는 눈이 동그래져 마주 보았습니다.
"어? 저 노래는"
"My angel"
"우리 노래를 언제부터 엿들은 거지?"
덴파레가 찡긋하며 장난스럽게 웃었어요.
"세상에 비밀은 없어"

 저 멀리 밤하늘 가운데서 유난히 반짝이는 빛이 점점 다가왔습니다. 왕비가 미소를 지으며 일어났습니다.
"얘들아~ 어서 일어나 아버지를 맞이하렴"
 초록별 천사들은 어리둥절했어요. 왕비가 초록별 천사들을 보며 미소를 지었습니다.
"아버지께서 너희들을 데리러 오셨구나"
 천사 나라 군사들은 왕을 보자 기쁨의 함성을 질렀습니다. 초록 언덕 하늘 위, 왕의 주위를 천사 나라 군사들이 커다란 날개처럼 둘렀어요. 왕은 초록별 천사들에게 말했습니다.
"나의 천사들! 고생 많았다! 이제 고향으로 돌아갈 시간이 되었구나. 이리로 오렴"
 초록별 천사들은 놀랍기도 하고 기쁘기도 하고, 믿기지도 않아 서로를 마주 보았습니다. 가장 놀란 건 사랑이와 러브였습니다.
"러브야. 너랑 나랑 지금 똑같은 꿈을 꾸고 있는 걸까?"
"아마도 그런가 봐"
 빛의 천사들 모두 입을 모아 사랑이와 러브에게 말했습니다.
"꿈이 아니야! 진짜야!"
"진짜라고!"
 왕비는 미소를 지었습니다.
"나의 천사들~ 이제 아버지께 가야지. 모두 두 손을 잡아보렴"
 초록별 천사들은 왕비를 가운데로 하여 모두 손을 잡았습니다. 순간 놀라운 일이 일어났어요. 모두 공중에 떠서 하늘을 날기 시작했습니다. 더욱 놀라운 일은 모두 초록별에서의 모습에서 천사 나라의 모습으로 바뀌었습니다. 오! 어쩜 이렇게 아름다운 모습이었다니요! 꼬마 천사 사랑이와 러브는 자신의 모습을 보자 깜짝 놀랐습니다. 꼬마 천사에서 아름답게 성장한 천사가 되어 있었어요. 초록별에서 분홍 할머니 다음으로 나이가 많았는데 알고 보니 가장 어린 천사였다는 게 믿기지 않았어요. 그러나 한순간 천사 나라에서의 기억이 되살아나 둘은 마주 보며 웃었습니다.
 천사 나라 군사들은 모두 기쁨의 함성을 지르며 초록별 천사들을 호위하며 둘러쌌습니다. 천사 나라 왕은 왕비의 손을 잡고 모두와 함께 천사 나라로 향하였습니다. 샤인의 손을 잡은 이브는 멀어지는 초록별을 바라보았습니다.
'나는 초록별에서 지혜를 가지기를 간절히 원했어. 그러나 나의 지혜는 손 닿지 않는 먼 곳에 있는 것 같았고, 내가 가지기엔 자격이 없는 것 같아서 슬프기도 하고 의기소침했어. 이제는 알았어. 지혜는 가까이에 손 닿은 곳에 있었다는 걸. 지혜는 밝음이야. 그리고 선함과 겸손,

XV Next story

배려, 인내, 의로움, 강인함, 부지런함, 온화함이야. 초록별에서 선과 악 모두 경험하며 많은 것을 깨우쳤어. 초록별, 고마워. 좋은 추억이 될 거야. 잊지 않을게. 안녕'

 마침내 고향으로 돌아왔습니다. 천사 나라 천사들은 초록별에서 돌아온 천사들을 대환영하였습니다. 천사들은 초록별에서 온 천사들을 마음과 마음이 닿게 꼬옥 안았어요. 천사들이 말했어요.
"나는 아무나 안지 않아. 안는 것은 마음을 나누는 것이잖아. 진심을 나누지 못한다면 절대로 안지 않지. 나는 좀 지조가 있거든"
"나도야. 초록별에서 온 천사들은 진실한 천사들이야. 그래서 내가 힘껏 꼬옥 안는 거라고"
"마구 막 안아 줄 거야"
"마음과 마음이 닿게"
"수고했어요. 천사님들! 천사 나라에서 초록별을 보는 내내 안아주고 싶었어요. 이브 공주님께서 눈물을 흘릴 때마다 얼마나 가슴이 아프던지. 아~ 그때마다 안아주고 싶었어요"
"이제는 마음껏 안을 수 있어서 좋아!"
"우리가 목이 터지게 열심히 응원하고 있었어요!"
"힘내라! 힘! 사랑해요! 이렇게 얼마나 외쳤는데! 우리 목소리 들렸어요?"
"다시 함께 할 수 있어서 얼마나 좋은지! 우리 영원히 끝없이 함께해요!"
"두 번 다시는 놓치지 않을 거야!"
"우리의 천사님들 덕분에 루시퍼와 어둠의 졸개들이 없는 천사 나라가 되었어! 우와~ 너무 멋지지 않아?"
"이젠 마음 편히 신나게 놀 수 있겠다!"
 천사 나라 천사들의 수다는 여전했습니다. 천사 나라는 여전히 황홀한 빛으로 우아하고 거룩하고 아름다웠습니다.

 왕과 왕비는 천사들을 흐뭇하게 바라보고 있었습니다. 초록별에서 돌아온 천사들을 믿었던 만큼 보람도 컸어요. 초록별에서 돌아온 천사들은 특별한 시험을 잘 통과하였기에 왕과 왕비는 선물로 별나라를 주기로 했습니다. 천사 나라의 왕은 아낌없이 줄 별나라를 부지런히 많이 만들어 놓았습니다. 왕은 무엇보다 이제 왕비와 함께 할 수 있다는 생각에 행복했습니다. 왕은 왕비를 긴 두 팔로 감싸 안았습니다.
"자식들 때문에 고생 많았어요"
"고생은요. 저는 엄마잖아요"
 천사 나라 천사들은 왕비님께 감사를 드렸습니다.
"아름다운 천사 나라를 두고 초록별에 서슴없이 가시다니. 엄마라는 역할은 진정 극한의 역할이야"

 이브 정원의 꽃들과 나무들은 반짝반짝 빛을 내며 더욱 아름다워졌어요. 이브는 감격에 가슴에 손을 얹고 정원 위를 날아보았습니다.
"기다려 줘서 고마워. 사랑해"

 천사 나라 천사들은 초록별에서 돌아온 천사들을 동그랗게 둘러쌌습니다. 그리고 다 같이 흐밍을 하기 시작했어요. 샤인과 이브는 마주 보고 재미난 듯 웃었어요. 천사들은 장난스레 더 크게 흐밍을 했습니다.
"우리가 다 듣고 있었다고요!"
"세상에 비밀은 없어!"

XV Next story

"둘만 아는 노래라고요? 어림없지"
"왜 그랬어요?"
"둘만의 노래? 이해는 할 수 있는데, 이해 안 하고 싶다"
"그렇게 예쁜 노래를 둘만 부르려고? 안돼. 안돼"
"제목도 다 알아요"
"모든 노래를 다 알아요"
이브는 고개를 갸웃하며 혼잣말을 했어요.
"어떻게 알았지?"
천사들은 의기양양하게 다 함께 말했습니다.
"사랑과"
"관심"
"그리고"
"조금의 호기심 함께"
천사들은 샤인과 이브에게 보챘어요.
"샤인 대장님! 이브 공주님! 노래 불러주세요!"

이브는 다시 노래를 부를 수 있을까 하는 생각에 멈칫했어요. 샤인은 이브의 손을 잡았습니다. "우리 같이 함께 하는 거야. 할 수 있어"
이브는 살그머니 용기를 내어보았습니다. 샤인이 이브를 보며 말했어요.
"나와 함께 할 준비 됐어?"
이브는 고개를 끄덕였어요.
"영원히. 끝없이"

샤인은 초록 언덕 연주회에서 혼자 불렀던 노래 'Heart with angels'를 이브와 함께 부를 수 있어 마음이 분홍색 풍선처럼 되었어요. 그리고 이브의 손을 잡고 천천히 날아올랐습니다. 천사 나라 천사들도 샤인과 이브의 주변을 동그랗게 만들어 함께 날아올랐습니다.
"우리도 같이 부르면 안 돼요? 처음부터 끝까지 다 알아요"
샤인은 눈을 찡긋했어요. 천사들은 서로를 바라보며 큰 미소를 지었어요.

천사 나라 천사들은 초록별에서 돌아온 천사들을 보며 큰소리로 노래를 불렀습니다.

XV Next story

Heart with angels

봐봐.
이젠
별나라가 보여?
천사 나라가 보여?
여행은 어땠냐고 묻지 않을게.
다 아니까.

모든 천사는 사랑이 가득한 눈으로 서로를 보며 마음과 마음을 모아 함께 노래를 불렀습니다.

I and you
날개와 날개가
풍선 구름이 되어
꽃비가 내려.

이렇게 손을 잡으면
마음과 마음이 닿아
이렇게 안아 보면
마음과 마음이 닿아

말 안 해도 알아.
I love you.
I love you.
I love you.

외로웠냐고 묻지 않을래.
슬펐냐고 묻지 않을래.
아픈 꿈은 다 지나갔다고,
그냥 이젠 됐다고 말해줄래.

말 안 해도 알아.
너의 눈물에
달빛은 물결이 된 걸 아니까.
나를 기다린 걸 아니까

별빛으로 오로라를 만들어 볼래?
오로라로 날개를 만들어 볼래?
난 너의 마음을 가득 안아.
With you

말 안 해도 난 알아.
날 사랑한다는 걸.
말 안 해도 넌 알아.
내가 사랑한다는 걸.

그래도 난 말할 거야.
사랑해.
사랑해.
사랑해.

그래도 난 듣고 싶어.
I love you.
I love you.
I love you.

알고 있니? 너는 나의 수호천사
믿어 볼래? 나의 눈동자엔 항상 너
날아볼래? 나의 손을 잡고 반짝이는 별들 사이를

은하수에 서핑보드를 타볼래?
별 무리에 스케이트를 타볼래?
내 숨결이 너의 머릿결에 닿을 때
우리는 only one
너의 손이 내 손을 잡을 때
우리는 only one

영원히 끝없는
완전한 사랑을 할 거야.
With angels.

I love you. My angel.

온갖 예쁜 빛의 별들도 천사들을 축복하며 함께 노래를 불렀어요. 샤인과 이브는 두 손 꼭 잡고 천사들과 함께 우주를 마음껏 날아다녔습니다. 왕과 왕비는 천사들을 보며 흐뭇하였습니다. 미소가 떠나지 않았어요.

샤인의 눈에는 우주에서 가장 아름다운 이브였습니다.
"내 손을 꼭 잡아. 절대 놓치면 안 돼"
이브는 밝게 미소 지었어요.
"응"
샤인은 이브의 손을 더욱 꼭 잡았어요.
"난 준비 되었어. 너는?"
"나도"
"사랑해"
"나도"
조그만 노란색 조각달 머리핀과 초록색 잎을 넣은 수정 목걸이는 반짝반짝 빛이 났습니다.

사랑이는 러브에게 속삭였어요.
"좀 전에 둘이 사랑한다고 하는 거 들었지?"
러브도 비밀스러운 이야기를 하는 듯이 조그맣게 속삭였습니다.
"응. 천사들 모두 다 들었을걸?"
"그러니까 모르는 척 안 해도 되겠네?"
"세상에 비밀은 없어. 모두 다 아는데 뭐. 그리고 그 말은 이담에 내가 너에게 할 거야. 근데 지금 할 수도 있긴 해"
"무슨 말?"
"사랑한다는 말"
사랑이는 어이없다는 듯 고개를 가로저었어요.
"반사!"
"응?"
"미안~ 날 잡아봐라~"
"이브 공주님 따라쟁이"
사랑이가 빠르게 휙 날아가자 러브가 재빨리 뒤따라갔어요. 그리고 얼른 손잡았습니다.

초록별에서 천사들이 돌아오니 드디어 완전한 천사 나라가 되었습니다.
천사들 모두 다 함께 마음과 마음이 하나가 되어 별나라 천사 세계를 날아다녔습니다.

모두 함께 하는 밝은 빛의 나라, 천사 나라는 영원히 끝없이 행복할 거예요.
영원하고 끝없는 완전한 이 세상 제일의 사랑으로요.
그리고 지혜와 함께.

XV Next story

"우린 이제 아기가 아니야. 우리도 유카의 정원에 들어가서
어둠의 무리들을 용감하게 상대할 수 있었는데 못 들어가게 하고"
"우리도 언젠간 천사 나라를 지키는 대장들이 될 텐데. 그렇지?"
"응. 우리도 이젠 다 컸어"

천사 나라의 천사들이 눈치채지 못하게 티스의 치마 속에 숨어 초록별로 떠난 사랑이와 러브.

사랑이와 러브의 초록별 이야기

With angels Ⅱ
기대해주세요~

With angels 1
The story of Eve and Shine

지은이	J.Min
그린이	Fantasia
표지	Fantasia

펴낸곳	MINT 9
발행일자	2025년 6월 27일
출판등록	2025년 05월 13일 제 2025-000114호
주소	(10433)경기도 고양시 일산동구 정발산로 15 드림월드빌딩 4층 411호 경영지원부 070-4696-0709
이메일	mint7mint9@naver.com

초판 1쇄 인쇄일	2025년 6월 9일
초판 1쇄 발행일	2025년 6월 27일
ISBN	979-11-993060-1-1 (3810)

"파본은 구입하신 서점에서 교환해드립니다"

이 도서의 판권은 지은이와 출판사 MINT 9에게 있습니다.
책 내용의 전부 또는 일부를 재사용하려면
반드시 양측의 서면 동의를 받아야 합니다.

시험 접수부터 자격증을 받기까지 한눈에 살펴볼까요?

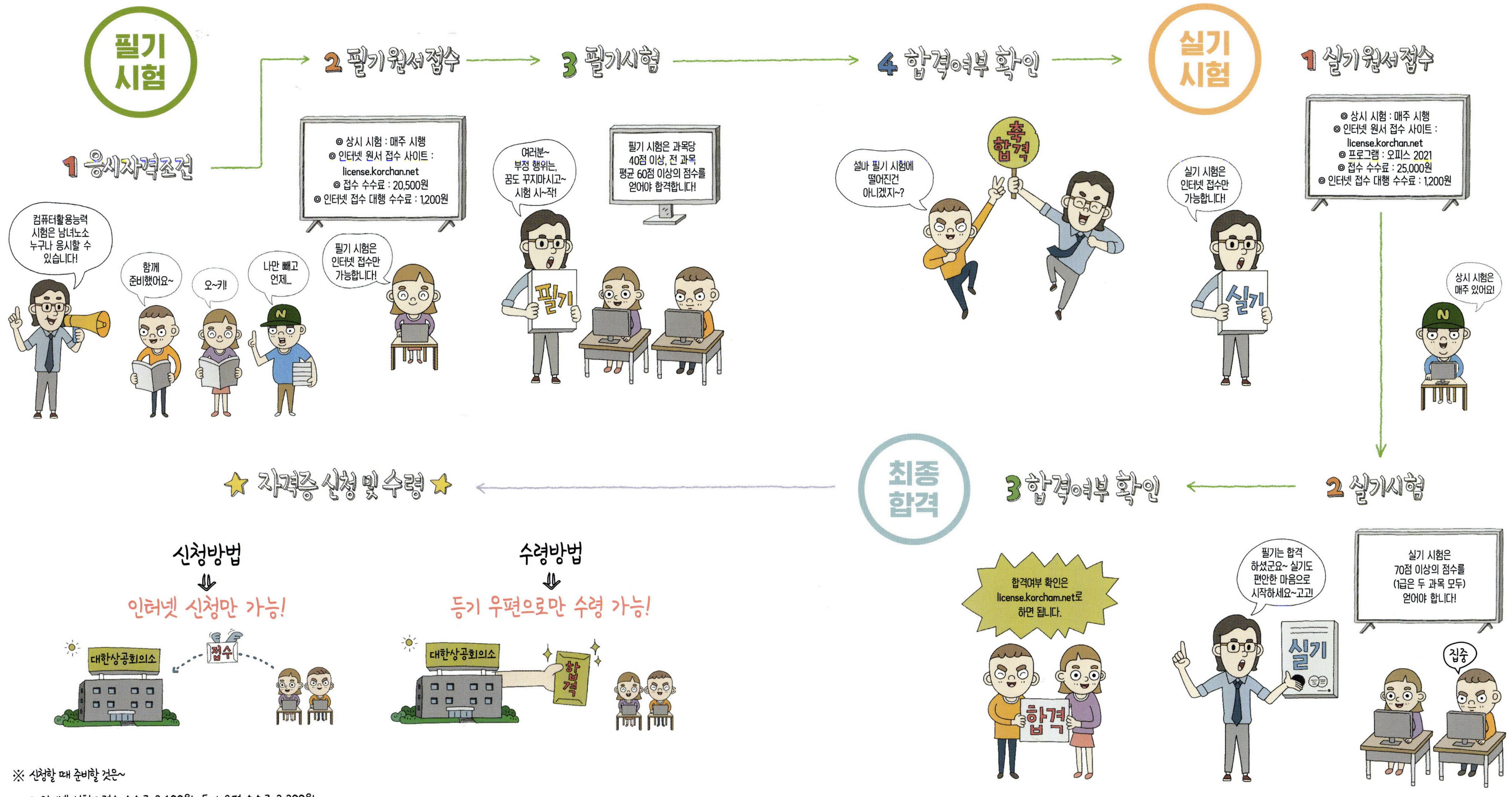

※ 신청할 때 준비할 것은~

▶ 인터넷 신청 : 접수 수수료 3,100원, 등기 우편 수수료 3,300원

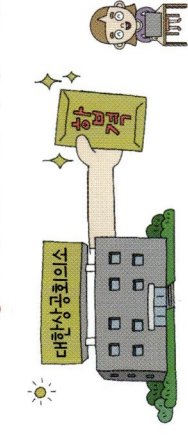

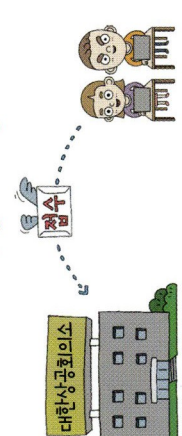

정말 시간이 없는 사람들을 위한 시험에 꼭 나오는 섹션 39가지

지금까지 출제된 모든 기출문제를 통계적으로 분석하여 시험에 나오는 것만 쏙쏙 골라 108개의 섹션, 282개의 필드로 정리하였습니다. 필드는 시험에서 하나의 문제로 나올 수 있는 최소 단위입니다. 초보자라도 하루 한 시간 정도, 차근차근 공부하면 2주일이면 끝낼 수 있습니다. 그래도 시간이 없으시다고요? 더 빠른 지름길이 없냐고요? 좋습니다. 최근 10년 간 컴활 2급 시험에 출제된 1,360 문제 중 65.9%인 896 문제가 출제된 39개의 섹션을 알려드리지요. 시간이 없다면 이 부분만 축실하게 공부하세요. 함격점수는 60점이니까요!

섹션	섹션명	출제 문항수	쪽 위치
2	바로 가기 키	14	24
4	작업 표시줄 설정	14	32
15	[설정] 창의 '시스템'	17	65
17	[설정] 창의 '앱'	12	72
29	컴퓨터의 분류	13	105
30	자료 구성의 단위 / 코드	26	108
31	중앙처리장치	15	114
32	주기억장치	28	117
33	보조기억장치	24	120
43	소프트웨어	23	142
44	운영체제	28	144
48	통신망과 네트워크 장비	29	158
50	인터넷의 주소 체계	21	163
52	인터넷 서비스	27	167
53	웹 브라우저	14	169
54	ICT 신기술	16	171
56	그래픽 기법	16	180
57	멀티미디어 그래픽 데이터	18	182
58	멀티미디어 오디오 / 비디오 데이터	14	184
60	정보 사회	21	192
62	정보 보안 개요	34	197
64	데이터 입력 - 문자열 / 수치 / 날짜 / 시간	24	210
66	채우기 핸들을 이용한 연속 데이터 입력	21	217

섹션	섹션명	출제 문항수	쪽 위치
77	셀 서식 – 사용자 지정	27	250
79	조건부 서식	20	258
81	셀 참조 / 이름 정의	26	275
83	통계 함수	26	283
84	수학/삼각 함수	18	289
88	찾기/참조 함수	25	303
90	차트 작성의 기초	32	318
92	차트 편집 2	17	333
93	용도별 차트 작성	31	338
95	페이지 설정	50	349
97	정렬	19	362
99	고급 필터	27	370
101	부분합	21	382
103	시나리오	19	394
107	매크로 생성	45	410
108	매크로 실행 및 편집	24	414

전문가가 분석한 컴퓨터활용능력 2급 필기 시험 – 경향과 대책

1과목 컴퓨터 일반

컴퓨터의 일반

- 컴퓨터 시스템 보호 9.91%
- 한글 Windows 10의 기본 13.31%
- 한글 Windows 10의 고급 기능 13.46%
- 멀티미디어 활용 10.36%
- 인터넷 활용 18.34%
- 컴퓨터 소프트웨어 10.21%
- 컴퓨터 하드웨어 17.90%
- 컴퓨터 시스템의 개요 6.51%

1과목은 나왔던 문제가 또 출제되는 편…
신기술 용어에 대비하면서 80점 이상을 목표로 공부하세요.

나온 문제가 또 나온다는 믿음(?)을 가지고 기출문제 위주로 확실히 공부하면 70점 이상은 반드시 얻을 수 있습니다. 특히 1과목 2영역 한글 Windows 10이라는 정해진 범주 안에서 출제되므로 반드시 컴퓨터를 켜두고 실습을 병행하는 것이 효과적입니다. 컴퓨터활용능력 시험의 특징 중 하나는 신기술 용어이 시험 볼 때마다 상당히 빠르다는 것입니다. 컴퓨터 하드웨어, 정보통신과 인터넷 부문의 신기술 용어까지 대비한다면 80점 이상도 가능합니다.

2과목 스프레드시트 일반

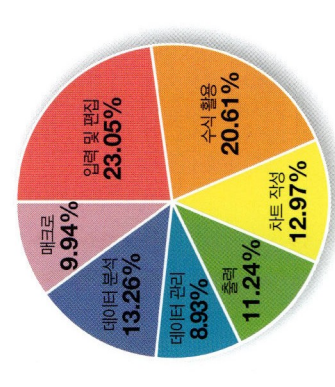

- 매크로 9.94%
- 입력 및 편집 23.05%
- 수식 활용 20.61%
- 차트 작성 12.97%
- 출력 11.24%
- 데이터 관리 8.93%
- 데이터 분석 13.26%

실기 시험까지 대비한다는 마음으로 실습 위주의 학습을 진행한다면 90점 이상은 무난합니다.

2과목 스프레드시트는 일반의 출제 범위에는 실기 시험과 관련된 내용이 모두 포함되어 있습니다. 이 책이 구성 요소는 '전문가의 조언'의 경향과 대책에 맞추어 엑셀 2021의 메뉴얼을 학습하는 마음으로 준비하면 어렵지 않게 공부할 수 있습니다. 이 책의 구성 요소인 준비하세요에 실습 파일명을 적어 놓았으니 시나공 홈페이지에서 다운받아 실습하면 편리합니다. 특히 워크시트 입력 및 편집 과 수식 활용 부문의 비중이 높다는 것을 염두에 두고, 필기 시험의 특성상 암기할 것은 암기하고 이해할 것은 이해하는 학습 요령도 맞추세요.

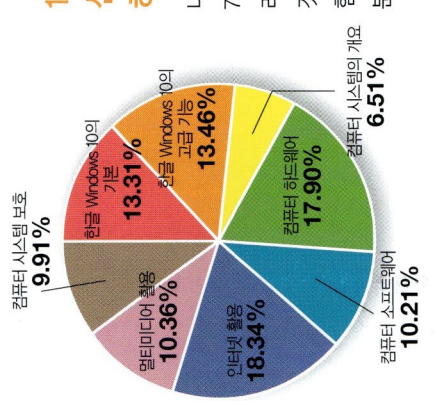

컴퓨터활용능력
2급 필기 기본서

2026
시나공

길벗알앤디 지음

길벗

지은이 길벗알앤디

강윤석, 김용갑, 김우경, 김종일

IT 서적을 기획하고 집필하는 출판 기획 전문 집단으로, 2003년부터 길벗출판사의 IT 수험서인 〈시험에 나오는 것만 공부한다!〉 시리즈를 기획부터 집필 및 편집까지 총괄하고 있다.

30여 년간 자격증 취득에 관한 교육, 연구, 집필에 몰두해 온 강윤석 실장을 중심으로 IT 자격증 시험의 분야별 전문가들이 모여 국내 IT 수험서의 수준을 한 단계 높이기 위한 다양한 연구와 집필 활동에 전념하고 있다.

컴퓨터활용능력 2급 필기 – 시나공 시리즈 ③
The Written Examination for Intermediate Computer Proficiency Certificate

초판 발행 · 2025년 6월 16일
초판 5쇄 발행 · 2025년 12월 29일

지은이 · 길벗알앤디(강윤석, 김용갑, 김우경, 김종일)
발행인 · 이종원
발행처 · (주)도서출판 길벗
출판사 등록일 · 1990년 12월 24일
주소 · 서울시 마포구 월드컵로 10길 56(서교동)
주문 전화 · 02)332-0931 **팩스** · 02)323-0586
홈페이지 · www.gilbut.co.kr **이메일** · gilbut@gilbut.co.kr

기획 및 책임 편집 · 강윤석(kys@gilbut.co.kr), 김미정(kongkong@gilbut.co.kr), 임은정(eunjeong@gilbut.co.kr)
표지 디자인 · 강은경, 윤석남 **제작** · 이준호, 손일순, 이진혁 **마케팅** · 조승모, 유영은
영업관리 · 김명자 **독자지원** · 윤정아 **유통혁신** · 한준희
편집진행 및 교정 · 길벗알앤디(강윤석, 김용갑, 김우경, 김종일) **디자인** · 도설아 **일러스트** · 윤석남
전산편집 · 예다움 **CTP 출력 및 인쇄** · 예림인쇄 **제본** · 예림원색

- 이 책은 저작권법의 보호를 받는 저작물로 이 책에 실린 모든 내용, 디자인, 이미지, 편집 구성은 허락 없이 복제하거나 다른 매체에 옮겨 실을 수 없습니다.
- 인공지능(AI) 기술 또는 시스템을 훈련하기 위해 이 책의 전체 내용은 물론 일부 문장도 사용하는 것을 금지합니다.
- 잘못 만든 책은 구입한 서점에서 바꿔 드립니다.

ⓒ 길벗알앤디, 2025

ISBN 979-11-407-1372-1 13000
(길벗 도서번호 030963)

가격 22,000원

독자의 1초를 아껴주는 정성 길벗출판사
(주)도서출판 길벗 IT단행본, 성인어학, 교과서, 수험서, 경제경영, 교양, 자녀교육, 취미실용 www.gilbut.co.kr
길벗스쿨 국어학습, 수학학습, 주니어어학, 어린이단행본, 학습단행본 www.gilbutschool.co.kr

시나공 홈페이지 · www.sinagong.co.kr

짜잔~ '시나공' 시리즈를 소개합니다~

자격증 취득, 가장 효율적으로 공부하고 싶으시죠?
보통 사람들의 공부 패턴과 자격증 시험을 분석하여 최적의 내용을 담았습니다.

 첫째 최대한 단시간에 취득할 수 있도록 노력했습니다.

학문을 수련함에 있어 다양한 이론을 폭넓게 공부하는 것은 더할 나위 없이 중요하지만 이 책은 자격증 취득을 목적으로 구성된 만큼 이론상 중요할지라도 시험 문제와 거리가 있는 내용은 배제했습니다. 또한 지금까지 출제된 모든 기출문제를 유형별로 분석하여 합격이 가능한 수준을 정한 후, 출제 비중이 낮은 내용은 과감히 빼고 중요한 것은 확실하게 표시해 둠으로써 어떠한 변형 문제가 나오더라도 대처할 수 있도록 최대한 자세하고 쉽게 설명했습니다.

 둘째 공부하면서 답답함을 느끼지 않도록 노력했습니다.

컴퓨터활용능력 필기 시험은 이론 시험이지만 많은 부분 윈도우 10과 엑셀의 기능을 알아야 풀 수 있는 문제가 출제됩니다. 이런 문제들을 풀기 위해 프로그램의 기능들을 무조건 외우는 것은 무척 피곤한 일입니다. 실습이 필요한 내용은 컴퓨터 화면을 보면서 따라할 수 있도록 단계별로 자세하게 설명했습니다. 윈도우 10과 엑셀 부분을 공부할 때는 꼭 컴퓨터를 켜 놓고 실습을 병행하세요.

 셋째 학습 방향을 제시하기 위해 노력했습니다.

이 시험을 준비하는 수험생들이 대부분 비전공자이기 때문에 학습 방향에 어둡기 쉽습니다. 학습 방향을 파악하지 못한 채 교재에 수록된 내용을 무작정 읽어 가는 것은 비효율적입니다. 실제 시험에서 출제되는 문제에 맞게 암기할 것, 한 번만 읽어볼 것, 구분할 것, 이해할 것, 실습할 것 등 옆에서 선생님이 지도하는 것처럼 친절한 가이드라인을 제공했습니다.

 넷째 이렇게 공부하세요.

다음은 10여 년간 학생들을 지도하고, 20년 동안 100여권 이상의 IT수험서를 만들면서 정리한 빠르게 합격하는 비법입니다.

① 매 섹션의 끝에 나오는 기출문제 따라잡기를 먼저 공부하면서 문제가 어떻게 출제되는지 어떤 것을 자세하게 공부해야 하는지 먼저 감을 잡습니다.
② 이제 섹션의 처음으로 돌아와서 전문가의 조언을 먼저 읽은 후 본문을 읽기 시작하면 기출문제 따라잡기에서 공부한 내용을 접하게 되므로 낯설지 않을 뿐더러 무엇을 어떻게 공부해야 할지 학습 방향을 명확히 잡을 수 있습니다.
③ 섹션을 마친 후 다시 기출문제 따라잡기를 공부하면 대부분의 문제가 이해됩니다. 이 때에도 이해되지 않는 문제는 미결 표시를 해 놓은 후 다음 섹션으로 넘어갑니다.
④ 한 장을 마치면 그 장에서 시험에 꼭 나오는 내용만 뽑아 모은 핵심요약이 나옵니다. 앞에서 배운 내용을 상기하면서 확실히 암기하고 다음 장의 섹션으로 넘어갑니다.
⑤ 교재 한 권을 모두 마친 후에는 다시 처음으로 돌아와 기출문제 따라잡기와 핵심요약만 다시 한 번 공부합니다.
⑥ 시험이 임박해지면 등급이 A, B인 섹션과 이해가 안 되어 표시해 두었던 문제와 틀린 문제만 확인합니다.

끝으로 이 책으로 공부하는 모든 수험생들이 한 번에 합격할 수 있기를 기원합니다.

2025년 봄날에
강윤석

*각 섹션은 출제 빈도에 따라 Ⓐ, Ⓑ, Ⓒ, Ⓓ 로 등급이 분류되어 있습니다. 공부할 시간이 없는 분들은 출제 빈도가 높은 순서대로 공부하세요.

출제 빈도
- Ⓐ 매 시험마다 꼭 나오는 부분
- Ⓑ 두 번 시험 보면 한 번은 꼭 나오는 부분
- Ⓒ 세 번 시험 보면 한 번은 꼭 나오는 부분
- Ⓓ 네 번 시험 보면 한 번은 꼭 나오는 부분

0 준비 운동

수험생을 위한 아주 특별한 서비스	8
한눈에 살펴보는 시나공의 구성	10
시험 접수부터 자격증을 받기까지 한눈에 살펴볼까요?	14
컴퓨터활용능력 시험, 이것이 궁금하다!	16

1 과목
컴퓨터 일반

1 한글 Windows 10의 기본

Ⓓ	001	한글 Windows 10의 특징	22
Ⓐ	002	바로 가기 키	24
Ⓑ	003	바탕 화면 / 바로 가기 아이콘	28
Ⓐ	004	작업 표시줄 설정	32
Ⓒ	005	시작 메뉴	36
Ⓒ	006	파일 탐색기	40
Ⓒ	007	폴더 옵션	42
Ⓒ	008	디스크 포맷	44
Ⓑ	009	파일과 폴더	45
Ⓒ	010	검색 상자	48
Ⓑ	011	파일과 폴더 다루기	50
Ⓑ	012	휴지통 사용하기	52
Ⓑ	013	메모장	54
		핵심요약	56

2 한글 Windows 10의 고급 기능

Ⓓ	014	[설정] 창	62
Ⓐ	015	[설정] 창의 '시스템'	65
Ⓑ	016	[설정] 창의 '개인 설정'	68
Ⓐ	017	[설정] 창의 '앱'	72
Ⓒ	018	[설정] 창의 '접근성'	75
Ⓒ	019	[설정] 창의 '계정'	77
Ⓒ	020	[설정] 창의 '업데이트 및 보안'	79
Ⓒ	021	[설정] 창의 '장치'	82
Ⓒ	022	장치 관리자	84
Ⓑ	023	프린터	85

- Ⓑ 024 인쇄 작업 — 87
- Ⓑ 025 Windows 관리 도구 — 89
- Ⓒ 026 Windows 시스템 — 92
- Ⓑ 027 네트워크 — 94
- 핵심요약 — 97

3 컴퓨터 시스템의 개요
- Ⓒ 028 컴퓨터의 개념 — 102
- Ⓐ 029 컴퓨터의 분류 — 105
- Ⓐ 030 자료 구성의 단위 / 코드 — 108
- 핵심요약 — 111

4 컴퓨터 하드웨어
- Ⓐ 031 중앙처리장치 — 114
- Ⓐ 032 주기억장치 — 117
- Ⓐ 033 보조기억장치 — 120
- Ⓓ 034 입력장치 — 122
- Ⓑ 035 출력장치 — 124
- Ⓒ 036 채널 — 126
- Ⓐ 037 포트 — 127
- Ⓒ 038 바이오스 / 펌웨어 — 128
- Ⓒ 039 하드디스크 연결 방식 — 130
- Ⓑ 040 PC 관리 — 131
- Ⓑ 041 PC 업그레이드 / 파티션 — 133
- Ⓒ 042 PC 응급처치 — 135
- 핵심요약 — 136

5 컴퓨터 소프트웨어
- Ⓐ 043 소프트웨어 — 142
- Ⓐ 044 운영체제 — 144
- Ⓑ 045 프로그래밍 언어 — 147
- Ⓑ 046 웹 프로그래밍 언어 — 150
- 핵심요약 — 152

6 인터넷 활용
- Ⓒ 047 정보통신의 이해 — 156
- Ⓐ 048 통신망과 네트워크 장비 — 158
- Ⓑ 049 인터넷의 개요 — 161
- Ⓐ 050 인터넷의 주소 체계 — 163
- Ⓒ 051 프로토콜 — 166
- Ⓐ 052 인터넷 서비스 — 167
- Ⓐ 053 웹 브라우저 — 169
- Ⓐ 054 ICT 신기술 — 171
- 핵심요약 — 174

7 멀티미디어 활용
- Ⓐ 055 멀티미디어 — 178
- Ⓐ 056 그래픽 기법 — 180
- Ⓐ 057 멀티미디어 그래픽 데이터 — 182
- Ⓐ 058 멀티미디어 오디오 / 비디오 데이터 — 184
- Ⓑ 059 멀티미디어 활용 — 186
- 핵심요약 — 188

8 컴퓨터 시스템 보호
- Ⓐ 060 정보 사회 — 192
- Ⓐ 061 바이러스 — 195
- Ⓐ 062 정보 보안 개요 — 197
- 핵심요약 — 201

2과목 스프레드시트 일반

1 입력 및 편집

- Ⓒ 063 워크시트의 기본 지식 — 206
- Ⓐ 064 데이터 입력 – 문자열 / 수치 / 날짜 / 시간 — 210
- Ⓒ 065 데이터 입력 – 한자 / 특수문자 / 노트 — 214
- Ⓐ 066 채우기 핸들을 이용한 연속 데이터 입력 — 217
- Ⓑ 067 자동 완성 기능 / 데이터 유효성 검사 — 223
- Ⓒ 068 데이터 수정 / 삭제 — 226
- Ⓑ 069 찾기 — 228
- Ⓒ 070 셀의 이동과 선택 — 230
- Ⓒ 071 [파일] → [옵션] 설정 — 232
- Ⓑ 072 셀 / 행 / 열의 복사 및 이동 — 234
- Ⓒ 073 행 / 열 크기 변경 — 238
- Ⓒ 074 워크시트 편집 — 241
- Ⓒ 075 문서 보호 — 244
- Ⓒ 076 셀 서식 – 표시 형식 — 246
- Ⓐ 077 셀 서식 – 사용자 지정 — 250
- Ⓒ 078 셀 서식 – 맞춤 / 보호 — 255
- Ⓐ 079 조건부 서식 — 258
- 핵심요약 — 262

2 수식 활용

- Ⓑ 080 수식 작성 / 오류 메시지 — 270
- Ⓐ 081 셀 참조 / 이름 정의 — 275
- Ⓓ 082 함수 기본 — 280
- Ⓐ 083 통계 함수 — 283
- Ⓐ 084 수학/삼각 함수 — 289
- Ⓑ 085 텍스트 함수 — 293
- Ⓒ 086 날짜/시간 함수 — 296
- Ⓑ 087 논리 함수 — 299
- Ⓐ 088 찾기/참조 함수 — 303
- Ⓒ 089 데이터베이스 함수 — 308
- 핵심요약 — 310

3 차트 작성

- Ⓐ 090 차트 작성의 기초 — 318
- Ⓑ 091 차트 편집 1 — 325
- Ⓐ 092 차트 편집 2 — 333
- Ⓐ 093 용도별 차트 작성 — 338
- 핵심요약 — 343

4 출력

- Ⓑ 094 워크시트의 화면 설정 — 346
- Ⓐ 095 페이지 설정 — 349
- Ⓑ 096 인쇄 — 356
- 핵심요약 — 359

5 데이터 관리

- Ⓐ 097 정렬 — 362
- Ⓒ 098 자동 필터 — 367
- Ⓐ 099 고급 필터 — 370
- Ⓒ 100 텍스트 나누기 / 외부 데이터 가져오기 — 375
- 핵심요약 — 378
- 합격수기_정보미 — 380

6 데이터 분석

- Ⓐ 101 부분합 — 382
- Ⓑ 102 피벗 테이블 — 387
- Ⓐ 103 시나리오 — 394
- Ⓑ 104 목표값 찾기 — 398
- Ⓒ 105 데이터 표 — 400
- Ⓐ 106 데이터 통합 — 402
- 핵심요약 — 405

7 매크로

- Ⓐ 107 매크로 생성 — 410
- Ⓐ 108 매크로 실행 및 편집 — 414
- 핵심요약 — 418

찾아보기 — 419

1등만이 드릴 수 있는 1등 혜택!!
수험생을 위한 아주 특별한 서비스

시나공 홈페이지
시험 정보 제공!

IT 자격증 시험, 혼자 공부하기 막막하다고요? 시나공 홈페이지에서 대한민국 최대, 50만 회원들과 함께 공부하세요.

지금 sinagong.co.kr에 접속하세요!

시나공 홈페이지에서는 최신기출문제와 해설, 선배들의 합격 수기와 합격 전략, 책 내용에 대한 문의 및 관련 자료 등 IT 자격증 시험을 위한 모든 정보를 제공합니다.

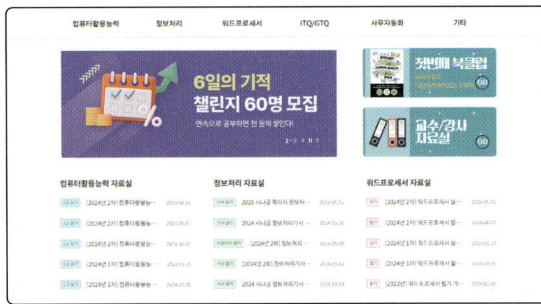

수험생 지원센터
무엇이든 물어보세요!

공부하다 답답하거나 궁금한 내용이 있으면, 시나공 홈페이지 도서별 '책 내용 질문하기' 게시판에 질문을 올리세요. 길벗알앤디의 전문가들이 빠짐없이 답변해 드립니다.

합격을 위한
학습 자료

시나공 홈페이지 회원으로 가입하면 시험 준비에 필요한 학습 자료를 내려받을 수 있습니다.
- **기출문제** : 최근에 출제된 기출문제를 제공합니다. 최신기출문제로 현장 감각을 키우세요.

실기 시험 대비
온라인 실기 특강 서비스

(주)도서출판 길벗에서는 실기 시험 준비를 위한 온라인 특강을 제공하고 있습니다. 다음과 같은 방법으로 이용하세요.

실기 특강 온라인 강좌는 이렇게 이용하세요!

1. 길벗출판사 홈페이지(gilbut.co.kr)에 접속하여 로그인하세요!
2. 상단 메뉴 중 [동영상 강좌] → [IT자격증] → [컴퓨터활용능력]을 클릭하세요!
3. '[2026] 컴활2급실기 [실제시험장을 옮겨놓았다]'를 클릭하여 시청하세요.

시나공만의
동영상 강좌

독학이 가능한 친절한 교재가 있어도 준비할 시간이 부족하다면?

길벗출판사의 '동영상 강좌(유료)' 이용 안내

1. 길벗출판사 홈페이지(gilbut.co.kr)에 접속하여 로그인하세요.
2. 상단 메뉴 중 [동영상 강좌]를 클릭하세요.
3. 'IT자격증' 카테고리에서 원하는 강좌를 선택하고 [수강 신청하기]를 클릭하세요.
4. 우측 상단의 [마이길벗] → [나의 동영상 강좌]로 이동하여 강좌를 수강하세요.

※ 기타 동영상 이용 문의 : 독자지원(02-332-0931)

시나공 홈페이지 회원 가입 방법

1. 시나공 홈페이지(sinagong.co.kr)에 접속하여 우측 상단의 〈회원가입〉을 클릭하고 〈이메일 주소로 회원가입〉을 클릭합니다.
   ※ 회원가입은 소셜 계정으로도 가입할 수 있습니다.
2. 가입 약관 동의를 선택한 후 〈동의〉를 클릭합니다.
3. 회원 정보를 입력한 후 〈이메일 인증〉을 클릭합니다.
4. 회원 가입 시 입력한 이메일 계정으로 인증 메일이 발송됩니다. 수신한 인증 메일을 열어 이메일 계정을 인증하면 회원가입이 완료됩니다.

시나공 시리즈는 단순한 책 한 권이 아닙니다.
여러분이 시나공 시리즈 책 한 권을 구입한 순간, Q&A 서비스에서 최신기출문제 등
각종 학습 자료까지 IT 자격증 최고 전문가들이 제공하는 온라인&오프라인 합격 보장 교육 프로그램이 함께합니다.

2026년 한 번에 합격을 위한 **특별 서비스 하나 더**

108섹션 282필드 중 263필드를 동영상 강의로 담았습니다.

혼자 공부하다가 어려운 부분이 나와도 고민하지 말고, 다음의 세 가지 방법을 이용하여
시나공 저자의 속 시원한 강의를 바로 동영상으로 확인하세요.

---

1. 스마트폰으로 QR코드를 찍어보세요!

STEP 1 스마트폰의 QR코드 리더 앱을 실행하세요.

STEP 2 시나공 토막강의 QR코드를 스캔하세요.

STEP 3 스마트폰을 통해 토막강의가 시작됩니다.

---

2. 시나공 홈페이지에서 토막강의 번호를 입력하세요!

STEP 1 시나공 홈페이지에 접속한 후 [컴퓨터활용능력] → [2급 필기] → [동영상 강좌] → [토막강의]를 클릭하세요.

STEP 2 '강의번호'에 토막강의 번호를 입력하면 강의목록이 표시됩니다.

STEP 3 강의명을 클릭하면 토막강의를 볼 수 있습니다.

---

3. 유튜브에서는 이렇게 이용하세요!

STEP 1 유튜브 검색 창에 "시나공"+토막강의 번호를 입력하세요.

STEP 2 검색된 항목 중 원하는 토막강의를 클릭하여 시청하세요.

★ 토막강의가 지원되는 도서는 시나공 홈페이지를 통해 확인할 수 있습니다.
★ 스마트폰을 이용하실 경우 무선랜(Wi-Fi)에 연결되지 않은 상태에서 토막강의를 이용하시면 가입하신 요금제에 따라 과금이 됩니다.

한눈에 살펴보는 시나공의 구성

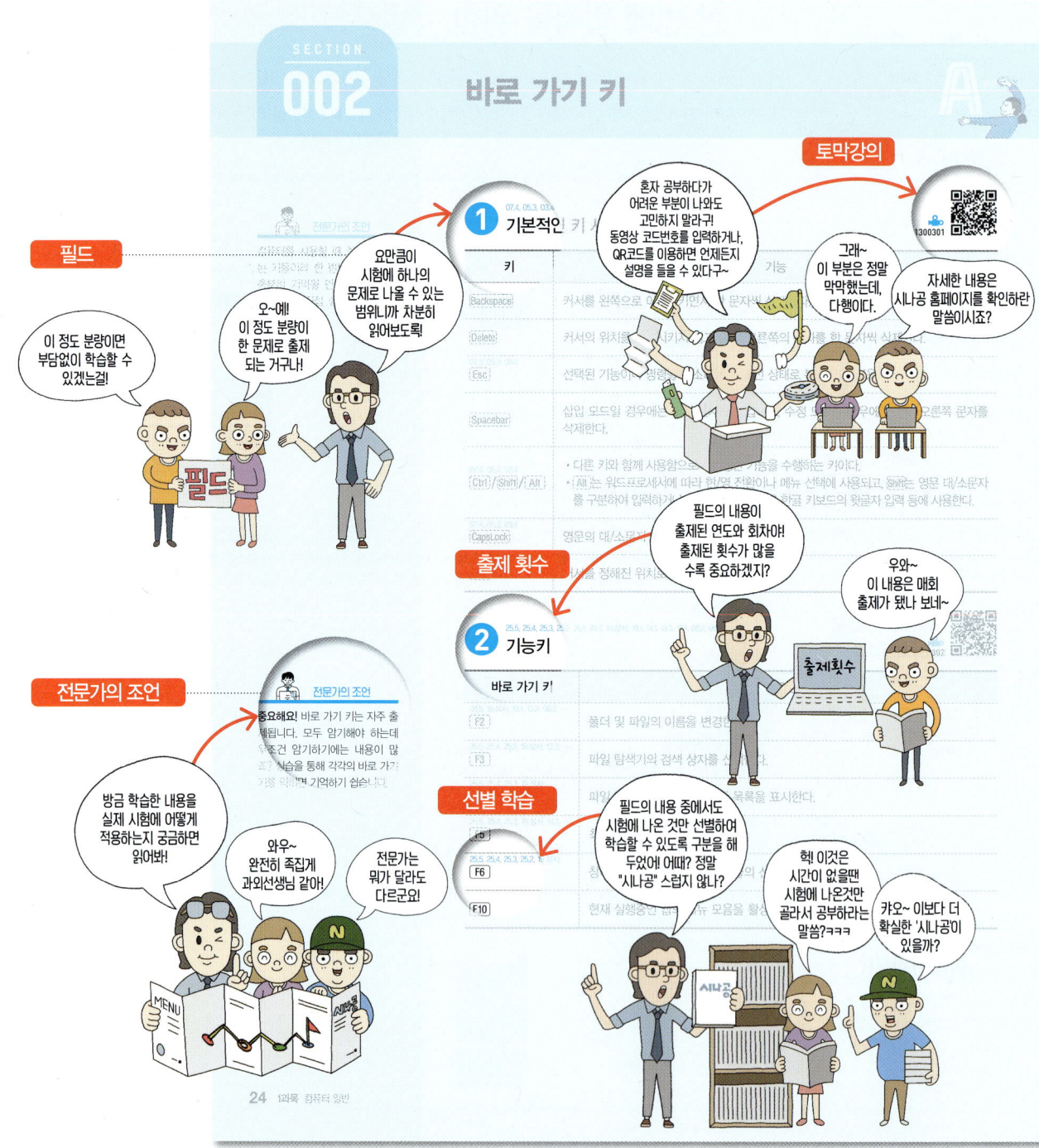

시험에 나오는 것만 골라 볼 수 있다! – 섹션별 구성

기출문제 유형을 섹션의 틀 안에 담아 두어 출제 유형의 파악이 용이합니다.
또한 이론은 각 필드에서 짧게 공부하고, 기출문제로 바로 확인할 수 있어 학습이 지루하지 않습니다.

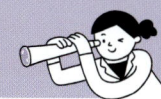

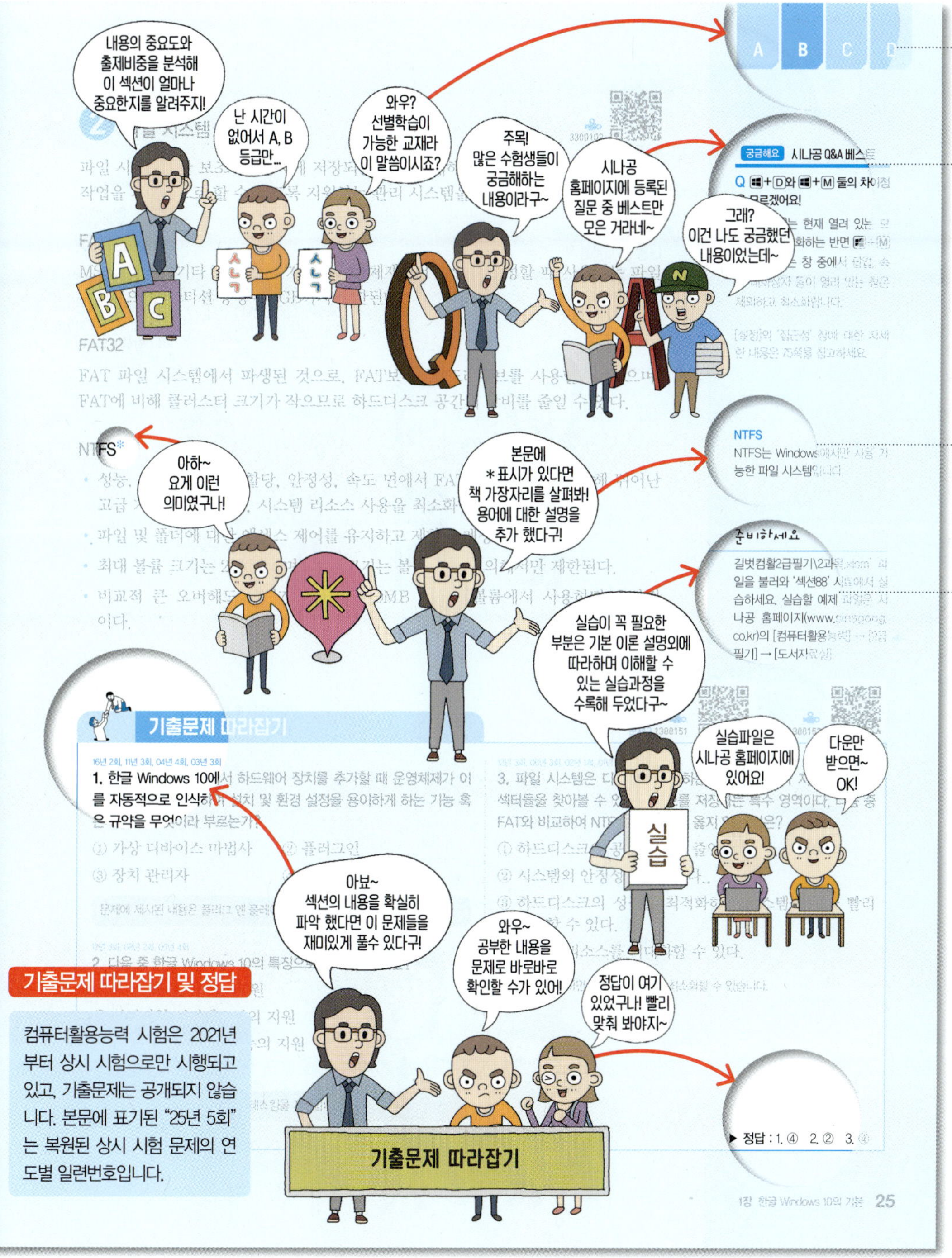

섹션 등급

시나공 Q&A 베스트

용어 설명

준비하세요

기출문제 따라잡기 및 정답

컴퓨터활용능력 시험은 2021년부터 상시 시험으로만 시행되고 있고, 기출문제는 공개되지 않습니다. 본문에 표기된 "25년 5회"는 복원된 상시 시험 문제의 연도별 일련번호입니다.

한눈에 살펴보는 시나공의 구성

핵심요약

찾아보기

배운 내용을 익히고 익힌 실력을 점검해 볼 수 있다! — 핵심요약 & 최신기출문제

섹션에서 배운 내용을 한 번 더 확인하고, 익힌 실력을 최신기출문제로 점검해 볼 수 있습니다.

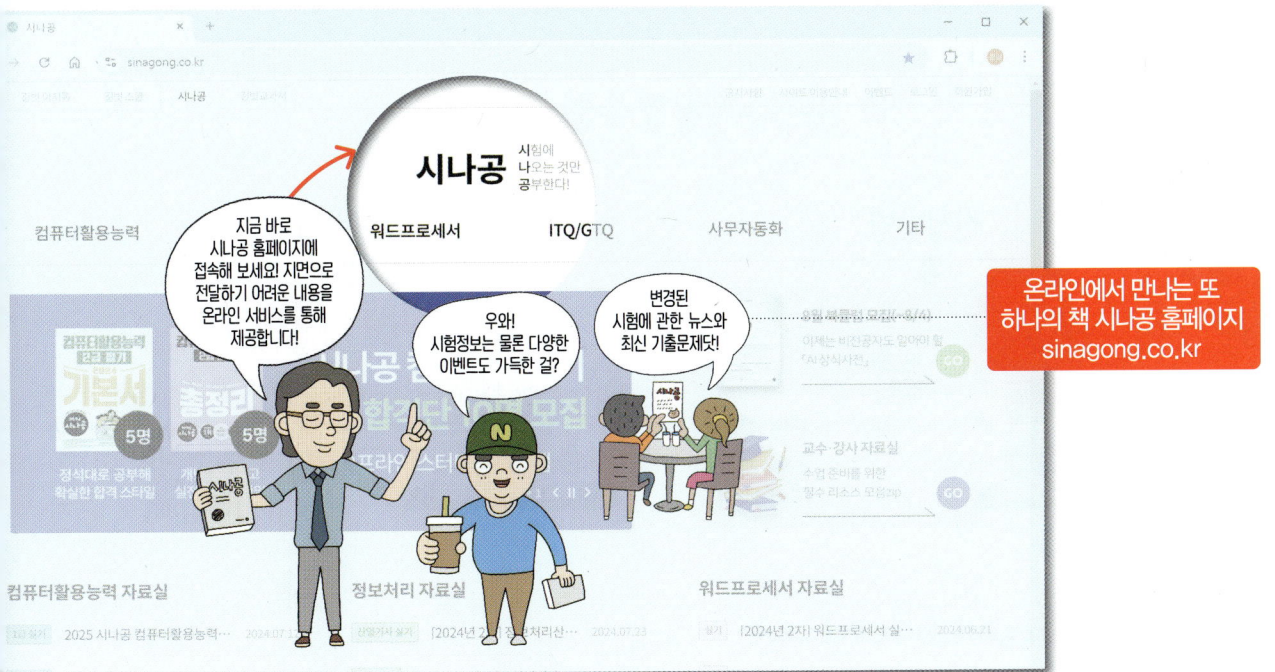

시험 접수부터 자격증을 받기까지 한눈에 살펴볼까요?

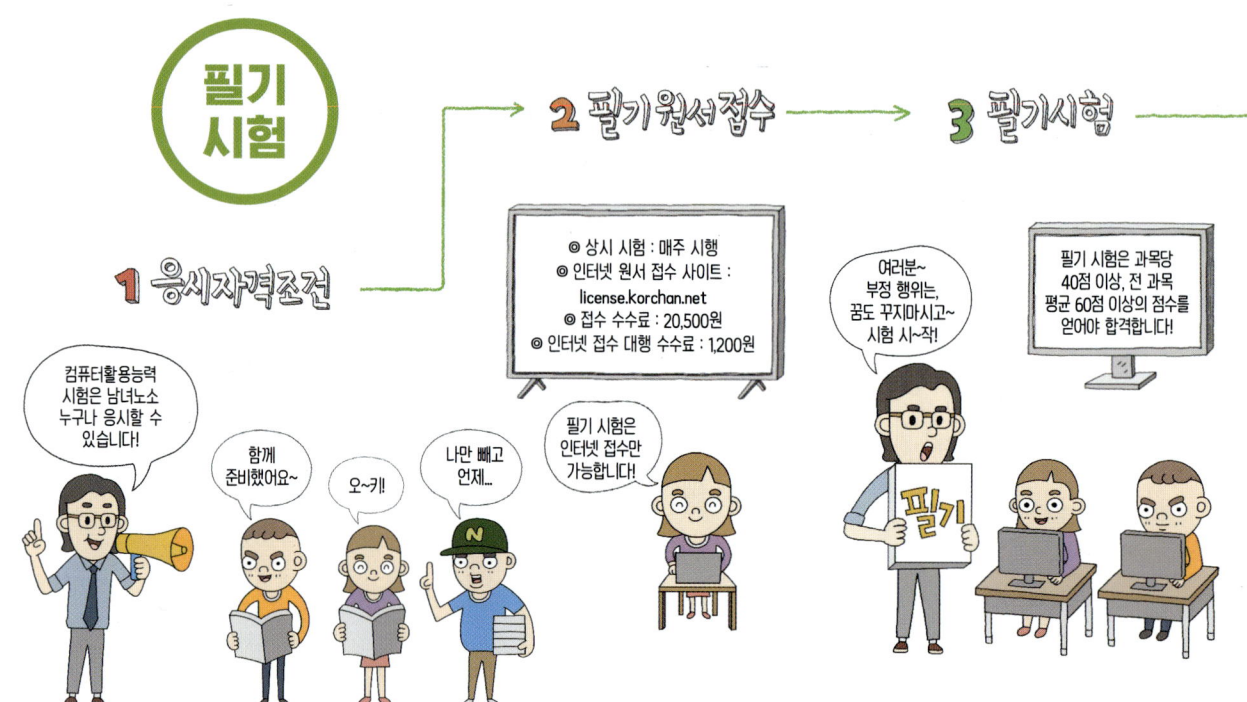

※ 신청할 때 준비할 것은~
▶ 인터넷 신청 : 접수 수수료 3,100원, 등기 우편 수수료 3,300원

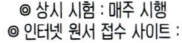

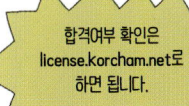

컴퓨터활용능력 시험, 이것이 궁금하다!

Q 컴퓨터활용능력 자격증 취득 시 독학사 취득을 위한 학점 인정이 가능하다고 하던데, 학점 인정 현황은 어떻게 되나요?

A

종목	학점
정보처리기사	20
정보처리산업기사	16
사무자동화산업기사	16
컴퓨터활용능력 1급	14
컴퓨터활용능력 2급	6
워드프로세서	4

※ 자세한 내용은 평생교육진흥원 학점은행 홈페이지(https://cb.or.kr)를 참고하세요.

Q 시험 접수를 취소하고 환불받을 수 있나요? 받을 수 있다면 환불 방법을 알려주세요.

A 네, 가능합니다. 대한상공회의소 자격평가사업단 홈페이지의 상단 메뉴에서 [개별접수] → [환불신청]을 클릭하여 신청하면 됩니다. 하지만 환불 신청 기간 및 사유에 따라 환불 비율에 차이가 있습니다.

환불 기준일	환불 비율
접수일 ~ 시험일 4일 전	100% 반환
시험일 3일 전 ~ 시험일	반환 불가

※ 100% 반환 시 인터넷 접수 수수료는 제외하고 반환됩니다.

Q 필기 시험에 합격하면 2년 동안 필기 시험이 면제된다고 하던데, 필기 시험에 언제 합격했는지 기억이 나지 않을 경우 실기 시험 유효 기간이 지났는지 어떻게 확인해야 하나요?

A 대한상공회의소 자격평가사업단 홈페이지에 로그인한 후 [마이페이지] 코너에서 확인할 수 있습니다.

Q 컴퓨터활용능력 필기 응시 수수료와 실기 응시 수수료는 얼마인가요?

A 급수에 관계없이 필기는 20,500원이고, 실기는 25,000원입니다.

Q 필기 시험 볼 때 입실 시간이 지나서 시험장에 도착할 경우 시험 응시가 가능한가요?

A 입실 시간이 지나면 시험장에 입실할 수 없습니다. 반드시 입실 시간에 맞춰 입실하세요.

Q 필기 시험 볼 때 가져갈 준비물로는 어떤 것들이 있나요?

A 수검표, 신분증(주민등록증, 운전면허증 등)을 지참해야 합니다.
※ 신분증을 지참하지 않으면 시험에 응시할 수 없으니 반드시 신분증을 지참하세요.

컴퓨터활용능력 Q&A

Q 자격증 분실 시 재발급 받으려면 어떻게 해야 하나요?

A 처음 자격증 신청할 때와 동일하게 인터넷으로 신청하면 됩니다.

Q 컴퓨터활용능력 1급 필기 시험에 합격하면 2급은 필기 시험 없이 실기 시험에 바로 응시할 수 있나요?

A 네, 그렇습니다. 1급 필기 시험에 합격하면 1, 2급 실기 시험에 모두 응시할 수 있습니다.

Q 신분증을 분실하였을 경우에는 어떻게 해야 하나요?

A 신분증을 분실했을 경우 주민센터에서 주민등록증 발급 신청 확인서를 발부해 오면 됩니다. 그 외에 운전면허증, 학생증 및 청소년증(중·고등학생 한정), 유효기간 내의 여권, 국가기술 자격증이 있어도 됩니다.

Q 필기 시험에 합격한 후 바로 상시 시험에 접수할 수 있나요?

A 네, 가능합니다. license.korcham.net에서 접수하면 됩니다.

Q 필기와 실기 시험보는 곳이 서로 달라도 되나요?

A 필기 시험을 응시한 지역에서 실기까지 응시하여야 한다는 규정은 없으므로, 실기 시험은 다른 지역에서 응시하셔도 됩니다.

Q 실기 시험 합격 여부를 확인하기 전에 다시 상시 시험에 접수하여 응시할 수 있나요?

A 네, 상시 시험은 같은 날 같은 급수만 아니면, 합격 발표 전까지 계속 접수 및 응시가 가능합니다. 그러나 합격한 이후에 접수한 시험은 모두 무효가 되며 접수한 시험에 대해서는 취소 및 환불이 되지 않으니 주의하기 바랍니다.

Q 필기 시험과 실기 시험의 합격 기준은 어떻게 되나요?

A

필기 시험

등급	시험 과목	제한시간	출제형태	합격기준
1급	컴퓨터 일반	60분	객관식 60문항	과목당 40점 이상 평균 60점 이상
1급	스프레드시트 일반	60분	객관식 60문항	과목당 40점 이상 평균 60점 이상
1급	데이터베이스 일반	60분	객관식 60문항	과목당 40점 이상 평균 60점 이상
2급	컴퓨터 일반	40분	객관식 40문항	
2급	스프레드시트 일반	40분	객관식 40문항	

실기 시험

등급	시험 과목	제한시간	출제형태	합격기준
1급	스프레드시트 실무	90분 (과목별 45분)	컴퓨터 작업형	70점 이상 (1급은 매 과목 70점 이상)
1급	데이터베이스 실무	90분 (과목별 45분)	컴퓨터 작업형	70점 이상 (1급은 매 과목 70점 이상)
2급	스프레드시트 실무	40분	컴퓨터 작업형	70점 이상

MEMO

1 과목

컴퓨터 일반

1장 한글 Windows 10의 기본

2장 한글 Windows 10의 고급 기능

3장 컴퓨터 시스템의 개요

4장 컴퓨터 하드웨어

5장 컴퓨터 소프트웨어

6장 인터넷 활용

7장 멀티미디어 활용

8장 컴퓨터 시스템 보호

전문가가 분석한 1과목 출제 경향

1과목은 나왔던 문제가 또 출제되는 편… 신기술 용어에 대비하면서 80점 이상을 목표로 공부하세요.

나온 문제가 또 나온다는 믿음(?)을 가지고 기출문제 위주로 확실히 공부하면 70점 이상은 반드시 얻을 수 있습니다. 특히 1장과 2장은 한글 Windows 10이라는 정해진 범주 안에서 출제되므로 반드시 컴퓨터를 켜놓고 실습을 병행하는 것이 효과적입니다. 컴퓨터활용능력 시험의 특징 중 하나는 신기술 용어의 시험 반영이 상당히 빠르다는 것입니다. 컴퓨터 하드웨어, 정보통신과 인터넷 부분의 신기술 용어까지 대비한다면 80점 이상도 가능합니다.

IT 자격증 전문가 강윤석

미리 따라해 본 베타테스터의 한 마디

컴퓨터 시스템의 개요, 소프트웨어, 인터넷 활용 등 이론적인 설명이 중심이 되는 과목이었습니다. 하지만 상식적인 내용이 많아 조금만 주의 깊게 읽어보면 충분히 이해할 수 있는 과목이라고 생각합니다. 제 경우에는 소프트웨어 단원 중 프로그래밍 부분이 약간 어려웠습니다. 평소 거의 접할 기회가 없는 내용이었으니까요. 하지만 이 책에서 정리된 용어 설명과 몇 가지 사항만 잘 기억하면 누구나 충분히 합격할 수 있을 것으로 생각합니다.

베타테스터 정예림(21살, 대학생)

1장 한글 Windows 10의 기본

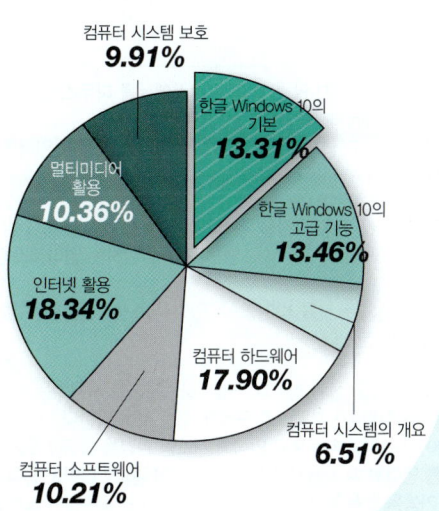

001 한글 Windows 10의 특징 ⓓ등급
002 바로 가기 키 Ⓐ등급
003 바탕 화면 / 바로 가기 아이콘 Ⓑ등급
004 작업 표시줄 설정 Ⓐ등급
005 시작 메뉴 Ⓒ등급
006 파일 탐색기 Ⓒ등급
007 폴더 옵션 Ⓒ등급
008 디스크 포맷 Ⓒ등급
009 파일과 폴더 Ⓑ등급
010 검색 상자 Ⓒ등급
011 파일과 폴더 다루기 Ⓑ등급
012 휴지통 사용하기 Ⓑ등급
013 메모장 Ⓑ등급

꼭 알아야 할 키워드 Best 10

1. 플러그 앤 플레이   2. 바로 가기 키   3. 바로 가기 아이콘   4. 에어로 피크/스냅/세이크   5. 작업 표시줄   6. 메모장   7. 폴더 옵션
8. 디스크 포맷   9. 파일/폴더의 복사 및 이동   10. 휴지통

SECTION 001 한글 Windows 10의 특징

전문가의 조언

한글 Windows 10의 특징에는 어떤 것들이 있는지 알고 있어야 합니다. 특히 OLE와 PnP의 기능을 중심으로 숙지하세요.

1 한글 Windows 10의 특징

16.2, 12.3, 11.3, 08.4, 08.2, 07.3, 07.2, 07.1, 05.4, 05.3, 04.4, 03.3, 03.2, 02.3, 02.2, 01.1, 00.3, 00.1

1300101

한글 Windows 10 운영체제는 컴퓨터 시스템의 하드웨어를 효율적으로 관리하고 사용자에게는 더 편리한 컴퓨터 환경을 제공하기 위하여 만들어진 운영체제로 다음과 같은 특징이 있다.

05.3 그래픽 사용자 인터페이스(GUI) 사용	• 키보드로 명령어를 직접 입력하지 않고, 아이콘이나 메뉴를 마우스로 선택하여 모든 작업을 수행하는 사용자 작업 환경을 말한다. • 한글 Windows 10은 초보자도 쉽게 사용할 수 있는 그래픽 사용자 인터페이스(GUI)를 채용하였다.
12.3, 08.2, 07.1, 05.4 선점형 멀티태스킹 (Preemptive Multi-tasking)	• 운영체제가 각 작업의 CPU 이용 시간을 제어하여 앱 실행중 문제가 발생하면 해당 앱을 강제 종료시키고, 모든 시스템 자원을 반환하는 멀티태스킹 운영 방식을 말한다. • 하나의 앱이 CPU를 독점하는 것을 방지할 수 있어 시스템 다운 현상 없이 더욱 안정적인 작업을 할 수 있다.
16.2, 12.3, 11.3, 11.2, 08.4, 08.2, 07.2, … 플러그 앤 플레이 (자동감지장치; PnP, Plug & Play)	• 컴퓨터 시스템에 하드웨어를 설치했을 때, 해당 하드웨어를 사용하는 데 필요한 시스템 환경을 운영체제가 자동으로 구성해 주는 것을 말한다. • 운영체제가 하드웨어의 규격을 자동으로 인식해 시스템 환경을 설정해 주기 때문에 PC 주변기기를 연결할 때 사용자가 직접 환경을 설정하지 않아도 된다. • 플러그 앤 플레이 기능을 활용하기 위해서는 하드웨어와 소프트웨어 모두 플러그 앤 플레이를 지원하여야 한다. • 하드웨어의 IRQ, DMA 채널, I/O 주소*들이 충돌하지 않도록 설정한다.
12.3, 08.2, 07.3, 05.4, 03.2, 02.3 OLE(Object Linking and Embedding)	• 다른 여러 앱에서 작성된 문자나 그림 등의 개체(Object)를 현재 작성중인 문서에 자유롭게 연결(Linking)하거나 삽입(Embedding)하여 편집할 수 있게 하는 기능이다. • OLE로 연결된 이미지를 원본 앱에서 수정하거나 편집하면 그 내용이 그대로 해당 문서에 반영된다.
255자의 긴 파일 이름	• 최대 255자의 긴 파일 이름을 지정할 수 있다. • 유니코드 문자를 지원하여 세계 여러 문자를 파일 이름에 사용할 수 있다. • 파일 이름으로는 ₩ / : * ? " 〈 〉 |를 제외한 모든 문자 및 공백을 사용할 수 있다.
12.3, 11.2, 08.2, 05.4 64비트 데이터 처리	완전한 64비트*로 데이터를 처리하므로 더 많은 양의 데이터를 빠르게 처리할 수 있으며, 사용자에게 좀 더 빠르고 효율적인 시스템을 구축할 수 있게 한다.

앱(App)

컴퓨터의 운영체제에서 실행되는 모든 응용 소프트웨어, 즉 프로그램을 애플리케이션(Application)이라고 하며, 이를 줄여서 앱(App)이라고 부릅니다. 한글 Windows 10에서는 프로그램이라는 명칭 대신 앱을 사용하고 있습니다.

멀티태스킹(Multi-tasking)

다중 작업이란 뜻으로, 여러 개의 앱을 동시에 열어 두고 다양한 작업을 동시에 진행하는 것을 말합니다. 이를테면 MP3 음악을 들으면서 워드프로세서 작업을 하다 인터넷에서 파일을 다운로드하는 것을 멀티태스킹이라고 합니다.

• **IRQ**(Interrupt ReQuest) : 각 장치들이 CPU 사용을 요청하기 위해 보내는 인터럽트 신호가 전달되는 통로
• **DMA**(Direct Memory Access) : CPU를 통하지 않고 각 장치와 메모리가 직접 데이터를 주고받을 수 있는 통로
• **I/O**(Input/Output) **주소** : 각 장치와 CPU가 데이터를 주고받기 위해 지정된 메모리 영역

64비트

64비트 버전으로 제작된 Windows용 앱은 32비트 버전의 Windows에서는 작동되지 않습니다.

2 파일 시스템

12.3, 11.1, 06.3, 02.1, 01.1

3300102

파일 시스템이란 보조기억장치에 저장되는 파일에 대해 수정, 삭제, 추가, 검색 등의 작업을 체계적으로 할 수 있도록 지원하는 관리 시스템을 말한다.

FAT(16)
MS-DOS 및 기타 Windows 기반의 운영체제에서 파일을 구성할 때 사용되는 파일 시스템으로, 파티션 용량이 2GB까지 제한된다.

FAT32
FAT 파일 시스템에서 파생된 것으로, FAT보다 큰 드라이브를 사용할 수 있으며, FAT에 비해 클러스터 크기가 작으므로 하드디스크 공간의 낭비를 줄일 수 있다.

NTFS*
- 성능, 보안, 디스크* 할당, 안정성, 속도 면에서 FAT 파일 시스템에 비해 뛰어난 고급 기능을 제공하며, 시스템 리소스 사용을 최소화한다.
- 파일 및 폴더에 대한 액세스 제어를 유지하고 제한된 계정을 지원한다.
- 최대 볼륨 크기는 256TB이며, 파일 크기는 볼륨 크기에 의해서만 제한된다.
- 비교적 큰 오버헤드가 있기 때문에 400MB 이상의 볼륨에서 사용하면 효과적이다.

> **전문가의 조언**
> FAT와 비교하여 NTFS가 갖는 장점을 묻는 문제가 출제되었습니다. NTFS를 사용하면 시스템의 리소스를 최소화할 수 있다는 것을 중심으로 NTFS의 특징을 정리하세요.

NTFS
NTFS는 Windows에서만 사용 가능한 파일 시스템입니다.

디스크(Disc)
디스크는 파일이나 폴더를 저장해 두는 물리적 저장공간이다. 일반적으로 플로피디스크 드라이브의 이름에는 A, B를, 하드디스크 드라이브의 이름에는 C에서 Z까지(C, D, E, F, …) 할당한다.

기출문제 따라잡기

 문제2 1300151

 문제3 1300152

16년 2회, 11년 3회, 04년 4회, 03년 3회
1. 한글 Windows 10에서 하드웨어 장치를 추가할 때 운영체제가 이를 자동적으로 인식하여 설치 및 환경 설정을 용이하게 하는 기능 혹은 규약을 무엇이라 부르는가?
① 가상 디바이스 마법사
② 플러그인
③ 장치 관리자
④ 플러그 앤 플레이

> 문제에 제시된 내용은 플러그 앤 플레이에 대한 설명입니다.

12년 3회, 08년 2회, 05년 4회
2. 다음 중 한글 Windows 10의 특징으로 옳지 않은 것은?
① 64Bit 데이터 처리 지원
② 비선점형 멀티태스킹의 지원
③ 플러그 앤 플레이 기능의 지원
④ OLE 기능 지원

> 한글 Windows 10은 선점형 멀티태스킹을 지원합니다.

12년 3회, 06년 3회, 02년 1회, 01년 1회
3. 파일 시스템은 디스크에 존재하는 파일의 정보가 저장되어 있는 섹터들을 찾아볼 수 있도록 정보를 저장하는 특수 영역이다. 다음 중 FAT와 비교하여 NTFS의 장점으로 옳지 않은 것은?
① 하드디스크의 공간 낭비를 줄일 수 있다.
② 시스템의 안정성이 향상된다.
③ 하드디스크의 성능을 최적화하여 시스템을 보다 빨리 사용할 수 있다.
④ 시스템 리소스를 최대화할 수 있다.

> NTFS를 사용하면 시스템 리소스를 최소화할 수 있습니다.

▶ 정답 : 1. ④ 2. ② 3. ④

SECTION 002

바로 가기 키

전문가의 조언

컴퓨터를 사용할 때 항상 사용하는 키들이라 한 번씩만 실습해도 충분히 기억될 만한 내용입니다. 하지만 꼭 직접 실습해야 한다는 것 잊지마세요.

1 기본적인 키 사용법

07.4, 05.3, 03.4

키	기능
Backspace	커서를 왼쪽으로 이동시키면서 한 문자씩 삭제한다.
Delete	커서의 위치를 변경시키지 않고, 커서 오른쪽의 문자를 한 문자씩 삭제한다.
Esc (07.4, 05.3, 03.4)	선택된 기능이나 명령을 취소하거나, 이전 상태로 복귀할 때 사용한다.
Spacebar	삽입 모드일 경우에는 공백 문자를 삽입하고, 수정 모드일 경우에는 커서 오른쪽 문자를 삭제한다.
Ctrl / Shift / Alt (07.4, 05.3, 03.4)	• 다른 키와 함께 사용함으로써 특정한 기능을 수행하는 키이다. • Alt 는 워드프로세서에 따라 한/영 전환이나 메뉴 선택에 사용되고, Shift 는 영문 대/소문자를 구분하여 입력하거나 쌍자음, 쌍모음 같은 한글 키보드의 윗글자 입력 등에 사용한다.
CapsLock (07.4, 05.3, 03.4)	영문의 대/소문자 전환에 사용한다.
Tab	커서를 정해진 위치로 한 번에 이동시킨다.

2 기능키

24.5, 19.상시, 19.1, 14.1, 13.3, 13.1, 06.2, 06.1, 04.2, 01.1

바로 가기 키	기능
F2 (24.5, 19.상시, 19.1, 13.3, 06.2, …)	폴더 및 파일의 이름을 변경한다.
F3 (19.상시, 13.3, 13.1, 06.2, 06.1)	파일 탐색기의 검색 상자를 선택한다.
F4 (19.상시)	파일 탐색기에서 주소 표시줄 목록을 표시한다.
F5 (19.상시, 14.1, 13.3, 13.1, 06.2)	최신 정보로 고친다.
F6 (19.상시)	창이나 바탕 화면의 화면 요소들의 선택을 순환한다.
F10	현재 실행중인 앱의 메뉴 모음을 활성화한다.

③ 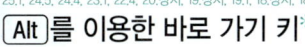 Alt를 이용한 바로 가기 키*

25.1, 24.5, 24.4, 23.1, 22.4, 20.상시, 19.상시, 19.1, 18.상시, 18.1, 14.1, 12.1, 11.1, 10.3, 09.3, 08.1, 07.2, 06.4, 06.2, 05.4, …

1300303

바로 가기 키	기능
Alt + →, ←	현재 실행중인 화면의 다음 화면이나 이전 화면으로 이동한다.
25.1, 18.1, 11.1, 10.3, 07.2, 05.3, … Alt + Esc	현재 실행중인 앱들을 순서대로 전환한다.
24.4, 23.1, 22.4, 19.상시, 18.1, 14.1, … Alt + Tab	• 현재 실행중인 프로그램들의 목록*을 화면 중앙에 나타낸다. • Alt 를 누른 상태에서 Tab 을 이용하여 이동할 작업 창을 선택한다.
24.5, 23.1, 22.4, 20.상시, 20.2, … Alt + Enter	선택된 항목의 속성 대화상자를 나타낸다.
24.5, 18.상시, 03.3, 00.3, 99.3 Alt + Spacebar	활성창*의 바로 가기 메뉴*를 표시한다.
23.1, 22.4, 20.상시, 19.상시, … Alt + F4	• 실행중인 창(Window)이나 앱을 종료한다. • 실행중인 앱이 없으면 'Windows 종료' 창을 나타낸다.
18.상시, 08.1, 05.4, 03.3, 01.2, … Alt + Print Screen	현재 작업중인 활성 창을 클립보드로 복사한다.
Alt + F8	로그인 화면에서 암호를 입력할 때 표시되는 '●' 기호 대신 입력한 내용을 확인할 수 있다.

④ Ctrl을 이용한 바로 가기 키*

25.2, 25.1, 24.5, 24.1, 20.2, 19.1, 14.1, 12.1, 10.2, 09.3, 07.2, 06.4, 05.2, 05.1, 04.2, 04.1, 02.3, 02.2, 00.2

1300304

바로 가기 키	기능
25.1, 24.5, 19.1, 06.4, 05.2, 05.1, … Ctrl + A	폴더 및 파일을 모두 선택한다.
25.1, 24.5, 20.2, 19.1, 14.1, 12.1, … Ctrl + Esc	[⊞(시작)]을 클릭한 것처럼 [시작] 메뉴를 표시한다.
25.2, 24.1, 02.3, 02.2 Ctrl + Shift + Esc	'작업 관리자*' 대화상자를 호출하여 문제가 있는 앱을 강제로 종료한다.
Ctrl + 마우스 스크롤	바탕 화면의 아이콘 크기를 변경한다.

⑤ Shift를 이용한 바로 가기 키

25.2, 24.1, 19.상시, 12.3, 10.2, 10.3

1300305

바로 가기 키	기능
25.2, 25.1, 24.1, 20.상시, 19.상시, … Shift + Delete	폴더나 파일을 휴지통을 거치지 않고 바로 삭제한다.
25.2, 24.1, 20.2, 10.2 Shift + F10	바로 가기 메뉴를 표시한다.

전문가의 조언

중요해요! 바로 가기 키는 자주 출제됩니다. 모두 암기해야 하는데 무조건 암기하기에는 내용이 많죠? 실습을 통해 각각의 바로 가기 키를 익히면 기억하기 쉽습니다.

전문가의 조언

컴퓨터활용능력 시험은 2021년부터 상시 시험으로만 시행되고 있고, 기출문제는 공개되지 않습니다. 본문에 표기된 "24.5"는 복원된 상시 시험 문제의 연도별 일련번호입니다.

바로 가기 키
바로 가기 키는 키보드의 키를 조합하여 명령어 대신 사용하는 기능으로, 단축키 또는 핫키(Hot Key)라고도 합니다.

실행중인 앱들의 목록

활성창
활성창은 활성화된 창, 즉 실행중인 여러 개의 작업창 중에서 현재 선택되어 작업 대상이 되는 창을 말합니다.

활성창의 바로 가기 메뉴

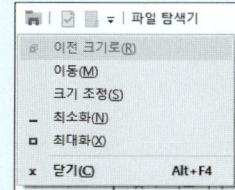

Ctrl을 사용한 기본 바로 가기 키
• Ctrl + C : 복사하기
• Ctrl + X : 잘라내기
• Ctrl + V : 붙여넣기
• Ctrl + Z : 실행 취소

Print Screen 만 누를 경우 화면 전체를 클립보드로 복사합니다.

'작업 관리자'에 대한 자세한 내용은 92쪽을 참고하세요.

6 ⊞를 이용한 바로 가기 키

24.3, 23.3, 22.2, 21.2, 18.1, 15.2, 11.1, 10.3, 07.2, 03.2

'파일 탐색기'에 대한 자세한 내용은 40쪽을 참고하세요.

피드백 허브
사용자가 Windows 10을 사용하는 과정에서 발생한 오류나 기능에 대한 의견을 보내면, Windows 개발자들이 이를 참고하여 기능 개선에 사용하게 되는데, 이와 같이 Windows 10의 개선을 위해 사용자와 개발자 간의 의견을 교환할 수 있도록 하는 앱을 의미합니다.

궁금해요 시나공 Q&A 베스트

Q ⊞+D와 ⊞+M 둘의 차이점을 모르겠어요!

A ⊞+D는 현재 열려 있는 모든 창을 최소화하는 반면 ⊞+M은 열려 있는 창 중에서 팝업, 속성 대화상자 등이 열려 있는 창은 제외하고 최소화합니다.

[설정]의 '접근성' 창에 대한 자세한 내용은 75쪽을 참고하세요.

바로 가기 키	기능
⊞	[⊞(시작)]이나 Ctrl + Esc 를 클릭한 것처럼 [시작] 메뉴를 표시한다.
24.3, 23.3, 22.2, 21.2, 20.2 ⊞ + E	파일 탐색기*를 실행한다.
⊞ + F	피드백 허브* 앱을 실행한다.
24.3, 23.3, 22.2, 21.2 ⊞ + L	컴퓨터를 잠그거나 사용자를 전환한다.
24.3, 23.3, 22.2, 21.2 ⊞ + D*	열려 있는 모든 창과 대화상자를 최소화(바탕 화면 표시)하거나 이전 크기로 나타낸다.
⊞ + M* ⊞ + Shift + M	열려 있는 모든 창을 최소화/이전 크기로 나타낸다.
⊞ + R	'실행' 창을 나타낸다.
⊞ + U	[설정]의 '접근성' 창*을 나타낸다.
⊞ + T	작업 표시줄의 앱을 차례로 선택한다.
⊞ + A	알림 센터를 표시한다.
⊞ + B	알림 영역으로 포커스를 옮긴다.
⊞ + Alt + D	알림 영역에 날짜 및 시간을 표시하거나 숨긴다.
24.3, 23.3, 22.2, 21.2 ⊞ + I	'설정' 창을 화면에 나타낸다.
⊞ + S	'검색 상자'로 포커스를 옮긴다.
⊞ + Ctrl + D	가상 데스크톱을 추가한다.
⊞ + Ctrl + F4	사용 중인 가상 데스크톱을 삭제한다.
⊞ + Home	선택된 창을 제외한 모든 창을 최소화 한다.
⊞ + ↑/←/→/↓	선택된 창 최대화/화면 왼쪽으로 최대화/화면 오른쪽으로 최대화/창 최소화(창 최대화일 때는 이전 크기로) 한다.
⊞ + Ctrl + F	'컴퓨터 찾기' 대화상자를 나타낸다.
18.1, 11.1, 10.3, 07.2, 03.2 ⊞ + Tab	'작업 보기'를 실행한다.
⊞ + Pause/Break	[설정] → [시스템] → [정보] 창을 나타낸다.

궁금해요 시나공 Q&A 베스트

Q ⊞+Shift+M은 '열려있는 모든 창을 이전 크기로' 라고 했는데요. 어떻게 창이 이전 크기로 간다는 의미인지 모르겠어요.

A '이전 창'이란 창에 어떤 변화가 일어나기 전을 말합니다. 앱 창이 여러 개 열려 있는 상태에서 ⊞+M을 누르면 모든 창이 작업 표시줄로 최소화되고 바탕 화면이 나타납니다. 이 상태에서 ⊞+Shift+M을 누르면 창들이 ⊞+M을 누르기 전의 상태로 돌아옵니다. 이 바로 가기 키는 바탕 화면을 보고 싶을 때 유용합니다.

기출문제 따라잡기

문제2 1300352

24년 4회, 23년 1회, 22년 4회, 18년 1회, 07년 2회

1. 다음 중 한글 Windows 10에서 실행중인 앱 사이의 작업 전환을 위한 바로 가기 키는?

① Alt + Enter
② Alt + F4
③ Alt + Tab
④ Alt + Delete

> Alt + Enter는 속성 대화상자 호출, Alt + F4는 앱 종료, Alt + Tab은 작업 창 전환에 사용됩니다.

19년 상시, 13년 3회, 06년 2회, 1회, 04년 2회, 01년 1회

2. 한글 Windows 10의 파일 탐색기에서 사용하는 단축키에 대한 설명으로 옳지 않은 것은?

① F2 : 선택한 파일/폴더의 이름 변경하기
② F3 : 파일 탐색기의 검색 상자를 선택한다.
③ F1 : 최신 정보로 고치기
④ F5 : 목록 내용을 최신 정보로 고쳐준다.

> 최신 정보로 고치는 키는 F5 입니다.

24년 5회, 19년 1회

3. 다음 중 한글 Windows 10의 바로 가기 키에 대한 설명으로 옳지 않은 것은?

① Ctrl + Esc 를 누르면 Windows 시작 메뉴를 열 수 있다.
② 바탕 화면에서 아이콘을 선택한 후 Alt + Enter 를 누르면 선택된 항목의 속성 창을 표시한다.
③ 바탕 화면에서 폴더나 파일을 선택한 후 F2 를 누르면 이름을 변경할 수 있다.
④ 폴더 창에서 Alt + Spacebar 를 누르면 특정 폴더 내의 모든 파일이나 폴더를 선택할 수 있다.

> 폴더 창에서 Alt + Spacebar 를 누르면 폴더 창의 바로 가기 메뉴를 표시합니다. 폴더 내의 모든 파일이나 폴더를 선택하는 바로 가기 키는 Ctrl + A 입니다.

25년 2회, 24년 1회

4. 다음 중 Shift 키 사용에 대한 설명으로 옳지 않은 것은?

① Shift 를 누른 채 파일을 드래그 하면 이동된다.
② Ctrl + Shift + Esc 를 누르면 '작업 관리자' 대화상자가 표시된다.
③ Shift + F10 을 누르면 바로 가기 메뉴를 표시한다.
④ Shift + Delete 를 눌러 삭제한 개체는 휴지통에 보관된다.

> Shift + Delete 를 눌러 삭제한 개체는 휴지통을 거치지 않고 바로 삭제됩니다.

25년 1회

5. 다음 중 Windows에서 사용하는 바로 가기 키에 대한 설명으로 옳은 것은?

① Alt + Delete : 휴지통을 거치지 않고 바로 삭제한다.
② Ctrl + Esc : [시작 화면]을 표시한다.
③ Alt + A : 모든 개체를 선택한다.
④ Ctrl + Tab : 실행된 프로그램 순서대로 전환한다.

> ① 휴지통을 거치지 않고 바로 삭제하는 바로 가기 키는 Shift + Delete 입니다.
> ③ 모든 개체를 선택하는 바로 가기 키는 Ctrl + A 입니다.
> ④ 실행된 프로그램을 순서대로 전환하는 바로 가기 키는 Alt + Esc 입니다.

18년 상시, 08년 1회, 05년 4회, 00년 3회

6. 한글 Windows 10 화면에서 현재 활성화된 윈도우만 캡쳐(Capture)하고자 할 때 사용하는 키는?

① Alt + P
② Alt + Print Screen
③ Shift + Print Screen
④ Shift + Scroll Lock

> 화면 전체를 캡처할 때는 Print Screen, 활성창만을 캡처할 때는 Alt + Print Screen 입니다.

24년 3회, 23년 3회, 22년 2회, 21년 2회

7. 다음 중 Windows에서 Winkey(⊞)와 함께 사용하는 바로 가기 키에 대한 설명으로 틀린 것은?

① [Winkey(⊞)] + I : '설정' 창을 표시함
② [Winkey(⊞)] + D : 모든 창을 최소화함
③ [Winkey(⊞)] + L : 컴퓨터를 잠금
④ [Winkey(⊞)] + E : '실행' 창을 표시함

> ⊞ + E 는 파일 탐색기를 실행하는 바로 가기 키입니다. '실행' 창을 표시하는 바로 가기 키는 ⊞ + R 입니다.

18년 1회, 11년 1회, 10년 3회, 07년 2회, 03년 2회

8. 다음 중 한글 Windows 10의 바탕 화면에서 아래 그림과 같이 열려 있는 모든 창들을 미리 보기로 보면서 활성창을 전환할 수 있는 바로 가기 키는?

① Alt + Tab
② ⊞ + Tab
③ Ctrl + Esc
④ Alt + Esc

> ⊞ + Tab 은 '작업 보기' 실행, Ctrl + Esc 는 시작 메뉴 표시, Alt + Esc 는 실행중인 앱을 순서대로 전환하는 데 사용합니다.

▶ 정답 : 1.③ 2.③ 3.④ 4.④ 5.② 6.② 7.④ 8.①

SECTION 003

바탕 화면 / 바로 가기 아이콘

전문가의 조언
바탕 화면의 구성 요소를 기억하고, 배경 화면으로 사용할 수 있는 파일의 종류에 대해 알아두세요.

기본 아이콘
한글 Windows 10 설치 시 화면에 기본적으로 표시되는 아이콘은 '휴지통' 뿐입니다.

검색 상자
한글 Windows 10을 처음 설치하면 검색 상자는 검색 아이콘()으로 표시됩니다. 검색 상자를 표시하거나 숨기려면, 작업 표시줄의 바로 가기 메뉴에서 [검색] → [검색 상자 표시]를 선택하세요.

1 바탕 화면의 개요
^{99.1}

바탕 화면은 한글 Windows 10의 기본적인 작업 공간으로, 한글 Windows 10 설치 시 기본적으로 표시되는 아이콘*과 작업 표시줄로 구성되어 있다.

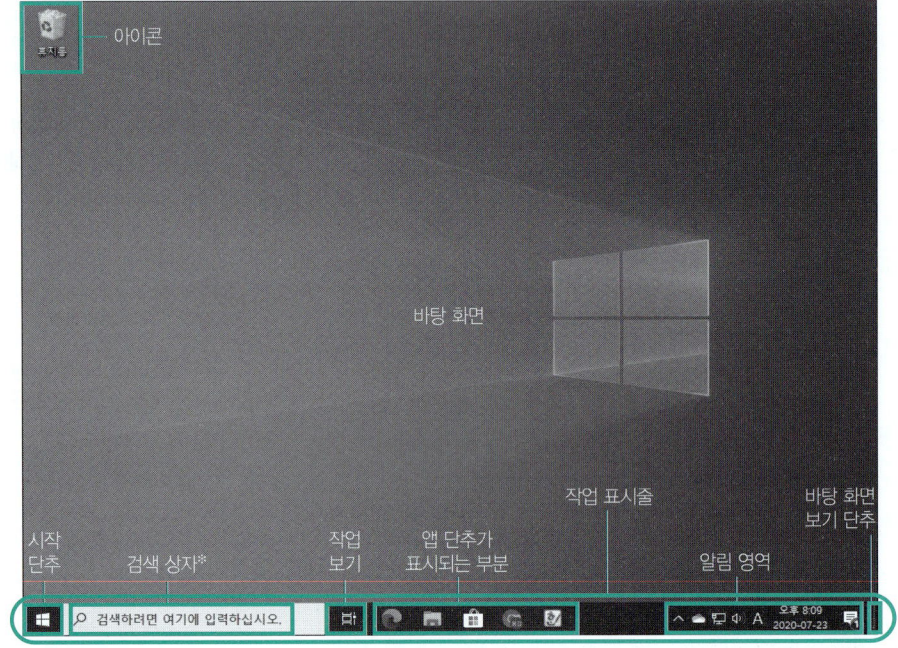

- 작업 표시줄 오른쪽 끝에 있는 '바탕 화면 보기' 단추를 클릭하거나 ■+D를 누르면 실행중인 모든 앱이 작업 표시줄로 최소화된다.
- 배경 화면을 변경할 수 있으며, 사용할 수 있는 형식은 bmp, gif, jpg, png 등의 이미지 파일이다.
- 배경 화면을 바탕 화면에 표시하는 형식(맞춤)에는 채우기, 맞춤, 확대, 바둑판식 배열, 가운데, 스팬이 있다.
- 바탕 화면은 여러 장의 그림 파일을 이용하여 슬라이드로 만들 수 있다.

2 바로 가기 아이콘

21.2, 21.1, 20.상시, 18.2, 17.2, 15.1, 11.2, 10.3, 10.2, 09.1, 06.1

바로 가기(Shortcut) 아이콘은 자주 사용하는 문서나 앱을 빠르게 실행시키기 위한 아이콘으로, 원본 파일의 위치 정보를 가지고 있다.

- 바로 가기 아이콘을 실행시키면 바로 가기 아이콘과 연결된 원본 파일이 실행된다.
- 바로 가기 아이콘은 '단축 아이콘'이라고도 하며, 폴더나 파일, 디스크 드라이브, 다른 컴퓨터, 프린터 등 모든 개체에 대해 작성할 수 있다.
- 바로 가기 아이콘은 왼쪽 아랫부분에 화살표 표시가 있어 일반 아이콘과 구별된다.*
- 바로 가기 아이콘의 확장자는 LNK*이며, 컴퓨터에 여러 개 존재할 수 있다.
- 하나의 원본 파일에 대해 여러 개의 바로 가기 아이콘을 만들 수 있으나, 하나의 바로 가기 아이콘에는 하나의 원본 파일만 지정할 수 있다.
- 바로 가기 아이콘은 원본 파일이 있는 위치와 관계없이 만들 수 있다.
- 바로 가기 아이콘을 삭제/이동하더라도 원본 파일은 삭제/이동되지 않는다.
- 원본 파일을 삭제하면 해당 파일의 바로 가기 아이콘은 실행되지 않는다.
- 바로 가기 아이콘의 '속성' 대화상자
  - 바로 가기 아이콘의 파일 형식, 설명, 위치, 크기, 만든 날짜, 수정한 날짜, 액세스한 날짜, 연결된 항목의 정보* 등을 확인할 수 있다.
  - 바로 가기 키, 아이콘, 원본 파일 등을 변경*할 수 있다.

전문가의 조언

바로 가기 아이콘의 개념과 만드는 방법을 묻는 문제가 종종 출제됩니다. 바로 가기 아이콘의 특징을 정확히 알고, 만드는 여러 방법을 실습을 통해 숙지하세요.

바로 가기 아이콘/일반 아이콘

바로 가기 아이콘의 확장자 확인

바로 가기 아이콘 속성 대화상자의 '자세히' 탭에서 바로 가기 아이콘의 확장자를 확인할 수 있습니다.

연결된 항목 정보

연결된 항목의 정보에는 대상 파일, 형식, 위치 등이 있습니다.

원본 파일 변경

바로 가기 아이콘 속성 대화상자의 '바로 가기' 탭에서 '대상' 난에 새로운 원본 파일이 있는 위치를 직접 입력하여 변경합니다.

3 바로 가기 아이콘 만들기

24.4, 20.1, 12.3, 06.4, 02.1, 01.2

12.3, 06.4, 02.1, 01.2 바로 가기 메뉴 이용 1	개체를 선택한 후 바로 가기 메뉴에서 [바로 가기 만들기]를 선택한다.
바로 가기 메뉴 이용 2	개체를 선택한 후 바로 가기 메뉴에서 [보내기] → [바탕 화면에 바로 가기 만들기]를 선택한다.
바로 가기 메뉴 이용 3	바탕 화면이나 폴더의 빈 곳에서 바로 가기 메뉴를 호출하여 [새로 만들기] → [바로 가기]를 선택한 후 '바로 가기 만들기' 창에서 실행 파일을 찾아 선택한다.
폴더 창의 리본 메뉴 이용	폴더 창에 포함된 해당 폴더나 파일을 선택한 후 리본 메뉴의 [홈] → [클립보드] → [복사]를 클릭하고 원하는 위치로 이동한 후 [홈] → [클립보드] → [바로 가기 붙여넣기]를 클릭한다.
20.1, 12.3, 06.4, 02.1, 01.2 오른쪽 버튼으로 끌기	마우스 오른쪽 버튼으로 개체를 선택한 후 원하는 위치로 끌어다 놓으면 바로 가기 메뉴가 표시되는데, 이 메뉴 중 [여기에 바로 가기 만들기]를 선택한다.
24.4, 12.3, 06.4, 02.1, 01.2 Ctrl + Shift + 드래그	개체를 선택한 후 Ctrl + Shift 를 누른 채 원하는 위치로 끌어다 놓는다.
복사 – 붙여넣기	바로 가기 아이콘을 복사(Ctrl + C)하여 다른 위치에 붙여 넣는다(Ctrl + V).

전문가의 조언

에어로 피크의 특징을 묻는 문제가 출제되었습니다. 에어로 피크는 바탕 화면을 미리 볼 수 있는 기능이라는 것을 염두에 두고 다른 에어로 기능과 함께 특징을 정리하세요.

'바탕 화면 보기' 단추
- '바탕 화면 보기' 단추의 바로 가기 메뉴에서 '바탕 화면 미리 보기'가 체크되어 있어야 '바탕 화면 보기' 단추 위로 마우스 포인터를 이동하면 열려 있는 모든 창들이 투명해집니다.
- '바탕 화면 보기' 단추를 클릭하면 열려 있는 모든 창들이 최소화 됩니다.

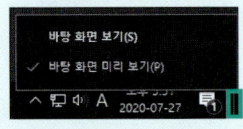

에어로 스냅 바로 가기 키
- 최대화 : ⊞ + ↑
- 왼쪽으로 붙으며, 가로 기준 바탕 화면 크기의 50%로 커짐 : ⊞ + ←
- 오른쪽으로 붙으며, 가로 기준 바탕 화면 크기의 50%로 커짐 : ⊞ + →

에어로 세이크 바로 가기 키
⊞ + Home

④ 에어로 기능 20.2, 16.2

에어로 피크(미리 보기)

- 작업 표시줄에 표시된 현재 실행중인 앱 단추 위에 마우스 포인터를 놓으면 해당 앱을 통해 열린 창들의 축소판 미리 보기가 모두 나타나고, 이 중 하나를 클릭하면 해당 창이 활성화된다.
- 작업 표시줄의 오른쪽 끝에 있는 '바탕 화면 보기' 단추* 위에 마우스 포인터를 놓으면 바탕 화면을 볼 수 있도록 열려 있는 모든 창이 투명해진다.

에어로 스냅(Aero Snap)*

열려 있는 창의 제목 표시줄을 화면의 맨 위로 드래그하면 창이 바탕 화면 전체 크기에 맞게 최대화되고, 화면의 맨 왼쪽이나 오른쪽으로 드래그하면 가로를 기준으로 했을 때 바탕 화면의 반을 차지하는 크기로 커진다.

에어로 셰이크(Aero Shake)*

여러 개의 창이 열려 있을 때 한 개 창을 선택하여 제목 표시줄을 마우스로 클릭한 채 좌우로 흔들면 그 창을 제외한 모든 창이 최소화 된다. 그 상태에서 다시 그 창의 제목 표시줄을 클릭한 채 좌우로 흔들면 최소화 되었던 창이 원래대로 복원된다.

기출문제 따라잡기

문제1 1300451 문제3 1300452 문제6 3300551

21년 2회, 1회, 06년 1회
1. 한글 Windows 10의 바로 가기 아이콘에 대한 다음의 설명 중 올바르지 못한 것은?

① 바로 가기 아이콘은 좌측 하단에 화살표 표시가 있어 일반 아이콘과는 구별된다.
② 바로 가기 아이콘의 확장자는 .LNK이며, 컴퓨터에 하나씩만 존재한다.
③ 바로 가기 아이콘은 원본 파일의 위치 정보만 가지고 있기 때문에, 바로 가기 아이콘이 삭제되더라도 원본 파일은 삭제되지 않는다.
④ 바로 가기 아이콘의 속성 창에는 바로 가기 아이콘의 위치, 이름, 크기, 수정한 날짜 등의 정보가 표시된다.

> 바로 가기 아이콘은 여러 개 존재할 수 있습니다.

24년 4회, 20년 1회
2. 다음 중 한글 Windows 10에서 파일을 선택한 후 Ctrl + Shift를 누른 채 다른 위치로 끌어다 놓은 결과는?

① 해당 파일의 바로 가기 아이콘이 만들어진다.
② 해당 파일이 복사된다.
③ 해당 파일이 이동된다.
④ 해당 파일이 휴지통을 거치지 않고 영구히 삭제된다.

> 파일을 선택한 후 Ctrl + Shift를 누른 채 다른 위치로 끌어다 놓으면 해당 파일의 바로 가기 아이콘이 만들어집니다.

12년 3회, 06년 4회, 02년 1회, 01년 2회
3. 다음 중 바탕 화면에 바로 가기 아이콘을 만들기 위한 방법으로 옳지 않은 것은?

① 바탕 화면에서 마우스 오른쪽 버튼을 눌러 [새로 만들기]의 [바로 가기] 메뉴를 선택한 후 실행 파일을 찾아 바로 가기 아이콘을 생성한다.
② 파일 탐색기에서 실행 파일을 마우스 오른쪽 버튼을 눌러 바탕 화면으로 드래그한 후 표시되는 팝업 메뉴에서 [여기에 바로 가기 만들기]를 선택한다.
③ 파일 탐색기에서 실행 파일을 Ctrl을 누르면서 바탕 화면으로 드래그한다.
④ 파일 탐색기에서 실행 파일을 선택한 후 마우스 오른쪽 버튼을 눌러 표시되는 팝업 메뉴에서 [복사]를 선택하고, 바탕 화면에서 마우스 오른쪽 버튼을 눌러 표시되는 팝업 메뉴에서 [바로 가기 붙여넣기]를 선택한다.

> 바로 가기 아이콘을 만들려면 Ctrl + Shift를 누른 상태로 드래그해야 합니다. Ctrl을 누른 상태로 드래그하면 파일이 복사됩니다.

11년 2회, 09년 1회
4. 다음 중 한글 Windows 10의 바탕 화면에 있는 바로 가기 아이콘에 관한 설명으로 옳지 않은 것은?

① 바로 가기 아이콘의 왼쪽 아래에는 화살표 모양의 그림이 표시된다.
② 바로 가기 아이콘을 삭제하면 연결된 실제의 대상 파일도 삭제된다.
③ 바로 가기 아이콘의 속성 창에서 연결된 대상 파일을 변경할 수 있다.
④ 바로 가기 아이콘의 이름, 크기, 항목 유형, 수정한 날짜 등의 순으로 정렬하여 표시할 수 있다.

> 바로 가기 아이콘은 원본 파일의 위치 정보만 가지고 있기 때문에, 바로 가기 아이콘을 삭제해도 원본 파일은 삭제되지 않습니다.

17년 2회
5. 다음 중 바로 가기 아이콘에 대한 설명으로 옳지 않은 것은?

① 바로 가기 아이콘을 삭제해도 해당 앱은 지워지지 않는다.
② 바로 가기 아이콘은 폴더, 디스크 드라이버, 프린터 등 모든 항목에 대해 만들 수 있다.
③ 바로 가기 아이콘은 실제 앱이 아니라 앱의 경로를 기억하고 있는 아이콘이다.
④ 바로 가기 아이콘의 확장자는 '*.exe'이다.

> 바로 가기 아이콘의 확장자는 '*.LNK'입니다.

20년 2회, 16년 2회
6. 다음 중 한글 Windows 10의 에어로 피크(Aero Peek) 기능에 대한 설명으로 옳은 것은?

① 파일이나 폴더의 저장된 위치에 상관없이 종류별로 파일을 구성하고 파일에 액세스할 수 있게 한다.
② 모든 창을 최소화할 필요 없이 바탕 화면을 빠르게 미리 보거나 작업 표시줄의 해당 아이콘을 가리켜서 열린 창을 미리 볼 수 있게 한다.
③ 바탕 화면의 배경으로 여러 장의 사진을 선택하여 슬라이드 쇼 효과를 주면서 번갈아 표시할 수 있게 한다.
④ 작업 표시줄에서 앱 아이콘을 마우스 오른쪽 단추로 클릭하여 최근에 열린 파일 목록을 확인할 수 있게 한다.

> ①번은 라이브러리, ③번은 슬라이드 쇼, ④번은 점프 목록 기능에 대한 설명입니다.

▶ 정답 : 1. ② 2. ① 3. ③ 4. ② 5. ④ 6. ②

SECTION 004 작업 표시줄 설정

전문가의 조언

작업 표시줄에서 설정할 수 있는 기능을 묻는 문제가 출제되었습니다. 작업 표시줄에서 설정할 수 있는 항목에는 무엇이 있으며, 각 항목의 기능은 무엇인지 정확히 정리하세요.

작업 표시줄의 위치나 크기 변경

- '작업 표시줄 잠금'이 지정된 상태에서는 작업 표시줄의 크기나 위치 등을 변경할 수 없습니다.
- '작업 표시줄 잠금'은 작업 표시줄의 바로 가기 메뉴나 [(시작)] → [⚙(설정)] → [개인 설정] → [작업 표시줄]에서 설정할 수 있습니다.

25.4 작업 표시줄의 바로 가기 메뉴

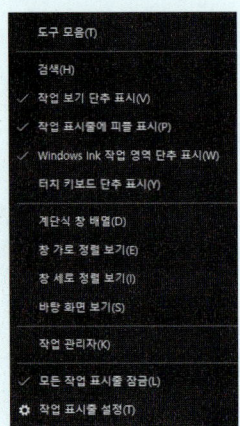

1 개념 및 특징 10.3, 06.3

1300501

작업 표시줄은 현재 실행되고 있는 앱 단추와 앱을 빠르게 실행하기 위해 등록한 고정 앱 단추 등이 표시되는 곳으로서, 기본적으로 바탕 화면의 맨 아래쪽에 있다.

- 작업 표시줄은 [⊞(시작)] 단추, 검색 상자, 작업 보기, 앱 단추가 표시되는 부분, 알림 영역, '바탕 화면 보기' 단추로 구성된다.
- 작업 표시줄은 위치를 변경하거나 크기*를 조절할 수 있다. 단, 크기는 화면의 1/2까지만 늘릴 수 있다.

2 작업 표시줄 설정 25.4, 25.2, 24.2, 24.1, 23.4, 21.4, 21.1, 18.2, 17.2, 16.1, 14.1, 13.1, 10.1, 09.4, 09.3, 08.4, 07.4, 06.3, 03.4, 02.1, 01.2

1300503

'작업 표시줄'을 통해 작업 표시줄 잠금, 숨기기, 위치 등에 대한 설정을 수행한다.

실행

- **방법 1**: 작업 표시줄의 바로 가기 메뉴*에서 [작업 표시줄 설정] 선택
- **방법 2**: [⊞(시작)] → [⚙(설정)] → [개인 설정] → [작업 표시줄] 클릭
- **방법 3**: 작업 표시줄의 빈 공간을 클릭한 후 Alt + Enter 를 누름

'작업 표시줄' 창 – 1

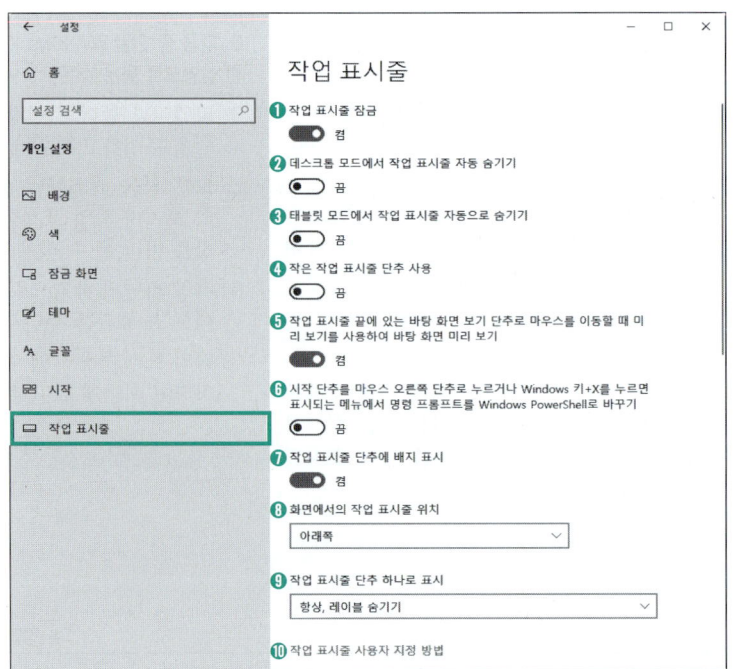

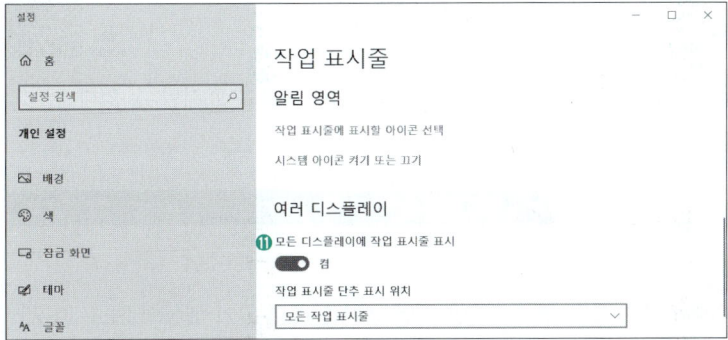

데스크톱과 태블릿
데스크톱은 책상위에 올려놓고 사용한다는 의미로 일반 컴퓨터를, 태블릿은 터치 스크린 기능이 장착되어 펜으로 기기를 조작할 수 있는 소형 컴퓨터를 말합니다.

'바탕 화면 보기' 단추
작업 표시줄의 '바탕 화면 보기' 단추의 바로 가기 메뉴에서 [바탕 화면 보기]를 선택하여 체크하면, '작업 표시줄 끝에 있는 바탕 화면 보기 단추로 마우스를 이동할 때 미리 보기를 사용하여 바탕 화면 미리 보기' 항목을 켜집니다.

시작 단추의 바로 가기 메뉴

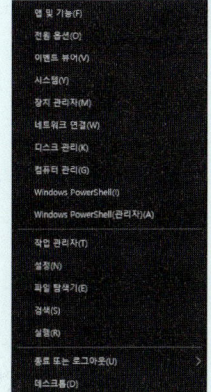

❶ **작업 표시줄 잠금** : 작업 표시줄을 포함하여 작업 표시줄에 있는 도구 모음의 크기나 위치를 변경하지 못하도록 한다.

❷ **데스크톱 모드에서 작업 표시줄 자동 숨기기** : 데스크톱* 모드에서 작업 표시줄이 있는 위치에 마우스를 대면 작업 표시줄이 나타나고 마우스를 다른 곳으로 이동하면 작업 표시줄이 사라진다.

❸ **태블릿 모드에서 작업 표시줄 자동으로 숨기기** : 태블릿* 모드에서 작업 표시줄이 있는 위치에 마우스를 대면 작업 표시줄이 나타나고 마우스를 다른 곳으로 이동하면 작업 표시줄이 사라진다.

❹ **작은 작업 표시줄 단추 사용** : 작업 표시줄의 앱 단추들이 작은 아이콘으로 표시된다.

❺ **작업 표시줄 끝에 있는 바탕 화면 보기 단추로 마우스를 이동할 때 미리 보기를 사용하여 바탕 화면 미리 보기*** : 작업 표시줄의 오른쪽 끝에 있는 [바탕 화면 보기] 단추 위에 마우스 포인터를 놓으면 바탕 화면이 일시적으로 표시된다.

❻ **시작 단추를 마우스 오른쪽 단추로 누르거나 Windows 키+X를 누르면 표시되는 메뉴에서 명령 프롬프트를 Windows PowerShell로 바꾸기** : [시작] 단추의 바로 가기 메뉴*에 [명령 프롬프트] 대신 [Windows PowerShell]을 표시한다.

❼ **작업 표시줄 단추에 배지 표시** : 계정을 등록해 사용하는 앱의 경우 작업 표시줄 단추에 사용자 이름을 표시한다.

❽ **화면에서의 작업 표시줄 위치*** : 작업 표시줄의 위치를 왼쪽, 위쪽, 오른쪽, 아래쪽 중에서 선택한다.

❾ **작업 표시줄 단추 하나로 표시**
  – **항상, 레이블 숨기기*** : 같은 앱은 그룹으로 묶어서 레이블이 없는 하나의 단추로 표시한다.
  – **작업 표시줄이 꽉 찼을 때*** : 각 항목을 레이블이 있는 개별 단추로 표시하다가 작업 표시줄이 꽉 차면 같은 앱은 그룹으로 묶어서 하나의 단추로 표시한다.
  – **안 함*** : 열린 창이 아무리 많아도 그룹으로 묶지 않고, 단추 크기를 줄여 표시하다가 나중에는 작업 표시줄 내에서 스크롤 되도록 한다.

❿ **작업 표시줄 사용자 지정 방법** : 한글 Windows 10에서 작업 표시줄 사용 방법에 대한 도움말을 웹 브라우저를 통해 표시한다.

⓫ **모든 디스플레이에 작업 표시줄 표시** : 여러 디스플레이를 사용하는 경우 모든 디스플레이에 작업 표시줄을 표시한다.

마우스를 이용하여 작업 표시줄 위치를 변경하는 방법
작업 표시줄의 빈 공간을 클릭한 상태로 바탕 화면의 네 가장자리 중 하나로 드래그하면 작업 표시줄이 이동됩니다.

항상, 레이블 숨기기

레이블명이 없는 하나의 단추로 표시됨

작업 표시줄이 꽉 찼을 때

작업 표시줄이 꽉 차면 레이블명 있는 하나의 단추로 표시됨

안 함

그룹으로 묶이지 않고 표시됨

전문가의 조언

작업 표시줄에 표시할 수 있는 도구 모음의 종류와 각각의 기능을 파악해 두세요.

③ 도구 모음 22.4, 13.1, 09.4

작업 표시줄에는 아래 그림과 같은 다양한 종류의 도구 모음을 표시할 수 있다.

- 작업 표시줄에 도구 모음을 추가하려면 작업 표시줄 바로 가기 메뉴의 [도구 모음]*에서 추가할 도구 모음을 선택하고, 작업 표시줄에 표시되어 있는 도구 모음을 제거하려면 동일한 방법으로 다시 한 번 해당 도구 모음을 클릭하여 선택을 해제한다.

작업 표시줄 바로 가기 메뉴의 [도구 모음]

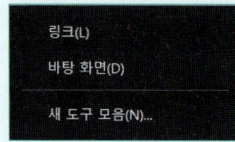

작업 표시줄 도구 모음의 종류

22.4, 13.1, 09.4 **링크**	자주 사용하는 문서나 앱, 웹 페이지(URL)의 바로 가기 아이콘을 추가하여 해당 문서, 앱을 바로 실행하거나 웹 페이지로 이동할 수 있다.
22.4, 13.1, 09.4 **바탕 화면**	바탕 화면 아이콘인 내 PC, 휴지통, 문서, 제어판, 네트워크와 바탕 화면에 추가된 모든 폴더와 아이콘 등을 표시한다.
22.4, 13.1, 09.4 **알림 영역**	• 작업 표시줄의 오른쪽에 표시되며, 표시기(Tray)라고도 한다. • 네트워크 연결, 볼륨 등의 상태 및 알림 정보를 제공하는 아이콘을 표시한다. • 알림 센터(🗨) : 한글 Windows 10 업데이트, 일정 및 시스템 경고 메시지와 같은 내용들을 표시한다. • [⊞(시작)] → [⚙(설정)] → [개인 설정] → [작업 표시줄]의 '알림 영역' 항목에서 작업 표시줄에 표시할 아이콘과 작업 표시줄에 표시할 시스템 아이콘을 선택할 수 있다.
입력 표시기	• 입력 언어나 자판 배열을 빠르게 변경할 때 사용한다. • 한/영 전환은 입력 도구 모음을 클릭할 때마다 가(한글)과 A(영어) 입력 상태가 전환된다. • 종류 : 전/반자, 한자 변환, 소프트 키보드, 확장 입력기, 한자 단어 등록
22.4 **새 도구 모음***	• 사용자가 임의로 새로운 도구 모음을 만들어 표시할 때 사용한다. • 새 도구 모음에 사용할 아이콘들을 임의의 폴더에 저장한 후 그 폴더를 선택하여 지정한다.

'새 도구 모음' 대화상자 표시 방법

작업 표시줄 빈 공간을 클릭한 후 바로 가기 메뉴에서 [도구 모음] → [새 도구 모음]을 클릭합니다.

기출문제 따라잡기

문제2 1300551

문제3 1300552

25년 4회
1. 다음 중 작업 표시줄의 바로 가기 메뉴에서 선택할 수 없는 항목은?
① 작업 표시줄에 피플 표시
② 터치 키보드 단추 표시
③ 작업 보기 단추 표시
④ 개인 설정 표시

> 작업 표시줄의 바로 가기 메뉴에 '개인 설정 표시'라는 항목은 없습니다.

18년 2회
2. 다음 중 한글 Windows 10의 작업 표시줄에 대한 설명으로 옳지 않은 것은?
① 작업 표시줄 잠금을 설정하여 작업 표시줄의 위치나 크기를 변경하지 못하도록 할 수 있다.
② 마우스 포인터 위치에 따라 작업 표시줄이 표시되지 않도록 작업 표시줄 자동 숨기기를 설정할 수 있다.
③ 작업 표시줄의 오른쪽 끝에 있는 [바탕 화면 보기] 단추를 클릭하여 바탕 화면이 표시되도록 할 수 있다.
④ [작업 표시줄 아이콘 만들기] 기능을 이용하여 작업 표시줄의 바로 가기 아이콘을 바탕 화면에 설정할 수 있다.

> '작업 표시줄 아이콘 만들기'라는 기능은 없습니다.

24년 2회, 21년 1회, 17년 2회, 14년 1회
3. 다음 중 한글 Windows 10에서 작업 표시줄의 바로 가기 메뉴에서 설정할 수 있는 항목으로 옳지 않은 것은?
① 계단식 창 배열
② 창 가로 정렬 보기
③ 모든 작업 표시줄 잠금
④ 아이콘 자동 정렬

> '아이콘 자동 정렬'은 작업 표시줄이 아닌 바탕 화면의 바로 가기 메뉴 중 [보기]의 하위 메뉴입니다.

25년 4회
4. 다음 중 작업 표시줄 설정에서 수행할 수 없는 작업은?
① 오랜 시간 컴퓨터를 사용하지 않는 경우 자동으로 프로그램이 실행되지 않도록 설정할 수 있다.
② 화면에서의 작업 표시줄 위치를 설정할 수 있다.
③ 작업 표시줄 단추를 하나로 표시할 수 있다.
④ 여러 디스플레이를 사용하는 경우 모든 디스플레이에 작업 표시줄을 표시할 수 있다.

> 작업 표시줄 설정에서 오랜 시간 컴퓨터를 사용하지 않는 경우 자동으로 프로그램이 실행되지 않도록 설정하는 기능은 제공하지 않습니다.

25년 2회, 24년 2회, 21년 4회
5. 한글 Windows 10의 작업 표시줄에서 할 수 있는 작업으로 옳지 않은 것은?
① 같은 종류의 작업 표시줄 단추를 그룹으로 표시하도록 설정할 수 있다.
② 아이콘 보기 형식과 정렬을 지정할 수 있다.
③ 작업 표시줄의 이동 및 크기 조절을 못하도록 작업 표시줄 잠금을 설정할 수 있다.
④ 작업 표시줄이 자동으로 숨겨지도록 설정할 수 있다.

> 아이콘 보기 형식과 정렬은 파일 탐색기의 [보기] 리본 메뉴를 이용하여 지정할 수 있습니다.

24년 1회, 23년 4회
6. 다음 중 한글 Windows 10의 작업 표시줄 설정에 대한 설명으로 옳지 않은 것은?
① 자주 사용하는 앱을 작업 표시줄에 표시할 수 있다.
② 데스크톱 모드에서 작업 표시줄 자동 숨기기를 설정할 수 있다.
③ 화면에서 작업 표시줄의 위치를 왼쪽, 위쪽, 오른쪽, 아래쪽 중에서 설정할 수 있다.
④ 작업 표시줄이 꽉 차면 같은 앱은 그룹으로 묶어서 하나의 단추로 표시되도록 할 수 있다.

> 작업 표시줄 설정에 자주 사용하는 앱을 작업 표시줄에 표시하는 옵션은 없습니다. 작업 표시줄에 앱을 추가하려면 앱을 드래그하여 작업 표시줄에 놓거나, [시작] 메뉴에 등록된 앱의 바로 가기 메뉴에서 [자세히] → [작업 표시줄에 고정]을 선택해야 합니다.

▶ 정답 : 1. ④ 2. ④ 3. ④ 4. ① 5. ② 6. ①

SECTION 005

시작 메뉴

전문가의 조언

[⊞(시작)] 메뉴 구성 요소들의 의미와 특징을 자세히 알아두세요.

[⊞(시작)] 단추의 바로 가기 메뉴

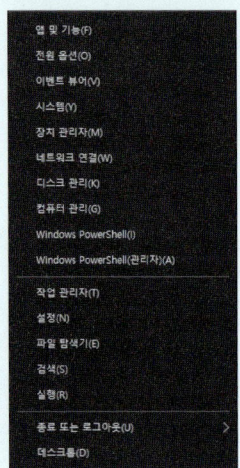

1 시작 메뉴의 개요
11.3, 11.2, 08.3, 07.2, 06.3, 00.2

시작 메뉴는 작업 표시줄의 가장 왼쪽에 있는 [⊞(시작)] 단추※를 눌렀을 때 나타나는 메뉴이다.
- 시작 메뉴에는 한글 Windows 10에 설치된 앱들이 메뉴 형태로 등록되어 있다.
- 시작 메뉴의 높이와 너비를 조절할 수 있다.
- 시작 메뉴를 표시하는 바로 가기 키는 ⊞ 또는 Ctrl + Esc 이다.
- 시작 메뉴에 등록된 앱의 바로 가기 메뉴에서 [제거]를 선택하면, 해당 앱을 제거할 수 있는 창이 표시된다.

2 시작 메뉴의 구성 요소
24.2, 23.4

시작 메뉴

❶ 메뉴	• 시작 메뉴 항목에는 사용자 계정, 사용자 지정 폴더, 설정, 전원 등이 표시된다. • [⊞(시작)] 단추를 클릭한 후 ☰(메뉴)를 클릭하거나 마우스 포인터를 놓고 잠시 기다리면 메뉴 목록이 확장되어 메뉴 이름이 표시된다.	

24.5, 23.4
❷ 사용자 계정
	• 현재 사용중인 사용자 계정명이 표시된다.
	• 사용자 계정을 클릭하면 '계정 설정 변경', '잠금', '로그아웃' 메뉴, 다른 사용자의 계정이 표시된다.
	  – 계정 설정 변경 : [⚙(설정)] → [계정] → [사용자 정보]가 표시된다.
	  – 잠금 : 컴퓨터를 사용하다 잠시 자리를 비울 경우 다른 사람이 내 컴퓨터의 작업을 볼 수 없도록 보호한다. 잠금을 해제하려면 사용자 계정에 지정한 암호를 입력해야 한다.
	  – 로그아웃 : 모든 앱을 종료하고 네트워크를 차단한 후 다른 사용자 이름으로 네트워크에 로그인 할 수 있게 한다.
	  – 다른 사용자의 계정 : 실행중인 앱의 종료없이 현재 로그인중인 계정이 선택한 다른 계정으로 전환된다.	

❸ 사용자 지정 폴더	[⊞(시작)] → [⚙(설정)] → [개인 설정] → [시작]에서 '시작 메뉴에 표시할 폴더 선택'을 클릭하여 시작 메뉴에 표시할 폴더를 지정할 수 있다.	
❹ 전원	'절전', '시스템 종료', '다시 시작' 메뉴가 표시된다.	
❺ 최근에 추가한 앱	• 최근에 컴퓨터에 설치된 앱의 바로 가기 아이콘이 표시된다. • [⊞(시작)] → [⚙(설정)] → [개인 설정] → [시작]에서 '최근에 추가된 앱 표시' 항목을 선택해야 표시된다.	
❻ 자주 사용되는 앱	• 사용자가 최근에 가장 많이 사용한 앱의 바로 가기 아이콘이 표시된다. • [⊞(시작)] → [⚙(설정)] → [개인 설정] → [시작]에서 '가장 많이 사용하는 앱 표시*' 항목을 선택해야 표시된다.	**가장 많이 사용하는 앱 표시** '가장 많이 사용하는 앱 표시'는 [⊞(시작)] → [⚙(설정)] → [개인 정보] → [일반]에서 'Windows 추적 앱 시작 프로그램에서 시작 및 검색 결과를 개선하도록 허용'이 선택되어 있어야 활성화됩니다.
❼ 모든 앱	• 컴퓨터에 설치되어 있는 모든 앱의 바로 가기 아이콘이 표시된다. • 앱 목록 중 하나를 선택하면 해당 앱이 실행된다.	

❽ 고정된 타일	• 컴퓨터에 설치되어 있는 앱의 바로 가기 아이콘을 사용자가 원하는 대로 묶어 사용할 수 있도록 마련된 공간으로, 목록에 추가된 아이콘들이 타일 모양으로 배치된다.
	• 타일 목록에 앱이 추가되면, 기본적으로 그룹이 지정된다.
	• 제목이 지정되지 않은 경우 그룹 제목 부분에 마우스를 가져가면 '그룹 이름 지정' 이라는 임시 그룹 이름이 표시되며, 클릭한 후 그룹 이름을 입력할 수 있다.
	• 타일 목록에 추가된 아이콘을 드래그하여 그룹별 이동이 가능하다.
	• 타일 목록에 있는 아이콘의 바로 가기 메뉴에서 [크기 조정]*을 이용하여 크기를 조정할 수 있다.
	• **타일 목록에 앱 추가 하기**
	  – 시작 메뉴에서 추가할 앱의 바로 가기 메뉴에서 [시작 화면에 고정]을 선택한다.
	  – 시작 메뉴에서 추가할 앱을 드래그 하여 타일 위치로 끌어다 놓는다.
	• **타일 목록에서 해제하기** : 고정된 앱의 바로 가기 메뉴에서 [시작 화면에서 제거]를 선택한다.
	• **타일 그룹에 포함된 목록 전체 해제하기** : 그룹 이름의 바로 가기 메뉴에서 [시작에서 그룹 고정 해제]를 선택한다.
		[크기 조정] 하위 메뉴
		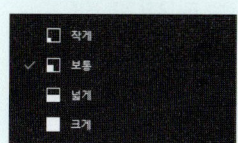

전문가의 조언

[⊞(시작)] 메뉴의 설정 항목 중 점프 목록의 이용 방법에 대한 문제가 출제되었습니다. 점프 목록의 이용 방법은 직접 실습해 보면 더 쉽게 기억할 수 있습니다.

③ 시작 메뉴 설정
24.5, 22.1

1300703

'시작' 창을 통해 시작 메뉴에 표시되는 앱 목록, 최근에 추가된 앱, 가장 많이 사용하는 앱 등을 지정하거나 시작 메뉴에 표시할 폴더를 선택할 수 있다.

열기 [⊞(시작)] → [⚙(설정)] → [개인 설정] → [시작] 클릭

'시작' 창

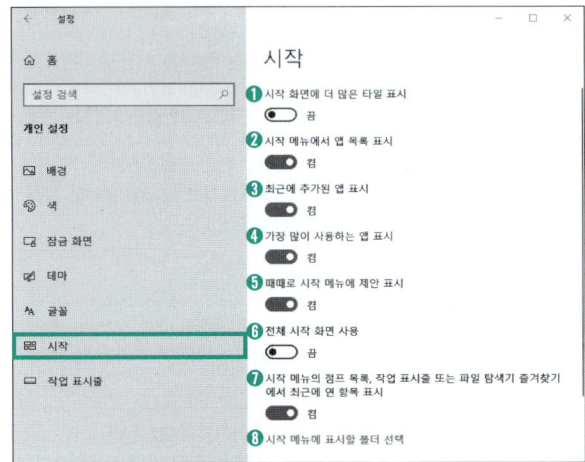

❶ **시작 화면에 더 많은 타일 표시** : 타일 영역의 넓이가 확장되어 더 많은 앱을 등록할 수 있다.

❷ **시작 메뉴에서 앱 목록 표시** : 시작 메뉴에 모든 앱 목록이 표시된다. 끄면 시작 메뉴 상단에 ☰(모든 앱) 아이콘으로 표시된다.

❸ **최근에 추가된 앱 표시** : 시작 메뉴에 최근에 추가된 앱의 바로 가기 아이콘을 표시한다.

❹ **가장 많이 사용하는 앱 표시** : 시작 메뉴에 가장 많이 사용하는 앱의 바로 가기 아이콘을 표시한다.

❺ **때때로 시작 메뉴에 제안 표시** : 시작 메뉴에 스토어로 이동해 다운받을 수 있는 추천 앱 항목을 표시한다.

❻ **전체 시작 화면 사용** : 시작 메뉴가 전체 화면 크기로 표시된다.

❼ **시작 메뉴의 점프 목록***, **작업 표시줄 또는 파일 탐색기 즐겨찾기에서 최근에 연 항목 표시**
　– 시작 메뉴와 작업 표시줄에 표시된 앱을 마우스 오른쪽 버튼으로 클릭하면 최근에 실행한 항목이 표시된다.*
　– 파일 탐색기의 [즐겨찾기]에 최근에 실행한 항목이 표시된다.
　– 표시된 항목 위로 마우스 포인터를 가져가면 항목 오른쪽에 '이 목록에 고정(📌)' 아이콘이 표시되며, 이 아이콘을 클릭하면 점프 목록 상단에 고정된다.
　– 점프 목록에 고정된 항목을 해제하려면 항목 위로 마우스 포인터를 가져가면 표시되는 '이 목록에서 제거(✖)' 아이콘을 클릭한다.

점프 목록
파일, 폴더, 웹 사이트 등 최근에 사용했던 문서나 작업을 빠르고 간편하게 이용할 수 있도록 프로그램별로 구성한 목록입니다.

작업 표시줄의 점프 목록

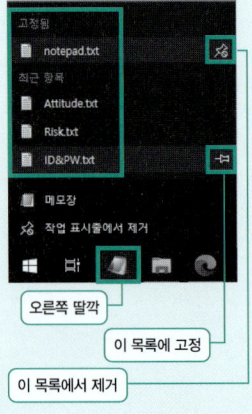

❽ 시작 메뉴에 표시할 폴더 선택
- 시작 메뉴에 표시할 폴더를 선택한다.
- 표시할 폴더 : 파일 탐색기, 설정, 문서, 다운로드, 음악, 사진, 동영상, 네트워크, 개인 폴더

기출문제 따라잡기

07년 1회, 04년 2회, 03년 1회, 01년 3회

1. 컴퓨터 부팅 후 한글 Windows 10이 실행(Start-up)될 때 자동으로 앱이 실행되게 하려면 실행 앱의 아이콘을 어느 폴더에 복사해 두면 되는가?

① 바탕 화면
② 시작프로그램
③ 즐겨찾기
④ 작업 표시줄

> Windows가 시작될 때 자동으로 실행되게 하려면 해당 앱 아이콘을 '시작프로그램' 폴더에 복사해 두면 됩니다.

11년 2회, 08년 3회, 07년 2회

2. 다음 중 한글 Windows 10의 시작 메뉴에 관한 설명으로 옳지 않은 것은?

① 시작 메뉴를 표시하기 위한 바로 가기 키는 Alt + Esc 이다.
② 시작 메뉴에 등록된 앱의 바로 가기 메뉴에서 [제거]를 선택하면, 해당 앱을 제거할 수 있는 창이 표시된다.
③ 한글 Windows 10에 설치된 앱들이 메뉴 형태로 등록되어 있다.
④ 시작 메뉴는 작업 표시줄의 가장 왼쪽에 있는 단추를 눌렀을 때 표시된다.

> 시작 메뉴를 표시하기 위한 바로 가기 키는 Ctrl + Esc 입니다.

24년 2회, 23년 4회

3. 하나의 컴퓨터에서 A 사용자가 여러 개의 프로그램을 실행시킨 상태에서 잠시 B 사용자가 사용할 수 있도록 하는 방법으로 옳은 것은? (단, 해당 컴퓨터에 사용자 A와 사용자 B의 계정은 모두 등록되어 있다.)

① 로그오프를 수행한다.
② 사용자 전환을 수행한다.
③ 시스템을 다시 시작한다.
④ 전원을 종료한 후 재부팅 한다.

> [시작] 메뉴에서 사용자 계정을 클릭한 후 등록된 다른 사용자의 계정을 클릭하면 기존 사용자가 실행 중인 앱이 종료되지 않고 대기 상태에서 다른 사용자로 전환됩니다.

24년 5회, 22년 1회

4. 다음 중 Windows 10 작업 표시줄의 점프 목록 사용에 대한 설명으로 옳지 않은 것은?

① 앱의 점프 목록을 보려면 작업 표시줄의 앱 아이콘을 마우스 오른쪽 단추로 클릭한다.
② 점프 목록에서 항목을 열려면 앱의 점프 목록에서 해당 항목을 클릭한다.
③ 점프 목록에 항목을 고정하려면 앱의 점프 목록에서 항목을 가리킨 다음 압정 아이콘을 클릭한다.
④ 점프 목록에서 항목을 제거하려면 앱의 점프 목록에서 항목을 가리킨 다음 Delete 를 누른다.

> 점프 목록에서 항목을 제거하려면 해당 항목의 바로 가기 메뉴에서 '이 목록에서 제거( )' 아이콘을 클릭하면 됩니다.

▶ 정답 : 1. ② 2. ① 3. ② 4. ④

SECTION 006

파일 탐색기

전문가의 조언

파일 탐색기의 기능과 구조를 묻는 문제가 출제되었습니다. 파일 탐색기에서 가능한 작업을 중심으로 정리하세요.

1 파일 탐색기의 개요
25.3, 17.2, 14.3, 12.3, 07.2, 06.2, 05.4, 05.3, 05.1, 04.4

파일 탐색기는 컴퓨터에 설치된 디스크 드라이브, 앱 파일 및 폴더 등을 관리할 수 있는 곳으로, 파일이나 폴더, 디스크 드라이브에 관련된 모든 작업을 수행할 수 있다.

2 파일 탐색기의 구조
25.3, 17.2, 14.3, 12.3, 10.2, 07.2

- 파일 탐색기는 컴퓨터의 파일과 폴더를 계층 구조로 표시한다.
- 파일 탐색기는 크게 탐색 창과 폴더 창, 두 부분으로 나누어져 있다.
- 탐색 창에는 컴퓨터에 존재하는 모든 폴더가 표시되고, 폴더 창에는 탐색 창에서 선택한 폴더의 하위 폴더나 파일 등이 표시된다.

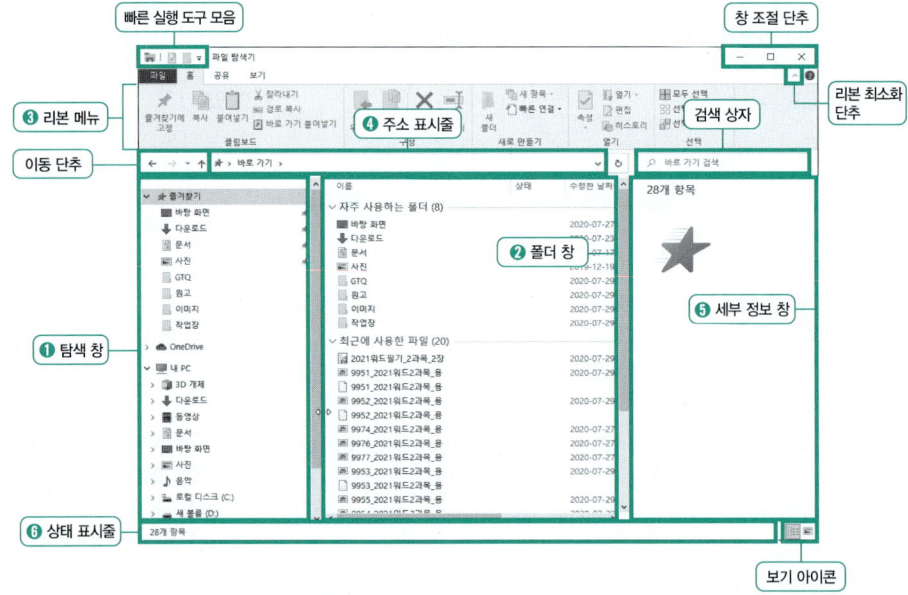

17.2, 14.3, 12.3, 07.2 ❶ 탐색 창에서 이동	• > 📁 폴더 : 폴더 내에 또 다른 폴더, 즉 하위 폴더가 있음을 의미하며, > 부분을 클릭하면 하위 폴더가 표시되고, ∨로 변경된다. • ∨ 📁 폴더 : 하위 폴더까지 표시된 상태임을 의미하며, ∨ 부분을 클릭하면 하위 폴더가 숨겨지고 >로 변경된다. • 숫자 키패드의 [*] : 선택된 폴더의 모든 하위 폴더를 표시한다. • Backspace : 선택된 폴더의 상위 폴더가 선택된다.
❷ 폴더 창에서 이동	키보드의 영문자*를 누르면 해당 영문자로 시작하는 폴더나 파일 중 첫 번째 항목으로 이동한다.

키보드를 이용한 개체 선택 예

폴더 창이 선택된 상태에서 M을 누르면 폴더나 파일 이름이 'M'으로 시작하는 첫 번째 개체가 선택되고, M을 누를 때마다 'M'으로 시작되는 다른 개체가 선택됩니다. 'M'으로 시작하는 개체가 하나만 있는 경우에는 해당 개체만 선택됩니다.

❸ 리본 메뉴	• 파일 탐색기에서 제공하는 다양한 기능들이 용도에 맞게 탭으로 분류되어 있다. • 리본 메뉴는 탭, 그룹, 명령으로 구성되어 있다.*
❹ 주소 표시줄	• 현재의 위치를 알려주는 경로가 표시된다. • 경로의 각 폴더 이름을 클릭하면 해당 폴더로 바로 이동한다.
❺ 세부 정보 창	• 선택한 드라이브나 폴더, 파일과 관련된 속성이 표시되는 곳이다. • 리본 메뉴의 [보기] 탭에서 [창] → [세부 정보 창]을 클릭하면 표시된다.
❻ 상태 표시줄	• 탐색 창에서 특정 항목을 선택하면 선택된 항목에 포함된 총 개체 수가 표시된다. • 폴더 창에서 특정 개체를 선택하면 선택된 개체의 수가 표시된다.

리본 메뉴

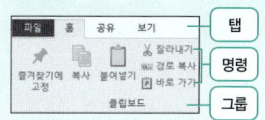

3. 파일 탐색기의 기능

25.3, 17.2, 14.3, 12.3, 07.2

전문가의 조언

파일 탐색기의 기능을 묻는 문제가 출제되었습니다. 파일 탐색기의 기능을 정리하세요.

파일이나 폴더 관리 기능 _{25.3, 17.2, 14.3, 12.3, 07.2}	파일과 폴더의 열기(실행), 선택, 복사, 이동, 삭제, 이름 변경, 속성 확인, 공유, 압축, 메일 발송, 파일의 인쇄 등
드라이브 관리 기능 _{17.2, 14.3}	최적화, 정리, 포맷, 속성 확인, 네트워크 드라이브 연결 및 끊기 등
기타 기능	검색, 바로 가기 만들기, 휴지통 내용 확인 등

기출문제 따라잡기

_{25년 3회, 12년 3회, 07년 2회}

1. 다음 중 한글 Windows 10의 [파일 탐색기]에 대한 설명으로 옳지 않은 것은?

① 폴더와 파일을 계층 구조로 확인할 수 있다.
② [공유] 메뉴를 이용하여 사용자 전환이나 로그오프를 수행할 수 있다.
③ 파일 및 폴더를 복사하고, 옮기고, 이름을 바꾸고 검색할 수 있다.
④ 파일을 선택한 후에 바로 가기 메뉴에서 [인쇄]를 선택하면 해당 파일을 사용자가 직접 열지 않고 바로 인쇄할 수 있다.

[공유] 리본 메뉴를 이용하여 파일 및 폴더를 공유하거나 압축, 메일 발송 등을 수행할 수 있지만 사용자 전환이나 로그오프는 수행할 수 없습니다.

_{17년 2회, 14년 3회}

2. 다음 중 한글 Windows 10의 [파일 탐색기]에 대한 기능과 구조에 대한 설명으로 옳지 않은 것은?

① 컴퓨터에 설치된 디스크 드라이브, 파일 및 폴더 등을 관리하는 기능을 가진다.
② 폴더와 파일을 계층 구조로 표시하며, 폴더 앞의 오른쪽 화살표 기호는 하위 폴더가 있음을 의미한다.
③ 현재 폴더에서 상위 폴더로 이동하려면 바로 가기 키인 Home 을 누른다.
④ 세부 정보 창, 미리 보기 창, 탐색 창 등의 표시 여부를 선택할 수 있다.

현재 폴더에서 상위 폴더로 이동하려면 Backspace 를 눌러야 합니다.

▶ 정답 : 1. ② 2. ③

SECTION 007 폴더 옵션

전문가의 조언

'폴더 옵션' 대화상자에서 설정할 수 있는 기능을 묻는 문제가 출제됩니다. 어떤 기능을 설정할 수 있는지 탭별로 구분하여 알아두세요.

[파일] → [옵션] 메뉴
파일 탐색기의 폴더 창이 선택된 상태에서는 [파일] → [폴더 및 검색 옵션 변경] 메뉴가 표시되고 파일 창이 선택된 상태에서는 [파일] → [옵션] 메뉴가 표시됩니다.

1 폴더 옵션

23.5, 22.3, 14.3, 12.1, 11.2, 10.3, 09.3, 09.2, 09.1, 08.3, 08.2, 06.4, 06.3, 06.2, 06.1, 05.3, 04.3, 02.2

'폴더 옵션' 대화상자에서는 파일이나 폴더의 보기 형식, 검색 방법 등에 대한 설정을 변경한다.

열기

- **방법 1**: 파일 탐색기에서 [파일] → [폴더 및 검색 옵션 변경] 또는 [파일] → [옵션]* 선택
- **방법 2**: 파일 탐색기에서 리본 메뉴의 [보기] → '(옵션)' 클릭
- **방법 3**: 파일 탐색기에서 리본 메뉴의 [보기] → [옵션] → [폴더 및 검색 옵션 변경] 선택

'폴더 옵션' 대화상자의 탭별 기능

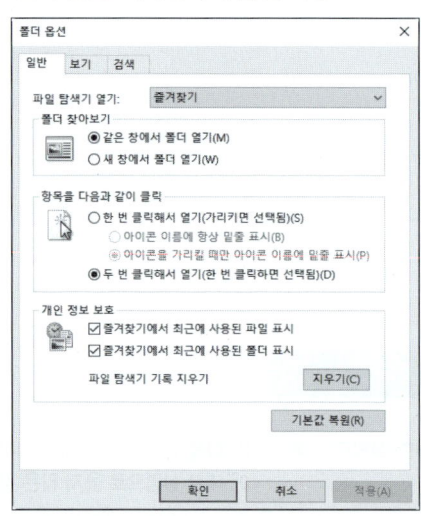 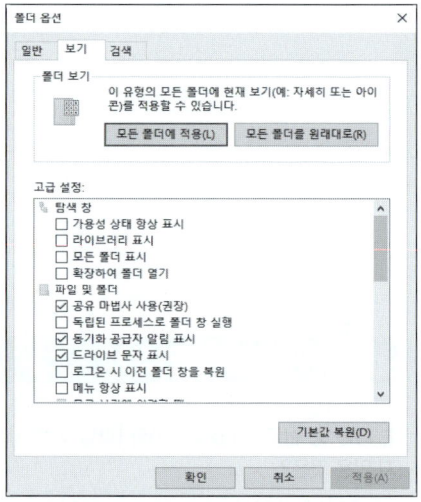

23.5, 22.3, 14.3, … **일반**	• 파일 탐색기가 열렸을 때의 기본 위치를 '즐겨찾기'나 '내 PC' 중에서 선택할 수 있다. • 새로 여는 폴더의 내용을 같은 창에서 열리거나 다른 창에 열리도록 지정할 수 있다. • 웹을 사용하는 것처럼 바탕 화면이나 파일 탐색기에서도 파일을 한 번 클릭하면 실행되도록 설정할 수 있다. • 즐겨찾기에서 최근에 사용된 파일이나 폴더의 표시 여부를 지정한다. • 파일 탐색기의 즐겨찾기에 표시된 최근에 사용한 파일 목록을 지울 수 있다.
23.5, 22.3, 14.3, … **보기**	• 탐색 창에 라이브러리의 표시 여부를 지정한다. • 탐색 창에 모든 폴더의 표시 여부를 지정한다. • 메뉴 모음의 항상 표시 여부를 지정한다. • 숨김 파일*이나 폴더의 표시 여부를 지정한다.

숨김 파일

파일 속성이 '숨김'으로 설정되어 있는 파일을 말하며, 중요한 파일을 보호하기 위해 사용자에게 보이지 않도록 설정하는 것입니다. 폴더 옵션에서 '숨김 파일, 폴더 및 드라이브 표시'를 선택해야만 화면에서 볼 수 있습니다.

23.5, 22.3, 14.3, … 보기	• 알려진 파일 형식의 파일 확장명 표시 여부를 지정한다. • 제목 표시줄에 현재 선택된 위치의 전체 경로 표시 여부를 지정한다. • 미리 보기 창에 파일 내용 표시 여부를 지정한다. • 보호된 운영 체제 파일 숨김 여부를 지정한다. • 폴더나 파일을 가리키면 해당 항목의 정보를 표시하는 팝업 설명의 표시 여부를 지정한다. • 파일이나 폴더의 아이콘 앞에 확인란의 표시* 여부를 지정한다.
22.3, 14.3, 08.3, … 검색	• 폴더에서 시스템 파일을 검색할 때 색인을 사용할지 여부를 지정한다. • 색인되지 않은 위치 검색 시 포함할 항목*을 지정한다.

확인란 표시

확인란은 여러 개의 파일을 선택할 때 Ctrl이나 Shift를 사용하기 어려운 경우를 대비한 기능입니다. '확인란을 사용하여 항목 선택'을 지정하면 파일이나 폴더의 아이콘 앞에 확인란이 추가되기 때문에 Ctrl이나 Shift를 누르지 않고도 여러 개의 파일을 선택할 수 있습니다.

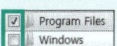

색인되지 않은 위치 검색시 포함할 항목
• 시스템 디렉터리
• 압축 파일
• 항상 파일 이름 및 내용 검색

기출문제 따라잡기

 문제1 3301151    문제2 1300852

22년 3회, 14년 3회
1. 다음 중 한글 Windows 10의 [폴더 옵션]에서 설정할 수 있는 작업에 해당되지 않는 것은?

① 숨김 파일 및 폴더를 표시할 수 있다.
② 색인된 위치에서는 파일 이름 뿐만 아니라 내용도 검색하도록 설정할 수 있다.
③ 숨긴 파일 및 폴더의 숨김 속성을 일괄 해제할 수 있다.
④ 파일이나 폴더를 한 번 클릭해서 열 것인지, 두 번 클릭해서 열 것인지를 설정할 수 있다.

폴더 옵션의 '숨김 파일, 폴더 및 드라이브 표시'는 숨김 속성이 지정된 폴더와 파일이 화면에 나타나도록 하는 것이지 숨김 속성을 해제하는 것은 아닙니다. 숨김 폴더/파일의 숨김 속성을 해제하려면 숨김 폴더/파일의 속성 대화상자에서 '숨김'의 체크를 해제해야 합니다.

08년 3회, 06년 4회, 3회, 2회, 1회, 04년 3회
2. 다음 중 한글 Windows 10의 [폴더 옵션]에서 설정할 수 없는 것은?

① '일반' 탭에서 폴더 아이콘의 모양을 바꿀 수 있다.
② '일반' 탭에서 웹처럼 한 번 클릭으로 파일을 열 수 있도록 설정할 수 있다.
③ '보기' 탭에서 숨김 파일을 보이게 하거나 숨길 수 있다.
④ '검색' 탭에서 검색 방법을 지정할 수 있다.

폴더 아이콘의 모양은 폴더 '속성' 창의 '사용자 지정' 탭에서 바꿀 수 있습니다.

08년 2회, 05년 3회
3. 다음 중 폴더 옵션에 대한 설명으로 옳지 않은 것은?

① 메뉴 모음이 항상 표시되도록 설정할 수 있다.
② 숨김 파일 및 폴더를 표시하려면 [폴더 옵션]의 '보기' 탭에서 설정할 수 있다.
③ 보호된 운영체제 파일을 볼 수 있도록 수정이 가능하다.
④ 네트워크 드라이브 연결을 설정할 수 있다.

네트워크 드라이브를 연결하려면 파일 탐색기의 '내 PC' 또는 '네트워크'의 바로 가기 메뉴에서 [네트워크 드라이브 연결]을 선택해야 합니다.

23년 5회
4. 다음 중 한글 Windows 10의 [폴더 옵션] 창에서 설정할 수 있는 것으로 옳지 않은 것은?

① 숨김 속성이 설정된 파일의 표시 여부를 설정할 수 있다.
② 아이콘을 한 번 클릭해서 실행할지 두 번 클릭해서 실행할지를 선택할 수 있다.
③ 보호된 운영체제 파일을 숨길 수 있다.
④ 파일 형식을 확인하거나 새로운 파일 형식을 등록할 수 있다.

[폴더 옵션] 창에서는 파일 형식을 확인하거나 새로운 파일 형식을 등록할 수 없습니다.

▶ 정답 : 1. ③ 2. ① 3. ④ 4. ④

SECTION 008 디스크 포맷

전문가의 조언

디스크 포맷에서는 포맷 시 지정할 수 있는 항목과 옵션의 종류 및 기능을 정확히 구분할 수 있어야 합니다.

디스크 포맷의 실행 방법
- 리본 메뉴 이용 : 파일 탐색기에서 디스크 드라이브를 선택한 후 [관리] → [드라이브 도구] → [관리] → [포맷] 클릭
- 바로 가기 메뉴 이용 : 디스크 드라이브의 바로 가기 메뉴에서 [포맷] 선택

할당 단위
파일을 저장하는 데 할당할 수 있는 최소 디스크 공간으로 클러스터라고도 합니다. Windows에서 사용되는 모든 파일 시스템은 할당 단위를 기본으로 디스크를 구성합니다. 할당 단위가 작을수록 정보를 더 효율적으로 저장할 수 있습니다.

볼륨
데이터를 실제로 저장할 수 있는 디스크 영역으로, 포맷 작업이 완료되어 데이터를 저장할 수 있는 드라이브를 의미합니다. C 드라이브나 D 드라이브가 각각 하나의 볼륨입니다.

1 디스크 포맷*의 개요

23.3, 22.2, 19.상시, 19.1, 16.3, 12.1, 05.3

디스크 포맷은 디스크를 초기화(트랙과 섹터 형성)하여 사용 가능한 상태로 만들어 주는 작업을 말한다.

- 디스크를 사용하기 위해서는 먼저 초기화 작업인 포맷을 해야 한다.
- 사용하던 디스크를 포맷할 경우 기존 데이터는 모두 삭제된다.
- 포맷하려는 디스크의 데이터를 사용하는 중이라면 포맷할 수 없다.

형식과 옵션

용량	디스크의 용량을 표시한다.
23.3, 22.2, 19.1, 16.3 파일 시스템	디스크에 설치할 파일 시스템(FAT32, NTFS)을 지정한다.
할당 단위* 크기	• 파일을 저장하는 데 할당할 수 있는 최소 디스크 공간인 할당 단위를 지정한다. • 포맷 시 할당 단위 크기를 지정하지 않으면 Windows는 볼륨*의 크기에 따라 적절한 크기를 자동으로 지정한다.
23.3, 22.2, 19.1, 12.1 볼륨 레이블	• 포맷한 디스크에 레이블(이름)을 지정한다. • FAT32 볼륨은 최대 11문자, NTFS 볼륨은 최대 32문자까지 사용할 수 있다.
23.3, 22.2, 19.상시, 19.1, … 포맷 옵션	빠른 포맷	• 디스크의 불량 섹터는 검출하지 않고, 디스크의 모든 파일을 삭제한다. • 사용하던 디스크를 포맷할 때 사용한다.

기출문제 따라잡기

문제1 1300951

23년 3회, 22년 2회, 19년 1회, 12년 1회

1. 다음 중 한글 Windows 10에서 하드디스크를 포맷할 때 사용하는 '포맷' 대화상자에서 설정하는 항목으로 옳지 않은 것은?

① 볼륨 레이블　　② 파일 시스템
③ 압축 사용　　　④ 빠른 포맷

> Windows XP의 포맷 옵션인 '압축 사용'은 Windows 7 이후 버전에서는 제공하지 않습니다.

05년 3회

2. 다음 중 한글 Windows 10의 파일 탐색기에서 디스크 드라이브를 선택하여 포맷하려고 한다. 포맷 형식과 옵션에 대한 설명으로 바르지 못한 것은?

① 파일 시스템 : 파일을 저장하는 데 할당할 수 있는 최소 디스크 공간인 할당 단위를 지정한다.
② 빠른 포맷 : 디스크 불량 섹터는 검출하지 않고, 디스크의 모든 파일을 삭제한다.
③ 볼륨 레이블 : 포맷한 디스크에 이름을 지정한다.
④ 용량 : 디스크의 용량을 표시한다.

> '파일 시스템'에서는 파일 시스템을, '할당 단위 크기'에서는 할당 단위를 지정합니다.

▶ 정답 : 1. ③　2. ①

SECTION 009 파일과 폴더

1 파일과 폴더의 개요

25.5, 25.4, 25.1, 22.4, 21.4, 15.1, 08.4, 03.2

파일(File)은 자료가 디스크에 저장되는 기본 단위이고, 폴더(Folder)는 파일을 모아 관리하기 위한 장소이다.

만들기

- 파일
  - 방법 1 : 해당 앱에서 파일 작성 후 저장
  - 방법 2 : 바로 가기 메뉴의 [새로 만들기]*에서 원하는 종류를 선택한 후 작성
- 폴더
  - 방법 1 : 파일 탐색기에서 [홈] → [새로 만들기] → [새 폴더] 클릭
  - 방법 2 : 파일 탐색기의 빠른 실행 도구 모음에서 '(새 폴더)'* 클릭
  - 방법 3 : 바로 가기 메뉴에서 [새로 만들기] → [폴더] 선택

특징

- 파일은 파일명과 확장자로 구성되며, 마침표(.)를 이용하여 파일명과 확장자를 구분한다(예 파일명.HWP, 워드필기.TXT).
- 파일의 효율적인 관리를 위해 서로 관련 있는 파일들을 한 폴더에 저장한다.
- 파일과 폴더는 작성, 이름 변경*, 삭제가 가능하며, 하위 폴더나 파일이 포함된 폴더도 삭제할 수 있다.
- 폴더는 [파일 탐색기]나 바로 가기 메뉴를 사용하여 만들며, 바탕 화면, 드라이브, 폴더 등 파일이 저장될 수 있는 곳이면 어디든 만들 수 있다.
- 하나의 폴더 내에는 동일한 이름의 파일이나 폴더가 존재할 수 없다.
- 파일과 폴더의 이름은 255자 이내로 작성하며, 공백을 포함할 수 있다.
- * / ? ₩* : 〈 〉 " | 등은 파일과 폴더의 이름으로 사용할 수 없다.
- CON, PRN, AUX, NUL 등과 같은 단어는 시스템에 예약된 단어이기 때문에 파일명으로 사용할 수 없다. 하지만 파일의 확장자명으로는 사용할 수 있다.

2 파일/폴더 속성

25.5, 24.2, 22.1, 21.4, 21.3, 19.1, 18.상시, 18.1, 12.2, 11.1, 09.4, 09.1, 08.1, 07.1, 05.3, 05.1, 03.1

파일/폴더의 속성을 이용하여 파일/폴더의 기본 정보를 확인하거나 특성 및 공유 설정을 할 수 있다.

전문가의 조언

파일 이름으로 사용할 수 없는 기호, 파일과 폴더 관리에 대한 기본적인 문제, 파일/폴더의 '속성' 창에서 확인할 수 있는 사항에 대한 문제가 출제됩니다. 파일 이름으로 사용할 수 없는 기호를 정확히 구분하고, 파일/폴더의 '속성' 창에서 확인할 수 있는 정보와 수행할 수 있는 작업에 대해 알아두세요.

바로 가기 메뉴의 [새로 만들기]

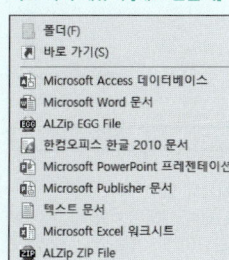

'(새 폴더)' 아이콘

'(새 폴더)' 아이콘은 '빠른 실행 도구 모음 사용자 지정()'의 '새 폴더'가 선택되어 있어야 표시됩니다.

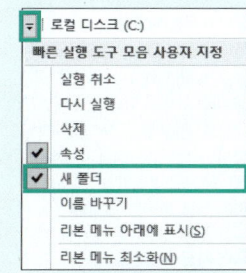

파일/폴더의 이름 변경 방법

파일/폴더의 이름 변경 방법은 63쪽을 참고하세요.

₩ 기호

서체에 따라 '\'으로 표현되기도 합니다.

'(속성)' 아이콘

'(속성)' 아이콘은 '빠른 실행 도구 모음 사용자 지정'의 '속성'이 선택되어 있어야 표시됩니다.

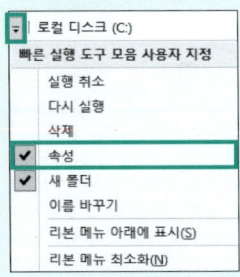

'자세히' 탭

'자세히' 탭에 표시되는 내용은 파일 탐색기의 세부 정보 창에서도 확인할 수 있습니다.

'폴더 속성'의 시트 탭

'폴더 속성'의 '보안'과 '이전 버전' 탭은 '파일 속성'의 탭과 동일합니다.

폴더의 유형(템플릿)

폴더에 들어 있는 파일에 따라 자주 사용하는 메뉴 편리한 모양을 미리 유형에 따라 만들어 놓은 것으로 종류에는 문서(모든 파일 형식), 사진(많은 그림 파일에 최적), 음악(오디오 파일 및 재생 목록에 적합) 등이 있습니다.

폴더 사진

사진이 들어 있는 폴더의 아이콘에는 해당 사진이 조그맣게 표시되는데, 이 사진은 사용자가 임의로 지정할 수 있습니다.

공용 폴더

- 컴퓨터를 사용하는 모든 사용자가 접근할 수 있는 폴더를 의미합니다.
- 종류 : 공용 다운로드, 공용 문서, 공용 비디오, 공용 사진, 공용 음악 등

열기

- **방법 1** : 파일 탐색기에서 [홈] → [열기] → '(속성)' 클릭
- **방법 2** : 파일 탐색기의 빠른 실행 도구 모음에서 '(속성)'* 클릭
- **방법 3** : 파일/폴더를 선택한 후 바로 가기 메뉴*에서 [속성] 선택
- **방법 4** : 파일/폴더를 선택한 후 Alt + Enter 누름

파일/폴더 속성의 탭별 기능

구분	탭	내용
파일	일반	• 파일 이름 및 파일 형식, 연결 프로그램, 저장 위치, 크기, 디스크 할당 크기, 만든 날짜, 수정한 날짜, 액세스한 날짜 등이 표시된다. • 읽을 수만 있게 하는 '읽기 전용', 화면에서 숨기는 '숨김'과 같은 파일의 특성을 설정할 수 있다.
	보안	사용자별 사용 권한을 설정한다.
	자세히*	파일에 제목, 주제, 태그, 만든 이 등의 속성을 확인하거나 제거할 수 있다.
	이전 버전	이전 버전은 Windows에서 복원 지점이나 백업으로 만들어진 파일 및 폴더의 복사본으로, 실수로 수정 또는 삭제되거나 손상된 파일 및 폴더를 복원할 수 있다.
폴더* 24.2, 21.3, …	일반	폴더의 이름, 종류, 저장 위치, 크기, 디스크 할당 크기, 폴더 안에 들어 있는 파일/폴더 수, 만든 날짜가 표시되고, 특성(읽기 전용, 숨김)을 설정할 수 있다.
	공유	폴더 공유를 위한 공유 설정 및 옵션을 설정할 수 있다.
	사용자 지정	폴더의 유형*, 폴더에 표시할 사진*, 폴더의 아이콘 모양을 변경할 수 있다.

3 공유 <small>10.2, 08.4, 07.2</small>

1301003

공유란 프린터, 파일, 폴더, CD/DVD-ROM 드라이브 등의 컴퓨터 자원을 다른 사람들이 접근하여 사용할 수 있도록 설정해 놓은 것이다.

- 프린터, 앱, 문서, 비디오, 소리, 그림 등의 데이터를 모두 공유할 수 있다.
- 데이터를 공유하려면 공유할 데이터를 공용 폴더*로 이동시키거나 해당 데이터가 있는 폴더를 공유시키면 된다.
- 공용 폴더 공유 시 해당 폴더에 대한 접근 권한을 사용자별로 다르게 설정할 수 있다.
- 공유 폴더에 접속하려면 경로를 '\\네트워크 컴퓨터\공유 폴더'로 지정하면 된다.

기출문제 따라잡기

 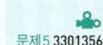

03년 2회
1. 한글 Windows 10의 파일 이름 중간에 사용할 수 있는 기호는?

① \   ② /   ③ 공백 문자   ④ >

> 파일과 폴더의 이름으로 사용할 수 없는 기호에는 * / ? ₩ (\) : < > | " 가 있습니다.

19년 1회, 18년 상시, 09년 4회, 05년 1회, 03년 1회
2. 다음 중 파일 탐색기에서 Temp 폴더의 속성 창에서 할 수 있는 기능이 아닌 것은?

① Temp 폴더가 포함하고 있는 하위 폴더 및 파일의 개수를 알 수 있다.
② Temp 폴더 아래에 있는 특정 하위 폴더를 삭제할 수 있다.
③ Temp 폴더를 네트워크와 연결되어 있는 다른 컴퓨터에서 접근할 수 있도록 공유시킬 수 있다.
④ Temp 폴더의 특성을 '읽기 전용'으로 설정할 수 있다.

> 폴더 속성 창에서는 기본 정보를 확인하거나 특성 및 공유 설정을 할 수 있을 뿐 삭제, 이동, 복사 등의 작업은 할 수 없습니다.

25년 5회, 1회, 15년 1회, 08년 4회
3. 다음 중 파일 및 폴더에 대한 설명으로 옳지 않은 것은?

① 하나의 폴더 내에는 동일한 이름의 파일이나 폴더가 존재할 수 없다.
② 파일과 폴더의 이름은 255자 이내로 작성한다.
③ 파일과 폴더의 이름으로 * / ? ₩ : < > " | 등의 특수 문자나 공백을 사용할 수 없다.
④ 파일은 파일명과 확장자로 구성되며, 마침표(.)를 이용하여 파일명과 확장자를 구분한다.

> 파일과 폴더의 이름으로 공백을 사용할 수 있습니다.

08년 1회, 07년 1회, 05년 3회
4. 한글 Windows 10의 파일 탐색기에서 Temp 폴더 속에 있는 폴더 수 및 파일 수와 전체 용량(크기)을 알아 보기 위한 방법으로 옳은 것은?

① 해당 폴더 안에 있는 모든 항목을 선택하면 파일 탐색기의 상태 표시줄에 전체 용량이 표시된다.
② 해당 폴더를 선택한 후에 폴더 옵션을 실행한다.
③ 해당 폴더를 선택한 후에 마우스의 오른쪽 버튼을 눌러서 나타나는 팝업 메뉴에서 [속성] 항목을 선택한다.
④ 해당 폴더를 선택하면 파일 탐색기의 상태 표시줄에 전체 용량이 나타난다.

> 폴더 속에 있는 폴더 및 파일의 수, 전체 용량 등은 속성 창에서 확인할 수 있습니다.

22년 1회, 21년 4회, 12년 2회, 11년 2회, 09년 1회
5. 다음 중 폴더의 [속성] 창에 대한 설명으로 옳지 않은 것은?

① 폴더의 저장 위치를 변경할 수 있다.
② 폴더가 포함하고 있는 하위 폴더 및 파일의 개수를 알 수 있다.
③ 폴더에 '읽기 전용' 속성을 설정하거나 해제할 수 있다.
④ 해당 폴더의 만든 날짜를 알 수 있다.

> 폴더의 [속성] 창에서는 폴더의 위치를 확인할 수 있지만 폴더의 저장 위치를 변경할 수는 없습니다.

25년 4회
6. 다음 중 파일 및 폴더에 대한 설명으로 옳은 것은?

① 파일과 폴더에 대한 여러 개의 바로 가기 아이콘을 만들 수 있다.
② 하나의 폴더 내에는 동일한 이름의 파일이나 폴더가 존재할 수 있다.
③ 하위 폴더가 있는 폴더는 삭제할 수 없다.
④ 폴더는 자료가 디스크에 저장되는 기본 단위이다.

> ② 하나의 폴더 내에는 동일한 이름의 파일이나 폴더가 존재할 수 없습니다.
> ③ 하위 폴더가 있는 폴더도 삭제할 수 있습니다.
> ④ 자료가 디스크에 저장되는 기본 단위는 파일입니다. 폴더는 파일을 모아 관리하기 위한 장소입니다.

25년 5회, 24년 2회, 19년 1회, 09년 4회, 05년 1회, 03년 1회
7. 다음 중 폴더의 [속성] 창에 대한 설명으로 옳지 않은 것은?

① 폴더가 포함하고 있는 하위 폴더 및 파일의 개수를 알 수 있다.
② 폴더의 특정 하위 폴더를 삭제할 수 있다.
③ 폴더를 네트워크와 연결되어 있는 다른 컴퓨터에서 접근할 수 있도록 공유시킬 수 있다.
④ 폴더에 '읽기 전용' 속성을 설정하거나 해제할 수 있다.

> 폴더의 [속성] 창에서는 그 어떤 폴더도 삭제할 수 없습니다. 폴더 삭제는 파일 탐색기에서 수행할 수 있습니다.

▶ 정답 : 1. ③ 2. ② 3. ③ 4. ③ 5. ① 6. ① 7. ②

SECTION 010

검색 상자

전문가의 조언

'검색 상자'에서 사용할 수 있는 검색 조건에 대한 문제가 출제되었습니다. '검색 상자'에서 제공하는 검색 조건에는 무엇이 있는지 꼭 알아두세요.

① 파일 탐색기의 검색 상자

04.4, 99.2

3301401

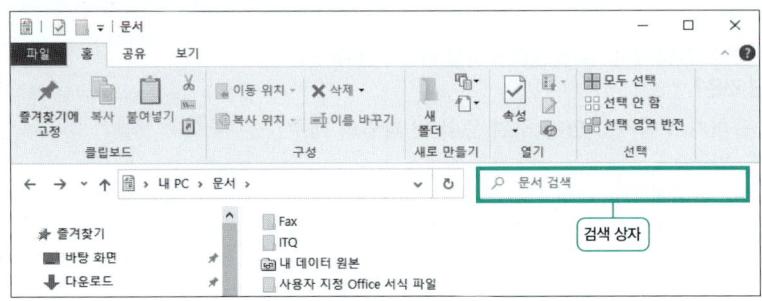

컴퓨터에 저장된 파일이나 폴더가 있는 위치를 모를 경우 빠르고 쉽게 파일이나 폴더가 있는 위치를 찾아 표시한다.

- 파일 탐색기에서 F3 이나 Ctrl + F 를 누르면 검색 상자로 포커스가 옮겨진다.
- 수정한 날짜*, 크기* 등과 같은 속성을 이용하여 파일을 검색할 수 있다.

수정한 날짜
어제, 지난 주 등

크기
비어 있음, 작음, 중간 등

② 작업 표시줄의 검색 상자

25.1, 23.2

1300504

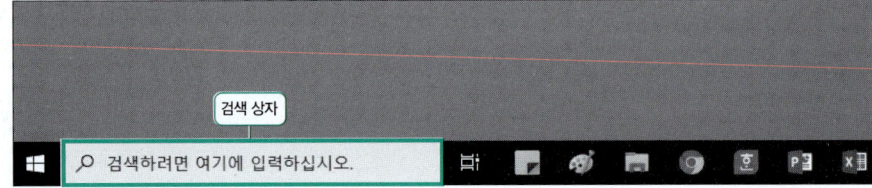

컴퓨터에 저장된 파일, 폴더, 앱 및 전자 메일은 물론 웹에서도 검색을 수행하여 검색 결과를 표시한다.

- ⊞ + S 를 누르면 검색 상자로 포커스가 옮겨진다.
- 검색된 앱을 선택하여 바로 실행할 수 있다.*
- 작업 표시줄의 바로 가기 메뉴에서 [검색]을 이용하여 검색 상자를 표시하거나 숨길 수 있다.

검색된 앱 바로 실행
예를 들어, 작업 표시줄의 [검색 상자]에 **설정**을 입력하면 '설정'과 관련된 내용이 자동으로 검색됩니다. 키보드의 방향키를 이용하여 검색된 메뉴 중 하나를 선택한 후 Enter 를 누르거나 마우스로 클릭하면 해당 앱이 실행됩니다.

> **궁금해요** 시나공 Q&A 베스트
>
> **Q** 작업 표시줄의 바로 가기 메뉴에서 [검색]에 '검색 상자 표시'가 없어요!
>
> **A** [⊞(시작)] → [⚙(설정)] → [개인 설정] → [작업 표시줄]에서 '작은 작업 표시줄 단추 사용'을 해제해야 '검색 상자 표시'가 나타납니다.

③ 파일 탐색기와 작업 표시줄의 '검색 상자'의 차이점

25.1, 23.2, 04.4

3301403

	파일 탐색기의 '검색 상자'	작업 표시줄의 '검색 상자'
실행	F3 또는 Ctrl + F 누름	⊞ + S
검색 항목	파일, 폴더	모두, 앱, 문서, 웹, 동영상, 사람, 사진, 설정, 음악, 전자 메일, 폴더
검색 위치	지정 가능	컴퓨터 전체와 웹
검색 필터*	사용 가능	사용 못함
검색 결과	검색어에 노란색 표시	범주별로 그룹화 되어 표시

검색 필터
검색 필터는 수정한 날짜, 종류, 크기 등과 같은 속성을 이용하여 파일을 검색할 수 있는 기능입니다.

기출문제 따라잡기

   문제2 4201052
   문제3 3301453

04년 4회
1. 파일 탐색기의 [검색 상자]에서 파일이나 폴더 검색에 대한 설명으로 옳지 않은 것은?

① 특정 기간에 수정된 파일이나 폴더를 찾을 수 있다.
② 파일의 특성이 '읽기 전용'인 파일을 찾을 수 있다.
③ 파일의 종류를 이용하여 찾을 수 있다.
④ 파일의 크기를 이용하여 찾을 수 있다.

'읽기 전용'이나 '숨김'과 같은 파일의 특성을 검색 조건으로 지정할 수 없습니다.

25년 1회, 23년 2회
2. 다음 중 한글 Windows 10에서 작업 표시줄의 [검색 상자]에 대한 설명으로 옳지 않은 것은?

① 검색 항목은 모두, 앱, 문서, 웹, 동영상, 설정, 전자 메일, 폴더 등이다.
② 작업 표시줄의 바로 가기 메뉴에서 [검색]을 선택하여 검색 상자를 표시하거나 숨길 수 있다.
③ 검색된 앱을 선택하여 바로 실행할 수 있다.
④ ⊞ + F 를 누르면 검색 상자로 포커스가 옮겨진다.

⊞ + F 를 누르면 피드백 허브 앱이 실행됩니다. 작업 표시줄의 '검색 상자'로 이동하는 바로 가기 키는 ⊞ + S 입니다.

워드 22년 3회, 20년 2회, 15년 1회
3. 다음 중 한글 Windows 10의 파일 탐색기나 폴더 창의 우측 상단에 표시되는 검색 상자의 사용 방법에 관한 설명으로 옳지 않은 것은?

① 검색 필터를 추가하여 수정한 날짜나 크기 등의 속성을 이용하여 검색할 수 있다.
② 검색할 위치를 지정하여 파일이나 폴더를 검색할 수 있다.
③ 검색 결과에는 검색어로 사용된 문자가 노란색으로 표시되어 확인하기 용이하다.
④ 파일이나 폴더 그리고 앱, 설정, 전자 이메일 메시지도 검색이 가능하다.

파일 탐색기의 '검색 상자'에서는 파일이나 폴더만 검색할 수 있습니다.

▶ 정답 : 1. ② 2. ④ 3. ④

SECTION 011

파일과 폴더 다루기

전문가의 조언
파일과 폴더 선택 방법에 대한 문제가 출제됩니다. Ctrl은 비연속적인 항목 선택, Shift는 연속적인 항목 선택! 꼭 기억하세요.

1 파일/폴더 선택
15.1, 05.2, 05.1, 04.1

다음은 파일 탐색기에서 파일이나 폴더를 선택하는 방법이다.

15.1, 04.1 **연속적인 항목 선택**	• 선택할 항목에 해당하는 범위를 마우스로 드래그한다. • 첫 항목을 클릭한 후 Shift를 누른 상태에서 마지막 항목을 클릭한다.
15.1 **비연속적인 항목 선택**	Ctrl을 누른 상태에서 선택할 항목을 차례로 클릭한다.
15.1, 05.2, 05.1 **전체 항목 선택**	• 리본 메뉴의 [홈] → [선택] → [모두 선택]을 클릭한다. • Ctrl + A를 누른다.

전문가의 조언
복사와 이동을 수행하는 여러 방법 중 복사에는 Ctrl, 이동에는 Shift가 사용된다는 것을 잊지 마세요.

2 파일/폴더 복사 및 이동
25.3, 24.1, 23.4, 22.3, 21.2, 20.2, 18.상시, 12.2, 04.1

복사 및 이동할 파일이나 폴더를 선택한 후 다음과 같은 방법으로 복사 및 이동이 가능하다.

	복사	이동
같은 드라이브	Ctrl을 누른 상태에서 마우스로 드래그 앤 드롭	마우스로 드래그 앤 드롭
다른 드라이브	마우스로 드래그 앤 드롭	Shift를 누른 상태에서 마우스로 드래그 앤 드롭

전문가의 조언
클립보드의 개념과 클립보드 사용 등에 대한 문제가 출제됩니다. 클립보드의 내용은 여러 번 사용할 수 있다는 것을 중심으로 내용을 정리하세요.

잠깐만요 **클립보드(Clipboard)**

- 클립보드는 데이터를 일시적으로 보관해 두는 임시 저장공간으로, 클립보드를 이용하면 서로 다른 앱 간에 데이터를 쉽게 전달할 수 있습니다.
- 클립보드의 내용은 여러 번 사용이 가능하지만, 가장 최근에 저장된 것 하나만 기억합니다.
- 복사(Copy)하거나 잘라내기(Cut), 붙여넣기(Paste)할 때 사용되며, 시스템을 재시작하면 클립보드에 저장된 데이터는 지워집니다.

전문가의 조언
표의 내용만 알면 충분히 풀 수 있는 문제들이 출제됩니다. 삭제하는 데 사용되는 키와 메뉴에 대해 알아두세요.

3 파일/폴더 삭제
02.2, 00.3

파일/폴더 삭제는 파일이나 폴더를 컴퓨터에서 제거하는 것으로, 삭제한 항목은 휴지통에 임시 저장된다.

02.2, 00.3 리본 메뉴 이용	• [홈] → [구성] → [✕](삭제)*를 클릭한다. • [홈] → [구성] → [삭제] → [휴지통으로 이동]을 선택한다. • [홈] → [구성] → [삭제] → [완전히 삭제]를 선택한다.
02.2, 00.3 키보드 이용	Delete , Shift * + Delete
바로 가기 메뉴 이용	바로 가기 메뉴에서 [삭제]를 선택한다.
마우스 이용	휴지통에 끌어다 넣거나 Shift 를 누른 채 휴지통에 끌어다 넣는다.

[홈] → [구성] → [✕](삭제)
✕(삭제)를 클릭하면 '휴지통 속성' 대화상자의 '파일을 휴지통에 버리지 않고 삭제할 때 바로 제거'가 설정되어 있으면 완전히 삭제되고 그렇지 않으면 휴지통으로 이동됩니다.

Shift + 삭제
Shift 를 누르고 삭제 명령을 실행하면 휴지통에 보관되지 않습니다.

 기출문제 따라잡기

문제2 1301151  문제3 1301152

21년 2회, 08년 2회, 03년 2회, 00년 3회
1. 다음 중 한글 Windows 10의 클립보드에 대한 설명으로 가장 옳지 않은 것은?

① 클립보드는 Windows뿐만 아니라 설치된 모든 앱에서 공동으로 이용한다.
② 화면 전체 내용을 그대로 클립보드에 복사하는 키는 Print Screen 이다.
③ 현재 사용중인 활성 창의 내용을 클립보드에 복사하는 키는 Ctrl + Print Screen 이다.
④ 클립보드의 내용은 시스템을 재부팅하면 모두 삭제된다.

활성 창의 내용을 클립보드에 복사하는 키는 Alt + Print Screen 입니다.

20년 상시, 18년 상시, 13년 2회, 09년 1회
2. 다음 중 한글 Windows 10에서 임시 보관 장소로 사용되는 클립보드(Clipboard)에 관한 설명으로 옳지 않은 것은?

① 클립보드를 사용하면 서로 다른 앱 간에 데이터를 쉽게 전달할 수 있다.
② 클립보드의 내용은 여러 번 사용이 가능하다.
③ 클립보드에 저장된 데이터는 시스템을 다시 시작하여도 재사용이 가능하다.
④ 가장 최근에 저장된 것 하나만 기억한다.

클립보드의 내용은 여러 번 사용할 수 있지만 시스템을 다시 시작하면 클립보드에 저장된 데이터는 모두 지워집니다.

15년 1회
3. 다음 중 한글 Windows 10의 파일 탐색기에서 파일이나 폴더를 선택하는 방법으로 옳은 것은?

① 폴더 내의 모든 항목을 선택하려면 Alt + A 를 누른다.
② 선택한 항목 중에서 하나 이상의 항목을 제외하려면 Ctrl 을 누른 상태에서 제외할 항목을 클릭한다.
③ 연속되어 있지 않은 파일이나 폴더를 선택하려면 Shift 를 누른 상태에서 선택하려는 각 항목을 클릭한다.
④ 연속되는 여러 개의 파일이나 폴더 그룹을 선택하려면 첫째 항목을 클릭한 다음 Ctrl 을 누른 상태에서 마지막 항목을 클릭한다.

모든 항목은 Ctrl + A , 연속된 항목은 Shift , 연속되지 않은 항목은 Ctrl 을 사용하여 선택합니다.

25년 3회, 24년 1회, 23년 4회, 22년 3회, 21년 2회, 20년 2회
4. 다음 중 파일이나 폴더를 복사하거나 이동하는 방법으로 옳지 않은 것은?

① 폴더를 마우스로 선택한 후 동일한 드라이브의 다른 폴더로 끌어서 놓으면 이동이 된다.
② USB에 저장되어 있는 파일을 마우스로 선택한 후 바탕 화면으로 끌어서 놓으면 복사가 된다.
③ 파일을 마우스로 선택한 후 Ctrl 을 누른 채 같은 드라이브의 다른 폴더로 끌어서 놓으면 복사가 된다.
④ 폴더를 마우스로 선택한 후 Alt 를 누른 채 같은 드라이브의 다른 폴더로 끌어서 놓으면 이동이 된다.

폴더/파일을 복사할 때는 Ctrl 을, 이동할 때는 Shift 를 사용합니다.

▶ 정답 : 1. ③ 2. ③ 3. ② 4. ④

SECTION 012 휴지통 사용하기

전문가의 조언
휴지통에 대한 전반적인 내용을 알아야 풀 수 있는 문제가 주로 출제됩니다. 휴지통의 특징과 휴지통 속성에 대한 내용을 모두 알아두세요.

'$Recycled.Bin' 폴더
'$Recycled.Bin' 폴더는 기본적으로 화면에 표시되지 않습니다. 화면에 표시되게 하려면 파일 탐색기에서 리본 메뉴 [보기] 탭의 '☐(옵션)'을 클릭한 후 '보기' 탭에서 '보호된 운영 체제 파일 숨기기(권장)' 항목의 체크 표시를 해제하고, 파일 탐색기의 [보기] → [표시/숨기기] → [숨긴 항목]을 체크하면 됩니다.

복원 방법
휴지통을 실행한 후 다음과 같이 수행합니다.
- **방법 1** : [휴지통 도구] → [복원] → [모든 항목 복원/선택한 항목 복원] 클릭
- **방법 2** : [홈] → [클립보드] → [잘라내기], 복원할 위치를 선택한 후 [홈] → [클립보드] → [붙여넣기]
- **방법 3** : Ctrl + X (잘라내기)를 누른 후 복원할 위치를 선택하고 Ctrl + V (붙여넣기)를 누름
※ 복사는 불가능하나 잘라내기는 가능

전문가의 조언
휴지통에 보관되지 않는 경우, 복원할 수 없는 경우! 동일한 말이죠? 휴지통에 보관되지 않는 경우와 휴지통 항목 삭제 방법, 복원 방법을 모두 알아두세요.

DOS 모드
Windows에서 DOS 모드를 앱으로 구현한 것은 '명령 프롬프트'입니다.

---

1 휴지통의 개요

25.4, 25.3, 25.2, 21.4, 20.상시, 19.2, 18.상시, 14.2, 14.1, 12.2, 11.1, 09.3, 09.1, 07.3, 07.1, 03.1, 00.3

휴지통은 삭제된 파일이나 폴더가 임시 보관되는 장소이다.

실행 바탕 화면에서 '휴지통' 더블클릭

- 바탕 화면에서 '휴지통' 아이콘을 더블클릭하면 파일 탐색기의 리본 메뉴에 [관리] → [휴지통 도구] 탭이 표시되며, 파일 창에 휴지통 내용이 표시된다.
- 휴지통의 실제 파일이 저장된 폴더의 위치는 일반적으로 C:\$Recycled.Bin*이다.
- 기본적인 크기는 드라이브 용량의 5%~10% 범위 내에서 시스템이 자동으로 설정하지만 사용자가 원하는 크기를 MB 단위로 지정할 수 있다.
- 휴지통은 하드디스크 드라이브마다 한 개씩 만들 수 있으며, 드라이브마다 크기를 다르게 설정할 수 있다.
- 휴지통에 보관된 파일은 이름, 원래 위치, 삭제된 날짜와 시간, 크기, 항목 유형, 수정한 날짜 정보를 갖는다.
- 휴지통 안에 있는 모든 항목을 삭제하려면 [관리] → [휴지통 도구] → [관리] → [휴지통 비우기]를 클릭한다.
- [휴지통 비우기]를 실행한 파일은 복구할 수 없다.
- 휴지통은 아이콘을 통하여 휴지통이 비워진 경우()와 차 있는 경우()를 구분할 수 있다.
- 휴지통에 보관된 파일이나 폴더는 복원*이 가능하지만 복원하기 전에는 사용 및 이름 변경을 할 수 없다.
- 휴지통 안에 있는 항목을 더블클릭 하면 해당 항목의 속성 창이 표시된다.
- 지정된 휴지통의 용량을 초과하면 가장 오래 전에 삭제된 파일부터 자동으로 지워지며, 휴지통에서 파일이 비워져야만 파일이 차지하던 공간을 사용할 수 있다.

2 휴지통에 보관되지 않는 경우

23.3, 21.2, 20.2, 14.3, 13.3, 11.3, 11.1, 09.3, 08.4, 07.2, 06.2, 05.2, 03.1, 01.1, 00.2

일반적으로 삭제된 항목은 휴지통에 임시 보관되지만 다음과 같은 경우에는 휴지통을 거치지 않고 바로 삭제되므로 복원이 불가능하다.

- USB 메모리, DOS 모드*, 네트워크 드라이브에서 삭제된 항목
- Shift 를 누르고 삭제 명령을 실행한 경우
- 휴지통 속성에서 '파일을 휴지통에 버리지 않고 삭제할 때 바로 제거'를 선택한 경우
- 휴지통 속성에서 최대 크기를 0MB로 지정한 경우
- 같은 이름의 항목을 복사/이동 작업으로 덮어쓴 경우

기출문제 따라잡기

21년 4회, 12년 2회

1. 한글 Windows 10의 [휴지통]에 관한 설명으로 옳지 않은 것은?

① [휴지통 비우기]를 실행한 파일은 [휴지통]에서 다시 복구할 수 있다.
② [휴지통]에 있는 파일의 아이콘을 정렬하여 표시할 수 있다.
③ [휴지통]에 있는 파일을 바탕 화면 또는 다른 폴더에 끌어놓기를 하여 파일을 복구할 수 있다.
④ [휴지통]에 있는 파일을 더블클릭하면 '속성' 창이 표시된다.

> 비워버린 휴지통은 되돌릴 수 없습니다.

23년 3회, 21년 2회, 20년 2회, 14년 3회

2. 다음 중 파일 삭제 시 파일이 [휴지통]에 임시 보관되어 복원이 가능한 경우는?

① 바탕 화면에 있는 파일을 [휴지통]으로 드래그 앤 드롭하여 삭제한 경우
② USB 메모리에 저장되어 있는 파일을 Delete로 삭제한 경우
③ 네트워크 드라이브의 파일을 바로 가기 메뉴의 [삭제]를 클릭하여 삭제한 경우
④ [휴지통]의 크기를 0%로 설정한 후 파일 탐색기 안의 파일을 삭제한 경우

> 바탕 화면에 있는 파일을 [휴지통]으로 드래그 앤 드롭하여 삭제한 파일은 복원할 수 있습니다.

21년 2회, 13년 3회, 11년 3회, 09년 3회, 08년 4회, 01년 1회, 00년 2회

3. 다음 중 한글 Windows 10에서 [휴지통]에 있는 파일을 복원할 수 있는 경우로 옳지 않은 것은?

① USB 메모리에 저장된 파일을 삭제한 경우
② [파일 탐색기] 창에서 해당 파일을 선택하고 바로 가기 메뉴의 [삭제]를 선택하여 파일을 삭제한 경우
③ [파일 탐색기] 창에 있는 파일을 Delete를 눌러서 삭제한 경우
④ [파일 탐색기] 창에 있는 파일을 마우스를 이용하여 휴지통으로 드래그하여 삭제한 경우

> 플로피디스크, USB 메모리, DOS 모드, 네트워크 드라이브에서 삭제된 항목은 휴지통을 거치지 않고 바로 삭제되므로 복원이 불가능합니다.

25년 4회, 3회

4. 한글 Windows 10의 [휴지통]에 관한 설명으로 옳지 않은 것은?

① 지정된 휴지통의 용량을 초과하면 가장 오래전에 삭제되어 보관된 파일부터 지워진다.
② 각각의 드라이브마다 휴지통의 크기를 다르게 설정하는 것이 가능하다.
③ 휴지통에 보관된 파일은 실행과 복사를 할 수 없다.
④ 휴지통에 보관된 파일을 복사하여 복원할 위치에 붙여넣기 하면 복원할 수 있다.

> 휴지통에 보관된 파일은 복사(Ctrl+C)가 아니라 잘라내기(Ctrl+X) 한 후 복원할 위치에 붙여넣기(Ctrl+V) 해야 복원할 수 있습니다.

18년 상시, 14년 2회, 1회, 07년 1회

5. 다음 중 한글 Windows 10에서 휴지통에 관한 설명으로 옳지 않은 것은?

① 작업 도중 삭제된 자료들이 임시로 보관되는 장소로 필요한 경우 복원이 가능하다.
② 각 드라이브마다 휴지통의 크기를 다르게 설정하는 것이 가능하다.
③ 원하는 경우 휴지통에 보관된 폴더나 파일을 직접 실행할 수도 있고 복원할 수도 있다.
④ 지정된 휴지통의 용량을 초과하면 가장 오래 전에 삭제되어 보관된 파일부터 지워진다.

> 휴지통에 보관된 파일이나 폴더는 복원하기 전까지 실행할 수 없습니다.

25년 3회, 2회

6. 한글 Windows 10의 [휴지통]에 관한 설명으로 옳지 않은 것은?

① 휴지통의 실제 파일이 저장된 폴더의 위치는 일반적으로 'C:\$Recycled.Bin'이다.
② 휴지통에 보관된 파일은 삭제된 위치, 삭제된 날짜와 시간, 크기 등의 정보를 갖는다.
③ 휴지통에 보관된 파일은 이름을 변경하거나 실행할 수 없다.
④ 휴지통의 크기는 드라이브 용량의 10%~20% 범위 안에서 시스템이 자동으로 설정하며, 변경할 수 없다.

> 휴지통의 기본적인 크기는 드라이브 용량의 5%~10% 범위 내에서 시스템이 자동으로 설정되지만 사용자가 원하는 크기를 MB 단위로 지정할 수 있습니다.

▶ 정답 : 1. ① 2. ① 3. ① 4. ④ 5. ③ 6. ④

SECTION 013 메모장

전문가의 조언

메모장의 특징을 묻는 문제가 자주 출제됩니다. 메모장은 간단한 텍스트 파일을 편집할 수 있는 앱으로 그림, 차트 등의 OLE 개체를 삽입할 수 없다는 것을 중심으로 특징을 정리하세요.

Windows 보조프로그램
Windows 보조프로그램은 Windows에 내장된 앱으로, 시스템 운영에 필수적이지는 않지만 컴퓨터 사용에 부가적인 도움을 주는 앱들로 구성되어 있습니다.

OLE(Object Linking & Embedding)
다른 앱에서 작성한 그림이나 표 등을 연결하거나 삽입하는 작업으로, 작성한 앱에서 내용을 수정하면 수정된 내용이 연결된 앱에 자동으로 반영됩니다.

여백 설정
여백은 밀리미터(mm) 단위로 설정할 수 있습니다.

찾기 방향
찾기 방향에는 '위로'와 '아래로'가 있습니다.

1 메모장의 개요

24.3, 23.5, 22.2, 21.3, 21.1, 19.1, 14.3, 12.1, 09.2, 07.4, 07.2, 07.1, 05.1, 04.3, 04.2, 03.4, 03.2, 02.2, 99.2

메모장(Notepad)은 특별한 서식이 필요 없는 간단한 텍스트(ASCII 형식) 파일을 작성할 수 있는 문서 작성 앱이다.

실행 [(시작)] → [Windows 보조프로그램]* → [메모장] 선택

1301301

특징

- 메모장은 텍스트(.TXT) 형식의 문서만을 열거나 저장할 수 있다.
- 문서 전체에 대해서만 글꼴의 종류, 속성, 크기를 변경할 수 있으나 지정할 수 있는 속성의 종류는 다양하지 않다.
- 메모장에서는 그림, 차트 등의 OLE* 개체를 삽입할 수 없다.
- ANSI, 유니코드, UTF-8 등의 인코딩 형식으로 저장할 수 있다.
- 문서의 첫 행 왼쪽에 대문자로 .LOG를 입력하면 문서를 열 때마다 현재의 시간과 날짜가 문서의 맨 마지막 줄에 자동으로 표시된다.
- 커서 위치에 시간과 날짜 표시
  - 방법 1 : [편집] → [시간/날짜] 선택
  - 방법 2 : F5 누름
- 주요 메뉴
  - 페이지 설정 : 용지 크기·방향·여백 설정*, 머리글·바닥글 입력
  - 찾기 : 대·소문자를 구분하거나 찾을 방향*을 지정하여 찾음
  - 바꾸기 : 찾은 내용을 바꿀 내용으로 변경
  - 이동 : 줄을 기준으로 커서를 이동할 수 있지만 '자동 줄 바꿈'이 해제된 상태에서만 사용 가능
  - 시간/날짜 : 커서가 있는 위치에 현재 시간과 날짜 입력
  - 자동 줄 바꿈 : 창 크기에 맞게 텍스트를 표시하고 다음 줄로 넘김
  - 글꼴 : 글꼴 종류, 글꼴 스타일, 크기 등 지정
  - 상태 표시줄 : 상태 표시줄의 표시 여부 지정

기출문제 따라잡기

24년 3회, 22년 2회, 21년 3회, 1회, 19년 1회, 14년 3회, 09년 2회, 07년 4회

1. 다음 중 한글 Windows 10의 [메모장]에 대한 설명으로 옳지 않은 것은?

① 작성한 문서를 저장할 때 확장자는 기본적으로 .txt가 부여된다.
② 특정한 문자열을 찾을 수 있는 찾기 기능이 있다.
③ 그림, 차트 등의 OLE 개체를 삽입할 수 있다.
④ 현재 시간을 삽입하는 기능이 있다.

> 메모장에서는 그림, 차트 등의 OLE 개체를 삽입할 수 없습니다.

07년 1회, 05년 1회

2. 메모장에서 저장된 텍스트 문서를 열 때마다 시스템 클럭을 참조하여 현재의 시간과 날짜를 삽입하고자 한다. 다음 중 옳은 것은?

① 문서의 첫 행 맨 왼쪽에 대문자로 .LOG라고 입력한다.
② 메모장의 [삽입] → [시간/날짜]를 이용한다.
③ 문서를 작성한 후 [파일] → [인쇄] → [시간/날짜]를 이용한다.
④ 시스템 트레이에 있는 시간을 마우스 왼쪽 버튼을 이용하여 문서의 원하는 위치에 놓는다.

> 문서의 첫 행 왼쪽에 대문자로 .LOG를 입력하면 문서를 열 때마다 현재의 시간과 날짜가 문서의 맨 마지막 줄에 자동으로 표시됩니다.

05년 1회, 04년 3회, 2회, 03년 4회

3. 다음 중 메모장에서 문서를 작성하거나 편집할 때의 내용으로 옳지 않은 것은?

① 서식이 있는 문서의 편집이나 다른 문서와의 개체 편집이 불가능하다.
② 메모장에서 작성된 파일의 기본적인 확장자는 TXT이다.
③ 특별한 서식이 필요없는 텍스트 파일만 불러오거나 작성할 수 있고, 다양한 서식이 필요한 파일은 다른 앱을 이용한다.
④ EBCDIC 형식의 문자열을 작성하고 저장한다.

> 메모장에서는 ASCII 형식의 문자열을 사용합니다.

23년 5회

4. 다음 중 한글 Windows 10의 [메모장]에 대한 설명으로 옳지 않은 것은?

① F5 를 눌러 시간과 날짜를 입력할 수 있다.
② 문단 정렬과 문단 여백을 설정할 수 있다.
③ 자동 줄 바꿈 기능을 사용할 수 있다.
④ 머리글과 바닥글을 설정할 수 있다.

> 메모장에서는 문단 정렬 및 문단 여백을 설정할 수 없습니다.

▶ 정답 : 1. ③ 2. ① 3. ④ 4. ②

1장 핵심요약

001 한글 Windows 10의 특징

❶ 선점형 멀티태스킹(Preemptive Multitasking) 12.3

운영체제가 각 작업의 CPU 이용 시간을 제어하여 앱 실행중 문제가 발생하면 해당 앱을 강제 종료시키고, 모든 시스템 자원을 반환하는 멀티태스킹 운영 방식이다.

❷ 플러그 앤 플레이(자동감지장치; PnP, Plug & Play) 16.2, 12.3, …

컴퓨터 시스템에 하드웨어를 설치했을 때, 해당 하드웨어를 사용하는 데 필요한 시스템 환경을 운영체제가 자동으로 구성해 주는 것이다.

❸ OLE(Object Linking and Embedding) 12.3

다른 여러 앱에서 작성된 문자나 그림 등의 개체(Object)를 현재 작성중인 문서에 자유롭게 연결(Linking)하거나 삽입(Embedding)하여 편집할 수 있게 하는 기능이다.

❹ 64비트 데이터 처리 12.3, 11.2

완전한 64비트로 데이터를 처리하므로 더 많은 양의 데이터를 빠르게 처리할 수 있다.

002 바로 가기 키

❶ [Alt] + [Tab] 24.4, 23.1, 22.4, 19.상시, 18.1, 14.1, 12.1

현재 실행중인 프로그램들의 목록을 화면 중앙에 나타내고, 작업 창을 변경할 수 있다.

❷ [Alt] + [Enter] 24.5, 23.1, 22.4, 20.상시, 20.2, 19.상시, 19.1, 14.1, 12.1, 10.3

선택된 항목의 속성 대화상자를 나타낸다.

❸ [Alt] + [Spacebar] 24.5

활성창의 바로 가기 메뉴를 표시한다.

❹ [Alt] + [F4] 23.1, 22.4, 20.상시, 19.상시, 11.1

실행중인 창(Window)이나 앱을 종료한다.

❺ [Alt] + [Esc] 25.1, 18.1, 11.1, 10.3

현재 실행중인 앱들을 순서대로 전환한다.

❻ [Ctrl] + [A] 25.1, 24.5, 19.1

폴더 및 파일을 모두 선택한다.

❼ [Ctrl] + [Esc] 25.1, 24.5, 20.2, 19.1, 14.1, 12.1, 10.2

[⊞(시작)]을 클릭한 것처럼 [시작] 메뉴를 표시한다.

❽ [Ctrl] + [Shift] + [Esc] 25.2, 24.1

'작업 관리자' 대화상자를 호출하여 문제가 있는 앱을 강제로 종료한다.

❾ [Shift] + [Delete] 24.1

폴더나 파일을 휴지통을 거치지 않고 바로 삭제한다.

❿ [Shift] + [F10] 25.2, 24.1, 20.2, 10.2

바로 가기 메뉴를 표시한다.

⓫ [⊞] + [E] 24.3, 23.3, 22.2, 21.2, 20.2

파일 탐색기를 실행한다.

⓬ [⊞] + [L] 24.3, 23.3, 22.2, 21.2

컴퓨터를 잠그거나 사용자를 전환한다.

⓭ [⊞] + [D] 24.3, 23.3, 22.2, 21.2

열려 있는 모든 창과 대화상자를 최소화(바탕 화면 표시)하거나 이전 크기로 나타낸다.

⓮ [⊞] + [I] 24.3, 23.3, 22.2, 21.2

'설정' 창을 화면에 나타낸다.

003 바로 가기 아이콘

❶ 바로 가기 아이콘 24.4, 21.2, 21.1, 20.상시, 18.2, 17.2, 15.1, 11.2, 10.3, 10.2

- 자주 사용하는 문서나 앱을 빠르게 실행시키기 위한 아이콘으로, 원본 파일의 위치 정보를 가지고 있다.
- 바로 가기 아이콘을 실행시키면 바로 가기 아이콘과 연결된 원본 파일이 실행된다.
- 폴더나 파일, 디스크 드라이브, 다른 컴퓨터, 프린터 등 모든 개체에 대해 바로 가기 아이콘을 작성할 수 있다.

- 바로 가기 아이콘의 확장자는 LNK이며, 컴퓨터에 여러 개 존재할 수 있다.
- 하나의 원본 파일에 대해 여러 개의 바로 가기 아이콘을 만들 수 있으며, 이름을 변경할 수도 있다.
- 바로 가기 아이콘은 원본 파일이 있는 위치와 관계없이 만들 수 있다.
- 바로 가기 아이콘을 삭제/이동하더라도 원본 파일은 삭제/이동되지 않는다.
- 원본 파일을 삭제하면 해당 파일의 바로 가기 아이콘은 실행되지 않는다.
- Ctrl + Shift 를 누른 채 파일을 드래그하면 바로 가기 아이콘이 만들어 진다.

004 작업 표시줄 설정

① 작업 표시줄 25.4, 25.2, 24.2, 24.1, 23.4, 22.3, 21.4, 21.1, 18.2, 17.2, 16.1, 14.1, 13.1, 10.1

- 작업 표시줄은 현재 실행되고 있는 앱 단추와 앱을 빠르게 실행하기 위해 등록한 고정 앱 단추 등이 표시되는 곳으로서, 기본적으로 바탕 화면의 맨 아래쪽에 있다.
- 작업 표시줄의 위치를 변경할 수 있다.
- 작업 표시줄의 크기를 화면의 1/2까지 늘릴 수 있다.
- '작업 표시줄 잠금'을 지정하면 작업 표시줄의 크기나 위치 등을 변경할 수 없다.
- 작업 표시줄을 자동으로 숨길 것인지의 여부를 선택할 수 있다.
- 작업 표시줄의 단추를 그룹으로 표시할 수 있다.
- 여러 디스플레이를 사용하는 경우 모든 디스플레이에 작업 표시줄을 표시할 수 있다.
- 작업 표시줄 바로 가기 메뉴의 주요 항목 : 계단식 창 배열, 창 가로 정렬 보기, 모든 작업 표시줄 잠금

② 작업 표시줄 도구 모음 22.4, 13.1

- 링크 : 자주 사용하는 문서나 앱, 웹 페이지(URL)의 바로 가기 아이콘을 추가하여 해당 문서, 앱을 바로 실행하거나 웹 페이지로 이동할 수 있음
- 바탕 화면 : 바탕 화면 아이콘인 내 PC, 휴지통, 문서, 제어판, 네트워크와 바탕 화면에 추가된 모든 폴더와 아이콘 등을 표시함
- 새 도구 모음 : 사용자가 임의로 새로운 도구 모음을 만들어 표시할 때 사용함

005 시작 메뉴

① 시작 메뉴의 '사용자 계정' 24.5, 23.4

- 현재 사용중인 사용자 계정이 표시된다.
- 사용자 계정을 클릭하면 '계정 설정 변경', '잠금', '로그아웃' 메뉴, 다른 사용자의 계정이 표시된다.
- 다른 사용자의 계정을 클릭하면 현재 로그인한 계정이 실행중인 앱을 종료하지 않고 선택한 다른 사용자의 계정으로 전환된다.

② 시작 메뉴의 '점프 목록' 설정 24.5, 22.1

- 점프 목록은 파일, 폴더, 웹 사이트 등 최근에 사용했던 문서나 작업을 빠르고 간편하게 이용할 수 있도록 프로그램별로 구성한 목록이다.
- 표시된 항목 위로 마우스 포인터를 가져가면 항목 오른쪽에 '이 목록에 고정(📌)' 아이콘이 표시되며, 이 아이콘을 클릭하면 점프 목록 상단에 고정된다.
- 점프 목록에 고정된 항목을 해제하려면 항목 위로 마우스 포인터를 가져가면 표시되는 '이 목록에서 제거(✕)' 아이콘을 클릭한다.

006 파일 탐색기

① 탐색창에서 이동 17.2, 14.3, 12.3

- 숫자 키패드의 ∗ : 선택된 폴더의 모든 하위 폴더를 표시함
- 왼쪽 방향키(←) : 선택된 폴더가 열려 있을 때는 닫고, 닫혀 있으면 상위 폴더가 선택됨
- Backspace : 선택된 폴더의 상위 폴더가 선택됨

② 폴더 창에서 이동 17.2, 14.3, 12.3

키보드의 영문자를 누르면 해당 영문자로 시작하는 폴더나 파일 중 첫 번째 개체로 이동한다.

③ 파일 탐색기의 기능 25.3, 17.2, 14.3, 12.3

- 파일이나 폴더 관리 기능 : 파일과 폴더의 열기(실행), 선택, 복사, 이동, 삭제, 이름 변경, 속성 확인, 공유, 압축, 메일 발송, 파일의 인쇄 등
- 드라이브 관리 기능 : 최적화, 정리, 포맷, 속성 확인, 네트워크 드라이브 연결 및 끊기 등

1장 핵심요약

007 폴더 옵션

❶ '폴더 옵션' 대화상자의 기능 23.5, 22.3, 14.3, 12.1, 11.2, 10.3

- 새로 여는 폴더의 내용을 같은 창에서 열리거나 다른 창에 열리도록 지정할 수 있다.
- 웹을 사용하는 것처럼 바탕 화면이나 파일 탐색기에서도 파일을 한 번 클릭하면 실행되도록 설정할 수 있다.
- 탐색 창에 모든 폴더의 표시 여부를 지정한다.
- 폴더나 파일을 가리키면 해당 항목의 정보를 표시하는 팝업 설명의 표시 여부를 지정한다.
- 숨김 파일이나 폴더의 표시 여부를 지정한다.
- 폴더에서 시스템 파일을 검색할 때 색인을 사용할지 여부를 지정한다.
- 색인되지 않은 위치 검색 시 포함할 대상을 지정한다.

008 디스크 포맷

❶ 디스크 포맷의 개요 23.3, 22.2, 19.상시, 19.1, 16.3, 12.1

- 디스크를 초기화(트랙과 섹터 형성)하여 사용 가능한 상태로 만들어 주는 작업이다.
- 옵션의 종류 : 용량, 파일 시스템, 할당 단위 크기, 볼륨 레이블, 포맷 옵션
- 빠른 포맷 : 사용하던 디스크를 포맷할 때 사용하는 옵션으로, 디스크의 불량 섹터는 검출하지 않고 디스크의 모든 파일을 삭제함

009 파일과 폴더

❶ 파일과 폴더의 개요 25.5, 25.4, 25.1, 22.4, 21.4, 15.1

- 파일은 디스크에 저장되는 기본 단위이고, 폴더는 파일을 모아 관리하기 위한 장소이다.
- 폴더는 바탕 화면, 드라이브, 폴더 등 파일이 저장될 수 있는 곳이면 어디든지 만들 수 있지만 네트워크, 휴지통에서는 만들 수 없다.
- CON, AUX, NUL 등과 같이 시스템에 예약된 단어나 * / ? ₩ : 〈 〉 " | 등은 파일과 폴더의 이름으로 사용할 수 없다.
- 파일은 파일명과 확장자로 구성되며, 마침표(.)를 이용하여 파일명과 확장자를 구분한다.
- 하위 폴더나 파일이 포함된 폴더도 삭제할 수 있다.
- 하나의 폴더 내에는 동일한 이름의 파일이나 폴더가 존재할 수 없다.
- 파일과 폴더의 이름은 255자 이내로 작성하며, 공백을 포함할 수 있다.

❷ 폴더 속성 25.5, 24.2, 22.1, 21.4, 21.3, 19.1, 18.상시, 18.1, 12.2, 11.1

- 일반 탭 : 폴더의 이름, 종류, 저장 위치, 크기, 디스크 할당 크기, 폴더 안에 들어 있는 파일/폴더 수, 만든 날짜가 표시되고, 특성(읽기 전용, 숨김)을 설정할 수 있음
- 공유 폴더 : 공유를 위한 공유 설정 및 옵션을 설정할 수 있음
- 사용자 지정 : 폴더의 유형, 폴더에 표시할 사진, 폴더의 아이콘 모양을 변경할 수 있음

010 검색 상자

❶ 파일 탐색기와 작업 표시줄의 '검색 상자'의 차이점 25.1, 23.2

	파일 탐색기의 '검색 상자'	작업 표시줄의 '검색 상자'
실행	F3 또는 Ctrl + F 누름	⊞ + S
검색 항목	파일, 폴더	모두, 앱, 문서, 웹, 동영상, 사람, 사진, 설정, 음악, 전자메일, 폴더
검색 위치	지정 가능	컴퓨터 전체와 웹
검색 필터	사용 가능	사용 못함
검색 결과	검색어에 노란색 표시	범주별로 그룹화 되어 표시

011 파일과 폴더 다루기

❶ 파일/폴더 복사 및 이동 25.3, 24.1, 23.4, 22.3, 21.2, 20.2, 18.상시, 12.2

	복사	이동
같은 드라이브	Ctrl을 누른 상태에서 마우스로 드래그 앤 드롭	마우스로 드래그 앤 드롭
다른 드라이브	마우스로 드래그 앤 드롭	Shift를 누른 상태에서 마우스로 드래그 앤 드롭

❷ 클립보드(Clipboard) 21.2, 21.1, 20.상시, 18.상시, 13.2

- 데이터를 일시적으로 보관해 두는 임시 저장공간으로, 클립보드를 이용하면 서로 다른 앱 간에 데이터를 쉽게 전달할 수 있다.
- 클립보드의 내용은 여러 번 사용이 가능하지만, 가장 최근에 저장된 것 하나만 기억한다.
- 복사(Copy)하거나 잘라내기(Cut), 붙여넣기(Paste)할 때 사용되며, 시스템을 재시작하면 클립보드에 저장된 데이터는 지워진다.

012 휴지통 사용하기

❶ 휴지통의 개요 25.4, 25.3, 25.2, 21.4, 20.상시, 19.2, 18.상시, 14.2, 14.1, 12.2, 11.1

- 삭제된 파일이나 폴더가 임시 보관되는 장소로, 필요 시 복원이 가능하다.
- 휴지통은 하드디스크 드라이브마다 한 개씩 만들 수 있다.
- 휴지통의 크기를 드라이브마다 다르게 설정할 수 있다.
- 휴지통 아이콘을 통하여 휴지통이 비워진 경우와 차 있는 경우를 구분할 수 있다.
- 휴지통의 용량을 초과하면 가장 오래 전에 삭제된 파일부터 자동으로 지워진다.
- 삭제된 파일이나 폴더는 복원하기 전까지 사용(실행, 이름 변경) 할 수 없다.
- 휴지통 안에 있는 항목을 더블클릭하면 해당 항목의 속성 창이 표시된다.
- 휴지통에 보관된 파일을 잘라내기(Ctrl+X) 한 후 복원할 위치에 붙여넣기(Ctrl+V) 하면 복원된다(복사는 불가능하나 잘라내기는 가능함).
- [휴지통 비우기]를 실행한 파일은 복구할 수 없다.
- 휴지통에 보관된 파일은 이름, 원래 위치, 삭제된 날짜와 시간, 크기, 항목 유형, 수정한 날짜 정보를 갖는다.

❷ 휴지통에 보관되지 않는 경우 23.3, 21.2, 20.2, 14.3, 13.3, 11.3, 11.1

- 플로피디스크, USB 메모리, DOS 모드, 네트워크 드라이브에서 삭제된 항목
- Shift + Delete를 사용하여 삭제한 항목
- 휴지통 속성 창에서 '파일을 휴지통에 버리지 않고 삭제할 때 바로 제거'를 선택한 경우
- 휴지통 속성 창에서 최대 크기를 0MB로 설정한 경우
- 같은 이름의 항목을 복사/이동 작업으로 덮어쓴 경우

013 메모장

❶ 메모장의 개요 24.3, 23.5, 22.2, 21.3, 21.1, 19.1, 14.3, 12.1

- 메모장은 특별한 서식이 필요 없는 간단한 텍스트 파일을 작성할 수 있는 문서 작성 앱이다.
- 메모장은 텍스트(.TXT) 형식의 문서만을 열거나 저장할 수 있다.
- 메모장에서는 그림, 차트 등의 OLE 개체를 삽입할 수 없다.
- 문서 전체에 대해서는 글꼴의 종류, 속성, 크기를 변경할 수 있으나 지정할 수 있는 속성의 종류는 다양하지 않다.
- 문서의 첫 행 왼쪽에 .LOG를 입력하면 문서를 열 때마다 현재의 시간과 날짜가 문서의 맨 마지막 줄에 자동으로 표시된다.
- 커서 위치에 시간과 날짜 표시
  - 방법 1 : [편집] → [시간/날짜] 선택
  - 방법 2 : F5 누름
- 메모장에서 제공하는 주요 기능 : 찾기, 바꾸기, 페이지 설정, 자동 줄 바꿈, 글꼴 등

시나공 동영상 강좌

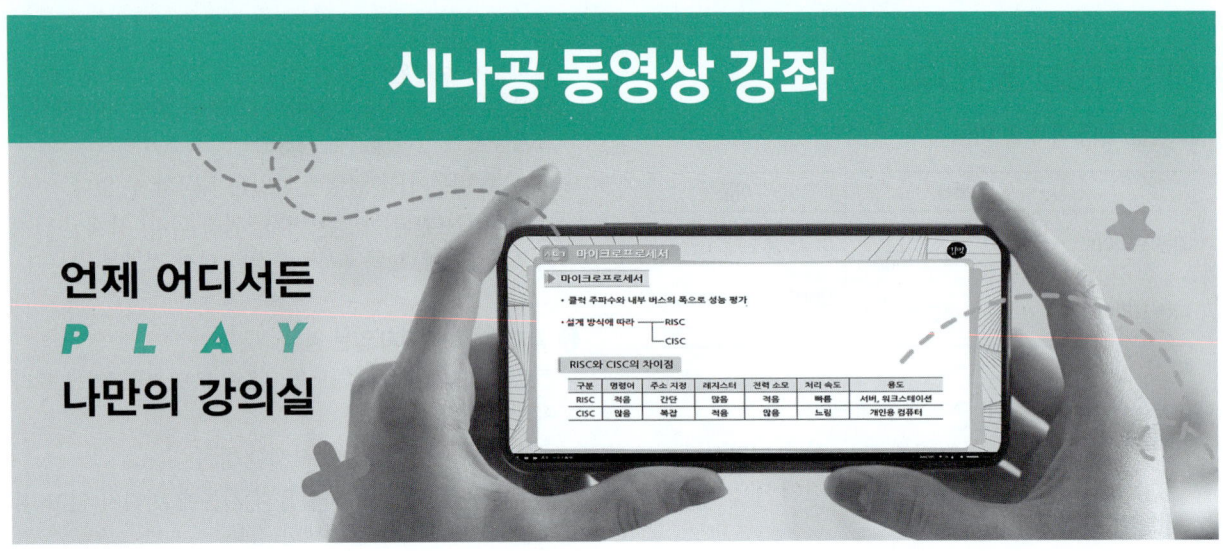

언제 어디서든
P L A Y
나만의 강의실

▶ 동영상 강좌 특징

선택 수강
섹션별 강의 구성으로
듣고 싶은 강의만
빠르게 골라서 이용

기기 무제한
PC와 모바일 기기의
기종, 개수에 제약 없이
편하게 수강

장소 불문
교재가 없어도
인터넷만 연결된다면
그곳이 내 강의실!

평균 10분
멀티태스킹이 가능한
세대를 위해
강의 시간은 평균 10분

▶ 강좌 종류

구분	강좌	수강일 및 가격
단과	컴퓨터활용능력 필기 (1급, 2급 선택)	150일 수강 55,000원
	컴퓨터활용능력 실기 (1급, 2급 선택)	150일 수강 60,000원
속성반	컴퓨터활용능력 필기+실기 (1급, 2급 선택)	필기+실기 합해서 30일 수강 59,000원
합격 보장반	컴퓨터활용능력 필기+실기 (1급, 2급 선택)	필기+실기 합해서 365일 수강 129,000원

시험 적중률,
가격과 수강일 모두
시나공이
이상적 • 합리적

※ 가격은 변동될 수 있으니, 사이트에서 확인하세요.

▶ 이용 방법

1. **길벗 동영상강좌(e-learning.gilbut.co.kr)**에 접속하여 로그인 하세요.
2. 상단 메뉴 중 **[IT자격증]**을 클릭하세요.
3. 원하는 종목의 강좌를 선택하고 **[수강 신청하기]**를 클릭하세요.
4. 우측 상단의 **[마이 길벗]** → **[나의 동영상 강좌]**로 이동하여 강좌를 수강하세요.

※ **동영상 강좌 이용 문의** : 독자지원 (02-332-0931) 또는 이메일 (content@gilbut.co.kr)

2장 한글 Windows 10의 고급 기능

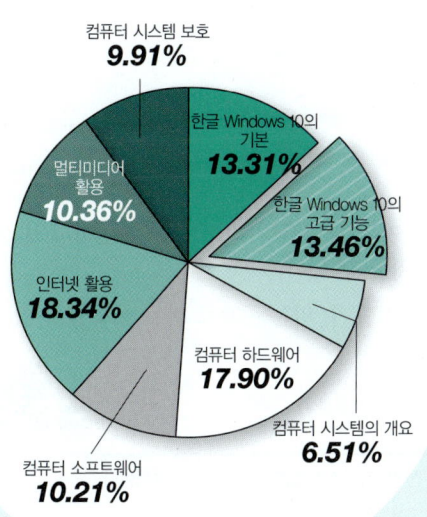

014 [설정] 창 Ⓓ등급
015 [설정] 창의 '시스템' Ⓐ등급
016 [설정] 창의 '개인 설정' Ⓑ등급
017 [설정] 창의 '앱' Ⓐ등급
018 [설정] 창의 '접근성' Ⓒ등급
019 [설정] 창의 '계정' Ⓒ등급
020 [설정] 창의 '업데이트 및 보안' Ⓒ등급
021 [설정] 창의 '장치' Ⓒ등급
022 장치 관리자 Ⓒ등급
023 프린터 Ⓑ등급
024 인쇄 작업 Ⓑ등급
025 Windows 관리 도구 Ⓑ등급
026 Windows 시스템 Ⓒ등급
027 네트워크 Ⓑ등급

꼭 알아야 할 키워드 Best 10

1. 디스플레이 2. 정보 3. 개인 설정 4. 앱 및 기능 5. 연결 프로그램 6. 접근성 7. 계정 8. Windows 보안 9. 프린터 10. 작업 관리자

SECTION 014

[설정] 창

1 [설정] 창의 개념

[설정] 창은 컴퓨터를 구성하는 앱과 하드웨어에 대한 설정 사항을 변경하는 곳으로, 여러 가지 설정 항목으로 구성되어 있다.

실행

- 방법 1 : [⊞(시작)] → [⚙(설정)] 클릭
- 방법 2 : ⊞+I 누름

특징

- 각각의 아이콘을 선택하여 컴퓨터에 설치된 해당 장치의 정보를 확인하고 변경할 수 있으며, 새로운 하드웨어나 앱을 설치할 수 있다.
- 설정할 항목을 검색하여 해당 항목을 설정할 수 있는 곳으로 바로 이동할 수 있다.

2 [설정] 창의 구성 항목

항목	설명
시스템	디스플레이, 소리, 알림, 전원, 저장소*, 집중 지원* 등을 설정한다.
장치	프린터, 스캐너 등 컴퓨터에 연결된 장치들을 설치하거나 제거한다.
전화	사용자 컴퓨터에서 바로 문자를 보내거나 휴대폰에 저장된 사진이나 문자 등을 확인할 수 있도록 설정한다.
네트워크 및 인터넷	• 네트워크 상태를 확인하거나 새로운 연결을 추가한다. • Wi-Fi*, 핫스팟* 등을 켜거나 비행기 모드로 전환한다.
개인 설정	바탕 화면의 배경, 색, 잠금 화면, 테마 등을 설정한다.
앱	• 앱을 제거 및 수정한다. • 웹 브라우저나 전자 메일 등의 작업에 사용할 기본 앱을 지정한다.
계정	새로운 계정 추가 및 로그인 옵션 등을 설정한다.
시간 및 언어	날짜 및 시간, 지역, 언어 등을 설정한다.
게임	게임 실행 화면에 표시되는 게임 바가 열리는 방식이나 게임 플레이중 사용할 바로 가기 키 등을 설정한다.
접근성	돋보기, 내레이터*, 고대비*, 선택 자막 등을 설정한다.
검색	검색 시 유해 정보 표시를 차단하거나 검색 기록을 삭제한다.
개인 정보	앱과 연동되는 개인 정보나 위치, 계정 정보 등을 설정한다.
업데이트 및 보안	• Windows 업데이트 현황을 확인한다. • 바이러스와 같은 위험 요소로부터 컴퓨터를 보호하기 위한 방화벽이나 백신 등을 설정한다.

전문가의 조언

'설정' 창의 항목에는 어떤 것들이 있고, 각 항목에서는 어떤 기능을 수행할 수 있는지 알고 있어야 합니다. '설정' 창의 중요 항목들은 해당 섹션에서 자세히 다룰 것이니 여기서는 각각의 항목들이 어떤 기능을 수행하는지 정도만 알아두고 넘어가세요.

저장소
하드디스크에서 불필요한 앱이나 임시 파일 등을 제거하여 사용 공간을 확보할 때 사용합니다.

집중 지원
중요한 작업이나 게임 등을 할 때 알림으로 인한 방해가 없도록 알림 표시 여부를 지정하거나 중요 알림만 선택적으로 표시되도록 지정할 때 사용합니다.

Wi-Fi
무선접속장치(AP)가 설치된 곳을 중심으로 일정 거리 이내에서 초고속 인터넷이 가능하게 하는 무선랜 기술입니다.

핫스팟
무선접속장치(AP)와 같이 기지국에서 받은 신호를 Wi-Fi로 중계해 주는 역할을 합니다.

내레이터
화면의 모든 텍스트를 내레이터가 소리 내어 읽어주도록 할 때 사용합니다.

고대비
고유색을 사용하여 색상 대비를 강하게 함으로써 텍스트와 앱이 보다 뚜렷하게 표시되도록 할 때 사용합니다.

잠깐만요 [제어판]

1301531

Windows 10은 시스템 환경을 구성할 수 있도록 '설정' 창과 '제어판'을 제공합니다. 이전 Windows 버전에서 사용하던 '제어판'을 요즘 시스템 스타일에 맞춰 발전시킨 것이 '설정' 창입니다. 대부분의 기능은 '설정' 창에서 지정할 수 있으나 아직도 몇몇 세부적인 기능은 '제어판'에서만 설정할 수 있습니다.

실행 [⊞(시작)] → [Windows 시스템] → [제어판] 선택

 기출문제 따라잡기

문제2 1301551

출제예상
1. 다음 중 한글 Windows 10의 [설정] 창에서 할 수 있는 일이 아닌 것은?

① 알림의 표시 여부를 지정할 수 있다.
② 다른 지역에 있는 컴퓨터를 자신의 컴퓨터처럼 사용할 수 있다.
③ 컴퓨터가 인식하는 표준 시간 정보나 Windows 표시 언어를 변경할 수 있다.
④ 검색시 유해 정보 표시를 차단하도록 지정할 수 있다.

'설정' 창은 앱과 하드웨어에 대한 설정을 변경하는 곳으로, ②번과 같은 기능은 제공하지 않습니다.

출제예상
2. 한글 Windows 10에서 컴퓨터에 연결된 하드웨어 중 [설정] → [장치]에 표시되지 않는 장치는?

① 휴대폰, 디지털 카메라 등과 같은 휴대용 장치
② 사운드 카드, 그래픽 카드, 메모리 등과 같이 컴퓨터 케이스 내부에 설치된 장치
③ 외장 USB 하드 드라이브, 플래시 드라이브, 웹캠 등과 같이 USB 포트에 연결하는 모든 장치
④ 컴퓨터에 연결된 모든 프린터

[설정] → [장치]는 외부에서 컴퓨터로 연결된 장치들이 표시되는 곳으로, 컴퓨터 내부에 설치된 장치는 표시되지 않습니다.

▶ 정답 : 1. ② 2. ②

SECTION 015

[설정] 창의 '시스템'*

[설정] → [시스템] 실행
바탕 화면의 바로 가기 메뉴에서 [디스플레이 설정]을 선택해도 됩니다.

전문가의 조언
[설정] → [시스템]의 '디스플레이', '소리'를 중심으로 각각에서 설정 가능한 기능을 정리해 두세요.

차가운 빛
컴퓨터 모니터에서 나오는 380~500nm의 짧은 파장을 내는 파란색 계열의 빛으로, 청광색 또는 블루라이트(Blue Light)라고 부릅니다.

Windows HD Color
기존 콘텐츠에 비해 밝기와 색상 기능이 개선된 콘텐츠인 HDR(High Dynamic Range) 콘텐츠를 Windows 장치로 가져오는 기능입니다. HDR 콘텐츠는 색상과 밝기면에서 더 광범위한 영역을 표현하므로 더 선명하고 고유한 색상을 구현할 수 있습니다.

WCG(Wide Color Gamut, 광색역)
디스플레이에서 표현할 수 있는 전체 색의 범위를 넓히는 기술을 의미합니다.

모니터에 화면을 표시하는 방법
• 디스플레이 복제 : 두 모니터에 같은 화면이 나타남
• 디스플레이 확장 : 화면이 확장되어 넓게 이용할 수 있음
• 1에만 표시 : 1번 모니터에만 화면이 표시됨
• 2에만 표시 : 2번 모니터에만 화면이 표시됨

1 디스플레이
24.3, 23.2, 22.4, 16.1, 14.3, 08.4, 08.1, 03.4, 01.1

'디스플레이'는 화면에 표시되는 텍스트와 앱의 크기, 화면 해상도 등을 변경할 때 사용한다.

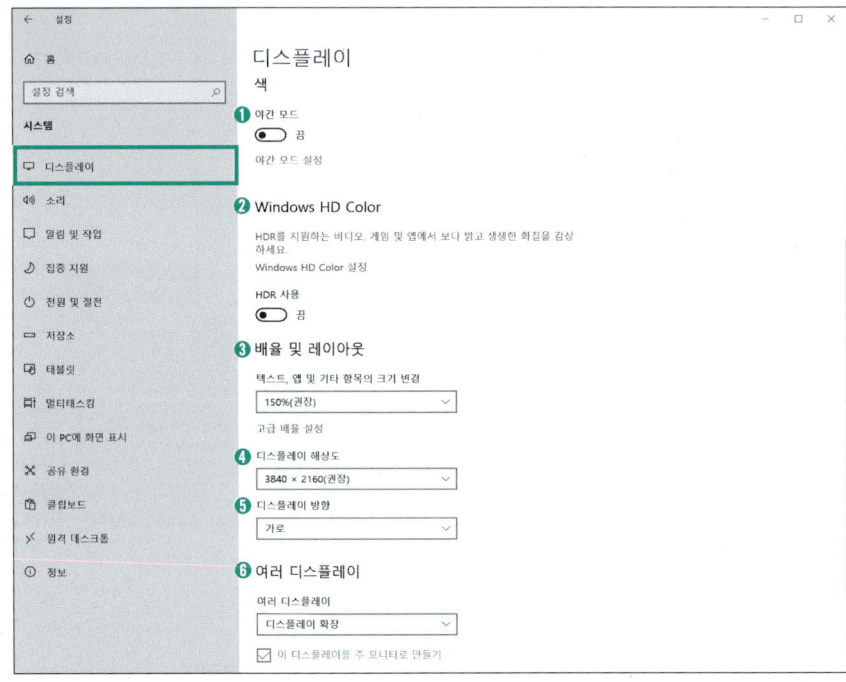

	16.1 ❶ 야간 모드	디스플레이 장치에서 나오는 차가운 빛*을 밤에는 눈에 편한 따뜻한 색으로 표시하여 눈의 피로를 적게 한다.
	❷ Windows HD Color*	HDR 또는 WCG* 콘텐츠를 표시할 수 있도록 설정한다.
	16.1 ❸ 텍스트, 앱 및 기타 항목의 크기 변경	• 화면에 표시되는 텍스트나 앱, 아이콘 등의 크기를 변경한다. • 기본적으로 제공되는 비율(100%, 125%, 150%, 175% 등) 이외에 사용자가 원하는 비율(100%~500%)을 지정할 수 있다.
	23.2, 22.4, 16.1, 14.3, 08.4, 08.1, ... ❹ 디스플레이 해상도	디스플레이 장치의 해상도를 변경한다.
	16.1 ❺ 디스플레이 방향	디스플레이 장치의 화면 방향을 가로, 세로, 가로(대칭 이동), 세로(대칭 이동) 중에서 선택하여 변경한다.
	24.3, 23.2, 22.4, 14.3 ❻ 여러 디스플레이	둘 이상의 모니터가 연결되었을 때 모니터에 화면을 표시하는 방법*을 설정한다.

> 25.3, 22.4, 14.3, 09.3
>
> **잠깐만요 다중 디스플레이**
>
> - 하나의 컴퓨터에 두 개 이상의 모니터를 연결하는 것으로, 다음과 같은 특징이 있습니다.
> - 각 모니터마다 해상도와 방향을 다르게 설정할 수 있고, 원하는 모니터를 주 모니터로 설정할 수 있습니다.
> - 디스플레이를 확장*하거나 복제*해서 사용할 수 있습니다.
> - 한 모니터에서는 웹 작업, 다른 모니터에서는 문서 작성 등 모니터마다 다른 작업을 수행할 수 있도록 지정할 수 있습니다.
> - 복수 모니터를 개별 그래픽 어댑터 또는 복수 출력을 지원하는 단일 어댑터에 연결할 수 있습니다.

디스플레이 확장/복제
- 디스플레이 확장 : 하나의 화면이 여러 모니터에 연결되어 표시되도록 함
- 디스플레이 복제 : 같은 화면이 여러 모니터에 동일하게 표시되도록 함

❷ 소리

24.4, 23.4, 23.1, 22.4

'소리'는 소리와 관련된 입·출력 장치의 선택과 설정, 볼륨 조정, 마이크 테스트 등을 수행할 때 사용한다.

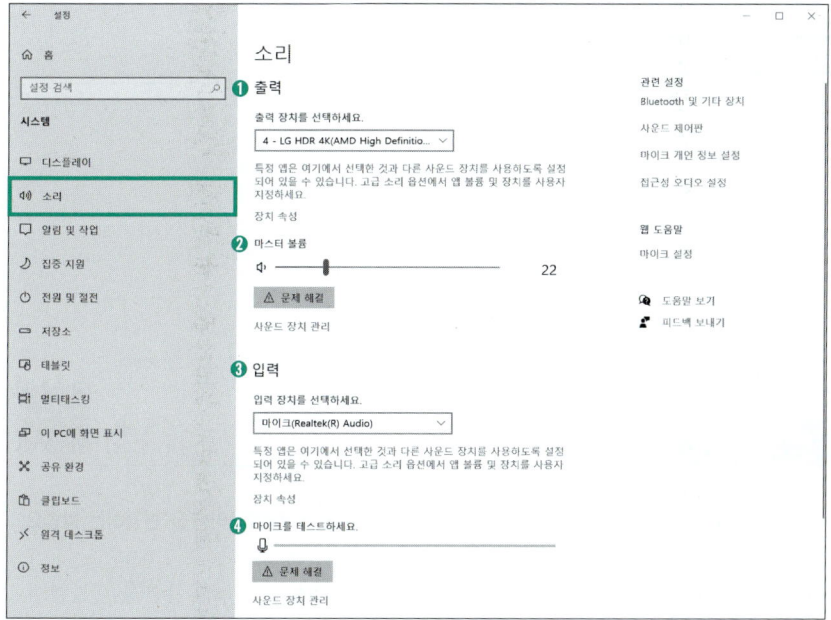

23.4, 23.1, 22.4 ❶ 출력		소리를 출력할 장치를 선택한다.
23.4, 23.1, 22.4 ❷ 마스터 볼륨*		장치를 통해 출력되는 소리의 크기를 지정한다.
23.4, 23.1, 22.4 ❸ 입력		소리를 입력할 장치를 선택한다.
❹ 마이크 테스트		• 마이크의 작동 여부를 확인한다. • 마이크에 소리가 정상적으로 입력되면 음량에 따라 파란 막대가 좌우로 움직인다.

마스터 볼륨
장치가 출력하는 최종 음량을 결정하는 볼륨으로, 소리를 내는 앱들의 음량을 일괄적으로 조정할 수 있습니다.

전문가의 조언

- '정보'에서 확인 및 설정 가능한 기능을 묻는 문제가 출제되었습니다. '정보'에서는 PC 이름만 설정 가능하고 나머지는 확인만 가능하다는 것을 기억해 두세요.
- [정보]는 [제어판] → [시스템 및 보안] → [시스템]을 클릭하여 열 수도 있습니다.

25.5, 24.1, 23.5, 23.2, 21.4, 20.1

③ 정보

1301606

'정보'는 시스템에 연결된 하드웨어 및 Windows 사양 등을 확인하거나 컴퓨터(PC) 이름을 변경할 때 사용한다.

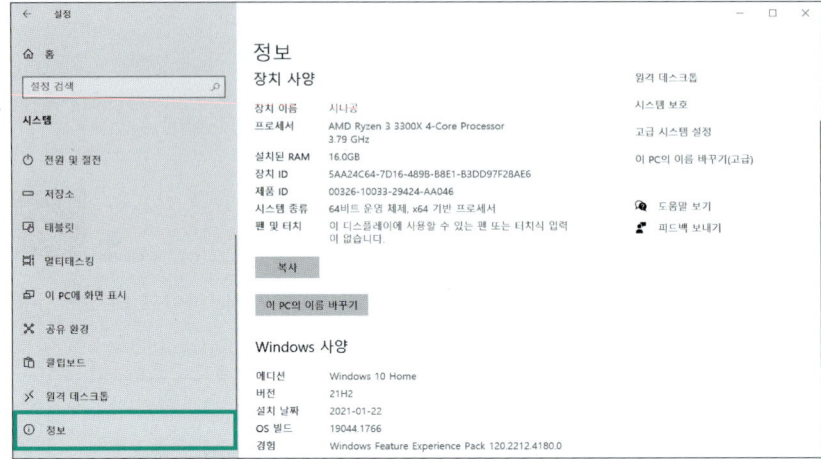

 기출문제 따라잡기

문제1 4201551

24년 3회, 23년 2회, 22년 4회, 14년 3회

1. 다음 중 한글 Windows 10의 [설정] → [시스템] → [디스플레이] 에서 해상도 조정 설정에 대한 설명으로 옳지 않은 것은?

① 높은 화면 해상도에서는 텍스트와 이미지가 더 선명하지만 크기는 더 작게 표시된다.
② 해상도를 변경하면 해당 컴퓨터에 로그인한 모든 사용자에게 변경 내용이 적용된다.
③ 여러 디스플레이 옵션은 Windows에서 둘 이상의 모니터가 PC에 연결되어 있음을 인식할 때만 나타난다.
④ 두 대의 모니터가 연결된 경우 좌측 모니터가 주 모니터로 설정되므로 해상도가 높은 모니터를 반드시 좌측에 배치해야 한다.

주 모니터는 [⚙(설정)] → [시스템] → [디스플레이]에서 자유롭게 변경할 수 있으므로 주 모니터 설정을 위해 모니터의 배치를 변경할 필요는 없습니다.

23년 5회

2. 다음 중 한글 Windows 10에서 '컴퓨터 이름'을 변경하는 방법으로 옳은 것은?

① [제어판] - [장치 관리자]에서 '시스템 설정'을 더블클릭
② [제어판] - [사용자 계정]에서 '계정 관리'를 더블클릭
③ [제어판] - [시스템 및 보안] - [시스템]을 클릭
④ [제어판] - [시스템 및 보안] - [관리 도구]을 클릭

컴퓨터 이름은 [제어판] → [시스템 및 보안] → [시스템] 또는 [설정] → [시스템] → [정보]에서 변경할 수 있습니다.

기출문제 따라잡기

문제5 5301555

24년 4회, 23년 4회, 1회, 22년 4회
3. 다음 중 한글 Windows 10의 [설정] → [시스템] → [소리]에서 수행할 수 있는 작업이 아닌 것은?

① 출력 장치를 선택할 수 있다.
② 입력 장치를 선택할 수 있다.
③ 마스터 볼륨을 조절할 수 있다.
④ 내레이터를 설정할 수 있다.

> 내레이터는 [⚙(설정)] → [접근성] → [내레이터]에서 설정할 수 있습니다.

25년 5회, 24년 1회, 23년 2회, 20년 1회
4. 다음 중 한글 Windows 10의 [설정] → [시스템] → [정보]를 선택했을 때 확인할 수 있는 정보에 해당하지 않는 것은?

① 설치된 Windows 운영체제의 버전
② CPU의 종류와 설치된 메모리의 용량
③ Windows의 설치 날짜
④ 컴퓨터 이름과 현재 로그인한 사용자 계정

> 현재 로그인한 사용자 계정은 [⚙(설정)] → [계정]에서 확인할 수 있습니다.

25년 3회
5. 다음 중 다중 디스플레이 사용에 대한 설명으로 옳지 않은 것은?

① 디스플레이를 확장해서 사용할 수 있다.
② 디스플레이를 복제해서 사용할 수 있다.
③ 디스플레이별로 해상도를 다르게 사용할 수 있다.
④ 디스플레이별로 화면 보호기를 다르게 사용할 수 있다.

> 다중 디스플레이 환경에서는 화면 보호기를 디스플레이별로 다르게 사용할 수 없습니다.

▶ 정답 : 1. ④ 2. ③ 3. ④ 4. ④ 5. ④

SECTION 016

[설정] 창의 '개인 설정'

[설정] → [개인 설정] 실행
바탕 화면의 바로 가기 메뉴에서 [개인 설정]을 선택해도 됩니다.

전문가의 조언

중요해요! '개인 설정'에서 설정할 수 있는 기능을 묻는 문제가 출제됩니다. '배경'과 '잠금 화면'을 중심으로 각 항목에서 설정할 수 있는 기능을 정리해 두세요.

① 25.2, 24.3, 23.4, 23.1, 22.4, 21.4, 18.상시, 14.1, 13.3, 13.1, 12.2, 12.1, 11.3, 10.3, 10.1, 09.4, 08.3, 07.4, 07.2, 06.3, 05.2, 05.1

배경

'배경'은 바탕 화면의 배경을 지정할 때 사용한다.

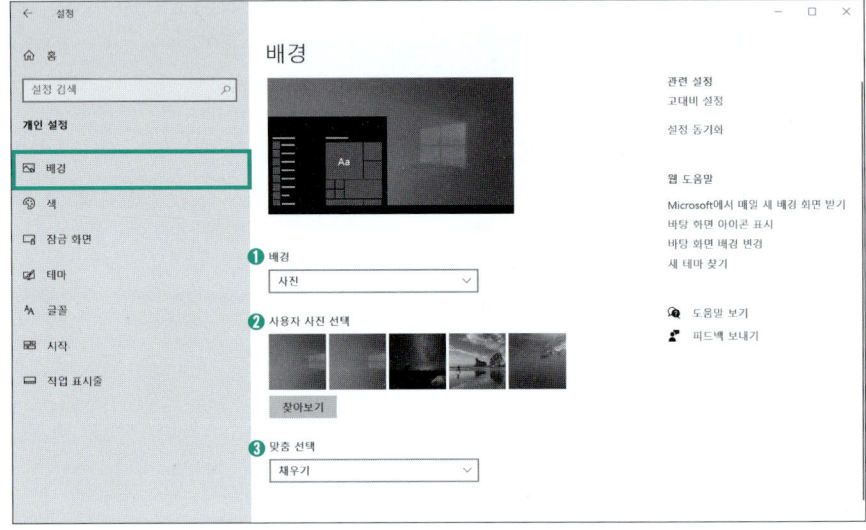

24.3, 23.4, 23.1, 22.4, 18.상시, … **① 배경**	• 바탕 화면의 배경이 표시되는 방식을 지정한다. • 배경 표시 방식 : 사진, 단색, 슬라이드 쇼*
21.4, 18.상시, 11.3 **② 사용자 사진 선택**	Windows에서 제공하는 이미지나 GIF, BMP, JPEG, PNG 등의 확장자를 가진 사용자 이미지 중에서 원하는 그림 파일을 선택하여 지정한다.
③ 맞춤 선택	• 바탕 화면에 놓일 배경 그림의 맞춤 방식을 지정한다. • 맞춤 방식 : 채우기, 맞춤, 확대, 바둑판식 배열, 가운데, 스팬

슬라이드 쇼
2장 이상의 사진이 지정된 시간 간격으로 순환되어 표시되는 것으로, 사진 변경 시간을 1분, 10분, 30분, 1시간, 6시간, 1일 단위로 다양하게 지정할 수 있습니다.

② 잠금 화면* 　　25.2, 24.3, 23.4, 23.1, 22.4, 21.4, 18.상시, 14.1, 13.3, 12.1, 11.3, 10.3, 10.1, 09.4, 08.3, 07.4, 07.2, 06.3, 06.2, 05.2, 05.1

'잠금 화면'은 잠금 화면에 표시할 앱이나 배경을 지정할 때 사용한다.

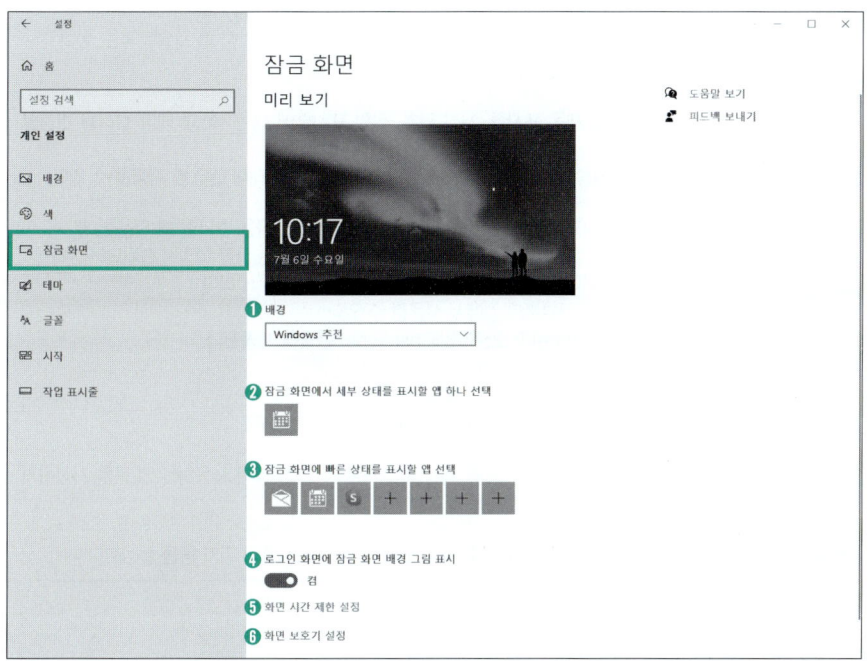

❶ 배경	• 잠금 화면의 배경으로 사용할 사진의 종류를 지정한다. • **종류** : Windows 추천, 사진, 슬라이드 쇼
❷ 잠금 화면에서 세부 상태를 표시할 앱 하나 선택	잠금 화면에 기본적으로 표시되는 날짜와 시간 아래에 표시할 앱을 선택한다. **예** '일정'을 선택하면, 당일에 등록한 일정이 있을 경우 잠금 화면에 해당 일정이 표시됨
❸ 잠금 화면에 빠른 상태를 표시할 앱 선택	잠금 화면에 알림을 표시할 앱을 선택한다. **예** '메일'을 선택하면, 잠금 화면 상태일 때 메일이 오면 잠금 화면에 메일 아이콘이 표시됨
❹ 로그인 화면에 잠금 화면 배경 그림 표시	잠금 화면 해제 시 표시되는 로그인 화면의 배경을 잠금 화면의 배경 그림과 동일한 그림으로 표시한다.
❺ 화면 시간 제한 설정	정해진 시간 동안 컴퓨터를 사용하지 않으면 화면을 끄거나 절전 모드로 변경되게 설정하는 창으로 이동한다.
❻ 화면 보호기 설정*　　24.3, 23.4, 23.1, 22.4, 21.4, 18.상시, ...	• 정해진 시간 동안 모니터에 전달되는 정보에 변화가 없을 때 화면 보호기가 작동되게 설정하는 '화면 보호기 설정' 대화상자가 실행된다. • 화면 보호기는 마우스를 움직이거나 키보드에서 임의의 키를 누르면 해제된다. • 대기 시간(화면 보호기가 작동되는 시간)과 다시 시작할 때 로그온 화면 표시* 여부를 지정할 수 있다. • **전원 관리** : 에너지 절약을 위한 전원 관리를 효율적으로 설정할 수 있는 [제어판] → [전원 옵션] 창을 표시한다.

잠금 화면
잠금 화면이란 일정 시간 컴퓨터를 사용하지 않으면 컴퓨터가 잠금 상태가 되는 것으로, 암호가 설정된 경우 암호를 입력해야 잠금 화면이 해제됩니다.

화면 보호기가 왜 필요할까?
모니터는 동일한 화면이 장시간 비춰질 경우 그 영상이 모니터 유리면에 인쇄된 것처럼 남게 되는데 이 현상을 '모니터가 탔다' 하여 버닝(Burning) 현상이라고 합니다. 화면 보호기는 버닝 현상을 방지하기 위해 불규칙하게 움직이는 영상을 공급하는 것입니다.

다시 시작할 때 로그온 화면 표시
'화면 보호기 설정' 대화상자에서 '다시 시작할 때 로그온 화면 표시'를 선택해도 별도로 암호를 지정하는 대화상자가 표시되지 않는 이유는 컴퓨터를 로그온 할 때 사용하는 사용자 계정 암호를 화면 보호기 암호로 사용하기 때문입니다. 즉 사용자 계정에 암호가 설정되어 있어야만 화면 보호기의 암호를 사용할 수 있습니다.

전문가의 조언

'테마'나 '색', '글꼴'에서 설정할 수 있는 기능을 묻는 문제가 출제됩니다. '테마'와 '색', '글꼴'을 중심으로 수행 가능한 작업들이 무엇인지 정리해 두세요.

색 선택 옵션

색 선택 옵션에는 라이트, 다크, 사용자 지정이 있으며, 사용자 지정에서는 Windows에서 제공하는 기능과 앱에 적용되는 색을 서로 다르게 지정할 수 있습니다.

글꼴을 설정하는 다른 방법

[⊞](시작) → [Windows 시스템]
→ [제어판] → [글꼴] 선택

시작

'시작'에 대한 자세한 설명은 38쪽을 참고하세요.

작업 표시줄

'작업 표시줄'에 대한 자세한 설명은 32쪽을 참고하세요.

3 기타

25.2, 23.4, 23.1, 22.4, … **테마**	• 컴퓨터의 배경 그림, 색, 소리, 마우스 커서 등 Windows를 구성하는 여러 요소를 하나의 그룹으로 묶어 놓은 것으로, 다른 테마로 변경할 수 있다. • 기본적으로 제공되는 테마를 변경하여 다른 이름으로 저장한 후 사용할 수도 있다. • 온라인에서 테마를 다운받아 추가로 설치할 수 있다.
24.3, 23.4, 23.1, 22.4, … **색**	• 창 테두리 및 제목 표시줄, 시작 단추, 작업 표시줄에 대한 색*과 테마 컬러를 변경할 수 있다. • Windows 색상표를 이용하여 사용자가 원하는 색으로 테마 컬러를 지정할 수 있다.

05.2, 05.1, 03.3
글꼴*
	• 시스템에 설치되어 있는 글꼴을 제거하거나 새로운 글꼴을 추가할 때 이용한다.
	• 글꼴 폴더에는 OTF나 TTC, TTF, FON 등의 확장자를 갖는 글꼴 파일이 설치되어 있다.
	• 글꼴이 설치되어 있는 폴더의 위치는 'C:\Windows\Fonts'이다.
	• 설치된 글꼴은 대부분의 앱에서 사용할 수 있다.
	• 트루타입(TrueType)과 오픈타입(OpenType) 글꼴을 제공한다.
	• 글꼴 추가 방법
	  – 방법 1 : Fonts 폴더에 글꼴 복사
	  – 방법 2 : 설치할 글꼴의 바로 가기 메뉴에서 [설치] 선택

시작*	시작 메뉴에 표시되는 앱 목록, 최근에 추가된 앱, 가장 많이 사용하는 앱 등을 지정하거나 시작 메뉴에 표시할 폴더를 선택할 수 있다.
작업 표시줄*	작업 표시줄 잠금, 작업 표시줄 자동 숨기기, 작업 표시줄의 위치 등을 설정한다.

기출문제 따라잡기

출제예상
1. 한글 Windows 10에서 [설정] → [개인 설정]의 설명 및 기능으로 옳지 않은 것은?

① 배경을 선택할 수 있고 배경 그림의 맞춤 형태를 가운데, 바둑판식 배열, 채우기 등으로 선택할 수 있다.
② 야간 모드를 설정할 수 있다.
③ 테마를 변경하면 배경 그림과 소리, 색 등이 한 번에 변경된다.
④ 시작 메뉴에 앱 목록을 표시할 수 있다.

> 야간 모드는 [⚙](설정) → [시스템] → [디스플레이]에서 설정할 수 있습니다.
> '개인 설정'에서는 바탕 화면 배경, 색, 잠금 화면, 테마 등을 지정할 수 있습니다.

05년 2회, 1회, 03년 3회
2. 다음 중 [설정] → [개인 설정] → [글꼴]에 관한 설명으로 가장 옳지 않은 것은?

① 현재 시스템에 설치된 글꼴 종류를 표시해 주고 새로운 글꼴을 추가하거나 기존의 글꼴을 삭제할 수 있다.
② 글꼴은 일반적으로 C:\Windows\Fonts에 설치된다.
③ 설치된 글꼴은 대부분의 앱에서 사용할 수 있다.
④ 글꼴에 관련된 앱은 일반적으로 C:\Windows\Fonts\Program에 설치되어 있다.

> 'C:\Windows\Fonts' 폴더 안에는 컴퓨터에 설치된 글꼴만 있고 'Program'이라는 하위 폴더는 없습니다.

기출문제 따라잡기

18년 상시, 14년 1회, 13년 1회, 12년 1회, 10년 3회, 1회, 08년 3회, 07년 4회, 05년 1회, 03년 4회

3. 다음 중 한글 Windows 10의 [설정] → [개인 설정]에서 설정할 수 있는 기능으로 옳지 않은 것은?

① 테마
② 배경
③ 색
④ 사용자 계정

'사용자 계정'은 [설정] → [계정]에서 설정할 수 있습니다.

출제예상

4. 다음 중 한글 Windows 10의 [⚙(설정)] → [개인 설정] → [잠금 화면]에 대한 설명으로 옳지 않은 것은?

① 잠금 화면에 배경 그림을 지정할 수 있다.
② 일정 시간 컴퓨터를 사용하지 않으면 화면이 꺼지도록 설정할 수 있다.
③ 잠금 화면에 알림은 표시할 수 없다.
④ 로그인 화면에 잠금 화면의 배경 그림을 표시할 수 있다.

잠금 화면 상태에도 알림이 표시되도록 설정할 수 있습니다.

24년 3회, 23년 4회, 1회, 22년 4회, 07년 2회, 06년 3회, 05년 2회

5. 다음은 [설정] → [개인 설정]에 관한 설명이다. 다음 중 옳지 않은 것은?

① 바탕 화면의 배경을 사용자가 임의로 바꿀 수 있게 지원한다.
② 시스템을 켜둔 채 정해진 시간 동안 마우스나 키보드를 사용하지 않으면 모니터를 보호하기 위해 화면 보호기를 작동할지 여부를 설정한다.
③ 창의 색상과 구성 요소의 색상을 설정한다.
④ 모니터의 해상도 및 방향을 설정한다.

모니터의 해상도와 방향은 [설정] → [시스템] → [디스플레이]에서 설정할 수 있습니다.

25년 2회, 21년 4회

6. 한글 Windows 10 바탕 화면의 바로 가기 메뉴에서 [개인 설정]을 선택한 후 수행할 수 없는 작업은?

① 가족 옵션 : 자녀 보호
② 잠금 화면 : 화면 보호기
③ 테마 : 마우스 커서
④ 배경 : 사용자 사진 선택

'가족 옵션'의 '자녀 보호'는 [설정] → [업데이트 및 보안] → [Windows 보안]에서 설정할 수 있습니다.

23년 1회

7. 다음 중 Windows 10의 [설정] → [개인 설정]에 관한 설명으로 옳지 않은 것은?

① 화면 보호기를 설정할 수 있다.
② 원하는 사진으로 배경 화면을 설정할 수 있다.
③ 알림을 받거나 받지 않을 시간을 제어할 수 있다.
④ 테마를 설정할 수 있다.

알림을 받거나 받지 않을 시간을 제어하려면 [⚙(설정)] → [시스템] → [알림 및 작업]에서 '집중 지원 설정'을 클릭해야 합니다.

▶ 정답 : 1. ② 2. ④ 3. ④ 4. ③ 5. ④ 6. ① 7. ③

SECTION 017 [설정] 창의 '앱'

전문가의 조언

앱 및 기능에서 설정할 수 있는 기능과 연결 프로그램의 특징에 대해 잘 정리해 두세요.

앱을 수정 및 제거하는 다른 방법
[⊞(시작)] → [Windows 시스템] → [제어판] → [프로그램 및 기능] 창에서 앱을 선택한 후 [제거] 또는 [변경] 클릭

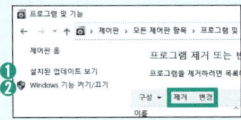

❶ **설치된 업데이트 보기** : 컴퓨터에 설치된 업데이트를 확인하거나 제거 또는 변경함
❷ **Windows 기능 켜기/끄기** : Windows 10에 포함되어 있는 일부 앱 및 기능의 사용 여부를 설정함

앱을 가져올 위치
컴퓨터를 보호하기 위해 Microsoft Store에서 받은 앱만을 설치하도록 권장하지만 제한은 없습니다. 또한 설치할 앱에 따라 알림이나 경고 메시지가 표시되도록 설정할 수 있습니다.

선택적 기능
Windows에서 제공하는 기능만을 설치하거나 제거할 수 있는 곳으로, Windows에 포함되지 않은 앱은 설치할 수 없습니다.

시스템 앱
Windows에 포함된 앱으로 'C:\Windows\' 폴더에 들어 있습니다.

앱 실행 별칭
예를 들면, 아래 그림처럼 'Notepad.exe'로 두 개의 앱이 설치되어 있을 때 '명령 프롬프트' 창에서 Notepad를 입력했을 때 어떤 앱을 실행할지를 설정합니다. 'Notepad++'의 옵션만 켜져 있으므로 Notepad를 입력하면 'Notepad++'가 실행됩니다.

❶ 앱 및 기능

23.3, 23.1, 21.2, 18.1, 17.2, 16.1, 15.2, 14.1, 13.3, 12.2, 12.1, 10.3, 10.1, 09.3, 09.2, 08.4, 07.3, 06.1, 05.2, 04.4, 03.3, …

1301801

'앱 및 기능'은 컴퓨터에 설치된 앱을 수정하거나 제거*할 때 사용한다.

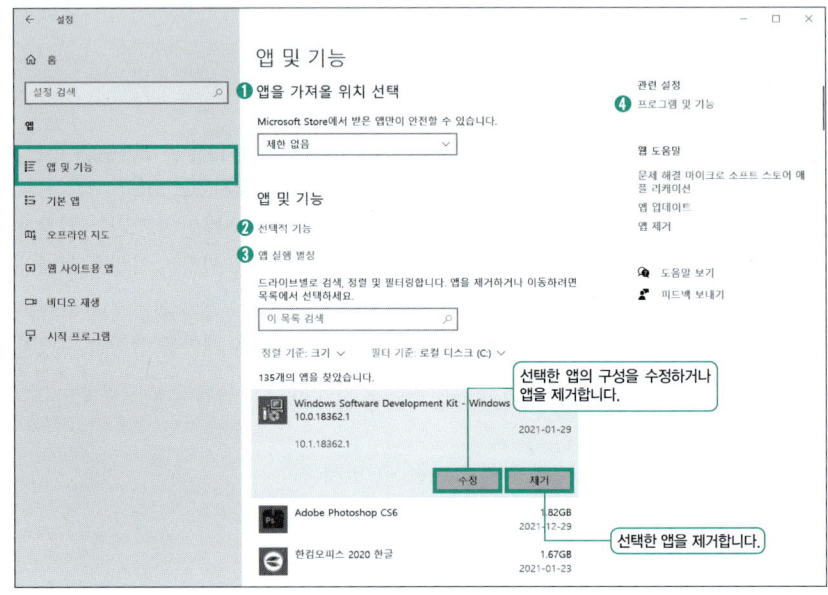

❶ 앱을 가져올 위치 선택
18.1, 14.1, 10.3, 07.3, 05.2, …
	• 설치할 앱을 가져올 위치를 지정한다.*
	• 종류
	  – 제한 없음
	  – 제한 없음, 단, Microsoft Store에 유사한 앱이 있는 경우 알림
	  – 제한 없음, 단, Microsoft Store에서 제공하지 않은 앱을 설치하기 전에 경고 메시지 표시
	  – Microsoft Store만(권장)

❷ 선택적 기능* 23.3, 23.1, 21.2	• 언어 팩, 필기 인식 등 Windows에서 제공하는 기능(시스템 앱*)을 선택하여 추가로 설치하거나 제거할 수 있다. • 여기서 설정하는 기능들은 Windows에 포함된 것으로 제거해도 필요할 경우 언제든지 다시 설치해서 사용할 수 있다.
❸ 앱 실행 별칭*	동일한 이름으로 여러 개의 앱이 설치되어 있을 경우 '명령 프롬프트' 창에서 해당 앱을 실행하는데 사용할 이름을 선택한다.
❹ 프로그램 및 기능	• 컴퓨터에 설치되어 있는 각종 앱에 대해 제거, 변경 또는 복구 등의 작업을 할 수 있는 '제어판'의 '프로그램 및 기능' 창이 실행된다. • Windows 10에 포함되어 있는 일부 앱 및 기능의 사용 여부를 설정할 수 있다.

❷ 기본 앱

'기본 앱'은 웹 브라우저나 메일, 비디오 플레이어 등의 작업에 사용할 기본 앱을 설정할 때 사용한다.

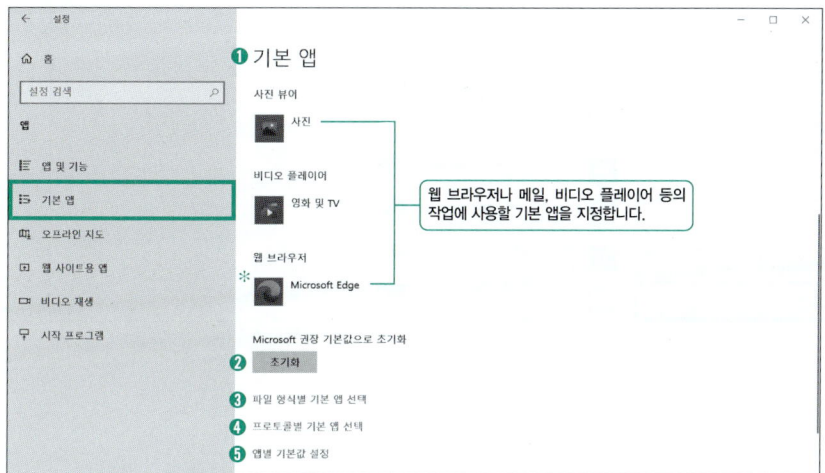

❶ 기본 앱	메일, 지도, 음악 플레이어, 사진 뷰어, 비디오 플레이어, 웹 브라우저 등의 작업에 사용할 기본 앱을 설정할 수 있다.
❷ 초기화	사용자가 지정한 기본 앱을 MS 사의 권장 앱으로 초기화 할 수 있다. 예 사용자가 웹 브라우저의 기본 앱을 'Chrome'으로 지정한 경우 〈초기화〉를 실행하면 'Microsoft Edge'로 변경됨
❸ 파일 형식별 기본 앱 선택	파일 형식별로 각각 연결되어 실행될 앱을 설정할 수 있다. 예 jpg 파일과 bmp 파일을 각각 다른 앱을 사용하여 열리게 설정함
❹ 프로토콜별 기본 앱 선택	프로토콜별로 각각 연결되어 실행될 앱을 설정할 수 있다. 예 HTTP와 FTP를 각각 다른 앱을 사용하여 열리게 설정함
❺ 앱별 기본값 설정	비슷한 유형의 파일 형식들을 동일한 앱에서 열리도록 설정할 수 있다. 예 그림 파일(jpg, bmp, png 등)을 열 때 사용할 앱을 '사진'으로 설정함

Microsoft Edge
같은 Microsoft Edge라고 해도 Windows 업데이트 정도에 따라 아이콘 모양이 다르게 표시됩니다.

25.5, 24.2, 23.4, 22.1, 21.3, 21.2, 13.3, 08.3, 04.3

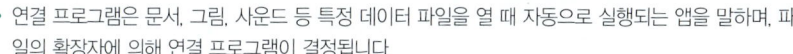

- 연결 프로그램은 문서, 그림, 사운드 등 특정 데이터 파일을 열 때 자동으로 실행되는 앱을 말하며, 파일의 확장자에 의해 연결 프로그램이 결정됩니다.
- 현재 연결된 앱이 없는 파일을 열기 위해서는 파일을 더블클릭하면 실행되는 창*에서 사용할 앱을 지정해야 합니다.
- 확장자가 다른 여러 개의 파일을 하나의 앱에 연결하여 사용할 수 있으며, 기본적으로 여러 가지 확장자를 사용할 수 있는 앱도 있습니다(예 그림 보기에 많이 사용하는 알씨).
- 특정 파일을 선택한 후 바로 가기 메뉴에서 [연결 프로그램]을 선택하면 하위 메뉴*에 해당 파일을 열 수 있는 앱 목록이 표시됩니다. 해당 파일을 열 수 있는 앱이 없는 경우에는 하위 메뉴가 없으므로 곧바로 앱을 선택할 수 있는 창이 표시됩니다.
- 연결 프로그램을 지정하는 창에서 연결 프로그램을 삭제해도 연결된 데이터 파일은 삭제되지 않습니다.

연결된 앱이 없는 파일을 더블클릭할 경우 실행되는 창

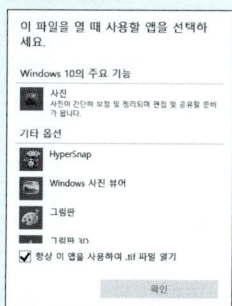

텍스트 파일에 연결될 앱 예

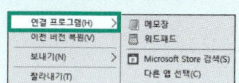

'시작 프로그램'을 설정할 수 있는 다른 방법

'작업 표시줄'의 바로 가기 메뉴에서 [작업 관리자]를 선택하면 나타나는 '작업 관리자' 창의 [시작프로그램]에서도 지정할 수 있습니다.

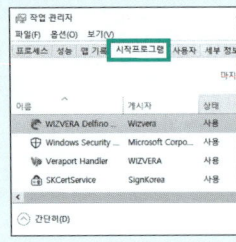

3 시작 프로그램*

23.3, 23.1, 21.2

1301804

'시작 프로그램'은 로그인할 때 자동으로 실행될 앱을 설정할 때 사용한다.

기출문제 따라잡기

문제1 1301852   문제2 4201752

18년 1회, 14년 1회, 10년 3회, 07년 3회, 05년 2회, 04년 4회, 03년 4회, 02년 2회

1. 다음 중 [설정] → [앱] → [앱 및 기능]에서 할 수 있는 일로 가장 거리가 먼 것은?

① 설치되어 있는 앱을 제거할 수 있다.
② 휴지통의 파일, 임시 파일 등을 삭제하여 하드디스크의 용량을 늘리는 역할을 한다.
③ 한글 Windows 10에 포함되어 있는 Windows 기능의 사용 여부를 설정할 수 있다.
④ 설치할 앱을 가져올 위치를 지정할 수 있다.

'앱 및 기능'에서는 ①, ③, ④번의 작업을 할 수 있으며, ②번은 디스크 정리의 기능입니다.

25년 5회, 24년 2회, 23년 4회, 22년 1회, 21년 3회, 13년 3회, 08년 3회, 04년 3회

2. 다음 중 한글 Windows 10의 연결 프로그램에 대한 설명으로 옳지 않은 것은?

① 파일 탐색기에서 특정한 파일을 더블클릭했을 때 실행될 앱을 설정하는 것이다.
② 확장자가 .txt나 .hwp인 파일은 반드시 서로 다른 연결 프로그램이 지정되어야 한다.
③ 동일한 확장자를 가진 다른 파일을 열 때 항상 같은 앱을 사용하도록 연결 프로그램을 설정할 수 있다.
④ 일반적으로 앱을 설치하면 해당 앱에서 사용하는 파일은 연결 프로그램이 자동으로 설정된다.

확장자가 다른 파일을 수동으로 같은 앱에 연결하여 사용할 수도 있고, 여러 가지 확장자를 사용할 수도 있는 앱도 있습니다(예 그림 보기에 많이 사용하는 알씨).

23년 3회, 1회, 21년 2회

3. 다음 중 Windows의 [설정] → [앱]에서 설정할 수 없는 기능은?

① 선택적 기능을 설치하거나 제거할 수 있다.
② 시작 프로그램을 확인할 수 있다.
③ 업데이트 현황을 확인하거나 설정할 수 있다.
④ 설치된 앱을 변경하거나 제거할 수 있다.

Windows 10의 업데이트 현황의 확인 및 설정은 [설정] → [업데이트 및 보안]에서 수행할 수 있습니다.

▶ 정답 : 1. ② 2. ② 3. ③

SECTION 018 [설정] 창의 '접근성'

1 접근성*
<small>24.4, 17.1, 14.2</small>

'접근성'은 신체에 장애가 있거나 컴퓨터에 익숙하지 않은 사람들이 컴퓨터를 편리하고 쉽게 사용할 수 있도록 키보드, 소리, 마우스 등의 설정을 변경할 때 사용한다.

전문가의 조언

돋보기, 토글키 기능을 중심으로 '접근성'에서 설정할 수 있는 기능을 정리하세요.

'접근성'을 설정하는 다른 방법
[⊞](시작) → [Windows 시스템] → [제어판] → [접근성 센터]에서 지정할 수 있으며, 지정할 수 있는 내용은 다음과 같습니다.

- 디스플레이가 없는 컴퓨터 사용 : 내레이터 켜기, 오디오 설명 켜기, 필요 없는 애니메이션 모두 끄기 등
- 컴퓨터를 보기 쉽게 설정 : 고대비 테마 선택, 텍스트 및 아이콘의 크기 변경, 돋보기 켜기, 커서 두께 등
- 마우스 또는 키보드가 없는 컴퓨터 사용 : 화상 키보드 사용, 음성 인식 사용 등
- 마우스를 사용하기 쉽게 설정 : 마우스 포인터의 색과 크기 변경, 마우스 키 켜기 등
- 키보드를 사용하기 쉽게 설정 : 마우스 키 켜기, 고정 키 켜기, 토글 키 켜기, 필터 키 켜기, 바로 가기 키 및 액세스 키에 밑줄 표시 등

2 시각
<small>25.5, 23.5, 20.2, 16.2, 15.3, 15.2, 07.3, 06.4, 05.2, 04.3, 03.1</small>

시각이 불편한 사람을 위해 디스플레이, 커서 및 포인터 등을 설정한다.

디스플레이	앱 및 텍스트의 크기를 변경한다.
마우스 포인터	마우스 포인터의 크기 및 색을 변경한다.
텍스트 커서	텍스트 커서 표시기*의 사용 여부를 지정하거나 텍스트 커서의 모양을 변경한다.
<small>25.5, 23.5, 20.2, 15.3</small> 돋보기	• 화면 전체 또는 원하는 영역을 확대할 수 있도록 설정한다. • +[+]/[-]를 이용하여 100%~1600%까지 확대 또는 축소*할 수 있다. • Windows 로그인 전·후에 자동으로 돋보기가 시작되도록 설정할 수 있다.
<small>16.2, 15.2, 07.3, 06.4, 05.2, …</small> 고대비	고유색을 사용하여 색상 대비를 강하게 함으로써 텍스트와 앱이 보다 뚜렷하게 표시되도록 설정한다.
<small>25.5, 23.5, 20.2</small> 내레이터*	화면의 모든 텍스트를 내레이터가 소리 내어 읽어주도록 설정한다.

텍스트 커서 표시기
커서의 위쪽과 아래쪽에 나타나는 부채꼴 모양의 표시로, 앱이나 폴더, 설정, 웹 브라우저 등에서 커서의 위치를 쉽게 찾을 수 있도록 도와줍니다.

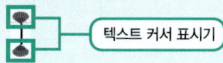

확대/축소 다른 방법
Ctrl + Alt 를 누른 채 마우스 휠을 돌리면 됩니다.

돋보기/내레이터
돋보기와 내레이터는 [⊞](시작) → [Windows 접근성]에서도 실행할 수 있습니다.

화상 키보드를 표시하는 다른 방법
[](시작) → [Windows 접근성]
→ [화상 키보드] 선택

토글 키
토글 키는 `CapsLock`, `NumLock`, `ScrollLock`을 누를 때 신호음이 나도록 설정하는 기능입니다.

시선 추적 기술
눈 주위에 센서를 부착하여 시선의 위치 또는 움직임을 추적하는 기술입니다.

텍스트 음성 변환(TTS)
문자(Text)를 음성으로 변환하여 자동으로 읽어주는 기술입니다.

③ 상호 작용
25.5, 23.5, 20.2, 16.2, 15.2, 08.2, 06.4, 05.2, 04.3, 04.1, 03.1, 02.2

1301904

마우스나 키보드가 없는 경우 대체 입력 장치를 사용할 수 있도록 설정한다.

음성 명령	음성만으로 텍스트 입력 및 장치 제어를 할 수 있도록 설정한다.
25.5, 23.5, 20.2, 15.2, … 키보드	화상 키보드*, 토글 키* 등의 사용 여부를 설정한다.
16.2, 15.2, 06.4, 05.2, … 마우스	키보드 오른쪽의 숫자 키패드로 화면의 마우스 포인터를 이동할 수 있도록 설정한다.
아이 컨트롤	눈의 움직임으로 컴퓨터를 제어할 수 있도록 설정한다. • 아이 컨트롤을 지원하는 장치를 설치한 후 시선 추적 기술*을 사용하여 다음과 같은 기능을 수행할 수 있다. – 마우스 제어 – 화상 키보드로 텍스트 입력 – 텍스트 음성 변환(TTS)*을 사용하여 다른 사람들과 통신

 기출문제 따라잡기

문제1  1301951 문제2 1301952

25년 5회, 24년 4회, 23년 5회, 20년 2회
1. 다음 중 한글 Windows 10의 [설정] → [접근성]에서 설정할 수 없는 기능은?
① 다중 디스플레이를 설정하여 두 대의 모니터에 화면을 확장하여 표시할 수 있다.
② 돋보기를 사용하여 화면에서 원하는 영역을 확대하여 크게 표시할 수 있다.
③ 내레이터를 사용하여 화면의 모든 텍스트를 소리내어 읽어 주도록 설정할 수 있다.
④ 키보드가 없어도 입력 가능한 화상 키보드를 표시할 수 있다.

> 다중 디스플레이는 [시작] → [설정] → [시스템] → [디스플레이]에서 설정할 수 있습니다.

16년 2회, 15년 2회
2. 다음 중 한글 Windows 10의 [설정] → [접근성]에서 설정할 수 있는 기능으로 옳지 않은 것은?
① 가족 및 다른 사용자 : 자녀가 컴퓨터를 사용할 수 있는 게임 유형 및 앱을 제한할 수 있다.
② 토글키 사용 : 토글키 기능은 `CapsLock`, `NumLock`, `ScrollLock`을 누를 때 신호음을 들을 수 있다.
③ 고대비 : 컴퓨터 화면에서 일부 텍스트와 이미지의 색상 대비를 강조하는 고대비 색 구성표를 설정하여 해당 항목을 보다 뚜렷하고 쉽게 식별되도록 할 수 있다.
④ 키패드로 마우스 제어 : 키보드의 숫자 키패드로 마우스 포인터의 움직임을 제어할 수 있다.

> ①번은 [설정] → [계정]에서 설정할 수 있는 기능입니다.

17년 1회, 14년 2회
3. 다음 중 한글 Windows 10의 '설정' 창에서 시각 장애가 있는 사용자가 컴퓨터를 사용하기에 편리하도록 설정할 수 있는 항목은?
① 동기화
② 사용자 정의 문자 편집기
③ 접근성
④ 앱 호환성 마법사

> 문제의 내용은 '접근성'에 대한 설명입니다.

15년 3회
4. 다음 중 한글 Windows 10의 돋보기 기능에 대한 설명으로 옳지 않은 것은?
① [설정] → [접근성] → [돋보기]에서 '돋보기 켜기'를 선택하거나 +⊞로 실행시킬 수 있다.
② 돋보기 기능 실행 중 +⊞와 ⊞+⊟를 이용하여 화면을 확대/축소할 수 있다.
③ 돋보기 보기 형태를 [도킹됨]으로 실행하면 마우스 포인터 주위의 영역이 확대된다.
④ ⊞+`Esc`를 누르면 돋보기 기능이 종료된다.

> 마우스 포인터 주위의 영역을 확대하여 보려면 보기 형태를 [렌즈]로 선택해야 합니다. 보기 형태를 [도킹됨]으로 선택하면, 돋보기 기능에서 설정한 항목에 따라 마우스 포인터, 키보드 포커스, 텍스트 커서 등을 확대하여 보여줍니다.

▶ 정답 : 1. ① 2. ① 3. ③ 4. ③

SECTION 019 [설정] 창의 '계정'

1 계정

24.5, 21.4, 21.3, 21.2, 21.1, 20.상시, 20.2, 20.1, 19.상시, 19.2, 19.1, 18.상시, 18.1, 17.1, 16.2, 16.1, 14.2, 13.3, 11.2, 09.4, 08.4, …

'계정'은 여러 사용자가 한 대의 컴퓨터를 공유하는 경우 사용자*별로 바탕 화면, 시작 메뉴, 메일 계정 등을 서로 다르게 지정하여 사용할 수 있도록 하는 기능이다.

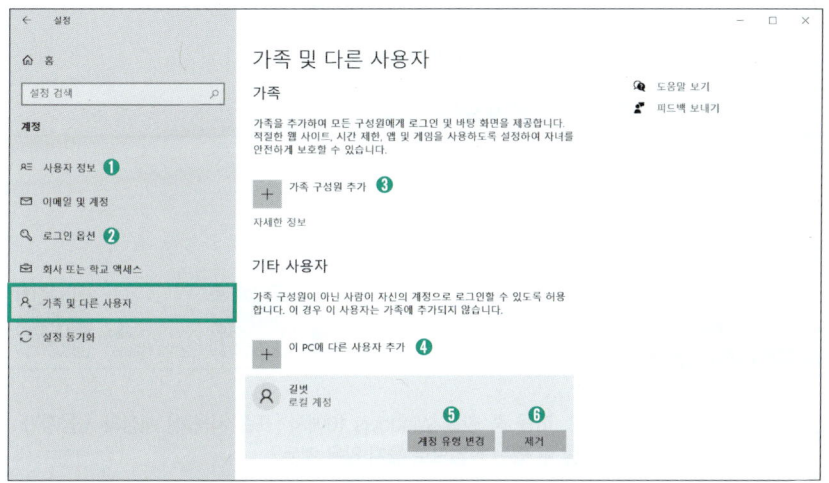

❶ 사용자 정보 (21.3)		로그인된 사용자의 이름, 계정 유형, 사진 등을 확인할 수 있다.

❷ 로그인 옵션 (21.4)		• 다음 중에서 선택하여 로그인 옵션을 설정할 수 있다.
		  – Windows Hello* 얼굴
		  – Windows Hello 지문
		  – Windows Hello PIN
		  – 보안 키
		  – 비밀번호
		  – 사진 암호
		• 사용자가 자리를 비울 때 자동으로 컴퓨터를 잠그도록 설정할 수 있다.
		• 로그인 화면에 메일 주소 등과 같은 계정 정보의 표시 여부를 설정할 수 있다.

가족 및 다른 사용자	❸ 가족 구성원 추가 (21.3)	• 가족 구성원의 계정을 추가할 수 있다. • 가족 구성원의 계정을 성인과 자녀로 구분하여 따로 구성할 수 있다. • 부모 계정은 자녀 계정이 방문했던 사이트나 실행했던 앱 및 게임 등을 확인하거나 사용을 제한할 수 있다.
	❹ 이 PC에 다른 사용자 추가	• 가족과 다른 사용자를 구분하여 새로운 계정을 추가할 수 있다. • 마이크로소프트 계정에 대한 로그인 정보가 없어도 새로운 계정을 추가할 수 있다.

전문가의 조언

중요해요! 계정별로 사용 권한을 알아두세요. 특히 표준 사용자 계정에서 사용할 수 없는 권한을 알아야 풀 수 있는 문제가 대부분이라는 것을 염두에 두고 학습하세요.

로그인 사용자별 저장 위치
로그인 사용자마다 '바탕 화면', '문서', '사진', '음악', '다운로드' 등의 저장 위치가 서로 다릅니다.

사용자 정보 확인, 계정 추가 및 삭제 등을 할 수 있는 다른 방법
[⊞](시작) → [Windows 시스템] → [제어판] → [사용자 계정] 선택

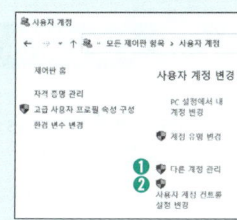

- **다른 계정 관리** : 이미 등록된 계정에 대해 설정을 변경 또는 삭제하거나 새 계정을 만듦
- **사용자 계정 컨트롤 설정 변경** : 유해한 앱이나 불법 사용자가 컴퓨터 설정을 임의로 변경하지 못하도록 제어하는 기능으로, 관리자 사용 권한이 필요한 변경 작업을 실행할 경우 알림(경고) 창이 표시됨

Windows Hello
지문 또는 얼굴 인식 등을 사용하여 Windows에 로그인할 수 있도록 해주는 기능입니다.

계정 유형 변경

계정 유형 변경은 내 컴퓨터에 두 개 이상의 계정이 있는 경우에만 가능하며, 로그인된 계정은 계정 유형 변경을 할 수 없습니다. 예를 들어, A와 B 두 개의 계정이 있을 때 A계정으로 로그인된 상태라면 A계정은 유형 변경을 할 수 없고 B계정만 유형 변경을 할 수 있습니다.

가족 및 다른 사용자	❺ 계정 유형 변경
	 21.2, 21.1, 20.상시, 20.2, …
		선택한 계정의 계정 유형을 변경*할 수 있다.
		• 관리자 계정
		  – 제한 없이 컴퓨터 설정을 변경할 수 있다.
		  – 사용자 계정을 추가, 삭제, 변경할 수 있고 액세스 권한을 가진다.
		• 표준 사용자 계정
		  – 할 수 없는 것
		    ▶ 앱, 하드웨어 등의 설치
		    ▶ 중요한 파일 삭제
		    ▶ 계정 이름 및 계정 유형 변경
		    ▶ 컴퓨터 보안 관련 설정
		  – 할 수 있는 것
		    ▶ 이미 설치된 앱의 실행
		    ▶ 테마, 바탕 화면 설정
		    ▶ 자신의 계정에 대한 암호 설정

	❻ 제거	계정을 삭제할 수 있다.

기출문제 따라잡기

 문제1 1302051   문제3 1302052

20년 상시, 1회, 17년 1회
1. 다음 중 한글 Windows 10의 사용자 계정을 통해 사용할 수 있는 기능으로 옳지 않은 것은?

① 관리자 계정의 사용자는 다른 계정의 컴퓨터 사용 시간을 제어할 수 있다.
② 관리자 계정의 사용자는 제어 없이 컴퓨터 설정을 변경할 수 있다.
③ 표준 사용자 계정의 사용자는 컴퓨터 보안에 영향을 주는 설정을 변경할 수 있다.
④ 표준 사용자 계정의 사용자는 컴퓨터에 설치된 대부분의 앱을 사용할 수 있다.

> 컴퓨터 보안에 영향을 주는 설정 변경은 관리자 계정에서만 가능합니다.

24년 5회, 19년 2회, 16년 1회
2. 다음 중 한글 Windows 10에서 유해한 앱이나 불법 사용자가 컴퓨터 설정을 임의로 변경하려는 경우 이를 사용자에게 알려 컴퓨터를 제어할 수 있도록 도와주는 기능은?

① 사용자 계정 컨트롤
② Windows Defender
③ BitLocker
④ 시스템 복원

> 문제에 제시된 내용은 '사용자 계정 컨트롤'에 대한 설명입니다.

17년 1회, 14년 2회
3. 다음 중 한글 Windows 10에서 [표준 사용자] 계정의 사용자가 할 수 있는 작업으로 옳지 않은 것은?

① 사용자 자신의 암호를 변경할 수 있다.
② 마우스 포인터의 모양을 변경할 수 있다.
③ 관리자가 설정해 놓은 프린터를 프린터 목록에서 제거할 수 있다.
④ 사용자의 사진으로 자신만의 바탕 화면을 설정할 수 있다.

> 표준 사용자 계정은 앱이나 하드웨어 등을 설치 또는 삭제할 수 없고 실행만 가능합니다.

▶ 정답 : 1. ③ 2. ① 3. ③

SECTION 020 [설정] 창의 '업데이트 및 보안'

1 Windows 업데이트

'Windows 업데이트'는 Windows의 자동 업데이트 현황을 확인하거나 직접 업데이트할 때 사용한다.

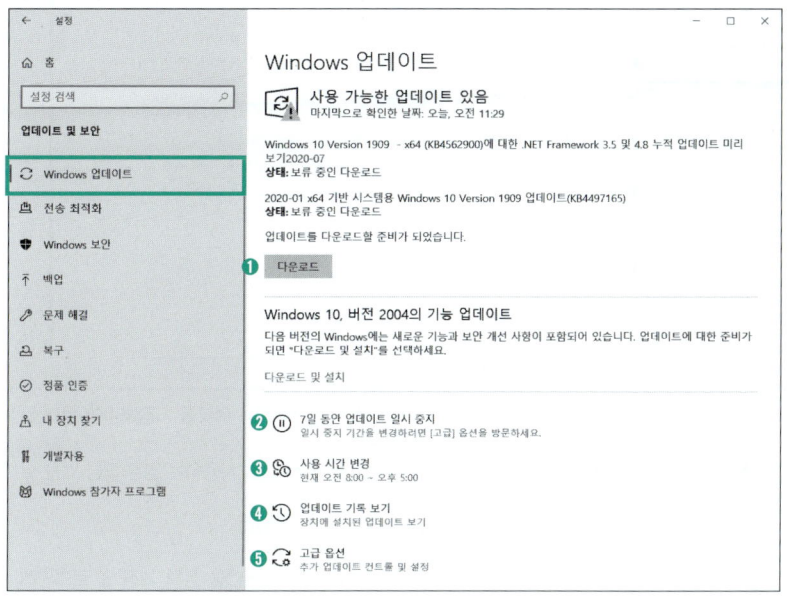

① 다운로드※	업데이트 표시가 된 항목을 직접 업데이트※하려면 〈다운로드〉를 클릭한다.
② 7일 동안 업데이트 일시 중지	7일 동안 자동 업데이트가 중지된다.
③ 사용 시간 변경	사용 시간을 지정하면 해당 시간에는 자동 업데이트로 인한 시스템 재부팅을 하지 않는다.
④ 업데이트 기록 보기	기능, 품질, 드라이버, 정의, 기타 등으로 구분※하여 업데이트된 내용을 순서대로 확인할 수 있다.
⑤ 고급 옵션	• Windows 업데이트 시 Microsoft 사의 다른 제품도 같이 업데이트되도록 지정한다. • 업데이트로 인한 시스템 재부팅 시 알림을 표시하도록 지정한다. • 최대 35일 동안 업데이트가 실행되지 않도록 지정할 수 있다.

> **전문가의 조언**
>
> '업데이트 및 보안'에서는 Windows를 항상 최신의 상태로 유지하도록 하는 [Windows 업데이트] 컴퓨터의 보안 상태를 확인하고 관리할 수 있는 [Windows 보안]에서 설정 가능한 옵션들 위주로 정리하세요.
>
> **다운로드**
> 현재 상태가 업데이트할 내역이 없는 최신 상태라면, 〈업데이트 확인〉 단추가 표시됩니다.
>
> **업데이트**
> Windows는 자동으로 업데이트 되므로 사용자가 직접 업데이트 하지 않아도 됩니다. 그림에 표시된 업데이트 항목은 자동 업데이트되기 전에 표시된 항목으로 그대로 두면 자동 업데이트 됩니다.
>
> **업데이트 기록 구분**
> Windows의 업데이트에 따라 표시되는 항목이 다릅니다.

❷ Windows 보안
23.5, 23.3, 22.1, 21.3

'Windows 보안'은 바이러스와 같은 위협 요소로부터 컴퓨터를 보호하기 위한 방화벽이나 백신 등을 설정할 때 사용한다.

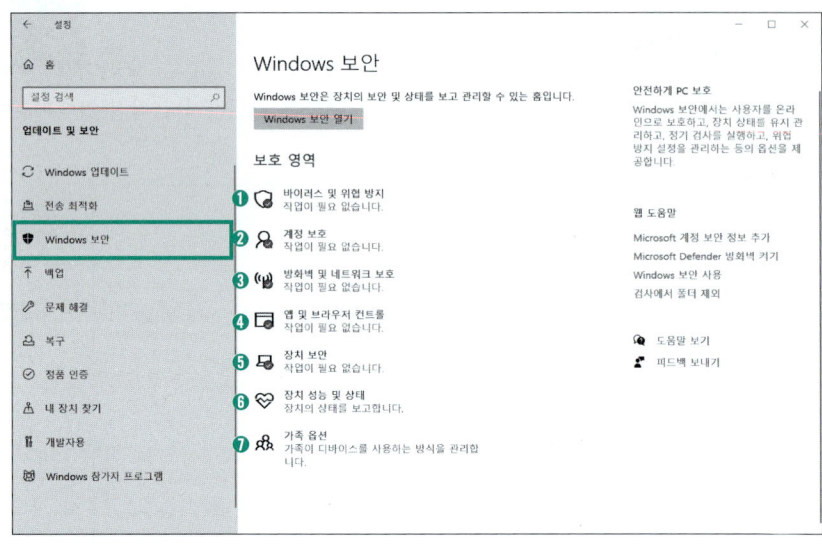

Windows Defender 바이러스 백신
앱, 전자 메일, 클라우드 등을 바이러스, 스파이웨어 같은 위협 요소로부터 실시간으로 보호하는 앱입니다.

Windows Hello
얼굴, 지문, PIN 등의 다양한 로그인 옵션을 지원하는 기능입니다.

동적 잠금
컴퓨터와 스마트폰 등의 장치를 페어링하여 장치가 일정 범위를 벗어나면 자동으로 컴퓨터가 잠기는 기능입니다.

Windows Defender 방화벽
사용자의 컴퓨터를 무단으로 접근하려는 위협 요소로부터 컴퓨터를 보호하는 방어막을 제공하는 앱입니다.

평판 기반 보호
사용자 동의 없이 앱, 파일 등이 다운로드나 설치되지 않도록 차단하고, 악성 사이트로부터 컴퓨터를 보호하는 기능입니다.

Exploit Protection
컴퓨터의 정상적인 작동을 방해하거나 원치 않는 작업을 수행하도록 설계된 맬웨어로부터 시스템을 보호하는 기능입니다.

코어 격리
컴퓨터 프로세스를 운영체제 및 장치에서 분리하여 맬웨어 및 기타 공격으로부터 보호하는 기능입니다.

보안 프로세서
장치에 대한 추가 암호화를 제공하는 것으로, TPM(신뢰할 수 있는 플랫폼 모듈)이라고도 합니다.

❶ 바이러스 및 위협 방지		• Windows Defender 바이러스 백신*의 사용 여부를 지정하거나 현재 위협 요소가 있는지 확인할 수 있다. • Windows Defender 이외의 다른 백신 앱을 사용하는 경우 해당 앱을 실행할 수 있다. • 사용자가 허용한 위협 요소를 확인할 수 있다.
❷ 계정 보호		Microsoft 계정, Windows Hello*, 동적 잠금*을 통해 계정 및 로그인에 대한 보안을 강화할 수 있다.
❸ 방화벽 및 네트워크 보호	23.5, 23.3, 22.1, 21.3	• Windows Defender 방화벽*을 설정 및 해제하거나 네트워크 및 인터넷 연결에 발생하는 상황을 모니터링 한다. • 방화벽을 통해 통신이 허용되는 앱을 설정한다. • 방화벽이 새 앱을 차단할 때 알림을 표시하도록 설정한다.
❹ 앱 및 브라우저 컨트롤		평판 기반 보호*, Exploit Protection* 등을 통해 사용자를 악성 앱 및 웹 사이트로부터 보호할 수 있다.
❺ 장치 보안		코어 격리*, 보안 프로세서(TPM)* 등 기본적으로 제공하는 보안 옵션을 검토하여 악성 소프트웨어의 공격으로부터 장치를 보호할 수 있다.
❻ 장치 성능 및 상태		장치의 저장소, 앱 및 소프트웨어 등의 상태를 확인하거나 최신 버전의 Windows 10을 새로 설치할 수 있다.
❼ 가족 옵션		자녀를 보호하기 위해 유해 사이트를 차단하거나 게임 시간 등을 제한할 수 있다.

기출문제 따라잡기

 문제1 1302151 문제4 1302152

출제예상

1. 한글 Windows 10의 [설정] → [업데이트 및 보안] → [Windows 업데이트]에 관한 설명으로 옳지 않은 것은?

① Windows 10은 기본적으로 자동 업데이트된다.
② 업데이트할 항목이 있는 경우 직접 다운로드하여 업데이트할 수 있다.
③ 바이러스 및 위협 방지 설정을 확인하고 업데이트할 수 있다.
④ 특정 기간 동안 자동 업데이트가 되지 않도록 설정할 수 있다.

> 바이러스 및 위협 방지와 같이 보안과 관련된 것은 [Windows 보안]에서 설정합니다.

출제예상

2. 다음 중 한글 Windows 10의 [설정] → [업데이트 및 보안] → [Windows 보안]에서 컴퓨터의 상태를 확인하고 관리할 수 있는 보호 영역이 아닌 것은?

① 바이러스 및 위협 방지
② 방화벽 및 네트워크 보호
③ Windows 업데이트
④ 앱 및 브라우저 컨트롤

> Windows 업데이트는 [Windows 보안]의 보호 영역에 포함되지 않습니다.

출제예상

3. 한글 Windows 10의 [설정] → [업데이트 및 보안] → [Windows 보안]에서 할 수 있는 작업에 대한 설명으로 옳지 않은 것은?

① 현재 컴퓨터를 위협하는 요소를 확인하거나 직접 검사할 수 있다.
② Windows Defender 방화벽을 설정하거나 해제할 수 있다.
③ 전자 메일을 보내거나 받을 때 알림을 표시하도록 설정할 수 있다.
④ 자녀를 보호하기 위해 유해 사이트를 차단하거나 게임 시간 등을 제한할 수 있다.

> 알림의 표시 여부는 [설정] → [시스템] → [알림 및 작업]에서 설정할 수 있습니다.

출제예상

4. 다음 중 한글 Windows 10의 [설정] → [업데이트 및 보안] → [Windows 보안]에 관한 설명으로 옳지 않은 것은?

① 권한이 없는 사용자가 인터넷 또는 네트워크를 통해 해당 컴퓨터에 접근하는 것을 방지해 준다.
② 컴퓨터 바이러스 및 기타 보안 위험으로부터 컴퓨터를 보호해 준다.
③ 바이러스를 포함한 첨부 파일이 들어 있는 전자 메일을 열지 못하도록 한다.
④ 현재 계정에 로그인 옵션을 설정하여 보안을 강화할 수 있다.

> 첨부된 파일을 열어보는 것은 사용자의 몫으로, 첨부된 파일에 포함된 바이러스까지 방화벽에 의해 보호되지는 않습니다.

23년 5회, 3회, 22년 1회, 21년 3회

5. 다음 중 한글 Windows 10에서 외부로부터의 불법적인 해킹 등의 위협 요소로부터 컴퓨터를 보호하는 역할을 하는 것은 무엇인가?

① Windows Update
② Windows Defender 방화벽
③ BitLocker
④ Malware

> 문제의 내용은 'Windows Defender 방화벽'에 대한 설명입니다.

▶ 정답 : 1. ③ 2. ③ 3. ③ 4. ③ 5. ②

SECTION 021

[설정] 창의 '장치'

전문가의 조언

[설정] 창의 '장치'는 컴퓨터에 설치되어 있는 장치와 관련된 속성을 지정한다는 것을 염두에 두고 설정할 수 있는 속성을 정리하세요.

'장치'에 표시되는 장치 유형
- USB 포트에 연결되는 장치
- 컴퓨터에 연결된 호환 네트워크 장치
- 네트워크로 연결된 컴퓨터

다른 장치/프린터를 설치하는 다른 방법

[(시작)] → [Windows 시스템] → [제어판] → [장치 및 프린터] 창에서 〈장치 추가〉 또는 〈프린터 추가〉 클릭

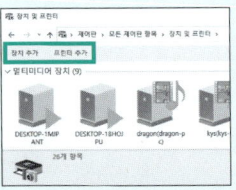

텍스트 제안

텍스트를 입력하면 해당 텍스트로 시작하는 단어들이 표시됩니다. 키보드의 방향키를 이용하여 단어를 선택한 후 Enter를 누르거나 마우스로 단어를 클릭하여 입력할 수 있습니다.

1 장치

23.3

1302201

'장치'*는 컴퓨터에 연결된 장치를 확인하거나 추가로 설치할 때 사용한다.

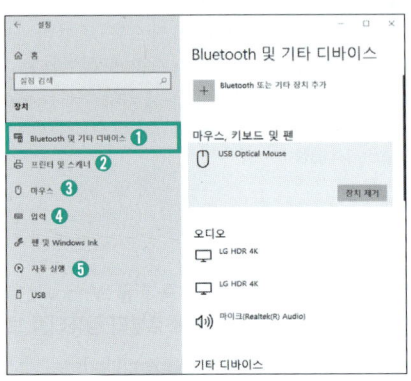 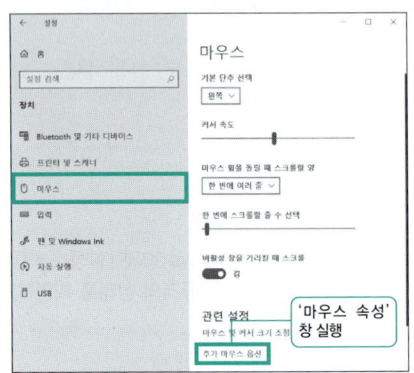

❶ Bluetooth 및 기타 디바이스	• 블루투스(Bluetooth)를 켜거나 다른 장치를 설치*한다. • 컴퓨터에 설치된 장치를 확인 및 제거한다.
❷ 프린터 및 스캐너	프린터*와 스캐너를 설치 및 제거한다.
❸ 마우스 (23.3)	• 오른손잡이/왼손잡이에 맞게 마우스 단추의 기능을 설정한다. • 마우스 커서의 속도를 설정한다. • 휠을 한 번 돌리면 여러 줄(1~100) 또는 한 화면이 스크롤 되도록 설정한다. • 활성창/비활성창 구분 없이 마우스 포인터가 가리키는 창이 스크롤 되도록 설정할 수 있다.
❹ 입력	• 추천 단어의 표시 여부를 설정한다. • 틀린 단어 자동 고침의 사용 여부를 설정한다. • 입력 중인 인식 언어를 기준으로 텍스트 제안* 표시 여부를 설정한다.
❺ 자동 실행	컴퓨터에 USB 등의 이동식 드라이브, 메모리 카드 등이 연결되면 자동으로 실행되도록 설정한다.

기출문제 따라잡기

23년 3회
1. 다음 중 [설정] → [마우스]에서 설정할 수 있는 기능으로 옳지 않은 것은?

① 왼손잡이와 오른손잡이의 마우스 단추 기능을 설정할 수 있다.
② 활성창/비활성 창 구분 없이 마우스 포인터가 가리키는 창이 스크롤 되도록 설정할 수 있다.
③ 휠을 한 번 돌리면 여러 줄(10~50) 또는 한 화면이 스크롤 되도록 설정할 수 있다.
④ 마우스 커서의 속도를 설정할 수 있다.

> 휠을 한 번 돌렸을 때 스크롤 되는 줄의 수는 1부터 100까지 중에서 선택하여 설정할 수 있습니다.

출제예상
2. 다음 중 한글 Windows 10의 [(설정)] → [장치]에 관한 설명으로 옳지 않은 것은?

① 컴퓨터에 연결된 장치를 확인할 수 있다.
② 프린터 및 기타 장치를 추가할 수 있다.
③ 컴퓨터에 이동식 드라이브나 메모리 카드를 연결하면 자동 실행되도록 설정할 수 있다.
④ 키 재입력 시간을 조절하여 문자를 연속적으로 입력할 때의 반응 속도를 변경할 수 있다.

> [(설정)] → [장치]에서는 키 재입력 시간을 조절할 수 없습니다.

출제예상
3. 다음 중 한글 Windows 10의 [(설정)] → [장치] → [Bluetooth 및 기타 디바이스]에서 설치된 실제 장치를 선택한 후 할 수 있는 작업으로 옳은 것은?

① 해당 장치의 속성을 변경할 수 있다.
② 해당 장치의 사용 여부를 지정할 수 있다.
③ 해당 장치를 제거할 수 있다.
④ 해당 장치의 이름을 변경할 수 있다.

> 설치된 하드웨어를 선택하면 〈장치 제거〉가 표시되므로 해당 장치를 제거할 수 있습니다.

▶ 정답 : 1. ③ 2. ④ 3. ③

SECTION 022 장치 관리자

전문가의 조언

'장치 관리자' 하면 '하드웨어 종류 및 작동 여부 확인, 속성 변경'이라는 것을 염두에 두고 나머지 특징을 정리하세요.

알 수 없는 장치
하드웨어를 추가한 후 드라이버를 설치하지 않으면 '장치 관리자'는 하드웨어를 올바로 인식할 수 없어 알 수 없는 장치라는 의미로 해당 장치에 물음표를 표시합니다.

- **IRQ(Interrupt ReQuest)** : 각 장치들이 CPU 사용을 요청하기 위해 보내는 인터럽트 신호가 전달되는 통로
- **DMA(Direct Memory Access)** : CPU를 통하지 않고 각 장치와 메모리가 직접 데이터를 주고받을 수 있는 통로
- **I/O(입/출력) 주소** : 각 장치와 CPU가 데이터를 주고받기 위해 지정된 메모리 영역
- IRQ, DMA, I/O 주소는 '장치 관리자' 대화상자에서 원하는 하드웨어 장치를 더블클릭한 후 '리소스' 탭에서 확인할 수 있습니다.

1 장치 관리자의 개요

25.4, 24.1, 23.4, 19.상시, 15.3, 15.2, 11.2, 09.1, 06.3

컴퓨터에 설치되어 있는 하드웨어의 종류 및 작동 여부를 확인하고, 하드웨어의 제거나 사용 여부, 업데이트 등의 속성을 변경할 때 사용한다.

실행

- **방법 1** : [(시작)] → [Windows 시스템] → [제어판] → [장치 관리자] 클릭
- **방법 2** : [(시작)]의 바로 가기 메뉴에서 [장치 관리자] 선택

특징
- 아래 화살표가 표시된 장치는 사용되지 않음을 나타낸다.
- 물음표가 표시된 장치는 알 수 없는 장치*를 나타낸다.
- 느낌표가 표시된 장치는 정상적으로 동작하지 않는 장치를 나타낸다.
- 각 장치의 속성을 이용하여 장치의 드라이버 파일이나 인터럽트 요청(IRQ)*, 직접 메모리 액세스(DMA)*, I/O(입/출력) 주소*, 메모리 주소 등을 확인하고 변경한다.

기출문제 따라잡기

25년 4회, 24년 1회, 23년 4회, 15년 3회

1. 다음 중 한글 Windows 10에서 사용자 컴퓨터에 설치된 하드웨어의 종류 및 작동 여부를 확인하거나 하드웨어 제거를 수행할 수 있는 항목은?

① [제어판] → [시스템]
② [제어판] → [관리 도구]
③ [제어판] → [프로그램 및 기능]
④ [제어판] → [장치 관리자]

> 장치 관리자는 컴퓨터에 설치되어 있는 하드웨어의 종류 및 작동 여부를 확인하고, 하드웨어의 제거나 사용 여부, 업데이트 등의 속성을 변경할 때 사용합니다.

19년 상시, 09년 1회, 06년 3회

2. 다음 중 한글 Windows 10의 [제어판] → [장치 관리자]에 대한 설명으로 옳지 않은 것은?

① 문제가 있거나 불필요한 하드웨어 장치를 제거할 수 있다.
② 각 장치의 속성 창을 이용하여 IRQ, DMA, I/O Address 등을 확인하고 변경한다.
③ 메모리와 가상 메모리의 성능 상태를 확인하고 설정 값을 변경한다.
④ 원안에 노란색 ! 표시가 된 장치는 정상적으로 동작하지 않는 장치를 나타낸다.

> 메모리, 가상 메모리와 관련된 사항은 '시스템 속성' 대화상자의 '고급' 탭에서 설정할 수 있습니다.

▶ 정답 : 1. ④ 2. ③

SECTION 023 프린터

1 프린터 설치

23.2, 23.1, 22.4, 22.2, 19.1, 18.상시, 14.1, 13.2, 11.2, 11.1, 09.3, 08.3, 08.2, 07.4, 04.4, 04.2, 03.1

한글 Windows 10에서는 대부분의 프린터를 지원하므로 프린터를 컴퓨터에 연결하면 자동으로 설치된다.

- 여러 대의 프린터를 한 대의 컴퓨터에 설치할 수 있고, 한 대의 프린터를 네트워크로 공유하여 여러 대의 컴퓨터에서 사용할 수 있다.
- 프린터마다 개별적으로 이름을 붙일 수 있으며, 이미 설치한 프린터도 다른 이름으로 다시 설치할 수 있다.
- 네트워크 프린터를 사용할 때는 프린터의 공유 이름과 프린터가 연결되어 있는 컴퓨터의 이름을 알아야 한다.
- 네트워크 프린터를 설치하면, 다른 컴퓨터에 연결된 프린터를 내 컴퓨터에 연결된 프린터처럼 사용할 수 있다.
- **로컬 프린터** : 내 컴퓨터에 연결되어 있는 프린터
- **네트워크 프린터** : 다른 컴퓨터에 연결되어 있는 프린터

프린터 설치 과정

- **방법 1** : [(시작)] → [(설정)] → [장치] → [프린터 및 스캐너]에서 '프린터 또는 스캐너 추가'를 클릭한 후 검색된 프린터 중 설치할 프린터를 선택하고 〈장치 추가〉를 클릭하면 자동 설치됨
- **방법 2** : [(시작)] → [Windows 시스템] → [제어판] → [장치 및 프린터] → '장치 및 프린터'의 도구 모음에서 '프린터 추가' 클릭 → 검색된 프린터 중 설치할 프린터를 선택한 후 〈다음〉 클릭 → 테스트 인쇄 → 〈마침〉* 클릭

2 기본 프린터

25.5, 24.1, 23.4, 21.1, 18.상시, 16.3, 15.2, 13.3, 11.2, 08.2, 07.1, 06.4, 03.3, 02.2, 00.3

기본 프린터란 특정 프린터를 지정하지 않고 인쇄 명령을 내릴 경우 자동으로 인쇄 작업이 전달되는 프린터를 말한다.

기본 프린터 설정

- **방법 1** : [(설정)] → [장치] → [프린터 및 스캐너]에서 기본 프린터로 사용할 프린터를 선택하고 〈관리〉 클릭 → 디바이스 관리에서 〈기본값으로 설정〉 클릭
- **방법 2** : 마지막에 사용한 프린터를 기본 프린터로 설정하려면 [(설정)] → [장치] → [프린터 및 스캐너]에서 'Windows에서 내 기본 프린터를 관리할 수 있도록 허용'의 체크 표시 선택
  ※ 'Windows에서 내 기본 프린터를 관리할 수 있도록 허용'이 선택된 상태에서는 〈기본값으로 설정〉은 표시되지 않는다.

전문가의 조언

프린터 설치에 관련된 문제가 출제되고 있습니다. 프린터 설치 과정과 특징을 확실히 정리하세요.

프린터 포트
로컬 프린터 설치 시 선택할 수 있는 포트에는 LPT1, LPT2, LPT3, COM1, COM2, COM3 등이 있고, 네트워크 프린터 설치 시에는 포트가 자동으로 지정됩니다.

마침
이미 다른 프린터가 기본 프린터로 설정되어 있는 경우에는 〈마침〉 단계에 '기본 프린터로 설정' 여부를 지정하는 항목이 표시됩니다.

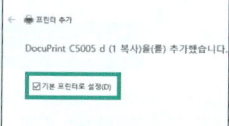

전문가의 조언

기본 프린터의 개념이나 특징에 대한 문제가 출제되고 있습니다. 기본 프린터는 하나만 지정할 수 있다는 것을 중심으로 특징을 정리하세요.

기본 프린터 표시

• [설정] → [장치] → [프린터 및 스캐너]

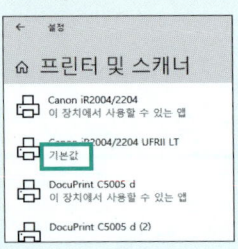

• 제어판의 '장치 및 프린터' 창

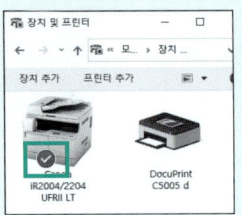

[(설정)] → [장치] → [프린터 및 스캐너]에서 'Windows에서 내 기본 프린터를 관리할 수 있도록 허용'에 체크 표시를 한 경우에는 '기본값'과 ◉가 표시되지 않습니다.

• **방법3** : [⊞(시작)] → [Windows 시스템] → [제어판]의 '장치 및 프린터' 창에서 기본 프린터로 사용할 프린터를 클릭한 후 바로 가기 메뉴에서 [기본 프린터로 설정] 선택

특징

• 기본 프린터는 하나만 지정할 수 있다.
• 기본 프린터는 [◉(설정)] → [장치] → [프린터 및 스캐너]에서는 프린터 이름 아래에 '기본값'*이라고 표시되어 있고, 제어판의 '장치 및 프린터' 창에서는 프린터 아이콘의 왼쪽 하단에 체크 표시*가 되어 있다.
• 공유된 네트워크 프린터나 추가 설치된 프린터도 기본 프린터로 설정할 수 있다.
• 특정 프린터의 기본 프린터 기능을 해제하려면 다른 프린터를 기본 프린터로 설정하면 된다.
• 기본 프린터로 설정된 프린터도 네트워크상의 다른 컴퓨터에서 사용할 수 있다.

기출문제 따라잡기

문제1 1302451    문제2 3302853

18년 상시, 15년 2회, 11년 2회, 08년 2회, 07년 1회, 03년 3회, 02년 2회, 00년 3회

1. 한글 Windows 10의 기본 프린터에 대한 설명으로 가장 옳지 않은 것은?

① 특정한 프린터를 설정하지 않을 경우 자동으로 인쇄 작업을 처리하는 프린터이다.
② [설정] → [장치] → [프린터 및 스캐너] → 프린터를 선택한 후 〈관리〉 클릭 → 디바이스 관리에서 〈기본값으로 설정〉을 클릭한다.
③ 기본 프린터에는 프린터 이름 아래에 '기본값'이라고 표시된다.
④ 네트워크 프린터는 기본 프린터로 설정할 수 없다.

> 네트워크 프린터도 기본 프린터로 설정할 수 있습니다.

23년 2회, 1회, 22년 4회, 2회, 19년 1회

2. 다음 중 한글 Windows 10에서 프린터 설치에 관한 설명으로 옳지 않은 것은?

① [설정] → [장치] → [프린터 및 스캐너]에서 '프린터 또는 스캐너 추가'를 클릭하여 프린터를 추가한다.
② 설치할 프린터 유형은 로컬 프린터와 Bluetooth, 무선 또는 네트워크 검색 가능 프린터 등에서 하나를 선택할 수 있다.
③ 네트워크 프린터를 선택한 경우에는 연결할 프린터의 포트를 지정한다.
④ 컴퓨터에 설치된 여러 대의 프린터 중에 현재 설치 중인 프린터를 기본 프린터로 설정할 것인지 선택한다.

> 네트워크 프린터를 선택한 경우에는 연결할 프린터의 포트가 자동으로 지정됩니다.

▶ 정답 : 1. ④ 2. ③

SECTION 024 인쇄 작업

1 인쇄 작업의 개요

25.5, 25.1, 24.1, 23.4, 22.3, 21.1, 19.상시, 16.3, 15.1, 13.2, 13.1, 09.4, 06.4, 02.3

- **방법 1** : 사용하는 앱의 메뉴에서 [파일] → [인쇄]를 선택하고 원하는 옵션을 지정한 후 〈확인〉 클릭
- **방법 2** : 인쇄할 문서 파일을 선택한 후 바로 가기 메뉴에서 [인쇄] 선택
- **방법 3** : 인쇄할 문서 파일을 프린터 대화상자('인쇄 관리자' 창) 위로 드래그

특징

- 문서를 인쇄하는 동안 작업 표시줄에 프린터 아이콘이 표시되며, 아이콘은 인쇄가 끝나면 없어진다.
- 인쇄 중일 때 [(설정)] → [장치] → [프린터 및 스캐너]에서 인쇄되는 프린터를 선택한 후 〈대기열 열기〉를 클릭하거나 작업 표시줄의 프린터 아이콘을 더블클릭하면 다음 그림과 같은 프린터 대화상자('인쇄 관리자' 창)가 열린다.

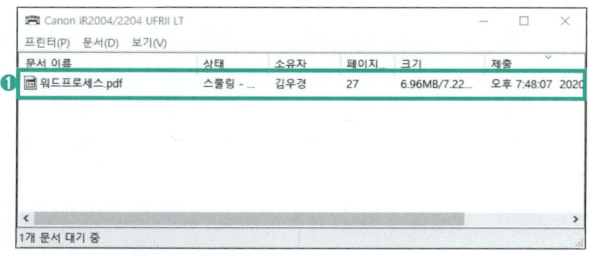

프린터 대화상자('인쇄 관리자' 창)

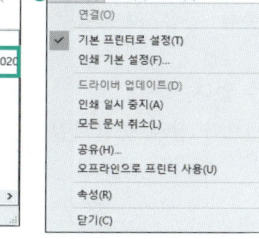

'프린터' 메뉴

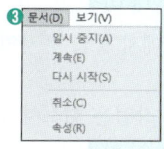

'문서' 메뉴

❶ 인쇄 대기열	• 인쇄중인 문서와 대기중인 문서의 이름, 상태, 소유자, 페이지 수, 크기, 제출, 포트 등을 표시한다. • 인쇄중 문제가 발생한 인쇄 목록을 확인할 수 있다. ※ 인쇄 작업 중 오류가 발생하면 해당 문서가 인쇄 대기열에서 삭제될 때까지 모든 인쇄 작업이 보류된다. • 출력 대기 순서를 임의로 조정*할 수 있다.
25.5, 24.1, 23.4, 22.3, ... ❷ 프린터*	• **기본 프린터로 설정** : 현재 프린터를 기본 프린터로 설정한다. • **인쇄 기본 설정** : 용지 크기 및 방향, 인쇄 매수 및 품질, 용지 공급 등을 설정할 수 있는 프린터 인쇄 기본 설정 대화상자를 표시한다. • **인쇄 일시 중지** : 현재 인쇄 중이거나 인쇄 대기 중인 모든 문서의 인쇄를 일시 중지한다. • **모든 문서 취소** : 현재 인쇄 중이거나 인쇄 대기 중인 모든 문서의 인쇄를 취소한다. • **공유** : 프린터의 공유 여부를 설정할 수 있는 프린터 속성 대화상자의 '공유' 탭을 표시한다. • **속성** : 프린터 공유 여부, 포트 연결, 스풀* 기능 등의 사용 여부를 설정할 수 있는 프린터의 속성 대화상자를 표시한다.

전문가의 조언

문서 인쇄 시 프린터 대화상자에서 수행할 수 있는 작업에 관한 문제가 출제됩니다. 대부분 틀린 보기 하나를 고르는 문제이므로 본문 내용을 정확히 이해해야 합니다.

출력 대기 순서 조정

인쇄 대기열에서 순서를 조정할 문서를 선택하고 [문서] → [속성]을 선택한 후 속성 대화상자의 '일반' 탭에서 '우선순위'의 '높음/낮음'을 이용하여 출력 순서를 조정할 수 있습니다.

프린터/문서 메뉴

'프린터' 메뉴의 항목과 인쇄 대기열 빈 공간의 바로 가기 메뉴의 항목이 동일하고, '문서' 메뉴의 항목과 인쇄 대기 열에서 선택한 문서의 바로 가기 메뉴의 항목이 동일합니다.

25.1, 15.1, 13.1, 12.3, 11.1
스풀(SPOOL)

스풀은 저속의 출력장치인 프린터를 고속의 중앙처리장치(CPU)와 병행 처리할 때, 컴퓨터 전체의 처리 효율을 높이기 위해 사용하는 기능입니다.

25.1, 23.4, 22.3, 22.1, …
❸ 문서*

- **일시 중지** : 인쇄 대기열에서 선택한 문서의 인쇄를 일시 중지한다.
- **계속** : 인쇄 대기열에서 일시 중지한 문서의 인쇄를 이어서 인쇄한다.
- **다시 시작** : 인쇄 대기열에서 선택한 문서를 처음부터 다시 인쇄한다.
- **취소** : 인쇄 대기열에서 선택한 문서의 인쇄를 취소(삭제)한다.

궁금해요 시나공 Q&A 베스트

Q 언제 다른 프린터로 전송할 수 있나요?

A 문서의 일부가 인쇄된 경우, 즉 인쇄 중이거나 인쇄 중 오류가 발생한 인쇄 작업은 다른 프린터로 보낼 수 없지만, 인쇄 작업이 실패하고 인쇄 대기열에 정지하고 있는 인쇄 작업은 하나도 인쇄되지 않은 것이므로 다른 프린터로 보낼 수 있습니다.

 ## 기출문제 따라잡기

 문제2 1302452

25년 5회, 24년 1회, 23년 4회
1. 다음 중 한글 Windows 10의 인쇄 기능에 대한 설명으로 옳은 것은?
① 기본 프린터를 2대 이상 지정할 수 있다.
② 프린터 속성 창에서 공급 용지의 종류, 공유, 포트 등을 설정할 수 있다.
③ 인쇄 대기 중인 작업은 취소시킬 수 없다.
④ 인쇄 중인 작업은 취소할 수는 없으나 잠시 중단시킬 수 있다.

① 기본 프린터는 1대만 지정할 수 있습니다.
③ 인쇄 대기 중인 작업도 취소시킬 수 있습니다.
④ 인쇄 중인 작업도 인쇄를 취소하거나 잠시 중단시킬 수 있습니다.

25년 1회, 15년 1회, 13년 1회, 12년 3회, 11년 1회, 07년 2회
2. 다음 중 한글 Windows 10에서 프린터 스풀(Spool) 기능에 대한 설명으로 가장 옳지 않은 것은?
① 프린터와 같은 저속의 입·출력장치를 CPU와 병행하여 작동시켜 컴퓨터의 전체 효율을 향상시켜 준다.
② 프린터가 인쇄중이라도 다른 앱을 실행할 수 있다.
③ 인쇄 대기중인 문서에 대해서는 용지 방향, 용지 공급 및 인쇄 매수와 같은 설정을 변경할 수 있다.
④ 기본적으로 모든 사용자는 자신의 문서에 대한 인쇄를 일시 중지, 계속, 다시 시작, 취소할 수 있다.

용지 방향, 용지 공급 및 인쇄 매수 등은 인쇄 명령을 내리기전에 설정하는 것으로 인쇄 대기중인 문서에 대해서는 이와 같은 사항을 변경할 수 없습니다.

06년 4회
3. 한글 Windows 10의 [설정] → [장치] → [프린터 및 스캐너]에서에서 할 수 있는 기능으로 옳지 않은 것은?
① 프린터를 추가하거나 삭제할 수 있다.
② 프린터 대화상자에서 현재 인쇄중인 문서를 확인할 수 있다.
③ 프린터 대화상자에서 인쇄 대기중인 문서만 삭제가 가능하다.
④ 프린터 대화상자에서 인쇄중인 문서를 일시 중지시킬 수 있다.

인쇄 대기중인 문서뿐만 아니라 인쇄중인 문서도 취소(삭제)할 수 있습니다.

10년 2회
4. 다음 중 한글 Windows 10에서 프린터 스풀(SPOOL) 기능에 대한 설명으로 옳지 않은 것은?
① 프린터에서 인쇄를 하기 전에 인쇄할 내용을 하드디스크에 임시로 보관하는 것이다.
② 인쇄 도중 CPU의 처리 동작과 입·출력 동작이 동시에 이루어질 수 있는 기능이다.
③ 프린터 속성의 [고급] 탭에서 스풀에 대한 설정을 변경할 수 있다.
④ 프린터의 인쇄 속도는 스풀 설정 이전보다 오히려 빠르다.

스풀링(Spooling)을 이용하면 인쇄를 하면서 동시에 다른 문서 작성이나 편집을 할 수 있어 컴퓨터 전체의 처리 효율은 높아지지만 인쇄 속도는 인쇄만 수행할 때보다 약간 느려집니다.

▶ 정답 : 1. ② 2. ③ 3. ③ 4. ④

Windows 관리 도구

1 25.5, 25.2, 24.5, 23.5, 21.4, 20.1, 19.2, 18.상시, 18.1, 16.1, 15.3, 15.1, 13.3, 11.3, 04.3, 00.2
드라이브 조각 모음 및 최적화

'드라이브 조각 모음 및 최적화'는 드라이브의 접근 속도를 향상시키기 위해 드라이브를 최적화하는 기능이다.

- 드라이브 미디어 유형이 HDD(Hard Disk Drive)인 경우 단편화(Fragmentation)* 로 인해 여기저기 분산되어 저장된 파일들을 연속된 공간으로 최적화시킨다.
- 드라이브 미디어 유형이 SSD(Solid State Drive)인 경우 트림(Trim)* 기능을 이용하여 최적화시킨다.

드라이브 조각 모음 및 최적화가 불가능한 경우
- NTFS, FAT, FAT32 이외의 파일 시스템으로 포맷된 경우
- CD/DVD-ROM 드라이브
- 네트워크 드라이브
- Windows가 지원하지 않는 형식으로 압축된 드라이브

실행

- **방법 1** : [(시작)] → [Windows 관리 도구] → [드라이브 조각 모음 및 최적화] 선택
- **방법 2** : 파일 탐색기에서 드라이브를 선택한 후 리본 메뉴의 [관리] → [드라이브 도구] → [관리] → [최적화] 클릭
- **방법 3** : 파일 탐색기에서 드라이브의 바로 가기 메뉴 중 [속성] 선택 → '도구' 탭에서 '드라이브 최적화 및 조각 모음'의 〈최적화〉 클릭

특징
- '드라이브 조각 모음 및 최적화'는 드라이브에 대한 접근 속도를 향상시키기 위한 것으로, 드라이브의 용량 증가와는 관계가 없다.
- '드라이브 조각 모음 및 최적화'를 수행하면 드라이브 공간의 최적화가 이루어져 접근 속도와 안정성이 향상된다.
- '드라이브 최적화' 대화상자에서 〈설정 변경〉을 클릭하여 정해진 날(매일, 매주, 매월)에 '드라이브 조각 모음 및 최적화'를 자동으로 수행하도록 예약할 수 있다.
- '드라이브 조각 모음 및 최적화'를 실행하기 전에 〈분석〉*을 클릭하면 '드라이브 조각 모음 및 최적화' 실행의 필요 여부를 알려 준다.
- 드라이브 분석 결과 드라이브의 조각화 비율*이 10%를 넘으면 '드라이브 조각 모음 및 최적화'를 수행하는 것이 좋다.

전문가의 조언

'드라이브 조각 모음 및 최적화'에 대한 문제는 종종 출제되니 개념 및 특징을 잘 정리하세요.

단편화(Fragmentation)
하나의 파일이 연속된 공간에 저장되지 않고, 여기 저기 분산되어 저장되는 것을 말합니다.

트림(Trim)
운영체제에서 데이터를 삭제하면 운영체제 상에서는 삭제된 것처럼 보이지만 실제로는 저장장치에 데이터가 남아 있는데, 이것을 삭제하는 기능이 트림입니다.

SSD 드라이브가 조각 비율 분석이 필요 없는 이유
앱을 실행시키기 위해 a, b, c를 저장소에서 가져와야 한다고 가정할 때 HDD는 a, b, c의 위치 정보를 확인한 후 자기디스크를 회전시키면서 각 위치에 있는 데이터를 가져옵니다. 반면 SSD는 a, b, c의 위치 정보를 확인한 후 전기적 신호를 해당 위치로 보내 데이터를 가져옵니다. 물리적인 '회전 시간'을 고려해야 하는 HDD는 데이터가 분산되어 있는 경우 필요한 데이터를 가져오는데 많은 시간이 필요하지만 SSD는 단순히 전기적 신호를 보내기만 하면 되므로 데이터가 분산되어 있더라도 시간 지연이 거의 발생하지 않습니다. 그래서 SSD는 드라이브는 조각 비율을 분석할 필요가 없습니다.

드라이브 유형별 조각화 비율
- 드라이브의 미디어 유형이 하드 디스크 드라이브(HDD)인 경우에만 조각화 비율이 표시됩니다.
- 반도체 드라이브(SSD)인 경우 마지막 최적화 실행 이후부터 지난 일수가 표시됩니다. '드라이브 조각 모음 및 최적화'가 필요한 경우 '현재 상태'에 '최적화 필요'라고 표시됩니다.

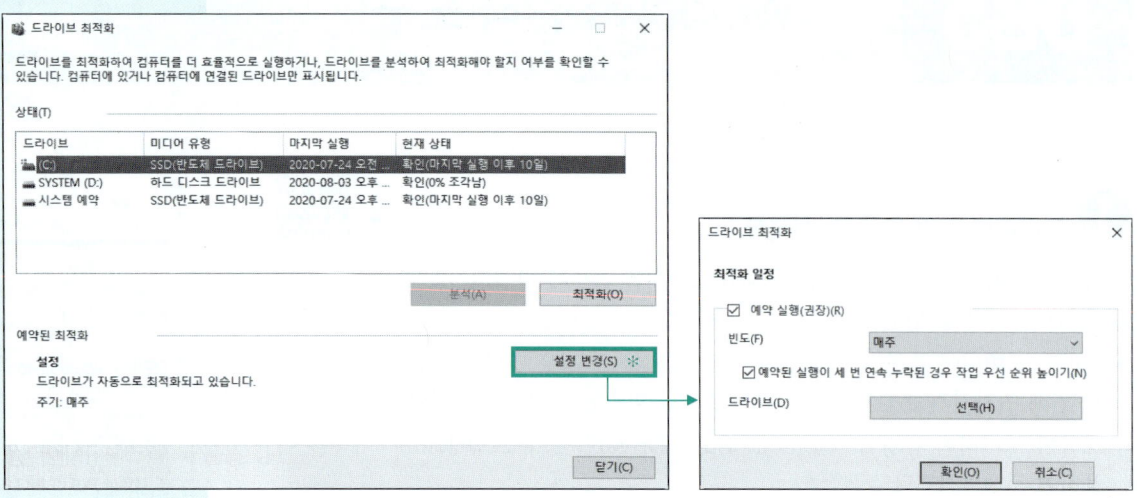

효율적인 '드라이브 조각 모음 및 최적화'

'드라이브 조각 모음 및 최적화'를 수행하는 동안 다른 작업을 할 수는 있지만, 모든 작업을 중지해야 효율적으로 '드라이브 조각 모음 및 최적화'를 수행할 수 있다.*

- 화면 보호기 해제 : [(시작)] → [⚙(설정)] → [개인 설정] → [잠금 화면] → [화면 보호기 설정] → '화면 보호기'를 '없음'으로 설정

- 전원 모드 해제 : [(시작)] → [⚙(설정)] → [시스템] → [전원 및 절전] → '화면'과 '절전 모드'를 '안 함'으로 설정

전문가의 조언

예약이 설정되어 있는 경우 〈설정 변경〉으로 표시되고, 예약이 해제되어 있는 경우 〈켜기〉로 표시됩니다.

'드라이브 조각 모음 및 최적화' 속도에 영향을 주는 요소

'드라이브 조각 모음 및 최적화'의 수행 속도는 드라이브 볼륨의 크기, 드라이브 볼륨에 있는 파일의 수, 드라이브 볼륨에 조각난 양에 따라 달라집니다.

② 디스크 정리

19.상시, 19.1, 15.1, 14.3, 12.1, 11.1, 10.3, 10.2, 10.1, 09.4, 09.3, 08.4, 04.3, 02.1, 01.2

'디스크 정리'는 디스크의 여유 공간을 확보하기 위해 필요 없는 파일을 삭제하는 기능이다.

실행

- **방법 1** : [(시작)] → [Windows 관리 도구] → [디스크 정리] 선택
- **방법 2** : 파일 탐색기에서 드라이브를 선택한 후 리본 메뉴의 [관리] → [드라이브 도구] → [관리] → [정리] 클릭
- **방법 3** : 파일 탐색기에서 드라이브의 바로 가기 메뉴 중 [속성] 선택 → '일반' 탭에서 〈디스크 정리〉 클릭

- 디스크 정리 대상

  - 임시 인터넷 파일
  - DirectX 셰이더 캐시
  - 휴지통
  - 다운로드한 프로그램 파일*

  - Windows 오류 보고서 및 피드백 진단
  - 전송 최적화 파일
  - 임시 파일
  - 미리 보기 사진 등

- 〈시스템 파일 정리〉를 클릭하여 '기타 옵션' 탭을 추가하면 설치한 후 사용하지 않는 앱과 시스템 복원 지점을 제거*하여 여유 공간을 확보할 수 있다.

전문가의 조언

디스크 정리에 포함되는 대상과 '디스크 정리' 대화상자의 각 탭에 대한 기능 정도만 정확히 파악하세요.

다운로드한 프로그램 파일

인터넷에서 웹 페이지를 열어 볼 때마다 자동으로 다운로드한 ActiveX 컨트롤 및 Java 애플릿 파일로, 파일이 저장되어 있는 실제 위치는 'C:\Windows\Downloaded Program Files'입니다.

시스템 복원 지점 제거

'디스크 정리' 대화상자의 '기타 옵션' 탭에서 '시스템 복원 및 섀도 복사본'의 〈정리〉를 클릭하면 가장 최근에 지정된 복원 지점을 제외한 나머지 복원 지점이 제거됩니다.

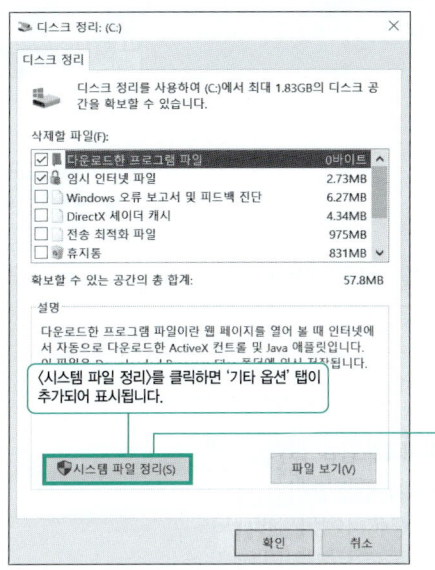
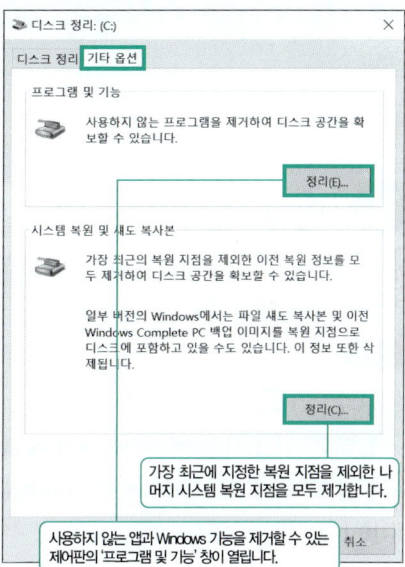

〈시스템 파일 정리〉를 클릭하면 '기타 옵션' 탭이 추가되어 표시됩니다.

기출문제 따라잡기

25년 2회, 23년 5회, 21년 4회, 19년 2회

1. 다음 중 한글 Windows 10의 드라이브 조각 모음 및 최적화 기능에 관한 설명으로 옳지 않은 것은?

① 하드디스크에 단편화되어 조각난 파일들을 모아준다.
② USB 플래시 드라이브와 같은 이동식 저장장치도 드라이브 조각 모음을 수행할 수 있다.
③ 수행 후에는 디스크 공간의 최적화가 이루어져 디스크의 용량이 증가한다.
④ 일정을 구성하여 드라이브 조각 모음 및 최적화를 예약 실행할 수 있다.

'드라이브 조각 모음 및 최적화'는 디스크의 접근 속도를 향상시키기 위한 것으로, 디스크의 용량 증가와는 관계가 없습니다.

14년 3회, 11년 1회, 10년 3회, 1회

2. 다음 중 한글 Windows 10의 [디스크 정리] 기능에 관한 설명으로 옳은 것은?

① 하드디스크에서 불필요한 파일의 수를 줄여 디스크에 여유 공간을 확보한다.
② 분산되어 있는 저장 파일들을 연속된 공간에 저장함으로써 디스크 접근 속도를 향상시킨다.
③ 개인 파일에 영향을 주지 않고, 컴퓨터에 대한 시스템 변경 내용 실행을 취소한다.
④ 심각한 오류가 발생한 경우에 Windows를 복구하는 데 사용한다.

'디스크 정리'는 필요 없는 파일을 삭제하여 디스크의 여유 공간을 확보하는 것입니다.

19년 1회, 15년 1회, 12년 1회, 10년 2회, 09년 3회

3. 다음 중 한글 Windows 10에서 [디스크 정리]를 수행할 때 정리 대상 파일로 옳지 않은 것은?

① 임시 인터넷 파일
② 사용하지 않은 폰트(*.TTF) 파일
③ 휴지통에 있는 파일
④ 다운로드한 프로그램 파일

사용하지 않은 폰트 파일은 디스크 정리 대상이 아닙니다.

25년 5회, 24년 5회, 20년 1회

4. 다음 중 한글 Windows 10 운영체제에서 시스템의 속도가 느려진 경우 문제 해결 방법으로 가장 적절한 것은?

① [장치 관리자] 창에서 중복 설치된 해당 장치를 제거한다.
② '드라이브 조각 모음 및 최적화'를 수행하여 하드디스크의 단편화를 제거한다.
③ [작업 관리자] 대화상자에서 시스템의 속도를 저해하는 Windows 프로세스를 찾아 '작업 끝내기'를 실행한다.
④ [시스템 관리자] 대화상자에서 하드디스크의 파티션을 재설정한다.

시스템의 속도가 느려진 경우에는 '드라이브 조각 모음 및 최적화'를 수행하여 하드디스크의 단편화를 제거해야 합니다.

▶ 정답 : 1. ③ 2. ① 3. ② 4. ②

SECTION 026

Windows 시스템

1 작업 관리자

22.3, 19.1, 13.2, 09.1

'작업 관리자'는 컴퓨터에서 현재 실행중인 앱과 프로세스에 대한 정보를 제공하고 응답하지 않는 앱을 종료할 때 사용한다.

실행

- 방법 1 : [(시작)] → [Windows 시스템] → [작업 관리자] 선택
- 방법 2 : [(시작)]의 바로 가기 메뉴*에서 [작업 관리자] 선택
- 방법 3 : 작업 표시줄의 바로 가기 메뉴에서 [작업 관리자] 선택
- 방법 4 : Ctrl + Shift + Esc 누름

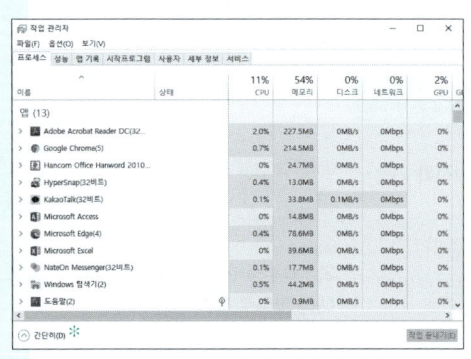 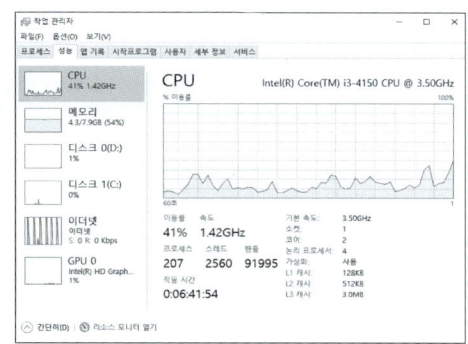

- [옵션] 메뉴를 이용하면 항상 위에 표시, 전환할 때 최소화, 최소화할 때 숨기기 등을 지정할 수 있다.

'작업 관리자' 대화상자의 탭별 기능

탭	기능
프로세스	현재 실행 중인 앱과 프로세스의 상태를 확인하고, 응답하지 않는 앱이나 프로세스를 종료할 수 있다.
성능	CPU, 메모리, 디스크, 이더넷(네트워크), GPU의 자원 사용 현황을 그래프로 표시한다.
앱 기록	특정 날짜 이후의 앱별 리소스* 사용량을 표시한다.
시작프로그램	Windows가 시작될 때 자동으로 실행되는 앱의 사용 여부를 지정한다.
사용자	• 현재 컴퓨터에 로그인되어 있는 모든 사용자를 보여준다. • 특정 사용자에게 메시지를 보내거나 강제로 로그아웃* 시킬 수 있다.
세부 정보	• 현재 실행 중인 프로세스에 대해 CPU 및 메모리 사용에 대한 자세한 정보를 표시한다. • 현재 실행 중인 프로세스를 선택하여 종료할 수 있다.
서비스	시스템의 서비스 항목을 확인하고 실행 여부를 지정한다.

전문가의 조언

작업 관리자에서 수행할 수 있는 작업을 묻는 문제가 출제되고 있습니다. 작업 관리자에서 수행할 수 있는 작업에는 어떤 것들이 있는지 알아두세요.

[⊞(시작)]의 바로 가기 메뉴
[⊞(시작)]의 바로 가기 메뉴를 표시하는 바로 가기 키는 ⊞ + X 입니다.

간단히
'작업 관리자' 대화상자에서 〈간단히〉를 클릭하면 아래 그림과 같이 대화상자의 크기가 줄어들면서 현재 실행중인 앱만 표시되며, 〈간단히〉가 〈자세히〉로 변경됩니다.

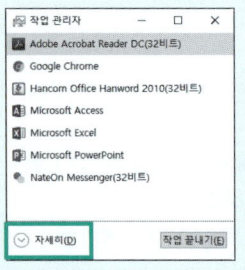

리소스(Resource)
리소스는 컴퓨터에서 사용하고 있거나 사용할 수 있는 각각의 하드웨어 및 소프트웨어 요소를 의미하며, 자원이라고도 합니다.

강제 로그아웃
계정 유형이 '관리자'인 경우에만 특정 사용자에게 메시지를 보내거나 강제로 로그아웃 시킬 수 있습니다.

2 명령 프롬프트

22.1, 21.3, 08.4, 05.1, 01.1

'명령 프롬프트'는 바탕 화면에 표시되는 창으로, MS-DOS 운영체제용 앱을 사용할 수 있다.

실행

- **방법 1** : [⊞(시작)] → [Windows 시스템] → [명령 프롬프트] 선택
- **방법 2** : 작업 표시줄의 검색 상자나 '실행(⊞+R)' 창에 **cmd**를 입력한 후 Enter를 누름

종료

- **방법 1** : 명령 프롬프트 상에서 **Exit**를 입력한 후 Enter를 누름
- **방법 2** : 제목 표시줄 오른쪽의 닫기(X) 단추 클릭

특징

- MS-DOS 명령은 커서가 있는 지점에 실행할 파일을 직접 입력하여 실행한다.
- 관리 권한이 필요한 명령을 실행하려면 '명령 프롬프트' 메뉴의 바로 가기 메뉴에서 [자세히] → [관리자 권한으로 실행]*을 선택하여 실행해야 한다.
- **제목 표시줄의 바로 가기 메뉴**
  - **속성** : 커서 크기, 글꼴, 글꼴 크기 및 색, 창 크기 및 위치, 배경색 등을 변경할 수 있다.
  - **편집** : 명령 프롬프트에 표시되는 텍스트를 복사하여 붙여 넣을 수 있다.

잠깐만요 Windows Powershell

- 명령 프롬프트와 마찬가지로 창에 실행할 파일을 직접 입력하여 실행하는 앱입니다.
- Windows Powershell은 Cmdlet*을 통해 시스템을 제어 및 자동화하거나, 네트워크에 속한 시스템을 원격 제어할 수 있습니다.

전문가의 조언

'명령 프롬프트'를 실행하는 방법을 묻는 문제가 출제됩니다. '명령 프롬프트'를 실행하려면 '실행' 창에 **cmd**를 입력한다는 것을 기억해 두세요.

관리자 권한으로 실행

Windows 10에서는 사용자 계정이 '관리자' 계정이라 해도 평상시 작업할 때는 '표준 사용자' 권한이 적용됩니다. 하나의 컴퓨터를 여러 명이 사용할 경우 앱 설치나 실행을 제한하기 위해서 입니다. 관리자 권한으로 앱을 실행하려면 해당 앱 메뉴의 바로 가기 메뉴에서 [자세히] → [관리자 권한으로 실행]을 선택하여 수동으로 실행해야 합니다.

Cmdlet(command let)

시스템 관리에 있어 기존의 명령 프롬프트에서 제공하던 명령어보다 더욱 향상된 기능을 제공하는 명령어들의 묶음입니다.

기출문제 따라잡기

문제2 3303152

22년 1회, 21년 3회

1. 다음 중 한글 Windows 10에서 [명령 프롬프트] 창을 표시하기 위해 '실행' 창에 입력해야 하는 것은?

① cmd ② command ③ ping ④ tracert

'실행' 창에서 명령 프롬프트의 명령(Command)을 약어로 입력하면 [명령 프롬프트] 창이 열립니다.

22년 3회, 19년 1회, 13년 2회, 09년 1회

2. 다음 중 한글 Windows 10의 '작업 관리자' 대화상자에서 수행할 수 있는 작업으로 옳지 않은 것은?

① 컴퓨터를 이용하는 사용자 계정의 추가와 삭제를 수행할 수 있다.
② 현재 실행 중인 앱을 강제로 종료시킬 수 있다.
③ 시스템의 CPU 사용 내용이나 할당된 메모리의 크기를 파악할 수 있다.
④ 현재 네트워크 상태를 보고 네트워크 처리량을 확인할 수 있다.

[작업 관리자] 창에서는 사용자 계정을 추가하거나 삭제할 수 없습니다. 사용자 계정의 추가 및 삭제는 [⚙설정] → [계정]을 이용해야 합니다.

▶ 정답 : 1. ① 2. ①

SECTION 027 네트워크

 전문가의 조언

네트워크의 개념은 읽어 보면 쉽게 알 수 있는 내용이므로 한 번 읽는 것으로 마무리하세요.

네트워크 기능 확인

'이더넷'의 바로 가기 메뉴에서 [속성]을 선택하면 표시되는 '이더넷 속성' 대화상자에서 〈설치〉를 클릭하면 설치 가능한 네트워크 기능 유형을 선택할 수 있는 '네트워크 기능 유형 선택' 대화상자가 표시됩니다.

 전문가의 조언

네트워크 관련 DOS 명령어가 수행하는 기능을 다른 것과 구분할 수 있을 정도로 알아두세요.

명령 프롬프트 호출 방법
- [⊞(시작)] → [Windows 시스템] → [명령 프롬프트] 선택
- 작업 표시줄의 검색 상자나 '실행(⊞+R)' 창에 cmd 입력

OUT_1
'new view ₩₩OUT_1'에서 'OUT_1'은 컴퓨터 이름을 의미합니다.

 전문가의 조언

인터넷 프로토콜(TCP/IP) 속성 대화상자에서 IP 주소와 서브넷 마스크, DNS 서버 주소를 중심으로 각 항목들의 특징을 공부하세요.

IPv4 주소 / IPv6 주소
한글 Windows 10은 설정된 주소를 이용해 IPv4 네트워크에서는 IPv4 주소를, IPv6 네트워크에서는 IPv6 주소를 사용하여 인터넷에 접속하게 됩니다.

1 네트워크의 개념
12.2, 03.4, 00.3

네트워크(Network)는 두 대 이상의 컴퓨터를 전화선이나 케이블 등으로 연결하여 자원을 공유하는 것을 말한다.
- 네트워크는 다른 컴퓨터의 데이터, 앱, 주변장치, 인터넷 등을 공유하기 위해 사용한다.

네트워크 기능

03.4 **클라이언트**	네트워크의 다른 컴퓨터나 서버에 연결하여 파일/프린터 등의 공유 자원을 사용할 수 있게 하는 소프트웨어이다.
서비스	• 내 컴퓨터에 설치된 파일, 프린터 등의 자원을 다른 컴퓨터에서 공유할 수 있도록 하는 소프트웨어이다. • Microsoft 네트워크용 파일 및 프린터 공유 : 다른 컴퓨터에서 네트워크를 사용하여 내 컴퓨터의 파일, 폴더, 프린터를 공유하여 사용할 수 있게 한다. • QoS 패킷 스케줄러 : 흐름 속도 및 우선순위 서비스를 포함하여 네트워크 트래픽 제어를 제공한다.
12.2 **프로토콜**	• 네트워크에서 서로 다른 컴퓨터 간에 정보 교환을 가능하게 하는 통신규약이다. • 네트워크에 있는 컴퓨터가 서로 정보를 공유하려면 동일한 프로토콜을 사용해야 한다.

2 네트워크 관련 DOS 명령어
22.4, 18.상시, 18.2, 14.1, 13.2, 09.2, 09.1, 07.4, 04.4, 01.3

1302804

18.상시, 18.2, … **ping**	• 원격 컴퓨터가 현재 네트워크에 연결되어 정상적으로 작동하고 있는지 알아보는 서비스이다. • 원격 컴퓨터(Host)의 이름, 전송 신호의 손실률과 응답 시간 등을 확인할 수 있다. • 명령 프롬프트에 ping 211.11.14.177 이나 ping www.sinagong.co.kr 형식으로 입력한다. • 자신의 네트워크 카드가 정상적으로 작동하는지 확인하려면 ping 127.0.0.1을 입력한다.
04.4 **ipconfig**	명령 프롬프트에 ipconfig를 입력하면 현재 컴퓨터의 IP 주소, 서브넷 마스크, 게이트웨이, 물리적 주소(MAC Address) 등을 표시해 준다.
net view	• 특정 컴퓨터에 공유되어 있는 데이터와 프린터를 표시해 준다. • 명령 프롬프트에 net view ₩₩211.11.14.177이나 net view ₩₩OUT_1* 형식으로 입력한다.

3 TCP/IP의 구성 요소
24.3, 20.2, 17.1, 12.2, 11.2, 10.3, 09.2, 09.1, 08.4, 08.1, 04.3, 04.1, 03.3, 01.1, 00.3

1302903

TCP/IP는 인터넷에 연결된 서로 다른 기종의 컴퓨터끼리 데이터를 주고받을 수 있도록 하는 인터넷 표준 프로토콜이다.
- 한글 Windows 10에서는 TCP/IPv4*와 TCP/IPv6*이 자동으로 설치되며, 제거가 불가능하다.

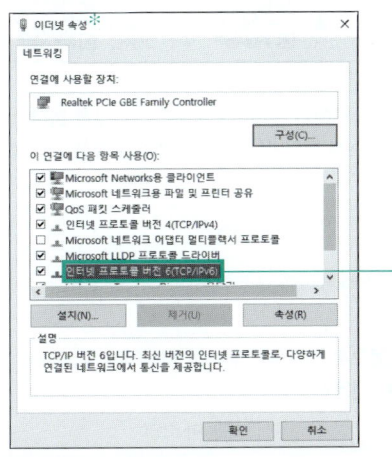
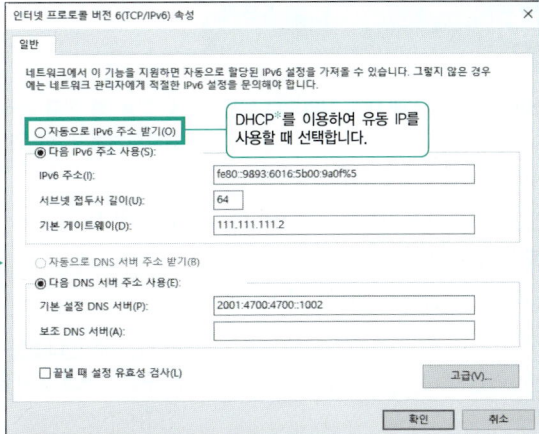
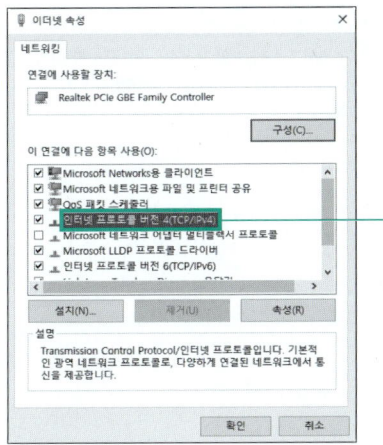
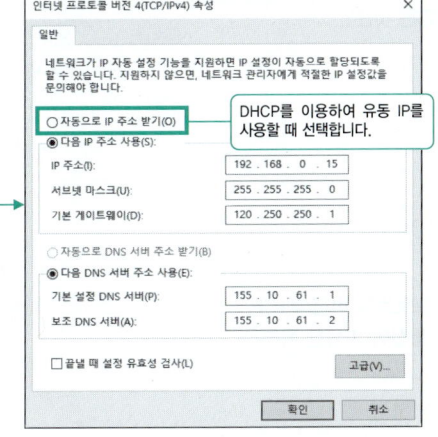

'이더넷 속성' 대화상자를 실행하는 다른 방법
[⊞(시작)] → [Windows 시스템] → [제어판] → [네트워크 및 공유 센터] → [어댑터 설정 변경] → [이더넷]의 바로 가기 메뉴에서 [속성] 선택

DHCP(Dynamic Host Configuration Protocol)
DHCP는 고유한 IP 주소 없이 인터넷에 접속할 때 자동으로 새로운 IP 주소를 할당해 주는 프로토콜입니다.

20.2, 12.2, 10.3, 03.3, 00.3 **IP 주소**	• 인터넷에 연결된 호스트 컴퓨터의 유일한 주소로 네트워크 주소와 호스트 주소로 구성되어 있다. • IPv4 주소는 32비트 주소를 8비트씩 마침표(.)로 구분한다. • IPv6 주소는 128비트 주소를 16비트씩 콜론(:)으로 구분한다.	
서브넷 접두사 길이	서브넷 접두사는 IPv6 주소의 네트워크 주소와 호스트 주소를 구별하기 위하여 IPv6 수신인에게 허용하는 서브넷 마스크 부분의 길이를 비트로 표현한 것으로, IPv6 주소 뒤에 슬래시(/)로 구분하여 표기한다. 예 2001:0230:abcd:ffff::ffff:1111/64 　　　　IPv6　　　　서브넷 접두어	
20.2, 12.2, 10.3, 03.3, 00.3 **서브넷 마스크**	• IPv4 주소의 네트워크 주소와 호스트 주소를 구별하기 위하여 IPv4 수신인에게 허용하는 32비트 주소이다. • IP 주소와 결합하여 사용자 컴퓨터가 속한 네트워크를 나타낸다.	
12.2, 10.3, 03.3, 00.3 **게이트웨이**	• 다른 네트워크와의 데이터 교환을 위한 출입구 역할을 하는 장치로, LAN에서 다른 네트워크에 데이터를 보내거나 받아들이는 역할을 하는 장치를 지정한다. • 네트워크 사이에서 IP 패킷을 라우팅하거나 전달할 수 있는 여러 개의 실제 TCP/IP 네트워크에 연결된 장치이다. • 서로 다른 전송 프로토콜이나 IPX 및 IP와 같은 데이터 형식 간의 변환을 담당한다.	
20.2, 12.2, 09.2, 09.1, 08.1 **DNS 서버 주소**	DNS 서버는 문자 형태로 된 도메인 네임을 숫자로 된 IP 주소로 변환해 주는 서버이며, DNS 서버 주소에는 이 서버가 있는 곳의 IP 주소를 지정한다.	

기출문제 따라잡기

 문제3 1302951   문제4 1302952

22년 4회, 18년 2회, 09년 1회

1. 다음 중 네트워크와 관련하여 Ping 서비스에 대한 설명으로 옳은 것은?

① 원격으로 다른 컴퓨터를 사용할 수 있는 서비스이다.
② 인터넷이 정상적으로 연결되었는지 확인하는 서비스이다.
③ 인터넷 서버까지의 경로를 추적하는 서비스이다.
④ 특정 시스템을 사용하고 있는 사용자 정보를 알아보는 서비스이다.

①번은 Telnet, ③번은 Tracert, ④번은 Finger에 대한 설명입니다.

18년 상시, 13년 2회, 09년 2회

2. 다음 중 한글 Windows 10의 [명령 프롬프트] 창에서 ping 명령을 실행한 후 확인할 수 있는 내용으로 옳지 않은 것은?

① 대상이 되는 IP 주소의 호스트 이름
② 전송 신호의 손실률
③ 전송 신호의 응답 시간
④ 게이트웨이와 DNS의 IP 주소

게이트웨이는 'ipconfig' 명령어로 확인할 수 있습니다.

20년 2회, 12년 2회, 10년 3회, 03년 3회, 00년 3회

3. 외부와의 네트워크 환경 설정 시 [인터넷 프로토콜 버전 4(TCP/IPv4)]의 속성에서 반드시 설정하지 않아도 통신이 가능한 목록은 다음 중 어느 것인가?

① 게이트웨이
② IP 주소 지정
③ WINS 구성
④ 서브넷 마스크 지정

WINS는 Windows 인터넷 서비스라는 NetBios 프로토콜을 필요로 하는 프로그램을 사용할 수 있도록 하는 것인데, 설정하지 않아도 인터넷을 사용할 수 있습니다.

17년 1회, 10년 2회, 09년 1회, 08년 4회, 04년 1회

4. 다음 중 한글 Windows 10에서 인터넷을 사용할 수 있게 하며, 클라이언트가 동적인 IP 주소를 할당받을 수 있게 해주는 것은?

① WWW
② HTML
③ DHCP
④ WINS

동적인 IP 주소를 할당받을 수 있도록 해주는 프로토콜은 DHCP입니다.

24년 3회, 20년 2회

5. 다음 중 인터넷을 수동으로 연결하기 위하여 지정해야 할 TCP/IP 구성 요소로 옳지 않은 것은?

① IP 주소
② 서브넷 마스크
③ 어댑터 주소
④ DNS 서버 주소

어댑터 주소는 수동으로 연결하기 위해 지정해야 할 TCP/IP 구성 요소가 아닙니다. TCP/IP의 구성 요소에는 IP 주소, 서브넷 접두사 길이, 서브넷 마스크, 게이트웨이, DNS 서버 주소 등이 있습니다.

▶ 정답 : 1. ②   2. ④   3. ③   4. ③   5. ③

2장 핵심요약

015 [설정] 창의 '시스템'

❶ 디스플레이 24.3, 23.2, 22.4, 16.1, 14.3

- 화면에 표시되는 텍스트나 앱, 아이콘 등의 크기를 변경한다.
- 디스플레이 장치의 해상도를 변경한다.
- 높은 화면 해상도에서는 텍스트와 이미지가 더 선명하지만 크기는 더 작게 표시된다.
- 해상도를 변경하면 해당 컴퓨터에 로그인한 모든 사용자에게 변경 내용이 적용된다.
- 하나의 컴퓨터에 두 개 이상의 모니터를 연결하면, 여러 디스플레이 옵션이 활성화된다.
- 디스플레이 장치의 화면 방향을 가로, 세로 등으로 변경한다.

❷ 다중 디스플레이 25.3, 22.4, 14.3

- 하나의 컴퓨터에 두 개 이상의 모니터를 연결하는 것을 의미한다.
- 각 모니터마다 해상도와 방향을 다르게 설정할 수 있고, 원하는 모니터를 주 모니터로 설정할 수 있다.
- 디스플레이를 확장하거나 복제해서 사용할 수 있다.

❸ 소리 24.4, 23.4, 23.1, 22.4

소리와 관련된 출력 및 입력 장치의 선택과 설정, 볼륨 조정, 마이크 테스트 등을 수행할 때 사용한다.

❹ 정보 25.5, 24.1, 23.5, 23.2, 21.4, 20.1

시스템에 연결된 하드웨어 및 Windows 사양 등을 확인하거나 컴퓨터(PC) 이름을 변경할 때 사용한다.

016 [설정] 창의 '개인 설정'

❶ 배경 24.3, 23.4, 23.1, 22.4, 21.4, 18.상시, 14.1, 13.3, 13.1, 12.2, 12.1, 11.3, 10.3, 10.1

- 배경 : 바탕 화면의 배경이 표시되는 방식을 지정함
- 사용자 사진 선택 : Windows에서 제공하는 이미지나 GIF, BMP, JPEG, PNG 등의 확장자를 가진 사용자 이미지 중에서 원하는 그림 파일을 선택하여 지정함

❷ '잠금 화면'의 화면 보호기 설정 24.3, 23.4, 23.1, 22.4, 21.4, 18.상시, 14.1, …

- 정해진 시간 동안 모니터에 전달되는 정보에 변화가 없을 때 화면 보호기가 작동되게 설정하는 '화면 보호기 설정' 대화상자가 실행된다.
- 화면 보호기는 마우스를 움직이거나 키보드에서 임의의 키를 누르면 해제된다.
- 대기 시간(화면 보호기가 작동되는 시간)과 다시 시작할 때 로그온 화면 표시 여부를 지정할 수 있다.
- 전원 관리 : 에너지 절약을 위한 전원 관리를 효율적으로 설정할 수 있는 [제어판] → [전원 옵션] 창을 표시함

❸ 테마 23.4, 23.1, 22.4, 21.4, 18.상시, 13.1, 11.3

컴퓨터의 배경 그림, 색, 소리, 마우스 커서 등 Windows를 구성하는 여러 요소를 하나의 그룹으로 묶어 놓은 것으로, 다른 테마로 변경할 수 있다.

❹ 색 24.3, 23.4, 23.1, 22.4, 21.4, 18.상시, 13.1, 11.3

창 테두리 및 제목 표시줄, 시작 단추, 작업 표시줄에 대한 색과 테마 컬러를 변경할 수 있다.

017 [설정] 창의 '앱'

❶ 앱 및 기능 23.3, 23.1, 21.2, 18.1, 17.2, 16.1, 15.2, 14.1, 13.3, 12.2, 12.1, 10.3, 10.1

- 컴퓨터에 설치된 앱을 수정하거나 제거할 때 사용한다.
- 현재 설치된 앱의 설치 날짜나 크기를 확인할 수 있다.
- 선택적 기능 : 언어 팩, 필기 인식 등 Windows에서 제공하는 기능을 선택하여 추가로 설치 및 제거할 수 있음

2장 핵심요약

❷ 연결 프로그램 25.5, 24.2, 23.4, 22.1, 21.3, 21.2, 13.3

- 연결 프로그램은 특정 데이터 파일(문서, 그림, 사운드 등)을 열 때 자동으로 실행되는 앱을 말하며, 파일의 확장자에 의해 연결 프로그램이 결정된다.
- 현재 연결된 앱이 없는 파일을 열기 위해서는 파일을 더블클릭하면 실행되는 창에서 사용할 앱을 지정해야 한다.
- 확장자가 다른 여러 개의 파일을 하나의 앱에 연결하여 사용할 수 있으며, 기본적으로 여러 가지 확장자를 사용할 수 있는 앱도 있다(예 그림 보기에 많이 사용하는 알씨).

❸ 시작 프로그램 23.3, 23.1, 21.2

로그인할 때 자동으로 실행될 앱을 설정할 때 사용한다.

018 [설정] 창의 '접근성'

❶ 개념 24.4, 17.1, 14.2

신체에 장애가 있거나 컴퓨터에 익숙하지 않은 사람들이 컴퓨터를 편리하고 쉽게 사용할 수 있도록 키보드, 소리, 마우스 등의 설정을 변경할 때 사용한다.

❷ 돋보기 25.5, 23.5, 20.2, 15.3

- 화면 전체 또는 원하는 영역을 확대할 수 있도록 설정한다.
- ⊞++/-를 이용하여 100%~1600%까지 확대 또는 축소할 수 있다.
- Windows 로그인 전·후에 자동으로 돋보기가 시작되도록 설정할 수 있다.

❸ 내레이터 25.5, 23.5, 20.2

화면의 모든 텍스트를 내레이터가 소리 내어 읽어주도록 설정한다.

❹ 키보드 25.5, 23.5, 20.2, 15.2

- 화상 키보드 : 마우스 등의 포인팅 장치로 문자를 입력할 수 있도록 지정함
- 토글 키 : CapsLock, NumLock, ScrollLock을 누를 때 신호음이 나도록 지정함

019 [설정] 창의 '계정'

❶ 사용자 계정 컨트롤 24.5, 19.2, 16.1

유해한 앱이나 불법 사용자가 컴퓨터 설정을 임의로 변경하지 못하도록 제어하는 기능이다.

❷ 관리자 계정 20년 상시, 20.1, 17.2, 13.2

- 제한 없이 컴퓨터 설정을 변경할 수 있다.
- 사용자 계정을 추가, 삭제, 변경할 수 있고 액세스 권한을 가진다.

❸ 표준 사용자 계정 20년 상시, 20.1, 17.2, 17.1, 14.2, 13.2

- 할 수 없는 것
  - 앱, 하드웨어 등의 설치 및 제거
  - 중요한 파일 삭제
  - 계정 이름 및 계정 유형 변경
  - 컴퓨터 보안 관련 설정
- 할 수 있는 것
  - 이미 설치된 앱의 실행
  - 테마, 바탕 화면 설정
  - 자신의 계정에 대한 암호 설정

020 [설정] 창의 '업데이트 및 보안'

❶ Windows Defender 방화벽 23.5, 23.3, 22.1, 21.3

사용자의 컴퓨터를 무단으로 접근하려는 위협 요소로부터 컴퓨터를 보호하는 방어막을 제공하는 앱이다.

021 [설정] 창의 '장치'

❶ 마우스 [23.3]
- 오른손잡이/왼손잡이에 맞게 마우스 단추의 기능을 설정한다.
- 마우스 커서의 속도를 설정한다.
- 휠을 한 번 돌리면 여러 줄(1~100) 또는 한 화면이 스크롤 되도록 설정한다.
- 활성창/비활성창 구분 없이 마우스 포인터가 가리키는 창이 스크롤 되도록 설정할 수 있다.

022 장치 관리자

❶ 장치 관리자의 개요 [25.4, 24.1, 23.4, 19.상시, 15.3, 15.2, 11.2]
- 컴퓨터에 설치되어 있는 하드웨어의 종류 및 작동 여부를 확인한다.
- 하드웨어의 제거나 사용 여부, 업데이트 등의 속성을 변경할 때 사용한다.
- 아래 화살표가 표시된 장치는 사용되지 않음을 나타낸다.
- 물음표가 표시된 장치는 알 수 없는 장치를 나타낸다.
- 느낌표가 표시된 장치는 정상적으로 동작하지 않는 장치를 나타낸다.

023 프린터

❶ 프린터 설치 [23.2, 23.1, 22.4, 22.2, 19.1, 18.상시, 14.1, 13.2, 11.2, 11.1]
- [⊞(시작)] → [⚙(설정)] → [장치] → [프린터 및 스캐너]에서 '프린터 또는 스캐너 추가'를 클릭하고 설치할 프린터를 선택한 후 〈장치 추가〉를 클릭하면 자동 설치된다.
- 여러 개의 프린터를 한 대의 컴퓨터에 설치할 수 있고, 한 개의 프린터를 네트워크로 공유하여 여러 대의 컴퓨터에 설치할 수 있다.
- 네트워크 프린터를 설치하면, 다른 컴퓨터에 연결된 프린터를 내 컴퓨터에 연결된 프린터처럼 사용할 수 있다.
- 네트워크 프린터를 사용할 때는 프린터의 공유 이름과 프린터가 연결되어 있는 컴퓨터의 이름을 알아야 한다.
- 로컬 프린터 : 컴퓨터에 직접 연결되어 있는 프린터
- 네트워크 프린터 : 다른 컴퓨터에 연결되어 있는 프린터

❷ 기본 프린터 [25.5, 24.1, 23.4, 21.1, 18.상시, 16.3, 15.2, 13.3, 11.2]
- 인쇄 명령 수행 시 특정 프린터를 지정하지 않을 경우 자동으로 인쇄 작업이 전달되는 프린터이다.
- 기본 프린터는 하나만 지정할 수 있으며, 현재 기본 프린터를 해제하려면 다른 프린터를 기본 프린터로 설정하면 된다.
- 프린터 이름 아래에 '기본값'이라고 표시되어 있다.
- 네트워크 프린터나 추가 설치된 프린터도 기본 프린터로 설정할 수 있다.

024 인쇄 작업

❶ 인쇄 작업의 특징 [25.5, 25.1, 24.1, 23.4, 22.3, 21.1, 19.상시, 16.3, 15.1, 13.2, 13.1]
- 인쇄 관리자 창에는 문서 이름, 상태, 소유자, 페이지 수, 크기, 포트 등이 표시된다.
- 인쇄 작업이 시작된 문서도 중간에 강제로 종료시키거나 잠시 중지시켰다가 다시 인쇄할 수 있다.
- 인쇄 대기중인 문서를 삭제하거나, 출력 대기 순서를 임의로 조정할 수 있다.
- 프린터 대화상자의 [문서] → [취소]를 선택하면, 인쇄 중인 문서의 인쇄 작업이 취소된다.
- 프린터 대화상자의 [문서] → [일시 중지]를 선택하면, 해당 문서의 인쇄 작업을 일시 중지시킨다.

❷ 스풀(SPOOL) [25.1, 15.1, 13.1, 12.3, 11.2]
저속의 출력장치인 프린터를 고속의 중앙처리장치(CPU)와 병행 처리할 때, 컴퓨터 전체의 처리 효율을 높이기 위해 사용하는 기능이다.

2장 핵심요약

025 Windows 관리 도구

❶ 드라이브 조각 모음 및 최적화 25.5, 25.2, 24.5, 23.5, 21.4, 20.1, 19.2, 18.상시, …

- 드라이브의 접근 속도를 향상시키기 위해 드라이브를 최적화하는 기능이다.
- '드라이브 조각 모음 및 최적화'는 드라이브에 대한 접근 속도를 향상시키기 위한 것으로, 드라이브의 용량 증가와는 관계가 없다.
- '드라이브 최적화' 대화상자에서 〈설정 변경〉을 클릭하여 정해진 날(매일, 매주, 매월)에 '드라이브 조각 모음 및 최적화'를 자동으로 수행하도록 예약할 수 있다.
- 드라이브 조각 모음 및 최적화가 불가능한 경우
  - NTFS, FAT, FAT32 이외의 파일 시스템으로 포맷된 경우
  - CD/DVD-ROM 드라이브
  - 네트워크 드라이브
  - Windows가 지원하지 않는 형식으로 압축된 드라이브

026 Windows 시스템

❶ '작업 관리자' 대화상자의 기능 22.3, 19.1, 13.2

- 프로세스 : 현재 실행 중인 앱과 프로세스의 상태를 확인하고, 응답하지 않는 앱이나 프로세스를 종료할 수 있음
- 성능 : CPU, 메모리, 디스크, 이더넷(네트워크), GPU의 자원 사용 현황을 그래프로 표시함
- 시작프로그램 : Windows가 시작될 때 자동으로 실행되는 앱의 사용 여부를 지정함
- 사용자 : 현재 컴퓨터에 로그인되어 있는 모든 사용자를 보여주고, 특정 사용자에게 메시지를 보내거나 강제로 로그아웃시킬 수 있음

❷ 명령 프롬프트 22.1, 21.3

- 바탕 화면에 표시되는 창으로, MS-DOS 운영체제용 앱을 사용할 수 있다.
- 실행 방법
  - 방법 1 : [⊞(시작)] → [Windows 시스템] → [명령 프롬프트] 선택
  - 방법 2 : 작업 표시줄의 검색 상자나 '실행(⊞+R)' 창에 cmd를 입력한 후 Enter를 누름

027 네트워크

❶ 네트워크 관련 DOS 명령어 - ping 22.4, 18.상시, 18.2, 14.1, 13.2

- 원격 컴퓨터가 현재 네트워크에 연결되어 정상적으로 작동하고 있는지 알아보는 서비스이다.
- 특정 컴퓨터에 ping 명령을 실행하면 해당 컴퓨터의 이름과 IP 주소, 전송 신호의 손실률 및 응답 시간 등이 표시된다.

❷ TCP/IP의 구성 요소 24.3, 20.2, 17.1, 12.2, 11.2, 10.3

- IP 주소
  - 인터넷에 연결된 호스트 컴퓨터의 유일한 주소로 네트워크 주소와 호스트 주소로 구성되어 있다.
  - DHCP를 이용하여 유동 IP를 사용할 수 있다.
  - ※ DHCP : 고유한 IP 주소 없이 인터넷에 접속할 때 자동으로 새로운 IP 주소를 할당해 주는 프로토콜
- 서브넷 마스크 : IPv4 주소의 네트워크 주소와 호스트 주소를 구별하기 위하여 IPv4 수신인에게 허용하는 32비트 주소
- 게이트웨이 : 다른 네트워크와의 데이터 교환을 위한 출입구 역할을 하는 장치
- DNS 서버 주소 : 문자 형태로 된 도메인 네임을 숫자로 된 IP 주소로 변환해 주는 서버(DNS)가 있는 곳의 IP 주소를 지정함

3장 컴퓨터 시스템의 개요

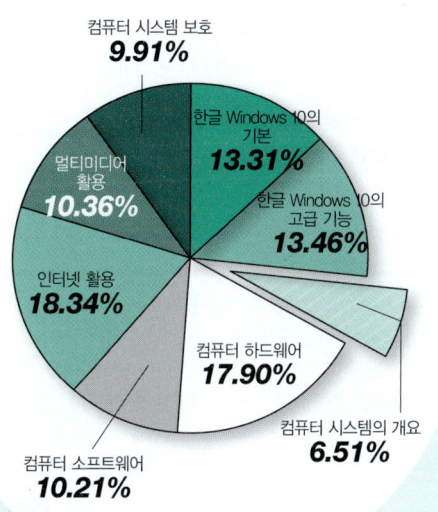

028 컴퓨터의 개념 Ⓒ등급
029 컴퓨터의 분류 Ⓐ등급
030 자료 구성의 단위 / 코드 Ⓐ등급

꼭 알아야 할 키워드   Best 10

1. 정보와 자료   2. 컴퓨터의 구성   3. 슈퍼 컴퓨터   4. 휴대용 컴퓨터   5. 디지털 컴퓨터   6. 아날로그 컴퓨터   7. 범용 컴퓨터   8. 전용 컴퓨터
9. 자료 구성의 단위   10. 문자 표현 코드

SECTION 028 컴퓨터의 개념

전문가의 조언

컴퓨터에 대한 정의 및 자료와 정보의 의미를 묻는 문제가 출제되었습니다. 자료와 정보를 구분할 수 있도록 정리하세요.

궁금해요 시나공 Q&A 베스트

Q 그런데 왜 컴퓨터라고 부를까?

A 컴퓨터는 Compute, 즉 '계산하다'를 뜻하는 영어의 어원에서 유래했습니다. 컴퓨터는 계산이 많은 작업에서 전문적으로 계산하는 사람을 일컫는 말이었으나 그 작업을 컴퓨터가 대신하게 되면서 계산기를 컴퓨터라고 부르게 되었습니다.

범용성(汎用性)
범(汎)은 '모두, 다', 용(用)은 '쓰다, 사용하다'의 의미로, 컴퓨터를 여러 가지 용도로 사용할 수 있다는 것을 뜻합니다.

호환성(互換性)
호(互)는 '서로', 환(換)은 '바꾸다'의 의미로, 하나의 하드웨어나 소프트웨어를 여러 컴퓨터에서 교환하여 사용할 수 있다는 뜻입니다.

전문가의 조언

'최초'라는 말을 중심으로 기억하고, 프로그램 내장 방식에 대한 개념을 명확히 숙지하세요.

프로그램 내장 방식(Stored Program)
프로그램 내장 방식은 프로그램과 데이터를 주기억장치에 저장해 두고, 주기억 장치에 있는 프로그램 명령어를 하나씩 차례대로 수행하는 방식입니다.

1 컴퓨터의 정의
03.3, 99.2

- 컴퓨터*(EDPS; Electronic Data Processing System)는 입력된 자료(Data)를 프로그램이라는 명령 순서에 따라 처리하여 그 결과를 사람이 알아볼 수 있도록 출력하는 전자(Electronic) 자료 처리(Processing) 시스템(System)이다.
- 컴퓨터는 프로그램에 의해 자동(Automatic)으로 처리되므로, ADPS(Automatic Data Processing System)라고도 한다.
- 컴퓨터의 5대 특징은 정확성, 신속성, 대용량성, 범용성*, 호환성*이다.

24.5, 20.1, 10.1, 00.1, 99.2

잠깐만요 정보와 자료 / GIGO

- 자료(Data) : 관찰이나 측정을 통해 수집한 단순한 사실이나 결과값을 말합니다.
- 정보(Information) : 의사결정에 도움을 줄 수 있는 유용한 형태로, 자료를 가공(처리)한 것을 말합니다.
- GIGO(Garbage In Garbage Out) : 쓰레기(Garbage)가 들어가면 쓰레기가 나온다는 의미입니다. 아무리 정확한 컴퓨터라도 '사람이 잘못된 자료를 입력하면 컴퓨터도 잘못된 결과를 출력한다'는 컴퓨터의 수동성을 뜻하는 말입니다.

2 컴퓨터의 기원
16.1, 08.1, 07.1, 05.1, 04.4, 00.3

1303002

다음은 컴퓨터의 발전 과정에 대한 요약이다.

기종	개발 연도	개발자	의의
파스칼의 계산기 (Pascalline) [16.1]	1642	파스칼	덧셈, 뺄셈이 가능한 최초의 기계식 계산기
해석기관 [00.3]	1834	바베지	현대 컴퓨터의 개념을 최초로 제시
천공 카드 시스템 [16.1]	1893	홀러리스	인구통계 및 국세 조사에 이용, 자동 계산의 실용성 확인
튜링 기계	1937	튜링	추상적인 계산기의 모형으로서 컴퓨터의 논리적 모델이 됨
MARK-I	1944	에이컨	최초의 전기 기계식 자동계산기
ABC	1942	아타나소프	최초로 진공관을 사용한 계산기
ENIAC [05.1]	1946	에커트 & 머큘리	최초의 전자계산기
EDSAC [16.1]	1949	윌키스	최초로 프로그램 내장 방식*을 도입한 계산기
UNIVAC-I [16.1, 04.4]	1951	에커트 & 머큘리	최초의 상업용 전자계산기(미 통계국에서 사용)
EDVAC [08.1, 07.1]	1952	폰 노이만	폰 노이만이 제작한 컴퓨터로 프로그램 내장 방식과 2진법 채택

③ 컴퓨터의 세대별 특징

14.1, 08.3, 08.1, 06.4, 06.1, 05.3, 04.4, 02.2

다음은 컴퓨터의 발전 세대별 주요 소자 및 특징에 대한 설명이다.

세대	주요 소자	주기억장치	특징
제1세대	진공관	자기 드럼	기계어 사용, 하드웨어 중심, 일괄처리 시스템
제2세대	트랜지스터(TR)	자기 코어	고급언어 개발, 운영체제 도입, 온라인 실시간 처리, 다중 프로그램
제3세대 08.1	집적 회로(IC)	집적 회로(IC)	시분할 처리, 다중처리, OCR, OMR, MICR, MIS 도입
제4세대 06.1, 05.3, 02.2	고밀도 집적 회로(LSI)	고밀도 집적 회로(LSI)	개인용 컴퓨터 개발, 마이크로프로세서* 개발, 네트워크, 분산 처리
제5세대 14.1, 08.3, 04.4	초고밀도 집적 회로(VLSI)	초고밀도 집적 회로(VLSI)	인터넷, 인공지능, 퍼지 이론, 패턴 인식, 전문가 시스템 등 신기술 개발

④ 컴퓨터의 구성

18.상시

컴퓨터는 기계장치인 하드웨어와, 하드웨어를 움직이는 소프트웨어로 구성된다. 하드웨어와 소프트웨어의 개념과 각각의 종류에 대해 알아보자.

하드웨어

하드웨어(Hardware)는 딱딱한 제품이라는 의미로, 컴퓨터 시스템을 구성하는 물리적인 부품, 즉 기계적인 장치들을 말한다.

- 하드웨어는 중앙처리장치와 주변장치로 구성되고, 각각은 다음과 같이 구성된다.
  - 중앙처리장치(CPU) = 레지스터 + 제어장치 + 연산장치
  - 주변장치 = 입·출력장치 + 보조기억장치

소프트웨어

소프트웨어*(Software)는 하드웨어의 반대 개념으로, 하드웨어를 사용하기 위한 각종 명령의 집합으로서 일반적으로 프로그램이라 부른다.

- 소프트웨어는 하드웨어 전체를 제어하고 운영하는 시스템 소프트웨어와 특정 업무를 처리하기 위한 응용 소프트웨어로 구분된다.

전문가의 조언

컴퓨터의 세대별 주요 소자와 특징을 묻는 문제가 출제되었습니다. 세대별 주요 소자와 특징을 구분할 수 있을 정도로 알아두세요.

마이크로프로세서 (Microprocessor)
마이크로프로세서는 제어장치, 연산장치, 레지스터가 한 개의 반도체 칩(IC)에 내장된 장치로, 개인용 컴퓨터(PC)에서 중앙처리장치로 사용되고 있습니다.

전문가의 조언

컴퓨터에 대해 공부하려면 컴퓨터가 어떻게 구성되어 있는지 정도는 알아야겠죠? 컴퓨터를 구성하고 있는 하드웨어와 소프트웨어의 개념 및 특징을 간략히 알아두세요.

컴퓨터의 5대 장치
레지스터, 제어장치, 연산장치, 입력장치, 출력장치를 컴퓨터의 5대 장치라고 합니다.

소프트웨어 = 시스템 소프트웨어 + 응용 소프트웨어

잠깐만요 2 더하기 3은 어떻게 처리되나요?

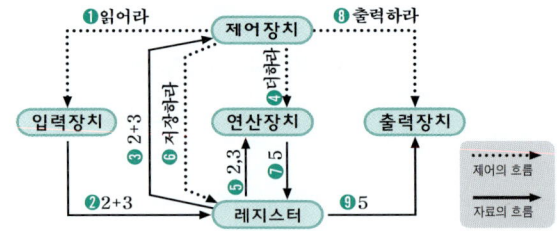

키보드로 2+3을 입력하면 **①제어장치**는 키보드의 2+3을 읽어서 **②레지스터**에 저장시킨 후 **③제어장치**로 가져와 명령을 해독합니다. 명령을 해독한 제어장치는 **④연산장치**에게 **⑤레지스터**에 있는 2와 3을 가져다가 덧셈을 하도록 지시합니다. 덧셈이 끝나면 **⑥제어장치**는 연산장치에 있는 결과 5를 **⑦레지스터**에 저장시키고 저장된 결과를 출력할 것을 **⑧출력장치**에게 지시합니다. 이제 화면에 5가 **⑨출력**되어 눈으로 확인할 수 있습니다.

기출문제 따라잡기

 문제1 1303052   문제2 1303053

14년 1회, 08년 3회
1. 컴퓨터의 발전 과정을 세대별로 구분할 때 5세대 컴퓨터의 특성으로 볼 수 없는 것은?

① 퍼지 컴퓨터
② 인공지능
③ 패턴 인식
④ 온라인 방식

> 온라인 방식은 2세대 컴퓨터의 특징입니다. 5세대 컴퓨터의 특징에는 인터넷, 인공지능, 퍼지 이론, 패턴 인식, 전문가 시스템 등이 있습니다.

16년 1회, 08년 1회
2. 다음 중 컴퓨터의 발전 과정에 관한 설명으로 옳지 않은 것은?

① 파스칼의 계산기는 사칙연산이 가능한 최초의 기계식 계산기이다.
② 천공 카드 시스템은 홀러리스가 개발한 것으로 인구통계 및 국세 조사에 이용되었다.
③ EDSAC은 최초로 프로그램 내장 방식을 도입하였다.
④ UNIVAC-1은 최초의 상업용 전자계산기이다.

> 파스칼의 계산기는 사칙연산이 아닌 덧셈, 뺄셈만 가능한 최초의 기계식 계산기입니다.

24년 5회, 20년 1회, 10년 1회
3. 다음 중 빈 칸의 용어를 올바르게 나열한 것은?

> (ⓐ)은(는) 생활에서 관찰이나 측정을 통해 얻을 수 있는 문자나 그림, 숫자 등의 값을 의미한다. 이러한 요소들을 모아서 의미 있는 이용 가능한 형태로 바꾸면 (ⓑ)이(가) 된다.
> (ⓒ)란 정보통신기술의 혁신을 바탕으로 경제와 사회의 중심이 물질이나 에너지로부터 정보로 이동하여 정보가 사회의 전 분야에 널리 확산되는 것을 말한다.

① ⓐ 자료   ⓑ 지식   ⓒ 정보화
② ⓐ 자료   ⓑ 정보   ⓒ 정보화
③ ⓐ 정보   ⓑ DB   ⓒ 스마트
④ ⓐ 정보   ⓑ 지식   ⓒ 스마트

> 단순한 사실이나 결과 값은 자료, 자료를 이용 가능한 형태로 바꾼 것은 정보입니다. 그리고 정보가 사회의 전 분야에 널리 확산되는 것을 정보화라고 합니다.

▶ 정답 : 1. ④ 2. ① 3. ②

SECTION 029 컴퓨터의 분류

컴퓨터는 용량과 속도를 기준으로 하는 처리 능력에 따른 분류, 취급하는 데이터의 형태에 따른 분류, 그리고 사용하는 목적에 따른 분류로 3가지 형태로 나눌 수 있다.

1 처리 능력에 따른 분류
21.2, 15.1, 12.3, 08.4, 07.2, 06.3

15.1, 12.3, 07.2, 06.3 슈퍼 컴퓨터(Super Computer; 초대형 컴퓨터)	• 높은 정밀도를 가지고 있어 정확한 계산을 수행할 수 있다. • 슈퍼 컴퓨터의 속도를 측정하는 단위는 플롭스(Flops)*이다. • 인공위성 제어, 일기예보, 시뮬레이션* 처리, 초정밀 과학기술 연구, 지형 분석, 우주 항공 산업 등의 특수 분야에 사용된다.
15.1, 07.2 메인 프레임(Main frame; 대형 컴퓨터)	• 대규모 시스템으로, 수백 명의 사용자가 동시에 사용할 수 있다. • 메인 프레임은 은행, 병원, 정부기관 등에서 사용한다.
06.3 미니 컴퓨터(Mini Computer; 중형 컴퓨터)	중규모 시스템으로, 학교·연구소 등의 업무 처리나 과학기술 계산에 사용된다.
15.1, 07.2, 06.3 마이크로 컴퓨터(Micro Computer; 소형 컴퓨터)	'마이크로프로세서(MPU)'를 CPU로 사용하는 컴퓨터이며, 네트워크에서 주로 클라이언트(Client) 역할을 한다.

2 마이크로 컴퓨터의 종류
24.5, 23.5, 20.2, 17.1, 15.3, 08.4, 03.2, 00.1, 99.1

03.2, 00.1 워크스테이션 (Workstation)	• RISC 프로세서*를 사용하며, 네트워크에서 서버(Server) 역할을 담당한다. • 고성능 그래픽 처리나 공학용 시뮬레이션에 주로 사용한다.
데스크톱 컴퓨터 (Desktop Computer)	책상에 놓고 사용할 수 있는 일반적인 개인용 컴퓨터를 말한다.
24.5, 23.5, 20.2, 17.1, 15.3, 08.4, … 휴대용 컴퓨터	가볍고 크기가 작아 휴대가 가능한 개인용(Personal) 컴퓨터를 말한다. • 랩톱(Laptop) : 무릎 위에 놓고 사용할 수 있는 크기의 컴퓨터 • 노트북(Notebook) : 노트(Note) 크기만한 컴퓨터 • 팜톱(Palmtop) : 손바닥 위에 놓고 사용할 수 있는 크기의 컴퓨터로, 스마트폰을 컴퓨터로 분류한다면 여기에 속한다. • 태블릿PC(Tablet PC)* : 노트북의 기능에 PDA의 휴대성을 더한 컴퓨터로, 키보드 대신 터치스크린이나 스타일러스 펜을 입력 장치로 사용한다. • PDA(Personal Digital Assistant)* : 팜톱 컴퓨터의 일종으로 전자수첩 기능, 이동통신 기능, 비서 기능, 개인정보 관리 기능 등을 가진 컴퓨터로 크기가 작아 펜이나 터치 스크린을 입력 방식으로 사용한다. • 웨어러블 컴퓨터(Wearable Computer) – 의류, 시계, 안경 등의 형태로 사람이 몸에 착용하고 다닐 수 있는 컴퓨터이다. – 소형화 및 경량화, 음성과 동작 인식 등 다양한 기술이 적용되어 장소에 구애받지 않고 컴퓨터를 활용할 수 있다.

전문가의 조언

컴퓨터의 사용 분야와 컴퓨터의 처리 능력에 따른 분류에 해당하는 컴퓨터의 종류를 정확히 알아두세요.

플롭스(PFlops)
플롭스(Flops)는 컴퓨터가 1초에 부동 소수점 연산을 몇 번 할 수 있느냐 하는 연산 횟수를 나타내는 단위입니다.

시뮬레이션(Simulation)
'모의 실험'이란 의미로, 컴퓨터로 특정 상황을 설정해서 구현하는 기술입니다.
예 핵전쟁, 화산 폭발, 태풍 등

RISC 프로세서
RISC 프로세서는 기억, 연산, 제어 장치가 한 개의 반도체 칩에 내장된 마이크로프로세서(MPU)의 한 종류로, CISC에 비해 기능이 우수합니다.

태블릿PC
요즘 많이 사용하고 있는 아이패드, 갤럭시탭 등이 바로 태블릿PC입니다.

PDA
PDA에서 발전된 것이 현재 가장 많이 사용되고 있는 스마트폰입니다.

전문가의 조언

데이터 취급에 따른 컴퓨터 종류를 묻는 문제가 출제되었습니다. 데이터 취급에 따라 아날로그, 디지털, 하이브리드 컴퓨터가 있다는 것 꼭 기억하세요.

디지털형과 아날로그형

디지털(Digital)형은 결과를 이산적(비연속적인, 구분된)인 숫자나 문자로 조합하여 표시하는 것이고, 아날로그(Analog)형은 연속적인 값으로 표시하는 것을 말합니다. 예를 들면 시간이 숫자로 표시되는 시계는 디지털형이고, 시침·분침 등이 있는 일반 시계는 아날로그형입니다.

디지털형   아날로그형

 전문가의 조언

중요해요! 디지털 컴퓨터와 아날로그 컴퓨터의 차이점을 묻는 문제가 자주 출제됩니다. 디지털 컴퓨터와 아날로그 컴퓨터 중 하나만이라도 특징을 확실하게 숙지하세요.

 전문가의 조언

범용 컴퓨터와 전용 컴퓨터의 특징을 구분할 수 있을 정도로만 알아두세요.

 21.2, 18.상시, 15.3, 08.4, 08.3, 08.2, 06.2, 05.4, 02.1

3 데이터 취급에 따른 분류

1303103

컴퓨터를 데이터 취급에 따라 분류한다는 것은 컴퓨터에서 처리하는 데이터의 형태, 즉 디지털형*, 아날로그형*, 혼합형을 기준으로 분류하는 것을 말한다.

18.상시, 15.3, 08.3, 08.2, 06.2, … 디지털 컴퓨터 (Digital Computer)	문자나 숫자화된 비연속적인 데이터(디지털형)*를 처리하는 컴퓨터로, 사회 각 분야에서 일반적으로 사용한다.
18.상시, 15.3, 08.3, 08.2, 06.2, … 아날로그 컴퓨터 (Analog Computer)	온도, 전류, 속도 등과 같이 연속적으로 변화하는 데이터(아날로그형)*를 처리하기 위한 특수 목적용 컴퓨터를 말한다.
18.상시, 15.3, 08.3, 08.2, 06.2, … 하이브리드 컴퓨터 (Hybrid Computer)	디지털 컴퓨터와 아날로그 컴퓨터의 장점을 혼합하여 만든 컴퓨터이다.

 25.4, 24.4, 23.3, 22.4, 22.1, 21.3, 18.2, 17.1, 14.2, 14.1, 12.2, 10.3, 10.1, 07.3

4 디지털 컴퓨터와 아날로그 컴퓨터의 비교

1303104

항목	디지털 컴퓨터	아날로그 컴퓨터
25.4, 24.4, 22.4, 22.1, 21.3, … 입력 형태	숫자, 문자	전류, 전압, 온도, 속도
14.2, 07.3 출력 형태	숫자, 문자	곡선, 그래프
25.4, 24.4, 22.4, 22.1, 21.3, … 연산 형식	산술, 논리 연산	미·적분 연산
14.1, 10.3, 10.1, 07.3 연산 속도	느림	빠름
25.4, 24.4, 22.4, 22.1, 21.3, … 구성 회로	논리 회로	증폭 회로
18.2, 14.2 프로그래밍	필요함	필요하지 않음
정밀도	필요한 한도까지 가능	제한적임
18.2 기억 기능	있음	없음
25.4, 24.4, 22.4, 22.1, 21.3, … 적용성	범용	특수 목적용
가격	고가	저가

 21.2, 08.4

5 사용 용도에 따른 분류

컴퓨터를 어떠한 목적으로 사용하느냐에 따라 범용 컴퓨터와 전용 컴퓨터로 분류할 수 있다.

범용 컴퓨터	여러 분야에서 다양한 용도로 사용하기 위해 제작된 컴퓨터로, 디지털 컴퓨터가 여기에 해당된다.
전용 컴퓨터	특수한 목적에만 사용하기 위해 제작된 컴퓨터로 자동 제어 시스템, 항공기술 등 산업용 제어 분야 등에 사용되며, 아날로그 컴퓨터가 여기에 해당된다.

기출문제 따라잡기

 문제2 3303652
 문제5 1303151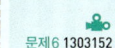
 문제6 1303152

24년 5회, 23년 5회, 20년 2회, 17년 1회

1. 다음 중 소형화, 경량화를 비롯해 음성과 동작 인식 등 다양한 기술이 적용되어 장소에 구애받지 않고 컴퓨터를 활용할 수 있도록 몸에 착용하는 컴퓨터를 의미하는 것은?

① 웨어러블 컴퓨터　② 마이크로 컴퓨터
③ 인공지능 컴퓨터　④ 서버 컴퓨터

> 몸에 착용하는(Wearable) 컴퓨터(Computer)를 웨어러블 컴퓨터라고 합니다.

25년 4회, 24년 4회, 23년 5회, 22년 4회, 1회, 21년 3회, 17년 1회, 12년 2회

2. 다음 중 디지털 컴퓨터와 아날로그 컴퓨터의 차이점에 관한 설명으로 옳은 것은?

① 디지털 컴퓨터는 전류, 전압, 온도 등 다양한 입력 값을 처리하며, 아날로그 컴퓨터는 숫자 데이터만을 처리한다.
② 디지털 컴퓨터는 증폭 회로로 구성되며, 아날로그 컴퓨터는 논리 회로로 구성된다.
③ 아날로그 컴퓨터는 미분이나 적분 연산을 주로 하며, 디지털 컴퓨터는 산술이나 논리 연산을 주로 한다.
④ 아날로그 컴퓨터는 범용이며, 디지털 컴퓨터는 특수 목적용으로 많이 사용된다.

> ① 디지털 컴퓨터는 숫자, 문자 데이터를 처리하며, 아날로그 컴퓨터는 전류, 전압, 온도 등 다양한 입력 값을 처리합니다.
> ② 디지털 컴퓨터는 논리 회로로 구성되며, 아날로그 컴퓨터는 증폭 회로로 구성됩니다.
> ④ 아날로그 컴퓨터는 특수 목적용이며, 디지털 컴퓨터는 범용으로 많이 사용됩니다.

15년 1회, 06년 3회

3. 다음 중 컴퓨터의 처리 능력에 따른 분류에 속하지 않는 것은?

① 미니 컴퓨터　② 범용 컴퓨터
③ 마이크로 컴퓨터　④ 슈퍼 컴퓨터

> 범용은 사용 용도에 따른 분류에 속합니다.

15년 3회, 08년 4회

4. 마이크로 컴퓨터는 휴대성에 따라 여러 가지 종류로 분류된다. 다음 중 스마트폰을 컴퓨터로 분류하는 경우 스마트폰이 포함될 수 있는 마이크로 컴퓨터의 종류는?

① 팜톱 컴퓨터　② 랩톱 컴퓨터
③ 노트북 컴퓨터　④ 데스크톱 컴퓨터

> 스마트폰은 손바닥(Palm) 위(Top)에 올려놓고 사용할 수 있으므로 팜톱 컴퓨터에 해당합니다.

15년 3회, 08년 3회, 2회, 06년 2회, 02년 1회

5. 컴퓨터를 분류하는 방법은 사용 목적, 취급하는 데이터의 형태, 처리 능력 등에 따라서 분류를 할 수 있다. 다음 중 컴퓨터가 취급하는 데이터의 형태에 의한 분류에 해당되지 않는 것은?

① 아날로그 컴퓨터　② 디지털 컴퓨터
③ 하이브리드 컴퓨터　④ 마이크로 컴퓨터

> 마이크로 컴퓨터는 컴퓨터의 처리 능력에 따른 분류에 속합니다.

18년 2회, 14년 2회, 1회, 10년 3회, 1회, 07년 3회

6. 다음 중 디지털 컴퓨터의 특성을 잘못 설명한 것은?

① 부호화된 숫자와 문자, 이산 데이터 등이 입력 형태이다.
② 숫자, 문자, 부호 등이 출력 형태이다.
③ 증폭 회로를 사용한다.
④ 연산 속도가 아날로그 컴퓨터보다 느리다.

> 디지털 컴퓨터는 논리 회로를 사용합니다. 증폭 회로를 사용하는 것은 아날로그 컴퓨터입니다.

08년 4회

7. 다음 중 컴퓨터의 분류에 대한 설명으로 틀린 것은?

① 컴퓨터는 처리 능력에 따른 분류, 데이터 취급에 따른 분류, 사용 용도에 따른 분류로 나눌 수 있다.
② 마이크로 컴퓨터의 종류에는 워크스테이션, 데스크톱 컴퓨터, 휴대용 컴퓨터 등이 있다.
③ 컴퓨터를 데이터 취급 형태에 따라 슈퍼 컴퓨터, 마이크로 컴퓨터, 워크스테이션, 데스크톱 컴퓨터 등으로 구분할 수 있다.
④ 컴퓨터를 어떠한 목적으로 사용하느냐에 따라 범용 컴퓨터와 전용 컴퓨터로 분류할 수 있다.

> 컴퓨터는 취급하는 데이터에 따라 디지털 컴퓨터, 아날로그 컴퓨터, 하이브리드 컴퓨터로 구분할 수 있습니다. 슈퍼 컴퓨터, 마이크로 컴퓨터, 워크스테이션, 데스크톱 컴퓨터는 처리 능력에 따른 분류에 해당합니다.

▶ 정답 : 1.① 2.③ 3.② 4.① 5.④ 6.③ 7.③

SECTION 030 자료 구성의 단위 / 코드

전문가의 조언

자료 구성의 단위는 단위별 특징과 단위를 크기순으로 나열하는 문제가 출제됩니다. 잘 정리해 두세요.

비트(Bit)
Bit는 Binary Digit의 합성어입니다. Binary는 2를 의미하고, Digit는 아라비아 숫자를 뜻하는 것으로 2진수를 말합니다.

1 자료 구성의 단위

24.5, 24.2, 23.2, 23.1, 22.4, 21.1, 19.2, 19.1, 16.3, 16.2, 13.1, 12.3, 12.2, 12.1, 10.3, 08.2, 06.2, 04.3, 01.3

자료 구성의 단위를 작은 것에서 큰 순으로 정리하면 다음과 같다.

단위	설명
24.5, 21.1, 19.2, 16.3, 12.1, 10.3, 08.2, … **비트(Bit, Binary Digit)**	• 자료(정보) 표현의 최소 단위이다. • 두 가지 상태(0과 1)를 표시하는 2진수 1자리이다.
24.5, 23.2, 21.1, 19.2, 16.2, 12.3, 12.1, … **니블(Nibble)**	• 4개의 비트(Bit)가 모여 1개의 니블(Nibble)을 구성한다. • 16진수 1자리를 표현하기에 적합하다.
24.2, 23.1, 22.4, 19.1, 12.2, 12.1, 10.3, … **바이트(Byte)**	• 문자를 표현하는 최소 단위로, 8개의 비트(Bit)가 모여 1Byte를 구성한다. • 1Byte는 256(2^8)가지의 정보를 표현할 수 있다. • 주소 지정의 단위로 사용된다. • 일반적으로 영문자나 숫자는 1Byte로 한 자를 표현하고, 한글과 한자는 2Byte로 한 자를 표현한다.
24.5, 24.2, 23.2, 23.1, 21.1, 19.2, 16.3, … **워드(Word)**	• CPU가 한 번에 처리할 수 있는 명령 단위이다. • **반워드(Half Word)** : 2Byte • **전워드(Full Word)** : 4Byte • **더블워드(Double Word)** : 8Byte
23.2, 21.1, 19.2, 16.3, 12.2, 06.2, 04.3, … **필드(Field)**	• 파일 구성의 최소 단위이다. • 의미 있는 정보를 표현하는 최소 단위이다. • 자료 처리의 최소 단위이며, 여러 개의 필드가 모여 레코드가 된다.
12.2, 08.2, 06.2, 04.3 **레코드(Record)**	• 하나 이상의 관련된 필드가 모여서 구성된다. • 일반적으로 레코드는 논리 레코드(Logical Record)를 의미한다.
블록(Block)	• 하나 이상의 논리 레코드가 모여서 구성된다. • 각종 저장 매체와의 입·출력 단위이며, 물리 레코드(Physical Record)라고 한다.
04.3 **파일(File)**	프로그램 구성의 기본 단위로, 여러 레코드가 모여서 구성된다.
24.5, 23.2, 21.1, 19.2, 16.3, 01.3 **데이터베이스(Database)**	• 여러 개의 관련된 파일(File)의 집합이다. • 관계형, 계층형, 망형 데이터베이스가 있다.

필드(Field)
다른 말로 아이템(Item), 항목이라고도 합니다.

잠깐만요 | 비트의 표현 가지 수 / 자료의 구성

비트의 표현 가지 수

비트	표현 가지 수	표현 숫자
1비트	2^1 = 2가지	0, 1
2비트	2^2 = 4가지	00, 01, 10, 11
3비트	2^3 = 8가지	000, 001, 010, 011, 100, 101, 110, 111
4비트	2^4 = 16가지	0000, 0001, 0010, 0011, 0100, 0101, 0110, 0111, 1000, 1001, 1010, 1011, 1100, 1101, 1110, 1111
⋮	⋮	⋮

자료의 구성

고객코드	이름 (필드명)	전화번호 (필드)	주 소 (2Byte)	고객등급 (1Byte)	
A-0001	이천아	735-9760	서울시	A	레코드
B-0003	서용언	431-1246	경상남도	D	파일
C-0083	박왕해	948-8814	서울시	A	
D-0079	강기발	491-1399	제주도	C	

2 문자 표현 코드

25.2, 25.1, 24.5, 24.3, 23.5, 23.3, 22.1, 21.4, 21.3, 21.1, 19.2, 19.1, 18.상시, 18.1, 17.2, 15.2, 15.1, 14.3, 11.2, 11.1, 09.3, 07.4, …

문자 표현 코드는 처리된 결과를 사람이 확인할 수 있도록 출력할 때의 문자를 표현하는 방식으로 자료의 외부적 표현이라고도 한다.

구 분	특 징
18.상시 **BCD 코드** (2진화 10진)	• 하나의 문자를 2개의 Zone 비트와 4개의 Digit 비트로 표현한다. • 2^6 = 64가지의 문자를 표현할 수 있다. • 영문 소문자를 표현하지 못한다.
25.1, 24.5, 23.5, 23.3, 21.1, 19.1, … **ASCII 코드(미국 표준)**	• 하나의 문자를 3개의 Zone 비트와 4개의 Digit 비트로 표현한다. • 2^7 = 128가지의 문자*를 표현할 수 있다. • 1비트를 추가한 확장 ASCII 코드는 2^8 = 256가지의 문자를 표현할 수 있다. • 데이터 통신 및 개인용 컴퓨터(PC)에서 문자 표현 코드로 사용된다. • 7비트 코드이지만 실제로는 패리티 비트를 포함하여 8비트로 사용된다.
23.5, 23.3, 21.1, 19.1, 18.상시, 18.1 **EBCDIC 코드** (확장 2진화 10진)	• 하나의 문자를 4개의 Zone 비트와 4개의 Digit 비트로 표현한다. • 2^8 = 256가지의 문자를 표현할 수 있다. • 대형 컴퓨터에서 사용한다.
25.2, 24.3, 23.5, 23.3, 22.1, 21.4, … **유니코드(Unicode)**	• 전 세계의 모든 문자를 2바이트로 표현할 수 있는 국제 표준 코드이다. • 데이터의 교환을 원활하게 하기 위하여 문자 1개에 부여되는 값을 16Bit (2Byte)로 통일한다. • 최대 65,536자의 글자를 코드화할 수 있다.

전문가의 조언

문자 표현 코드, 에러 검출 코드는 무슨 코드를 말하는지 구분할 수 있을 정도로 각각에 속하는 코드들의 특징을 학습해야 합니다. 특히 ASCII 코드와 유니코드의 특징은 꼭 알아두세요.

128가지 문자의 종류
• 제어 문자 : 34개
• 문자 부호(특수 문자) : 32개
• 숫자 : 10개
• 영문 소문자 : 26개
• 영문 대문자 : 26개

③ 에러 검출 코드

19.1, 11.3, 09.4, 00.1

구 분	특 징
19.1, 11.3 패리티 체크 비트 (Parity Check Bit)	• 에러 검출을 목적으로 원래의 데이터에 추가되는 1비트로, 패리티 체크 비트를 이용한 에러 교정은 불가능하다. • **짝수(우수) 패리티** : 1의 개수가 짝수가 되도록 만든다. • **홀수(기수) 패리티** : 1의 개수가 홀수가 되도록 만든다.
09.4, 00.1 해밍 코드 (Hamming Code)	에러 검출 및 교정이 가능한 코드로, 2비트의 에러 검출 및 1비트의 에러 교정이 가능하다.

기출문제 따라잡기

24년 5회, 21년 1회, 19년 2회, 16년 3회, 01년 3회
1. 다음 데이터에 관한 설명 중 잘못된 것은?
① 데이터베이스(Database)는 레코드 모임인 파일(File)들의 집합을 말한다.
② 워드(Word)는 바이트 모임으로 하프워드, 풀워드, 더블워드로 분류된다.
③ 필드(Field)는 자료처리의 최소 단위이며, 여러 개의 필드가 모여 레코드(Record)가 된다.
④ 비트(Bit)는 정보 최소 단위이며, 2Bit가 모여 1바이트(Byte)가 된다.

> 1Byte는 8개의 bit로 구성되어 있습니다.

24년 2회, 23년 1회, 22년 4회, 19년 1회
2. 다음 중 컴퓨터에서 사용되는 바이트(Byte)에 대한 설명으로 옳지 않은 것은?
① 1바이트는 8비트로 구성된다.
② 일반적으로 영문자나 숫자는 1Byte로 한 글자를 표현하고, 한글 및 한자는 2Byte로 한 글자를 표현한다.
③ 1바이트는 컴퓨터에서 각종 명령을 처리하는 기본 단위이다.
④ 1바이트로는 256가지의 정보를 표현할 수 있다.

> 바이트는 문자를 표현하는 최소 단위입니다. 컴퓨터에서 각종 명령을 처리하는 기본 단위는 워드(Word)입니다.

25년 2회, 24년 3회, 22년 1회, 21년 4회, 3회, 19년 2회, 02년 2회
3. 다음 중 컴퓨터에서 사용하는 유니코드(Unicode)에 관한 설명으로 옳은 것은?
① 표현 가능한 문자수는 최대 256자이다.
② 문자를 2Byte로 표현한다.
③ 영문자를 7bit, 한글이나 한자를 16bit로 처리한다.
④ 한글은 KS 완성형으로 표현한다.

> 유니코드는 데이터의 교환을 원활하게 하기 위하여 문자 1개에 부여되는 값을 2Byte(16Bit)로 통일한 국제 표준 코드입니다.

24년 3회, 23년 5회, 3회, 22년 1회, 19년 1회
4. 다음 중 컴퓨터에서 문자 데이터를 표현하는 방법으로 옳지 않은 것은?
① EBCDIC
② Unicode
③ ASCII
④ Hamming Code

> 해밍 코드(Hamming Code)는 데이터 전송 시 에러 검출 및 교정을 위해 사용하는 코드로, 문자 데이터를 표현하기 위해 사용하는 코드가 아닙니다.

25년 1회, 24년 5회, 17년 2회, 15년 2회
5. 다음 중 컴퓨터에서 사용하는 ASCII 코드에 관한 설명으로 옳은 것은?
① 패리티 비트를 이용하여 오류 검출과 오류 교정이 가능하다.
② 표준 ASCII 코드는 3개의 존 비트와 4개의 디지트 비트로 구성되며, 주로 대형 컴퓨터의 범용 코드로 사용된다.
③ 표준 ASCII 코드는 7비트를 사용하여 영문 대소문자, 숫자, 문장 부호, 특수 제어 문자 등을 표현한다.
④ 확장 ASCII 코드는 8비트를 사용하며 멀티미디어 데이터 표현에 적합하도록 확장된 코드표이다.

> ① 해밍 코드에 대한 설명입니다.
> ② 표준 ASCII 코드는 주로 데이터 통신 및 개인용 컴퓨터(PC)에서 문자 표현 코드로 사용됩니다. 대형 컴퓨터의 범용 코드로 사용되는 것은 EBCDIC 코드입니다.
> ④ 확장 ASCII 코드는 8비트를 사용하는 문자 표현 코드로, 멀티미디어 데이터 표현에 적합하지 않습니다.

▶ 정답 : 1. ④ 2. ③ 3. ② 4. ④ 5. ③

3장 핵심요약

028 컴퓨터의 개념

❶ 자료(Data) 24.5, 20.1, 10.1

관찰이나 측정을 통해 수집한 단순한 사실이나 결과값을 말한다.

❷ 정보(Information) 24.5, 20.1, 10.1

의사결정에 도움을 줄 수 있는 유용한 형태로, 자료를 가공(처리)한 것을 말한다.

❸ GIGO(Garbage In Garbage Out) 20.1, 10.1

- 쓰레기(Garbage)가 들어가면 쓰레기가 나온다는 의미이다.
- 아무리 정확한 컴퓨터라도 '사람이 잘못된 자료를 입력하면 컴퓨터도 잘못된 결과를 출력한다'는 컴퓨터의 수동성을 뜻하는 말이다.

❷ 디지털 컴퓨터와 아날로그 컴퓨터의 비교 25.4, 24.4, 23.3, 22.4, 22.1, …

항목	디지털 컴퓨터	아날로그 컴퓨터
입력 형태	숫자, 문자	전류, 전압, 온도
출력 형태	숫자, 문자	곡선, 그래프
연산 형식	산술·논리 연산	미·적분 연산
연산 속도	느림	빠름
구성 회로	논리 회로	증폭 회로
프로그래밍	필요	불필요
정밀도	필요한 한도까지	제한적임
기억 기능	있음	없음
적용성	범용	특수 목적용

029 컴퓨터의 분류

❶ 웨어러블 컴퓨터 24.5, 23.5, 20.2, 17.1

- 의류, 시계, 안경 등 사람이 몸에 착용하고 다닐 수 있는 컴퓨터이다.
- 소형화 및 경량화, 음성과 동작인식 등 다양한 기술이 적용되어 장소에 구애받지 않고 컴퓨터를 활용할 수 있다.

030 자료 구성의 단위 / 코드

❶ 비트(Bit) 24.5, 23.1, 21.1, 19.2, 16.3, 12.1, 10.3

- 자료(정보) 표현의 최소 단위이다.
- 두 가지 상태(0과 1)를 표시하는 2진수 1자리이다.

❷ 니블(Nibble) 24.5, 23.2, 21.1, 19.2, 16.2, 12.3, 12.1, 10.3

- 4개의 비트(Bit)가 모여 1개의 니블(Nibble)을 구성한다.
- 4비트로 구성되며 16진수 1자리를 표현하기에 적합하다.

❸ 바이트(Byte) 24.2, 22.4, 19.1, 12.2, 12.1, 10.3

- 문자를 표현하는 최소 단위로, 8개의 비트(Bit)가 모여 1Byte를 구성한다.
- 1Byte는 256(2^8)가지의 정보를 표현할 수 있다.

3장 핵심요약

④ 워드(Word) _{24.5, 24.2, 23.2, 23.1, 21.1, 19.2, 16.3, 13.1, 12.2, 12.1}

- 중앙처리장치(CPU)가 한 번에 처리할 수 있는 명령 단위이다.
- 반워드(Half Word) : 2Byte
- 전워드(Full Word) : 4Byte
- 더블워드(Double Word) : 8Byte

⑤ 필드(Field) _{23.2, 21.1, 19.2, 16.3, 12.2}

- 파일 구성의 최소 단위, 의미 있는 정보를 표현하는 최소 단위이다.
- 자료 처리의 최소 단위이며, 여러 개의 필드가 모여 레코드가 된다.

⑥ 데이터베이스(Database) _{24.5, 23.2, 21.1, 19.2, 16.3}

여러 개의 관련된 파일(File)의 집합이다.

⑦ 문자 표현 코드의 종류 _{24.5, 23.5, 23.3, 22.1, 21.4, 21.3, 21.1, 19.2, 19.1, 18.상시, 18.1, …}

- BCD(2진화 10진) 코드
- ASCII 코드
- EBCDIC(확장 2진화 10진) 코드
- 유니코드

⑧ 유니코드(Unicode) _{25.2, 24.3, 23.5, 23.3, 22.1, 21.4, 21.3, 19.2}

- 전 세계의 모든 문자를 2바이트로 표현할 수 있는 국제 표준 코드이다.
- 데이터의 교환을 원활하게 하기 위하여 문자 1개에 부여되는 값을 16Bit(2Byte)로 통일한다.
- 최대 65,536자의 글자를 코드화할 수 있다.

⑨ ASCII 코드 _{25.1, 24.5, 17.2, 15.2}

- 하나의 문자를 3개의 Zone 비트와 4개의 Digit 비트로 표현한다.
- 2^7 = 128가지의 문자를 표현할 수 있다.
- 데이터 통신 및 개인용 컴퓨터(PC)에서 문자 표현 코드로 사용된다.

4장 컴퓨터 하드웨어

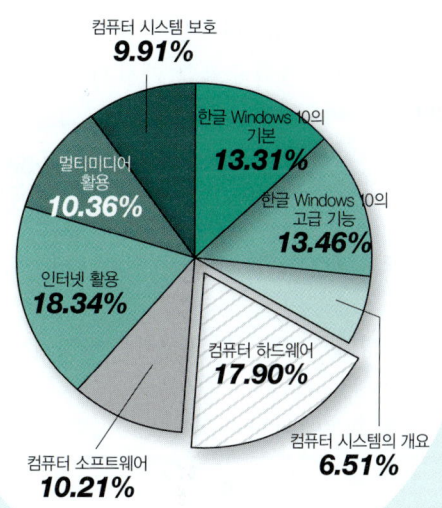

031 중앙처리장치 Ⓐ등급
032 주기억장치 Ⓐ등급
033 보조기억장치 Ⓐ등급
034 입력장치 Ⓓ등급
035 출력장치 Ⓑ등급
036 채널 Ⓒ등급
037 포트 Ⓐ등급
038 바이오스 / 펌웨어 Ⓒ등급
039 하드디스크 연결 방식 Ⓒ등급
040 PC 관리 Ⓑ등급
041 PC 업그레이드 / 파티션 Ⓑ등급
042 PC 응급처치 Ⓒ등급

꼭 알아야 할 키워드   Best 10

1. 제어장치 2. 연산장치 3. 레지스터 4. 기타 메모리 5. SSD 6. 기억 용량 단위 7. 기억장치의 접근 속도 8. 펌웨어 9. USB 포트
10. 블루투스

SECTION 031 중앙처리장치

전문가의 조언

중앙처리장치의 구성 요소와 성능을 나타내는 단위를 확실히 기억해 두세요.

중앙처리장치의 성능을 나타내는 단위
- MIPS : 1초당 명령 실행 수/백만
- FLOPS : 1초당 부동 소수점 연산 횟수
- 클럭 속도(Hz) : CPU 동작 클럭 주파수

전문가의 조언

제어장치와 연산장치의 개념, 구성 요소, 구성 요소들의 개별적인 기능 등을 묻는 문제가 꾸준히 출제되었습니다. 확실히 숙지해 두세요.

1 중앙처리장치의 정의와 구성

25.3, 19.상시, 18.1, 14.2, 13.1, 05.3, 05.2, 03.2, 01.2, 00.3, 00.1

중앙처리장치(CPU, Central Processing Unit)는 사람의 두뇌와 같이 컴퓨터 시스템에 부착된 모든 장치의 동작을 제어하고, 명령을 실행하는 장치이다.
- 중앙처리장치는 제어장치·연산장치·레지스터로 구성된다.
- 중앙처리장치의 성능*에 영향을 미치는 요인에는 클럭 주파수, 캐시 메모리, 명령어의 크기, FSB(시스템버스) 등이 있다.

2 제어장치

25.2, 24.5, 24.2, 21.4, 18.2, 18.1, 16.2, 15.3, 15.1, 14.1, 12.1, 10.3, 09.4, 08.3, 08.2, 04.4, 99.1

제어장치(Control Unit)는 컴퓨터에 있는 모든 장치들의 동작을 지시하고 제어하는 장치이다.
- 제어장치는 주기억장치에서 읽어 들인 명령어를 해독하여 해당하는 장치에게 제어 신호를 보내 정확하게 수행하도록 지시한다.
- 다음은 제어장치에서 사용되는 레지스터와 회로에 대한 설명이다.

구성 요소	기능
25.2, 24.5, 21.4, 18.2, 18.1, 12.1, 10.3, 09.4, 08.2, 04.4, ··· 프로그램 카운터, 프로그램 계수기 (PC, Program Counter)	다음 번에 실행할 명령어의 번지를 기억하는 레지스터이다.
25.2, 24.2, 18.2, 18.1, 09.4, 08.3, 04.4, 99.2, 99.1 명령 레지스터 (IR, Instruction Register)	현재 실행중인 명령의 내용을 기억하는 레지스터이다.
24.2, 18.2, 09.4, 99.2 명령 해독기(디코더; Decoder)	명령 레지스터에 있는 명령어를 해독하는 회로이다.
부호기(엔코더; Encoder)	해독된 명령에 따라 각 장치로 보낼 제어 신호를 생성하는 회로이다.
메모리 주소 레지스터 (MAR*, Memory Address Register)	기억장치를 출입하는 데이터의 번지를 기억하는 레지스터이다.
메모리 버퍼 레지스터 (MBR*, Memory Buffer Register)	기억장치를 출입하는 데이터가 잠시 기억되는 레지스터이다.

MAR과 MBR의 기능
- 데이터를 읽을 경우 : 읽을 데이터의 주소를 MAR에 기억시킵니다. 제어장치가 주기억장치에게 읽기(Read) 신호를 보내면 MAR에 있는 주소를 읽어서 찾은 데이터를 MBR에 기억시킵니다.
- 데이터를 저장할 경우 : 저장할 데이터를 MBR에, 저장될 주소를 MAR에 기억시킵니다. 제어장치가 주기억장치에게 쓰기(Write) 신호를 보내면 MBR의 내용이 MAR에 저장된 주기억장치의 주소에 기록됩니다.

> **잠깐만요** **제어장치의 명령 실행 순서**
> ❶ 프로그램 계수기(PC)에 저장된 명령어의 주소를 읽어 MAR에 넣습니다.
> ❷ MAR이 해독한 기억장치의 번지에 있는 내용(명령)을 MBR로 읽어옵니다.
> ❸ MBR에 저장된 명령을 명령어의 해독과 실행을 위해 명령 레지스터(IR)로 이동시킵니다.

❹ 명령 해독기(Decoder)가 명령 레지스터의 내용을 해독하고, 부호기(Encoder)가 명령 실행에 필요한 장치에게 제어 신호를 보냄으로써 명령이 실행됩니다.

※ 위의 명령 실행 순서를 볼 때 CPU가 하나의 명령을 수행하는 일련의 단계(기계 사이클)는 '호출 → 해독 → 실행 → 저장'의 순으로 진행된다는 것을 알 수 있습니다.

3 연산장치

25.2, 24.5, 24.2, 23.2, 21.4, 21.1, 20.상시, 18.상시, 16.3, 16.2, 15.3, 15.2, 14.1, 12.3, 11.1, 09.2, 09.1, 06.3, 05.3, 04.3, 99.2

연산장치(ALU, Arithmetic & Logic Unit)는 제어장치의 명령에 따라 실제로 연산을 수행하는 장치이다.

- 연산장치가 수행하는 연산에는 산술 연산, 논리 연산, 관계 연산, 이동(Shift) 등이 있다.
- 다음은 연산장치에서 사용하는 레지스터와 회로에 대한 설명이다.

구성 요소	기능
가산기(Adder)	2진수의 덧셈을 수행하는 회로이다.
11.1, 09.2, 09.1, 04.3 보수기(Complementor)	뺄셈의 수행을 위해 입력된 값을 보수*로 변환하는 회로이다.
25.2, 24.2, 23.2, 21.1, 20.상시, 18.상시, 16.2, 14.1, … 누산기(AC, Accumulator)	연산된 결과를 일시적으로 저장하는 레지스터이다.
데이터 레지스터(Data Register)	연산에 사용될 데이터를 기억하는 레지스터이다.
11.1, 09.2, 04.3 상태 레지스터(Status Register)	• 연산중에 발생하는 여러 가지 상태값을 기억하는 레지스터이다. • 상태값의 예 : 부호, 오버플로*, 언더플로*, 자리올림, 인터럽트* 등
인덱스 레지스터(Index Register)	주소 변경을 위해 사용되는 레지스터이다.
25.2, 24.5, 21.4, 16.3 범용 레지스터(General Purpose Register)	연산의 중간 결과, 함수 호출 시 인수, 주소 색인 등 여러 가지 용도로 사용되는 레지스터이다.

4 레지스터

24.5, 21.4, 19.상시, 18.1, 17.1, 16.3, 13.3, 11.3, 08.1

레지스터(Register)는 CPU 내부에서 처리할 명령어나 연산의 중간 결과값 등을 일시적으로 기억하는 소량의 임시 기억장소이다.

- 레지스터는 플립플롭(Flip-Flop)*이나 래치(Latch)*들을 연결하여 구성한다.
- 레지스터는 메모리 중에서 속도가 가장 빠르다.
- 계산 결과의 임시 저장, 주소 색인 등 여러 가지 목적으로 사용되는 레지스터를 범용 레지스터라고 한다.

전문가의 조언

제어장치와 연산장치에서 사용하는 레지스터를 구분하여 암기하세요.

보수(Complement)
컴퓨터에서 뺄셈을 하기 위해 음수를 표시하는 방법입니다.

- **오버플로(Overflow)** : 연산의 결과값이 기억 용량을 초과하여 넘쳐나는 상태
- **언더플로(Underflow)** : 연산의 결과값이 컴퓨터가 표현할 수 있는 값보다 작아 표현이 불가능한 상태
- **인터럽트(Interrupt)** : 프로그램을 실행하는 도중에 예기치 않은 상황이 발생할 경우 현재 실행중인 작업을 일시 중단하고, 발생된 상황을 우선 처리한 후 실행중이던 작업으로 복귀하여 계속 처리하는 것

전문가의 조언

레지스터의 개념과 특징을 묻는 문제가 출제되었습니다. 확실히 파악해 두세요.

플립플롭(Flip-Flop)
기억장치를 구성하는 전자 회로로, 1비트의 정보(0 또는 1)를 기억할 수 있는 능력이 있습니다.

래치(Latch)
1비트 이상의 입력된 값을 다음 입력이 있기 전까지 그대로 유지하는 전자 회로입니다.

기출문제 따라잡기

25년 3회, 18년 1회, 05년 3회, 03년 2회
1. 다음 중 중앙처리장치의 구성 요소에 해당하지 않는 것은?
① ALU(Arithmetic Logic Unit)
② CU(Control Unit)
③ 레지스터(Register)
④ SSD(Solid State Drive)

> 중앙처리장치는 사람의 두뇌와 같이 컴퓨터 시스템에 부착된 모든 장치의 동작을 제어하고, 명령을 실행하는 장치로, 제어장치(Control Unit), 연산장치(ALU; Arithmetic & Logic Unit), 레지스터(Register)로 구성됩니다.

25년 2회
2. 다음 중 컴퓨터에서 사용되는 레지스터에 관한 설명으로 틀린 것은?
① 프로그램 카운터(Program Counter)는 다음 번에 실행할 명령어의 주소를 기억한다.
② 명령 레지스터(Instruction Register)는 현재 실행 중인 명령의 내용을 기억한다.
③ 범용 레지스터(General Purpose Register)는 계산 결과의 임시 저장, 주소 색인 등 여러 가지 목적으로 사용된다.
④ 누산기(Accumulator)는 연산 중에 발생하는 오버플로, 언더플로, 자리올림, 인터럽트 등의 정보를 기억한다.

> ④번은 상태 레지스터(Status Register)에 대한 설명입니다. 누산기(AC; Accumulator)는 연산 결과를 일시적으로 기억하는 레지스터입니다.

24년 5회, 21년 4회, 16년 3회, 11년 3회, 08년 1회
3. 다음 중 컴퓨터의 CPU에 있는 레지스터(Register)에 관한 설명으로 옳지 않은 것은?
① 프로그램 카운터는 다음에 수행할 명령어의 주소를 저장하는 레지스터이다.
② CPU 내에서 자료를 일시적으로 저장하는 저장장치이다.
③ 주기억장치보다 저장 용량이 적고 속도가 느리다.
④ 계산 결과의 임시 저장, 주소 색인 등 여러 가지 목적으로 사용될 수 있는 레지스터들을 범용 레지스터라고 한다.

> 레지스터는 CPU 내부에서 처리할 명령어나 연산의 중간 결과값 등을 일시적으로 기억하는 임시 기억장소로, 주기억장치보다 속도가 빠릅니다.

24년 2회, 23년 2회, 21년 1회, 20년 상시, 18년 상시, 16년 2회, 14년 1회, 12년 3회
4. 다음 중 컴퓨터의 연산장치에 있는 누산기(Accumulator)에 관한 설명으로 옳은 것은?
① 연산 결과를 일시적으로 기억하는 장치이다.
② 명령의 순서를 기억하는 장치이다.
③ 명령어를 기억하는 장치이다.
④ 명령을 해독하는 장치이다.

> 누산기는 연산 결과를 일시적으로 기억하는 장치입니다.

24년 5회, 18년 2회
5. 다음 중 제어장치에서 사용되는 레지스터로, 다음 번에 실행할 명령어의 번지를 기억하는 것은?
① 프로그램 카운터(PC)
② 누산기(AC)
③ 메모리 주소 레지스터(MAR)
④ 메모리 버퍼 레지스터(MBR)

> 다음 번에 실행할 명령어의 번지를 기억하는 레지스터는 프로그램 카운터(PC)입니다.

18년 2회, 09년 4회, 99년 1회
6. 다음 중 컴퓨터 CPU 내의 구성 요소에 관한 설명으로 옳지 않은 것은?
① 명령어 레지스터는 현재 실행 중인 명령의 내용을 기억하는 레지스터이다.
② 프로그램 카운터(PC)는 앞으로 실행할 명령어의 수를 계산할 때 사용한다.
③ 명령어 해독기는 명령 레지스터에 있는 명령어를 해독하는 회로이다.
④ 제어장치는 컴퓨터에 있는 모든 장치들의 동작을 지시하고 제어하는 장치이다.

> 프로그램 카운터는 다음에 실행할 명령어의 번지를 기억하는 레지스터입니다.

13년 1회, 01년 2회, 00년 3회, 00년 1회
7. 중앙처리 장치의 성능을 나타내는 단위가 아닌 것은?
① MIPS
② FLOPS
③ 클럭속도(Hz)
④ RPM

> MIPS는 1초당 명령 실행 수/백만, FLOPS는 1초당 부동 소수점 연산 횟수, 클럭속도(Hz)는 CPU 동작 클럭 주파수, RPM은 하드디스크가 1분간 회전하는 수입니다.

▶ 정답 : 1. ④ 2. ④ 3. ③ 4. ① 5. ① 6. ② 7. ④

SECTION 032 주기억장치

1 주기억장치의 개요

24.4, 23.5, 23.3, 06.3, 06.2

주기억장치는 CPU가 직접 접근하여 데이터를 처리할 수 있는 기억장치(Memory)로, 현재 수행되는 프로그램과 데이터를 저장하고 있다.

- 종류에는 롬(ROM)과 램(RAM)이 있다.

2 ROM(롬)

24.4, 23.5, 23.3, 16.1, 09.1, 08.4, 06.3, 02.3

ROM(Read Only Memory)은 기억된 내용을 읽을 수만 있는 기억장치로서 일반적으로 쓰기는 불가능하다.

ROM

- 전원이 꺼져도 기억된 내용이 지워지지 않는 비휘발성 메모리*이다.
- 주로 펌웨어(Firmware)를 저장한다.
- ROM에는 주로 기본 입·출력 시스템(BIOS), 글자 폰트, 자가 진단 프로그램(POST, Power On Self Test) 등이 저장되어 있다.

롬(ROM)의 종류와 특징

ROM은 기억된 내용의 수정 가능 여부 및 데이터 기록 방법에 따라 다음과 같이 분류된다.

종류	특징
Mask ROM	제조 과정에서 미리 내용을 기억시킨 ROM으로, 사용자가 임의로 수정할 수 없다.
PROM (Programmable ROM)	특수 프로그램을 이용하여 한 번만 기록할 수 있으며, 이후엔 읽기만 가능하다.
16.1, 09.1 EPROM (Erasable PROM)	자외선을 이용하여 기록된 내용을 여러 번 수정하거나 새로운 내용을 기록할 수 있다.
08.4 EEPROM (Electrically EPROM)	전기적인 방법을 이용하여 기록된 내용을 여러 번 수정하거나 새로운 내용을 기록할 수 있다.

전문가의 조언

EPROM의 특징을 묻는 문제가 출제되었습니다. EPROM은 자외선을 이용하여 내용을 쉽게 수정할 수 있다는 것을 기억하고, 나머지 롬의 특징은 서로 구분할 수 있을 정도로만 알아두세요.

비휘발성 메모리

전원이 차단되더라도 기억된 내용이 지워지지 않는 메모리를 비휘발성 메모리라고 합니다. 휘발성 메모리는 그 반대겠죠? ROM은 비휘발성, RAM은 휘발성이라는 것을 기억하세요.

전문가의 조언

ROM과 RAM의 특징을 구분할 수 있어야 해결할 수 있는 문제가 출제되었습니다. 각 특징을 확실히 기억해 두세요.

전문가의 조언

중요해요! 기타 메모리가 모두 시험에 출제되었습니다. 각 메모리의 개념과 특징을 알아두세요.

플래시 메모리의 종류
- 콤팩트 플래시(CF; Compact Flash)
- 메모리 스틱(MS; Memory Stick)
- 시큐어 디지털(SD; Secure Digital)

USB 플래시 드라이브(USB Flash Drive)
- USB 포트에 꽂아 쓰는 플래시 메모리로, USB 메모리 또는 USB 디스크라고도 합니다.
- 크기가 작아 휴대가 편리하며, 4GB, 8GB, 16GB, 32GB, 64GB 등 다양한 용량의 메모리가 사용되고 있습니다.

  24.4, 23.5, 23.3, 17.2, 11.2, 09.4, 06.3, 05.2, 03.3, 02.3

③ RAM(램)

RAM(Random Access Memory)은 자유롭게 읽고 쓸 수 있는 기억장치이다.

- RAM에는 현재 사용중인 프로그램이나 데이터가 저장되어 있다.
- 전원이 꺼지면 기억된 내용이 모두 사라지는 휘발성 메모리이다.
- 일반적으로 '주기억장치'라고 하면 '램(RAM)'을 의미한다.
- 정보가 저장된 위치는 주소(Address)로 구분한다.

RAM

 25.4, 25.3, 25.1, 24.1, 23.4, 23.2, 23.1, 22.2, 22.1, 21.3, 21.1, 20.상시, 20.2, 20.1, 19.상시, 19.2, 19.1, 18.상시, 17.2, 16.2, 16.1, ···

④ 기타 메모리

명 칭	특 징
24.1, 23.2, 23.1, 22.1, 21.3, 20.상시, ··· **플래시 메모리**※ (Flash Memory)	• EEPROM의 일종으로, 비휘발성 메모리이다. • 전력 소모가 적고, 데이터 전송 속도가 빠르다. • 블록 단위로 데이터를 저장한다. • 개인용 정보 단말기, 스마트폰, 디지털 카메라 등에 사용된다.
25.4, 25.1, 24.1, 23.4, 23.2, 21.1, ··· **캐시 메모리** (Cache Memory)	• 중앙처리장치(CPU)와 주기억장치 사이에 위치하여 컴퓨터의 처리 속도를 향상시키는 역할을 한다. • 캐시 메모리로는 접근 속도가 빠른 정적 램(SRAM)을 사용한다.
25.3, 24.1, 22.2, 22.1, 21.3, 20.1, ··· **가상 메모리** (Virtual Memory)	• 보조기억장치(하드디스크)의 일부를 주기억장치처럼 사용하는 메모리 기법이다. • 주기억장치보다 큰 프로그램을 불러와 실행해야 할 때 유용하다. • 가상 메모리를 이용하여 한 번에 여러 개의 프로그램을 수행시킬 수 있다. • 가상 메모리에 있는 데이터는 전원이 꺼지면 소실된다.
07.2, 99.1 **버퍼 메모리** (Buffer Memory)	• 두 개의 장치가 데이터를 주고받을 때 두 장치간 속도 차이를 해결하기 위해 중간에 데이터를 임시로 저장해 두는 공간이다. • 키보드 버퍼, 프린터 버퍼 등이 있으며, 캐시 메모리도 일종의 버퍼이다.
24.1, 06.4, 05.1, 04.3 **연상(연관) 메모리** (Associative Memory)	• 기억장치에 저장된 정보에 접근할 때 주소 대신 기억된 정보의 내용의 일부를 이용하여 직접 접근하는 장치로, 정보 검색이 신속하다. • 캐시 메모리나 가상 메모리의 매핑 테이블에 사용된다.

잠깐만요 캐시 메모리, 왜 필요할까?

- 캐시가 없는 경우

- 캐시가 있는 경우

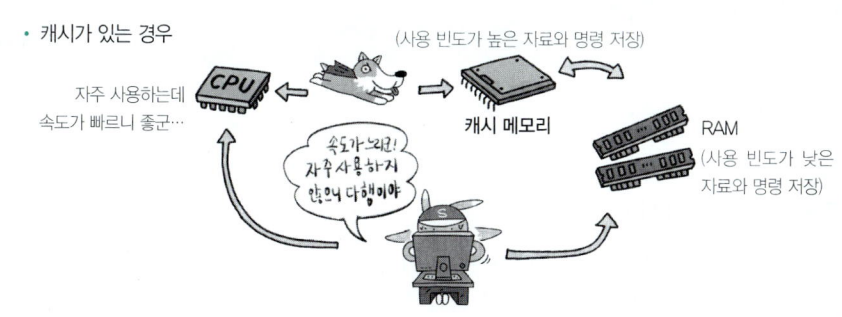

 기출문제 따라잡기

문제3 3303954

25년 3회, 22년 1회, 21년 3회, 20년 1회, 19년 1회, 15년 2회
1. 다음 중 가상 메모리(Virtual Memory)에 대한 설명으로 옳지 않은 것은?

① 주기억장치의 용량보다 큰 대용량의 프로그램을 수행할 수 있는 장점이 있다.
② 가상 메모리를 사용하면 개별 프로그램의 수행 속도가 향상된다.
③ 전원이 꺼지면 가상 메모리에 저장된 데이터는 사라진다.
④ 가상 메모리를 이용하면 한 번에 여러 개의 프로그램을 수행시킬 수 있다.

> 가상 메모리는 보조기억장치를 이용하여 프로그램을 처리하는 것으로, 주기억장치를 이용하여 프로그램을 처리하는 일반적인 방법에 비해 수행 속도가 느려질 수 있습니다.

25년 4회, 1회, 24년 1회, 23년 4회, 2회, 20년 2회, 14년 2회, 10년 3회, 05년 4회, 01년 3회
2. 다음 중 컴퓨터에서 사용하는 캐시 메모리에 관한 설명으로 옳은 것은?

① 보조기억장치의 일부를 주기억장치처럼 사용하는 메모리이다.
② 기억된 정보의 내용 일부를 이용하여 주기억장치에 접근하는 장치이다.
③ EEPROM의 일종으로 비휘발성 메모리이다.
④ 중앙처리장치(CPU)와 주기억장치 사이에 위치하여 컴퓨터 처리 속도를 향상시키는 메모리이다.

> ①번은 가상 메모리(Virtual Memory), ②번은 연상(연관) 메모리(Associative Memory), ③번은 플래시 메모리(Flash Memory)에 대한 설명입니다.

23년 1회, 22년 1회, 21년 3회, 19년 2회, 17년 2회, 16년 1회, 14년 1회, 13년 3회, 10년 1회, 03년 4회
3. 다음 중 플래시 메모리(Flash Memory)에 관한 설명으로 옳지 않은 것은?

① 정보의 입출력이 자유롭고, 전송 속도가 빠르다.
② 비휘발성 기억장치이다.
③ 트랙 단위로 저장된다.
④ 전력 소모가 적다.

> 플래시 메모리는 트랙 단위가 아닌 블록 단위로 데이터가 저장됩니다.

24년 4회, 23년 5회, 3회
4. 다음 중 주기억장치에 대한 설명으로 가장 옳지 않은 것은?

① 주기억장치는 비휘발성 메모리로, 대용량의 데이터와 프로그램을 영구적으로 보관하는데 사용된다.
② ROM에는 주로 기본 입/출력 시스템(BIOS), 글자 폰트, 자가 진단 프로그램(POST) 등이 저장되어 있다.
③ 주기억장치는 CPU가 직접 접근하여 데이터를 처리할 수 있는 기억장치로, 현재 수행되는 프로그램과 데이터를 저장하고 있다.
④ RAM(Random Access Memory)은 DRAM과 SRAM으로 구분된다.

> 주기억장치의 종류에는 ROM과 RAM이 있는데 이 중 ROM은 비휘발성 메모리, RAM은 휘발성 메모리입니다. 또한 대용량의 데이터와 프로그램을 영구적으로 보관하는데 사용되는 것은 보조기억장치입니다.

▶ 정답 : 1. ② 2. ④ 3. ③ 4. ①

SECTION 033 보조기억장치

전문가의 조언

최근에는 SSD에 대한 문제가 자주 출제되고 있습니다. SSD의 특징은 확실히 기억하고, 나머지 보조기억장치의 특징은 가볍게 읽어 보고 넘어가세요.

주기억장치의 단점

주기억장치는 접근 속도가 빠르지만 가격이 비싸고 저장 용량이 적습니다. 또한 대부분 전원 공급이 중단되면 기억된 내용이 모두 지워지는 휘발성 메모리이므로 작업한 문서를 오랜 기간 보관할 수 없습니다.

외장형 하드디스크

- 컴퓨터나 노트북의 내부에 장착하지 않고 외부에서 간편하게 연결하여 사용할 수 있도록 제작된 하드디스크로, 크기에 따라 2.5인치와 3.5인치가 있습니다.
- 일반적으로 USB를 지원하므로 컴퓨터가 켜있는 상태에서도 간편하게 연결하여 사용할 수 있습니다.
- 500GB, 1~3TB 등 대용량의 하드디스크가 판매되고 있습니다.

1 보조기억장치

25.1, 24.3, 23.1, 22.2, 20.상시, 19.상시, 19.1, 18.2, 17.1, 16.2, 14.3, 14.1, 13.1, 12.3, 06.3, 06.1, 05.4, 04.4, 03.1, 02.1, 99.2

보조기억장치는 주기억장치의 단점*을 보완하기 위한 장치이다. 보조기억장치는 주기억장치에 비해 속도는 느리지만 전원이 차단되어도 내용이 그대로 유지되고, 저장 용량이 크다.

23.1, 12.3, 06.4 **하드디스크**	• 하드디스크(Hard Disk)는 자성 물질을 입힌 금속 원판을 여러 장 겹쳐서 만든 기억 매체로, 개인용 컴퓨터에서 보조기억장치로 널리 사용된다. • 저장 용량이 크고, 데이터 접근 속도가 빠르나 충격에 약해 본체 내부에 고정시켜 사용하므로 이동이 불편하다. • 현재 이동이 간편한 외장형 하드디스크*가 널리 보급되어 많이 사용되고 있다.
25.1, 24.3, 23.1, 22.2, … **SSD**	• SSD(Solid State Drive)는 디스크 드라이브(HDD)와 비슷하게 동작하면서 HDD와는 달리 기계적 장치가 없는 반도체를 이용하여 정보를 저장한다. • 고속으로 데이터를 입·출력할 수 있고, 기계적인 지연이나 실패율이 거의 없다. • 디스크가 아닌 메모리에 데이터를 기록하므로 외부의 충격에 강하며, 배드 섹터가 발생하지 않는다. • 발열·소음과 전력 소모가 적다. • 소형화·경량화 할 수 있다.
06.4, 06.1, 05.4, 04.4 **DVD**	• DVD(Digital Video Disk, Digital Versatile Disk)는 화질과 음질이 뛰어난 멀티미디어 데이터를 저장할 수 있는 대용량 저장 매체이다. • 4.7~17GB의 대용량 데이터를 기록할 수 있다.
17.1, 14.3 **Blu-Ray**	• Blu-Ray는 고선명(HD) 비디오를 위한 디지털 데이터를 저장할 수 있도록 만든 광 기록방식의 저장매체이다. • DVD에 비해 약 10배에 이르는 25GB~50GB의 대용량의 데이터를 기록할 수 있다.

하드디스크　　　SSD　　　DVD　　　Blu-Ray

전문가의 조언

기억장치의 기억용량 단위의 순서와 데이터 접근 속도 순서, 처리 속도 단위의 순서를 알아야 풀 수 있는 문제가 출제됩니다. 순서대로 꼭 암기하세요.

1GB = 1,024MB
= 1,024×1,024KB
= 1,024×1,024×1,024Byte
= 1,073,741,824Byte

2 기억 용량 단위

24.5, 24.1, 23.4, 22.3, 18.상시, 18.2, 15.1, 06.3, 03.4, 03.3, 02.1, 01.2

단위		Byte	KB	MB	GB*	TB	PB	EB
용량		8Bit	1,024Byte	1,024KB	1,024MB	1,024GB	1,024TB	1,024PB
	2진수 표기		2^{10}	2^{20}	2^{30}	2^{40}	2^{50}	2^{60}
	10진수 표기(약)		10^{3}	10^{6}	10^{9}	10^{12}	10^{15}	10^{18}

용량 작음 ◄──────────────────────────────────► 용량 큼

③ 기억장치의 접근 속도 비교

25.4, 24.2, 22.4, 22.3, 21.2, 15.2, 10.2, 08.1, 07.2, 03.3, 99.1

CPU	주기억장치			보조기억장치				
레지스터 (Register)	캐시 (SRAM)	램 (DRAM)	롬 (ROM)	SSD	하드디스크 (HDD)	CD-ROM	플로피디스크 (FDD)	자기테이프

속도 빠름 ◀──────────────────────▶ 속도 느림

④ 처리 속도 단위

24.4, 23.1, 21.1, 20.상시, 19.상시, 18.1, 16.1, 14.2, 13.3, 13.2, 05.2, 03.3, 03.1, 02.3, 01.1

단위	ms	µs	ns	ps	fs	as
속도	10^{-3}	10^{-6}	10^{-9}	10^{-12}	10^{-15}	10^{-18}

속도 느림 ◀──────────────────────▶ 속도 빠름

기출문제 따라잡기

24년 4회, 23년 1회, 21년 1회, 20년 상시, 19년 상시, 18년 1회, 16년 1회, 14년 2회, 05년 2회, 02년 3회, 01년 1회
1. 다음 중 컴퓨터의 연산 속도 단위로 가장 빠른 것은?
① 1ms
② 1µs
③ 1ns
④ 1ps

> 보기로 제시된 컴퓨터의 연산속도 단위를 빠른 것부터 느린 순으로 나열하면 'ps > ns > µs > ms'입니다.

24년 5회, 18년 2회, 15년 1회, 06년 3회
2. 기가 바이트(Giga Byte)는 정확히 몇 바이트(Byte)인가?
① 1024 Bytes
② 1024 × 1024 Bytes
③ 1024 × 1024 × 1024 Bytes
④ 1024 × 1024 × 1024 × 1024 Bytes

> 1KB는 1024Bytes, 1MB는 1024KB(1024×1024Bytes), 1GB는 1024MB(1024×1024×1024Bytes)입니다.

25년 4회, 24년 2회, 22년 4회, 21년 2회, 15년 2회, 10년 2회, 07년 2회
3. 컴퓨터의 기억장치 중 고속의 처리 순으로 나열된 것은?
① 레지스터 - 캐시 메모리 - 주기억장치 - 보조기억장치
② 주기억장치 - 보조기억장치 - 캐시 메모리 - 레지스터
③ 캐시 메모리 - 주기억장치 - 보조기억장치 - 레지스터
④ 레지스터 - 주기억장치 - 캐시 메모리 - 보조기억장치

> 기억장치의 접근 속도가 빠른 것에서 느린 순으로 나열하면 '레지스터 → 캐시 메모리 → 주기억장치 → 보조기억장치' 순입니다.

24년 1회, 23년 4회, 22년 3회
4. 다음 중 기억장치의 기억 용량 단위로 가장 큰 것은?
① 1TB
② 1EB
③ 1GB
④ 1MB

> 기억 용량의 단위를 작은 것부터 큰 순서대로 나열하면 'Byte < KB < MB < GB < TB < PB < EB'입니다.

25년 1회, 24년 3회, 23년 1회, 22년 2회, 19년 상시, 19년 1회, 16년 2회, 14년 1회, 13년 1회
5. 다음 중 컴퓨터에서 사용하는 일반 하드디스크에 비하여 속도가 빠르고 기계적 지연이나 에러의 확률 및 발열소음이 적으며, 소형화, 경량화할 수 있는 하드디스크 대체 저장장치로 옳은 것은?
① DVD
② HDD
③ SSD
④ ZIP

> 문제에 제시된 내용은 SSD(Solid State Drive)에 대한 설명입니다.

25년 1회
6. 다음 중 보조기억장치에 대한 설명으로 옳지 않은 것은?
① 주기억장치에 비해 속도가 느리다.
② 주기억장치보다 저장 용량이 크다.
③ 전원이 꺼지면 기억된 내용이 모두 소멸된다.
④ 하드디스크, SSD, Blu-Ray 등이 사용된다.

> 보조기억장치는 전원이 차단되어도 내용이 그대로 유지됩니다.

▶ 정답 : 1. ④ 2. ③ 3. ① 4. ② 5. ③ 6. ③

SECTION 034 입력장치

전문가의 조언
단순히 입출력장치를 구분하는 문제가 출제되었습니다. 입력장치에는 어떤 것이 있는지 기억해 두세요.

GUI(Graphic User Interface)
GUI는 글자보다는 그림이 훨씬 눈에 잘 들어오는 데 착안해서 만든 사용자 인터페이스입니다. 사용자는 메뉴나 아이콘 등의 그래픽 요소를 마우스로 선택하여 컴퓨터와 정보를 교환합니다. 대표적인 그래픽 사용자 인터페이스는 Windows입니다. 이에 비해 DOS 같은 문자 중심의 사용자 인터페이스를 CUI(Character User Interface)라고 합니다.

1 입력장치
17.1, 15.3, 15.1, 13.2, 00.2

종류	특징
15.3 키보드(Keyboard)	컴퓨터의 가장 기본적인 입력장치로 문자나 기호의 입력, 커서 이동 등의 작업에 사용된다.
15.1 마우스(Mouse)	• 볼(Ball)의 회전이나 빛의 반사를 감지하는 센서로 마우스 포인터의 움직임을 인식하여 컴퓨터에 입력하는 장치이다 • GUI* 환경에서 대표적인 입력장치로 사용된다.
15.1, 00.2 터치 패드(Touch Pad)	인체에서 발생하는 전자를 감지하는 센서 위를 손가락으로 문지르거나 두드려 포인터의 위치를 이동시키는 장치이다.
15.1 트랙 볼(Track Ball)	볼 마우스를 뒤집어 놓은 형태로, 볼을 손으로 움직여 포인터의 위치를 이동시키는 장치이다.
15.1 판독기(Reader)	• 일정한 형식에 의해 작성된 입력 매체를 판독하여 컴퓨터에 입력하는 장치이다. • 종류 : 광학 마크 판독기(Optical Mark Reader), 광학 문자 판독기(Optical Character Reader), 자기 잉크 문자 판독기(Magnetic Ink Character Reader), 바코드 판독기(Bar Code Reader)
15.3 스캐너(Scanner)	그림이나 사진 등의 영상(Image) 정보에 빛을 쬔 후 반사되는 빛의 차이를 감지(Scan)하여 디지털 그래픽 정보로 변환해 주는 장치로, 이미지 리더(Image Reader)라고도 한다.
디지타이저(Digitizer)/ 태블릿(Tablet)	• 3차원 게임에 사용되는 캐릭터의 모형이나 2차원의 건축 설계도면 같은 데이터를 입력할 때 사용하는 장치로, 정해진 좌표를 디지털 형식으로 변환시켜 컴퓨터에 입력하는 장치이다. • 2차원의 평면 작업에 사용되는 사각형 평판을 태블릿(Tablet)이라고 하며, 절대 좌표를 이용해 정확한 위치를 계산한다.
디지털 카메라 (Digital Camera)	촬영된 광학 영상을 필름에 기록하지 않고, 전자 데이터로 변환시켜 디지털 저장 매체에 저장하는 장치이다.
라이트 펜 (Light Pen, 광전 펜)	빛을 인식할 수 있는 모니터의 특정 부분을 눌러 해당 점의 위치를 컴퓨터에 입력하는 장치로, 그림을 그리거나 메뉴를 선택할 때 사용한다.
15.3 터치 스크린(Touch Screen)	• 일반 모니터의 스크린 표면에 적외선이 흐르는 터치 패널을 장착해 스크린의 특정 부분에 손가락을 갖다 대면 센서가 이것을 입력으로 인식하여 입력된 자료의 처리 결과를 다시 화면에 출력한다. • 입·출력 겸용 장치로, 안내용 단말기(키오스크) 혹은 현금지급기에 주로 사용된다.
17.1, 13.2, 00.2 키오스크(Kiosk)	• 터치 스크린, 사운드 시스템, 통신 카드 등 멀티미디어 기기를 활용하여 음성·동영상 등으로 이용자에게 효율적인 정보를 제공하는 무인 종합정보안내 시스템이다. • 전시장, 쇼핑 센터, 버스 터미널, 지하철 등 공공장소에 설치되어 시설물의 이용 방법 등의 각종 안내를 받을 수 있다.

기출문제 따라잡기

00년 2회

1. 컴퓨터 입력장치 중 손가락의 움직임을 감지하여 커서를 화면상에 표시하는 것으로 노트북에서 마우스 대용으로 많이 사용되는 장치는?

① OMR(Optical Mark Reader)
② Touch Pad
③ Digitizer
④ Light Pen

문제에 제시된 내용은 터치 패드(Touch Pad)에 대한 설명입니다.

17년 1회, 13년 2회, 00년 2회

2. 다음 중 전시장이나 쇼핑 센터 등에 설치하여 방문객이 각종 안내를 받을 수 있도록 한 것으로, 터치 패널을 이용해 메뉴를 손가락으로 선택해서 정보를 얻을 수 있는 것이 특징인 것은?

① 킨들
② 프리젠터
③ 키오스크
④ UPS

키오스크는 멀티미디어 장비를 이용하는 무인 종합정보안내 시스템입니다.

15년 1회

3. 다음 입출력 장치 중 성격이 다른 장치는?

① 터치패드
② OCR
③ LCD
④ 트랙볼

LCD(액정 표시장치)는 출력장치, ①, ②, ④번은 모두 입력장치에 해당합니다.

15년 3회

4. 다음 중 컴퓨터에서 사용되는 입력장치에 해당되지 않는 것은?

① 키보드(Keyboard)
② 스캐너(Image Scanner)
③ 터치 스크린(Touch Screen)
④ 펌웨어(Firmware)

펌웨어는 ROM에 저장되어 하드웨어의 동작을 지시하는 소프트웨어입니다.

▶ 정답 : 1. ② 2. ③ 3. ③ 4. ④

SECTION 035 출력장치

전문가의 조언

모니터의 크기, 픽셀과 해상도의 개념을 묻는 문제가 출제되었습니다. 기본적인 내용이니 의미를 정확하게 기억해 두세요.

모니터의 크기

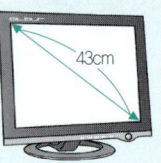

픽셀

 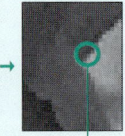

1 모니터

20.1, 13.3, 13.2, 07.1, 06.2, 04.1, 03.1, 01.3, 01.2, 00.1

모니터(Monitor)는 컴퓨터 디스플레이 모니터(Computer Display Monitor)의 줄임말로 사람이 볼 수 있는 영상을 표시해 주는 장치이다.

- 다음은 모니터에서 사용하는 용어들에 대한 설명이다.

용어	의미
13.2, 06.2, 03.1, 01.3 **모니터의 크기**	모니터 등의 화면 크기는 대각선 길이를 센티미터(cm) 단위로 표시한다.
20.1, 13.3, 13.2, 06.2, 04.1 **픽셀**	• 모니터 화면을 구성하는 가장 작은 단위이다. • 픽셀 수가 많을수록 해상도가 높아진다. • 보통 화면 해상도가 1024×768이라고 하면 가로 1024개, 세로 768개의 픽셀로 화면을 표시한다는 뜻이다.
20.1, 13.3, 13.2, 07.1, 06.2, … **해상도(Resolution)**	• 모니터 등의 출력장치가 내용을 얼마나 선명하게 표현할 수 있느냐를 나타내는 단위이다. • 해상도는 픽셀(Pixel)의 수에 따라 결정되며, 픽셀의 수가 많을수록 화면은 선명해진다.
20.1, 13.3, 13.2, 06.2, 04.1, 01.3 **재생율 (Retresh Rate)**	• 픽셀들이 밝게 빛나는 것을 유지하도록 하기 위한 1초당 재충전 횟수이다. • 재생률이 높을수록 모니터의 깜박임이 줄어든다.
20.1, 13.3, 06.2, 04.1 **점 간격(Dot Pitch)**	• 픽셀이 소프트웨어적으로 조절하는 단위라면, Dot는 모니터 제작 시 하드웨어적으로 만들어져 나오는 것이다. • 예를 들어 도트 피치가 0.25mm라는 것은 기본적으로 화면을 구성하는 하나의 도트가 0.25mm의 길이를 갖는다는 의미이다. • 도트 피치가 작을수록 같은 면적에 더 많은 도트를 표시할 수 있으므로 해상도가 높아진다.

전문가의 조언

각 프린터를 인쇄 방식에 따라서 구분할 수 있을 정도로만 알아두세요.

노즐(Nozzle)
액체나 기체가 분사되는 작은 구멍을 의미합니다.

2 프린터

25.2, 24.4, 22.4, 21.4, 20.2

도트 매트릭스 프린터	• 프린터 헤드의 핀으로 잉크 리본에 충격을 가하여 인쇄하는 방식이다. • 인쇄 소음이 크고, 인쇄 품질이 떨어진다. • 인쇄 속도의 단위는 CPS(Character Per Second)를 사용한다.
잉크젯 프린터	• 프린터 헤드의 가는 구멍(노즐)을 통해 잉크를 분사하여 인쇄하는 방식이다. • 인쇄 소음이 적고 컬러 인쇄가 가능하지만 노즐이 막히거나 잉크가 번질 수 있다. • 인쇄 속도의 단위는 PPM(Page Per Minute)을 사용한다.
25.2, 24.4, 22.4, 21.4, 20.2 **레이저 프린터**	• 회전하는 둥근 막대(드럼)에 레이저 빛을 이용해 인쇄할 문자나 그림 모양으로 토너(Toner) 가루를 묻힌 뒤 종이에 인쇄하는 방식으로, 복사기와 같은 원리이다. • 인쇄 소음이 적고 인쇄 속도가 빠르다. • 인쇄 속도의 단위는 PPM(Page Per Minute)을 사용한다.

감열식 프린터	열을 가하면 색깔이 검게 변하도록 화학 처리된 특수 용지(감열지)를 이용해 인쇄하는 방식이다.
열전사 프린터	발열 소자가 내장된 프린터 헤드로 열을 가해 특수한 잉크 리본을 녹이면서 인쇄하는 방식이다.

21.2, 07.3

잠깐만요 — 프린터 관련 단위

4203531

프린터 관련 단위
- CPS(Character Per Second) : 1초에 출력되는 글자 수, 도트 매트릭스 및 시리얼 프린터의 속도 단위
- LPM(Line Per Minute) : 1분에 출력되는 줄(Line) 수, 라인 프린터의 속도 단위
- PPM(Page Per Minute) : 1분에 출력되는 페이지 수, 잉크젯 및 레이저 프린터의 속도 단위
- DPI(Dot Per Inch) : 1인치에 출력되는 점(Dot)의 수, 출력물의 인쇄 품질(해상도)을 나타내는 단위
- IPM(Image Per Minute) : 1분에 출력되는 이미지 수, 국제표준화기구(ISO)가 정한 프린터의 속도 단위

궁금해요 시나공 Q&A 베스트

Q 출력물은 모두 종이와 같은 인쇄물로만 되나요?

A 출력물이라고 하면 주로 컴퓨터로 작업한 결과물을 화면 상태 그대로 프린터를 통해 종이에 출력하는 하드 카피(Hard Copy)를 의미하지만, 비디오 영상이나 소리 형태로 출력하는 소프트 카피(Soft Copy)도 있습니다. 예를 들어, 화면에 영상이 출력되는 것도 일종의 소프트 카피입니다.

전문가의 조언

프린터 관련 단위는 암기하려하지 말고 단위에 사용된 약어의 의미를 파악해 보세요. 쉽게 연상됩니다.

기출문제 따라잡기

문제2 1303752

21년 2회
1. 국제표준화기구(ISO)가 정한 문서 출력 매수의 공식 기준을 의미하는 용어는?
① LPM(Line Per Minute)
② IPM(Images Per Minuts)
③ PPM(Page Per Minute)
④ DPI(Dot Per Inch)

> 국제표준화기구에 공인된 인쇄 속도의 단위는 IPM입니다.

20년 1회, 13년 3회, 06년 2회, 04년 1회
2. 다음 중 컴퓨터 출력장치인 모니터에 관한 용어의 설명으로 가장 거리가 먼 것은?
① 픽셀(Pixel) : 화면을 이루는 최소의 단위로서 그림의 화소라는 뜻을 의미하며 픽셀 수가 많을수록 해상도가 높아진다.
② 재생률(Refresh Rate) : 픽셀들이 밝게 빛나는 것을 유지하도록 하기 위한 1초당 재충전 횟수를 의미한다.
③ 점 간격(Dot Pitch) : 픽셀들 사이의 공간을 나타내는 것으로 간격이 가까울수록 영상은 선명하다.
④ 해상도(Resolution) : 모니터 화면의 명확성을 나타내는 것으로 1인치(Inch) 사각형에 픽셀의 수가 많을수록 표시할 수 있는 색상의 수가 증가한다.

> 해상도는 내용의 선명도를 의미하는 것으로 모니터 화면의 가로, 세로의 픽셀 수로 나타냅니다.

25년 2회, 24년 4회, 22년 4회, 21년 4회, 20년 2회
3. 다음 중 컴퓨터에서 사용하는 레이저 프린터에 관한 설명으로 옳지 않은 것은?
① 회전하는 드럼에 토너를 묻혀서 인쇄하는 방식이다.
② 비충격식이라 비교적 인쇄 소음이 적고 인쇄 속도가 빠르다.
③ 인쇄 방식에는 드럼식, 체인식, 밴드식 등이 있다.
④ 인쇄 해상도가 높으며 복사기와 같은 원리를 사용한다.

> 드럼식, 체인식, 밴드식은 라인 프린터의 인쇄 방식입니다.

▶ 정답 : 1. ② 2. ④ 3. ③

SECTION 036 채널

전문가의 조언

채널의 개념과 특징을 묻는 문제가 출제되었습니다. 채널의 개념을 확실히 이해하고, 채널이 CPU와 입·출력 장치 사이에서 동작한다는 것을 기억해 두세요.

1 채널의 개요

23.4, 23.1, 22.3, 02.2, 01.3, 01.1

채널(Channel)은 주변장치에 대한 제어 권한을 CPU로부터 넘겨받아 CPU 대신 입·출력을 관리한다.

특징

- 채널은 중앙처리장치와 입·출력장치 사이의 속도 차이로 인한 문제점을 해결하기 위해 사용된다.
- 채널은 입·출력 작업이 끝나면 CPU에게 인터럽트 신호를 보낸다.
- 채널의 종류

셀렉터(Selector) 채널 [22.3]	고속의 입·출력장치를 제어하는 채널이다.
멀티플렉서(Multiplexer) 채널 [22.3]	저속의 입·출력장치를 제어하는 채널이다.
블록 멀티플렉서 채널 (Block Multiplexer) [22.3]	셀렉터와 멀티플렉서 채널의 기능이 혼합된 채널이다.

기출문제 따라잡기

문제1 1303852

23년 4회, 1회, 02년 2회, 01년 3회, 01년 1회

1. 입·출력장치나 보조기억장치와 같은 주변장치에 데이터를 보내거나 가져오는 작업을 담당하는 장치로, 주변장치와 주기억장치 사이에 데이터를 전송하는 제어 기능을 가진 장치는?

① 모뎀(Modem)
② 채널(Channel)
③ 캐시(Cache)
④ 버퍼(Buffer)

주변장치와 주기억장치 사이에서 데이터를 전송하는 제어 기능을 가진 장치는 채널입니다.

23년 4회, 22년 3회

2. 다음 중 컴퓨터 시스템에서 사용하는 채널(Channel)에 관한 설명으로 옳지 않은 것은?

① 주변장치에 대한 제어 권한을 CPU로 부터 넘겨받아 CPU 대신 입출력을 관리한다.
② 입출력 작업이 끝나면 CPU에게 인터럽트 신호를 보낸다.
③ CPU와 주기억장치의 속도 차이를 해결하기 위하여 사용된다.
④ 채널에는 셀렉터(Selector), 멀티플랙서(Multiplexer), 블록 멀티플랙서(Block Multiplexer) 등이 있다.

채널은 CPU와 입·출력장치 사이의 속도 차이를 해결하기 위해 사용됩니다. CPU와 주기억장치의 속도 차이를 해결하기 위해 사용되는 것은 캐시 메모리입니다.

▶ 정답 : 1. ② 2. ③

SECTION 037 포트

1 포트

25.3, 25.2, 24.5, 24.4, 23.3, 22.2, 22.1, 21.4, 21.2, 20.2, 20.1, 16.3, 14.1, 12.1, 07.1, 06.4, 05.3, 04.1

  1304005

포트(Port)는 메인보드에 주변장치를 연결하기 위한 접속 부분으로, 접속 방식에 따라 다음과 같이 구분된다.

04.1 **직렬 포트** (Serial Port)	• 한 번에 1비트씩 전송하는 방식이다. • 마우스, 모뎀 등을 연결한다.
병렬 포트 (Parallel Port)	• 한 번에 8비트씩 전송하는 방식이다. • 프린터, Zip 드라이브 등을 연결한다.
06.4, 05.3 **PS/2 포트**	PS/2용 마우스와 키보드 연결에 사용되며 6핀으로 구성된다.
25.3, 25.2, 24.5, 23.3, 22.2, … **USB 포트** (범용 직렬 버스)	• 기존의 직렬, 병렬, PS/2 포트를 통합한 직렬 포트의 일종으로 한 번에 1비트씩 데이터를 전송한다. • 주변장치를 최대 127개까지 연결할 수 있다. • 핫 플러그인(Hot Plug In)과 플러그 앤 플레이(Plug & Play) 설치를 지원한다. • 연결 단자 색상 – USB 2.0 이하 : 검정색 또는 흰색 – USB 3.0 : 파란색 – USB 3.1 : 하늘색 또는 빨강색
24.4, 21.2, 20.2 **HDMI**	• 영상과 음향 신호를 압축하지 않고 통합하여 전송하는 고선명 멀티미디어 인터페이스이다. • S-비디오, 컴포지트 등의 아날로그 케이블보다 고품질의 음향 및 영상을 제공한다.
디스플레이 포트 (DP, Display Port)	• VESA(비디오전자표준위원회)에서 제정한 디지털 디스플레이 인터페이스이다. • 대역폭이 넓고 확장성이 뛰어나 여러 기기에 고품질의 영상 및 음향 신호를 동시 전송할 수 있어 HDMI를 대체할 인터페이스로 각광받고 있다.
22.1, 16.3, 14.1 **블루투스** (Bluetooth)	• 근거리 무선 통신을 가능하게 해주는 통신 방식이다. • 핸드폰, PDA, 노트북과 같은 휴대 가능한 장치들 간의 양방향 정보 전송이 가능하다.

> **전문가의 조언**
>
> **중요해요!** USB 포트의 특징을 묻는 문제가 자주 출제됩니다. USB 포트의 특징 중 '1비트씩 데이터를 전송한다'는 것은 반드시 암기하세요. 나머지 포트들의 특징은 다른 포트와 비교하여 구분할 수 있을 정도로만 이해하면 됩니다.

기출문제 따라잡기

문제1 3304552

25년 3회, 2회, 24년 5회, 23년 3회, 22년 2회, 21년 4회, 12년 1회,

1. 다음 중 컴퓨터에서 사용하는 USB 장치에 관한 설명으로 옳지 않은 것은?

① 주변장치를 127개까지 연결할 수 있다.
② 컴퓨터의 전원이 켜진 상태에서도 장치를 연결하거나 제거할 수 있다.
③ 기존의 직렬, 병렬, PS/2 포트 등을 하나의 포트로 대체하기 위한 범용 직렬 버스이다.
④ 한번에 8비트의 데이터가 동시에 전송되는 방식을 사용한다.

> USB 포트는 직렬 포트로서 한 번에 1비트씩 데이터를 전송합니다.

24년 4회, 21년 2회, 20년 2회

2. 다음 중 영상 신호와 음향 신호를 압축하지 않고 통합하여 전송하는 고선명 멀티미디어 인터페이스로, S-비디오, 컴포지트 등의 아날로그 케이블보다 고품질의 음향 및 영상을 감상할 수 있는 것은?

① HDMI   ② DVI
③ USB   ④ IEEE-1394

> 고선명 멀티미디어 인터페이스(High Definition Multimedia Interface)는 HDMI 입니다.

▶ 정답 : 1. ④ 2. ①

SECTION 038

바이오스 / 펌웨어

전문가의 조언
BIOS와 CMOS는 PC에서 가장 기본적인 부품입니다. BIOS와 CMOS의 관계, 그리고 각각의 역할을 알아두세요.

POST(Power On Self Test)
영문 그대로 전원(Power)이 들어오면(On) 컴퓨터 스스로(Self) 이상 유무 검사(Test)를 수행하는 과정을 말합니다.

CMOS 셋업
사용자의 컴퓨터에 장착된 하드웨어 사양을 CMOS RAM에 기록하는 작업입니다. 컴퓨터를 켠 후 BIOS의 정보가 나타날 때, F2나 Delete를 눌러 CMOS 셋업 프로그램을 실행합니다.

전문가의 조언
펌웨어의 개념이나 특징을 묻는 문제가 출제되고 있습니다. 펌웨어는 롬(ROM)에 저장되며, 하드웨어를 제어한다는 것을 기억해 두세요.

1 바이오스의 개요

18.상시, 18.2, 14.3, 13.1, 10.2, 07.4

바이오스(BIOS, Basic Input Output System)는 컴퓨터의 기본 입·출력장치나 메모리 등 하드웨어 작동에 필요한 명령을 모아 놓은 프로그램으로, 다음과 같은 특징이 있다.

특징
- 전원이 켜지면 POST(Power On Self Test)*를 통해 컴퓨터를 점검한 후 사용 가능한 장치들을 초기화한다.
- 바이오스는 ROM에 저장되어 있어 ROM-BIOS라고 한다.
- 바이오스는 하드웨어와 소프트웨어의 중간 형태로 펌웨어(Firmware)라고 한다.
- 최근의 바이오스는 플래시 롬(Flash ROM)에 저장되므로 칩을 교환하지 않고도 바이오스를 업그레이드할 수 있다.
- 바이오스는 CMOS 셋업* 프로그램을 이용하여 일부 BIOS 정보를 설정할 수 있다.

25.4
잠깐만요 CMOS에서 설정 가능한 항목

- 시스템의 날짜와 시간
- 부팅 순서
- 전원 관리
- 시스템 암호
- 하드디스크 타입(Type)
- 칩셋
- PnP
- Anti-Virus

2 펌웨어의 개요

25.3, 24.1, 23.4, 22.3, 16.2, 11.2, 00.1

펌웨어(Firmware)는 하드웨어의 동작을 지시하는 소프트웨어이지만 하드웨어적으로 구성되어 하드웨어의 일부분으로도 볼 수 있는 제품이다.

특징
- 하드웨어 교체없이 소프트웨어 업그레이드만으로 시스템의 성능을 높이기 위해 사용되며, 하드웨어와 소프트웨어의 중간적인 성격을 가진다.
- 주로 ROM에 반영구적으로 저장되어 하드웨어를 제어·관리하는 역할을 수행한다.
- 기계어 처리, 데이터 전송, 부동 소수점 연산, 채널 제어 등의 처리 루틴을 가지고 있다.
- 읽기/쓰기가 가능한 플래시 롬(Flash ROM)에 저장되기 때문에 내용을 쉽게 변경하거나 추가·삭제할 수 있다.
- 펌웨어로 만들어져 있는 프로그램을 마이크로프로그램이라고 한다.

기출문제 따라잡기

07년 4회

1. 다음 중 CMOS와 BIOS에 대한 설명으로 옳지 않은 것은?

① CMOS는 부팅 시에 필요한 하드웨어 정보를 담고 있는 반도체이다.

② BIOS는 POST, 시스템 초기화, 시스템 부트 등을 수행하는 제어 프로그램이다.

③ BIOS는 CMOS에 저장되어 있다.

④ CMOS에 저장된 정보는 변경할 수 있으며, 일반적으로 Del, F2 등을 이용하여 PC에 전원을 넣을 때 CMOS 셋업에 들어갈 수 있다.

> BIOS는 ROM에 저장되어 있으며, CMOS에 저장된 입·출력 장치의 정보를 사용합니다.

18년 상시, 18년 2회, 14년 3회, 13년 1회, 10년 2회

2. 다음 중 PC에서 사용하는 BIOS(Basic Input Output System)에 관한 설명으로 옳지 않은 것은?

① 기본 입·출력장치나, 메모리 등 하드웨어 작동에 필요한 프로그램이다.

② 전원이 켜지면 POST를 통해 컴퓨터를 점검하고 사용 가능한 장치를 초기화한다.

③ RAM에 저장되며, 펌웨어라고도 한다.

④ 칩을 교환하지 않고 업그레이드 할 수 있다.

> BIOS는 RAM이 아닌 ROM에 저장됩니다.

25년 3회, 24년 1회, 23년 4회, 22년 3회, 16년 2회

3. 다음 중 컴퓨터의 롬(ROM)에 기록되어 하드웨어를 제어하며, 하드웨어의 성능 향상을 위해 업그레이드할 수 있는 마이크로프로그램의 집합을 의미하는 것은?

① 프리웨어(Freeware)

② 셰어웨어(Shareware)

③ 미들웨어(Middleware)

④ 펌웨어(Firmware)

> 펌웨어(Firmware)는 롬(ROM)에 저장되어 하드웨어를 제어·관리하는 역할을 합니다.

11년 2회

4. 다음 중 컴퓨터에서 사용하는 펌웨어(Firmware)에 관한 설명으로 옳은 것은?

① 컴퓨터 운영에 필수적인 하드웨어 구성 요소이다.

② 주로 RAM에 저장되어 하드웨어를 제어하거나 관리한다.

③ 내용을 변경하거나 추가 또는 삭제할 수 있다.

④ 업그레이드를 위하여 하드웨어를 교체하여야 한다.

> ① 펌웨어는 하드웨어와 소프트웨어의 중간 형태입니다.
> ② 펌웨어는 주로 롬(ROM)에 저장됩니다.
> ④ 펌웨어는 하드웨어 교체 없이 업그레이드 할 수 있습니다.

25년 4회

5. 바이오스에 내장된 램(RAM)의 일종으로, 시스템의 날짜와 시간, 부팅 순서, 전원 관리, PnP 설정 등의 내용을 확인하거나 수정할 수 있는 것은?

① HDMI   ② POST

③ CMOS   ④ RAID

> 문제에 제시된 내용은 CMOS의 개념입니다.

▶ 정답 : 1. ③ 2. ③ 3. ④ 4. ③ 5. ③

SECTION 039 하드디스크 연결 방식

전문가의 조언

디스크 연결 방식이 아닌 것을 고르는 문제가 출제되었습니다. 디스크 연결 방식의 종류와 연결 가능한 장치의 개수를 정확히 암기하세요.

핫 플러그인(Hot Plug In) 또는 핫 스와핑(Hot Swapping)
PC의 전원이 켜져 있는 상태에서도 장치의 설치/제거가 가능한 것을 말합니다.

시나공 Q&A 베스트

Q SCSI 장치에 터미네이션하는 이유는?

A SCSI는 데이지 체인(Daisy Chain)이라는 방식으로 하나의 케이블에 여러 장치를 차례로 연결하므로 끝에 있는 장치는 자신이 끝임을 알리기 위해 터미네이터(Teminator)라는 장치를 붙여 터미네이션(종료)하는 것입니다.

1 하드디스크 연결 방식

24.5, 19.2, 09.1, 06.1, 03.4, 02.3, 02.1, 01.3, 00.2

하드디스크 연결(Interface) 방식은 메인보드와 하드디스크 사이에서 데이터를 전송하기 위한 방식을 말하는 것으로 다음과 같이 구분한다.

방식	특징	연결 가능 장치
09.1, 06.1, 03.4, ⋯ **IDE**	• AT 버스 방식이라고도 한다. • 최대 504MB의 용량을 인식한다.	하드디스크, CD-ROM

24.5, 19.2, 09.1, ⋯
EIDE
	• IDE를 확장하여 전송 속도를 높인 규격이다.
	• PATA(parallel ATA)
	  - 병렬(parallel) 인터페이스 방식이다.
	  - EIDE는 일반적으로 PATA를 의미한다.
	• SATA(serial ATA)
	  - 직렬(serial) 인터페이스 방식이다.
	  - 데이터 전송 속도가 빠르다.
	  - 데이터 선이 얇아 내부의 통풍이 잘된다.
	  - CMOS에서 지정하면 자동으로 Master/Slave가 설정된다.
	  - 핫 플러그인(Hot Plug In)을 지원한다.
		하드디스크,
		CD-ROM

09.1, 06.1, 03.4, ⋯ **SCSI**	• 7개의 장치를 연결할 수 있다. • 각 장치에게 고유의 ID를 부여한다. • 여러 장치를 한 케이블에 연결하므로 마지막 장치는 반드시 터미네이션되어야 한다.	하드디스크, 스캐너, 이동식 저장 매체 등

기출문제 따라잡기

09년 1회, 06년 1회, 03년 4회, 02년 3회, 1회, 01년 3회

1. 다음 중 컴퓨터 디스크의 인터페이스 방식에 해당되지 않는 것은?

① IDE
② EIDE
③ SCSI
④ AGP

하드디스크 연결 방식의 종류에는 IDE, EIDE, SCSI가 있습니다.

24년 5회, 19년 2회

2. 다음 중 컴퓨터 하드디스크의 연결 방식인 SATA(Serial ATA)에 관한 설명으로 옳지 않은 것은?

① 병렬 인터페이스 방식이다.
② 핫 플러그인 기능을 지원한다.
③ CMOS에서 지정하면 자동으로 Master와 Slave가 지정된다.
④ 데이터 전송 속도가 빠르다.

SATA의 'S'는 Serial(직렬)이라는 의미이므로 SATA는 직렬 인터페이스입니다.

▶ 정답 : 1. ④ 2. ①

SECTION 040 PC 관리

1 시스템 관리

24.2, 23.2, 22.1, 21.3, 17.1, 16.2, 11.3, 05.1, 04.1, 03.1, 01.2

다음은 시스템을 안정적으로 사용하기 위한 관리 방법이다.

- 컴퓨터를 켤 때는 주변기기를 먼저 켜고 본체를 나중에 켜지만, 끌 때는 본체를 먼저 끈다.
- 컴퓨터를 이동하거나 부품을 교체할 때는 반드시 전원을 끄고 작업한다.
- 컴퓨터 전원은 사용중인 프로그램을 모두 종료한 후 끈다.
- 컴퓨터의 설치는 직사광선과 습기가 많은 장소, 그리고 자성이 강한 물체가 있는 곳은 피한다.
- 컴퓨터를 너무 자주 켜고 끄는 재부팅은 시스템에 충격을 가해 부품의 수명을 단축시키는 행위이므로 삼가한다.
- 시스템에 이상이 발생하면 부팅 디스크를 사용하여 재부팅하고, [(시작)] → [(설정)] → [업데이트 및 보안] → [복구]를 이용해 시스템을 복구한다.
- 정기적으로 최신 백신 프로그램을 사용하여 바이러스 감염을 방지한다.
- 중요한 데이터는 정기적으로 백업하며, 가급적 불필요한 프로그램은 설치하지 않는다.
- 프로그램을 제거할 때는 정상적인 제거를 위해 [(설정)] → [앱]을 이용한다.
- 정기적으로 시스템 최적화 프로그램을 사용하여 PC를 점검한다.
- 모니터의 번인(Burn-in) 현상*을 방지하기 위해 화면 보호기를 사용한다.
- 전원 관리 장치는 정전, 전압의 불안정 등에 대비하여 사용하는 장치로, 종류는 다음과 같다.

무정전 전원 공급장치(UPS) 11.3, 04.1, 03.1	정전되었을 때, 시스템에 일정 시간 동안 전원을 공급해 주는 장치이다.
자동 전압 조절기(AVR)	입력 전압의 변동에 관계없이 항상 일정한 출력 전압을 유지시켜 주는 장치이다.
정전압 정주파장치(CVCF)	전압과 주파수를 항상 일정하게 유지시켜 주는 장치이다.
서지 보호기 (Surge Protector)	전압이나 전류의 갑작스런 증가에 의한 손상을 보호하는 장치이다.

> **전문가의 조언**
> 컴퓨터를 사용하면서 지켜야 할 기본적인 내용입니다. 어렵지 않은 내용이니 가볍게 읽어보고 넘어가세요.

> **번인(Burn-in) 현상**
> 모니터는 동일한 화면이 장시간 비춰질 경우 그 영상이 모니터 유리면에 인쇄된 것처럼 남게 되는데, 이 현상을 '모니터가 탔다'하여 번인(Burning) 현상이라고 합니다.

AVR

UPS

CVCF

서지 보호기

4장 컴퓨터 하드웨어 131

전문가의 조언

상식적인 내용이 출제되고 있습니다. 어렵지 않은 내용이니 가볍게 읽어보세요.

백업 위치

백업은 USB나 외장 하드디스크 등의 백업을 위한 전용 외부 저장 매체를 이용하는 것이 좋습니다.

25.2, 24.5, 21.4, 17.2

❷ 저장 매체 관리

다음은 저장 매체를 효율적으로 관리하는 방법에 대한 설명이다.

- 컴퓨터 성능 향상 및 최적화를 위해 주기적으로 디스크 정리, 드라이브 오류 검사, 드라이브 조각 모음 및 최적화를 실행한다.
- 오랜 기간 동안 저장되고 사용되지 않는 데이터는 백업*한 후 삭제한다.
- 강한 자성 물질을 하드디스크, 자기 테이프 등의 자기 저장 매체 주위에 놓지 않는다.

3304802

 ### 기출문제 따라잡기

문제2 3304852

11년 3회, 04년 1회, 03년 1회

1. 다음 장치 가운데 정전이 발생한 경우 사용자가 작업중인 데이터를 잃어버리지 않도록 해주는 것은?

① AVR
② CVCF
③ 항온항습장치
④ UPS

> 정전되었을 때 데이터를 보존할 수 있도록 일정 시간 전원을 공급해 주는 장치는 UPS입니다.

24년 2회, 23년 2회, 22년 1회, 21년 3회, 17년 1회

2. 다음 중 컴퓨터를 관리하는 효율적인 방법으로 옳지 않은 것은?

① 컴퓨터를 이동하거나 부품을 교체할 경우에는 전원을 끄고 작업하는 것이 바람직하다.
② 시스템에 문제가 발생하면 시스템을 재부팅하고 하드디스크의 모든 파티션을 제거한다.
③ 정기적으로 최신 바이러스 백신 프로그램을 사용하여 바이러스 감염을 방지하며, 중요한 데이터는 백업하여 둔다.
④ 가급적 불필요한 프로그램은 설치하지 않도록 하며, 정기적으로 시스템을 점검한다.

> 하드디스크의 모든 파티션을 제거하면 하드디스크에 저장된 내용도 모두 삭제되므로 [⊞(시작)] → [⚙(설정)] → [업데이트 및 보안] → [복구]를 통해 문제를 해결하는 것이 좋습니다.

16년 2회

3. 다음 중 올바른 PC 관리에 대한 설명으로 가장 적절하지 않은 것은?

① 데스크탑 PC는 평평하고 흔들림이 없는 곳에 설치하는 것이 바람직하다.
② 컴퓨터를 이동하거나 부품을 교체할 때에는 전원을 끄고 작업한다.
③ 바이러스 감염 방지를 위해 중요한 데이터는 자주 사용하는 하드디스크에 백업한다.
④ 먼지가 많은 환경의 경우 메인보드 내에 먼지가 쌓이지 않도록 주의하고, 자주 확인하여 청소한다.

> 바이러스 감염 방지를 위해서는 정기적으로 최신 백신 프로그램을 사용하여 바이러스 검사를 수행해야 하며, 중요한 데이터는 자주 사용하지 않는 별도의 저장 장치(하드디스크 등)에 백업해야 합니다.

25년 2회, 24년 5회, 21년 4회, 17년 2회

4. 다음 중 컴퓨터의 저장 매체 관리 방법으로 옳지 않은 것은?

① 주기적으로 디스크 정리, 검사, 조각 모음을 수행한다.
② 강한 자성 물체를 외장 하드디스크 주위에 놓지 않는다.
③ 오랜 기간 동안 저장된 데이터는 재 저장한다.
④ 예상치 않은 상황에 대비하여 주기적으로 백업하여 둔다.

> 보조기억장치에 한 번 저장된 자료는 매체가 손상되지 않으면 영구적이므로 재 저장하는 것은 무의미합니다.

▶ 정답 : 1. ④ 2. ② 3. ③ 4. ③

SECTION 041 PC 업그레이드 / 파티션

1 업그레이드

19.2, 18.1, 13.1, 08.1

업그레이드(Upgrade)란 컴퓨터의 하드웨어나 소프트웨어를 일부 교체하거나 추가하여 컴퓨터 시스템의 성능을 향상시키는 작업으로 하드웨어 업그레이드와 소프트웨어 업그레이드로 나뉜다.

- **소프트웨어 업그레이드** : 기존 소프트웨어의 버그를 수정하거나 새로운 기능을 추가한 새 버전의 소프트웨어를 구입하거나, 통신망에서 다운로드받아 시스템에 설치하는 것을 말한다.
  - 예) Windows 10 → Windows 11, 훈글 2014 → 훈글 2020, MS-오피스 2016 → MS-오피스 2020

- **하드웨어 업그레이드** : 하드웨어를 업그레이드할 때는 가격과 성능을 면밀히 검토해 보고 어떤 이득이 있는지 파악한 뒤, 적절한 장치를 선택하는 것이 중요하다.

18.1 CPU 업그레이드	시스템의 성능을 향상시킬 수 있는 가장 확실한 방법으로, 주로 메인보드와 함께 교체하여 등급을 높인다.
19.2, 18.1, 13.1 RAM 업그레이드	높은 사양의 시스템을 요구하는 소프트웨어들이 출시되면서 처리 속도가 느려지거나 제대로 동작하지 않을 경우, 가장 먼저 고려하는 것이 RAM 업그레이드이다.
18.1 하드디스크(HDD) 업그레이드	부족한 하드디스크 공간을 확보하기 위해서 하드디스크를 추가하거나 용량이 큰 것으로 교체하는 것이다.

잠깐만요 — 업그레이드 시 고려사항

25.5, 24.4, 19.2, 18.1, 13.1

수치가 클수록 좋은 것	수치가 작을수록 좋은 것
CPU 클럭 속도 : MHz* 또는 GHz CPU 성능 : MIPS 모뎀의 전송 속도 : bps 또는 cps CD-ROM 드라이브 전송 속도 : 배속 HDD/SSD 용량 : GB, TB HDD 회전수 : RPM* HDD/SSD 전송 속도 : MB/s*, IOPS* 모니터, 프린터 해상도 : DPI	RAM 접근 속도 : ns*

전문가의 조언

업그레이드의 개념을 묻는 문제가 출제되었습니다. 소프트웨어 업그레이드는 프로그램을 더 좋은 것으로 교체하는 것이고, 하드웨어 업그레이드는 부품을 더 좋은 것으로 교체하는 것이라는 것을 기억해 두세요.

MHz / GHz
메가헤르츠(MHz)는 1초당 1백만(10^6) 번, 기가헤르츠(GHz)는 1초당 1십억(10^9) 번의 주기에 해당하는 전기적 주파수의 단위로, CPU의 클럭 속도를 나타낼 때 사용됩니다.

RPM(Revolutions Per minute)
RPM은 하드디스크의 분당 회전수로, 수치가 높은 것이 좋습니다. 5,400RPM, 7,200RPM이 보편적으로 유통됩니다.

MB/s(Mega Byte per Second)
초당 전송되는 메가 바이트 수를 의미합니다.

IOPS(Input Output operations Per Second)
초당 처리되는 입·출력의 개수를 의미합니다.

ns(nano second)
나노 초는 10억 분의 1초를 나타내는 단위로, 컴퓨터의 클럭 주기나 게이트의 지연 시간, 램의 액세스(접근) 시간 등을 나타내는 단위입니다.

전문가의 조언

파티션의 특징을 묻는 문제가 출제되고 있습니다. 하나의 파티션에는 한 종류의 파일 시스템만 사용할 수 있다는 것을 중심으로 특징을 정리하세요.

디스크 관리

디스크 관리는 디스크 관련 작업을 수행하는 곳으로 포맷 및 파티션, 드라이브 문자 할당 등의 작업을 할 수 있습니다.

[실행]
• 방법 1 : [■(시작)]의 바로 가기 메뉴에서 [디스크 관리] 선택
• 방법 2 : ■+X를 누른 후 메뉴에서 [디스크 관리] 선택

2 파티션(Partition)＊

파티션은 하나의 물리적인 하드디스크를 여러 개의 논리적인 영역으로 나누는 작업으로, 기본 파티션과 확장 파티션이 있다.

• 파티션의 목적은 특정 데이터만 별도로 보관할 드라이브를 확보하거나 하나의 하드디스크에 서로 다른 운영체제를 설치하기 위해서다.
• 운영체제에서는 파티션이 하나의 드라이브로 인식된다.
• 하나의 파티션에는 한 종류의 파일 시스템만 사용할 수 있다.
• 파티션을 설정한 후에는 반드시 포맷을 해야 사용할 수 있다.
• 파티션의 분할 및 병합은 '디스크 관리＊'에서 수행할 수 있다.

기출문제 따라잡기

13년 1회
1. 다음 중 컴퓨터의 처리 속도를 높이기 위한 가장 효율적인 방법은?
① EIDE 포트 확장
② 모니터 교체
③ RAM 확장
④ CD-ROM 교체

> 컴퓨터의 처리 속도가 느려지거나 제대로 동작하지 않을 경우 가장 먼저 고려해야 할 것은 램(RAM) 업그레이드입니다.

08년 1회
2. 다음 컴퓨터 업그레이드 중 소프트웨어적인 업그레이드에 속하는 것은?
① 'MS 오피스 2016'에서 'MS 오피스 2019'로 교체한다.
② 하드디스크를 '500GB'에서 '1TB'로 교체한다.
③ RAM 카드를 '4GB'에서 '8GB'로 교체한다.
④ CPU를 '코어 i7'에서 '코어 i9'로 교체한다.

> ②, ③, ④번은 물리적인 장치를 교체하는 하드웨어적인 업그레이드입니다.

25년 4회, 22년 3회, 2회, 12년 2회, 07년 4회, 04년 2회
3. 다음 중 컴퓨터에서 사용하는 하드디스크의 파티션에 대한 설명으로 옳지 않은 것은?
① 하나의 물리적인 하드디스크를 여러 개의 파티션으로 나눌 수 있다.
② 파티션을 나눈 후에 하드디스크를 사용하기 위해서는 포맷을 해야 한다.
③ 하나의 하드디스크 내의 모든 파티션에는 동일한 운영체제만 설치할 수 있다.
④ 하나의 파티션에는 한 가지 파일 시스템만 설치할 수 있다.

> 파티션 별로 서로 다른 운영체제를 설치할 수 있습니다.

25년 5회, 24년 4회, 19년 2회, 18년 1회
4. 다음 중 컴퓨터를 업그레이드 하는 경우 수치가 클수록 좋은 것에 해당하지 않는 것은?
① 하드디스크의 용량
② RAM의 접근 속도
③ CPU의 클럭 속도
④ DVD의 배속

> 컴퓨터 업그레이드 시 RAM의 접근 속도만 수치가 작은 것이 좋고 나머지는 모두 수치가 큰 것이 좋습니다.

11년 3회, 1회, 07년 4회, 04년 2회
5. 다음 중 컴퓨터에서 사용하는 하드디스크의 파티션(Partition)에 대한 설명으로 옳지 않은 것은?
① 하나의 하드디스크에 여러 개의 파티션을 설정할 수 있다.
② 한글 Windows 10은 해당 하드디스크의 속성 창에서 파티션 작업을 선택할 수 있다.
③ 운영체제는 파티션을 하나의 드라이브로 인식한다.
④ 하드디스크는 파티션을 설정한 후 포맷을 해야 사용할 수 있다.

> 파티션 작업은 [디스크 관리] 메뉴를 통해 수행할 수 있습니다.

▶ **정답** : 1. ③ 2. ① 3. ③ 4. ② 5. ②

SECTION 042 PC 응급처치

1 오류의 원인과 문제 해결

24.4, 22.3, 18.상시, 18.2, 16.1, 15.3, 15.1, 12.2, 11.2, 10.2, 09.2, 08.1, 07.3

다음은 PC를 사용하는 도중 자주 발생하는 오류 메시지의 종류와 적절한 해결 방법이다.

에러 종류	원인과 대책
15.1, 12.2, 07.3 컴퓨터가 부팅되지 않을 때의 일반적 원인	• 전원 공급 장치에 이상이 있을 때 • ROM-BIOS에 이상이 발생했을 때 • 바이러스에 감염되었을 때
24.4, 22.3, 18.상시, 12.2, 11.2, 10.2, 08.1, … 하드디스크의 용량이 부족할 경우	• 불필요한 파일은 백업한 다음 하드디스크에서 삭제한다. • 사용하지 않는 응용 프로그램을 삭제한다. • 사용하지 않는 Windows 기능을 제거한다. • 휴지통에 있는 파일을 삭제한다. • [디스크 정리]를 수행하여 불필요한 파일들을 삭제한다. • 웹 브라우저에서 사용한 캐시 폴더의 내용을 삭제한다. • 확장명이 .bak(백업 파일) 또는 .tmp(임시 파일)인 파일을 삭제한다.
18.2 메모리 용량이 부족할 경우	• 불필요한 프로그램을 종료한다. • '시작프로그램' 폴더* 안의 불필요한 프로그램을 삭제한다. • [⊞(시작)] → [⚙(설정)] → [앱] → [시작 프로그램]이나 '작업 관리자' 대화상자*의 '시작프로그램' 탭에서 불필요한 프로그램의 실행을 해제한다. • 작업량에 비해 메모리가 작을 경우는 시스템에 메모리(RAM)를 추가한다. • [⊞(시작)] → [⚙(설정)] → [시스템] → [정보] → [고급 시스템 설정] 클릭 → '시스템 속성' 대화상자의 '고급' 탭에서 가상 메모리의 크기를 적절히 설정한다.

전문가의 조언

발생한 오류에 대한 대책을 묻는 문제가 출제됩니다. 각각의 오류에 대한 해결 방법을 확실히 정리해 두세요.

'시작프로그램' 폴더의 실제 위치

'C:\사용자\사용자 계정\AppData\Roaming\Microsoft\Windows\시작 메뉴\프로그램\시작프로그램'입니다.

'작업 관리자' 대화상자

'작업 관리자' 대화상자를 표시하는 바로 가기 키는 Ctrl+Shift+E 입니다.

기출문제 따라잡기

문제2 1304353

24년 4회, 22년 3회

1. 다음 중 하드디스크 용량이 부족할 경우의 해결 방법으로 옳지 않은 것은?

① USB 파일 정리
② 휴지통 파일 정리
③ 디스크 정리 수행
④ Windows 기능 제거

> USB 메모리는 데이터를 저장하는 휴대용 외부 보조기억장치로, USB 파일을 정리한다고 해서 하드디스크의 용량이 증가하지는 않습니다. 하드디스크의 용량을 증가시키려면 하드디스크의 파일을 USB 같은 외부 저장 매체에 백업한 후 하드디스크에서 파일을 삭제해야 합니다.

18년 2회

2. 다음 중 한글 Windows 10 사용 시 메모리(RAM) 용량 부족 문제의 해결 방법으로 가장 적절하지 않은 것은?

① 불필요한 프로그램을 종료한다.
② 불필요한 자동 시작 프로그램을 삭제한다.
③ 시스템 속성 창에서 가상 메모리의 크기를 적절히 설정한다.
④ 휴지통에 있는 파일을 삭제한다.

> 휴지통에 있는 파일을 삭제하면 사용 가능한 하드디스크 용량이 증가할 뿐 메모리의 용량 부족 문제를 해결하지는 못합니다.

▶ 정답 : 1. ① 2. ④

4장 핵심요약

031 중앙처리장치

❶ 정의와 구성 25.3
- 중앙처리장치는 사람의 두뇌와 같이 컴퓨터 시스템에 부착된 모든 장치의 동작을 제어하고, 명령을 실행하는 장치이다.
- 중앙처리장치는 제어장치·연산장치·레지스터로 구성된다.

❷ 제어장치 25.2, 24.5, 24.2, 21.4, 18.2, 18.1, 16.2, 15.3, 15.1, 14.1, 12.1, 10.3
- 입·출력, 저장, 연산장치 등 컴퓨터에 있는 모든 장치들의 동작을 지시하고 제어하는 장치이다.
- 제어장치에서 사용하는 레지스터와 회로
  - 프로그램 카운터(PC; Program Counter) : 다음에 실행할 명령어의 번지를 기억하는 레지스터
  - 명령 레지스터(IR; Instruction Register) : 현재 실행 중인 명령의 내용을 기억하는 레지스터
  - 명령 해독기(Decoder) : 명령 레지스터에 있는 명령어를 해독하는 회로

❸ 연산장치 25.2, 24.2, 23.2, 21.1, 20.상시, 18.상시, 16.2, 15.3, 15.2, 14.1, 12.3, 11.1
- 제어장치의 명령에 따라 실제로 연산을 수행하는 장치이다.
- 연산장치에서 사용하는 레지스터
  - 누산기(AC; Accumulator) : 연산된 결과를 일시적으로 저장하는 레지스터

❹ 레지스터 24.5, 21.4, 19.상시, 18.1, 17.1, 16.3, 13.3, 11.3
- CPU(중앙처리장치) 내부에서 처리할 명령어나 연산의 중간 결과값 등을 일시적으로 기억하는 소량의 임시 기억장소이다.
- 레지스터는 플립플롭(Flip-Flop)이나 래치(Latch)들을 연결하여 만든다.
- 레지스터는 메모리 중에서 속도가 가장 빠르다.

032 주기억장치

❶ ROM(롬) 24.4, 23.5, 23.3, 16.1
- 기억된 내용을 읽을 수만 있는 기억장치로서 일반적으로 쓰기는 불가능하다.
- 전원이 꺼져도 기억된 내용이 지워지지 않는 비휘발성 메모리이다.

❷ RAM(램) 24.4, 23.5, 23.3, 17.2, 11.2
- 자유롭게 읽고 쓸 수 있는 기억장치이다.
- RAM에는 현재 사용중인 프로그램이나 데이터가 저장되어 있다.
- 전원이 꺼지면 기억된 내용이 모두 사라지는 휘발성 메모리이다.

❸ 플래시 메모리(Flash Memory) 24.1, 23.2, 23.1, 22.1, 21.3, 20.상시, 19.상시, …
EEPROM의 일종으로 비휘발성 메모리이며, 블록 단위로 데이터를 저장한다.

❹ 캐시 메모리(Cache Memory) 25.4, 25.1, 24.1, 23.4, 23.2, 21.1, 20.2, 18.상시, …
CPU와 주기억장치 사이에서 컴퓨터의 처리 속도를 향상시키기 위한 것으로, SRAM을 사용한다.

❺ 가상 메모리(Virtual Memory) 25.3, 24.1, 22.2, 22.1, 21.3, 20.1, 19.1, 15.2, 10.1
보조기억장치의 일부를 주기억장치처럼 사용하는 메모리 기법으로, 전원이 꺼지면 데이터가 소실된다.

033 보조기억장치

❶ 특징 25.1
- 주기억장치에 비해 속도가 느리다.
- 전원이 차단되어도 내용이 그대로 유지된다.
- 주기억장치에 비해 저장 용량이 크다.

❷ SSD(Solid State Drive) 25.1, 24.3, 22.2, 20.상시, 19.상시, 19.1, 18.2, 16.2, 14.3, 13.1
- 디스크 드라이브(HDD)와 비슷하게 동작하면서 HDD와는 달리 기계적 장치가 없는 반도체를 이용하여 정보를 저장하는 컴퓨터 보조기억장치이다.
- 고속으로 데이터를 입·출력할 수 있고, 기계적인 지연이나 실패율이 거의 없다.
- 외부의 충격에 강하며, 디스크가 아닌 메모리에 데이터를 기록하므로 배드섹터가 발생하지 않는다.
- 발열·소음과 전력 소모가 적으며, 소형화·경량화할 수 있다.

❸ 기억 용량 단위 24.5, 24.1, 22.3, 18.상시, 18.2, 15.1

단위	Byte	KB	MB	GB	TB	PB	EB
저장 용량	8Bit	1024Byte	1024KB	1024MB	1024GB	1024TB	1024PB

작음 ◄─────────────────► 큼

❹ 기억장치의 접근 속도 비교 25.4, 24.2, 22.4, 22.3, 21.2, 15.2

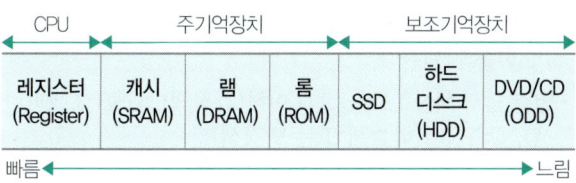

빠름 ◄─────────────────► 느림

❺ 처리 속도 단위 24.4, 23.1, 21.1, 20.상시, 19.상시, 18.1, 16.1, 14.2, 13.3, 13.2

단위	ms	μs	ns	ps	fs	as
처리 속도	10^{-3}	10^{-6}	10^{-9}	10^{-12}	10^{-15}	10^{-18}

느림 ◄─────────────────► 빠름

034 입력장치

❶ 터치 패드(Touch Pad) 15.1
인체에서 발생하는 전자를 감지하는 센서 위를 손가락으로 문지르거나 두드려 포인터의 위치를 이동시키는 장치이다.

❷ 트랙 볼(Track Ball) 15.1
볼 마우스를 뒤집어 놓은 형태로, 볼을 손으로 움직여 포인터의 위치를 이동시키는 장치이다.

❸ 판독기(Reader) 15.1
- 일정한 형식에 의해 작성된 입력 매체를 판독하여 컴퓨터에 입력하는 장치이다.
- 종류 : 광학 마크 판독기(Optical Mark Reader), 광학 문자 판독기(Optical Character Reader), 자기 잉크 문자 판독기(Magnetic Ink Character Reader), 바코드 판독기(Bar Code Reader)

❹ 스캐너(Scanner) 15.3
그림이나 사진 등의 영상(Image) 정보에 빛을 쪼인 후 반사되는 빛의 차이를 감지(Scan)하여 디지털 그래픽 정보로 변환해 주는 장치이다.

❺ 터치 스크린(Touch Screen) 15.3
일반 모니터의 스크린 표면에 적외선이 흐르는 터치 패널을 장착해 스크린의 특정 부분에 손가락을 갖다 대면 센서가 이것을 입력으로 인식하여 입력된 자료의 처리 결과를 다시 화면에 출력한다.

❻ 키오스크(Kiosk) 17.1, 13.2
터치 스크린, 사운드 시스템, 통신 카드 등 멀티미디어 기기를 활용하여 음성·동영상 등으로 이용자에게 효율적인 정보를 제공하는 무인 종합정보안내 시스템이다.

4장 핵심요약

035 출력장치

❶ 모니터 관련 용어 20.1, 13.3, 13.2

- 픽셀(Pixel, 화소)
  - 모니터 화면을 구성하는 가장 작은 단위이다.
  - 화면 해상도가 1,024×768이라고 하면, 가로 1,024개, 세로 768개의 픽셀로 화면을 표시한다는 뜻이다.
- 해상도(Resolution) : 모니터 등의 출력장치가 내용을 얼마나 선명하게 표현할 수 있느냐를 나타내는 단위로, 픽셀(Pixel)의 수가 많을수록 선명함
- 재생률(Refresh Rate) : 픽셀들이 밝게 빛나는 것을 유지하도록 하기 위한 1초당 재충전 횟수
- 점 간격(Dot Pitch) : 픽셀들 사이의 공간을 나타내는 것으로 간격이 가까울수록 해상도가 높음

❷ 레이저 프린터 25.2, 24.4, 22.4, 21.4, 20.2

- 회전하는 둥근 막대(드럼)에 레이저 빛을 이용해 인쇄할 문자나 그림 모양으로 토너(Toner) 가루를 묻힌 뒤 종이에 인쇄하는 방식으로, 복사기와 같은 원리이다.
- 인쇄 소음이 적고 인쇄 속도가 빠르다.

❸ 프린터 관련 단위 21.2

- LPM(Line Per Minute) : 1분에 출력되는 줄(Line) 수, 라인 프린터의 속도 단위
- PPM(Page Per Minute) : 1분에 출력되는 페이지 수, 잉크젯 및 레이저 프린터의 속도 단위
- DPI(Dot Per Inch) : 1인치에 출력되는 점(Dot)의 수, 출력물의 인쇄 품질(해상도)을 나타내는 단위
- IPM(Image Per Minute) : 1분에 출력되는 이미지 수, 국제 표준화기구(ISO)가 정한 프린터의 속도 단위

036 채널

❶ 채널의 개요 23.4, 23.1, 22.3

- 주변장치에 대한 제어 권한을 CPU로부터 넘겨받아 CPU 대신 입·출력을 관리한다.
- 채널은 중앙처리장치와 입·출력장치 사이의 속도 차이로 인한 문제점을 해결하기 위해 사용된다.
- 채널은 입·출력 작업이 끝나면 CPU에게 인터럽트 신호를 보낸다.
- 채널에는 셀렉터(Selector), 멀티플렉서(Multiplexer), 블록 멀티플렉서(Block Multiplexer) 등이 있다.

037 포트

❶ USB 25.3, 25.2, 24.5, 23.3, 22.2, 21.4, 20.1, 16.3, 12.1

- 직렬 포트의 일종으로 한 번에 1비트씩 데이터를 전송한다.
- 주변장치를 최대 127개까지 연결할 수 있다.
- 핫 플러그인(Hot Plug In)과 플러그 앤 플레이(Plug & Play)를 지원한다.
- 연결 단자 색상 : USB 2.0 이하(검정색), USB 3.0(파란색), USB 3.1(하늘색 또는 빨강색)

❷ HDMI 24.4, 21.2, 20.2

- 영상과 음향 신호를 압축하지 않고 통합하여 전송하는 고선명 멀티미디어 인터페이스이다.
- S-비디오, 컴포지트 등의 아날로그 케이블보다 고품질의 음향 및 영상을 제공한다.

❸ 블루투스(Bluetooth) 22.1, 16.3, 14.1

- 근거리 무선 통신을 가능하게 해주는 통신 방식이다.
- 핸드폰, PDA, 노트북과 같은 휴대 가능한 장치들 간의 양방향 정보 전송이 가능하다.

038 CMOS / 펌웨어

❶ CMOS 25.4
- 시스템의 날짜와 시간, 부팅 순서, 전원 관리, PnP 설정 등의 정보를 유지 관리하는 역할을 수행한다.
- 바이오스에 내장된 램(RAM)의 일종으로, 내용을 확인하거나 수정할 수 있다.

❷ 펌웨어의 개요 25.3, 24.1, 23.4, 22.3, 16.2, 11.2
- 하드웨어의 동작을 지시하는 소프트웨어이지만 하드웨어적으로 구성되어 하드웨어의 일부분으로도 볼 수 있는 제품이다.
- 하드웨어 교체없이 소프트웨어 업그레이드만으로 시스템의 성능을 높이기 위해 사용되며, 하드웨어와 소프트웨어의 중간적인 성격을 가진다.
- 주로 ROM에 반영구적으로 저장되어 하드웨어를 제어·관리하는 역할을 수행한다.

- 먼지가 많은 환경의 경우 메인보드 내에 먼지가 쌓이지 않도록 주의하고, 자주 확인하여 청소한다.
- 중요한 데이터는 사용하지 않는 별도의 저장장치(하드디스크 등)에 백업한다.

❷ 저장 매체 관리 25.2, 24.5, 21.4, 17.2
- 저장 매체·컴퓨터 성능 향상 및 최적화를 위해 주기적으로 디스크 정리, 드라이브 오류 검사, 드라이브 조각 모음 및 최적화를 실행한다.
- 오랜 기간 동안 저장되고 사용되지 않는 데이터는 백업한 후 삭제한다.
- 강한 자성 물질을 하드디스크, 자기 테이프 등의 자기 저장 매체 주위에 놓지 않는다.

039 하드디스크 연결 방식

❶ SATA(serial ATA) 24.5, 19.2
- 직렬(serial) 인터페이스 방식이다.
- 데이터 전송 속도가 빠르다.
- CMOS에서 지정하면 자동으로 Master/Slave가 설정된다.
- 핫 플러그인(Hot Plug In)을 지원한다.

040 PC 관리

❶ 시스템 관리 24.2, 23.2, 22.1, 21.3, 17.1, 16.2, 11.3
- 컴퓨터는 평평하고 흔들림이 없는 곳에 설치하는 것이 바람직하다.
- 컴퓨터를 이동하거나 부품을 교체할 때는 반드시 전원을 끄고 작업한다.
- 직사광선을 피하고 습기가 적으며 통풍이 잘되고 먼지 발생이 적은 곳에 설치한다.
- 드라이브 조각 모음 및 최적화를 예약 실행하여 정기적으로 최적화 시킨다.

041 PC 업그레이드 / 파티션

❶ 업그레이드 시 고려사항 25.5, 24.4, 19.2, 18.1, 13.1
- 수치가 클수록 좋은 것
  - CPU 클럭 속도 : MHz 또는 GHz
  - CD-ROM 드라이브 전송 속도 : 배속
  - HDD/SSD 용량 : GB, TB
- 수치가 작을수록 좋은 것
  - RAM 접근 속도 : ns

❷ 파티션(Partition) 25.4, 22.3, 22.2, 12.2, 11.3, 11.1
- 하나의 물리적인 하드디스크를 여러 개의 논리적인 영역으로 나누는 작업으로, 기본 파티션과 확장 파티션이 있다.
- 파티션의 목적은 특정 데이터만 별도로 보관할 드라이브를 확보하거나 하나의 하드디스크에 서로 다른 운영체제를 설치하기 위해서다.
- 운영체제에서는 파티션이 하나의 드라이브로 인식된다.
- 하나의 파티션에는 한 종류의 파일 시스템만 사용할 수 있다.
- 파티션을 설정한 후에는 반드시 포맷을 해야 사용할 수 있다.

4장 핵심요약

042 PC 응급처치

❶ 하드디스크의 용량이 부족할 경우 24.4, 22.3, 18.상시, 18.2, 12.2, 11.2, 10.2

- 불필요한 파일은 백업한 다음 하드디스크에서 삭제한다.
- 사용하지 않는 응용 프로그램을 삭제한다.
- 사용하지 않는 Windows 기능을 제거한다.
- 휴지통에 있는 파일을 삭제한다.
- [디스크 정리]를 수행하여 불필요한 파일들을 삭제한다.

❷ 메모리 용량이 부족할 경우 18.2

- 불필요한 프로그램을 종료한다.
- '시작프로그램' 폴더 안의 불필요한 프로그램을 삭제한다.
- 작업량에 비해 메모리가 작을 경우는 시스템에 메모리(RAM)를 추가한다.
- 가상 메모리의 크기를 적절히 설정한다.

5장 컴퓨터 소프트웨어

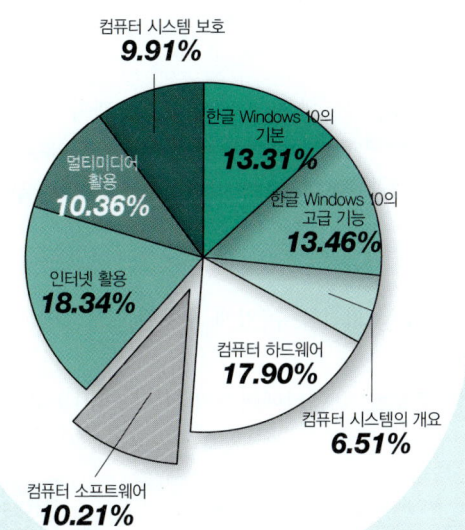

043 소프트웨어 Ⓐ등급
044 운영체제 Ⓐ등급
045 프로그래밍 언어 Ⓑ등급
046 웹 프로그래밍 언어 Ⓑ등급

꼭 알아야 할 키워드 Best 10

1. 셰어웨어 2. 운영체제 3. 실시간 처리 시스템 4. 객체 지향 프로그래밍 5. 웹 프로그래밍 언어 6. 컴파일러 7. 인터프리터
8. 유틸리티 프로그램 9. 패치 버전 10. 일괄 처리 시스템

SECTION 043 소프트웨어

전문가의 조언

시스템 소프트웨어의 특징을 묻는 문제가 출제되었습니다. 시스템 소프트웨어와 응용 소프트웨어의 특징을 혼동하지 않도록 확실히 구분하여 기억해 두세요.

MS 오피스의 프로그램 종류
엑셀, 액세스, 워드, 파워포인트 등

한컴 오피스의 프로그램 종류
훈글, 훈셀, 훈워드 등

데이터베이스 관리 시스템(DBMS)
많은 양의 데이터를 체계적으로 관리하고 효과적으로 이용할 수 있도록 저장, 갱신, 조직, 검색할 수 있는 프로그램입니다.

전문가의 조언

중요해요! 사용권에 따른 소프트웨어의 종류에 대한 문제가 자주 출제되고 있습니다. 어떤 소프트웨어를 말하는지 찾아낼 수 있도록 각각의 특징을 확실히 숙지하세요.

1 소프트웨어 (18.1, 16.3, 15.3, 14.3)

소프트웨어(Software)는 컴퓨터 전체를 작동시키거나 사용자가 컴퓨터를 이용하여 특정 업무를 처리할 수 있게 개발된 프로그램으로, 크게 시스템 소프트웨어와 응용 소프트웨어로 분류할 수 있다.

- **시스템(System) 소프트웨어**
  - 컴퓨터 전체를 작동시키는 프로그램으로, 기능에 따라 제어 프로그램과 처리 프로그램으로 구분한다.
  - 종류 : 운영체제(OS), 언어 번역 프로그램, 펌웨어, 라이브러리 프로그램, 부트 로더, 장치 드라이버 등

- **응용(Application) 소프트웨어**
  - 사용자가 컴퓨터를 이용하여 특정 업무를 처리할 수 있게 개발된 프로그램을 말한다.
  - 종류 : MS 오피스*, 한컴 오피스*, 포토샵, 데이터베이스 관리 시스템(DBMS)*, 웹 브라우저 등

2 사용권에 따른 소프트웨어 분류
25.5, 25.4, 25.2, 24.4, 24.3, 23.5, 23.2, 23.1, 22.4, 21.4, 21.3, 21.2, 21.1, 20.상시, 20.2, 20.1, 19.상시, 18.상시, 18.2, 17.2, …

24.3, 23.5, 18.상시, 18.2, 15.3 **상용 소프트웨어**	• 정식으로 대가를 지불하고 사용해야 하는 소프트웨어이다. • 해당 소프트웨어의 모든 기능을 정상적으로 사용할 수 있다.
25.5, 24.4, 24.3, 23.5, 23.1, 22.4, … **셰어웨어(Shareware)**	• 기능 혹은 사용 기간에 제한을 두어 배포하는 소프트웨어이다. • 무료로 사용할 수 있으며, 일정 기간 사용해 보고 정식 프로그램을 구입할 수 있다.
25.2, 24.3, 23.2, 21.4, 21.2, 16.1 **트라이얼(Trial) 버전**	• 셰어웨어와 마찬가지로 제품을 구매하기 전에 해당 프로그램을 미리 사용해 볼 수 있도록 제작한 소프트웨어이다. • 셰어웨어는 일부 기능을 제외한 대부분의 기능을 사용할 수 있는 반면 트라이얼 버전은 일부 기본적인 기능만 사용할 수 있다는 점이 다르다.
23.5, 21.3, 18.상시, 18.2, 15.3 **프리웨어(Freeware)**	• 무료로 사용 또는 배포가 가능한 소프트웨어이다. • 배포는 주로 인터넷을 통해 이루어진다.
24.3, 21.1, 14.3 **공개 소프트웨어 (Open Software)**	• 개발자가 소스를 공개한 소프트웨어로, 누구나 자유롭게 사용하고 수정 및 재배포할 수 있다. • 대표적인 공개 소프트웨어로 LINUX가 있다.
25.2, 24.3, 23.2, 21.4, 21.2, 21.1, … **데모(Demo) 버전**	정식 프로그램의 기능을 홍보하기 위해 사용 기간이나 기능을 제한하여 배포하는 소프트웨어이다.

24.3, 21.3 알파(Alpha) 버전*	베타테스트를 하기 전, 제작 회사 내에서 테스트할 목적으로 제작하는 소프트웨어이다.	
25.2, 24.3, 23.2, 21.4, 21.2, 17.2, ... 베타(Beta) 버전*	정식 프로그램을 발표하기 전, 프로그램의 문제 발견이나 기능 향상을 위해 일반인에게 무료로 배포하는 소프트웨어이다.	
25.2, 24.3, 23.2, 21.4, 21.3, 21.2, 패치(Patch) 버전	이미 제작하여 배포된 프로그램의 오류 수정이나 성능 향상을 위해 프로그램의 일부 파일을 변경해 주는 소프트웨어이다.	
벤치마크 테스트	하드웨어나 소프트웨어의 성능을 검사하기 위해 실제로 사용되는 조건에서 처리 능력을 테스트하는 것이다.	
번들(Bundle)	하드웨어나 소프트웨어를 구매했을 때 무료로 제공하는 일체의 소프트웨어이다.	

25.4
알파 테스트(Alpha Test)
- 개발자의 장소에서 사용자가 개발자 앞에서 행하는 테스트 기법입니다.
- 테스트는 통제된 환경에서 행해지며, 오류와 사용상의 문제점을 사용자와 개발자가 함께 확인하면서 기록합니다.

12.2
베타 테스트(Beta Test)
- 선정된 최종 사용자가 여러 명의 사용자 앞에서 행하는 테스트 기법으로, 필드 테스팅(Field Testing)이라고도 불립니다.
- 실업무를 가지고 사용자가 직접 테스트하는 것으로, 개발자에 의해 제어되지 않은 상태에서 테스트가 행해지며, 발견된 오류와 사용상의 문제점을 기록하고 개발자에게 주기적으로 보고합니다.

기출문제 따라잡기

23년 5회, 22년 5회, 18년 2회, 15년 3회
1. 다음 중 아래의 ㉠, ㉡, ㉢에 해당하는 소프트웨어의 종류를 올바르게 짝지어 나열한 것은?

> 홍길동은 어떤 프로그램이 좋은지 알아보기 위해 ㉠ 누구나 임의의 용도로 사용할 수 있는 프로그램과 ㉡ 주로 일정 기간 동안 일부 기능을 제한한 상태로 사용하는 프로그램을 먼저 사용해 보고, 가장 적합한 ㉢ 프로그램을 구입하여 사용하려고 한다.

① ㉠ 프리웨어, ㉡ 셰어웨어, ㉢ 상용 소프트웨어
② ㉠ 셰어웨어, ㉡ 프리웨어, ㉢ 상용 소프트웨어
③ ㉠ 상용 소프트웨어, ㉡ 셰어웨어, ㉢ 프리웨어
④ ㉠ 셰어웨어, ㉡ 상용 소프트웨어, ㉢ 프리웨어

누구나 임의의 용도로 사용할 수 있는 프로그램은 프리웨어, 일정 기간 동안 일부 기능을 제한한 상태로 사용하는 프로그램은 셰어웨어, 정식으로 대가를 지불하고 사용해야 하는 프로그램은 상용 소프트웨어입니다.

25년 5회, 24년 4회, 3회, 23년 1회, 22년 4회, 21년 3회, 20년 상시, 20년 1회, 18년 상시, 16년 3회
2. 다음 중 컴퓨터 소프트웨어 배포와 관련하여 셰어웨어(Shareware)에 관한 설명으로 옳은 것은?

① 정상 대가를 지불하고 사용하는 소프트웨어이다.
② 특정 기능이나 사용 기간에 제한을 두고 무료로 배포하는 소프트웨어이다.
③ 개발자가 소스를 공개한 소프트웨어이다.
④ 배포 이전의 테스트 버전의 소프트웨어이다.

①번은 상용 소프트웨어, ③번은 공개 소프트웨어, ④번은 알파 또는 베타 버전에 대한 설명입니다.

25년 4회
3. 개발자의 장소에서 사용자가 개발자 앞에서 행하는 테스트 기법으로, 통제된 환경에서 오류와 사용상의 문제점을 사용자와 개발자가 함께 확인하는 것은?

① 알파 테스트   ② 베타 테스트
③ 데모 테스트   ④ 번들 테스트

문제에 제시된 내용은 알파 테스트의 개념입니다.

25년 2회, 21년 4회, 2회, 1회, 16년 1회, 14년 3회
4. 다음 중 각 소프트웨어에 대한 설명으로 옳지 않은 것은?

① 공개 소프트웨어(Open Software) : 특정한 하드웨어나 소프트웨어를 구매하였을 때 무료로 주는 프로그램
② 셰어웨어(Shareware) : 정상적인 프로그램을 구매하도록 유도하기 위해 사용기간이나 기능 등을 제한하여 배포하는 프로그램
③ 데모 버전(Demo Version) : 정식 프로그램을 홍보하기 위해 사용기간이나 기능을 제한하여 배포하는 프로그램
④ 패치 버전(Patch Version) : 이미 제작하여 배포된 프로그램의 오류 수정이나 성능 향상을 위해 프로그램의 일부 파일을 변경해 주는 프로그램

공개 소프트웨어는 개발자가 소스를 공개한 소프트웨어입니다. ①번은 '번들'에 대한 설명입니다.

문제4 1304451

▶ 정답 : 1. ① 2. ② 3. ① 4. ①

SECTION 044 운영체제

전문가의 조언

운영체제의 주요 기능과 유틸리티의 특징을 묻는 문제가 주로 출제되고 있으니 확실히 기억해 두세요.

시스템 소프트웨어
컴퓨터를 사용하기 위해 기본적으로 필요한 소프트웨어로, 종류에는 운영체제, 언어 번역 프로그램 등이 있습니다.

- **응답시간** : 명령을 지시하고 결과를 얻을 때까지의 시간으로, 짧을수록 좋음
- **처리능력** : 단위 시간당 처리하는 일의 양으로, 높을수록 좋음
- **신뢰도** : 주어진 일을 정확하게 수행하는 것으로, 높아야 좋음
- **사용 가능도** : 전체 시간 중 시스템을 사용할 수 있는 시간으로, 많을수록 좋음

1 운영체제의 개요
25.3, 25.2, 24.4, 24.1, 23.3, 22.3, 22.1, 20.1, 19.상시, 19.2, 18.2, 17.1, 16.3, 12.1

운영체제(OS, Operating System)는 사용자의 편의를 도모하는 동시에 시스템의 생산성을 높이기 위한 프로그램의 모임으로 사용자와 컴퓨터 사이에서 중계자 역할을 한다(Man-Machine Interface).

특징

- 운영체제는 가장 대표적인 시스템 소프트웨어*이다.
- 운영체제는 컴퓨터를 사용하기 위해 기본적으로 필요한 소프트웨어로 반드시 설치해야 한다.
- 운영체제는 컴퓨터가 동작하는 동안 주기억장치에 위치한다.
- 운영체제의 목적은 응답시간(Turnaround Time)* 단축, 처리능력(Throughput)* 증대, 신뢰도(Reliability)* 향상, 사용 가능도(Availability)* 증대에 있다.
- **운영체제의 종류** : Unix, Linux, Windows, MS-DOS 등
- **주요 기능**
  - 프로세서, 기억장치, 주변장치, 파일 및 정보 등의 자원을 관리한다.
  - 자원을 효율적으로 관리하기 위해 자원의 스케줄링 기능을 제공한다.
  - 사용자와 시스템 간의 편리한 인터페이스를 제공한다.
  - 데이터를 관리하고, 데이터 및 자원의 공유 기능을 제공한다.
- 운영체제는 크게 제어 프로그램과 처리 프로그램으로 나뉜다.
  - **제어 프로그램** : 감시 프로그램, 작업 관리 프로그램, 데이터 관리 프로그램
  - **처리 프로그램** : 언어 번역 프로그램, 서비스 프로그램, 문제 프로그램

25.3, 24.1, 23.4, 22.3, 22.1, 21.3, 19.2, 16.2

잠깐만요 유틸리티 프로그램

- 컴퓨터 동작에 필수적이지는 않지만, 컴퓨터 시스템에 있는 기존 프로그램을 지원하거나 기능을 향상 또는 확장하기 위해 사용하는 소프트웨어를 의미합니다.
- 유틸리티 프로그램은 서비스 프로그램, 유틸리티 루틴이라고도 합니다.
- 컴퓨터 하드웨어, 운영체제, 응용 소프트웨어를 관리하는 데 도움을 주도록 설계되었습니다.
- Windows에서 제공하는 유틸리티 프로그램에는 메모장, 그림판, 계산기 등이 있습니다.

② 운영체제의 운용 기법

25.5, 25.3, 25.1, 24.3, 22.3, 19.1, 18.상시, 18.1, 13.3, 13.1, 11.1, 09.4, 09.3, 09.1, 07.1, 05.4, 01.1, 00.3, 00.1

전문가의 조언

운용 기법의 발달 순서나 운영 기법의 개별적인 특징을 묻는 문제가 출제됩니다. 운용 기법의 발달 순서와 무슨 운용 기법을 말하는지 구분할 수 있도록 각각의 특징을 파악하고 있어야 합니다.

25.3, 25.1, 22.3, 18.상시, 13.1, … **일괄 처리 시스템**	• 처리할 데이터를 일정량 또는 일정 기간 모았다가 한꺼번에 처리하는 방식이다. • 온라인 일괄 처리 시스템과 오프라인 일괄 처리 시스템이 있다. • 급여 계산, 공공요금 계산 등에 사용된다.
25.5, 25.3, 24.3, 22.3, 18.상시, … **실시간 처리 시스템**	• 처리할 데이터가 생겨날 때마다 바로 처리하는 방식으로, 일반적으로 온라인 실시간 시스템을 의미한다. • 항공기나 열차의 좌석 예약, 은행 업무 등에 사용된다.
25.3, 22.3, 18.상시, 13.1, 09.3, … **분산 처리 시스템**	지역적으로 분산된 여러 대의 컴퓨터를 연결하여 작업을 분담하여 처리하는 방식이다.
25.3, 22.3, 13.1 **시분할 시스템**	• 한 대의 시스템을 여러 사용자가 동시에 사용하는 방식이다. • 일정 시간 단위로 CPU 사용권을 신속하게 전환함으로써, 모든 사용자들은 자신만 혼자 컴퓨터를 사용하고 있는 것처럼 느낀다.
다중 프로그래밍 시스템	한 개의 CPU로 여러 개의 프로그램을 동시에 처리하는 방식이다.
25.3, 11.1 **다중 처리 시스템**	처리 속도를 향상시킬 목적으로 하나의 컴퓨터에 여러 개의 CPU를 설치하여 프로그램을 처리하는 방식이다.
다중 모드 처리	일괄 처리 시스템, 시분할 시스템, 다중 처리 시스템, 실시간 처리 시스템을 한 시스템에서 모두 제공하는 방식이다.
09.4 **중앙 처리 시스템**	분산 처리 시스템과 비교되는 운영 기법으로 각 부문에서 발생하는 데이터나 업무를 모두 중앙 컴퓨터에서 처리하는 시스템으로, 자료의 처리는 온라인 또는 오프라인으로 처리할 수 있다.
07.1 **듀얼 시스템**	두 대의 컴퓨터가 같은 업무를 동시에 처리하므로, 한쪽 컴퓨터가 고장나면 다른 컴퓨터가 계속해서 업무를 처리하여 업무가 중단되는 것을 방지하는 시스템이다.
듀플렉스 시스템	두 대의 컴퓨터를 설치하여 한쪽의 컴퓨터가 가동중일 때에는 다른 한 컴퓨터는 대기하고 있다가 가동중인 컴퓨터가 고장이 나면 즉시 대기중인 한쪽 컴퓨터가 가동되어 시스템이 안전하게 작동되도록 운영하는 시스템이다.
19.1, 18.1, 13.3, 09.1 **임베디드 시스템**	• 마이크로프로세서에 특정 기능을 수행하는 응용 프로그램을 탑재하여 컴퓨터의 기능을 수행하는 것으로, 컴퓨터의 하드웨어와 소프트웨어가 조합된 전자 제어 시스템이다. • **임베디드 운영체제** : 디지털 TV, 전기밥솥, 냉장고, PDA 등 해당 제품의 특정 기능에 맞게 특화되어서 제품 자체에 포함된 운영체제로, Windows CE가 여기에 속한다.

22.5, 18.상시, 17.1, 09.1, 07.3

잠깐만요 운영체제 운영 기법의 발달 과정

일괄 처리 시스템 → 다중 프로그래밍 시스템/다중 처리 시스템/시분할 시스템/실시간 처리 시스템 → 다중 모드 → 분산 처리 시스템

기출문제 따라잡기

 문제1 3305251   문제4 3305254

25년 3회, 24년 1회, 23년 4회, 22년 3회, 1회, 21년 3회, 19년 2회, 16년 2회

1. 다음 중 유틸리티 프로그램에 대한 설명으로 적절하지 않은 것은?

① 다수의 작업이나 목적에 대하여 적용되는 편리한 서비스 프로그램이나 루틴을 말한다.
② 컴퓨터의 동작에 필수적이고, 컴퓨터를 이용하는 주목적에 대한 일부 특정 작업을 수행하는 소프트웨어들을 가리킨다.
③ 컴퓨터 하드웨어, 운영체제, 응용 소프트웨어를 관리하는 데 도움을 주도록 설계된 프로그램을 의미한다.
④ Windows에서 제공하는 유틸리티 프로그램으로는 메모장, 그림판, 계산기 등을 예로 들 수 있다.

> 유틸리티 프로그램이 있으면 좋지만 컴퓨터 동작에 반드시 있어야 할 필수적인 것은 아닙니다.

25년 3회, 24년 1회, 23년 3회, 20년 1회

2. 다음 중 컴퓨터 운영체제의 주요 기능으로 옳지 않은 것은?

① 자원의 효율적인 관리를 위해 자원의 스케줄링을 제공한다.
② 시스템과 사용자간의 편리한 인터페이스를 제공한다.
③ 데이터 및 자원 공유 기능을 제공한다.
④ 운영체제는 제어 프로그램, 감시 프로그램, 응용 프로그램으로 구성된다.

> 운영체제는 제어 프로그램과 처리 프로그램으로 구성되어 있습니다.

25년 5회, 24년 3회, 22년 3회

3. 다음 중 데이터가 발생되는 즉시 처리되어 결과를 바로 확인할 수 있는 시스템으로, 은행이나 여행사의 좌석 예약 조회 서비스 등에 이용되는 것은?

① 실시간 처리 시스템 ② 일괄 처리 시스템
③ 분산 처리 시스템 ④ 시분할 시스템

> 데이터 발생 즉시 처리하는 시스템은 실시간 처리 시스템입니다.

25년 3회, 23년 4회, 22년 3회, 1회, 21년 5회, 13년 1회

4. 다음 중 운영체제의 운용 방식으로 옳지 않은 것은?

① 일괄 처리는 컴퓨터에 입력하는 데이터를 일정량 모았다가 한꺼번에 처리하는 시스템으로, 오프라인으로만 사용한다.
② 시분할 시스템은 한 대의 시스템을 여러 사용자가 동시에 사용하는 시스템이다.
③ 실시간 처리 시스템은 처리할 데이터가 생겨날 때마다 바로 처리하는 시스템이다.
④ 분산 처리 시스템은 지역적으로 분산된 여러 대의 컴퓨터를 연결하여 작업을 분담하여 처리하는 시스템이다.

> 일괄 처리 시스템은 오프라인뿐만 아니라 온라인에서도 흔히 사용됩니다.

22년 5회, 09년 1회

5. 다음 중 자료 처리 방식의 발달 과정으로 옳은 것은?

① 일괄 처리 시스템 - 분산 처리 시스템 - 실시간 처리 시스템
② 분산 처리 시스템 - 실시간 처리 시스템 - 일괄 처리 시스템
③ 실시간 처리 시스템 - 일괄 처리 시스템 - 분산 처리 시스템
④ 일괄 처리 시스템 - 실시간 처리 시스템 - 분산 처리 시스템

> 일괄 처리 시스템이 가장 먼저 개발되었고, 다중 모드와 분산 처리 시스템이 가장 최근에 개발되었다는 것만 기억하면 쉽게 맞힐 수 있습니다.

24년 4회, 19년 2회

6. 다음 중 컴퓨터와 같은 정보기기를 사용하기 위해서 반드시 설치되어야 하는 프로그램으로 가장 대표적인 시스템 소프트웨어는?

① 컴파일러 ② 운영체제
③ 유틸리티 ④ 라이브러리

> 정보기기를 사용하기 위해서 반드시 설치되어야 하는 대표적인 시스템 소프트웨어는 운영체제입니다.

25년 2회

7. 다음 중 운영체제가 관리하는 주요 자원이 아닌 것은?

① 기억장치 관리 ② 프로세스 관리
③ 시스템의 보안 관리 ④ 파일 관리

> 시스템의 보안은 운영체제가 관리하는 자원의 대상이 아닙니다.

25년 1회, 19년 1회, 18년 1회, 13년 3회, 09년 1회

8. 다음 중 컴퓨터 운영체제 운영 방식에서 임베디드 시스템에 관한 설명으로 옳지 않은 것은?

① 제어가 필요한 시스템의 두뇌 역할을 하는 전자 시스템으로 TV, 냉장고 등의 가전제품에 많이 사용된다.
② 처리할 데이터를 일정량 또는 일정시간 동안 모아서 한꺼번에 처리한다.
③ 마이크로프로세서에 특정 기능을 수행하는 응용 프로그램을 탑재하여 컴퓨터 기능을 수행한다.
④ 하드웨어와 소프트웨어가 하나로 결합된 제어 시스템이다.

> ②번은 일괄 처리 시스템(Batch Processing System)에 대한 설명입니다.

▶ 정답 : 1. ② 2. ④ 3. ① 4. ① 5. ④ 6. ② 7. ③ 8. ②

SECTION 045 프로그래밍 언어

1 프로그래밍 언어의 종류

프로그래밍 언어는 컴퓨터를 이용해 특정 문제를 해결하기 위한 프로그램을 작성하기 위해 사용되는 언어를 말한다.

저급 언어*

저급 언어(Low Level Language)는 기계어와 어셈블리어로 구분된다.

기계어	• 기계어(Machine Language)는 0과 1의 2진수 형태로 표현된다. • 컴퓨터가 직접 이해할 수 있는 언어로 처리 속도가 빠르다. • CPU에 내장된 명령들을 직접 사용하는 것으로, 이해하기가 힘들고 수정 및 변경이 어렵다.
어셈블리어	• 어셈블리어(Assembly Language)는 기계어와 1:1로 대응되는 기호로 이루어진 언어로, 니모닉(Mnemonic, 연상기호) 언어라고도 한다. • 하드웨어 제어에 주로 사용되며, 처리 속도가 빠르다. • 기계어로 번역하기 위해 어셈블러(Assembler)라는 번역기가 사용된다.

고급 언어*

- 고급 언어(High Level Language)는 인간이 실생활에 사용하는 자연어와 비슷한 형태와 구조를 갖는다.
- 컴퓨터가 이해할 수 있는 기계어로 번역하기 위해 컴파일러, 인터프리터 등의 번역기가 사용된다.
- 기계어와 어셈블리어를 제외한 C, BASIC, COBOL, ALGOL 등의 언어가 고급 언어에 해당된다.

2 고급 언어의 종류

문제 중심 언어	• 처리 방법이나 절차보다는 해결하려는 문제에 중심을 두고 프로그램할 수 있는 언어로서, 비절차적이며 대화식으로 구성된다. • 인공지능*, 모의실험 등에 사용된다. • LISP, GPSS, SPSS, SAS, COGO 등이 문제 중심 언어에 속한다.
절차 중심 언어	• 정해진 문법에 맞게 일련의 처리 절차를 순서대로 기술해 나가는 언어이다. • C, COBOL, ALGOL, FORTRAN, PASCAL 등이 절차 중심 언어에 속한다.

전문가의 조언

기계어와 어셈블리어의 특징을 묻는 문제가 출제된 적이 있습니다. 확실히 이해하고 넘어갑시다.

저급 언어와 고급 언어

저급 언어와 고급 언어의 구분은 언어가 저급이냐 고급이냐를 말하는 것이 아니라 기계 친화적이냐 인간 친화적이냐, 즉 기계가 이해하기 쉬우면 저급 언어, 인간이 이해하기 쉬우면 고급 언어입니다.

인공지능 언어

- 퍼지 이론, 전문가 시스템, 로봇공학 등에 사용되는 언어로, 문제 처리를 위해 추상적인 기호를 이용하는 기법입니다.
- LISP, PROLOG, SNOBOL 등이 인공지능 언어에 속합니다.

전문가의 조언
객체 지향 프로그래밍 기법에 대한 문제가 주로 출제됩니다. 객체 지향 프로그래밍의 특징과 종류를 기억하고 나머지 기법은 가볍게 읽어 보세요.

절차적 프로그래밍의 문제점
절차적 프로그래밍은 프로그램을 분석하기 어렵고, 유지 보수나 코드의 수정이 어렵습니다.

전문가의 조언
언어 번역 프로그램의 종류와 각각의 특징을 파악하고 있어야 합니다.

기계어
컴퓨터가 이해할 수 있는 언어로, 2진수(1 또는 0)로 되어 있습니다.

저급 언어
기계 중심의 언어로, 기계어와 1:1로 대응되는 기호나 문자로 표현합니다(어셈블리어).

24.2, 23.2, 21.4, 21.1, 19.1, 17.2, 12.3, 11.2, 08.2, 05.4, 04.3, 03.2

③ 프로그래밍 기법

3305304

구조적 프로그래밍	• 입력과 출력이 각각 하나씩 이루어진 구조로, GOTO문을 사용하지 않으며, 순서, 선택, 반복의 3가지 논리 구조를 사용하는 기법이다. • 대표적인 종류 : PASCAL, Ada 등
절차적 프로그래밍	• 지정된 문법 규칙에 따라 일련의 처리 절차를 순서대로 기술해 나가는 프로그래밍 기법이다. • 대표적인 종류 : C, COBOL, FORTRAN, BASIC 등
24.2, 23.2, 21.4, 21.1, … 객체 지향 프로그래밍	• 객체를 중심으로 한 프로그래밍 기법이다. • 절차적 프로그래밍의 문제점*을 해결하기 위해 개발된 프로그래밍 기법으로, 코드의 재사용과 유지 보수가 용이하여 프로그램의 개발 시간을 단축할 수 있다. • 추상화, 캡슐화, 상속성, 다형성 등의 특징을 갖고 있다. • 대표적인 종류 : Smalltalk, C++, JAVA 등
03.2 비주얼 프로그래밍	• 기존 문자 방식의 명령어 전달 방식을 기호화된 아이콘의 형태로 바꿔 사용자가 대화형으로 좀 더 쉽게 프로그래밍할 수 있는 기법이다. • 대표적인 종류 : Visual BASIC, Visual C++, Delphi, Power Builder 등

13.3, 11.3, 10.2, 08.3, 07.3, 05.3

④ 언어 번역 프로그램

1304605

언어 번역 프로그램(Language Translator Program)은 사용자가 작성한 원시 프로그램(Source Program)을 기계어* 형태의 목적 프로그램(Object Program)으로 변환시키는 것으로, 다음과 같은 종류가 있다.

13.3, 11.3, 10.2, 07.3, 07.2, 05.3 컴파일러(Compiler)	FORTRAN, COBOL, C, ALGOL 등의 고급 언어로 작성된 프로그램을 기계어로 번역하는 프로그램이다.
13.3, 11.3, 10.2, 07.3, 07.2, 05.3 어셈블러(Assembler)	저급 언어*인 어셈블리어로 작성된 프로그램을 기계어로 번역하는 프로그램이다.
13.3, 11.3, 10.2, 08.3, 07.3, 07.2, … 인터프리터 (Interpreter)	BASIC, LISP 등의 고급 언어로 작성된 원시 프로그램을 기계어로 변환하지 않고 줄 단위로 번역하여 바로 실행해 주는 프로그램으로, 대화식 처리가 가능하다.

21.2, 18.1, 13.3, 10.2, 07.3

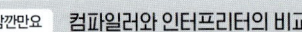 컴파일러와 인터프리터의 비교

1304632

구 분	컴파일러	인터프리터
번역 단위	전체	행
목적 프로그램	생성	없음
실행 속도	빠름	느림
번역 속도	느림	빠름
관련 언어	FORTRAN, COBOL, C, ALGOL 등	BASIC, LISP, APL, SNOBOL 등

기출문제 따라잡기

21년 2회, 18년 1회, 13년 3회, 10년 2회, 07년 3회

1. 다음 중 언어 번역 프로그램인 컴파일러와 인터프리터의 차이점에 대한 설명으로 옳지 않은 것은?

① 컴파일러는 프로그램 전체를 번역하고, 인터프리터는 한 줄씩 번역한다.
② 컴파일러는 목적 프로그램을 생성하고, 인터프리터는 생성하지 않는다.
③ 컴파일러는 실행 속도가 빠르고, 인터프리터는 실행 속도가 느리다.
④ 컴파일러는 번역 속도가 빠르고, 인터프리터는 번역 속도가 느리다.

> 컴파일러는 프로그램 전체를 한 번에 번역하기 때문에 번역 속도가 느리고, 인터프리터는 줄 단위로 번역하여 바로 실행하므로 번역 속도가 빠르다.

24년 2회, 23년 2회, 21년 1회, 19년 1회, 17년 2회

2. 다음 중 추상화, 캡슐화, 상속성, 다형성 등의 특징을 지니고 있으며, 크고 복잡한 프로그램 구축이 어려운 절차형 언어의 문제점을 해결하기 위해 개발된 프로그래밍 기법은?

① 구조적 프로그래밍
② 객체 지향 프로그래밍
③ 하향식 프로그래밍
④ 비주얼 프로그래밍

> 추상화, 캡슐화, 상속성, 다형성 등의 특징을 지니고 있는 프로그래밍 기법은 객체 지향 프로그래밍입니다.

문제1 3305351  문제2 1304652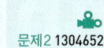

11년 2회, 08년 2회, 04년 3회

3. 다음 중 컴퓨터에서 사용하는 객체 지향 언어의 특징으로 옳지 않은 것은?

① 그룹화 ② 캡슐화
③ 다형성 ④ 상속성

> 객체 지향 언어의 특징에는 상속성, 캡슐화, 추상화, 다형성, 오버로딩 등이 있습니다.

23년 1회

4. 다음 중 프로그래밍 언어가 아닌 것은?

① SPSS   ② UNIX
③ LISP   ④ COBOL

> UNIX는 운영체제(OS)의 한 종류입니다. SPSS와 LISP는 프로그래밍 언어 중 문제 중심 언어에 속하며, COBOL은 절차 중심 언어에 속합니다.

▶ 정답 : 1. ④ 2. ② 3. ① 4. ②

SECTION 046 웹 프로그래밍 언어

전문가의 조언

웹 프로그래밍 언어가 아닌 것을 찾거나, 언어의 개별적인 특징을 알아야 풀 수 있는 문제가 출제됩니다. 웹 프로그래밍 언어에 속하는 언어들의 종류와 각각의 특징을 숙지해 두세요.

HTML의 기본 형식
- 〈HTML〉 … 〈/HTML〉 : 현재 작성하는 문서가 HTML 문서임을 알려주는 것으로 시작과 끝을 의미함
- 〈HEAD〉 … 〈/HEAD〉 : 문서의 소개, 주소 설정, 형식 정보 등 문서의 정보를 표시함
- 〈TITLE〉 … 〈/TITLE〉 : 문서의 제목을 지정함
- 〈BODY〉 … 〈/BODY〉 : 실제 문서의 내용이 들어감

태그(Tag)
홈페이지를 만들 때 특정한 기능이나 모양 등을 정의하기 위한 '꼬리표'를 의미합니다.

1 웹 프로그래밍 언어

24.4, 23.3, 23.2, 22.4, 22.2, 20.2, 16.2, 16.1, 08.4, 08.1, 07.3, 04.4, 04.2

웹 프로그래밍 언어는 웹 문서를 제작할 때 사용하는 언어이다.

언어	설명
HTML (Hyper Text Markup Language)*	인터넷의 표준 문서인 하이퍼텍스트 문서를 만들기 위해 사용하는 언어로, 특별한 데이터 타입이 없는 단순한 텍스트이므로 호환성이 좋고 사용이 편리하다.
24.4, 23.3, 22.2, 16.2 **DHTML** (Dynamic HTML)	이전 버전의 HTML에 비해 애니메이션이 강화되고 사용자와의 상호작용에 좀 더 민감한 동적인 웹 페이지를 만들 수 있는 언어이다.
23.2, 20.2, 16.1 **HTML5**(Hyper Text Markup Language 5)	• 웹 표준 기관인 W3C에서 제안한 HTML의 최신 규격으로, HTML에 비디오, 오디오 등 다양한 부가 기능을 포함시켰다. • 액티브X 없이 최신 멀티미디어 콘텐츠를 웹 브라우저에서 감상할 수 있다.
23.3 **SGML**(Standard Generalized Markup Language)	텍스트, 이미지, 오디오 및 비디오 등을 포함하는 멀티미디어 전자 문서들을 다른 기종의 시스템들과 정보의 손실 없이 효율적으로 전송, 저장 및 자동 처리하기 위한 언어이다.
23.3, 08.1, 04.4 **XML**(eXtensible Markup Language)	• 확장성 생성 언어라는 뜻으로 기존 HTML의 단점을 보완하여 웹에서 구조화된 폭넓고 다양한 문서들을 상호 교환할 수 있도록 설계된 언어이다. • HTML에 사용자가 새로운 태그(Tag)*를 정의할 수 있는 기능이 추가되었다. • 클라이언트 시스템의 복잡한 데이터 처리를 쉽게 하는 기능을 갖고 있다.
WML(Wireless Markup Language)	XML에 기반을 둔 마크업 언어로, 휴대폰, PDA, 양방향 호출기와 같은 무선 단말기에서 텍스트 기반의 콘텐츠를 제공하기 위한 언어이다.
23.3, 08.4, 04.2 **VRML**(Virtual Reality Modeling Language)	가상현실 모델링 언어라는 뜻으로, 웹에서 3차원 가상공간을 표현하고 조작할 수 있게 하는 언어이다.
08.4 **Perl**	C, sed, awk 등의 특징을 결합한 언어로 문자 처리가 강력하며, 이식성이 좋아 운영체제에 상관없이 사용이 가능하다.
24.4, 23.3, 22.4, 22.2, 08.4, 07.3, … **ASP** (Active Server Page)	• 서버 측에서 동적으로 수행되는 페이지를 만들기 위한 언어이다. • 마이크로소프트 사에서 개발하였고, Windows 계열에서만 사용할 수 있다.
22.4, 22.2, 08.4, 07.3 **JSP** (Java Server Page)	• 자바(JAVA)로 만들어진 서버 스크립트 언어이다. • 서버 측에서 동적으로 수행되며, Linux, Unix, Windows 등의 다양한 운영체제에서 사용할 수 있다.
22.4, 22.2, 08.4, 07.3 **PHP**(Professional Hypertext Preprocessor)	• 초기에는 아주 간단한 유틸리티들로만 구성된 개인용 홈페이지 제작 도구였으나, PHP 4.0 버전 이후 가장 각광받는 웹 스크립트 언어가 되었다. • 서버 측에서 동적으로 수행되며, LINUX, UNIX, Windows 등의 다양한 운영체제에서 사용할 수 있다.
24.4, 22.2, 07.3 **자바**(JAVA)	C++ 언어를 기반으로 개발된 것으로, 웹(Web) 상에서 멀티미디어 데이터를 효율적으로 처리할 수 있는 객체 지향 언어이다.

자바 스크립트 (JAVA Script)	일반 사용자가 프로그래밍하기 힘든 자바 애플릿(JAVA Applet)*의 단점을 극복하고자 개발된 것으로, HTML 문장에 삽입해 웹 브라우저를 보기 좋게 꾸미는 데 주로 사용한다.
VB 스크립트 (Visual Basic Script)	• 마이크로소프트 사에서 자바 스크립트에 대응하기 위해 제작한 언어로 Active X*를 사용하여 마이크로소프트 사의 애플리케이션들을 컨트롤할 수 있다. • 기본적으로 Windows 계열에서만 사용할 수 있다.

자바 애플릿(JAVA Applet)
HTML 문서 내에 포함될 수 있는 자바 프로그램을 일컫는 말로, 현재 웹 상의 대부분의 프로그램에서 사용하는 방식입니다.

Active X
마이크로소프트 사에서 Windows 환경의 응용 프로그램을 웹과 연결하기 위해 개발한 프로그램 기술로서, Active X를 이용하면 동적(Dynamic)인 콘텐츠와 응용 프로그램 제작이 편리합니다.

01.3, 00.2

잠깐만요 CGI(Common Gateway Interface)

웹 서버가 서비스를 제공하는 데 그치는 것이 아니라 외부 프로그램을 실행하여 그 결과를 웹 브라우저로 전송하는 방식으로 웹 서버와 외부 프로그램 간의 데이터 교환을 가능하게 합니다. 주로 방명록, 카운터, 게시판 등을 HTML 문서와 연동하기 위해 사용합니다.

기출문제 따라잡기

16년 2회
1. 다음 중 HTML의 단점을 보완하여 이미지의 애니메이션을 지원하며, 사용자와의 상호작용에 따른 동적인 웹 페이지의 제작이 가능한 언어는?

① JAVA ② DHTML
③ VRML ④ WML

문제의 내용은 DHTML에 대한 설명입니다.

23년 2회, 20년 2회, 16년 1회
2. 다음 중 W3C에서 제안한 표준안으로 문서 작성 중심으로 구성된 기존 표준에 비디오, 오디오 등 다양한 부가 기능과 최신 멀티미디어 콘텐츠를 액티브X 없이 브라우저에서 쉽게 볼 수 있도록 한 웹의 표준 언어는?

① XML ② VRML
③ HTML5 ④ JSP

'W3C에서 제안한 표준안', '액티브X 없이' 하면 HTML5입니다.

24년 4회, 22년 4회, 2회, 08년 4회, 07년 3회
3. 다음 중 인터넷 홈페이지 제작 언어로 옳지 않은 것은?

① DHTML ② ASP
③ JAVA ④ AIDA

AIDA는 CPU, 메인보드, 램, 그래픽 카드, 사운드카드 등 PC에 설치되어 있는 모든 하드웨어 정보를 확인할 때 사용하는 유틸리티 프로그램입니다.

23년 3회
4. 다음 중 웹 프로그래밍 언어에 대한 설명으로 옳지 않은 것은?

① ASP는 Windows 계열에서만 사용할 수 있지만 JSP와 PHP는 다양한 운영체제에서 사용할 수 있다.
② XML은 HTML의 단점을 보완하여 웹에서 구조화된 폭넓고 다양한 문서들을 상호 교환할 수 있도록 설계된 언어이다.
③ SGML은 멀티미디어 전자 문서들을 다른 기종의 시스템들과 효율적으로 전송, 저장 및 자동 처리하기 위한 언어이다.
④ DHTML은 가상현실 모델링 언어라는 뜻으로, 웹에서 3차원 가상공간을 표현하고 조작할 수 있게 하는 언어이다.

④번은 VRML에 대한 설명입니다. DHTML은 HTML에 비해 애니메이션이 강화되고 사용자와의 상호작용에 좀 더 민감한 동적인 웹 페이지를 만들 수 있는 언어입니다.

▶ 정답 : 1. ② 2. ③ 3. ④ 4. ④

5장 핵심요약

043 소프트웨어

❶ 상용 소프트웨어 24.3, 23.5, 18.상시, 18.2, 15.3

정식으로 대가를 지불하고 사용해야 하는 소프트웨어이다.

❷ 셰어웨어(Shareware) 25.5, 24.4, 24.3, 23.5, 23.1, 22.4, 22.3, 21.4, 21.2, 20.상시, …

- 기능 혹은 사용 기간에 제한을 두어 배포하는 소프트웨어이다.
- 정식 프로그램의 구입을 유도하기 위해 배포하는 버전이다.

❸ 트라이얼(Trial) 버전 25.2, 24.3, 23.2, 21.4, 21.2, 16.1

- 셰어웨어와 마찬가지로 제품을 구매하기 전에 해당 프로그램을 미리 사용해 볼 수 있도록 제작한 소프트웨어이다.
- 셰어웨어는 일부 기능을 제외한 대부분의 기능을 사용할 수 있는 반면 트라이얼 버전은 일부 기본적인 기능만 사용할 수 있다는 것이 다르다.

❹ 프리웨어(Freeware) 23.5, 21.3, 18.상시, 18.2, 15.3

무료로 사용 또는 배포가 가능한 소프트웨어이다.

❺ 공개 소프트웨어(Open Software) 24.3, 21.1, 14.3

개발자가 소스를 공개한 소프트웨어로, 누구나 자유롭게 사용하고 수정 및 재배포할 수 있다.

❻ 데모(Demo) 버전 25.2, 24.3, 23.2, 21.4, 21.2, 21.1, 16.1, 14.3

정식 프로그램의 기능을 홍보하기 위해 사용 기간이나 기능을 제한하여 배포하는 소프트웨어이다.

❼ 알파(Alpha) 버전 24.3, 21.3

베타테스트를 하기 전, 제작 회사 내에서 테스트할 목적으로 제작하는 소프트웨어이다.

※ 알파 테스트(Alpha Test) 25.4

- 개발자의 장소에서 사용자가 개발자 앞에서 행하는 테스트 기법이다.
- 테스트는 통제된 환경에서 행해지며, 오류와 사용상의 문제점을 사용자와 개발자가 함께 확인하면서 기록한다.

❽ 베타(Beta) 버전 25.2, 24.3, 23.2, 21.4, 21.2, 17.2, 16.1, 09.3

정식 프로그램을 출시하기 전, 테스트를 목적으로 일반인에게 공개하는 소프트웨어이다.

❾ 패치(Patch) 버전 25.2, 24.3, 23.2, 21.4, 21.3, 21.2, 21.1, 20.2, 16.1, 15.2, 14.3, 12.1

이미 제작하여 배포된 프로그램의 오류 수정이나 성능 향상을 위해 프로그램의 일부 파일을 변경해 주는 소프트웨어이다.

044 운영체제

❶ 운영체제의 개요 25.3, 25.2, 24.4, 24.1, 23.3, 22.3, 22.1, 20.1, 19.상시, 19.2, 18.2, 17.1, …

- 사용자의 편의를 도모하는 동시에 시스템의 생산성을 높이기 위한 프로그램의 모임으로 사용자와 컴퓨터 사이에서 중계자 역할을 한다(Man-Machine Interface).
- 운영체제의 목적은 응답시간(Turnaround Time) 단축, 처리능력(Throughput) 증대, 신뢰도(Reliability) 향상, 사용 가능도(Availability) 증대에 있다.
- 운영체제는 컴퓨터가 동작하는 동안 주기억장치에 위치한다.
- 주요 기능
  - 프로세스, 기억장치, 주변장치, 파일 및 정보 등의 자원을 관리한다.
  - 자원을 효율적으로 관리하기 위해 자원의 스케줄링 기능을 제공한다.
  - 사용자와 시스템 간의 편리한 인터페이스를 제공한다.
  - 데이터를 관리하고, 데이터 및 자원의 공유 기능을 제공한다.

❷ 유틸리티 프로그램 25.3, 24.1, 23.4, 22.3, 22.1, 21.3, 19.2, 16.2

- 컴퓨터 동작에 필수적이지는 않지만, 컴퓨터 시스템에 있는 기존 프로그램을 지원하거나 기능을 향상 또는 확장하기 위해 사용하는 소프트웨어를 의미한다.
- 유틸리티 프로그램은 서비스 프로그램, 유틸리티 루틴이라고도 한다.
- 컴퓨터 하드웨어, 운영체제, 응용 소프트웨어를 관리하는 데 도움을 주도록 설계되었다.
- Windows에서 제공하는 유틸리티 프로그램에는 메모장, 그림판, 계산기 등이 있다.

❸ 운영체제의 운용 방식 25.5, 25.3, 25.1, 24.3, 22.3, 19.2, 18.상시, 13.1, 11.1

- 일괄 처리 시스템 : 처리할 데이터를 일정량 또는 일정 기간 모았다가 한꺼번에 처리하는 방식
- 실시간 처리 시스템 : 처리할 데이터가 생겨날 때마다 바로 처리하는 방식으로, 일반적으로 온라인 실시간 시스템을 의미함
- 시분할 시스템 : 한 대의 시스템을 여러 사용자가 동시에 사용하는 방식
- 분산 처리 시스템 : 지역적으로 분산된 여러 대의 컴퓨터를 연결하여 작업을 분담하여 처리하는 방식
- 임베디드 시스템 : 마이크로프로세서에 특정 기능을 수행하는 응용 프로그램을 탑재하여 컴퓨터의 기능을 수행하는 것으로, 컴퓨터의 하드웨어와 소프트웨어가 하나로 조합된 전자 제어 시스템
- 다중 처리 시스템 : 처리 속도를 향상시킬 목적으로 하나의 컴퓨터에 여러 개의 CPU를 설치하여 프로그램을 처리하는 방식

❹ 운영체제 운영 방식의 발달 과정 22.5, 18.상시, 17.1

일괄 처리 시스템 → 다중 프로그래밍 시스템 / 다중 처리 시스템 / 시분할 시스템 / 실시간 처리 시스템 → 다중 모드 → 분산 처리 시스템

045 프로그래밍 언어

❶ 문제 중심 언어 23.1

- 처리 방법이나 절차보다는 해결하려는 문제에 중심을 두고 프로그램할 수 있는 언어로서, 비절차적이며 대화식으로 구성된다.
- 인공지능, 모의실험 등에 사용된다.
- 종류 : LISP, GPSS, SPSS, SAS, COGO 등

❷ 절차 중심 언어 23.1

- 정해진 문법에 맞게 일련의 처리 절차를 순서대로 기술해 나가는 언어이다.
- 종류 : C, COBOL, ALGOL, FORTRAN, PASCAL 등

❸ 객체 지향 프로그래밍 언어 24.2, 23.2, 21.4, 21.1, 19.1, 17.2, 12.3, 11.2

- 동작보다는 객체, 논리보다는 자료를 바탕으로 구성된 프로그래밍 언어이다.
- 특징 : 상속성, 캡슐화, 추상화, 다형성, 오버로딩 등
- 종류 : Smalltalk, C++, C#, JAVA 등

❹ 컴파일러와 인터프리터의 비교 21.2, 18.1, 13.3, 10.2

구분	컴파일러	인터프리터
번역 단위	전체	행
목적 프로그램	생성	없음
실행 속도	빠름	느림
번역 속도	느림	빠름
관련 언어	FORTRAN, COBOL, C, ALGOL 등	BASIC, LISP, APL, SNOBOL 등

5장 핵심요약

046 웹 프로그래밍 언어

❶ DHTML(Dynamic HTML) 24.4, 23.3, 22.2, 16.2

이전 버전의 HTML에 비해 애니메이션이 강화되고 사용자와의 상호작용에 좀 더 민감한 동적인 웹 페이지를 만들 수 있는 언어이다.

❷ HTML5(Hyper Text Markup Language 5) 23.2, 20.2, 16.1

- 웹 표준 기관인 W3C에서 제안한 HTML의 최신 규격이다.
- HTML에 비디오, 오디오 등 다양한 부가 기능을 포함시킨다.

❸ SGML(Standard Generalized Markup Language) 23.3

텍스트, 이미지, 오디오 및 비디오 등을 포함하는 멀티미디어 전자 문서들을 다른 기종의 시스템들과 정보의 손실 없이 효율적으로 전송, 저장 및 자동 처리하기 위한 언어이다.

❹ XML(eXtensible Markup Language) 23.3

확장성 생성 언어라는 뜻으로 기존 HTML의 단점을 보완하여 웹에서 구조화된 폭넓고 다양한 문서들을 상호 교환할 수 있도록 설계된 언어이다.

❺ VRML(Virtual Reality Modeling Language) 23.3

가상현실 모델링 언어라는 뜻으로, 웹에서 3차원 가상공간을 표현하고 조작할 수 있게 하는 언어이다.

❻ ASP(Active Server Page) 24.4, 23.3, 22.4, 22.2

- 서버 측에서 동적으로 수행되는 페이지를 만들기 위한 언어이다.
- 마이크로소프트 사에서 개발하였고, Windows 계열에서만 사용할 수 있다.

❼ JSP(Java Server Page) 24.4, 22.2

- 자바(JAVA)로 만들어진 서버 스크립트 언어이다.
- 서버 측에서 동적으로 수행된다.
- Linux, Unix, Windows 등의 다양한 운영체제에서 사용할 수 있다.

❽ PHP(Professional Hypertext Preprocessor) 22.4, 22.2

- 서버 측에서 동적으로 수행된다.
- Linux, Unix, Windows 등의 다양한 운영체제에서 사용할 수 있다.

❾ 자바(JAVA) 24.4, 22.2

- C++ 언어를 기반으로 개발되었다.
- 웹(Web) 상에서 멀티미디어 데이터를 효율적으로 처리할 수 있는 객체 지향 언어이다.

6장 인터넷 활용

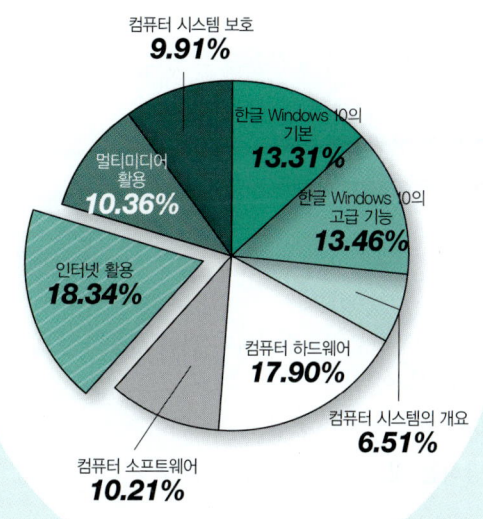

047 정보통신의 이해 ⓒ등급
048 통신망과 네트워크 장비 Ⓐ등급
049 인터넷의 개요 Ⓑ등급
050 인터넷의 주소 체계 Ⓐ등급
051 프로토콜 ⓒ등급
052 인터넷 서비스 Ⓐ등급
053 웹 브라우저 Ⓐ등급
054 ICT 신기술 Ⓐ등급

꼭 알아야 할 키워드   Best 10

1. 네트워크 운영 방식 2. LAN 3. HTTP 4. 네트워크 관련 장비 5. 사물 인터넷 6. IPv4 7. IPv6 8. 도메인 네임 9. URL 10. 전자우편

SECTION 047 정보통신의 이해

1 정보통신의 개요

정보통신이란 컴퓨터를 이용한 정보 처리 기술과 통신 기술을 결합하여 디지털 형태의 문자, 음성, 영상 등의 정보를 송·수신하거나 처리하는 것으로 정보화 사회의 기반이 된다.

- 정보통신은 전송 속도가 빨라 다량의 정보를 신속하게 전송할 수 있다.
- 정보통신은 전송 거리나 사용 시간에 구애받지 않고 데이터를 전송할 수 있으며, 에러 제어 방식을 채택하여 전송 데이터의 신뢰성이 높다.
- 다른 컴퓨터의 자원을 공유할 수 있어 비용이 절감된다.

> **전문가의 조언**
> 정보통신 시스템은 '처리된 데이터를 단말장치를 이용하여 전송한다'고 이해하면 암기하기 쉽습니다.

2 정보통신 시스템의 구성 요소 _{19.2}

- **단말장치** : 원격지에서 발생한 데이터를 컴퓨터로 송·수신하기 위해 사용하는 입·출력장치로, 입·출력 기능과 에러 제어 기능이 있다.
- **데이터 처리계** : 데이터 처리에 사용하는 하드웨어와 통신 소프트웨어
- **데이터 전송계** : 데이터의 이동을 담당하는 것으로 단말장치, 전송 회선, 통신 제어 장치, 교환장치 등이 포함된다.

> **전문가의 조언**
> 정보 전송 방식을 사용 예와 함께 기억하세요.

3 정보 전송 방식 _{20.2, 19.2, 06.1, 05.1, 04.3}

데이터가 전송되는 방향에 따라 다음과 같이 구분된다.

구 분	의 미	예
단향 방식(Simplex) _{20.2, 19.2}	한쪽은 수신만, 다른 한쪽은 송신만 가능한 방식이다.	TV, 라디오
반이중 방식(Half-Duplex) _{19.2, 06.1, 05.1, 04.3}	양쪽 모두 송·수신이 가능하지만 동시에는 불가능한 방식이다.	무전기
전이중 방식(Full-Duplex) _{19.2}	양쪽 모두 동시에 송·수신이 가능한 방식이다.	전화

4 네트워크 운영 방식

22.2, 16.1, 09.2, 07.4, 04.1, 03.1, 01.3, 01.1

네트워크에 참여하는 컴퓨터의 역할과 연결 방식에 따라 다음과 같이 구분된다.

중앙 집중 (Host-Terminal) 방식	• 작업에 필요한 모든 처리를 담당하는 중앙 컴퓨터와 데이터의 입·출력 기능을 담당하는 단말기(Terminal)로 구성되어 있다. • 포인트 투 포인트 방식*으로 되어 있어 유지 보수가 쉽다. • 메인 프레임(Main Frame)*에서 많이 사용하던 방식으로 최근에는 잘 사용하지 않는다.
16.1, 07.4, 04.1, 03.1, 01.1 클라이언트/서버 (Client/Server) 방식	• 정보를 제공하는 서버와 정보를 요구하는 클라이언트로 구성되어 있다. • 서버와 클라이언트가 모두 처리 능력을 가지고 있어 분산 처리* 환경에 적합하다.
22.2, 09.2, 01.3 동배간 처리 (Peer-To-Peer) 방식	• 모든 컴퓨터를 동등하게 연결하는 방식으로, 고속 LAN을 기반으로 한다. • 시스템에 소속된 컴퓨터들은 어느 것이든 서버가 될 수 있으며, 동시에 클라이언트도 될 수 있다. • 워크스테이션 혹은 개인용 컴퓨터를 단말기로 사용하는 작은 규모의 네트워크 구성에 많이 사용된다. • 유지 보수 및 데이터의 보안 유지가 어렵다.

전문가의 조언

네트워크 운영 방식에 따른 특징을 파악하고 있어야 합니다. 네트워크 운영 방식의 명칭인 중앙 집중, 클라이언트/서버, 동배의 의미를 생각해 보면 쉽게 이해됩니다.

**포인트 투 포인트
(Ponit-To-Ponit) 방식**
중앙 컴퓨터와 단말기를 1:1 독립적으로 연결하여 언제든지 데이터 전송이 가능한 방식입니다.

메인 프레임
대규모 시스템으로, 수백 명의 사용자가 동시에 사용할 수 있습니다.

분산 처리
지역적으로 분산된 여러 대의 컴퓨터를 연결하여 작업을 분담하여 처리하는 방식

기출문제 따라잡기

19년 2회
1. 다음 중 정보통신 시스템의 구성 요소에 대한 설명으로 옳지 않은 것은?

① 데이터 전송 방식에는 클라이언트/서버 방식과 동배간 처리 방식이 있다.
② 데이터 전송계는 데이터의 이동을 담당하는 여러 장치들을 포함한다.
③ 데이터 처리계는 데이터 처리에 사용하는 하드웨어와 통신 소프트웨어가 해당된다.
④ 단말장치는 원격지에서 발생한 데이터의 송수신을 위한 장치로, 에러 제어 기능이 있다.

데이터 전송 방식에는 단향 방식, 반이중 방식, 전이중 방식이 있습니다. 클라이언트/서버 방식과 동배간 처리 방식은 네트워크 운영 방식에 해당합니다.

20년 2회
2. 다음 중 라디오와 같이 한쪽은 송신만, 다른 한쪽은 수신만 가능한 정보 전송 방식은?

① 단방향 통신 ② 반이중 통신
③ 전이중 통신 ④ 양방향 통신

TV, 라디오는 단방향 방식, 무전기는 반이중 방식, 전화는 전이중 방식입니다.

22년 2회, 09년 2회, 01년 3회
3. 다음의 특성들을 갖는 분산 시스템 모델은 어느 것인가?

• 시스템에 소속된 컴퓨터들은 누구든지 서버가 될 수 있으며, 클라이언트도 될 수 있다.
• 워크스테이션 혹은 개인용 컴퓨터를 단말기로 사용한다.
• 고속 LAN을 기반으로 한다.

① 주/종속 시스템(Master/Slave System)
② 동배간 처리 시스템(Peer To Peer System)
③ 호스트 기반(Host Based) 시스템
④ 클라이언트/서버 시스템(Client/Server System)

동배간 처리(Peer-To-Peer) 방식은 모든 컴퓨터를 동등하게 연결하는 방식으로, 시스템에 소속된 컴퓨터들은 어느 것이든 서버가 될 수 있으며 동시에 클라이언트도 될 수 있습니다.

▶ 정답 : 1. ① 2. ① 3. ②

SECTION 048 통신망과 네트워크 장비

전문가의 조언

LAN, MAN, WAN은 통신망의 크기에 따른 분류이고, VAN, ISDN, B-ISDN은 용도에 따른 분류입니다. 어떤 통신망을 말하는지 구분할 수 있을 정도로는 알고 있어야 합니다.

1 통신망의 종류

23.5, 21.4, 21.2, 17.2, 17.1, 15.2, 14.3, 14.2, 14.1, 10.3, 07.1, 05.3, 02.2, 02.1

통신망의 종류는 연결된 거리나 전송되는 데이터의 형식 등에 따라 다양하게 나뉜다. 다음은 각 통신망의 종류와 특징이다.

통신망	특징
23.5, 21.4, 21.2, 17.2, 15.2, 14.3, 14.2, … **LAN(Local Area Network, 근거리 통신망)**	• 자원 공유를 목적으로 회사, 학교, 연구소 등의 구내에서 사용하는 통신망이다. • 고속 전송이 가능하며, 에러 발생률이 낮다. • 프린터, 보조기억장치 등 주변장치들을 쉽게 공유할 수 있으며, 전이중 방식을 사용한다.
21.2, 17.1 **WLAN(Wireless Local Area Network, 무선 근거리 통신망)**	• 무선접속장치(Access Point)가 설치된 곳을 중심으로 일정 거리 안에서 초고속 인터넷을 사용할 수 있는 근거리 통신망(LAN)이다. • 무선 LAN 시스템의 주요 구성 요소 : 무선 랜카드, 무선접속장치(AP; Access Point), 안테나(Antenna) 등
14.3, 02.2, 02.1 **MAN(Metropolitan Area Network, 도시권 통신망)**	• LAN과 WAN의 중간 형태로, LAN의 기능을 충분히 수용하면서 도시 전역 또는 도시와 도시 등 넓은 지역을 연결하는 통신망이다. • LAN과 마찬가지로 높은 데이터 전송률을 가지고 있다.
15.2, 14.3, 14.2 **WAN(Wide Area Network, 광대역 통신망)**	• MAN보다 넓은 범위인 국가와 국가 혹은 대륙과 대륙을 하나로 연결하는 통신망이다. • 넓은 지역을 연결하기 때문에 비교적 에러 발생률이 높다.
15.2, 14.2 **VAN(Value Added Network, 부가가치 통신망)**	• 기간 통신 사업자로부터 통신 회선을 빌려 기존의 정보에 새로운 가치를 더해 다수의 이용자에게 판매하는 통신망이다. • 전화 교환, 패킷 교환, 전용 회선의 각 서비스망을 구성한다.
02.1 **ISDN(Integrated Services Digital Network, 종합정보 통신망)**	• 문자, 음성, 동영상 등 다양한 데이터를 통합하여 디지털화된 하나의 통신 회선으로 전송하는 통신망이다. • 다양한 종류의 통신 서비스를 빠르고, 저렴하게 사용할 수 있다.
15.2, 14.2, 14.1, 10.3, 05.3, 02.2 **B-ISDN(Broadband ISDN, 광대역 종합정보 통신망)**	• 광대역 네트워크에서 데이터, 음성, 고해상도의 동영상 등 다양한 서비스를 디지털 통신망을 이용해 제공하는 고속 통신망이다. • 비동기식 전달 방식(ATM, Asynchronous Transfer Mode)*을 사용하여 150~600Mbps*의 전송 속도로 디지털 데이터를 전송한다.

ATM
음성, 동화상, 텍스트와 같은 여러 형식의 정보를 고정된 크기로 작게 나누어 빠르게 전송하는 B-ISDN의 핵심 기술입니다.

BPS(전송 속도)
BPS는 'Bit Per Second'의 약자로 초당 전송되는 비트 수를 의미합니다.

전문가의 조언
중요해요! 네트워크 구축에 필요한 장비에 대한 문제가 자주 출제되고 있습니다. 어느 것 하나도 소홀히 하지 말고 각 장치가 무엇을 의미하는지 확실하게 알고 넘어가야 합니다.

OSI 7 계층
기종이 서로 다른 컴퓨터 간의 정보 교환을 원활히 하기 위해 국제표준화기구(ISO)에서 제정한 통신 규약으로, 네트워크를 이루고 있는 구성 요소들을 계층적 구조로 나누고 각 계층의 표준을 정했습니다.

2 네트워크 관련 장비

25.4, 25.3, 25.2, 24.5, 24.2, 24.1, 23.5, 23.4, 23.3, 23.2, 23.1, 22.4, 22.3, 22.2, 21.4, 21.1, 20.상시, 20.2, 19.상시, 18.상시, …

네트워크 인터페이스 카드(NIC, Network Interface Card)	• 컴퓨터와 컴퓨터 또는 컴퓨터와 네트워크를 연결하는 장치이다. • 정보 전송 시 정보가 케이블을 통해 전송될 수 있도록 정보 형태를 변경한다. • 이더넷 카드(LAN 카드) 혹은 네트워크 어댑터라고 한다. • OSI 7 계층* 중 데이터 링크 계층(Data Link Layer)의 장비이다.

장비	설명
25.3, 24.2, 23.5, 23.3, 21.1, … 허브(Hub)	• 네트워크를 구성할 때 한꺼번에 여러 대의 컴퓨터를 연결하는 장치로, 각 회선을 통합적으로 관리한다. • 더미 허브 : 네트워크에 흐르는 모든 데이터를 단순히 연결하는 기능을 제공하는 장치로, LAN이 보유한 대역폭을 컴퓨터 수만큼 나누어 제공한다. • 스위치 허브 – 네트워크상에 흐르는 데이터의 유무 및 흐름을 제어하여 각각의 노드가 허브의 최대 대역폭을 사용할 수 있는 지능형 허브이다. – 더미 허브보다 안정적이고 속도가 빠르다. • OSI 7 계층 중 물리 계층(Physical Layer)의 장비이다.
25.4, 25.2, 24.5, 24.1, 23.4, 23.1, … 리피터(Repeater)	• 거리가 증가할수록 감쇠하는 디지털 신호의 장거리 전송을 위해서 수신한 신호를 재생시키거나 출력 전압을 높이는 방법 등을 통해 주어진 신호를 증폭시켜 전송하는 장치이다. • OSI 7 계층 중 물리 계층(Physical Layer)의 장비이다.
25.4, 25.3, 24.2, 23.5, … 브리지(Bridge)	• 단순 신호 증폭뿐만 아니라 네트워크 분할을 통해 트래픽을 감소시키며, 물리적으로 다른 네트워크(LAN)를 연결할 때 사용한다. • 데이터를 양쪽 방향으로 전송만 해줄 뿐 프로토콜 변환 등 복잡한 처리는 불가능하다. • 네트워크 프로토콜과는 독립적으로 작용하므로 네트워크에 연결된 여러 단말들의 통신 프로토콜을 바꾸지 않고도 네트워크를 확장할 수 있다. • OSI 7 계층 중 데이터 링크 계층(Data Link Layer)의 장비이다.
25.4, 25.3, 24.5, 24.2, 23.5, … 라우터(Router)	• 인터넷 환경에서 네트워크와 네트워크 간을 연결할 때 반드시 필요한 장비로, 데이터 전송 시 최적의 경로를 설정하여 전송한다. • 데이터들이 효율적인 속도로 전송될 수 있도록 데이터의 흐름을 제어한다. • OSI 7 계층 중 네트워크 계층(Network Layer)의 장비이다.
25.4, 25.3, 25.2, 24.5, 24.2, … 게이트웨이(Gateway)	• 주로 LAN에서 다른 네트워크에 데이터를 보내거나 다른 네트워크로부터 데이터를 받아들이는 출입구 역할을 한다. • OSI 7 계층 중 전송 계층(Transport Layer)의 장비이다.

기출문제 따라잡기

23년 5회, 21년 4회, 17년 2회

1. 다음 중 근거리 통신망(LAN)에 관한 설명으로 옳지 않은 것은?

① 비교적 전송 거리가 짧아 에러 발생률이 낮다.
② 반이중 방식의 통신을 한다.
③ 자원 공유를 목적으로 컴퓨터들을 상호 연결한다.
④ 프린터, 보조기억장치 등 주변장치들을 쉽게 공유할 수 있다.

근거리 통신망(LAN)은 전이중 방식의 통신을 합니다.

21년 2회, 17년 1회

2. 다음 중 무선 랜(WLAN) 시스템을 구성하기 위한 주요 구성 요소에 해당하지 않는 것은?

① 무선 랜카드
② AP(Access Point)
③ 안테나(Antenna)
④ 리피터(Repeater)

리피터(repeater)는 거리가 증가할수록 감쇠하는 디지털 신호의 장거리 전송을 위해 수신한 신호를 재생시키거나 출력전압을 높여 전송하는 네트워크 관련 장치입니다.

▶ 정답 : 1. ② 2. ④

기출문제 따라잡기

15년 2회, 14년 2회
3. 다음 중 각 통신망에 대한 설명으로 옳지 않은 것은?

① LAN : 전송 거리가 짧은 건물 내에서 사용하는 통신망
② WAN : 국가 간 또는 대륙 간의 넓은 지역을 연결하는 통신망
③ B-ISDN : 초고속으로 대용량 데이터를 전송하며, 아날로그 방식의 통신 방식을 사용하는 통신망
④ VAN : 통신 회선을 빌려 단순한 전송 기능 이상의 정보 축적이나 가공, 변환 처리 등의 부가가치를 부여한 정보를 제공하는 통신망

> B-ISDN은 초고속으로 대용량 데이터를 전송하며, 아날로그 방식이 아닌 디지털 방식의 통신망입니다.

25년 4회, 24년 2회, 23년 2회, 22년 4회
4. 다음 중 네트워크 장비인 브리지(Bridge)에 대한 설명으로 옳은 것은?

① 서로 독립적으로 동작하면서 같은 프로토콜을 사용하는 두 LAN을 연결하는 네트워크 장치이다.
② 인터넷에 접속할 때 반드시 필요한 장비로, 가장 최적의 경로를 설정하여 전송하는 장치이다.
③ 주로 LAN에서 다른 네트워크에 데이터를 보내거나 다른 네트워크로부터 데이터를 받아들이는 출입구 역할을 하는 장치이다.
④ 네트워크를 구성할 때 한꺼번에 여러 대의 컴퓨터를 연결하는 장치이다.

> ②번은 라우터, ③번은 게이트웨이, ④번은 허브에 대한 설명입니다.

22년 3회, 2회, 20년 상시, 2회, 19년 상시, 10년 2회
5. 네트워크 구성 시 반드시 필요한 장비로, 정보 전송을 위한 최적의 경로를 찾아 통신망에 연결하는 장치는?

① 리피터　　　② 게이트웨이
③ 라우터　　　④ 브리지

> 정보 전송을 위해 최적의 경로 설정해 주는 네트워크 장비는 라우터입니다.

25년 2회, 21년 4회, 19년 상시, 16년 1회
6. 다음 중 네트워크 장비인 게이트웨이(Gateway)에 관한 설명으로 옳은 것은?

① 서로 다른 네트워크 간에 데이터를 주고받기 위한 장비이다.
② 1:1 통신을 통하여 리피터(Repeater)와 동일한 역할을 하는 장비이다.
③ 데이터의 효율적인 전송 속도를 제어하는 장비이다.
④ 컴퓨터와 네트워크를 연결하는 장비이다.

> 게이트웨이는 네트워크 간에 데이터를 주고받기 위한 출입구(Gateway) 역할을 합니다.

25년 3회, 24년 5회, 23년 5회, 3회, 21년 1회, 18년 2회, 16년 2회
7. 다음 중 정보통신에서 네트워크 관련 장비에 대한 설명으로 옳지 않은 것은?

① 라우터(Router) : 네트워크를 구성하기 위해 반드시 필요한 장비로, 정보 전송을 위한 최적의 경로를 찾아 통신망에 연결하는 장치
② 허브(Hub) : 네트워크를 구성할 때 여러 대의 컴퓨터를 연결하고, 각 회선들을 통합 관리하는 장치
③ 브리지(Bridge) : 네트워크를 구성할 때 디지털 신호를 아날로그 신호로 변환하여 전송하고 다시 수신된 신호를 원래대로 변환하기 위한 전송 장치
④ 게이트웨이(Gateway) : 한 네트워크에서 다른 네트워크로 들어가는 입구 역할을 하는 장치로, 근거리 통신망(LAN)과 같은 하나의 네트워크를 다른 네트워크와 연결할 때 사용되는 장치

> 브리지는 서로 독립적으로 동작하면서 같은 프로토콜을 사용하는 두 LAN을 연결하는 네트워크 장치입니다. ③번은 모뎀(MODEM)에 대한 설명입니다.

25년 4회, 2회, 24년 1회, 23년 4회, 1회
8. 다음 중 정보 통신 장비와 관련하여 리피터(Repeater)에 관한 설명으로 옳은 것은?

① 적절한 전송 경로를 선택하여 데이터를 전달하는 장비이다.
② 프로토콜이 다른 네트워크를 결합하는 장비이다.
③ 감쇠된 전송 신호를 증폭하여 다음 구간으로 전달하는 장비이다.
④ 같은 프로토콜을 사용하는 독립적인 2개의 근거리 통신망에 상호 접속하는 장비이다.

> ①번은 라우터(Router), ②번은 게이트웨이(Gateway), ④번은 브리지(Bridge)에 대한 설명입니다.

▶ 정답 : 3. ③　4. ①　5. ③　6. ①　7. ③　8. ③

SECTION 049 인터넷의 개요

1 인터넷의 개요

25.4, 24.1, 20.1, 18.1, 16.2, 13.3, 10.3, 06.4, 06.1, 03.3, 02.3, 02.2, 02.1, 01.1, 00.1, 99.2, 99.1

인터넷(Internet)이란 TCP/IP 프로토콜을 기반으로 하여 전세계 수많은 컴퓨터와 네트워크들이 연결된 광범위한 컴퓨터 통신망이다.

- 인터넷은 미국 국방성의 ARPANET에서 시작되었다.
- 인터넷 기술을 이용하여 기업에서 인트라넷*과 엑스트라넷*을 통해 편리하게 업무를 수행할 수 있다.
- 인터넷은 상업용 네트워크가 아니며, 중앙 통제 기구도 없다.
- 국내에서 IP 주소 및 도메인 등록 서비스는 KISA(한국인터넷진흥원)에서 수행한다.

2 인터넷 관련 용어

25.5, 24.3, 23.2, 16.1, 15.2, 11.2, 10.1, 09.3, 07.4, 05.3, 04.4, 03.2, 00.3

다음은 인터넷 연결 방법에 대한 설명이다.

16.1, 15.2, 03.2 **VoIP** (Voice over Internet Protocol)*	• '인터넷 프로토콜을 통한 음성'의 약어로, 보컬텍(VocalTec) 사의 인터넷폰으로 처음 소개되었다. • 음성 신호를 압축하여 IP를 사용하는 인터넷을 통해 전송하는 방법이다. • 이 방식으로 전화를 사용하면 기존 전화망(PSTN)의 시내전화 요금 수준으로 시외 및 국제전화 서비스를 받을 수 있다.
11.2, 10.1, 09.3, 05.3, 00.3 **모뎀** (MODEM; MOdulator DEModulator)	디지털 신호를 아날로그 신호로 변환하는 변조(Modulation) 과정과 아날로그 신호를 디지털 신호로 변환하는 복조(Demodulation) 과정을 수행하는 신호 변환장치이다.
07.4, 04.4 **코덱(CODEC)**	음성이나 비디오 등의 아날로그 신호를 디지털 신호로 변환하고, 그 역의 작업을 수행하는 장치로, 모뎀과 반대의 역할을 한다.
25.5, 24.3, 23.2, 19.2 **IPTV(Internet Protocol TeleVision)**	• 초고속 광대역 네트워크를 통해 디지털 채널 방송과 양방향 서비스를 제공한다. • 시간에 구애받지 않고 동영상 콘텐츠를 이용할 수 있다. • 인터넷 검색을 통해 다양한 정보를 찾아볼 수 있다.

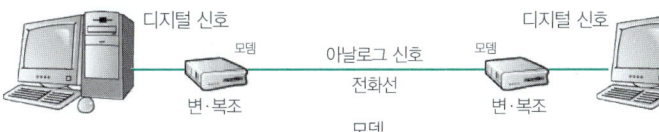

전문가의 조언

인터넷의 전반적인 특징 및 인트라넷, 엑스트라넷에 대한 문제가 출제되었습니다. 주의 깊게 보세요.

인트라넷(Intranet)
인트라넷은 인터넷의 기술을 기업 내 정보 시스템에 적용한 것으로, 전자우편 시스템, 전자결재 시스템 등을 인터넷 환경으로 통합하여 사용하는 것을 말합니다.

엑스트라넷(Extranet)
엑스트라넷은 기업과 기업 간에 인트라넷을 서로 연결하여 납품업체나 고객업체 등 자기 회사와 관련 있는 기업체와의 원활한 통신을 위해 인트라넷의 이용 범위를 확대한 것입니다.

전문가의 조언

IPTV, VoIP의 개념을 묻는 문제가 출제되었습니다. 먼저 IPTV의 특징을 확실히 숙지하고, 각 용어들의 개념을 기억하세요.

m-VoIP
유선으로 음성 신호를 전송하는 VoIP를 무선(Mobile) 영역으로 확대한 것으로, Wi-Fi나 LTE 등의 무선 통신망을 통해 음성 신호를 전송하는 방식을 의미합니다.

기출문제 따라잡기

20년 1회, 16년 2회
1. 다음 중 인트라넷(Intranet)에 관한 설명으로 옳은 것은?
① 핸드폰, 노트북 등과 같은 단말장치의 근거리 무선접속을 지원하기 위한 통신기술이다.
② 인터넷 기술과 통신 규약을 기업 내의 전자우편, 전자결재 등과 같은 정보시스템에 적용한 것이다.
③ 납품업체나 고객업체 등 관련 있는 기업들 간의 원활한 통신을 위한 시스템이다.
④ 분야별 공통의 관심사를 가진 인터넷 사용자들이 서로의 의견을 주고받을 수 있게 하는 서비스이다.

①번은 블루투스(Bluetooth), ③번은 엑스트라넷(Extranet), ④번은 유즈넷(USENET)에 대한 설명입니다.

25년 4회, 24년 1회, 18년 1회
2. 다음 중 인터넷에 대한 설명으로 적절하지 않은 것은?
① URL은 인터넷 상에 있는 각종 자원의 위치를 나타내는 표준 주소 체계이다.
② 인터넷은 TCP/IP 프로토콜을 통해 연결된 상업용 네트워크로 중앙통제기구인 InterNIC에 의해 운영된다.
③ IP 주소는 인터넷에 연결된 모든 컴퓨터 자원을 구분하기 위한 고유의 주소이다.
④ www는 웹 브라우저를 통해 인터넷을 효과적으로 사용할 수 있게 하는 서비스이다.

인터넷은 상업용 네트워크가 아니며, InterNIC는 중앙통제기구가 아니라 도메인 등록 서비스를 제공하기 위해 ICANN(국제 인터넷 주소 관리 기구)에서 운용하고 있는 조직입니다. URL과 IP 주소는 Section 058, WWW는 Section 060에서 공부합니다.

16년 1회
3. 다음 중 Wi-Fi나 3G망, LTE망 등 무선 통신망을 통해 음성을 전송하는 인터넷 전화 방식은?
① IPTV ② m-VoIP
③ TCP/IP ④ IPv6

m-VoIP는 VoIP를 무선(Mobile) 영역으로 확대한 인터넷 전화 방식입니다.

15년 2회
4. 다음 중 인터넷 전화와 가장 관련이 있는 기술은?
① IPTV ② ASP
③ VoIP ④ WTP

VoIP(Voice over Internet Protocol)는 '인터넷 프로토콜을 통한 음성'의 약어로, 음성 신호를 압축하여 IP를 사용하는 인터넷을 통해 전송하는 방법입니다.

25년 5회, 24년 3회, 23년 2회, 19년 2회
5. 다음 중 초고속 인터넷을 이용하여 동영상 콘텐츠, 정보 서비스 등 기본 텔레비전 기능에 인터넷 검색이 가능하게 한 서비스는?
① VoIP ② IPTV
③ IPv6 ④ TCP/IP

기본 텔레비전 기능에 인터넷 검색이 가능하게 한 서비스는 IPTV입니다.

▶ 정답 : 1. ② 2. ② 3. ② 4. ③ 5. ②

SECTION 050

인터넷의 주소 체계

1 IP 주소(IPv4)

22.1, 21.3, 21.2, 18.1, 15.3, 12.1, 11.2, 07.3, 04.2, 04.1, 03.4, 02.3

- IP 주소(Internet Protocol Address)는 인터넷에 연결된 모든 컴퓨터의 자원을 구분하기 위한 인터넷 주소로, 중복되지 않는다.
- 숫자로 8비트씩 4부분, 총 32비트로 구성되어 있다.
- 각 부분은 10진수로 0~255까지의 숫자로 표현하며, 점(.)으로 구분한다.
- IP 주소는 네트워크 부분의 길이에 따라 다음과 같이 A 클래스에서 E 클래스까지 총 5단계로 구성되어 있다.

> **전문가의 조언**
> 주소는 IPv4라고도 하며, 최근에는 IPv6와 함께 특징을 비교하는 문제가 출제되고 있습니다. IPv4와 IPv6의 특징을 확실히 기억해 두세요.

2 IPv6

25.5, 25.2, 23.2, 23.1, 22.2, 22.1, 21.3, 21.2, 21.1, 20.상시, 19.1, 18.상시, 17.1, 16.3, 15.3, 14.2, 11.3, 11.1, 10.1, 09.4, 08.3, …

IPv6(Internet Protocol version 6)은 현재 사용하고 있는 IP 주소 체계 IPv4의 주소 부족 문제를 해결하기 위해 개발되었다.

- 16비트씩 8부분, 총 128비트로 구성되어 있다.
- 주소의 각 부분은 16진수로 표현하고, 콜론(:)으로 구분한다.
- 인증성, 기밀성, 데이터 무결성의 지원으로 보안 문제를 해결할 수 있다.
- IPv4와의 호환성이 뛰어나다.
- 주소의 확장성, 융통성, 연동성이 뛰어나다.
- 실시간 흐름 제어로 향상된 멀티미디어 기능을 지원한다.
- 주소의 각 부분이 0으로 연속된 경우 0을 생략하여 '::'와 같이 표시*할 수 있다.
- IPv4에 비하여 자료 전송 속도가 빠르다.
- 유니캐스트(Unicast), 멀티캐스트(Multicast), 애니캐스트(Anycast) 등의 3가지로 주소 체계가 분류되기 때문에 주소의 낭비 요인을 줄이고 간단하게 주소를 결정할 수 있다.
  - 유니캐스트(Unicast) : 단일 송신자와 단일 수신자 간의 통신(1 대 1 통신에 사용)
  - 멀티캐스트(Multicast) : 단일 송신자와 다중 수신자 간의 통신(1 대 다 통신에 사용)
  - 애니캐스트(Anycast) : 단일 송신자와 가장 가까이 있는 단일 수신자 간의 통신(1 대 1 통신에 사용)

> **전문가의 조언**
> **중요해요!** 최근들어 IPv6의 특징을 IPv4와 비교하는 문제가 자주 출제되고 있습니다. IPv6는 128비트이고 IPv4에 비해 호환성, 확장성, 융통성, 연동성이 뛰어나다는 것을 중심으로 특징을 정리하세요.

0이 연속된 경우 '::'으로 표시
예 2001:0DB8:0000:0000:0000
:0000:1428:57ab
→ 2001:0DB8::1428:57ab

전문가의 조언

도메인에 관한 문제가 종종 출제됩니다. 도메인의 개념과 특징을 기억하세요.

도메인 네임의 구성

③ 도메인 네임

23.2, 21.2, 17.2, 15.1, 12.1, 08.3, 08.2, 06.3, 06.2, 05.2, 04.4, 04.3, 03.4, 02.3, 00.1, 99.2

도메인 네임(Domain Name)은 숫자로 된 IP 주소를 사람이 이해하기 쉬운 문자 형태로 표현한 것이다.

- 호스트 컴퓨터명, 소속 기관 이름, 소속 기관의 종류, 소속 국가명 순으로 구성되며, 왼쪽에서 오른쪽으로 갈수록 상위 도메인을 의미한다.*
- 도메인 네임은 보통 영문과 숫자, 하이픈(-)을 섞어서 만들며, 단어와 단어 사이는 마침표(.)로 구분한다.
- 도메인 네임을 컴퓨터가 이해할 수 있는 IP 주소로 변환하기 위해 DNS가 존재한다.
- 도메인 네임과 IP 주소는 전 세계에서 중복되지 않는 고유한 주소로 사용된다.

 전문가의 조언

DNS의 역할을 묻는 문제가 출제되었습니다. DNS는 문자로 된 도메인 네임을 숫자로 된 IP 주소로 바꾸는 역할을 한다는 것을 기억하세요.

④ DNS

25.1, 15.3, 12.2, 09.2, 09.1, 08.1, 04.3

DNS(Domain Name System)는 문자로 된 도메인 네임을 숫자로 된 IP 주소로 바꾸어주는 역할을 하는 시스템이다.

- 인터넷의 모든 도메인과 호스트 이름이 DNS 서버에 등록되어 있어야 하며, 등록된 모든 호스트들은 도메인별로 계층화하여 관리된다.

 전문가의 조언

URL의 개념과 사용 형식을 묻는 문제가 종종 출제되고 있습니다. 사용 예를 참고하여 URL의 형식을 기억하세요.

⑤ URL

25.2, 25.1, 21.4, 20.1, 18.1, 15.2, 13.1, 05.4, 04.1, 03.2, 02.3, 01.2

URL(Uniform Resource Locater)은 인터넷 상에 존재하는 각종 자원이 있는 위치를 나타내는 표준 주소 체계이다.

- 인터넷의 모든 도메인과 호스트 이름이 DNS 서버에 등록되어 있어야 하며, 등록된 모든 호스트들은 메인별로 계층화하여 관리된다.
- 형식 : 프로토콜://호스트(서버) 주소[:포트 번호][/파일 경로]

프로토콜	인터넷 서비스의 종류로 http(WWW), ftp(FTP), telnet(Telnet), news(Usenet), mailto(e-mail) 등을 기입한다.
호스트(서버) 주소	검색할 정보가 위치한 서버의 호스트 주소이다.
포트 번호	TCP 접속에 사용되는 포트 번호*이다.
파일 경로	서비스에 접속한 후 실제 정보가 있는 경로이다.

서비스별 포트 번호
- FTP : 21
- TELNET : 23
- HTTP : 80
- NEWS : 119

기출문제 따라잡기

문제1 3305851

22년 1회, 21년 3회, 15년 3회

1. 다음 중 인터넷 주소 체계에 대한 설명으로 옳지 않은 것은?

① 인터넷 연결을 위해서는 IP 주소 또는 도메인 네임 중 하나를 배정받아야 하며, 인터넷에 연결된 컴퓨터의 고유 주소는 도메인 네임으로, 이는 IP 주소와 동일하다.
② 국제 인터넷 주소 관리기구는 ICANN이며, 한국에서는 한국인터넷진흥원(KISA)에서 관리하고 있다.
③ 현재는 인터넷 주소 체계인 IPv4 주소와 IPv6 주소가 함께 사용되고 있으며, IPv6 주소가 점차 확대되고 있다.
④ IPv6는 IPv4와의 호환성이 뛰어나고, 128비트의 주소를 사용하여 주소 부족 문제 및 보안 문제를 해결할 수 있다.

> 인터넷 연결을 위해서는 IP 주소를 배정받아야 하며, IP 주소는 인터넷에 연결된 컴퓨터들의 고유 주소입니다. 도메인 네임(Domain Name)은 특정 IP 주소를 사람이 이해하기 쉽게 문자로 표현한 것입니다.

25년 5회, 23년 2회, 1회, 22년 2회, 1회, 20년 상시, 19년 1회, 14년 2회

2. 다음 중 인터넷 주소 체계인 IPv6에 대한 설명으로 옳은 것은?

① 주소는 8비트씩 16개 부분으로 총 128비트로 구성되어 있다.
② 주소를 네트워크 부분의 길이에 따라 A클래스에서 E클래스까지 총 5단계로 구분한다.
③ IPv4와의 호환성은 낮으나 IPv4에 비해 품질 보장은 용이하다.
④ 주소의 한 부분이 0으로만 연속되는 경우 연속된 0은 '::'으로 생략하여 표시할 수 있다.

> ① IPv6은 16비트씩 8부분으로 총 128비트로 구성되어 있습니다.
> ② IPv6는 유니캐스트, 애니캐스트, 멀티캐스트 3종류의 형태로 구분합니다. ②번은 IPv4에 대한 설명입니다.
> ③ IPv6은 IPv4와의 호환성 및 주소의 확장성, 융통성, 연동성이 뛰어납니다.

21년 2회

3. 다음 중 인터넷에서 사용하는 주소에 관한 설명으로 옳지 않은 것은?

① 전 세계의 모든 IP 주소는 동일하다.
② 도메인 네임(Domain Name)은 숫자로 된 IP 주소를 사람이 이해하기 쉬운 문자 형태로 표현한 것이다.
③ IPv6은 IPv4의 주소 부족 문제를 해결하기 위하여 개발되었다.
④ IPv4 주소는 8비트씩 4부분, 총 32비트로 구성된다.

> IP 주소는 인터넷에 연결된 모든 IT 기기들을 구분하기 위한 인터넷 주소로, 중복되지 않습니다.

23년 2회, 22년 2회, 12년 1회

4. 다음 중 인터넷에서 사용하는 도메인 네임에 대한 설명으로 옳지 않은 것은?

① 숫자로 구성된 IP 주소를 사람들이 기억하고 이해하기 쉽도록 문자열로 만든 주소이다.
② 우리나라에서 도메인 네임을 관리하는 기관은 KISA이다.
③ 인터넷의 모든 도메인 네임은 전 세계적으로 유일하게 존재해야 한다.
④ 도메인 네임을 사용자가 컴퓨터에서 임의로 설정하여 사용할 수 있다.

> 도메인 네임은 특정 규칙에 맞게 만들어 허가를 받은 후 등록하여 사용해야 합니다. 사용자가 임의로 만들어서 사용할 수 없습니다.

25년 2회, 1회, 21년 4회, 20년 1회

5. 다음 중 인터넷의 표준 주소 체계인 URL(Uniform Resource Locator)의 형식으로 옳은 것은?

① 프로토콜://호스트 서버 주소[:포트 번호][/파일 경로]
② 프로토콜://호스트 서버 주소[/파일 경로][:포트 번호]
③ 호스트 서버 주소://프로토콜[/파일 경로][:포트 번호]
④ 호스트 서버 주소://프로토콜[:포트 번호][/파일 경로]

> 도메인 네임은 왼쪽에서 오른쪽으로 갈수록 상위 도메인을 의미하지만 URL은 반대로 오른쪽으로 갈수록 세부적인 요소를 나타냅니다.

25년 2회

6. IPv6의 주소 체계 중 단일 송신자와 다중 수신자 간의 통신에 사용되는 것은?

① 유니캐스트(Unicast)
② 멀티캐스트(Multicast)
③ 애니캐스트(Anycast)
④ 브로드캐스트(Broadcast)

> IPv6의 주소 체계 중 단일 송신자와 다중 수신자 간의 통신에 사용되는 것은 멀티캐스트(Multicast)입니다.

25년 1회, 15년 3회, 09년 2회

7. 다음 중 인터넷 설정에 사용되는 DNS의 역할에 관한 설명으로 옳은 것은?

① 루트 도메인으로 국가를 구별해 준다.
② 최상위 도메인으로 국가 도메인을 관리한다.
③ 도메인 네임을 숫자로 된 IP 주소로 바꾸어 준다.
④ 현재 설정된 도메인의 하위 도메인을 관리해 준다.

> DNS는 문자로된 도메인 네임을 숫자로 된 IP 주소로 바꾸는 역할을 합니다.

▶ 정답 : 1. ① 2. ④ 3. ① 4. ④ 5. ① 6. ② 7. ③

SECTION 051 프로토콜

전문가의 조언
프로토콜에서는 개념과 기능 3가지만 기억해 두세요.

1 프로토콜의 개요
14.3, 12.2, 03.3, 03.1, 99.1

프로토콜(Protocol)은 네트워크에서 서로 다른 컴퓨터들 간에 정보 교환을 할 수 있게 해주는 통신 규약이다.
- 프로토콜은 흐름 제어, 동기화, 에러 제어 기능이 있다.

전문가의 조언
OSI 7계층의 개념 및 순서를 묻는 문제가 출제되었습니다. OSI 7계층의 순서는 각 계층의 첫 글자만 나열해서 '물 → 데 → 네 → 전 → 세 → 표 → 응'으로 기억하세요.

2 OSI 7계층
25.1, 24.5, 20.1, 15.3, 14.3

OSI(Open Systems Interconnection) 7계층은 기종이 서로 다른 컴퓨터 간의 정보 교환을 원활히 하기 위해 국제표준화기구(ISO, International Standards Organization)에서 제정했다.
- 네트워크를 이루고 있는 구성 요소들을 계층적 방법으로 나누고 각 계층의 표준을 정한 것이다.
- 물리(Physical) 계층, 데이터 링크(Data Link) 계층, 네트워크(Network) 계층, 전송(Transport) 계층, 세션(Session) 계층, 표현(Presentation) 계층, 응용(Application) 계층까지 모두 7개의 계층(Layer)으로 되어 있습니다.

기출문제 따라잡기

14년 3회
1. 다음 중 네트워크 연결을 위하여 사용하는 프로토콜에 대한 설명으로 옳지 않은 것은?
① 통신을 원하는 두 개체 간에 무엇을, 어떻게, 언제 통신할 것인가에 대해 약속한 통신 규정이다.
② OSI 7계층 모델의 3번째 계층은 데이터 링크 계층이다.
③ 프로토콜에는 흐름 제어 기능, 동기화 기능, 에러 제어 기능 등이 있다.
④ 인터넷에서 사용하고 있는 대표적인 프로토콜은 TCP/IP 이다.

> OSI 7계층의 순서는 '물 → 데 → 네 → 전 → 세 → 표 → 응'으로, 3번째 계층은 '네'에 해당하는 네트워크 계층입니다.

25년 1회, 24년 5회, 20년 1회, 15년 1회
2. 다음 중 이기종 단말 간 통신과 호환성 등 모든 네트워크상의 원활한 통신을 위해 최소한의 네트워크 구조를 제공하는 모델로, 네트워크 프로토콜 디자인과 통신을 여러 계층으로 나누어 정의한 통신 규약 명칭은?
① ISO 7 계층
② Network 7 계층
③ TCP/IP 7 계층
④ OSI 7 계층

> 문제에 제시된 내용은 OSI 7계층에 대한 설명입니다.

▶ 정답: 1. ② 2. ④

SECTION 052 인터넷 서비스

1 전자우편

25.3, 24.4, 24.2, 23.5, 23.2, 23.1, 22.4, 21.4, 21.2, 21.1, 20.상시, 20.1, 19.상시, 19.1, 18.상시, 17.2, 17.1, 13.3, 13.1, 12.1, …

전자우편(E-mail)은 인터넷을 통해 다른 사람과 편지뿐만 아니라 그림, 동영상 등 다양한 형식의 데이터를 주고받을 수 있도록 해주는 서비스이다.

- 전자우편은 보내는 즉시 수신자에게 도착하므로 빠른 의견 교환이 가능하다.
- 한 사람이 동시에 여러 사람에게 동일한 전자우편을 보낼 수 있다.
- 전자우편을 보내거나 받기 위해서는 메일 서버에 사용자 계정이 있어야 한다.
- 형식 : 사용자ID@메일서버_주소(도메인 이름)
- 전자우편에 사용되는 프로토콜

25.3, 24.4, 24.2, 23.2, 23.1, 22.4, 21.4, 21.2, … **SMTP(Simple Mail Transfer Protocol)**	사용자의 컴퓨터에서 작성한 메일을 다른 사람의 계정이 있는 곳으로 전송하는 프로토콜이다.
25.3, 24.4, 24.2, 23.5, 23.2, 23.1, 22.4, 21.4, … **POP3(Post Office Protocol 3)**	메일 서버에 도착한 E-mail을 사용자 컴퓨터로 가져오는 프로토콜이다.
25.3, 24.4, 24.2, 23.2, 23.1, 21.4, 21.2, 21.1, … **MIME(Multipurpose Internet Mail Extensions)**	웹 브라우저가 지원하지 않는 각종 멀티미디어 파일의 내용을 확인하고 실행하는 프로토콜이다.
25.3, 08.4, 07.3, 07.1, 05.2 **IMAP**	로컬 서버에서 프로그램을 이용하여 메일을 액세스하기 위한 표준 프로토콜이다.

24.4, 23.5, 22.4, 21.1, 15.1, 13.3, 11.2, 09.4, 09.2, 01.2

잠깐만요 스팸 메일

스팸 메일(Spam Mail)은 통신이나 인터넷을 통해 불특정 다수에게 원하지도, 요청하지도 않은 메일을 대량으로 보내는 광고성 메일로, 정크 메일(Junk Mail) 또는 벌크 메일(Bulk Mail)이라고도 합니다.

2 FTP

25.2, 20.상시, 18.1, 16.3, 15.3, 15.2, 13.3, 13.1, 07.3

FTP(File Transfer Protocol, 파일 전송 프로토콜)는 컴퓨터와 컴퓨터 또는 컴퓨터와 인터넷 사이에서 파일을 주고받을 수 있도록 하는 원격 파일 전송 프로토콜이다.

- FTP를 이용하여 파일의 전송(Upload)과 수신(Download), 삭제, 이름 변경 등의 작업을 할 수 있다.
- FTP를 이용하기 위해서는 일반적으로 FTP 서버에 접속하기 위한 계정이 있어야 한다.
- FTP 서버에 있는 프로그램은 다운로드 후에만 실행이 가능하다.
- FTP의 기본적인 포트 번호는 21번이지만 다른 번호로 변경할 수 있다.
- 그림 파일, 동영상 파일, 압축된 형태의 파일을 전송할 때는 Binary 모드를, 텍스트 파일을 전송할 때는 ASCII 모드를 사용한다.

전문가의 조언

최근 WWW에 대한 문제가 출제되고 있습니다. WWW가 사용하는 HTTP 프로토콜을 중심으로 특징들을 정리해 두세요.

HTTP(Hyper Text Transfer Protocol)
웹페이지와 웹브라우저 사이에서 하이퍼텍스트 문서를 전송하기 위해 사용하는 프로토콜입니다.

하이퍼텍스트
하이퍼텍스트(HyperText)는 관련된 문서를 하이퍼링크로 연결하여 검색할 수 있도록 만들어진 문서 형식입니다.

③ **WWW**

24.3, 23.3, 23.1, 22.2, 22.1, 20.2, 19.1, 18.1, 16.2, 13.1, 12.3, 08.4, 08.2, 07.4, 05.3, 03.1, 01.2

WWW(World Wide Web)는 텍스트, 그림, 동영상, 음성 등 인터넷에 존재하는 다양한 정보를 거미줄처럼 연결해 놓은 종합 정보 서비스이다.

- HTTP* 프로토콜을 사용하는 하이퍼텍스트* 기반으로 되어 있다.
- 송·수신 에러의 제어를 위해 HTTP 프로토콜을 사용한다.
- WWW를 검색하는 프로그램을 웹 브라우저(Web Browser)라고 한다.

 기출문제 따라잡기

25년 3회, 24년 4회, 2회, 23년 2회, 1회, 22년 4회, 21년 2회, 20년 상시, 17년 2회, 13년 1회, 10년 3회, 06년 3회

1. 다음 중 한글 Windows에서 전자우편에 관한 설명으로 옳지 않은 것은?

① 인터넷에 접속하여 사용자끼리 서로 편지를 주고받는 서비스를 말한다.
② 일반적으로 편지를 받을 때는 SMTP 서버를 이용하고, 편지를 보낼때는 POP3 서버를 이용한다.
③ 전자우편 주소는 '사용자 ID@호스트 주소'의 형식으로 이루어진다.
④ MIME은 웹 브라우저가 지원하지 않는 각종 멀티미디어 파일의 내용을 확인하고 실행시켜 주는 프로토콜이다.

전자우편을 받을 때는 POP3 서버, 편지를 보낼 때는 SMTP 서버를 이용합니다.

24년 4회, 23년 5회, 15년 1회, 11년 2회, 09년 2회

2. 다음 중 전자우편과 관련하여 스팸(SPAM)에 관한 설명으로 옳은 것은?

① 바이러스를 유포시키는 행위이다.
② 수신인이 원하지 않는 메시지나 정보를 일방적으로 보내는 행위이다.
③ 다른 사용자의 개인 정보를 허락없이 가져가는 행위이다.
④ 고의로 컴퓨터 프로그램 파일이나 데이터를 파괴시키는 행위이다.

스팸 메일은 통신이나 인터넷을 통해 불특정 다수에게 원지도, 요청하지도 않은 메일을 대량으로 보내는 광고성 메일을 의미합니다.

24년 3회, 23년 3회, 22년 2회, 20년 2회, 19년 1회, 16년 2회

3. 다음 중 인터넷에서 웹 서버와 사용자의 인터넷 브라우저 사이에 하이퍼텍스트 문서를 전송하기 위해 사용되는 통신 규약은?

① TCP   ② HTTP   ③ FTP   ④ SMTP

HTTP는 웹 서버와 웹 브라우저 사이에서 하이퍼텍스트 문서를 전송하는데 사용됩니다.

22년 1회

4. WWW(World Wide Web)에 대한 설명으로 잘못된 것은?

① 멀티미디어 형식의 정보를 제공한다.
② HTTP 프로토콜을 사용하는 하이퍼텍스트 기반으로 되어 있다.
③ 웹 페이지는 서버에서 정보를 제공하고 클라이언트에서 웹 브라우저를 통해 정보를 검색하고 제공받는다.
④ HTML은 웹 페이지와 웹 브라우저 사이에서 하이퍼텍스트 문서를 전송하기 위해 사용하는 프로토콜이다.

HTML(Hyper Text Markup Language)은 인터넷의 표준 문서인 하이퍼텍스트 문서를 만들기 위해 사용하는 언어입니다. ④번은 HTTP(Hyper Text Transfer Protocol)에 대한 설명입니다.

25년 2회, 16년 3회, 15년 2회, 13년 3회, 07년 3회

5. 다음 인터넷 서비스 중에서 파일을 주고받기 위한 전송 프로토콜로 옳은 것은?

① E-Mail   ② FTP   ③ WWW   ④ Telnet

파일을 주고받기 위한 전송 프로토콜은 FTP(File Transfer Protocol)입니다.

▶ 정답 : 1. ② 2. ② 3. ② 4. ④ 5. ②

SECTION 053 웹 브라우저

1 웹 브라우저

25.2, 24.1, 23.4, 23.2, 22.3, 19.상시, 19.2, 14.3, 11.1

웹 브라우저(Web Browser)는 웹 서버와 HTTP 프로토콜로 통신하여 사용자가 요구한 홈페이지에 접근하여 웹 문서를 사용자에게 보여주는 프로그램이다.

- 플러그 인 프로그램을 설치하여 동영상이나 소리 등의 다양한 멀티미디어 데이터를 처리할 수 있다.
- 웹 브라우저를 이용하여 웹 페이지를 사용자 컴퓨터에 저장하거나 인쇄할 수 있다.
- 웹 브라우저를 처음 실행시킨 후부터 종료 전까지 사용자가 방문했던 웹 사이트 주소들을 순서대로 기억하여 보관할 수 있다.
- 웹 브라우저를 이용하여 자주 방문하는 웹 사이트 주소를 관리할 수 있다.
- 웹 브라우저를 이용하여 전자우편을 보내거나 FTP 서버에 접속할 수 있다.

- **웹 브라우저의 종류**

크롬 (Chrome)	• 2008년 구글이 개발한 웹 브라우저로, 구글의 오픈 소스 웹 브라우저인 크로미엄 코드를 사용하여 개발되었다. • 현재 전 세계에서 가장 많이 사용된다.
마이크로소프트 엣지 (Microsoft Edge)	• 인터넷 익스플로러를 대체하기 위해 마이크로소프트 사에서 개발한 웹 브라우저로, 구글의 크로미엄 코드를 사용하여 개발되었다. • Windows 10 이상 버전에 내장되어 보급된다.
파이어 폭스 (Firefox)	• 비영리 단체인 모질라에서 만든 웹 브라우저로, 맞춤법 검사, 통합 검색 등 부가 기능이 많다. • 제3자가 만든 부가 기능을 추가하여 사용할 수 있다.

> **전문가의 조언**
> 웹 브라우저의 기능을 묻는 문제가 출제됩니다. 웹 브라우저를 통해 수행 가능한 기능에는 어떤 것들이 있는지 정리하세요.

2 웹 브라우저 관련 용어

24.4, 23.3, 23.2, 22.2, 19.상시, 18.상시, 18.1, 16.2, 16.1, 15.3, 15.1, 14.3, 13.2, 12.3, 12.2, 11.1, 10.3, 10.1, 06.2, 05.2, 04.4, …

23.2, 19.상시, 18.상시, 11.1 플러그인(Plug-IN)	웹 브라우저의 기능을 확장하기 위해 설치하는 프로그램으로, 인터넷에서 오디오, 비디오, 애니메이션 등을 실행할 수 있게하는 기능이다.
22.2, 11.1 히스토리(History)	• 웹 브라우저를 처음 실행시킨 후부터 종료할 때까지 사용자가 방문했던 웹사이트 주소들을 순서대로 보관하는 기능이다. • 차후에 자신이 방문한 사이트를 날짜별로 검색해 볼 수 있다.
11.1 북마크 (Bookmark, 즐겨찾기)	자주 방문하는 웹 사이트를 쉽게 찾아갈 수 있도록 해당 웹 사이트 주소를 목록 형태로 저장해 둔 것이다.
24.4, 23.3, 22.2, 16.1, 15.3, … 쿠키(Cookie)	• 인터넷 사용자에 대한 특정 웹 사이트의 접속 정보를 저장하고 있는 작은 파일이다. • 쿠키를 이용하면 인터넷 접속 시 매번 아이디와 비밀번호를 넣지 않고 자동으로 접속할 수 있다.

> **전문가의 조언**
> **중요해요!** 웹 브라우저 관련 용어에 대한 문제가 자주 출제되고 있으니 정리해 두세요.

04.4	캐싱(Caching)	자주 사용하는 사이트의 자료를 따로 저장하고 있다가, 사용자가 다시 그 자료에 접근하면 인터넷에 접속하지 않고 저장된 자료를 활용해서 빠르게 보여주는 기능이다.
18.1, 15.1	포털 사이트(Portal Site)	• 사용자들이 웹에 접속할 때 제일 먼저 방문하거나 가장 많이 머무르는 사이트이다. • 전자우편, 뉴스, 쇼핑, 게시판 등 다양한 서비스를 통합하여 제공한다.
16.2, 13.2, 12.3, 10.1	미러 사이트(Mirror Site)	인터넷상에서 특정 사이트로 동시에 많은 이용자들이 접속하는 것을 방지하기 위하여 같은 내용을 복사해 놓은 사이트이다.

기출문제 따라잡기

 문제1 3306151   문제4 1305352

25년 2회, 24년 1회, 23년 4회, 2회, 22년 3회, 19년 2회
1. 다음 중 웹 브라우저의 기능에 관한 설명으로 옳지 않은 것은?

① '설정'에서 멀티미디어 편집기를 선택할 수 있다.
② 전자우편을 보내거나 FTP 서버에 접속할 수 있다.
③ 웹 페이지를 사용자 컴퓨터에 저장하거나 인쇄할 수 있다.
④ 자주 방문하는 웹 사이트 주소를 관리할 수 있다.

> 웹 브라우저의 '설정'에 멀티미디어 편집기를 선택할 수 있는 메뉴는 없습니다.

24년 4회, 23년 3회, 22년 2회, 16년 1회, 15년 3회, 14년 3회, 10년 3회, 05년 2회, 04년 2회, 03년 3회, 1회
2. 다음 중 사용자의 기본 설정을 사이트가 인식하도록 하거나, 사용자가 웹 사이트로 이동할 때마다 로그인해야 하는 번거로움을 생략할 수 있도록 사용자 환경을 향상시키는 것은?

① 쿠키(Cookie)
② 즐겨찾기(Favorites)
③ 웹 서비스(Web Service)
④ 히스토리(History)

> 쿠키는 사용자에 대한 특정 웹 사이트의 접속 정보를 저장하고 있는 작은 파일입니다.

18년 1회, 15년 1회
3. 다음 중 인터넷을 이용할 때 자주 방문하게 되는 웹 사이트로, 전자우편, 뉴스, 쇼핑, 게시판 등 다양한 서비스를 통합하여 제공하는 사이트는?

① 미러 사이트
② 포털 사이트
③ 커뮤니티 사이트
④ 멀티미디어 사이트

> 포털 사이트는 입구(Potal)가 되는 사이트(Site)라는 의미로, 대표적인 사이트로는 다음, 네이버, 네이트, 구글 등이 있습니다.

16년 2회, 13년 2회, 12년 3회, 10년 1회
4. 다음 중 인터넷상에서 접속이 너무 많거나 너무 원격지일 경우 과부하나 속도 저하를 막기 위해 동일한 사이트를 여러 곳에 복사해 놓는 것을 뜻하는 용어는?

① 포털 사이트(Portal Site)
② 미러 사이트(Mirror Site)
③ 인트라넷(Intranet)
④ 엑스트라넷(Extranet)

> 미러 사이트는 사이트(Site)의 정보를 거울(Mirror)처럼 그대로 복사하는 사이트라고 해서 이름 붙여졌습니다.

▶ 정답 : 1. ① 2. ① 3. ② 4. ②

SECTION 054 ICT 신기술

1 ICT* 신기술

25.4, 25.3, 25.1, 24.3, 24.2, 24.1, 23.4, 22.3, 22.1, 21.3, 20.상시, 20.1, 18.상시, 18.2, 18.1

ICT(Information Communication Technology)는 정보기술과 통신기술을 합한 말로, 정보기기의 운영 및 관리에 필요한 소프트웨어 기술과 이들 기술을 이용하여 정보를 수집, 생산, 가공, 활용하는 모든 방법을 통틀어 일컫는 말이다.

클라우드* 컴퓨팅 (Cloud Computing)	• 하드웨어·소프트웨어 등의 컴퓨팅 자원을 자신이 필요한 만큼 빌려 쓰고 사용요금을 지불하는 방식의 컴퓨팅 서비스이다. • 서로 다른 물리적인 위치에 존재하는 컴퓨팅 자원을 가상화 기술로 통합하고 인터넷상의 서버를 통하여 네트워크, 데이터 저장, 콘텐츠 사용 등의 서비스를 한 번에 사용할 수 있다.
25.3, 25.1 그리드 컴퓨팅 (Grid Computing)	• 지리적으로 분산되어 있는 컴퓨터를 초고속 인터넷 망으로 연결하여 공유함으로써 하나의 고성능 컴퓨터처럼 활용하는 기술이다. • 처리능력을 한 곳으로 집중시키므로 월드와이드웹(WWW)보다 처리 속도가 훨씬 빠르다.
25.1, 24.1, 23.4 와이파이(WiFi; Wireless-Fidelity)	• Wireless Fidelity의 약어로, 2.4GHz대를 사용하는 무선 랜(WLAN) 규격(IEEE 802.11b)에서 정한 제반 규정에 적합한 제품에 주어지는 인증 마크이다. • 유선 랜을 무선화한 것으로 사용 거리에 제한이 있다.
스마트 그리드	전기의 생산부터 소비까지의 전 과정에 정보통신기술을 접목하여 에너지 효율성을 높이는 지능형 전력망 시스템이다.
24.2, 23.4, 22.3, 22.1, 21.3, 20.상시, … 사물 인터넷(IoT; Internet of Things)	• 세상에 존재하는 모든 사물을 네트워크로 연결해 인간과 사물, 사물과 사물 간 언제 어디서나 서로 소통할 수 있게 하는 새로운 정보 통신 환경으로, 개인 맞춤형 스마트 서비스를 지향한다. • 스마트 센싱 기술과 무선 통신 기술을 융합하여 실시간으로 데이터를 주고 받는다. • 인터넷을 기반으로 하므로 추가 통신 비용이 발생할 수 있다. • 기존의 정보 보안 기술을 적용하기 어려워 해킹 등의 외부 위협에 대한 보안이 취약하다.
만물 인터넷 (IoE; Internet of Everything)	• 사물 인터넷(IoT)이 진화한 형태로, 만물이 서로 소통하며 새로운 가치와 경험을 창출해 내는 미래의 인터넷을 말한다. • 만물, 즉 존재하는 모든 사람과 프로세스, 데이터, 모바일, 클라우드 등이 유무선 광대역 초고속 통신망, USN, 스마트 그리드 등을 통해 유기적으로 연결된다.
상황인식	컴퓨터가 사용자의 주변상황을 인식하고 판단하여 자동으로 유용한 서비스를 제공하는 컴퓨팅 기술이다.
RSS(Rich Site Summary)	뉴스나 블로그 등과 같이 콘텐츠가 자주 업데이트 되는 사이트들의 정보를 자동적으로 사용자들에게 알려주기 위해 사용하는 웹 서비스 기술이다.
트랙백(Trackback)	다른 사람의 글을 읽고 내 의견을 남길 때, 직접 댓글을 작성하는 것이 아니라 내 블로그에 해당 의견에 대한 댓글을 작성하고 그 글의 일부분이 다른 사람의 글에 댓글로 보이도록 하는 기능이다.
SSO (Single Sign On)	한 번의 로그인으로 기업 내의 각종 업무 시스템이나 인터넷 서비스에 접속할 수 있게 해 주는 보안 응용 솔루션이다.

전문가의 조언

중요해요! ICT 신기술은 최근 들어 자주 출제되고 있습니다. 특히 사물 인터넷의 개념과 특징을 확실히 기억해 두세요.

클라우드
구름(Cloud)에서 유래된 말로 컴퓨터 네트워크상에 숨겨진 복잡한 구조를 뜻합니다.

클라우드 컴퓨팅

6장 인터넷 활용 **171**

텔레매틱스

시맨틱 웹 (Semantic Web)	• 컴퓨터가 정보의 뜻을 이해하고 조작할 수 있는 차세대 지능형 웹이다. • 현재의 웹이 사람들이 이해하기 쉬운 자연어 위주로 되어 있다면, 시맨틱 웹은 정보들 사이의 연관성을 컴퓨터가 이해하고 처리할 수 있는 형태의 언어로 바꾸는 것이다.
그린 IT	지구 환경을 보호하는 친환경적인 IT 기기나 기술이다.
텔레매틱스* (Telematics)	자동차에 정보통신기술과 정보처리기술을 융합하여 운전자에게 다양한 멀티미디어 서비스를 제공하는 것이다.
24.1, 18.2 위치 기반 서비스(LBS; Location Based Service)	• 통신 기술과 GPS, 그리고 컴퓨터에 저장된 데이터베이스를 이용하여 주변의 위치와 부가 서비스를 제공하는 기술이다. • 현재 위치 정보, 실시간 교통 정보 등 다양한 서비스를 제공한다.
ALL-IP	인터넷 프로토콜(IP)을 기반으로 유선전화망, 무선망, 패킷 데이터망 등의 기존 통신망을 모두 하나의 통신망으로 통합하여 음성, 데이터, 멀티미디어 등을 전송하는 기술이다.
눈동작 인식 (Eye Recognition, 안구 인식)	• 카메라를 이용한 모션 인식 기술을 확장한 시선 인식 기능이다. • 대표적 사례로 스마트폰에서 동영상을 시청하다가 눈을 떼거나, 눈을 감으면 전면 카메라가 눈동자의 움직임을 인식해 재생을 일시 정지하고 스크린을 다시 쳐다보면 영상이 다시 재생되도록 하는 기능이 있다.
빅 데이터(Big Data)	• 기존의 관리 방법이나 분석 체계로는 처리하기 어려운 막대한 양의 데이터 집합이다. • 스마트 단말의 빠른 확산, 소셜 네트워크 서비스의 활성화, 사물 네트워크의 확대로 데이터 폭발이 더욱 가속화되고 있다.
25.4 Wibro(와이브로)	무선 광대역을 의미하는 것으로, 휴대폰, 노트북, PDA 등의 모바일 기기를 이용하여 언제 어디서나 이동하면서 고속으로 무선 인터넷 접속이 가능한 서비스이다.
UWB (Ultra-Wide Band)	근거리에서 컴퓨터와 주변기기 및 가전제품 등을 연결하는 초고속 무선 인터페이스로, 개인 통신망에 사용된다.
지그비(Zigbee)	저전력, 저비용, 저속도와 2.4GHz를 기반으로 하는 홈 자동화 및 데이터 전송을 위한 무선 네트워크 규격으로, 전력소모를 최소화 하였다.

25.1, 24.3, 24.1, 23.4, 18.2, 13.1, 09.3

잠깐만요 유비쿼터스

유비쿼터스는 라틴어로 '편재하다(보편적으로 존재하다)'라는 의미로, 사용자가 컴퓨터나 네트워크를 의식하지 않고 장소에 상관없이 자유롭게 네트워크에 접속할 수 있는 환경을 의미합니다.
• 모든 사물에 초소형 칩을 내장시켜 네트워크로 연결하므로 사물끼리 통신이 가능합니다.
• 유비쿼터스 관련 기술

25.1, 24.3, 24.1, 23.4, 18.2, 13.1, 09.3 RFID(Radio Frequency IDentification)	사물에 전자 태그를 부착하고 무선 통신을 이용하여 사물의 정보 및 주변 정보를 감지하는 센서 기술입니다.
USN(Ubiquitous Sensor Network)	• 모든 사물에 부착된 RFID 태그 또는 센서를 통해 탐지된 사물의 인식 정보는 물론 주변의 온도, 습도, 위치정보, 압력, 오염 및 균열 정도 등과 같은 환경 정보를 네트워크와 연결하여 실시간으로 수집하고 관리하는 네트워크 시스템입니다. • 텔레매틱스, 동물관리, 교통관리, 공해감시, 유통분야, 물류분야, 홈 네트워크 등 거의 모든 분야에 응용할 수 있습니다.

기출문제 따라잡기

문제1 1305451

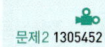

문제2 1305452

24년 3회, 18년 2회, 13년 1회, 09년 3회

1. 다음 중 사물에 전자 태그를 부착하고 무선 통신을 이용하여 사물의 정보 및 주변 상황 정보를 감지하는 센서 기술로 옳은 것은?

① 텔레매틱스 서비스
② DMB 서비스
③ W-CDMA 서비스
④ RFID 서비스

> '전자 태크 부착' 하면 RFID입니다.

23년 4회, 22년 3회, 20년 상시, 18년 1회

2. 다음 중 모든 사물을 네트워크로 연결하여 인간과 사물, 사물과 사물 간에 언제 어디서나 서로 소통할 수 있게 하는 새로운 정보통신 환경을 의미하는 것은?

① 클라우드 컴퓨팅(Cloud Computing)
② RSS(Rich Site Summary)
③ IoT(Internet of Things)
④ 빅 데이터(Big Data)

> IoT(사물 인터넷)은 사물(Thing) 간에 언제 어디서나 서로 소통할 수 있게 하는 인터넷(Internet) 환경을 의미합니다.

24년 2회, 22년 1회, 21년 3회, 20년 1회

3. 다음 중 사물 인터넷(IoT)에 대한 설명으로 옳지 않은 것은?

① IoT 구성품 가운데 디바이스는 빅데이터를 수집하며, 클라우드와 AI는 수집된 빅데이터를 저장하고 분석한다.
② IoT는 인터넷 기반으로 다양한 사물, 사람, 공간을 긴밀하게 연결하고 상황을 분석, 예측, 판단해서 지능화된 서비스를 자율 제공하는 제반 인프라 및 융복합 기술이다.
③ 현재는 사물을 단순히 연결시켜 주는 단계에서 수집된 데이터를 분석해 스스로 사물에 의사결정을 내리는 단계로 발전하고 있다.
④ IoT 네트워크를 이용할 경우 통신 비용이 절감되는 효과가 있으며, 정보 보안 기술의 적용이 용이해진다.

> IoT는 인터넷을 기반으로 하기 때문에 IoT 네트워크를 이용할 경우 추가 통신 비용이 발생할 수 있으며, IoT는 정보 보안 기술의 적용에 어려움이 있어 보안에 취약합니다.

25년 1회, 24년 1회, 23년 4회

4. 다음 중 통신 기술의 이용 현황을 올바르게 설명한 것은?

① NFC - 노트북을 핫스팟을 이용하여 연결한다.
② BlueTooth - 출·퇴근을 태그를 이용하여 관리한다.
③ WiFi - 헤드폰과 핸드폰을 연결한다.
④ RFID - 도서관에서 도서 대출/반납 시 태그를 이용하여 도서의 출납을 실시간으로 확인한다.

> RFID는 사물에 전자 태그를 부착하여 사물 및 주변 정보를 감지하는 기술로, 도서 대출 및 반납, 출입 통제, 모바일 결제 등에 활용됩니다.
> ① NFC는 RFID 기술의 일종으로, 태그를 사용하여 도서 대출 및 반납, 출입 통제, 모바일 결제 등에 활용됩니다.
> ② BlueTooth는 근거리 무선 통신 기술로, 핸드폰, 헤드폰, 노트북과 같은 휴대 가능한 장치들 간의 양방향 정보 전송을 지원합니다.
> ③ WiFi는 무선 인터넷을 지원하는 무선랜 기술을 의미합니다. 무선 인터넷을 사용하는 모든 전자기기를 지원하며 중계 역할을 수행하는 핫스팟의 원천 기술이기도 합니다.

25년 4회

5. 무선 광대역을 의미하는 것으로, 핸드폰, 노트북, PDA 등의 모바일 기기를 이용하여 언제 어디서나 이동하면서 고속으로 무선 인터넷 접속이 가능한 서비스를 의미하는 것은?

① 와이파이
② 와이브로
③ 블루투스
④ UWB

> 문제에 제시된 내용은 와이브로(Wibro)의 개념입니다.

25년 3회, 1회

6. 다음 설명에 해당하는 용어는 무엇인가?

> • 지리적으로 분산되어 있는 컴퓨터를 초고속 인터넷 망으로 연결하여 공유함으로써 하나의 고성능 컴퓨터처럼 활용하는 기술이다.
> • 처리능력을 한 곳으로 집중시키므로 월드와이드웹(WWW)보다 처리 속도가 훨씬 빠르다.

① 그리드 컴퓨팅(Grid Computing)
② 클라우드 컴퓨팅(Cloud Computing)
③ 유비쿼터스 컴퓨팅(Ubiquitous Computing)
④ 사물 인터넷(Internet of Things)

> 문제의 지문에 제시된 내용은 그리드 컴퓨팅(Grid Computing)의 특징입니다.

▶ 정답 : 1. ④ 2. ③ 3. ④ 4. ④ 5. ② 6. ①

6장 핵심요약

047 정보통신의 이해

❶ 정보 전송 방식 20.2, 19.2

- 단향 방식(Simplex) : 한쪽은 수신만, 다른 한쪽은 송신만 가능한 방식 (예 TV, 라디오)
- 반이중 방식(Half-Duplex) : 양쪽 모두 송·수신이 가능하지만 동시에는 불가능한 방식 (예 무전기)
- 전이중 방식(Full-Duplex) : 양쪽 모두 동시에 송·수신이 가능한 방식 (예 전화)

❷ 동배간 처리(Peer-To-Peer) 방식 22.2

- 모든 컴퓨터를 동등하게 연결하는 방식으로, 고속 LAN을 기반으로 한다.
- 시스템에 소속된 컴퓨터들은 어느 것이든 서버가 될 수 있으며, 동시에 클라이언트도 될 수 있다.

❹ 브리지(Bridge) 25.4, 25.3, 24.5, 24.2, 23.5, 23.3, 23.2, 22.4, 21.1, 19.상시, 18.2, 16.2, 11.3

- 단순 신호 증폭뿐만 아니라 네트워크 분할을 통해 트래픽을 감소시킨다.
- 물리적으로 다른 네트워크를 연결할 때 사용한다.

❺ 라우터(Router) 25.4, 25.3, 24.5, 24.1, 23.5, 23.3, 22.3, 22.2, 21.1, 20.상시, 20.2, 19.상시, …

- 인터넷에 접속할 때 반드시 필요한 장비이다.
- 데이터 전송 시 최적의 경로를 설정한다.

❻ 게이트웨이(Gateway) 25.4, 25.3, 25.2, 24.5, 24.1, 23.5, 23.3, 21.4, 21.1, 19.상시, 18.2, …

주로 LAN에서 다른 네트워크에 데이터를 보내거나 다른 네트워크로부터 데이터를 받아들이는 출입구 역할을 한다.

❼ 허브(Hub) 25.3, 24.2, 23.5, 23.3, 21.1, 19.상시, 18.2, 16.2, 13.3, 13.2, 12.3, 11.1

- 네트워크를 구성할 때 한꺼번에 여러 대의 컴퓨터를 연결하는 장치이다.
- 각 회선을 통합적으로 관리한다.

048 통신망과 네트워크 장비

❶ LAN 23.5, 21.4, 21.2, 17.2, 15.2, 14.3, 14.2

- 자원 공유를 목적으로 회사, 학교, 연구소 등의 구내에서 사용하는 통신망이다.
- 고속 전송이 가능하며, 에러 발생률이 낮다.
- 프린터, 보조기억장치 등 주변장치들을 쉽게 공유할 수 있으며, 전이중 방식을 사용한다.

❷ WLAN 21.2, 17.1

- 무선접속장치(Access Point)가 설치된 곳을 중심으로 일정 거리 안에서 초고속 인터넷을 사용할 수 있는 근거리 통신망(LAN)이다.
- 무선 LAN 시스템의 주요 구성 요소 : 무선 랜카드, AP(Access Point, 무선접속장치), 안테나 등

❸ 리피터(Repeater) 25.4, 25.2, 24.5, 24.1, 23.4, 23.1, 17.2, 13.3, 12.3, 11.3, 11.1

거리가 증가할수록 감쇠하는 디지털 신호의 장거리 전송을 위해서 수신한 신호를 재생시키거나 출력 전압을 높여 전송하는 장치이다.

049 인터넷의 개요

❶ 개요 25.4, 24.1, 20.1, 18.1, 16.2, 13.3, 10.3

- TCP/IP 프로토콜을 기반으로 하여 전세계 수많은 컴퓨터와 네트워크들이 연결된 광범위한 컴퓨터 통신망이다.
- 인터넷은 상업용 네트워크가 아니며, 중앙 통제 기구도 없다.

❷ IPTV(Internet Protocol TeleVision) 25.5, 24.3, 23.2, 19.2

- 초고속 광대역 네트워크를 통해 디지털 채널 방송과 양방향 서비스를 제공한다.
- 시간에 구애받지 않고 동영상 콘텐츠를 이용할 수 있다.
- 인터넷 검색을 통해 다양한 정보를 찾아볼 수 있다.

050 인터넷의 주소 체계

❶ IP 주소 – IPv4 22.1, 21.3, 21.2, 18.1, 15.3, 12.1, 11.2
- 인터넷에 연결된 모든 컴퓨터의 자원을 구분하기 위한 인터넷 주소로, 중복되지 않는다.
- 숫자로 8비트씩 4부분, 총 32비트(4바이트)로 구성된다.
- 네트워크 부분의 길이에 따라 A 클래스에서 E 클래스까지 총 5단계로 구성되어 있다.

❷ IP 주소 – IPv6 25.5, 25.2, 23.2, 23.1, 22.2, 22.1, 21.3, 21.2, 21.1, 20.상시, 19.1, 18.상시, 17.1, …
- IPv4의 주소 부족 문제를 해결하기 위해 개발되었다.
- 16비트씩 8부분, 총 128비트로 구성되어 있다.
- 각 부분은 16진수로 표현하고, 콜론(:)으로 구분한다.
- IPv4와의 호환성 및 주소의 확장성, 융통성, 연동성이 뛰어나다.
- 주소의 각 부분이 0으로 연속된 경우 0을 생략하여 '::'와 같이 표시하고, 주소의 한 부분이 0으로 연속된 경우 0을 생략하고 ':'만 표시한다.
- IPv6의 주소는 유니캐스트, 애니캐스트, 멀티캐스트 3 종류의 형태로 분류한다.

❸ 도메인 네임 25.1, 23.2, 21.2, 17.2, 15.1, 12.1
- 숫자로 된 IP 주소를 사람이 이해하기 쉬운 문자 형태로 표현한 것으로, 중복되지 않는다.
- 호스트 컴퓨터명, 소속 기관 이름, 소속 기관의 종류, 소속 국가명 순으로 구성되며, 왼쪽에서 오른쪽으로 갈수록 상위 도메인을 의미한다.
- DNS(Domain Name System) : 문자로 된 도메인 네임을 숫자로 된 IP 주소로 바꿔주는 시스템

❹ URL(Uniform Resource Locater) 25.2, 25.1, 21.4, 20.1, 18.1, 15.2, 13.1
- 인터넷상에 존재하는 각종 자원이 있는 위치를 나타내는 표준 주소 체계이다.
- 형식 : 프로토콜://호스트(서버) 주소[:포트 번호][/파일 경로]

051 프로토콜

❶ OSI 7계층 25.1, 24.5, 20.1, 15.3, 14.3
- 기종이 서로 다른 컴퓨터 간의 정보 교환을 원활히 하기 위해 국제표준화기구(ISO, International Standards Organization)에서 제정했다.
- 네트워크를 이루고 있는 구성 요소들을 계층적 방법으로 나누고 각 계층의 표준을 정한 것이다.

052 인터넷 서비스

❶ 전자우편 25.3, 24.4, 24.2, 23.5, 23.2, 23.1, 22.4, 21.2, 17.2, 17.1, 13.1, 10.2
- 인터넷을 통해 다른 사람과 편지뿐만 아니라 그림, 동영상 등 다양한 형식의 데이터를 주고받을 수 있도록 해주는 서비스이다.
- 기본적으로 7비트의 ASCII 문자를 사용하여 메시지를 전달한다.
- 전자우편은 보내는 즉시 수신자에게 도착하므로 빠른 의견 교환이 가능하고, 한 사람이 동시에 여러 사람에게 동일한 전자우편을 보낼 수 있다.
- 형식 : ID@호스트 주소(예 admin@gilbut.co.kr)

❷ 전자 우편 프로토콜 25.3, 24.4, 24.2, 23.5, 23.2, 23.1, 22.4, 21.4, 21.2, 21.1, 20.상시, …
- SMTP : 사용자의 컴퓨터에서 작성한 메일을 다른 사람의 계정이 있는 곳으로 전송해 주는 역할을 함
- POP3 : 메일 서버에 도착한 E-mail을 사용자가 컴퓨터로 가져올 수 있도록 메일 서버에서 제공하는 프로토콜
- MIME : 웹 브라우저가 지원하지 않는 각종 멀티미디어 파일의 내용을 확인하고 실행시켜 주는 프로토콜

❸ FTP 25.2, 16.3, 15.2, 13.3
컴퓨터와 컴퓨터 또는 컴퓨터와 인터넷 사이에서 파일을 주고받을 수 있도록 하는 원격 파일 전송 프로토콜이다.

6장 핵심요약

❹ 스팸 메일 24.4, 23.5, 22.4, 21.1, 15.1, 13.3, 11.2

통신이나 인터넷을 통해 불특정 다수에게 원하지도, 요청하지도 않은 메일을 대량으로 보내는 광고성 메일이다.

❺ WWW 24.3, 23.3, 23.1, 22.2, 22.1, 20.2, 19.1, 18.1, 16.2, 13.1, 12.3

- 텍스트, 그림, 동영상, 음성 등 인터넷에 존재하는 다양한 정보를 거미줄처럼 연결해 놓은 종합 정보 서비스이다.
- HTTP 프로토콜을 사용하는 하이퍼텍스트 기반으로 되어 있다.
  ※ HTTP(Hyper Text Transfer Protocol) : 웹페이지와 웹브라우저 사이에서 하이퍼텍스트 문서를 전송하기 위해 사용하는 프로토콜

053 웹 브라우저

❶ 웹 브라우저 25.2, 24.1, 23.4, 23.2, 22.3, 19.상시, 19.2, 14.3, 11.1

- 웹 서버와 HTTP 프로토콜로 통신하여 사용자가 요구한 웹 문서를 보여주는 프로그램이다.
- 전자우편을 보내거나 FTP 서버에 접속할 수 있다.
- 웹 페이지를 사용자 컴퓨터에 저장하거나 인쇄할 수 있다.
- 자주 방문하는 웹 사이트 주소를 관리할 수 있다.

❷ 플러그인(Plug-IN) 23.2, 19.상시, 18.상시, 11.1

- 웹 브라우저의 기능을 확장하기 위해 설치하는 프로그램이다.
- 인터넷에서 오디오, 비디오, 애니메이션 등을 실행할 수 있게 한다.

❸ 히스토리(History) 22.2, 11.1

웹 브라우저를 처음 실행시킨 후부터 종료할 때까지 사용자가 방문했던 웹사이트 주소들을 순서대로 보관하는 기능이다.

❹ 쿠키(Cookie) 24.4, 23.3, 22.2, 16.1, 15.3, 14.3, 10.3

인터넷 사용자에 대한 특정 웹 사이트의 접속 정보를 저장하고 있는 작은 파일이다.

054 ICT 신기술

❶ 사물 인터넷(IoT; Internet of Things) 24.2, 23.4, 22.3, 22.1, 21.3, 20.상시, …

- 세상에 존재하는 모든 사물을 네트워크로 연결해 인간과 사물, 사물과 사물 간 언제 어디서나 서로 소통할 수 있게 하는 새로운 정보 통신 환경으로, 개인 맞춤형 스마트 서비스를 지향한다.
- 스마트 센싱 기술과 무선 통신 기술을 융합하여 실시간으로 데이터를 주고 받는다.
- 인터넷을 기반으로 하므로 추가 통신 비용이 발생할 수 있다.
- 기존의 정보 보안 기술을 적용하기 어려워 해킹 등의 외부 위협에 대한 보안이 취약하다.

❷ RFID(Radio Frequency IDentification) 24.3, 24.1, 23.4, 18.2, 13.1

사물에 전자 태그를 부착하고 무선 통신을 이용하여 사물의 정보 및 주변 정보를 감지하는 센서 기술이다.

❸ 그리드 컴퓨팅(Grid Computing) 25.3, 25.1

지리적으로 분산되어 있는 컴퓨터를 초고속 인터넷 망으로 연결하여 공유함으로써 하나의 고성능 컴퓨터처럼 활용하는 기술이다.

❹ 와이파이(WiFi; Wireless-Fidelity) 25.1, 24.1, 23.4

Wireless Fidelity의 약어로, 2.4GHz대를 사용하는 무선랜(WLAN) 규격(IEEE 802.11b)에서 정한 제반 규정에 적합한 제품에 주어지는 인증 마크이다.

❺ Wibro(와이브로) 25.4

무선 광대역을 의미하는 것으로, 휴대폰, 노트북, PDA 등의 모바일 기기를 이용하여 언제 어디서나 이동하면서 고속으로 무선 인터넷 접속이 가능한 서비스이다.

7장 멀티미디어 활용

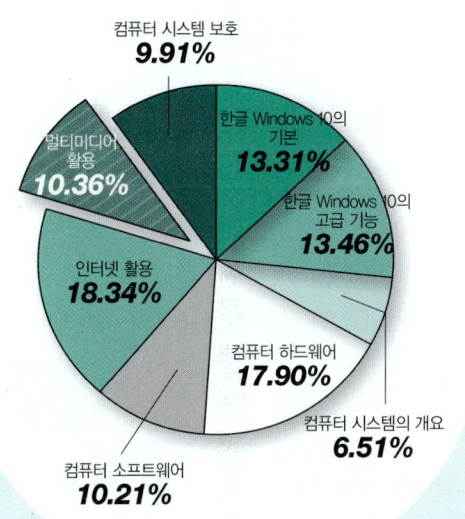

055 멀티미디어 Ⓐ등급
056 그래픽 기법 Ⓐ등급
057 멀티미디어 그래픽 데이터 Ⓐ등급
058 멀티미디어 오디오 / 비디오 데이터 Ⓐ등급
059 멀티미디어 활용 Ⓑ등급

꼭 알아야 할 키워드 Best 10

1. 멀티미디어 2. 하이퍼텍스트 3. 모핑 4. 안티앨리어싱 5. 스트리밍 6. 비트맵 7. JPEG 8. MPEG 9. CAI 10. 비선형성

SECTION 055 멀티미디어

전문가의 조언

멀티미디어의 전반적인 개념을 묻는 문제가 출제되었습니다. 멀티미디어의 개념을 정리하여 숙지하세요.

미디어(Media, 매체)
지식이나 의사, 감정 등과 같은 데이터를 표현하기 위한 수단으로, 텍스트·그래픽·사운드·오디오 등이 있습니다.

① 멀티미디어의 개요

23.3, 22.2, 18.상시, 18.1, 16.3, 15.3, 15.2, 14.2, 08.1, 07.1, 05.3, 99.1

멀티미디어(Multimedia)는 Multi(다중)와 Media(매체)*의 합성어로, 다중 매체를 의미한다.

- 멀티미디어는 텍스트, 그래픽, 사운드, 동영상, 애니메이션 등의 매체(Media)를 디지털 데이터로 통합하여 전달한다.
- 대량의 멀티미디어 데이터를 저장하기 위하여 하드디스크, DVD, Blu-Ray 등의 저장장치를 사용한다.
- 멀티미디어 데이터는 용량이 크기 때문에 압축하여 저장한다.
- 멀티미디어 데이터는 다양한 하드웨어와 소프트웨어 환경에서 생성, 처리, 전송, 이용되므로 표준이 필요하다.
- 가상현실, 전자출판, 화상회의, 방송, 교육, 의료 등 사회 전 분야에서 활용된다.

전문가의 조언

멀티미디어의 특징에 속하지 않는 것을 묻는 문제가 출제되고 있습니다. 멀티미디어의 특징에는 디지털화, 상호 작용성, 비선형성, 정보의 통합성이 있다는 것을 기억하고 각각의 의미를 읽어보세요.

② 멀티미디어의 특징

25.3, 23.5, 22.2, 20.1, 18.상시, 18.1, 16.3, 15.3, 14.1, 12.2, 12.1, 11.2, 11.1, 10.1, 09.4, 08.2, 05.3, 01.2

25.3, 23.5, 22.2, 20.1, 15.3, 14.1, 12.2, 12.1, … **디지털화(Digitalization)**	다양한 아날로그 데이터를 디지털 데이터로 변환하여 통합 처리한다.
25.3, 23.5, 20.1, 18.상시, 18.1, 16.3, 15.3, … **상호 작용성 (Interaction, 쌍방향성)**	정보 제공자의 선택에 의해 일방적으로 데이터가 전달되는 것이 아니라 정보 제공자와 사용자 간의 의견을 통한 상호 작용에 의해 데이터가 전달된다.
25.3, 22.2, 20.1, 18.상시, 18.1, 16.3, 15.3, … **비선형성(Non-Linear)**	데이터가 일정한 방향으로 순차적으로 처리되는 것이 아니라 사용자의 선택에 따라 다양한 방향으로 처리된다.
25.3, 23.5, 22.2, 20.1, 18.상시, 18.1, 16.3, … **정보의 통합성(Integration)**	텍스트, 그래픽, 사운드, 동영상, 애니메이션 등의 여러 미디어를 통합하여 처리한다.

전문가의 조언

하이퍼텍스트와 하이퍼미디어를 명확히 구분할 수 있어야 맞힐 수 있는 문제가 출제되고 있으니, 하이퍼텍스트와 하이퍼미디어, 하이퍼링크의 개념을 이해하고, 특징을 비교해서 알아두세요.

하이퍼링크(HyperLink)
하이퍼링크는 문서와 문서를 연결해주는 연결점을 의미합니다.

③ 하이퍼텍스트와 하이퍼미디어

25.1, 24.3, 23.1, 21.4, 13.1, 07.3, 05.4, 05.2, 00.3, 00.2, 00.1

- **하이퍼텍스트(Hypertext)** : 문서와 문서가 연결되어 있는 것으로, 문서 안의 특정 문자를 선택하면 그와 연결된 문서로 이동하는 문서 형식이다.
- **하이퍼미디어(Hypermedia)** : 하이퍼텍스트와 멀티미디어를 합한 개념으로, 문자뿐만 아니라 그래픽, 사운드, 동영상 등의 정보를 연결해 놓은 미디어 형식이다.
- 사용자의 의도에 따라 문서를 읽는 순서가 결정되는 비선형 구조를 가지고 있다.
- 하나의 데이터를 여러 명의 사용자들이 서로 다른 경로를 통해 검색할 수 있다.
- 사용자가 하이퍼링크*를 클릭함으로써 원하는 데이터를 찾을 수 있다.

기출문제 따라잡기

23년 3회, 14년 2회, 08년 1회

1. 다음 중 멀티미디어에 관련된 설명으로 옳지 않은 것은?

① 다중(Multi)과 매체(Media)의 합성어로 그래픽, 이미지, 텍스트, 오디오, 비디오 등의 매체들이 통합된 것을 의미한다.
② 멀티미디어는 매체 정보를 디지털화하고, 대용량으로 생성되므로 이를 저장할 수 있는 저장장치를 사용해야 한다.
③ 대용량의 멀티미디어 정보를 효율적으로 저장하기 위해 다양한 압축 기술이 개발되었으나 아직 동영상 압축 기술의 개발은 미비하다.
④ 초고속 통신망의 기술이 발달되어 대용량의 멀티미디어 정보를 통신망을 통해 전송할 수 있다.

> 대용량의 멀티미디어 정보를 효율적으로 저장하기 위해 MPEG과 같은 동영상 압축 기술이 개발되었습니다.

25년 3회, 23년 5회, 22년 2회, 20년 1회

2. 다음 중 멀티미디어의 특징에 대한 설명으로 옳지 않은 것은?

① 다양한 아날로그 데이터를 디지털 데이터로 변환하여 통합 처리한다.
② 정보 제공자와 사용자 간의 상호 작용에 의해 데이터가 전달된다.
③ 미디어별 파일 형식이 획일화되어 멀티미디어의 제작이 용이해진다.
④ 텍스트, 그래픽, 사운드, 동영상 등의 여러 미디어를 통합 처리한다.

> 멀티미디어는 그래픽, 비디오, 오디오 등 미디어별로 고유의 파일 형식이 있어 용도에 맞는 멀티미디어의 제작이 복잡합니다.

15년 3회, 11년 2회

3. 다음 중 멀티미디어에 관한 설명으로 옳지 않은 것은?

① 컴퓨터 및 디지털 기기에서 텍스트나 그래픽은 물론 오디오, 정지영상, 애니메이션, 비디오 등의 정보를 함께 사용할 수 있도록 한다.
② 멀티미디어 정보는 디지털 데이터로 변환하여 처리되며, 그 처리기기들은 단방향성의 특징이 강화되며 발전하고 있다.
③ 멀티미디어는 사용자의 선택에 따라 다양한 방향으로 처리되는 비선형 콘텐츠로 발전하고 있다.
④ 멀티미디어 데이터의 저장 용량과 전송 속도를 높이기 위해 데이터를 압축하고 복원하는 다양한 기술이 개발되고 있다.

> 멀티미디어는 정보가 디지털화되어 처리되며, 그 처리기기들은 단방향성이 아닌 쌍방향성의 특징이 강화되며 발전하고 있습니다.

25년 1회, 24년 3회, 23년 1회, 21년 4회

4. 다음 중 하이퍼텍스트(Hypertext)에 대한 설명으로 옳지 않은 것은?

① 하이퍼텍스트는 텍스트가 링크로 연결되어 있는 문서이다.
② 동영상, 그래픽 등의 정보를 연결해 놓은 멀티미디어 형식이다.
③ 사용자가 하이퍼링크(Hyperlink)를 클릭함으로써 원하는 데이터를 찾을 수 있다.
④ 하이퍼텍스트는 사용자의 의도에 따라 문서를 읽는 순서가 결정되는 비선형 구조이다.

> 동영상, 그래픽 등의 정보를 연결해 놓은 멀티미디어 형식은 하이퍼미디어(Hypermedia)입니다.

▶ 정답 : 1. ③ 2. ③ 3. ② 4. ②

SECTION 056

그래픽 기법

전문가의 조언

중요해요! 최근 그래픽 기법에 대한 문제가 자주 출제되고 있습니다. 출제된 기법들을 중심으로 그래픽 기법들의 개념을 확실히 정리해 두세요.

1 그래픽 기법

25.5, 24.4, 24.3, 24.2, 23.5, 22.4, 22.3, 22.2, 22.1, 21.3, 21.1, 20.2, 19.2, 18.상시, 18.1, 16.3, 16.1, 15.3, 09.4, 03.3

24.2, 19.2, 16.1 **디더링(Dithering)**	제한된 색상을 조합하여 복잡한 색이나 새로운 색을 만드는 작업이다.
24.2, 23.5, 20.2, 18.상시, 03.3 **렌더링(Rendering)**	3차원 애니메이션을 만드는 과정 중의 하나로 물체의 모형에 명암과 색상을 입혀 사실감을 더해 주는 작업이다.
24.2, 19.2, 16.1 **모델링(Modeling)**	렌더링을 하기 전에 수행되는 작업. 어떠한 방법으로 렌더링 할 것인지를 정하는 과정이다.
24.3, 24.2, 22.1, 21.3, 19.2, 16.3, 16.1 **모핑(Morphing)**	2개의 이미지를 부드럽게 연결하여 변환·통합하는 것. 컴퓨터 그래픽, 영화 등에서 많이 응용하고 있다.
필터링(Filtering)	이미 작성된 그림을 필터 기능을 이용하여 여러 가지 형태의 새로운 이미지로 바꿔주는 작업이다.
리터칭(Retouching)	기존의 이미지를 다른 형태로 새롭게 변형·수정하는 작업이다.
인터레이싱(Interlacing)	그림 파일을 표시하는데 있어서 이미지의 대략적인 모습을 먼저 보여준 다음 점차 자세한 모습을 보여주는 기법이다.
메조틴트(Mezzotint)[*]	무수히 많은 점과 선으로 이미지를 만드는 것이다.
솔러리제이션(Solarization)[*]	필름을 일시적으로 빛에 노출시켜 반전된 것처럼 표현하는 것이다.
25.5, 24.4, 24.2, 22.4, 22.3, 21.1, 19.2, … **안티앨리어싱(Antialiasing)**	• 2차원 그래픽에서 개체의 경계면 픽셀을 개체의 색상과 배경의 색상을 혼합해서 표현함으로써 경계면을 부드럽게 보이도록 하는 기법이다. • 앨리어싱(Aliasing) : 비트맵 이미지를 확대하였을 때 이미지의 경계선이 매끄럽지 않고 계단 형태로 나타나는 현상
24.3, 21.3, 16.3 **셀 애니메이션 (Cel Animation)**	종이에 그린 그림을 셀룰로이드라는 투명한 플라스틱이나 필름 위에 그대로 옮긴 뒤 채색하고 촬영하는 기법이다.
24.3, 21.3, 16.3 **키 프레임 애니메이션 (Key-frame Animation)**	핵심이 되는 두 프레임[*](Key-frame)을 선정한 후 중간 프레임을 자동적으로 생성하여 애니메이션을 만드는 기법이다.
24.3, 21.3, 16.3 **클레이메이션(Claymation)**	점토를 이용하여 형상을 만들고, 이것을 조금씩 변화시키면서 촬영하는 애니메이션 기법이다.

프레임(Frame)
동영상을 구성하는 하나하나의 장면을 말합니다.

기출문제 따라잡기

25년 5회, 24년 4회, 22년 3회, 18년 상시, 15년 3회
1. 다음 중 이미지의 가장자리가 톱니 모양으로 표현되는 계단 현상을 없애기 위하여 경계선을 부드럽게 해주는 필터링 기술은?

① 모핑(Morphing)
② 디더링(Dithering)
③ 렌더링(Rendering)
④ 안티앨리어싱(Anti-Aliasing)

> 이미지의 가장자리가 톱니 모양으로 표현되는 것을 계단 현상(Aliasing)이라고 합니다. 계단 현상을 없애기 위하여 경계선을 부드럽게 해주는 필터링 기술을 안티앨리어싱(Anti-Aliasing)이라고 합니다.

24년 3회, 22년 1회, 21년 3회, 16년 3회
2. 다음 중 애니메이션에서의 모핑(Morphing) 기법에 대한 설명으로 옳은 것은?

① 종이에 그린 그림을 셀룰로이드에 그대로 옮긴 뒤 채색하고 촬영하는 기법이다.
② 2개의 이미지나 3차원 모델 간을 부드럽게 연결하여 서서히 변하는 모습을 보여주는 기법이다.
③ 키 프레임을 이용하여 애니메이션을 만드는 기법이다.
④ 점토를 사용하여 애니메이션을 만드는 기법이다.

> ①번은 셀 애니메이션, ③번은 키 프레임 애니메이션, ④번은 클레이메이션에 대한 설명입니다.

24년 2회, 19년 2회, 18년 상시, 16년 1회
3. 다음 중 멀티미디어 기법에 대한 설명으로 옳지 않은 것은?

① 안티앨리어싱(Anti-Aliasing)은 2차원 그래픽에서 개체 색상과 배경 색상을 혼합하여 경계면 픽셀을 표현함으로써 경계면을 부드럽게 보이도록 하는 기법이다.
② 모델링(Modeling)은 컴퓨터 그래픽에서 명암, 색상, 농도의 변화 등과 같은 3차원 질감을 넣음으로써 사실감을 더하는 기법을 말한다.
③ 디더링(Dithering)은 제한된 색을 조합하여 음영이나 색을 나타내는 것으로 여러 컬러의 색을 최대한 나타내는 기법을 말한다.
④ 모핑(Morphing)은 한 이미지가 다른 이미지로 서서히 변화하는 과정을 나타내는 기법이다.

> 모델링은 어떠한 방법으로 렌더링할 것인지를 정하는 작업입니다. ②번은 렌더링에 대한 설명입니다.

22년 4회, 21년 1회, 18년 1회
4. 다음 중 비트맵 이미지를 확대하였을 때 이미지의 경계선이 매끄럽지 않고 계단 형태로 나타나는 현상을 의미하는 용어는?

① 디더링(dithering)
② 앨리어싱(aliasing)
③ 모델링(modeling)
④ 렌더링(rendering)

> 계단 현상을 없애는 기법을 안티-앨리어싱(Anti-Aliasing)이라고 합니다. 여기에서 '안티'를 빼면 계단 현상을 의미하는 앨리어싱(Aliasing)이 됩니다.

23년 5회, 20년 2회, 03년 3회
5. 다음 중 아래에서 설명하는 그래픽 기법은?

> 컴퓨터 프로그램을 이용하여 3차원 애니메이션을 만드는 과정으로, 사물 모형에 명암과 색상을 추가하여 사실감을 더해주는 작업이다.

① 안티앨리어싱(Anti-Aliasing)
② 렌더링(Rendering)
③ 인터레이싱(Interlacing)
④ 메조틴트(Mezzotint)

> 사물 모형에 명암과 색상을 추가하여 사실감을 더해주는 작업은 렌더링(Rendering)입니다.

▶ 정답 : 1. ④ 2. ② 3. ② 4. ② 5. ②

SECTION 057

멀티미디어 그래픽 데이터

1 그래픽 데이터의 표현 방식

25.4, 24.5, 24.1, 23.4, 21.1, 20.상시, 19.1, 18.2, 18.1, 14.3, 11.2, 10.3, 10.2, 09.3, 04.2, 02.2

25.4, 24.5, 21.1, … **비트맵** **(Bitmap)**	• 점(Pixel, 화소)으로 이미지를 표현하는 방식으로 래스터 방식이라고도 한다. • 화면 표시 속도는 빠르지만 이미지를 확대하면 테두리가 거칠어지는 계단 현상(Aliasing)이 발생하기 때문에 안티앨리어싱(Anti-Aliasing) 처리를 해야 한다. • 다양한 색상을 사용하므로 사진과 같은 사실적인 이미지를 표현할 수 있다. • 화면 표시 속도가 빠르지만 이미지 저장 시 벡터 방식에 비해 많은 용량을 차지한다. • 파일 형식 : BMP, TIF, GIF, JPEG, PNG 등 • 프로그램 : 그림판, 포토샵, 페인트샵 등
25.4, 24.1, 23.4, 18.2, … **벡터(Vector)**	• 점과 점을 연결하는 직선이나 곡선을 이용하여 이미지를 표현하는 방식이다. • 이미지를 확대해도 테두리가 거칠어지지 않고, 매끄럽게 표현된다. • 단순한 도형과 같은 개체 표현에 적합하다. • 파일 형식 : AI, WMF 등 • 프로그램 : 일러스트레이터, 코렐드로우, 플래시 등
3D 그래픽	• 3D(Dimension) 그래픽은 입체감이 있는 이미지를 말한다. • 3D 그래픽을 표현하기 위해서는 고성능의 PC와 3D 그래픽 소프트웨어(3D MAX 등)를 사용해야 한다.

2 그래픽 파일 형식

25.5, 25.4, 25.1, 24.2, 23.1, 22.4, 22.3, 21.1, 20.2, 16.2, 16.1, 15.1, 14.1, 12.1, 10.2, 10.1, 09.3, 09.2, 06.4, 04.2, 04.1, 00.2

25.4, 25.1, 22.4, … **BMP**	• Windows의 표준 비트맵 파일 형식이다. • 고해상도의 이미지를 표현할 수 있지만 압축을 하지 않으므로 파일의 크기가 크다.
25.5, 24.2, 22.3, … **JPEG/JPG**	• 사진과 같은 선명한 정지 영상을 표현하기 위한 국제 표준 압축 방식이다. • 파일 크기가 작아 전송 시간을 단축할 수 있으므로 주로 인터넷에서 그림 전송에 사용한다. • 24비트 컬러 사용으로 16,777,216(2^{24})가지의 색을 표현할 수 있다. • 손실 압축* 기법과 무손실 압축* 기법을 사용한다. • 평균 25:1의 압축률을 가지며, 사용자가 임의로 압축률을 지정할 수 있다. • 문자, 선, 격자 등 고주파 성분이 많은 이미지 변환 시 GIF, PNG에 비해 품질이 떨어진다.
25.4, 25.1, 22.4, … **GIF**	• 인터넷 표준 그래픽 형식이다. • 8비트 컬러를 사용하여 256(2^8)가지로 색의 표현이 제한된다. • 애니메이션 표현이 가능하다. • 무손실 압축 기법을 사용하여 선명한 화질을 제공한다.
25.4, 22.4, 22.3, … **PNG**	• 웹에서 고화질 이미지를 표현하기 위해 제정한 그래픽 형식이다. • GIF를 대체하여 인터넷에서 사용할 수 있는 형식이지만 애니메이션은 표현할 수 없다. • 8비트 알파 채널을 이용하여 부드러운 투명층을 표현할 수 있다.
25.4, 25.1, 22.4 **WMF**	Windows에서 기본적으로 사용하는 벡터 파일 형식이다.
25.1, 21.1, 15.1, 04.2 **TIF**	호환성이 좋아 응용 프로그램 간 데이터 교환용으로 사용된다.

전문가의 조언

비트맵 방식과 벡터 방식을 비교하는 문제가 출제됩니다. 비트맵 방식과 벡터 방식의 파일 형식 및 특징을 비교하여 알아두세요.

전문가의 조언

단순히 그래픽 파일 형식이 아닌 것을 찾거나 그래픽 파일 형식의 특징을 묻는 문제가 출제되고 있습니다. 각각의 특징을 잘 정리하세요.

비트맵/벡터 방식
BMP, JPEG, GIF, PNG, TIF는 비트맵 방식, WMF는 벡터 방식으로 이미지를 표현합니다.

손실 압축
복원한 데이터가 압축 전의 데이터와 완전히 일치하지 않는 것으로, 데이터에서 중복되는 내용을 제거하여 압축률을 높이는 것을 말합니다.

무손실 압축
복원한 데이터가 압축 전의 데이터와 완전히 일치하는 것을 말합니다.

기출문제 따라잡기

24년 5회, 21년 1회, 20년 상시, 19년 1회, 18년 2회, 11년 2회, 10년 2회

1. 다음 중 컴퓨터에서 그래픽 데이터 표현 방식인 비트맵(Bitmap) 방식에 관한 설명으로 옳지 않은 것은?

① 점과 점을 연결하는 직선이나 곡선을 이용하여 이미지를 표현한다.
② 이미지를 확대하면 테두리가 거칠어진다.
③ 파일 형식에는 BMP, GIF, JPEG 등이 있다.
④ 다양한 색상을 사용하여 사실적 이미지를 표현할 수 있다.

> 비트맵은 픽셀로 이미지를 표현하고, 벡터는 점과 점을 연결한 직선이나 곡선으로 이미지를 표현합니다.

25년 4회, 22년 4회

2. 다음 중 그래픽 데이터 형식에 관한 설명으로 옳지 않은 것은?

① BMP : Windows 운영체제의 표준 비트맵 파일 형식이다.
② PNG : GIF를 대체하여 인터넷에서 사용할 수 있으며, 애니메이션을 표현할 수 있다.
③ WMF : Windows에서 기본으로 사용되는 벡터 파일 형식이다.
④ GIF : 인터넷 표준 그래픽 형식으로, 256가지로 색 표현이 제한되어 있으나, 애니메이션 표현이 가능하다.

> PNG는 GIF를 대체하여 인터넷에서 사용할 수 있는 파일 형식이지만 애니메이션은 표현할 수 없습니다.

25년 4회, 24년 1회, 23년 4회, 18년 2회

3. 다음 중 그래픽 데이터의 표현에서 벡터(Vector) 방식에 관한 설명으로 옳은 것은?

① 점과 점을 연결하는 직선 또는 곡선을 이용하여 이미지를 표현한다.
② 이미지를 확대하면 테두리에 계단 현상과 같은 앨리어싱이 발생한다.
③ 래스터 방식이라고도 하며 화면 표시 속도가 빠르다.
④ 많은 픽셀로 정교하고 다양한 색상을 표시할 수 있다.

> ②, ③, ④번은 비트맵(Bitmap) 방식에 대한 설명입니다.

25년 5회, 24년 2회, 20년 2회, 16년 2회

4. 다음 중 JPEG 표준에 대한 설명으로 옳지 않은 것은?

① JPEG은 정지 화상을 위해서 만들어진 손실 압축 방식의 표준이며, 비손실 압축 방식도 규정되어 있으나 이 방식은 특허 문제나 압축률 등의 이유로 잘 쓰이지 않는다.
② JPEG 표준을 사용하는 파일 형식에는 jpg, jpeg, jpe 등의 확장자를 사용한다.
③ JPEG은 웹상에서 사진 등의 화상을 보관하고 전송하는데 가장 널리 사용되는 파일 형식이다.
④ 문자, 선, 세밀한 격자 등 고주파 성분이 많은 이미지의 변환에서는 GIF나 PNG에 비해 품질이 매우 우수하다.

> JPEG는 문자, 선, 세밀한 격자 등 고주파 성분이 많은 이미지의 변환에서는 GIF나 PNG에 비해 품질이 떨어집니다.

23년 1회, 21년 1회, 15년 1회, 04년 2회

5. 다음 중 멀티미디어 파일 형식 중에서 형식이 다른 것은?

① jpg   ② png
③ wmv   ④ gif

> ①, ②, ④번은 그래픽 파일 형식이고, ③번은 동영상 파일 형식입니다.

22년 3회

6. 다음 중 그래픽 데이터 형식에 관한 설명으로 옳지 않은 것은?

① BMP : Windows 운영체제의 표준 비트맵 파일 형식으로, 압축하여 저장하므로 파일의 크기가 작은 편이다.
② GIF : 인터넷 표준 그래픽 형식으로, 8비트 컬러를 사용하여 최대 256 색상까지만 표현할 수 있으며, 애니메이션 표현이 가능하다.
③ JPEG : 사진과 같은 선명한 정지 영상 압축 기술에 대한 국제 표준으로, 주로 인터넷에서 그림 전송에 사용된다.
④ PNG : 트루 컬러의 지원과 투명색 지정이 가능하다.

> BMP 파일 형식은 압축을 하지 않으므로 파일의 크기가 큽니다.

25년 1회

7. 다음 중 정지 화상을 위한 파일 형식에 대한 설명으로 옳지 않은 것은?

① BMP : 압축을 하지 않으므로 파일의 크기가 크다.
② GIF : Windows 표준 비트맵 파일 형식으로 손실 압축 기법을 사용하여 파일의 크기가 작다.
③ WMF : Windows에서 기본적으로 사용하는 벡터 파일 형식이다.
④ TIF : 호환성이 좋아 응용 프로그램 간 데이터 교환용으로 사용된다.

> GIF는 인터넷 표준 그래픽 형식으로, 무손실 압축 기법을 사용합니다. Windows 표준 비트맵 파일 형식은 BMP인데, 압축을 하지 않아 파일의 크기가 큽니다.

▶ 정답 : 1. ① 2. ② 3. ① 4. ④ 5. ③ 6. ① 7. ②

SECTION 058 멀티미디어 오디오 / 비디오 데이터

전문가의 조언
오디오 데이터 파일의 개별적인 특징을 묻는 문제가 출제됩니다. WAVE, MIDI, MP3의 개별적인 특징을 확실히 정리하세요.

1 오디오 데이터
20.1, 19.상시, 16.1, 14.3, 13.2, 12.2, 08.1, 07.2, 07.1, 06.1, 04.3, 04.1, 03.3, 03.2, 02.2, 02.1, 01.1, 00.3

1305901

20.1, 19.상시, 14.3, 13.2, 12.2, 07.2, 07.1, ... **WAVE**	• 아날로그 형태의 소리를 디지털 형태로 변형하는 샘플링 과정을 통하여 작성된 데이터로 MS 사와 IBM 사에서 개발하였다. • 낮은 레벨의 모노부터 CD 수준의 스테레오까지 다양한 수준으로 소리를 저장할 수 있다. • 실제 소리가 저장되어 있으므로 재생은 쉽지만, 용량이 크다.
13.2, 08.1, 07.1, 06.1, 04.3, 03.3, 02.2, ... **MIDI(Musical Instrument Digital Interface)**	• 전자악기 간의 디지털 신호에 의한 통신이나 컴퓨터와 전자악기 간의 통신규약으로, 시퀀셜 서킷 사에서 개발하였다. • 음의 높이와 길이, 음의 강약, 빠르기 등과 같은 연주 방법에 대한 명령어가 저장되어 있다. • 음성이나 효과음의 저장이 불가능하고, 연주 정보만 저장되어 있으므로 크기가 작다. • 시퀀싱 작업을 통해 작성되며, 16개 이상의 악기를 동시에 연주할 수 있다.
16.1, 13.2, 07.2, 07.1, 04.3, 03.3 **MP3(MPEG Audio Player-3)**	• 고음질 오디오 압축의 표준 형식으로, 프라운호퍼 사에서 개발하였다. • MP3는 MPEG에서 규정한 MPEG-1의 압축 기술을 이용하여 음반 CD 수준의 음질을 유지하면서 용량을 1/12 크기로까지 압축할 수 있다.
16.1 **AC-3(Audio Coding-3)**	• 미국의 돌비 연구소에서 개발한 음성 코덱이다. • 각각의 채널이 분리된 5.1 채널을 기본으로 입체 음향 구현에 최적화되어 DVD 등에 주로 사용된다.

전문가의 조언
오디오 데이터 관련 용어들의 개념을 묻는 문제가 출제됩니다. 샘플링, 시퀀싱, PCM 각각의 개념을 기억해 두세요.

2 오디오 데이터 관련 용어
25.5, 24.4, 23.1, 22.1, 21.3, 17.1, 11.3

3306702

23.1, 22.1, 21.3, 17.1, 11.3 **샘플링(Sampling)**	음성, 영상 등의 아날로그 신호를 일정 시간 간격으로 검출하는 단계로, 아날로그 신호를 디지털 신호로 변환하는 과정 중 한 단계이다.
22.1, 21.3, 17.1 **시퀀싱(Sequencing)**	• 컴퓨터를 이용하여 음악을 제작, 녹음, 편집하는 것을 말한다. • 시퀀싱 작업에 필요한 소프트웨어를 시퀀서라고 하며, 이를 통해 해당 음에 대한 악기를 지정하고, 음표 등을 입력할 수 있다.
22.1, 21.3, 17.1 **PCM(Pulse Code Modulation)**	• 아날로그 데이터를 디지털 데이터로 변경하는 것을 디지털화라고 하며, 가장 대표적인 디지털화 방법이 PCM이다. • 아날로그 파형을 작은 시간 폭으로 연속적으로 나누어 각기 직사각형 형태의 크기로 표시한 후 직사각형의 높이를 숫자화하는 방식이다.

전문가의 조언
중요해요! 비디오 데이터가 아닌 것을 고르거나 MPEG의 개념을 묻는 문제가 자주 출제되고 있습니다. MPEG을 중심으로 비디오 데이터들의 개별적인 특징을 기억해 두세요.

프레임(Frame)
동영상을 구성하는 하나하나의 장면을 말합니다.

3 비디오 데이터
23.3, 22.2, 21.2, 19.1, 16.2, 16.1, 13.2, 10.2, 09.2, 08.3, 07.3, 07.1, 06.3, 05.2, 05.1, 04.3, 03.4, 03.3, 03.2, 03.1, 02.3, 01.2

1305902

23.3, 22.2, 21.2, 19.1, 13.2, 10.2, ... **MPEG (Moving Picture Experts Group)**	• 동영상 전문가 그룹에서 제정한 동영상 압축 기술에 대한 국제 표준 규격이다. • 동영상뿐만 아니라 오디오도 압축할 수 있다. • 프레임* 간의 연관성을 고려하여 중복 데이터를 제거함으로써 압축률을 높이는 손실 압축 기법을 사용한다. • MPEG-Video, MPEG-Audio, MPEG-System으로 구성된다.

13.2, 09.2, 07.3, 07.1, 06.3, 05.2, ··· AVI(Audio Visual Interleaved)	• 마이크로소프트(MS) 사가 개발후 Windows의 표준 동영상 파일 형식이다. • Windows에서 기본적으로 지원하므로 별도의 하드웨어 장치 없이 재생할 수 있다. • Windows Media Player를 이용하여 재생할 수 있다.
ASF/WMV (Advanced Streaming Format/Windows Media Video)	• 인터넷을 통해 오디오, 비디오 및 생방송 수신 등을 지원하는 마이크로소프트 사의 통합 멀티미디어 형식으로, 스트리밍을 위한 표준 기술 규격이다. • 용량이 작고, 음질이 뛰어나 주로 스트리밍 서비스를 하는 인터넷 방송국에서 사용된다. • WMV는 ASF보다 최신 버전으로, ASF와 다른 코덱을 사용한다.

24.5, 21.3, 12.3, 11.3, 10.3, 09.1, 03.4, 03.1, 01.3

잠깐만요 스트리밍(Streaming) 기술

4205831

- 웹에서 오디오, 비디오 등의 멀티미디어 데이터를 다운로드하면서 동시에 실시간적으로 재생해 주는 기술을 말합니다. 용량이 큰 멀티미디어 데이터 전체를 모두 다운로드하려면 많은 시간이 소요됩니다. 상당히 지루한 시간이 되겠죠? 그래서 데이터를 조금씩 전송받는 대로 즉시 재생해 주는 스트리밍 기술이 개발되었습니다.
- 스트리밍 전송이 가능한 파일 형식 : ASF, WMV, RAM 등

기출문제 따라잡기

문제1 4205851

25년 5회, 24년 4회, 22년 1회, 21년 3회, 17년 1회
1. 다음 중 오디오 데이터와 관련된 용어에 해당하지 않는 것은?

① 시퀀싱(Sequencing)
② 인터레이싱(Interlacing)
③ PCM(Pulse Code Modulation)
④ 샘플링(Sampling)

> 인터레이싱(Interlacing)은 이미지의 대략적인 모습을 먼저 보여준 다음 점차 자세한 모습을 보여주는 그래픽 기법입니다.

23년 3회, 22년 2회, 21년 2회, 19년 1회, 13년 2회, 10년 2회, 08년 3회
2. 다음 중 멀티미디어와 관련하여 동영상 전문가 그룹에 의해서 제안된 비디오 또는 오디오 압축에 관한 일련의 표준으로 옳은 것은?

① XML   ② SVG
③ JPEG   ④ MPEG

> 동영상 압축 기술의 국제 표준은 MPEG, 이미지 압축 기술의 국제 표준은 JPEG입니다.

24년 5회, 21년 3회, 11년 3회, 10년 3회, 03년 1회, 01년 3회
3. 다음 중 멀티미디어 파일을 다운 받을 때 지연시간을 줄이기 위해 데이터를 다운로드하면서 재생할 수 있는 기술로 옳은 것은?

① CSS 기술   ② 스트리밍 기술
③ 가상현실 기술   ④ 매핑 기술

> 스트리밍(Streaming)은 멀티미디어 데이터를 다운로드하면서 동시에 재생하는 기술입니다.

23년 1회, 11년 3회
4. 다음 중 연속적 소리 신호인 아날로그 신호를 일정한 간격으로 측정하여 그 값을 디지털화시키는 작업으로 옳은 것은?

① 시퀀싱   ② 샘플링
③ 멀티플렉싱   ④ 디더링

> 아날로그 신호를 일정한 간격으로 측정하여 그 값을 디지털화시키는 작업을 샘플링(Sampling)이라고 합니다.

▶ 정답 : 1. ② 2. ④ 3. ② 4. ②

SECTION 059 멀티미디어 활용

전문가의 조언

VOD는 주문형 비디오, MOD는 주문형 음악, CAI는 컴퓨터 이용 교육, VR은 가상현실, 꼭 알아두세요. 나머지는 가볍게 읽고 넘어가세요.

데이터베이스(Database)

여러 사용자들이 공동으로 사용하기 위하여 일정한 구조에 맞게 통합하여 저장된 자료의 집합을 말합니다.

증강현실 사용 예
- 스포츠 중계 시 등장 선수의 소속 국가나 정보를 보여주거나, 화장한 자신의 모습을 미리 보고, 옷을 가상으로 입어보고 구매할 수 있습니다.
- 스마트폰으로 거리를 비추면 커피숍이나 약국 등의 정보가 화면에 부가적으로 표시됩니다.

1 멀티미디어 관련 용어

25.3, 24.3, 24.1, 23.5, 22.2, 21.4, 19.상시, 18.2, 17.2, 15.2, 15.1, 14.2, 13.3, 08.3

4205901

멀티미디어를 이용한 서비스와 관련 기술에는 다음과 같은 것들이 있다.

용어	의미
24.1, 18.2, 15.2, 14.2, 08.3 VOD(Video On Demand, 주문형 비디오)	• 다양한 정보의 데이터베이스*를 구축하여 사용자가 요구하는 정보를 원하는 시간에 볼 수 있도록 전송하는 멀티미디어 서비스이다. • 정보 제공자의 선택에 의해 정보를 서비스하는 것이 아니라 사용자의 선택에 의해 정보를 서비스해 준다.
24.1, 19.상시, 18.2 VCS(Video Conference System, 화상회의 시스템)	초고속 정보통신망을 이용하여 먼 거리에 있는 사람들과 비디오와 오디오를 통해 회의할 수 있도록 하는 시스템이다.
25.3, 24.3, 24.1, 23.5, 23.3, 22.2, 18.2, 17.2 가상현실(VR; Virtual Reality)	다양한 장치를 통해 컴퓨터가 만들어낸 가상세계에서 여러 다른 경험을 체험할 수 있도록 한 모든 기술을 말한다.
25.3, 24.3, 23.5 증강현실*(AR; Augmented Reality)	실제 촬영한 화면에 가상의 정보를 부가하여 보여주는 기술이다.
25.3, 24.3, 23.5 혼합현실(MR; Mixed Reality)	가상현실과 현실 세계를 합쳐, 현실의 물리적인 객체와 가상의 객체가 상호 작용할 수 있는 환경을 구현하는 기술이다.
21.4, 13.3 교육(CAI; Computer Aided Instruction)	컴퓨터를 수업 매체로 활용하여 학습자에게 필요한 지식, 정보, 기술, 태도 등을 가르치는 것을 말한다.
15.1 MOD(Music On Demand, 주문형 음악)	• 모바일 인터넷에 접속하여 각종 음악 파일이나 음원을 제공받는 주문형 음악 서비스로 AOD(Audio On Demand)라고도 한다. • 스트리밍 기술 등을 이용하여 음악을 실시간으로 들을 수 있다.
25.3, 24.3, 23.5 홀로그램(Hologram)	기록 매체에 레이저와 같이 간섭성이 있는 광원을 이용하여 간섭 패턴을 기록한 결과물로, 광원을 이용하여 재생하면 3차원 영상으로 표현된다.
23.5 메타버스(Metaverse)	• 가공(Meta)과 현실 세계(Universe)의 합성어로, 현실 세계와 같은 사회·경제·문화 활동이 이뤄지는 3차원 가상 세계를 가리킨다. • 1992년 미국 SF 작가 닐 스티븐슨의 소설 '스노 크래시'에 처음 등장하였다.

> **잠깐만요** 25.2 **AR/VR을 위한 핵심 기술**
>
> - 인터렉션(Interaction) : 사용자와 가상 환경 간의 상호작용을 담당
> - 렌더링(Rendering) : 가상 세계를 그래픽으로 구현하는 기술
> - 트래킹(Tracking) : 사용자의 위치 및 움직임을 감지하여 가상 환경과 동기화하는 기술

기출문제 따라잡기

23년 3회, 22년 2회, 17년 2회

1. 다음 중 컴퓨터를 이용한 가상현실(Virtual Reality)에 관한 설명으로 옳은 것은?

① 고화질 영상을 제작하여 텔레비전에 나타내는 기술이다.
② 고도의 컴퓨터 그래픽 기술과 3차원 기법을 통하여 현실의 세계처럼 구현하는 기술이다.
③ 여러 영상을 통합하여 2차원 그래픽으로 표현하는 기술이다.
④ 복잡한 데이터를 단순화시켜 컴퓨터 화면에 나타내는 기술이다.

> 가상 현실(Virtual Reality)은 고도의 컴퓨터 그래픽 기술과 3차원 기법을 통하여 현실의 세계처럼 구현하는 기술입니다.

25년 3회, 24년 3회, 23년 5회

2. 다음 중 실감미디어에 대한 설명으로 옳지 않은 것은?

① 홀로그램 - 기록 매체에 레이저와 같이 간섭성이 있는 광원을 이용하여 간섭 패턴을 기록한 결과물로, 광원을 이용하여 재생하면 3차원 영상으로 표현된다.
② 증강현실 - 가상 세계에서 일상 생활이나 경제적 활동이 가능하며, 사용자를 대신하는 캐릭터에서 가상 세계에서의 사회적 책임과 의무를 요구하고 있다.
③ 가상현실 - 다양한 장치를 통해 컴퓨터가 만들어낸 가상세계에서 여러 다른 경험을 체험할 수 있도록 한 모든 기술을 말한다.
④ 혼합현실 - 가상현실과 현실 세계를 합쳐, 현실의 물리적인 객체와 가상의 객체가 상호작용할 수 있는 환경을 구현하는 기술이다.

> ②번은 메타버스(Metaverse)에 대한 설명입니다. 증강현실은 실제 촬영한 화면에 가상의 정보를 부가하여 보여주는 기술을 의미합니다.

21년 4회, 13년 3회

3. 다음 중 컴퓨터를 이용하여 학습자에게 교육 내용을 설명하거나 연습 문제를 주어서 학습자가 개별적으로 학습을 진행하는 것을 가능하게 하는 교육 시스템을 의미하는 약어는?

① VOD
② CAI
③ VCS
④ PACS

> VOD는 주문형 비디오, VCS는 화상회의 시스템, PACS는 의료 영상 저장 전송 시스템, 그러면 CAI는?

15년 2회, 08년 3회

4. 다음 중 뉴스, 드라마, 영화, 게임과 같은 다양한 영상 정보를 통신망을 통해 전송받아 가정에서 원하는 것을 선택하여 볼 수 있도록 해주는 서비스는?

① VDT
② VLAN
③ VOD
④ VPN

> 가정에서 원하는 영상을 선택하여 볼 수 있도록 해주는 서비스는 VOD입니다.

24년 1회, 18년 2회

5. 다음 중 멀티미디어와 관련된 용어에 대한 설명으로 옳지 않은 것은?

① VR이란 컴퓨터가 만들어 낸 가상세계의 다양한 경험을 체험할 수 있도록 하는 컴퓨터 그래픽 기술과 시뮬레이션 기능 등 관련 기술을 통틀어 말한다.
② LBS란 멀티미디어 기능 강화 실시간 TV와 생활정보, 교육 등의 방송 서비스를 말한다.
③ VCS란 화상회의 시스템으로 초고속 정보통신망을 이용하여 멀리 떨어져 있는 사람들과 비디오와 오디오를 통해 회의할 수 있도록 하는 멀티미디어 시스템이다.
④ VOD란 주문형 비디오로 보고 싶은 영화나 스포츠 뉴스, 홈 쇼핑 등 가입자가 원하는 시간에 원하는 프로그램을 선택하여 시청할 수 있도록 하는 멀티미디어 서비스이다.

> LBS(Location Based Service, 위치 기반 서비스)는 통신 기술과 GPS, 그리고 컴퓨터에 저장된 데이터베이스를 이용하여 주변의 위치와 부가 서비스를 제공하는 기술로, 현재 위치 정보, 실시간 교통 정보 등 다양한 서비스를 제공합니다. ②번은 DMB(Digital Multimedia Broadcasting)나 IPTV(Internet Protocol Television)에 대한 설명입니다.

25년 2회

6. 다음 중 AR/VR을 위한 핵심 기술이 아닌 것은?

① 인터렉션(Interaction)
② 스트리밍(Streaming)
③ 렌더링(Rendering)
④ 트래킹(Tracking)

> 스트리밍(Streaming)은 AR(증강 현실) 및 VR(가상 현실)을 위한 핵심 기술이 아닙니다.

▶ 정답 : 1. ② 2. ② 3. ② 4. ③ 5. ② 6. ②

7장 핵심요약

055 멀티미디어

❶ 멀티미디어의 개요 23.3, 22.2, 18.상시, 18.1, 16.3, 15.3, 15.2, 14.2

- Multi(다중)와 Media(매체)의 합성어로 텍스트, 그래픽, 사운드 등의 매체를 디지털로 통합하여 전달한다.
- 초고속 통신망 기술이 발달되어 대용량의 멀티미디어 정보를 통신망을 통해 전송할 수 있다.
- 멀티미디어 데이터는 다양한 하드웨어와 소프트웨어 환경에서 생성, 처리, 전송, 이용되므로 상호 호환되기 위한 표준이 필요하다.
- 가상현실, 전자출판, 화상회의, 방송, 교육, 의료 등 사회 전 분야에서 활용되고 있다.

❷ 멀티미디어의 특징 25.3, 23.5, 22.2, 20.1, 18.상시, 18.1, 16.3, 15.3, 14.1, 12.2, 12.1, 11.2, …

- 디지털화(Digitalization) : 다양한 아날로그 데이터를 디지털 데이터로 변환하여 통합 처리함
- 상호 작용성(Interaction, 쌍방향성) : 정보 제공자의 선택에 의해 일방적으로 데이터가 전달되는 것이 아니라 정보 제공자와 사용자 간의 의견을 통한 상호 작용에 의해 데이터가 전달됨
- 비선형성(Non-Linear) : 데이터가 일정한 방향으로 순차적으로 처리되는 것이 아니라 사용자의 선택에 따라 다양한 방향으로 처리됨
- 정보의 통합성(Integration) : 텍스트, 그래픽, 사운드, 동영상, 애니메이션 등의 여러 미디어를 통합하여 처리함

❸ 하이퍼텍스트와 하이퍼미디어 25.1, 24.3, 23.1, 21.4, 13.1

- 하이퍼텍스트(Hypertext) : 문서와 문서가 연결되어 있는 것으로, 문서 안의 특정 문자를 선택하면 그와 연결된 문서로 이동하는 문서 형식
- 하이퍼미디어(Hypermedia) : 하이퍼텍스트와 멀티미디어를 합한 개념으로, 문자뿐만 아니라 그래픽, 사운드, 동영상 등의 정보를 연결해 놓은 미디어 형식

056 그래픽 기법

❶ 디더링(Dithering) 24.2, 19.2, 16.1

제한된 색상을 조합하여 복잡한 색이나 새로운 색을 만드는 작업이다.

❷ 렌더링(Rendering) 24.2, 23.5, 20.2, 18.상시

3차원 애니메이션을 만드는 과정 중의 하나로 물체의 모형에 명암과 색상을 입혀 사실감을 더해 주는 작업이다.

❸ 모델링(Modeling) 24.2, 19.2, 16.1

렌더링을 하기 전에 수행되는 작업으로, 어떠한 방법으로 렌더링할 것인지를 정한다.

❹ 모핑(Morphing) 24.3, 24.2, 22.1, 21.3, 19.2, 16.3, 16.1

2개의 이미지를 부드럽게 연결하여 변환·통합하는 것으로, 컴퓨터 그래픽, 영화 등에서 많이 응용하고 있다.

❺ 안티앨리어싱(Anti-Aliasing) 25.5, 24.4, 24.2, 22.4, 22.3, 19.2, 18.상시, 16.1, 15.3

픽셀(Pixel) 단위로 표현하는 비트맵 이미지에서 본래의 매끄러운 직선이 거칠게 표시되는 계단 현상, 즉 앨리어싱(Aliasing)을 보정하기 위해 가장자리의 픽셀들을 주변 색상과 혼합한 중간 색상을 넣어 외형을 부드럽게 만드는 기법이다.

057 멀티미디어 그래픽 데이터

❶ 비트맵(Bitmap) 25.4, 24.5, 21.1, 20.상시, 19.1, 18.1, 14.3, 11.2, 10.3, 10.2

- 점(Pixel, 화소)으로 이미지를 표현하는 방식으로 래스터 방식이라고도 한다.
- 이미지를 확대하면 테두리가 거칠게 표현(앨리어싱)된다.
- 다양한 색상을 사용하므로 사진과 같은 사실적인 이미지를 표현할 수 있다.
- 파일 형식에는 BMP, TIF, GIF, JPEG, PCX, PNG 등이 있다.

❷ **벡터(Vector)** 25.4, 24.1, 23.4, 18.2, 11.2
- 점과 점을 연결하는 직선이나 곡선을 이용하여 이미지를 표현하는 방식이다.
- 이미지를 확대해도 테두리가 거칠어지지 않고, 매끄럽게 표현된다.
- 단순한 도형과 같은 개체 표현에 적합하다.
- 파일 형식에는 DXF, AI, CDR, WMF 등이 있다.

❸ **BMP** 25.4, 25.1, 22.4, 22.3, 21.1, 15.1, 14.1, 12.1, 10.1
- Windows 표준 비트맵 파일 형식으로 고해상도의 이미지를 표현할 수 있다.
- 압축을 하지 않으므로 파일의 크기가 크다.

❹ **GIF** 25.4, 25.1, 22.4, 22.3, 21.1, 15.1, 14.1, 12.1, 10.1
- 인터넷 표준 그래픽 형식으로, 8비트를 사용하여 256(2^8)가지로 색 표현이 제한된다.
- 애니메이션 표현이 가능하다.
- 무손실 압축 기법을 사용하므로 여러 번 압축해도 화질의 손상이 없다.
- 선명한 화질을 제공하며, 배경을 투명하게 처리할 수 있다.

❺ **JPEG/JPG** 25.5, 24.2, 22.3, 20.2, 16.2, 12.1, 10.2, 10.1
- 사진과 같은 선명한 정지 영상을 표현하기 위한 국제 표준 압축 방식이다.
- 손실 압축 기법과 무손실 압축 기법 두 가지를 모두 사용한다.
- 파일 크기가 작아 전송 시간을 단축할 수 있어 주로 인터넷에서 그림 전송에 사용한다.

❻ **PNG** 25.4, 22.4, 22.3, 16.1, 12.1, 10.1
- 웹에서 최상의 이미지를 표현하기 위해 제정한 그래픽 형식으로 무손실 압축 기법을 사용한다.
- GIF를 대체하여 인터넷에서 사용할 수 있지만 애니메이션은 표현할 수 없다.

❼ **WMF** 25.4, 25.1, 22.4
Windows에서 기본적으로 사용하는 벡터 파일 형식이다.

❽ **TIF** 25.1, 21.1, 15.1
호환성이 좋아 응용 프로그램 간 데이터 교환용으로 사용된다.

058 멀티미디어 오디오 / 비디오 데이터

❶ **WAVE** 20.1, 19.상시, 14.3, 13.2, 12.2
- 아날로그 형태의 소리를 디지털 형태로 변형하는 샘플링 과정을 통하여 작성된 데이터로 MS 사와 IBM 사에서 개발하였다.
- 낮은 레벨의 모노부터 CD 수준의 스테레오까지 다양한 수준으로 소리를 저장할 수 있다.
- 실제 소리가 저장되어 있으므로 재생은 쉽지만, 용량이 크다.

❷ **샘플링(Sampling)** 25.5, 24.4, 23.1, 22.1, 21.3, 17.1
- 음성, 영상 등의 아날로그 신호를 일정 시간 간격으로 검출하는 단계이다.
- 아날로그 신호를 디지털 신호로 변환하는 과정 중 한 단계이다.

❸ **시퀀싱(Sequencing)** 25.5, 24.4, 22.1, 21.3, 17.1
- 컴퓨터를 이용하여 음악을 제작, 녹음, 편집하는 것을 의미한다.
- 시퀀싱 작업에 필요한 소프트웨어를 시퀀서라고 하며, 이를 통해 해당 음에 대한 악기를 지정하고, 음표 등을 입력할 수 있다.

❹ **PCM(Pulse Code Modulation)** 25.5, 24.4, 22.1, 21.3, 17.1
아날로그 데이터를 디지털 데이터로 변경하는 것을 디지털화라고 하며, 가장 대표적인 디지털화 방법이다.

7장 핵심요약

⑤ MPEG(Moving Picture Experts Group) 23.3, 22.2, 21.2, 19.1, 13.2, 10.2
- 동영상 전문가 그룹에서 제정한 동영상 압축 기술에 대한 국제 표준 규격이다.
- 동영상뿐만 아니라 오디오도 압축할 수 있다.
- 프레임 간의 연관성을 고려하여 중복 데이터를 제거함으로써 압축률을 높이는 손실 압축 기법을 사용한다.
- MPEG-Video, MPEG-Audio, MPEG-System으로 구성된다.

⑥ 스트리밍(Streaming) 기술 24.5, 21.3, 12.3, 11.3, 10.3
웹에서 오디오, 비디오 등의 멀티미디어 데이터를 다운로드하면서 동시에 실시간적으로 재생해 주는 기술이다.

⑤ 홀로그램(Hologram) 25.3, 24.3, 23.5
- 기록 매체에 레이저와 같이 간섭성이 있는 광원을 이용하여 간섭 패턴을 기록한 결과물이다.
- 광원을 이용하여 재생하면 3차원 영상으로 표현된다.

⑥ AR/VR을 위한 핵심 기술 25.2
- 인터렉션(Interaction) : 사용자와 가상 환경 간의 상호작용을 담당
- 렌더링(Rendering) : 가상 세계를 그래픽으로 구현하는 기술
- 트래킹(Tracking) : 사용자의 위치 및 움직임을 감지하여 가상 환경과 동기화하는 기술

059 멀티미디어 활용

❶ 가상현실(VR; Virtual Reality) 25.3, 24.3, 24.1, 23.5, 23.3, 22.2, 18.2, 17.2
다양한 장치를 통해 컴퓨터가 만들어낸 가상세계에서 여러 다른 경험을 체험할 수 있도록 한 모든 기술을 말한다.

❷ 증강현실(AR; Augmented Reality) 25.3, 24.3, 23.5
실제 촬영한 화면에 가상의 정보를 부가하여 보여주는 기술이다.

❸ 혼합현실(MR; Mixed Reality) 25.3, 24.3, 23.5
가상현실과 현실 세계를 합쳐, 현실의 물리적인 객체와 가상의 객체가 상호 작용할 수 있는 환경을 구현하는 기술이다.

❹ 교육(CAI; Computer Aided Instruction) 21.4, 13.3
컴퓨터를 수업 매체로 활용하여 학습자에게 필요한 지식, 정보, 기술, 태도 등을 가르치는 것을 말한다.

8장 컴퓨터 시스템 보호

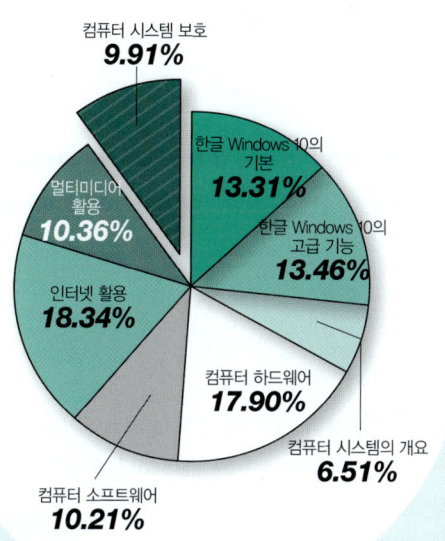

060 정보 사회 Ⓐ등급
061 바이러스 Ⓐ등급
062 정보 보안 개요 Ⓐ등급

꼭 알아야 할 키워드 Best 10

1. 정보 사회 2. 컴퓨터 범죄 3. 바이러스 4. 가로채기 5. 분산 서비스 거부 공격 6. 백도어 7. 스니핑 8. 스푸핑 9. 랜섬웨어 10. 허니팟

SECTION 060 정보 사회

전문가의 조언
정보 사회의 문제점과 특징을 정리하고 VDT 증후군, 테크노스트레스, 사이버 공간 같은 용어의 의미를 기억하세요.

① 정보 사회의 개요
25.4, 22.4, 19.2, 05.4, 99.1

정보 사회란 정보가 정치, 경제, 문화 등 모든 분야를 이끌어가는 원동력이 되는 사회로 정보가 사회의 중심이 된다. 정보의 생산, 처리, 유통 과정은 컴퓨터 및 통신 기술을 통해 이루어진다.

특징
- 정보의 축적과 활용이 확대되고 처리하고자 하는 정보의 종류와 양이 증가하였다.
- 정보의 생산 및 처리 기술이 발달하여 사회 전반의 능률과 생산성이 증대되었다.
- 사회의 변화 속도가 빨라졌다.
- 정보 사회는 서로간의 상호 작용이 가능한 쌍방향성이 실현되면서 유연성이 있는 구조적인 시스템으로 변화하였다.
- 사이버 공간*상의 새로운 인간 관계와 문화가 형성되었다.
- 정보 사회에서는 대중화 현상이 약화되고, 개성과 자유를 중요시하게 되었다.
- 정보 사회에서는 통신기술의 발달로 시간과 공간의 제약에서 벗어나게 되었다.

사이버 공간(Cyber Space)
통신과 컴퓨터가 결합된 미디어의 발달로 만들어진 가상의 의사소통 공간을 말합니다.

VDT 증후군
VDT 증후군(Video Display Terminal Syndrome)은 컴퓨터 단말기를 오랜 시간 사용함으로써 발생하는 질병을 의미합니다. 주로 스트레스와 눈의 피로, 손목·어깨·목·허리 등의 통증을 일으킵니다.

② 정보 사회의 문제점
25.5, 24.1, 20.1, 18.1, 16.3, 10.1

- 중앙 컴퓨터 시스템의 장애나 오류로 사회적·경제적 혼란을 초래할 수 있다.
- 정보의 과다로 인한 혼란과 정보의 편중에 의한 계층 간의 정보 차이가 생긴다.
- 정보 기술을 이용한 새로운 범죄가 증가한다.
- 개인의 정보 노출로 인한 사생활 침해가 증가한다.
- VDT 증후군*, 테크노스트레스*와 같은 직업병이 생긴다.
- 기술의 인간 지배와 이로 인한 인간의 소외, 비인간화 현상이 생긴다.
- 인간관계에서의 유대감이 약화되고, 인간의 고유 판단 능력이 상실된다.

테크노스트레스
테크노스트레스는 첨단 기술 사회에 적응하지 못했을 때 생기는 불안 및 강박관념 같은 현상으로, 컴퓨터에 거부 반응을 일으키는 컴퓨터 불안형과 컴퓨터에 지나치게 의존하여 대인관계는 물론 일에도 지장을 초래하는 컴퓨터 탐닉형으로 나타납니다.

③ 컴퓨터 범죄의 개념 및 유형
23.1, 22.1, 21.3, 18.1, 13.3, 12.2, 08.3

컴퓨터 범죄란 컴퓨터 및 통신 기술을 이용하여 저지르는 불법적·비윤리적 범죄를 총칭하는 것으로, 다음과 같은 유형이 있다.
- 저작권이 있는 소프트웨어, 웹 콘텐츠, 전자문서의 도난 및 불법 복사
- 타인의 하드웨어나 기억 매체에 기록된 자료를 소거하거나 교란시키는 행위
- 컴퓨터를 이용한 금품 횡령 또는 사기 판매

전문가의 조언
컴퓨터 범죄는 컴퓨터를 이용한다는 데 중점을 두어 각 유형과 예방 대책을 파악하세요.

- 컴퓨터 시스템 해킹으로 인한 중요 정보의 위·변조, 삭제, 유출
- 전산망을 이용한 개인 신용 정보 유출
- 다른 사람의 ID나 비밀번호를 불법으로 사용하거나 유출하는 행위
- 음란물의 유통 및 사이트 운영
- 컴퓨터 바이러스 제작·유포

> **잠깐만요** 해킹(Hacking) / 크래킹(Cracking)
>
> - **해킹(Hacking)** : 사용 권한이 없는 사람이 시스템에 침입하여 정보를 수정하거나 빼내는 행위를 뜻하며, 이런 일을 하는 사람을 해커(Hacker)라고 부릅니다.
> - **크래킹(Cracking)** : 어떤 목적을 가지고 타인의 시스템에 불법으로 침입하여 정보를 파괴하거나 정보의 내용을 자신의 이익에 맞게 변경하는 행위를 뜻하며, 이런 일을 하는 사람을 크래커(Cracker)라고 부릅니다. 해킹이 자신의 실력을 뽐내기 위해 하는 것이라면, 크래킹은 자신의 이익을 위하여 불법으로 시스템을 사용하거나 정보를 변조 또는 파괴하는 것을 말합니다.

4 컴퓨터 범죄의 예방 및 대책

 25.3, 25.1, 22.3, 22.2, 21.4, 21.2, 19.1, 17.2, 14.1, 13.2, 10.3, 06.4, 06.2, 04.4, 99.1

1306104

- 해킹 방지를 위한 보안 관련 프로그램을 보급하고, 보안 교육을 정기적으로 실시한다.
- 정보 누출이나 해킹 방지를 위해 방화벽 체제를 정비한다.
- 중요한 데이터는 암호화하여 관리한다.
- 웹 사이트마다 ID와 비밀번호(Password)를 다르게 지정하고, 비밀번호는 수시로 변경한다.
- 비밀번호는 가급적이면 알파벳과 숫자, 특수문자 등을 섞어서 만든다.
- 지속적인 해킹 감시 및 접근 통제 도구를 개발한다.
- 백신 프로그램을 설치하고, 자동 업데이트 기능을 설정한다.
- 인터넷을 통해 다운로드한 프로그램은 백신으로 검사한 후 사용한다.
- 의심이 가는 메일이나 호기심을 자극하는 표현이 담긴 메일은 열어보지 않고, 바로 삭제하거나 바이러스 검사를 수행한 후 열어본다.

 전문가의 조언

중요해요! 최근 들어 컴퓨터 범죄의 예방과 대책에 대한 문제가 자주 출제되고 있습니다. 상식적인 내용이니 컴퓨터 범죄의 예방 및 대책 내용을 빠짐없이 모두 읽어 보세요.

기출문제 따라잡기

25년 5회, 24년 1회, 20년 1회, 18년 1회, 16년 3회
1. 다음 중 정보 사회의 문제점으로 옳지 않은 것은?
① 정보 기술을 이용한 컴퓨터 범죄가 증가할 수 있다.
② VDT 증후군 같은 컴퓨터 관련 직업병이 발생할 수 있다.
③ 정보의 편중으로 계층 간의 정보 차이가 감소할 수 있다.
④ 정보처리 기술로 인간관계의 유대감이 약화될 가능성도 있다.

> 정보의 과다로 인한 혼란과 정보의 편중으로 인해 계층 간의 정보 차이가 증가할 수 있습니다.

23년 1회, 22년 1회, 21년 3회, 13년 3회, 08년 3회
2. 다음 중 컴퓨터 범죄와 거리가 먼 것은?
① 전자문서의 불법 복사
② 전산망을 이용한 개인 정보 유출
③ 컴퓨터 시스템 해킹을 통한 중요 정보의 위조 또는 변조
④ 인터넷 쇼핑몰 상품 가격 비교표 작성

> 컴퓨터 범죄는 컴퓨터 및 통신 기술을 이용하여 저지르는 불법적·비윤리적인 범죄로, ①, ②, ③번이 컴퓨터 범죄에 해당합니다.

25년 4회, 22년 4회, 19년 2회
3. 다음 중 정보 사회의 특징으로 적절하지 않은 것은?
① 처리하고자 하는 정보의 종류와 양이 증가하였다.
② 정보처리 기술의 발달로 사회의 변화 속도가 빨라졌다.
③ 사이버 공간상에 새로운 인간관계와 문화가 형성되었다.
④ 대중화 현상이 강화되고 개성과 자유를 경시하게 되었다.

> 정보 사회에서는 대중화 현상이 약화되고, 개성과 자유를 중시하게 되었습니다.

22년 3회, 19년 1회, 17년 2회
4. 다음 중 컴퓨터 범죄 예방과 대책에 관한 설명으로 옳지 않은 것은?
① 해킹 여부를 정기적으로 검사한다.
② 의심이 가는 이메일은 열어서 내용을 확인하고 삭제한다.
③ 백신 프로그램을 설치하고 자동 업데이트 기능을 설정한다.
④ 회원 가입한 사이트의 패스워드를 주기적으로 변경한다.

> 의심이 가는 이메일은 열어보지 않고 바로 삭제하거나 바이러스 검사를 수행한 후 열어봅니다.

22년 2회, 10년 3회, 06년 4회
5. 다음 중 컴퓨터 범죄 예방에 대한 설명으로 옳지 않은 것은?
① 해킹 방지를 위해 패스워드는 가급적 변경하지 않는다.
② 정보 누출이나 해킹 방지를 위해 방화벽 체제를 정비한다.
③ 암호는 가급적이면 알파벳과 숫자, 특수문자 등을 섞어서 만든다.
④ 지속적인 해킹 감시 및 접근 통제 도구를 개발한다.

> 패스워드는 해킹 방지를 위해 정기적으로 변경하는 것이 좋습니다.

21년 4회, 2회, 13년 2회
6. 다음 중 컴퓨터 범죄의 예방 방법으로 가장 적절하지 않은 것은?
① 시스템에 방화벽을 구성하여 사용한다.
② 다운로드 받은 파일은 백신 프로그램으로 검사한 후 사용한다.
③ 게시판에 업로드된 프로그램은 안전하므로 다운로드해서 바로 사용한다.
④ 백신 프로그램은 수시로 업데이트한다.

> 게시판에 업로드된 프로그램은 바이러스에 감염되었을 수 있으므로 반드시 백신 프로그램으로 검사한 후 사용하는 것이 좋습니다.

25년 3회, 06년 2회
7. 다음 중 정보 보안을 위해 필요한 조치 방법으로 가장 거리가 먼 것은?
① 방화벽(Firewall)을 설치하여 네트워크를 관리한다.
② 중요한 데이터는 암호화하여 관리한다.
③ 불법적인 접근에 대한 접근 통제 도구를 개발하여 사용한다.
④ 불법적인 접근을 방지하기 위해 DNS의 설정을 변경한다.

> DNS(Domain Name System)는 문자로 된 도메인 네임을 숫자로 된 IP 주소로 바꾸어 주는 역할을 하는 시스템으로, DNS 설정을 변경한다고 해서 불법적인 접근을 방지할 수 있는 것은 아닙니다.

25년 1회
8. 다음 중 인터넷 상에서 이름, 주민등록번호, 의료기록 등의 개인 정보를 보호하기 위한 조치로 가장 적절한 것은?
① 보안 패치를 업데이트 한다.
② 웹 사이트마다 ID와 비밀번호를 다르게 지정한다.
③ 개인 정보는 공유된 폴더에만 보관한다.
④ 인터넷 접속을 최대한 자제한다.

> 인터넷 상에서 개인 정보를 보호하기 위해서는 웹 사이트마다 ID와 비밀번호를 다르게 지정하고, 비밀번호는 수시로 변경해야 합니다.

▶ 정답 : 1. ③ 2. ④ 3. ④ 4. ② 5. ① 6. ③ 7. ④ 8. ②

SECTION 061 바이러스

1 컴퓨터 바이러스
23.3, 17.1, 13.1, 11.3, 11.1, 09.1, 07.1, 06.1, 04.4, 04.2

바이러스는 컴퓨터의 정상적인 작동을 방해하기 위해 운영체제나 저장된 데이터에 손상을 입히는 프로그램으로 다음과 같은 특징이 있다.
- 바이러스는 디스크의 부트 영역이나 프로그램 영역에 숨어 있다.
- 바이러스는 복제·은폐·파괴 기능을 가지고 있다.
- 바이러스는 주로 인터넷과 같은 통신 매체를 통해 다운로드한 파일이나 외부에서 복사해 온 파일 등을 통해 감염된다.
- 바이러스는 소프트웨어뿐만 아니라 하드웨어의 성능에도 영향을 미칠 수 있다.

전문가의 조언
바이러스의 종류, 특징 및 예방법을 묻는 문제가 종종 출제됩니다. 어렵지 않은 내용이니 부담갖지 말고 가볍게 공부하세요.

2 바이러스 감염 경로와 예방법
24.4, 24.2, 23.5, 23.4, 23.2, 22.2, 20.2, 18.상시, 18.2, 17.1, 15.2, 10.2, 09.3

바이러스를 예방하기 위한 방법은 다음과 같다.
- 통신망을 통해 다운로드한 파일이나 외부에서 복사해 온 파일은 반드시 바이러스 검사를 수행한다.
- 네트워크를 통해 감염될 수 있으므로 공유 폴더의 속성은 '읽기 전용'으로 지정한다.
- 불분명한 전자우편은 열어보지 않고 삭제하거나 바이러스 검사를 수행한 후 열어 본다.
- 중요한 자료는 정기적으로 백업(Back-up)한다.
- 외부의 불법적인 침입을 막을 수 있는 방화벽*을 설정하여 사용한다.
- 백신 프로그램의 시스템 감시 및 인터넷 감시 기능을 이용해서 바이러스를 예방한다.
- 가장 최신 버전의 백신 프로그램을 사용하여 주기적으로 바이러스 검사를 수행한다.

방화벽(Firewall)
보안이 필요한 네트워크의 통로를 단일화하여 관리함으로써 외부의 불법 침입으로부터 내부의 정보 자산을 보호하기 위한 시스템이다.

3 바이러스의 분류
25.5, 21.2, 16.2

바이러스는 감염 대상에 따라 부트, 파일, 매크로 바이러스로 구분한다.

25.5 파일 바이러스	• 실행 파일을 감염시키는 바이러스이다. • 종류 : 예루살렘, CIH, Sunday 등
부트 바이러스	• 부트 섹터(Boot Sector)를 손상시키는 바이러스이다. • 종류 : 브레인, 미켈란젤로, Monkey 등
부트/파일 바이러스	• 파일 바이러스와 부트 바이러스의 특징을 모두 가진 바이러스이다. • 종류 : Invader, 에볼라 등
25.5, 21.2, 16.2 매크로 바이러스	• 주로 MS-Office에서 사용하는 매크로 기능을 이용하여 다른 파일을 감염시키는 바이러스이다. • 종류 : 멜리사, Laroux 등

8장 컴퓨터 시스템 보호 **195**

기출문제 따라잡기

_{11년 3회, 1회, 09년 1회, 07년 1회, 06년 1회, 04년 4회, 2회}
1. 컴퓨터 바이러스의 기능적 특징이라고 보기에 어려운 것은?

① 복제 기능   ② 치료 기능
③ 은폐 기능   ④ 파괴 기능

> 치료 기능은 바이러스를 제거하는 백신 프로그램의 기능입니다.

_{21년 2회}
2. 다음 중 매크로 바이러스인 것은?

① 멜리사 바이러스   ② CIH
③ Sunday   ④ 예루살렘

> CIH, Sunday, 예루살렘 바이러스는 파일 바이러스에 해당합니다.

_{16년 2회}
3. 다음 중 마이크로소프트사의 엑셀이나 워드와 같은 파일을 매개로 하고, 특정 응용 프로그램으로 매크로가 사용되면 감염이 확산되는 형태의 바이러스는?

① 부트(Boot) 바이러스
② 파일(File) 바이러스
③ 부트(Boot) & 파일(File) 바이러스
④ 매크로(Macro) 바이러스

> 매크로 바이러스는 주로 MS-Office에서 사용하는 매크로 기능을 이용하여 다른 파일을 감염시키는 바이러스입니다.

_{24년 4회, 23년 5회, 2회, 22년 2회, 20년 2회, 15년 2회, 10년 2회}
4. 다음 중 컴퓨터 바이러스의 예방법으로 가장 거리가 먼 것은?

① 최신 버전의 백신 프로그램을 사용한다.
② 다운로드 받은 파일은 작업에 사용하기 전에 바이러스 검사 후 사용한다.
③ 전자우편에 첨부된 파일은 열어서 확인한 후 사용한다.
④ 네트워크 공유 폴더에 있는 파일은 읽기 전용으로 지정한다.

> 전자우편에 첨부된 파일은 바이러스 검사를 수행한 후 저장하여 사용해야 합니다.

_{23년 4회, 18년 2회, 09년 3회}
5. 다음 중 컴퓨터 사용 시 발생할 수 있는 바이러스 감염에 대한 예방법으로 적절하지 않은 것은?

① 방화벽을 설정하여 사용한다.
② 의심이 가는 메일은 열지 않고 삭제한다.
③ 백신 프로그램을 최신 버전으로 업데이트하여 실행한다.
④ 정기적으로 Windows 10의 [디스크 정리]를 실행한다.

> 디스크 정리는 디스크의 여유 공간을 확보하기 위해 필요 없는 파일을 삭제하는 기능으로, 바이러스 예방과는 관계가 없습니다.

_{24년 2회, 23년 3회, 17년 1회}
6. 다음 중 컴퓨터 바이러스에 대한 설명으로 가장 적절하지 않은 것은?

① 사용자가 인지하지 못한 사이 자가복제를 통해 다른 정상적인 프로그램을 감염시켜 해당 프로그램이나 다른 데이터 파일 등을 파괴한다.
② 보통 소프트웨어 형태로 감염되며 메일이나 첨부 파일은 감염의 확률이 매우 적다.
③ 인터넷의 공개 자료실에 있는 파일을 다운로드하여 설치할 때 감염될 수 있다.
④ 온라인 채팅이나 인스턴트 메신저 프로그램을 통해서 전파되기도 한다.

> 메일이나 첨부 파일의 경우 감염 확률이 매우 높으므로 의심가는 메일이나 첨부 파일은 바이러스 검사를 수행한 후 열어보는 것이 좋습니다.

▶ 정답 : 1. ② 2. ① 3. ④ 4. ③ 5. ④ 6. ②

SECTION 062 정보 보안 개요

1 보안의 정의

보안이란 컴퓨터 시스템 및 컴퓨터에 저장된 정보들을 외부의 불법적인 침입으로부터 보호하는 것을 의미한다.

2 보안 위협의 유형
25.5, 25.4, 25.1, 24.3, 23.5, 22.4, 20.2, 20.1, 16.1, 15.3, 05.4, 04.3

보안 요건을 위협하는 유형은 다음과 같다.

유형	의미	위협 보안 요건*
25.5, 25.4, 24.3, 22.4 가로막기 (Interruption, 흐름차단)	데이터의 정상적인 전달을 가로막아서 흐름을 방해하는 행위이다.	가용성 저해
25.5, 25.4, 24.3, 23.5, 22.4, 20.2, 16.1, … 가로채기(Interception)	송신된 데이터가 수신지까지 가는 도중에 몰래 보거나 도청하여 정보를 유출하는 행위이다.	기밀성 저해
25.5, 25.4, 24.3, 22.4, 20.1 수정(Modification, 변조)	전송된 데이터를 원래의 데이터가 아닌 다른 내용으로 바꾸는 행위이다.	무결성 저해
25.5, 25.4, 24.3, 22.4 위조(Fabrication)	마치 다른 송신자로부터 데이터가 송신된 것처럼 꾸미는 행위이다.	무결성 저해

> **전문가의 조언**
> 보안 위협의 유형 중 가로채기에 대한 문제가 출제되었습니다. 보안 위협의 각 유형을 구분할 수 있어야 합니다. 하지만 각 유형의 이름을 보면 그 의미를 바로 알 수 있으므로 어렵지 않습니다.

> 25.1, 23.2
> **위협 보안 요건**
> • **기밀성** : 시스템 내의 정보와 자원은 인가된 사용자에게만 접근이 허용됨
> • **무결성** : 시스템 내의 정보는 인가된 사용자만 수정이 가능함
> • **가용성** : 인가받은 사용자는 언제라도 사용할 수 있음

25.1, 24.2, 19.2, 14.2
잠깐만요 정보 보안 기법

보안 기법이란 침입자로부터 시스템을 안전하게 보호하기 위해 행해지는 방법을 말합니다. 다음은 대표적인 보안 기법에 대한 설명입니다.

- **인증(Authentication)** : 정보를 보내오는 사람의 신원을 확인하는 것으로, 사용자를 식별하고, 사용자의 접근 권한을 검증함
- **접근 제어(Access Control)** : 불법적인 접근을 제한하기 위해 접근 권한을 부여하는 것
- **방화벽(Firewall)** : 보안이 필요한 네트워크의 통로를 단일화하여 관리함으로써 외부의 불법 침입으로부터 내부의 정보 자산을 보호하기 위한 시스템
- **암호화(Encryption)** : 데이터를 보낼 때 송신자가 지정한 수신자 이외에는 그 내용을 알 수 없도록 평문을 암호문으로 변환하는 것
- **침입 탐지 시스템(IDS; Intrusion Detection System)** : 컴퓨터 시스템의 비정상적인 사용, 오용, 남용 등을 실시간으로 탐지하는 시스템

> **전문가의 조언**
> 보안 관련 기법을 찾는 문제가 출제되고 있습니다. 교재에 정리된 주요 보안 기법의 종류와 각각의 기능을 잘 정리해 두세요.

전문가의 조언

중요해요! 보안 요건을 위협하는 형태를 묻는 문제가 자주 출제되고 있습니다. 무슨 형태를 말하는지 확실히 구분할 수 있어야 합니다.

③ 위협의 구체적인 형태

25.5, 25.3, 25.2, 24.3, 24.2, 24.1, 23.4, 23.3, 23.2, 23.1, 22.1, 21.3, 21.1, 20.상시, 19.상시, 18.상시, 18.2, 17.2, 17.1, 16.3, …

보안 요건을 위협하는 구체적인 형태에는 다음과 같은 것이 있다.

형태	의미
21.1, 17.1, 09.4 **분산 서비스 거부 공격** (DDOS; Distribute Denial of Service)	여러 대의 장비를 이용하여 대량의 데이터를 한 곳의 서버에 집중적으로 전송함으로써, 특정 서버의 정상적인 기능을 방해하는 공격이다.
25.5, 25.2, 24.2, 24.1, 23.4, … **웜(Worm)**	• 네트워크를 통해 연속적으로 자신을 복제하여 시스템의 부하를 높여 결국 시스템을 다운시키는 바이러스의 일종이다. • 종류 : 분산 서비스 거부 공격, 버퍼 오버플로 공격, 슬래머 등
24.1 **해킹(Hacking)**	컴퓨터 시스템에 불법적으로 접근, 침투하여 시스템과 데이터를 파괴하는 행위이다.
25.5, 24.2, 24.1, 12.3, 08.2 **트로이 목마** (Trojan Horse)	정상적인 기능을 하는 프로그램으로 가장하여 프로그램 내에 숨어 있다가 해당 프로그램이 동작할 때 활성화되어 부작용을 일으키는 것으로, 자기 복제 능력은 없다.
22.1, 16.1, 08.2 **백도어(Back Door, Trap Door)**	인가받은 서비스 기술자나 유지 보수 프로그래머들의 액세스 편의를 위해 만든 보안이 제거된 비밀통로를 이르는 말로, 시스템에 무단 접근하기 위한 일종의 비상구로 사용된다.
눈속임(Spoof)	어떤 프로그램이 정상적으로 실행되는 것처럼 속임수를 사용하는 행위이다.
24.3, 24.1, 23.1, 22.1, 21.3, 17.2, … **스니핑(Sniffing)**	네트워크 주변을 지나다니는 패킷을 엿보면서 계정과 패스워드를 알아내는 행위로, 이때 사용하는 프로그램을 스니퍼(Sniffer)라고 한다.
23.1, 22.1, 17.2 **스푸핑(Spoofing)**	눈속임*에서 파생된 것으로, 검증된 사람이 네트워크를 통해 데이터를 보낸 것처럼 데이터를 변조하여 접속을 시도하는 침입 형태이다.
23.1, 20.상시, 18.상시, 18.2, 17.2, … **피싱(Phishing)**	• 개인정보(Private Data)와 낚시(Fishing)의 합성어이다. • 유명 기업이나 금융기관을 사칭한 가짜 웹 사이트나 이메일 등으로 개인의 금융 정보와 비밀번호를 입력하도록 유도하여 예금 인출 및 다른 범죄에 이용하는 행위이다.
23.1, 17.2, 16.1 **키로거(Key Logger)**	키보드상의 키 입력 캐치 프로그램을 이용하여 ID나 암호 등의 개인 정보를 빼내어 악용하는 기법이다.
25.3, 16.3 **피기배킹** (Piggybacking)	정당한 사용자가 시스템을 종료하지 않고 자리를 떠났을 때 비인가된 사용자가 그 자리에서 컴퓨터 작업을 통해 불법적 접근을 행하는 범죄 행위이다.
혹스(Hoax)	실제로는 악성코드로 행동하지 않으면서 겉으로는 악성코드인 것처럼 가장하여 행동하는 소프트웨어이다.
드롭퍼(Dropper)	정상적인 파일 등에 트로이 목마나 웜, 바이러스가 숨겨진 형태를 일컫는 말이다.
스파이웨어(Spyware)	적절한 사용자 동의 없이 사용자 정보를 수집하는 프로그램, 또는 적절한 사용자 동의 없이 설치되어 사용을 불편하게 하거나 사생활을 침해하는 프로그램이다.
23.3 **랜섬웨어** (Ransomware)	인터넷 사용자의 컴퓨터에 잠입해 내부 문서나 파일 등을 암호화해 확장자를 변경시킨 후 사용자가 열지 못하게 하는 프로그램으로, 암호 해독용 프로그램의 전달을 조건으로 사용자에게 돈을 요구하기도 한다.

눈속임(Spoof)
어떤 프로그램이 정상적으로 실행되는 것처럼 속임수를 사용하는 행위를 의미합니다.

23.3 허니팟(Honeypot)	• 비정상적인 접근을 탐지하기 위해 설치해 둔 시스템이다. • 침입자를 속여 실제 공격을 당하는 것처럼 보여줌으로써 추적 및 공격기법에 대한 정보를 수집한다.

24.3, 13.1

잠깐만요 악성코드 / 디지털 워터마킹

악성코드
악성코드는 스파이웨어, 웜, 트로이 목마, 드러퍼 등과 같이 컴퓨터 사용자에게 피해를 주기 위해 만들어진 프로그램입니다.

디지털 워터마킹(Digital Watermaking)
디지털 워터마킹이란 오디오, 비디오, 이미지 등의 디지털 콘텐츠에 사람의 육안으로는 구별할 수 없도록 저작원의 정보를 삽입하여 불법 복제를 막는 기술을 말합니다.

 전문가의 조언
디지털 워터마킹의 개념을 묻는 문제가 출제되고 있습니다. 디지털 워터마킹은 육안으로 구별할 수 없도록 저작원 정보를 삽입하는 기술이라는 것을 기억하세요.

 기출문제 따라잡기

문제1 3307251

25년 5회, 4회, 24년 3회, 22년 4회
1. 다음 중 정보 보안을 위협하는 유형에 대한 설명으로 옳지 않은 것은?
① 가로막기는 데이터의 정상적인 전달을 막아 흐름을 방해하는 행위이다.
② 수정은 전송된 데이터를 원래의 데이터가 아닌 다른 내용으로 바꾸는 행위이다.
③ 가로채기는 송신된 데이터가 수신지까지 가는 회선을 절단하는 행위이다.
④ 위조는 다른 송신자로부터 데이터가 송신된 것처럼 꾸미는 행위이다.

> 가로채기는 송신된 데이터가 수신지까지 가는 도중에 몰래 보거나 도청하여 정보를 유출하는 행위입니다.

25년 5회, 2회, 24년 2회, 1회, 23년 4회, 12년 1회
2. 다음 중 감염대상을 갖고 있지는 않으나 연속으로 자신을 복제하여 시스템의 부하를 높이는 악성 프로그램은?
① 웜(Worm) ② 해킹(Hacking)
③ 스푸핑(Spoofing) ④ 스파이웨어(Spyware)

> 자신을 복제하여 시스템에 부하를 주는 악성 프로그램은 웜(Warm)입니다.

23년 1회, 17년 2회
3. 다음 중 정보 보안을 위협하는 형태에 대한 설명으로 옳은 것은?
① 스니핑(Sniffing) : 검증된 사람이 네트워크를 통해 데이터를 보낸 것처럼 데이터를 변조하여 접속을 시도한다.
② 피싱(Phishing) : 적절한 사용자 동의 없이 사용자 정보를 수집하는 프로그램을 설치하여 사생활을 침해한다.
③ 스푸핑(Spoofing) : 실제로는 악성 코드로 행동하지 않으면서 겉으로는 악성 코드인 것처럼 가장한다.
④ 키로거(Key Logger) : 키보드 상의 키 입력 캐치 프로그램을 이용하여 개인 정보를 빼낸다.

> ①번은 스푸핑(Spoofing), ②번의 스파이웨어(Spyware), ③번은 혹스(Hoax)에 대한 설명입니다.

24년 3회, 22년 1회, 21년 3회, 16년 1회, 05년 1회
4. 다음 중 네트워크 주변을 지나다니는 패킷을 엿보면서 계정(ID)과 비밀번호를 알아내는 보안 위협 행위는?
① 스니핑(Sniffing) ② 스푸핑(Spoofing)
③ 백도어(Back Door) ④ 키로거(Key Logger)

> '스니핑'은 패킷을 엿보며 계정과 비번을 알아내는 것이며, '스푸핑'은 침입자의 정보를 속여 역추적을 어렵게 만드는 방법입니다.

▶ 정답 : 1. ③ 2. ① 3. ④ 4. ①

기출문제 따라잡기

문제11 5306261

21년 1회, 17년 1회, 09년 4회

5. 다음 중 여러 대의 컴퓨터를 일제히 동작시켜 대량의 데이터를 한 곳의 서버 컴퓨터에 집중적으로 전송시킴으로써 특정 서버가 정상적으로 동작하지 못하게 하는 공격 방식은?

① 스니핑(Sniffing)
② 분산 서비스 거부(DDoS)
③ 백도어(Back Door)
④ 해킹(Hacking)

> 대량의 데이터를 한 곳에 집중 전송시킴으로써 특정 서버의 정상적인 동작을 방해하는 공격은 분산 서비스 거부(DDoS) 공격입니다.

23년 3회

6. 다음 중 랜섬웨어에 대한 설명으로 옳지 않은 것은?

① 최근에 사용하던 파일들이 갑자기 보이지 않는다.
② 시스템 복원이 불가능하고 금전을 요구하는 문구가 화면에 표시된다.
③ 파일의 확장자가 변경된다.
④ 개인 파일이 암호화 된다.

> 랜섬웨어는 파일은 그대로 있지만 암호화하여 확장자를 변경시킨 후 사용자가 열지 못하게 하여 돈을 요구하는 악성 프로그램입니다.

23년 5회, 20년 2회, 05년 4회

7. 다음 중 정보 보안을 위협하는 유형에서 가로채기에 해당하는 것은?

① 데이터의 전달을 가로막아 수신자측으로 정보가 전달되는 것을 방해하는 행위
② 전송되는 데이터를 전송 도중에 도청 및 몰래 보는 행위
③ 전송된 원래의 데이터를 다른 내용으로 수정하여 변조하는 행위
④ 다른 송신자로부터 데이터가 송신된 것처럼 꾸미는 행위

> 가로채기에 해당하는 설명은 ②번입니다. ①번은 가로막기(Interruption, 흐름차단), ③번은 수정(Modification), ④번은 위조(Fabrication)에 해당합니다.

24년 1회, 23년 2회

8. 해커를 유인하기 위해 의도적으로 취약한 서버를 만들어 이를 모니터링하는 시스템으로, 공격자의 공격 경로와 공격 수법을 알아내기 위한 목적으로 사용하는 것은?

① VPN(Virtual Private Network)
② 허니팟(Honeypot)
③ 침입 탐지 시스템(IDS)
④ 방화벽(Firewall)

> 해커의 공격 수법을 알아내기 위해 의도적으로 설치해 둔 시스템은 허니팟(Honeypot)입니다.

24년 2회, 19년 2회, 14년 2회

9. 다음 중 컴퓨터 보안과 관련된 기술에 해당하지 않은 것은?

① 인증(Authentication)
② 암호화(Encryption)
③ 방화벽(Firewall)
④ 브리지(Bridge)

> 브리지(Bridge)는 서로 독립적으로 동작하면서 같은 프로토콜을 사용하는 두 LAN을 연결하는 네트워크 장치입니다.

24년 3회

10. 다음 중 각종 디지털 데이터에 저작권 정보를 삽입하여 관리하는 기술을 무엇이라고 하는가?

① 디지털 저작권 관리(Digital Right Management)
② 디지털 워터마킹(Digital Watermaking)
③ 디지털 저작권 표현(Digital Right Expression)
④ 디지털 서명(Digital Signature)

> 문제에 제시된 내용은 디지털 워터마킹의 개념입니다.

25년 1회, 23년 2회

11. 다음 중 보안 요소에 대한 설명으로 옳지 않은 것은?

① 무결성 : 시스템 내의 정보는 어느 누구나 수정할 수 있다.
② 가용성 : 인가받은 사용자는 언제라도 사용할 수 있다.
③ 인증 : 정보와 자원을 사용하려는 사용자가 합법적인 사용자인지 확인하는 것이다.
④ 기밀성 : 시스템 내의 정보와 자원은 인가된 사용자에게만 접근이 허용된다.

> 무결성은 시스템 내의 정보는 인가된 사용자만 수정할 수 있도록 보장하는 보안 요소입니다.

25년 3회, 16년 3회

12. 다음 중 정당한 사용자가 정상적으로 시스템을 종료하지 않고 자리를 떠났을 때 비인가된 사용자가 바로 그 자리에서 계속 작업을 수행하여 불법적으로 접근하는 범죄 행위에 해당하는 것은?

① 스패밍(Spamming)
② 스푸핑(Spoofing)
③ 스니핑(Sniffing)
④ 피기배킹(Piggybacking)

> 문제에 제시된 내용은 피기배킹(Piggybacking)의 개념입니다.

▶ 정답 : 5. ② 6. ① 7. ② 8. ② 9. ④ 10. ② 11. ① 12. ④

8장 핵심요약

060 정보 사회

❶ 정보 사회의 개요 25.4, 22.4, 19.2
- 정보의 축적과 활용이 확대되고 처리하고자 하는 정보의 종류와 양이 증가하였다.
- 사회의 변화 속도가 빨라졌다.
- 사이버 공간상의 새로운 인간 관계와 문화가 형성되었다.
- 정보 사회에서는 대중화 현상이 약화되고, 개성과 자유를 중요시하게 되었다.
- 정보 사회에서는 통신기술의 발달로 시간과 공간의 제약에서 벗어나게 되었다.

❷ 정보 사회의 문제점 25.5, 24.1, 20.1, 18.1, 16.3, 10.1
- 정보의 과다로 인한 혼란과 정보의 편중에 의한 계층 간의 정보 차이가 생긴다.
- 정보 기술을 이용한 새로운 범죄가 증가한다.
- 개인의 정보 노출로 인한 사생활 침해가 증가한다.
- 인간관계에서의 유대감이 약화되고, 인간의 고유 판단 능력이 상실된다.

❸ 컴퓨터 범죄의 유형 23.1, 22.1, 21.3, 18.1, 13.3, 12.2
- 저작권이 있는 소프트웨어, 웹 콘텐츠, 전자문서의 도난 및 불법 복사
- 컴퓨터 시스템 해킹으로 인한 중요 정보의 위·변조, 삭제, 유출
- 전산망을 이용한 개인 신용 정보 유출
- 컴퓨터 바이러스 제작·유포

❹ 컴퓨터 범죄의 예방 및 대책 25.3, 25.1, 22.3, 22.2, 21.4, 21.2, 19.1, 17.2, 14.1, …
- 정보 누출이나 해킹 방지를 위해 방화벽 체제를 정비하고 보안 관련 프로그램의 보급 및 정기적인 보안 교육을 실시한다.
- 개인 정보 보호를 위해 웹 사이트마다 ID와 비밀번호(Password)를 다르게 지정하고, 비밀번호는 수시로 변경한다.
- 비밀번호를 만들 때는 알파벳과 숫자, 특수문자 등을 섞어서 복잡하게 만드는 것이 바람직하다.
- 백신 프로그램을 설치하고 자동 업데이트 기능을 설정하거나 수시로 업데이트한다.
- 의심이 가는 메일이나 호기심을 자극하는 표현이 담긴 메일은 열어보지 않는다.

061 바이러스

❶ 컴퓨터 바이러스 23.3, 17.1, 13.1, 11.3, 11.1
- 컴퓨터의 정상적인 작동을 방해하기 위해 운영체제나 저장된 데이터에 손상을 입히는 프로그램이다.
- 복제·은폐·파괴 기능을 가지고 있다.
- 인터넷과 같은 통신 매체를 통해 다운로드한 파일이나 외부에서 복사해 온 파일 등을 통해 감염된다.

❷ 바이러스 감염 경로와 예방법 24.4, 24.2, 23.5, 23.4, 23.2, 22.2, 20.2, 18.상시, …
- 인터넷을 이용해 다운로드한 파일이나 외부에서 복사해 온 파일은 반드시 바이러스 검사를 수행한 후 사용한다.
- 네트워크를 통해 감염될 수 있으므로 공유 폴더의 속성은 읽기 전용으로 지정한다.
- 전자우편을 통해 감염될 수 있으므로 발신자가 불분명한 전자우편은 열어보지 않고 삭제하거나 바이러스 검사를 수행한 후 열어본다.
- 외부의 불법적인 침입을 막을 수 있는 방화벽을 설정하여 사용한다.
- 가장 최신 버전의 백신 프로그램을 사용하여 주기적으로 바이러스 검사를 수행한다.

❸ 매크로 바이러스 25.5, 21.2, 16.2
- 주로 MS-Office에서 사용하는 매크로 기능을 이용하여 다른 파일을 감염시키는 바이러스이다.
- 종류 : 멜리사, Laroux 등

8장 핵심요약

062 정보 보안 개요

❶ 보안 위협의 유형 25.5, 25.4, 24.3, 23.5, 22.4, 20.2, 20.1, 16.1, 15.3

- 가로막기(Interruption) : 데이터의 정상적인 전달을 가로막아서 흐름을 방해하는 행위로, 가용성을 저해함
- 가로채기(Interception) : 송신된 데이터가 수신지까지 가는 도중에 몰래 보거나 도청하여 정보를 유출하는 행위로, 기밀성을 저해함
- 수정(Modification) : 전송된 데이터를 원래의 데이터가 아닌 다른 내용으로 바꾸는 행위로, 무결성을 저해함
- 위조(Fabrication, 변조) : 마치 다른 송신자로부터 데이터가 송신된 것처럼 꾸미는 행위로, 무결성을 저해함

❷ 위협 보안 요건 25.1, 23.2

- 기밀성 : 시스템 내의 정보와 자원은 인가된 사용자에게만 접근이 허용됨
- 무결성 : 시스템 내의 정보는 인가된 사용자만 수정이 가능함
- 가용성 : 인가받은 사용자는 언제라도 사용할 수 있음

❸ 정보 보안 기법 24.2, 19.2, 14.2

- 인증(Authentication) : 정보를 보내오는 사람의 신원을 확인하는 것으로, 사용자를 식별하고, 사용자의 접근 권한을 검증함
- 접근 제어(Access Control) : 불법적인 접근을 제한하기 위해 접근 권한을 부여하는 것
- 방화벽(Firewall) : 보안이 필요한 네트워크의 통로를 단일화하여 관리함으로써 외부의 불법 침입으로부터 내부의 정보 자산을 보호하기 위한 시스템
- 암호화(Encryption) : 데이터를 보낼 때 송신자가 지정한 수신자 이외에는 그 내용을 알 수 없도록 평문을 암호문으로 변환하는 것
- 침입 탐지 시스템(IDS; Intrusion Detection System) : 컴퓨터 시스템의 비정상적인 사용, 오용, 남용 등을 실시간으로 탐지하는 시스템

❸ 보안 위협의 구체적인 형태 25.5, 25.3, 25.2, 24.3, 24.2, 24.1, 23.4, 23.3, 23.1, …

- 분산 서비스 거부 공격(DDOS) : 여러 대의 장비를 이용하여 대량의 데이터를 한 곳의 서버에 집중적으로 전송함으로써, 특정 서버의 정상적인 기능을 방해하는 공격
- 웜(Worm) : 네트워크를 통해 연속적으로 자신을 복제하여 시스템의 부하를 높여 결국 시스템을 다운시키는 바이러스의 일종
- 백도어(Back Door) : 인가받은 서비스 기술자나 유지 보수 프로그래머들의 액세스 편의를 위해 만든 보안이 제거된 비밀통로
- 스니핑(Sniffing) : 네트워크 주변을 지나다니는 패킷을 엿보면서 계정과 패스워드를 알아내는 행위
- 스푸핑(Spoofing) : 눈속임에서 파생된 것으로, 검증된 사람이 네트워크를 통해 데이터를 보낸 것처럼 데이터를 변조하여 접속을 시도하는 침입 형태
- 피싱(Phishing) : 유명 기업이나 금융기관을 사칭한 가짜 웹 사이트나 이메일 등으로 개인의 금융 정보와 비밀번호를 입력하도록 유도하여 예금 인출 및 다른 범죄에 이용하는 행위
- 키로거(Key Logger) : 키보드상의 키 입력 캐치 프로그램을 이용하여 ID나 암호 등의 개인 정보를 빼내어 악용하는 기법
- 랜섬웨어(Ransomware) : 인터넷 사용자의 컴퓨터에 잠입해 내부 문서나 파일 등을 암호화해 확장자를 변경시킨 후 사용자가 열지 못하게 하는 프로그램으로, 암호 해독용 프로그램의 전달을 조건으로 사용자에게 돈을 요구하기도 함
- 트로이 목마(Trojan Horse) : 정상적인 기능을 하는 프로그램으로 가장하여 프로그램 내에 숨어 있다가 해당 프로그램이 동작할 때 활성화되어 부작용을 일으키는 것
- 피기배킹(Piggybacking) : 정당한 사용자가 시스템을 종료하지 않고 자리를 떠났을 때 비인가된 사용자가 그 자리에서 컴퓨터 작업을 통해 불법적 접근을 행하는 범죄 행위

❹ 디지털 워터마킹(Digital Watermaking) 24.3

오디오, 비디오, 이미지 등의 디지털 콘텐츠에 사람의 육안으로는 구별할 수 없도록 저작원의 정보를 삽입하여 불법 복제를 막는 기술이다.

2 과목

스프레드시트 일반

1장 입력 및 편집

2장 수식 활용

3장 차트 작성

4장 출력

5장 데이터 관리

6장 데이터 분석

7장 매크로

전문가가 분석한 2과목 출제 경향

실기 시험까지 대비한다는 마음으로 실습 위주의 학습에 임한다면 90점 이상은 무난합니다.
2과목 스프레드시트 일반의 출제 범위에는 실기 시험과 관련된 내용이 모두 포함되어 있습니다. 이 책의 구성 요소인 '전문가의 조언'의 경향과 대책에 맞추어 엑셀 2021의 매뉴얼을 학습하는 마음으로 준비하면 오히려 쉽게 공부할 수 있습니다. 이 책의 구성 요소인 '준비하세요'에 실습 파일명을 적어놓았으니 시나공 홈페이지에서 다운받아 실습하면 편리합니다. 특히 워크시트 입력 및 편집과 수식 활용 부분의 비중이 높다는 것을 염두에 두고, 필기 시험의 특성상 암기할 것은 암기하고 이해할 것은 이해하는 학습 요령도 잊지 마세요.

IT 자격증 전문가 강윤석

 미리 따라해 본 베타테스터의 한 마디

엑셀을 단순히 가계부나 회계장부 등을 만드는 프로그램이라고 여겼는데, 이 책으로 공부하면서 메모 입력, 그래픽 개체 삽입, 차트, 데이터베이스 등 엑셀의 다양한 기능에 대해 흥미를 갖게 되었습니다. 이 과목에서는 중요한 개념마다 예제와 따라하기가 나오기 때문에 실습을 병행하면서 공부하면 훨씬 이해하기 쉽습니다. 한 가지 요령을 말씀드리면 매 단원마다 낯선 용어가 나와 언뜻 이해하기 어려울 때에는 '따라하기'를 먼저 해보세요. 그러면 내용이 저절로 이해가 됩니다.

베타테스터 나한섭(30, 회사원)

1장 입력 및 편집

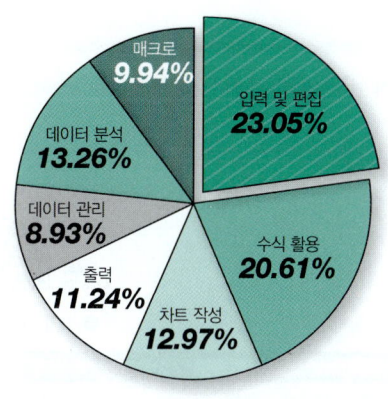

063 워크시트의 기본 지식 ⓒ등급
064 데이터 입력 - 문자열 / 수치 / 날짜 / 시간 Ⓐ등급
065 데이터 입력 - 한자 / 특수문자 / 노트 ⓒ등급
066 채우기 핸들을 이용한 연속 데이터 입력 Ⓐ등급
067 자동 완성 기능 / 데이터 유효성 검사 Ⓑ등급
068 데이터 수정 / 삭제 ⓒ등급
069 찾기 Ⓑ등급
070 셀의 이동과 선택 ⓒ등급
071 [파일] → [옵션] 설정 ⓒ등급
072 셀 / 행 / 열의 복사 및 이동 Ⓑ등급
073 행 / 열 크기 변경 ⓒ등급
074 워크시트 편집 ⓒ등급
075 문서 보호 ⓒ등급
076 셀 서식 - 표시 형식 ⓒ등급
077 셀 서식 - 사용자 지정 Ⓐ등급
078 셀 서식 - 맞춤 / 보호 ⓒ등급
079 조건부 서식 Ⓐ등급

꼭 알아야 할 키워드 Best 10

1. 사용자 지정 서식 2. 채우기 핸들 3. 조건부 서식 4. 수치 데이터 5. 문자 데이터 6. 날짜/시간 데이터 7. 찾기 8. 일반 옵션 9. 노트
10. 셀 포인터 이동

SECTION 063 워크시트의 기본 지식

> **전문가의 조언**
> 이 부분은 내용이 어렵지 않으니 가벼운 마음으로 읽고 넘어가세요.

1 엑셀의 시작과 종료

시작
- 방법 1 : [(시작)] → [Excel] 선택
- 방법 2 : 바탕 화면에 있는 엑셀 바로 가기() 더블클릭

종료
- 방법 1 : 제목 표시줄의 오른쪽에 있는 닫기 버튼(✖) 클릭
- 방법 2 : Alt + F 를 누른 다음 X 누름
- 방법 3 : Alt + F4 * 누름

- 해당 문서 닫기 : Ctrl + F4
- 프로그램 종료 : Alt + F4

> **전문가의 조언**
> 엑셀 프로그램에만 있는 이름 상자나 수식 입력줄을 중심으로 화면 구성 요소의 각 기능을 알아두세요.

2 엑셀의 화면 구성

18.1, 16.3, 14.3, 10.2, 08.2, 07.4, 04.3

❶ 빠른 실행 도구 모음 ❷ 제목 표시줄 ❸ 검색 상자 ❹ 창 조절 버튼
❺ 리본 메뉴
❻ 이름 상자 ❼ 수식 입력줄
❽ 상태 표시줄

14.3 ❶ 빠른 실행 도구 모음	자주 사용하는 기능을 실행할 수 있는 명령 아이콘을 모아 두는 곳으로 원하는 아이콘을 간단하게 추가하거나 제거할 수 있다.	
16.3 ❷ 제목 표시줄	현재 사용하고 있는 프로그램 이름, 파일 이름, 검색, 창 조절 버튼이 표시된다.	
❸ 검색 상자	워크시트의 내용 작업, 명령, 파일, 도움말 등을 찾을 수 있다.	
❹ 창 조절 버튼 (– ▢ ✕)	• 최소화(–) : 창을 최소화하여 작업 표시줄에 아이콘으로 표시되게 한다. • 이전 크기로 복원(▢) : 최대화(전체 화면)된 창을 이전 크기로 변경한다. • 최대화(▢) : 엑셀 프로그램 창을 전체 화면 크기로 변경한다. • 닫기(✕) : 엑셀 프로그램을 종료한다.	

18.1, 16.3, 10.2, 07.4 ❺ 리본 메뉴	• 엑셀에서 제공하는 다양한 기능들을 용도에 맞게 사용할 수 있도록 탭과 그룹으로 분류하여 배치한 메뉴다. • 리본 메뉴를 감추거나 표시하는 방법 – 방법 1 : 리본 메뉴를 마우스 오른쪽 버튼으로 클릭하면 표시되는 바로 가기 메뉴에서 [리본 메뉴 축소] 선택 – 방법 2 : Ctrl + F1 을 누름 – 방법 3 : 활성 탭의 이름을 더블클릭함	
16.3 ❻ 이름 상자	• 현재 작업중인 셀의 이름*이나 주소를 표시하는 부분이다. • 차트 항목이나 그리기 개체를 선택하면 개체의 이름이 표시된다.	이름 정의 방법에 대한 자세한 내용은 277쪽을 참고하세요.
08.2, 04.3 ❼ 수식 입력줄	현재 작업하는 셀의 수식을 그대로 표시하는 부분으로, 수식 입력 상자를 이용하여 셀에 내용을 입력하거나 수정할 수 있다.	
16.3 ❽ 상태 표시줄	• 현재의 작업 상태나 선택한 명령에 대한 기본적인 정보가 표시되는 곳이다. • 특정 부분을 범위로 지정하면 기본적으로 선택 영역의 평균, 개수, 합계가 표시되지만, 상태 표시줄의 바로 가기 메뉴*를 이용하면 평균, 개수, 숫자 셀 수, 최대값, 최소값, 합계 등을 표시할 수 있다.	상태 표시줄의 바로 가기 메뉴 

14.1

잠깐만요 셀 주소 / 수식 입력줄의 표시 내용

1306631

셀 주소
• 각 셀을 구분하는 데 사용하는 이름으로, 열 문자와 행 번호로 표시합니다.
• A열의 1행은 A1, B열의 2행은 B2로 나타냅니다.

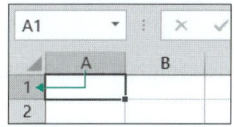

수식 입력줄의 표시 내용
문자나 숫자를 입력하면 해당 셀과 수식 입력줄에 같은 내용이 그대로 표시되지만, 수식이나 함수식을 입력하면 셀에는 결과값이, 수식 입력줄에는 입력한 식이 표시됩니다.

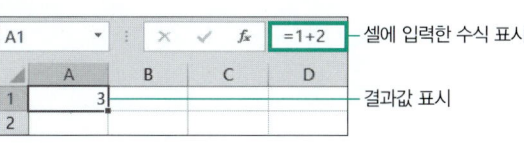

문자 입력

— 셀에 입력한 수식 표시
— 결과값 표시

수식 입력

전문가의 조언

엑셀을 공부하면서 당연히 알아두어야 할 기초적인 내용입니다. 엑셀을 공부한 사람이 셀, 셀 포인터를 모르면 안 되겠죠?

③ 워크시트의 구성

15.3, 15.2, 14.1, 13.1, 07.4, 05.1, 04.1

- 워크시트는 데이터 작업이 이루어지는 기본 문서로, 행과 열이 교차되면서 만들어지는 셀로 구성되어 있다.
- 하나의 워크시트는 가로 16,384개, 세로 1,048,576개의 셀로 구성되어 있다.
- 새로운 통합 문서를 열었을 때 기본적으로 생성되는 워크시트는 1개이다.
- **워크시트 수 변경** : [파일] → [옵션]을 클릭한 후 'Excel 옵션' 대화상자의 '일반' 탭에서 기본 워크시트의 수를 최대 255개까지 변경할 수 있다.

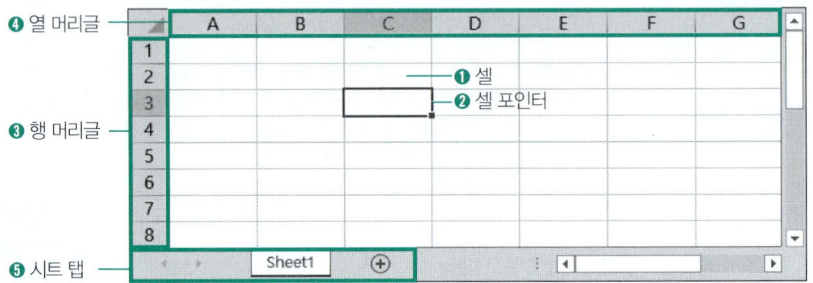

13.1 ❶ 셀(Cell)	셀은 행과 열이 교차되면서 만들어지는 사각형으로, 데이터가 입력되는 기본 단위이다.
❷ 셀 포인터 (Cell Pointer)	작업 중인 셀을 나타내며, 셀 포인터가 위치한 셀을 활성 셀(Active Cell)이라고 한다.
❸ 행 머리글	행의 맨 왼쪽에 숫자로 표시되어 있는 부분으로, 1~1,048,576개의 행으로 구성되어 있다.
❹ 열 머리글	열의 맨 위쪽에 알파벳으로 표시되어 있는 부분으로, A~XFD까지 총 16,384개의 열로 구성되어 있다.

15.2, 04.1
❺ 시트 탭*
	• 통합 문서에 포함되어 있는 시트의 이름을 표시하는 부분으로, 시트 탭을 클릭하여 작업할 시트를 선택한다.
	• 시트 탭을 이용하여 시트의 이름 변경, 복사, 이동, 삽입, 삭제 등의 작업을 한다.
	• 시트 탭의 색을 변경할 수 있다.
	• **시트 탭 이동 단추**( )
	  – 시트를 선택할 수 있도록 화면에 시트명을 표시하기 위해 사용한다.
	  – 현재의 워크시트를 다른 워크시트로 변경하기 위해 사용하는 단추가 아니다.

궁금해요 시나공 Q&A 베스트

Q 시트 탭이 없어졌어요.

A [파일] → [옵션] → [고급] 탭의 '이 통합 문서의 표시 옵션'과 '이 워크시트의 표시 옵션'에서 시트 탭, 행/열 머리글, 눈금선 등의 화면 표시 여부를 지정할 수 있습니다.

기출문제 따라잡기

16년 3회

1. 다음 중 엑셀의 화면 구성에 대한 설명으로 옳지 않은 것은?

① 화면 상단의 '제목 표시줄'은 현재의 작업 상태나 선택한 명령에 대한 기본적인 정보가 표시되는 곳이다.
② '리본 메뉴'는 엑셀의 다양한 명령들을 용도에 맞게 탭과 그룹으로 분류하여 아이콘으로 표시되는 곳이다.
③ 자주 사용하는 도구들을 모아 두는 곳이 '빠른 실행 도구 모음'이며, 원하는 도구를 추가하거나 제거할 수 있다.
④ '이름 상자'는 현재 작업 중인 셀의 이름이나 주소를 표시하는 부분으로 차트 항목이나 그리기 개체를 선택하면 개체의 이름이 표시된다.

> 제목 표시줄에는 현재 사용하고 있는 프로그램 이름, 파일 이름, 창 조절 버튼이 표시됩니다. 현재의 작업 상태나 선택한 명령에 대한 기본적인 정보가 표시되는 곳은 상태 표시줄입니다.

14년 1회

2. 다음 중 엑셀의 화면 구성 요소를 설명한 것으로 옳지 않은 것은?

① 엑셀에서 열 수 있는 통합 문서 개수는 사용 가능한 메모리와 시스템 리소스에 의해 제한된다.
② 워크시트란 숫자, 문자와 같은 데이터를 입력하고 입력된 결과가 표시되는 작업공간이다.
③ 각 셀에는 행 번호와 열 번호가 있으며, [A1] 셀은 A행과 1열이 만나는 셀로 그 셀의 주소가 된다.
④ 새로운 통합 문서에 기본적으로 최대 255개의 워크시트가 표시되도록 지정할 수 있다.

> [A1] 셀은 A열과 1행이 만나는 셀로, 그 셀의 주소가 됩니다.

08년 2회, 04년 3회

3. 다음 중 수식 입력줄에 대한 기능 설명으로 옳지 않은 것은?

① 현재 셀에 입력된 데이터를 그대로 표시한다.
② 수식 입력줄을 이용하여 입력된 데이터를 수정할 수 있다.
③ 수식 입력줄을 이용해서 셀의 특정 범위에 이름을 정의할 수 있다.
④ 셀의 내용을 입력 시 수식 입력줄에 직접 입력이 가능하다.

> 수식 입력줄은 수식을 입력하거나 표시하는 곳으로 이름을 정의할 수 없습니다. 이름을 정의하려면 수식 입력줄의 왼쪽에 있는 이름 상자를 이용해야 합니다.

14년 3회

4. 다음 중 사용자가 자주 사용하거나 원하는 기능에 해당하는 명령들을 버튼으로 표시하며, 리본 메뉴의 윗쪽이나 아래에 표시하는 엑셀의 화면 구성 요소는?

① 오피스 버튼
② 빠른 실행 도구 모음
③ 리본 메뉴
④ 제목 표시줄

> 사용자가 자주 사용하거나 원하는 기능에 해당하는 명령들을 버튼으로 표시하는 엑셀의 화면 구성 요소는 빠른 실행 도구 모음입니다.

▶ 정답 : 1. ① 2. ③ 3. ③ 4. ②

SECTION 064

데이터 입력 – 문자열 / 수치 / 날짜 / 시간

전문가의 조언

한 셀에 여러 줄의 데이터를 입력하려면 Alt + Enter, 여러 셀에 동일한 데이터를 입력하려면 Ctrl + Enter! 혼동하지 않도록 확실히 알아두세요.

전문가의 조언

컴퓨터활용능력 시험은 2021년부터 상시 시험으로만 시행되고 있고, 기출문제는 공개되지 않습니다. 본문에 표기된 "25.4"는 복원된 상시 시험 문제의 연도별 일련번호입니다.

데이터 입력을 완료하는 방법
- 방법 1 : Enter 누름
- 방법 2 : Tab 누름
- 방법 3 : 방향키(→, ←, ↑, ↓) 누름
- 방법 4 : 마우스로 다른 셀 클릭
- 방법 5 : 수식 입력줄의 입력(☑) 버튼 클릭

실행 취소 횟수
실행 취소는 최대 100번까지 할 수 있습니다.

---

1 25.4, 25.3, 25.1, 23.4, 23.1, 22.4, 22.2, 22.1, 21.3, 21.1, 20.상시, 20.1, 19.2, 17.2, 17.1, 12.3, 12.1, 08.1, 05.2, 02.1, 00.2, 99.1

데이터 입력의 기초

- 데이터를 입력할 셀로 셀 포인터를 이동한 다음 데이터를 입력하고 Enter를 누른다*.
- 셀에 데이터를 입력하면 수식 입력줄에도 입력한 내용이 표시된다.

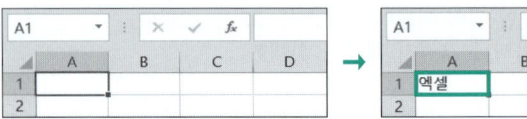

- 셀 안에서 줄을 바꿔 계속 입력하려면 Alt + Enter를 누른다.

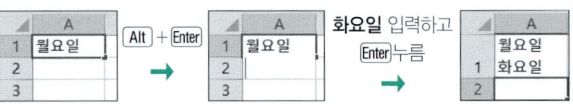

- 여러 셀에 동일한 내용을 입력하려면 해당 셀들을 범위로 지정한 후 데이터를 입력하고 Ctrl + Enter를 누른다.

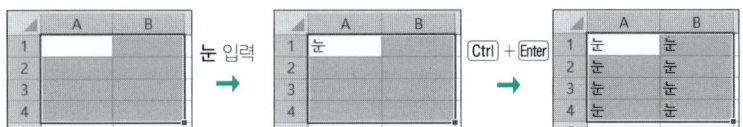

- 범위를 지정하고 Enter를 누르면 지정한 범위 안에서만 셀 포인터가 이동한다.

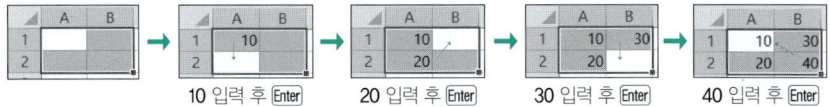

- 데이터를 입력하고 Enter를 누르면 바로 아래 셀로 이동하고, Shift + Enter를 누르면 바로 위 셀로 이동한다.
- 데이터 입력 도중 입력을 취소하는 방법
  - 방법 1 : Esc 누름
  - 방법 2 : 수식 입력줄의 취소(✕) 버튼 클릭
  - 방법 3 : 빠른 실행 도구 모음의 실행 취소(↶)* 버튼 클릭
  - 방법 4 : Ctrl + Z 누름

20.2, 15.3, 00.3

잠깐만요 실행 취소가 불가능한 것

- 시트와 관련된 작업(시트 이름 변경, 삽입, 삭제, 복사, 이동)
- 틀 고정, 창 나누기, 창 숨기기 등

② **문자 데이터**

23.5, 20.상시, 20.2, 10.3, 10.1, 09.4, 09.1, 08.3, 07.1, 05.4, 04.2, 04.1, 03.3, 02.3, 01.2, 01.1

- 문자 데이터는 한글, 영문, 특수문자, 문자와 숫자가 혼합된 데이터이다.
- 기본적으로 셀의 왼쪽으로 정렬된다.
- 숫자 데이터 앞에 문자 접두어(')를 입력하면 문자 데이터로 인식된다.
- **입력 데이터가 셀의 너비보다 긴 경우** : 오른쪽 셀이 비어 있으면 연속해서 표시하고 오른쪽 셀에 데이터가 있으면 셀의 너비만큼만 표시한다.

	A	B	C	D	E
1	시나공				
2	gilbut				
3	5				
4	엑셀2016				
5	12월 25일 크리스마스				
6	12월 25일	화이트			

→ 숫자 데이터를 문자 데이터로 입력하려면 숫자 데이터 앞에 작은따옴표(')를 입력한다.
→ 오른쪽 셀(B5)이 비어 있으면 오른쪽 셀에 연속해서 표시된다.

오른쪽 셀(B6)에 데이터가 있으면 셀의 너비만큼만 데이터가 표시된다.

전문가의 조언

문자 데이터로 인식되지 않는 경우나 문자 데이터의 특징을 묻는 문제가 출제됩니다. 영문이 들어간다고 해서 모두 문자 데이터는 아닙니다. '5.5E + 5'의 경우 수치 데이터를 지수 형태로 표시한 것입니다. 이점을 꼭 기억하고 문자 데이터의 특징을 정리해 두세요.

③ **수치 데이터**

25.4, 25.3, 23.5, 23.4, 20.2, 13.2, 12.2, 08.4, 07.3, 05.3, 05.2, 05.1, 04.2, 03.4, 02.2, 99.2

- 수치 데이터는 0~9까지의 숫자, +, -, 소수점(.), 쉼표(,), 통화(₩, $), 백분율(%), 지수(e) 등을 사용하여 입력한 데이터이다.
- 기본적으로 셀의 오른쪽으로 정렬된다.
- 데이터 중간에 공백이나 특수문자가 있으면 문자로 인식된다.
- 숫자를 큰따옴표(" ")로 묶어 수식에 입력하면 문자 데이터로 인식되지만, 연산을 하면 수치 데이터로 계산된다("1" + "3" = 4).
- **음수 표현** : 숫자 앞에 - 기호를 붙이거나, 괄호로 묶는다(-5, (5)).
- **분수** : 0 입력 후 한 칸 띄고 입력한다(예 0 1/2)*.
- 셀의 너비보다 긴 경우 지수 형식으로 표시된다.
- 표시 형식을 지정한 수치 데이터나 지수 형식의 데이터가 셀의 너비보다 긴 경우 셀의 너비만큼 '#'이 표시되지만 셀의 너비를 넓히면 정상적으로 표시된다.

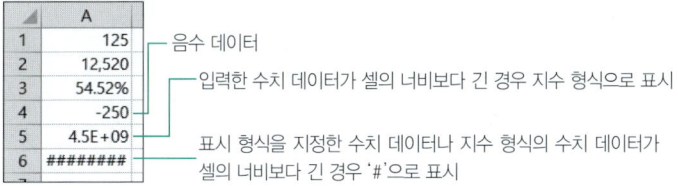

음수 데이터
입력한 수치 데이터가 셀의 너비보다 긴 경우 지수 형식으로 표시
표시 형식을 지정한 수치 데이터나 지수 형식의 수치 데이터가 셀의 너비보다 긴 경우 '#'으로 표시

전문가의 조언

수치 데이터의 입력 방법에 대한 문제가 출제되고 있습니다. 분수 입력 방법을 중심으로 수치 데이터의 입력 방법을 알아두세요.

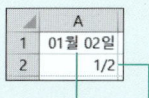

1/2 입력하면 날짜 데이터로 인식 / 0 1/2 입력

전문가의 조언

날짜/시간 데이터의 전반적인 입력 방법을 묻는 문제가 출제되었습니다. 날짜/시간을 입력하는 바로 가기 키는 암기하고, 나머지는 어렵지 않으니 이해하고 넘어가세요.

일련번호

날짜 형식으로 데이터를 입력하면 실제로는 일련번호로 저장됩니다.

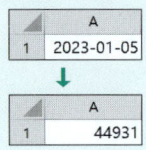

소수

시간 형식으로 데이터를 입력하면 실제로는 소수로 저장됩니다.

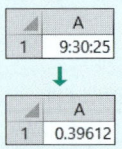

 25.5, 25.4, 25.3, 24.4, 24.2, 23.4, 22.4, 22.3, 21.1, 19.1, 17.2, 17.1, 10.1, 05.2, 04.2, 03.4, 01.3, 00.2, 00.1

④ 날짜/시간 데이터

3307504

- 날짜와 시간을 한 셀에 입력할 경우 날짜와 시간을 공백으로 구분한다.
- 날짜와 시간 데이터는 대·소문자의 구분이 없으며, 엑셀이 자동으로 조절한다.
- 날짜 및 시간 데이터는 수치 데이터이므로 셀의 오른쪽을 기준으로 정렬된다.
- 날짜는 일련번호*로 저장되고, 시간은 하루에 대한 비율로 계산되어 소수*로 저장된다.

- **날짜 데이터**
  - 하이픈(-)이나 슬래시(/)를 이용하여 연, 월, 일을 구분한다.
  - 날짜 데이터는 1900-01-01을 일련번호 1로 시작한다.
  - 날짜의 연도를 입력할 때 00~29 사이의 숫자를 입력하면 2000~2029년, 30~99 사이의 숫자를 입력하면 1930~1999년 사이의 연도가 된다.
  - 오늘 날짜 입력 : [Ctrl]+[;]

- **시간 데이터**
  - 콜론(:)을 이용하여 시, 분, 초를 구분한다.
  - 시간은 기본적으로 24시간제로 표시되며, 12시간제로 표시할 때는 시간 뒤에 한 칸 띄우고 A 또는 AM이나 P 또는 PM을 입력한다.
  - 시간 데이터는 밤 12시(자정)를 0.0으로 시작하여 6시는 0.25, 12시(정오)는 0.5로 저장된다.
  - 현재 시간 입력 : [Ctrl]+[Shift]+[;]

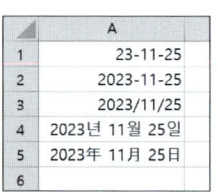

날짜 데이터

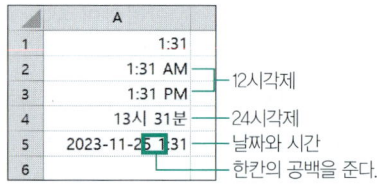

시간 데이터

기출문제 따라잡기

25년 1회, 23년 1회, 22년 2회, 1회, 21년 4회, 3회, 17년 2회

1. 다음 중 데이터 입력에 대한 설명으로 옳지 않은 것은?

① 데이터를 입력하는 도중에 입력을 취소하려면 `Esc`를 누른다.
② 셀 안에서 줄을 바꾸어 데이터를 입력하려면 `Alt` + `Enter`를 누른다.
③ 텍스트, 텍스트/숫자 조합, 날짜, 시간 데이터는 셀에 입력하는 처음 몇 자가 해당 열의 기존 내용과 일치하면 자동으로 입력된다.
④ 여러 셀에 동일한 데이터를 입력하려면 해당 셀을 범위로 지정하여 데이터를 입력한 후 `Ctrl` + `Enter`를 누른다.

> 텍스트와 텍스트/숫자 조합 데이터는 셀에 입력하는 처음 몇 자가 해당 열의 기존 내용과 일치하면 자동으로 입력되지만 숫자, 날짜, 시간 데이터는 자동으로 입력되지 않습니다.

21년 1회, 17년 2회, 1회

2. 다음 중 데이터 입력에 대한 설명으로 옳지 않은 것은?

① 셀 안에서 줄 바꿈을 하려면 `Alt` + `Enter`를 누른다.
② 한 행을 블록 설정한 상태에서 `Enter`를 누르면 블록 내의 셀이 오른쪽 방향으로 순차적으로 선택되어 행 단위로 데이터를 쉽게 입력할 수 있다.
③ 여러 셀에 숫자나 문자 데이터를 한 번에 입력하려면 여러 셀이 선택된 상태에서 데이터를 입력한 후 바로 `Shift` + `Enter`를 누른다.
④ 열의 너비가 좁아 입력된 날짜 데이터 전체를 표시하지 못하는 경우 셀의 너비에 맞춰 '#'이 반복 표시된다.

> 여러 셀에 숫자나 문자 데이터를 한 번에 입력하려면 여러 셀이 선택된 상태에서 데이터를 입력한 후 `Ctrl` + `Enter`를 누르면 됩니다.

25년 4회, 3회, 23년 4회

3. 다음 중 워크시트 사용 방법에 대한 설명으로 옳은 것은?

① 숫자는 기본적으로 오른쪽으로 정렬되지만 문자로 취급하도록 하려면 숫자 앞에 "를 입력한다.
② 시트를 삭제한 경우 `Ctrl` + `Z`를 누르면 복원할 수 있다.
③ `Alt` + `Enter`를 누르면 셀 안에서 줄 바꿈이 수행된다.
④ `Ctrl` + `Shift` + `;`을 누르면 시스템의 오늘 날짜가 입력된다.

> ① 숫자를 문자로 취급하기 위해서는 숫자 앞에 '를 입력해야 합니다.
> ② 시트를 삭제한 경우에는 복원할 수 없습니다.
> ④ `Ctrl` + `Shift` + `;`을 누르면 시스템의 현재 시간이 입력됩니다. 오늘 날짜를 입력하는 바로 가기 키는 `Ctrl` + `;`입니다.

25년 4회, 23년 5회, 20년 2회, 10년 1회, 07년 1회, 04년 2회, 02년 3회, 01년 1회

4. 다음 중 새 워크시트에서 보기의 내용을 그대로 입력하였을 때, 입력한 내용이 텍스트로 인식되지 않는 것은?

① 01:02AM　　② 0 1/4
③ '1234　　　④ 1월30일

> 0을 입력하고, 한 칸 띄운 다음에 1/4를 입력하면 분수 1/4로 입력됩니다.

12년 2회, 07년 3회, 05년 3회, 03년 4회, 02년 2회

5. 다음 중 워크시트의 데이터 입력에 관한 설명으로 옳지 않은 것은?

① 문자열 데이터는 셀의 왼쪽에 정렬된다.
② 수치 데이터는 셀의 오른쪽으로 정렬되며 공백과 '&' 특수문자를 사용할 수 있다.
③ 기본적으로 수식 데이터는 워크시트 상에 수식의 결과 값이 표시된다.
④ 특수문자는 한글 자음(ㄱ, ㄴ, ㄷ 등)을 입력한 후 `한자`를 눌러 나타나는 목록상자에서 원하는 문자를 선택하여 입력할 수 있다.

> 수치 데이터 중간에 공백이나 특수문자 등을 입력하면 문자 데이터로 인식되어 셀의 왼쪽에 정렬됩니다.

25년 5회, 24년 4회, 22년 4회, 3회, 21년 1회, 19년 1회, 10년 1회

6. 다음 중 날짜 및 시간 데이터에 관한 설명으로 옳지 않은 것은?

① 날짜 데이터를 입력할 때 년도와 월만 입력하면 일자는 자동으로 해당 월의 1일로 입력된다.
② 셀에 '4/9'를 입력하고 `Enter`를 누르면 셀에는 '04월 09일'로 표시된다.
③ 날짜 및 시간 데이터의 텍스트 맞춤은 기본 왼쪽 맞춤으로 표시된다.
④ `Ctrl` + `;`을 누르면 시스템의 오늘 날짜, `Ctrl` + `Shift` + `;`를 누르면 현재 시간이 입력된다.

> 날짜 및 시간 데이터는 수치 데이터이므로 기본적으로 오른쪽 맞춤으로 표시됩니다.

▶ 정답 : 1. ③　2. ③　3. ③　4. ②　5. ②　6. ③

SECTION 065

데이터 입력 – 한자 / 특수문자 / 노트

1 한자
23.5, 22.2

- 한자로 변환할 한글을 입력한 후 를 눌러 해당 셀 바로 아래에 한자 목록 상자가 나타나면 한글 음에 해당하는 한자를 마우스로 선택하여 입력한다.
- 두 글자 이상의 단어를 한자로 변환할 때는 단어를 입력하고, 커서를 단어 앞이나 뒤에 놓은 다음 한자를 눌러 나타나는 '한글/한자 변환' 대화상자를 이용하면 편리하다.

 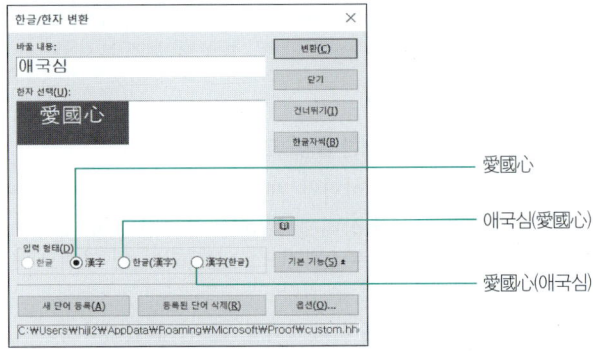

한을 입력하고 한자를 누른다.   애국심을 입력한 후 애국심 앞이나 뒤에 커서를 놓고 한자를 누른다.

2 특수문자
25.3, 23.5, 22.2, 12.2, 07.3, 05.4, 05.1, 04.1, 03.4

한글 입력 상태에서 한글 자음(ㄱ, ㄴ, ㄷ, …)을 입력하고, 한자를 눌러 해당 셀 바로 아래에 특수문자 목록 상자가 나타나면 원하는 특수문자를 마우스로 선택하여 입력한다.

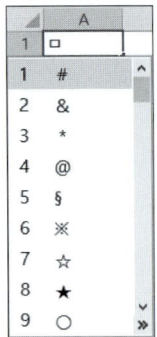

가장 많이 사용하는 특수문자표로, ㅁ을 입력하고 한자를 누른다.

전문가의 조언

특수문자 입력은 데이터 입력 방법을 묻는 문제에서 보기의 한 항목으로 주로 출제됩니다. 특수문자는 한글 자음을 입력한 후 한자를 누른다는 사실 꼭 기억하세요.

메모 23.2, 22.2, 21.1, 20.상시, 18.상시, 16.1, 15.3, 14.1, 13.1, 10.2, 04.1, 00.2, 00.1

메모는 셀에 입력된 데이터에 대한 보충 설명을 하는 곳으로, 스레드 메모와 노트가 있다.

스레드 메모

- 삽입된 스레드 메모에 대해 다른 사용자가 회신할 수 있다.
- 셀에 입력된 데이터를 지워도 스레드 메모는 삭제되지 않는다.
- 스레드 메모는 시트 끝에 모아서만 인쇄*할 수 있다.
- 셀에 입력된 데이터를 정렬하면 스레드 메모도 함께 이동되지만 피벗 테이블에 삽입된 스레드 메모는 이동되지 않는다.
- **스레드 메모 삽입 방법**
  - 방법 1 : [검토] → [메모]* → [새 메모] 클릭
  - 방법 2 : Ctrl + Shift + F2 누름
  - 방법 3 : 바로 가기 메뉴에서 [새 메모] 선택

노트

- 셀에 입력된 데이터를 지워도 노트는 삭제되지 않는다.
- 노트 인쇄 시 시트에 표시된 대로 인쇄하거나 시트 끝에 모아서 인쇄할 수 있다.
- 노트의 내용에 서식을 설정하거나 노트에 입력된 텍스트에 맞도록 크기를 조절할 수 있다.
- 노트의 위치를 자유롭게 이동하거나 항상 표시*되도록 지정할 수 있다.
- 셀에 입력된 데이터를 정렬하면 노트도 함께 이동되지만 피벗 테이블에 삽입된 노트는 이동되지 않는다.
- **노트 삽입 방법**
  - 방법 1 : [검토] → [메모] → [메모] → [새 노트] 선택
  - 방법 2 : Shift + F2 누름
  - 방법 3 : 바로 가기 메뉴에서 [새 노트] 선택

15.3
잠깐만요 스레드 메모와 노트 삭제 방법

스레드 메모와 노트를 삭제하는 방법은 동일합니다. 그러므로 스레드 메모나 노트가 입력된 셀을 선택한 후 다음과 같이 수행하면 됩니다.
- 방법 1 : [검토] → [메모] → [삭제]* 클릭
- 방법 2 : [홈] → [편집] → [지우기] → [모두 지우기] 또는 [설명 및 메모 지우기] 선택
- 방법 3 : 바로 가기 메뉴에서 [메모 삭제] 선택

전문가의 조언

엑셀 2021에서 제공하는 '메모'는 '스레드 메모'와 '노트' 두 가지가 있습니다. '스레드 메모'는 새로 추가된 기능이고, '노트'는 엑셀 2021 이전 버전에서 '메모'로 제공하던 기능이 명칭만 변경된 것입니다. 두 종류의 차이점을 구분해서 알아두세요.

메모 인쇄 방법
메모의 인쇄 방법은 '페이지 설정' 대화상자의 '시트' 탭에서 지정할 수 있습니다. 자세한 내용은 352쪽을 참고하세요.

[검토] → [메모]

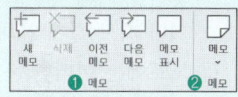

스레드 메모는 ❶을, 노트는 ❷를 이용하여 기능을 지정할 수 있습니다.

노트를 항상 표시하는 방법
- 방법 1 : [검토] → [메모] → [메모] → [모든 노트 표시] 또는 [메모 표시/숨기기] 선택
- 방법 2 : 바로 가기 메뉴에서 [메모 표시/숨기기] 선택

[검토] → [메모] → [삭제]

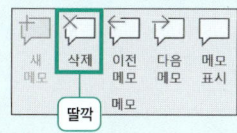

기출문제 따라잡기

23년 5회, 22년 2회

1. 다음 중 한자와 특수문자 입력에 대한 설명으로 옳지 않은 것은?

① 한자로 변환할 한글을 입력한 후 [한자]를 누른다.
② 두 글자 이상의 단어를 한자로 변환할 때는 단어를 입력하고, 커서를 단어 앞이나 뒤에 놓은 다음 [한자]를 누른다.
③ 한글 입력 상태에서 한글 자음을 입력하고 [한자]를 누른다.
④ 한글 입력 상태에서 한글 모음을 입력하고 [한자]를 누른다.

> 특수문자는 한글 자음을 입력하고 [한자]를 눌러 입력합니다.

21년 1회, 18년 상시, 15년 3회, 13년 1회, 10년 2회, 04년 1회

2. 다음 중 노트에 대한 설명으로 옳지 않은 것은?

① 통합 문서에 포함된 노트를 시트에 표시된 대로 인쇄하거나 시트 끝에 인쇄할 수 있다.
② 노트에는 어떠한 문자나 숫자, 특수문자도 입력 가능하며, 텍스트 서식도 지정할 수 있다.
③ 시트에 삽입된 모든 노트를 표시하려면 [검토] 탭의 [메모] 그룹에서 '메모'를 클릭한 후 '모든 노트 표시'를 선택한다.
④ 셀에 입력된 데이터를 [Delete]로 삭제한 경우 노트도 함께 삭제된다.

> 셀에 입력된 데이터를 [Delete]를 눌러 삭제해도 노트는 삭제되지 않습니다.

22년 2회, 18년 상시, 16년 1회

3. 다음 중 노트에 관한 설명으로 옳지 않은 것은?

① 노트를 삭제하려면 노트가 삽입된 셀을 선택한 후 [검토] 탭 [메모] 그룹의 [삭제]를 선택한다.
② [서식 지우기] 기능을 이용하여 셀의 서식을 지우면 설정된 노트도 함께 삭제된다.
③ 노트가 삽입된 셀을 이동하면 노트의 위치도 셀과 함께 변경된다.
④ 작성된 노트의 내용을 수정하려면 노트가 삽입된 셀의 바로 가기 메뉴에서 [메모 편집]을 선택한다.

> [서식 지우기]를 실행하면 셀에 지정된 서식만 지워질뿐 노트는 삭제되지 않습니다.

23년 2회

4. 다음 중 노트에 대한 설명으로 옳지 않은 것은?

① 노트를 삽입하려면 [Shift] + [F2]를 누른다.
② 셀에 입력된 데이터를 지워도 노트는 삭제되지 않는다.
③ 노트가 삽입된 셀을 정렬하면 노트는 고정되어 이동되지 않는다.
④ 노트는 셀에 입력된 데이터에 대한 보충 설명을 하는 곳이다.

> 노트가 삽입된 셀을 정렬하면 노트도 함께 이동되지만 피벗 테이블에 삽입된 노트는 이동되지 않습니다.

▶ 정답 : 1. ④ 2. ④ 3. ② 4. ③

SECTION 066 채우기 핸들을 이용한 연속 데이터 입력

1 채우기 핸들[*]

20.1

- 채우기 핸들은 선택한 셀의 오른쪽 아래 모서리 부분에 있는 작은 사각형으로, 마우스 포인터를 채우기 핸들 위에 놓으면 마우스 포인터 모양이 십자(+) 모양으로 바뀐다.

– 채우기 핸들 위에 놓은 마우스 포인터

- 마우스를 이용하여 채우기 핸들을 드래그하면 자동으로 데이터가 입력된다.
- 채우기 핸들을 드래그하여 데이터를 입력하면 채워진 선택 영역 바로 아래에 '자동 채우기 옵션(📋)' 단추가 나타난다.
  - '자동 채우기 옵션' 단추를 클릭하면 텍스트나 데이터를 채우는 방법을 지정할 수 있는 목록이 표시된다.
  - 사용할 수 있는 옵션은 입력하는 내용, 입력할 내용이 있는 원본 프로그램, 입력할 텍스트나 데이터의 서식에 따라 달라진다.

○ 셀 복사(C) ❶
● 연속 데이터 채우기(S) ❷
○ 서식만 채우기(F) ❸
○ 서식 없이 채우기(O) ❹
○ 일 단위 채우기(D) ❺
○ 평일 단위 채우기(W) ❻
○ 월 단위 채우기(M) ❼
○ 연 단위 채우기(Y) ❽
○ 빠른 채우기(F)

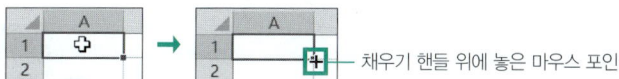

	A	B	C	D	E	F	G	H
1	2023-01-25	2023-01-25	2023-01-25	2023-01-25	2023-01-25	2023-01-25	2023-01-25	2023-01-25
2	2023-01-25	2023-01-26		44952	2023-01-26	2023-01-26	2023-02-25	2024-01-25
3	2023-01-25	2023-01-27		44953	2023-01-27	2023-01-27	2023-03-25	2025-01-25
4	2023-01-25	2023-01-28		44954	2023-01-28	2023-01-30	2023-04-25	2026-01-25
	❶	❷	❸	❹	❺	❻	❼	❽

2 숫자 데이터

25.5, 25.2, 24.4, 22.3, 22.1, 21.4, 21.3, 21.2, 21.1, 19.2, 19.1, 18.1, 16.2, 15.2, 15.1, 14.1, 11.1, 00.2

- **한 셀** : 숫자 데이터를 입력하고 채우기 핸들을 드래그하면 동일한 데이터가 입력되고, Ctrl을 누르고 드래그하면 값이 1씩 증가하며 입력된다.

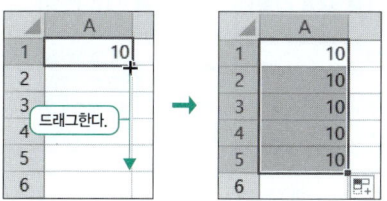

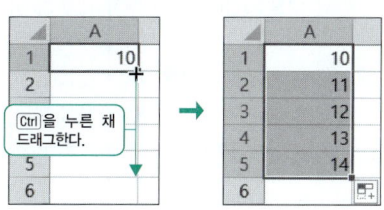

전문가의 조언

중요해요! 채우기 핸들을 이용한 입력의 결과를 묻는 문제가 자주 출제됩니다. 채우기 핸들을 이용한 연속 데이터 입력 방법을 확실히 이해하기 위해서는 본문에 나온 예제를 눈으로만 보지 말고 직접 실습해 보아야 합니다.

궁금해요 시나공 Q&A 베스트

Q 채우기 핸들이 없어요!

A [파일] → [옵션] → [고급] 탭의 '편집 옵션' 항목에서 '채우기 핸들 및 셀 끌어서 놓기 사용'을 선택하면 채우기 핸들이 화면에 표시됩니다.

두 개의 숫자 반복
숫자 데이터뿐만 아니라 날짜, 시간, 문자 데이터의 경우에도 두 셀에 입력된 값이 반복하여 입력됩니다.

- **두 셀** : 숫자가 입력된 두 셀을 범위로 지정하고 채우기 핸들을 드래그하면 첫 셀과 두 번째 셀의 차이만큼 증가/감소하고, Ctrl 을 누른 채 드래그하면 두 개의 값이 반복*하여 복사된다.

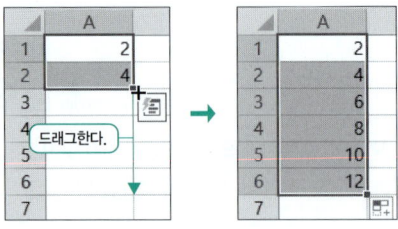
증가

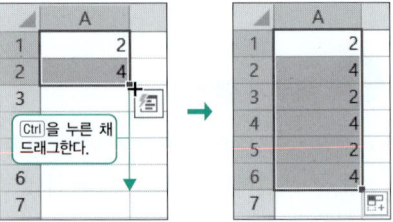
두 개의 숫자 데이터 : 두 숫자가 반복하여 입력

③ 문자 데이터
16.3, 14.2

- **한 셀** : 문자 데이터를 입력하고 채우기 핸들을 드래그하면 동일한 데이터가 입력된다.
- **두 셀** : 문자 데이터가 입력된 두 셀을 범위로 지정하고 채우기 핸들을 드래그하면 두 개의 문자가 반복하여 입력된다.

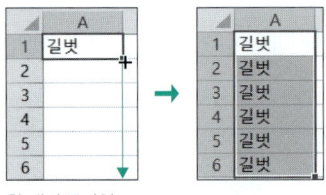
한 개의 문자열

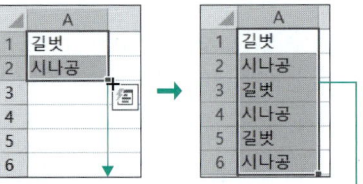
두 개의 문자열   두 셀을 범위로 지정하고 드래그하면 두 개의 문자열이 반복하여 입력된다.

④ 날짜 데이터
21.1, 19.2, 17.2, 17.1, 16.2, 09.4

- **한 셀** : 날짜 데이터를 입력하고 채우기 핸들을 드래그하면 1일 단위로 증가한다.
- **두 셀** : 날짜 데이터가 입력된 두 셀을 범위로 지정하고 채우기 핸들을 드래그하면 두 셀의 차이만큼 연, 월, 일 단위로 증가한다.

'12월 25일' 입력 방법
셀에 **12-25**를 입력하면 화면에는 **12월 25일**로 표시됩니다.

날짜 데이터가 입력된 셀의 '자동 채우기 옵션( )' 단추

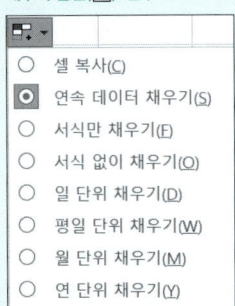

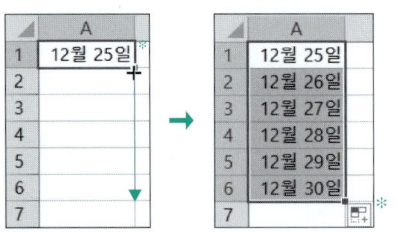

한 개의 날짜 데이터 : 1일 단위로 증가

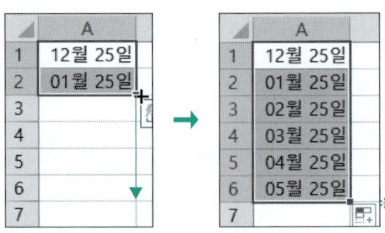
두 개의 날짜 데이터 : 1개월 단위로 증가

- Ctrl 을 누른 채 드래그하면 복사된다.

❺ 혼합 데이터(문자 + 숫자)

25.2, 22.1, 21.4, 21.3, 21.2, 20.2, 19.2, 19.1, 17.2, 17.1, 16.2, 13.2, 12.1, 08.4, 01.1, 00.3

- **한 셀** : 문자와 숫자가 혼합하여 입력된 셀의 채우기 핸들을 드래그하면 가장 오른쪽에 있는 숫자는 1씩 증가하고, 나머지는 그대로 입력된다.

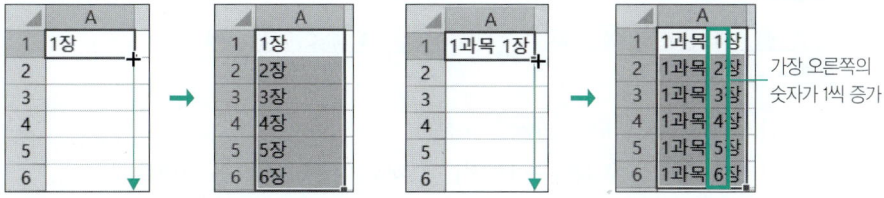

- **두 셀** : 문자와 숫자가 혼합하여 입력된 두 셀을 범위로 지정하고 채우기 핸들을 드래그하면 숫자 데이터는 차이만큼 증가/감소하고, 문자는 그대로 입력된다.

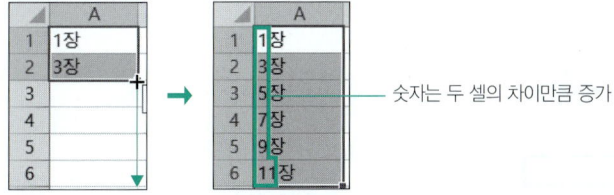

- Ctrl 을 누른 채 드래그하면 복사된다.

❻ 사용자 지정 목록

25.2, 22.1, 21.4, 21.3, 21.2, 19.1, 16.1, 15.2, 08.3, 00.2

- 사용자 지정 목록에 등록된 데이터 중 하나를 입력하고 드래그하면 사용자 지정 목록에 등록된 순서대로 반복되어 입력된다.

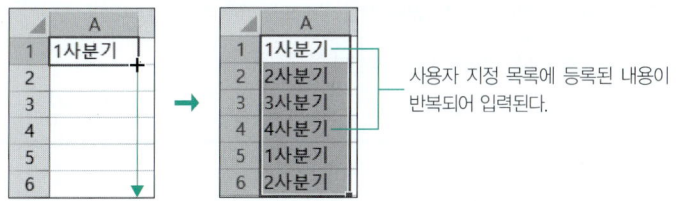

- Ctrl 을 누른 채 드래그하면 복사된다.
- [파일] → [옵션]을 클릭한 후 'Excel 옵션' 대화상자의 '고급' 탭에서 '일반' 항목의 〈사용자 지정 목록 편집〉을 클릭하여 사용자 지정 목록을 추가/삭제할 수 있다.

7 '연속 데이터' 대화상자

23.3, 14.3, 14.2, 11.1, 08.3

실행 [홈] → [편집] → [채우기] → [계열] 선택

예제 1 A1 셀의 값을 4씩 증가하여 20까지 입력하시오.

① [A1] 셀에 **4**를 입력한 후 Enter를 누른다.
② [A1] 셀을 선택한 후 [홈] → [편집] → [채우기] → [계열]을 선택한다.
③ '연속 데이터' 대화상자에서 방향은 '행', 유형은 '선형'을 선택하고, 단계 값은 **4**, 종료 값은 **20**을 입력한 후 〈확인〉을 클릭한다.

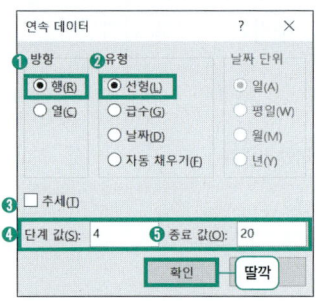

❶ 방향		자동 채우기를 실행할 방향을 지정한다(행 : 가로, 열 : 세로).
❷ 유형	23.3, 14.3, 14.2, 11.1	자동 채우기를 실행할 데이터의 종류를 지정한다. • **선형** : 단계 값만큼 더하여 입력한다. • **급수** : 단계 값만큼 곱하여 입력한다. • **날짜** : 날짜 단위에서 지정한 값만큼 증가하여 입력한다. • **자동 채우기*** : 채우기 핸들로 자동 채우기를 수행한 것과 같은 결과를 표시한다.
❸ 추세*		범위의 첫 번째와 두 번째 셀의 차이만큼 선형 추세 또는 급수 추세로 입력한다.
❹ 단계 값		연속 데이터의 증가 또는 감소할 값을 지정한다.
❺ 종료 값		연속 데이터가 끝나는 값을 지정한다.

예제 2 리본 메뉴를 이용한 연속 데이터 입력의 사용 예

종류	셀	단계 값	종료 값	결과 값
선형	1	1	10	1, 2, 3, 4, 5, …, 10
급수	1	5	30	1, 5, 25
날짜	04-10	1	12-25	• **일 단위** : 04-11, 04-12, …, 12-25 • **월 단위** : 05-10, 06-10, …, 12-10
자동 채우기	1			1, 1, 1, 1, 1
추세	1 3			• **선형** : 1, 3, 5, 7, 9 • **급수** : 1, 3, 9, 27, 81

자동 채우기
자동 채우기를 적용하려면 적용될 범위를 지정한 후 수행해야 합니다.

추세
추세를 적용하려면 적용될 범위를 지정한 후 수행해야 합니다.

궁금해요 시나공 Q&A 베스트

Q **예제 2**에서 셀에 1을 입력하고 유형을 '급수'로 선택한 다음 단계 값을 5, 종료값을 30으로 했는데 워크시트에는 25까지만 표시됩니다. 종료값을 40, 50, 80으로 해도 25까지만 표시되더군요. 왜 그렇죠?

A 급수는 이전 값에 단계값을 곱하는 것이므로, 25 다음에 나올 값은 25×5=125이기 때문입니다.

기출문제 따라잡기

25년 2회, 22년 1회, 21년 3회, 21년 2회, 19년 1회

1. 다음 중 채우기 핸들에 대한 설명으로 옳은 것은?

① 문자와 숫자가 혼합된 셀의 채우기 핸들을 Ctrl을 누른 채 드래그하면 동일한 내용으로 복사된다.
② 숫자가 입력된 첫 번째 셀과 두 번째 셀을 범위로 설정한 후 채우기 핸들을 드래그하면 두 번째 셀의 값이 복사된다.
③ 숫자가 입력된 셀에서 Ctrl을 누른 채 채우기 핸들을 오른쪽으로 드래그하면 숫자가 1씩 감소한다.
④ 사용자 지정 목록에 지정된 목록 데이터의 첫 번째 항목을 입력하고 Ctrl을 누른 채 채우기 핸들을 드래그하면 목록 데이터가 입력된다.

> ② 숫자가 입력된 첫 번째 셀과 두 번째 셀을 범위로 설정한 후 채우기 핸들을 드래그하면 첫 번째 셀과 두 번째 셀의 값 차이만큼 값이 증가하거나 감소합니다.
> ③ 숫자가 입력된 셀에서 Ctrl을 누른 채 채우기 핸들을 오른쪽으로 드래그하면 숫자가 1씩 증가합니다.
> ④ 사용자 지정 목록에 정의된 목록 데이터의 첫 번째 항목을 입력하고 Ctrl을 누른 채 채우기 핸들을 드래그하면 입력한 내용이 복사 됩니다. 목록 데이터를 입력하려면 아무것도 누르지 않은 채 채우기 핸들을 드래그해야 합니다.

16년 1회, 15년 2회

2. 다음 중 아래의 워크시트에서 [A1:B2] 영역을 선택한 후 채우기 핸들을 이용하여 [B4] 셀까지 드래그 했을 때 [A4:B4] 영역의 값으로 옳은 것은?

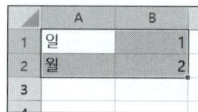

① 월, 4 ② 수, 4
③ 월, 2 ④ 수, 2

> • 두 셀에 사용자 지정 목록에 등록된 문자 데이터를 입력하고 범위를 지정한 상태에서 드래그하면 두 셀의 차이에 해당하는 만큼을 건너뛴 사용자 지정 목록의 데이터가 순서대로 입력됩니다. "일"과 "월"의 차이는 1일 차이이므로 "화", "수"가 차례대로 입력됩니다.
> • 두 셀에 숫자를 입력하고 범위를 지정한 상태에서 드래그하면 두 셀의 차이만큼 증가/감소합니다. 숫자 1과 2의 차이는 +1이므로 3, 4가 차례로 입력됩니다.

	A	B
1	일	1
2	월	2
3	화	3
4	수	4

17년 2회, 1회

3. 다음 중 아래 워크시트에서 [A1:B1] 영역을 선택한 후 채우기 핸들을 이용하여 [B3] 셀까지 드래그했을 때 [A3] 셀, [B3] 셀의 값으로 옳은 것은?

	A	B
1	가-011	1월 15일
2		
3		
4		

① 다-011, 01월 17일   ② 가-013, 01월 17일
③ 가-013, 03월 15일   ④ 다-011, 03월 15일

> • 문자와 숫자가 혼합된 데이터를 입력하고 채우기 핸들을 드래그하면 가장 오른쪽에 있는 숫자는 1씩 증가하고 나머지 숫자와 문자는 그대로 입력됩니다.
> • 한 셀에 날짜 데이터를 입력하고 채우기 핸들을 드래그하면 1일 단위로 증가합니다.

	A	B
1	가-011	01월 15일
2	가-012	01월 16일
3	가-013	01월 17일

24년 4회, 1년 1회, 19년 2회, 16년 2회

4. 다음 중 채우기 핸들을 이용하여 데이터를 입력하는 방법으로 옳지 않은 것은?

① 인접한 셀의 내용으로 현재 셀을 빠르게 입력하려면 위쪽 셀의 내용은 Ctrl + D, 왼쪽 셀의 내용은 Ctrl + R을 누른다.
② 숫자와 문자가 혼합된 문자열이 입력된 셀의 채우기 핸들을 아래쪽으로 끌면 문자는 복사되고 숫자는 1씩 증가한다.
③ 숫자가 입력된 셀의 채우기 핸들을 Ctrl을 누른 채 아래쪽으로 끌면 똑같은 내용이 복사되어 입력된다.
④ 날짜가 입력된 셀의 채우기 핸들을 아래쪽으로 끌면 기본적으로 1일 단위로 증가하여 자동 채우기가 된다.

> 숫자가 입력된 셀의 채우기 핸들을 드래그하면 동일한 데이터가 복사되어 입력되고, Ctrl을 누른 채 드래그하면 값이 1씩 증가하여 입력됩니다.

▶ 정답 : 1. ① 2. ② 3. ② 4. ③

기출문제 따라잡기

25년 5회, 22년 3회

5. 다음 중 아래 워크시트의 [A1] 셀에서 10.1을 입력한 후 Ctrl을 누르고 자동 채우기 핸들을 아래로 드래그한 경우 [A4] 셀에 입력되는 값은?

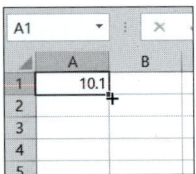

① 10.1
② 10.4
③ 13.1
④ 13.4

> Ctrl을 누른 채 숫자가 들어 있는 셀의 채우기 핸들을 드래그하면 값이 1씩 증가하며 입력됩니다.
>
> | | A |
> |---|---|
> | 1 | 10.1 |
> | 2 | 11.1 |
> | 3 | 12.1 |
> | 4 | 13.1 |

18년 1회, 12년 1회

6. 아래 시트에서 [A1] 셀을 선택한 후 Ctrl을 누른 채 채우기 핸들을 [D1] 셀까지 드래그하였다. 다음 중 [D1] 셀에 입력되는 값으로 옳은 것은?

	A	B	C	D
1	1학년 A반			

① 4학년 A반
② 1학년 D반
③ 1학년 A반
④ 4학년 D반

> 문자와 숫자의 혼합 데이터를 채우기 핸들로 드래그하면 가장 오른쪽에 있는 숫자만 1씩 증가하지만, Ctrl을 누른 채 드래그하면 그대로 복사됩니다.

23년 3회

7. [A1] 셀에서 '연속 데이터' 대화상자의 설정 값을 다음과 같이 지정했을 때의 결과로 옳은 것은?

① C1 → 4
② C1 → 5
③ A3 → 4
④ A3 → 5

> - 방향이 '행'이므로 오른쪽으로 값이 입력됩니다.
> - 유형이 '급수'이므로 '단계 값'만큼 값이 곱해지며 입력됩니다.
> - '단계 값'이 2이므로 2씩 곱해지며 입력됩니다. 즉 [A1] 셀부터 오른쪽으로 차례대로 1, 2, 4, 8, 16, …이 입력됩니다.
> - 종료 값이 100이므로 채워지는 값은 100을 넘을 수 없습니다..
>
>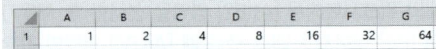

20년 1회

8. 다음 중 날짜 데이터를 자동 채우기 옵션(🖳) 단추를 이용하여 데이터를 채운 경우, 채울 수 있는 값에 해당하지 않는 것은?

① 평일로만 일 단위 증가되는 날짜를 채울 수 있다.
② 주 단위로 증가되는 날짜를 채울 수 있다.
③ 월 단위로 증가되는 날짜를 채울 수 있다.
④ 연 단위로 증가되는 날짜를 채울 수 있다.

> [A1] 셀에 날짜 데이터를 입력하고 채우기 핸들을 드래그한 다음 '자동 채우기 옵션(🖳)' 단추를 클릭하면 다음과 같이 표시됩니다.
>
>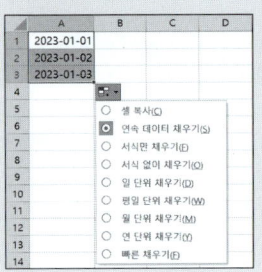

▶ 정답 : 5. ③ 6. ③ 7. ① 8. ②

SECTION 067 자동 완성 기능 / 데이터 유효성 검사

1 자동 완성 기능
25.2, 24.4, 22.2, 21.3, 17.2, 11.3

자동 완성 기능은 데이터 입력 중 처음 몇 자가 같은 열에 이미 입력된 내용과 동일하면 자동으로 나머지 내용이 채워진다.

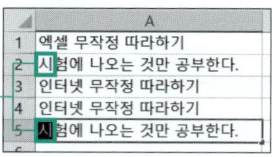

'시' 자가 동일하므로 **시** 자를 입력하면 나머지가 자동으로 입력된다.

- 셀을 선택하고 [Alt]+[↓]를 누르면 같은 열에 입력된 데이터 목록이 표시된다.

- 문자 데이터에만 적용되는 기능으로, 숫자나 날짜 데이터에는 적용되지 않는다.
- 자동 완성 기능이 동작하지 않으면 [파일] → [옵션] → [고급] 탭의 '편집 옵션'에서 '셀 내용을 자동 완성' 항목에 체크한 다음 〈확인〉을 클릭한다.

체크 표시가 되어 있으면 자동 완성 기능이 적용되고, 체크 표시를 해제하면 자동 완성 기능이 적용되지 않는다.

> **전문가의 조언**
>
> 자동 완성 기능의 특징을 묻는 문제가 출제되고 있습니다. 자동 완성 기능은 문자 데이터에만 적용된다는 것과 [Alt]+[↓]의 기능을 기억해 두세요.

전문가의 조언

유효성 조건 중 '목록'과 '텍스트 길이'의 특징과 오류 메시지 스타일을 묻는 문제가 출제되고 있으니 잘 정리해 두세요.

데이터 유효성 검사의 기능

예를 들어 급여를 입력할 때 100~500만 원 사이에 있는 데이터만 입력해야 하는 경우, 이 조건을 데이터 유효성 검사로 설정해 놓으면 100~500만 원 사이를 벗어나는 데이터를 입력하면 오류 메시지가 나타나고, 데이터는 입력되지 않습니다.

---

 2 데이터 유효성 검사   25.2, 19.상시, 19.2, 17.2, 17.1, 16.1, 15.3, 15.1, 13.3, 11.3

데이터 유효성 검사는 데이터를 정확하게 입력할 수 있도록 도와주는 기능*이다.

실행 [데이터] → [데이터 도구] → [(데이터 유효성 검사)] 클릭

특징

- 데이터가 입력된 셀에도 유효성 검사를 적용할 수 있다.
- [데이터] → [데이터 도구] → [데이터 유효성 검사] → [잘못된 데이터]를 선택하면 유효성 검사에 위배되는 데이터에 빨강색 원이 표시된다.
- '데이터 유효성' 대화상자

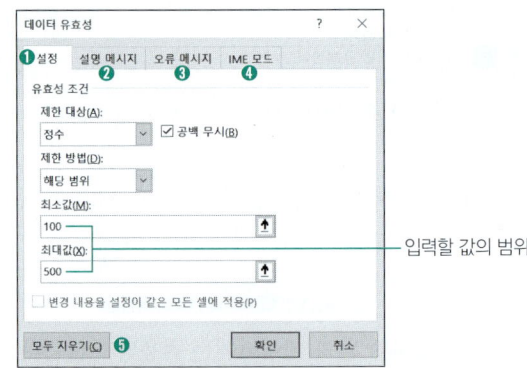

❶ **'설정' 탭** : 제한 대상, 제한 방법, 최소값, 최대값 등을 이용해 유효성 조건을 지정한다.
- 제한 대상 : 모든 값, 정수, 소수점, 목록*, 날짜, 시간, 텍스트 길이*, 사용자 지정 등
- 제한 방법 : 해당 범위, 제외 범위, =, <>, >, <, >=, <=

❷ **'설명 메시지' 탭** : 유효성 검사를 지정한 셀을 선택하면 표시할 메시지를 지정한다.

❸ **'오류 메시지' 탭** : 유효성 검사에 위배되는 데이터를 입력하면 표시할 메시지를 지정한다.
- 오류 스타일 : 경고(⚠), 중지(⊗), 정보(ℹ)

❹ **'IME 모드' 탭** : 유효성 검사가 지정된 셀의 데이터 입력 모드를 지정한다.
- 모드 : 영문 전자, 영문, 한글 전자, 한글

❺ **모두 지우기** : 설정된 유효성 검사를 해제한다.

목록

- 엑셀에 지정된 내용을 선택할 수 있도록 표시하는 목록으로, 새로운 내용을 입력할 수는 없습니다.
- 워크시트에 입력된 데이터를 범위로 지정하거나 사용할 항목을 쉼표(,)로 구분하여 목록의 원본을 만들어 사용할 수 있습니다.
- 목록의 원본으로 정의된 이름을 사용하려면 =이름과 같이 입력하면 됩니다.
- 목록의 너비는 데이터 유효성 검사 설정이 적용된 셀의 너비에 의해 결정됩니다.

텍스트 길이

셀에 입력되는 텍스트의 길이를 제한합니다.

예 제한 방법을 =, 길이를 3으로 지정하면, 문자나 숫자를 3자리만 입력할 수 있습니다.
- 문자 예 : abc, 가나다, 1a가 등
- 숫자 예 : 100 ~ 999

기출문제 따라잡기

 문제1 3307851　　 문제3 3307853

22년 1회, 11년 3회
1. 다음 중 '셀 항목 자동 완성' 기능에 대한 설명으로 옳지 않은 것은?

① 숫자 또는 날짜만으로 구성된 내용에는 적용되지 않는다.
② [파일] → [옵션] → [고급] 탭의 '편집 옵션' 항목에서 '셀 내용을 자동 완성'이 설정되어 있어야 실행된다.
③ 나머지 글자가 자동으로 채워진 항목을 그대로 입력하려면 Enter를 누른다.
④ 한글이나 영어로만 구성된 항목에 적용되는 기능이다.

> 셀 내용 자동 완성 기능은 한글이나 영어가 포함된 문자열 데이터에 적용되는 기능입니다.

24년 4회, 21년 3회
2. 다음 중 아래 워크시트에서 [A2:A4] 영역의 문자열을 [A5] 셀에 목록으로 표시하여 입력하기 위한 키 조작으로 옳은 것은?

	A	B	C
1	과목	성적	
2	컴퓨터	90	
3	전자	85	
4	프로그램	70	
5			
6	전자		
7	컴퓨터		
	프로그램		
8			

① Ctrl + ↓
② Alt + ↓
③ Shift + ↓
④ Tab + ↓

> 같은 열에 입력된 문자열 목록을 표시하는 바로 가기 키는 Alt + ↓입니다.

19년 상시, 15년 3회, 13년 3회, 11년 3회
3. 다음 중 데이터 유효성 검사에서 유효성 조건의 제한 대상으로 '목록'을 설정하였을 때의 설명으로 옳지 않은 것은?

① 목록의 원본으로 정의된 이름의 범위를 사용하려면 등호(=)와 범위의 이름을 입력한다.
② 유효하지 않은 데이터를 입력할 때 표시할 메시지 창의 내용은 [오류 메시지] 탭에서 설정한다.
③ 드롭다운 목록의 너비는 데이터 유효성 설정이 있는 셀의 너비에 의해 결정된다.
④ 목록 값을 입력하여 원본을 설정하려면 값을 세미콜론(;)으로 구분하여 입력한다.

> 유효성 조건에 사용할 목록의 원본을 사용자가 만들어 사용할 때는 항목을 쉼표(,)로 구분하여 입력합니다.

25년 2회
4. 다음 중 셀에 001과 같이 1 앞에 00이 표시되도록 하기 위한 방법으로 옳지 않은 것은?

① '셀 서식' 대화상자의 '사용자 지정' 형식을 000으로 지정한 후 1을 입력한다.
② 작은따옴표(')를 입력한 후 001을 입력한다.
③ '데이터 유효성' 대화상자에서 제한 대상을 '텍스트 길이', 제한 방법을 =, 길이를 3으로 지정한 후 001을 입력한다.
④ 셀의 표시 형식을 '텍스트'로 지정한 후 001을 입력한다.

> '데이터 유효성' 대화상자에서 제한 대상을 '텍스트 길이', 제한 방법을 =, 길이를 3으로 지정하면 셀에 숫자를 입력하는 경우 100~999까지의 정수만 입력할 수 있습니다.

19년 2회, 15년 1회
5. 다음 중 [데이터 유효성] 기능의 오류 메시지 스타일에 해당하지 않는 것은?

① 경고(⚠)
② 중지(❌)
③ 정보(ℹ)
④ 확인(✓)

> '데이터 유효성' 기능의 오류 메시지 스타일에는 경고(⚠), 중지(❌), 정보(ℹ)가 있습니다.

25년 2회
6. 다음 중 '셀 항목 자동 완성' 기능에 대한 설명으로 옳지 않은 것은?

① 데이터 입력 중 처음 몇 자가 같은 열에 이미 입력된 내용과 동일하면 자동으로 나머지 내용이 채워지는 기능이다.
② 문자나 날짜에만 적용되는 기능으로, 숫자에는 적용되지 않는다.
③ [파일] → [옵션] → [고급] 탭의 '편집 옵션' 항목에서 '셀 내용을 자동 완성'이 설정되어 있어야 실행된다.
④ 셀을 선택하고 Alt + ↓를 누르면 자동 완성 목록을 확인할 수 있다.

> '셀 항목 자동 완성' 기능은 문자 데이터에만 적용되고, 숫자나 날짜 데이터에는 적용되지 않습니다.

▶ 정답: 1.④ 2.② 3.④ 4.③ 5.④ 6.②

SECTION 068 데이터 수정 / 삭제

전문가의 조언

선택된 영역의 내용을 모두 삭제하는 방법이나 노트 삭제 방법에 대한 문제가 출제되고 있습니다. 스레드 메모, 노트, 서식은 Delete를 눌러도 삭제되지 않는다는 것을 중심으로 삭제 방법을 정리하세요.

1 전체 수정

- 데이터가 입력된 셀에 새로운 데이터를 입력한 후 Enter를 누른다.
- **여러 데이터 동시 수정** : 수정할 여러 개의 셀을 선택하고, 새로운 내용을 입력한 후 Ctrl + Enter를 누른다.

	A	B	C	D
1	이름	워드	컴활	상거래
2	보라미	100	78	100
3	김은혜	90	100	90
4	박한솔	60	90	80

→ 98 입력 후 Ctrl + Enter 누름 →

	A	B	C	D
1	이름	워드	컴활	상거래
2	보라미	98	78	98
3	김은혜	90	98	90
4	박한솔	60	90	80

2 부분 수정 ^{11.2}

- **방법 1** : 데이터가 입력된 셀을 마우스로 더블클릭한 후 수정한다.
- **방법 2** : 데이터가 입력된 셀에 셀 포인터를 놓고, F2를 누른 다음 수정한다.
- **방법 3** : 데이터가 입력된 셀에 셀 포인터를 놓고, 수식 입력줄을 클릭하여 수정한다.

3 삭제

22.3, 21.4, 21.3, 21.1, 20.2, 20.1, 18.2, 16.2, 15.3, 14.2, 13.3, 10.2, 07.2, 04.1, 00.3, 00.1, 99.2, 99.1

- **방법 1** : 삭제할 셀을 선택한 후 Delete를 누른다.
- **방법 2** : 삭제할 셀의 바로 가기 메뉴에서 [내용 지우기]를 선택한다.
  ※ Delete를 누르거나 [내용 지우기]를 선택하면 셀에 입력된 데이터만 삭제되고 셀에 설정된 서식이나 스레드 메모, 노트 등은 삭제되지 않는다.
- **방법 3** : [홈] → [편집] → [지우기]에서 [모두 지우기] 또는 [내용 지우기]를 선택한다.

기출문제 따라잡기

22년 3회, 21년 1회, 14년 2회, 07년 2회

1. 다음 중 데이터가 입력된 셀에서 Delete를 눌렀을 때의 상황에 대한 설명으로 옳지 않은 것은?

① 셀에 설정된 서식은 지워지지 않고 내용만 지워진다.
② 셀에 설정된 내용, 서식이 함께 모두 지워진다.
③ [홈] → [편집] → [지우기] → [내용 지우기]를 선택한 것과 동일하다.
④ 바로 가기 메뉴에서 [내용 지우기]를 실행한 것과 동일한 결과가 발생한다.

> 데이터가 입력된 셀에서 Delete를 누르면 셀에 입력된 내용은 지워지나 셀에 지정된 서식은 지워지지 않습니다. 서식을 지우려면 [홈] → [편집] → [지우기]에서 [서식 지우기]를 선택해야 합니다.

11년 2회

2. 셀에서 직접 셀의 내용을 편집하거나 수식 입력줄에서 셀의 내용을 편집할 수 있도록 셀을 편집 모드로 전환하는 과정으로 옳지 않은 것은?

① 편집하려는 데이터가 들어 있는 셀을 두 번 클릭한다.
② 편집하려는 데이터가 들어 있는 셀을 클릭하고 수식 입력줄을 클릭한다.
③ 편집하려는 데이터가 들어 있는 셀을 클릭하고 F5를 누른다.
④ 편집하려는 데이터가 들어 있는 셀을 클릭하고 F2를 누른다.

> 편집하려는 데이터가 들어 있는 셀을 클릭하고 F5를 누르면 '이동' 대화상자나 나타납니다.

20년 1회, 13년 3회, 00년 1회

3. 다음 중 아래 시트에서 [C2:C5] 영역에 수행한 결과가 다르게 나타나는 것은?

	A	B	C	D	E
1	성명	출석	과제	실기	총점
2	박경수	20	20	55	95
3	이정수	15	10	60	85
4	경동식	20	14	50	84
5	김미경	5	11	45	61

① 키보드의 Backspace를 누른다.
② 마우스의 오른쪽 버튼을 눌러서 나온 바로 가기 메뉴에서 [내용 지우기]를 선택한다.
③ [홈] → [편집] → [지우기] 메뉴에서 [내용 지우기]를 선택한다.
④ 키보드의 Delete를 누른다.

> ②, ③, ④번은 선택한 영역의 데이터가 모두 삭제되지만 ①번은 범위의 첫 번째 셀, 즉 [C2] 셀의 데이터만 삭제됩니다.

21년 4회, 20년 2회, 16년 2회

4. 다음 중 [A4] 셀의 노트가 지워지는 작업에 해당하는 것은?

	A	B	C	D
1		성적 관리		
2	성명	영어	국어	총점
3	배순용	장학생	89	170
4	이길순	88	98	186
5	하길주	87	88	175
6	이선호	67	78	145

① [A3] 셀의 채우기 핸들을 아래쪽으로 드래그하였다.
② [A4] 셀의 바로 가기 메뉴에서 [메모 표시/숨기기]를 선택하였다.
③ [A4] 셀을 선택하고, [홈] 탭 [편집] 그룹의 [지우기]에서 [모두 지우기]를 선택하였다.
④ [A4] 셀을 선택하고, 키보드의 Backspace를 눌렀다.

> [A4] 셀을 선택하고, [홈] 탭 [편집] 그룹의 [지우기]에서 [모두 지우기]를 선택하면 셀에 입력된 데이터, 서식, 노트 등이 모두 삭제됩니다.
> ① [A3] 셀의 채우기 핸들을 아래쪽으로 드래그하면 [A4] 셀의 노트는 그대로 있는 상태에서 [A3] 셀의 데이터만 복사됩니다.
> ② [A4] 셀의 바로 가기 메뉴에서 [메모 표시/숨기기]를 선택하면 노트가 지워지는 것이 아니라 화면에서 숨겨지기만 합니다.
> ④ [A4] 셀을 선택하고, 키보드의 Backspace를 누르면 [A4] 셀의 데이터만 삭제됩니다.

▶ 정답 : 1. ② 2. ③ 3. ① 4. ③

SECTION 069 찾기

전문가의 조언

중요해요! 찾기는 전반적인 내용을 모두 알아야 풀 수 있는 문제가 출제되었습니다. 기본적인 내용은 물론이고 바로 가기 키, 데이터를 역순으로 찾는 방법 등을 모두 알아두세요.

1 찾기

25.3, 24.5, 24.4, 23.1, 22.4, 22.2, 22.1, 21.1, 19.2, 18.2, 18.1, 16.3, 14.3, 14.2, 13.1, 11.2, 09.3, 07.4, 04.3, 03.4, 02.1, 01.2, …

찾기는 워크시트에 입력되어 있는 데이터 중에서 특정 내용을 찾는 기능으로, 숫자, 특수문자, 한자 등도 찾을 수 있다.

- 워크시트 전체를 대상으로 찾거나 범위를 지정하여 범위 안에서만 찾을 수 있다.
- 여러 개의 워크시트를 선택하고 찾기를 실행하면 하나의 워크시트에 있는 것처럼 연속적으로 찾기를 실행한다.

실행 다음과 같이 수행한 후 '찾기 및 바꾸기' 대화상자의 '찾기' 탭이 표시되면 찾을 내용을 입력하고 〈다음〉을 클릭한다.

- 방법 1 : [홈] → [편집] → [찾기 및 선택] → [찾기] 선택
- 방법 2 : 바로 가기 키 Ctrl + F 누름

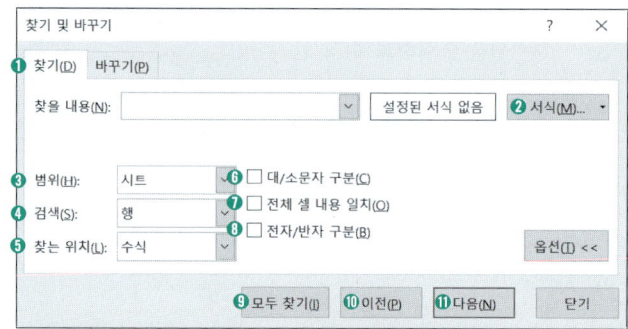

만능 문자(와일드 카드)

모든 문자를 대신하여 사용하는 문자를 말합니다. *는 문자의 모든 자리를 대신할 수 있지만, ?는 문자의 한 자리만 대신할 수 있습니다.
- a* : a로 시작하는 모든 문자
- a?c : a로 시작하고 c로 끝나는 세 글자의 모든 단어
- ※ 만능 문자(?, *) 자체를 찾으려면 ~* 또는 ~?와 같이 만능 문자 앞에 ~ 기호를 입력하면 됩니다.

찾는 위치

- 수식 : 찾을 내용을 워크시트에서 검색하되, 수식의 경우 수식에서 찾을 내용을 검색함
- 값 : 찾을 내용을 워크시트에서 검색하되, 수식의 경우 수식이 계산된 결과값에서 찾을 내용을 검색함

❶ 찾을 내용 25.3, 24.5, 24.4, 23.1, 22.4, 22.2, …	• 찾고자 하는 내용을 입력한다. • '*, ?' 등의 만능문자(와일드 카드)*를 사용할 수 있다. • +, −, #, $ 등과 같은 특수문자도 찾을 수 있다.
❷ 서식 25.3, 24.4, 22.4, 22.2, 22.1, 21.1, …	특정 서식이 지정된 데이터를 찾는다.
❸ 범위 25.3, 24.4, 22.4, 22.2, 22.1, 21.1, …	현재 워크시트에서만 검색하려면 '시트', 모든 시트에서 검색하려면 '통합 문서'를 선택한다.
❹ 검색 11.3, 02.1, 00.1	찾을 방향으로 행이나 열을 지정한다.
❺ 찾는 위치 25.3, 22.1, 18.2, 16.3, 14.2, 09.3, …	찾을 정보가 들어 있는 워크시트의 요소로, 수식*이나 값*, 슬라이드 노트, 메모를 지정한다.
❻ 대/소문자 구분 18.2, 16.3, 14.2, 04.3, 00.1	대문자와 소문자를 구분하여 찾는다.
❼ 전체 셀 내용 일치 24.5, 23.1, 07.4, 04.3	찾을 내용과 완전히 일치하는 셀만을 찾는다.
❽ 전자/반자 구분 04.3	전자(2Byte 문자)와 반자(1Byte 문자)를 구분하여 찾는다.

24.4, 22.4, 22.2, 21.1, 18.1, 14.3 ❾ 모두 찾기	검색 조건에 맞는 모든 항목을 한꺼번에 찾는다.	
❿ 이전	찾을 내용과 일치하는 이전 항목으로 이동한다.	
⓫ 다음*	찾을 내용과 일치하는 다음 항목으로 이동한다.	

다음
Shift 를 누른 상태에서 〈다음〉을 클릭하면 〈이전〉을 클릭한 것처럼 뒤에서부터 앞으로, 즉 역순으로 검색합니다.

- 찾을 내용을 입력하고, 〈다음〉을 한 번이라도 수행한 후에는 '찾기 및 바꾸기' 대화상자를 닫아도 F4 를 눌러 입력한 내용을 계속하여 찾을 수 있다.

기출문제 따라잡기

문제1 1307151

24년 4회, 22년 4회, 2회, 21년 1회, 18년1회, 16년 3회
1. 다음 중 [찾기 및 바꾸기] 대화상자의 각 항목에 대한 설명으로 옳지 않은 것은?

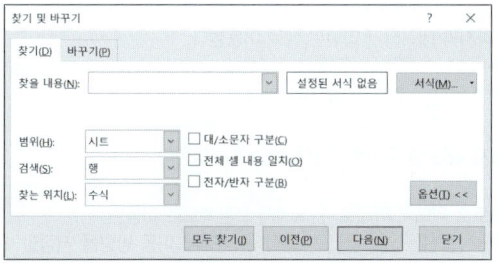

① 찾을 내용 : 검색할 내용을 입력하는 곳으로 와일드 카드 문자를 검색 문자열에 사용할 수 있다.
② 서식 : 숫자 셀을 제외한 특정 서식이 있는 텍스트 셀을 찾을 수 있다.
③ 범위 : 현재 워크시트에서만 검색하는 '시트'와 현재 통합 문서의 모든 시트를 검색하는 '통합 문서' 중 선택할 수 있다.
④ 모두 찾기 : 검색 조건에 맞는 모든 항목이 나열된다.

'서식'은 데이터 형식에 상관 없이 특정 서식이 지정된 데이터를 찾을 수 있습니다.

24년 5회, 23년 1회
2. [홈] → [편집] → [찾기 및 선택] → [찾기]를 선택하여 표시된 대화상자의 찾을 내용에 다음과 같이 입력하였을 경우 검색되는 대상에 대한 설명으로 옳은 것은?

> 삼?주식회사

① [전체 셀 내용 일치]를 설정하면 '삼'으로 시작하고 '주식회사'로 끝나는 6글자를 찾는다.
② '삼'으로 시작하고 '주식회사'로 끝나는 모든 글자를 찾는다.

③ '삼'로 시작하는 모든 데이터를 찾는다.
④ '주식회사'로 끝나는 모든 데이터를 찾는다.

'?'는 문자의 한 자리만을 대신할 수 있는 만능 문자이므로, '전체 셀 내용 일치'를 선택하고 찾을 내용을 '삼?주식회사'로 지정하여 찾기를 수행하면 '삼'으로 시작하여 '주식회사'로 끝나는 여섯 자리 문자를 찾습니다.
② '삼'으로 시작하고 '주식회사'로 끝나는 모든 데이터 : 삼*주식회사
③ '삼'으로 시작하는 모든 데이터 : 삼*
④ '주식회사'로 끝나는 모든 데이터 : *주식회사

25년 3회, 22년 1회, 21년 3회, 09년 3회
3. 다음 중 찾기 및 바꾸기에 대한 설명으로 옳지 않은 것은?

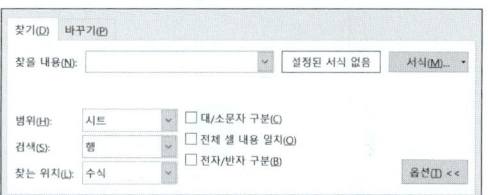

① 찾을 내용에 물음표(?)를 사용하면 찾고자 하는 단어의 길이를 제한할 수 있고, 별표(*)를 사용하면 단어의 길이에 상관없이 모든 단어를 검색할 수 있다.
② 서식을 사용하면 서식 조건에 맞는 셀을 검색할 수 있다.
③ 범위 항목에서 현재 워크시트에서만 검색하려면 '시트'를 선택하고 현재 통합 문서의 모든 시트를 검색하려면 '통합 문서'를 선택한다.
④ 찾는 위치 항목에서 '수식'으로 입력하면 수식이 계산된 결과에서 찾을 문자열을 검색한다.

찾는 위치를 '수식'으로 지정하면 수식이 계산된 결과가 아닌 수식에서 찾을 내용을 검색합니다. 수식이 계산된 결과값에서 찾을 내용을 검색하려면 찾는 위치를 '값'으로 지정해야 합니다.

▶ 정답 : 1. ② 2. ① 3. ④

SECTION 070 : 셀의 이동과 선택

전문가의 조언

자주 출제되는 내용은 아니지만 엑셀의 편리한 사용을 위해 알아두면 좋습니다. 몇 번만 실습해 보면 쉽게 숙지할 수 있습니다.

←, →, ↑, ↓를 눌러도 이동하지 않을 때…
[ScrllLock]이 눌러진 상태에서 방향키(←, →, ↑, ↓)를 누르면 셀 포인터는 이동하지 않고 화면만 이동합니다.

셀 주소를 직접 입력하여 이동하는 방법
다음과 같이 수행한 후 셀 주소를 직접 입력합니다.
• 방법 1 : [홈] → [편집] → [찾기 및 선택] → [이동] 선택
• 방법 2 : [Ctrl]+[G] 누름
• 방법 3 : [F5] 누름

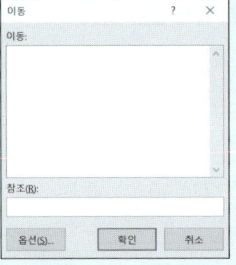

전문가의 조언

연속된 셀을 범위로 지정하려면 [Shift], 서로 떨어져 있는 셀을 범위로 지정하려면 [Ctrl], 워크시트 전체를 선택하려면 [Ctrl]+[A] 또는 [Ctrl]+[Shift]+[Spacebar]! 꼭 기억하세요.

[Ctrl]+[Shift]
• [Ctrl]+[Shift]+[←], [→] : 셀 포인터가 위치한 셀부터 데이터 영역의 왼쪽 끝 또는 오른쪽 끝까지 선택함
• [Ctrl]+[Shift]+[↑], [↓] : 셀 포인터가 위치한 셀부터 데이터 영역의 위쪽 끝, 아래쪽 끝까지 선택함

---

1 셀 포인터 이동
25.4, 25.2, 23.5, 19.2, 16.1, 11.3, 08.3, 04.3, 01.3, 01.2, 00.2

• 셀을 마우스로 클릭하거나 키보드의 방향키(↑, ↓, ←, →*)를 이용하여 원하는 셀로 이동한다.

키	기능
[Shift]+[Tab], [Tab]	좌, 우로 이동한다.
25.2, 23.5, 19.2 [Shift]+[Enter], [Enter]	상, 하로 이동한다.
19.2 [Home]	해당 행의 A열로 이동한다.
25.4, 08.3, 04.3, 01.2 [Ctrl]+[Home], [Ctrl]+[End]	[A1] 셀, 마지막 데이터가 입력된 셀로 이동한다.
25.4, 01.3 [Ctrl]+[PgUp], [Ctrl]+[PgDn]	현재 시트의 이전, 다음 시트로 이동한다.
25.4, 08.3, 04.3, 00.2 [F5]*	이동하고자 하는 셀 주소를 직접 입력하여 이동한다.
23.5, 11.3 [Enter]	• 기본적으로 위에서 아래로, 왼쪽에서 오른쪽으로 이동한다. • [파일] → [옵션] → [고급] → [편집 옵션]에서 이동 방향을 지정할 수 있다.

2 셀의 선택
10.1, 09.3, 06.4, 01.2

01.2 연속된 셀	• 선택할 영역을 마우스로 드래그한다. • 범위로 지정할 첫 번째 셀을 클릭한 후 [Shift]를 누른 상태에서 범위로 지정할 마지막 셀을 클릭한다. • [Shift]를 누른 상태에서 방향키를 눌러 범위를 지정한다.
09.3, 06.4, 01.2 떨어진 셀	첫 번째 셀 범위를 지정한 후 두 번째 셀 범위부터는 [Ctrl]을 누른 상태에서 원하는 셀을 클릭하거나 드래그한다.
행과 열	• 선택하려는 행 머리글이나 열 머리글을 선택한다. • 행 전체 : [Shift]+[Spacebar], 열 전체 : [Ctrl]+[Spacebar]
10.1 워크시트 전체	• 행 머리글과 열 머리글이 교차하는 부분에 있는 〈모두 선택〉 단추를 클릭한다. • [Ctrl]+[A]를 누른다. • [Ctrl]+[Shift]*+[Spacebar]를 누른다. • [Shift]+[Spacebar]를 누른 후 [Ctrl]+[Spacebar]를 누른다.

기출문제 따라잡기

08년 3회, 04년 3회, 01년 2회

1. 다음 중 워크시트에서 셀의 선택과 범위 지정 방법에 대한 설명으로 틀린 것은?

① A1 셀로 빨리 이동할 경우에는 Alt + Home 을 누른다.
② 행이나 열 단위로 범위를 지정할 경우에는 해당하는 행 머리글이나 열 머리글을 이용해서 선택한다.
③ 연속된 여러 셀을 선택할 경우에는 처음 셀에 마우스 포인터를 위치시킨 후 마우스의 왼쪽 단추를 누른 상태에서 드래그한다.
④ 연속되지 않은 여러 셀을 선택할 경우에는 Ctrl 을 누른 상태에서 해당 셀을 마우스로 클릭한다.

[A1] 셀로 한 번에 이동하는 키는 Ctrl + Home 입니다.

25년 2회, 23년 5회

2. 아래 워크시트에서의 작업에 대한 설명으로 옳지 않은 것은?

① [B2] 셀에 데이터를 입력하고 Shift + Enter 를 누르면 셀 포인터가 [B3] 셀로 이동된다.
② [B2] 셀에서 Enter 를 5번 누르면 셀 포인터가 [C2] 셀로 이동된다.
③ [B2] 셀에 데이터를 입력하고 Ctrl + Enter 를 누르면 [B2:C6] 영역에 동일한 데이터가 입력된다.
④ [B2] 셀에 데이터를 입력하고 Alt + Enter 를 누르면 셀 안에서 줄 나누기가 수행된다.

• [B2] 셀에 데이터를 입력하고 Shift + Enter 를 누르면 셀 포인터가 [C6] 셀로 이동됩니다.
• [B2] 셀에 데이터를 입력하고 [B3] 셀로 이동하려면 Enter 를 누르면 됩니다.

10년 1회

3. 다음 중 시트 전체를 범위로 선택하는 방법으로 옳지 않은 것은?

① 하나의 행이 선택되어 있는 상태에서 Shift + Spacebar 를 누른다.
② 시트의 임의 셀에서 Ctrl + A 를 누른다.
③ 하나의 열이 선택되어 있는 상태에서 Shift + Spacebar 를 누른다.
④ 시트 전체 선택 단추를 클릭한다.

하나의 행이 선택되어 있는 상태에서 시트 전체를 범위로 선택하려면 Ctrl + Spacebar 를 눌러야 합니다.

19년 2회

4. 다음 중 아래 시트에서 셀 포인터를 [D5] 셀에 두고 Home 을 누른 경우 셀 포인터의 위치는?

	A	B	C	D	E	F	G
1	학번	성명	출석	중간	기말	총점	석차
2	112473	이준민	15	34	22	71	C
3	112487	정정용	20	33	33	86	B
4	112531	이준섭	15	39	35	89	B
5	212509	김정필	20	40	39	99	A
6	212537	한일규	15	23	17	55	C

① [A1] 셀
② [A5] 셀
③ [D1] 셀
④ [D2] 셀

Home 을 누르면 셀 포인터는 해당 행의 A열로 이동하므로, 셀 포인터를 [D5] 셀에 두고 Home 을 누르면 [A5] 셀로 이동합니다.

25년 4회

5. 다음 중 엑셀에서 사용하는 바로 가기 키에 대한 설명으로 옳지 않은 것은?

① Ctrl + 1 : '셀 서식' 대화상자 표시
② Ctrl + End : 워크시트의 마지막 데이터로 이동
③ F5 : 셀 이동
④ Ctrl + Tab : 다음 시트로 이동

다음 시트로 이동하는 바로 가기 키는 Ctrl + PgDn 입니다.

▶ 정답 : 1. ① 2. ① 3. ① 4. ② 5. ④

SECTION 071 [파일] → [옵션] 설정

전문가의 조언

[파일] → [옵션]에서 수행할 수 있는 작업을 묻는 문제가 출제되었습니다. 각 탭에서 설정할 수 있는 주요 기능들을 파악해 두세요.

1 각 탭의 주요 옵션

24.5, 23.2, 22.1, 21.4, 21.3, 19.1, 13.1, 11.3, 10.3, 09.4, 06.3, 06.1, 03.3, 01.3

실행 [파일] → [옵션] 선택

탭	옵션	기능
① 일반	13.1, 11.3, 10.3 새 통합 문서 만들기	새 통합 문서를 열었을 때 적용할 글꼴과 크기, 보기 형식, 기본적으로 생성되는 워크시트의 수를 지정한다.
② 언어 교정	24.5, 21.4 자동 고침 옵션	• 오타, 대문자 오류 등의 입력 실수를 자동으로 고치도록 설정한다. • 사용자가 특정 단어를 입력하면 자동으로 등록된 다른 단어나 기호로 변경되도록 설정한다. 예 (tel) → ☎, (ks) → Ⓚ
③ 저장	23.2 자동 복구 정보 저장 간격	• 작업 중인 파일을 일정 시간마다 저장함으로써 엑셀이나 시스템에 예상하지 못한 문제가 발생했을 때 작업 중인 파일을 보존한다. • 저장 간격을 1분에서 120분까지 지정할 수 있다.
④ 고급	09.4, 01.3, 99.2 〈Enter〉 키를 누른 후 다음 셀로 이동	Enter를 누를 때 셀 포인터의 이동 방향을 아래쪽, 위쪽, 오른쪽, 왼쪽으로 지정한다.
	19.1, 06.3 소수점 자동 삽입	• 입력한 숫자 데이터의 소수점 위치를 '소수점 위치'에 입력된 숫자만큼 이동하여 설정한다. • '소수점 위치'에 입력한 숫자가 양수면 소수점 이하(오른쪽)의 자릿수를 늘리고, 음수면 소수점 이상(왼쪽)의 자릿수를 늘린다. | 입력	소수점 위치	결과	입력	소수점 위치	결과 | |---|---|---|---|---|---| | 1 | 2 | 0.01 | 1 | −2 | 100 | | 10 | 2 | 0.1 | 10 | −2 | 1000 | | 100 | 2 | 1 | 100 | −2 | 10000 |

❹ 고급

	22.1, 21.3, 11.3 셀 내용을 자동 완성	셀에 입력한 처음 몇 자가 같은 열에 있는 항목과 일치하면 자동으로 나머지 문자가 채워지도록 설정한다.
	09.4, 06.1, 03.3, 01.3 행 및 열 머리글 표시	행 및 열 머리글의 표시 여부를 지정한다.
	09.4, 06.1, 03.3, 01.3 계산 결과 대신 수식을 셀에 표시	셀에 수식의 결과 값 대신 입력된 수식을 표시한다.
	09.4, 06.1, 03.3, 01.3 눈금선 표시	눈금선의 표시 여부를 지정한다.

기출문제 따라잡기

문제2 1307351    문제3 1307352

09년 4회, 01년 3회
1. [파일] → [옵션] → [고급] 탭에서 수행할 수 있는 것으로 적당하지 않은 것은?

① 행이나 열 머리글이 표시되지 않게 할 수 있다.
② 셀 눈금선이 나타나지 않게 할 수 있다.
③ 데이터 입력 후 Enter를 치면 오른쪽으로 이동하게 할 수 있다.
④ 탭을 누르면 다음 시트로 옮겨가게 할 수 있다.

> 엑셀에 ④번을 수행하는 기능은 없습니다.

19년 1회
2. 다음 중 아래 그림과 같이 소수점 자동 삽입의 소수점 위치를 3으로 설정한 상태에서 숫자 5를 입력하였을 때 화면에 표시되는 결과로 옳은 것은?

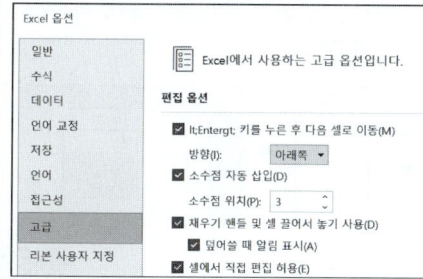

① 0.005   ② 3
③ 5   ④ 5.000

> '소수점 자동 삽입'에 양수를 입력하면 소수점 이하(오른쪽)의 자릿수가 늘어나고, 음수를 입력하면 소수점 이상(왼쪽)의 자릿수가 늘어납니다. '소수점 위치'에 3을 설정하면 소수점 이하의 자릿수가 3자리 늘어나므로 5를 입력하면 **0.005**가 입력됩니다.

09년 4회, 06년 1회, 03년 3회
3. 다음 그림과 같이 수식을 작성한 셀에 결과값 대신 아래의 [C2] 셀과 [C3] 셀처럼 수식 자체가 표시되도록 하는 방법에 대한 설명으로 옳은 것은?

	A	B	C
1	엑셀점수	워드점수	합계
2	93	94	=SUM(A2:B2)
3	92	98	=SUM(A3:B3)

① [파일] → [옵션] → [고급] 탭에서 '수식 자동 완성 사용'을 체크한다.
② [파일] → [옵션] → [고급] 탭에서 '계산 결과 대신 수식을 셀에 표시'를 체크한다.
③ [셀 서식] 대화상자의 [표시 형식] 탭에서 '수식 자동 완성 사용'을 선택한다.
④ [셀 서식] 대화상자의 [표시 형식] 탭에서 '계산 결과 대신 수식을 셀에 표시'를 선택한다.

> 수식을 작성한 셀에 결과값 대신 수식 자체가 표시되게 하려면 [파일] → [옵션] → [고급] 탭에서 '계산 결과 대신 수식을 셀에 표시'를 체크하거나 Ctrl+~를 누르면 됩니다.

24년 5회, 21년 4회
4. 워크시트에 "(tel)"을 입력하면 자동으로 "☎"로 변경되어 입력되도록 하는 기능은?

① 자동 완성 기능   ② 자동 고침 기능
③ 맞춤법 검사 기능   ④ 자동 교정 기능

> 특정 단어를 입력하면 자동으로 다른 단어로 변경시키는 기능은 자동 고침 기능입니다.

▶ 정답 : 1. ④ 2. ① 3. ② 4. ②

1장 입력 및 편집 **233**

SECTION 072 셀 / 행 / 열의 복사 및 이동

전문가의 조언

셀의 이동과 복사에 대한 설명으로 틀린 것을 고르는 문제가 출제되었습니다. 셀과 행/열을 삽입하거나 삭제하는 여러 가지 방법을 서로 비교하여 기억해 두세요.

붙여넣기 옵션 단추

- 복사한 데이터를 붙여넣기를 하면 복사된 데이터 영역 바로 아래에 옵션 단추가 표시됩니다.
- 옵션 단추를 클릭하면 데이터를 복사하는 방법을 지정할 수 있는 목록이 표시됩니다.
- 사용할 수 있는 옵션은 복사한 데이터의 형식에 따라 달라집니다.
- 잘라내기한 경우에는 붙여넣기 옵션 단추가 표시되지 않습니다.

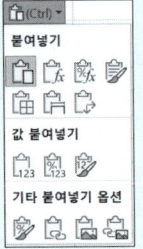

Ctrl+V 와 Enter 의 차이점
Ctrl+V는 복사한 내용을 여러 번 붙여 넣을 수 있으나 Enter는 한 번만 가능합니다.

① 메뉴를 이용한 데이터 복사 및 이동
21.3, 21.2, 16.1

구분	복사	이동	붙여넣기*
리본 메뉴 이용	[홈] → [클립보드] → [복사] 클릭	[홈] → [클립보드] → [잘라내기] 클릭	[홈] → [클립보드] → [(붙여넣기)] 클릭
바로 가기 메뉴 이용	[복사] 선택	[잘라내기] 선택	[붙여넣기] 선택
바로 가기 키 이용	Ctrl+C 누름	Ctrl+X 누름	Ctrl+V 나 Enter* 누름

② 마우스를 이용한 데이터 복사 및 이동
21.3, 21.2, 16.1

복사

복사할 데이터를 범위로 지정한 후 마우스 포인터를 범위의 경계선에 놓아 마우스 포인터가 십자 화살표로 바뀌면 Ctrl을 누른 상태에서 원하는 위치로 드래그한다.

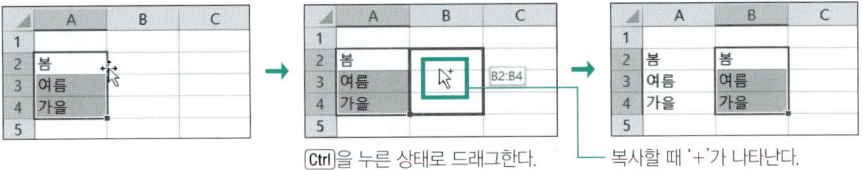

Ctrl을 누른 상태로 드래그한다. — 복사할 때 '+'가 나타난다.

이동

이동할 데이터를 범위로 지정한 후 마우스 포인터를 범위의 경계선에 놓아 마우스 포인터가 십자 화살표로 바뀌면 원하는 위치로 드래그한다.

전문가의 조언

클립보드는 데이터 편집 문제에서 보기 중 하나로 출제됩니다. 클립보드에는 최대 24개의 항목을 저장할 수 있다는 것을 중심으로 클립보드의 특징을 정리하세요.

③ 클립보드
21.3, 21.2, 18.2, 16.1, 00.1

- 한 번 복사한 내용은 여러 번 붙여넣기를 할 수 있으나 복사할 때 생기는 점선이 없어질 경우에는 복사한 내용을 저장하고 있는 클립보드로만 가능하다.
- 클립보드는 복사나 잘라내기한 내용을 최대 24개까지 저장한다.

- [홈]→[클립보드]의 를 클릭하면 '클립보드' 창이 나타난다.
- 여러 번 복사한 후 [모두 붙여넣기]를 클릭하면 복사한 내용을 차례대로 모두 붙여넣는다.

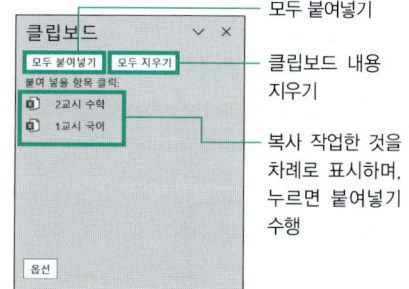

예제 클립보드 이용하기

① [홈] → [클립보드]의 를 클릭한 후 [A1:B1] 영역을 복사한다.

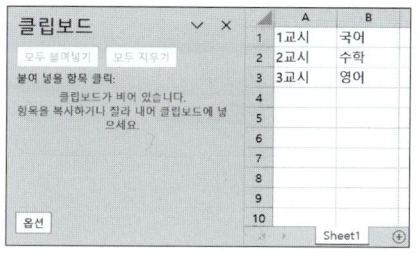
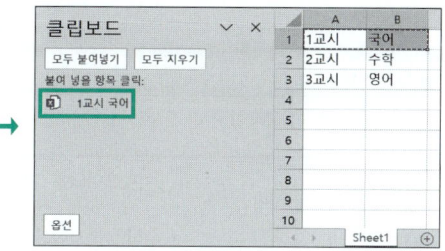

② [A2:B2] 영역을 복사한다.

③ 붙여넣기할 셀을 선택한 후 붙여 넣을 내용을 클릭한다.

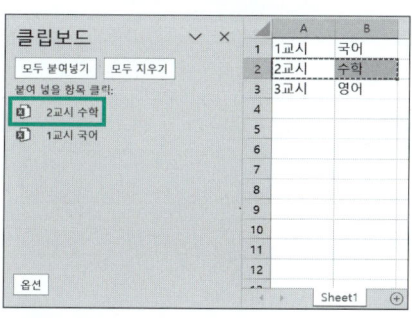
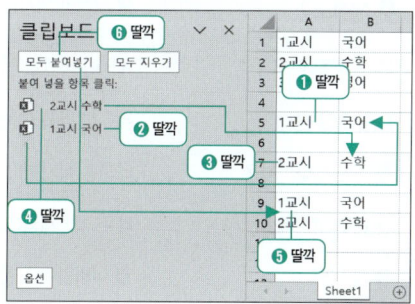

4 선택하여 붙여넣기

24.1, 23.4, 21.2, 18.2, 16.2, 15.3, 14.3, 00.3, 99.2

- 셀 전체를 붙여넣기하지 않고 메모, 노트, 수식, 값 등 셀에서 필요한 특정 내용만을 복사할 때 사용하는 기능이다.
- 선택하여 붙여넣기는 잘라내기한 경우에는 사용할 수 없고, 복사한 경우에만 사용할 수 있다.

예제 '선택하여 붙여넣기'를 이용하여 다음과 같이 서식만 복사하시오.

	A	B			A	B	C	D	E
1	이름	입금	→	1	이름	입금			
2	김을동	2,360		2	김을동	2,360			
3	성남동	1,890		3	성남동	1,890			

① 복사할 데이터의 범위([A1:B3])를 지정하고, [홈] → [클립보드] → [복사]나 바로 가기 메뉴에서 [복사]를 선택한다.

> **전문가의 조언**
>
> 선택하여 붙여넣기에서 제공하는 각 항목에 대해 알아두세요. 특히 선택하여 붙여넣기는 복사한 경우에만 사용할 수 있다는 사실을 기억하세요.

② 복사할 위치를 선택한 후 [홈] → [클립보드] → 붙여넣기 → [선택하여 붙여넣기]나 바로 가기 메뉴에서 [선택하여 붙여넣기]를 선택한다.

③ '선택하여 붙여넣기' 대화상자에서 '서식'을 선택한 후 〈확인〉을 클릭한다.

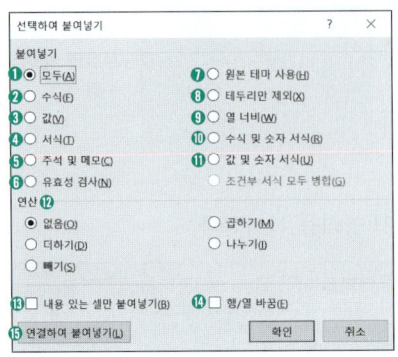

'선택하여 붙여넣기' 대화상자

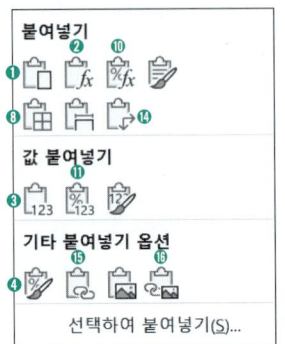

[홈] → [클립보드] → 붙여넣기의 하위 메뉴

❶ 모두(📋)		원본 데이터를 그대로 복사한다(일반 붙여넣기와 동일).
❷ 수식(📋)	00.3, 99.2	수식만 복사한다.
❸ 값(📋)		화면에 표시된 값만 복사한다.
❹ 서식(📋)	15.3	셀 서식만 복사한다.
❺ 주석 및 메모	15.3	메모나 노트만 복사한다.
❻ 유효성 검사		유효성 검사 내용만 복사한다.
❼ 원본 테마* 사용		테마를 복사한다.
❽ 테두리만 제외(📋)		테두리만 제외하고 모두 복사한다.
❾ 열 너비		열 너비만 복사한다.
❿ 수식 및 숫자 서식(📋)		수식과 숫자 서식만 복사한다.
⓫ 값 및 숫자 서식(📋)		수식이 아닌 수식의 결과와 숫자에 적용된 서식만 복사한다.
⓬ 연산		복사한 데이터와 붙여넣기할 위치에 있는 데이터를 지정한 연산자로 계산한다(더하기, 빼기, 곱하기, 나누기).
⓭ 내용 있는 셀만 붙여넣기*	15.3	데이터가 있는 셀만 복사한다.
⓮ 행/열 바꿈(📋)	15.3, 99.2	행과 열의 위치를 서로 바꾼다.
⓯ 연결하여 붙여넣기(📋)	18.2, 15.3	복사한 원본 셀과 붙여넣기한 셀을 서로 연결하여 원본 셀의 데이터가 수정되면 붙여넣기한 셀도 자동으로 수정된다.
⓰ 연결된 그림(📋)	24.1	복사한 원본 셀과 붙여넣기한 그림을 서로 연결하여 원본 셀의 데이터가 수정되면 붙여넣기한 그림도 자동으로 수정된다.

	A	B
1	이름	입금
2	김을동	2,360
3	성남동	1,890

❶ 모두

	D	E
1	이름	입금
2	김을동	2360
3	성남동	1890

❸ 값

	D	E
1		
2		
3		

❹ 서식

	D	E
1	이름	입금
2	김을동	2,360
3	성남동	1,890

❽ 테두리만 제외

	D	E	F
1	이름	김을동	성남동
2	입금	2,360	1,890
3			

⓮ 행/열 바꿈

테마
색, 글꼴, 그래픽 등을 사용하여 문서 모양을 꾸밀 수 있도록 미리 만들어 놓은 디자인 모음

내용 있는 셀만 붙여넣기

	A	B	C	D	E
1	1	3		10	30
2	2			20	40

[A1:B2] 영역을 복사한 후 [D1:E2] 영역에 '내용 있는 셀만 붙여넣기'로 붙여넣기합니다.

↓

	A	B	C	D	E
1	1	3		1	3
2	2			2	40

[B2] 셀에는 내용이 없으므로 [E2] 셀은 기존 데이터가 그대로 남아 있습니다.

기출문제 따라잡기

문제3 1307551

16년 2회, 14년 3회

1. 다음 중 [홈] → [클립보드] 그룹의 [붙여넣기]에서 선택 가능한 붙여넣기 옵션으로 옳지 않은 것은?

① 값(🔢) ② 선택하여 붙여넣기
③ 테두리(📋) ④ 연결하여 붙여넣기

> 붙여넣기 옵션에는 '테두리'가 아닌 '테두리 없음(📋)' 메뉴가 있습니다.

23년 4회, 21년 2회

2. "=A1"이 입력되어 있는 [A2] 셀을 복사한 후 [A3] 셀에 다음과 같이 선택하여 붙여넣기를 수행할 경우 [A3] 셀에 표시되는 값은?

① 0 ② 200
③ 100 ④ 150

> '선택하여 붙여넣기' 대화상자에서 붙여넣기를 '모두', 연산을 '없음'으로 지정하면 데이터를 단순히 복사하여 붙여넣기 한 것과 동일합니다. =A1이 입력된 [A2] 셀을 복사한 후 그림과 같이 붙여넣기 하면 [A3] 셀에는 =A2가 입력되고 화면에는 100이 표시됩니다.

21년 3회, 2회, 16년 1회

3. 다음 중 셀의 이동과 복사에 대한 설명으로 옳지 않은 것은?

① 이동하고자 하는 셀 영역을 선택한 후 잘라내기 바로 가기 키인 Ctrl + X 를 누르면 선택 영역 주위에 점선이 표시된다.
② 클립보드에는 최대 24개 항목이 저장 가능하므로 여러 데이터를 클립보드에 복사해 두었다가 다른 곳에 한 번에 붙여넣을 수 있다.
③ 선택된 셀 영역을 이동할 위치로 드래그하는 동안에는 선택된 셀 영역의 테두리만 표시된다.
④ Shift 를 누른 채 선택 영역의 테두리를 클릭하여 원하는 위치로 드래그하면 선택 영역이 복사된다.

> Ctrl 을 누른 채 선택 영역의 테두리를 드래그해야 선택 영역이 복사됩니다.

24년 1회

4. 다음과 같이 결재란 내용을 그림의 형태로 복사하는 경우 원본의 변경사항이 복사된 그림에도 적용되도록 복사하는 방법으로 옳은 것은?

① 원본 내용을 복사한 후 [삽입] → [일러스트레이션] → [그림]을 선택한다.
② 원본 내용을 복사한 후 [홈] → [클립보드] → [붙여넣기] → [선택하여 붙여넣기] → [연결하여 붙여넣기]를 선택한다.
③ 원본 내용을 복사한 후 [홈] → [클립보드] → [붙여넣기] → [그림]을 선택한다.
④ 원본 내용을 복사한 후 [홈] → [클립보드] → [붙여넣기] → [연결된 그림]을 선택한다.

> 내용을 그림의 형태로 복사하고 원본의 변경사항이 복사된 그림에도 적용되도록 하려면, 원본 내용을 복사한 후 [홈] → [클립보드] → [붙여넣기] → [연결된 그림]을 선택하면 됩니다.

▶ 정답 : 1. ③ 2. ③ 3. ④ 4. ④

SECTION 073 행 / 열 크기 변경

전문가의 조언

여러 개의 행을 선택한 후 높이를 변경하면 선택한 행의 높이가 모두 동일하게 변경된다는 것과 행 높이는 해당 행에 입력된 글자 중 가장 큰 글자의 크기에 맞춰 자동으로 조절된다는 것을 기억하세요.

1 행 높이 변경

10.1, 99.1

- 행 높이는 해당 행의 글꼴 크기 중 가장 큰 것에 맞추어 자동으로 조절된다.
- 여러 개의 행을 선택한 후 높이를 조절하면 모두 동일하게 조절된다.

예제 2행의 높이를 '30'으로 변경하시오.

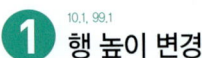

- **메뉴 이용**
  - 높이를 변경할 행을 선택한 다음 [홈] → [셀] → [서식] → [행 높이]를 선택하거나, 행 머리글의 바로 가기 메뉴에서 [행 높이]를 선택한 후 변경할 값을 입력하고 〈확인〉을 클릭한다.

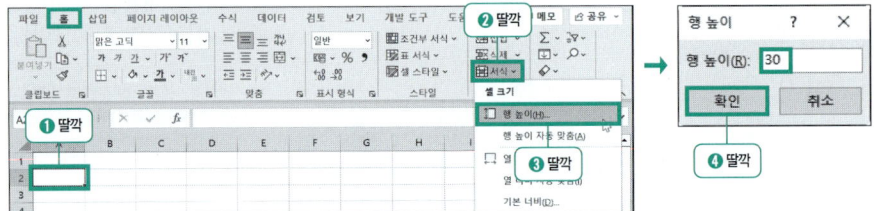

  - 셀을 선택한 후 [홈] → [셀] → [서식] → [행 높이 자동 맞춤]을 실행하면 현재 행에서 가장 큰 문자 크기에 맞추어 행의 높이가 자동으로 조절된다.

- **마우스 이용**
  - 높이를 변경할 행의 아래쪽 행 머리글 경계선에 마우스 포인터를 위치시킨 후 드래그하여 행 높이를 조절한다.

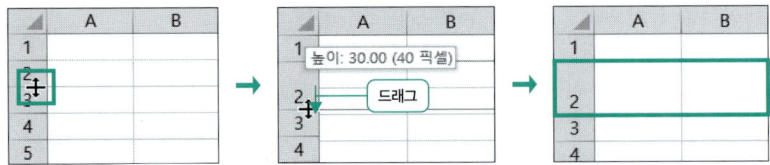

  - 행 머리글 경계선을 더블클릭하면 해당 행에 입력된 데이터 중 가장 큰 글자 크기에 맞게 행 높이가 자동으로 조절된다.

② 열 너비 변경

23.3, 21.4, 21.2, 12.3, 03.2, 00.3

- 여러 개의 열을 선택하고, 너비를 조절하면 모두 동일한 너비로 조절된다.
- 열 너비의 조절 단위는 표준 글꼴 크기의 문자 수*이다.

예제 B열의 너비를 '2'로 변경하시오.

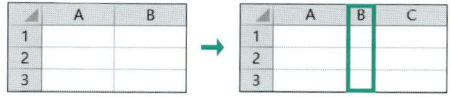

- **메뉴 이용**
  - 너비를 변경할 열을 선택하고 [홈] → [셀] → [서식] → [열 너비]를 선택하거나, 열 머리글의 바로 가기 메뉴에서 [열 너비]를 선택한 후 변경할 값을 입력하고 〈확인〉을 클릭한다.

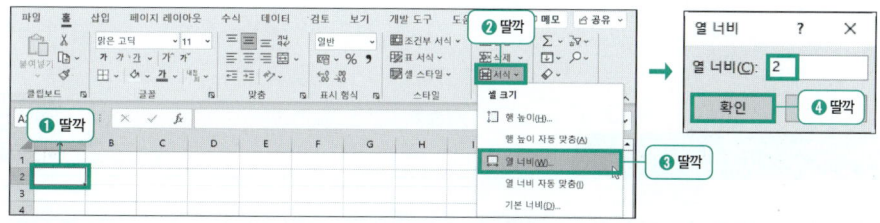

  - 셀을 선택한 후 [홈] → [셀] → [서식] → [열 너비 자동 맞춤]을 선택하면 현재 선택한 셀에 입력된 문자의 길이에 맞게 열의 너비가 자동으로 조절된다.

- **마우스 이용**
  - 너비를 변경할 열의 오른쪽 열 머리글 경계선을 마우스로 드래그한다.

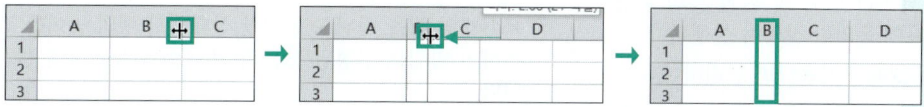

  - 열 머리글 경계선을 더블클릭하면 해당 열에 입력된 데이터 중 가장 긴 데이터에 맞게 열의 너비가 자동으로 조절된다.

③ 행/열 숨기기

23.1, 18.상시, 12.2, 06.1, 04.4

- 숨기기는 불필요한 행이나 열이 화면에 표시되지 않게 숨기는 기능으로, 숨겨진 행이나 열은 인쇄물에도 출력되지 않는다.
- **행/열 숨기기** : 숨기려는 행이나 열을 선택한 후 [홈] → [셀] → [서식] → [숨기기 및 숨기기 취소] → [행 숨기기]/[열 숨기기]를 선택한다.

전문가의 조언

열 너비를 조절하는 방법을 묻는 문제가 출제되었습니다. 메뉴와 마우스를 이용하는 방법을 모두 알아두세요.

표준 글꼴 크기와 문자 수

표준 글꼴 크기란 [파일] → [옵션]의 '일반' 탭에서 지정하는 글꼴 크기로 기본값은 '11'입니다. 글꼴 크기가 '11' 포인트인 경우 열의 너비로 '8'을 입력하면 '11' 포인트인 글자 여덟 개가 들어갈 수 있는 너비로 변경됩니다.

전문가의 조언

숨겨진 열을 다시 표시하는 방법을 묻는 문제가 출제된 적이 있습니다. 숨겨진 열을 표시하려면 숨겨진 열이 포함되도록 범위를 지정한 후 [숨기기 취소] 또는 너비를 변경해야 한다는 것을 기억하세요.

숨겨진 행/열의 크기 변경

숨겨진 행이나 열은 높이나 너비를 0으로 지정한 상태입니다. 다음과 같이 B열이 숨겨진 경우 A열부터 C열을 범위로 지정한 후 너비를 변경하면 숨겨진 B열이 나타나게 됩니다.

- **행/열 숨기기 취소**
  - 숨겨진 행이나 열이 포함되도록 범위를 지정한 후 [홈] → [셀] → [서식] → [숨기기 및 숨기기 취소] → [행 숨기기 취소]/[열 숨기기 취소]를 선택한다.
  - 숨겨진 행이나 열이 포함되도록 범위를 지정한 후 바로 가기 메뉴에서 [숨기기 취소]를 선택한다.
  - 숨겨진 행이나 열이 포함되도록 범위를 지정한 후 행이면 높이를, 열이면 너비를 변경한다.*

기출문제 따라잡기

문제2 4207352

23년 3회, 21년 4회, 2회

1. 다음 중 워크시트 작업 및 관리에 대한 설명으로 옳지 않은 것은?

① 시트 삭제 작업은 실행을 취소할 수 없다.
② 열 너비를 기본값으로 되돌리려면 열 머리글 경계선을 마우스로 더블클릭한다.
③ 그룹화 된 시트에서 데이터 입력 및 편집 등의 작업을 실행하면 그룹 내 시트에 동일한 작업이 실행된다.
④ 연속된 시트의 선택은 Shift를 사용하면 편리하다.

열 머리글 경계선을 더블클릭하면 기본값이 아닌 해당 열에 입력된 데이터 중 가장 긴 데이터에 맞추어 자동으로 너비가 변경됩니다.

23년 1회

2. '행/열 숨기기' 기능에 대한 설명으로 잘못된 것은?

① 숨겨진 행이나 열이 포함되도록 범위를 지정한 후 행 높이나 열 너비를 조절해도 숨겨진 행이나 열은 화면에 표시되지 않는다.
② [A1] 셀의 행이 숨겨진 경우 이름 상자에 'A1'을 입력하고 Enter를 누른 후 [홈] → [셀] → [서식] → [숨기기 및 숨기기 취소] → [행 숨기기 취소]를 선택하면 [A1] 셀이 화면에 표시된다.
③ 숨겨진 행이나 열은 인쇄 시 출력되지 않는다.
④ 숨겨진 열이나 행은 정렬 시 이동되지 않는다.

숨겨진 행이나 열이 포함되도록 범위를 지정한 후 행 높이나 열 너비를 조절하면 숨겨진 행이나 열이 화면에 표시됩니다.

10년 1회

3. 다음 행 높이 설정에 관한 설명 중 틀린 것은?

① 행 머리글의 구분선에서 마우스를 더블클릭하면 그 행의 가장 작은 글자 크기에 맞추어 행 높이가 조정된다.
② 복수개의 행을 범위로 설정한 상태에서 행의 높이를 조절하면 범위로 설정된 모든 행의 높이가 동일하게 설정된다.
③ 행 높이를 설정하려는 행에 셀 포인터를 위치시킨 후 [홈] → [셀] → [서식] → [행 높이]를 실행하여 표시되는 대화상자에서 원하는 값을 입력한다.
④ 행에 입력된 데이터의 글자 크기를 크게 설정하면 자동으로 행의 높이가 조절된다.

행 머리글의 구분선에서 마우스를 더블클릭하면 그 행의 가장 큰 글자 크기에 맞추어 행 높이가 조절됩니다.

▶ 정답 : 1. ② 2. ① 3. ①

SECTION 074 워크시트 편집

1 워크시트 선택

25.3, 24.3, 23.3, 22.4, 21.4, 21.2, 20.상시, 20.2, 18.2, 15.2, 13.3, 13.2, 11.2, 09.1, 06.3, 03.2, 02.1, 01.2

- 시트 탭에서 원하는 시트를 클릭한다.
- **연속적인 여러 개의 시트 선택** : 첫 번째 시트를 클릭하고, Shift 를 누른 채 마지막 시트를 클릭한다.

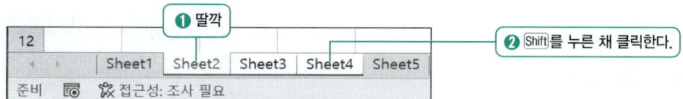

- **비연속적인 여러 개의 시트 선택** : 첫 번째 시트를 클릭하고, Ctrl 을 누른 채 원하는 시트를 차례로 클릭한다.

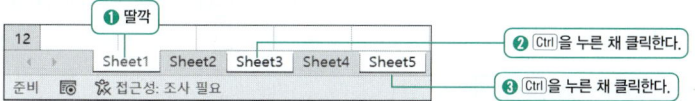

- **모든 시트 선택** : 시트 탭의 바로 가기 메뉴에서 [모든 시트 선택]을 선택한다.
- 여러 개의 시트를 선택하면 제목 표시줄에 [그룹]이라고 표시된다.
- 여러 개의 시트를 선택하고 데이터를 입력하거나 서식을 지정하면 선택한 모든 시트에 동일하게 반영된다.
- 그룹 상태에서는 도형, 차트 등의 그래픽 개체를 삽입하거나 정렬, 필터 등의 데이터 관리 작업을 수행할 수 없다.
- 그룹 상태에서 시트 이동/복사를 수행하면 그룹으로 지정한 시트가 모두 이동/복사됩니다.
- 여러 개의 시트가 선택된 그룹 상태를 해제하려면 시트 탭의 바로 가기 메뉴에서 [시트 그룹 해제]를 선택하거나 임의의 시트를 클릭한다.

2 워크시트 삽입

24.3, 23.3, 22.4, 21.3, 20.2, 18.2, 13.3, 07.3

- 삽입된 시트는 활성 시트의 왼쪽에 삽입되고, 시트 이름은 'Sheet' 뒤에 2, 3, … 등으로 일련번호가 붙는다.
- **시트 삽입 방법**

리본 메뉴 이용	[홈] → [셀] → → [시트 삽입] 선택
바로 가기 메뉴 이용	시트 탭의 바로 가기 메뉴에서 [삽입] 선택
아이콘 이용	시트 탭의 오른쪽 끝에 있는 '새 시트()'* 클릭
24.3, 13.3 바로 가기 키 이용*	Shift + F11

> **전문가의 조언**
> 여러 개의 시트를 선택하는 방법을 묻는 문제가 출제되고 있습니다. 연속적인 시트를 선택할 때는 Shift, 비연속적인 시트를 선택할 때는 Ctrl 을 누른 채 클릭한다는 것을 꼭 기억하세요.

> **전문가의 조언**
> 워크시트를 삽입/삭제하는 방법을 묻는 문제가 출제됩니다. 실습을 해 보면 쉽게 이해됩니다.
>
> **새 시트(+)**
> '+(새 시트)' 아이콘을 클릭하면 활성 시트의 오른쪽에 시트가 삽입됩니다.
>
> **시트 종류에 따른 시트 삽입 바로 가기 키**
> - Shift + F11 : '워크시트' 삽입
> - Ctrl + F11 : '매크로' 시트 삽입
> - F11 : '차트' 시트 삽입

전문가의 조언

삭제된 시트는 되살릴 수 없다는 것만 알아도 맞힐 수 있는 문제가 출제되고 있습니다. 꼭 기억하세요.

삭제 확인 대화상자

삭제 확인 대화상자는 데이터가 입력되어 있는 시트를 삭제할 경우에만 표시됩니다.

전문가의 조언

워크시트의 이동 및 복사 방법을 묻는 문제가 출제됩니다. 특히 마우스를 이용한 이동 및 복사 방법을 기억하세요.

워크시트 복사

시트를 복사할 때마다 시트 이름은 원래의 시트 이름 뒤에 ( )가 삽입되면서 (2), (3), … 등으로 일련번호가 붙습니다.

③ **워크시트 삭제**   25.3, 23.3, 22.4, 21.4, 21.3, 21.2, 13.3, 02.2

- 삭제된 시트는 되살릴 수 없으므로 신중하게 수행해야 한다.
- 여러 개의 시트를 선택하여 한꺼번에 삭제할 수 있다.
- **방법 1** : 삭제할 시트를 선택한 후 [홈] → [셀] → [삭제] → [시트 삭제] 선택
- **방법 2** : 시트 탭의 바로 가기 메뉴에서 [삭제] 선택

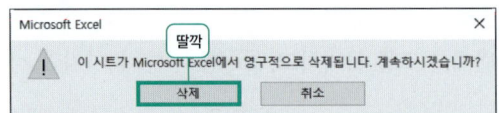

삭제 확인 대화상자*

④ **워크시트 이동 및 복사**   25.3, 24.3, 18.2, 15.3, 13.2, 03.3, 01.1, 99.1

- 복사나 이동할 시트를 선택하고 [홈] → [셀] → [서식] → [시트 이동/복사]를 선택한다.
- **워크시트 이동** : 이동할 시트를 선택한 후 원하는 위치까지 드래그하거나 Shift를 누른 채 원하는 위치까지 드래그한다.

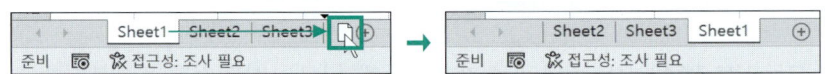

- **워크시트 복사*** : 복사할 시트를 선택한 후 Ctrl을 누른 채 원하는 위치까지 드래그한다.

기출문제 따라잡기

 문제3 4207453   문제4 1307751

21년 4회
1. 다음 중 여러 워크시트를 선택하여 그룹으로 설정한 경우에 대한 설명으로 옳지 않은 것은?

① 엑셀 창의 맨 위 제목 표시줄에 [그룹]이라고 표시된다.
② 그룹 상태에서 도형이나 차트 등의 그래픽 개체는 삽입되지 않는다.
③ 그룹 상태에서는 정렬 및 필터 기능을 수행할 수 없다.
④ 그룹으로 설정된 상태에서 하나의 시트를 선택하고 [이동/복사]를 수행하면 현재 선택된 시트만 [이동/복사]가 수행된다.

> 그룹으로 설정된 상태에서 하나의 시트를 선택하고 [이동/복사]를 수행하면 그룹으로 설정된 시트가 모두 [이동/복사]됩니다.

25년 3회, 20년 2회
2. 다음 중 워크시트에 대한 설명으로 옳지 않은 것은?

① 여러 개의 시트를 한 번에 선택하면 제목 표시줄의 파일명 뒤에 [그룹]이 표시된다.
② 선택된 시트의 왼쪽에 새로운 시트를 삽입하려면 Shift + F11을 누른다.
③ 마지막 작업이 시트 삭제인 경우 빠른 실행 도구 모음의 '실행 취소(↶)' 명령을 클릭하여 되살릴 수 있다.
④ 동일한 통합 문서 내에서 시트를 복사하면 원래의 시트 이름에 '(일련번호)' 형식이 추가되어 시트 이름이 만들어진다.

> 시트 이름 변경, 시트 삽입, 시트 삭제 등 시트와 관련된 작업은 실행 취소가 불가능합니다.

23년 3회, 22년 4회, 21년 3회, 13년 3회
3. 다음 중 워크시트 작업 및 관리에 대한 설명으로 옳지 않은 것은?

① 시트 삭제 작업은 실행을 취소할 수 없다.
② Shift + F10을 누르면 현재 시트의 뒤에 새 워크시트가 삽입된다.
③ 그룹화 된 시트에서 데이터 입력 및 편집 등의 작업을 실행하면 그룹 내 시트에 동일한 작업이 실행된다.
④ 연속된 시트의 선택은 Shift를 사용하면 편리하다.

> 새 워크시트를 삽입하는 바로 가기 키는 Shift + F11이고, 현재 시트의 앞에 새 시트가 삽입됩니다.

18년 2회
4. 다음 중 워크시트 사용 방법에 대한 설명으로 옳은 것은?

① 다음 워크시트로 전환하려면 시트 탭에서 Shift + PgDn을 누르고, 이전 워크시트로 전환하려면 Shift + PgUp을 누른다.
② 시트를 복사하려면 Shift를 누른 채 해당 시트의 시트 탭을 마우스로 드래그 앤 드롭한다.
③ 현재의 워크시트 앞에 새로운 워크시트를 삽입하려면 Shift + F11를 누른다.
④ 인접하지 않은 둘 이상의 시트를 선택할 때는 Shift를 누른 채 원하는 시트 탭을 순서대로 클릭한다.

> ① 다음 워크시트로 전환하려면 Ctrl + PgDn, 이전 워크시트로 전환하려면 Ctrl + PgUp을 누릅니다.
> ② 시트를 복사하려면 Ctrl을 누른 채 해당 시트의 시트 탭을 마우스로 드래그 앤 드롭합니다.
> ④ 인접하지 않은 둘 이상의 시트를 선택할 때는 Ctrl을 누른 채 원하는 시트 탭을 순서대로 클릭합니다.

24년 3회
5. 다음 중 워크시트 작업 및 관리에 대한 설명으로 옳지 않은 것은?

① 모든 시트를 한 번에 선택할 때는 시트 탭에서 마우스 오른쪽 단추를 눌러 [모든 시트 선택] 메뉴를 선택한다.
② 현재의 워크시트 앞에 새로운 워크시트를 삽입하려면 Shift + F11을 누른다.
③ 시트 탭에서 시트를 클릭한 후 Shift를 누른 채 드래그하면 시트가 복사된다.
④ 비연속된 시트를 선택할 때 Ctrl을 사용하면 편리하다.

> 시트 탭에서 시트를 클릭한 후 Shift를 누른 채 드래그하면 시트가 이동됩니다. 시트를 복사하려면 Ctrl을 누른 채 드래그해야 합니다.

▶ 정답 : 1. ④ 2. ③ 3. ② 4. ③ 5. ③

SECTION 075 문서 보호

1 시트 보호

24.5, 21.1, 20.2, 20.1, 17.2, 15.1, 09.3, 06.1, 03.4

특정 워크시트에 입력된 데이터나 차트 등을 변경할 수 없도록 보호하는 기능으로, 보호된 시트에서는 기본적으로 셀을 선택하는 것만 가능하다.

실행 [검토] → [보호] → [시트 보호] 클릭
해제 [검토] → [보호] → [시트 보호 해제] 클릭

특징

- 통합 문서 중 특정 시트만을 보호하는 것으로, 나머지 시트는 변경이 가능하다.
- 모든 요소를 모든 사용자가 액세스하지 못하도록 보호할 수 있으며, 지정한 범위에 대해 개별적으로 사용자의 수정을 허용할 수도 있다.
- 셀/행/열의 서식, 하이퍼링크, 자동 필터, 피벗 테이블 등 특정 항목을 제외하고 시트 보호를 지정할 수 있다.
- 시트 보호가 설정된 상태에서 데이터를 입력하거나 수정하면 경고 메시지가 나타난다.
- '셀 서식' 대화상자의 '보호' 탭*에서 '잠금'을 해제한 셀은 보호되지 않는다.

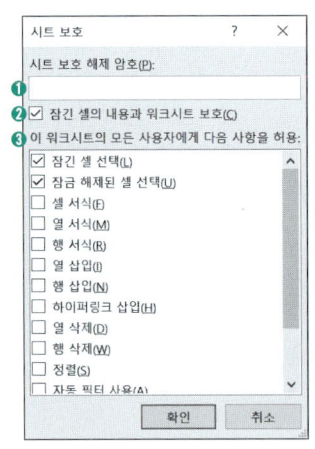

❶ 암호는 대/소문자를 구분하며, 255자까지 지정할 수 있다(선택 사항).
❷ 이 부분을 체크하면 실질적으로 워크시트 보호가 이루어진다.
❸ 워크시트 보호가 실행중이어도 수정을 허용할 항목을 지정한다.

'시트 보호' 대화상자

- 차트 시트에서 [시트 보호]를 실행하여 차트를 보호할 수 있다.

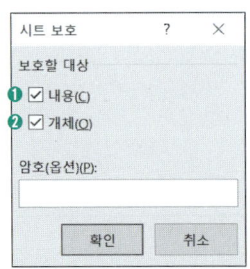

❶ 차트의 데이터 계열, 축, 범례 등을 변경할 수 없도록 보호한다.
❷ 도형, 텍스트 상자, 컨트롤 등 그래픽 개체를 변경할 수 없도록 보호한다.

'시트 보호' 대화상자

전문가의 조언

시트 보호와 통합 문서 보호의 특징을 묻는 문제가 출제되고 있습니다. 시트 보호와 통합 문서 보호를 정확하게 구분하여, 각 보호 항목의 특징과 적용 대상 또는 허용할 내용을 알아두세요.

'셀 서식' 대화상자의 '보호' 탭

셀에 입력된 내용이나 셀의 크기 등을 변경할 수 없도록 셀을 보호하는 기능으로, '보호' 탭에서 잠금이나 숨김을 설정한 후 시트 보호를 설정해야 시트 보호가 적용됩니다.

- **잠금** : 데이터 입력, 수정, 셀 크기 등의 작업을 하지 못하도록 보호함
- **숨김** : 수식 입력줄에 데이터가 표시되지 않음

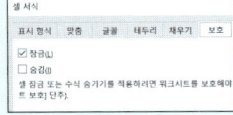

❷ 통합 문서 보호

20.1, 03.3

통합 문서의 시트 삽입, 삭제, 이동, 숨기기, 이름 바꾸기 등을 할 수 없도록 보호하는 기능이다.

실행 [검토] → [보호] → [통합 문서 보호] 클릭

해제 [검토] → [보호] → [통합 문서 보호] 다시 한번 클릭

- 통합 문서를 보호해도 '시트 보호'가 설정되지 않았으면 데이터를 입력, 수정, 삭제하거나 피벗 테이블 보고서, 부분합과 같은 데이터 분석 작업을 할 수 있다.

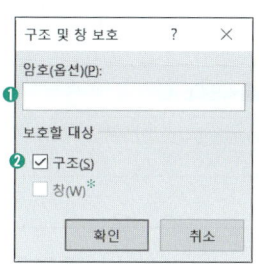

❶ 암호는 대/소문자를 구분하며, 255자까지 지정할 수 있다.
❷ 시트의 삽입, 삭제, 이동, 숨김, 숨김 해제, 새 시트 삽입 등을 할 수 없게 보호한다.

'구조 및 창 보호' 대화상자

'창' 옵션
엑셀 2021 버전에서는 '구조 및 창 보호' 대화상자의 '창' 옵션이 비활성화되어 사용할 수 없습니다.

기출문제 따라잡기

문제1 1307951

17년 2회, 15년 1회
1. 다음 중 시트 보호에 관한 설명으로 옳지 않은 것은?
① 차트 시트의 경우 차트 내용만 변경하지 못하도록 보호할 수 있다.
② '셀 서식' 대화상자의 '보호' 탭에서 '잠금'이 해제된 셀은 보호되지 않는다.
③ 시트 보호 설정 시 암호의 설정은 필수 사항이다.
④ 시트 보호가 설정된 상태에서 데이터를 수정하면 경고 메시지가 나타난다.

> 시트 보호 시 암호 설정은 선택 사항입니다.

20년 1회
2. 다음 중 시트 보호와 통합 문서 보호에 대한 설명으로 옳지 않은 것은?
① 시트 보호에서 '잠긴 셀 선택'을 허용하지 않으려면 시트 보호 설정 전 [셀 서식] 대화상자의 [보호] 탭에 '숨김' 항목이 선택되어 있어야 한다.
② 시트 보호 시 시트 보호 해제 암호를 지정할 수 있으며, 암호를 설정하지 않으면 모든 사용자가 시트의 보호를 해제하고 보호된 요소를 변경할 수 있다.
③ 통합 문서 보호는 시트의 삽입, 삭제, 이동, 숨기기, 이름 바꾸기 등의 작업을 할 수 없도록 보호하는 것이다.
④ 통합 문서 보호는 [검토] 탭 [보호] 그룹에서 '통합 문서 보호'를 클릭하여 실행한다.

> 시트 보호에서 '잠긴 셀 선택'을 허용하지 않으려면 시트 보호 설정 전 [셀 서식] 대화상자의 [보호] 탭에 '잠금' 항목이 선택되어 있어야 합니다. '숨김' 항목은 수식 입력줄에 데이터가 표시되지 않도록 하는 옵션입니다.

24년 5회, 21년 1회, 20년 2회, 15년 1회
3. 다음 중 [시트 보호] 기능에 대한 설명으로 옳지 않은 것은?
① 새 워크시트의 모든 셀은 기본적으로 '잠금' 속성이 설정되어 있다.
② 워크시트에 있는 셀을 보호하기 위해서는 먼저 셀의 '잠금' 속성을 해제해야 한다.
③ 시트 보호를 설정하면 셀에 데이터를 입력하거나 수정하려고 했을 때 경고 메시지가 나타난다.
④ 셀의 '잠금' 속성과 '숨김' 속성은 시트를 보호하기 전까지는 아무런 효과를 내지 못한다.

> 워크시트에 있는 셀을 보호하려면 '셀 서식' 대화상자의 '보호' 탭에서 '잠금'을 설정한 후 [검토] → [보호] → [시트 보호]를 클릭해야 합니다. '잠금'이 해제된 셀은 보호되지 않습니다.

▶ 정답 : 1. ③ 2. ① 3. ②

SECTION 076 셀 서식 – 표시 형식

1 셀 서식의 개요

셀 서식은 셀에 입력된 데이터에 표시 형식, 맞춤, 글꼴, 테두리, 채우기, 보호 등의 여러 가지 서식을 적용하여 다양하게 꾸미는 기능이다.

실행

리본 메뉴 이용	[홈] → [글꼴] 또는 [맞춤] 또는 [표시 형식]의 를 클릭한다.
바로 가기 메뉴 이용	[셀 서식]을 선택한다.
바로 가기 키 이용	Ctrl + 1 을 누른다.

> **전문가의 조언**
> 표시 형식을 지정한 후 표시 결과를 묻는 문제가 출제되었습니다. 실습을 통해 각 표시 형식의 기능을 이해해야 합니다.

2 표시 형식

18.1, 14.2, 09.4, 05.1, 04.2, 03.1, 02.2, 01.2, 01.1, 00.3, 00.1, 99.1

데이터의 종류에 따라 미리 정의된 표시 형식이나 사용자가 직접 만든 사용자 지정 형식을 적용할 수 있다.

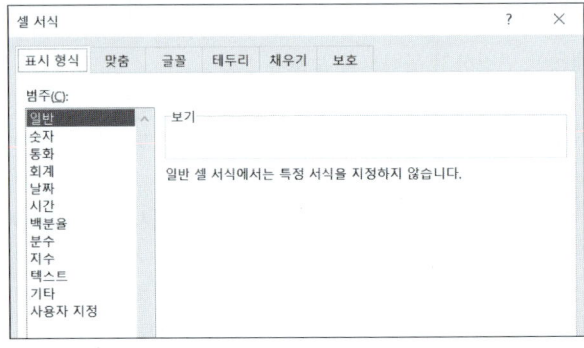

일반
- 특별한 서식을 지정하지 않은 경우로 문자는 왼쪽, 숫자는 오른쪽에 표시한다.
- 열 너비보다 긴 정수를 입력하면 값을 지수 형식으로 표시하고, 열 너비보다 긴 소수를 입력하면 열 너비에 맞춰 반올림한 값을 표시한다.
- 현재 지정된 서식을 해제할 때 사용하기도 한다.

숫자
- 숫자를 나타내는 표시 형식으로, 입력된 데이터가 숫자일 경우에만 사용할 수 있다.
- 소수점 이하 자릿수, 천 단위 구분 기호(,), 음수 표시 형식* 등을 지정할 수 있다.
- '숫자', '통화' 형식에서는 음수의 표시 형식을 빨강색으로 지정할 수 있다.

> **음수 표시 형식**
> 셀 값이 음수일 경우에는 값을 빨강색으로 표시하는 형식, 괄호로 묶어주는 형식, 값에 마이너스를 붙이는 형식, 빨강색과 괄호를 함께 적용하는 형식, 빨강색과 마이너스를 함께 적용하는 형식 등을 사용할 수 있습니다.

	A	B	C
1	입력한 데이터	적용된 서식	결과
2	4253.517	(1234)	4254
3	4253.517	1234.10	4253.52
4	-2525.23	(1234)	(2525)
5	-253.28	1234.0	253.3
6	-682	-1234.10	-682.00

숫자 표시 형식 지정하기 — 음수값인 경우 빨강색으로 표시
— 자동으로 반올림

통화

- 돈의 액수를 나타내는 표시 형식으로, 천 단위마다 쉼표(,)를 표시하며, 숫자 앞에 통화 기호*를 표시한다.
- 소수 자릿수와 통화 기호, 음수 표시 형식을 지정할 수 있다.

	A	B	C
1	입력한 데이터	적용된 서식	결과
2	0	(₩1,234)	₩0
3	-9537	₩1,234	₩9,537
4	-9537	-$1,234	-$9,537
5	6237.56	(₩1,234.0)	₩6,237.6
6	23	-₩1,234.10	₩23.00

통화 표시 형식 지정하기 — 음수값인 경우 빨강색으로 표시
— 자동으로 반올림되어 표시

주요 통화 기호

회계

- '통화' 형식과 비슷하나 음수의 표시 형식을 별도로 지정할 수 없고, 입력된 값이 0일 경우 하이픈(-)으로 표시된다.
- '통화' 형식은 숫자 바로 앞에 통화 기호가 표시되지만 '회계' 형식은 해당 셀의 왼쪽에 붙는다.*
- [홈] → [표시 형식] 그룹의 '회계 표시 형식(📊)'을 클릭하면 통화 기호와 천 단위마다 콤마(,)가 표시되므로 빠르게 설정할 수 있다.
- 음수의 경우 통화 기호가 '$'인 경우 숫자 앞에, '₩'인 경우 '₩' 기호 앞에 하이픈(-)이 표시된다.

	A	B	C
1	입력한 데이터	적용된 서식	결과
2	0	기호(₩)	₩ -
3	-956.9	기호($)	$ -957
4	-956.9	기호(₩)	-₩ 957

회계 표시 형식 지정하기 — 통화 기호를 기준으로 열이 정렬되어 표시
— 숫자 앞에 음수 표시
— '₩' 기호 앞에 음수 표시

통화/회계 표시 형식

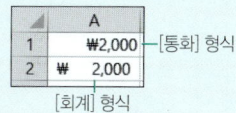

날짜*

날짜의 표시 형식을 지정한다.

	A	B	C
1	입력한 데이터	적용된 서식	결과
2	2023-01-15	2012년 3월 14일	2023년 1월 15일
3	23-05-08	12/3/14	23/5/8
4	2023-07-25	14-Mar	23-Jul
5	23-12-01	March-12	December-23

날짜 표시 형식 지정하기

날짜/시간

날짜와 시간은 숫자로 기억됩니다. 정수와 실수로 나눠지는데 날짜는 정수로, 시간은 소수로 기억됩니다.
2023-1-1 12:20
↓
44927.51389
날짜 시간

시간

시간의 표시 형식을 지정한다.

	A	B	C
1	입력한 데이터	적용된 서식	결과
2	14:10:20	1:30 PM	2:10 PM
3	1:35	13:30:55	1:35:00
4	17:50	13시 30분	17시 50분
5	2023-12-25 2:30	2012-3-14 13:30	2023-12-25 2:30

시간 표시 형식 지정하기

백분율

- 셀에 입력된 값에 100을 곱한 후 %를 붙인다.
- [홈] → [표시 형식] 그룹의 '백분율 스타일(%)'을 클릭한 것과 동일하다.
- 소수점 이하 자릿수를 지정할 수 있다.

	A	B	C
1	입력한 데이터	소수 자릿수	결과
2	12	0	1200%
3	52.252	2	5225.20%
4	3.5679	1	356.8%

백분율 표시 형식 지정하기

분수

셀에 입력된 값을 분수로 표시한다.

	A	B	C
1	입력한 데이터	적용된 서식	결과
2	0.5	분모를 2로(1/2)	1/2
3	1.75	분모를 4로(2/4)	1 3/4

분수 표시 형식 지정하기

지수

- 셀에 입력된 값을 지수 형식으로 표시한다.
- 소수점 이하 자릿수를 지정할 수 있다.

	A	B	C
1	입력한 데이터	소수 자릿수	결과
2	12543	0	1.E+04
3	44215	1	4.4E+04
4	256	2	2.56E+02

지수 표시 형식 지정하기

텍스트

- 셀에 입력된 값을 모두 문자 데이터로 취급하여 셀의 왼쪽에 정렬한다.
- 문자로 입력된 숫자의 경우 일반 계산식에서는 숫자로 인식된다.
  예 5 + "4" = 9

기타

우편 번호, 전화 번호, 주민등록번호 등의 표시 형식을 지정한다.

	A	B	C
1	입력한 데이터	형식	결과
2	325253	우편번호	325-253
3	3230922	전화 번호(국번 3자리)	323-0922
4	9512012654213	주민등록번호	951201-2654213

기타 표시 형식 지정하기

3 표시 형식 관련 리본 메뉴([홈] → [표시 형식] 그룹)

아이콘	명칭	설명
	회계 표시 형식	숫자 앞에 통화 기호를 붙이고 천 단위마다 콤마(,)를 표시한다.
%	백분율 스타일	숫자에 100을 곱한 다음 %를 붙인다.
,	쉼표 스타일	천 단위마다 쉼표(,)를 표시한다.
	자릿수 늘림	누를 때마다 소수점 이하 자릿수를 한 자리씩 늘린다.
	자릿수 줄임	누를 때마다 소수점 이하 자릿수를 한 자리씩 줄인다.

	A			A	
1	2354		1	₩ 2,354	─ 회계 표시 형식
2	23.54		2	2354%	─ 백분율 스타일
3	5623		3	5,623	─ 쉼표 스타일
4	253.65		4	253.650	─ 자릿수 늘림
5	253.65		5	253.7	─ 자릿수 줄임

리본 메뉴 사용하여 표시 형식 지정하기

기출문제 따라잡기

09년 4회, 02년 2회, 01년 2회

1. 다음 그림에서 C1 셀에 나타나는 표시(131-037)는 어떠한 경우에 나타나는가?

C1	:	× ✓ fx	131037
	A	B	C	D
1	131		37	131-037

① C1 셀의 표시 형식을 '일반'으로 설정하고, A1-B1을 입력한 경우
② C1 셀의 표시 형식을 '회계'로 설정하고, =(A1-B1)을 입력한 경우
③ C1 셀의 표시 형식을 '일반'으로 설정하고, =131-037을 입력한 경우
④ C1 셀의 표시 형식을 '우편 번호'로 설정하고, 131037을 입력한 경우

> 셀 포인터가 [C1] 셀에 있는데 수식 입력줄에 표시되는 값과 [C1] 셀에 표시되는 값이 서로 다릅니다. 이런 경우 수식 입력줄에 표시된 값 131037이 실제로 입력된 값이고, [C1] 셀에 표시된 131-037은 '우편 번호' 표시 형식을 지정한 것입니다.

14년 2회

2. 다음 중 [셀 서식] 대화상자에서 '표시 형식'의 각 범주에 대한 설명으로 옳지 않은 것은?

① '일반' 서식은 각 자료형에 대한 특정 서식을 지정하는 데 사용된다.
② '숫자' 서식은 일반적인 숫자를 나타내는데 사용된다.
③ '회계' 서식은 통화 기호와 소수점에 맞추어 열을 정렬하는데 사용된다.
④ '기타' 서식은 우편번호, 전화번호, 주민등록번호 등의 형식을 설정하는데 사용된다.

> '일반' 서식은 특별한 서식을 지정하지 않은 경우로, 현재 지정된 서식을 해제할 때 사용됩니다.

18년 1회

3. 다음 중 셀 서식의 표시 형식에 대한 설명으로 옳지 않은 것은?

① 일반 형식으로 지정된 셀에 열 너비 보다 긴 소수가 '0.123456789'와 같이 입력될 경우 셀의 너비에 맞춰 반올림한 값으로 표시된다.
② 통화 형식은 숫자와 함께 기본 통화 기호가 셀의 왼쪽 끝에 표시되며, 통화 기호의 표시 여부를 선택할 수 있다.
③ 회계 형식은 음수의 표시 형식을 별도로 지정할 수 없고, 입력된 값이 0일 경우 하이픈(-)으로 표시된다.
④ 숫자 형식은 음수의 표시 형식을 빨강색으로 지정할 수 있다.

> 통화 기호가 셀의 왼쪽 끝에 표시되는 것은 회계 형식, 숫자 바로 앞에 표시되는 것은 통화 형식입니다.

문제3 1308051

▶ 정답 : 1. ④ 2. ① 3. ②

SECTION 077

셀 서식 – 사용자 지정

전문가의 조언

중요해요! 사용자 지정 서식 코드를 이용하여 조건에 만족하는 표시 형식을 만들 수 있을 정도로 서식 코드와 내용을 숙지하고 넘어가세요.

1 사용자 지정 표시 형식의 개요

24.3, 12.3, 12.2, 09.3, 08.2, 07.3, 06.3, 05.4, 04.4, 03.3, 00.3

사용자 지정 표시 형식은 기본적으로 제공하는 표시 형식을 이용하여 원하는 형식을 표시할 수 없을 때, 사용자가 직접 만들어 사용하는 표시 형식이다.

- '셀 서식' 대화상자의 '표시 형식' 탭에서 범주를 '사용자 지정'으로 선택한 후 형식 입력 상자에 직접 표시 형식을 입력한다.

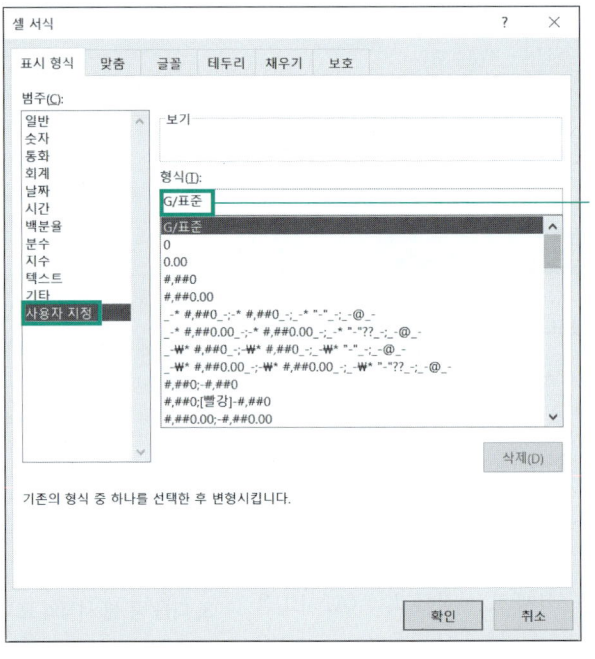

기본적인 형식이 입력되어 있다. 지우고 원하는 서식을 입력한다.

- 조건이 없을 때는 양수, 음수, 0, 텍스트 순으로 표시 형식이 지정되지만, 조건이 있을 때는 조건이 지정된 순으로 표시 형식을 나타낸다.
- 조건이나 글꼴색을 지정할 때는 대괄호([ ]) 안에 입력한다.
- 조건이 없을 때

　　#,### ; [빨강](#,###) ; 0.00 ; @"님"
　　　양수　　　　음수　　　　0값　　텍스트

- 조건이 있을 때

　　[>0](#,###) ; [<0][빨강](#,###) ; 0.00
　　　조건1　　　　　조건2　　　두 조건을 만족하지 않을 경우

- 셀에 입력한 자료를 숨기고자 할 때에는 서식 코드 없이 ; ; ;만 입력한다.

250 2과목 스프레드시트 일반

② 숫자 서식 코드

25.5, 25.4, 25.3, 24.5, 24.4, 24.3, 24.2, 23.4, 23.2, 23.1, 22.4, 22.3, 21.4, 21.3, 21.1, 20.2, 19.상시, 19.2, 19.1, 18.2, 17.1, 16.2, …

1308102

코 드	기 능
25.5, 25.4, 25.3, 24.5, 24.4, … #	유효한 자릿수만 표시하고, 유효하지 않은 0은 표시하지 않는다.
24.2, 23.4, 23.2, 23.1, 22.4, … 0	유효하지 않은 자릿수를 0으로 표시한다.
25.5, 24.3, 23.4, 23.2, 21.3, … ?	유효하지 않은 자릿수에 0 대신 공백을 표시하고, 소수점을 기준으로 정렬한다.
24.5, 24.2, 20.2, 19.상시, … ,	천 단위 구분 기호로 표시한다(표시 형식 맨 뒤에 입력할 때는 천 단위씩 생략*함).
24.3, 23.1, 19.상시, 19.1, 13.3, … %	숫자에 100을 곱한 다음 %를 붙인다.
08.3 [DBNUM1]	숫자를 한자, 한글, 한자+숫자 등으로 표시하며, [DBNUM1] ~ [DBNUM4]*가 있다.

	A	B	C	
1	원본 데이터	지정된 서식	결과 데이터	
2	512.57	##	513	← 유효하지 않은 자릿수는 표시하지 않음
3	32.1	##.##	32.1	
4	1523.78	#,###.#	1,523.8	← 천 단위로 표시하기 위해 3자리 생략
5	24532468	#,###	24,532,468	
6	5135000	#,###,	5,135	
7	452000000	#,###,,"백만원"	452백만원	← 백만 단위로 표시하기 위해 6자리 생략
8	45	###%	4500%	
9	52.368	0,000.00	0,052.37	← 유효하지 않은 자릿수를 0으로 표시, 자릿수가 부족할 경우 반올림
10	321	0.0	321.0	
11	1255	?.??	1255.	← ? 표시만큼 자릿수 확보
12	23.12	?.??	23.12	
13	135.567		135.57	← 쉼표(,)가 두 개이므로 6자리를 생략함

숫자 서식 코드 사용하기

예제 1 순이익이 0보다 크면 '파랑', 0보다 작으면 '−' 기호를 붙이고 '빨강', 0이면 '검정', 텍스트이면 뒤에 "미등록"을 표시하는 사용자 지정 서식을 작성하시오(단, 천 단위마다 콤마(,)를 표시하고 값이 0일때 '0' 표시).

답 [파랑]#,##0;[빨강]−#,##0;[검정]#,##0;@"미등록"
      ❶   ❷   ❸   ❹

※ 조건이 없으면 양수, 음수, 0, 텍스트 순으로 표시 형식이 지정된다.

❶ 0보다 크면([>0]) 파랑색([파랑])에 #,##0 형식으로 표시
   예 25 → 25, 1245 → 1,245

❷ 0보다 작으면([<0]) 빨강색([빨강])에 −#,##0 형식으로 표시
   예 −35.6 → −36, −5123 → −5,123

❸ 0이면([=0]) 검정색([검정])에 #,##0 형식으로 표시
   예 0 → 0

❹ 텍스트이면 뒤에 "미등록" 표시(@"미등록")
   예 김우성 → 김우성미등록

궁금해요 시나공 Q&A 베스트

Q 셀에 512.57을 입력한 후 셀 서식을 '##'로 지정하니 513이 표시되었는데, 왜 '#'을 두 번 쓰나요? 512는 세 자리이니까 '###'으로 지정해야 하는 것 아닌가요?

A 정수 부분은 #의 개수와 관계 없이 원래의 자릿수대로 숫자가 모두 표시되고, 소수점 이하는 '#'의 개수만큼만 표시합니다. 소수점 이하의 자리수 보다 '#'을 많이 지정하면 나머지는 빈자리로 표시됩니다.

예 512.57 → #.# → 512.6
    512.57 → #.### → 512.57

천 단위 생략

- 천 단위 생략은 천 단위 미만의 값을 삭제한다는 의미가 아니라 천 단위 미만의 값을 화면에만 표시되지 않게 숨긴다는 의미입니다.
- 이때 천 단위 미만의 값은 반올림되어 표시됩니다. 예를 들어 44600이 입력된 셀에 표시 형식을 #, 로 지정하면 천 단위 미만의 값이 표시되지 않고 백의 자리에서 반올림되므로 **45**가 표시됩니다.

123을 입력했을 때의 결과

- [DBNum1]G/표준 : 一百二十三
- [DBNum2]G/표준 : 壹百貳拾參
- [DBNum3]G/표준 : 百2十3
- [DBNum4]G/표준 : 일백이십삼

궁금해요 시나공 Q&A 베스트

Q1 예제2 의 사용자 지정 서식을 '[파랑][>=100]#,###.00;[빨강][>=50]#,###.00;#,###.00'으로 작성하면 안 되나요?

A1 문제에서 순이익이 0일 때 어떻게 표시하라는 지시사항이 없으므로 '#,###.00'으로 작성해도 됩니다. 순이익이 0일 때 '#,##0.00'으로 지정하면 '0.00'으로 표시되고, '#,###.00'으로 지정하면 '.00'으로 표시됩니다.

Q2 100 이상이면 파랑이고, 50 이상이면 빨강이기 때문에 조건을 '>=100'과 '>=50'으로 지정하잖아요. 그런데, 왜 50 미만에 대한 조건은 지정하지 않나요?

A2 '[파랑][>=100]#,##0.00;[빨강][>=50]#,##0.00;#,##0.00'과 같이 서식을 지정하면 '>=100'과 '>=50'이 들어간 앞의 두 조건을 만족하지 않을 때, 즉 50 미만일 때는 맨 마지막에 지정된 '##0.00'을 표시 형식으로 사용하라는 의미이기 때문에 따로 조건을 지정하지 않습니다.

예제 2 상반기 순이익이 100 이상이면 '파랑', 50 이상이면 '빨강', 50 미만이면 색 지정이 없다. 단, 천 단위 구분 기호를 표시하고, 소수 둘째 자리까지 표시하시오.

답 [파랑][>=100]#,##0.00;[빨강][>=50]#,##0.00;#,##0.00
         ❶   ❷   ❸

❶ 100 이상이면([>=100]) 파랑색([파랑])에 #,##0.00 형식으로 표시
   예 152.3 → 152.30, 6523.645 → 6,523.65

❷ 50 이상이면([>=50]) 빨강색([빨강])에 #,##0.00 형식으로 표시
   예 75.2 → 75.20

❸ 50 미만은 #,##0.00 형식으로 표시
   예 45.625 → 45.63, -10 → -10.00

❸ 날짜 서식 코드

25.2, 25.1, 24.5, 24.4, 23.5, 22.4, 22.3, 21.3, 21.1, 19.상시, 19.2, 17.1, 16.2, 13.2, 11.3, 09.2, 08.3, 08.2, 05.2, 04.4, 04.2, …

1308103

범주	코드	날짜 서식 코드 사용 예
25.2, 25.1, … 연도	• yy : 연도 중 뒤의 두 자리만 표시 • yyyy : 네 자리로 표시	
25.2, 25.1, … 월	• m : 1~12로 표시 • mm : 01~12로 표시 • mmm : Jan~Dec로 표시 • mmmm : January~December 로 표시	
25.2, 25.1, … 일	• d : 1~31로 표시 • dd : 01~31로 표시	
25.2, 25.1, … 요일	• ddd : Sun~Sat로 표시 • dddd : Sunday~Saturday로 표시 • aaa : 월~일로 표시 • aaaa : 월요일~일요일로 표시	

날짜 서식 코드 사용 예 표:

	A	B	C
1	원본 데이터	지정된 서식	결과 데이터
2	2021-03-05	yy-m-d	21-3-5
3	2020-02-07	yyyy-mm-ddd	2020-02-Fri
4	2013-07-05	mm-ddd-yy	07-Fri-13
5	2023-11-05	yyyy"년"mm"월"dd"일"	2023년11월05일

❹ 시간 서식 코드

24.5, 24.4, 22.4, 21.1, 19.상시, 16.2, 14.1, 13.2, 11.3, 09.2, 08.3, 04.2, 03.1

1308104

범주	코드	시간 서식 코드 사용 예
24.5, 24.4, 22.4, … 시간	• h : 0~23으로 표시 • hh : 00~23으로 표시	
24.5, 24.4, 22.4, … 분	• m : 0~59로 표시 • mm : 00~59로 표시	
24.5, 24.4, 22.4, … 초	• s : 0~59로 표시 • ss : 00~59로 표시	
24.5, 24.4, 22.4, … 오전/오후	AM/PM, A/P	

시간 서식 코드 사용 예 표:

	A	B	C
1	원본 데이터	지정된 서식	결과 데이터
2	1:03:02	hh:mm:ss	01:03:02
3	13:03:05	h:m:s AM/PM	1:3:5 PM
4	16:25	hh"시"mm"분"ss"초"	16시25분00초
5	9:25	hh:mm A/P	09:25 A

❺ 문자열 서식 코드

25.5, 24.5, 24.4, 24.3, 24.2, 23.4, 22.4, 22.3, 21.3, 21.1, 20.2, 19.상시, 18.2, 17.1, 16.2, 14.1, 13.2, 10.2, 09.2, 09.1, 08.3, …

코드	기능	문자열 서식 코드 사용 예
25.5, 24.5, 24.4, … @	문자 데이터의 표시 위치를 지정	
*	* 기호 다음에 있는 특정 문자를 셀의 너비만큼 반복하여 채움	

	A	B	C
1	원본 데이터	지정된 서식	결과 데이터
2	길벗	@"앤디"	길벗앤디
3	활용능력	"컴퓨터"@	컴퓨터활용능력
4	종소리	@*~	종소리~~~~~~
5	35	##*!	35!!!!!!!!!!!!!!!!!!!!

기출문제 따라잡기

 문제2 3309152　 문제4 3309154

24년 5회, 22년 4회, 09년 2회

1. 다음 중 원본 데이터에 사용자 지정 서식을 적용하였을 때의 표시 결과가 옳은 것은?

① 원본 데이터 : 6000000
　사용자 지정 서식 : #,###,"백만원"
　표시 데이터 : 6백만원

② 원본 데이터 : kim
　사용자 지정 서식 : @"daehan.go.kr"
　표시 데이터 : kim@daehan.go.kr

③ 원본 데이터 : 2023/03/29
　사용자 지정 서식 : dddd, mmm dd yyyy
　표시 데이터 : Monday, Mar 29 2023

④ 원본 데이터 : 16:08:15
　사용자 지정 서식 : h:m:s AM/PM
　표시 데이터 : 4:08:15 PM

①은 6,000백만원, ②는 kimdaehan.go.kr, ④는 4:8:15 PM으로 표시됩니다.

24년 3회, 21년 3회

2. 다음은 입력 데이터, 표시 형식, 결과 순으로 표시한 것이다. 결과가 잘못 표현된 것은?

①	2	[>5]"▲";"▼"	▼
②	5월	@ "판매량"	5월 판매량
③	1.25	?/?	5/4
④	12	#.#	12.0

#은 유효한 자릿수만 표시하므로 입력된 값 12에 #.# 형식을 적용하면 12.이 표시됩니다.

23년 4회, 20년 2회

3. 다음 중 입력 데이터에 주어진 표시 형식으로 지정한 경우 그 결과가 옳지 않은 것은?

	입력 데이터	표시 형식	표시 결과
①	7.5	#.00	7.50
②	44.398	???.???	044.398
③	12,200,000	#,##0,	12,200
④	상공상사	@ "귀중"	상공상사 귀중

?는 유효하지 않은 자릿수에 0 대신 공백을 표시하므로 44.398을 입력한 후 표시 형식을 ???.???로 지정하면 ' 44.398'로 표시됩니다.

22년 3회, 21년 3회

4. 다음은 자료의 화면 표시 형식을 지정한 것이다. 그 결과가 옳은 것은?

	입력자료	표시형식	결과
①	2023-8-1	yyyy.mmm	2023.Aug
②	5	#.#0	5.00
③	1234567	0.0E+00	1.23E+8
④	2234543	#,###,"천원"	2,234천원

②는 5.0, ③은 1.2E+06, ④는 2,235천원으로 표시됩니다.

▶ 정답 : 1. ③　2. ④　3. ②　4. ①

기출문제 따라잡기

25년 4회, 21년 4회

5. 입력된 값이 10,000 이상일 때 ○만○○○○원으로 표시하고자 한다. 올바르게 지정된 셀 서식 형식은?

| 표시 예 : 13546 → 1만3546원, 123 → 123원 |

① #"만"#"원"
② [>=10000]#"만"#"원";#"원"
③ [<10000]#"만"####"원";#"원"
④ [>=10000]#"만"####"원";#"원"

[>=10000]#"만"####"원";#"원"은 입력된 값이 10,000 이상이면 #"만"####"원"으로 표시하고, 그 외는 #"원"으로 표시합니다.

25년 1회

6. 다음 중 날짜 서식을 적용한 결과로 옳지 않은 것은?

	데이터	서식	결과
①	2024-01-25	yyyy-mm-dd	2024-01-25
②	2024-05-03	yy-m-d	24-05-03
③	2024-09-08	yy-mm-ddd	24-09-Sun
④	2024-10-29	yyyy-m-aaa	2024-10-화

2024-05-03을 입력한 후 표시 형식을 yy-m-d로 지정하면 24-5-3으로 표시됩니다.

24년 4회, 21년 1회, 16년 2회, 14년 1회

7. 다음 중 원본 데이터를 지정된 서식으로 설정하였을 때, 결과가 옳지 않은 것은?

① 원본 데이터 : 5054.2, 서식 : ###
 → 결과 데이터 : 5054
② 원본 데이터 : 대한민국, 서식 : @"화이팅"
 → 결과 데이터 : 대한민국화이팅
③ 원본 데이터 : 15:30:22, 서식 : hh:mm:ss AM/PM
 → 결과 데이터 : 3:30:22 PM
④ 원본 데이터 : 2023-02-01, 서식 : yyyy-mm-ddd
 → 결과 데이터 : 2023-02-Fri

15:30:22를 입력한 후 표시 형식을 hh:mm:ss AM/PM으로 지정하면 03:30:22 PM으로 표시됩니다.

25년 3회, 24년 2회

8. 셀에 사용자 서식 코드로 #,###;@"원"을 지정한 후 다음과 같이 입력하였을 때 결과가 잘못 표현된 것은?

① −1234 → 1234원
② 1234 → 1,234
③ 0 →
④ 12.345 → 12

사용자 서식 코드로 #,###;@"원"을 지정하면 숫자 데이터에는 #,###이 적용되므로 −1234는 −1,234로 표시됩니다.

22년 3회, 09년 1회

9. 아래 워크시트에서 [A] 열에 [셀 서식] → [표시 형식] → [사용자 지정] 형식을 이용하여 [C] 열과 같이 나타내고자 한다. 다음 중 입력해야 할 사용자 지정 형식으로 옳은 것은?

	A	B	C
1	김철수		김철수님
2	박영희	→	박영희님
3	이영수		이영수님
4	유인나		유인나님

① G/표준님
② @'님'
③ G/표준'님'
④ @님

@님을 입력하면 자동으로 @"님"으로 변경됩니다.

25년 2회, 23년 5회

10. 아래 워크시트에서 '생일' 필드와 같이 표시되도록 하는 사용자 지정 서식으로 옳바른 것은?

	A	B	C	D
1				
2	학번	성명	학과	생일
3	A-2001	고아라	경영	2003-04-03 (목)
4	A-2002	나영희	경제	2004-01-02 (금)
5	A-2003	박철수	전산	2002-07-22 (월)
6	A-2004	안도해	전산	2003-09-24 (수)
7	A-2005	최순이	컴공	2002-12-16 (월)

① yyyy-mm-dd (aaaa)
② yyyy-mm-dd (dddd)
③ yyyy-mm-dd (aaa)
④ yyyy-mm-dd (ddd)

요일을 '월~일'로 표시하는 날짜 서식 코드는 aaa입니다. 다른 보기의 서식이 적용된 결과는 다음과 같습니다.
① 2003-04-03 (목요일)
② 2003-04-03 (Thursday)
④ 2003-04-03 (Thu)

▶ 정답 : 5. ④ 6. ② 7. ③ 8. ① 9. ④ 10. ③

SECTION 078 셀 서식 – 맞춤 / 보호

1 맞춤

20.1, 11.1, 04.3, 03.2, 03.1, 01.3, 01.2, 99.2

'셀 서식' 대화상자의 '맞춤' 탭을 이용하여 가로·세로 맞춤, 텍스트 방향 등을 지정할 수 있다.

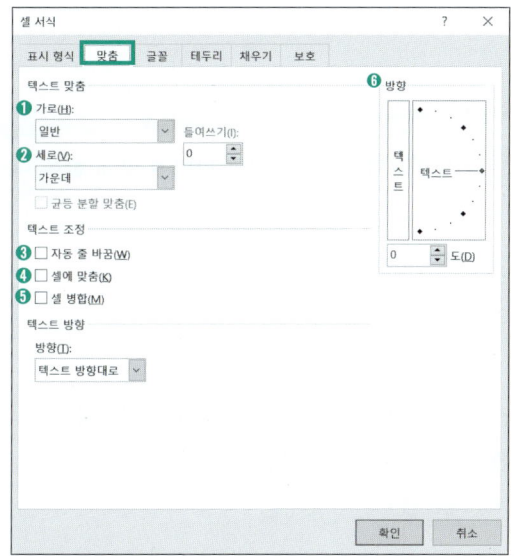

> **전문가의 조언**
> '셀 서식' 대화상자의 '맞춤' 탭의 기능으로 옳지 않은 것을 고르는 문제가 출제된 적이 있습니다. 양쪽 맞춤과 균등 분할, 자동 줄 바꿈과 셀에 맞춤의 차이점을 확실히 알아두세요.

❶ **가로** : 기본적으로 문자는 왼쪽, 숫자는 오른쪽, 논리와 오류값은 가운데 정렬된다.

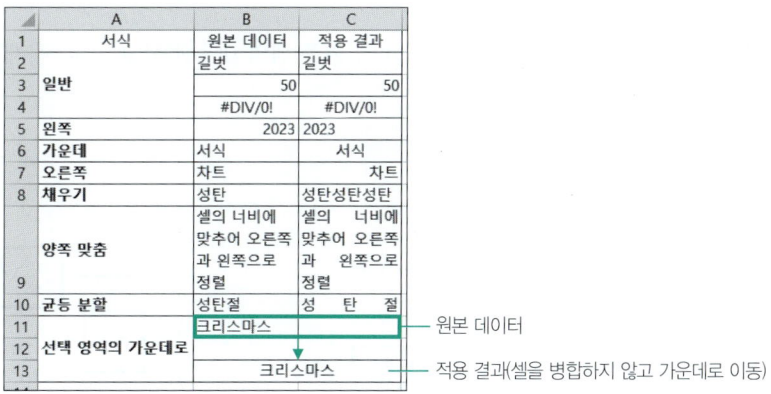

❷ **세로** : 기본적으로 가운데에 정렬된다.

	A	B	C
1	서식	원본 데이터	적용 결과
2	아래쪽	수식	수식
3	위쪽	활용	활용
4	가운데	출력	출력
5	양쪽 맞춤	자동으로 줄을 바꾸도록 하기 위한 설정	자동으로 줄을 바꾸도록 하기 위한 설정
6	균등 분할	예세이버튼을 클릭하십시오	예세이버튼을 클릭하십시오

❸ **자동 줄 바꿈** : 데이터의 길이가 열의 너비보다 긴 경우 열의 너비에 맞게 줄을 나누어 한 셀에 여러 줄로 표시한다.

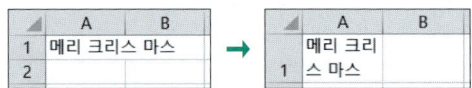

❹ **셀에 맞춤**

- 데이터의 길이가 열의 너비보다 긴 경우 글자 크기를 줄여 한 셀에 표시한다.
- 열의 너비를 조절하면 열의 너비에 따라 글자 크기가 자동으로 조절된다.

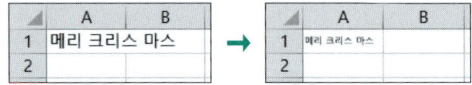

❺ **셀 병합**

- 여러 개의 셀을 하나의 셀로 합친다.
- 데이터가 입력되어 있는 셀들을 병합하면 첫 행 왼쪽 셀의 내용만 남고, 모두 삭제된다.

❻ **방향** : 데이터에 회전 각도를 지정하여 기울기를 설정한다.

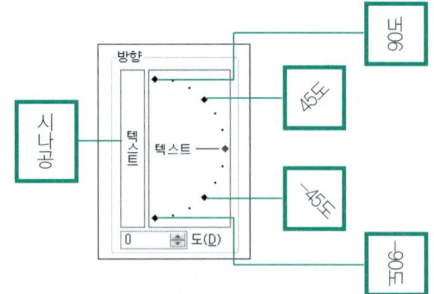

② 보호

21.1, 20.2, 15.1, 99.2

- 셀에 입력된 내용이나 셀의 크기 등을 변경할 수 없도록 셀을 보호하는 기능이다.
- **시트 보호** : '셀 서식' 대화상자의 '보호' 탭에서 '잠금'이나 '숨김'을 설정한 후 [검토] → [보호] → [시트 보호]를 클릭
- '잠금'과 '숨김' 속성은 시트 보호를 실행하기 전까지는 아무런 효과가 없다.

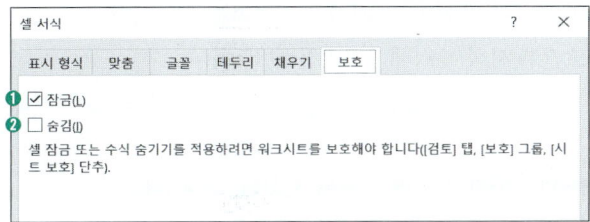

> **전문가의 조언**
>
> 시트를 보호하려면 '셀 서식' 대화상자의 '보호' 탭에서 잠금이나 숨김을 설정한 후 [검토] → [보호] → [시트 보호]를 클릭해야 합니다. 두 가지 모두를 반드시 설정해야 시트 보호가 설정된다는 것 기억하세요.

❶ **잠금** : 데이터 입력, 수정, 셀 크기 등을 변경하지 못하도록 보호하는 속성으로, 모든 셀에는 기본적으로 '잠금' 속성이 설정되어 있다.

❷ **숨김** : 수식 입력줄에 데이터가 표시되지 않는다.

기출문제 따라잡기

문제1 4207851   문제2 1308251

20년 1회

1. 다음 중 [셀 서식] 대화상자에서 [맞춤] 탭의 기능으로 옳지 않은 것은?

① '셀 병합'은 선택 영역에서 데이터 값이 여러 개인 경우 마지막 셀의 내용만 남기고 모두 지운다.
② '셀에 맞춤'은 입력 데이터의 길이가 셀의 너비보다 긴 경우 글자 크기를 자동으로 줄인다.
③ '방향'은 데이터를 세로 방향으로 설정하거나 가로의 회전 각도를 지정하여 방향을 설정한다.
④ '자동 줄 바꿈'은 텍스트의 길이가 셀의 너비보다 긴 경우 자동으로 줄을 나누어 표시한다.

> '셀 병합'은 선택 영역에 데이터 값이 여러 개 있는 경우 첫 번째 셀의 내용만 남기고 모두 지웁니다.

11년 1회, 03년 2회, 01년 2회

2. [셀 서식] → [맞춤] 탭에서 아래의 내용에 적용된 셀 서식 지정 방식으로 옳지 않은 것은?

	A	B	C	D	E
1	제품종류	코드번호	판매지역		제품별 순위
2			서울	수원	

① 자동 줄 바꿈을 선택했다.
② 셀 병합을 선택했다.
③ '텍스트 방향'을 '세로'로 선택했다.
④ 텍스트 맞춤을 가로 '가운데', 세로 '가운데'로 선택했다.

> [E1] 셀에 입력된 '제품별 순위'에 자동 줄 바꿈, [A1:A2], [B1:B2], [C1:D1], [E1:E2] 영역에 셀 병합, [A1:E2] 영역에 가로, 세로 '가운데 맞춤'을 지정한 상태입니다. 텍스트 방향을 '세로'로 지정하면 다음과 같이 표시됩니다.

▶ 정답 : 1. ① 2. ③

1장 입력 및 편집 **257**

SECTION 079 조건부 서식

1 조건부 서식의 개요

25.5, 25.3, 25.2, 25.1, 24.3, 24.2, 24.1, 23.5, 23.2, 22.3, 22.2, 22.1, 22.1, 21.1, 20.상시, 19.2, 18.상시, 18.2, 18.1, 17.2, 16.3, …

조건부 서식은 규칙(조건)을 만족하는 셀에만 셀 서식을 적용하는 기능이다.

실행 [홈] → [스타일] → [조건부 서식] → [새 규칙] 선택

- 조건부 서식의 규칙을 수식으로 입력할 경우 수식 앞에 반드시 등호(=)를 입력해야 한다.
- 셀의 값이 변경되어 규칙을 만족하지 않으면 적용된 서식이 해제된다.
- 조건부 서식은 기존의 셀 서식에 우선하여 적용된다.
- 조건부 서식으로 지정할 수 있는 서식에는 글꼴 스타일, 글꼴 색, 테두리, 채우기 등이 있다.
- 규칙별로 다른 서식을 적용할 수 있다.
- 다른 시트의 데이터를 참조하여 서식을 적용할 수 있다.
- 둘 이상의 조건부 서식이 참일 경우 두 규칙에 지정된 서식이 모두 적용되지만, 서식이 충돌할 경우 우선 순위가 높은 규칙*의 서식이 적용된다.
- 규칙에 맞는 데이터가 있는 행 전체에 서식을 지정할 때는 수식 입력 시 열 이름 앞에 $를, 열 전체에 서식을 지정할 때는 행 번호 앞에 $를 붙인다.
- **조건부 서식의 서식 스타일** : 데이터 막대, 색조, 아이콘 집합

예제 다음에 제시된 조건에 만족하는 셀에만 해당 서식을 적용하는 조건부 서식을 수행하시오.

규칙 1) [D2:D5] 영역에 대해 총점이 150 이상일 경우 바탕색을 '빨강색'으로 지정

규칙 2) [A2:D5] 영역에 대해 국어 점수가 영어 점수보다 작을 경우 행 전체에 글꼴 스타일을 '기울임꼴'로 지정(수식)

	A	B	C	D
1	이름	국어	영어	합계
2	보라미	83	78	161
3	미라미	43	62	105
4	김은혜	58	70	128
5	박한솔	79	66	145

전문가의 조언

중요해요! 조건부 서식의 단순한 개념을 묻는 문제에서 규칙을 지정하는 방법을 묻는 문제까지 골고루 출제되었습니다. 조건부 서식의 개념을 이해하고 실습을 통해 규칙 지정 방법을 꼭 알아두세요.

우선 순위가 높은 규칙의 서식

- 예를 들어, 글꼴 색과 채우기 색을 지정하는 두 조건이 모두 참일 경우 두 서식이 모두 적용되나, 글꼴 색을 빨강과 파랑으로 지정하는 두 조건이 모두 참인 경우에는 우선 순위가 높은 규칙의 글꼴 색만 적용됩니다.
- 나중에 만들어진 규칙일수록 우선 순위가 높습니다. 우선 순위는 [홈] → [스타일] → [조건부 서식] → [규칙 관리]를 선택하면 나타나는 '조건부 서식 규칙 관리자' 대화상자에서 확인할 수 있는데, 상위에 있는 규칙일수록 우선 순위가 높습니다.

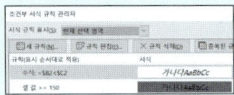

첫 번째 규칙 설정

① 조건부 서식을 적용할 범위(D2:D5)를 블록으로 지정한 후 [홈] → [스타일] → [조건부 서식] → [새 규칙]을 선택한다.

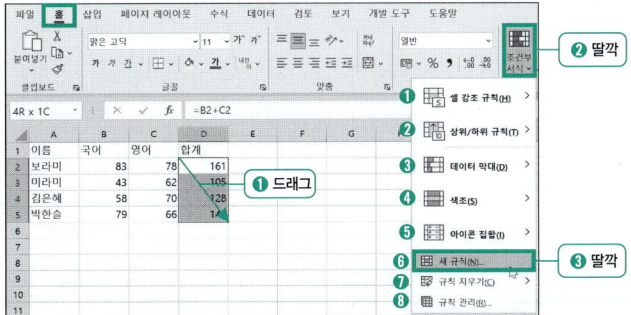

❶ **셀 강조 규칙** : 셀의 값에 따라 조건을 지정하여 서식을 지정한다.
❷ **상위/하위 규칙** : 선택한 범위의 셀 값 중 상위 혹은 하위 몇 %, 몇 개 항목에 대해 서식을 지정한다.
❸ **데이터 막대** : 데이터의 값에 따라 길이가 다른 데이터 막대를 표시한다.
❹ **색조** : 상위와 하위 또는 상위, 중간, 하위 색을 지정하여 표시하고, 그 사이의 값은 지정한 색 사이의 색으로 적절하게 표시한다.
❺ **아이콘 집합** : 셀의 값에 따라 다른 모양의 아이콘을 표시한다.
❻ **새 규칙** : '새 서식 규칙' 대화상자가 표시된다.
❼ **규칙 지우기** : 이미 지정된 규칙을 지운다.
❽ **규칙 관리** : 지정된 규칙을 수정, 삭제, 추가 등을 할 수 있는 '조건부 서식 규칙 관리자'가 표시된다.

② '새 서식 규칙' 대화상자의 '규칙 유형 선택'에서 '다음을 포함하는 셀만 서식 지정'을 선택한 다음, '셀 값', '>='을 선택하고, 150을 입력한 후 〈서식〉을 클릭한다.

③ '셀 서식' 대화상자의 '채우기' 탭에서 배경색을 '빨강색'으로 지정한 후 〈확인〉을 클릭한다.

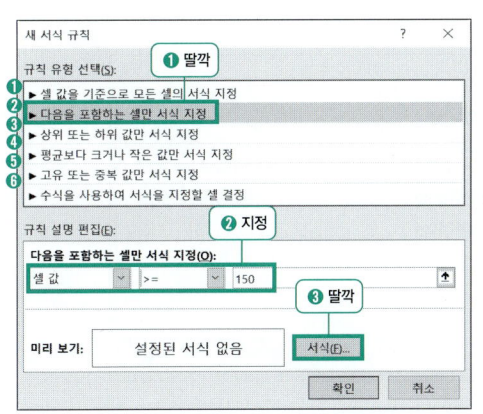 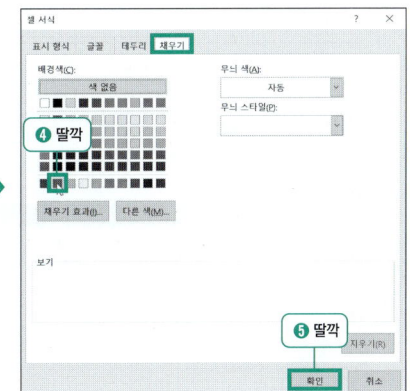

❶ **셀 값을 기준으로 모든 셀의 서식 지정** : 셀 값에 따라 농도가 다른 색이나 길이가 다른 데이터 막대를 모든 셀에 지정한다.
❷ **다음을 포함하는 셀만 서식 지정** : 셀 값에 따라 조건을 지정하여 서식을 지정한다.
❸ **상위 또는 하위 값만 서식 지정** : 선택한 범위의 셀 값 중 상위 혹은 하위 몇 %, 몇 개 항목에 대해 서식을 지정한다.
❹ **평균보다 크거나 작은 값만 서식 지정** : 선택한 범위의 셀 값들에 대한 평균이나 표준 편차보다 높거나 낮은 값에 대해 서식을 지정한다.
❺ **고유 또는 중복 값만 서식 지정** : 선택한 범위의 셀 값 중에서 중복된 값이나 고유 값에 대해 서식을 지정한다.
❻ **수식을 사용하여 서식을 지정할 셀 결정** : 함수나 수식을 이용하여 조건을 지정한다.

> **준비하세요**
>
> '길벗컴활1급필기\2과목.xlsm' 파일을 불러와 '섹션79' 시트에서 실습하세요. 실습할 예제 파일은 시나공 홈페이지(sinagong.co.kr)의 [컴퓨터활용능력] → [2급 필기] → [도서자료실]에서 다운받으면 됩니다.

④ '새 서식 규칙' 대화상자에서 〈확인〉을 클릭한다.

두 번째 규칙 설정

① 다음 서식을 적용할 범위(A2:D5)를 블록으로 지정한 후 [홈] → [스타일] → [조건부 서식] → [새 규칙]을 선택한다.
② '새 서식 규칙' 대화상자의 '규칙 유형 선택'에서 '수식을 사용하여 서식을 지정할 셀 결정'을 선택하고, =$B2<$C2를 입력한 후 〈서식〉을 클릭한다.
③ '셀 서식' 대화상자의 '글꼴' 탭에서 글꼴 스타일을 '기울임꼴'로 지정한 후 〈확인〉을 클릭한다.

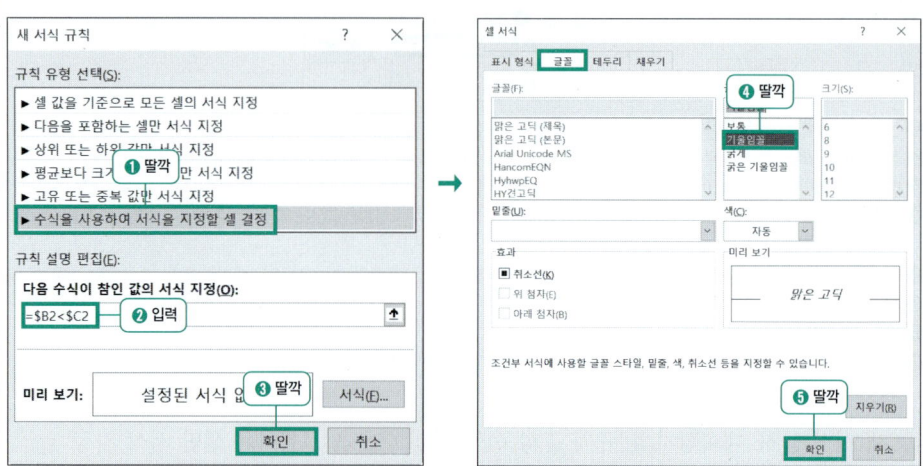

④ '새 서식 규칙' 대화상자에서 〈확인〉을 클릭한다.
⑤ 작성한 규칙을 확인하려면 [홈] → [스타일] → [조건부 서식] → [규칙 관리]를 선택한다.

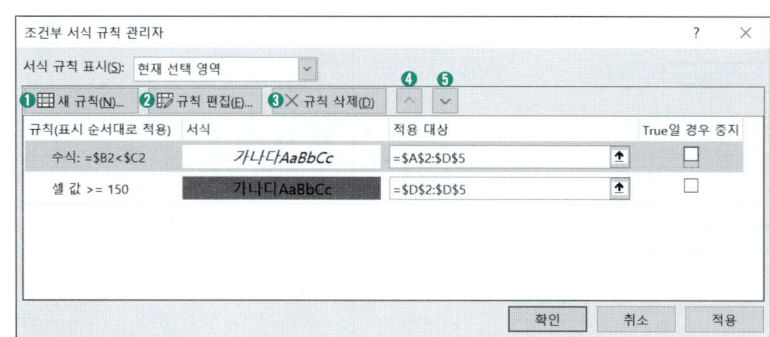

❶ 새 규칙 : 새 규칙을 작성할 수 있는 '새 서식 규칙' 대화상자를 표시한다.
❷ 규칙 편집 : 선택한 규칙을 수정한다.
❸ 규칙 삭제 : 선택한 규칙을 삭제한다.
❹ 위로 이동 : 선택한 규칙을 위로 올려 우선 순위를 높인다.
❺ 아래로 이동 : 선택한 규칙을 아래로 내려 우선 순위를 낮춘다.

기출문제 따라잡기

24년 3회
1. 다음 중 조건부 서식에 대한 설명으로 옳지 않은 것은?

① 조건부 서식에서 사용하는 수식은 등호(=)로 시작해야 한다.
② 아이콘 집합을 이용하면 조건 없이 셀의 값에 따라 다양한 모양의 아이콘을 표시할 수 있다.
③ 조건부 서식에 의해 서식이 설정된 셀에서 값이 변경되어 조건에 만족하지 않을 경우 적용된 서식은 바로 해제된다.
④ 동일한 범위에 대해 글꼴 스타일을 '굵게' 지정하는 규칙과 글꼴 색을 '빨강'으로 지정하는 규칙이 모두 만족하는 경우 우선 순위가 높은 한 가지 규칙만 적용된다.

> 동일한 범위에서 두 개 이상의 조건을 모두 만족하는 경우 규칙에 지정된 서식이 모두 적용되며, 서식이 충돌할 경우에만 우선 순위가 높은 규칙의 서식이 적용됩니다.

24년 2회, 22년 2회, 1회, 20년 상시, 17년 2회, 1회, 15년 3회, 12년 1회
2. 아래 그림은 조건부 서식에 의해 셀의 배경색이 변경된 결과이다. 다음 중 [A2:C5] 영역에 설정된 조건부 서식의 규칙으로 옳은 것은?

	A	B	C
1	이름	엑셀	ACCESS
2	김경희	75	73
3	원은형	89	88
4	나도형	65	68
5	최은심	98	96

① =B$2+C$2<=170
② =$B2+$C2<=170
③ =$B$2+$C$2<=170
④ =B2+C2<=170

> 조건부 서식의 규칙으로 셀 주소를 이용해 규칙에 맞는 행 전체에 서식이 적용되도록 수식을 작성할 경우 열 문자에만 절대 주소 표시($)를 해야 합니다.

25년 2회, 23년 5회, 21년 1회, 13년 3회, 12년 3회
3. 조건부 서식에 대한 설명으로 틀린 것은?

① 조건에 맞지 않을 경우에 대한 서식도 함께 지정할 수 있다.
② 조건부 서식은 기존의 셀 서식에 우선하여 적용된다.
③ 조건을 수식으로 입력할 경우 수식 앞에 등호(=)를 반드시 입력해야 한다.
④ 조건부 서식에 의해 서식이 설정된 셀에서 값이 변경되어 조건에 만족하지 않을 경우 적용된 서식은 바로 해제된다.

> 조건부 서식에서 규칙별로 다른 서식은 지정할 수 있지만 조건에 맞지 않을 경우에 대한 서식은 지정할 수 없습니다.

25년 1회
4. 다음 중 [조건부 서식]의 서식 지정에 대한 설명으로 옳지 않은 것은?

① 다른 시트의 데이터를 참조하여 서식을 적용할 수 없다.
② 둘 이상의 조건부 서식이 참일 경우 두 규칙에 지정된 서식이 모두 적용된다.
③ 조건부 서식의 규칙별로 다른 서식을 적용할 수 있다.
④ 조건을 수식으로 입력할 경우 수식 앞에 등호(=)를 반드시 입력해야 한다.

> 다른 시트의 데이터를 참조하여 서식을 적용할 수 있습니다.

19년 2회, 16년 1회, 15년 3회
5. 아래 그림과 같이 짝수 행에만 배경색과 글꼴 스타일 '굵게'를 설정하는 조건부 서식을 지정하고자 한다. 다음 중 이를 위해 아래의 [새 서식 규칙] 대화상자에 입력할 수식으로 옳은 것은?

	A	B	C
1	사원번호	성명	직함
2	101	구민정	과장
3	102	강수영	부사장
4	**103**	**김진수**	**사원**
5	104	박영수	사원
6	**105**	**이민호**	**과장**

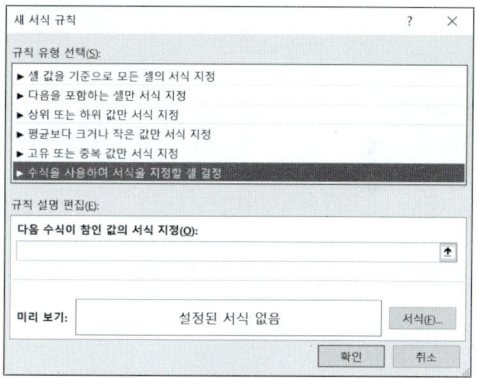

① =MOD(ROW( ), 2)=1
② =MOD(ROW( ), 2)=0
③ =MOD(COLUMN( ), 2)=1
④ =MOD(COLUMN( ), 2)=0

- MOD(인수1, 인수2)는 '인수1'을 '인수2'로 나눈 나머지를 반환하는 함수입니다.
- ROW(인수)는 '인수'의 행 번호를 반환하는 함수인데, ROW( )와 같이 인수를 지정하지 않으면 수식이 입력되는 행 번호를 반환합니다.
- '=MOD(ROW( ), 2)=0'은 이 수식이 적용되는 행 번호를 2로 나눈 나머지가 0인 경우, 즉 행 번호가 짝수인 경우 지정한 서식이 적용됩니다.

▶ 정답 : 1. ④ 2. ② 3. ① 4. ① 5. ②

1장 핵심요약

063 워크시트의 기본 지식

❶ 제목 표시줄 16.3

현재 사용하고 있는 프로그램 이름, 파일 이름, 검색, 창 조절 버튼이 표시된다.

❷ 리본 메뉴 18.1, 16.3, 10.2

- 엑셀에서 제공하는 다양한 기능들을 용도에 맞게 사용할 수 있도록 탭과 그룹으로 분류하여 배치한 메뉴다.
- 리본 메뉴를 감추거나 표시하는 방법
  - 방법 1 : 리본 메뉴를 마우스 오른쪽 버튼으로 클릭하면 표시되는 바로 가기 메뉴에서 [리본 메뉴 축소] 선택
  - 방법 2 : Ctrl + F1 을 누름
  - 방법 3 : 활성 탭의 이름을 더블클릭함

❸ 이름 상자 16.3

- 현재 작업중인 셀의 이름이나 주소를 표시하는 부분이다.
- 차트 항목이나 그리기 개체를 선택하면 개체의 이름이 표시된다.

❹ 상태 표시줄 16.3

현재의 작업 상태나 선택한 명령에 대한 기본적인 정보가 표시되는 곳이다.

064 데이터 입력 - 문자열 / 수치 / 날짜 / 시간

❶ 데이터 입력의 기초 25.4, 25.3, 25.1, 23.4, 23.1, 22.4, 22.2, 22.1, 21.3, 21.1, 20.상시, …

- 한 셀에 여러 줄로 데이터를 입력하려면 줄을 바꾸려는 부분에서 Alt + Enter 를 누른다.
- 여러 셀에 동일한 내용을 입력하려면 해당 셀을 범위로 지정한 후 데이터를 입력하고 Ctrl + Enter 를 누른다.
- 특정 부분을 범위로 지정하고 Enter 를 누르면 지정한 범위 안에서만 셀 포인터가 이동한다.
- 데이터 입력 도중 입력을 취소하려면 Esc 를 누른다.

❷ 문자 데이터 23.5, 20.상시, 20.2, 10.3, 10.1

- 한글, 영문, 특수문자, 문자와 숫자가 혼합된 데이터이다.
- 기본적으로 셀의 왼쪽으로 정렬된다.
- 숫자 데이터 앞에 문자 접두어(')를 입력하면 문자 데이터로 인식된다.

❸ 수치 데이터 25.4, 25.3, 23.5, 23.4, 20.2, 13.2, 12.2

- 기본적으로 셀의 오른쪽으로 정렬된다.
- 데이터 중간에 공백이나 특수문자가 있으면 문자로 인식된다.
- 숫자를 큰따옴표(" ")로 묶어 수식에 입력하면 텍스트로 인식되지만, 연산을 하면 수치 데이터로 계산된다.
  예 "1" + "3" = 4
- 음수 표현 : 숫자 앞에 - 기호를 붙이거나, 괄호로 묶음
  예 -5, (5)
- 분수 : 0 입력 후 한 칸 띄고 입력함
  예 0 1/2
- 셀의 너비보다 긴 경우 지수 형식으로 표시된다.
- 표시 형식을 지정한 수치 데이터나 지수 형식의 데이터가 셀의 너비보다 긴 경우 셀의 너비만큼 '#'이 표시되지만 셀의 너비를 넓히면 정상적으로 표시된다.

❹ 날짜/시간 데이터 25.5, 25.4, 25.3, 24.4, 24.2, 23.4, 22.4, 22.3, 21.1, 19.1, 17.2, 17.1, 10.1

- 날짜 및 시간 데이터는 수치 데이터이므로 셀의 오른쪽을 기준으로 정렬된다.
- 날짜는 일련번호로 저장되고, 시간은 하루에 대한 비율로 계산되어 소수로 저장된다.
- 시간 데이터는 밤 12시(자정)를 0.0으로 시작하여 6시는 0.25, 12시(정오)는 0.5로 저장된다.
- 오늘 날짜 입력 : Ctrl + ;
- 현재 시간 입력 : Ctrl + Shift + ;

065 데이터 입력 – 한자 / 특수문자 / 노트

❶ 한자 23.5, 22.2

한자로 변환할 한글을 입력한 후 한자를 눌러 해당 셀 바로 아래에 한자 목록 상자가 나타나면 한글 음에 해당하는 한자를 마우스로 선택하여 입력한다.

❷ 특수문자 25.3, 23.5, 22.2, 12.2

한글 입력 상태에서 한글 자음(ㄱ, ㄴ, ㄷ, …)을 입력하고, 한자를 눌러 해당 셀 바로 아래에 특수문자 목록 상자가 나타나면 원하는 특수문자를 마우스로 선택하여 입력한다.

❸ 노트 22.2, 21.1, 20.상시, 18.상시, 16.1, 15.3, 14.1, 13.1, 10.2

- 셀에 입력된 데이터에 대한 보충 설명을 하는 곳이다.
- 셀에 입력된 데이터를 지워도 노트는 삭제되지 않는다.
- 시트에 삽입된 노트를 시트에 표시된 대로 인쇄하거나 시트 끝에 모아서 인쇄할 수 있다.
- 노트의 크기나 위치는 임의로 조절할 수 있다.
- 노트 삽입 바로 가기 키 : Shift + F2
- 노트 삭제 : [검토] → [메모] → [삭제] 클릭 또는 바로 가기 메뉴의 [메모 삭제] 선택

❷ 혼합 데이터 25.2, 22.1, 21.4, 21.3, 21.2, 20.2, 19.2, 19.1, 17.2, 17.1, 16.2, 13.2, 12.1

- 한 셀 : 문자와 숫자가 혼합하여 입력된 셀의 채우기 핸들을 드래그하면 가장 오른쪽에 있는 숫자는 1씩 증가하고, 나머지는 그대로 입력됨
- 두 셀 : 문자와 숫자가 혼합하여 입력된 두 셀을 범위로 지정하고 채우기 핸들을 드래그하면 숫자 데이터는 차이만큼 증가/감소하고, 문자는 그대로 입력됨
- Ctrl을 누른 채 드래그하면 복사된다.

❸ 사용자 지정 목록 25.2, 22.1, 21.4, 21.3, 21.2, 19.1, 16.1, 15.2

- 사용자 지정 목록에 등록된 데이터 중 하나를 입력하고 드래그하면 사용자 지정 목록에 등록된 순서대로 반복되어 입력된다.
- Ctrl을 누른 채 드래그하면 복사된다.

❹ '연속 데이터' 대화상자 23.3, 14.3, 14.2, 11.1

- 방향 : 자동 채우기를 실행할 방향을 지정(행 : 가로, 열 : 세로)
- 유형
  - 자동 채우기를 실행할 데이터의 종류를 지정한다.
  - 선형 : 단계 값만큼 더하여 입력함
  - 급수 : 단계 값만큼 곱하여 입력함
- 단계 값 : 연속 데이터의 증가 또는 감소할 값을 지정함
- 종료 값 : 연속 데이터가 끝나는 값을 지정함

066 채우기 핸들을 이용한 연속 데이터 입력

❶ 숫자 데이터 25.5, 25.2, 24.4, 22.3, 22.1, 21.4, 21.3, 21.2, 21.1, 19.2, 19.1, 18.1, 16.2, 15.2, 15.1, ...

- 한 셀 : 숫자 데이터를 입력하고 채우기 핸들을 드래그하면 동일한 데이터가 입력되고, Ctrl을 누르고 드래그하면 값이 1씩 증가하며 입력됨
- 두 셀 : 숫자가 입력된 두 셀을 범위로 지정하고 채우기 핸들을 드래그하면 첫 셀과 두 번째 셀의 차이만큼 증가/감소하고, Ctrl을 누른 채 드래그하면 두 개의 값이 반복하여 복사됨

067 자동 완성 기능 / 데이터 유효성 검사

❶ 자동 완성 기능 25.2, 24.4, 22.2, 21.3, 17.2, 11.3

- 데이터 입력 중 처음 몇 자가 같은 열에 이미 입력된 내용과 동일하면 자동으로 나머지 내용이 채워진다.
- 셀을 선택하고 Alt + ↓를 누르면 같은 열에 입력된 데이터 목록이 표시된다.
- 문자 데이터에만 적용되는 기능으로, 숫자나 날짜 데이터에는 적용되지 않는다.

1장 핵심요약

❷ 데이터 유효성 검사 _{25.2, 19.상시, 19.2, 17.2, 17.1, 16.1, 15.3, 15.1, 13.3, 11.3}

- 데이터를 정확하게 입력할 수 있도록 도와주는 기능이다.
- 제한 대상의 '텍스트 길이' : 셀에 입력되는 텍스트의 길이를 제한함
- 예 제한 방법을 =, 길이를 3으로 지정하면 셀에 숫자를 입력하는 경우 100~999까지의 정수만 입력할 수 있다.

[068] 데이터 삭제

❶ 삭제 _{22.3, 21.4, 21.3, 21.1, 20.2, 20.1, 18.2, 16.2, 15.3, 14.2, 13.3, 10.2}

- 삭제할 셀을 선택한 후 [Delete]를 누른다(내용만 지워짐).
- 삭제할 셀의 바로 가기 메뉴에서 [내용 지우기]를 선택한다.
- [홈] → [편집] → [지우기]에서 [모두 지우기] 또는 [내용 지우기]를 선택한다.

[069] 찾기

❶ 찾기의 개요 _{23.1, 22.4, 14.2}

- 워크시트에 입력되어 있는 데이터 중에서 특정 내용을 찾는 기능으로 숫자, 특수문자, 수식, 메모, 노트 등도 찾을 수 있다.
- 워크시트 전체를 대상으로 찾거나 범위를 지정하여 찾을 수 있다.
- 데이터를 뒤에서부터 앞으로, 즉 역순으로 검색하려면 [Shift]를 누른 상태에서 〈다음〉을 클릭한다.

❷ '찾기 및 바꾸기' 대화상자 _{25.3, 24.5, 24.4, 22.2, 22.1, 21.1, 19.2, 18.2, 18.1, 16.3, …}

- 찾을 내용
  - 찾고자 하는 내용을 입력한다.
  - '*, ?' 등의 만능문자(와일드 카드)를 사용할 수 있다.
  - +, -, #, $ 등과 같은 특수문자도 찾을 수 있다.
- 서식 : 특정 서식이 지정된 데이터를 찾음
- 범위 : 현재 워크시트에서만 검색하려면 '시트', 모든 시트에서 검색하려면 '통합 문서'를 선택함

- 찾는 위치 : 찾을 정보가 들어 있는 워크시트의 요소로 수식, 값, 슬라이드 노트, 메모를 지정함
- 전체 셀 내용 일치 : 찾을 내용과 완전히 일치하는 셀만을 찾음
- 모두 찾기 : 검색 조건에 맞는 모든 항목을 한꺼번에 찾음

[070] 셀의 이동

❶ 셀 포인터 이동 _{25.4, 25.2, 23.5, 19.2, 16.1, 11.3}

- [Shift]+[Enter], [Enter] : 상, 하로 이동함
- [Enter]
  - 기본적으로 위에서 아래로, 왼쪽에서 오른쪽으로 이동한다.
  - [파일] → [옵션] → [고급] → [편집 옵션]에서 이동 방향을 지정할 수 있다.
- [Ctrl]+[PgUp], [Ctrl]+[PgDn] : 현재 시트의 이전, 다음 시트로 이동함

[071] [파일] → [옵션] 설정

❶ 자동 고침 옵션 _{24.5, 21.4}

- 오타, 대문자 오류 등의 입력 실수를 자동으로 고치도록 설정한다.
- 사용자가 특정 단어를 입력하면 자동으로 등록된 다른 단어나 기호로 변경되도록 설정한다.
- 예 (tel) → ☎, (ks) → Ⓚ

❷ 자동 복구 정보 저장 간격 _{23.2}

- 작업 중인 파일을 일정 시간마다 저장함으로써 엑셀이나 시스템에 예상하지 못한 문제가 발생했을 때 작업 중인 파일을 보존한다.
- 저장 간격을 1분에서 120분까지 지정할 수 있다.

❸ 셀 내용을 자동 완성 _{22.1, 21.3, 11.3}

셀에 입력한 처음 몇 자가 같은 열에 있는 항목과 일치하면 자동으로 나머지 문자가 채워지도록 설정한다.

072 셀 / 행 / 열의 복사 및 이동

❶ 이동 21.3, 21.2, 16.1

- [홈] → [클립보드] → [잘라내기] 클릭
- 바로 가기 메뉴에서 [잘라내기] 선택
- Ctrl + X 누름

❷ 마우스를 이용한 데이터 복사 및 이동 21.3, 21.2, 16.1

- 복사 : 복사할 데이터를 범위로 지정한 후 마우스 포인터를 범위의 경계선에 놓아 마우스 포인터가 십자 화살표로 바뀌면 Ctrl을 누른 상태에서 원하는 위치로 드래그함
- 이동 : 이동할 데이터를 범위로 지정한 후 마우스 포인터를 범위의 경계선에 놓아 마우스 포인터가 십자 화살표로 바뀌면 원하는 위치로 드래그함

❸ 클립보드 21.3, 21.2, 18.2, 16.1

- 한 번 복사한 내용은 여러 번 붙여넣기를 할 수 있으나 복사할 때 생기는 점선이 없어질 경우에는 복사한 내용을 저장하고 있는 클립보드로만 가능하다.
- 클립보드는 복사나 잘라내기한 내용을 최대 24개까지 저장한다.
- '[홈] → [클립보드]의 ⬇를 클릭하면 '클립보드' 창이 나타난다.
- 여러 번 복사한 후 [모두 붙여넣기]를 클릭하면 복사한 내용을 차례대로 모두 붙여 넣는다.

❹ 선택하여 붙여넣기 24.1, 23.4, 21.2, 18.2, 16.2, 15.3, 14.3

- 셀 전체를 붙여넣기하지 않고 메모, 노트, 수식, 값 등 셀에서 필요한 특정 내용만을 복사할 때 사용하는 기능이다.
- 선택하여 붙여넣기는 잘라내기한 경우에는 사용할 수 없고, 복사한 경우에만 사용할 수 있다.
- '선택하여 붙여넣기' 대화상자
  - 서식 : 셀 서식만 복사함
  - 주석 및 메모 : 메모나 노트만 복사함
  - 내용 있는 셀만 붙여넣기 : 데이터가 있는 셀만 복사함
  - 행/열 바꿈 : 행과 열의 위치를 서로 바꿈
- 연결하여 붙여넣기 : 복사한 원본 셀과 붙여넣기한 셀을 서로 연결하여 원본 셀의 데이터가 수정되면 붙여넣기한 셀도 자동으로 수정됨
- 연결된 그림 : 복사한 원본 셀과 붙여넣기한 그림을 서로 연결하여 원본 셀의 데이터가 수정되면 붙여넣기한 그림도 자동으로 수정됨

073 열 크기 변경

❶ 열 너비 변경 23.3, 21.4, 21.2, 12.3

- 여러 개의 열을 선택하고, 너비를 조절하면 모두 동일한 너비로 조절된다.
- 열 너비의 조절 단위는 표준 글꼴 크기의 문자 수이다.
- 메뉴 이용
  - 너비를 변경할 열을 선택하고 [홈] → [셀] → [서식] → [열 너비]를 선택하거나, 열 머리글의 바로 가기 메뉴에서 [열 너비]를 선택한 후 변경할 값을 입력하고 〈확인〉을 클릭한다.
  - 셀을 선택한 후 [홈] → [셀] → [서식] → [열 너비 자동 맞춤]을 선택하면 현재 선택한 셀에 입력된 문자의 길이에 맞게 열의 너비가 자동으로 조절된다.
- 마우스 이용
  - 너비를 변경할 열의 오른쪽 열 머리글 경계선을 마우스로 드래그한다.
  - 열 머리글 경계선을 더블클릭하면 해당 열에 입력된 데이터 중 가장 긴 데이터에 맞게 열의 너비가 자동으로 조절된다.

1장 핵심요약

074 워크시트 편집

❶ 워크시트 선택 25.3, 24.3, 22.4, 21.4, 21.2, 20.상시, 20.2, 18.2, 15.2, 13.3, 13.2, 11.2

- 연속적인 여러 개의 시트 선택 : 첫 번째 시트를 클릭하고 Shift를 누른 채 마지막 시트를 클릭함
- 비연속적인 여러 개의 시트 선택 : 첫 번째 시트를 클릭하고 Ctrl을 누른 채 원하는 시트를 차례로 클릭함
- 모든 시트 선택 : 시트 탭의 바로 가기 메뉴에서 [모든 시트 선택]을 선택함
- 여러 개의 시트를 선택하면 제목 표시줄에 [그룹]이라고 표시된다.
- 여러 개의 시트를 선택하고 데이터를 입력하면 선택한 모든 시트에 동일한 데이터가 입력된다.
- 그룹 상태에서는 도형, 차트 등의 그래픽 개체를 삽입하거나 정렬, 필터 등의 데이터 관리 작업을 수행할 수 없다.
- 여러 개의 시트가 선택된 그룹 상태를 해제하려면 시트 탭의 바로 가기 메뉴에서 [시트 그룹 해제]를 선택하거나 임의의 시트를 클릭한다.

❷ 워크시트 삽입 24.3, 22.4, 21.3, 20.2, 18.2, 13.3

- 시트를 삽입하는 바로 가기 키는 Shift + F11이다.
- 삽입된 시트는 활성 시트의 왼쪽에 삽입된다.

❸ 워크시트 삭제 25.3, 23.3, 22.4, 21.4, 21.3, 21.2, 13.3

- 삭제된 시트는 되살릴 수 없으므로 신중하게 수행해야 한다.
- 여러 개의 시트를 선택하여 한꺼번에 삭제할 수 있다.

❹ 워크시트 이동 및 복사 25.3, 24.3, 18.2, 15.3, 13.2

- 워크시트 이동 : 이동할 시트를 선택한 후 원하는 위치까지 드래그하거나 Shift를 누른 채 원하는 위치까지 드래그
- 워크시트 복사 : 복사할 시트를 선택한 후 Ctrl을 누른 채 원하는 위치까지 드래그

075 문서 보호

❶ 시트 보호 24.5, 21.1, 20.2, 20.1, 17.2, 15.1

- 워크시트에 입력된 데이터나 차트 등을 변경할 수 없도록 보호한다.
- 시트 보호가 설정된 상태에서 데이터를 입력하거나 수정하면 경고 메시지가 나타난다.
- 암호를 지정할 수 있다(선택 사항).
- 차트 시트에서 [시트 보호]를 실행하면 차트에 대한 보호를 설정할 수 있다.
  - 내용 : 차트의 데이터 계열, 축, 범례 등을 변경할 수 없도록 보호함
  - 개체 : 도형, 텍스트 상자, 컨트롤 등 그래픽 개체를 변경할 수 없도록 보호함
- '셀 서식' 대화상자의 '보호' 탭에서 '잠금'이 해제된 셀은 보호되지 않는다.

076 셀 서식 – 표시 형식

❶ 일반 18.1, 14.2

열 너비보다 긴 정수를 입력하면 값을 지수 형식으로 표시하고, 열 너비보다 긴 소수를 입력하면 열 너비에 맞춰 반올림한 값을 표시한다.

❷ 숫자 18.1, 14.2

숫자를 나타내는 표시 형식으로, 음수의 표시 형식을 빨강색으로 지정할 수 있다.

❸ 통화 18.1, 14.2

돈의 액수를 나타내는 표시 형식으로, 천 단위마다 쉼표(,)를 표시하며, 숫자 앞에 통화 기호를 표시한다.

❹ 회계 18.1, 14.2

'통화' 형식과 비슷하나 음수의 표시 형식을 별도로 지정할 수 없고, 입력된 값이 0일 경우 하이픈(-)으로 표시된다.

※ '통화' 형식은 숫자 바로 앞에 통화 기호가 표시되지만 '회계' 형식은 해당 셀의 왼쪽에 붙어 표시된다.

077 셀 서식 - 사용자 지정

❶ 사용자 지정 표시 형식 24.3, 12.3, 12.2

• 조건이 없을 때

```
#,### ; [빨강](#,###) ; 0.00 ; @"님"
 양수        음수        0값    텍스트
```

• 조건이 있을 때

```
[>]0](#,###) ; [<0][빨강](#,###) ; 0.00
  조건1            조건2         두 조건을 만족하지 않을 경우
```

❷ 숫자 서식 코드 25.5, 25.4, 25.3, 24.5, 24.4, 24.3, 24.2, 23.4, 23.2, 23.1, 22.4, 22.3, 21.4, …

- # : 유효한 자릿수만 표시하고, 유효하지 않은 0은 표시하지 않음
- 0 : 유효하지 않은 자릿수를 0으로 표시함
- ? : 유효하지 않은 자릿수에 0 대신 공백을 표시하고, 소수점을 기준으로 정렬함
- , : 천 단위 구분 기호를 표시하며, 표시 형식 맨 끝에 표시하면 할 때마다 3자리씩 생략함. 이때 천 단위 미만의 값은 반올림되어 표시됨
- % : 숫자에 100을 곱한 다음 %를 붙임

❸ 날짜 서식 코드 25.2, 25.1, 24.5, 24.4, 23.5, 22.4, 22.3, 21.3, 21.1, 19.상시, 19.2, 17.1, …

• 연도
- yy : 연도 중 뒤의 두 자리만 표시
- yyyy : 네 자리로 표시

• 월
- m : 1~12로 표시
- mm : 01~12로 표시
- mmm : Jan~Dec로 표시
- mmmm : January~December로 표시

• 일
- d : 1~31로 표시
- dd : 01~31로 표시

• 요일
- ddd : Sun~Sat로 표시
- dddd : Sunday~Saturday로 표시
- aaa : 월~일로 표시
- aaaa : 월요일~일요일로 표시

❹ 시간 서식 코드 24.5, 24.4, 22.4, 21.1, 19.상시, 16.2, 14.1, 13.2, 11.3

• 시간
- h : 0~23으로 표시
- hh : 00~23으로 표시

• 분
- m : 0~59로 표시
- mm : 00~59로 표시

• 초
- s : 0~59로 표시
- ss : 00~59로 표시

• 오전/오후
- AM/PM, A/P

❺ 문자열 서식 코드 25.5, 24.5, 24.4, 24.3, 23.4, 22.4, 22.3, 21.3, 21.1, 20.2, 19.상시, 18.2, …

- @ : 문자 데이터의 표시 위치를 지정함

문제1 입력된 값이 10,000 이상일 때 "○만○○○○원"으로 표시하기 위해 지정해야 하는 사용자 지정 표시 형식을 작성하시오.

표시 예 : 13546 → 1만3456원, 0 → 원

답 :

해설
- 조건은 대괄호([ ]) 안에 입력합니다.
- 입력 값이 0일 때 "원"으로 표시하려면 숫자 서식 코드를 #으로 사용해야 합니다.
- 입력 값이 만원 이상일 경우 : [>=10000]#"만"####"원"
- 입력 값이 0일 경우 : #"원"

정답 1. [>=10000]#"만"####"원";#"원"

1장 핵심요약

문제1 다음 입력 데이터에 사용자 지정 표시 형식을 지정한 후의 표시 결과를 쓰시오.

① 입력 데이터 : 임선호, 표시 형식 : @교수

답 :

② 입력 데이터 : 4.5, 표시 형식 : #.00

답 :

③ 입력 데이터 : 0, 표시 형식 : #"Kg"

답 :

④ 입력 데이터 : 123.45, 표시 형식 : ?.?

답 :

⑤ 입력 데이터 : -1,234,567,
  표시 형식 : #,##0,

답 :

⑥ 입력 데이터 : 2023-08-20,
  표시 형식 : dddd, mmm dd yyyy

답 :

⑦ 입력 데이터 : 2023-08-23,
  표시 형식 : yyyy-mm-dd (aaa)

답 :

해설
④ 소수점 이하 첫째 자리까지 표시할 경우 소수점 이하 둘째 자리에서 반올림됩니다.
⑤ 사용자 지정 형식 맨 끝에 콤마(,)를 표시하면 천 단위 이하를 생략하고, 천 단위 미만의 값은 반올림됩니다.

078 셀 서식 - 보호

1 보호 21.1, 20.2, 15.1

- 셀에 입력된 내용이나 셀의 크기 등을 변경할 수 없도록 셀을 보호하는 기능이다.
- 시트 보호 : '셀 서식' 대화상자의 '보호' 탭에서 '잠금'이나 '숨김'을 설정한 후 [검토] → [보호] → [시트 보호]를 클릭
  - 잠금 : 데이터 입력, 수정, 셀 크기 등을 변경하지 못하도록 보호하는 속성으로, 모든 셀에는 기본적으로 '잠금' 속성이 설정되어 있음
  - 숨김 : 수식 입력줄에 데이터가 표시되지 않음
- '잠금'과 '숨김' 속성은 시트 보호를 실행하기 전까지는 아무런 효과가 없다.

079 조건부 서식

1 조건부 서식의 개요 25.5, 25.3, 25.2, 25.1, 24.3, 24.2, 24.1, 23.5, 23.2, 22.3, 22.2, …

- 규칙에 만족하는 셀에만 셀 서식을 적용한다.
- 셀의 값이 변경되어 규칙을 만족하지 않으면 적용된 서식이 해제된다.
- 규칙을 수식으로 입력할 수 있으며, 수식 앞에는 등호(=)를 입력해야 한다.
- 규칙별로 다른 서식을 적용할 수 있다.
- 다른 시트의 데이터를 참조하여 서식을 적용할 수 있다.
- 둘 이상의 규칙이 참일 경우 규칙에 지정된 서식이 모두 적용되지만 서식이 충돌할 경우 우선 순위가 높은 규칙의 서식만 적용된다.
- 조건에 맞는 데이터의 행 전체에 서식이 지정되도록 하려면 수식 작성 시 열 이름 앞에 $를 붙인다.
- 고유 또는 중복 값, 상위 또는 하위 값, 평균보다 크거나 작은 값 등의 규칙을 지정하여 규칙에 맞는 자료에 대해서만 서식을 지정할 수 있다.

문제2 다음과 같이 1~3과목 점수의 합계가 180 이상인 행 전체에 배경색을 지정하는 조건부 서식을 지정하고자 한다. [A2:D5] 영역에 지정할 조건부 서식의 규칙을 작성하시오(합계는 1과목+2과목+3과목으로 계산).

	A	B	C	D
1	사원명	1과목	2과목	3과목
2	신민서	60	54	61
3	고강민	84	87	92
4	김서하	92	95	93
5	박중원	67	48	55
6				

답 :

해설
규칙에 맞는 데이터가 있는 행 전체에 서식을 지정할 때는 열 문자만 절대 주소($)로 지정하면 됩니다.

정답 1. ① 임선호교수 ② 4.50 ③ Kg ④ 123.5 ⑤ -1,235 ⑥ Sunday, Aug 20 2023 ⑦ 2023-08-23 (수) 2. =$B2+$C2+$D2>=180

2장 수식 활용

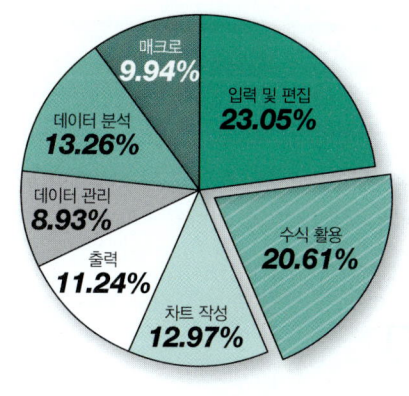

080 수식 작성 / 오류 메시지 Ⓑ등급
081 셀 참조 / 이름 정의 Ⓐ등급
082 함수 기본 Ⓓ등급
083 통계 함수 Ⓐ등급
084 수학/삼각 함수 Ⓐ등급
085 텍스트 함수 Ⓑ등급
086 날짜/시간 함수 Ⓒ등급
087 논리 함수 Ⓑ등급
088 찾기/참조 함수 Ⓐ등급
089 데이터베이스 함수 Ⓒ등급

꼭 알아야 할 키워드 Best 10

1. IF( ) 2. ROUND( ) 3. VLOOKUP( ) 4. SUMIF( ) 5. RANK.EQ( ) 6. 참조 7. 오류 메시지 8. COUNTIF( ) 9. 이름 정의 10. HLOOKUP( )

SECTION 080 수식 작성 / 오류 메시지

전문가의 조언

수식의 개념을 나열한 후 틀린 것을 묻는 문제가 주로 출제되었습니다. 수식 입력 시 반드시 등호 기호(=)나 + 또는 −를 먼저 입력한다는 것과 셀에 입력된 수식을 확인하는 바로 가기 키 정도는 기억하세요.

수식 입력

수식을 입력할 때 맨 처음에 +를 입력한 경우는 =로 변경되어 입력되고, −를 맨 처음에 입력한 경우는 =−로 변경되어 입력됩니다.

예) +5+2 → =5+2
−5+3 → =−5+3

1 수식의 개념
09.2, 07.1, 06.2, 00.3, 00.1

수식이란 워크시트에 입력된 데이터를 계산하거나 분석하기 위한 식을 말한다.

- 더하기, 곱하기 같은 연산은 물론 워크시트 값을 비교하거나 텍스트를 결합할 수도 있다.
- 수식은 등호(=)나 '+', '−' 기호로 시작한다.※
- 문자열이 수식에 사용될 때는 큰따옴표(" ")로 묶어야 한다.
- 같은 워크시트의 다른 셀이나 같은 통합 문서의 다른 시트에 있는 셀, 다른 통합 문서의 시트에 있는 셀 등을 참조하여 수식을 작성할 수 있다.
- 수식이 입력된 셀에는 수식의 결과값이 표시되고, 수식은 수식 입력줄에 표시된다.
- Ctrl+~를 누르면 워크시트에 입력된 전체 수식을 볼 수 있다.

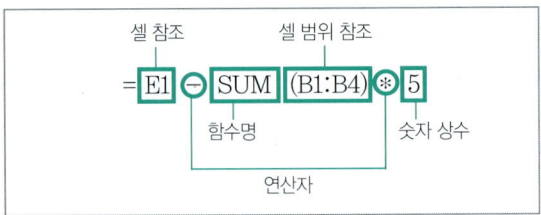

수식 입력

- **방법 1** : 원하는 셀에 수식을 직접 입력한다.

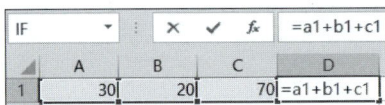

- **방법 2** : 수식에서 참조할 셀을 마우스와 키보드로 선택하면서 입력한다.

(=입력 → A1 셀 클릭 → +입력 → B1 셀 클릭 → +입력 → C1 셀 클릭 → Enter)

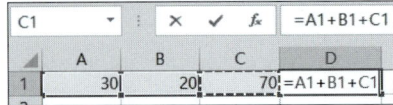

② 산술 연산자*

더하기, 빼기, 곱하기와 같은 기본 수치 연산을 수행하여 수치 결과를 얻을 때 사용한다.

종류	설명
*	곱하기
/	나누기
+	더하기

종류	설명
%	백분율
−	빼기
^	지수

③ 비교 연산자

두 값의 크기를 비교하여 '참(TRUE)', '거짓(FALSE)'과 같은 논리값으로 표현한다.

종류	설명
=	같다
>	크다
<	작다

종류	설명
<>	같지 않다
>=	크거나 같다
<=	작거나 같다

④ 텍스트 연산자
06.3, 02.2, 01.3, 99.2

텍스트 문자열을 연결하여 하나의 텍스트로 만들 때 사용한다.

종류	설명
06.3, 02.2, 01.3, 99.2 &	두 문자열을 연결하여 연속하는 하나의 문자열로 만든다.

⑤ 참조 연산자
12.1

셀 참조 범위를 설정하기 위해 사용하는 것으로 주로 함수 안에서 사용한다.

종류	설명
12.1 콜론(:), 범위 연산자	• 연속적인 셀 범위를 지정한다. • 'A1:A5' → A1 셀에서 A5 셀까지의 범위를 참조 영역으로 지정한다.
쉼표(,), 결합 연산자	• 비연속적인 셀 범위를 지정한다. • 'A1:A3, B1:B3' → A1 셀에서 A3 셀까지의 범위와 B1 셀에서 B3 셀까지의 범위를 참조 영역으로 지정한다.
12.1 공백( ), 교점 연산자	• 두 개의 참조 영역에서 공통인 셀을 참조 영역으로 지정한다. • 'A1:A5 A3:E3' → 두 영역의 공통 영역인 A3 셀을 참조 영역으로 지정한다.

전문가의 조언

중요해요! 한 번만 읽어봐도 충분히 알 수 있는 기본적인 문제가 출제됩니다. 기본적인 연산자 외에 텍스트 연산자 '&'와 참조 연산자의 기능을 숙지하세요.

연산자
수식의 한 요소로 계산할 값들의 관계를 설정합니다.

연산자 활용 예

	A	B	C
1	A	B	결과
2	10	20	=A2+B2
3	20	30	=A3*B3
4		40	=A4/B4
5	40	50	=A5>B5
6	50	60	=A6<=B6
7	60	70	=A7=B7
8	길	벗	=A8&B8
9			=A2:A7 A4:B4

수식으로 보기

	A	B	C
1	A	B	결과
2	10	20	30
3	20	30	600
4	30	40	0.75
5	40	50	FALSE
6	50	60	TRUE
7	60	70	FALSE
8	길	벗	길벗
9			30

값으로 보기

6 연산자 우선순위 (08.4)

우선순위가 같은 연산자는 왼쪽에서 오른쪽으로 우선순위를 갖고 계산된다.

- 괄호( )를 묶어주면 항상 괄호 안부터 연산이 시작된다.
- 연산자 간의 우선순위는 참조 연산자 〉 산술 연산자 〉 텍스트 연산자 〉 비교 연산자 순이다.

우선순위	연산자	설명
1	:(콜론)	범위 연산자
2	,(콤마)	결합 연산자
3	공백	교점 연산자
4	-	음수
5	%	백분율

우선순위	연산자	설명
6	^	지수
7	*, /	곱하기, 나누기
8	+, -	더하기, 빼기
9	&	문자열 결합
10	=, 〈, 〉, 〈=, 〉=, 〈 〉	비교 연산자

예제 다음 식을 계산하시오.

$$= (\ 25 * 3\hat{}2 + (\ 9 + 3\ ) / 3\ ) \rangle 624 \quad \rightarrow \quad \text{FALSE}$$

(❶ 9+3, ❷ 3^2, ❸ 25*❷, ❹ ❶/3, ❺ ❸+❹, ❻ ❺>624)

❶	9+3 → 12
❷	3^2 → 9
❸	25 * ❷ → 225
❹	❶/3 → 4
❺	❸+❹ → 229
❻	❺〉624 → FALSE

7 오류 메시지

25.2, 24.4, 24.2, 23.5, 23.2, 22.3, 21.4, 21.3, 21.1, 20.상시, 18.2, 18.1, 17.2, 16.2, 15.2, 15.1, 14.3, 14.1, 13.2, 13.1, 11.2, …

1308407

오류 메시지는 입력한 수식에서 정상적인 결과를 산출할 수 없을 경우에 나타난다.

오류	원 인	발생예
01.3 ####	셀에 셀 너비보다 큰 수치 데이터*나 음수의 날짜나 시간이 있을 때	A: 16777216 → A: ####
25.2, 24.4, 23.5, … #DIV/0!	• 피제수가 빈 셀이나 0이 있는 셀을 참조할 때 • 피연산자가 빈 셀이면 0으로 간주됨	A: =360/0 → A: #DIV/0!
17.2 #N/A	함수나 수식에 사용할 수 없는 값을 지정했을 때	RANK.EQ(28,A1:A4)는 A1:A4에서 28점의 순위를 구하는 것인데 28점이 지정된 범위에 존재하지 않는 경우 A: 10 B: =RANK.EQ(28,A1:A4) / 30 / 20 / 60 → A: 10 B: #N/A / 30 / 20 / 60
25.2, 24.4, 23.5, … #NAME?	인식할 수 없는 혹은 틀린 글자를 수식에 사용했을 때	ABC나 DEF가 수치 데이터의 범위를 나타내는 범위 이름이라면 에러가 발생하지 않음 A: =SUM(ABC, DEF) → A: #NAME?
11.2 #NULL!	교차하지 않는 두 영역의 교점을 지정하였을 때	A: =SUM(A1:A5 B2:B5) → A: #NULL!
20.상시, 13.1 #NUM!	표현할 수 있는 숫자의 범위를 벗어났을 때	엑셀에서 표현 가능한 숫자의 범위를 넘어간 값을 인수로 지정한 경우(ABS(인수)는 인수의 절대값을 구하는 함수임) A: =ABS(-1*100^309) → A: #NUM!
25.2, 24.4, 23.5, … #REF!	셀 참조가 유효하지 않을 때	[C1] 셀에 [A1] 셀을 참조하는 수식이 입력된 상태에서 [A1] 셀을 삭제한 경우 A: 20 B: 30 C: =A1/B1 → A: 30 B: #REF!
25.2, 24.4, 24.2, … #VALUE!	• 잘못된 인수나 피연산자를 사용할 때 • 수식 자동 고침 기능으로 수식을 고칠 수 없을 때	INDEX(범위, 행, 열)는 지정된 범위에서 행과 열의 위치에 있는 데이터를 표시하는 함수로, 이 함수에 '-1'이라는 존재하지 않는 행의 값이 인수로 입력된 경우 A: =INDEX(A1:B5,-1,2) → A: #VALUE!

전문가의 조언

중요해요! 오류 메시지의 발생 원인이나 셀에 입력된 수식에서 발생할 수 있는 오류 메시지를 묻는 문제가 출제되고 있습니다. 오류 메시지의 발생 원인을 확실히 파악한 후 실습을 통해 확인하세요.

수치 데이터

0~9까지의 숫자, +, -, 소수점(.), 쉼표 (,), 통화(, $) 기호, 백분율(%) 기호, 지수(e) 기호 등을 사용하여 입력한 데이터입니다.

기출문제 따라잡기

 문제5 1308451   문제6 1308452

25년 2회, 24년 4회, 23년 5회, 21년 3회, 18년 2회

1. 다음 중 입력한 수식에서 발생한 오류 메시지와 그 발생 원인으로 옳지 않은 것은?

① #VALUE! : 잘못된 인수나 피연산자를 사용했을 때
② #DIV/0! : 특정 값(셀)을 0 또는 빈 셀로 나누었을 때
③ #NAME? : 함수 이름을 잘못 입력하거나 인식할 수 없는 텍스트를 수식에 사용했을 때
④ #REF! : 숫자 인수가 필요한 함수에 다른 인수를 지정했을 때

#REF!는 셀 참조가 유효하지 않을 때 발생하는 오류 메시지입니다.

24년 2회, 23년 2회, 21년 1회, 18년 1회, 15년 2회

2. 다음 중 수식에 잘못된 인수나 피연산자를 사용할 때 표시되는 오류 메시지로 옳은 것은?

① #DIV/0!   ② #NUM!
③ #NAME?   ④ #VALUE!

수식에 잘못된 인수나 피연산자를 사용한 경우 #VALUE! 오류 메시지가 표시됩니다.

22년 3회, 21년 4회, 16년 2회, 14년 1회

3. 다음 중 '=SUM(A3:A9)' 수식이 '=SUM(A3A9)'와 같이 범위 참조의 콜론(:)이 생략된 경우 나타나는 오류 메시지로 옳은 것은?

① #N/A   ② #NULL!
③ #REF!   ④ #NAME?

인식할 수 없는 텍스트를 수식에 사용했을 때는 #NAME? 오류가 표시됩니다.

06년 3회, 01년 3회

4. G3 셀의 결과값을 통해 알 수 있는 함수식으로 옳은 것은?

	A	B	C	D	E	F	G
1	이름	평가자1	평가자2	평가자3			
2	최수길	85	90	69	244	3	최수길의 순위
3	이도령	91	85	77	253	2	이도령의 순위
4	성춘향	96	88	87	271	1	성춘향의 순위
5		90.67	87.67	77.67			

① =이도령의 순위   ② =$A$2&"의 순위"
③ ="의 순위"&A3   ④ =A3&"의 순위"

이름과 "의 순위"를 연결한 함수식은 ④번입니다.

12년 1회

5. 다음의 입력 내용을 수식에 입력할 때 셀 참조에 대한 설명으로 옳지 않은 것은?

	〈입력 내용〉	〈참조 내용 설명〉
①	A:A	A열 전체를 참조
②	1:3	1행에서 3행까지의 모든 셀 참조
③	A1:D7 C5:E7	A1 셀에서 D7까지의 셀과 C5 셀에서 E7까지의 셀 범위를 참조
④	Sheet1!A1:A5	'Sheet1' 시트의 A1 셀에서 A5까지의 셀 범위 참조

'A1:D7 C5:E7'과 같이 참조 영역을 교점 연산자인 공백으로 연결하면 두 개의 참조 영역에서 공통인 셀이 참조 영역으로 지정됩니다. 즉 [A1:D7]과 [C5:E7] 영역 간의 공통 영역인 [C5:D7]이 참조 영역이 됩니다.

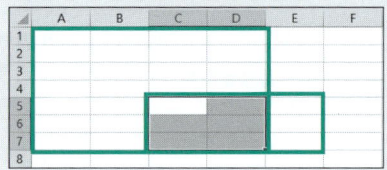

20년 상시, 18년 1회, 15년 2회, 14년 3회, 13년 1회, 05년 1회, 01년 3회

6. 다음 중 오류 값의 표시 내용에 대한 설명으로 옳지 않은 것은?

① #NUM! : 수식이나 함수에 잘못된 숫자 값을 사용할 때 발생한다.
② #VALUE! : 셀에 입력된 숫자 값이 너무 커서 셀 안에 나타낼 수 없음을 의미한다.
③ #REF! : 유효하지 않은 셀 참조를 지정할 때 발생한다.
④ #NAME? : 수식의 텍스트를 인식하지 못할 때 발생한다.

#VALUE!는 잘못된 인수나 피연산자를 사용할 때, 또는 수식 자동 고침 기능으로 수식을 고칠 수 없을 때 발생하는 오류입니다. 셀에 입력된 숫자 값이 너무 커서 셀 안에 나타낼 수 없을 때는 '####'이 표시됩니다.

▶ 정답 : 1. ④ 2. ④ 3. ④ 4. ④ 5. ③ 6. ②

SECTION 081 셀 참조 / 이름 정의

1 참조
99.2

- 참조는 수식에서 워크시트의 특정 셀이나 셀 범위의 데이터, 또는 결과값을 사용하기 위해 주소를 지정하는 것을 말한다.
- 수식에 사용되는 셀의 값이 변경되면 변경된 셀을 참조하는 수식의 값도 자동으로 재계산*된다.

참조 대상	참조 방법
A1부터 A5까지의 셀	A1:A5
A1 셀, B1 셀, C1 셀	A1, B1, C1
4행에 있는 모든 셀	4:4
1행에서 3행까지의 모든 셀	1:3
C열의 모든 셀	C:C
A열에서 E열까지의 모든 셀	A:E
A1부터 A5까지의 셀과 C1부터 C5까지의 셀	A1:A5, C1:C5
B3부터 B5까지의 셀과 D4 셀, 6행에서 8행까지의 모든 셀	B3:B5, D4, 6:8

재계산을 수동으로
- [파일] → [옵션] → [수식] 탭의 '계산 옵션'에서 '수동'을 선택하면 셀의 값이 변경되어도 수식의 값이 자동으로 계산되지 않습니다.
- 재계산을 수동으로 설정한 후 변경된 셀 값을 수식에 적용하려면 F9를 누르면 됩니다.

2 참조의 종류
25.3, 25.2, 25.1, 24.5, 24.3, 24.1, 23.5, 23.3, 23.1, 22.4, 22.1, 21.4, 21.2, 20.2, 16.2, 15.3, 14.1, 12.3, 11.2, 10.2, 09.2, 08.4, …
1308502

24.5, 24.3, 24.1, 23.3, … **상대 참조**	• 셀 참조 시 기본적으로 지정되는 방식이다. • 수식을 입력한 셀의 위치가 변동되면 참조가 상대적으로 변경된다. • 표기 방법 : A1
24.3, 23.3, 22.1, 21.2, … **절대 참조**	• 수식을 입력한 셀의 위치와 관계없이 고정된 주소로, 참조가 변경되지 않는다. • 열 문자와 행 번호 앞에 '$'를 붙여 절대 참조로 지정한다. • 표기 방법 : $A$1
25.3, 25.2, 25.1, 24.5, … **혼합 참조**	• 상대 참조와 절대 참조를 혼합하여 사용한다. • 열 고정 혼합 참조 : 열만 절대 참조가 적용된다($A1). • 행 고정 혼합 참조 : 행만 절대 참조가 적용된다(A$1).

전문가의 조언

중요해요! 상대 참조가 적용된 수식을 복사한 후의 변경된 주소를 묻는 문제가 주로 출제됩니다. 개념 파악 후 실습은 필수! 실습을 통해 상대 참조를 확실히 파악하세요.

'(연결하여 붙여넣기)' 명령을 사용하여 셀 참조 만들기
- 참조할 셀을 복사한 후 참조를 삽입할 셀을 선택한 다음 [붙여넣기 옵션]의 연결하여 붙여넣기를 선택하면 해당 셀에는 참조하는 수식이 삽입됩니다.
- [A1] 셀을 복사한 후 [C1] 셀을 선택한 다음 [붙여넣기 옵션]의 연결하여 붙여넣기를 선택하면 [C1] 셀에는 =$A$1이 입력됩니다.

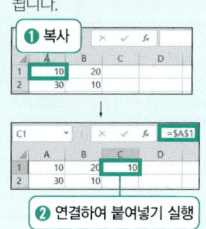

예제1 C1 셀에는 '=A1+B1'이 입력되어 있다. ❶, ❷, ❸의 위치로 수식을 복사했을 때 셀 주소는 각각 어떻게 되는가?

	A	B	C	D
1	10	20	=A1+B1	❷
2	30	10	❶	❸

→

	A	B	C	D
1	10	20	=A1+B1	=B1+C1
2	30	10	=A2+B2	=B2+C2

전문가의 조언

참조 부분에서 키를 묻는 문제가 나오면 주저하지 말고 F4를 선택하세요! 참조에 관련된 키는 F4 하나뿐이니까요.

02.1, 99.1

잠깐만요 F4를 이용한 참조 전환

- F4를 이용하면 '$'를 직접 입력하지 않고도 셀 주소를 변환할 수 있습니다.
- F4를 한 번씩 누를 때마다 절대 참조 → 행 고정 혼합 참조 → 열 고정 혼합 참조 → 상대 참조 순으로 전환됩니다.
- A1 → F4 → $A$1 → F4 → A$1 → F4 → $A1 → F4 → A1

예제 2 혼합 참조 방식이 적용된 [C1] 셀의 수식을 복사했을 때 ❶, ❷, ❸ 번호의 위치에 표시되는 각각의 셀 주소는 어떻게 되는가?

	A	B	C	D
1	10	20	=$A1+B$1	
2	30	10		❷
3	40	30		
4	50	40	❶	❸

→

	A	B	C	D
1	10	20	=$A1+B$1	=$A1+C$1
2	30	10	=$A2+B$1	=$A2+C$1
3	40	30	=$A3+B$1	=$A3+C$1
4	50	40	=$A4+B$1	=$A4+C$1

전문가의 조언

참조하는 시트명을 제시한 후 참조의 표현 형태를 묻는 문제가 출제됩니다. 시트명과 셀을 구분하는 느낌표(!)와 시트명에 공백이 있을 때 시트명을 묶어 주는 작은따옴표('')만 기억한다면 시험장에서 기분 좋게 문제를 풀 수 있겠죠!

3 다른 워크시트의 셀 참조

21.4, 20.상시, 18.상시, 16.2, 15.3, 14.1, 10.2, 09.1, 06.2, 04.2, 02.3, 01.2, 00.1

- 다른 워크시트에 있는 셀의 데이터를 참조할 경우 시트 이름과 셀 주소를 느낌표(!)로 구분한다.
- 워크시트 이름에 한글, 영어 외의 다른 문자가 있을 경우 작은따옴표('')로 묶는다.

예제 다음 Sheet1의 국내점 데이터와 Sheet2의 국외점 데이터의 합계를 Sheet3에 계산하시오.

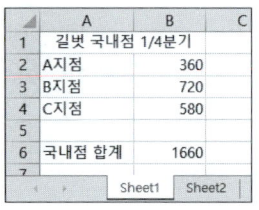 + 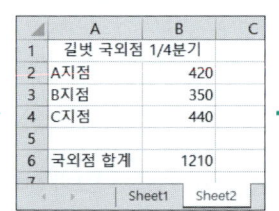 →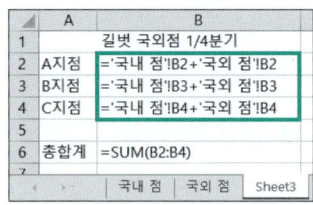

잠깐만요 시트 이름에 공백이 들어간 경우

워크시트 이름에 공백이 있을 경우 참조되는 시트명이 작은따옴표(' ')로 묶입니다.

	A	B
1		길벗 국외점 1/4분기
2	A지점	='국내 점'!B2+'국외 점'!B2
3	B지점	='국내 점'!B3+'국외 점'!B3
4	C지점	='국내 점'!B4+'국외 점'!B4
5		
6	총합계	=SUM(B2:B4)

국내 점 | 국외 점 | Sheet3

④ 다른 통합 문서의 셀 참조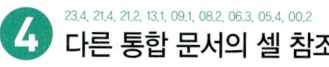

- 다른 통합 문서에 있는 셀의 데이터를 참조할 경우 통합 문서의 이름을 대괄호([ ])로 묶어준다.
- 경로명을 포함한 통합 문서 이름과 시트명은 작은따옴표(' ')로 묶어준다.

예제 다음 'C:₩국내점.xlsx' 파일과 'C:₩국외점.xlsx' 파일을 이용하여 'C:₩전체.xlsx' 파일에 각 지점별 합계(B2:B4)를 계산하시오.

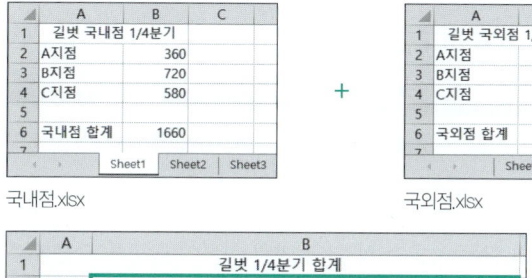

전문가의 조언

역시 주소를 참조하는 문제가 출제됩니다. 통합 문서 이름을 묶어 줄 대괄호([ ])와 경로명을 묶어 줄 작은따옴표(''), 꼭 기억하세요. 그래야 시험장에서 더 기분 좋게 문제를 풀 수 있으니까요.

작은따옴표(' ')

참조한 통합 문서가 열려 있으면 통합 문서 이름과 시트명이 작은따옴표(' ')로 묶여서 표시되고, 참조한 통합 문서를 닫으면 경로명이 포함된 통합 문서 이름과 시트명이 작은따옴표(' ')로 묶여서 표시됩니다.

⑤ 이름 정의

이름 정의란 자주 사용하는 셀이나 셀 범위에 이름을 지정하는 것으로, 수식이나 함수에서 주소 대신 이름을 참조하여 사용한다.

- 정의된 이름을 사용하면 수식이나 함수에서 참조 범위를 쉽게 지정할 수 있으며, 함수나 수식의 의미를 좀 더 명확히 할 수 있다.
- 정의된 이름은 참조 시 절대 참조 방식으로 사용된다.
- 정의된 이름은 통합 문서 내의 모든 시트에서 사용할 수 있다.
- **이름 지정 방법** : 이름으로 정의할 영역을 선택한 후 다음과 같이 수행한다.
  - 방법 1 : [수식] → [정의된 이름] → [이름 정의]를 클릭한 후 표시되는 대화상자에서 이름 지정
  - 방법 2 : 이름 상자에 작성할 이름을 입력하고 Enter를 누름

이름 작성 규칙

- 첫 문자는 반드시 문자(영문, 한글)나 밑줄(_) 또는 역슬래시(\)로 시작해야 한다.
- 이름에 공백을 사용할 수 없다.
- 대/소문자는 구분하지 않으며 최대 255자까지 지정할 수 있다.
- 같은 통합 문서 내에서는 동일한 이름을 중복하여 사용할 수 없다.
- 이름을 셀 주소 형식으로 지정할 수 없다.

전문가의 조언

이름 작성 규칙을 묻는 문제가 출제되었습니다. 이름 정의의 수행 과정보다는 이름의 개념과 작성 규칙에 중점을 두고 알아두세요.

역슬래시(\)

한글 Windows에서 역슬래시(\)는 '₩'로 표시됩니다.
예) \국어 → ₩국어

예제 1 A1:A5 셀의 이름을 '과자종류'로 정의하시오.

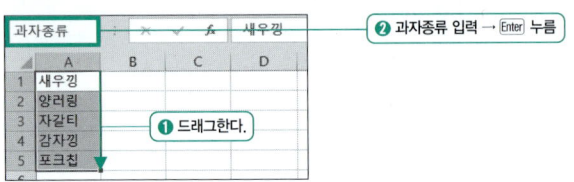

이름 정의할 영역(A1:A5)을 블록으로 지정하고 이름 상자에 **과자종류**를 입력한 후 Enter를 누른다.

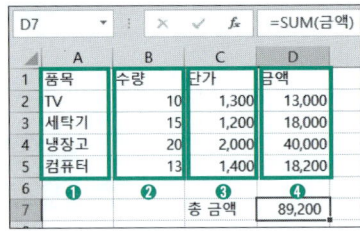

예제 2 다음 표를 이용하여 첫 행의 항목 이름이 각 열의 범위 이름이 되도록 지정한 후 이름을 이용하여 총금액(D7)을 구하시오.

번호	이름	셀 범위
❶	품목	A2:A5
❷	수량	B2:B5
❸	단가	C2:C5
❹	금액	D2:D5

① 이름으로 정의할 영역(A1:D5)을 블록으로 지정한 후 [수식] → [정의된 이름] → [선택 영역에서 만들기]를 클릭한다. '선택 영역에서 이름…' 대화상자에서 '첫 행'※ 항목에만 체크되도록 지정하고, 〈확인〉을 클릭한다.

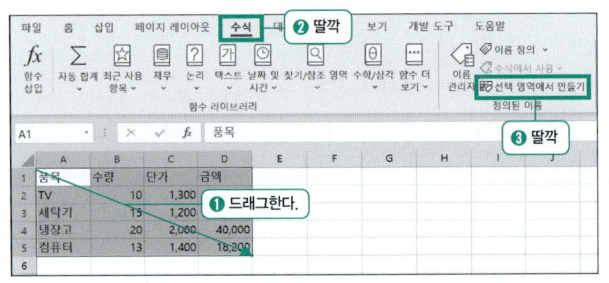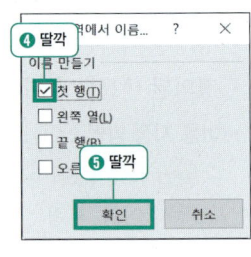

② 총금액이 계산될 D7 셀에 **=SUM(금액)**을 입력한 후 Enter를 누르면 금액으로 정의된 셀 범위를 이용해 총 금액이 계산된다.

준비하세요

'길벗컴활2급필기\2과목.xlsm' 파일을 불러와 '섹션81' 시트에서 실습하세요. 실습할 예제 파일은 시나공 홈페이지(sinagong.co.kr)의 [컴퓨터활용능력] → [2급 필기] → [도서자료실]에서 다운받으면 됩니다.

첫 행

- 이름 만들기가 적용될 첫 행의 항목에 공백이 포함된 경우 공백은 밑줄로 변경됩니다.
  예 품 목 → 품_목
- 이름으로 정의될 첫 행에 숫자만 있을 경우는 이름 정의가 수행되지 않습니다.

기출문제 따라잡기

24년 5회, 22년 4회, 16년 3회, 14년 3회

1. 다음 중 아래 그림과 같이 [A2:D5] 영역을 선택하여 이름을 정의한 경우에 대한 설명으로 옳지 않은 것은?

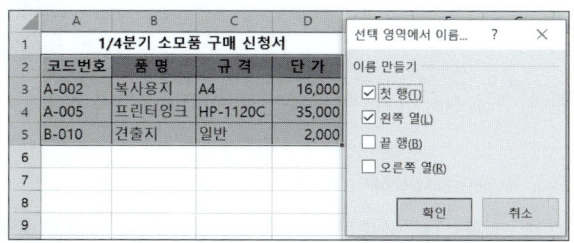

① [B3:B5] 영역을 선택하면 워크시트의 이름 상자에 '품_명'이라고 표시된다.

② [A3:A5] 영역을 선택하면 워크시트의 이름 상자에 '코드번호'라고 표시된다.

③ [B3:D3] 영역을 선택하면 워크시트의 이름 상자에 'A_002'라고 표시된다.

④ 정의된 이름은 모든 시트에서 사용할 수 있으며, 이름 정의 후 참조 대상을 편집할 수도 있다.

- [B3:D5] 영역을 선택해야 이름 상자에 '코드번호'라고 표시됩니다.
- '선택 영역에서 이름 만들기' 대화상자에서 '첫 행'과 '왼쪽 열'을 선택하고 실행했을 때 정의된 이름은 다음과 같습니다.

번호	이름	셀 범위
❶	코드번호	B3:D5
❷	품_명	B3:B5
❸	규_격	C3:C5
❹	단_가	D3:D5
❺	A_002	B3:D3
❻	A_005	B4:D4
❼	B_010	B5:D5

23년 4회

2. "2020년 매출 실적" 파일의 "상품 재고" 시트 [B2] 셀을 참조하려고 한다. 다음 중 옳은 것은?

① "2020년 매출 실적"상품 재고!B2

② '[2020년 매출 실적]상품 재고'!B2

③ [2020년 매출 실적]상품 재고/B2

④ "2020년 매출 실적!상품 재고"B2

다른 통합 문서(파일)에 있는 셀의 데이터를 참조할 경우 통합 문서 이름은 대괄호([ ])로, 통합 문서 이름과 시트명은 작은따옴표(' ')로 묶어주고, 시트 이름과 셀 주소는 느낌표(!)로 구분합니다.

25년 1회, 24년 3회, 23년 1회, 22년 4회

3. 북부/남부의 제품 판매 현황에서 금액은 단가×수량으로 산출한 것이다. 다음 중 남부의 금액[D7:F7]을 구하는 방법으로 옳은 것은 무엇인가? (단, 북부의 금액[D5:F5]은 [D5] 셀의 수식(=D$3*D4)을 [F5] 셀까지 채우기 핸들을 드래그하여 구한 것이다.)

	A	B	C	D	E	F
1				북부/남부 제품 판매 현황		
2				OLED TV	냉장고	세탁기
3		단가		1,500,000	1,200,000	800,000
4		북부	수량	5	15	8
5			금액	7,500,000	18,000,000	6,400,000
6		남부	수량	10	8	12
7			금액			

① [D5] 셀을 복사하여 [D7:F7] 영역에 붙여넣기 한다.

② [D7] 셀에 '=D$3*D4'를 입력한 후 채우기 핸들을 [F7] 셀까지 드래그한다.

③ [D5] 셀을 복사하여 [D7:F7] 영역에 '값'으로 붙여넣기 한다.

④ [D7:F7] 영역을 선택한 상태에서 '=D$3*D4'를 입력한다.

[D5] 셀을 [D7:F7] 영역에 복사하면 다음과 같이 복사됩니다.
- [D7] : =D$3*D6
- [E7] : =E$3*E6
- [F7] : =F$3*F6

[D3] 셀의 행 번호에만 절대 참조($)가 지정되어 있으므로 [D3] 셀의 행 번호만 3으로 고정되고 나머지는 변경됩니다.

23년 3회, 21년 3회, 19년 2회, 1회

4. 다음 중 셀 범위를 선택한 후 그 범위에 이름을 정의하여 사용하는 것에 대한 설명으로 옳지 않은 것은?

① 이름은 기본적으로 상대 참조를 사용한다.

② 이름에는 공백이 없어야 한다.

③ 이름은 대소문자를 구별하지 않는다.

④ 정의된 이름은 다른 시트에서도 사용할 수 있다.

이름은 기본적으로 절대 참조를 사용합니다.

▶ 정답 : 1. ② 2. ② 3. ① 4. ①

SECTION 082 함수 기본

전문가의 조언

함수 작성에 필요한 인수의 개념과 작성 규칙에 대한 문제와 인수 없이 사용되는 함수를 묻는 문제가 출제되었습니다. 인수의 개념과 작성 규칙, 인수 없이 사용되는 함수의 종류를 기억하세요.

1 함수의 정의

15.3, 11.1, 04.4, 03.1

함수는 약속된 값으로 정의된 인수를 사용하여 계산하는, 프로그램에 이미 정의된 수식을 말한다.

- 함수는 수식과 같이 등호(=), +, −로 시작해야 한다.
- 함수는 함수 이름, 왼쪽 괄호, 쉼표(,)로 구분된 함수의 인수, 오른쪽 괄호로 구성된다. 예 =SUM(25, 30)
- 함수에 따라 인수 없이 괄호로만 사용하는 경우도 있다. 예 NOW( ), RAND( ) 등
- 함수의 인수로 또 다른 함수를 사용하는 중첩 함수를 사용할 수 있으며, 64단계까지 중첩할 수 있다.

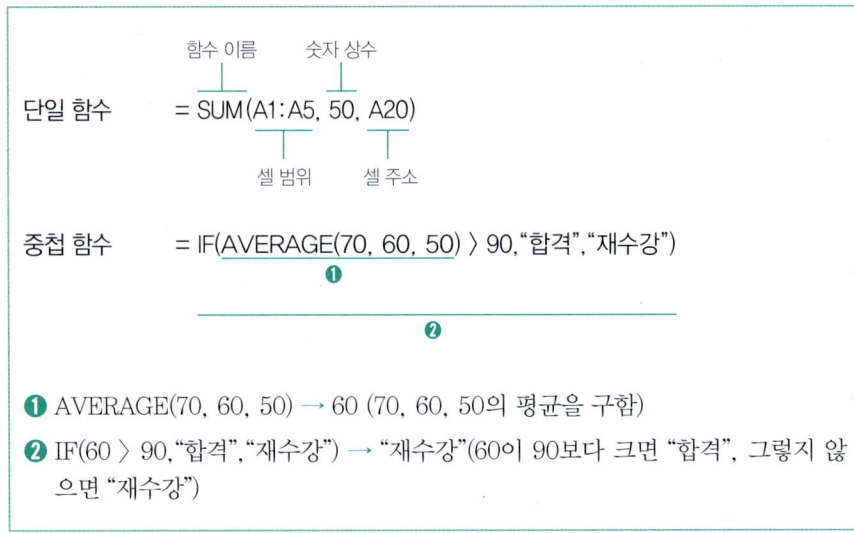

❶ AVERAGE(70, 60, 50) → 60 (70, 60, 50의 평균을 구함)
❷ IF(60 〉 90, "합격", "재수강") → "재수강"(60이 90보다 크면 "합격", 그렇지 않으면 "재수강")

인수

- 함수의 연산이나 계산에 필요한 값을 말한다.
- 일반적으로 인수에는 숫자, 텍스트, 셀 주소 , 셀 범위, 함수 등이 사용된다.
- 인수의 시작과 끝은 반드시 괄호로 구분하고, 인수와 인수는 콤마(,)로 구분한다.
- 인수는 255개까지 사용할 수 있다.

2 함수 마법사

15.3

예제 함수 마법사를 이용하여 학생별 성적의 총계(E6)를 계산하시오.

	A	B	C	D	E
1	이름	국어	수학	과학	합계
2	김수범	100	100	99	299
3	김상엽	99	95	97	291
4	박철수	97	99	100	296
5	김수환	98	99	98	295
6				총계	1181
7					

① 합계가 계산될 [E6] 셀을 선택하고 [수식] → [함수 라이브러리] → [함수 삽입]을 클릭하거나, 수식 입력줄 왼쪽에 있는 '함수 삽입(𝑓𝑥)' 아이콘을 클릭한다.

② '함수 마법사' 대화상자의 '범주 선택*'에서 '수학/삼각'을, '함수 선택'에서 'SUM'을 선택하고 〈확인〉을 클릭한다.

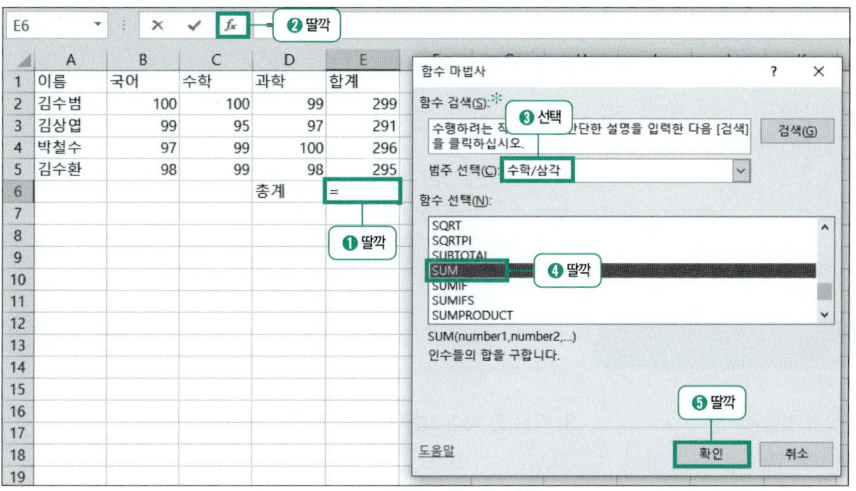

③ '함수 인수' 대화상자*가 나타나며 기본적으로 계산할 범위가 설정되어 있다. 계산하려는 범위가 맞으면 〈확인〉을 클릭한다.

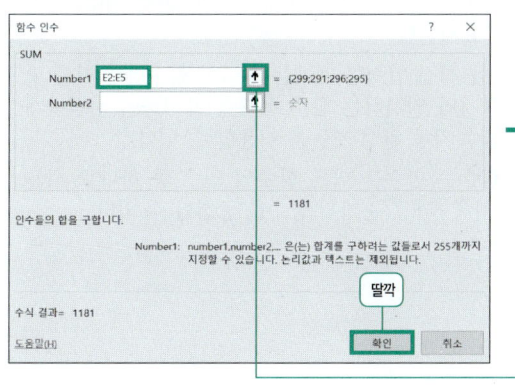

계산할 범위가 틀릴 경우 범위 지정 단추(↑)를 클릭하여 범위를 지정한 후 Enter를 누른다.

전문가의 조언

예제를 따라해 보면서 함수 마법사의 개념을 파악하세요.

준비하세요

'길벗컴활2급필기\2과목.xlsm' 파일을 불러와 '섹션82' 시트에서 실습하세요.

범주 선택
- 최근에 사용한 함수 : 최근에 사용한 함수 목록이 표시됩니다.
- 모두 : 내장된 모든 함수가 알파벳 순으로 표시됩니다.

함수 검색

함수 이름을 모를 경우 원하는 작업을 입력해 해당 함수를 찾을 수 있습니다. 그러나 완벽한 기능이 아니므로 찾지 못하는 경우도 많습니다.

'함수 인수' 대화상자

[수식] → [함수 라이브러리] → [수학/삼각] → [SUM]을 선택해도 SUM에 대한 '함수 인수' 대화상자가 실행됩니다.

함수 목록

셀에 =를 입력한 후 수식 입력줄 왼쪽의 목록 단추(▼)를 클릭하면 최근에 사용한 함수 목록이 나타납니다.

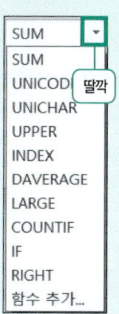

잠깐만요 — 직접 함수를 입력하는 방법

- 결과가 계산될 셀에 함수식을 직접 입력하므로 시간을 단축할 수 있습니다.
- 함수명의 처음 몇 글자를 입력하면 해당 글자와 일치하는 함수 목록을 표시하는 함수 자동 완성 기능을 제공하므로 편리합니다.

함수 화면 설명 표시
[파일] → [옵션] → [고급] 탭의 '표시' 항목에서 '함수 화면 설명 표시'를 선택해야 표시됩니다.

- 함수명을 입력하면 해당 셀 바로 아래에 함수의 인수에 대한 사용 형식이 화면에 표시*되어 편리합니다.

기출문제 따라잡기

문제3 1308651

04년 4회
1. 함수의 인수에 대한 설명으로 가장 잘못된 것은?

① 일반적으로 인수에는 숫자값, 텍스트 값, 셀 참조 영역, 함수 등이 사용된다.
② 인수와 인수는 콤마(,)로 구분한다.
③ 인수의 시작과 끝은 반드시 등호(=)로만 구분한다.
④ 인수는 함수의 계산에 필요한 값을 말한다.

인수의 시작과 끝은 괄호( )로 구분합니다. 등호(=)는 수식을 시작할 때 사용됩니다.

11년 1회, 03년 1회
2. 다음 중 인수를 사용하지 않는 함수는?

① SUM
② NOW
③ EVEN
④ MAX

인수를 사용하지 않는 함수에는 NOW, TODAY, RAND 등이 있습니다.

15년 3회
3. 다음 중 함수 사용에 대한 설명으로 옳지 않은 것은?

① 함수 마법사는 [수식] 탭의 [함수 라이브러리] 그룹에 있는 [함수 삽입] 명령을 선택하거나 수식 입력줄에 있는 함수 삽입 아이콘(ƒx)을 클릭하여 실행한다.
② [수식] 탭의 [함수 라이브러리] 그룹에서 범주를 선택하고 사용하고자 하는 함수를 선택하면 [함수 인수] 대화상자가 표시된다.
③ 함수식을 직접 입력할 때에는 입력한 함수명의 처음 몇 개의 문자와 일치하는 함수 목록을 표시하여 선택하게 하는 함수 자동 완성 기능을 이용할 수 있다.
④ 중첩 함수는 함수를 다른 함수의 인수 중 하나로 사용하며, 최대 3개 수준까지 함수를 중첩할 수 있다.

중첩 함수는 최대 64개 수준까지 중첩할 수 있습니다.

▶ 정답 : 1. ③ 2. ② 3. ④

SECTION 083 통계 함수

1. 통계 함수1 – 평균 / 최대값 / 최소값

25.5, 25.2, 24.3, 24.2, 24.1, 23.2, 22.2, 21.4, 21.3, 21.2, 18.2, 16.1, 15.1, 14.2, 13.3, 13.2, 12.1, 10.2, 09.3, 09.1, 08.2, …

함수	기능
25.2, 24.3, 24.1, 22.2, 21.4, 21.3, 21.2, 15.1, 13.3, 13.2, 12.1 **AVERAGE(인수1, 인수2, …)**	인수들의 평균을 반환한다. 예 =AVERAGE(A1:A3) : 3, "가", 3이 입력된 [A1:A3] 영역의 평균을 구하면 3을 반환한다.
16.1, 12.1 **AVERAGEA(인수1, 인수2, …)**	• 인수들의 평균을 반환한다. • AVERAGE와 다른 점은 숫자가 아닌 셀도 인수로 사용한다. 예 =AVERAGEA(A1:A3) : 3, "가", 3이 입력된 [A1:A3] 영역의 평균을 구하면 2를 반환한다.
25.5, 24.2, 23.2, 13.3, 12.1 **AVERAGEIF(조건이 적용될 범위, 조건, 평균을 구할 범위)**	'조건이 적용될 범위'에서 '조건'에 맞는 셀을 찾아 '평균을 구할 범위' 중 같은 행에 있는 값들의 평균값을 반환한다. 예 =AVERAGEIF(A1:A10, "컴퓨터", B1:B10) : [A1:A10] 영역에서 "컴퓨터"가 입력된 셀들을 찾은 후 [B1:B10] 영역의 같은 행에 있는 값들의 평균값을 반환한다.
25.5, 23.2 **AVERAGEIFS(평균을 구할 범위, 조건1이 적용될 범위, 조건1, 조건2가 적용될 범위, 조건2, …)**	여러 개의 조건이 적용될 범위에서 여러 개의 조건에 맞는 셀을 찾아 '평균을 구할 범위' 중 같은 행에 있는 값들의 평균값을 반환한다. 예 =AVERAGEIFS(C1:C10, A1:A10, "컴퓨터", B1:B10, "1급") : [A1:A10] 영역에서 "컴퓨터"가 입력된 셀들을 찾고, [B1:B10] 영역에서 같은 행들에 있는 "1급"이 입력된 셀들을 찾은 후 [C1:C10] 영역의 같은 행에 있는 값들의 평균값을 반환한다.
18.2, 16.1, 14.2, 10.2, 09.3, 08.2, 07.2, 05.4, 05.3, 05.1, … **MAX(인수1, 인수2, …)**	인수들 중에서 가장 큰 값을 반환한다. 예 =MAX(A1:A10) : [A1:A10] 영역에서 가장 큰 값을 반환한다.
MAXA(인수1, 인수2, …)	• 인수 중에서 가장 큰 값을 반환한다. • MAX와 다른 점은 숫자는 물론 빈 셀, 논리값, 숫자로 표시된 텍스트 등도 인수로 사용한다. 예 =MAXA(D4:D9) : [D4:D9] 영역에서 가장 큰 값을 반환한다.
09.3 **MIN(인수1, 인수2, …)**	인수들 중에서 가장 작은 값을 반환한다. 예 =MIN(A1:A10) : [A1:A10] 영역에서 가장 작은 값을 반환한다.
MINA(인수1, 인수2, …)	• 인수 중에서 가장 작은 값을 반환한다. • MIN과 다른 점은 숫자는 물론 빈 셀, 논리값, 숫자로 표시된 텍스트 등도 인수로 사용한다. 예 =MINA(D4:D9) : [D4:D9] 영역에서 가장 작은 값을 반환한다.

전문가의 조언

중요해요! 함수식에 대한 결과값을 묻는 문제와 특정 문제를 풀기 위한 함수식을 묻는 문제가 출제됩니다. 예제의 실습을 통해 각 함수의 기능을 정확히 파악해야 합니다.

함수 목록 표시
셀에 함수를 입력하면 관련 함수 목록이 표시됩니다. 표시된 함수 목록 중 삽입할 함수를 마우스로 더블클릭하면 셀에 입력됩니다.

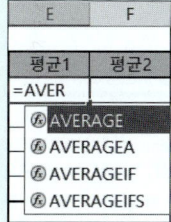

준비하세요

'길벗컴활2급필기\2과목.xlsm' 파일을 불러와 '섹션83-1' 시트에서 실습하세요.

=AVERAGE(B5:D5)

셀의 값이 수치 데이터인 셀에 대한 평균을 구하는 것으로, "결시"가 입력되어 있는 [C5] 셀은 AVERAGE 함수가 적용 되지 않습니다. 즉 [B5:D5] 영역의 박철수 점수는 합계를 3이 아닌 2로 나눠 결과를 표시합니다.

=AVERAGEA(B5:D5)

비어 있지 않은 셀에 대한 평균을 구하는 것으로 수치 데이터가 아닌 셀도 AVERAGEA 함수가 적용됩니다. 즉 [B5:D5] 영역의 박철수 점수는 합계를 3으로 나눈 결과를 표시합니다.

궁금해요 시나공 Q&A 베스트

Q 평균1이 80 이상인 점수들의 평균을 구하는 수식 '=AVERAGEIF($E$3:$E$7, ")=80", B3:B7)'에서 [E3:E7]은 왜 절대 주소로 지정하나요?

A '평균1이 80 이상'이라는 조건을 국어, 영어, 수학에 모두 적용해야 하기 때문입니다. 옆에 그림처럼 [B8] 셀에 국어의 평균을 계산하고 [B8] 셀의 채우기 핸들을 드래그 하여 나머지 과목의 평균을 계산하면 각 과목의 점수는 셀의 위치에 따라 상대적으로 변해야 하지만 '80 이상'이라는 조건을 적용할 '평균1'의 범위는 변하면 안 되기 때문입니다. 평균1의 범위를 상대 주소로 지정하면 정상적인 결과를 얻을 수 없습니다.

[절대 참조가 적용된 경우]
[B8] : =AVERAGEIF($E$3:$E$7, ")=80", B3:B7)
[C8] : =AVERAGEIF($E$3:$E$7, ")=80", C3:C7)
[D8] : =AVERAGEIF($E$3:$E$7, ")=80", D3:D7)

[상대 참조가 적용된 경우]
[B8] : =AVERAGEIF(E3:E7, ")=80", B3:B7)
[C8] : =AVERAGEIF(F3:F7, ")=80", C3:C7)
[D8] : =AVERAGEIF(G3:G7, ")=80", D3:D7)

예제 1 다음 표에 표시된 부분의 값을 함수를 이용하여 계산하시오.

❶ **평균(E3)** : 결시 과목을 제외한 평균 → =AVERAGE(B3:D3)

❷ **평균(F3)** : 결시 과목을 포함한 평균 → =AVERAGEA(B3:D3)

❸ **평균(B8)** : '평균1'이 80 이상인 점수들의 평균
→ =AVERAGEIF($E$3:$E$7, ")=80", B3:B7)

❹ **평균(B9)** : '평균1'과 '수학' 점수가 80 이상인 점수들의 평균
→ =AVERAGEIFS(B3:B7, $E$3:$E$7, ")=80", $D$3:$D$7, ")=80")

❺ 과목별 최고 점수(B10) → =MAX(B3:B7)

❻ 과목별 최저 점수(B11) → =MIN(B3:B7)

2 통계 함수2 – 개수

25.2, 25.1, 24.4, 24.3, 23.5, 23.3, 23.1, 22.4, 22.3, 22.2, 21.4, 21.3, 21.2, 20.상시, 20.2, 19.1, 18.상시, 18.2, 16.3, 16.1, …

함수	기능
25.2, 22.3, 21.2, 20.상시, 20.2, 19.1, 18.상시, 18.2, … **COUNT(인수1, 인수2, …)**	인수들 중에서 숫자가 있는 셀의 개수를 반환한다. 예 =COUNT(A1:A10) : [A1:A10] 영역에서 숫자가 있는 셀의 개수를 반환한다.
20.2, 18.상시, 18.2, 16.1, 14.3, 13.3, 12.2, 10.2, 09.1, … **COUNTA(인수1, 인수2, …)**	인수들 중에서 자료가 입력되어 있는 셀의 개수를 반환한다. 예 =COUNTA(A1:A10) : [A1:A10] 영역에서 자료가 입력된 셀의 개수를 반환한다.
22.4, 22.3, 19.1, 18.상시, 14.3, 13.2, 08.1 **COUNTBLANK(범위)**	범위 중 자료가 없는 셀의 개수를 반환한다. 예 =COUNTBLANK(A1:A10) : [A1:A10] 영역에서 자료가 없는 셀의 개수를 반환한다.
25.1, 24.4, 24.3, 23.5, 23.3, 23.1, 22.4, 22.3, 21.4, 21.3, … **COUNTIF(범위, 조건)**	지정된 범위에서 조건에 맞는 셀의 개수를 반환한다. 예 =COUNTIF(A1:A10, "컴퓨터") : [A1:A10] 영역에서 "컴퓨터"가 입력된 셀들의 개수를 반환한다.
25.1, 23.5, 23.3, 12.2 **COUNTIFS(조건1이 적용될 범위, 조건1, 조건2가 적용될 범위, 조건2, …)**	여러 개의 조건이 적용될 범위에서 여러 개의 조건에 맞는 셀을 찾아 개수를 반환한다. 예 =COUNTIFS(A1:A10, "컴퓨터", B1:B10, "1급") : [A1:A10] 영역에서 "컴퓨터"가 입력된 셀들을 찾은 후 [B1:B10] 영역의 같은 행에서 "1급"이 입력된 셀들의 개수를 반환한다.

예제 2 다음 표에 표시된 부분의 값을 함수를 이용하여 계산하시오.

	A	B	C	D
1	특별고사 성적			
2	성명	국어	영어	수학
3	고아라	72	90	78
4	나영희	95	65	0
5	박철수	75		75
6	안도해		98	100
7	최순이	85	100	85
8 ❶	학생수	5	5	5
9 ❷	응시생수	4	4	5
10 ❸	결시생수	1	1	0
11 ❹	90점이상	1	3	1
12 ❺	80점이상 95점이하	2	1	1

❶ 전체 학생수(B8) → =COUNTA($A$3:$A$7)

❷ 응시한 학생수(B9) → =COUNT(B3:B7)

❸ 결시한 학생수(B10) → =COUNTBLANK(B3:B7)

❹ 90점 이상인 학생수(B11) → =COUNTIF(B3:B7, ">=90")

❺ 80점 이상 95점 이하인 학생수(B12)
  → =COUNTIFS(B3:B7, ">=80", B3:B7, "<=95")

3 통계 함수3 – 기타

25.5, 25.4, 25.2, 24.5, 24.4, 24.1, 23.3, 23.2, 23.1, 22.2, 22.1, 21.4, 16.3, 15.3, 15.1, 14.1, 13.3, 13.2, 12.3, 12.2, 09.1, …

4208303

함수	기능
25.5, 25.4, 25.2, 24.1, 23.3, 23.2, 23.1, … RANK.EQ(인수, 범위, 옵션)	• 지정된 범위 안에서 인수의 순위를 반환하는데, 동일한 값들은 동일하지 않을 경우 나올 수 있는 순위들 중 가장 높은 순위를 동일하게 반환한다. • 옵션 – 0 또는 생략 : 내림차순을 기준으로 순위 부여 – 0 이외의 값 : 오름차순을 기준으로 순위 부여 예 =RANK.EQ(E3, E3:E7) : [E3:E7] 영역에서 내림차순을 기준으로 [E3] 셀의 순위를 반환한다.
24.5, 21.4, 16.3, 15.3, 13.2, 12.2, 09.1, … LARGE(범위, n번째)	범위 중 n번째로 큰 값을 반환한다. 예 =LARGE(A4:C7, 2) : [A4:C7] 영역에서 두 번째로 큰 값을 반환한다.
25.5, 24.4, 15.3, 13.3, 12.2, 09.1, 08.2, … SMALL(범위, n번째)	범위 중 n번째로 작은 값을 반환한다. 예 =SMALL(A1:A10, 2) : [A1:A10] 영역에서 두 번째로 작은 값을 반환한다.
VAR.S(인수1, 인수2, …)	인수로 주어진 숫자들의 표본 분산값을 반환한다. 예 =VAR.S(A1:A10) : [A1:A10] 영역의 값들에 대한 표본 분산값을 반환한다.
STDEV.S(인수1, 인수2, …)	인수로 주어진 숫자들의 표본 표준편차값을 반환한다. 예 =STDEV.S(A1:A10) : [A1:A10] 영역의 값들에 대한 표본 표준편차 값을 반환한다.
13.3, 08.2 MEDIAN(인수1, 인수2, …)	인수들의 중간값을 반환한다. 예 =MEDIAN(A1:A10) : [A1:A10] 영역의 값들의 중간값을 반환한다.
25.4, 13.3, 04.3, 04.2 MODE.SNGL(인수1, 인수2, …)	인수 중 가장 빈도수가 높은 값을 반환한다. 예 =MODE.SNGL(A1:A10) : [A1:A10] 영역의 값들 중 가장 빈도수가 높은 값을 반환한다.

준비하세요

'길벗컴활2급필기\2과목.xlsm' 파일을 불러와 '섹션83-2' 시트에서 실습하세요.

준비하세요

'길벗컴활2급필기\2과목.xlsm' 파일을 불러와 '섹션83-3' 시트에서 실습하세요.

예제 3 다음 표에 표시된 부분의 값을 함수를 이용하여 계산하시오.

	A	B	C	D	E	F
1	특별고사 성적					❶
2	성명	국어	영어	수학	총점	순위
3	고아라	72	90	78	240	2
4	나영희	95	65	0	160	4
5	박철수	80		80	160	4
6	안도해		98	100	198	3
7	최순이	85	100	85	270	1
8❷	앞에서 2위	85	98	85	240	
9❸	뒤에서 2위	80	90	78	160	

❶ **순위(F3)** : 총점에 대한 전체 순위를 구하되, 동일한 값들은 동일하지 않을 경우 나올 수 있는 순위들 중 가장 높은 순위를 동일하게 표시
→ =RANK.EQ(E3, $E$3:$E$7)

❷ **앞에서 2위(B8)** : 각 점수에서 두 번째로 큰 값 → =LARGE(B3:B7, 2)

❸ **뒤에서 2위(B9)** : 각 점수에서 두 번째로 작은 값 → =SMALL(B3:B7, 2)

RANK.EQ 함수의 참조

상대 참조가 적용된 RANK.EQ 함수

절대 참조가 적용된 RANK.EQ 함수

> **잠깐만요** RANK.EQ 함수 범위의 절대 참조*
>
> **RANK.EQ 함수 범위의 절대 참조**
> 각 학생의 순위는 전체 총점에서 각 학생의 총점을 가지고 계산합니다. [F3] 셀의 순위를 계산하고 나머지 학생들의 순위를 채우기로 계산하려면 각 학생의 점수는 셀의 위치에 따라 상대적으로 변해야 하지만 전체 총점의 범위는 절대 변하면 안 되므로 절대주소를 사용해야 합니다. 전체 총점의 범위를 상대주소로 하면 정상적인 결과를 얻을 수 없습니다.

준비하세요

'길벗컴활2급필기\2과목.xlsm' 파일을 불러와 '섹션83-4' 시트에서 실습하세요.

예제 4 다음의 표에 표시된 부분의 값을 함수를 이용하여 계산하시오.

	A	B	C	D	E
1	특별고사 성적				
2	성명	국어	영어	수학	총점
3	고아라	70	90	88	248
4	나영희	70	65	70	205
5	박철수	75	98	75	248
6	안도해	80	98	100	278
7	최순이	85	90	70	245
8❶	중간 값	75	90	75	248
9❷	최빈 값	70	90	70	248
10❸	분 산	42.5	184.2	171.8	676.7
11❹	표준편차	6.5192	13.572	13.1072	26.0135

❶ 중간 값(B8) → =MEDIAN(B3:B7)

❷ 최빈 값(B9) → =MODE.SNGL(B3:B7)

❸ 표본 분산(B10) → =VAR.S(B3:B7)

❹ 표본 표준편차(B11) → =STDEV.S(B3:B7)

기출문제 따라잡기

 문제1 3309751   문제3 3309753

23년 1회, 22년 2회, 1회, 21년 2회, 1회, 13년 3회, 12년 3회, 07년 4회, 3회

1. 아래 워크시트에서 평균에 대한 내림차순 순위를 구하고자 한다. [E2] 셀에 함수식을 입력한 후 채우기 핸들을 이용하여 [E3:E6] 영역에 복사하려고 할 때, 입력해야 할 함수식으로 옳은 것은?

▲	A	B	C	D	E
1	이름	국어	수학	평균	순위
2	구연	100	94	97	
3	진아	99	88	93.5	
4	원빈	65	66	65.5	
5	이리	80	83	81.5	
6	은비	75	77	76	

① =RANK.EQ(D2, $D2:$D6, 0)

② =RANK.EQ(D2, $D2:$D6, 1)

③ =RANK.EQ(D2, D$2:D$6, 0)

④ =RANK.EQ(D2, D$2:D$6, 1)

- 평균에 대한 내림차순 순위를 구하려면 [E2] 셀에 **=RANK.EQ(D2, D$2:D$6, 0)**을 입력해야 합니다.
- [D2:D6] 영역은 비교 대상이므로 행 방향으로 채우기 핸들을 드래그하여도 변하지 않도록 [$D$2:$D$6] 또는 [D$2:D$6] 형태로 입력해야 합니다.
- 옵션 0은 순위를 내림차순으로 구하기 위해 지정한 것으로, 생략할 수 있습니다.

22년 3회, 22년 3회, 19년 1회

2. 다음 중 [A8] 셀에 아래 함수식을 입력했을 때 나타나는 결과로 옳은 것은?

=COUNTBLANK(A1:A7) + COUNT(A1:A7)

▲	A
1	민영호
2	
3	이민정
4	노치국
5	6
6	2019-09-09
7	
8	

① 4 ② 5
③ 6 ④ 7

❶ COUNTBLANK(A1:A7) : 비어 있는 셀의 개수인 2를 반환합니다.
❷ COUNT(A1:A7) : 숫자가 들어 있는 셀의 개수인 2를 반환합니다.
∴ ❶ + ❷ = 2 + 2 = 4입니다.

24년 3회, 22년 2회, 21년 4회, 3회, 2회

3. 다음 중 [C10] 셀에 판매량이 판매량 평균 이상인 지점의 개수를 구하는 수식으로 올바른 것은?

▲	A	B	C
1	지점	대표자	판매량
2	마포	고아라	125
3	서대문	나영희	85
4	을지로	박철수	94
5	강남	안도혜	108
6	강서	최순이	75
7	강북	최하늘	12
8	강동	김수창	98
9			
10	판매량 평균 이상		4

① =COUNTIF(C2:C8, ">="&AVERAGE($C$2:$C$8))

② =COUNTIF(">="&AVERAGE($C$2:$C$8))

③ =COUNTIF(C2:C8, ">=AVERAGE($C$2:$C$8)")

④ =COUNTIF(">"&AVERAGE($C$2:$C$8), C2:C8)

❶ AVERAGE($C$2:$C$8) : [C2:C8] 영역의 평균인 85.28를 반환합니다.
❷ =COUNTIF(C2:C8, ">="&85.28) : [C2:C8] 영역에서 85.28보다 크거나 같은 값의 개수인 4를 반환합니다.
※ &는 두 문자열을 연결하여 하나의 문자열로 만드는 연산자입니다.

23년 1회, 22년 4회, 20년 1회, 16년 3회

4. 다음 중 학점[B3:B10]을 이용하여 [E3:E7] 영역에 학점별 학생수를 표시하고자 할 때, [E3] 셀에 입력해야 할 수식으로 옳은 것은?

▲	A	B	C	D	E
1	엑셀 성적 분포				
2	이름	학점		학점	학생수
3	김현미	A		A	1
4	조미림	B		B	4
5	심기훈	F		C	1
6	박원석	C		D	0
7	이영준	B		F	2
8	최세종	F			
9	김수현	B			
10	이미도	B			

① =COUNTIF(D3, B3:B10)

② =COUNTIF($D3, $B$3:$B$10)

③ =COUNTIF($B$3:$B$10, D3)

④ =COUNTIF($B$3:$B$10, $D3)

[E3] 셀에 수식을 입력한 후 채우기 핸들을 드래그하여 [E7] 셀까지 계산하려면 COUNTIF(범위, 조건) 함수에서 조건이 적용되는 범위는 절대 참조로 지정해야 하고, 조건은 상대 참조로 지정해야 합니다. [E3] 셀에 =COUNTIF($B$3:$B$10, D3)을 입력한 후 채우기 핸들을 드래그하면 다음과 같이 결과가 표시됩니다.
[E3] : =COUNTIF($B$3:$B$10, D3)
⋮
[E7] : =COUNTIF($B$3:$B$10, D7)

▶ 정답 : 1. ③ 2. ① 3. ① 4. ③

기출문제 따라잡기

문제5 3309755

18년 2회, 16년 1회

5. 다음 중 함수식에 대한 결과가 옳은 것은?

① =COUNT(1, "참", TRUE, "1") → 1
② =COUNTA(1, "거짓", TRUE, "1") → 2
③ =MAX(TRUE, "10", 8, 3) → 10
④ =ROUND(215.143, -2) → 215.14

	A	B	C	D	E
1	이름	A	B	총점	순위
2	김길순	85	75	160	1
3	박용섭	80	82	162	2
4	최순일	95	88	183	3

① =RANK.EQ(D2, D2:D4, 1)
② =RANK.EQ(D2, $D$2:$D$4, 1)
③ =RANK.EQ(D2, D2:D4, 0)
④ =RANK.EQ(D2, $D$2:$D$4, 0)

> ① COUNT(1, "참", TRUE, "1") : 숫자가 들어 있는 셀의 개수인 3을 반환합니다.
> • 함수의 인수를 입력할 때 논리값(TRUE, FALSE), 텍스트 형식의 숫자("1") 등이 입력된 영역을 범위로 지정하면 숫자로 인식되지 않아 계산 시 제외되지만 함수의 인수로 직접 입력하면 숫자로 인식하여 계산됩니다.
> • [A1:A4] 영역에 1, "참", TRUE, "1"이 입력되어 있고 수식을 =COUNT(A1:A4)로 입력하면 결과가 1인 반면 수식을 =COUNT(1, "참", TRUE, "1")로 입력하면 결과는 3이 됩니다.
> ② =COUNTA(1, "거짓", TRUE, "1") : 인수 중 비어 있지 않은 셀의 개수인 4를 반환합니다.
> ③ =MAX(TRUE, "10", 8, 3) : 인수 중 가장 큰 값인 10을 반환합니다.
> ④ =ROUND(215.143, -2) : 215.143을 십의 자리에서 백(-2)의 자리로 반올림한 200을 반환합니다.

> • 낮은 총점이 1위, 즉 총점을 기준으로 오름차순 순위를 구하려면 [E2] 셀에 =RANK.EQ(D2, $D$2:$D$4, 1)을 입력해야 합니다.
> • [D2:D4] 영역은 비교 대상이므로 행 방향으로 채우기 핸들을 드래그하여도 변하지 않도록 [$D$2:$D$4] 또는 [D$2:D$4] 형태로 입력해야 합니다.

25년 1회

6. 다음 중 상품의 가격이 150,000 이상이고 200,000 미만인 상품의 개수를 구하는 수식으로 옳은 것은?

① =COUNTIF(범위, ">=150000") - COUNTIF(범위, "<200000")
② =COUNTIF(범위, ">150000") - COUNTIF(범위, "<=200000")
③ =COUNTIF(범위, "<=150000") - COUNTIF(범위, "<=200000")
④ =COUNTIF(범위, ">=150000") - COUNTIF(범위, ">=200000")

> 가격이 150,000 이상이고 200,000 미만인 상품의 개수는 ④번과 같이 가격이 150,000 이상인 상품들의 개수를 모두 구한 다음 거기서 가격이 200,000 이상인 상품들의 개수를 빼면 됩니다.
> ❶ COUNTIF(범위, ">=150000") : 범위에서 150000 이상인 셀의 개수를 반환합니다.
> ❷ COUNTIF(범위, ">=200000") : 범위에서 200000 이상인 셀의 개수를 반환합니다.
> ❸ ❶ - ❷ = 150000 이상인 셀의 개수에서 200000 이상인 셀의 개수를 뺀 값을 반환합니다.

25년 4회, 2회, 23년 2회

7. 아래 그림은 '총점' 필드를 이용하여 [E2] 셀에 순위를 계산한 후 채우기 핸들을 [E4] 셀까지 드래그한 결과이다. 다음 중 [E2] 셀의 수식으로 옳은 것은? (단 순위는 낮은 총점을 1위로 한다.)

25년 5회, 23년 2회

8. 다음 표에서 "중학생"의 봉사시간 평균을 구하려고 한다. 다음 중 옳은 함수식은?

	A	B	C	D	E	F
1	순번	날짜	성별	구분	접수	봉사시간
2	1	2022-10-03	여	중학생	단체	5
3	2	2022-10-10	남	고등학생	단체	8
4	3	2022-10-05	남	성인	개인	10
5	4	2022-10-02	여	중학생	단체	5
6	5	2022-10-12	남	중학생	단체	20
7	6	2022-10-08	남	고등학생	개인	19
8	7	2022-10-01	남	성인	단체	15
9	8	2022-10-09	여	성인	단체	35
10	9	2022-10-13	여	고등학생	단체	8
11	10	2022-10-15	남	고등학생	개인	10

① =AVERAGEIF(F2:F11, D2, D2:D11)
② =DAVERAGE(A2:F11, 6, D2:D11)
③ =AVERAGEIFS(F2:F11, D2:D11, D2)
④ =DAVERAGE(A2:F11, D2, D2:D11)

> ① =AVERAGEIF(F2:F11, D2, D2:D11) : AVERAGEIF(조건이 적용될 범위, 조건, 평균을 구할 범위)는 조건에 맞는 셀의 평균을 구하는 함수로, 인수 지정이 잘못되어 '#DIV/0!' 오류가 표시됩니다. 올바르게 수정하면 =AVERAGEIF(D2:D11, D2, F2:F11)입니다.
> ② =DAVERAGE(A2:F11, 6, D2:D11) : DAVERAGE(범위, 열 번호, 조건) 함수는 지정된 범위에서 조건에 맞는 자료를 대상으로 지정된 열의 평균을 계산하는 함수로, 범위와 조건을 지정할 때는 반드시 열 이름표를 함께 지정해야 합니다. 올바르게 수정하면 =DAVERAGE(A1:F11, 6, D1:D2)입니다.
> ③ =AVERAGEIFS(F2:F11, D2:D11, D2) : AVERAGEIFS(평균을 구할 범위, 조건1이 적용될 범위, 조건1, 조건2가 적용될 범위, 조건2, ···)는 여러 조건에 맞는 셀의 평균을 구하는 함수로, '구분'이 '중학생'인 '봉사시간'의 평균 10을 반환합니다.
> ④ =DAVERAGE(A2:F11, D2, D2:D11) : 올바르게 수정하면 =DAVERAGE(A1:F11, F1, D1:D2)입니다. 열 번호는 '봉사시간'이 있는 6을 입력하거나 '봉사시간' 필드명이 있는 셀 주소인 'F1'을 입력해도 됩니다.

▶ 정답 : 5. ③ 6. ④ 7. ② 8. ③

SECTION 084 수학/삼각 함수

1 수학/삼각 함수1 – 합계 / 반올림 / 올림 / 내림

24.2, 24.1, 23.3, 22.4, 22.1, 21.4, 21.3, 21.2, 21.1, 20.상시, 20.2, 20.1, 19.1, 18.상시, 18.2, 17.2, 17.1, 16.3, 16.1, 15.3, 15.1, …

3309801

함수	설명
24.2, 24.1, 23.3, 21.2, 19.1, 18.상시, 14.2, 14.1, 12.3, … SUM(인수1, 인수2, …)	인수들의 합계를 반환한다. 예 =SUM(A1:A10) : [A1:A10] 영역의 합계를 반환한다.
23.3, 21.2, 19.1, 18.상시, 16.3, 13.3, 12.3, 11.1, 10.3, … SUMIF(조건이 적용될 범위, 조건, 합계를 구할 범위)	조건에 맞는 셀을 찾아 합계를 반환한다. 예 =SUMIF(A1:A10, "컴퓨터", B1:B10) : [A1:A10] 영역에서 "컴퓨터"가 입력된 셀들을 찾은 후 [B1:B10] 영역의 같은 행에 있는 값들의 합계를 반환한다.
23.3, 18.2, 17.2, 17.1 SUMIFS(합계를 구할 범위, 조건1이 적용될 범위, 조건1, 조건2가 적용될 범위, 조건2, …)	여러 개의 조건이 적용될 범위에서 여러 개의 조건에 맞는 셀을 찾아 '합계를 구할 범위' 중 같은 행에 있는 값들의 합계값을 반환한다. 예 =SUMIFS(C1:C10, A1:A10, "컴퓨터", B1:B10, "1급") : [A1:A10] 영역에서 "컴퓨터"가 입력된 셀들을 찾고, [B1:B10] 영역에서 같은 행들에 있는 "1급"이 입력된 셀들을 찾은 후 [C1:C10] 영역의 같은 행에 있는 값들의 합계값을 반환한다.
22.4, 22.1, 21.1, 20.2, 18.2, 16.3, 16.1, 14.3, 11.1 ROUND(인수, 반올림 자릿수)	인수에 대하여 지정한 '반올림 자릿수'로 반올림한다. 예 =ROUND(123.45, 1) : 123.45를 소수점 이하 첫째 자리로 반올림한 123.5를 반환한다.
22.4, 22.1, 16.3, 14.3, 10.2, 04.3, 04.2, 00.2 ROUNDUP(인수, 올림 자릿수)	인수에 대하여 지정한 '올림 자릿수'로 올림한다. 예 =ROUNDUP(123.43, 1) : 123.43을 소수점 이하 첫째 자리로 올림한 123.5를 반환한다.
22.4, 22.1, 21.1, 20.2, 16.3, 02.1, 00.2 ROUNDDOWN(인수, 내림 자릿수)	인수에 대하여 지정한 '내림 자릿수'로 내림한다. 예 =ROUNDDOWN(123.45, 1) : 123.45를 소수점 이하 첫째 자리로 내림한 123.4를 반환한다.

전문가의 조언

중요해요! 함수식에 대한 결과값을 묻는 문제와 특정 문제를 풀기 위한 함수식을 묻는 문제가 출제됩니다. 예제의 실습을 통해 각 함수의 기능을 정확히 파악하세요.

잠깐만요 ROUND 관련 함수의 자릿수(ROUND, ROUNDUP, ROUNDDOWN)

1308732

ROUND 관련 함수는 자릿수로 지정된 자리까지 표시합니다.

```
    3    8    6    4  .  5    5    8    8
  -3자리 -2자리 -1자리 0자리  1자리 2자리 3자리 4자리
```

= ROUND(3864.5588, 3) → 3864.559(넷째 자리에서 반올림하여 셋째 자리까지 표시합니다.)
= ROUND(3864.5588, 0) → 3865(첫째 자리에서 반올림하여 정수 부분만 표시합니다.)
= ROUND(3864.5588, -2) → 3900(십의 자리에서 반올림하여 백의 자리까지 표시합니다.)

전문가의 조언

ROUND 관련 함수에서 사용하는 각각의 자릿수에 대한 문제가 출제되었습니다. 일의 자리, 백의 자리, 천의 자리 등 각각의 자릿수에 해당하는 위치를 알아두세요.

준비하세요

'길벗컴활2급필기\2과목.xlsm' 파일을 불러와 '섹션84' 시트에서 실습하세요.

예제 1 다음 표에 표시된 부분의 값을 함수를 이용하여 계산하시오.

	A	B	C	D	E	F
1				특별고사 성적		❶
2	성명	국어	영어	수학	총점	평균
3	고아라	81	93	88	262	87.3
4	나영희	82	65	71	218	72.7
5	박철수	93	98	75	266	88.7
6	안도해	79	98	100	277	92.3
7	나도해	75	86	77	238	79.3
8	최순이	86	90	70	246	82.0
9	❷ 과목평균1	82.67	88.34	80.17	251.17	
10	❸ 과목평균2	82.66	88.33	80.16	251.16	
11	❹ 합계1	253	289	263	805	
12	❺ 합계2	243	241	218	702	
13	❻	국어, 영어, 수학이 모두 80 이상인 학생의 총점 합계				262

❶ 평균(소수 2자리에서 반올림)(F3) → =ROUND(AVERAGE(B3:D3), 1)

❷ 과목평균1(소수 3자리에서 자리올림)(B9) → =ROUNDUP(AVERAGE(B3:B8), 2)

❸ 과목평균2(소수 3자리에서 자리내림)(B10)
 → =ROUNDDOWN(AVERAGE(B3:B8), 2)

❹ 합계1(총점이 250 이상인 사람의 과목 합계)(B11)
 → =SUMIF($E$3:$E$8, ">=250", B3:B8)

❺ 합계2(총점이 250 미만인 사람의 과목 합계)(B12)
 → =SUMIF($E$3:$E$8, "<250", B3:B8)

❻ 국어, 영어, 수학이 모두 80 이상인 학생의 총점 합계(F13)
 → =SUMIFS(E3:E8,B3:B8, ">=80", C3:C8, ">=80", D3:D8, ">=80")

❷ 수학/삼각 함수 – 기타

25.4, 25.3, 24.3, 24.2, 23.5, 23.4, 22.4, 21.1, 20.상시, 20.2, 19.상시, 18.상시, 18.2, 16.3, 16.2, 14.3, 14.2, 13.3, 13.2, 13.1, …

3309802

함수	설명
13.1, 10.2, 09.2, 05.2, 03.4, 03.3, 00.2 **ABS(인수)**	인수의 절대값을 반환한다. 예 =ABS(-12) : -12의 절대값인 12를 반환한다.
25.3, 24.3, 23.5, 21.1, 20.2, 16.3, 14.3, 14.2, 11.1, … **INT(인수)**	인수보다 크지 않은 정수값을 반환한다. 예 =INT(5.5) : 5.5보다 크지 않은 정수값 5를 반환한다.
RAND( )	0과 1 사이의 난수 반환한다. 예 =RAND( ) : 0과 1사이의 난수를 반환한다.
RANDBETWEEN(인수1, 인수2)	지정한 두 수 사이의 난수 반환한다. 예 =RANDBETWEEN(1, 10) : 1과 10 사이의 난수를 반환한다.
25.4, 25.3, 24.3, 24.2, 23.5, 23.4, 18.상시, 18.2 **MOD(인수1, 인수2)**	인수1을 인수2로 나눈 나머지값을 반환한다. 예 =MOD(10, 3) : 10을 3으로 나누기 한 후 나머지값 1을 반환한다.
FACT(인수)	인수의 계승 값을 반환한다. 예 =FACT(3) : 1×2×3의 값 6을 반환한다.
20.상시, 19.상시, 18.상시, 14.2, 13.2, 10.3, 10.2, … **SQRT(인수)**	• 인수의 양의 제곱근을 반환한다. • 인수가 음수면 에러가 발생한다. 예 =SQRT(4) : 2를 반환한다.

25.3, 24.3, 24.2, 23.5, 23.4, 18.2, 16.2, 14.3, … POWER(인수, 제곱값)	인수를 '제곱값'만큼 거듭 곱한 값을 반환한다. 예 =POWER(3, 2) : 3을 2번 곱한 값 9를 반환한다.
25.3, 24.3, 24.2, 23.5, 23.4, 22.4, 21.1, 20.상시, … TRUNC(인수, 자릿수)	인수에 대해 자릿수 미만의 수치를 버린 값을 반환한다. 예 =TRUNC(5.278, 2) : 5.27을 반환한다.
04.4 PI( )	수치 상수 파이(π)를 15자리까지를 계산한다. 예 =PI( ) : 3.14159265358979를 반환한다.
EXP(인수)	e를 인수만큼 거듭제곱한 값을 반환한다. 예 =EXP(2) : 7.389056099를 반환한다.

예제 2 다음 표에서 함수의 결과를 구하시오.

수 식	결 과	비 고
=INT(3.78)	3	=INT(-3.78) → -4
=MOD(7, 3)	1	=MOD(-7, 3)* → 2
=TRUNC(4.9)	4	=TRUNC(-4.9) → -4
=SQRT(36)	6	$\sqrt{36}$ → 6 , =SQRT(-36) → #NUM!
=ABS(-10)	10	|-10| → 10
=POWER(3, 2)	9	3^2 → 9
=FACT(6)	720	6×5×4×3×2×1 → 720
=EXP(2)	7.389056	e^2 → 2.71828182^2

예제 3 '25/3'의 몫과 나머지를 구하시오.
- 몫 : =INT(25/3) → 8
- 나머지 : =MOD(25, 3) → 1

예제 4 수학식 '$3^2 \times (|-5|+\sqrt{36})$'을 엑셀 수식으로 표현하시오.
=POWER(3, 2) * (ABS(-5)+SQRT(36))

음수의 나머지 MOD(-7, 3) 또는 MOD(7, -3)

몫과 나머지를 구한다는 것은 쉽게 말하면… '똑같이 분배해 주면 몇 개씩 주고(몫) 남는 것(나머지)이 몇 개냐?' 하는 의미입니다. 7/3에 대한 몫과 나머지는 7개를 3명에게 2개씩 주고 몇 개가 남느냐? 하는 의미입니다. 1개가 남겠죠. 그렇다면 -7/3은? 음수값은 분배해 줄 양이 받아야 할 양이겠죠. 즉 7개를 채우려면 3사람에게서 똑같이 몇 개씩 받으면(몫) 더 받은(나머지) 것은 몇 개냐? 정도로 말할 수 있겠죠. 즉 3개씩 받으면 9개가 되므로 2개가 남죠? 3개씩 받았으므로 몫은 -3, 2개가 남았으므로 나머지는 2가 됩니다. 엑셀에서 다음과 같이 수식을 입력하여 몫과 나머지를 구할 수 있습니다.

```
=int(-7/3) → 몫 : -3
=-7 - int(-7/3) * 3 → 나머지 : 2
예) -5/3
몫 → -2, 나머지 → 1
```

5개를 채우기 위해서 3사람으로부터 2개씩 공평하게 받으면 1개가 남네요.

기출문제 따라잡기

22년 4회, 1회, 21년 4회, 1회, 14년 3회
1. 다음 수식의 결과가 나머지와 다른 것은?
① =LEFT(123.654, 6)
② =ROUND(123.654, 2)
③ =ROUNDUP(123.654, 2)
④ =ROUNDDOWN(123.654, 2)

① =LEFT(123.654, 6) : 123.654에서 왼쪽부터 6글자를 표시한 123.65를 반환합니다.
② =ROUND(123.654, 2) : 123.654를 소수점 이하 셋째 자리에서 반올림하여 둘째 자리까지 표시한 123.65를 반환합니다.
③ =ROUNDUP(123.654, 2) : 123.654를 소수점 이하 셋째 자리에서 올림하여 둘째 자리까지 표시한 123.66을 반환합니다.
④ =ROUNDDOWN(123.654, 2) : 123.654를 소수점 이하 셋째 자리에서 내림하여 둘째 자리까지 표시한 123.65를 반환합니다.

▶ 정답 : 1. ③

기출문제 따라잡기

문제2 1308752 문제4 1308753 문제6 4208456

14년 3회, 10년 1회
2. 다음 중 수식의 실행 결과가 옳지 않은 것은?

① =ROUND(4561.604, 1) ⇒ 4561.6
② =ROUND(4561.604, −1) ⇒ 4560
③ =ROUNDUP(4561.604, 1) ⇒ 4561.7
④ =ROUNDUP(4561.604, −1) ⇒ 4562

① =ROUND(4561.604, 1) : 4561.604를 소수점 둘째 자리에서 반올림하여 첫째 자리까지 표시한 4561.6을 반환합니다.
② =ROUND(4561.604, −1) : 4561.604를 일의 자리에서 반올림하여 십의 자리까지 표시한 4560을 반환합니다.
③ =ROUNDUP(4561.604, 1) : 4561.604를 소수점 둘째 자리에서 올림하여 첫째 자리까지 표시한 4561.7을 반환합니다.
④ =ROUNDUP(4561.604, −1) : 4561.604를 일의 자리에서 올림하여 십의 자리까지 표시한 4570을 반환합니다.

17년 2회, 1회
3. 다음 중 [A7] 셀에 수식 =SUMIFS(D2:D6, A2:A6, "연필", B2:B6, "서울")'을 입력한 경우 결과 값으로 옳은 것은?

	A	B	C	D
1	품목	대리점	판매계획	판매실적
2	연필	경기	1500	100
3	볼펜	서울	1500	200
4	연필	서울	300	300
5	볼펜	경기	300	400
6	연필	서울	300	200
7	=SUMIFS(			

① 100   ② 500
③ 600   ④ 750

[A2:A6] 영역에서 "연필"이 입력된 셀들을 찾고, "연필"이 입력된 행 중 [B2:B6] 영역에서 "서울"이 입력된 셀들을 찾아 [D2:D6] 영역의 같은 행에 있는 판매실적의 합계를 구한 300+200=500을 반환합니다.

	A	B	C	D
1	품목	대리점	판매계획	판매실적
2	연필	경기	1500	100
3	볼펜	서울	1500	200
4	연필	서울	300	300
5	볼펜	경기	300	400
6	연필	서울	300	200
7	=SUMIFS(			

24년 3회, 23년 5회, 14년 3회, 11년 1회
4. 다음 중 함수식의 실행 결과가 옳지 않은 것은?

① =MOD(17, −5) → 2
② =PRODUCT(7, 2, 2) → 28
③ =INT(−5.2) → −6
④ =ROUND(6.29, 0) → 6

① =MOD(17, −5) : 제수가 음수(−5)인 경우는 피제수가 음수인 '=MOD(−17, 5)'의 결과에 제수의 부호를 붙여주면 됩니다. '=MOD(−17, −5)'의 결과는 17개를 채우려면 5명에게서 4개씩 받으면 3개가 남으므로 나머지는 3이 됩니다. 3에 제수와 동일한 부호를 붙이면 −3이 됩니다.
② =PRODUCT(7, 2, 2) : 모든 인수의 곱을 구하므로 28을 반환합니다.
③ =INT(−5.2) : −5보다 작은 정수를 구하므로 −6을 반환합니다.
④ =ROUND(6.29, 0) : 6.29의 소수 첫째 자리에서 반올림하여 정수 부분만 표시하므로 6을 반환합니다.

24년 2회, 23년 5회, 4회, 18년 2회
5. 다음 중 함수식에 대한 결과가 옳지 않은 것은?

① =MOD(9, 2) → 1   ② =COLUMN(C5) → 3
③ =TRUNC(8.73) → 8   ④ =POWER(5, 3) → 15

① =MOD(9, 2) : 9를 2로 나누면 몫은 4이고 나머지는 1이므로 1을 반환합니다.
② =COLUMN(C5) : [C5] 셀의 열 번호인 3을 반환합니다.
③ =TRUNC(8.73) : TRUNC(인수, 자릿수) 함수는 자릿수 0은 생략이 가능합니다. 즉 TRUNC(8.73, 0)과 같으므로 소수점 이하는 모두 버리고 정수만 표시한 8을 반환합니다.
④ =POWER(5, 3) : 5^3의 값인 5×5×5 = 125를 반환합니다.

23년 3회
6. 아래 워크시트에서 '부서'가 "기획부"이고 '경력여부'가 "신입"인 직원들의 면접 점수 합계를 구하고자 할 때 [D11] 셀에 입력할 수식으로 옳은 것은?

	A	B	C	D
1				
2	사번	부서	경력여부	면접
3	K-0001	기획부	경력	85
4	K-0002	인사부	신입	79
5	K-0003	기획부	경력	93
6	K-0004	인사부	신입	82
7	K-0005	기획부	경력	84
8	K-0006	경리부	신입	78
9	K-0007	기획부	신입	90
10	K-0008	경리부	경력	88
11	기획부 신입 면접 점수 합계			

① =SUMIF(B3:B10, "기획부", C3:C10, "신입", D3:D10)
② =SUMIFS(D3:D10, B3:B10, "기획부", C3:C10, "신입")
③ =SUMIF(B3:B10, C3:C10, "기획부", "신입", D3:D10)
④ =SUMIFS(B3:B10, "기획부", C3:C10, "신입", D3:D10)

SUMIFS 함수는 SUMIFS(합계를 구할 범위, 조건1이 적용될 범위, 조건1, 조건2가 적용될 범위, 조건2, …)과 같이 인수를 지정하므로 각각의 인수를 살펴보면,
• **합계를 구할 범위** : 면접의 합계를 구해야 하므로 면접 점수가 있는 [D3:D10] 영역을 입력합니다.
• **조건1이 적용될 범위** : 첫 번째 조건의 대상이 되는 부서가 있는 [B3:B10] 영역을 입력합니다.
• **조건1** : 부서에서 기획부를 찾아야 하므로 **"기획부"**를 입력합니다.
• **조건2가 적용될 범위** : 두 번째 조건의 대상이 되는 경력여부가 있는 [C3:C10] 영역을 입력합니다.
• **조건2** : 경력여부에서 신입을 찾아야 하므로 **"신입"**을 입력합니다.

▶ 정답 : 2. ④ 3. ② 4. ① 5. ④ 6. ②

SECTION 085 텍스트 함수

1 텍스트 함수

25.4, 24.5, 24.4, 24.1, 23.3, 22.4, 22.1, 21.4, 21.3, 21.1, 20.상시, 20.2, 20.1, 19.상시, 18.상시, 17.2, 17.1, 16.1, 15.2, 13.2, …

함수	설명
24.4, 24.1, 23.3, 22.4, 22.1, 21.4, 20.2, … **LEFT(텍스트, 개수)**	텍스트의 왼쪽부터 지정한 개수만큼 반환한다. 예 =LEFT("컴퓨터활용능력", 3) : "컴퓨터"를 반환한다.
24.5, 24.4, 22.4, 21.4, 21.3, 21.1, 20.2, … **MID(텍스트, 시작 위치, 개수)**	텍스트의 시작 위치부터 지정한 개수만큼 반환한다. 예 =MID("ABCDE", 3, 2) : "CD"를 반환한다.
25.4, 21.3, 21.1, 20.상시, 20.1, 19.상시, … **RIGHT(텍스트, 개수)**	텍스트의 오른쪽부터 지정한 개수만큼 반환한다. 예 =RIGHT("컴퓨터활용능력", 2) : "능력"을 반환한다.
17.2 **LEN(텍스트)**	텍스트의 길이(개수)를 반환한다. 예 =LEN("컴퓨터활용능력") : 7을 반환한다.
20.2 **REPT(텍스트, 개수)**	텍스트를 개수만큼 반복하여 반환한다. 예 =REPT("■", 4) : "■■■■"를 반환한다.
24.4, 21.4, 17.1, 08.3, 07.1, 04.4, 00.1 **LOWER(텍스트)**	텍스트를 모두 소문자로 변환하여 반환한다. 예 =LOWER("KOREA") : "KOREA"를 모두 소문자인 "korea"로 변환한다.
11.2, 07.1, 04.4, 00.1 **UPPER(텍스트)**	텍스트를 모두 대문자로 변환하여 반환한다. 예 =UPPER("korea") : "korea"를 모두 대문자인 "KOREA"로 변환한다.
17.1, 15.2, 07.1, 05.4, 05.3, 04.4, 00.1 **PROPER(텍스트)**	텍스트의 첫 문자만 대문자로 변환하여 반환한다. 예 =PROPER("korea") : "korea"의 첫 번째 문자만 대문자인 "Korea"로 변환한다.
17.1, 15.2, 11.2, 07.1, 04.4, 00.1 **TRIM(텍스트)**	텍스트의 양쪽 공백을 제거한다. 예 =TRIM(" KOREA ") : " KOREA "의 양쪽 공백을 제거한 "KOREA"를 반환한다.
21.1, 18.상시, 17.2, 15.2 **FIND(찾을 텍스트, 문자열, 시작 위치)**	• 문자열의 시작 위치에서부터 찾을 텍스트를 찾아 그 위치값을 반환한다. • 대/소문자를 구분하며, 와일드카드(*,?) 문자를 사용할 수 없다. 예 =FIND("친", "친구친구", 2) : 3을 반환한다.
24.4, 21.1, 20.2, 18.상시, 17.2, 17.1, 15.2 **SEARCH(찾을 텍스트, 문자열, 시작 위치)**	• 문자열의 시작 위치에서부터 찾을 텍스트를 찾아 그 위치 값을 반환한다. • 대/소문자를 구분할 수 없고, 와일드카드(*,?) 문자를 사용할 수 있다. 예 =SEARCH("구", "친구친구", 1) : 2를 반환한다.

전문가의 조언

중요해요! 함수식에 대한 결과값을 묻는 문제와 특정 문제를 풀기 위한 함수식을 묻는 문제가 출제됩니다. 예제를 통해 각 함수의 기능을 정확히 파악하세요.

=TRIM(" Bra zil ")
보이지는 않지만 양쪽의 공백이 제거됩니다. 문자로 표시하면 "Bra zil"로 되겠죠.

=FIND("f", "친구★79FRfr")
소문자 'f'를 검색하여 위치를 표시합니다.

=SEARCH("f", "친구★79FRfr")
대/소문자 구분없이 'f'를 검색하여 위치를 표시합니다.

예제 다음의 결과값을 구하시오.

수 식	결과값
=LEFT("770405-1386723", 6)	770405
=RIGHT("780525-1456789", 7)	1456789
=MID("760401-1567890", 8, 7)	1567890
=REPT("*", 3)	***
=FIND("f", "친구★79FRfr")*	8

수 식	결과값
=UPPER("korea")	KOREA
=LOWER("CANADA")	canada
=PROPER("japan")	Japan
=TRIM(" Bra zil ")*	Bra zil
=LEN("KOREA")	5
=SEARCH("f", "친구★79FRfr")*	6

기출문제 따라잡기

문제2 1308851

22년 4회

1. 다음 중 함수의 결과가 잘못된 것은?

① =ROUND(12.34, 1) → 12.4
② =LEFT("KOREA", 2) → KO
③ =MID("대한상공회의소", 3, 2) → 상공
④ =TRUNC(-8.6) → -8

① =ROUND(12.34, 1) : 소수점 이하 둘째 자리에서 반올림하여 첫째 자리까지인 12.3을 반환합니다.
② =LEFT("KOREA", 2) : "KOREA"에서 왼쪽부터 2글자인 "KO"를 반환합니다.
③ =MID("대한상공회의소", 3, 2) : "대한상공회의소"에서 3번째에서 2문자인 "상공"을 반환합니다.
④ =TRUNC(-8.6) : 소수점 이하를 버리고 정수인 -8을 반환합니다.

21년 1회, 17년 2회

2. 다음 중 아래 워크시트의 [A2] 셀에 수식을 작성하는 경우 수식의 결과가 다른 하나는?

	A
1	대한상공대학교
2	

① =MID(A1, SEARCH("대", A1)+2, 5)
② =RIGHT(A1, LEN(A1)-2)
③ =RIGHT(A1, FIND("대", A1)+5)
④ =MID(A1, FIND("대", A1)+2, 5)

① ❶ SEARCH("대", A1) : [A1] 셀에서 "대"를 찾아 그 위치인 1을 반환합니다.
　❷ =MID(A1, 1+2, 5) : [A1] 셀에서 3번째부터 5글자인 "상공대학교"를 반환합니다.
② ❶ LEN(A1) : [A1] 셀의 문자 수인 7을 반환합니다.
　❷ =RIGHT(A1, 7-2) : [A1] 셀에서 오른쪽부터 5글자인 "상공대학교"를 반환합니다.
③ ❶ FIND("대", A1) : [A1] 셀에서 "대"를 찾아 그 위치인 1을 반환합니다.
　❷ =RIGHT(A1, 1+5) : [A1] 셀에서 오른쪽부터 6글자인 "한상공대학교"를 반환합니다.
④ ❶ FIND("대", A1) : 1을 반환합니다.
　❷ =MID(A1, 1+2, 5) : [A1] 셀에서 3번째 글자부터 5글자인 "상공대학교"를 반환합니다.

기출문제 따라잡기

문제4 3309954

24년 4회, 21년 4회

3. 다음과 같이 수식을 입력할 경우 결과로 표시되는 것은?

=LEFT(MID(LOWER("GOOD MORNING"), 3, 6), 2)

① GO ② GOOD
③ od ④ morn

> ❶ LOWER("GOOD MORNING") : "GOOD MORNING"을 소문자로 표시한 "good morning"을 반환합니다.
> ❷ MID("good morning", 3, 6) : "good morning"에서 3번째부터 6글자인 "od mor"을 반환합니다.
> ❸ =LEFT("od mor", 2) : "od mor"에서 왼쪽부터 2글자인 "od"를 반환합니다.

20년 1회

4. 다음 중 수식에 따른 실행 결과가 옳은 것은?

① =LEFT(MID("Sound of Music", 5, 6), 3) → of
② =MID(RIGHT("Sound of Music", 7), 2, 3) → Mu
③ =RIGHT(MID("Sound of Music", 3, 7), 3) → f M
④ =MID(LEFT("Sound of Music", 7), 2, 3) → und

> ① ❶ MID("Sound of Music", 5, 6) : "Sound of Music"에서 5번째부터 6글자인 "d of M"을 반환합니다.
> ❷ =LEFT("d of M", 3) : "d of M"에서 왼쪽부터 3글자인 "d o"를 반환합니다.
> ② ❶ RIGHT("Sound of Music", 7) : "Sound of Music"에서 오른쪽부터 7글자인 "f Music"을 반환합니다.
> ❷ =MID("f Music", 2, 3) : "f Music"에서 2번째부터 3글자인 " Mu"를 반환합니다.
> ③ ❶ MID("Sound of Music", 3, 7) : "Sound of Music"에서 3번째부터 7글자인 "und of "를 반환합니다.
> ❷ =RIGHT("und of ", 3) : "und of "에서 오른쪽부터 3글자인 "of "를 반환합니다.
> ④ ❶ LEFT("Sound of Music", 7) : "Sound of Music"에서 왼쪽부터 7글자인 "Sound o"를 반환합니다.
> ❷ =MID("Sound o", 2, 3) : "Sound o"에서 2번째부터 3글자인 "oun"을 반환합니다.

23년 3회

5. 아래 워크시트에서 [C3] 셀에 =LEFT(B3,2)를 입력하고 [C6] 셀까지 채우기 핸들을 드래그한 후 [C7] 셀에 =SUM(C3:C6)을 입력한 결과로 옳은 것은?

	A	B	C
1			
2	품목	개수	판매
3	A4용지	25개	25
4	볼펜	32개	32
5	포스트잇	23개	23
6	노트	25개	25
7	합계		

① 0 ② #VALUE
③ 105 ④ #N/A

> • LEFT(텍스트, 개수) 함수는 텍스트의 왼쪽부터 지정한 개수만큼 반환하는 함수로, 결과로 텍스트를 반환하기 때문에 그림의 [C3:C6] 범위의 값은 숫자로 보이지만 실제로는 숫자로 된 텍스트입니다.
> • SUM(인수1, 인수2, …) 함수는 인수의 합을 구하는 함수로, 숫자로 표시된 텍스트는 인식하지 못하므로 0을 반환합니다.

24년 1회

6. 아래 워크시트에서 [B2] 셀은 '=LEFT(A2, 2)' 수식을 적용하여 텍스트 형식으로 입력된 [A2] 셀의 값에서 앞 2자리를 추출한 것이다. [B2] 셀의 수식을 채우기 핸들을 이용하여 [B5] 셀까지 계산한 후 [B6] 셀에 '=SUM(B2:B5)' 수식을 입력할 경우 표시되는 결과로 옳은 것은?

	A	B
1	입력값	추출값
2	35개	35
3	15개	15
4	20개	20
5	35개	35
6	합계	

① 0 ② #VALUE!
③ #NAME? ④ 105

> • 텍스트 함수(LEFT, RIGHT, MID 등)를 이용하여 추출된 값은 숫자 데이터가 아니고 문자 데이터이므로 [B6] 셀에는 0이 표시됩니다.
> • 텍스트 함수의 결과를 숫자 데이터로 표시하려면 수식의 뒤에 *1을 입력해야 합니다. 즉 [B2] 셀에 =LEFT(A2, 2)*1을 입력하고 채우기 핸들을 이용하여 [B5] 셀까지 계산한 후 [B6] 셀에 =SUM(B2:B5)을 입력하면 105가 표시됩니다.

▶ 정답 : 1. ① 2. ③ 3. ③ 4. ② 5. ① 6. ①

SECTION 086 날짜/시간 함수

전문가의 조언

중요해요! 함수식에 대한 결과값을 묻는 문제와 특정 문제를 풀기 위한 함수식을 묻는 문제가 출제됩니다. 예제의 실습을 통해 각 함수의 기능을 정확히 파악하세요.

1 날짜 함수

25.3, 23.4, 21.3, 19.1, 17.2, 16.2, 15.1, 14.2, 12.1, 11.3, 11.1, 10.3, 10.1, 08.1, 06.3, 06.1, 05.3, 04.1, 03.1, 02.3, 01.2, 99.1

함수	설명
23.4, 21.3, 19.1, 14.2, 12.1, 10.1, … YEAR(날짜)	날짜에서 연도만 추출하여 반환한다. 예 =YEAR("2023-05-07") : "2023-05-07"에서 연도만 추출한 2023를 반환한다.
15.1 MONTH(날짜)	날짜에서 월만 추출하여 반환한다. 예 =MONTH("2023-05-15") : "2023-05-15"에서 월만 추출한 5를 반환한다.
23.4, 10.3, 10.1, 08.1, 06.3, 06.1, … DAY(날짜)	날짜에서 일만 추출하여 반환한다. 예 =DAY("2023-05-15") : "2023-05-15"에서 일만 추출한 15를 반환한다.

25.3, 17.2, 11.3
WEEKDAY
(날짜, 옵션)
	• 날짜에 해당하는 요일번호를 반환한다.
	• 옵션
	  – 1 또는 생략 : 1(일요일) ~ 7(토요일)
	  – 2 : 1(월요일) ~ 7(일요일)
	  – 3 : 0(월요일) ~ 6(일요일)
	예 =WEEKDAY("2023-05-05", 1) : 6(금요일)를 반환한다.

23.4 DAYS(마지막 날짜, 시작 날짜)	마지막 날짜에서 시작 날짜를 뺀 일 수를 계산하여 반환한다. 예 =DAYS("2023-7-10", "2023-7-7") : 3을 반환한다.
23.4, 14.2, 10.3, 10.1, 08.1, 06.3, … DATE(년, 월, 일)	년, 월, 일에 대한 날짜의 일련번호를 반환한다. 예 =DATE(2023, 05, 15) : '2023-05-15'의 일련번호인 45061을 반환한다.
23.4, 21.3, 19.1, 17.2, 14.2, 10.3, 10.1, … TODAY( )	현재 날짜를 반환한다. 예 =TODAY( ) : 오늘 날짜(예 2023-05-15)를 반환한다.

15.1
EDATE
(시작 날짜, 월수)
	• 시작 날짜에서 월수를 더한 날짜를 반환한다.
	• 월수
	  – 양수 : 이후 날짜를 대상으로 구한다.
	  – 음수 : 이전 날짜를 대상으로 구한다.
	예 =EDATE("2023-7-4", 3) : 2023-10-04를 반환한다.

16.2, 15.1
EOMONTH
(날짜, 월수)
	• 지정한 날짜를 기준으로 몇 개월 이전 또는 이후 달의 마지막 날짜를 반환한다.
	• 월수
	  – 양수 : 이후 날짜를 대상으로 구한다.
	  – 음수 : 이전 날짜를 대상으로 구한다.
	예 =EOMONTH("2023-5-15", 1) : 2023-06-30을 반환한다.

WORKDAY (시작날짜, 일수, 휴일날짜)	시작날짜에 주말과 휴일날짜를 제외하고 일수만큼 지난 날짜를 반환한다. 예 =WORKDAY("2023-5-3", 5, "2023-5-5") : 2023-5-11을 반환한다(토요일, 일요일, 5월 5일 제외).

예제 1 다음 데이터 표를 이용하여 결과값을 구하시오.

	A	B
1	생일	
2	날짜	시간
3	2004-03-04	9시 56분 55초

❶ 연도 구하기 : =YEAR(A3) → 2004

❷ 월 구하기 : =MONTH(A3) → 3

❸ 일 구하기 : =DAY(A3) → 4

❹ 요일 번호 구하기 : =WEEKDAY(A3, 2) → 4

❺ 날짜 일련번호* 구하기 : =DATE(YEAR(A3), MONTH(A3), DAY(A3)) → 38050

❻ 살아온 날 구하기 : =TODAY( )-A3 → 7026

❼ 살아온 날 구하기(DATE 이용) : =TODAY( )-DATE(YEAR(A3), MONTH(A3), DAY(A3)) → 7026

※ 오늘 날짜를 구하는 TODAY( ) 함수를 사용하기 때문에 실습하는 날짜에 따라서 결과 가 다르게 나옵니다.

❽ 5개월 이후 날짜 구하기 : =EDATE(A3, 5) → 2004-08-04

❾ 5개월 이후 달의 마지막 날짜 : =EOMONTH(A3, 5) → 2004-08-31

2 시간 함수

3310002

함수	설명
HOUR(시간)	시간에서 시만 추출하여 반환한다. 예 =HOUR("5:15:25") : "5:15:25"에서 시만 추출한 5를 반환한다.
MINUTE(시간)	시간에서 분만 추출하여 반환한다. 예 =MINUTE("5:15:25") : "5:15:25"에서 분만 추출한 15를 반환한다.
SECOND(시간)	시간에서 초만 추출하여 반환한다. 예 =SECOND("5:15:25") : "5:15:25"에서 초만 추출한 25를 반환한다.
99.1 TIME(시, 분, 초)	시, 분, 초에 대한 시간의 일련번호를 반환한다. 예 =TIME(5, 15, 25) : '5:15:25'의 일련번호인 0.219039352를 반환한다.
11.1, 08.1, 03.1 NOW( )	현재 날짜와 시간을 반환한다. 예 =NOW( ) : 현재 날짜와 시간(예 2023-05-15 11:20)을 변환한다.

예제 2 다음 데이터 표를 이용하여 결과값을 구하시오.

	A	B
1	생일	
2	날짜	시간
3	2004-03-04	9시 56분 55초

준비하세요

'길벗컴활2급필기\2과목.xlsm' 파일을 불러와 '섹션86' 시트에서 실습하세요

날짜의 일련번호를 날짜 형식으로 표시하기

DATE 함수를 사용하여 계산한 날짜 일련번호를 날짜/시간 형식으로 변경하려면 '셀 서식' 대화상자에서 표시 형식을 '날짜'로 지정한 후 '형식'에서 표시하고자 하는 날짜 형식을 선택하면 됩니다.

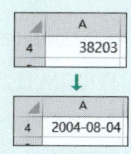

표시 형식을 '날짜'의 '*2012-03-14'로 지정

준비하세요

'길벗컴활2급필기\2과목.xlsm' 파일을 불러와 '섹션86' 시트에서 실습하세요.

❶ 시간 구하기 : =HOUR(B3) → 9
❷ 분 구하기 : =MINUTE(B3) → 56
❸ 초 구하기 : =SECOND(B3) → 55
❹ 시간 일련번호 구하기 : =TIME(HOUR(B3), MINUTE(B3), SECOND(B3)) → 0.414525463

 기출문제 따라잡기

 문제2 1308852   문제4 3310054

23년 4회, 21년 3회, 19년 1회, 10년 1회
1. 다음 중 시스템의 현재 날짜에서 년도를 구하는 수식으로 가장 올바른 것은?

① =YEAR(DAYS( ))   ② =YEAR(DAY( ))
③ =YEAR(TODAY( ))   ④ =YEAR(DATE( ))

- 시스템의 현재 날짜를 나타내는 함수는 TODAY( )이고, 날짜에서 년도만 추출하는 함수는 YEAR( )입니다.
- 시스템의 현재 날짜에서 년도를 구하는 수식은 =YEAR(TODAY( ))입니다.

15년 1회
2. 다음 중 각 수식에 대한 결과가 옳지 않은 것은?

① =MONTH(EDATE("2015-3-20", 2)) → 5
② =EDATE("2015-3-20", 3) → 2015-06-20
③ =EOMONTH("2015-3-20", 2) → 2015-05-20
④ =EDATE("2015-3-20", -3) → 2014-12-20

① ❶ EDATE("2015-3-20", 2) : 2015-3-20의 2개월 이후인 2015-5-20을 반환합니다.
  ❷ =MONTH("2015-5-20") : 2015-5-20에서 월만 추출한 5를 반환합니다.
② =EDATE("2015-3-20", 3) : 2015-3-20의 3개월 이후인 2015-6-20을 반환합니다.
③ =EOMONTH("2015-3-20", 2) : 2015-3-20의 2개월 이후 달의 마지막 날짜인 2015-05-31을 반환합니다.
④ =EDATE("2015-3-20", -3) : 월수가 음수이면 이전 날짜를 구하므로 2015-3-20의 3개월 전인 2014-12-20을 반환합니다.

16년 2회
3. 다음 중 아래 워크시트에서 [D4] 셀에 입력한 수식의 실행 결과로 옳은 것은? (단, [D4] 셀에 설정되어 있는 표시 형식은 '날짜'임)

	A	B	C	D	E
1	사원번호	성명	직함	생년월일	
2	101	구민정	영업과장	1980-12-08	
3					
4				=EOMONTH(D2,1)	

① 1980-11-30   ② 1980-11-08
③ 1981-01-31   ④ 1981-01-08

- EOMONTH(날짜, 월수) 함수는 지정한 날짜를 기준으로 몇 개월 이전 또는 이후 달의 마지막 날짜를 반환하는 함수입니다.
- '=EOMONTH(D2, 1)'을 실행하면 1980-12-08의 1개월 이후 달 마지막 날짜인 1981-01-31이 반환됩니다.

12년 1회
4. 아래 시트에서 주민등록번호의 첫 두 글자를 이용하여 출생년도를 계산하고자 한다. 이때 [C3] 셀에 입력해야 할 수식으로 옳은 것은?

	A	B	C
1			
2	이름	주민등록번호	출생년도
3	김유신	020805-3123456	2002
4	사하라	010301-4123456	2001
5	홍길동	991231-1123456	1999

① =YEAR(LEFT(B3, 2))+LEFT(B3, 2)
② =YEAR(LEFT(B3, 2) & "/" & MID(B3, 3, 2) & "/" & MID(B3, 5, 2))
③ =YEAR(LEFT(B3, 2))
④ =YEAR(LEFT(B3, 2) & LEFT(B3, 2))

① ❶ LEFT(B3, 2) : '020805-3123456'의 왼쪽에서부터 2자리인 "02"를 반환합니다.
  ❷ YEAR("02") + "02" : YEAR의 인수로 텍스트 값이 사용될 경우 무조건 1900이 반환됩니다. 1900+02=1902가 반환됩니다.
② ❶ LEFT(B3, 2) : "02"를 반환합니다.
  ❷ MID(B3, 3, 2) : '020805-3123456'의 3번째부터 2자리인 "08"을 반환합니다.
  ❸ MID(B3, 5, 2) : '020805-3123456'의 5번째부터 2자리인 "05"를 반환합니다.
  ❹ YEAR("02" & "/" & "08" & "/" & "05") : "02", "08", "05"를 "/"로 구분하여 날짜 형식으로 표시합니다(02/08/05). 이 날짜에서 년도를 반환하면 2002가 반환됩니다.
  ※ YEAR 함수에서 인수로 년도를 2자리로 입력한 경우 00~29까지는 2000년대로, 30~99까지는 1900년대로 표시됩니다.
③ =YEAR(LEFT(B3, 2)) : "02"에서 년도만 표시합니다(1900).
  ※ YEAR 함수의 인수로 텍스트 값이 사용될 경우 무조건 1900이 반환됩니다.
④ ❶ LEFT(B3, 2) : "02"를 반환합니다.
  ❷ YEAR("02" & "02") → YEAR("0202") : YEAR 함수의 인수로 텍스트가 사용될 경우 무조건 1900이 반환됩니다.

▶ 정답 : 1. ③ 2. ③ 3. ③ 4. ②

SECTION 087 논리 함수

1 논리 함수

함수	설명
IF(조건, 인수1, 인수2)	조건을 비교하여 '참'이면 인수1, '거짓'이면 인수2를 반환한다. 예 =IF(D4)90, "우수", "미달") : [D4] 셀의 값이 90을 초과하면 "우수", 그렇지 않으면 "미달"을 반환한다.
IFS(조건1, 인수1, 조건2, 인수2, ⋯)	조건1이 '참'이면 인수1을, 조건2가 '참'이면 인수2를, ⋯ 조건n이 '참'이면 인수n을 반환한다. 예 =IFS(D4="M", "남자", D4="F", "여자") : [D4] 셀의 값이 "M"이면 "남자", "F"이면 "여자"를 반환한다. ※ 마지막 '조건n'에는 조건 대신 "TRUE"를 입력해도 됩니다.
IFERROR(인수, 오류 시 표시할 값)	인수로 지정한 수식이나 셀에서 오류가 발생하면 '오류 시 표시할 값'을 반환하고, 그렇지 않으면 결과값을 반환한다. 예 =IFERROR((A1+B1)/C1, "오류") : (A1+B1)/C1의 결과가 오류이면 "오류"를 반환하고, 그렇지 않으면 결과값을 반환한다.
SWITCH(변환할 값, 인수1, 결과1, 인수2, 결과2, ⋯, 일치하는 인수가 없을 때 결과)	'변환할 값'이 인수1이면 결과1을, 인수2이면 결과2를, ⋯ 변환할 값과 일치하는 인수가 없을 경우 '일치하는 인수가 없을 때 결과'를 반환한다. 예 =SWITCH(A1, "토", "주말", "일", "주말", "평일") : [A1] 셀의 값이 "토"나 "일"이면 "주말", 그렇지 않으면 "평일"을 반환한다.
NOT(인수)	인수의 반대 논리값을 반환한다. 예 =NOT(TRUE) : 'FALSE'를 반환한다.
AND(인수1, 인수2, ⋯)	주어진 인수가 모두 참이면 참을 반환한다. 예 =AND(A1, A2) : [A1]과 [A2] 셀의 값이 모두 참인 경우에만 참을 반환한다.
OR(인수1, 인수2, ⋯)	인수 중 하나라도 참이면 참을 반환한다. 예 =OR(A1, A2) : [A1]과 [A2] 셀의 값 중 하나라도 참이면 참을 반환한다.
FALSE( )	논리값 'FALSE'를 반환한다. 예 =FALSE( ) : 'FASLE'를 반환한다.
TRUE( )	논리값 'TRUE'를 반환한다. 예 =TRUE( ) : 'TRUE'를 반환한다.

예제 1 다음 표를 보고 번호에 알맞은 함수를 완성하시오(IF, IFS 이용).

	A	B	C	D	E
1	신입사원 채용 결과				
2	성명	부서명	구분코드	지역코드	비고
3	박구형	생산부	H	S	본사
4	구민희	영업부	B	K	경기도

❶ [E3] : 구분코드가 'H'면 '본사', 나머지는 '지사' 표시(IF 함수 사용)
→ =IF(C3="H", "본사", "지사")

❷ [E4] : 구분코드가 'S'면 '서울', 'K'면 '경기도', 나머지는 '인천' 표시(IFS 함수 사용)
→ =IFS(D4="S", "서울", D4="K", "경기도", TRUE, "인천")

예제 2 다음 표를 보고 번호에 알맞은 함수를 완성하시오(IF, IFS 이용).

	A	B	C	D	E	F	G
1	사원 평가표						
2	사원명	주민등록번호	팀명	실적	영어회화	컴퓨터	비고
3	오정국	990103-2******	영업1팀	100	78	100	국내팀 ❶
4	하나영	881111-1******	영업3팀	78	59	96	국내연수 ❷
5	우거진	001014-3******	판매2팀	87	65	85	없음 ❸
6	유호연	860422-2******	판매1팀	93	91	98	2층 ❹
7	박도리	011010-4******	홍보3팀	75	78	88	여자 ❺
8	차한도	830417-2******	홍보2팀	94	82	79	통과 ❻

❶ [G3] : '오정국' 사원의 팀명이 '1팀'이면 '국내팀', '2팀'이면 '국외팀', '3팀'이면 '본사팀'을 입력할 것(IFS 함수 사용)
→ =IFS(RIGHT(C3, 2)="1팀", "국내팀", RIGHT(C3, 2)="2팀", "국외팀", RIGHT(C3, 2)="3팀", "본사팀")

❷ [G4] : '하나영' 사원의 실적, 영어회화, 컴퓨터 점수가 모두 70점 이상이면 '해외연수', 아니면 '국내연수'를 입력할 것(IFS 함수 사용)
→ =IFS(AND(D4>=70, E4>=70, F4>=70), "해외연수", TRUE, "국내연수")

❸ [G5] : '우거진' 사원의 실적, 영어회화, 컴퓨터 점수 중 평균이 90점 이상인 점수의 평균을, 아니면 "없음"을 입력할 것(IFERROR 함수 사용)
→ =IFERROR(AVERAGEIF(D5:F5, ">=90"), "없음")

❹ [G6] : '유호연' 사원의 팀명이 '영업'이면 '1층', '판매'면 '2층', '홍보'면 '3층'을 입력할 것(SWITCH 함수 사용)
→ =SWITCH(LEFT(C6, 2), "영업", "1층", "판매", "2층", "3층")

❺ [G7] : '박도리' 사원의 주민등록번호 중 여덟 번째 자리가 1 또는 3이면 '남자', 2 또는 4이면 '여자'를 입력할 것(IF 함수 사용)
→ =IF(OR(MID(B7, 8, 1)="1", MID(B7, 8, 1)="3"), "남자", "여자")

❻ [G8] : '차한도' 사원의 실적, 영어회화, 컴퓨터 점수가 모두 60점 이상이면 '통과', 아니면 '과목미달'을 표시(IF 함수만 사용)
→ =IF(D8>=60, IF(E8>=60, IF(F8>=60, "통과", "과목미달"), "과목미달"), "과목미달")

> **잠깐만요** ❻ '차한도' 사원의 비고
>
> =IF(D8>=60, IF(E8>=60, IF(F8>=60, "통과", "과목미달"), "과목미달"), "과목미달")
>   ❶조건   ❷참   ❸거짓
> → ❶의 조건에 맞으면 ❷를 수행하고, 아니면 ❸("과목미달" 입력)을 수행함
>
> ❷ IF(E8>=60, IF(F8>=60, "통과", "과목미달"), "과목미달")
>   ❹조건   ❺참   ❻거짓
> → ❹의 조건에 맞으면 ❺를 수행하고, 아니면 ❻("과목미달" 입력)을 수행함
>
> ❺ IF(F8>=60, "통과", "과목미달")
> → [F8]이 60보다 크거나 같으면 "통과"를 입력하고, 아니면 "과목미달"을 입력함

준비하세요
'길벗컴활2급필기\2과목.xlsm' 파일을 불러와 '섹션87-2' 시트에서 실습하세요.

기출문제 따라잡기

25년 1회, 24년 1회, 23년 5회

1. '성적1' 필드와 '성적2' 필드의 값이 모두 90 이상이면 '진급여부' 필드에 "진급"을, 둘 중 하나만 90 이상이면 "대기", 나머지는 공백으로 표시하는 수식으로 옳은 것은?

	A	B	C	D
1	이름	성적1	성적2	진급여부
2	보라미	94	95	
3	미라미	80	97	
4	김은혜	85	82	
5	박한솔	90	83	

① =IF(COUNTIFS(B2:C2,")=90")=1,"진급", IF(COUNTIFS((B2:C2,")=90")=2,"대기",""))

② =IF(COUNTIF(B2:C2,")=90")=2,"진급", IF(COUNTIF(B2:C2,")=90")=1,"대기",""))

③ =IF(COUNTIFS(")=90",B2:C2))=1,"진급", IF(COUNTIFS(("")=90",B2:C2)=1,"대기",""))

④ =IF(COUNTIF(B2:C2,")=90"))=1,"진급", IF(COUNTIF(B2:C2,")=90")=1,"대기",""))

=IF(COUNTIF(B2:C2, ")=90")=2, "진급", IF(COUNTIF(B2:C2, ")=90")=1, "대기", ""))
❶ ❷ ❸ ❹

- ❶의 조건에 따라 [B2:C2] 영역에서 90 이상인 셀이 2개이면 ❷("진급")을 반환하고, 아니면 ❸을 수행합니다.
- ❸ : [B2:C2] 영역에서 90 이상인 셀이 1개이면 "대기"를, 아니면 공백을 반환합니다.

19년 1회

2. 다음 중 판정[G2:G5] 영역에 총점이 160 이상이면 "우수", 100 이상 160 미만이면 "보통", 100 미만이면 "노력"을 입력할 경우 [G2] 셀에 입력할 수식으로 옳은 것은?

	A	B	C	D	E	F	G
1	번호	이름	영어	상식	총점	판정	
2	1	원빈	97	80	177	우수	
3	2	장동신	87	72	159	보통	
4	3	현자	60	40	100	보통	
5	4	한길	40	50	90	노력	

① =IF(F2>=160, IF(F2>=100, "우수", "보통", "노력"))

② =IF(F2>=160, "우수", IF(F2>=100, "보통", "노력"))

③ =IF(OR(F2>=160, "우수", IF(F2>=100, "보통", "노력"))

④ =IF(F2>=160, "우수", IF(F2>=100, "보통", IF(F2=100, "노력"))

=IF(F2>=160, "우수", IF(F2>=100, "보통", "노력"))
❶ ❷ ❸

- ❶ [F2] 셀의 값이 160 이상이면 ❷(우수), 아니면 ❸을 수행합니다.
- ❸ IF(F2>=100, "보통", "노력") : [F2] 셀의 값이 100 이상이면 "보통", 아니면 "노력"을 반환합니다.
- ※ [F2] 셀의 값 177이 160 이상이므로 "우수"를 반환합니다.

20년 1회

3. 다음 중 아래 워크시트에서 '직무'가 90 이상이거나, '국사'와 '상식'이 모두 80 이상이면 '평가'에 "통과"를 표시하고 그렇지 않으면 공백을 표시하는 [E2] 셀의 함수식으로 옳은 것은?

	A	B	C	D	E
1	이름	직무	국사	상식	평가
2	이몽룡	87	92	84	
3	성춘향	91	86	77	
4	조방자	78	80	75	

① =IF(AND(B2>=90, OR(C2>=80, D2>=80)), "통과", "")

② =IF(OR(AND(B2>=90, C2>=80), D2>=80)), "통과", "")

③ =IF(OR(B2>=90, AND(C2>=80, D2>=80)), "통과", "")

④ =IF(AND(OR(B2>=90, C2>=80), D2>=80)), "통과", "")

① ❶ OR(C2>=80, D2>=80) : 국사(C2)가 80 이상이거나 상식(D2)이 80 이상이면, 즉 두 조건 중 하나라도 참이면 "TRUE", 그렇지 않으면 "FALSE"를 반환합니다. 둘 다 참이므로 "TRUE"를 반환합니다.
❷ AND(B2>=90, TRUE) : 직무(B2)가 90 이상이면 두 조건이 모두 참이 되어 "TRUE"를 반환하는데, 직무가 87이므로 거짓이 되어 "FALSE"를 반환합니다.
❸ =IF(FALSE, "통과", " ") : 조건이 "FALSE"이므로 공백을 반환합니다.

② =IF(OR(AND(B2>=90, C2>=80), D2>=80)), "통과", " ") : 직무(B2)가 90 이상이고 국사(C2)가 80 이상이거나, 상식(D2)이 80 이상이면 "통과", 그렇지 않으면 공백을 반환합니다.

③ =IF(OR(B2>=90, AND(C2>=80, D2>=80)), "통과", " ") : 직무(B2)가 90 이상이거나, 국사(C2)와 상식(D2)이 80 이상이면 "통과", 그렇지 않으면 공백을 반환합니다.

④ =IF(AND(OR(B2>=90, C2>=80), D2>=80)), "통과", " ") : 직무(B2)가 90 이상이거나 국사(C2)가 80 이상이고, 상식(D2)이 80 이상이면 "통과", 그렇지 않으면 공백을 반환합니다.

▶ 정답 : 1. ② 2. ② 3. ③

기출문제 따라잡기

25년 5회, 4회, 24년 2회

4. 다음 중 제품단가[C2:C7]와 수량[D2:D7] 그리고 수량에 따른 택배비[A11:C14]를 이용하여 판매금액[E2:E7]을 계산하되, 계산 시 오류가 발생할 경우 "보류"를 표시하는 수식으로 옳은 것은? (단, '판매금액 = 제품단가 × 수량 + 택배비'임)

	A	B	C	D	E
1	제품코드	제품명	제품단가	수량	판매금액
2	A-001	사과	10,500	8	
3	A-002	배	9,500	2	
4	A-003	체리	7,500	미정	
5	A-004	망고	9,500	12	
6	A-005	귤	5,500	미정	
7	A-006	바나나	4,500	13	
8					
9		<택배비>			
10	수량		택배비		
11	0		2	3,500	
12	2		5	2,000	
13	5		10	1,000	
14	10			0	
15					

① =IFERROR(C2*D2+VLOOKUP(D2, $A$11:$C$14, 3, 0), "보류")
② =IFERROR(C2*D2+VLOOKUP(D2, $A$11:$C$14, 3, 1), "보류")
③ =IFERROR("보류", C2*D2+VLOOKUP(D2, $A$11:$C$14, 3, 1))
④ =IFERROR("보류", C2*D2+VLOOKUP(D2, $A$11:$C$14, 3, 0))

❶ VLOOKUP(D2, $A$11:$C$14, 3, 1) : [A11:C14] 영역의 첫 번째 열에서 [D2] 셀의 값 8보다 크지 않은 가장 근삿값 5를 찾은 후 5가 있는 행(13)에서 3번째 열에 있는 1000을 반환합니다.
❷ =IFERROR(10500*8+1000, "보류") : '10500*8+1000'는 오류가 아니므로 결과값인 85000을 반환합니다.

25년 5회, 24년 3회

5. 아래 워크시트에서 비고[C2:C8]에 1인면적[B2:B8]이 작은 순으로 순위를 구하여 1~3위까지는 "공간확장"을 표시하고, 나머지는 공백으로 표시하려고 한다. [C2] 셀에 입력할 수식으로 옳은 것은?

	A	B	C
1	부서	1인면적(m3)	비고
2	기획부	61.52	
3	영업부	58.61	
4	총무부	72.65	
5	관리부	48.25	
6	인사부	55.58	
7	국제부	65.45	
8	국내부	52.45	
9			

① =IF(RANK.EQ(B2, $B$2:$B$8, 0)<=3, "공간확장", " ")
② =IF(B2>=SMALL($B$2:$B$8, 3), "공간확장", " ")
③ =IF(RANK.EQ(B2, $B$2:$B$8, 1)>=3, "공간확장", " ")
④ =IF(B2<=SMALL($B$2:$B$8, 3), "공간확장", " ")

❶ SMALL(B2:B8, 3) : [B2:B8] 영역에서 3번째로 작은 값을 반환합니다.
❷ =IF(B2<=❶, "공간확장", " ") : [B2] 셀의 값이 ❶ 이하, 즉 세 번째로 작은 값 이하이면 "공간확장"을, 그 외에는 공백을 반환합니다.
※ IF와 RANK.EQ 함수를 이용하여 동일한 결과를 산출하는 수식은 다음과 같습니다.
=IF(RANK.EQ(B2, B2:B8, 1)<=3, "공간확장", " ")
❶ RANK.EQ(B2, B2:B8, 1) : [B2:B8] 영역에서 오름차순으로 [B2] 셀의 순위를 반환합니다.
❷ =IF(❶<=3, "공간확장", " ") : ❶이 3 이하, 즉 순위가 3위 이내이면 "공간확장"을, 그 외에는 공백을 반환합니다.

25년 4회

6. 아래 워크시트에서 차량번호 끝자리가 짝수인 경우에는 "짝수운행", 아니면 "홀수운행"을 운행일([C2:C5])에 표시하기 위한 수식으로 옳은 것은?

	A	B	C
1	차량번호	주소	운행일
2	12가1285	마포구	홀수운행
3	34나8546	은평구	짝수운행
4	56다8851	관악구	홀수운행
5	78라4858	서초구	짝수운행
6			

① =IF(MODE.SNGL(RIGHT(A2, 1), 2)=0, "짝수운행", "홀수운행")
② =IF(MOD(RIGHT(A2, 1), 2)=0, "짝수운행", "홀수운행")
③ =IF(MOD(RIGHT(A2, 1), 2)=1, "짝수운행", "홀수운행")
④ =CHOOSE(MOD(RIGHT(A2, 1), 2), "짝수운행", "홀수운행")

❶ RIGHT(A2, 1) : [A2] 셀의 오른쪽에서부터 1 글자를 추출합니다.
❷ MOD(❶, 2) : ❶을 2로 나눈 후 나머지를 반환합니다.
❸ =IF(❷=0, "짝수운행", "홀수운행") : ❷가 0이면 "짝수운행"을, 그 외에는 "홀수운행"을 반환합니다.

▶ 정답 : 4. ② 5. ④ 6. ②

SECTION 088 찾기/참조 함수

1 찾기/참조 함수1

25.5, 25.2, 25.1, 24.4, 24.2, 23.1, 22.3, 22.1, 21.4, 21.3, 21.2, 20.상시, 20.2, 20.1, 18.상시, 18.1, 17.1, 16.1, 15.3, 15.2, 15.1, …

25.5, 25.2, 24.4, 24.2, 23.1, 22.3, 22.1, 21.4, 21.2, … **VLOOKUP(찾을값, 범위, 열 번호, 옵션)**	범위의 첫 번째 열에서 옵션에 맞게 찾을값과 같은 데이터를 찾은 후 찾을값이 있는 행에서 지정된 열 번호 위치에 있는 값을 반환한다. 예 =VLOOKUP(A1, B2:C3, 2, FALSE) : [B2:C3] 영역의 첫 번째 열에서 [A1] 셀의 값과 정확히 일치하는 값을 찾고, 찾은 값이 있는 행에서 열 번호로 지정된 두 번째 열의 값을 반환한다.
25.1, 21.3, 21.2, 18.상시, 13.1, 11.1, 10.2, 07.2, 06.4, … **HLOOKUP(찾을값, 범위, 행 번호, 옵션)**	범위의 첫 번째 행에서 옵션에 맞게 찾을값과 같은 데이터를 찾은 후 찾을값이 있는 열에서 지정된 행 번호에 있는 값을 반환한다. 예 =HLOOKUP(A1, B2:C3, 2, FALSE) : [B2:C3] 영역의 첫 번째 행에서 [A1] 셀의 값과 정확히 일치하는 값을 찾고, 찾은 값이 있는 열에서 두 번째 행의 값을 반환한다.

20.2, 18.상시, 15.2, 15.1, 14.3, 14.2, 13.3, 11.3, 11.1, 10.2, 09.2, 08.4, 06.2, 05.3, 05.1, 04.2, …

잠깐만요 VLOOKUP과 HLOOKUP 옵션

- **TRUE 또는 생략** : 기준값보다 크지 않은 값 중에서 가장 근접한 값을 찾습니다. TRUE 옵션을 사용할 경우 첫 번째 행(HLOOKUP)이나 열(VLOOKUP)은 반드시 오름차순으로 정렬되어 있어야 합니다.
- **FALSE** : 기준값과 정확히 일치하는 값을 찾습니다.

예제 1 다음 표를 보고 함수식의 결과값을 구하시오.

	A	B	C	D
1		10	20	30
2	가	10원	50원	90원
3	다	20원	60원	100원
4	마	30원	70원	110원
5	아	40원	80원	120원

수식	결과값	설명
=HLOOKUP(15, B1:D5, 2)	10원	옵션을 지정하지 않으면 TRUE를 지정한 것과 같다. [B1:D5] 범위 중 첫 번째 행에서 15를 넘지 않으면서 15와 가장 근접한 값을 찾은 후 해당 열(B)에서 지정된 행 번호(2행)에 있는 값 '10원'이 반환된다.
=HLOOKUP(29, B1:D5, 4, TRUE)	70원	옵션으로 'TRUE'가 지정되었으므로 [B1:D5] 범위 중 첫 번째 행에서 29를 넘지 않으면서 29에 가장 근접한 값을 찾은 후 해당 열(C)에서 지정된 행 번호(4)에 있는 값 '70원'이 반환된다.
=HLOOKUP(29, B1:D5, 4, FALSE)	#N/A	옵션으로 'FALSE'가 지정되었으므로 [B1:D5] 범위 중 첫 번째 행에서 29와 정확히 일치하는 값을 찾아야 하는데 해당 값이 없어 #N/A 오류가 발생된다.

전문가의 조언

중요해요! 함수식에 대한 결과값을 묻는 문제와 특정 문제를 풀기 위한 함수식을 묻는 문제가 출제됩니다. 모든 함수에 대해 예제의 실습을 통해 각 함수의 기능을 정확히 파악하세요.

준비하세요!

'길벗컴활2급필기\2과목.xlsm' 파일을 불러와 '섹션88-1' 시트에서 실습하세요.

HLOOKUP의 수행 순서

① 범위의 첫 번째 행에서 15보다 크지 않으면서 15와 가장 근접한 값을 찾습니다(옵션 : TRUE).

	A	B	C	D
1		10	20	30
2	가	10원	50원	90원
3	다	20원	60원	100원
4	마	30원	70원	110원
5	아	40원	80원	120원

② 10을 찾았으므로, 10이 포함된 열에서 행 번호로 지정된 2행의 값을 읽습니다.

	A	B	C	D
1		10	20	30
2	가	10원	50원	90원
3	다	20원	60원	100원
4	마	30원	70원	110원
5	아	40원	80원	120원

=VLOOKUP("다", A2:D5, 3, FALSE)	60원	옵션으로 'FALSE'가 지정되었으므로 [A2:D5] 범위 중 첫 번째 열에서 '다'와 정확히 일치하는 값을 찾은 후 해당 행(3행)에서 지정된 열 번호(3)에 있는 값 '60원'이 반환된다.
=VLOOKUP("나", A2:D5, 4, TRUE)	90원	옵션으로 'TRUE'가 지정되어 있으므로 [A2:D5] 범위 중 첫 번째 열에서 '나'보다 크지 않으면서 가장 근접한 값을 찾은 후 해당 행(2행)에서 지정된 열 번호(4)에 있는 값 '90원'이 입력된다

궁금해요 시나공 Q&A 베스트

Q '=VLOOKUP("나", A2:D5, 4, TRUE)'에서 "나"는 워크시트의 어디에 있나요?

A [A2:D5] 영역의 첫 번째 열에 "나"는 없지만 "가, 다, 마, 아"가 오름차순으로 정렬되어 있고, 옵션이 TRUE이므로 "나"보다 크지 않은 값 중에서 "나"에 가장 근접한 값을 찾습니다. 즉 "가"가 있는 행의 4번째 열에 있는 90원이 입력됩니다.

준비하세요

'길벗컴활2급필기\2과목.xlsm' 파일을 불러와 '색션88-2' 시트에서 실습하세요.

예제 2 다음 표의 참여횟수표(B11:D12)를 참조하여 참여도(D4:D9)를 구하는 함수와 코드표(G4:H9)를 참조해 구입상품(E4:E9)을 구하는 함수를 입력하시오(HLOOKUP, VLOOKUP 이용).

	A	B	C	D	E	F	G	H
1			길벗 백화점 VIP 관리					
2								
3	성명	코드	참여횟수	참여도	구입상품		코드	상품분류
4	박성재	A-100	9	적극적	의류		A-100	의류
5	김아랑	A-200	8	보통	가전제품		C-100	의류
6	최정재	B-100	6	보통	주방소품		B-100	주방소품
7	한성구	B-200	4	소극적	가전제품		C-200	주방소품
8	정효주	C-100	5	보통	의류		B-200	가전제품
9	김정렬	C-200	6	보통	주방소품		A-200	가전제품
10								
11	참여횟수	0	5	9				
12	참여도	소극적	보통	적극적				

❶ 참여도(D4) : =HLOOKUP(C4, $B$11:$D$12, 2) → 적극적

❷ 구입상품(E4) : =VLOOKUP(B4, $G$4:$H$9, 2, FALSE) → 의류

궁금해요 시나공 Q&A 베스트

Q 참여도(D4) '=HLOOKUP(C4, $B$11:$D$12, 2)'와 구입상품(E4) '=VLOOKUP(B4, $G$4:$H$9, 2, FALSE)'에서 2는 왜 있는 거죠? 독학으로 공부하고 있는데 합격할 수 있을지 걱정되네요ㅠㅠ

A 2는 찾고자 하는 범위에서 찾는 값이 있는 행 번호나 열 번호입니다.
- =HLOOKUP(C4, $B$11:$D$12, 2) : [B11:D12] 영역은 2행 3열로 되어 있으며 찾는 값인 '참여도'는 두 번째 행에 있으므로 2를 지정한 것입니다.
- =VLOOKUP(B4, $G$4:$H$9, 2, FALSE) : [G4:H9] 영역은 6행 2열로 되어 있으며 찾는 값인 '상품분류'는 두 번째 열에 있으므로 2를 지정한 것입니다.

② 찾기/참조 함수2

25.4, 25.3, 24.5, 24.4, 24.3, 24.2, 24.1, 23.4, 23.3, 23.2, 23.1, 21.3, 20.상시, 20.2, 19.2, 18.상시, 18.2, 18.1, 17.1, 16.1, …

3310202

함수	설명
25.4, 25.3, 24.5, 24.2, 24.1, 23.3, 21.3, **CHOOSE(인수, 첫 번째, 두 번째, …)**	인수가 1이면 1번째, 인수가 2이면 2번째, … 인수가 n이면 n번째를 반환한다. 예 =CHOOSE(1, "A", "B", "C") : 첫 번째 "A"를 반환한다.
24.4, 23.1, 21.3, 20.상시, 20.2, 19.2, … **INDEX(범위, 행 번호, 열 번호)**	지정된 범위에서 행 번호와 열 번호의 위치에 있는 데이터 반환한다. 예 =INDEX(A1:C10, 2, 3) : [A1:C10] 영역에서 2행 3열에 있는 [C2] 셀의 데이터를 반환한다.

24.4, 20.2
**MATCH
(찾을값, 범위, 옵션)**
	• 범위에서 찾을값과 같은 데이터를 찾아 옵션을 적용하여 그 위치를 일련번호로 반환한다.
	• 옵션
	  - -1 : 찾을값보다 크거나 같은 값 중 가장 작은 값(내림차순 정렬)
	  - 0 : 찾을값과 정확하게 일치하는 값
	  - 1 : 찾을값보다 작거나 같은 값 중에서 가장 큰 값(오름차순 정렬)
	예 =MATCH(B1, A1:A10, 1) : [A1:A10] 영역에서 [B1] 셀의 값보다 작거나 같은 값 중에서 가장 큰 값을 찾아 그 위치를 일련번호로 반환한다.

24.2, 23.4, 23.2, 18.2 **COLUMN(셀)**	주어진 셀의 열 번호를 반환한다. 예 =COLUMN(B10) : [B10] 셀의 열 번호인 2를 반환한다.
23.2 **COLUMNS(셀 범위)**	주어진 셀 범위의 열 개수를 반환한다. 예 =COLUMNS(A1:C4) : [A1:C4] 영역의 열 개수 3을 반환한다.

24.3, 23.4, 23.2 ROW(셀)	주어진 셀의 행 번호를 반환한다. 예 =ROW(A1) : [A1] 셀의 행 번호인 1을 반환한다.
23.2, 09.4 ROWS(셀 범위)	주어진 셀 범위의 행 개수를 반환한다. 예 =ROWS(A1:C4) : [A1:C4] 영역의 행 개수 4를 반환한다.

예제 3 다음 표를 보고 함수식의 결과값을 구하시오.

	A	B
1	판매량	할인율
2	1	0%
3	30	3%
4	50	5%
5	100	10%

> **준비하세요!**
> '길벗컴활2급필기\2과목.xlsm' 파일을 불러와 '섹션88-3' 시트에서 실습하세요.

수식	결과값	설명
=INDEX(A1:B5, 3, 2)	3%	[A1:B5] 범위에서 지정된 행 번호(3)와 열 번호(2)에 위치한(B3) 데이터 3%가 반환된다.
=MATCH(58, A2:A5, 1)	3	옵션으로 1이 지정되었으므로, 오름차순으로 정렬되어 있는 [A2:A5] 범위에서 58보다 크지 않으면서 가장 근접한 값 50을 찾아 그 위치의 일련번호 3이 반환된다.
=MATCH(58, A2:A5, -1)	#N/A	옵션으로 -1이 지정되었으므로, 범위가 내림차순으로 정렬되어 있어야 하나 해당 범위가 오름차순으로 정렬되어 있으므로 #N/A 오류가 발생된다.
=MATCH(58, A2:A5, 0)	#N/A	옵션으로 0이 지정되었으므로, 범위에서 58과 동일한 값을 찾아 그 위치의 일련번호를 표시해야 하나, 동일한 값을 찾을 수 없으므로 #N/A 오류가 발생된다.

예제 4 다음 [표1]을 참조하여 [표2]의 제품명(B11:B18)과 단가(D11:D18)를 계산하는 수식을 완성하시오(INDEX, MATCH 이용).

> **준비하세요!**
> '길벗컴활2급필기\2과목.xlsm' 파일을 불러와 '섹션88-4' 시트에서 실습하세요.

	A	B	C	D	E
1	[표1]				
2	제품코드	제품명	0	30	50
3			29	49	
4	1	스피커	16,000	17,300	18,700
5	2	모뎀	48,000	51,800	55,900
6	3	디스켓	45,000	48,600	52,500
7	4	토너	12,300	13,300	14,400
8	5	스캐너	8,000	8,600	9,300
9	[표2]	❶		❷	
10	제품코드	제품명	수량	단가	매출금액
11	3	디스켓	18	45,000	810,000
12	4	토너	30	13,300	369,000
13	5	스캐너	60	9,300	480,000
14	2	모뎀	21	48,000	1,008,000
15	5	스캐너	50	9,300	400,000
16	4	토너	24	12,300	295,200
17	3	디스켓	6	45,000	270,000
18	2	모뎀	15	48,000	720,000

❶ 제품명(B11) : =INDEX($A$4:$E$8, MATCH(A11, $A$4:$A$8, 0), 2) → 디스켓

❷ 단가(D11) : =INDEX($C$4:$E$8, MATCH(A11, $A$4:$A$8, 0), MATCH(C11, $C$2:$E$2, 1)) → 45,000

> **잠깐만요** 수식의 이해
>
> =INDEX($C$4:$E$8, MATCH(A11, $A$4:$A$8, 0), MATCH(C11, $C$2:$E$2, 1))
>   ❶   ❷
>   ❸
>
> ❶ **MATCH(A11, $A$4:$A$8, 0)** : [A4:A8] 영역에서 [A11] 셀, 즉 3과 동일한 값을 찾은 후 그 위치의 일련 번호인 3을 반환합니다.
>   – MATCH(찾을값, 범위, 옵션) 함수에서 옵션을 0으로 지정하면 찾을값과 정확히 일치하는 값을 찾습니다.
>   – 여러 셀에 결과를 구해야 하므로 범위는 절대 참조로 지정해야 합니다.
> ❷ **MATCH(C11, $C$2:$E$2, 1)** : [C2:E2] 영역에서 [C11] 셀, 즉 18보다 작거나 같은 값 중에서 가장 근접한 값(0)을 찾은 후 그 위치의 일련번호인 1을 반환합니다.
> ❸ **=INDEX($C$4:$E$8, 3, 1)** : [C4:E8] 영역에서 3행 1열, 즉 [C5] 셀의 값인 45,000을 반환합니다.

기출문제 따라잡기

22년 3회, 1회, 20년 1회, 19년 상시, 18년 1회, 17년 1회, 15년 2회, 14년 3회, 14년 2회, 13년 3회 ,11년 3회, …

1. 아래 워크시트에서 [B2:D6] 영역을 참조하여 [C8] 셀에 표시된 바코드에 대한 단가를 [C9] 셀에 표시하였다. 다음 중 [C9] 셀의 수식으로 옳은 것은?

	A	B	C	D
1		바코드	상품명	단가
2		351	CD	1,000
3		352	칫솔	1,500
4		353	치약	2,500
5		354	종이쪽	800
6		355	케이스	1,100
7				
8		바코드	352	
9		단가	1,500	

① =VLOOKUP(C8, $B$2:$D$6, 3, 0)
② =HLOOKUP(C8, $B$2:$D$6, 3, 0)
③ =VLOOKUP($B$1:$D$6, C8, 3, 1)
④ =HLOOKUP($B$1:$D$6, C8, 3, 1)

> 바코드별 단가를 구하기 위해서는 범위의 첫 열에서 바코드를 찾은 후 해당 바코드에 대한 단가를 반환해야 하므로 데이터 범위의 첫 열에서 자료를 찾는 VLOOKUP 함수를 사용합니다. VLOOKUP은 VLOOKUP(찾을값, 범위, 열 번호, 옵션)과 같이 인수를 지정하므로 [C9] 셀에 입력될 수식은 '=VLOOKUP(C8, $B$2:$D$6, 3, 0)'입니다. 각각의 인수를 살펴보겠습니다.
> • 찾을값 : '바코드'가 있는 [C8] 셀을 입력합니다.
> • 범위 : [B2:D6]을 입력합니다. [C9] 셀 하나에만 값을 구하므로 데이터 범위를 절대 참조로 지정하지 않아도 되지만, 절대 참조로 지정해도 결과값은 동일합니다.
> • 열 번호 : '바코드'를 찾은 후 바코드에 대한 단가가 있는 열의 위치인 3을 입력합니다.
> • 옵션 : 바코드가 정확히 일치하는 값을 찾아야 하므로 'FALSE'나 0을 입력합니다.

24년 5회, 21년 3회, 16년 1회

2. [A1] 셀에 '851010-1234567'과 같이 주민등록번호가 입력되어 있을 때, 이 셀의 값을 이용하여 [B1] 셀에 성별을 '남' 또는 '여'로 표시하고자 한다. 다음 중 이를 위한 수식으로 옳은 것은? (단, 주민등록번호의 8번째 글자가 1이면 남자, 2이면 여자임)

① =CHOOSE(MID(A1, 8, 1), "남", "여")
② =HLOOKUP(A1, 8, B1)
③ =INDEX(A1, B1, 8)
④ =IF(RIGHT(A1,8)="1", "남", "여")

> ① ❶ MID(A1, 8, 1) : [A1] 셀의 8번째부터 한 글자인 1을 반환합니다.
>   ❷ =CHOOSE(1, "남", "여") : 인수가 1이므로 "남"을 반환합니다.
> ② =HLOOKUP(A1, 8, B1)
>   • HLOOKUP(기준값, 범위, 행 번호, 옵션) 함수는 두 번째 인수로 범위, 세 번째 인수로 행 번호를 지정해야 합니다.
>   • 인수를 잘못 지정하여 '#N/A' 오류가 표시됩니다.
> ③ =INDEX(A1, B1, 8)
>   • INDEX(범위, 행 번호, 열 번호) 함수는 지정된 범위에서 행 번호와 열 번호에 위치한 데이터를 입력합니다.
>   • 열 번호 8이 범위(A1)를 벗어나므로 '#REF!' 오류가 표시됩니다.
> ④ ❶ RIGHT(A1, 8) : [A1] 셀의 오른쪽에서부터 8번째까지의 문자인 "-1234567"을 반환합니다.
>   ❷ =IF("-1234567"="1", "남", "여") : 조건이 거짓이므로 "여"를 반환합니다.

기출문제 따라잡기

24년 4회, 20년 2회

3. 다음 중 환자번호[C2:C5]를 이용하여 성별[D2:D5]을 표시하기 위해 [D2] 셀에 입력할 수식으로 옳지 않은 것은? (단, 환자번호의 4번째 문자가 'M'이면 '남', 'F'이면 '여'임)

	A	B	C	D
1	번호	이름	환자번호	성별
2	1	박상훈	01-M0001	
3	2	서윤희	07-F1002	
4	3	김소민	02-F5111	
5	4	이진	03-M0224	
6				
7	코드	성별		
8	M	남		
9	F	여		

① =IF(MID(C2, 4, 1)="M", "남", "여")
② =INDEX($A$8:$B$9, MATCH(MID(C2, 4, 1), $A$8:$A$9, 0), 2)
③ =VLOOKUP(MID(C2, 4, 1), $A$8:$B$9, 2, FALSE)
④ =IFERROR(IF(SEARCH(C2, "M"), "남"), "여")

① ❶ MID(C2, 4, 1) : [C2] 셀의 4번째부터 한 글자인 "M"을 반환합니다.
  ❷ =IF("M"="M", "남", "여") : 조건이 참이므로 "남"을 반환합니다.
② ❶ MATCH(MID(C2, 4, 1), $A$8:$A$9, 0) : [A8:A9] 범위에서 "M"과 정확히 일치하는 값('옵션'이 0이므로)을 찾은 후 그 위치의 일련번호인 1을 반환합니다.
  ❷ =INDEX($A$8:$B$9, 1, 2) : [A8:B9] 범위에서 1행 2열에 있는 데이터인 "남"을 반환합니다.
③ =VLOOKUP(MID(C2, 4, 1), $A$8:$B$9, 2, FALSE) : [A8:B9] 영역의 첫 번째 열에서 "M"과 정확히 일치하는 값('옵션'이 FALSE이므로)을 찾은 후 "M"이 있는 행에서 2열에 있는 데이터인 "남"을 반환합니다.
④ =IFERROR(IF(SEARCH(C2, "M"), "남"), "여") : SEARCH 함수의 인수를 잘못 지정하였기 때문에 결과는 항상 "여"를 반환합니다. 수식을 옳게 수정하면 다음과 같습니다.
  =IFERROR(IF(SEARCH("M", C2), "남"), "여")
  ❶ SEARCH("M", C2) : [C2] 셀에서 "M"을 찾아 위치인 4를 반환합니다. 시작 위치를 생략하면 처음부터 찾습니다.
  ❷ IF(4, "남") : 컴퓨터는 수치를 논리값으로 표현할 때 0이 아닌 값은 모두 'TRUE', 0은 'FALSE'로 인식하므로 "남"을 반환합니다.
  ❸ =IFERROR("남", "여") : "남"이 오류가 아니므로 "남"을 반환합니다.

24년 5회, 23년 1회, 21년 4회, 16년 3회

4. 다음 중 아래의 워크시트를 참조하여 작성한 수식 '=VLOOKUP(LARGE(A2:A9, 4), A2:F9, 5, 0)'의 결과로 옳은 것은?

	A	B	C	D	E	F
1	번호	이름	국어	영어	수학	합계
2	1	이대한	90	88	77	255
3	2	한민국	50	60	80	190
4	3	이효리	10	50	90	150
5	4	김애리	88	74	95	257
6	5	한공주	78	80	88	246
7	6	박초아	33	45	35	113
8	7	박예원	84	57	96	237
9	8	김윤이	64	90	68	222

① 90 ② 95 ③ 88 ④ 74

❶ LARGE(A2:A9, 4) : [A2:A9] 영역에서 네 번째로 큰 값인 5를 반환합니다.
❷ =VLOOKUP(5, A2:F9, 5, 0) : 5와 정확히 일치하는 값을 [A2:F9] 영역의 첫 번째 열에서 찾은 후 찾은 값이 있는 행(6행)의 다섯 번째 열에 있는 값인 88을 반환합니다.

24년 2회

5. 다음 워크시트의 [D6] 셀에 작성한 수식 '=SUM(D2:CHOOSE(2, D3, D4, D5))'의 결과는?

	A	B	C	D
1	구분	남	여	합계
2	1반	23	22	45
3	2반	12	18	30
4	3반	8	7	15
5	4반	9	16	25
6				
7				

① 45 ② 15 ③ 90 ④ 115

❶ CHOOSE(2, D3, D4, D5) : 두 번째에 있는 D4를 반환합니다.
❷ =SUM(D2:D4) : [D2:D4] 영역의 합계인 90을 반환합니다.

25년 3회

6. 아래 워크시트에서 날짜의 요일에 따라 할인율을 일~월은 7%, 화~목은 20%, 금~토는 0%로 적용하려고 한다. 다음 중 [C2] 셀에 입력한 후 채우기 핸들로 [C7] 셀까지 복사한 경우 결과가 다른 수식은?

	A	B	C
1	날짜	여행지	할인율
2	2025-03-08(토)	태국	0%
3	2025-03-09(일)	베트남	7%
4	2025-03-10(월)	괌	7%
5	2025-03-11(화)	사이판	20%
6	2025-03-12(수)	북유럽	20%
7	2025-03-13(목)	미국	20%
8			

① =CHOOSE(WEEKDAY(A2), 7%, 7%, 20%, 20%, 20%, 0%, 0%)

② =CHOOSE(WEEKDAY(A2, 1), 7%, 7%, 20%, 20%, 20%, 0%, 0%)

③ =CHOOSE(WEEKDAY(A2, 2), 7%, 20%, 20%, 20%, 0%, 0%, 7%,)

④ =CHOOSE(WEEKDAY(A2, 3), 7%, 20%, 20%, 20%, 0%, 0%, 7%)

• ④번 수식은 WEEKDAY 함수의 '옵션'을 3으로 지정했기 때문에 0~6이 반환됩니다. WEEKDAY 함수의 반환값이 CHOOSE 함수의 '인수'로 사용되는데 0은 사용할 수 없으므로 오류가 발생합니다.
• 결과를 올바로 표시하려면 다음과 같이 '인수'에 1을 더해야 합니다.
  =CHOOSE(WEEKDAY(A2, 3)+1, 7%, 20%, 20%, 20%, 0%, 0%, 7%)

▶ 정답 : 1. ① 2. ① 3. ④ 4. ③ 5. ③ 6. ④

SECTION 089 데이터베이스 함수

전문가의 조언

중요해요! 함수식에 대한 결과값을 묻는 문제와 특정 문제를 풀기 위한 함수식을 묻는 문제가 출제됩니다. 예제의 실습을 통해 각 함수의 기능을 정확하게 숙지하세요.

준비하세요

'길벗컴활2급필기\2과목.xlsm' 파일을 불러와 '섹션89' 시트에서 실습하세요.

궁금해요 시나공 Q&A 베스트

Q1 'A지역 득표가 200 미만인 사람들의 합'을 구할 때, DSUM 대신 SUMIF 함수를 써도 되나요? 실습해보니 결과가 같던데 차이점을 모르겠어요 ㅠㅠ

A1 SUMIF 함수를 사용해도 됩니다. 여기서는 데이터베이스 함수의 사용 예를 보여주기 위해 DSUM 함수를 사용한 것입니다.

Q2 B지역 득표가 250 이상인 사람들의 평균을 '=DAVERAGE(B3:D7, 2, F4:F5)'로 계산하면 왜 안 되죠?

A2 DAVERAGE(범위, 열 번호, 조건) 함수에서 '범위'의 첫 번째 행에는 반드시 필드명이 있어야 합니다. 2행에 필드명이 있으므로 반드시 '=DAVERAGE(B2:D7, 2, F4:F5)'와 같이 작성해야 합니다.

1 데이터베이스 함수

25.5, 25.3, 24.2, 23.3, 23.2, 21.2, 21.1, 20.2, 19.1, 18.1, 16.3, 15.3, 15.2, 14.3, 13.3, 13.1, 12.2, 12.1, 11.3, 11.2, 10.3, …

함수	설명
25.3, 19.1, 12.2, 11.3, 11.2, 10.3, 09.2, 08.3, … **DSUM**(데이터 범위, 필드 번호, 조건)	해당 데이터 범위에서 조건에 맞는 자료를 대상으로 지정된 필드 번호에서 합계값을 반환한다. 예 =DSUM(A1:C10, 3, B2:B3) : [A1:C10] 영역에서 [B2:B3] 영역의 조건에 맞는 값들을 3열에서 찾은 후 그 값들의 합계값을 반환한다.
25.5, 24.2, 23.2, 21.2, 21.1, 20.2, 18.1, 16.3, … **DAVERAGE**(데이터 범위, 필드 번호, 조건)	해당 데이터 범위에서 조건에 맞는 자료를 대상으로 지정된 필드 번호에서 평균값을 반환한다. 예 =DAVERAGE(A1:C10, 3, B2:B3) : [A1:C10] 영역에서 [B2:B3] 영역의 조건에 맞는 값들을 3열에서 찾은 후 그 값들의 평균값을 반환한다.
23.3, 15.2, 14.3, 13.1, 12.1, 00.3, 00.2 **DCOUNT**(데이터 범위, 필드 번호, 조건)	해당 데이터 범위에서 조건에 맞는 자료를 대상으로 지정된 필드 번호에서 숫자가 있는 셀의 개수를 반환한다. 예 =DCOUNT(A1:C10, 3, B2:B3) : [A1:C10] 영역에서 [B2:B3] 영역의 조건에 맞는 값들을 3열에서 찾은 후 그 중 숫자의 개수를 반환한다.
23.3, 15.2, 13.1 **DCOUNTA**(데이터 범위, 필드 번호, 조건)	해당 데이터 범위에서 조건에 맞는 자료를 대상으로 지정된 필드 번호에서 자료가 있는 셀의 개수를 반환한다. 예 =DCOUNTA(A1:C10, 3, B2:B3) : [A1:C10] 영역에서 [B2:B3] 영역의 조건에 맞는 값들을 3열에서 찾은 후 그 개수를 반환한다.
05.1, 04.2, 00.2 **DMAX**(데이터 범위, 필드 번호, 조건)	해당 데이터 범위에서 조건에 맞는 자료를 대상으로 지정된 필드 번호에서 가장 큰 값을 반환한다. 예 =DMAX(A1:C10, 3, B2:B3) : [A1:C10] 영역에서 [B2:B3] 영역의 조건에 맞는 값들을 3열에서 찾은 후 그 값들 중 가장 큰 값을 반환한다.
00.2 **DMIN**(데이터 범위, 필드 번호, 조건)	해당 데이터 범위에서 조건에 맞는 자료를 대상으로 지정된 필드 번호에서 가장 작은 값을 반환한다. 예 =DMIN(A1:C10, 3, B2:B3) : [A1:C10] 영역에서 [B2:B3] 영역의 조건에 맞는 값들을 3열에서 찾은 후 그 값들 중 가장 작은 값을 반환한다.

예제 다음 표에 표시된 부분의 값을 함수를 이용하여 계산하시오.

	A	B	C	D	E	F
1	지역별 득표수					
2	이름	A지역	B지역	C지역		A지역
3	홍성곤	246	258	152		<200
4	우청송	144	213	57		B지역
5	최정호	92	274	269		>=250
6	강구숙	112	88	105		C지역
7	임곤준	244	140	297		<=100
8	❶ A지역 득표가 200 미만인 사람들의 합			348		
9	❷ B지역 득표가 250 이상인 사람들의 평균			266		
10	❸ C지역 득표가 100 이하인 사람들의 수			1		
11	❹ A지역 득표가 200 미만인 사람 중 최대 득표수			144		
12	❺ B지역 득표가 250 이상인 사람 중 최소 득표수			258		

❶ **A지역 득표가 200 미만인 사람들의 합** : =DSUM(A2:D7, 2, F2:F3) → 348

❷ B지역 득표가 250 이상인 사람들의 평균 : =DAVERAGE(A2:D7, 3, F4:F5) → 266
❸ C지역 득표가 100 이하인 사람의 수 : =DCOUNT(A2:D7, 4, F6:F7) → 1
❹ A지역 득표가 200 미만인 사람 중 최대 득표 수 : =DMAX(A2:D7, 2, F2:F3) → 144
❺ B지역 득표가 250 이상인 사람 중 최소 득표 수 : =DMIN(A2:D7, 3, F4:F5) → 258

기출문제 따라잡기

21년 1회, 20년 2회, 16년 3회

1. 다음 중 [D9] 셀에서 사과나무의 평균 수확량을 구하고자 하는 경우 나머지 셋과 다른 결과를 표시하는 수식은?

	A	B	C	D	E	F
1	나무번호	종류	높이	나이	수확량	수익
2	001	사과	18	20	18	105000
3	002	배	12	12	10	95000
4	003	체리	13	14	9	105000
5	004	사과	14	15	10	75000
6	005	배	9	8	8	77000
7	006	사과	8	9	10	45000
8						
9	사과나무의 평균 수확량					

① =INT(DAVERAGE(A1:F7, 5, B1:B2))
② =TRUNC(DAVERAGE(A1:F7, 5, B1:B2))
③ =ROUND(DAVERAGE(A1:F7, 5, B1:B2), 0)
④ =ROUNDDOWN(DAVERAGE(A1:F7, 5, B1:B2), 0)

① ❶ DAVERAGE(A1:F7, 5, B1:B2) : [A1:F7] 영역에서 종류가 "사과"인 데이터의 수확량 평균인 12.666을 반환합니다.
　❷ =INT(12.666) : 12.666보다 크지 않은 정수인 12를 반환합니다.
② =TRUNC(DAVERAGE(A1:F7, 5, B1:B2)) : 12.666에서 정수 부분인 12를 반환합니다.
③ =ROUND(DAVERAGE(A1:F7, 5, B1:B2), 0) : 12.666을 정수(0)로 올림한 13을 반환합니다.
④ =ROUNDDOWN(DAVERAGE(A1:F7, 5, B1:B2), 0) : 12.666을 정수(0)로 내림한 12를 반환합니다.

21년 2회, 19년 1회

2. 다음 중 아래 워크시트에서 '부산' 대리점의 판매수량의 합계를 [D11] 셀에 구하기 위한 수식으로 옳지 않은 것은?

	A	B	C	D
1	대리점	단가	공급단가	판매수량
2	부산	500	450	120
3	인천	500	420	150
4	부산	500	450	170
5	서울	500	410	250
6	광주	500	440	300
7	인천	500	420	260
8	광주	500	440	310
9	부산	500	450	290
10				
11	부산 판매수량 합계			

① =SUM(D2, D4, D9)
② =SUMIF(A2:A9, "부산", D2:D9)
③ =DSUM(A1:D9, D1, A2)
④ =SUMIF(A2:D9, A2, D2:D9)

DSUM(범위, 열 번호, 조건) 함수에서 조건을 지정할 때는 반드시 열 이름표를 함께 입력해야 하므로 ③번 수식은 =DSUM(A1:D9, D1, A1:A2)로 작성해야 합니다.
① =SUM(D2, D4, D9) : [D2], [D4], [D9] 셀의 합계를 반환합니다.
② =SUMIF(A2:A9, "부산", D2:D9) : [A2:A9] 영역에서 '부산'을 찾은 후 [D2:D9] 영역에서 같은 행에 있는 값의 합계를 반환합니다.
③ =DSUM(A1:D9, D1, A1:A2) : [A1:D9] 영역에서 대리점이 '부산'인 데이터의 판매수량(D1) 합계를 반환합니다.
④ =SUMIF(A2:D9, A2, D2:D9) : [A2:A9] 영역에서 [A2] 셀(부산)을 찾은 후 [D2:D9] 영역에서 같은 행에 있는 값의 합계를 반환합니다.

23년 3회

3. 아래 워크시트에서 '소속'이 "영업1부"이고 '성별'이 "남자"인 직원들의 수를 구하고자 할 때 [C11] 셀에 입력할 수식으로 옳은 것은?

	A	B	C
1			
2	성명	소속	성별
3	이봉안	영업1부	남자
4	최복선	영업2부	여자
5	김지복	영업3부	남자
6	김창희	영업1부	남자
7	김귀완	영업2부	남자
8	지옥선	영업3부	여자
9	송명사	영업1부	여자
10	김태영	영업2부	여자
11		영업1부	남자수

① =DCOUNT(A2:C10, A2, B2:C3)
② =DCOUNTA(A2:C10, A2, B2:C3)
③ =COUNTIF(A2:C10, A2, B2:C3)
④ =COUNTFIS(A2:C10, A2, B2:C3)

문제의 조건은 2개이고, 숫자가 아닌 자료의 개수를 구해야 하므로 DCOUNTA 또는 COUNTIFS 함수를 사용해야 하는데, ④번은 COUNTIFS(조건1이 적용될 범위, 조건1, 조건2가 적용될 범위, 조건2, …) 함수의 인수가 잘못 지정되어 오류가 표시됩니다.

▶ 정답 : 1. ③ 2. ③ 3. ②

2장 핵심요약

080 오류 메시지

❶ #DIV/0! 25.2, 24.4, 23.5, 21.3, 18.2
- 피제수가 빈 셀이나 0이 있는 셀을 참조할 때 나타난다.
- 피연산자가 빈 셀이면 0으로 간주된다.

❷ #NAME? 25.2, 24.4, 23.5, 22.3, 21.4, 21.3, 21.1, 20.상시, 18.2, 18.1, 17.2, 16.2, 15.2, 15.1, 14.3, …
인식할 수 없는 혹은 틀린 글자를 수식에 사용했을 때 나타난다.

❸ #REF! 25.2, 24.4, 23.5, 21.3, 20.상시, 18.2, 18.1, 17.2, 16.2, 15.2, 15.1, 14.3, 14.1, 13.2, 13.1, 11.2
셀 참조가 유효하지 않을 때 나타난다.

❹ #VALUE! 25.2, 24.4, 24.2, 23.5, 23.2, 21.3, 21.1, 20.상시, 18.2, 18.1, 17.2, 16.2, 15.2, 15.1, 14.3, …
잘못된 인수나 피연산자를 사용하거나 수식 자동 고침 기능으로 수식을 고칠 수 없을 때 나타난다.

081 셀 참조 / 이름 정의

❶ 상대 참조 24.5, .24.3, 24.1, 23.3, 23.1, 22.4, 15.3, 11.2, 10.2
- 셀 참조 시 기본적으로 지정되는 방식이다.
- 수식을 입력한 셀의 위치가 변동되면 참조가 상대적으로 변경된다.
- 표기 방법 : A1

❷ 절대 참조 24.3, 23.4, 23.3, 22.1, 21.2, 20.2, 16.2, 14.1
- 수식을 입력한 셀의 위치와 관계없이 고정된 주소로, 참조가 변경되지 않는다.
- 열 문자와 행 번호 앞에 '$'를 붙여 절대 참조로 지정한다.
- 표기 방법 : $A$1

❸ 혼합 참조 25.3, 25.2, 25.1, 24.5, 24.3, 24.1, 23.5, 23.3, 22.4, 22.1, 21.4, 20.2, 16.2, 14.1, 12.3, 11.2
- 상대 참조와 절대 참조를 혼합하여 사용한다.

- 열 고정 혼합 참조 : 열만 절대 참조가 적용된다($A1).
- 행 고정 혼합 참조 : 행만 절대 참조가 적용된다(A$1).

❹ 다른 워크시트의 셀 참조 21.4, 20.상시, 18.상시, 16.2, 15.3, 14.1, 10.2
- 다른 워크시트에 있는 셀의 데이터를 참조할 경우 시트 이름과 셀 주소를 느낌표(!)로 구분한다.
- 워크시트 이름에 한글, 영어 외의 다른 문자가 있을 경우 작은따옴표(' ')로 묶는다.

❺ 다른 통합 문서의 셀 참조 23.4, 21.4, 21.2, 13.1
- 다른 통합 문서에 있는 셀의 데이터를 참조할 경우 통합 문서의 이름을 대괄호([ ])로 묶어준다.
- 경로명을 포함한 통합문서 이름과 시트명은 작은따옴표(' ')로 묶어 준다.

❻ 이름 정의 24.5, 23.4, 23.3, 22.4, 21.3, 21.2, 19.2, 19.1, 17.2, 16.3, 16.2, 15.3, 15.1, 14.1, 13.3, 12.1
- 자주 사용하는 셀이나 셀 범위에 이름을 지정하는 것으로, 수식이나 함수에서 주소 대신 이름을 참조하여 사용한다.
- 정의된 이름은 참조 시 절대 참조 방식으로 사용된다.
- 첫 문자는 반드시 문자(영문, 한글)나 밑줄(_) 또는 역슬래시(\)로 시작해야 한다.
- 이름에 공백은 포함할 수 없고, 대·소문자는 구분하지 않으며 최대 255자까지 지정할 수 있다.
- 수식에 이미 입력된 셀 참조(주소)를 이름으로 정의할 수 있다.
- 셀 주소 형식으로는 이름을 지정할 수 없다.
- 한 통합 문서 안에서는 동일한 이름을 지정할 수 없다.

> **문제1** "2022년 매출 통계" 파일의 "1분기" 시트 [B3] 셀을 참조하는 셀 주소를 쓰시오.
>
> 답 :
>
> **해설**
> 다른 통합 문서(파일)에 있는 셀의 데이터를 참조할 경우 통합 문서 이름은 대괄호([ ])로, 통합 문서 이름과 시트명은 작은따옴표(' ')로 묶어주고, 시트 이름과 셀 주소는 느낌표(!)로 구분합니다.

082 함수 기본

❶ 함수의 정의 15.3, 11.1

- 약속된 값으로 정의된 인수를 사용하여 계산하는, 프로그램에 이미 정의된 수식을 말한다.
- 함수는 수식과 같이 등호(=), +, -로 시작해야 한다.
- 함수는 함수 이름, 왼쪽 괄호, 쉼표(,)로 구분된 함수의 인수, 오른쪽 괄호로 구성된다.

❸ 기타 25.5, 25.4, 25.2, 24.5, 24.4, 24.1, 23.3, 23.2, 23.1, 22.2, 22.1, 21.4, 16.3, 15.3, 15.1, 14.1, 13.3, …

- RANK.EQ(인수, 범위, 옵션)
  - 지정된 범위 안에서 인수의 순위를 반환하는데, 동일한 값들은 동일하지 않을 경우 나올 수 있는 순위들 중 가장 높은 순위를 동일하게 반환한다.
  - 옵션 : 0 또는 생략 - 내림차순, 0 이외의 값 - 오름차순
- LARGE(범위, n번째) : 범위 중 n번째로 큰 값을 반환함
- SMALL(범위, n번째) : 범위 중 n번째로 작은 값을 반환함

문제 2 다음 수식의 결과를 쓰시오.

	A
1	2
2	35A
3	
4	68
5	34

① =COUNT(A1:A5) → (   )
② =COUNTA(A1:A5) → (   )
③ =COUNTBLANK(A1:A5) → (   )
④ =COUNTIF(A1:A5, "<50") → (   )

해설
① [A1:A5] 영역에서 숫자가 있는 셀의 개수인 3을 반환합니다.
② [A1:A5] 영역에서 자료가 입력된 셀의 개수 4를 반환합니다.
③ [A1:A5] 영역에서 자료가 없는 셀의 개수인 1을 반환합니다.
④ [A1:A5] 영역에서 50보다 작은 값이 있는 셀의 개수인 2를 반환합니다.

083 통계 함수

❶ 평균 25.5, 25.2, 24.3, 24.2, 24.1, 23.2, 22.2, 21.4, 21.3, 21.2, 18.2, 16.1, 15.1, 14.2, 13.3, 13.2, 12.1, 10.2

- AVERAGE(인수1, 인수2, …) : 인수들의 평균을 반환함
- AVERAGEIF(조건이 적용될 범위, 조건, 평균을 구할 범위) : '조건이 적용될 범위'에서 '조건'에 맞는 셀을 찾아 '평균을 구할 범위' 중 같은 행에 있는 값들의 평균값을 반환함
- AVERAGEIFS(평균을 구할 범위, 조건1이 적용될 범위, 조건1, 조건2가 적용될 범위, 조건2, …) : 여러 개의 조건이 적용될 범위에서 여러 개의 조건에 맞는 셀을 찾아 '평균을 구할 범위' 중 같은 행에 있는 값들의 평균값을 반환함

❷ 개수 25.2, 25.1, 24.4, 24.3, 23.5, 23.3, 23.1, 22.4, 22.3, 22.2, 21.4, 21.3, 21.2, 20.상시, 20.2, 19.1, …

- COUNT(인수1, 인수2, …) : 인수들 중에서 숫자가 있는 셀의 개수를 반환함
- COUNTBLANK(범위) : 범위 중 자료가 없는 셀의 개수를 반환함
- COUNTIF(범위, 조건) : 지정된 범위에서 조건에 맞는 셀의 개수를 반환함
- COUNTIFS(조건1이 적용될 범위, 조건1, 조건2가 적용될 범위, 조건2, …) : 여러 개의 조건이 적용될 범위에서 여러 개의 조건에 맞는 셀을 찾아 개수를 반환함

문제 3 아래 그림은 '총점' 필드를 이용하여 [F2] 셀에 순위를 계산한 후 채우기 핸들을 [F4] 셀까지 드래그한 결과이다. [F2] 셀에 입력할 수식을 작성하시오. (단, 순위는 낮은 총점을 1위로 한다.)

	A	B	C	D	E	F
1	이름	1과목	2과목	3과목	합계	순위
2	이신호	85	75	88	248	2
3	최재균	80	82	78	240	1
4	이광일	95	88	92	275	3

답 :

정답 1. '[2022년 매출 통계]1분기'!B3 2. ① 3 ② 4 ③ 1 ④ 2 3. =RANK.EQ(E2, $E$2:$E$4, 1)

2장 핵심요약

해설
- 낮은 총점이 1위, 즉 총점을 기준으로 오름차순 순위를 구하려면 [F2] 셀에 =RANK.EQ(E2, $E$2:$E$4, 1)을 입력해야 합니다.
- [E2:E4] 영역은 비교 대상이므로 행 방향으로 채우기 핸들을 드래그하여도 변하지 않도록 [$E$2:$E$4] 또는 [E$2:E$4] 형태로 입력해야 합니다.

문제1 다음은 평균이 80점 이상이고 90점 미만인 학생의 수를 구하는 수식이다. 괄호(①, ②)에 들어갈 알맞은 비교 연산자를 쓰시오.

=COUNTIF(범위, "(①)80") − COUNTIF(범위, "(②)90")

답
- ①
- ②

해설
COUNTIF 함수를 이용하여 평균이 80점 이상이고 90점 미만인 학생의 수를 구하는 방법은 두 가지가 있습니다.
- 방법 1 : 평균이 80 이상인 학생의 수를 모두 구한 다음 거기서 평균이 90 이상인 학생의 수를 빼면 됩니다.
∴ =COUNTIF(범위, ">=80") − COUNTIF(범위, ">=90")
- 방법 2 : 평균이 90 미만인 학생의 수를 모두 구한 다음 거기서 평균이 80 미만인 학생의 수를 빼면 됩니다.
∴ =COUNTIF(범위, "<90") − COUNTIF(범위, "<80")

084 수학/삼각 함수

❶ 합계/반올림/올림/내림 24.2, 24.1, 23.1, 22.4, 22.1, 21.4, 21.3, 21.2, 21.1, 20.상시, …

- SUM(인수1, 인수2, …) : 인수들의 합계를 반환함
- SUMIF(조건이 적용될 범위, 조건, 합계를 구할 범위) : 조건에 맞는 셀을 찾아 합계를 반환함
- SUMIFS(합계를 구할 범위, 조건1이 적용될 범위, 조건1, 조건2가 적용될 범위, 조건2, …) : 여러 개의 조건이 적용될 범위에서 여러 개의 조건에 맞는 셀을 찾아 '합계를 구할 범위' 중 같은 행에 있는 값들의 합계값을 반환함
- ROUND(인수, 반올림 자릿수) : 인수에 대하여 지정한 '반올림 자릿수'로 반올림함
- ROUNDUP(인수, 올림 자릿수) : 인수에 대하여 지정한 '올림 자릿수'로 올림함
- ROUNDDOWN(인수, 내림 자릿수) : 인수에 대하여 지정한 '내림 자릿수'로 내림함

❷ 기타 25.4, 25.3, 24.3, 24.2, 23.5, 23.4, 22.4, 21.1, 20.상시, 20.2, 19.상시, 18.상시, 18.2, 16.3, 16.2, …

- INT(인수) : 인수보다 크지 않은 정수값을 반환함
- MOD(인수1, 인수2) : 인수1을 인수2로 나눈 나머지값을 반환함
- POWER(인수, 제곱값) : 인수를 '제곱값'만큼 거듭 곱한 값을 반환함
- TRUNC(인수, 자릿수) : 인수에 대해 자릿수 미만의 수치를 버린 값을 반환함

문제2 다음 주어진 함수식에 대한 결과를 쓰시오.
① =INT(4.87) → ( )
② =MOD(9, 2) → ( )
③ =TRUNC(5.7) → ( )
④ =POWER(2, 3) → ( )

해설
① 4.87보다 크지 않은 정수 4를 반환합니다.
② 9를 2로 나누기 한 후 나머지값 1을 반환합니다.
③ 자릿수가 생략되었으므로 소수 이하를 버린 값 5를 반환합니다.
④ 2를 3번 곱한 값 8을 반환합니다.

문제3 [B10] 셀에 [B3:D9] 영역의 평균을 계산하는 수식을 작성하시오. (단, AVERAGE, ROUNDUP 함수를 사용하여 백의 자리에서 올림하여 천의 자리까지만 표시할 것)

	B	C	D	E	F
1					
2	1사분기	2사분기	3사분기		
3	91000	91000	91000		
4	81000	82000	83000		
5	71000	72000	73000		
6	61000	62000	63000		
7	51000	52000	53000		
8	41000	42000	43000		
9	91000	91000	91000		
10					

답 :

해설
천의 자리까지 표시하려면, ROUNDUP 함수의 올림 자릿수를 −3으로 지정해야 합니다.

085 텍스트 함수

❶ 텍스트 함수
25.4, 24.5, 24.4, 24.1, 23.3, 22.4, 22.1, 21.4, 21.3, 21.1, 20.상시, 20.2, 20.1, …

- LEFT(텍스트, 개수) : 텍스트의 왼쪽부터 지정한 개수만큼 반환함
- MID(텍스트, 시작 위치, 개수) : 텍스트의 시작 위치부터 지정한 개수만큼 반환함
- RIGHT(텍스트, 개수) : 텍스트의 오른쪽부터 지정한 개수만큼 반환함
- LEN(텍스트) : 텍스트의 길이(개수)를 반환함
- REPT(텍스트, 개수) : 텍스트를 개수만큼 반복하여 반환함
- LOWER(텍스트) : 텍스트를 모두 소문자로 변환하여 반환함
- FIND(찾을 텍스트, 문자열, 시작 위치) : 문자열의 시작 위치에서부터 찾을 텍스트를 찾아 그 위치값을 반환하며, 문자를 모두 한 글자로 계산함
- SEARCH(찾을 텍스트, 문자열, 시작 위치) : 문자열의 시작 위치에서부터 찾을 텍스트를 찾아 그 위치 값을 반환하며, 문자를 모두 한 글자로 계산함

문제4 다음 함수의 결과를 쓰시오.

	A
1	상암월드컵경기장
2	Automation

① =RIGHT(A1, 2) → (　　　)
② =MID(A1, 3, 2) → (　　　)
③ =LEFT(A1, LEN(A1)-6) → (　　　)
④ =RIGHT(A1, FIND("암", A1)+1) → (　　　)
⑤ =FIND("a", A2) → (　　　)
⑥ =SEARCH("a", A2) → (　　　)

해설
① [A1] 셀에서 오른쪽부터 2글자인 "기장"을 반환합니다.
② [A1] 셀에서 3번째 글자부터 2글자인 "월드"를 반환합니다.
③ ❶ LEN(A1) : [A1] 셀의 문자 수인 8을 반환합니다.
　❷ LEFT(A1, ❶-6) : [A1] 셀에서 왼쪽부터 2(8-6)글자인 "상암"을 반환합니다.

④ ❶ FIND("암", A1) : [A1] 셀에서 "암"을 찾아 그 위치인 2를 반환합니다.
　❷ RIGHT(A1, ❶+1) : [A1] 셀에서 오른쪽부터 3(2+1)글자인 "경기장"을 반환합니다.
⑤ FIND는 대소문자를 구분하므로, [A2] 셀에서 "a"를 찾아 그 위치인 6을 반환합니다.
⑥ SEARCH는 대소문자를 구분하지 않으므로, [A2] 셀에서 "a"를 찾아 그 위치인 1을 반환합니다.

문제5 학점[B3:B10]을 이용하여 [E3:E7] 영역에 학점별 학생수만큼 '♣' 기호를 표시하고자 할 때, [E3] 셀에 입력해야 할 수식을 작성하시오. (REPT, COUNTIF 사용)

	A	B	C	D	E
1	엑셀 성적 분포				
2	이름	학점		학점	성적그래프
3	김현미	A		A	♣
4	조미림	B		B	♣♣♣♣
5	심기훈	F		C	♣
6	박원석	C		D	
7	이영준	B		F	♣♣
8	최세종	F			
9	김수현	B			
10	이미도	B			

답 :

해설
=REPT("♣", COUNTIF($B$3:$B$10, D3))
　　　❷　　　　　　❶

❶ COUNTIF($B$3:$B$10, D3) : COUNTIF(범위, 조건) 함수는 지정된 '범위'에서 '조건'에 맞는 셀의 개수를 계산하므로 [B3:B10] 영역에서 [D3] 셀의 값 "A"의 개수인 1이 반환됩니다.
❷ =REPT("♣", ❶) → =REPT("♣", 1) : REPT(텍스트, 개수) 함수는 '텍스트'를 '개수'만큼 반복하여 입력하므로 "♣"가 반환됩니다.

정답 1. ① 기장 ② 월드 2. ① 4 ② 1 ③ 5 ④ 8 3. =ROUNDUP(AVERAGE(B3:D9), -3) 4. ① 기장 ② 월드 ③ 상암 ④ 경기장 ⑤ 6 ⑥ 1
5. =REPT("♣", COUNTIF($B$3:$B$10, D3))

2장 핵심요약

086 날짜 함수

① 날짜 함수   25.3, 23.4, 21.3, 19.1, 17.2, 16.2, 15.1, 14.2, 12.1, 11.3, 11.1, 10.3

- YEAR(날짜) : 날짜에서 연도만 추출하여 반환함
- DAY(날짜) : 날짜에서 일만 추출하여 반환함
- WEEKDAY(날짜, 옵션)
  - 날짜에 해당하는 요일번호를 옵션에 맞게 반환함
  - 1 또는 생략 : 1(일요일) ~ 7(토요일)
  - 2 : 1(월요일) ~ 7(일요일)
  - 3 : 0(월요일) ~ 6(일요일)
- DAYS(마지막 날짜, 시작 날짜) : 마지막 날짜에서 시작 날짜를 뺀 일 수를 계산하여 반환함
- DATE(년, 월, 일) : 년, 월, 일에 대한 날짜의 일련번호를 반환함
- TODAY( ) : 현재 날짜를 반환함

문제1 시스템의 현재 날짜에서 년도를 구하는 수식은?

답 :

해설
시스템의 현재 날짜를 나타내는 함수는 TODAY( )이고, 날짜에서 연도만 추출하는 함수는 YEAR( )이므로 시스템의 현재 날짜에서 년도를 구하는 수식은 **=YEAR(TODAY( ))** 입니다.

문제2 사회봉사 점수가 "☆" 3개 이상이고 컴퓨터활용이 "☆" 3개 이상이거나 사회봉사 점수가 "☆" 2개 이상이고 컴퓨터활용이 "☆" 4개 이상이면 졸업가능여부 열에 "○"를, 그렇지 않을 경우에는 "×"를 표시하려고 한다. [D2] 셀에 들어갈 알맞은 수식을 작성하시오. (IF, OR, AND 사용)

	A	B	C	D
1		사회봉사	컴퓨터활용	졸업가능여부
2	김미영	☆☆☆	☆☆☆☆	○
3	성시경	☆☆	☆☆☆☆	○
4	장나라	☆☆☆	☆☆	×

답 :

해설
=IF(OR(AND(B2)="☆☆☆", C2)="☆☆☆"),
　　　　　　　　　　①
AND(B2)="☆☆", C2)="☆☆☆☆")), "○", "×")
　　②
　　　　　　　　　　③

① AND(B2)="☆☆☆", C2)="☆☆☆") : 사회봉사 점수(B2)가 "☆" 3개 이상이고, 컴퓨터활용(C2)이 "☆" 3개 이상이면, 참(True)을 반환하고 그렇지 않으면 거짓(False)을 반환합니다.

② AND(B2)="☆☆", C2)="☆☆☆☆") : 사회봉사 점수(B2)가 "☆" 2개 이상이고, 컴퓨터활용(C2)이 "☆" 4개 이상이면, 참(True)을 반환하고 그렇지 않으면 거짓(False)을 반환합니다.

③ IF(OR(①, ②), "○", "×") : ①과 ② 중 하나라도 참이면 "○"를, 그렇지 않으면 "×"를 표시합니다.

087 논리 함수

① 논리 함수   25.5, 25.4, 25.2, 25.1, 24.4, 24.3, 24.2, 24.1, 23.5, 21.3, 20.상시, 20.2, 20.1, 19.1, …

- IF(조건, 인수1, 인수2) : 조건을 비교하여 '참'이면 인수1, '거짓'이면 인수2를 반환함
- IFERROR(인수, 오류 시 표시할 값) : 인수로 지정한 수식이나 셀에서 오류가 발생하면 오류 시 표시할 값을 반환하고, 그렇지 않으면 결과값을 반환함
- AND(인수1, 인수2, …) : 주어진 인수가 모두 참이면 참을 반환함
- OR(인수1, 인수2, …) : 인수 중 하나라도 참이면 참을 반환함

088 찾기/참조 함수

① 찾기/참조 함수1   25.5, 25.2, 25.1, 24.4, 24.2, 23.1, 22.3, 22.1, 21.4, 21.3, 21.2, 20.상시, …

- VLOOKUP(찾을값, 범위, 열 번호, 옵션) : 범위의 첫 번째 열에서 옵션에 맞게 찾을값과 같은 데이터를 찾은 후 찾을값이 있는 행에서 지정된 열 번호 위치에 있는 값을 반환함
- HLOOKUP(찾을값, 범위, 행 번호, 옵션) : 범위의 첫 번째 행에서 옵션에 맞게 찾을값과 같은 데이터를 찾은 후 찾을값이 있는 열에서 지정된 행 번호에 있는 값을 반환함

- 옵션
  - TRUE 또는 생략 : 기준값보다 크지 않은 값 중에서 가장 근접한 값을 찾으며, TRUE 옵션을 사용할 경우 첫 번째 행(HLOOKUP)이나 열(VLOOKUP)은 반드시 오름차순으로 정렬되어 있어야 함
  - FALSE : 기준값과 정확히 일치하는 값을 찾음

❷ 찾기/참조 함수2   25.4, 25.3, 24.5, 24.4, 24.3, 24.2, 24.1, 23.4, 23.3, 23.2, 23.1, 21.3, …

- CHOOSE(인수, 첫 번째, 두 번째, …) : 인수가 1이면 1번째, 인수가 2이면 2번째, … 인수가 n이면 n번째를 반환함
- INDEX(범위, 행 번호, 열 번호) : 지정된 범위에서 행 번호와 열 번호의 위치에 있는 데이터 반환함
- MATCH(찾을값, 범위, 옵션)
  - 범위에서 찾을값과 같은 데이터를 찾아 옵션을 적용하여 그 위치를 일련번호로 반환함
  - -1 : 찾을값보다 크거나 같은 값 중 가장 작은 값
  - 0 : 찾을값과 정확하게 일치하는 값
  - 1 : 찾을값보다 작거나 같은 값 중에서 가장 큰 값
- COLUMN(셀) : 주어진 셀의 열 번호를 반환함
- COLUMNS(셀 범위) : 주어진 셀 범위의 열 개수를 반환함
- ROW(셀) : 주어진 셀의 행 번호를 반환함
- ROWS(셀 범위) : 주어진 셀 범위의 행 개수를 반환함

문제 3 아래 워크시트에서 코드표[E3:F6]를 참조하여 과목 코드에 대한 과목명[B3:B5]을 구하되 코드표에 과목 코드가 존재하지 않으면 과목명을 공백으로 표시하고자 한다. 다음 중 [B3] 셀에 수식을 입력한 후 나머지 셀은 채우기 핸들을 이용하여 입력하고자 할 때 [B3] 셀의 들어갈 알맞은 함수식을 작성하시오. (IFERROR, VLOOKUP 사용)

	A	B	C	D	E	F
1		시험 결과			코드표	
2	과목코드	과목명	점수		코드표	과목명
3	W		85		W	워드
4	P		90		E	엑셀
5	X		75		P	파워포인트
6					A	액세스

답 :

해설

=IFERROR(VLOOKUP(A3, $E$3:$F$6, 2, FALSE), " ")
           ❶
        ❷

❶ VLOOKUP(A3, $E$3:$F$6, 2, FALSE) : VLOOKUP(찾을 값, 범위, 열 번호, 옵션)은 범위의 첫 번째 열에서 기준값과 같은 데이터를 찾은 후 기준값이 있는 행에서 지정된 열 번호 위치에 있는 데이터를 입력하는 함수이다. [A3] 셀에 입력된 "W"를 [E3:F6] 영역의 첫 번째 열에서 정확히 일치하는 값을 찾은 후 찾은 값이 있는 행의 두 번째 열에 있는 값 "워드"를 반환합니다.

❷ =IFERROR(❶, " ") → =IFERROR("워드", " ") : IFERROR(인수1, 인수2)는 인수1이 오류면 인수2를 표시하고, 그렇지 않으면 인수1을 그대로 표시하는 함수로, "워드"는 오류가 아니므로 "워드"가 그대로 표시됩니다.

문제 4 다음 시트에서 수행한 각 수식의 결과를 쓰시오.

	A	B	C	D
1	5	10	15	20
2	10	0.02	0.51	0.78
3	15	0.88	0.44	2.22
4	20	4.33	1.27	3.33
5	25	1.95	2.35	4.44

① =VLOOKUP(28, A1:D5, 3) → (   )
② =VLOOKUP(22, A1:D5, 3) → (   )
③ =HLOOKUP(17, A1:D5, 4) → (   )
④ =INDEX(A1:D5, 3, 4) → (   )

해설

① =VLOOKUP(28, A1:D5, 3) : 28을 [A1:D5] 범위의 첫 번째 열에서 작거나 같은 값 중에서 가장 근사치 값(25)을 찾은 후 해당 값이 있는 행에서 3번째 열에 있는 2.35가 반환됩니다.

② =VLOOKUP(22, A1:D5, 3) : 22를 [A1:D5] 범위의 첫 번째 열에서 작거나 같은 값 중에서 가장 근사치 값(20)을 찾은 후 해당 값이 있는 행에서 3번째 열에 있는 1.27이 반환됩니다.

③ =HLOOKUP(17, A1:D5, 4) : 17을 [A1:D5] 범위의 첫 번째 행에서 작거나 같은 값 중에서 가장 근사치 값(15)을 찾은 후 해당 값이 있는 열에서 4번째 행에 있는 1.27이 반환됩니다.

④ =INDEX(A1:D5, 3, 4) : [A1:D5] 범위의 3행, 4열, 즉 [D3] 셀의 값인 2.22가 반환됩니다.

정답 1. =YEAR(TODAY( ))   2. =IF(OR(AND(B2)="☆☆", C2)="☆☆☆"), AND(B2)="☆☆", C2)="☆☆☆☆")), "○", "×")
3. =IFERROR(VLOOKUP(A3, $E$3:$F$6, 2, FALSE), " ")   4. ① 2.35 ② 1.27 ③ 1.27 ④ 2.22

2장 핵심요약

문제1 판매일자의 요일에 따라 할인액을 월~목은 1000, 금~일은 500으로 적용하려고 한다. [B2] 셀에 들어갈 알맞은 수식을 작성하시오. (CHOOSE, WEEKDAY 함수 사용. 단, WEEKDAY 함수의 '옵션'을 3으로 지정)

	A	B
1	판매일자	할인액
2	2025-04-13(일)	500
3	2025-04-14(월)	1,000
4	2025-04-15(화)	1,000
5	2025-04-16(수)	1,000
6	2025-04-17(목)	1,000
7	2025-04-18(금)	500
8	2025-04-19(토)	500
9		

답 :

해설
- WEEKDAY 함수의 '옵션'을 3으로 지정하면 0~6(월~일)의 값을 반환합니다.
- WEEKDAY 함수의 반환값이 CHOOSE 함수의 '인수'로 사용되는데 0은 사용할 수 없으므로 '인수'에 1을 더해야 합니다.

문제2 아래의 워크시트에서 엑셀이 80 이상인 인원수를 구하는 수식을 작성하시오. (DCOUNT 사용)

	A	B	C	D	E
1	성명	엑셀	상식	총점	순위
2	홍길동	60	78	138	4
3	임꺽정	89	70	159	3
4	장보고	90	90	180	1
5	강감찬	79	87	166	2
6					
7		엑셀			
8		>=80			

답 :

해설
- 데이터 범위 : 데이터가 입력되어 있는 A1:E5를 지정합니다.
- 필드 번호 : '엑셀' 필드의 열 번호 2 또는 B1을 지정합니다.
- 조건 : 조건이 입력되어 있는 B7:B8을 지정합니다.

문제3 아래 워크시트에서 [D10] 셀에 '서울' 지점 금액의 평균을 계산하는 수식을 작성하시오. (DAVERAGE 사용)

	A	B	C	D
1	지점명	수량	단가	금액
2	서울	100	800	80,000
3	부산	120	750	90,000
4	대구	130	450	58,500
5	대전	140	660	92,400
6	서울	100	990	99,000
7	부산	90	450	40,500
8	광주	140	760	106,400
9				
10	서울지점 금액의 평균			
11				

답 :

해설
- 데이터 범위 : 데이터가 입력되어 있는 A1:D8을 지정합니다.
- 필드 번호 : '금액' 필드의 열 번호 4 또는 D1을 지정합니다.
- 조건 : "지점명"과 "서울"이 입력되어 있는 A1:A2를 지정합니다.

---

089 데이터베이스 함수

① 데이터베이스 함수 25.5, 25.3, 24.2, 23.3, 23.2, 21.2, 21.1, 20.2, 19.1, 18.1, 16.3, 15.3, …

- DAVERAGE(데이터 범위, 필드 번호, 조건) : 해당 데이터 범위에서 조건에 맞는 자료를 대상으로 지정된 필드 번호에서 평균값을 반환함
- DCOUNT(데이터 범위, 필드 번호, 조건) : 해당 데이터 범위에서 조건에 맞는 자료를 대상으로 지정된 필드 번호에서 숫자가 있는 셀의 개수를 반환함
- DCOUNTA(데이터 범위, 필드 번호, 조건) : 해당 데이터 범위에서 조건에 맞는 자료를 대상으로 지정된 필드 번호에서 자료가 있는 셀의 개수를 반환함

정답 1. =CHOOSE(WEEKDAY(A2, 3)+1, 1000, 1000, 1000, 1000, 500, 500, 500)
2. =DCOUNT(A1:E5, 2, B7:B8) 또는 =DCOUNT(A1:E5, B1, B7:B8) 3. =DAVERAGE(A1:D8, 4, A1:A2) 또는 =DAVERAGE(A1:D8, D1, A1:A2)

3장 차트 작성

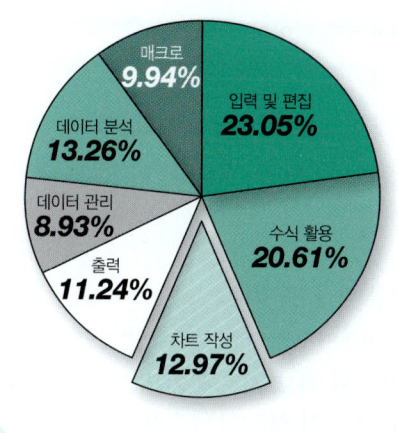

090 차트 작성의 기초 Ⓐ등급
091 차트 편집 1 Ⓑ등급
092 차트 편집 2 Ⓐ등급
093 용도별 차트 작성 Ⓐ등급

꼭 알아야 할 키워드 Best 10

1. 차트 구성 요소 2. 차트 종류 3. 차트 편집 4. 원형 차트 5. 방사형 차트 6. 도넛형 차트 7. 데이터 추가 8. 분산형 차트 9. 추세선
10. 간격 너비/계열 겹치기

SECTION 090

차트 작성의 기초

전문가의 조언

중요해요! 차트의 특징을 묻는 문제가 출제됩니다. 데이터가 있는 시트에 차트를 작성하려면 Alt + F1, 별도의 시트에 차트를 작성하려면 F11을 누른다는 것을 중심으로 차트의 특징을 정리하세요.

차트를 사용하는 목적
- 데이터의 경향이나 추세를 쉽게 분석하기 위해
- 특정 항목의 구성 비율을 살펴보기 위해
- 데이터의 상호 관계를 살펴보기 위해

1 차트의 개요

24.5, 24.2, 24.1, 22.4, 22.3, 22.2, 20.1, 19.상시, 19.2, 16.3, 16.2, 15.3, 12.3, 12.1, 10.3, 09.1, 08.4, 05.1, 04.2, 03.1, 02.1

차트*는 워크시트의 데이터를 막대나 선, 도형, 그림 등을 사용하여 시각적으로 표현한 것이다.

- 차트를 이용하면 데이터의 추세나 유형 등을 쉽게 이해할 수 있을 뿐만 아니라, 많은 양의 데이터를 간결하게 요약할 수도 있다.
- 차트를 작성하기 위해서는 반드시 원본 데이터가 있어야 한다.
- 원본 데이터가 바뀌면 차트의 모양도 바뀐다.
- 현재 문서의 다른 시트 또는 다른 통합 문서에 있는 데이터로도 차트를 만들 수 있다.
- 데이터가 입력된 셀 중 하나를 선택한 상태에서 차트를 만들면 해당 셀을 둘러싼 모든 셀의 데이터가 차트에 표시된다.
- 차트는 2차원과 3차원 차트로 구분된다.
- 차트만 별도로 표시하는 차트(Chart) 시트를 만들 수 있다.
- 기본적으로 만들어지는 차트는 묶은 세로 막대형이지만 다른 차트로 변경할 수 있다.
- 데이터 범위를 지정한 후 F11을 누르면 별도의 차트 시트에 기본 차트가 작성되고, Alt + F1을 누르면 데이터가 있는 워크시트에 기본 차트가 작성된다.
- 기본적으로 숨겨진 행이나 열에 있는 데이터는 차트에 표시되지 않으며, 빈 셀이 있는 경우 빈 셀만큼 데이터 요소 사이의 간격이 벌어져 표시된다.
- 사용자가 만든 차트를 차트 서식 파일로 등록하면 '차트 삽입' 대화상자의 '모든 차트' 탭 중 '서식 파일'에 표시된다.

전문가의 조언

중요해요! 완성된 차트에서 설정되지 않은 구성 요소를 찾는 문제가 자주 출제됩니다. 차트 구성 요소들의 정확한 명칭을 암기하세요.

2 차트의 구성 요소

25.4, 25.2, 25.1, 24.4, 24.2, 23.4, 23.3, 23.2, 22.4, 22.1, 21.4, 21.2, 21.1, 20.상시, 20.2, 20.1, 19.상시, 19.2, 19.1, 18.상시, …

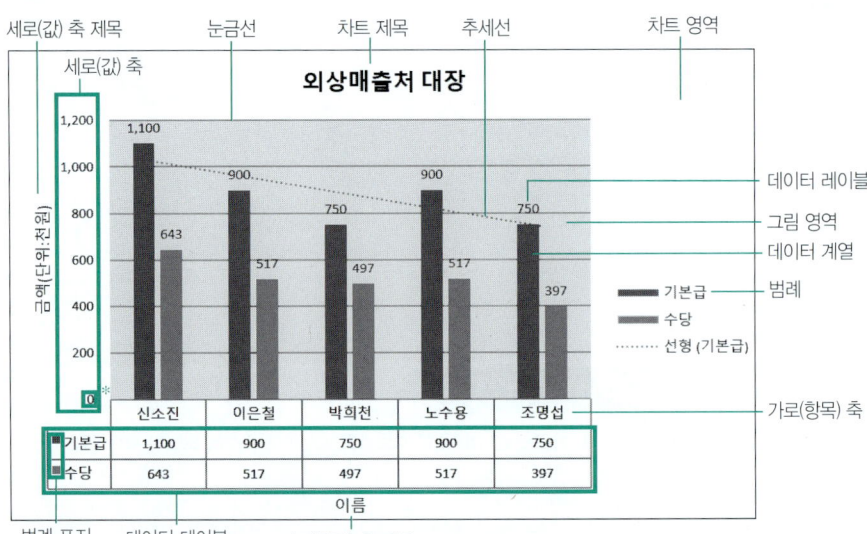

교점

가로(항목) 축과 세로(값) 축이 만나는 부분을 교점이라고 합니다. 이 차트의 경우는 교점이 0입니다.

25.4, 08.3, 03.2, 03.1 차트 영역	• 차트의 모든 요소가 표시되는 차트 전체를 의미하며, 바탕에 그림이나 배경 무늬를 삽입할 수 있다. • 차트 영역 서식을 이용하면 차트 구성 요소 전체의 서식(무늬, 글꼴 등)을 한꺼번에 변경할 수 있다.
06.3, 03.2 그림 영역	가로 축과 세로 축으로 둘러싸인 영역으로, 그림이나 배경 무늬를 삽입할 수 있다.
23.4, 20.1, 17.2, 17.1, … 차트 제목	• 차트의 제목을 표시한다. • 워크시트의 셀과 차트의 제목을 연결하여 셀의 내용을 차트 제목으로 표시할 수 있다.
25.1, 24.4, 21.4, 21.2, … 눈금선	• 가로 축과 세로 축의 눈금*을 그림 영역으로 연장한 선으로, 주 눈금선과 보조 눈금선*을 설정할 수 있다. • 단위를 표시하기 위해 축에 일정한 간격으로 표시한 선을 '축 눈금'이라 한다.
23.4, 22.1, 19.상시, … 세로(값) 축	데이터 계열의 값을 포함하는 숫자로, 데이터 계열의 값을 가늠할 수 있다.
23.2, 22.1, 12.2, 09.3, … 가로(항목) 축	차트를 구성하는 데이터 항목을 표시한다.
22.1, 21.4, 20.2, 15.3, … 데이터 계열	실질적인 값을 표시하기 위한 선이나 막대로, 각 계열마다 다른 색이나 무늬를 가진다.
25.2, 25.1, 24.4, 24.2, … 데이터 레이블	데이터 계열의 값이나 계열 이름, 항목 이름, 백분율 등을 표시한다.
22.1, 21.2, 21.1, 20.1, … 데이터 요소	• 데이터 계열의 값을 그림으로 나타낸다. • 데이터 계열을 구성하는 하나하나의 항목이다.
24.4, 23.4, 22.1, 21.2, … 범례	데이터 계열을 구분하는 표시와 데이터 계열의 이름을 표시한다.
24.4, 22.1, 21.2, 21.1, … 데이터 테이블	차트에 사용된 원본 데이터를 표시한다.
22.1, 14.2, 13.1, 09.2, … 추세선	특정한 데이터 계열의 변화 추세를 파악하기 위해 표시하는 선이다.

세로 축 눈금

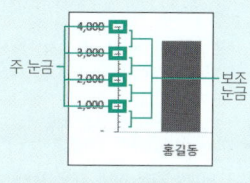

주 눈금선과 보조 눈금선

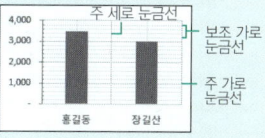

3 차트 작성

25.4, 22.3, 16.2, 15.3, 11.1, 10.3, 08.1, 07.3, 06.4, 06.1, 05.3, 05.2, 04.4, 04.3, 04.2, 04.1, 03.4, 03.3, 03.2, 03.1, 02.2, 00.3

4209003

예제 외상매출처 대장을 이용하여 묶은 세로 막대형 차트를 [A9:F25] 영역에 완성하시오.

	A	B	C	D	E	F	G
1	외상매출처 대장			(단위 : 천)			
2	사원명	기본급	수당	지급액			
3	신소진	1,100	643	1,243			
4	이은철	900	517	1,017			
5	박희천	750	497	847			
6	노수용	900	517	1,017			
7	조명섭	750	397	847			

전문가의 조언

예제 를 따라하면서 차트 작성 방법을 파악해야 합니다.

준비하세요

'길벗컴활2급필기\2과목.xlsm' 파일을 불러와 '섹션90' 시트에서 실습하세요.

데이터 범위(A2:C7)
데이터 범위(A2:C7) 안에 셀 포인터가 놓여있는 상태에서 차트를 만들면 해당 셀과 연결되어 데이터가 입력된 모든 셀의 데이터(A1:E7)가 사용된 차트가 만들어집니다. [A2:C7] 영역만 이용하여 차트를 만들려면 [A2:C7] 영역을 선택한 상태에서 차트를 만들어야 합니다.

범위
- 범위를 설정하지 않고 차트를 선택하면 데이터가 없는 빈 차트가 삽입되는데, 이때는 삽입된 차트의 바로 가기 메뉴에서 [데이터 선택]을 선택한 다음 '데이터 원본 선택' 대화상자에서 범위를 지정하면 됩니다.
- 워크시트에서 차트에 사용될 데이터의 범위를 지정한 후 Alt + F1 을 누르면 기본 차트(묶은 세로 막대형)가 바로 작성됩니다.

특정 셀의 텍스트를 차트 제목으로 연결하는 방법
차트 제목을 클릭한 후 수식 입력줄에 등호(=)를 입력하고 해당 셀을 클릭한 다음 Enter 를 누릅니다. 수식 입력줄에는 **=시트이름!셀주소**가 표시됩니다.

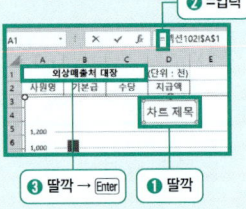

궁금해요 시나공 Q&A 베스트

Q [차트 디자인] 탭이 보이지 않아요.

A 차트를 선택하지 않으면 [차트 디자인] 탭이 나타나지 않습니다. 차트를 편집하기 전에는 먼저 차트를 클릭하여 선택하세요.

① 차트에 사용될 데이터의 범위(A2:C7)*를 블록으로 지정한 후 [삽입] → [차트] → [▦▾(세로 또는 가로 막대형 차트 삽입)] → [묶은 세로 막대형]을 선택한다.

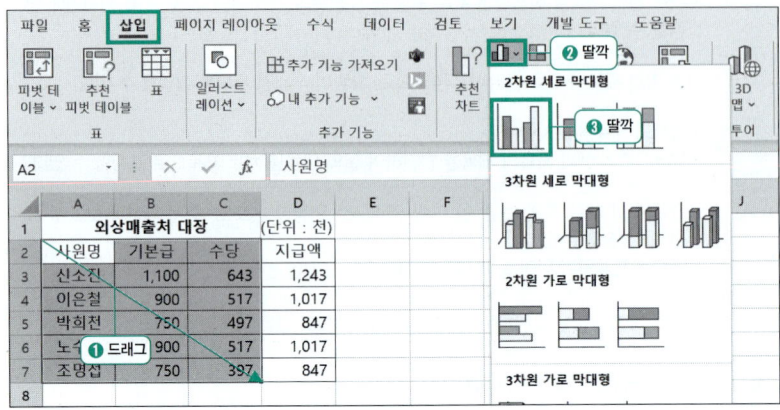

② 작성된 차트에 표시되어 있는 '차트 제목'을 선택하고 수식 입력줄에 **외상매출처 대장**을 입력한 후 Enter 를 누르면 **차트 제목**이 **외상매출처 대장**으로 변경된다.*

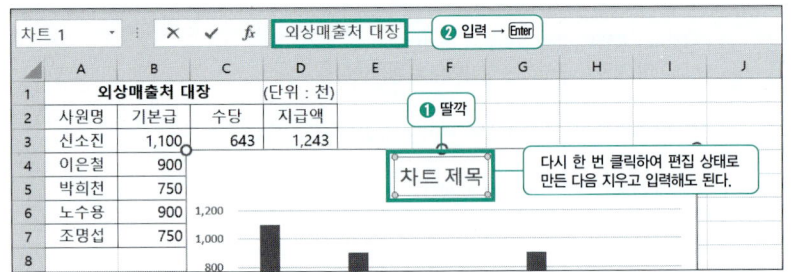

③ 가로(항목) 축 제목을 삽입하기 위해 [차트 디자인]* → [차트 레이아웃] → [차트 요소 추가] → [축 제목] → [기본 가로]를 선택한다.

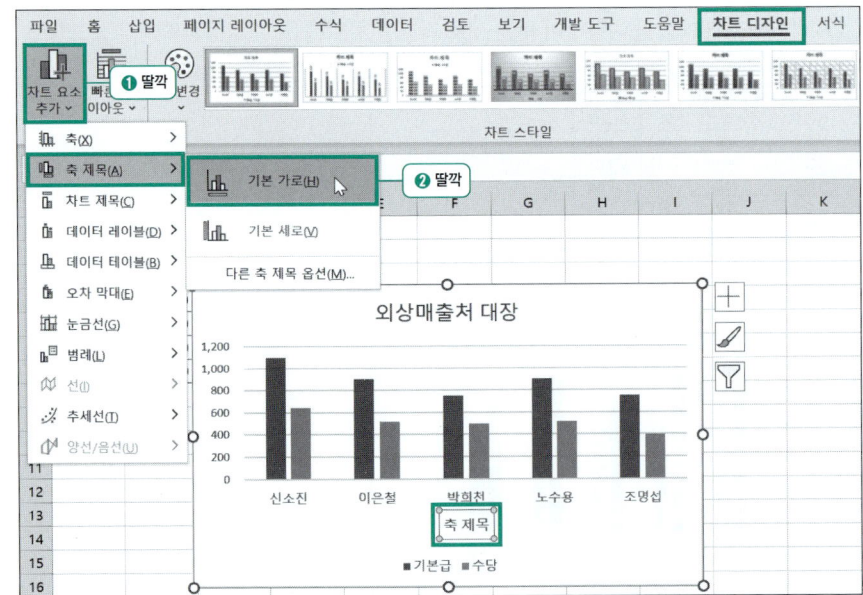

④ '축 제목'이 표시된다. '축 제목'이 선택된 상태에서 수식 입력줄에 이름을 입력하고 Enter를 누르면 **축 제목**이 **이름**으로 변경된다.

⑤ 세로(값) 축 제목을 삽입하기 위해 [차트 디자인] → [차트 레이아웃] → [차트 요소 추가] → [축 제목] → [기본 세로]를 선택한다.

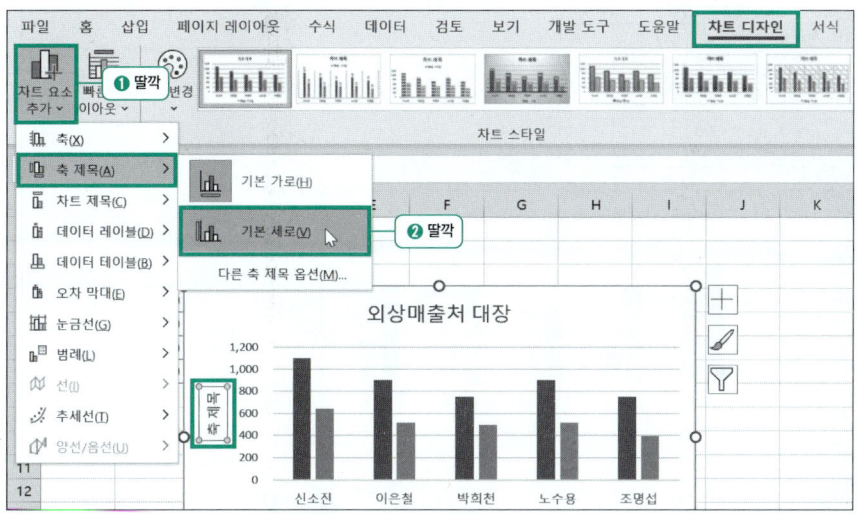

⑥ '축 제목'이 표시된다. '축 제목'이 선택된 상태에서 수식 입력줄에 **금액(단위:천원)**을 입력하고 Enter를 누르면 **축 제목**이 **금액(단위:천원)**으로 변경된다.

⑦ 데이터 레이블을 표시하기 위해 [차트 디자인] → [차트 레이아웃] → [차트 요소 추가] → [데이터 레이블] → [바깥쪽 끝에]를 선택한다*.

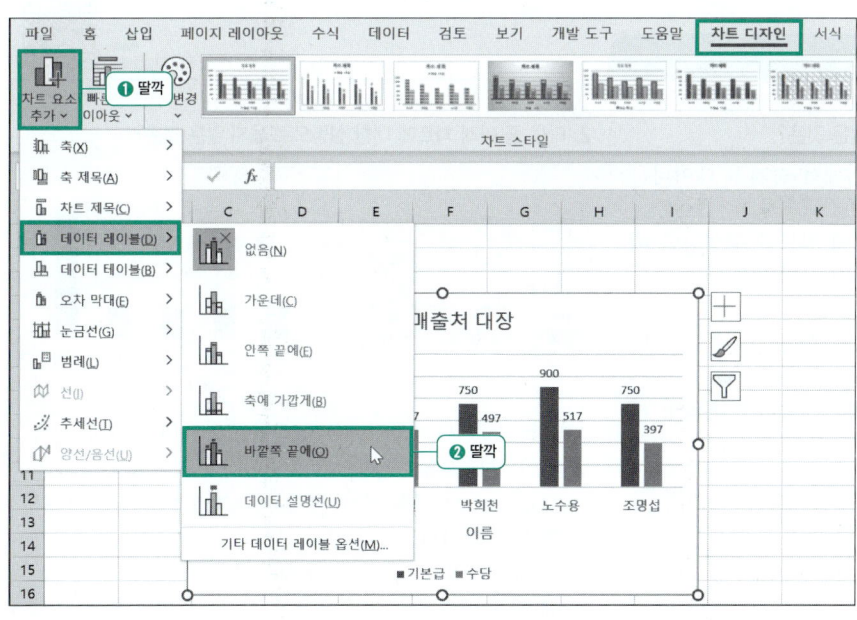

데이터 레이블
• 가운데

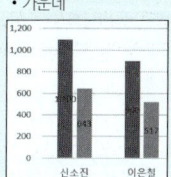

• 안쪽 끝에

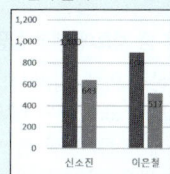

• 축에 가깝게

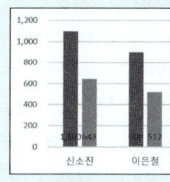

• 바깥쪽 끝에

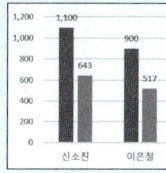

조절점
차트 영역을 클릭하면 8개의 점이 나타나는데, 이 점을 드래그하여 차트의 크기를 조절할 수 있습니다. 개수는 다르지만 차트 영역에 있는 다른 요소도 클릭하면 조절점이 나타납니다. 조절점이 나타난 요소가 작업 대상이 됩니다.

셀에 맞춰 차트 크기 조절
Alt 를 누른 상태에서 차트 영역을 마우스로 드래그하여 변경합니다.

⑧ 완성된 차트의 왼쪽 상단 모서리가 [A9] 셀에 위치하도록 차트를 드래그하여 이동한다.

⑨ 마우스로 조절점*을 드래그하여 [A9:F25] 영역에 맞게 차트의 크기를 조절한다.*

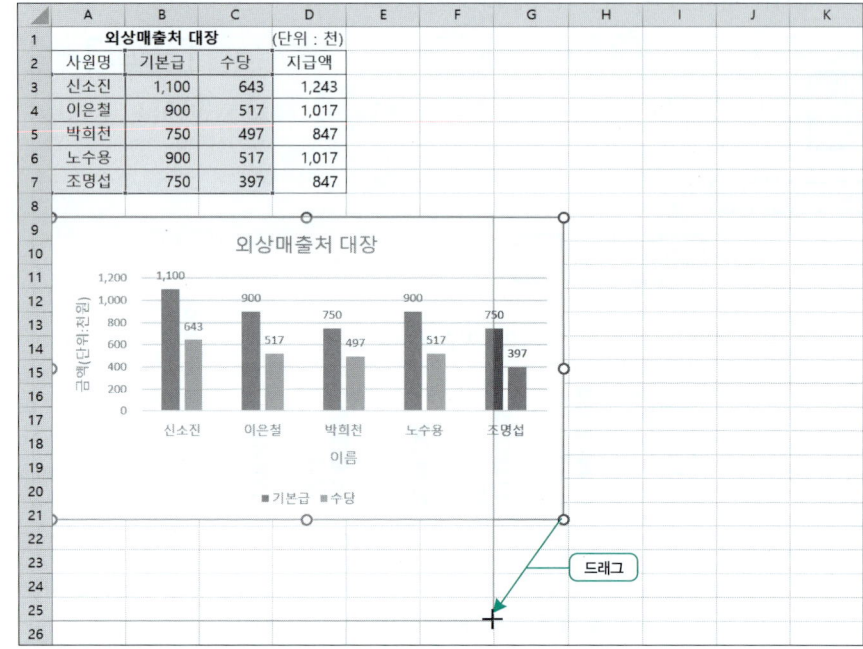

시나공 Q&A 베스트

Q 완성된 차트의 원본 데이터는 어떻게 확인하나요?

A 차트에 표시되어 있는 데이터 계열과 가로(항목) 축에 표시되어 있는 내용을 확인하면 됩니다. 옆에 그림에서 범례에 표시되어 있는 기본급과 수당이 차트에 표시되어 있는 데이터 계열을 의미하고, 가로(항목) 축에 신소진, 이은철, … 등 사원명이 표시되어 있으므로 완성된 차트는 사원명(A2:A7)과 기본급(B2:B7), 수당(C2:C7)을 이용하여 작성하였음을 알 수 있습니다.

기출문제 따라잡기

문제1 1309051

24년 5회, 22년 4회, 2회, 16년 3회

1. 다음 중 차트에 대한 설명으로 옳지 않은 것은?

① 기본적으로 워크시트의 행과 열에서 숨겨진 데이터는 차트에 표시되지 않으며 빈 셀은 간격으로 표시된다.
② 표에서 특정 셀 한 개를 선택하여 차트를 생성하면 해당 셀을 직접 둘러싸는 표의 데이터 영역이 모두 차트에 표시된다.
③ 차트를 만들 데이터를 선택한 후 + F1 을 누르면 별도의 차트 시트가 생성된다.
④ 차트에 두 개 이상의 차트 종류를 사용하여 혼합형 차트를 만들 수도 있다.

차트를 만들 데이터를 선택한 후 +을 누르면 데이터가 있는 워크시트에 기본 차트(묶은 세로 막대형)가 작성됩니다. 별도의 차트 시트를 생성하려면 차트를 만들 데이터를 선택한 후 F11 을 누르면 됩니다.

21년 4회, 20년 2회

2. 다음 중 아래 차트에 대한 설명으로 옳지 않은 것은?

구분	남	여	합계
1반	23	21	44
2반	22	25	47
3반	20	17	37
4반	21	19	40
합계	86	82	168

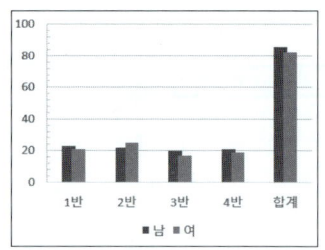

① 차트의 종류는 묶은 세로 막대형으로 계열 옵션의 '계열 겹치기'가 적용되었다.
② 세로(값) 축의 [축 서식]에는 주 눈금과 보조 눈금이 '안쪽'으로 표시되도록 설정되었다.
③ 데이터 계열로 '남'과 '여'가 사용되고 있다.
④ 표 전체 영역을 데이터 원본으로 사용하여 차트를 작성하였다.

기출문제 따라잡기

표 전체 영역을 데이터 원본으로 차트를 작성하면 다음 그림과 같이 '합계' 계열이 표시됩니다.

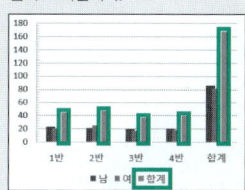

24년 1회

3. 다음 중 차트에 대한 설명으로 옳은 것은?

① 차트의 원본 데이터가 변경되더라도 차트의 모양은 변경되지 않는다.
② 차트는 데이터가 있는 시트에 만들 수도 있고, 별도의 차트 시트로도 만들 수 있다.
③ 3차원 차트에 추세선을 추가할 수 있다.
④ [Ctrl]을 누른 상태에서 차트 크기를 조절하면 차트의 크기가 셀에 맞춰 조절된다.

① 차트의 원본 데이터가 변경되면 차트의 모양도 자동으로 변경됩니다.
③ 3차원 차트에는 추세선을 추가할 수 없습니다.
④ [Ctrl]이 아닌 [Alt]를 누른 상태에서 차트 크기를 조절해야 차트의 크기가 셀에 맞춰 조절됩니다.

24년 4회, 22년 1회, 21년 1회

4. 다음 그림의 차트에 설정된 구성 요소는?

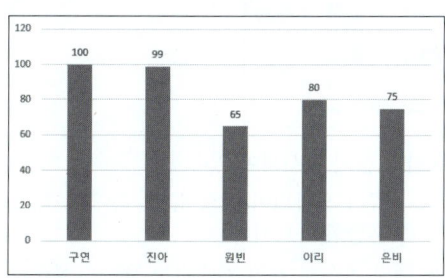

① 범례
② 차트 제목
③ 데이터 레이블
④ 데이터 테이블

차트에 설정된 구성 요소는 데이터 레이블입니다. 보기의 나머지 구성 요소가 설정된 차트는 다음과 같습니다.

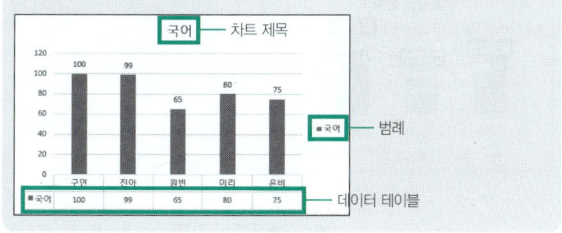

23년 4회

5. 다음 중 아래 차트에 대한 설명으로 옳지 않은 것은?

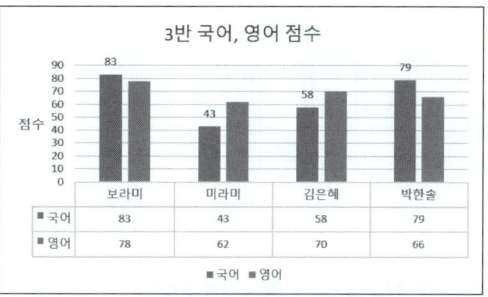

① 차트 위쪽에 차트 제목이 표시되어 있다.
② 세로(값) 축 제목이 가로 방향으로 표시되어 있다.
③ 차트 아래쪽에 범례 표지가 없는 데이터 테이블이 표시되어 있다.
④ 데이터 레이블의 위치가 바깥쪽 끝으로 설정되어 있다.

차트 아래쪽에는 범례 표지가 포함되어 있는 데이터 테이블이 표시되어 있습니다.

	보라미	미라미	김은혜	박한솔
■국어	83	43	58	79
■영어	78	62	70	66

└ 범례 표지   ■국어 ■영어

25년 1회

6. 다음 중 아래 차트에 대한 설명으로 옳지 않은 것은?

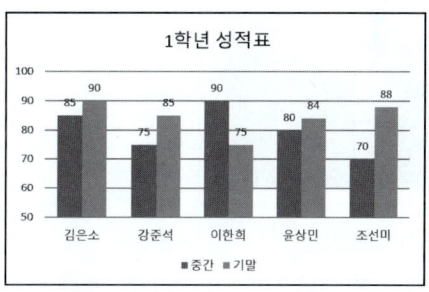

① 세로(값) 축의 최소값은 50, 기본 단위는 10으로 설정하였다.
② 기본 주 가로 눈금선과 기본 주 세로 눈금선이 표시되어 있다.
③ 데이터 레이블은 바깥쪽 끝에 표시되어 있다.
④ 계열 겹치기는 '0%'로 설정하였다.

▶ 정답 : 1. ③ 2. ④ 3. ② 4. ③ 5. ③ 6. ②

기출문제 따라잡기

차트에는 기본 주 가로 눈금선만 표시되어 있으며, 기본 주 세로 눈금선을 표시하면 다음과 같습니다.

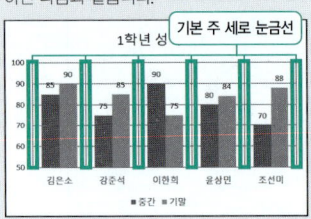

<small>22년 3회, 20년 1회, 16년 2회, 15년 3회</small>

7. 다음 중 차트에 대한 설명으로 옳지 않은 것은?

① 기본적으로 워크시트의 행과 열에서 숨겨진 데이터는 차트에 표시되지 않는다.
② 차트 제목, 가로/세로 축 제목, 범례, 그림 영역 등은 마우스로 드래그하여 이동할 수 있다.
③ `Ctrl`을 누른 상태에서 차트 크기를 조절하면 차트의 크기가 셀에 맞춰 조절된다.
④ 사용자가 자주 사용하는 차트 종류를 차트 서식 파일로 저장할 수 있다.

`Ctrl`이 아닌 `Alt`를 누른 상태에서 차트 크기를 조절해야 차트의 크기가 셀에 맞춰 조절됩니다.

<small>18년 2회, 12년 1회</small>

8. 다음 중 아래 차트에 대한 설명으로 옳지 않은 것은?

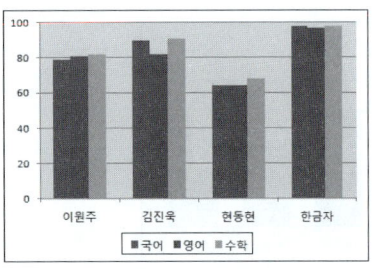

① 세로(값) 축의 '기본' 단위가 20으로 설정되어 있다.
② 데이터 계열은 4개로 구성되어 있다.
③ 범례의 위치는 아래쪽에 있다.
④ 기본 단위의 가로 눈금선이 표시되어 있다.

문제의 차트는 데이터 계열이 국어, 영어, 수학 3개로 구성되어 있습니다. 이원주, 김진욱, 현동현, 한금자는 항목 축에 해당됩니다.

<small>24년 2회, 23년 3회</small>

9. 아래 워크시트에서 [A3:C6] 영역을 원형 차트로 만든 후 데이터 레이블 표시 내용으로 '항목 이름', '값'을 선택했을 때의 결과로 옳은 것은?

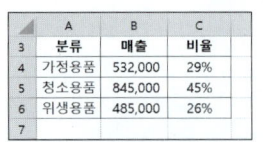

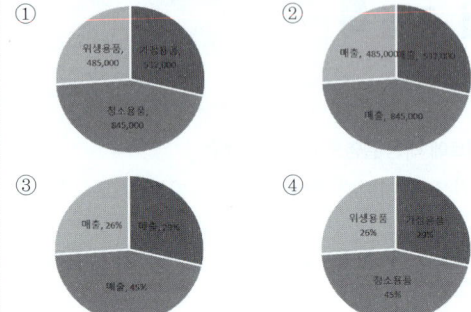

② '계열 이름'과 '값' 선택
③ '계열 이름'과 '백분율' 선택
④ '항목 이름'과 '백분율' 선택

<small>23년 2회</small>

10. 다음 차트에 대한 설명으로 옳지 않은 것은?

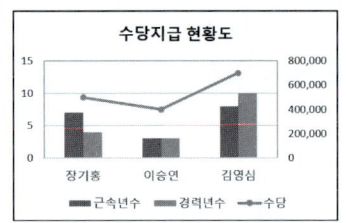

① 데이터 레이블로 값이 표시되어 있다.
② 두 개의 차트 종류가 혼합되어 있으며, 값 축이 두 개로 설정된 이중 축 혼합형 차트이다.
③ 막대 그래프 계열 옵션의 계열 겹치기는 '0%'로 설정되었다.
④ 기본 가로 축 제목이 표시되어 있지 않은 차트이다.

데이터 레이블로 '값'이 표시된 차트는 다음과 같습니다.

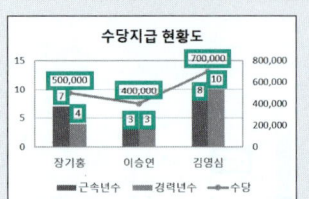

▶ 정답 : 7. ③ 8. ② 9. ① 10. ①

SECTION 091 차트 편집 1

1 [차트 디자인]/[서식] 탭 및 차트의 바로 가기 메뉴

25.5, 25.4, 23.1, 22.4, 18.2, 18.1

[차트 디자인] 탭

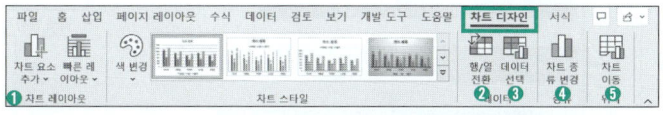

[차트 디자인]

바로 가기 메뉴

❶ 차트 요소 추가		차트에 축 제목, 차트 제목, 데이터 레이블, 데이터 테이블 등의 차트 구성 요소를 추가한다.
❷ 행/열 전환	25.5, 25.4, 23.1, 22.4	'범례 항목(계열)'과 '가로(항목) 축 레이블'을 서로 바꾼다.
❸ 데이터 선택		데이터 범위를 변경하거나, 데이터 계열의 추가·제거 및 계열의 방향을 변경할 때 선택한다.
❹ 차트 종류 변경		차트의 종류를 변경할 때 선택한다.
❺ 차트 이동		차트의 위치(새 시트, 워크시트에 삽입)를 변경할 때 선택한다.
❻ 3차원 회전		3차원 형식의 차트를 회전하여 차트의 모양을 변경할 때 선택한다.

[서식] 탭

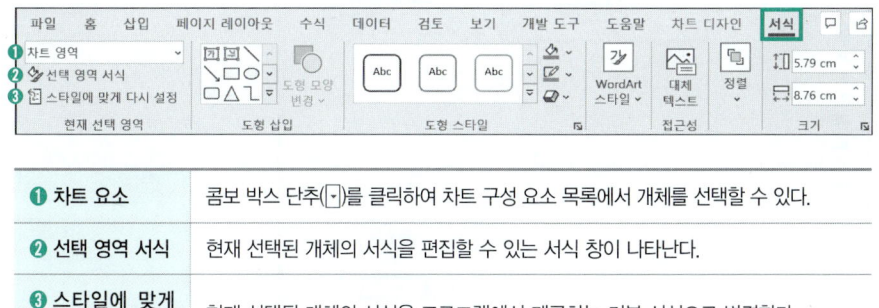

❶ 차트 요소	콤보 박스 단추( )를 클릭하여 차트 구성 요소 목록에서 개체를 선택할 수 있다.
❷ 선택 영역 서식	현재 선택된 개체의 서식을 편집할 수 있는 서식 창이 나타난다.
❸ 스타일에 맞게 다시 설정	현재 선택된 개체의 서식을 프로그램에서 제공하는 기본 서식으로 변경한다.

전문가의 조언

[차트 디자인] 탭에서 할 수 있는 편집 작업의 종류에 대해 알아두세요.

궁금해요 시나공 Q&A 베스트

Q [차트 디자인]과 [서식] 탭이 없어요!

A 차트를 선택하지 않으면 [차트 디자인]과 [서식] 탭이 나타나지 않습니다. 차트를 편집하기 전에는 먼저 차트를 클릭하여 선택하세요.

전문가의 조언

범례 설정, 데이터 레이블 표시 방법을 중심으로 차트의 각 구성 요소 변경 방법을 알아두세요.

② 차트 편집

25.5, 25.4, 25.1, 23.2, 23.1, 19.2, 18.2, 17.2, 15.3, 12.3, 11.2, 10.2, 10.1, 09.2, 08.3, 08.2, 07.4, 07.3, 07.1, 06.1, 04.2, ···

4209102

예제 차트 편집하기

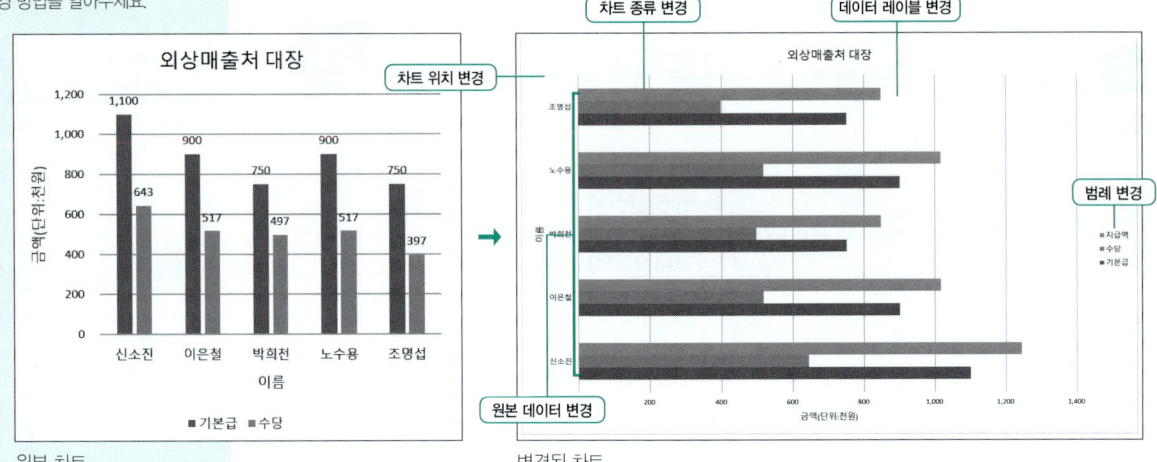

준비하세요

'길벗컴활1급필기\2과목.xlsm' 파일을 불러와 '섹션9' 시트에서 실습하세요.

차트 종류 변경하기

① 차트를 클릭하여 선택하고 [차트 디자인] → [종류] → [차트 종류 변경]을 클릭하거나 차트 영역의 바로 가기 메뉴에서 [차트 종류 변경]을 선택한다.

② '차트 종류 변경' 대화상자에서 변경할 차트 종류를 선택한 후 〈확인〉을 클릭하고, 변경된 차트의 모양을 확인한다.

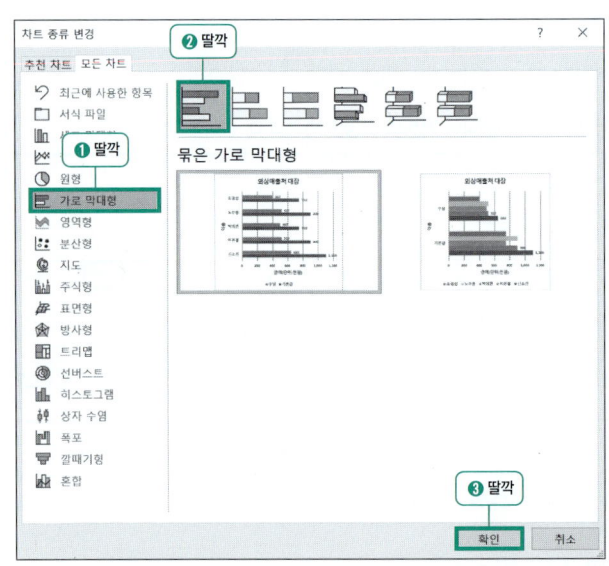

원본 데이터 변경*하기

데이터 범위를 변경하거나, 데이터 계열의 추가·제거 등을 수행할 때 사용한다.

① 차트를 클릭하여 선택한 후 [차트 디자인] → [데이터] → [데이터 선택]을 클릭하거나, 차트 영역의 바로 가기 메뉴에서 [데이터 선택]을 선택한다.

② '데이터 원본 선택' 대화상자에서 '차트 데이터 범위' 항목의 범위 지정 단추(↑)를 클릭하여 변경될 범위(A2:D7)를 지정한 후 〈확인〉을 클릭한다.

원본 데이터 수정 방법
워크시트에서 원본 데이터의 내용을 수정합니다.

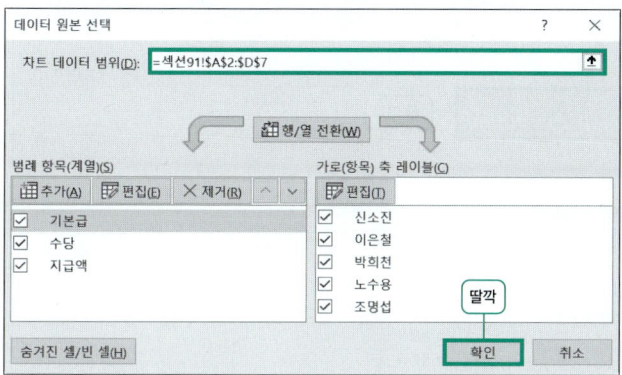

차트 범례 위치 변경하기*

차트를 클릭하여 선택하고 [차트 디자인] → [차트 레이아웃] → [차트 요소 추가] → [범례] → [오른쪽]을 선택한다.

범례의 위치를 변경하는 다른 방법
- 마우스로 범례를 드래그하여 위치를 변경할 수 있습니다.
- 마우스로 범례의 위치를 변경할 경우 다른 영역의 위치는 변경되지 않습니다.

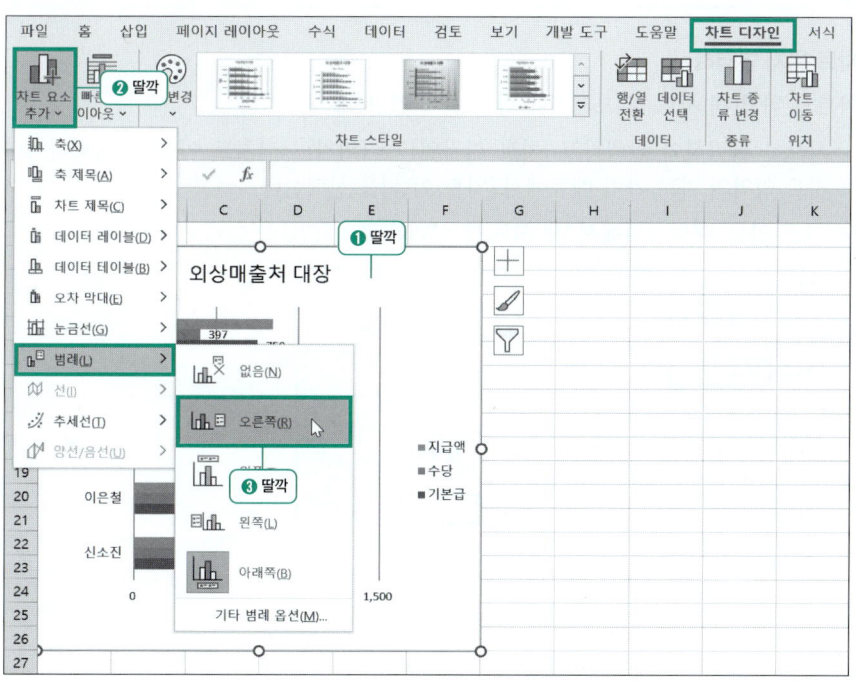

데이터 레이블 삭제하기

차트를 클릭하여 선택하고 [차트 디자인] → [차트 레이아웃] → [차트 요소 추가] → [데이터 레이블] → [없음]을 선택한다.

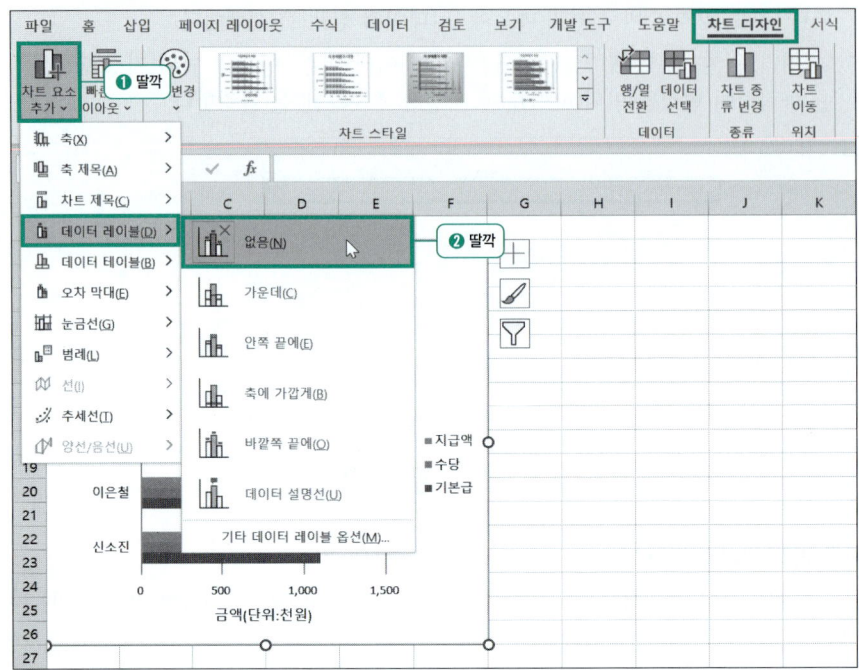

차트 위치 변경하기

차트의 위치(새 시트, 워크시트에 삽입)를 변경할 때 사용한다.

① 차트를 클릭하여 선택하고 [차트 디자인] → [위치] → [차트 이동]을 클릭하거나 차트 영역의 바로 가기 메뉴에서 [차트 이동]을 선택한다.

② '차트 이동' 대화상자에서 '새 시트'를 선택한 후 〈확인〉을 클릭한다.

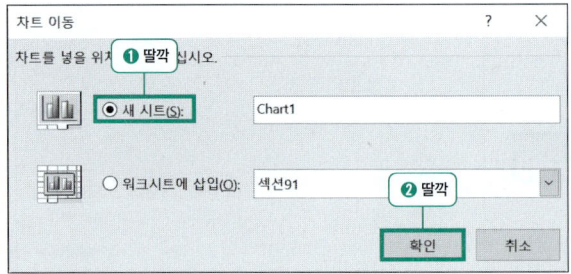

3 기타 편집

20.1, 19.상시, 19.1, 17.1, 16.1, 14.2, 13.1, 12.3, 10.3, 10.1, 09.2, 08.3, 08.1, 07.4, 07.2, 06.4, 06.2, 06.1, 05.4, 05.2, 05.1, …

데이터 추가하기

기존의 데이터 변경이 아닌 새로운 데이터를 차트에 추가할 때 사용한다.

- **방법 1**: 차트를 클릭하여 선택하고 [차트 디자인] → [데이터] → [데이터 선택]을 클릭한 후 '데이터 원본 선택' 대화상자의 범례 항목(계열)에서 〈추가〉를 클릭한 다음 추가할 계열의 이름과 범위를 마우스로 지정

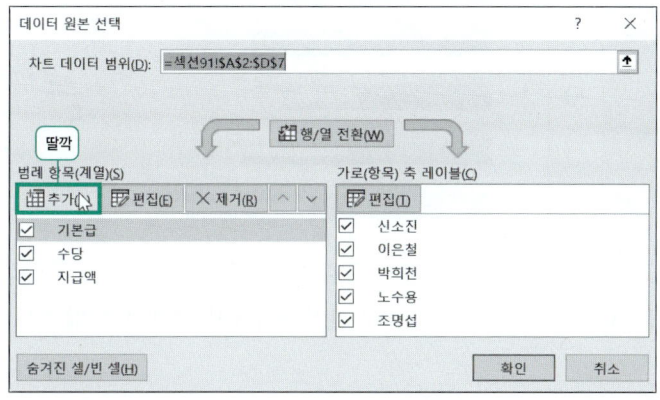
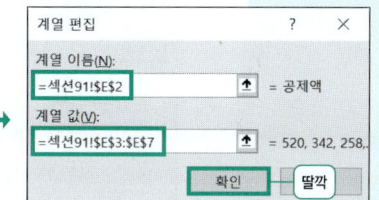

- **방법 2**: 추가할 데이터의 범위를 복사(Ctrl + C)한 후 차트 영역을 클릭하고, 붙여넣기(Ctrl + V)

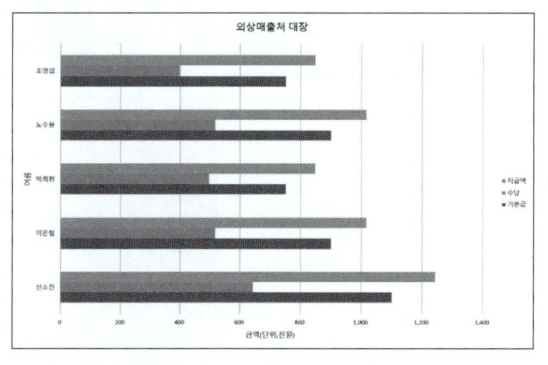
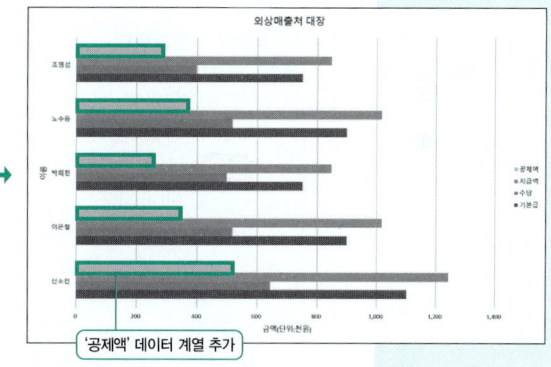

추세선 추가하기

추세선은 특정한 데이터 계열의 변화 추이를 파악하기 위해 표시하는 선이다.

- 3차원, 방사형, 원형, 도넛형, 표면형 차트에는 추세선을 추가할 수 없다.
- 추세선이 추가된 계열의 차트를 3차원으로 변경하면 추세선이 제거된다.
- 추세선의 종류에는 선형, 로그, 다항식, 거듭제곱, 지수, 이동 평균이 있다.
- 하나의 데이터 계열에 두 개 이상의 추세선을 표시할 수 있다.
- 추세선에 사용된 수식을 추세선과 함께 차트에 표시할 수 있다.

> **전문가의 조언**
> 차트 작성 후 데이터 추가 방법과 추세선, 오차 막대, 3차원 회전에 대한 문제가 출제되었습니다. 각 내용을 숙지하고, 예제를 통해 편집 방법을 정확히 알고 있어야 합니다. 실습과 병행하여 학습해야 기억하기 쉽습니다.

> **전문가의 조언**
> 추세선의 특징을 묻는 문제가 출제됩니다. 3차원, 방사형, 원형, 도넛형, 표면형에는 추세선을 추가할 수 없다는 것을 중심으로 추세선의 특징을 정리하세요.

- 추세선 표시
  - 방법 1 : 추세선을 표시할 데이터 계열을 선택한 후 [차트 디자인] → [차트 레이아웃] → [차트 요소 추가] → [추세선]에서 적용할 추세선 선택
  - 방법 2 : [차트 디자인] → [차트 레이아웃] → [차트 요소 추가] → [추세선] → [기타 추세선 옵션]을 선택한 후 '추세선 서식' 창에서 적용할 추세선 선택

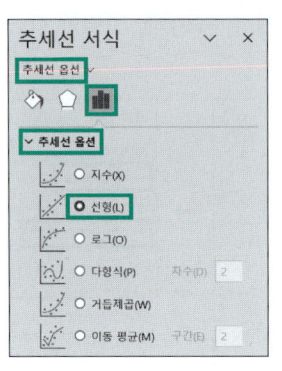 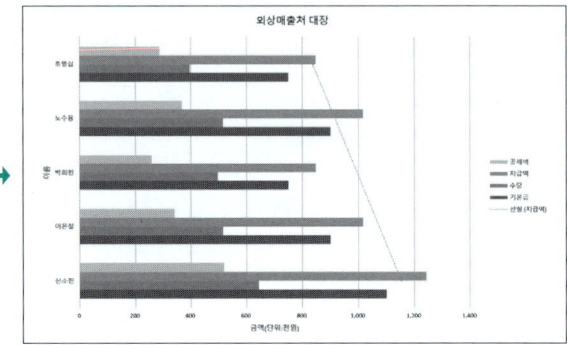

  - 방법 3 : 추세선을 표시할 데이터 계열의 바로 가기 메뉴에서 [추세선 추가] 선택
- 추세선 삭제
  - 방법 1 : 추세선을 선택한 후 Delete 누름
  - 방법 2 : 추세선의 바로 가기 메뉴에서 [삭제] 선택

 전문가의 조언

오차 막대의 특징을 묻는 문제가 출제되고 있습니다. 3차원 차트에는 오차 막대를 표시할 수 없다는 것을 중심으로 오차 막대의 특징을 정리하세요.

25.4, 24.4, 24.3

잠깐만요 오차 막대

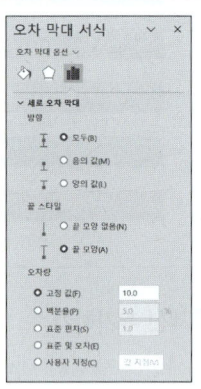

- 데이터 계열의 각 데이터 표식에 대한 오류 가능성이나 불확실성의 정도, 즉 오차량을 표시한다.
  - **실행** [차트 디자인] → [차트 레이아웃] → [차트 요소 추가] → [오차 막대] 선택
- 고정값, 백분율, 표준 편차, 표준 및 오차 등으로 표시할 수 있습니다.
- 계열에 있는 데이터 요소와 관련 있는 워크시트 값이나 수식을 변경하면 오차 막대도 조정됩니다.
- 3차원 차트에는 오차 막대를 표시할 수 없습니다.
- 세로 오차 막대 적용 가능 차트 : 영역형, 세로 막대형, 꺾은선형, 분산형, 거품형 차트 등
- 세로 오차 막대, 가로 오차 막대 적용 가능 차트 : 분산형, 거품형 차트

3차원 회전하기

3차원 차트의 가로 축과 세로 축의 방향과 원근감 등을 변경할 때 사용한다.

실행 차트 영역의 바로 가기 메뉴에서 [3차원 회전] 선택

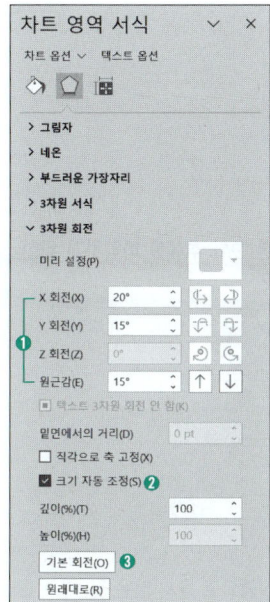

❶ 가로(X) 축 회전, 세로(Y) 축 회전, 원근감 등의 조절이 가능하다.

❷ 높이를 가로(항목) 축 길이에 대한 비율로 자동 조절한다. '크기 자동 조정'을 해제하면 가로(항목) 축 길이에 대한 비율을 적용한 높이를 사용자가 지정할 수 있다.

❸ 지정한 가로(X) 축과 세로(Y) 축의 회전 값을 기본값으로 변경한다(가로(X) 축 회전 : 20, 세로(Y) 축 회전 : 15).

> **궁금해요** 시나공 Q&A 베스트
>
> **Q** [3차원 회전] 메뉴가 선택이 안 돼요!
>
> **A** 차트가 3차원 형식이 아닐 경우 [3차원 회전] 메뉴는 사용할 수 없습니다.

기출문제 따라잡기

문제1 5309151

25년 5회, 23년 1회, 22년 4회

1. 다음 차트에 대한 설명으로 옳지 않은 것은?

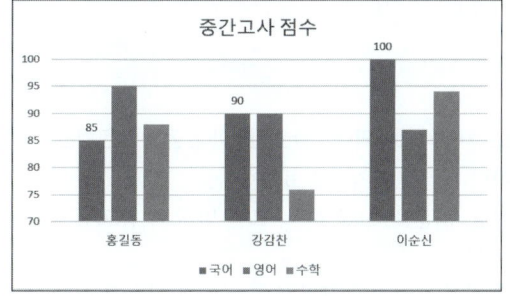

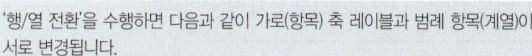
'행/열 전환'을 수행하면 다음과 같이 가로(항목) 축 레이블과 범례 항목(계열)이 서로 변경됩니다.
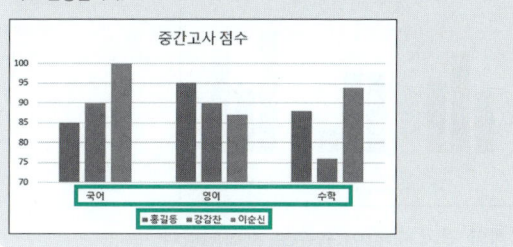

① '계열 겹치기' 값이 음수로 지정되었다.
② 국어 계열에 대해서만 데이터 레이블이 표시되었다.
③ 범례는 아래쪽으로 지정되었다.
④ '행/열 전환'을 수행하면 세로(값) 축과 가로(항목) 축이 서로 변경된다.

▶ 정답 : 1. ④

3장 차트 작성 **331**

기출문제 따라잡기

문제2 1309152

16년 1회, 09년 2회, 06년 2회
2. 다음 중 차트 작업 중에, 추세선에 대한 설명으로 옳지 않은 것은?

① 추세선은 데이터의 추세를 그래픽으로 표시하고 예측 문제를 분석하는 데 사용된다.
② 누적되지 않은 2차원 영역형, 가로 막대형, 세로 막대형, 꺾은선형, 주식형, 분산형, 거품형 차트 등의 데이터 계열에는 추세선을 추가할 수 있다.
③ 3차원, 방사형, 원형, 표면형, 도넛형 차트에는 한 가지 계열에 대해서만 추세선이 가능하다.
④ 추세선에 사용된 수식을 추세선과 함께 나타나게 할 수 있다.

> 3차원, 방사형, 원형, 표면형, 도넛형 차트에는 추세선을 추가할 수 없습니다.

18년 1회
3. 다음 중 범례에 대한 설명으로 옳지 않은 것은?

① 차트에 범례가 표시되어 있으면 워크시트에서 상응하는 데이터를 편집하여 개별 범례 항목을 수정할 수 있다.
② 차트에서 범례 또는 범례 항목을 클릭한 다음 Delete 를 누르면 범례를 쉽게 제거할 수 있다.
③ 범례는 기본적으로 차트와 겹치지 않게 표시된다.
④ 마우스로 범례를 이동하거나 크기를 변경하는 경우에 그림 영역의 크기나 위치는 자동으로 조정된다.

> 마우스를 이용하여 범례의 위치를 변경하면 다른 영역에는 아무런 영향을 미치지 않습니다.

25년 5회, 23년 1회, 22년 4회
4. 다음 차트에 대한 설명으로 옳지 않은 것은?

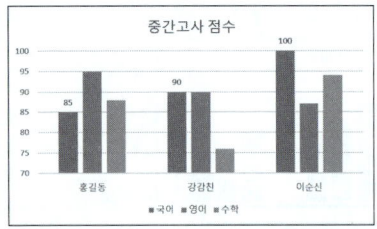

① '계열 겹치기' 값이 음수로 지정되었다.
② 국어 계열에 대해서만 데이터 레이블이 표시되었다.
③ 범례는 아래쪽으로 지정되었다.
④ '행/열 전환'을 수행하면 세로 축과 가로 축이 서로 변경된다.

'행/열 전환'을 수행하면 다음과 같이 가로(항목) 축의 데이터 계열과 범례 항목(계열)이 서로 변경됩니다.

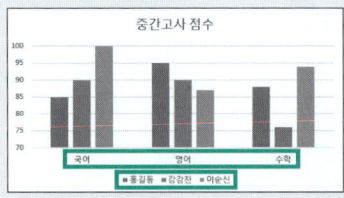

20년 1회, 16년 1회
5. 다음 중 특정한 데이터 계열에 대한 변화 추세를 파악하기 위한 추세선을 표시할 수 있는 차트 종류는?

①  ②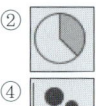
③   ④

> 추세선을 표시할 수 없는 차트에는 3차원, 방사형, 원형, 도넛형, 표면형이 있습니다. ①번은 방사형, ②번은 원형, ③번은 도넛형, ④번은 거품형 차트입니다.

24년 4회
6. 다음 중 차트의 오차 막대에 대한 설명으로 옳지 않은 것은?

① 데이터 계열의 각 데이터 표식에 대한 오류 가능성이나 불확실성의 정도를 표시한다.
② 세로형 막대 차트는 가로 오차 막대, 세로 오차 막대 모두 사용 가능하다.
③ 계열에 있는 데이터 요소와 관련 있는 워크시트 값이나 수식을 변경하면 오차 막대도 조정된다.
④ 오차량 계산식으로는 표준 편차, 표준 및 오차, 백분율 등이 있다.

> 세로형 막대 차트는 세로 오차 막대만 사용 가능합니다.

24년 3회
7. 다음은 차트의 오차 막대에 관한 설명이다. 옳지 않은 것은?

① 데이터 계열의 오차량을 표시한다.
② 고정값, 백분율, 표준 편차, 표준 및 오차 등으로 설정할 수 있다.
③ 통계 자료를 차트로 작성할 때 자료의 신뢰 수준을 시각적으로 보이게 하기 위해 사용한다.
④ 3차원 세로 막대형에서 사용 가능하다.

> 3차원 차트에는 오차 막대를 표시할 수 없습니다.

▶ 정답 : 2. ③ 3. ④ 4. ④ 5. ④ 6. ② 7. ④

SECTION 092 차트 편집 2

1 차트 서식 편집

25.5, 25.4, 25.3, 25.1, 24.3, 24.1, 23.2, 23.1, 22.4, 21.2, 19.상시, 19.1, 18.상시, 18.2, 17.2, 17.1, 16.3, 15.3, 15.1, 14.3, …

서식을 변경할 개체를 선택한 후 다음과 같이 수행한다.

- **방법 1** : [서식] → [현재 선택 영역] → [선택 영역 서식] 클릭
- **방법 2** : 바로 가기 메뉴 이용

[예제] 차트 서식 변경하기

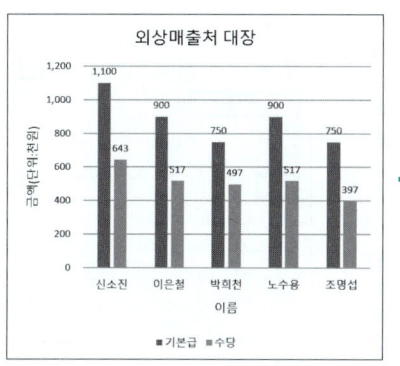

원본 차트

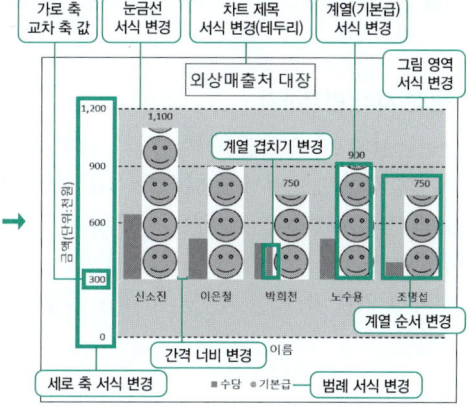

변경된 차트

전문가의 조언

차트 구성 요소에 서식을 지정하는 방법을 알아두고, 주어진 2개의 차트 그림에서 변경된 차트 서식을 구분할 수 있어야 합니다. 실습해 보면 쉽게 기억할 수 있습니다.

차트 서식 기본값으로 되돌리기
사용자가 차트 요소에 지정한 서식을 차트 작성시 표시된 원래 스타일로 되돌리려면 해당 요소를 선택한 후 [서식] → [현재 선택 영역] → [스타일에 맞게 다시 설정]을 클릭하면 됩니다.

준비하세요
'길벗컴활2급필기\2과목.xlsm' 파일을 불러와 '섹션92' 시트에서 실습하세요

차트 제목 서식 변경하기

① 차트 제목 서식을 변경하기 위해 차트 제목을 마우스 오른쪽 버튼으로 클릭한 후 바로 가기 메뉴에서 [차트 제목 서식]을 선택한다.

② '차트 제목 서식' 창의 [제목 옵션] → [◇(채우기 및 선)] → [테두리]에서 '실선'을 선택한 후 닫기(X) 단추를 클릭한다.

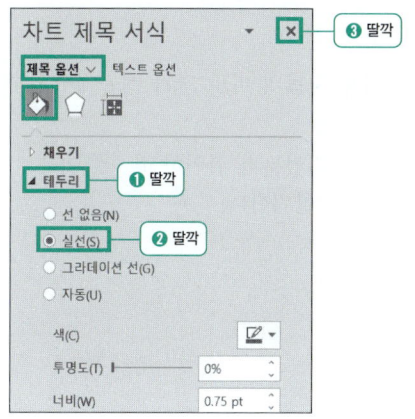

3장 차트 작성 **333**

축 서식 변경하기

① 세로(값) 축의 단위를 변경하기 위해 세로(값) 축의 바로 가기 메뉴에서 [축 서식]을 선택한다.

② '축 서식' 창의 [축 옵션] → [(축 옵션)] → [축 옵션]에서 '기본' 단위를 300, '가로 축 교차'의 '축 값'을 선택하고 300을 입력한 후 닫기( ) 단추를 클릭한다.

> ❶ **최소값** : 세로(값) 축에 표시되는 가장 작은 값이다.
> ❷ **최대값** : 세로(값) 축에 표시되는 가장 큰 값이다.
> ❸ **기본** : 세로(값) 축 기본 눈금선의 간격이다.
> ❹ **보조** : 세로(값) 축 보조 눈금선의 간격이다.
> ❺ **가로 축 교차*** : 가로(항목) 축과 세로(값) 축이 교차되는 위치이다.

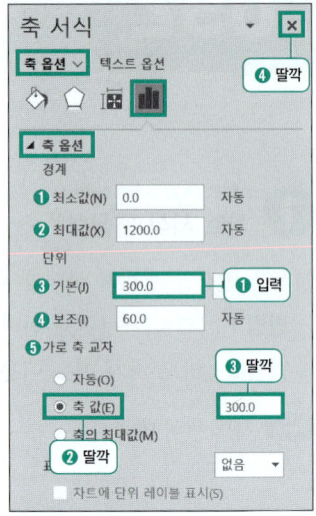

눈금선 서식 변경하기

① 눈금선의 선 스타일을 변경하기 위해 눈금선의 바로 가기 메뉴에서 [눈금선 서식]을 선택한다.

② '주 눈금선 서식' 창의 [주 눈금선 옵션] → [(채우기 및 선)] → [선]에서 '대시 종류'를 '파선'으로 선택한 후 닫기( ) 단추를 클릭한다.

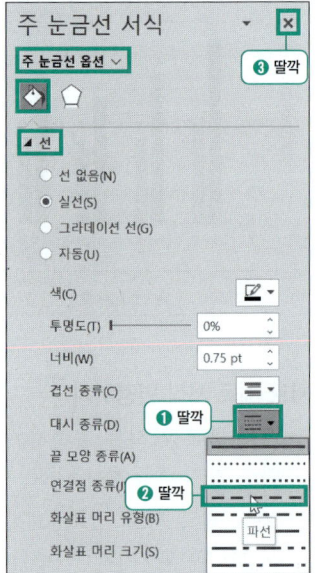

가로 축 교차
• **자동** : Excel의 기본 설정

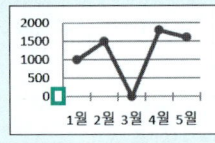

• **축 값** : 축이 교차할 축 값을 지정(예 1000)

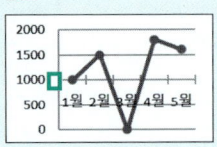

• **축의 최대값** : 축의 가장 높은 값에서 교차

데이터 계열 순서 변경하기

① '기본급'과 '수당' 계열의 순서를 변경*하기 위해 차트의 바로 가기 메뉴에서 [데이터 선택]을 선택한다.

② '데이터 원본 선택' 대화상자에서 '기본급'이 선택되었는지 확인하고, ' (아래로 이동)'을 클릭하여 계열 순서를 변경한 후 〈확인〉을 클릭한다.

계열 순서 변경
데이터 계열의 순서가 변경되면 범례의 순서도 자동으로 변경됩니다.

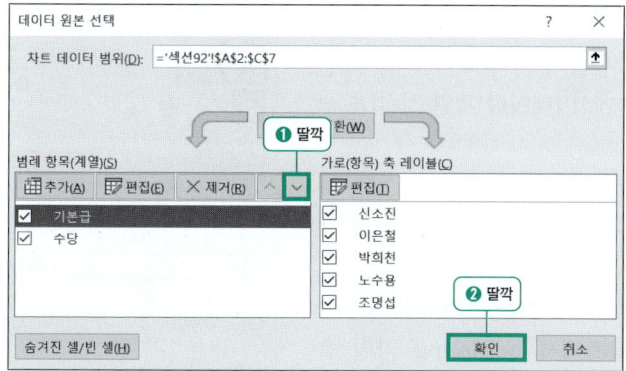

데이터 표식 항목의 간격 너비 및 계열 겹치기* 변경하기

① 데이터 표식 항목의 간격 너비 및 계열 겹치기를 지정하기 위해 '기본급' 계열의 바로 가기 메뉴에서 [데이터 계열 서식]을 선택한다.

② '데이터 계열 서식' 창의 [계열 옵션] → [(계열 옵션)] → [계열 옵션]에서 '계열 겹치기'를 50%, '간격 너비'를 30%로 지정하고 닫기( ) 단추를 클릭한다.

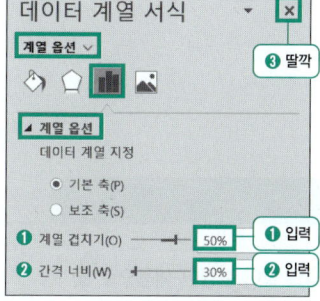

❶ 계열 겹치기
   − 데이터 계열의 항목들이 겹치도록 지정하는 것으로, −100% ~ 100% 사이의 값을 지정한다.
   − 양수로 지정하면 데이터 계열이 겹쳐져 표시되고, 음수로 지정하면 데이터 계열 사이가 벌어져 표시된다.

❷ 간격 너비
   − 막대와 막대 사이의 간격을 말하는 것으로, 0% ~ 500% 사이의 값을 지정한다.
   − 수치가 클수록 막대와 막대 사이의 간격은 넓어지고 막대의 너비는 줄어든다.

계열 겹치기 및 간격 너비

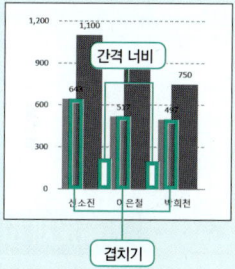

그림 영역 서식 변경하기

① 그림 영역의 색상을 변경하기 위해 그림 영역의 바로 가기 메뉴에서 [그림 영역 서식]을 선택한다.

② '그림 영역 서식' 창의 [그림 영역 옵션] → [(채우기 및 선)] → [채우기]에서 '단색 채우기'를 선택하고 채우기 색을 '노랑'으로 지정한 후 닫기( ) 단추를 클릭한다.

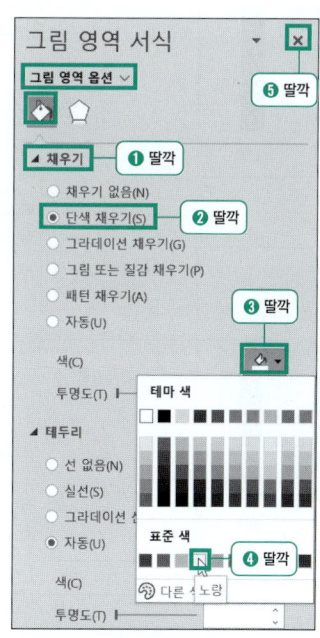

데이터 계열 서식 변경하기

① '기본급' 계열에 그림을 넣기 위해 '기본급' 계열의 바로 가기 메뉴에서 [데이터 계열 서식]을 선택한다.

② '데이터 계열 서식' 창의 [계열 옵션] → [◇)채우기 및 선] → [채우기]에서 '그림 또는 질감 채우기'를 선택한 후 〈삽입〉을 클릭한다.

③ '그림 삽입' 창에서 〈파일에서〉를 클릭한다.

③ '그림 삽입' 대화상자에서 'smile.jpg' 파일*을 찾아 선택한 후 〈삽입〉을 클릭한다.

④ '데이터 계열 서식' 창에서 '쌓기'를 선택한 후 닫기(X) 단추를 클릭한다.

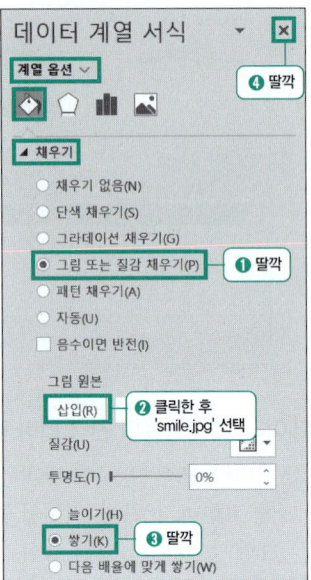

'smile.jpg' 파일
'smile.jpg' 파일은 '길벗컴활2급필기' 폴더에서 가져오면 됩니다.

기출문제 따라잡기

문제 1 5309251

25년 3회
1. 다음 중 〈변경 전〉 차트를 〈변경 후〉와 같이 변경한 내용으로 옳지 않은 것은?

〈변경 전〉

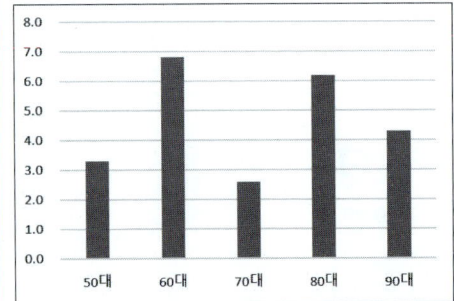

〈변경 후〉

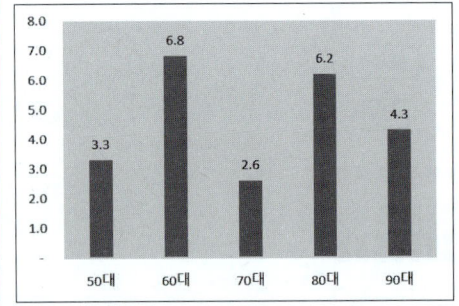

① 차트 영역의 색상을 변경하였다.
② 데이터 레이블을 추가하였다.
③ 가로 주 눈금선을 제거하였다.
④ 세로(값) 축의 표시 형식을 기호가 없는 회계 형식으로 변경하였다.

〈변경 후〉 차트에는 차트 영역이 아닌 그림 영역의 색상이 변경되어 있습니다.

21년 1회, 19년 1회
2. 다음 중 아래 차트에 대한 설명으로 옳은 것은?

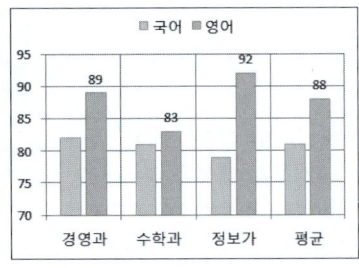

① 세로(값) 축의 축 서식에서 '기본 단위' 간격을 95로 설정하였다.
② 데이터 계열 서식의 '계열 겹치기' 값을 0보다 작은 음수 값으로 설정하였다.
③ '영어'의 데이터 레이블은 안쪽 끝에 표시되고 있다.
④ 가로(항목) 축의 주 눈금선과 보조 눈금선이 함께 표시되고 있다.

기출문제 따라잡기

① 세로(값) 축의 축 서식에서 기본 단위 간격을 5, 최대값을 95로 설정하였습니다.
③ '영어'의 데이터 레이블은 바깥쪽 끝에 표시되어 있습니다.
④ 가로(항목) 축에는 주 눈금선만 표시되어 있습니다.

17년 2회, 1회
3. 다음 중 차트의 데이터 계열 서식에 대한 설명으로 옳지 않은 것은?

① 계열 겹치기 수치를 양수로 지정하면 데이터 계열 사이가 벌어진다.
② 차트에서 데이터 계열의 간격을 넓게 또는 좁게 지정할 수 있다.
③ 특정 데이터 계열의 값이 다른 데이터 계열의 값과 차이가 많이 나거나 데이터 형식이 혼합되어 있는 경우 보조 세로(값) 축에 하나 이상의 데이터 계열을 나타낼 수 있다.
④ 보조 축에 해당되는 데이터 계열을 구분하기 위하여 보조 축의 데이터 계열만 선택하여 차트 종류를 변경할 수 있다.

계열 겹치기의 수치를 양수로 지정하면 데이터 계열이 겹쳐져 표시되고, 음수로 지정하면 데이터 계열 사이가 벌어져 표시됩니다.

24년 1회
4. 다음 그림과 같이 데이터 계열을 그림으로 표시하기 위한 방법으로 옳은 것은?

① [데이터 계열 서식] 창에서 [채우기] → [패턴 채우기] → 삽입할 그림 선택 → 다음 배율에 맞게 쌓기
② [데이터 계열 서식] 창에서 [채우기] → [그림 또는 질감 채우기] → 삽입할 그림 선택 → 늘이기
③ [데이터 계열 서식] 창에서 [채우기] → [패턴 채우기] → 삽입할 그림 선택 → 자동
④ [데이터 계열 서식] 창에서 [채우기] → [그림 또는 질감 채우기] → 삽입할 그림 선택 → 쌓기

문제에 제시된 그림처럼 데이터 계열을 그림으로 표시하려면, ④번 작업을 수행하면 됩니다.

21년 2회, 15년 1회, 12년 3회
5. 아래 그림을 [데이터 계열 서식] 메뉴를 이용하여 수정하고자 할 때, 다음 설명 중 옳지 않은 것은?

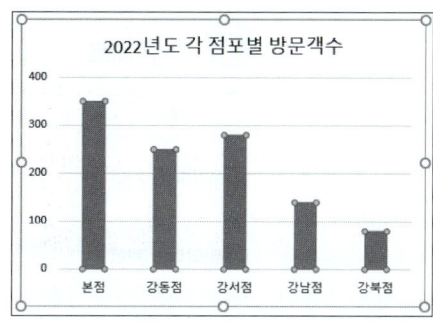

① [계열 겹치기]는 -100%에서 100%까지 조절할 수 있다.
② [간격 너비]는 0%에서 500%까지이다.
③ [요소마다 다른 색 사용]에 체크 표시를 하면 막대의 색깔이 각각 달라진다.
④ [간격 너비]의 숫자를 늘리면 각 막대의 너비가 커진다.

[간격 너비]는 막대와 막대 사이의 간격을 말하는 것으로, [간격 너비]의 숫자를 늘리면 막대와 막대 사이의 간격이 넓어지므로 막대의 너비는 줄어듭니다.

궁금해요 시나공 Q&A 베스트

Q '데이터 계열 서식' 창에 '요소마다 다른 색 사용' 항목이 없어요.

A '요소마다 다른 색 사용'은 차트에 데이터 계열이 하나인 경우에만 표시되는 항목으로, 데이터 계열이 두 개 이상인 경우 표시되지 않습니다.

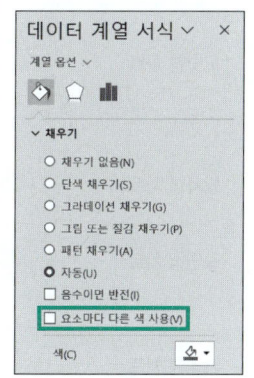

[데이터 계열이 하나인 차트]

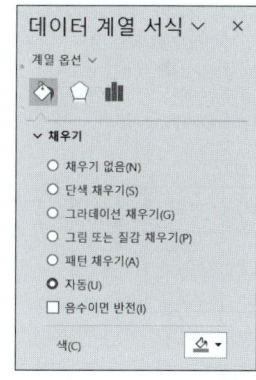

[데이터 계열이 두 개 이상인 차트]

▶ 정답 : 1. ① 2. ② 3. ① 4. ④ 5. ④

SECTION 093 용도별 차트 작성

전문가의 조언

중요해요! 각 차트별들의 용도와 특징을 묻는 문제가 자주 출제되고 있습니다. 각 차트의 용도 및 특징은 반드시 숙지해야 합니다.

3차원 차트
- 가로 축, 세로 축, 깊이 축과 같이 축이 3개로 구성된 차트를 말합니다.
- 3차원 차트는 높이 변경, 원근감 변경, 상하·좌우로 회전 등을 할 수 있습니다.
- 도넛형, 분산형, 주식형, 방사형 등의 차트는 3차원 차트로 작성할 수 없습니다.
- 3차원 차트에는 추세선을 추가할 수 없습니다.

원형/도넛형 차트의 첫째 조각의 각 회전 방법
데이터 계열을 선택한 후 바로 가기 메뉴에서 [데이터 계열 서식] 선택 → '데이터 계열 서식' 창의 [계열 옵션] → [🔲](계열 옵션) → [계열 옵션]에서 첫째 조각의 각을 조정합니다.

도넛 구멍 크기 변경 방법
데이터 계열을 선택한 후 바로 가기 메뉴에서 [데이터 계열 서식] 선택 → '데이터 계열 서식' 창의 [계열 옵션] → [🔲](계열 옵션) → [계열 옵션]에서 도넛 구멍의 크기를 조정합니다.

거품의 크기

품목의 번호	판매	시장 점유율(%)
14	11,200	13
20	60,000	23
18	14,400	5
↑X 값	↑Y 값	↑거품 크기

주식형 차트
피벗 테이블에 차트를 추가하여 피벗 차트 보고서를 작성할 수 있는데, 주식형, 분산형, 거품형, 트리맵, 선버스트, 히스토그램 차트로는 작성할 수 없습니다.

1 표준 차트

25.5, 25.2, 25.1, 24.5, 24.3, 24.2, 23.5, 23.4, 23.3, 22.4, 22.2, 22.1, 21.4, 21.3, 21.2, 19.상시, 19.2, 19.1, 18.상시, 18.2, …

4209301

종류	그림	특징
세로 막대형 차트		• 각 항목 간의 값을 막대의 길이로 비교·분석하는 데 적합하다. • 가로(항목) 축은 수평으로 나타내고, 세로(값) 축은 수직으로 나타낸다.
08.4 가로 막대형 차트		• 각 항목 간의 값을 막대의 길이로 비교·분석하는 데 적합하다. • 가로(항목) 축은 수직으로 나타내고, 세로(값) 축은 수평으로 나타낸다.
24.2, 22.2, 21.4, 19.2, 15.1, … 꺾은선형 차트		• 일정 기간의 데이터 변화 추이를 확인하는 데 적합하다. • 연속적인 값의 변화를 표현하는 것으로, 변화율에 중점을 둔다.
25.1, 23.5, 23.3, 22.1, 21.4, … 원형 차트		• 전체 항목의 합에 대한 각 항목의 비율을 나타내는 차트로, 중요한 요소를 강조할 때 사용한다. • 항상 한 개의 데이터 계열만 사용하므로 축이 없다. • 차트의 각 조각을 분리할 수 있고 첫째 조각의 각*을 0~360도로 회전할 수 있다.
23.5, 21.4, 21.3, 19.2, 18.1, … 분산형 차트		• X·Y 좌표로 이루어진 한 개의 계열로 두 개의 숫자 그룹을 나타낸다. • 데이터의 불규칙한 간격이나 묶음을 보여 주며, 주로 과학·공학용 데이터 분석에 사용된다. • 데이터 요소 수가 많아 데이터 요소 간의 차이점보다는 큰 데이터 집합 간의 유사점을 표시하기 위해 사용된다.
21.3 영역형 차트		• 시간에 따른 각 값의 변화량을 비교할 때 사용된다. • 전체 영역과 특정 값의 영역을 비교해 전체와 부분 간의 관계를 나타낼 수 있다.
24.5, 23.1, 21.3, 21.2, 18.상시, … 도넛형 차트		• 전체에 대한 각 부분의 관계를 비율로 나타내어 각 부분을 비교할 때 사용된다. • 원형 차트와는 달리 여러 개의 데이터 계열을 갖는다. • 도넛 구멍의 크기*를 0%~90% 사이의 값으로 조정하거나 첫째 조각의 각을 0~360도로 회전할 수 있다.
23.5, 23.4, 22.4, 21.4, 19.상시, … 방사형 차트		• 많은 데이터 계열의 집합적인 값을 나타낼 때 사용한다. • 각 계열은 가운데서 뻗어 나오는 값 축을 갖는다.
23.5, 18.1, 15.2, 14.1 표면형 차트		두 개의 데이터 집합에서 최적의 조합을 찾을 때 사용한다.
25.2, 23.4, 22.1, 09.3, 05.3 거품형 차트		• 계열 간의 항목 비교에 사용한다. • 분산형 차트의 한 종류로 데이터 계열값이 세 개인 경우에 사용한다. • Z축에 해당하는 값(세 번째 변수값)을 작성하지 않고, 거품의 크기*로 표시한다.
21.3, 07.1 주식형 차트		• 주식의 거래량과 같은 주가의 흐름을 파악하고자 할 때 사용한다. • 거래량, 시가, 고가, 저가, 종가 등을 나타내기 위해 5개의 계열이 필요하다.

25.5, 24.3, 23.2 **트리맵 차트**		• 계층 간의 상대적 크기를 비교할 때 사용한다. • 계층 간의 비율을 사각형으로 표시한다. • 색과 근접성을 기준으로 각 계층을 분류한다.
선버스트 차트		• 계층 간의 관계를 비교할 때 사용한다. • 계층 간의 비율을 고리 또는 원으로 표시한다. • 가장 안쪽에 있는 원이 계층의 가장 높은 수준을 나타낸다.
히스토그램 차트		특정 범위를 그룹화하여 그룹별 데이터의 분포를 표시할 때 사용한다.

② 특수 차트

23.5, 23.1, 18.1, 17.2, 17.1, 10.1, 09.4, 08.2, 06.3, 04.4, 04.1, 03.1, 01.2, 99.2

이중 축 차트

이중 축 차트는 2개 이상의 데이터 계열을 가진 차트에서 또 하나의 값 축을 추가하여 이중으로 값을 표시하는 차트이다.

- 특정 데이터 계열의 값이 다른 데이터 계열의 값과 현저하게 차이가 나거나, 종류가 다른 2개 이상의 데이터 계열을 가진 차트에 효율적으로 사용된다.
- 왼쪽에 표시되는 세로(값) 축의 맞은편(오른쪽)에 보조 축이 표시된다.

예제 1 다음과 같이 이중 축 차트로 변경하시오.

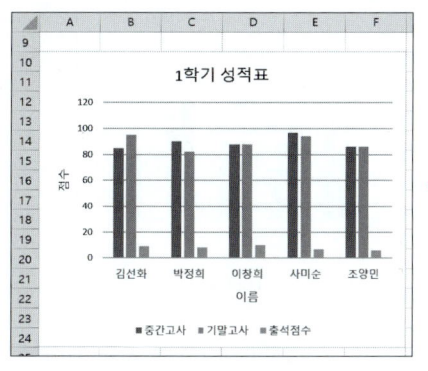 →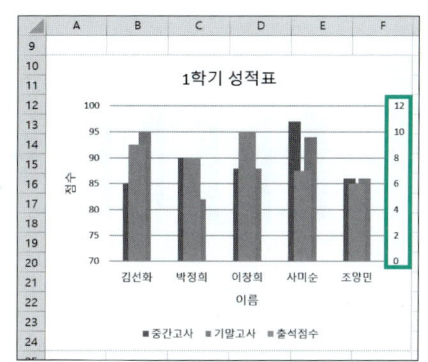

① 이중 축으로 변환할 데이터 계열을 선택*한 후 바로 가기 메뉴에서 [데이터 계열 서식]을 선택하거나 [서식] → [현재 선택 영역] → [선택 영역 서식]을 클릭한다.

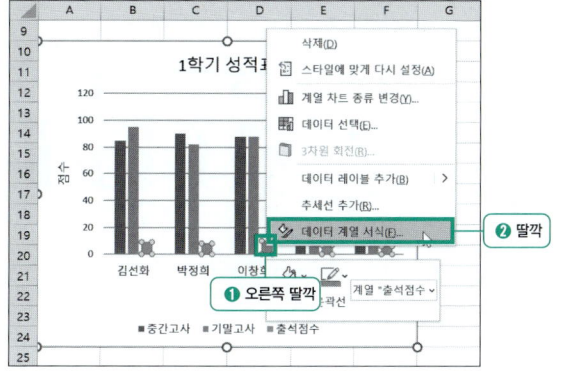

> **전문가의 조언**
> 보조 축을 이용하는 차트, 즉 이중 축 차트의 용도를 묻는 문제가 출제되었습니다. 이중 축 차트의 사용 용도와 특징을 기억하세요.

> **준비하세요**
> '길벗컴활2급필기\2과목.xlsm' 파일을 불러와 '섹션93-1' 시트에서 실습하세요.

> **계열 선택**
> '출석점수' 데이터 계열의 값이 다른 데이터의 값과 차이가 많이 나므로 화면에 작게 표시됩니다. 가장 마지막 계열을 선택하면 됩니다.

② '데이터 계열 서식' 창의 [계열 옵션] → [■(계열 옵션)] → [계열 옵션]에서 '보조 축'을 선택한 후 닫기(X) 단추를 클릭하면 이중 축 차트가 완성된다.

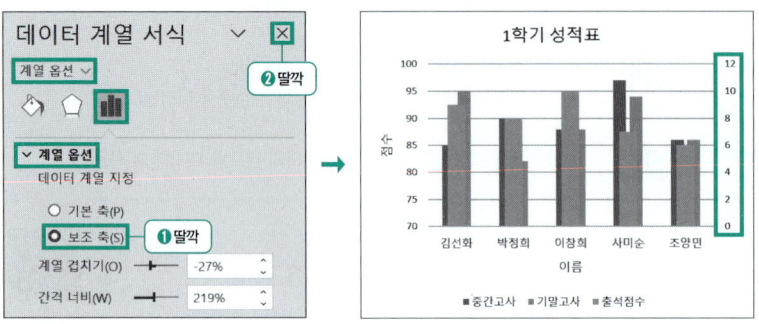

혼합형(콤보) 차트

혼합형(콤보) 차트는 두 개 이상의 데이터 계열을 가진 차트에서 특정 데이터 계열을 강조하기 위해 해당 데이터 계열을 다른 차트로 표시하는 것이다.

- 3차원, 주식형, 거품형, 표면형, 트리맵, 선버스트, 히스토그램 차트는 혼합형 차트로 만들 수 없다.

예제 2 앞에서 작성한 차트를 다음 그림과 같이 혼합형 차트로 변경하시오.

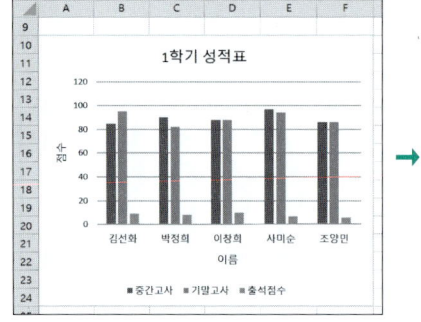 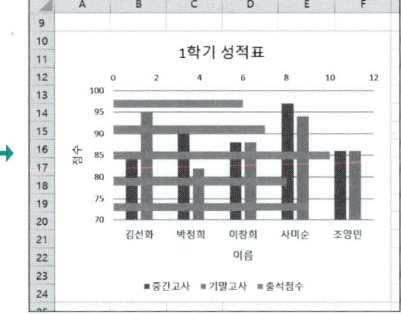

① 임의의 데이터 계열을 선택한 후 [차트 디자인] → [종류] → [차트 종류 변경]을 클릭하거나 바로 가기 메뉴에서 [계열 차트 종류 변경]을 선택한다.

② '차트 종류 변경' 대화상자에서 그림과 같이 선택한 후 〈확인〉을 클릭한다.

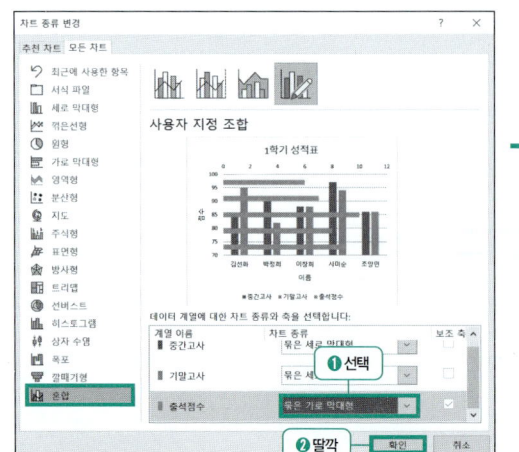 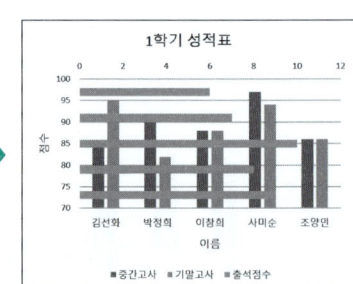

> **전문가의 조언**
> 혼합형(콤보) 차트로 작성할 수 없는 차트를 묻는 문제가 출제되었습니다. 혼합형 차트의 개념과 함께 알아두세요.
>
> **준비하세요**
> '길벗컴활2급필기\2과목.xlsm' 파일을 불러와 '섹션93-2' 시트에서 실습하세요.

기출문제 따라잡기

문제3 3310753  문제4 1309352

24년 2회, 22년 2회, 21년 2회, 15년 1회

1. 다음 중 항목 레이블이 월, 분기, 연도와 같이 일정한 간격의 값을 나타내는 경우에 적합한 차트로 일정 간격에 따라 데이터의 추세를 표시하는 데 유용한 것은?

① 분산형 차트
② 원형 차트
③ 꺾은선형 차트
④ 방사형 차트

> 문제에 제시된 내용은 꺾은선형 차트의 특징입니다.

23년 5회, 18년 1회, 15년 2회, 14년 1회

2. 다음 중 차트에 대한 설명으로 옳지 않은 것은?

① 표면형 차트 : 두 개의 데이터 집합에서 최적의 조합을 찾을 때 사용한다.
② 방사형 차트 : 분산형 차트의 한 종류로 데이터 계열 간의 항목 비교에 사용된다.
③ 분산형 차트 : 데이터의 불규칙한 간격이나 묶음을 보여주는 것으로 주로 과학이나 공학용 데이터 분석에 사용된다.
④ 이중 축 차트 : 특정 데이터 계열의 값이 다른 데이터 계열의 값과 현저하게 차이가 날 경우나 두 가지 이상의 데이터 계열을 가진 차트에 사용한다.

> 방사형 차트는 많은 데이터 계열의 집합적인 값을 나타낼 때 사용되는 차트입니다. ②번의 내용은 거품형 차트의 설명입니다.

23년 5회, 21년 3회, 18년 2회

3. 다음 중 원형 차트에 대한 설명으로 옳지 않은 것은?

① 차트 계열 요소의 값들을 '데이터 테이블'로 나타낼 수 있다.
② 항상 한 개의 데이터 계열만을 가지고 있으므로 축이 없다.
③ 차트의 각 조각을 분리하거나, 첫째 조각의 각을 조정할 수 있다.
④ 전체 항목의 합에 대한 각 항목의 비율을 표시할 수 있다.

> 원형, 도넛형, 분산형, 거품형, 방사형 차트에는 '데이터 테이블'을 나타낼 수 없습니다.

21년 4회, 19년 2회, 06년 2회

4. 다음 중 각 차트에 대한 설명으로 옳지 않은 것은?

① 꺾은선형 차트 : 일정 간격에 따라 데이터의 추세를 나타내기에 적합하다.
② 원형 차트 : 전체에 대한 각 부분의 관계를 보여주며, 여러 데이터 계열이 각각의 고리로 표시된다.
③ 방사형 차트 : 각 데이터 요소의 중간 지점에 대한 값의 변화를 보여주며, 여러 데이터 계열의 집계 값을 비교하기에도 용이하다.
④ 분산형 차트 : 여러 데이터 계열에 있는 숫자 값 사이의 관계를 보여주거나 두 개의 숫자 그룹을 xy 좌표로 이루어진 하나의 계열로 표시한다.

> 원형 차트는 전체 항목의 합에 대한 각 항목의 비율을 나타내는 차트로, 한 개의 데이터 계열만 사용합니다. 여러 데이터 계열이 각각의 고리로 표시된 것은 도넛형 차트입니다.

23년 5회, 3회, 22년 1회, 21년 1회

5. 다음 중 하나의 계열만 표시할 수 있는 차트는?

① 세로 막대형
② 원형
③ 방사형
④ 영역형

> 하나의 계열만 표시할 수 있는 차트는 원형 차트입니다.

22년 4회, 15년 2회

6. 다음 중 아래의 차트와 같이 데이터를 선으로 표시하여 데이터 계열의 총 값을 비교하고, 상호 관계를 살펴보고자 할 때 사용하는 차트 종류는?

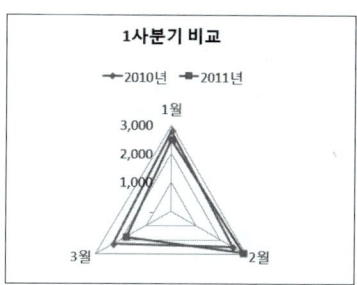

① 도넛형 차트
② 방사형 차트
③ 분산형 차트
④ 주식형 차트

> 데이터 계열이 가운데서 뻗어 나오는 값 축을 갖는 차트는 방사형 차트입니다.

▶ 정답 : 1. ③ 2. ② 3. ① 4. ② 5. ② 6. ②

기출문제 따라잡기

23년 1회

7. 도넛형 차트의 도넛 구멍 크기를 줄이는 방법으로 옳은 것은?

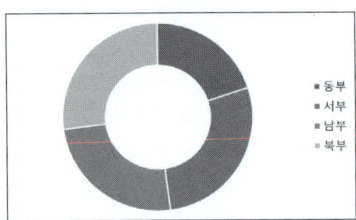

① 그림 영역 서식의 '테두리 옵션'에서 조절한다.
② 데이터 계열 서식의 '계열 옵션'에서 조절한다.
③ 차트 영역 서식의 '테두리 옵션'에서 조절한다.
④ 범례 서식의 '계열 옵션'에서 조절한다.

> 도넛형 차트의 도넛 구멍 크기는 '데이터 계열 서식' 창의 [계열 옵션] → [▮](계열 옵션)] → [계열 옵션]에서 도넛 구멍의 크기를 이용하여 조절할 수 있습니다.

25년 2회, 23년 4회, 22년 1회, 21년 1회

8. 다음과 같이 수량과 실적에 따른 점유율을 확인하는데 가장 알맞은 차트는 무엇인가?

	A	B	C	D
1	순번	수량	실적	점유율
2	1	35	3,500,000	17%
3	2	40	4,000,000	19%
4	3	42	4,200,000	20%
5	4	58	5,800,000	28%
6	5	33	3,300,000	16%

① 도넛형 ② 분산형
③ 거품형 ④ 영역형

> 수량, 실적, 점유율과 같이 데이터 계열 값이 세 개인 경우에 사용되는 차트는 거품형입니다. 문제에 제시된 데이터를 이용하여 거품형 차트를 작성하면 다음과 같습니다.

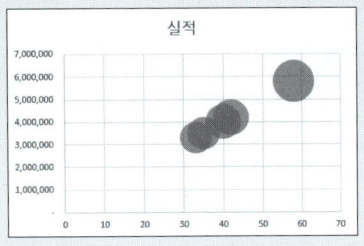

25년 5회, 24년 3회, 23년 2회

9. 데이터를 계층 구조로 하여 다른 범주 수준을 비교할 수 있도록 간단히 도식화하여 표현한 차트로, 색과 근접성을 기준으로 범주를 표시하며 다른 차트 유형으로 표시하기 어려운 많은 양의 데이터를 쉽게 표시할 수 있는 차트는?

① 히스토그램 ② 콤보
③ 폭포   ④ 트리맵

> 계층 간 상대적 크기를 색과 근접성으로 표시하는 차트는 트리맵입니다.

23년 4회

10. 다음에서 설명하고 있는 차트는?

> • 많은 데이터 계열의 집합적인 값을 나타낼 때 사용한다.
> • 각 계열은 가운데서 뻗어 나오는 값 축을 갖는다.

① 도넛형 ② 분산형
③ 방사형 ④ 거품형

> 많은 데이터 계열의 집합적인 값을 나타낼 때 사용하는 차트는 방사형입니다.

23년 1회

11. 다음 중 콤보 형태로 표현할 수 있는 차트 묶음이 아닌 것은?

① 표면형, 세로 막대형
② 가로 막대형, 원형
③ 원형, 도넛형
④ 꺾은선형, 가로 막대형

> 표면형은 콤보 형태로 차트를 작성할 수 없습니다.

24년 5회, 21년 2회, 12년 1회

12. 다음 중 원형 차트를 개선한 것으로 여러 개의 계열을 가지는 차트는?

① 3차원 효과의 원형 차트
② 도넛형 차트
③ 원통형 차트
④ 원뿔형 차트

> 원형 차트는 항상 한 개의 데이터 계열만 사용하는데, 이를 개선하여 여러 개의 계열을 가질수 있도록 개선한 것은 도넛형 차트입니다.

▶ 정답 : 7. ② 8. ③ 9. ④ 10. ③ 11. ① 12. ②

3장 핵심요약

090 차트 작성의 기초

❶ 차트의 개요 24.5, 24.4, 24.1, 22.4, 22.3, 22.2, 20.1, 19.상시, 19.2, 16.3, 16.2, 15.3, 12.3, 12.1, …

- 차트는 워크시트의 데이터를 막대나 선, 도형, 그림 등을 사용하여 시각적으로 표현한 것이다.
- 기본적으로 워크시트에서 숨겨진 데이터는 차트에 표시되지 않으며, 빈 셀이 있는 경우 데이터 요소 사이의 간격이 빈 셀만큼 벌어져 표시된다.
- 데이터가 입력된 셀 중 하나를 선택한 상태에서 차트를 만들면 해당 셀을 둘러싼 모든 셀의 데이터가 차트에 표시된다.
- 현재 문서의 다른 시트 또는 다른 통합 문서에 있는 데이터로도 차트를 만들 수 있다.
- 차트에 사용될 데이터를 범위로 지정한 후 F11을 누르면 별도의 차트 시트에 기본 차트가 작성되고, Alt + F1을 누르면 데이터가 있는 워크시트에 기본 차트가 작성된다.
- Alt를 누른 상태에서 차트 크기를 조절하면 차트의 크기가 셀에 맞춰 조절된다.
- 사용자가 만든 차트를 차트 서식 파일로 등록하면 '차트 삽입' 대화상자의 '모든 차트' 탭에서 선택할 수 있다.

❷ 차트의 구성 요소 25.4, 25.2, 25.1, 24.4, 24.2, 23.4, 23.3, 23.2, 22.4, 22.1, 21.4, 21.2, …

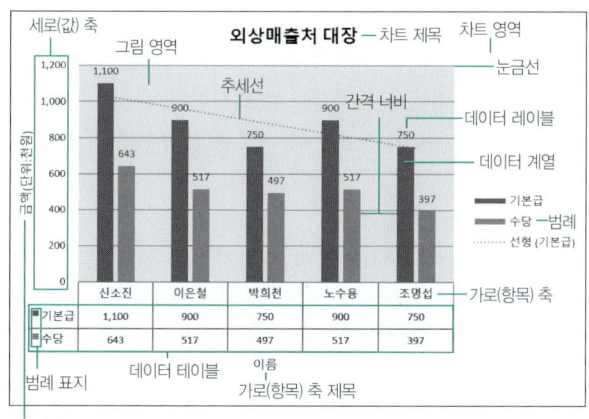

091 차트 편집 1

❶ 행/열 전환 25.5, 25.4, 23.1, 22.4

'범례 항목(계열)'과 '가로(항목) 축 레이블'을 서로 바꾼다.

❷ 차트 범례 위치 변경 25.5, 25.4, 25.1, 23.2, 23.1, 19.2, 18.2, 17.2, 15.3, 12.3, 11.2, 10.2, 10.1

차트를 클릭하여 선택하고 [차트 디자인] → [차트 레이아웃] → [차트 요소 추가] → [범례]에서 변경한다.

❸ 오차 막대 25.4, 24.4, 24.3

- 데이터 계열의 각 데이터 표식에 대한 오류 가능성이나 불확실성의 정도, 즉 오차량을 표시한다.
- 3차원 차트에는 오차 막대를 표시할 수 없다.
- 세로 오차 막대 적용 가능 차트 : 영역형, 세로 막대형, 꺾은선형, 분산형, 거품형 차트 등
- 세로 오차 막대, 가로 오차 막대 적용 가능 차트 : 분산형, 거품형 차트

092 차트 편집 2

❶ 축 서식 변경 25.1, 24.3, 24.1, 21.1, 19.상시, 19.1, 18.상시, 18.2, 17.2, 17.1, 16.3, 15.3, 15.1, …

- 최소값 : 세로(값) 축에 표시되는 가장 작은 값
- 최대값 : 세로(값) 축에 표시되는 가장 큰 값
- 기본 : 세로(값) 축 기본 눈금선의 간격
- 보조 : 세로(값) 축 보조 눈금선의 간격
- 가로 축 교차 : 가로(항목) 축과 세로(값) 축이 교차되는 위치

❷ 계열 겹치기 25.5, 25.1, 23.2, 23.1, 22.4, 21.4, 21.2, 21.1, 20.2, 19.1, 17.2, 17.1, 16.2, 16.1, 15.3, …

- 데이터 계열의 항목들이 겹치도록 지정하는 것이다.
- 양수로 지정하면 데이터 계열이 겹쳐져 표시되고, 음수로 지정하면 데이터 계열 사이가 벌어져 표시된다.

❸ 간격 너비 21.2, 12.3

- 막대와 막대 사이의 간격을 말하는 것이다.
- 수치가 클수록 막대와 막대 사이의 간격은 넓어지고 막대의 너비는 줄어든다.

3장 핵심요약

093 용도별 차트 작성

❶ 꺾은선형 차트 24.2, 22.2, 21.4, 19.2, 15.1, 13.2
- 일정 기간의 데이터 변화 추이를 확인하는 데 적합하다.
- 연속적인 값의 변화를 표현하는 것으로, 변화율에 중점을 둔다.

❷ 원형 차트 25.1, 23.5, 23.3, 22.1, 21.4, 21.3, 19.2, 19.1, 18.2, 13.3, 13.1, 10.2
- 전체 항목의 합에 대한 각 항목의 비율을 나타내는 차트로, 중요한 요소를 강조할 때 사용한다.
- 항상 한 개의 데이터 계열만 사용하므로 축이 없다.
- 차트의 각 조각을 분리할 수 있고 첫 번째 조각의 각을 0~360도로 회전할 수 있다.

❸ 분산형 차트 23.5, 21.4, 21.3, 19.2, 18.1, 15.2, 14.1
- X·Y 좌표로 이루어진 한 개의 계열로 두 개의 숫자 그룹을 나타낸다.
- 데이터의 불규칙한 간격이나 묶음을 보여 주며, 주로 과학·공학용 데이터 분석에 사용된다.
- 데이터 요소 수가 많아 데이터 요소 간의 차이점보다는 큰 데이터 집합 간의 유사점을 표시하기 위해 사용된다.

❹ 영역형 차트 21.3
- 시간에 따른 각 값의 변화량을 비교할 때 사용된다.
- 전체 영역과 특정 값의 영역을 비교해 전체와 부분 간의 관계를 나타낼 수 있다.

❺ 도넛형 차트 24.5, 23.1, 21.3, 21.2, 18.상시, 12.1
- 전체에 대한 각 부분의 관계를 비율로 나타내어 각 부분을 비교할 때 사용된다.
- 원형 차트와는 달리 여러 개의 데이터 계열을 갖는다.
- 도넛 구멍의 크기는 '데이터 계열 서식' 창의 [계열 옵션]에서 변경할 수 있다.

❻ 방사형 차트 23.5, 23.4, 22.4, 21.4, 19.상시, 18.1, 16.3, 15.2, 14.1, 13.3
- 많은 데이터 계열의 집합적인 값을 나타낼 때 사용한다.
- 각 계열은 가운데서 뻗어 나오는 값 축을 갖는다.

❼ 표면형 차트 23.5, 18.1, 15.2, 14.1
- 두 개의 데이터 집합에서 최적의 조합을 찾을 때 사용한다.

❽ 거품형 차트 25.2, 23.4, 22.1
- 계열 간의 항목 비교에 사용한다.
- 분산형 차트의 한 종류로 데이터 계열값이 세 개인 경우에 사용한다.
- Z축에 해당하는 값(세 번째 변수값)을 작성하지 않고, 거품의 크기로 표시한다.

❾ 주식형 차트 21.3
- 주식의 거래량과 같은 주가의 흐름을 파악하고자 할 때 사용한다.
- 거래량, 시가, 고가, 저가, 종가 등을 나타내기 위해 5개의 계열이 필요하다.

❿ 트리맵 차트 25.5, 24.3, 23.2
- 계층 간의 상대적 크기를 비교할 때 사용한다.
- 계층 간의 비율을 사각형으로 표시한다.
- 색과 근접성을 기준으로 각 계층을 분류한다.

⓫ 혼합형(콤보) 차트 23.1, 10.1
- 두 개 이상의 데이터 계열을 가진 차트에서 특정 데이터 계열을 강조하기 위해 해당 데이터 계열을 다른 차트로 표시하는 것이다.
- 3차원, 주식형, 거품형, 표면형, 트리맵, 선버스트, 히스토그램 차트는 혼합형 차트로 만들 수 없다.

4장 출력

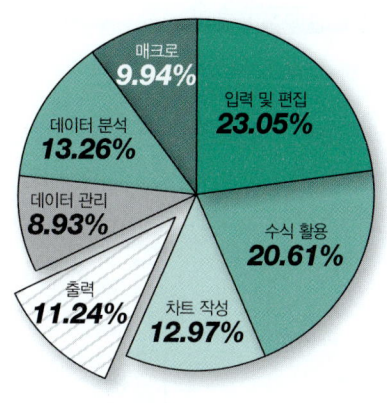

094 워크시트의 화면 설정 Ⓑ등급
095 페이지 설정 Ⓐ등급
096 인쇄 Ⓑ등급

꼭 알아야 할 키워드 Best 10

1. 페이지 설정 2. 틀 고정 3. 페이지 나누기 4. 인쇄 미리 보기 5. 인쇄 영역 설정 6. 인쇄 7. 창 정렬 8. 창 나누기 9. 확대/축소
10. 페이지 나누기 미리 보기

SECTION 094 워크시트의 화면 설정

전문가의 조언

엑셀의 화면 제어에 대한 내용으로 잘못된 것을 찾는 문제가 출제된 적이 있습니다. 확대/축소가 가능한 배율과 확대/축소 배율은 인쇄되지 않는다는 것을 알아두세요.

① 확대/축소

20.상시, 19.2, 18.1, 13.3

작업 화면의 크기를 10~400%까지 확대하거나 축소하는 기능이다.

실행 다음과 같이 수행한 후 확대/축소 배율을 지정한다.
- 방법 1 : [보기] → [확대/축소] → [확대/축소] 클릭
- 방법 2 : 상태 표시줄의 '확대/축소 비율(100 %)' 클릭

특징
- 영역을 선택한 후 [보기] → [확대/축소] → [선택 영역 확대/축소]를 클릭하면 선택된 영역이 전체 화면에 맞춰 확대 또는 축소된다.
- 확대/축소 배율은 지정한 시트에만 적용된다.
- '확대/축소' 대화상자의 사용자 지정 입력 상자에 직접 배율을 입력할 수 있다.
- Ctrl을 누른 채 마우스의 스크롤 버튼을 위로 굴리면 화면이 확대되고, 아래로 굴리면 화면이 축소*된다.
- 화면의 확대/축소는 인쇄 시 적용되지 않는다.

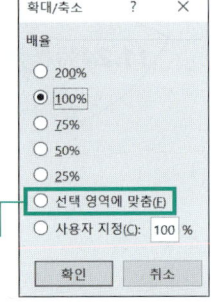

선택한 부분을 현재 창에 맞게 확대하거나 축소한다.

마우스를 이용한 화면 확대/축소

[파일] → [옵션] → [고급] 탭의 '편집 옵션' 항목에서 'IntelliMouse 로 화면 확대/축소' 옵션을 체크하면 Ctrl을 누르지 않은 상태에서 마우스의 스크롤 버튼만으로 화면의 축소 및 확대가 가능합니다.

전문가의 조언

틀 고정선이 표시되는 위치와 틀 고정 취소 방법 등을 확실하게 파악하세요.

② 틀 고정

25.5, 25.3, 25.1, 24.1, 23.5, 23.4, 18.상시, 17.1, 16.3, 16.2, 16.1, 15.1, 13.3, 11.1, 10.3, 09.4, 08.3, 08.2, 08.1, 06.3, 05.3, …

데이터의 양이 많은 경우, 열이나 행을 고정시켜 셀 포인터의 이동과 상관없이 특정 영역을 항상 표시하기 위해 사용한다.

실행 [보기] → [창] → [틀 고정] → [틀 고정] 선택
취소 [보기] → [창] → [틀 고정] → [틀 고정 취소] 선택

특징
- 화면에 표시되는 틀 고정 형태는 인쇄 시 적용되지 않는다.
- 틀 고정을 수행하면 셀 포인터의 왼쪽과 위쪽으로 고정선이 표시된다.
- 틀 고정선의 위치를 마우스로 조정할 수 없다.
- 첫 행이나 첫 열을 고정하려면 셀 포인트의 위치에 상관 없이 [보기] → [창] → [틀 고정] → [첫 행 고정]/[첫 열 고정]을 선택한다.
- '페이지 나누기 미리 보기' 상태에서는 틀 고정을 사용할 수 있지만 '페이지 레이아웃' 상태에서는 사용할 수 없다.

25.5, 25.3, 24.4, 24.2, 24.1, 23.5, 23.4, 21.2, 19.1, 18.2, 17.1, 16.2, 16.1, 15.2, 14.2, 12.3, 12.2, 11.1, 10.2, 09.4, 09.2, 07.1, …

③ 창 나누기

데이터의 양이 많아 필요한 데이터를 한 화면으로 보기 어려운 경우, 창 나누기를 이용하면 서로 떨어져 있는 데이터를 한 화면에 표시할 수 있다.

`실행` [보기] → [창] → [나누기] 클릭

특징

- 창 나누기를 수행하면 셀 포인터의 왼쪽과 위쪽으로 창 구분선이 표시된다.
- 하나의 시트를 2개 혹은 4개의 영역으로 나눈다.
- 창 나누기 구분선의 위치를 마우스로 이동시킬 수 있다.
- 마우스로 더블클릭하면 창 나누기 구분선이 제거된다.
- 창 나누기 구분선은 인쇄 시 적용되지 않는다.

 전문가의 조언

창 나누기는 틀 고정과 함께 용도, 구분선 표시 위치, 인쇄 여부에 대한 문제가 출제됩니다. 반드시 실습을 통해 창 나누기의 기능 및 해제 방법을 숙지하세요.

④ 창 정렬

 24.1, 19.1, 16.1, 12.2, 08.4, 06.3, 03.1

작업에 필요한 여러 개의 통합 문서를 한꺼번에 표시하여 작업할 때 사용하는 기능이다.

`실행` [보기] → [창] → [모두 정렬]을 클릭한 뒤 정렬 방식 지정

특징

- 바둑판식, 가로, 세로, 계단식 등 네 가지 형태로 창을 정렬할 수 있다.
- '현재 통합 문서 창'을 선택하면 현재 통합 문서의 창만을 화면에 표시한다.
- 현재 통합 문서를 여러 창에 나타내려면 [보기] → [창] → [새 창]을 클릭한다.

 전문가의 조언

리본 메뉴의 [모두 정렬]을 클릭했을 때 표시되는 기능, 그리고 창 정렬 방식의 종류를 묻는 문제가 출제되었습니다. [모두 정렬]을 클릭하면 '창 정렬' 대화상자가 표시된다는 것과 '창 정렬' 대화상자에서 지정할 수 있는 정렬 방식에는 어떤 것들이 있는지 알아두세요.

⑤ 창 숨기기

24.1, 19.1, 13.2, 05.1, 03.4

화면에 표시되는 통합 문서 창을 숨기기할 때 사용하는 기능이다.

`실행` [보기] → [창] → [숨기기] 클릭

특징

- 하나의 통합 문서만 열려 있는 경우에도 창 숨기기를 수행할 수 있다.
- 숨겨진 통합 문서 창을 표시하려면 [보기] → [창] → [숨기기 취소]를 클릭한 후 숨기기를 취소할 통합 문서를 선택한 다음 〈확인〉을 클릭한다.
- 통합 문서가 숨겨진 상태에서는 해당 문서의 저장 기능을 사용할 수가 없다.

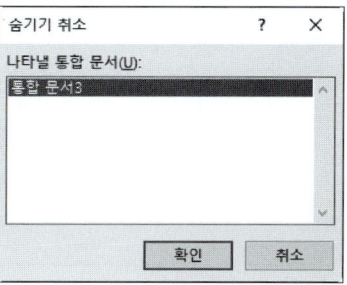

 전문가의 조언

창 숨기기의 기능을 묻는 문제가 출제되고 있습니다. 창 숨기기 역시 실습을 통해 기능을 숙지해 두세요.

기출문제 따라잡기

 문제3 4209453    문제6 1309452

23년 4회, 17년 1회

1. 다음 중 틀 고정 및 창 나누기에 대한 설명으로 옳지 않은 것은?

① 화면에 나타나는 창 나누기 형태는 인쇄 시 적용되지 않는다.
② 창 나누기를 수행하면 셀 포인트의 오른쪽과 아래쪽으로 창 구분선이 표시된다.
③ 창 나누기는 셀 포인트의 위치에 따라 수직, 수평, 수직·수평 분할이 가능하다.
④ 첫 행을 고정하려면 셀 포인트의 위치에 상관 없이 [틀 고정] → [첫 행 고정]을 선택한다.

> 창 나누기를 수행하면 셀 포인터의 왼쪽과 위쪽을 기준으로 창 구분선이 표시됩니다.

24년 1회

2. 다음 중 워크시트의 화면 설정에 대한 설명으로 옳지 않은 것은?

① 창 나누기를 이용하면 서로 떨어져 있는 데이터를 한 화면에 표시할 수 있다.
② 여러 개의 통합 문서가 열려 있는 경우 창을 바둑판식, 가로, 세로, 계단식으로 정렬할 수 있다.
③ 하나의 통합 문서만 열려 있는 경우에는 창 숨기기를 수행할 수 없다.
④ 틀 고정을 이용하면 데이터의 양이 많은 경우 열이나 행을 고정시켜 셀 포인터의 이동과 상관없이 특정 영역을 항상 표시할 수 있다.

> 하나의 통합 문서만 열려 있는 경우에도 창 숨기기를 수행할 수 있습니다.

25년 3회, 23년 5회, 02년 1회

3. 다음은 '창 나누기'와 '틀 고정'에 대한 설명이다. 잘못된 것은?

① 창 구분선을 마우스로 드래그하여 위치를 이동할 수 있다.
② 창 나누기는 워크시트를 여러 개의 창으로 분리하는 기능으로 최대 4개로 분할할 수 있다.
③ 틀 고정을 마우스로 끌어서 위치를 변경할 수 있다.
④ 메뉴 [창] → [틀 고정]을 선택하면 현재 셀 포인터의 왼쪽, 위쪽에 틀 고정선이 나타난다.

> 틀 고정선의 위치는 마우스로 조정할 수 없습니다.

24년 2회, 21년 2회, 18년 2회

4. 다음 중 창 나누기에 대한 설명으로 옳지 않은 것은?

① 창 나누기를 실행하면 하나의 작업 창은 최대 4개 부분으로 나눌 수 있다.
② 첫 행과 첫 열을 제외한 나머지 셀에서 창 나누기를 수행하면 현재 셀의 위쪽과 왼쪽에 창 분할선이 생긴다.
③ 창 구분선은 틀 고정 구분선처럼 마우스로 드래그하여 위치를 이동할 수 없다.
④ 화면에 표시되는 창 나누기 형태는 인쇄 시 적용되지 않는다.

> 창 구분선을 마우스로 드래그하여 위치를 이동할 수 있습니다.

25년 1회

5. 다음 중 틀 고정에 대한 설명으로 틀린 것은 어느 것인가?

① 틀 고정 하위 메뉴에서 첫 행 고정, 첫 열 고정을 선택할 수 있다.
② 틀 고정을 수행하려는 셀의 오른쪽이나 아래쪽에 셀 포인터를 위치한 상태에서 실행한다.
③ '페이지 나누기 미리 보기' 상태에서는 틀 고정 기능을 사용할 수 없다.
④ 화면에 표시되는 틀 고정 형태는 인쇄 시 적용되지 않는다.

> '페이지 나누기 미리 보기' 상태에서도 틀 고정 기능을 사용할 수 있습니다.

19년 1회, 16년 1회, 12년 2회

6. 다음 중 [보기] 탭 [창] 그룹의 각 기능에 대한 설명으로 옳지 않은 것은?

① [새 창]은 현재 활성화되어 있는 문서를 새 창에 하나 더 열어서 두 개 이상의 창을 통해 볼 수 있게 해준다.
② [틀 고정] 기능으로 열을 고정하려면 고정하려는 열의 왼쪽 열을 선택한 후 틀 고정을 실행한다.
③ [나누기]는 워크시트를 여러 개의 창으로 분리하는 기능으로 최대 4개까지 분할할 수 있다.
④ [모두 정렬]은 [창 정렬] 창을 표시하여 화면에 열려있는 통합 문서 창들을 선택 옵션에 따라 나란히 배열한다.

> [틀 고정] 기능으로 열을 고정하려면 고정하려는 열의 왼쪽이 아니라 오른쪽 열을 선택한 후 틀 고정을 실행해야 합니다.

▶ 정답 : 1. ② 2. ③ 3. ③ 4. ③ 5. ③ 6. ②

SECTION 095 페이지 설정

1 페이지 설정 [*]
<small>25.4, 25.1, 24.2, 23.2, 22.2, 21.2, 19.2, 18.상시, 16.3, 14.2, 13.1, 09.2, 09.1, 08.3, 08.1, 06.1, 05.4, 04.2</small>

용지 방향, 확대/축소 배율, 용지 크기, 인쇄 품질, 시작 페이지 번호 등을 설정한다.

실행 [페이지 레이아웃] → [페이지 설정]의 클릭

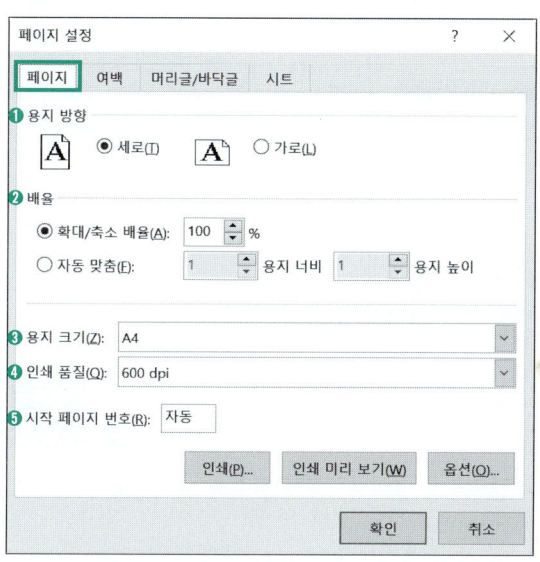

<small>25.1, 08.1, 06.1, 05.4</small> ❶ 용지 방향	인쇄할 페이지의 용지 방향을 세로 또는 가로로 설정한다.	
<small>25.4, 25.1, 23.2, 19.2, …</small> ❷ 배율	• **확대/축소 배율** : 워크시트 표준 크기의 10~400%까지 확대/축소하여 인쇄한다. • **자동 맞춤**[*] : 데이터 양에 관계없이 지정된 페이지 수에 맞게 인쇄되도록 자동으로 축소/확대 배율이 조정된다. • 배율을 설정하면 사용자가 삽입한 페이지 구분선은 효력을 잃는다.	
<small>25.1, 21.2</small> ❸ 용지 크기	인쇄 용지의 크기를 지정한다.	
❹ 인쇄 품질	• 인쇄 해상도를 지정한다. • 해상도가 높을수록 출력물이 선명하다.	
<small>24.2, 22.2, 21.2, 14.2, …</small> ❺ 시작 페이지 번호	• 인쇄 시작 페이지의 페이지 번호를 지정한다. • 기본값은 1페이지부터이다.	
❻ 인쇄	추가 옵션을 설정할 수 있는 '인쇄' 창이 나타난다.	
❼ 인쇄 미리 보기	인쇄될 모양을 미리 화면으로 보여준다.	
❽ 옵션	선택한 프린터에 대한 추가 옵션을 설정할 수 있는 대화상자가 나타난다.	

전문가의 조언

중요해요! '페이지 설정' 대화상자의 각 탭에서 지정할 수 있는 기능을 묻는 문제가 자주 출제되고 있습니다. '페이지 설정' 대화상자의 각 탭별로 수행 가능한 작업을 구분하여 알아두세요.

페이지 설정
- 인쇄할 문서에 페이지, 여백, 머리글/바닥글, 시트에 관한 여러 사항을 설정할 수 있습니다.
- 여러 워크시트에 동일한 페이지, 여백, 머리글/바닥글을 지정하려면 여러 워크시트를 선택하여 그룹화 한 후 지정하면 됩니다.

'자동 맞춤'을 이용하여 여러 페이지를 한 페이지로 출력하는 방법
'페이지 설정' 대화상자의 '페이지' 탭에서 [자동 맞춤]의 용지 너비와 용지 높이를 1로 지정하면 여러 페이지가 한 페이지에 출력됩니다.

여백 설정 25.1, 23.2, 22.4, 21.3, 21.2, 21.1, 14.2, 13.1, 09.1

인쇄 용지의 상·하·좌·우 여백 및 머리글/바닥글의 여백을 설정한다.

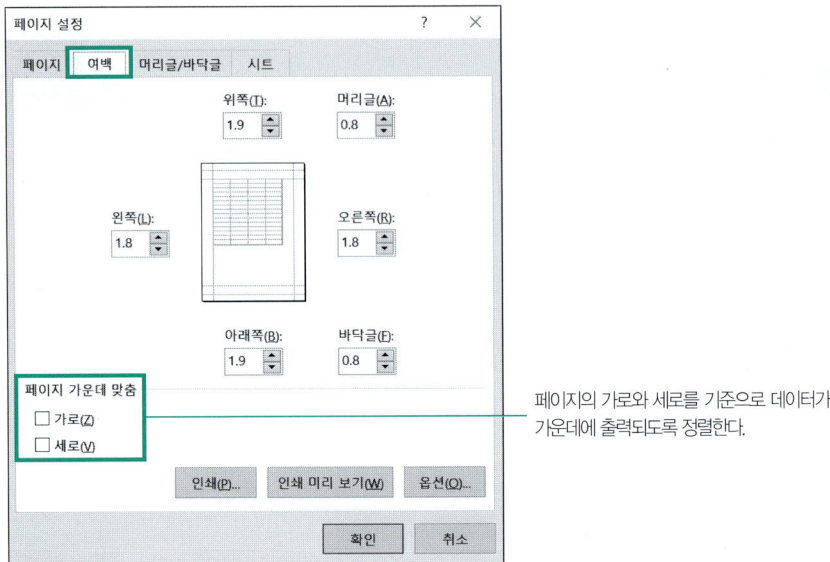

페이지의 가로와 세로를 기준으로 데이터가 가운데에 출력되도록 정렬한다.

머리글/바닥글을 추가하는 다른 방법

[보기] → [통합 문서 보기] → [페이지 레이아웃]을 클릭한 후 페이지 레이아웃 보기 상태에서 워크시트 페이지의 맨 위나 맨 아래에 표시된 머리글 또는 바닥글 텍스트 상자를 클릭한 후 내용을 입력합니다.

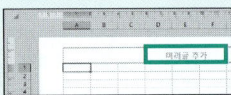

 머리글/바닥글 설정 25.1, 23.3, 23.2, 23.1, 22.3, 22.2, 21.4, 20.1, 18.1, 17.2, 16.1, 15.3, 14.3, 13.3, 13.1, 12.1, 11.2, 08.2, 07.4, 07.2, 07.1, …

문서 제목, 페이지 번호, 사용자 이름, 작성 날짜 등 출력물이 매 페이지에 고정적으로 표시되는 머리글이나 바닥글을 설정한다.

- 머리글은 워크시트 페이지마다 위쪽에 고정적으로 인쇄되는 내용을 말한다.
- 바닥글은 워크시트 페이지마다 아래쪽에 고정적으로 인쇄되는 내용을 말한다.

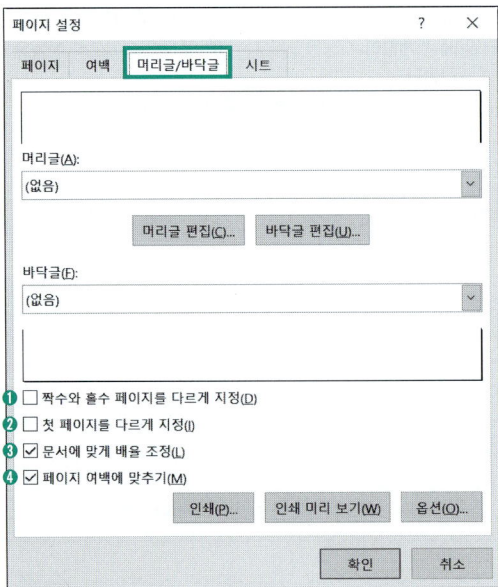

❶ 짝수와 홀수 페이지를 다르게 지정 23.2, 22.3, 22.2, 17.2		짝수와 홀수 페이지의 머리글/바닥글 내용을 다르게 지정한다.
❷ 첫 페이지를 다르게 지정 22.3, 22.2, 17.2		첫 페이지의 머리글/바닥글 내용을 다른 페이지와 다르게 지정한다.
❸ 문서에 맞게 배율 조정 22.3, 22.2, 18.1, 17.2		머리글/바닥글 내용을 출력되는 워크시트의 실제 크기의 백분율에 따라 확대·축소한다.
❹ 페이지 여백에 맞추기 22.3, 22.2, 17.2		머리글/바닥글의 여백을 워크시트의 왼쪽/오른쪽 여백에 맞춰 머리글/바닥글을 표시하기에 충분한 여백을 확보한다.

- **머리글/바닥글 편집** : 파일 이름, 페이지 번호, 날짜 등의 도구 모음을 이용해 적당한 위치에 원하는 모양으로 내용을 편집할 수 있다.

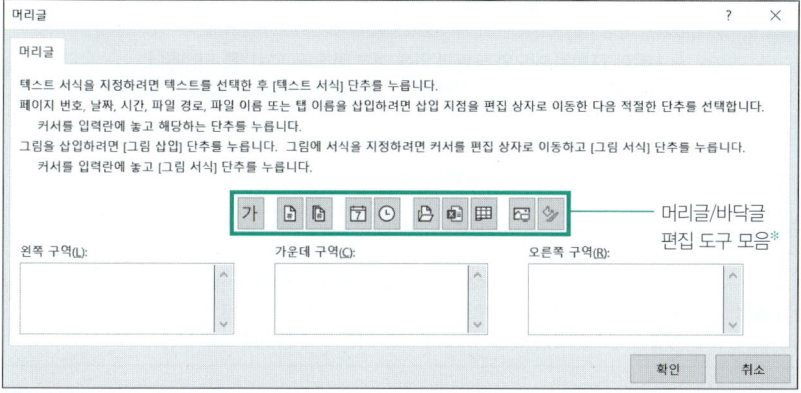

머리글/바닥글 편집 도구 모음
- 가 : 텍스트 서식
- : 페이지 번호 삽입
- : 전체 페이지 수 삽입
- : 날짜 삽입
- : 시간 삽입
- : 파일 경로 삽입
- : 파일 이름 삽입
- : 시트 이름 삽입
- : 그림 삽입
- : 그림 서식

& 문자 포함시키기
머리글/바닥글 내용에 '&' 문자를 포함시키려면 '&&' 형태로 입력하면 됩니다.

- 도구 모음을 이용하지 않고 &*를 사용하여 원하는 머리글/바닥글 항목을 직접 입력할 수 있다.

예 &[날짜] : 날짜, &[페이지번호] : 페이지 번호

❹ **시트 설정**

인쇄 영역, 인쇄 제목, 눈금선, 메모, 노트 등의 인쇄 여부, 페이지 순서 등을 설정한다.

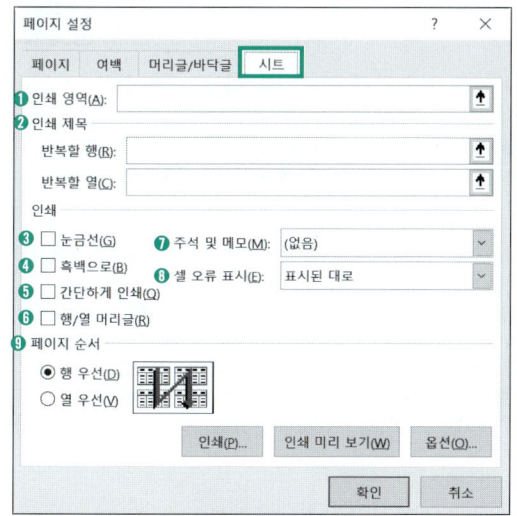

❶ 인쇄 영역 20.2, 10.1, 06.4, 05.4	특정 부분만 인쇄할 경우 범위를 지정한다.	
❷ 인쇄 제목 25.5, 25.4, 25.1, 24.3, …	모든 페이지에 제목으로 반복 인쇄할 행이나 열을 지정한다. 예1 1~4행 반복 : 인쇄 제목의 반복할 행을 $1:$4로 지정 예2 A~B열 반복 : 인쇄 제목의 반복할 열을 $A:$B로 지정	
❸ 눈금선 25.5, 25.4, 24.4, 24.3, …	시트에 표시된 셀 눈금선의 인쇄 여부를 지정한다.	
❹ 흑백으로	컬러 서식이 지정된 데이터를 흑백으로 출력한다.	
❺ 간단하게 인쇄 25.4, 24.4, 24.3, 23.5, …	워크시트에 입력된 차트, 도형, 그림, 워드아트, 괘선 등 모든 그래픽 요소를 제외하고 텍스트만 빠르게 인쇄한다.	
❻ 행/열 머리글 25.5, 25.4, 24.4, 24.1, …	행/열 머리글의 인쇄 여부를 지정한다.	
❼ 주석 및 메모 25.5, 24.4, 24.3, 23.1, …	• 시트에 포함된 메모와 노트의 인쇄 여부 및 인쇄 위치*를 지정한다. • **시트 끝** : 메모와 노트의 화면 표시 방법과는 상관없이 가장 마지막 시트의 끝에 모아서 인쇄된다. • **시트에 표시된 대로(메모 전용)** : 노트가 화면에 항상 표시되게 지정된 상태에서만 노트가 삽입된 위치에 그대로 인쇄된다.	
❽ 셀 오류 표시 22.4	오류의 표시 방법*을 지정한다.	
❾ 페이지 순서 21.3	• 데이터를 한 페이지에 인쇄할 수 없을 때 인쇄될 방향(행/열)의 우선순위를 지정한다. • **행 우선** : 행(아래) 방향으로 인쇄를 마친 후에 열 방향으로 진행 • **열 우선** : 열(오른쪽) 방향으로 인쇄를 마친 후에 행 방향으로 진행	

메모와 노트의 인쇄 위치

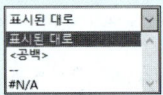

오류 표시 방법

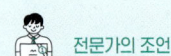

> **잠깐만요** 차트의 '페이지 설정'
> 21.3, 11.2, 09.2, 06.4, 05.1
>
> • 차트의 '페이지 설정' 대화상자에는 '시트' 탭 대신 '차트' 탭이 표시됩니다.
> • '차트' 탭에서는 인쇄 품질(초안, 흑백으로 인쇄)을 지정할 수 있습니다.
> • 일반 시트의 인쇄 방법과 동일하게 머리글 및 바닥글을 지정할 수 있습니다.
> • 차트를 선택한 상태에서는 인쇄 영역을 지정할 수 없으므로 차트의 일부분만 인쇄할 수 없습니다.

5 페이지 나누기
25.3, 24.5, 24.2, 22.2, 22.1, 21.3, 20.2, 20.1, 18.2, 16.2, 15.1, 14.3

작성한 문서를 페이지 단위로 나누어 인쇄하기 위해 페이지를 나누는 것이다.

자동 페이지 나누기 22.4, 22.1, 20.2, 16.2	• 인쇄할 데이터가 많아 한 페이지가 넘어가면 자동으로 페이지 구분선*이 삽입된다. • 페이지 구분선은 용지 크기, 여백 설정, 설정한 배율 옵션을 기준으로 설정된다.
수동 페이지 나누기 25.3, 24.2, 22.1, 21.3, 20.2, …	• [페이지 레이아웃] → [페이지 설정] → [나누기] → [페이지 나누기 삽입]을 선택한다. • 사용자가 강제로 페이지를 나누는 것으로, 셀 포인터의 위치를 기준으로 왼쪽과 위쪽에 페이지 구분선이 삽입된다. • 페이지 나누기가 설정된 셀을 선택하고, [페이지 레이아웃] → [페이지 설정] → [나누기] → [페이지 나누기 제거]를 선택하면 삽입된 페이지 구분선이 제거된다. • 행 높이나 열 너비가 변경되면 자동 페이지 나누기로 삽입된 구분선은 자동으로 조절되지만 수동 페이지 나누기로 삽입된 구분선은 원래대로 유지된다.

전문가의 조언

'페이지 나누기'와 '페이지 나누기 미리 보기'의 특징을 묻는 문제가 출제되고 있으니 숙지해 두세요.

페이지 구분선 표시 여부

[파일] → [옵션] → [고급] 탭의 '이 워크시트의 표시 옵션' 항목에서 '페이지 나누기 표시' 항목을 이용하여 페이지 구분선의 표시 여부를 설정할 수 있습니다.

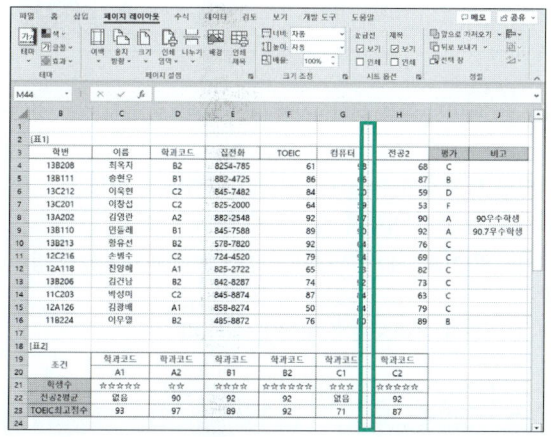
자동 페이지 나누기

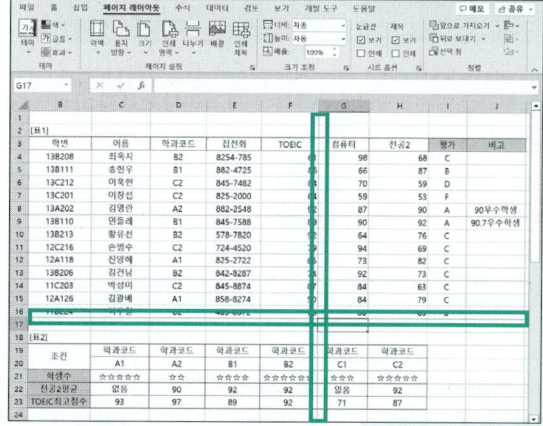
수동 페이지 나누기

6 페이지 나누기 미리 보기*

25.3, 25.1, 23.3, 22.4, 22.1, 21.3, 20.2, 20.1, 18.2, 16.2, 15.1, 14.3

작성한 문서가 출력될 때의 페이지 경계선을 한눈에 볼 수 있는 기능으로, 페이지 구분선, 인쇄 영역, 페이지 번호 등이 표시된다.

 [보기] → [통합 문서 보기] → [페이지 나누기 미리 보기] 클릭

특징

- '페이지 나누기 미리 보기' 상태에서는 데이터 입력뿐만 아니라 차트나 그림 등의 개체를 삽입할 수도 있다.
- 마우스로 페이지 구분선을 드래그하여 위치를 변경할 수 있으며, 페이지 구분선을 상·하·좌·우의 맨끝으로 끌고가면 페이지 구분선이 제거된다.
- **'페이지 나누기 미리 보기' 상태 해제** : [보기] → [통합 문서 보기] → [기본] 클릭
- **설정된 모든 페이지 해제** : 바로 가기 메뉴의 [페이지 나누기 모두 원래대로] 선택
- '페이지 나누기 미리 보기' 상태에서 자동으로 표시된 페이지 구분선은 점선(파선), 수동으로 삽입한 페이지 구분선은 실선으로 표시된다.
- '페이지 나누기 미리 보기' 상태에서 자동으로 표시된 페이지 구분선을 이동시키면 수동 페이지 구분선으로 변경되어 실선으로 표시된다.

페이지 나누기 미리 보기 / 자동 페이지 나누기 구분선

페이지 나누기 미리 보기
인쇄 미리 보기 상태에서는 데이터를 입력하거나 편집할 수 없지만 페이지 나누기 미리 보기 상태에서는 데이터 입력 뿐만 아니라 차트나 그림 등의 개체도 삽입할 수 있습니다.

인쇄할 데이터가 없으면…
인쇄할 데이터가 없으면 다음 그림처럼 회색 바탕의 페이지 나누기 미리 보기 상태로 표시됩니다.

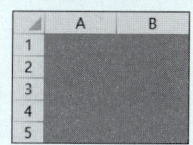

기출문제 따라잡기

23년 3회
1. 다음 중 머리글 또는 바닥글에 인쇄할 '현재 페이지 번호'를 표시하려고 할 때 사용하는 것으로 옳은 것은?

① ▦ ② 📄
③ 🕐 ④ 📄

> ①번은 파일 이름, ②번은 전체 페이지 수, ③번은 시간을 표시할 때 사용합니다.

25년 3회, 24년 2회, 23년 3회, 22년 1회, 21년 3회, 20년 1회
2. 다음 중 페이지 나누기에 대한 설명으로 옳지 않은 것은?

① 페이지 나누기는 워크시트를 인쇄할 수 있도록 페이지 단위로 나누는 구분선이다.
② [페이지 나누기 미리 보기] 상태에서 마우스로 페이지 나누기 구분선을 클릭하여 끌면 페이지를 나눌 위치를 조정할 수 있다.
③ 행 높이와 열 너비를 변경해도 자동 페이지 나누기 구분선의 위치는 변경되지 않는다.
④ [페이지 나누기 미리 보기] 상태에서 파선은 자동 페이지 나누기를 나타내고 실선은 사용자 지정 페이지 나누기를 나타낸다.

> 행 높이와 열 너비를 변경하면 자동 페이지 나누기 구분선도 자동으로 변경되고, 수동 페이지 나누기는 영향을 받지 않고 그대로 유지됩니다.

22년 3회, 2회, 21년 4회, 17년 2회
3. 다음 중 [페이지 설정] 대화상자의 [머리글/바닥글] 탭에 대한 설명으로 옳지 않은 것은?

① 홀수 페이지의 머리글 및 바닥글을 짝수 페이지와 다르게 지정하려면 '짝수와 홀수 페이지를 다르게 지정'을 선택한다.
② 인쇄되는 첫 번째 페이지에서 머리글과 바닥글을 표시하지 않으려면 '첫 페이지를 다르게 지정'을 선택한 후 머리글과 바닥글 편집에서 첫 페이지 머리글과 첫 페이지 바닥글에 아무것도 설정하지 않는다.
③ 인쇄될 워크시트를 워크시트의 실제 크기의 백분율에 따라 확대·축소하려면 '문서에 맞게 배율 조정'을 선택한다.
④ 머리글 또는 바닥글을 표시하기에 충분한 머리글 또는 바닥글 여백을 확보하려면 '페이지 여백에 맞추기'를 선택한다.

> 인쇄될 워크시트가 아닌 머리글/바닥글의 내용을 워크시트의 실제 크기의 백분율에 따라 확대·축소하려면 '문서에 맞게 배율 조정'을 선택해야 합니다.

22년 4회
4. 다음 중 '페이지 설정' 대화상자에 대한 설명으로 옳지 않은 것은?

① 프린터 목록에서 사용할 프린터를 선택할 수 있다.
② 셀 오류의 표시 여부를 지정할 수 있다.
③ 페이지의 가로·세로 가운데 맞춤으로 인쇄되도록 설정할 수 있다.
④ 셀 구분선이 인쇄되도록 설정할 수 있다.

> '페이지 설정' 대화상자에서 사용할 프린터를 선택할 수 없습니다. 사용할 프린터는 [파일] → [인쇄]를 선택한 후 프린터 항목에서 지정할 수 있습니다.

25년 1회
5. 다음 중 [페이지 설정] 대화상자에 대한 설명으로 옳지 않은 것은?

① [여백] : 인쇄할 내용이 페이지의 가로 및 세로 가운데에 위치하도록 설정할 수 있다.
② [머리글/바닥글] : 페이지마다 고정적으로 표시되는 머리글이나 바닥글을 설정한다.
③ [페이지] : 용지 방향, 용지 크기, 배율, 눈금선, 메모 인쇄 여부 등을 설정한다.
④ [시트] : 모든 페이지에 제목으로 반복 인쇄할 행이나 열을 지정할 수 있다.

> 용지 방향, 용지 크기, 배율은 '페이지' 탭에서 설정할 수 있지만 눈금선과 메모 인쇄 여부는 '시트' 탭에서 설정할 수 있습니다.

24년 2회, 22년 2회, 20년 2회, 1회, 09년 2회, 1회, 08년 3회
6. 워크시트 출력 시 머리글 또는 바닥글에 페이지 번호가 포함되어 있는 경우, 시작 페이지 번호를 100으로 저장하려고 한다. 다음 중 설명이 옳은 것은?

① [페이지 설정] → [머리글/바닥글] → [바닥글 편집] → [시작 페이지 번호]에 표시될 페이지 번호 100을 입력한다.
② [페이지 설정] → [페이지] → [자동 맞춤] → [용지 번호]에 표시될 페이지 번호 100을 입력한다.
③ [페이지 설정] → [페이지] → [시작 페이지 번호]에 표시될 페이지 번호 100을 입력한다.
④ [페이지 설정] → [설정] → [페이지 번호]에 표시될 페이지 번호 100을 입력한다.

> 시작 페이지 번호는 [페이지 설정] → [페이지] → [시작 페이지 번호]에서 지정합니다.

기출문제 따라잡기

24년 5회, 23년 3회, 22년 2회, 21년 4회, 16년 2회

7. 다음 중 '페이지 나누기' 기능에 관한 설명으로 옳지 않은 것은?

① '페이지 나누기 미리 보기' 상태에서는 데이터의 입력이나 편집을 할 수 없다.
② 페이지 구분선을 마우스로 드래그 하여 구분선의 위치를 변경할 수 있다.
③ 수동으로 삽입된 페이지 나누기는 실선으로 표시되고 자동으로 추가된 페이지 나누기는 파선으로 표시된다.
④ 인쇄할 데이터가 많아 한 페이지가 넘어가면 자동으로 페이지 구분선이 삽입된다.

> [페이지 나누기 미리 보기] 상태에서는 데이터 입력이나 편집뿐만 아니라 차트나 그림 등의 개체도 삽입할 수 있습니다.

20년 2회, 1회, 18년 2회

8. 다음 중 [페이지 나누기 미리 보기] 기능에 대한 설명으로 옳지 않은 것은?

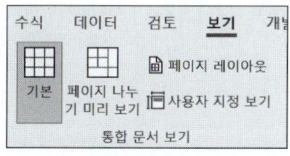

① 수동으로 삽입한 페이지 나누기는 실선으로 표시되고, 자동으로 추가된 페이지 나누기는 파선으로 표시된다.
② 자동 페이지 나누기 구분선을 이동하면 수동 페이지 나누기로 바뀐다.
③ 수동으로 삽입한 페이지 나누기를 제거하려면 페이지 나누기를 페이지 나누기 미리 보기 영역 밖으로 끌어 놓는다.
④ 행 높이와 열 너비를 변경하여도 자동 페이지 나누기는 영향을 받지 않고 원래대로 유지된다.

> 행 높이와 열 너비를 변경하면 자동 페이지 나누기는 자동으로 변경되고, 수동 페이지 나누기는 원래대로 유지됩니다.

23년 3회, 21년 3회, 19년 1회

9. 다음 중 [페이지 설정] 대화상자에서 워크시트에 포함된 노트의 인쇄 여부 및 인쇄 위치를 지정하기 위해 선택해야 할 탭은?

① [페이지] 탭   ② [여백] 탭
③ [머리글/바닥글] 탭   ④ [시트] 탭

> 노트의 인쇄 여부 및 인쇄 위치를 지정하는 [페이지 설정] 대화상자의 탭은 [시트] 탭입니다.

24년 4회, 22년 1회, 21년 2회, 1회, 19년 2회, 1회, 18년 1회, 16년 2회, 13년 2회, 10년 1회, 09년 3회, 07년 2회, …

10. 다음 중 [페이지 설정] 대화상자의 [시트] 탭에 대한 설명으로 옳지 않은 것은?

① 셀에 삽입된 노트를 시트 끝에 인쇄되도록 설정할 수 있다.
② 셀 구분선이나 그림 개체 등은 제외하고 셀에 입력된 데이터만 인쇄되도록 설정할 수 있다.
③ 워크시트의 행/열 머리글과 눈금선이 인쇄되도록 설정할 수 있다.
④ 페이지를 기준으로 가운데에 인쇄되도록 '페이지 가운데 맞춤'을 설정할 수 있다.

> '페이지 가운데 맞춤'은 '페이지 설정' 대화상자의 '여백' 탭에서 설정할 수 있습니다.

23년 1회

11. 다음 중 [페이지 설정] 대화상자를 이용한 머리글/바닥글 편집에 대한 설명으로 옳지 않은 것은?

① 서식을 지정할 텍스트를 블록 설정하고 단추를 클릭하여 글꼴 서식을 지정할 수 있다.
② 그림이 있는 구역에 커서를 넣고 단추를 클릭하여 그림 서식을 지정할 수 있다.
③ 페이지 번호를 '- 1 -'처럼 표시하려면 '- &[페이지 번호] -'를 입력한다.
④ 머리글 또는 바닥글 내용에 '&' 문자를 포함시키려면 '^&'를 사용해야 한다.

> 머리글 또는 바닥글 내용에 '&' 문자를 포함시키려면 '&&'를 사용해야 합니다.

25년 4회, 23년 5회

12. 다음 중 [페이지 설정] 대화상자의 [시트] 탭에 대한 설명으로 옳지 않은 것은?

① 눈금선을 체크하면 셀 눈금선이 인쇄되지 않는다.
② 인쇄 제목을 이용하면 모든 페이지에 반복 인쇄할 영역을 지정할 수 있다.
③ 워크시트의 행/열 머리글이 인쇄되도록 설정할 수 있다.
④ '간단하게 인쇄'를 체크하면 도형 등의 그래픽 요소가 인쇄되지 않는다.

> 눈금선을 체크하면 셀 눈금선이 인쇄됩니다.

▶ 정답 : 1. ④ 2. ③ 3. ③ 4. ① 5. ③ 6. ③ 7. ① 8. ④ 9. ④ 10. ④ 11. ④ 12. ①

SECTION 096 인쇄

전문가의 조언

중요해요! 인쇄 미리 보기 화면에서 마우스 드래그를 통해 수행할 수 있는 작업, 인쇄시 설정 가능한 항목 등을 묻는 문제가 출제되었으니 꼭 기억해 두세요.

시트에 있는 차트만 인쇄하기

인쇄할 차트를 클릭한 후 [파일] → [인쇄]를 선택하면 설정의 인쇄 대상에 '선택한 차트 인쇄'가 선택됩니다. 이어서 [인쇄]를 다시 한 번 클릭하면 됩니다.

1 인쇄 미리 보기 및 인쇄

25.5, 24.5, 24.3, 24.1, 23.4, 22.4, 22.3, 19.상시, 19.2, 18.상시, 17.2, 15.3, 15.2, 14.1, 10.3, 10.2, 10.1, 09.2, 08.4, 06.4, …

1309601

인쇄하기 전에 인쇄될 모양을 미리 화면으로 확인하고, 프린터 종류, 인쇄 범위, 인쇄 대상, 인쇄 매수 등을 설정할 수 있다.

실행 – 방법 1 : [파일] → [인쇄] 선택
– 방법 2 : Ctrl + F2

종료 Esc 누름

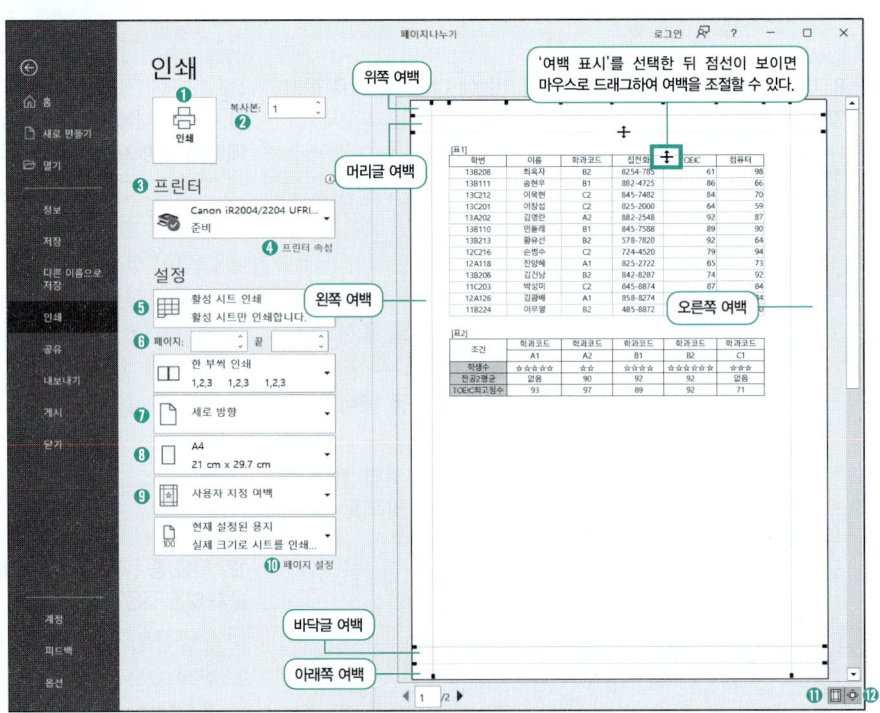

❶ **인쇄** : 인쇄를 실행한다.
❷ **복사본** : 인쇄 부수를 지정한다.
❸ **프린터** : 시스템에 설치된 프린터 중 인쇄 작업을 수행할 프린터를 선택한다.
❹ **프린터 속성** : 선택한 프린터에 관한 사항을 설정하는 '프린터 속성' 창이 실행된다.
❺ 인쇄 대상을 '활성 시트 인쇄, 전체 통합 문서 인쇄', 선택 영역 인쇄 중 하나로 지정한다.
❻ 인쇄할 페이지를 지정한다.
❼ 인쇄 방향을 가로 또는 세로로 지정한다.
❽ 인쇄 용지의 종류를 지정한다.
❾ 인쇄 여백을 '기본, 넓게, 좁게'로 지정한다.
❿ **페이지 설정*** : '페이지 설정' 대화상자를 이용해 머리글, 바닥글, 여백, 용지, 배율 등을 설정한다.
⓫ (여백 표시) : 마우스를 이용하여 여백의 크기나 열 너비를 조정할 수 있다.
⓬ (페이지 확대/축소) : 전체 페이지가 고정된 비율로 확대/축소된다.

[파일] → [인쇄] → 페이지 설정

[파일] → [인쇄]를 선택한 후 '페이지 설정'을 클릭하면 '페이지 설정' 대화상자가 표시되지만 '시트' 탭의 인쇄 영역, 반복할 행, 반복할 열이 모두 비활성화 되어 변경할 수 없습니다. '페이지 설정' 대화상자를 이용하여 인쇄 영역, 반복할 행 등을 변경하려면 [페이지 레이아웃] → [페이지 설정의]을 이용하여 '페이지 설정' 대화상자를 호출해야 합니다.

- 차트를 선택한 후 [파일] → [인쇄]를 실행하면 차트만 미리 볼 수 있다.
- 워크시트에 삽입된 차트와 데이터를 구분하여 인쇄하는 방법
  - **데이터만 인쇄** : [페이지 레이아웃] → [페이지 설정]의 를 클릭한 후 '페이지 설정' 대화상자의 '시트' 탭에서 '간단하게 인쇄'를 선택한 후 인쇄 실행
  - **차트만 인쇄** : 차트를 선택한 상태에서 인쇄 실행

② 인쇄 영역 설정

워크시트의 내용 중 특정 부분만을 인쇄 영역으로 설정하여 인쇄할 수 있다.

실행 인쇄할 영역을 범위로 지정한 후 [페이지 레이아웃] → [페이지 설정] → [인쇄 영역] → [인쇄 영역 설정]* 선택

취소 [페이지 레이아웃] → [페이지 설정] → [인쇄 영역] → [인쇄 영역 해제] 선택

- 인쇄 영역으로 설정되면 '인쇄 미리 보기'에서는 설정된 부분만 표시되고, '페이지 나누기 미리 보기'에서는 설정된 부분이 밝게 표시된다.

잠깐만요 도형 인쇄

인쇄 영역에 포함된 도형을 제외하고 인쇄하려면 도형의 바로 가기 메뉴에서 [크기 및 속성] 또는 [도형 서식]을 선택한 후 '도형 서식' 창의 [도형 옵션] → [▣(크기 및 속성)] → [속성]에서 '개체 인쇄' 옵션의 선택을 해제합니다.

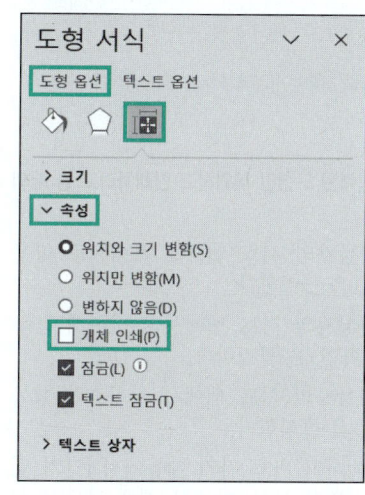

전문가의 조언

도형의 인쇄 여부 지정 방법을 알아야 맞힐 수 있는 문제가 출제되고 있습니다. 도형이 인쇄되지 않게 하려면 [도형 서식] 창에서 '개체 인쇄' 옵션을 해제한다는 것을 꼭 기억하세요.

인쇄 영역 설정
[페이지 레이아웃] → [페이지 설정]의 ▣를 클릭한 후 '시트' 탭의 인쇄 영역 항목에서 지정할 수도 있습니다.

기출문제 따라잡기

문제1 1309652 문제2 4209652  문제4 1309651

17년 2회, 15년 2회, 14년 1회, 10년 3회, 2회

1. 다음 중 [인쇄 미리 보기]에 관한 설명으로 옳지 않은 것은?

① '인쇄 미리 보기' 화면에서 셀 너비를 조절할 수 있으나 워크시트에는 변경된 너비가 적용되지 않는다.
② [인쇄 미리 보기]를 실행한 상태에서 [페이지 설정]을 클릭하여 [여백] 탭에서 여백을 조절할 수 있다.
③ [인쇄 미리 보기] 화면에서 '(페이지 확대/축소)'를 클릭하면 화면에는 적용되지만 실제 인쇄 시에는 적용되지 않는다.
④ '인쇄 미리 보기' 화면에서 '(여백 표시)'를 클릭한 후 마우스 끌기를 통하여 여백을 조절할 수 있다.

[인쇄 미리 보기] 화면에서 셀 너비를 조절할 수 있고, 변경된 너비는 워크시트에 적용됩니다.

24년 1회, 23년 4회, 22년 4회

2. 다음 중 [인쇄 미리 보기 및 인쇄]에 대한 설명으로 옳지 않은 것은?

① 인쇄 미리 보기 화면을 종료하려면 Esc를 누르거나 왼쪽 상단의 를 클릭한다.
② 차트를 선택한 후 [파일] → [인쇄]를 실행하면 선택한 차트만 미리 볼 수 있다.
③ 오른쪽 아래의 '페이지 확대/축소()'를 클릭하면 화면에는 적용되지만 실제 인쇄 시에는 적용되지 않는다.
④ 오른쪽 아래의 '여백 표시()'를 클릭하면 '페이지 설정' 대화상자의 '여백' 탭이 표시된다.

[인쇄 미리 보기 및 인쇄] 화면의 오른쪽 아래에 있는 '여백 표시()'를 클릭하면 미리 보기 화면에 여백이 표시될 뿐 '페이지 설정' 대화상자는 표시되지 않습니다.

25년 5회, 24년 5회, 22년 3회, 18년 상시, 15년 3회

3. 다음 중 인쇄에 대한 설명으로 옳은 것은?

① 기본적으로 워크시트에서 숨기기를 실행한 영역도 인쇄된다.
② 인쇄 영역에 포함된 도형들을 함께 인쇄하려면 [파일] → [인쇄]를 선택한 후 '설정'에서 '개체 인쇄'를 선택하여 인쇄한다.
③ 워크시트에 삽입된 차트만 인쇄하려면 차트가 선택된 상태에서 인쇄 명령을 실행한다.
④ 여러 시트를 한 번에 인쇄하려면 [파일] → [인쇄]를 선택한 후 '설정'에서 '여러 시트'를 선택하여 인쇄한다.

① 워크시트에서 숨기기를 실행한 영역은 인쇄되지 않습니다.
② 인쇄 영역에 포함된 도형은 기본적으로 인쇄되도록 설정되어 있지만 만약 도형이 인쇄되지 않는다면 '도형 서식' 창의 [도형 옵션] → [크기 및 속성] → [속성]에서 '개체 인쇄'를 선택하면 됩니다.
④ 여러 시트를 한 번에 인쇄하려면 인쇄할 시트를 모두 선택한 후 [파일] → [인쇄]를 선택한 후 '설정' 항목에서 '활성 시트 인쇄'를 선택한 후 인쇄합니다.

24년 3회, 19년 2회

4. 다음 중 [인쇄 미리 보기 및 인쇄] 상태에서의 [페이지 설정] 대화상자에 대한 설명으로 옳은 것은?

① 눈금선이나 행/열 머리글의 인쇄 여부를 설정할 수 없다.
② 인쇄 영역이나 인쇄 제목으로 반복할 행 또는 반복할 열을 설정할 수 있다.
③ 인쇄 배율을 수동으로 설정할 수 있고, 배율은 워크시트 표준 크기의 '10%'에서 '200%'까지 가능하다.
④ 배율을 '자동 맞춤'으로 선택하고 용지 너비와 용지 높이를 '1'로 지정하는 경우 여러 페이지가 한 페이지에 출력되도록 확대/축소 배율이 자동으로 조정된다.

① 눈금선이나 행/열 머리글의 인쇄 여부를 설정할 수 있습니다.
② • [인쇄 미리 보기 및 인쇄] 상태의 '페이지 설정' 대화상자에서는 인쇄 영역이나 인쇄 제목으로 반복할 행 또는 반복할 열을 설정할 수 없습니다.
  • 인쇄 영역이나 인쇄 제목은 시트 작업 상태에서 [페이지 레이아웃] → [페이지 설정]의 를 클릭하면 나타나는 '페이지 설정' 대화상자에서 설정할 수 있습니다.
③ 인쇄 배율은 워크시트 표준 크기의 10%에서 400%까지 설정할 수 있습니다.

25년 2회

5. 다음 중 워크시트에 입력된 도형만 제외하고 인쇄하려고 할 때의 방법으로 알맞은 것은?

① [페이지 설정] 대화상자의 '시트' 탭에서 '흑백으로' 항목에 체크하고 〈확인〉을 클릭한다.
② [페이지 설정] 대화상자의 '시트' 탭에서 '간단하게 인쇄' 항목에 체크하고 〈확인〉을 클릭한다.
③ [페이지 설정] 대화상자의 '시트' 탭에서 '시험출력' 항목에 체크하고 〈확인〉을 클릭한다.
④ 입력된 도형을 선택하고 바로 가기 메뉴에서 [크기 및 속성]을 선택한 후 [도형 서식] 창에서 '개체 인쇄'를 해제한다.

워크시트에 입력된 도형만 제외하고 인쇄하려면 도형의 바로 가기 메뉴에서 [크기 및 속성] 또는 [도형 서식]을 선택한 후 '도형 서식' 창의 [도형 옵션] → [크기 및 속성] → [속성]에서 '개체 인쇄' 옵션의 선택을 해제합니다.

▶ 정답 : 1. ① 2. ④ 3. ③ 4. ④ 5. ④

4장 핵심요약

094 워크시트의 화면 설정

❶ 틀 고정 25.5, 25.3, 25.1, 24.1, 23.5, 23.4, 18.상시, 17.1, 16.3, 16.2, 16.1, 15.1, 13.3, 11.1, 10.3

- 화면에 표시되는 틀 고정 형태는 인쇄 시 적용되지 않는다.
- 틀 고정을 수행하면 셀 포인터의 왼쪽과 위쪽으로 고정선이 표시되므로 고정하고자 하는 행의 아래쪽, 열의 오른쪽에 셀 포인터를 놓고 틀 고정을 수행한다.
- 틀 고정선의 위치를 마우스로 조정할 수 없다.
- 실행 : [보기] → [창] → [틀 고정] → [틀 고정]
- 취소 : [보기] → [창] → [틀 고정] → [틀 고정 취소]

❷ 창 나누기 25.5, 25.3, 24.4, 24.2, 24.1, 23.5, 23.4, 21.2, 19.1, 18.2, 17.1, 16.2, 16.1, 15.2, 14.2, …

- 화면에 표시되는 창 나누기 형태는 인쇄 시 적용되지 않는다.
- 창 나누기를 수행하면 셀 포인터의 왼쪽과 위쪽으로 창 구분선이 표시된다.
- 창 구분선을 마우스로 드래그하여 분할된 지점을 변경할 수 있다.
- 실행 : [보기] → [창] → [나누기] 클릭
- 취소 : [보기] → [창] → [나누기]를 클릭하거나 창 구분선을 더블클릭

❸ 창 숨기기 24.1, 19.1, 13.2

- 화면에 표시되는 통합 문서 창을 숨기기할 때 사용하는 기능이다.
- 하나의 통합 문서만 열려 있는 경우에도 창 숨기기를 수행할 수 있다.
- 통합 문서가 숨겨진 상태에서는 해당 문서의 저장 기능을 사용할 수 없다.

095 페이지 설정

❶ '페이지' 탭 25.4, 25.1, 24.2, 23.2, 22.2, 21.2, 19.2, 18.상시, 16.3, 14.2, 13.1

- 확대/축소 배율 : 워크시트 표준 크기의 10~400%까지 확대/축소하여 인쇄함
- 자동 맞춤 : 데이터 양에 관계없이 지정된 페이지 수에 맞게 인쇄되도록 자동으로 축소/확대 배율이 조정됨
- 용지 크기 : 인쇄 용지의 크기를 지정함
- 시작 페이지 번호 : 인쇄 시작 페이지의 페이지 번호를 지정함

❷ '여백' 탭 25.1, 23.2, 22.4, 21.3, 21.2, 21.1, 14.2, 13.1

- 인쇄 용지의 상·하·좌·우 여백 및 머리글/바닥글의 여백을 설정한다.
- 페이지 가운데 맞춤 : 페이지의 가로와 세로를 기준으로 데이터가 가운데에 출력되도록 정렬함

❸ '머리글/바닥글' 탭 25.1, 23.3, 23.2, 23.1, 22.3, 22.2, 21.4, 20.1, 18.1, 17.2, 16.1, 15.3, …

- 짝수와 홀수 페이지를 다르게 지정 : 홀수와 짝수 페이지의 머리글/바닥글 내용을 다르게 지정함
- 첫 페이지를 다르게 지정 : 첫 페이지의 머리글/바닥글 내용을 다른 페이지와 다르게 지정함
- 문서에 맞게 배율 조정 : 머리글/바닥글 내용을 출력되는 워크시트의 실제 크기의 백분율에 따라 확대·축소함
- 페이지 여백에 맞추기 : 머리글/바닥글의 여백을 워크시트의 왼쪽/오른쪽 여백에 맞춰 머리글/바닥글을 표시하기에 충분한 여백을 확보함
- 머리글/바닥글 편집 도구 모음
  - 가 : 텍스트 서식
  - : 페이지 번호 삽입
  - : 전체 페이지 수 삽입
  - : 날짜 삽입
  - : 시간 삽입
  - : 파일 경로 삽입
  - : 파일 이름 삽입
  - : 시트 이름 삽입
  - : 그림 삽입
  - : 그림 서식

4장 핵심요약

❹ '시트' 탭 25.5, 25.4, 25.1, 24.4, 24.3, 24.1, 23.5, 23.3, 23.2, 23.1, 22.4, 22.1, 21.3, 21.2, 21.1, …

- 인쇄 제목 : 모든 페이지에 제목으로 반복 인쇄할 행이나 열을 지정함
- 눈금선 : 시트에 표시된 셀 눈금선의 인쇄 여부를 지정함
- 간단하게 인쇄 : 워크시트에 입력된 차트, 도형, 그림, 워드아트, 괘선 등 모든 그래픽 요소를 제외하고 텍스트만 빠르게 인쇄함
- 행/열 머리글 : 행/열 머리글의 인쇄 여부를 지정함
- 주석 및 메모 : 시트에 포함된 메모와 노트의 인쇄 여부 및 인쇄 위치를 지정함
- 셀 오류 표시 : 오류의 표시 방법을 지정함
- 페이지 순서 : 데이터를 한 페이지에 인쇄할 수 없을 때 인쇄될 방향(행/열)의 우선순위를 지정함

❺ 자동 페이지 나누기 24.5, 22.4, 22.1, 20.2, 16.2

- 인쇄할 데이터가 많아 한 페이지가 넘어가면 자동으로 페이지 구분선이 삽입된다.
- 페이지 구분선은 용지 크기, 여백 설정, 설정한 배율 옵션을 기준으로 설정된다.

❻ 수동 페이지 나누기 25.3, 24.2, 22.1, 21.3, 20.2, 20.1, 18.2

- [페이지 레이아웃] → [페이지 설정] → [나누기] → [페이지 나누기 삽입]을 선택한다.
- 사용자가 강제로 페이지를 나누는 것으로, 셀 포인터의 위치를 기준으로 왼쪽과 위쪽에 페이지 구분선이 삽입된다.
- 페이지 나누기가 설정된 셀을 선택하고, [페이지 레이아웃] → [페이지 설정] → [나누기] → [페이지 나누기 제거]를 선택하면 삽입된 페이지 구분선이 제거된다.
- 행 높이나 열 너비가 변경되면 자동 페이지 나누기로 삽입된 구분선은 자동으로 조절되지만 수동 페이지 나누기로 삽입된 구분선은 원래대로 유지된다.

❼ 페이지 나누기 미리 보기 25.3, 25.1, 24.5, 22.2, 22.1, 20.2, 20.1, 18.2, 16.2

- 페이지 구분선, 인쇄 영역, 페이지 번호 등이 표시된다.
- 마우스로 페이지 구분선을 드래그하여 위치를 변경할 수 있다.

- 페이지 구분선을 상·하·좌·우의 맨끝으로 끌고가면 페이지 구분선이 제거된다.
- 설정된 모든 페이지 해제 : 바로 가기 메뉴의 [페이지 나누기 모두 원래대로] 선택
- '페이지 나누기 미리 보기' 상태에서 자동으로 표시된 페이지 구분선은 점선(파선), 수동으로 삽입한 페이지 구분선은 실선으로 표시된다.

096 인쇄

❶ 인쇄 미리 보기 및 인쇄 25.5, 24.5, 24.3, 24.1, 22.4, 22.3, 19.상시, 19.2, 18.상시, 17.2, …

- 인쇄하기 전 머리글, 바닥글 등을 미리 화면으로 확인하는 기능이다.
- [파일] → [인쇄]를 선택하거나 Ctrl + F2 를 누르면 '인쇄 미리 보기 및 인쇄' 화면이 표시된다.
- 차트를 선택한 후 [파일] → [인쇄]를 선택하면 차트만 미리 볼 수 있다.
- ▦(여백 표시) : 마우스를 이용하여 여백의 크기나 열 너비를 조정할 수 있음
- ◈(페이지 확대/축소) : 화면에 표시된 내용을 확대/축소함
- '인쇄 미리 보기 및 인쇄' 화면을 종료하려면 Esc 를 누른다.

❷ 도형을 제외하고 인쇄 25.2, 22.3, 20.상시, 17.1, 15.3

인쇄 영역에 포함된 도형을 제외하고 인쇄하려면 도형의 바로 가기 메뉴에서 [크기 및 속성] 또는 [도형 서식]을 선택한 후 '도형 서식' 창의 [도형 옵션] → ▤(크기 및 속성)] → [속성]에서 '개체 인쇄' 옵션의 선택을 해제한다.

5장 데이터 관리

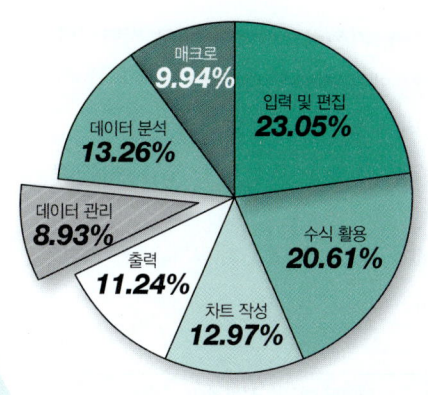

097 정렬 Ⓐ등급
098 자동 필터 Ⓒ등급
099 고급 필터 Ⓐ등급
100 텍스트 나누기 / 외부 데이터 가져오기 Ⓒ등급

꼭 알아야 할 키워드　Best 10

1. 정렬　2. 고급 필터　3. 고급 필터 조건 지정 방법　4. 자동 필터　5. 텍스트 마법사　6. 텍스트 나누기　7. 외부 데이터 가져오기　8. 오름차순
9. 내림차순　10. 사용자 지정 정렬

SECTION 097 정렬

전문가의 조언

중요해요! 정렬의 특징과 정렬 순서에 대한 문제가 자주 출제되고 있습니다. 정렬의 특징을 확실히 이해하고, 데이터가 정렬되는 순서를 반드시 암기하세요. 숫문논오빈!

오름차순과 내림차순
- **오름차순**: 입력된 데이터를 1, 2, 3 또는 가, 나, 다 순으로 정렬함
- **내림차순**: 입력된 데이터를 3, 2, 1 또는 다, 나, 가 순으로 정렬함

대/소문자 구분 설정 방법
대/소문자 구분은 [데이터] → [정렬 및 필터] → [정렬]을 클릭한 후 '정렬' 대화상자의 옵션에서 설정할 수 있습니다. 자세한 내용은 365쪽을 참고하세요.

1 정렬

25.5, 25.4, 25.1, 24.5, 24.4, 24.2, 24.1, 23.3, 23.2, 22.3, 22.2, 20.상시, 19.상시, 19.2, 19.1, 18.상시, 18.1, 16.3, 15.3, 15.2, …

정렬(Sort)은 불규칙하게 입력된 데이터 목록을 특정 기준에 따라 재배열하는 기능이다.

특징
- 정렬 기준은 최대 64개까지 지정할 수 있으며, 기본적으로 행 단위로 정렬된다.
- 정렬 범위에 병합된 셀이 포함되어 있을 경우에는 정렬할 수 없다.
- 원칙적으로 숨겨진 행이나 열에 있는 데이터는 정렬에 포함되지 않는다.
- 영문자 대/소문자를 구분하여 정렬할 수 있는 기능을 제공하며, 오름차순으로 정렬하면 소문자가 우선순위를 갖는다.
- 오름차순*은 숫자 〉 문자 〉 논리값 〉 오류값 〉 빈 셀 순이고, 내림차순*은 오류값 〉 논리값 〉 문자 〉 숫자 〉 빈 셀 순이다.
- **오름차순 정렬 순서(대/소문자 구분 설정*)**

순서	데이터 형식		데이터 형식별 정렬 순서
1	숫자		작은 수 → 큰 수
2	문자	특수문자	-공백!"#$()*./:;[]^{|}~+〈=
		영문	A에서 Z순(소문자 → 대문자)
		한글	ㄱ에서 ㅎ순
3	논리값		거짓값(False) → 참값(True)
4	오류값		순서가 모두 같음
5	빈 셀		항상 마지막에 정렬

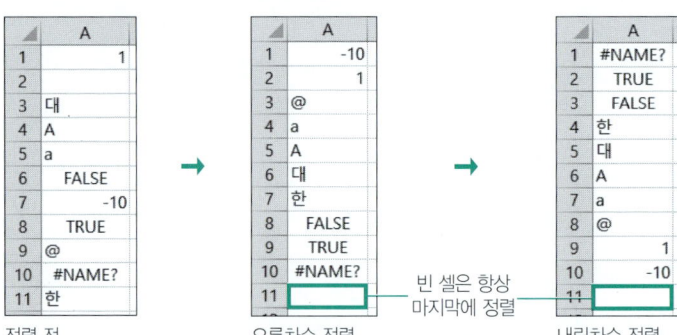

정렬 전 → 오름차순 정렬 → 내림차순 정렬

빈 셀은 항상 마지막에 정렬

예제 다음 데이터 목록을 첫째는 '소속부서', 둘째는 '성별'을 기준으로 오름차순 정렬하여 완성하시오.

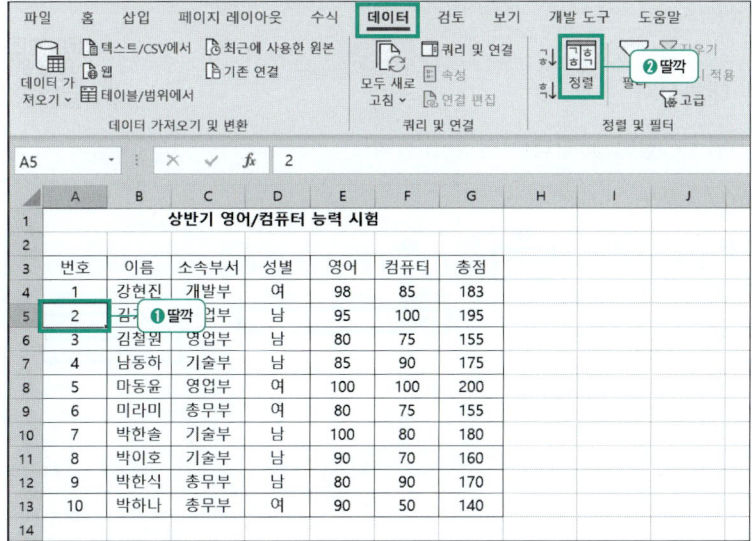

① 데이터 목록 중 임의의 셀에 셀 포인터를 이동시킨 후 [데이터] → [정렬 및 필터] → [정렬]을 클릭한다.

② '정렬' 대화상자에서 첫째 기준을 '소속부서', 정렬 기준을 '오름차순'으로 선택한다.

③ 〈기준 추가〉를 클릭한 후 둘째 기준을 '성별', 정렬 기준을 '오름차순'으로 선택하고 〈확인〉을 클릭한다.

준비하세요

'길벗컴활2급필기\2과목.xlsm' 파일을 불러와 '섹션97' 시트에서 실습하세요.

궁금해요 시나공 Q&A 베스트

Q 첫 행도 정렬되나요?

A 데이터 목록의 첫 행이 필드명(열 이름표)이 아니고 데이터일 경우 첫 행도 정렬 대상에 포함되어 정렬됩니다. 첫 행을 정렬에서 제외하려면 범위를 지정한 후 정렬을 수행하면 됩니다.

정렬 취소하기

정렬한 후 바로 취소하려면 빠른 실행 도구 모음의 🔄(취소)를 클릭하거나 Ctrl+Z를 누르면 됩니다.

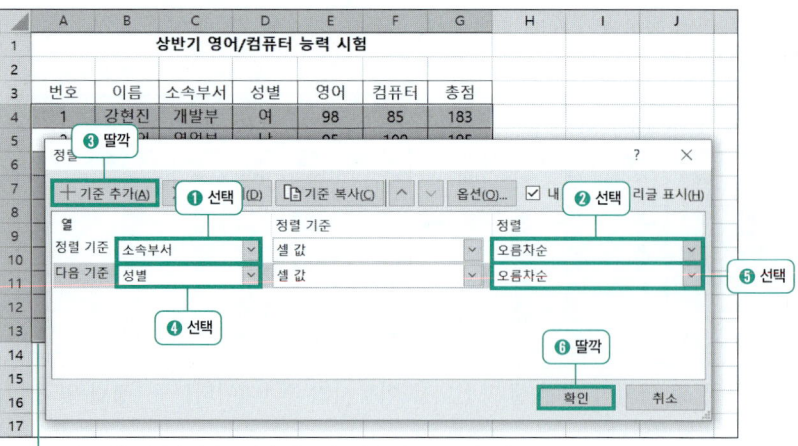

필드명을 제외한 정렬 대상이 되는 데이터가 자동으로 선택된다.

2 '정렬' 대화상자

25.1, 24.5, 23.2, 22.3, 22.2, 21.3, 19.상시, 19.2, 19.1, 16.3, 15.3, 15.2, 15.1, 14.2, 07.4, 06.1, 05.4, 05.3, 04.4

실행 [데이터] → [정렬 및 필터] → [정렬] 클릭

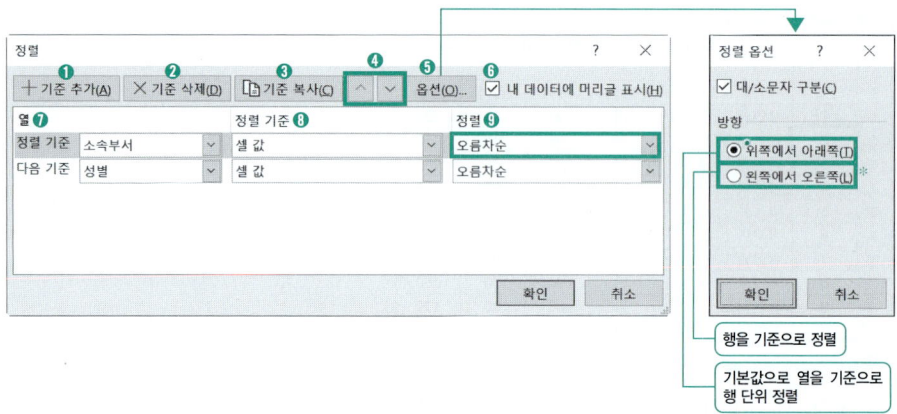

 전문가의 조언

'정렬' 대화상자의 각 옵션에 대한 문제가 출제되었습니다. '정렬' 대화상자에서 수행할 수 있는 작업을 구분하여 숙지하세요.

왼쪽에서 오른쪽!
행을 기준으로 열을 정렬하는 것으로, 필드명을 인식하지 못합니다. 그러므로 필드명이 있을 경우 반드시 범위를 지정한 후 수행해야 합니다.

❶ **기준 추가** : 현재 선택한 정렬 기준 아래에 새로운 정렬 기준을 추가한다.

❷ **기준 삭제** : 현재 선택한 정렬 기준을 삭제한다.

❸ **기준 복사** : 현재 선택한 정렬 기준을 복사하여 바로 다음 정렬 기준에 표시한다.

❹ **위로 이동/아래로 이동** : 정렬 기준의 순서를 변경한다.

❺ **정렬 옵션**
- 대/소문자를 구분하여 정렬할 것인지를 지정할 수 있다.
- 정렬할 방향을 지정할 수 있다.

❻ **내 데이터에 머리글 표시** : 선택한 데이터 목록의 첫 번째 행이 필드명일 경우 '내 데이터에 머리글 표시'를 선택하여 정렬 대상에서 제외시키고, 첫 번째 행이 필드명이 아닌 경우에는 '내 데이터에 머리글 표시'를 해제하여 첫 행을 정렬 대상에 포함시켜야 한다.

❼ **열** : 첫 번째 열을 기준으로 정렬했을 때 동일한 레코드가 나올 경우, 동일한 레코드들은 두 번째 열을 기준으로 다시 정렬한다. 두 번째 열에 의해서도 동일한 레코드가 나올 경우, 세 번째 열을 기준으로 다시 정렬한다.

❽ **정렬 기준**
  - 셀 값 : 셀에 입력된 데이터를 기준으로 정렬한다.
  - 셀 색* : 셀에 지정된 셀 색(채우기 색)을 기준으로 정렬한다.
  - 글꼴 색* : 글꼴에 지정된 색을 기준으로 정렬한다.
  - 조건부 서식 아이콘* : 셀에 표시된 아이콘을 기준으로 정렬한다.

❾ **정렬** : 정렬 방식을 오름차순, 내림차순, 사용자 지정 목록으로 지정한다.

③ 사용자 지정 정렬
25.1, 23.2, 23.1, 22.4, 21.3, 19.2, 19.1, 18.상시, 16.3, 15.3, 14.2, 12.2, 12.1, 04.4, 03.3

- 사용자가 '사용자 지정 목록'에 등록한 목록을 기준으로 정렬하는 기능이다.
- 사용자 지정 목록은 일정한 연관성을 가진 문자열을 정해진 순서대로 만들어 놓은 것으로, 자동 채우기나 정렬 등에서 사용된다.
- 사용자 지정 목록(정렬 순서)을 추가하거나 삭제할 수 있으나 엑셀에서 기본적으로 제공하는 목록은 수정하거나 제거할 수 없다.
- '정렬 기준'을 '셀 값'으로 지정한 모든 기준에서 사용자 지정 목록을 사용할 수 있다.
- 사용자 지정 목록을 만들면 컴퓨터 레지스트리*에 추가되므로 다른 통합 문서에서도 사용할 수 있다.
- **사용자 지정 목록 추가 및 삭제하는 방법**
  - 방법 1 : '정렬' 대화상자의 '정렬'에서 '사용자 지정 목록' 선택
  - 방법 2 : [파일] → [옵션] → [고급] → 〈사용자 지정 목록 편집〉 클릭

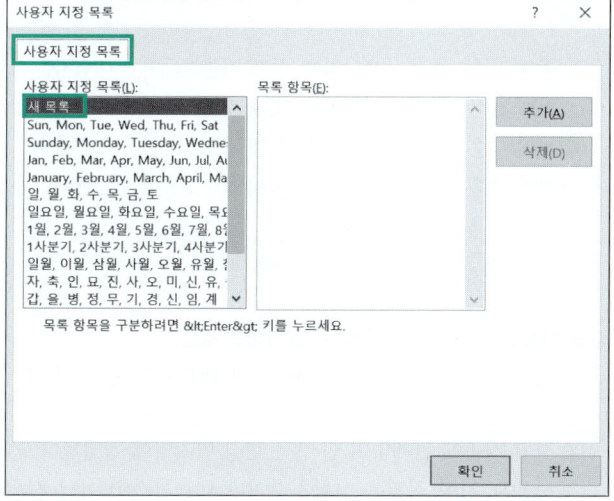

셀 색/글꼴 색/조건부 서식 아이콘
정렬 기준을 '셀 값'으로 지정하면 오름차순이나 내림차순으로 정렬하지만 '셀 색'/'글꼴 색'/조건부 서식 아이콘'으로 지정하면 지정한 색이나 아이콘을 목록의 위나 아래에 표시합니다.

전문가의 조언
사용자 지정 목록은 주로 정렬 문제에서 보기 중 하나로 출제되고 있습니다. 사용자 지정 목록은 사용자가 지정한 순서대로 정렬할 수 있고, 정렬 기준을 '셀 값'으로 지정한 모든 기준에서 사용할 수 있다는 것을 꼭 기억해 두세요.

레지스트리(Registry)
컴퓨터에 설치된 모든 하드웨어와 소프트웨어의 실행 정보를 한군데 모아 관리하는 계층적인 데이터베이스입니다.

기출문제 따라잡기

24년 5회, 22년 4회, 3회, 19년 2회

1. 다음 중 정렬에 대한 설명으로 옳은 것은?

① 최대 24개의 열을 기준으로 정렬할 수 있다.
② 글꼴 색을 기준으로 정렬할 수 있다.
③ 정렬 대상 범위에 병합된 셀이 포함되어 있어도 정렬할 수 있다.
④ 숨겨진 행은 정렬 결과에 포함되나 숨겨진 열은 정렬 결과에 포함되지 않는다.

> ① 정렬 기준은 최대 64개까지 지정할 수 있습니다.
> ③ 정렬 대상 범위에 병합된 셀이 포함되어 있을 경우에는 정렬할 수 없습니다.
> ④ 원칙적으로 숨겨진 행이나 열에 있는 데이터는 정렬에 포함되지 않습니다.

24년 4회, 23년 2회, 21년 3회, 19년 1회, 12년 2회

2. 다음 중 데이터 정렬에 대한 설명으로 옳지 않은 것은?

① 사용자 지정 목록을 사용하면 사용자가 정의한 순서대로 정렬할 수 있다.
② 색상별 정렬이 가능하여 글꼴 색 또는 셀 색을 기준으로 정렬할 수도 있다.
③ 정렬 옵션을 이용하면 데이터를 열 방향 또는 행 방향으로 선택하여 정렬할 수 있다.
④ 표에 병합된 셀들이 포함되어 있는 경우 병합된 셀들은 맨 아래쪽으로 정렬된다.

> 표에 병합된 셀이 포함되어 있을 경우 정렬을 수행할 수 없습니다.

24년 1회, 23년 3회, 22년 3회

3. 아래 워크시트에서 [A] 열을 오름차순 정렬할 경우 올바르게 정렬된 것은?

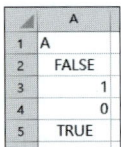

① 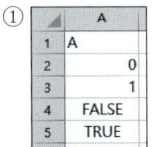 ②
③ 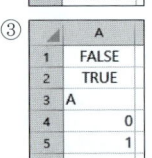 ④

> 오름차순은 '숫자 > 문자(특수문자>영문>한글) > 논리값 > 오류값 > 빈 셀' 순으로 정렬됩니다.

23년 1회, 22년 4회

4. 다음 중 사용자 지정 목록에 대한 설명으로 옳지 않은 것은?

① 정렬 기준이 셀 색, 조건부 서식 아이콘, 글꼴 색인 경우 사용자 지정 목록을 적용할 수 있다.
② 사용자 지정 목록을 만들면 다른 통합 문서에서 사용할 수 있도록 컴퓨터 레지스트리에 추가된다.
③ 엑셀에서 기본적으로 제공되는 목록은 수정하여 사용할 수 없다.
④ 사용자 지정 목록에는 텍스트 또는 텍스트와 숫자의 조합 등이 포함될 수 있다.

> 사용자 지정 목록은 '정렬 기준'이 '셀 값'일 때만 적용할 수 있습니다.

25년 4회

5. 아래 워크시트에 입력된 데이터를 총점이 높은 순으로 표시하고, 총점이 같은 경우 국어 점수가 높은 순으로 표시하기 위한 정렬 기준으로 올바른 것은?

	A	B	C	D	E	F
1	학번	이름	국어	영어	수학	총점
2	1	이신호	87	85	92	264
3	2	최준호	83	74	85	242
4	3	김봉선	64	84	94	242
5	4	이영주	90	92	82	264
6	5	최재균	94	84	97	275
7	6	김성근	73	74	80	227
8						

① 첫째 기준 : 총점 - 오름차순, 둘째 기준 : 국어 - 내림차순
② 첫째 기준 : 총점 - 내림차순, 둘째 기준 : 국어 - 오름차순
③ 첫째 기준 : 총점 - 오름차순, 둘째 기준 : 국어 - 오름차순
④ 첫째 기준 : 총점 - 내림차순, 둘째 기준 : 국어 - 내림차순

> 총점이 높은 순으로 표시하고, 총점이 같은 경우 국어 점수가 높은 순으로 표시하려면 둘 다 큰 값에서 작은 값으로 정렬되는 내림차순 정렬을 지정하면 됩니다.

25년 1회

6. 다음 중 정렬에 관한 설명으로 옳지 않은 것은?

① 영문자를 오름차순으로 정렬하면 대문자가 앞에 위치한다.
② 정렬 기준에 관계없이 빈 셀은 항상 마지막에 정렬된다.
③ 사용자 지정 정렬은 오름차순이나 내림차순이 아닌 사용자가 등록한 목록을 기준으로 정렬한다.
④ 정렬 옵션으로 정렬의 방향을 왼쪽에서 오른쪽으로 지정할 수 있다.

> 영문자를 오름차순으로 정렬하면 소문자가 앞에 위치합니다.

▶ 정답 : 1.② 2.④ 3.② 4.① 5.④ 6.①

SECTION 098 자동 필터

1 필터의 개요
21.1, 15.2, 13.3, 12.3, 07.2, 04.1, 02.2

필터(Filter)는 데이터 목록에서 설정된 조건에 맞는 데이터만을 추출하여 화면에 나타내는 기능이다.

특징

- 필터 기능을 이용하면 조건에 맞는 데이터만 찾아서 워크시트에 나타내며, 데이터의 순서는 변경되지 않는다.
- 추출된 데이터는 기존 데이터와 같이 삭제나 수정 등의 데이터 활용이 가능하다.
- 조건을 기술하는 방법에 따라 자동 필터와 고급 필터*로 구분한다.

> 고급 필터에 대한 자세한 내용은 다음 섹션(370쪽)을 참고하세요.

2 자동 필터
25.2, 23.4, 23.2, 21.2, 21.1, 16.2, 15.2, 15.1, 13.3, 12.3, 09.4, 07.2, 04.1, 02.2

자동 필터는 단순한 비교 조건을 사용하여 간단한 데이터 추출 작업에 사용되는 필터이다.

실행 [데이터] → [정렬 및 필터] → [필터] 클릭

특징

- 자동 필터 목록 단추를 이용하여 쉽고 빠르게 필터 조건을 설정할 수 있다.
- 자동 필터를 사용하려면 데이터 목록에 반드시 필드명(열 이름표)이 있어야 한다.
- 자동 필터는 영문 대·소문자를 구분할 수 없다.
- 두 개 이상의 필드(열)에 조건이 설정된 경우 AND 조건으로 결합된다.
- 자동 필터를 적용하면 지정한 조건에 맞지 않는 행은 숨겨진다.
- 필터링된 데이터 그대로 복사, 찾기, 편집, 인쇄 등의 작업을 수행할 수 있다.
- 자동 필터를 사용하면 목록 값, 서식, 조건을 이용하여 세 가지 유형*의 필터를 만들 수 있지만, 한 번에 한 가지 필터만 적용할 수 있다.
- 필드(열)에 입력된 데이터에 따라 [숫자 필터], [텍스트 필터], [날짜 필터] 중 하나의 필터가 표시되는데, 하나의 필드에 날짜, 숫자, 텍스트 등의 데이터가 섞여 있으면 가장 많이 있는 데이터 형식에 대한 필터가 표시된다.
- 필터를 이용하여 추출한 데이터는 원본 데이터 목록 상에 레코드(행) 단위로 표시된다.

> **전문가의 조언**
> 자동 필터의 특징을 묻는 문제가 출제되고 있습니다. 자동 필터는 여러 필드에 조건을 지정할 수 있고, 정렬 시 영문 대·소문자는 구분하지 못한다는 것을 기억해 두세요.

> **필터 유형**
>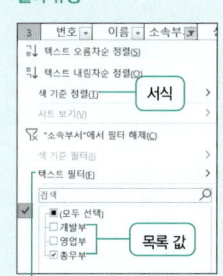
> 조건으로, 필드에 입력된 데이터에 따라 텍스트 필터, 숫자 필터, 날짜 필터 중 하나가 표시됨

24.3

> **잠깐만요** **상위 10 자동 필터***
>
> 항목이나 백분율을 기준으로 상위나 하위로 데이터의 범위를 지정하여 해당 범위에 포함된 레코드만 추출하는 기능으로, 숫자 필드에서만 사용할 수 있습니다.

> **'상위 10 자동 필터' 대화상자**
>

준비하세요

'길벗컴활2급필기\2과목.xlsm' 파일을 불러와 '섹션98' 시트에서 실습하세요.

예제 자동 필터를 이용하여 '소속부서'가 "총무부"이고, '성별'이 "여"인 레코드를 추출하시오.

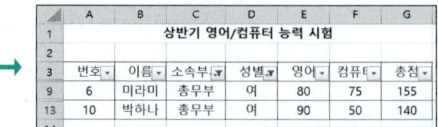

① 데이터 목록(A3:G13) 중 임의의 셀에 셀 포인터를 이동시킨 후 [데이터] → [정렬 및 필터] → [필터]를 클릭한다.

② 필드명 오른쪽에 자동 필터 목록 단추( )가 표시된다. '소속부서'의 자동 필터 목록 단추( )를 클릭한 후 '모두 선택'을 클릭하여 선택되어 있는 항목을 모두 해제한다. 이어서 "총무부"를 클릭하여 선택하고 〈확인〉을 클릭한다.

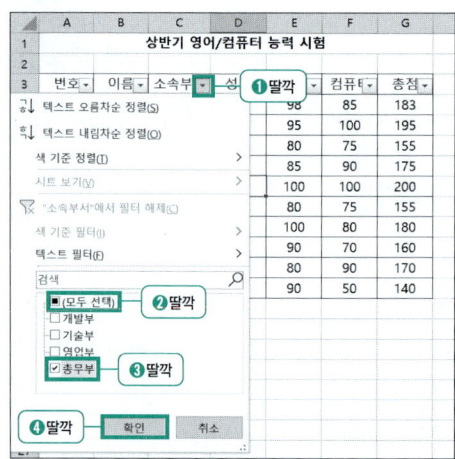

자동 필터 해제하기

[데이터] → [정렬 및 필터] → [필터]를 다시 클릭하면 자동 필터의 설정이 해제됩니다.

전체 데이터 보기

자동 필터 목록 단추( )를 눌러 '(모두 선택)'을 클릭하면 설정된 조건이 해제되면서 전체 데이터를 볼 수 있습니다.

③ '성별'의 자동 필터 목록 단추( )를 클릭한 후 "남"을 클릭하여 선택을 해제하여 "여"만을 선택하고 〈확인〉을 클릭한다.

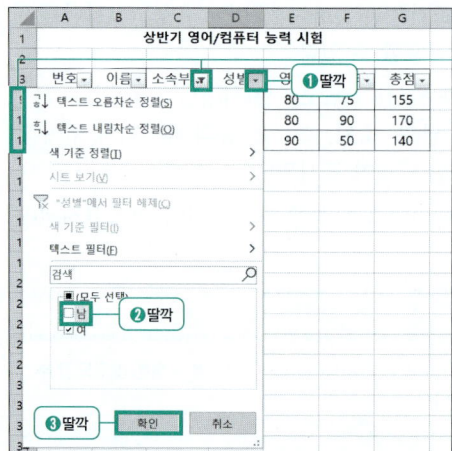

기출문제 따라잡기

25년 2회
1. 다음의 고급 필터 조건 중 자동 필터 조건으로 사용할 수 없는 것은?

①
직급	급여
사원	>=2500000

②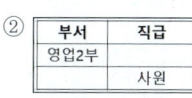

③
부서	성별
영업1부	남자

④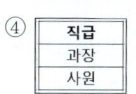

> 자동 필터에서 한 개의 필드에 두 개 이상의 조건이 설정된 경우 AND나 OR 조건으로 결합되지만 두 개 이상의 필드에 조건이 설정된 경우 AND 조건으로만 결합됩니다. 고급 필터에서 AND 조건은 같은 행에, OR 조건은 다른 행에 입력하므로 ②번과 같이 2개의 필드를 OR 조건으로 결합하는 조건은 자동 필터에서 사용할 수 없습니다.

16년 2회
2. 다음 중 데이터 관리 기능인 자동 필터에 대한 설명으로 옳지 않은 것은?

① 필터는 데이터 목록에서 설정된 조건에 맞는 데이터만을 추출하여 나타내기 위한 기능으로 워크시트의 다른 영역으로 결과 테이블을 자동 생성할 수 있다.
② 두 개 이상의 필드(열)로 필터링 할 수 있으며, 필터는 누적 적용되므로 추가하는 각 필터는 현재 필터 위에 적용된다.
③ 필터는 필요한 데이터 추출을 위해 조건을 만족하지 않는 데이터를 잠시 숨기는 것이므로 목록 자체의 내용은 변경되지 않는다.
④ 자동 필터를 사용하여 추출한 데이터는 레코드(행) 단위로 표시된다.

> • 자동 필터는 단순한 조건을 사용하여 간편하게 데이터를 추출하기 위한 기능으로, 추출된 결과는 원본 목록(데이터 목록)에만 표시할 수 있습니다.
> • 조건에 맞는 자료들을 추출하여 워크시트의 다른 영역에 추출하려면 고급 필터를 사용해야 합니다.

23년 2회
3. 다음 중 자동 필터에 대한 설명으로 옳지 않은 것은?

① 자동 필터에서 여러 필드에 조건을 지정하는 경우 각 조건들은 AND 조건으로 설정된다.
② 정렬 시 영문 대·소문자를 구분한다.
③ 자동 필터된 데이터만 선택하여 복사할 수 있다.
④ 필터링된 데이터 그대로 찾기, 편집, 인쇄 등의 작업을 수행할 수 있다.

> 자동 필터는 영문 대·소문자를 구분하지 못합니다.

23년 4회, 21년 2회
4. 다음 중 데이터 관리 기능인 자동 필터에 대한 설명으로 옳지 않은 것은?

① 자동 필터는 데이터 영역에 표시되는 목록 단추를 이용하여 쉽고 빠르게 데이터를 추출할 수 있다.
② 필터는 필요한 데이터 추출을 위해 조건을 만족하지 않는 데이터를 잠시 숨기는 것이므로 목록 자체의 내용은 변경되지 않는다.
③ 자동 필터를 사용하여 추출한 데이터는 레코드(행) 단위로 표시된다.
④ 여러 필드를 대상으로 조건을 지정할 수 없다.

> 자동 필터는 여러 필드를 대상으로 조건을 지정할 수 있으며, 지정된 모든 조건을 만족하는 데이터가 표시됩니다.

24년 3회
5. 다음의 '상위 10 자동 필터' 대화상자에 대한 설명으로 옳지 않은 것은?

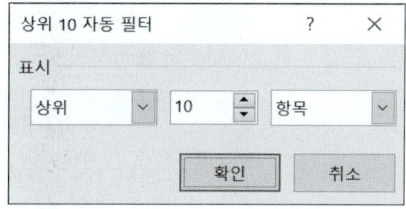

① 숫자가 입력된 셀에 대해서만 적용할 수 있다.
② 백분율을 적용하여 표시할 수 있다.
③ 가장 큰 값과 가장 작은 값을 찾을 수 있다.
④ 필터링된 결과는 자동으로 정렬되어 표시된다.

> 필터링된 결과는 자동으로 정렬되어 표시되지 않습니다.

▶ 정답 : 1. ② 2. ① 3. ② 4. ④ 5. ④

SECTION 099 고급 필터

전문가의 조언
고급 필터의 특징이나 고급 필터와 자동 필터를 비교하는 문제가 출제됩니다. 고급 필터의 특징과 고급 필터와 자동 필터의 다른 점을 구분하여 알아두세요.

준비하세요
'길벗컴활2급필기\2과목.xlsm' 파일을 불러와 '섹션99' 시트에서 실습하세요.

고급 필터 작성 순서
❶ 조건을 입력합니다.
❷ [데이터] → [정렬 및 필터] → [고급]을 클릭합니다.
❸ '고급 필터' 대화상자에서 각 범위를 설정합니다.

1 고급 필터의 개요

22.2, 21.2, 21.1, 15.2, 09.4, 07.4, 05.2, 05.1, 04.1, 02.3, 01.1, 99.1

고급 필터는 자동 필터에 비해 복잡한 조건을 사용하거나 여러 필드를 결합하여 조건을 지정할 경우 사용하는 기능이다.

실행 [데이터] → [정렬 및 필터] → [고급] 클릭

- 고급 필터는 다양한 조건을 사용자가 직접 설정하여 추출할 수 있다.
- 고급 필터는 추출된 결과를 원본 데이터 위치에 표시할 수도 있고 다른 위치에 표시할 수 있으며, 조건에 맞는 특정한 필드(열)만을 추출할 수도 있다.
- 자동 필터에서는 한 필드에 두 개까지만 조건을 지정할 수 있지만, 고급 필터는 한 필드에 두 개 이상의 조건을 지정할 수 있고, 두 개 이상의 필드를 AND나 OR로 결합하여 추출할 수 있다.

예제 1 다음과 같은 데이터 목록 중 총점이 180 이상인 레코드만을 추출하여 [A18] 셀에서부터 표시하시오.

① [B15] 셀에 **총점**, B16 셀에 **>=180**을 입력하고 데이터 목록 중 임의의 셀로 셀 포인터를 이동시킨 후 [데이터] → [정렬 및 필터] → [고급]을 클릭한다.

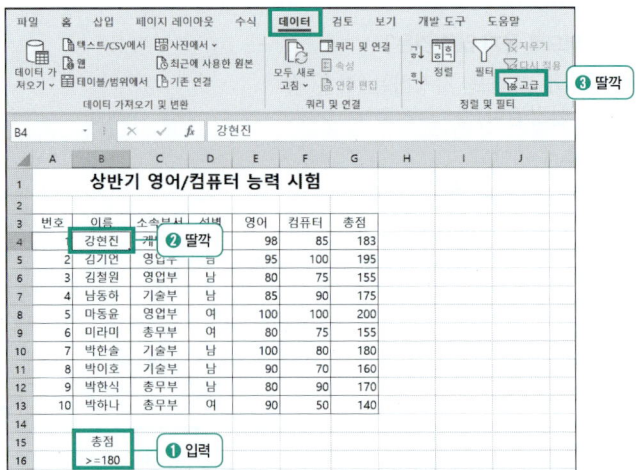

② 다음 그림과 같이 '고급 필터' 대화상자의 각 설정 사항을 지정한 후 〈확인〉을 클릭한다. 범위를 지정할 때는 직접 입력하거나 범위 지정 단추(↑)를 클릭하여 해당 범위를 마우스로 드래그한다.

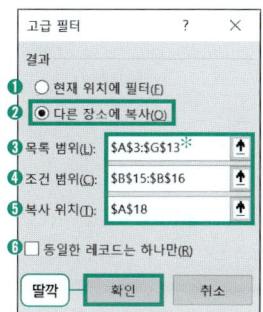

❶ 원본 데이터 목록이 위치한 곳에 추출된 결과를 표시한다.
❷ 원본 데이터와 다른 위치에 추출된 결과를 표시한다.
❸ 추출할 원본 데이터 목록의 범위를 지정한다.
❹ 찾을 조건이 입력된 범위를 지정한다.
❺ '다른 장소에 복사'를 선택한 경우 추출된 결과의 표시 위치를 지정한다.
❻ 추출된 결과 중 동일한 레코드가 있을 경우 하나만 표시한다.

셀 주소가 절대 주소로!
범위 지정 단추(↑)를 이용하여 위치를 지정하면 오른쪽 그림과 같이 셀 주소가 절대 주소로 표시됩니다.

> **잠깐만요** 다른 워크시트에 추출된 결과 표시하기
>
> 원본 데이터가 있는 워크시트 외에 다른 워크시트에 추출된 결과를 표시하려면 결과를 표시하려는 워크시트에서 작업을 시작해야 합니다. 결과를 표시하고자 하는 워크시트에서 [고급 필터]를 실행하고, '다른 장소에 복사'를 지정한 후 작업을 진행하면 됩니다.

2 기본 조건 지정 방법

25.5, 25.4, 25.3, 25.1, 24.5, 24.4, 24.1, 23.5, 23.4, 23.2, 22.4, 22.3, 22.2, 22.1, 21.2, 21.1, 20.상시, 20.2, 20.1, 19.상시, …

- 조건을 지정할 범위의 첫 행에는 원본 데이터 목록의 필드명을 입력하고, 그 아래 행에 조건을 입력한다.
- 조건을 지정할 때 '*, ?' 등의 만능 문자(와일드 카드)도 사용할 수 있다.
- 고급 필터의 조건으로 일반적인 수식이 아닌 값에 대한 비교 연산자로 등호(=)를 사용할 때는 ="=항목" 형식*으로 입력한다.

AND 조건

- 지정한 모든 조건을 만족하는 데이터만 출력된다.
- 2개 이상의 조건을 AND 조건으로 지정하려면 조건을 모두 같은 행에 입력해야 한다.

❶ 소속부서	영어		❷ 총점	총점
개발부	100		<=190	>=180

❸ 소속부서	영어	총점	❹ 이름	영어	총점
개발부	100	>=190	김*		100	>=190

❶ 소속부서가 '개발부'이고, 영어가 100인 사원
❷ 총점이 180 이상 190 이하인 사원
❸ 소속부서가 '개발부'이고, 영어가 100이고, 총점이 190 이상인 사원
❹ 이름이 '김'으로 시작하고, 영어가 100이고, 총점이 190 이상인 사원

전문가의 조언

중요해요! 거의 매회 한 문제씩 출제되는데, 각 조건을 지정하는 원리만 알면 쉽게 풀 수 있습니다. 조건 지정 방법을 정확히 알고 넘어가세요.

="=항목" 형식
예 두 번째 글자가 "영"으로 끝나는 두 글자짜리 데이터를 찾으려면 조건을 ="=?영"으로 작성해야 합니다. ?영으로 작성하면 글자 수에 상관없이 두 번째 글자가 '영'인 모든 데이터를 찾습니다.
- ="=?영" : 김영, 박영
- ?영 : 김영, 김영민, 박영, 이영수

OR 조건

- 지정한 조건 중 하나의 조건이라도 만족하는 경우의 데이터가 출력된다.
- 2개 이상의 조건을 OR 조건으로 지정하려면 조건을 모두 다른 행에 입력해야 한다.

❶
소속부서
개발부
영업부
총무부

❷
소속부서	영어
개발부	
	100

❸
소속부서	영어	총점
개발부		
	100	
		>=190

❹
이름	영어	총점
박한?		
	100	
		>=190

❶ 소속부서가 '개발부' 또는 '영업부' 또는 '총무부'인 사원
❷ 소속부서가 '개발부'이거나 영어가 100인 사원
❸ 소속부서가 '개발부'이거나 영어가 1000이거나 총점이 190 이상인 사원
❹ 이름이 '박한'으로 시작하는 세 글자 이상*이거나 영어가 1000이거나 총점이 190 이상인 사원

AND와 OR의 결합 조건

AND와 OR 조건이 결합된 형태의 조건 지정 방식이다.

❶
소속부서	총점
개발부	>=190
영업부	>=180

❷
소속부서	총점	컴퓨터
개발부	>=190	
		>=90

❶ 소속부서가 '개발부'이고 총점이 190 이상이거나, 소속부서가 '영업부'이고 총점이 180 이상인 사원
❷ 소속부서가 '개발부'이고 총점이 190 이상이거나, 컴퓨터가 90 이상인 사원

3 고급 조건 지정 방법

- 함수나 식의 계산값을 고급 필터의 찾을 조건으로 지정하는 방식이다.
- 조건 지정 범위의 첫 행에 입력될 조건 필드명은 원본 데이터의 필드명과 다른 필드명을 입력하거나 생략하며, 그 아래 행에 조건을 입력한다.
- 함수나 식을 사용하여 조건을 입력하면 셀에는 비교되는 현재 대상의 값에 따라 TRUE나 FALSE가 표시된다.
- 함수와 식을 혼합하여 조건을 지정할 수 있다.
- 함수나 식을 사용해도 AND나 OR 조건을 입력하는 방법은 동일하다.

만능 문자(와일드 카드) ?

?는 일반적으로 문자의 한 자리를 대신하여 글자 수를 제한하는 곳에 사용하지만 ? 뒤에 다른 문자가 없을 경우에는 ?로 지정한 글자 수 이상인 것을 모두 찾습니다.
- ??a : 세 글자이면서, 세 번째 글자가 a인 것
- a? : a로 시작하는 두 글자 이상인 것
- a?? : a로 시작하는 세 글자 이상인 것

전문가의 조언

식을 사용하여 조건을 지정하는 방법을 묻는 문제가 출제되었습니다. 실습을 통해 고급 조건 지정 방법을 정확히 이해하세요. 특히 식을 사용할 때는 원본 데이터의 필드명을 사용하지 않는다는 것! 잊지마세요.

기출문제 따라잡기

25년 4회, 24년 1회, 22년 1회, 21년 3회, 1회, 18년 2회

1. 다음 중 아래와 같이 조건을 설정한 고급 필터의 실행 결과에 대한 설명으로 옳은 것은?

소속	근무경력
〈 〉영업팀	〉=30

① 소속이 '영업팀'이 아니면서 근무경력이 30년 이상인 사원 정보
② 소속이 '영업팀'이면서 근무경력이 30년 이상인 사원 정보
③ 소속이 '영업팀'이 아니거나 근무경력이 30년 이상인 사원 정보
④ 소속이 '영업팀'이거나 근무경력이 30년 이상인 사원 정보

> 고급 필터의 조건이 같은 행에 있으면 AND 조건, 다른 행에 있으면 OR 조건으로 연결됩니다.
> ※ 〈 〉는 같지 않다는 의미입니다.

24년 5회, 22년 1회, 21년 4회, 3회, 1회, 20년 1회, 18년 2회, 15년 1회, 11년 1회, 10년 3회, 06년 3회

2. 고급 필터에서 다음과 같은 조건을 적용하였을 때 선택되는 데이터로 올바른 것은?

	A	B	C
1	제품명	금액	수량
2	냉장고	<650000	
3			>5

① 제품명이 냉장고이고 금액이 650000 미만인 제품과 수량이 6 이상인 제품
② 금액이 650000 미만이고 수량이 5 이상인 제품
③ 제품명이 냉장고이거나 금액이 650000 미만인 제품이면서 수량은 6 이상인 제품
④ 수량은 5 이상이며 제품명이 냉장고이거나 금액이 650000 이상인 제품

> • 고급 필터의 조건이 같은 행에 있으면 AND 조건, 다른 행에 있으면 OR 조건으로 연결됩니다.
> • 문제의 고급 필터 조건은 '제품명이 냉장고이고 금액이 650000 미만인 제품이거나 수량이 6 이상(5보다 큰) 제품'입니다.

25년 5회, 3회, 24년 4회, 23년 4회, 2회, 21년 2회, 16년 3회, 2회

3. 다음 중 성명이 "정"으로 시작하거나 출신지역이 "서울"인 데이터를 추출하기 위한 고급 필터 조건은?

①
성명	출신지역
정*	서울

②
성명	출신지역
정*	
	서울

③
성명	정*
출신지역	서울

④
성명	정*	
출신지역		서울

> AND 조건은 같은 행에, OR 조건은 다른 행에 입력합니다.

22년 4회, 09년 1회, 06년 2회

4. 다음 중 아래와 같이 조건을 설정한 고급 필터의 실행 결과로 추출되는 행으로 옳은 것은?

	A	B	C	D	E
1	직원 현황				
2	이름	직책	경력	부서	TOEIC
3	김상공	대리	4	마케팅	460
4	이한국	대리	2	관리	450
5	박대한	사원	3	기획	540
6					
7	<조건>	직책	경력	TOEIC	TOEIC
8		대리	>=4		
9				>=500	<700

① 3, 4, 5행
② 3행
③ 3, 5행
④ 4, 5행

> 고급 필터의 조건을 같은 행에 입력하면 AND 조건, 다른 행에 입력하면 OR 조건으로 연결됩니다. '직책'이 '대리'이고 '경력'이 4 이상이거나, 'TOEIC'이 500 이상이면서 700 미만인 3행과 5행만 표시됩니다.

22년 2회, 17년 2회, 15년 1회

5. 다음 중 아래 그림의 표에서 조건 범위로 [A9:B11] 영역을 선택하여 고급 필터를 실행한 결과의 레코드 수는 얼마인가?

	A	B	C	D
1	성명	이론	실기	합계
2	김진아	47	45	92
3	이은경	38	47	85
4	장영주	46	48	94
5	김시내	35	30	65
6	홍길동	49	48	97
7	박승수	37	43	80
8				
9	합계	합계		
10	<96	>90		
11		<70		

① 0
② 3
③ 4
④ 6

> 조건은 합계가 95 미만 90 초과이거나 합계가 70 미만인 데이터로, 고급 필터의 결과는 다음과 같습니다.
>
> | 성명 | 이론 | 실기 | 합계 |
> |---|---|---|---|
> | 김진아 | 47 | 45 | 92 |
> | 장영주 | 46 | 48 | 94 |
> | 김시내 | 40 | 42 | 65 |

▶ 정답 : 1. ① 2. ① 3. ② 4. ③ 5. ②

기출문제 따라잡기

22년 2회, 21년 2회, 13년 1회

6. 아래 시트에서 고급 필터를 그림과 같이 실행하였다. 다음 중 고급 필터의 실행 결과로 옳은 것은?

	A	B	C
1	학과명	성명	TOEIC
2	경영학과	김영민	790
3	영어영문학과	박찬진	940
4	컴퓨터학과	최우석	860
5	물리학과	황종규	750
6	영어영문학과	서진동	880
7	건축학과	강석우	900
8	기계공학과	한경수	740
9	컴퓨터학과	최미진	990
10	경영학과	김경호	880
11			
12	학과명		
13			

고급 필터 대화상자:
- 다른 장소에 복사(O)
- 목록 범위(L): $A$1:$C$10
- 조건 범위(C):
- 복사 위치(T): $A$12
- ☑ 동일한 레코드는 하나만(R)

①
12	학과명
13	경영학과
14	영어영문학과
15	컴퓨터학과

②
12	학과명
13	경영학과
14	영어영문학과
15	컴퓨터학과
16	물리학과
17	건축학과
18	기계공학과

③
12	학과명
13	물리학과
14	영어영문학과
15	건축학과
16	기계공학과
17	컴퓨터학과
18	경영학과

④
12	학과명
13	경영학과
14	영어영문학과
15	컴퓨터학과
16	물리학과
17	영어영문학과
18	건축학과
19	기계공학과
20	컴퓨터학과
21	경영학과

> '동일한 레코드는 하나만' 옵션을 지정하면 동일한 레코드가 있을 경우 하나만 표시합니다. 또한 실행 결과는 데이터 영역의 레코드 정렬 순서대로 표시됩니다.
> ※ 고급 필터의 결과로 특정 필드만 추출하려면 결과를 표시할 위치에 추출할 필드명을 미리 입력한 후 '고급 필터' 대화상자의 복사 위치에 입력한 필드명을 범위로 지정하면 됩니다. 이 문제의 경우 [A12] 셀에 '학과명'을 입력한 후 복사 위치를 [A12] 셀로 지정하였기 때문에 고급 필터의 결과로 '학과명'만 추출되었습니다.

25년 1회, 23년 5회

7. 아래 시트에서 고급 필터를 실행했을 때 그 결과가 다른 것은?

	A	B	C	D
1				
2	등급	주소지	이름	성별
3	프리미엄	서울	김용갑	남
4	골드	서울	김종일	남
5	일반	경기	김우경	여
6	골드	인천	최재균	남
7	일반	부산	박진호	남
8	프리미엄	인천	이재성	남
9	프리미엄	서울	최복선	여
10	일반	대구	마정희	여
11				
12			이름	
13			김*	
14	등급			

①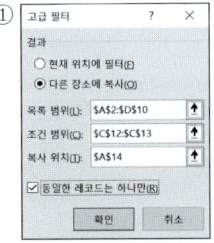

②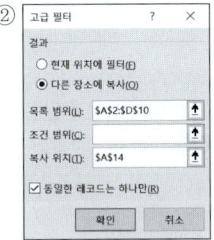

③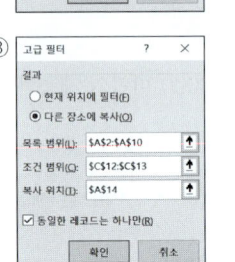

④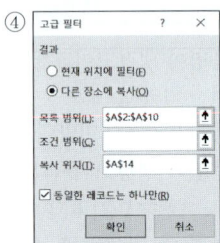

> ①, ②, ④번의 고급 필터 수행 결과는 다음과 같습니다.
>
> | 등급 |
> |---|
> | 프리미엄 |
> | 골드 |
> | 일반 |
>
> ① [A2:D10] 영역에서 '이름'이 김으로 시작하는 '등급'을 구하되 동일한 레코드는 하나만 출력합니다.
> ② [A2:D10] 영역에서 '등급'을 구하되 동일한 레코드는 하나만 출력합니다.
> ③ [A2:A10] 영역에서 '이름'이 김으로 시작하는 '등급'을 구하되 동일한 레코드는 하나만 출력합니다. [A2:A10] 영역에는 '이름'이 없으므로 조건에 맞는 레코드가 없어 아무것도 출력되지 않습니다.
> ④ [A2:A10] 영역에서 '등급'을 구하되 동일한 레코드는 하나만 출력합니다.

▶ 정답 : 6. ② 7. ③

SECTION 100

텍스트 나누기 / 외부 데이터 가져오기

1 텍스트 나누기

24.3, 24.2, 23.4, 22.4, 22.2, 19.1, 17.1, 14.3, 13.2, 11.2, 07.3, 06.4, 06.3, 06.1, 05.3, 04.2, 01.2, 00.2

텍스트 나누기는 워크시트의 한 열에 입력되어 있는 데이터를 구분 기호나 일정한 너비로 분리하여 워크시트의 각 셀에 입력하는 기능이다.

예제 [B2:B8] 영역의 데이터를 '텍스트 나누기'를 이용하여 나타내시오.

 →

① [B2:B8] 영역을 블록으로 지정*한 후 [데이터] → [데이터 도구] → [텍스트 나누기]를 클릭한다.

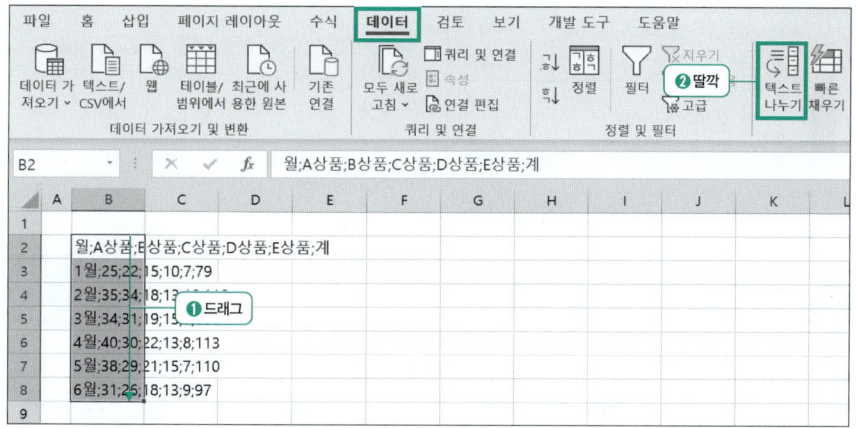

② **텍스트 마법사 – 3단계 중 1단계** : 데이터가 세미콜론(;)으로 구분되어 있으므로 '구분 기호로 분리됨'을 선택한 후 〈다음〉을 클릭한다.

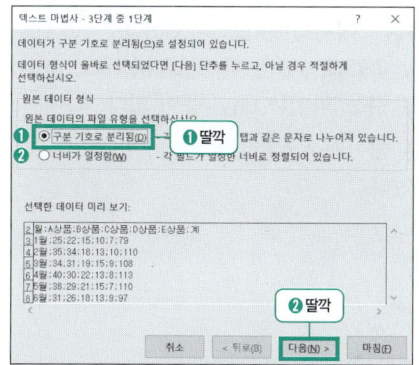

❶ **구분 기호로 분리됨** : 데이터의 항목이 탭, 세미콜론, 쉼표 등의 기호로 구분되어 있을 경우에 사용한다.

❷ **너비가 일정함*** : 데이터에 있는 항목의 길이가 모두 같은 경우에 사용한다.

전문가의 조언

텍스트 나누기의 기능과 사용 방법을 알아두세요.

준비하세요

'길벗컴활2급필기\2과목.xlsm' 파일을 불러와 '섹션100' 시트에서 실습하세요.

텍스트 나누기 범위 지정

텍스트 나누기는 하나의 열에 입력된 데이터를 각 셀에 나누어 입력하는 것으로, [데이터] → [데이터 도구] → [텍스트 나누기]를 클릭하기 전에 블록을 지정해야 하는데, 반드시 데이터가 입력된 하나의 열만 선택해야 합니다.

너비가 일정한 데이터의 '텍스트 마법사' 2단계

- 열 구분선 삽입 : 원하는 위치를 마우스로 클릭
- 열 구분선 삭제 : 구분선을 마우스로 두 번 클릭
- 열 구분선 이동 : 열 구분선을 원하는 위치로 드래그

구분 기호
구분 기호는 두 가지 이상을 선택하여 지정할 수 있습니다.

데이터 미리 보기
데이터 미리 보기는 단순히 데이터가 나눠진 결과를 화면에 보여주는 것으로, 필드의 위치 변경 등의 작업은 할 수 없습니다.

③ **텍스트 마법사 – 3단계 중 2단계** : 기본적으로 선택되어 있는 '탭'은 해제하고, 데이터에서 사용된 구분 기호인 '세미콜론'을 선택한 후 〈다음〉을 클릭한다.

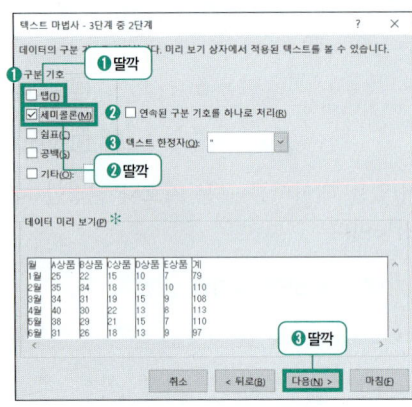

❶ **구분 기호*** : 데이터에서 사용된 구분 기호를 선택하고, 해당 기호가 없으면 기타 난을 선택한 후 기호를 입력한다.
❷ **연속된 구분 기호를 하나로 처리** : 같은 구분 기호가 중복되어 있을 경우 하나로 취급한다.
❸ **텍스트 한정자** : 큰따옴표(") 등 문자 데이터를 구분하기 위한 기호를 지정한다.

'고급' 설정
'텍스트 마법사 – 3단계 중 3단계'의 〈고급〉 단추를 클릭하면 숫자 데이터에 소수 구분 기호(.)나 1000 단위 구분 기호(,)의 표시 여부를 설정할 수 있습니다.

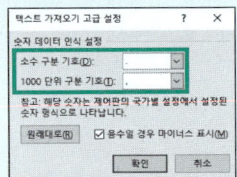

④ **텍스트 마법사 – 3단계 중 3단계** : '일반'을 선택한 후 〈마침〉을 클릭한다.

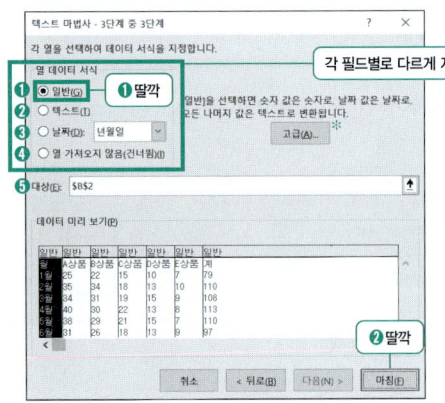

❶ **일반** : 데이터 형식에 맞게 자동으로 지정한다.
❷ **텍스트** : 텍스트 형식으로 지정한다.
❸ **날짜** : 날짜 형식으로 지정되며 날짜 서식 목록에서 서식을 지정할 수 있다.
❹ **열 가져오지 않음** : 선택한 열을 제외하고 가져온다.
❺ **대상** : 텍스트 나누기한 데이터의 시작 위치를 지정한다.

 전문가의 조언
[외부 데이터 가져오기]의 방법과 특징을 파악해 두세요.

② 외부 데이터 가져오기 _{15.3, 06.4}

'외부 데이터 가져오기'는 SQL, dBASE, Access 등에서 사용하는 데이터베이스 파일과 텍스트 파일 등을 엑셀로 가져와 워크시트에서 사용할 수 있도록 하는 기능이다.

 [데이터] → [데이터 가져오기 및 변환] 그룹에서 가져올 데이터 형식 클릭

특징
• 엑셀에서 액세스할 수 있는 외부 데이터에는 데이터베이스 파일(SQL, Access, dBase, FoxPro, Oracle, Paradox), XML, JSON, PDF, 텍스트 파일(txt, prn), 엑셀 파일(xlsx, xlsm), 쿼리(*.dqy), OLAP 큐브 파일(*.oqy) 등이 있다.
• '외부 데이터 가져오기'를 이용하여 가져온 데이터는 원본 데이터가 변경될 경우 가져온 데이터에도 반영되도록 설정할 수 있다.

기출문제 따라잡기

 문제1 4210051  문제2 1310051  문제5 1310052

23년 4회, 22년 4회
1. 다음 중 [텍스트 나누기] 기능에 대한 설명으로 옳지 않은 것은?

① 한 셀에 입력되어 있는 데이터를 여러 셀로 분리시킬 수 있다.
② 텍스트 나누기 수행 시 데이터 형식의 변환 및 셀 서식 변경이 가능하다.
③ 열의 데이터 서식을 '일반'으로 지정하면 숫자 값은 숫자로, 날짜 값은 날짜로, 모든 나머지 값은 텍스트로 변환된다.
④ 탭, 세미콜론, 쉼표, 공백 등의 구분 기호가 기본으로 제공되며, 사용자가 원하는 한 가지만 선택할 수 있다.

> 텍스트 나누기를 실행하면 '텍스트 마법사'가 실행되는데, '텍스트 마법사 2단계'에서 두 가지 이상의 구분 기호를 선택하여 텍스트 나누기를 수행할 수 있습니다.

19년 1회
2. 다음 중 [텍스트 나누기] 기능에 대한 설명으로 옳지 않은 것은?

① 영역을 선택한 후 [데이터] 탭 [데이터 도구] 그룹의 [텍스트 나누기]를 클릭하면 [텍스트 마법사] 대화상자가 실행된다.
② [데이터 미리 보기]에서 나눠진 열을 선택한 후 드래그하여 열의 순서를 변경할 수 있다.
③ 각 열을 선택하여 데이터 서식을 지정할 수 있다.
④ 일정한 열 너비 또는 구분 기호로 구분하여 데이터를 나눌 수 있다.

> [데이터 미리 보기]는 텍스트가 나뉘진 결과를 화면으로 보여주는 것으로, 열의 순서를 변경할 수는 없습니다.

24년 3회, 13년 2회
3. 다음 중 [텍스트 나누기] 기능에 대한 설명으로 옳지 않은 것은?

① 한 셀에 입력되어 있는 데이터를 여러 셀로 분리시킬 수 있다.
② 텍스트 나누기 수행 시 데이터 형식의 변환 및 셀 서식 변경이 가능하다.
③ 열의 데이터 서식을 '일반'으로 지정하면 숫자 값은 숫자로, 날짜 값은 날짜로, 모든 나머지 값은 텍스트로 변환된다.
④ 데이터 필드를 구분하는 기호가 2개인 경우 텍스트 나누기를 수행할 수 없다.

> 텍스트 나누기를 실행하면 '텍스트 마법사'가 실행되는데, '텍스트 마법사 2단계'에서 두 가지 이상의 구분 기호를 선택하여 텍스트 나누기를 수행할 수 있습니다.

15년 3회
4. 다음 중 [외부 데이터 가져오기] 기능으로 가져올 수 없는 파일 형식은?

① 데이터베이스 파일(*.accdb)
② 한글 파일(*.hwp)
③ 텍스트 파일(*.txt)
④ 쿼리 파일(*.dqy)

> 외부 데이터 가져오기로 가져올 수 있는 데이터에는 크게 쿼리를 포함한 데이터베이스 파일과 텍스트 파일이 있습니다.

17년 1회, 14년 3회
5. 아래의 왼쪽 워크시트에서 성명 데이터를 오른쪽 워크시트와 같이 성과 이름 두 개의 열로 분리하기 위해 [텍스트 나누기] 기능을 사용하고자 한다. 다음 중 [텍스트 나누기]의 분리 방법으로 가장 적절한 것은?

	A
1	김철수
2	박선영
3	최영희
4	한국인

	A	B
1	김	철수
2	박	선영
3	최	영희
4	한	국인

① 열 구분선을 기준으로 내용 나누기
② 구분 기호를 기준으로 내용 나누기
③ 공백을 기준으로 내용 나누기
④ 탭을 기준으로 내용 나누기

> 데이터에 구분 기호, 공백, 탭이 없으며, 나눠진 결과가 글자 수를 기준으로 분리되어 있으므로 열 구분선을 기준으로 나누는 것이 가장 적절합니다.

24년 2회, 22년 2회, 11년 2회
6. 다음 시트에서 [A1] 셀에 있는 텍스트를 쉼표(,)를 기준으로 [A1:D1] 영역에 분리하여 표시하려고 할 때 사용할 적합한 기능은?

| A1 | | × | ✓ | fx | 서울,1,국어,2008 |

	A	B	C	D	E
1	서울,1,국어,2008				
2					

① 레코드 관리
② 텍스트 나누기
③ 유효성 검사
④ 자동 개요

> 텍스트 나누기를 실행한 후 텍스트 마법사 2단계에서 '구분 기호'를 '쉼표'로 선택하면 [A1] 셀의 내용이 [A1:D1] 영역에 분리되어 표시됩니다.

▶ 정답 : 1. ④ 2. ② 3. ④ 4. ② 5. ① 6. ②

5장 핵심요약

097 정렬

❶ 정렬 25.5, 25.4, 25.3, 25.1, 24.5, 24.4, 24.2, 24.1, 23.3, 23.2, 22.3, 22.2, 20.상시, 19.상시, 19.2, …

- 정렬 기준은 최대 64개까지 지정할 수 있으며, 기본적으로 행 단위로 정렬된다.
- 정렬 방식에는 오름차순, 내림차순, 사용자 지정 목록이 있으며, 셀 값에 따라 정렬이 수행된다.
- 정렬 기준을 '셀 값'으로 지정하면 오름차순이나 내림차순으로 정렬하지만 '셀 색 / 글꼴 색 / 조건부 서식 아이콘'으로 지정하면 지정한 색이나 아이콘을 목록의 위나 아래에 표시한다.
- 숨겨진 행이나 열은 정렬을 수행해도 이동되지 않으므로 데이터를 정렬하기 전에 모두 표시해 놓는 것이 좋다.
- 정렬 범위에 병합된 셀이 포함되어 있을 경우에는 정렬할 수 없다.
- 오름차순은 '숫자 〉 문자 〉 논리값 〉 오류값 〉 빈 셀' 순이고, 내림차순은 '오류값 〉 논리값 〉 문자 〉 숫자 〉 빈 셀' 순이다.
  - 문자는 오름차순 시 특수문자, 영문자(소문자, 대문자), 한글 순으로 정렬된다.
  - 논리값은 오름차순 시 거짓값(False), 참값(True) 순으로 정렬된다.

❷ '정렬' 대화상자 25.1, 24.5, 23.2, 22.3, 22.2, 21.3, 19.상시, 19.2, 19.1, 16.3, 15.3, 15.2, 15.1, …

- 정렬 기준, 정렬 방식(오름차순, 내림차순, 사용자 지정 목록), 데이터 범위의 첫 행이 머리글인지 여부, 정렬 옵션 등을 지정한다.
- '정렬 옵션' 대화상자 : 대·소문자 구분 여부 지정, 정렬할 방향 지정(위쪽에서 아래쪽, 왼쪽에서 오른쪽)

❸ 사용자 지정 정렬 25.1, 23.2, 23.1, 22.4, 21.3, 19.2, 19.1, 18.상시, 16.3, 15.3, 14.2, 12.2, …

- 사용자가 '사용자 지정 목록'에 등록한 목록을 기준으로 정렬하는 기능이다.
- 사용자 지정 목록을 만들면 컴퓨터 레지스트리에 추가되므로 다른 통합 문서에서도 사용할 수 있다.
- '정렬 기준'이 '셀 값'일 때만 사용자 지정 목록을 사용할 수 있다.

098 자동 필터

❶ 자동 필터의 개요 25.2, 24.3, 23.4, 23.2, 21.2, 21.1, 16.2, 15.2, 15.1, 13.3, 12.3

- 단순한 비교 조건을 사용하여 간단한 데이터 추출 작업에 사용되는 필터이다.
- 자동 필터를 사용하려면 데이터 목록에 반드시 필드명(열 이름표)이 있어야 한다.
- 자동 필터를 사용하여 추출한 결과 데이터는 항상 원본 데이터 목록 상에 레코드(행) 단위로 표시된다.
- 자동 필터를 적용하면 지정한 조건에 맞지 않는 행은 숨겨진다.
- 자동 필터는 영문 대·소문자를 구분할 수 없다.
- 두 개 이상의 필드(열)에 조건이 설정된 경우 각 조건들은 AND 조건으로 결합된다.

❷ 상위 10 자동 필터 24.3

- 항목이나 백분율을 기준으로 상위나 하위로 데이터의 범위를 지정하여 해당 범위에 포함된 레코드만 추출하는 기능이다.
- 숫자 필드에서만 사용할 수 있다.

099 고급 필터

❶ 고급 필터의 개요 22.2, 21.2, 21.1, 15.2

- 자동 필터에 비해 복잡한 조건을 사용하거나 여러 필드를 결합하여 조건을 지정할 경우 사용하는 기능이다.
- 고급 필터는 다양한 조건을 사용자가 직접 설정하여 추출할 수 있다.
- 고급 필터는 추출된 결과를 원본 데이터 위치에 표시할 수도 있고 다른 위치에 표시할 수 있으며, 조건에 맞는 특정한 필드(열)만을 추출할 수도 있다.
- 고급 필터는 한 필드에 두 개 이상의 조건을 지정할 수 있고, 두 개 이상의 필드를 AND나 OR로 결합하여 추출할 수 있다.

❷ 기본 조건 지정 방법 _{25.5, 25.4, 25.3, 25.1, 24.5, 24.4, 24.1, 23.5, 23.4, 23.2, 22.4, …}

- 조건을 지정할 범위의 첫 행에는 원본 데이터 목록의 필드명을 입력하고, 그 아래 행에 조건을 입력한다.
- 만능 문자(*, ?)를 사용할 수 있다.
- AND 조건
  - 지정한 모든 조건을 만족하는 데이터만 출력된다.
  - 조건을 모두 같은 행에 입력해야 한다.
- OR 조건
  - 지정한 조건 중 하나의 조건이라도 만족하는 경우 데이터가 출력된다.
  - 조건을 모두 다른 행에 입력해야 한다.
- AND와 OR의 결합 조건 : AND와 OR 조건이 결합된 형태의 조건 지정 방식

문제 1 직급이 "사원"이고 급여가 2,500,000 이상이거나 1,500,000 이하인 직원의 데이터를 조회하기 위한 고급 필터의 조건식을 작성하시오.

답 :

해설
- 조건을 지정할 범위의 첫 행에는 필드명을 입력하고, 그 아래 행에 조건을 입력합니다.
- 조건 입력 시 AND 조건은 같은 행에 입력하고, OR 조건은 다른 행에 입력합니다.

문제 2 다음과 같이 조건을 지정한 고급 필터의 실행 결과로 추출되는 데이터를 쓰시오.

국사	영어	평균
>=80	>=85	
		>=85

답 :

해설
고급 필터의 조건을 같은 행에 입력하면 AND 조건, 다른 행에 입력하면 OR 조건으로 연결됩니다.

문제 3 다음 표[A1:C7]에서 조건 범위로 [E5:G7] 영역을 선택하여 고급 필터를 실행했을 때 추출되는 레코드의 수를 쓰시오.

	A	B	C	D	E	F	G
1	제품명	1월	2월				
2	TV	352	318				
3	냉장고	245	257				
4	세탁기	294	251				
5	에어컨	168	152		1월	1월	2월
6	청소기	539	421		>=300	<500	
7	제습기	211	183				<200
8							

답 :

해설
고급 필터의 조건을 같은 행에 입력하면 AND 조건, 다른 행에 입력하면 OR 조건으로 연결되므로 1월이 300 이상 500 미만이거나 2월이 200 미만인 'TV, 에어컨, 제습기'가 추출됩니다.

100 텍스트 나누기

❶ 텍스트 나누기의 개요 _{24.3, 24.2, 23.4, 22.4, 22.2, 19.1, 17.1, 14.3, 13.2, 11.2}

- 워크시트의 한 열에 입력되어 있는 데이터를 구분 기호나 일정한 너비로 분리하여 워크시트의 각 셀에 입력하는 것이다.
- 탭, 세미콜론, 쉼표, 공백 외에 사용자가 원하는 문자를 입력하여 구분 기호로 사용할 수 있다.
- 두 가지 이상의 문자를 구분 기호로 선택하여 지정할 수도 있다.

정답 1.

직급	급여
사원	>=2500000
사원	<=1500000

2. 국사가 80 이상이면서 영어가 85 이상이거나 평균이 85 이상인 데이터 **3.** 3

합격수기 코너는 시나공으로 공부하신 독자분들이 시험에 합격하신 후에
직접 **시나공 홈페이지(sinagong.co.kr)**에 올려주신 자료를 토대로 구성됩니다.

한 달 만에! 한 번에! 실기합격의 쾌거!

오늘 컴퓨터활용능력 1급 상설로 합격했어요.^^ 컴퓨터 자격증을 하나 취득해야겠다고 생각하던 중에 이왕이면 제대로 된 자격증을 갖고 싶어서 컴퓨터활용능력을 생각하게 되었습니다. 그런데 주위에서 하도 컴퓨터활용능력 1급은 독학으로 공부하기에 어렵다기에 자신감이 없어져서 1급 책을 사고도 안 되면 2급이라도 시험을 쳐서 붙겠다는 생각으로 공부를 시작하였습니다.

실기 교재를 고를 때 역시 컴퓨터활용능력 실기하면 바이블이라고 할 수 있는 시나공 컴퓨터활용능력 실기 1급 기본서를 선택하였습니다. 역시 제 생각은 틀리지 않았고 컴퓨터활용능력을 따야겠다고 마음먹은 지 한 달 만에! 한 번에! 실기합격 이라는 쾌거를 얻을 수 있었습니다.

MOS 엑셀 수료증이 있어서 엑셀을 우습게 여기고 있었습니다. 하지만 컴퓨터활용능력 실기 공부를 시작하자마자 제가 오만했다는 것을 알 수 있었습니다. 컴퓨터활용능력 엑셀 문제에서 가장 기본적인 문제였던 고급 필터와 조건부 서식에서부터 막히기 시작하자 데이터베이스에 대한 걱정까지 배가 되었고, 1주일 만에 실기를 따겠다는 계획에 차질이 생기자 거의 패닉에 가까운 상태가 되었습니다. 하지만 다시 마음을 다잡고 엑셀과 액세스 기본서를 처음부터 꼼꼼하게 정독하기 시작했습니다. 그러자 액세스에서는 일종에 공식과 같이 정형적인 문제의 유형이 보이기 시작했습니다. 관계 설정과 쿼리 작성 등 그 기능에 대한 정확한 이해만 있다면 쉽게 풀리는 문제들이었습니다.

문제는 엑셀의 함수 부분과 엑셀·액세스에서 직접 명령어 등을 작성하여 기능을 실행하는 부분이었습니다. 하지만 이 부분이 점수를 가장 많이 차지하였기에 포기할 수도 없었죠. 그래서 함수는 컴퓨터활용능력 1급 기본서의 부록인 함수 사전을 이용했습니다. 과감하게 출제되지 않았던 함수는 제외하고 한 번이라도 출제 되었던 함수들만 실습해보고, 이해하면서 함수의 구조를 외웠습니다. 그리고 문제를 계속 풀다보니 filter 기능과 같이 반복적으로 출제되고 있는 명령어가 있다는 걸 알게 되어 명령어 작성 문제도 포기하지 않았습니다. 최소한 자주 출제되는 것만이라도 명령어의 구조를 이해하고 외워두면 시험장에서 당황하며 한숨 쉬지 않으셔도 됩니다.

마지막으로 엑셀에서 시험시간 활용방법을 알려드릴게요. 조건부 서식과 함수부분에서 많은 시간이 필요하기 때문에 시험을 볼 때 과감하게 문제 3번부터 푸는 것이 좋습니다. 매크로를 작성하는 문제 → 차트작업 문제 → 기타작업 → 기본작업 → 계산작업 순으로 풀면 계산작업을 할 때 차분한 마음으로 많은 시간을 할애할 수 있습니다.

운도 따라줘서 시험을 준비한지 한 달 만에 필기와 실기를 모두
한 번에 취득할 수 있었지만 그 만큼 많은 노력을
투자했답니다. 여러분도 시나공 교재로 열심히 공부하셔서
좋은 결과 있으시길 바랍니다!^^

정보미 • spring0627

6장 데이터 분석

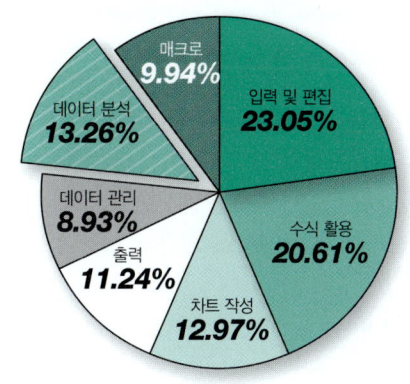

101 부분합 Ⓐ등급
102 피벗 테이블 Ⓑ등급
103 시나리오 Ⓐ등급
104 목표값 찾기 Ⓑ등급
105 데이터 표 Ⓒ등급
106 데이터 통합 Ⓐ등급

꼭 알아야 할 키워드 Best 10

1. 부분합 2. 피벗 테이블 3. 시나리오 4. 목표값 찾기 5. 데이터 표 6. 데이터 통합 7. 새로운 값으로 대치 8. 개요 기호 9. 피벗 차트
10. 피벗 테이블의 구성 요소

SECTION 101 부분합

전문가의 조언

중요해요! 부분합에서 사용할 수 있는 함수의 종류, 부분합 작성 순서, '부분합' 대화상자에서 각 항목을 지정하는 방법 등을 확실히 파악해 두세요.

궁금해요 시나공 Q&A 베스트

Q 부분합을 제거하면 정렬 상태도 제거되나요?

A 부분합을 작성하기 전에 반드시 정렬을 해야 하는데 '부분합' 대화상자에서 〈모두 제거〉로 정렬된 상태를 원본 상태로 되돌릴 수는 없습니다. 〈모두 제거〉는 작성된 부분합 그룹만 제거합니다.

SUBTOTAL 함수
목록이나 데이터베이스에서 부분합을 구하는 함수입니다.

준비하세요

'길벗컴활2급필기\2과목.xlsm' 파일을 불러와 '섹션101-1' 시트에서 실습하세요.

부분합 작성 순서

❶ 기준이 되는 필드로 정렬합니다(정렬 방식 확인).
❷ [데이터] → [개요] → [부분합]을 클릭합니다.
❸ '부분합' 대화상자를 설정합니다.

셀 포인터의 위치

- 셀 포인터가 데이터 목록 내에 위치하지 않은 상태에서 [데이터] → [개요] → [부분합]을 클릭하면 '선택한 범위에 이 작업을 적용할 수 없습니다'라는 대화상자가 표시됩니다.
- 사용할 데이터 목록에 셀 포인터를 이동시킨 후 [데이터] → [개요] → [부분합]을 클릭해야 합니다.

---

1 부분합   25.5, 25.4, 25.3, 24.5, 24.4, 24.1, 23.4, 22.2, 22.1, 21.3, 21.2, 21.1, 20.상시, 20.2, 20.1, 18.상시, 16.2, 16.2, 14.3, 14.2, 12.3, …

부분합은 많은 양의 데이터 목록을 그룹별로 분류하고, 그룹별로 계산을 수행하는 데이터 분석 도구이다.

 [데이터] → [개요] → [부분합] 클릭
 [데이터] → [개요] → [부분합] → 〈모두 제거〉 클릭

특징

- 부분합을 작성하려면 첫 행에는 열 이름표가 있어야 하며, 반드시 기준이 되는 필드를 기준으로 오름차순이나 내림차순으로 정렬되어 있어야 한다.
- SUBTOTAL 함수*를 사용하여 합계나 평균 등의 요약 함수를 계산한다.
- 같은 열에 있는 자료에 대하여 여러 개의 함수를 사용하여 다중 함수 부분합을 작성할 수 있다.
- 작성된 부분합에는 자동으로 개요가 설정되며, 개요 기호를 이용하여 하위 목록 데이터들의 표시 여부를 지정할 수 있다.
- 부분합을 제거하면 부분합에 삽입된 개요 및 페이지 나누기도 모두 제거된다.
- 부분합의 결과로 차트를 작성하면 화면에 보이는 데이터에 대해서만 차트가 작성된다.
- **사용할 수 있는 함수** : 합계, 개수, 평균, 최대, 최소, 곱, 숫자 개수, 표준 편차, 표본 표준 편차, 표본 분산, 분산

예제 1 다음 데이터 목록을 사용하여 소속부서별 총점의 합계를 구하시오.

	A	B	C	D	E	F	G
1	상반기 영어/컴퓨터 능력 시험						
2							
3	번호	이름	소속부서	성별	영어	컴퓨터	총점
4	1	강현진	개발부	여	98	85	183
5	2	김기언	영업부	남	95	100	195
6	3	김철원	영업부	남	80	75	155
7	4	남동하	기술부	남	85	90	175
8	5	마동윤	영업부	여	100	100	200
9	6	미라미	총무부	여	80	75	155
10	7	박한솔	기술부	남	100	80	180
11	8	박이호	기술부	남	90	70	160
12	9	박한식	총무부	남	80	90	170
13	10	박하나	총무부	여	90	50	140

→

1 2 3		A	B	C	D	E	F	G
	1	상반기 영어/컴퓨터 능력 시험						
	2							
	3	번호	이름	소속부서	성별	영어	컴퓨터	총점
	4	1	강현진	개발부	여	98	85	183
	5			개발부 요약				183
	6	4	남동하	기술부	남	85	90	175
	7	7	박한솔	기술부	남	100	80	180
	8	8	박이호	기술부	남	90	70	160
	9			기술부 요약				515
	10	2	김기언	영업부	남	95	100	195
	11	3	김철원	영업부	남	80	75	155
	12	5	마동윤	영업부	여	100	100	200
	13			영업부 요약				550
	14	6	미라미	총무부	여	80	75	155
	15	9	박한식	총무부	남	80	90	170
	16	10	박하나	총무부	여	90	50	140
	17			총무부 요약				465
	18			총합계				1713

① '소속부서' 필드의 임의의 영역(C4:C13)에 셀 포인터*를 이동시킨 후 [데이터] → [정렬 및 필터] → [📥](텍스트 오름차순 정렬)을 클릭하여 소속부서를 기준으로 오름차순 정렬한다.

② 데이터 목록(A3:G13) 내에 셀 포인터가 놓인 상태에서 [데이터] → [개요] → [부분합]을 클릭한다.

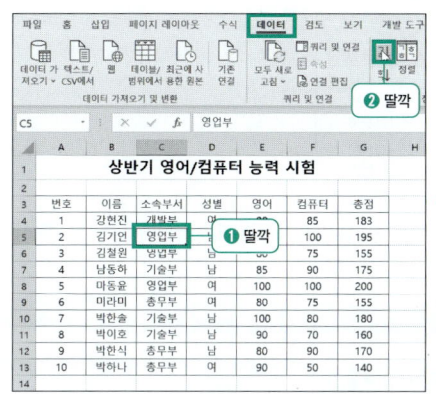 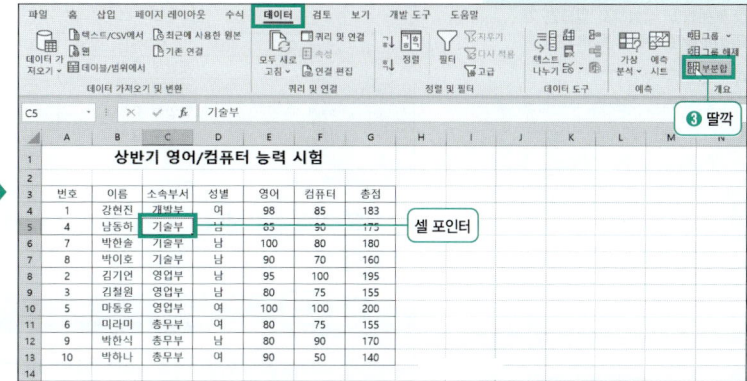

③ '부분합' 대화상자에서 그룹화할 항목으로 총점 합계의 기준이 되는 '소속부서'를 선택하고, 사용할 함수를 '합계'로, 부분합 계산 항목을 '총점'으로 지정한 후 〈확인〉을 클릭한다.

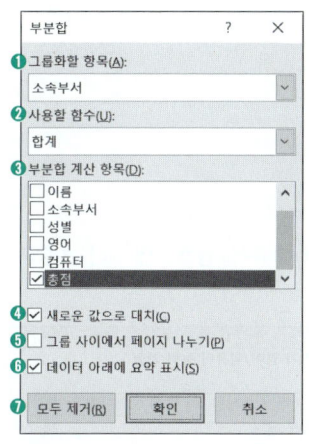

❶ **그룹화할 항목** : 값을 구하는 기준이 되는 항목을 선택한다. 정렬된 항목이다.

❷ **사용할 함수** : 그룹화할 필드에 적용할 함수를 선택한다.

❸ **부분합 계산 항목** : 함수를 적용할 필드를 선택한다.

❹ **새로운 값으로 대치*** : 이미 작성된 부분합을 지우고, 새 부분합으로 변경할 경우 선택한다.

❺ **그룹 사이에서 페이지 나누기** : 부분합을 구한 뒤 각 그룹 다음에 페이지 나누기를 자동으로 삽입한다.

❻ **데이터 아래에 요약 표시** : 선택하면 각 그룹의 아래쪽에 부분합 결과를 표시하고, 선택하지 않으면 그룹의 위쪽에 부분합 결과를 표시한다.

❼ **모두 제거** : 부분합을 해제하고, 원래 데이터 목록을 표시한다.

새로운 값으로 대치
여러 함수를 이용하여 부분합을 작성하려면 두 번째 실행하는 '부분합' 대화상자부터는 '새로운 값으로 대치'를 반드시 해제해야 합니다. 두 번째 실행하는 '부분합' 대화상자에서 '새로운 값으로 대치'를 해제하지 않고 부분합을 실행하면 첫 번째 작성한 부분합은 삭제되고 두 번째에 작성한 부분합만이 표시됩니다.

② 개요 기호

24.3, 23.5, 16.2, 15.2, 14.1, 00.3, 99.2

개요 기호*는 부분합 작업 후 개요가 설정된 워크시트의 모양을 바꿀 때 사용하는 기호로 `1` `2` `3`, `+`, `-` 가 있다.

- 부분합을 작성하면 워크시트 왼쪽에 부분합을 계산한 하위 그룹 단위로 개요가 설정되고, 개요 기호가 나타난다.*
- 개요 기호를 이용하여 워크시트에서 하위 수준(그룹)을 숨기거나 나타낼 수 있다.
- 개요 기호 `1` 선택 : 전체 결과(총합계)만 표시한다.

개요 기호 표시 여부 지정
[파일] → [옵션] → [고급]의 '이 워크시트의 표시 옵션' 항목에서 '윤곽을 설정한 경우 윤곽 기호 표시' 옵션을 선택/해제하여 개요 기호의 표시 여부를 지정할 수 있습니다.

	A	B	C	D	E	F	G
1			상반기 영어/컴퓨터 능력 시험				
2							
3	번호	이름	소속부서	성별	영어	컴퓨터	총점
18			총합계				1713

> **궁금해요** **시나공 Q&A 베스트**
>
> **Q** 부분합을 작성하지 않으면 개요 기호를 표시하지 못하나요?
>
> **A** 부분합을 수행하면 자동으로 생성되는 개요 기호를 부분합을 수행하지 않은 데이터에 적용하려면 [데이터] → [개요] → [그룹] → [자동 개요]을 선택하여 수행하면 됩니다.

- 개요 기호 2 선택 : 전체 결과(총합계)와 부분합(요약) 결과만 표시한다.

	A	B	C	D	E	F	G
1		상반기 영어/컴퓨터 능력 시험					
2							
3	번호	이름	소속부서	성별	영어	컴퓨터	총점
5			개발부 요약				183
9			기술부 요약				515
13			영업부 요약				550
17			총무부 요약				465
18			총합계				1713

- 개요 기호 3 선택 : 전체 결과(총합계), 부분합(요약), 해당 데이터까지 모두 표시한다.

	A	B	C	D	E	F	G
1		상반기 영어/컴퓨터 능력 시험					
2							
3	번호	이름	소속부서	성별	영어	컴퓨터	총점
4	1	강현진	개발부	여	98	85	183
5			개발부 요약				183
6	4	남동하	기술부	남	85	90	175
7	7	박한솔	기술부	남	100	80	180
8	8	박이호	기술부	남	90	70	160
9			기술부 요약				515
10	2	김기연	영업부	남	95	100	195
11	3	김칠원	영업부	남	80	75	155
12	5	마동윤	영업부	여	100	100	200
13			영업부 요약				550
14	6	미라미	총무부	여	80	75	155
15	9	박한식	총무부	남	80	90	170
16	10	박하나	총무부	여	90	50	140
17			총무부 요약				465
18			총합계				1713

> **총합계의 −와 +**
> - 총합계의 − 선택 : 전체 결과만 표시함
> - 총합계의 + 선택 : 전체 결과, 부분합, 해당 데이터까지 표시함

- 개요 기호 − 선택 : 개요 기호가 +로 바뀌고, 하위 수준(그룹)의 데이터는 숨기며, 부분합 결과(요약)만 표시한다.

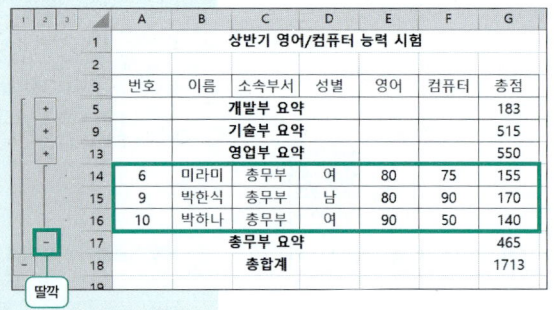

- 개요 기호 + 선택 : 개요 기호가 −로 바뀌고, 하위 수준(그룹)의 데이터와 부분합의 결과를 표시한다.

3 중첩 부분합 작성하기

중첩 부분합은 이미 작성된 부분합 그룹 내에 새로운 부분합 그룹을 추가하는 것이다.

- 중첩 부분합을 작성하려면 중첩할 부분합 그룹의 기준 필드들이 정렬(2차 정렬 기준)되어야 하고, '부분합' 대화상자에서 반드시 '새로운 값으로 대치'를 해제해야 한다.
- 중첩 부분합을 수행하면 먼저 작성한 부분합의 결과가 아래쪽에 표시된다.

예제 2 소속부서별 총점 합계에 성별 총점 합계를 중첩한 부분합 작성하기

① 소속부서를 첫째 기준, 성별을 둘째 기준으로 하여 오름차순으로 정렬한다.

② 소속부서별 총점의 합계를 계산하는 부분합을 작성하기 위해 [데이터] → [개요] → [부분합]을 클릭하고 그림과 같이 지정한 후 〈확인〉을 클릭한다.

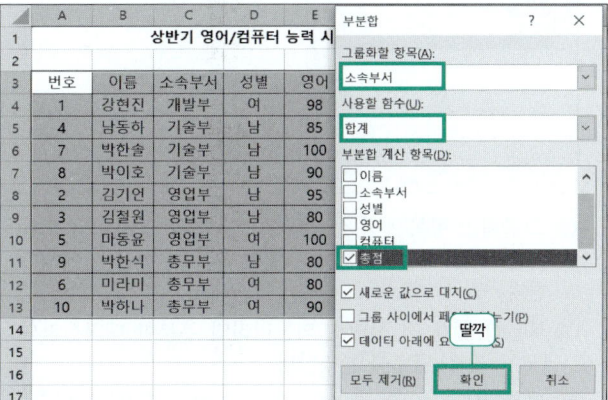

③ 성별별 총점의 합계를 계산하는 부분합을 작성하기 위해 [데이터] → [개요] → [부분합]을 클릭하고 그림과 같이 지정한 후 〈확인〉을 클릭한다.

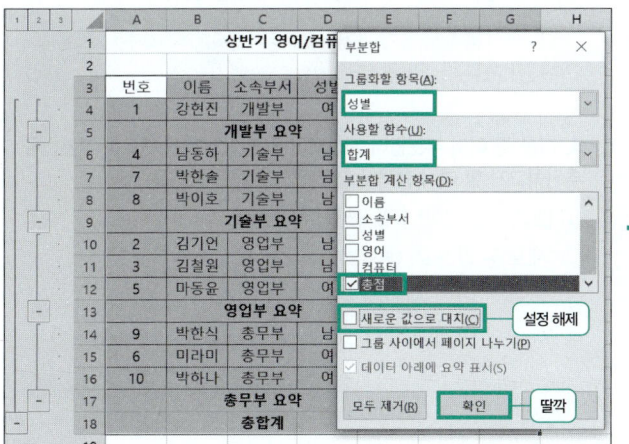

> **전문가의 조언**
> 중첩 부분합은 '부분합' 대화상자에서 '새로운 값으로 대치'를 반드시 해제해야 한다는 것! 잊으면 안 됩니다.

> **준비하세요**
> '길벗컴활2급필기\2과목.xlsm' 파일을 불러와 '섹션101-2' 시트에서 실습하세요.

기출문제 따라잡기

25년 3회, 24년 5회, 23년 4회, 22년 1회, 21년 2회, 20년 2회

1. 다음 중 부분합에 대한 설명으로 옳지 않은 것은?

① 부분합을 실행하면 각 부분합에 대한 정보 행을 표시하고 숨길 수 있도록 목록에 개요가 자동으로 설정된다.
② 부분합은 한 번에 한 개의 함수만 계산할 수 있으므로 두 개 이상의 함수를 이용하려면 함수의 개수만큼 부분합을 중첩해서 삽입해야 한다.
③ '새로운 값으로 대치'를 선택하면 이전의 부분합의 결과는 제거되고 새로운 부분합의 결과로 변경한다.
④ 그룹화할 항목으로 선택된 필드는 자동으로 오름차순 정렬하여 부분합이 계산된다.

> 부분합 수행 시 그룹화할 항목으로 선택된 필드가 자동으로 정렬되지 않습니다. 부분합을 작성하려면 먼저 그룹화할 항목을 기준으로 오름차순이나 내림차순으로 정렬한 후 부분합을 실행해야 합니다.

25년 2회, 24년 3회, 23년 5회

2. 다음 중 아래 워크시트의 부분합 실행 결과에 대한 설명으로 옳지 않은 것은?

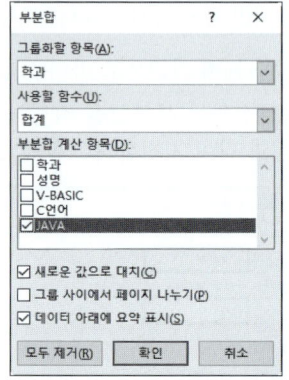

① 개요 기호 3번이 클릭된 상태이다.
② 합계를 먼저 계산한 후 최대를 계산하였다.
③ '정렬' 대화상자에서 첫 번째 기준을 '지점'으로 두 번째 기준을 '부서'로 하여 정렬을 수행하였다.
④ 각 그룹의 아래쪽에 부분합 결과가 표시되어 있다.

> 중첩 부분합을 작성하면 먼저 작성한 부분합(최대)은 아래쪽에, 나중에 작성한 부분합(합계)은 위쪽에 표시됩니다.

24년 1회, 21년 1회, 18년 상시, 14년 3회, 05년 4회, 01년 2회

3. 다음 중 [부분합] 대화상자의 각 항목 설정에 대한 설명으로 옳지 않은 것은?

① '그룹화할 항목'에서 선택할 필드를 기준으로 미리 오름차순 또는 내림차순으로 정렬한 후 부분합을 실행해야 한다.
② 부분합 실행 전 상태로 되돌리려면 부분합 대화상자의 [모두 제거] 단추를 클릭한다.
③ 세부 정보가 있는 행 아래에 요약 행을 지정하려면 '데이터 아래에 요약 표시'를 선택하여 체크 표시한다.
④ 이미 작성된 부분합을 유지하면서 부분합 계산 항목을 추가할 경우에는 '새로운 값으로 대치'를 선택하여 체크한다.

> 이미 작성된 부분합을 유지하면서 부분합 계산 항목을 추가하려면 '새로운 값으로 대치'를 반드시 해제해야 합니다.

22년 2회, 21년 3회, 19년 1회

4. 다음 중 이미 부분합이 계산되어 있는 상태에서 새로운 부분합을 추가하고자 할 때 수행해야 할 작업으로 옳은 것은?

① [모두 제거] 단추를 클릭
② '새로운 값으로 대치' 설정을 해제
③ '그룹 사이에 페이지 나누기'를 설정
④ '데이터 아래에 요약 표시' 설정을 해제

> 이미 부분합이 계산되어 있는 상태에서 새로운 부분합을 추가할 때는 '새로운 값으로 대치' 설정을 해제해야 합니다.

▶ 정답 : 1. ④ 2. ② 3. ④ 4. ②

SECTION 102 피벗 테이블

1 피벗 테이블의 개요

25.3, 25.2, 24.4, 23.2, 23.1, 22.3, 21.3, 21.1, 20.상시, 19.상시, 18.2, 18.1, 16.2, 15.1, 13.3, 13.1, 12.2, 11.2, 11.1, 09.4, 09.2, …

피벗 테이블은 많은 양의 데이터를 한눈에 쉽게 파악할 수 있도록 요약·분석하여 보여주는 도구이다.

 [삽입] → [표] → [(피벗 테이블)] 클릭

삭제 피벗 테이블 전체 범위를 블록으로 지정한 후 Delete 를 누름

특징

- 피벗 테이블은 엑셀, 데이터베이스, 외부 데이터, 다른 피벗 테이블 등의 데이터를 사용할 수 있다.
- 필드별로 다양한 조건을 지정할 수 있으며, 그룹별로 데이터 집계가 가능하다.
- 원본 데이터가 변경되면 [피벗 테이블 분석] → [데이터] → [새로 고침(🔄)]을 이용하여 피벗 테이블의 데이터를 변경할 수 있다.
- 피벗 테이블을 작성한 후에 사용자가 새로운 수식을 추가하여 표시할 수 있으며, 필터, 행, 열 영역에 배치된 항목을 자유롭게 이동시킬 수 있다.
- 문자, 숫자, 날짜, 시간 등 모든 필드에 대해 그룹 지정이 가능하다.

전문가의 조언

중요해요! 피벗 테이블의 특징에 대한 문제가 자주 출제되고 있습니다. 원본 데이터의 변경사항을 피벗 테이블에 반영하려면 [새로 고침]을 클릭해야 한다는 것을 중심으로 특징을 정리하세요.

준비하세요

'길벗컴활2급필기\2과목.xlsm' 파일을 불러와 '섹션102-1' 시트에서 실습하세요.

예제 1 다음과 같은 데이터 목록을 이용하여 제시한 피벗 테이블을 완성하시오.

피벗 테이블

[삽입] → [차트] → [(피벗 차트)]를 이용하면 피벗 테이블과 피벗 차트를 한 번에 작성할 수 있습니다. 여기서는 피벗 테이블을 먼저 작성한 후 작성된 피벗 테이블을 이용하여 피벗 차트를 작성하겠습니다.

① 피벗 테이블을 작성하려는 데이터 목록(A3:F14)을 블록으로 지정한 후 [삽입] → [표] → [(피벗 테이블)]*을 클릭한다.

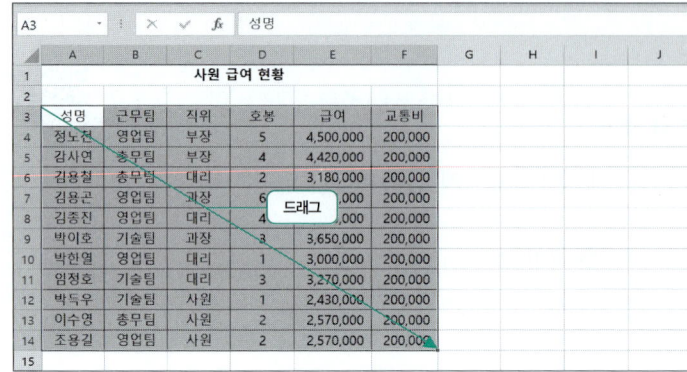

② '표 또는 범위의 피벗 테이블' 대화상자에서 '새 워크시트'를 선택하고 〈확인〉을 클릭한다.

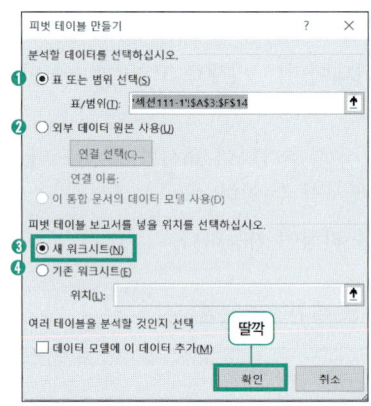

❶ **표 또는 범위 선택** : 엑셀 워크시트의 데이터를 사용한다.
❷ **외부 데이터 원본 사용** : 외부에 있는 데이터베이스 파일, 엑셀 파일, 텍스트 파일 등을 사용한다.
❸ **새 워크시트** : 같은 통합 문서 내의 새로운 워크시트에 피벗 테이블을 작성한다.
❹ **기존 워크시트*** : 현재 사용중인 워크시트의 원하는 위치에 피벗 테이블을 작성한다.

※ 피벗 테이블을 넣을 위치를 지정하지 않으면 새 워크시트에 작성된다.

기존 워크시트

현재 사용중인 워크시트에 아래 그림과 같이 피벗 테이블을 작성하려면 피벗 테이블의 삽입 위치는 필터 영역을 제외한 행과 열이 만나는 가장 왼쪽 위 모서리를 지정해야 합니다. 즉 '피벗 테이블 만들기' 대화상자에서 '기존 워크시트'를 선택하고 '위치'를 [A20] 셀로 지정한 후 〈확인〉을 클릭해야 합니다.

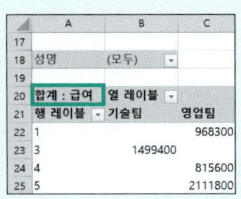

③ 화면의 오른쪽에 '피벗 테이블 필드' 창이 표시된다. '피벗 테이블 필드' 창의 각 필드를 드래그하여 그림과 같이 위치시킨다.

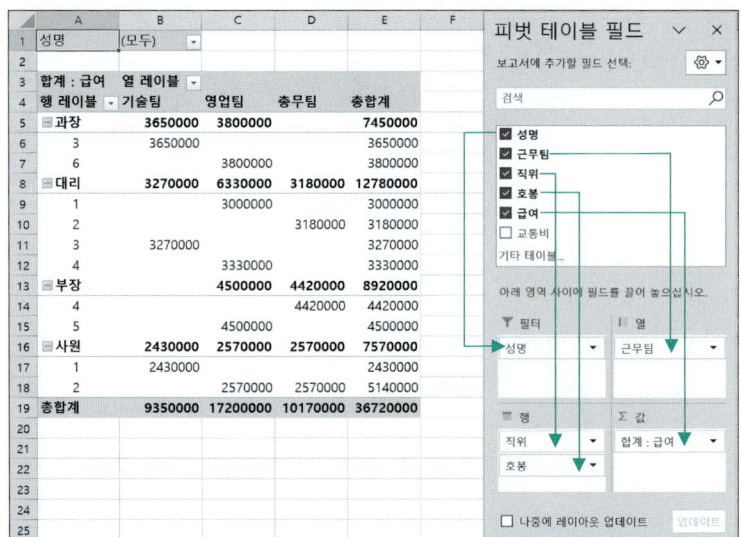

④ 작성된 피벗 테이블에서 임의의 셀을 클릭한 후 [디자인] → [레이아웃] → [보고서 레이아웃] → [개요 형식으로 표시]*를 선택한다.

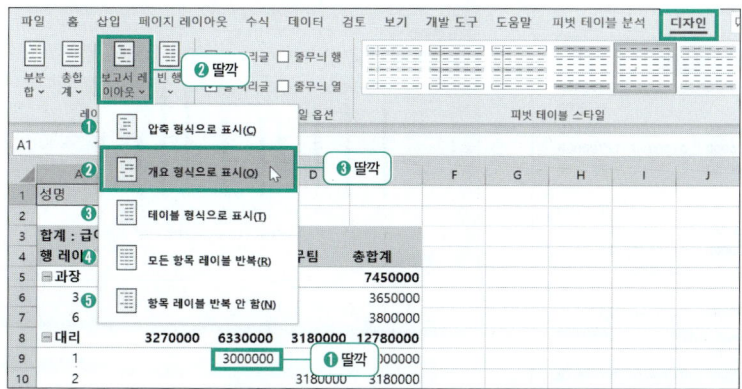

❶ **압축 형식으로 표시*** : 행 레이블에 여러 개의 필드를 지정하면 하나의 열에 모든 필드를 표시하되, 각 필드의 단계는 들여쓰기로 구분하여 표시한다.

❷ **개요 형식으로 표시*** : 압축 형식과 동일하게 필드를 단계별로 표시하지만 하나의 열이 아닌 각각의 열에 필드를 표시한다.

❸ **테이블 형식으로 표시*** : 필드를 각 열에 표시하되, 단계마다 새로운 행이 아닌 같은 행에서부터 데이터를 표시한다.

❹ **모든 항목 레이블 반복** : 항목 레이블을 반복하여 표시한다.

❺ **항목 레이블 반복 안 함** : 항목 레이블을 처음 한 번만 표시한다.

② 피벗 차트

피벗 테이블의 데이터를 이용하여 작성한 차트로, 피벗 테이블에서 항목이나 필드에 변화를 주면 피벗 차트도 변경되고, 반대로 피벗 차트에서 변화를 주면 피벗 테이블도 변경된다.

특징

- 피벗 차트는 피벗 테이블을 작성할 때 함께 작성하거나, 이미 작성된 피벗 테이블을 이용하여 작성한다.
- 피벗 차트는 피벗 테이블을 사용하므로 피벗 테이블을 만들지 않고 피벗 차트를 작성할 수 없다.
- 피벗 차트를 추가하면 피벗 테이블이 있는 워크시트에 삽입된다.
- 피벗 테이블을 삭제하면 피벗 차트가 일반 차트로 변경되지만, 피벗 차트를 삭제해도 피벗 테이블에는 아무 변화가 없다.
- 분산형, 거품형, 주식형 차트는 피벗 차트로 만들 수 없다.

[개요 형식으로 표시]
보고서 레이아웃을 개요 형식으로 변경하지 않고 '행 레이블'이라고 표시된 [A4] 셀을 클릭한 후 **직급**을, '열 레이블'이라고 표시된 [B3] 셀을 클릭한 후 **근무팀**을 직접 입력해도 동일한 피벗 테이블이 완성됩니다.

압축 형식으로 표시

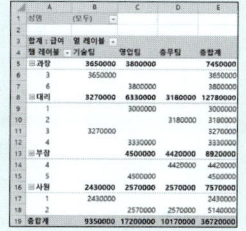

개요 형식으로 표시

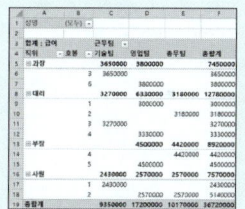

테이블 형식으로 표시

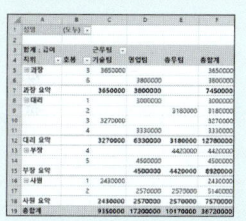

 전문가의 조언

피벗 차트는 피벗 테이블의 특징을 묻는 문제에 선택지 중 하나로 출제되고 있습니다. 피벗 차트의 특징을 정리하세요.

예제 2 다음과 같은 피벗 테이블을 이용하여 제시한 피벗 차트를 완성하시오.

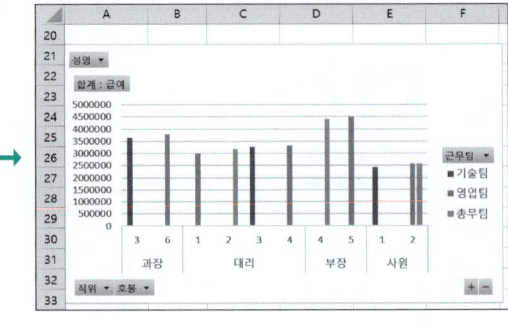

> **준비하세요**
> '길벗컴활2급필기\2과목.xlsm' 파일을 불러와 '섹션102-2' 시트에서 실습하세요.

① 작성된 피벗 테이블에서 임의의 셀을 클릭한 후 [피벗 테이블 분석] → [도구] → [피벗 차트]를 클릭한다.

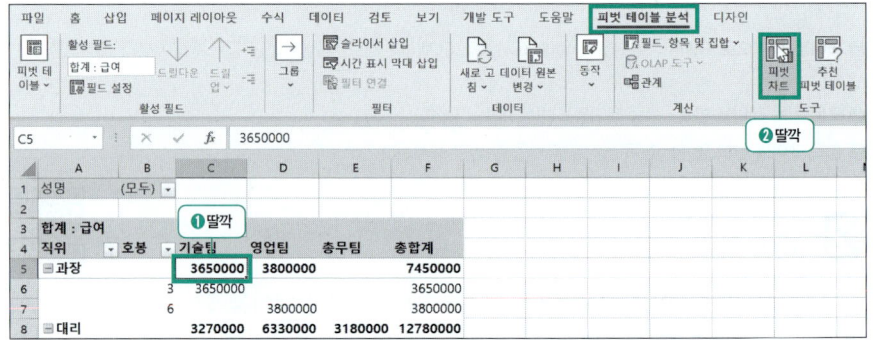

② '차트 삽입' 대화상자에서 사용할 차트의 종류를 선택한 후 〈확인〉을 클릭한다.

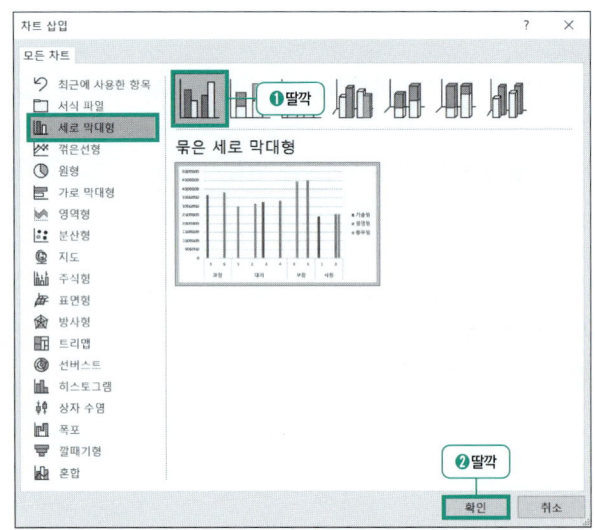

③ 작성된 피벗 차트를 [A21:F33] 영역에 위치시킨다.

3 피벗 테이블의 구성 요소

25.1, 23.5, 21.4, 19.2, 18.1, 15.1, 14.2, 12.3, 12.1, 06.3, 04.2, 00.3

피벗 테이블은 필터 필드, 값 필드, 열 레이블, 행 레이블, 값 영역으로 구성된다.

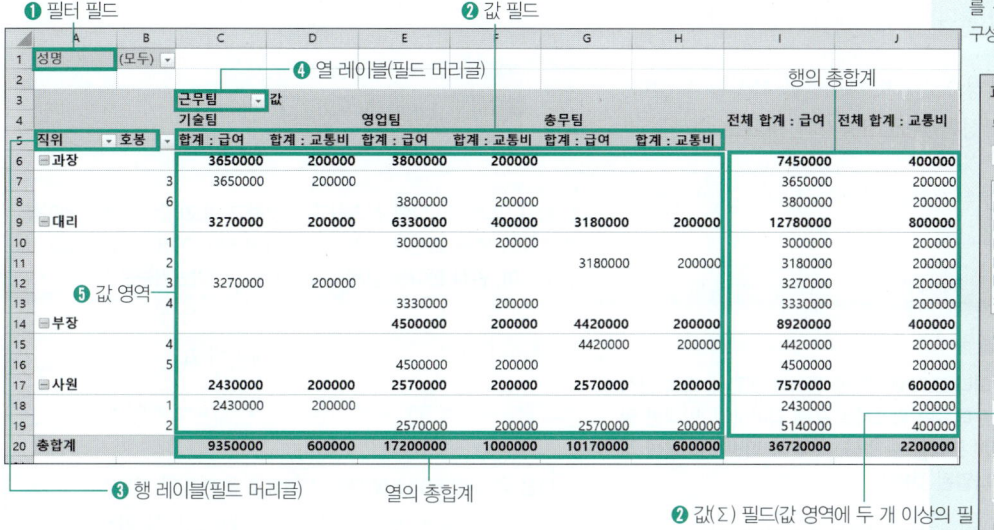

전문가의 조언

그림이 주어지고 구성 요소를 묻는 문제가 출제되었습니다. 그림을 보고 피벗 테이블의 구성 요소를 구분할 수 있어야 합니다. 각 구성 요소를 확실하게 숙지하세요.

❶ 필터 필드
- 필터 영역에는 값 영역에 페이지별로 구분하여 나타낼 필드들이 들어 있으며, 모두 나타내거나 특정 필드만 나타낼 수 있다.
- 필터 필드 단추를 클릭하여 표시할 필드를 선택할 수 있다.

❷ 값 필드
- 데이터가 들어 있는 원본 목록으로, 분석할 대상을 나타낸다.
- 값 영역에 두 개 이상의 필드를 지정하면 열 영역이나 행 영역에 값(∑) 필드가 생성되는데, 이 필드가 열 영역과 행 영역 중 놓이는 위치에 따라 값 영역에 추가된 필드의 표시 방향이 달라진다.*

❸ 행 레이블(필드 머리글) / ❹ 열 레이블(필드 머리글)
- 피벗 테이블에서 열 방향/행 방향으로 지정된 필드 이름이다.
- 열 레이블/행 레이블 단추를 클릭하여 표시할 필드를 선택할 수 있다.

❺ 값 영역
- 값 영역은 분석·요약한 데이터가 표시되는 곳으로 기본적으로 데이터가 문자일 때는 개수(COUNTA), 숫자일 때는 합계(SUM)가 표시된다.
- 요약한 값은 값 필드에서 지정한 함수에 따라 합계, 평균, 개수, 최대값, 최소값, 곱, 분산, 표준 편차, 표본 표준 편차, 표준 분산, 숫자 개수로 표시된다.
- 행과 열 레이블을 요약·분석한 값이 값 영역의 각 셀에 표시된다.
- 값 영역에서 임의의 항목을 마우스로 더블클릭하면 해당 항목에 대한 세부적인 데이터가 새로운 시트에 표시된다.
- 값 영역에 표시된 데이터는 삭제하거나 수정할 수 없다.

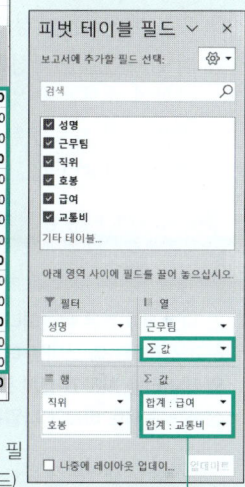

기출문제 따라잡기

25년 3회, 24년 4회, 23년 2회, 1회, 22년 3회
1. 다음 중 피벗 테이블에 대한 설명으로 옳지 않은 것은?

① 원본 데이터가 변경되면 피벗 테이블의 데이터도 자동으로 변경된다.
② 외부 데이터를 대상으로 피벗 테이블을 작성할 수 있다.
③ 피벗 테이블을 작성한 후에 사용자가 새로운 수식을 추가하여 표시할 수 있다.
④ 많은 양의 자료를 분석하여 다양한 형태로 요약하여 보여주는 기능이다.

> 원본 데이터가 변경된 경우 [피벗 테이블 도구] → [분석] → [데이터] → [새로 고침]을 눌러야만 피벗 테이블의 데이터도 변경됩니다.

11년 2회
2. 피벗 테이블은 목록이나 표의 데이터를 원하는 조건에 따라 분석하고 정리하는데 쓰이는 대화형 워크시트 표를 의미하며, 방대한 양의 데이터를 빠르고 쉽게 분석할 수 있다. 다음 중 피벗 테이블을 작성하는 순서로 바르게 나열된 것은?

> ⓐ 사용할 데이터가 있는 영역을 입력하거나 선택한다.
> ⓑ 피벗 테이블 작성 위치를 지정한다.
> ⓒ 피벗 테이블 구성을 위한 필드를 배열한다.
> ⓓ [삽입] → [표] → [피벗 테이블]을 클릭한다.

① ⓐ → ⓓ → ⓑ → ⓒ
② ⓓ → ⓒ → ⓐ → ⓑ
③ ⓐ → ⓒ → ⓑ → ⓓ
④ ⓓ → ⓐ → ⓑ → ⓒ

> 피벗 테이블의 작성 순서로 옳은 것은 ④번입니다.

21년 4회, 19년 2회
3. 다음 중 아래와 같은 피벗 테이블을 작성하기 위한 작업으로 옳지 않은 것은?

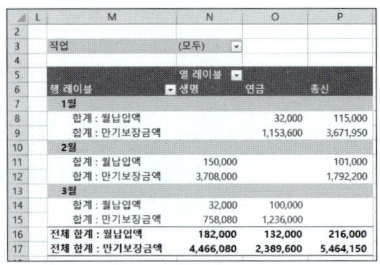

① 피벗 테이블 보고서를 넣을 위치로 기존 워크시트의 [M3] 셀을 선택하였다.
② '직업' 필드를 필터 영역에 설정하였다.
③ 총합계는 열의 총합계만 표시되도록 설정하였다.
④ 행 레이블의 필드에 그룹화를 설정하였다.

> 피벗 테이블의 삽입 위치는 필터 영역을 제외한 피벗 테이블의 행과 열이 만나는 가장 왼쪽 위 모서리로 여기서는 [M5] 셀입니다.

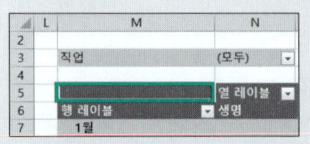

06년 4회, 2회, 1회
4. 많은 양의 데이터를 신속하게 결합하고 비교하는 대화형 테이블로서 행과 열을 회전하여 원본 데이터에 대한 여러 가지 요약을 볼 수 있으며, 관심 분야를 상세하게 표시할 수 있는 기능은?

① 피벗 테이블
② 데이터 통합
③ 데이터 관리
④ 데이터 표

> 많은 양의 데이터를 요약·분석하여 보여주는 도구는 피벗 테이블입니다.

23년 5회, 21년 1회, 18년 2회, 1회, 15년 1회, 11년 2회, 09년 4회, 2회, 07년 4회, 04년 4회, 01년 2회
5. 다음 중 피벗 테이블에 대한 설명으로 옳지 않은 것은?

① 원본의 자료가 변경되면 [모두 새로 고침] 기능을 이용하여 일괄 피벗 테이블에 반영할 수 있다.
② 작성된 피벗 테이블을 삭제하는 경우 함께 작성한 피벗 차트는 자동으로 삭제된다.
③ 피벗 테이블을 삭제하려면 피벗 테이블 전체를 범위로 지정한 후 Delete를 누른다.
④ 피벗 테이블의 삽입 위치는 새 워크시트뿐만 아니라 기존 워크시트에서 시작 위치를 선택할 수도 있다.

> 피벗 테이블과 피벗 차트를 함께 만든 후에 피벗 테이블을 삭제하면 피벗 차트는 일반 차트로 변경됩니다.

12년 2회
6. 다음 중 피벗 테이블 보고서 만들기에 대한 설명으로 옳지 않은 것은?

① 표/범위 상자에 셀 범위나 표 이름 참조를 입력한다.
② 새 워크시트를 클릭하면 피벗 테이블 보고서가 위치할 셀의 시작 위치를 지정할 수 있다.
③ 기존 워크시트를 선택하면 피벗 테이블 보고서를 배치할 셀 범위의 첫 번째 셀을 지정하여 작성할 수 있다.
④ 피벗 테이블 보고서는 각 필드에 다양한 조건을 지정할 수 있으며, 일정한 그룹별로 데이터 집계가 가능하다.

> '피벗 테이블 만들기' 대화상자에서 피벗 테이블 보고서의 위치를 '새 워크시트'로 지정하면 피벗 테이블 보고서가 자동으로 새 워크시트의 [A3] 셀부터 표시됩니다. '기존 워크시트'를 선택해야 보고서가 위치할 셀을 지정할 수 있습니다.

기출문제 따라잡기

20년 상시, 13년 1회
7. 다음 중 피벗 테이블에 대한 설명으로 옳지 않은 것은?

① 피벗 테이블 결과가 표시되는 장소는 동일한 시트 내에만 지정된다.
② 피벗 테이블로 작성된 목록에서 행 필드를 열 필드로 편집할 수 있다.
③ 피벗 테이블 작성 후에도 사용자가 새로운 수식을 추가하여 표시할 수 있다.
④ 피벗 테이블은 많은 양의 데이터를 손쉽게 요약하기 위해 사용되는 기능이다.

> 피벗 테이블은 현재 작업중인 워크시트나 다른 워크시트 또는 새로운 워크시트에 작성할 수 있습니다.

25년 1회
8. 다음 중 아래와 같은 피벗 테이블을 작성하기 위한 작업으로 옳지 않은 것은?

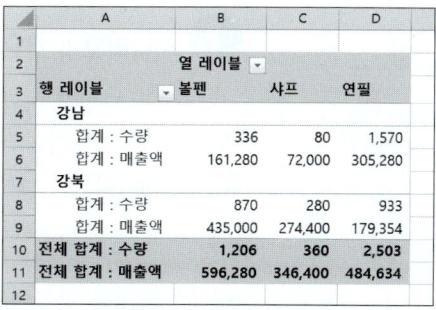

① 필터 영역이 표시되어 있지 않다.
② ∑(시그마 기호)가 행 영역에 표시되도록 설정하였다.
③ 값 영역에 1000 단위 구분 기호가 표시되도록 설정하였다.
④ 총합계는 행의 총합계만 표시되도록 설정하였다.

> 문제에 제시된 피벗 테이블에는 열의 총합계만 표시되어 있습니다.

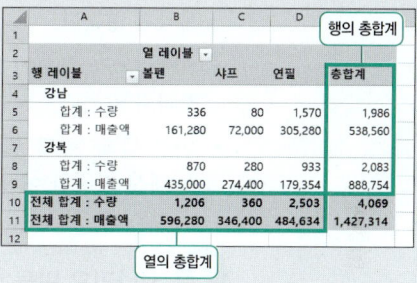

▶ 정답 : 1.① 2.④ 3.① 4.① 5.② 6.② 7.① 8.④

SECTION 103 시나리오

전문가의 조언

시나리오의 개념 및 특징을 묻는 문제가 출제되니 꼭 정리해 두세요. 시나리오는 말 그대로 시나리오를 만들어 보는 것입니다. '컴퓨터 점수가 100점이라면 평균은 얼마나 될까? 영어도 100점을 맞았다면 평균은 얼마가 됐을까?'하는 것처럼 말입니다.

1 시나리오의 개요

24.5, 24.3, 23.3, 22.1, 21.3, 21.2, 20.1, 19.1, 18.2, 17.1, 14.2, 14.1, 13.2, 13.1, 12.3, 12.2, 10.2, 10.1, 03.4

시나리오는 다양한 상황과 변수에 따른 여러 가지 결과값의 변화를 가상의 상황을 통해 예측하여 분석하는 도구이다.

실행 [데이터] → [예측] → [가상 분석] → [시나리오 관리자] 선택

특징

- 이자율, 손익 분기점, 주가 분석 등에 많이 사용된다.
- 시나리오를 작성하면 현재 작업하는 워크시트의 왼쪽에 새 워크시트를 삽입하고 그 시트에 시나리오 보고서를 표시한다.
- 여러 시나리오를 서로 비교하기 위해 시나리오를 피벗 테이블로 요약할 수 있다.
- '시나리오 관리자' 대화상자에서 시나리오를 삭제해도 이미 작성된 시나리오 요약 보고서는 삭제되지 않고, 반대로 시나리오 요약 보고서를 삭제해도 시나리오는 삭제되지 않는다.
- 시나리오가 작성된 원본 데이터를 변경해도 이미 작성된 시나리오 보고서에는 반영되지 않는다.
- '변경 셀'과 '결과 셀'에 이름을 지정한 후 시나리오 요약 보고서를 작성하면 셀 주소 대신 지정한 이름이 표시된다.

2 시나리오 만들기

25.4, 25.3, 25.2, 25.1, 24.5, 23.5, 23.4, 23.3, 21.3, 21.2, 19.1, 18.2, 14.1

준비하세요

'길벗컴활2급필기\2과목.xlsm' 파일을 불러와 '섹션103' 시트에서 실습하세요.

예제 다음과 같은 데이터 목록 중 강현진의 컴퓨터 점수가 70으로 감소할 때와 100으로 증가할 때 변화하는 평균을 계산하는 시나리오를 작성하시오.

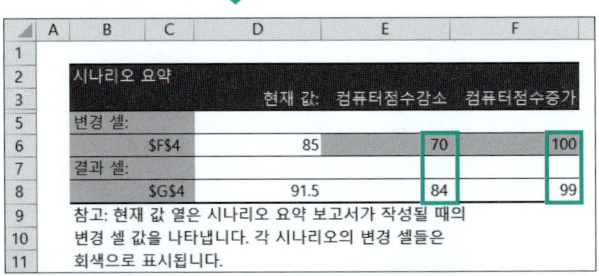

① [데이터] → [예측] → [가상 분석] → [시나리오 관리자]를 선택한다.

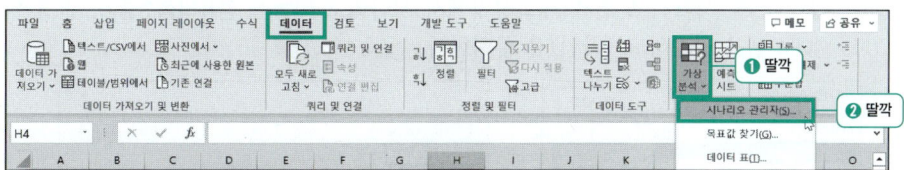

② '시나리오 관리자' 대화상자에서 〈추가〉를 클릭한다.

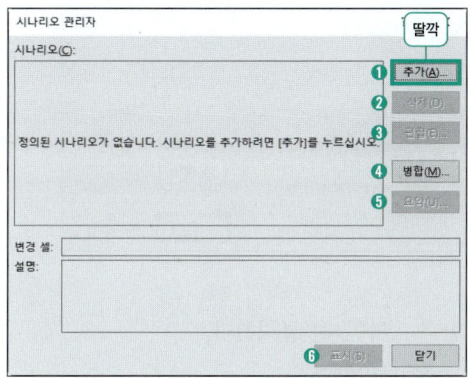

❶ 추가 : 시나리오 이름과 변경 셀을 입력할 수 있는 대화상자를 표시한다.
  – 변경 셀에는 데이터를 변경할 셀의 범위를 지정한다.
  – 하나의 시나리오에 최대 32개까지의 변경 셀을 지정할 수 있다.
❷ 삭제 : 선택한 시나리오를 삭제한다.
❸ 편집 : 선택한 시나리오를 변경할 수 있는 대화상자를 표시한다.
❹ 병합 : 다른 통합 문서나 워크시트에 저장된 시나리오를 가져와 병합한다.
❺ 요약 : 시나리오를 보고서로 작성한다.
  – 보고서의 종류와 결과 셀을 지정한다.
  – 보고서의 종류에는 '시나리오 요약'과 '시나리오 피벗 테이블 보고서'가 있다.
  – 결과 셀에는 변경 셀을 참조하는 수식으로 입력되어 있는 셀을 반드시 지정해야 한다.
❻ 표시 : 선택한 시나리오 결과 값을 워크시트에 표시한다.

③ '시나리오 추가' 대화상자에서 시나리오 이름에 **컴퓨터점수감소**를 입력하고, 변경 셀에 F4 셀을 지정한 후 〈확인〉을 클릭한다.

④ '시나리오 값' 대화상자에서 **70**을 입력한 후 〈확인〉을 클릭한다.

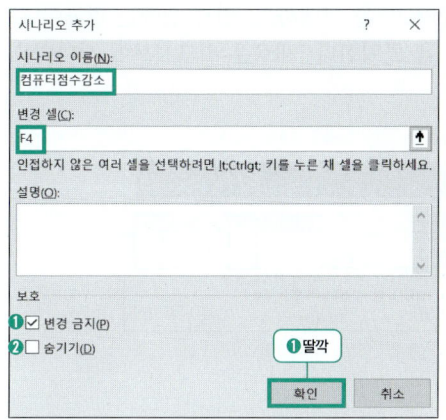 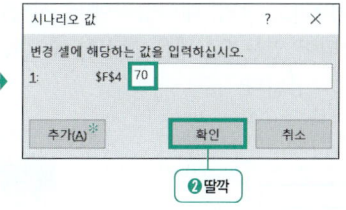

❶ 변경 금지 : 시나리오를 변경할 수 없도록 보호한다.
❷ 숨기기 : 시나리오를 숨긴다.

전문가의 조언

'시나리오 이름'과 '변경 셀'은 반드시 지정해야 하지만 '설명'은 입력하지 않아도 됩니다.

변경 셀
변경 셀은 상대 참조(F4), 절대 참조($F$4) 구분 없이 사용해도 됩니다.

시나리오 바로 추가하기
- '시나리오 값' 대화상자에서 〈추가〉를 클릭하면 시나리오가 입력되고, 새로운 시나리오를 바로 추가할 수 있도록 '시나리오 추가' 대화상자가 표시됩니다.
- 변경 셀을 미리 선택한 후 '시나리오 추가' 대화상자를 열면 셀 주소가 자동으로 입력되어 있습니다.

⑤ '시나리오 편집' 대화상자의 시나리오에 '컴퓨터점수감소'가 추가된다. 〈추가〉를 클릭한 후 '시나리오 추가' 대화상자에서 시나리오 이름에 **컴퓨터점수증가**, 변경 셀에 **F4** 셀을 지정하고 〈확인〉을 클릭한다.

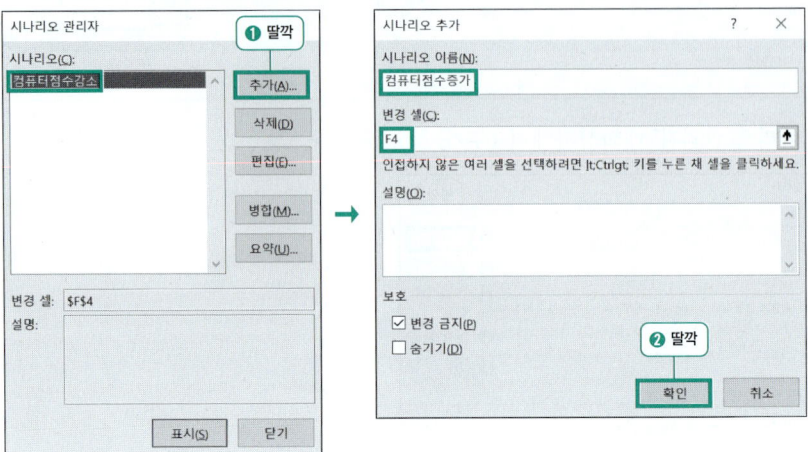

⑥ '시나리오 값' 대화상자에 100을 입력한 후 〈확인〉을 클릭한다.
⑦ '시나리오 관리자' 대화상자에서 〈요약〉을 클릭한다.

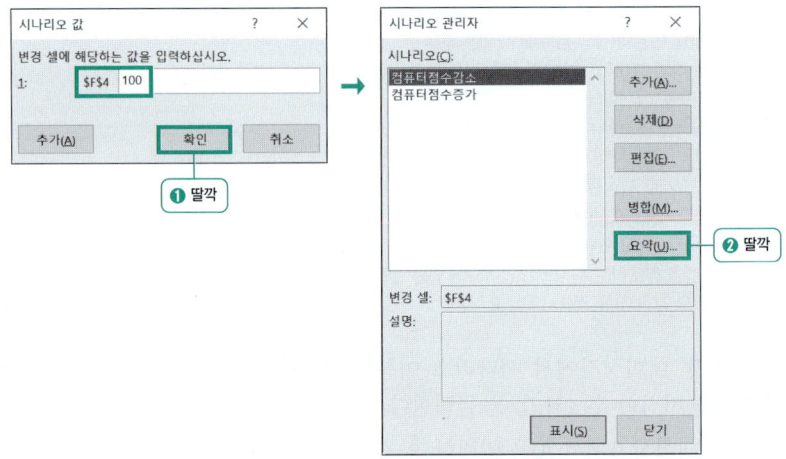

⑧ '시나리오 요약' 대화상자에서 '시나리오 요약'을 선택하고, 결과 셀에는 평균이 표시되어 있는 G4 셀을 지정한 후 〈확인〉을 클릭한다. 새로운 워크시트에 시나리오가 작성된다.

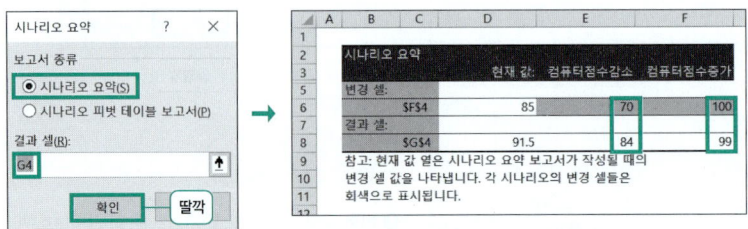

기출문제 따라잡기

24년 3회, 22년 1회, 20년 1회
1. 다음 중 아래 그림의 시나리오 요약 보고서에 대한 설명으로 옳지 않은 것은?

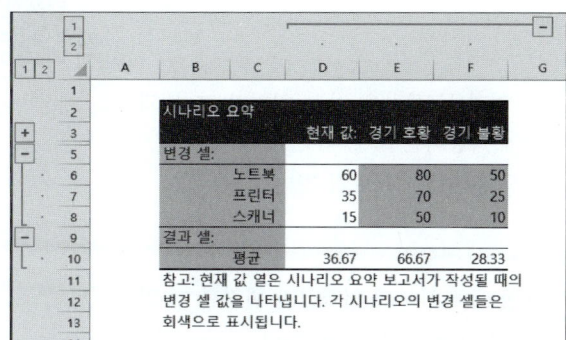

① 노트북, 프린터, 스캐너 값의 변화에 따른 평균 값을 확인할 수 있다.
② '경기 호황'과 '경기 불황' 시나리오에 대한 시나리오 요약 보고서이다.
③ 시나리오의 값을 변경하면 해당 변경 내용이 기존 요약 보고서에 자동으로 다시 계산되어 표시된다.
④ 시나리오 요약 보고서를 실행하기 전에 변경 셀과 결과 셀에 대해 이름을 정의하였다.

> 워크시트에서 시나리오에 반영된 셀의 값을 변경해도 이미 작성된 시나리오 요약 보고서에는 반영되지 않습니다.

25년 3회, 24년 5회, 23년 5회, 19년 1회
2. 다음 중 [시나리오 추가] 대화상자에 대한 설명으로 옳지 않은 것은?

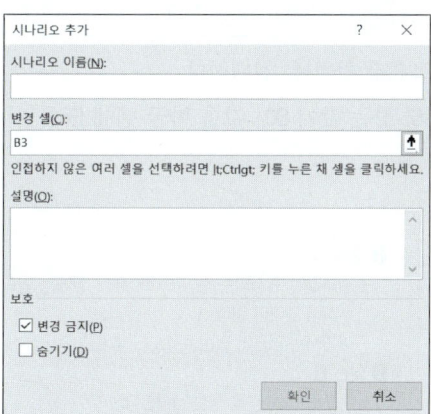

① [데이터] → [예측] → [가상 분석] → [시나리오 관리자] 대화상자에서 [추가] 단추를 클릭하면 표시되는 대화상자이다.
② 변경 셀을 미리 선택한 후 [시나리오 추가] 대화상자를 열면 셀 주소가 자동으로 입력된다.
③ '설명'은 시나리오에 대한 추가적인 설명으로 반드시 입력할 필요는 없다.
④ 시트 보호가 지정된 경우 시나리오가 표시되지 않도록 하려면 '변경 금지'를 선택한다.

> 시트 보호가 지정된 경우 시나리오가 표시되지 않도록 하려면 '숨기기'를 선택해야 합니다. '변경 금지'는 시나리오가 변경되지 않도록 보호하는 옵션입니다.

24년 5회, 23년 3회, 21년 3회, 2회, 18년 2회, 14년 1회, 10년 2회
3. 다음 중 시나리오에 관한 설명으로 옳지 않은 것은?
① 하나의 시나리오에 변경 셀을 최대 32개까지 지정할 수 있다.
② 요약 보고서나 피벗 테이블 보고서로 시나리오 결과를 작성할 수 있다.
③ 시나리오 병합을 통하여 다른 통합 문서나 다른 워크시트에 저장된 시나리오를 가져올 수 있다.
④ 입력된 자료들을 그룹별로 분류하고, 해당 그룹별로 원하는 함수를 이용한 계산 결과를 볼 수 있다.

> 입력된 자료들을 그룹별로 분류하고 해당 그룹별로 특정한 계산을 수행하는 기능은 부분합입니다.

23년 3회, 13년 2회
4. 아래 그림의 시나리오 요약 보고서에 대한 설명으로 옳지 않은 것은?

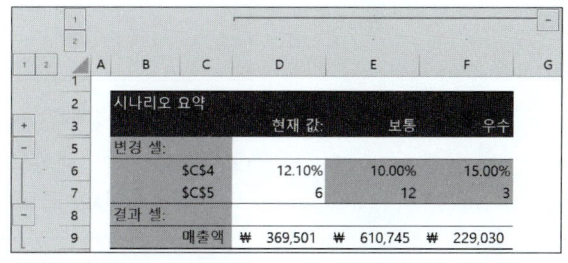

① 추가된 시나리오의 이름은 '현재 값', '보통', '우수'이다.
② 결과 셀은 "매출액"으로 이름이 정의되어 있다.
③ 결과 셀에는 [C4] 셀과 [C5] 셀을 참조하는 수식이 입력되어 있다.
④ 시나리오 요약 보고서가 있는 위 그림의 시트를 삭제해도 작성된 시나리오는 삭제되지 않는다.

> 추가된 시나리오의 이름은 '보통'과 '우수'입니다. '현재 값'은 시나리오 작성 시 지정한 '변경 셀'이 현재 가지고 있는 값을 표시하는 필드입니다.

▶ 정답 : 1. ③ 2. ④ 3. ④ 4. ①

SECTION 104

목표값 찾기

1 목표값 찾기의 개요

25.5, 24.4, 23.3, 22.3, 21.4, 21.2, 20.2, 18.2, 18.1, 17.2, 16.3, 13.2, 12.3, 11.3, 11.2, 10.3, 09.2, 09.1, 08.2, 06.3, 05.2, ···

목표값 찾기는 수식에서 원하는 결과(목표)값은 알고 있지만 그 결과값을 계산하기 위해 필요한 입력값을 모를 경우에 사용하는 도구이다.

실행 [데이터] → [예측] → [가상 분석] → [목표값 찾기] 선택

특징

- 목표값 찾기는 주어진 결과값에 대해 하나의 입력값만 변경할 수 있다.
- 결과값은 입력값을 참조하는 수식으로 작성되어야 한다.
- 찾는 값(목표값)에는 셀 주소를 입력할 수 없으므로 사용자가 원하는 데이터를 직접 입력해야 한다.

2 목표값 찾기

25.4, 24.1, 23.1, 21.2, 20.2, 18.2, 18.1, 17.2, 13.2, 12.3, 11.3, 11.2, 09.2, 09.1, 04.3, 04.1, 03.3, 03.1, 02.2, 01.3, 01.1

예제 다음 데이터 목록에서 김철원 사원의 평균이 80이 되기 위한 영어 점수의 값을 목표값 찾기를 이용하여 계산하시오.

	A	B	C	D	E	F	G
1	상반기 영어/컴퓨터 능력 시험							
2							
3	번호	이름	소속부서	성별	영어	컴퓨터	평균
4	1	강현진	개발부	여	98	85	91.5
5	2	김기언	영업부	남	95	100	97.5
6	3	김철원	영업부	남	80	75	77.5
7	4	남동하	기술부	남	85	90	87.5
8	5	마동윤	영업부	여	100	100	100

→

	A	B	C	D	E	F	G
1	상반기 영어/컴퓨터 능력 시험							
2							
3	번호	이름	소속부서	성별	영어	컴퓨터	평균
4	1	강현진	개발부	여	98	85	91.5
5	2	김기언	영업부	남	95	100	97.5
6	3	김철원	영업부	남	85	75	80
7	4	남동하	기술부	남	85	90	87.5
8	5	마동윤	영업부	여	100	100	100

① [데이터] → [예측] → [가상 분석] → [목표값 찾기]를 선택한다.

② '목표값 찾기' 대화상자의 수식 셀에 G6, 찾는 값에 80, 값을 바꿀 셀에 E6을 입력한 후 〈확인〉을 클릭한다.

❶ **수식 셀**
- 결과값이 표시되는 셀 주소로, 해당 셀에는 반드시 수식이 있어야 한다.
- 여기서는 평균이 있는 주소(G6)이다.

❷ **찾는 값**
- 목표로 하는 값을 직접 입력한다.
- 여기서는 평균 점수 80이 목표 값이다.

❸ **값을 바꿀 셀**
- 목표값을 만들기 위해 변경될 값이 들어 있는 셀 주소이다.
- 여기서는 영어 점수가 있는 주소(E6)이다.

전문가의 조언

중요해요! 목표값 찾기의 개념과 '목표값 찾기' 대화상자의 사용법을 숙지해야 합니다. 목표값 찾기는 시나리오와 반대 개념입니다. 시나리오는 '컴퓨터 점수를 100점 맞았다면 평균이 얼마일까?'를 계산하는 반면, 목표값 찾기는 '평균이 91점이 되려면 컴퓨터 점수는 몇 점을 맞아야 하나?'를 계산하는 도구입니다.

준비하세요!

'길벗컴활2급필기\2과목.xlsm' 파일을 불러와 '섹션104' 시트에서 실습하세요.

③ 목표값이 표시된 '목표값 찾기 상태' 대화상자가 나타나면 〈확인〉을 클릭한다.

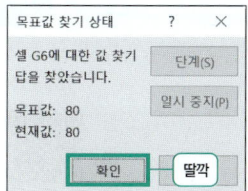

기출문제 따라잡기

문제2 3311852

25년 5회, 24년 4회, 23년 3회, 21년 4회, 2회, 16년 3회, 10년 3회, 08년 2회, 06년 3회, 05년 2회, 02년 1회, …

1. 상품 가격이 2,500원짜리 물건에 대하여 총 판매액이 1,500,000원이 되게 하기 위해서는 판매수량이 얼마나 되어야 하는지 알아보기 위해 사용되는 유용한 기능은?

① 피벗 테이블　　② 목표값 찾기
③ 시나리오　　　④ 레코드 관리

목표값 찾기는 수식에서 원하는 결과 값(총 판매액 1,500,000)은 알고 있지만 그 결과값을 계산하기 위해 필요한 입력값(판매수량)을 모를 경우 사용하는 도구입니다.

24년 1회, 23년 1회, 22년 3회, 18년 2회, 12년 3회, 11년 3회, 11년 2회, 09년 2회, 04년 3회, 1회, 03년 3회, …

2. 다음 중 아래 그림과 같이 목표값 찾기를 설정했을 때, 이에 대한 의미로 옳은 것은?

① 평균이 40이 되려면 노트북 판매량이 얼마가 되어야 하는가?
② 노트북 판매량이 40이 되려면 평균이 얼마가 되어야 하는가?
③ 노트북 판매량을 40으로 변경하였을 때 평균은 얼마가 되어야 하는가?
④ 평균이 40이 되려면 노트북을 제외한 나머지 제품의 판매량이 얼마가 되어야 하는가?

문제에 제시된 '목표값 찾기' 대화상자는 평균(E4)이 40이 되려면 노트북(B4)의 판매량이 얼마가 되어야 하는지를 찾기 위한 설정입니다.

25년 4회

3. 아래 그림에서 180,000원인 컴퓨터의 판매금액이 150,000원이 되려면, 할인율이 얼마가 되어야 하는지 알아보기 위해 목표값 찾기 기능을 적용할 경우 '수식 셀'의 값으로 알맞은 것은?

① B1　　　　　② D3
③ 150000　　　④ 180000

• 수식 셀 : 결과값이 표시되는 셀 주소인 'D3'을 지정합니다.
• 찾는 값 : 목표로 하는 값인 150000을 입력합니다.
• 값을 바꿀 셀 : 목표값을 만들기 위해 변경될 값이 입력된 셀 주소인 'B1'을 지정합니다.

▶ 정답 : 1. ②　2. ①　3. ②

SECTION 105

데이터 표

전문가의 조언

데이터 표의 용도와 특징을 묻는 문제가 출제되고 있습니다. 데이터 표를 직접 작성해 보면서 특징을 정리하고, '데이터 테이블' 대화상자의 각 구성 요소의 의미를 정확히 파악하세요.

1 데이터 표의 개요

25.5, 25.3, 23.3, 21.2, 17.2, 16.1, 15.3, 15.3, 12.1, 08.3, 07.1

데이터 표는 특정 값의 변화에 따른 결과값의 변화 과정을 표 형태로 표시해 주는 도구이다.

 [데이터] → [예측] → [가상 분석] → [데이터 표] 선택

특징

- 데이터 표는 지정한 값의 수에 따라 단일 표와 이중 표로 구분한다.
- 데이터 표의 결과값은 반드시 변화하는 특정 값을 포함한 수식으로 작성되어야 한다.
- 변화하는 값이 2개라도 수식은 하나만 작성한다.
- 변화하는 값과 수식이 입력된 부분을 모두 포함되도록 범위를 설정한 후 데이터 표를 실행한다.
- 데이터 표 기능을 이용하여 계산된 결과는 참조하고 있는 셀의 데이터가 수정되면 자동으로 갱신된다.
- 데이터 표의 결과값은 일부분만 수정할 수 없다.

준비하세요

'길벗컴활2급필기\2과목.xlsm' 파일을 불러와 '섹션105' 시트에서 실습하세요.

궁금해요 시나공 Q&A 베스트

Q 연결하지 않고 직접 입력해도 되나요?

A [B5] 셀의 수식 =SUM(B2:B4)를 [E4] 셀에 직접 입력해도 됩니다. 단, 복사하지 않고 직접 입력해야 합니다. [B5] 셀의 총점이 상대 주소를 참조하기 때문에 복사할 경우 =SUM(B2:B4)가 입력되지 않고, =SUM(E1:E3)이 입력되어 원하는 결과가 나오지 않습니다. [F2]를 눌러 셀 편집 상태에서 수식을 복사하거나 수식 입력줄의 수식을 복사하여 붙여넣으면 수식의 셀 주소가 변경되지 않습니다.

2 데이터 표 만들기

08.3, 07.1

예제 다음 데이터 목록을 이용하여 국어와 영어 점수의 변화에 따른 총점의 변화를 구하시오.

① 총점 변화 값을 구하는 데이터 표이므로 [E4] 셀에 총점(B5)이 있는 셀을 연결* 해야 한다. [B5] 셀을 클릭한 후 수식 입력줄에 =을 입력하고 [B5] 셀을 클릭한 다음 Enter를 누른다.

② [E4:H7] 영역을 블록으로 지정*한 후 [데이터] → [예측] → [가상 분석] → [데이터 표]를 선택한다.

③ '데이터 테이블' 대화상자*의 '행 입력 셀'에 국어 점수가 입력된 B2를, '열 입력 셀'에 영어 점수가 입력된 B3을 입력한 후 〈확인〉을 클릭한다.

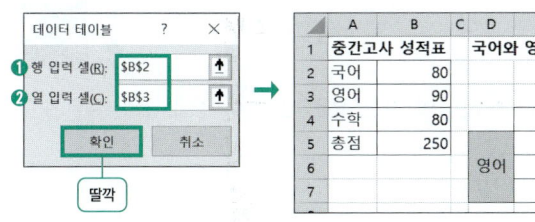

❶ 행 입력 셀
- 행에 있는 변화되는 값을 사용할 주소를 지정한다.
- 국어 점수들이 4행에 있으므로 '행 입력 셀'에는 총점 계산식의 국어 점수 주소인 [B2] 셀을 입력한다.

❷ 열 입력 셀
- 열에 있는 변화되는 값을 사용할 주소를 지정한다.
- 영어 점수들이 E열에 있으므로 '열 입력 셀'에는 총점 계산식의 영어 점수 주소인 [B3] 셀을 입력한다.

범위 지정
수식이 입력된 [E4] 셀과, 변화하는 값인 국어(F4:H4)와 영어(E5:E7) 점수가 모두 포함되도록 범위를 지정한 후 데이터 표를 실행해야 합니다.

'데이터 테이블' 대화상자
단일 데이터 표에서는 [행 입력 셀]이나 [열 입력 셀] 중 하나만 사용하고 이중 데이터 표에서는 2개 모두 사용합니다.

기출문제 따라잡기

문제1 1310451

25년 5회, 23년 3회, 21년 2회, 17년 2회

1. 다음 중 가상 분석 도구인 [데이터 표]에 대한 설명으로 옳지 않은 것은?

① 테스트할 변수의 수에 따라 변수가 한 개이거나 두 개인 데이터 표를 만들 수 있다.
② 데이터 표를 이용하여 입력된 데이터는 부분적으로 수정 또는 삭제할 수 있다.
③ 워크시트가 다시 계산될 때마다 데이터 표도 변경 여부에 관계없이 다시 계산된다.
④ 데이터 표의 결과값은 반드시 변화하는 변수를 포함한 수식으로 작성해야 한다.

> 데이터 표를 이용하여 입력된 데이터는 부분적으로 수정 또는 삭제할 수 없습니다.

25년 3회

2. 다음 중 가상 분석 도구인 [데이터 표]에 대한 설명으로 옳은 것은?

① [데이터] → [데이터 도구] → [가상 분석] → [데이터 표]를 선택하여 수행한다.
② 특정 값의 변화에 따른 결과값의 변화 과정을 표의 형태로 표시해 주는 도구이다.
③ 데이터 표 결과의 일부를 수정할 수 있다.
④ 변화되는 값이 2개이면 수식도 2개가 작성되어야 한다.

① 데이터 표는 [데이터] → [예측] → [가상 분석] → [데이터 표]를 선택하여 수행합니다.
③ 데이터 표의 결과값은 일부만 수정할 수 없습니다.
④ 변화되는 값이 2개라도 수식은 하나만 작성되어야 합니다.

16년 1회, 15년 3회

3. 다음 중 아래 그림과 같이 연 이율과 월 적금액이 고정되어 있고, 적금기간이 1년, 2년, 3년, 4년, 5년인 경우 각 만기 후의 금액을 확인하기 위한 도구로 적합한 것은?

	A	B	C	D	E	F
1						
2		연 이율		3%	적금기간(연)	만기 후 금액
3		적금기간(연)		1		6,083,191
4		월 적금액		500,000	1	
5		만기 후 금액		₩6,083,191	2	
6					3	
7					4	
8					5	

① 고급 필터 ② 데이터 통합
③ 목표값 찾기 ④ 데이터 표

> 적금기간의 변화에 따른 만기 후의 금액을 표 형태로 구하려면 데이터 표를 이용해야 합니다.

▶ 정답 : 1. ② 2. ② 3. ④

SECTION 106 데이터 통합

 전문가의 조언

데이터 통합의 개념 및 전반적인 특징을 묻는 문제가 종종 출제됩니다. 데이터 통합의 개념 및 특징을 기억하고, '통합' 대화상자의 각 옵션들의 기능을 확실히 파악하세요.

1 데이터 통합의 개요

25.5, 24.3, 23.5, 23.2, 23.1, 22.4, 22.3, 22.2, 22.1, 21.4, 21.1, 20.2, 20.1, 19.상시, 16.1, 14.1, 09.3, 08.1, 07.3, 07.2, 07.1, …

통합은 비슷한 형식의 여러 데이터를 하나의 표로 통합·요약하여 표시해 주는 도구이다.

 [데이터] → [데이터 도구] → [통합] 선택

특징

- 사용할 데이터의 형태가 다르더라도 같은 이름표를 사용하면 항목을 기준으로 통합할 수 있다.
- 통합할 여러 데이터의 순서와 위치가 동일할 경우 위치를 기준으로 통합할 수 있다.
- 여러 시트에 입력되어 있는 데이터 및 다른 통합 문서에 입력되어 있는 데이터도 통합할 수 있다.
- **통합 함수의 종류** : 합계, 개수, 평균, 최대, 최소, 곱, 숫자 개수, 표본 표준 편차, 표준 편차, 표본 분산, 분산

2 통합하기

25.4, 24.3, 24.2, 23.5, 23.2, 23.1, 22.4, 22.2, 22.1, 21.4, 21.3, 21.1, 20.2, 20.1, 19.상시, 16.1, 14.1, 09.3, 08.1, 07.2, 07.1, …

 준비하세요

'길벗컴활2급필기\2과목.xlsm' 파일을 불러와 '섹션106' 시트에서 실습하세요.

 상반기 판매현황과 하반기 판매현황을 통합하여 각 품목의 목표량과 판매량의 최대값을 구하시오.

	A	B	C	D	E	F	G
1	상반기 판매현황				하반기 판매현황		
2							
3	품목	목표량	판매량		품목	목표량	판매량
4	컴퓨터	20	15		캠코더	19	20
5	스캐너	7	10		스캐너	13	15
6	프린터	13	15		프린터	8	10
7	카메라	14	14		컴퓨터	14	15
8	캠코더	17	20		카메라	9	15
9							
10	품목별 최대값						
11	품목	목표량	판매량				
12							

→

	A	B	C	D	E	F	G
1	상반기 판매현황				하반기 판매현황		
2							
3	품목	목표량	판매량		품목	목표량	판매량
4	컴퓨터	20	15		캠코더	19	20
5	스캐너	7	10		스캐너	13	15
6	프린터	13	15		프린터	8	10
7	카메라	14	14		컴퓨터	14	15
8	캠코더	17	20		카메라	9	15
9							
10	품목별 최대값						
11	품목	목표량	판매량				
12	컴퓨터	20	15				
13	스캐너	13	15				
14	프린터	13	15				
15	카메라	14	15				
16	캠코더	19	20				

① [A11:C11] 영역을 블록으로 지정한 후 [데이터] → [데이터 도구] → [통합]을 클릭한다.

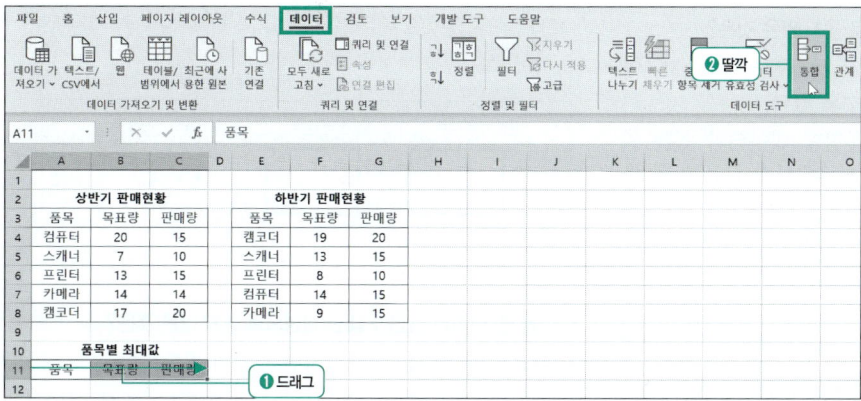

② '통합' 대화상자의 함수에서 '최대'를 선택하고, 참조의 범위 지정 단추(↑)를 이용하여 A3:C8 영역을 블록으로 지정한 후 〈추가〉를 클릭한다.

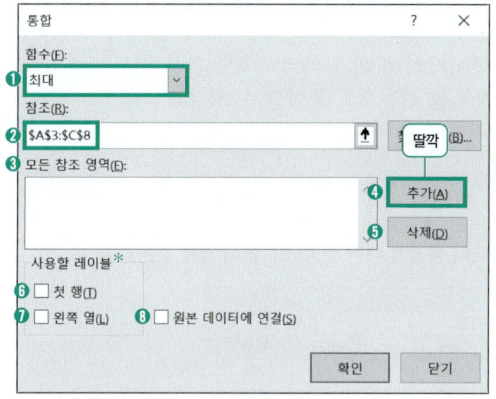

❶ 함수 : 사용할 함수를 선택한다.
❷ 참조 : 통합할 데이터의 범위를 지정한다.
❸ 모든 참조 영역 : 추가된 참조 영역이 모두 표시된다. 참조 영역의 개수는 제한이 없다.
❹ 추가 : 참조에서 지정한 데이터의 범위를 추가한다.
❺ 삭제 : '모든 참조 영역'에 추가된 범위 중 선택하여 삭제한다.
❻ 첫 행 : 참조된 데이터 범위의 첫 행을 통합된 데이터의 첫 행(열 이름)으로 사용한다.
❼ 왼쪽 열 : 참조된 데이터 범위의 왼쪽 열을 통합된 데이터의 첫 열(행 이름)으로 사용한다.
❽ 원본 데이터에 연결* : 원본 데이터가 변경될 경우 통합된 데이터에도 반영한다.

사용할 레이블
통합할 데이터 영역의 행이나 열 제목이 원본 영역과 다르게 배열되어 있을 때만 '첫 행'이나 '왼쪽 열'을 사용합니다.

원본 데이터에 연결
통합할 데이터가 있는 워크시트와 통합 결과가 작성될 워크시트가 서로 다를 경우에만 '원본 데이터에 연결'을 적용할 수 있으며, 한 번 연결되면 새 데이터를 추가하거나 통합된 데이터 영역을 변경할 수 없습니다.

③ 참조의 범위 지정 단추를 다시 클릭한 후 [E3:G8] 영역을 블록으로 지정하고 〈추가〉를 클릭한다.

④ 사용할 레이블에서 '첫 행'과 '왼쪽 열'을 선택한 후 〈확인〉을 클릭한다.

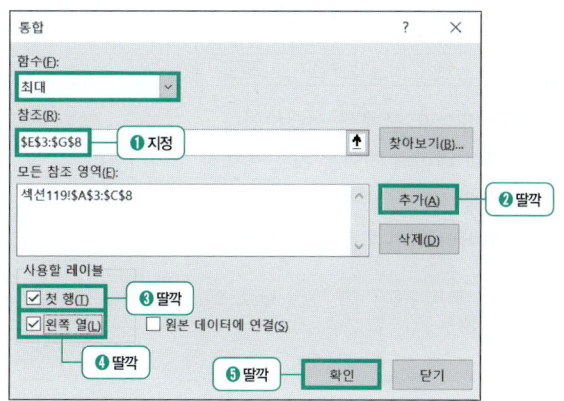

기출문제 따라잡기

문제2 1310452

24년 3회, 23년 2회, 22년 3회, 2회, 21년 4회, 1회, 16년 1회, 14년 1회

1. 다음 중 데이터 통합에 관한 설명으로 옳지 않은 것은?

① 데이터 통합은 위치를 기준으로 통합할 수도 있고, 영역의 이름을 정의하여 통합할 수도 있다.

② '원본 데이터에 연결' 기능은 통합할 데이터가 있는 워크시트와 통합 결과가 작성될 워크시트가 같은 통합 문서에 있는 경우에만 적용할 수 있다.

③ 다른 원본 영역의 레이블과 일치하지 않는 레이블이 있는 경우에 통합하면 별도의 행이나 열이 만들어진다.

④ 여러 시트에 있는 데이터나 다른 통합 문서에 입력되어 있는 데이터를 통합할 수 있다.

> 통합할 데이터가 있는 워크시트와 통합 결과가 작성될 워크시트가 서로 다르면 '원본 데이터에 연결'을 적용할 수 있으므로, 서로 다른 통합 문서에 있는 워크시트의 경우에만 '원본 데이터에 연결'을 적용할 수 있습니다.

25년 4회, 23년 5회, 22년 1회, 20년 2회

2. 다음 중 [통합] 데이터 도구에 대한 설명으로 옳지 않은 것은?

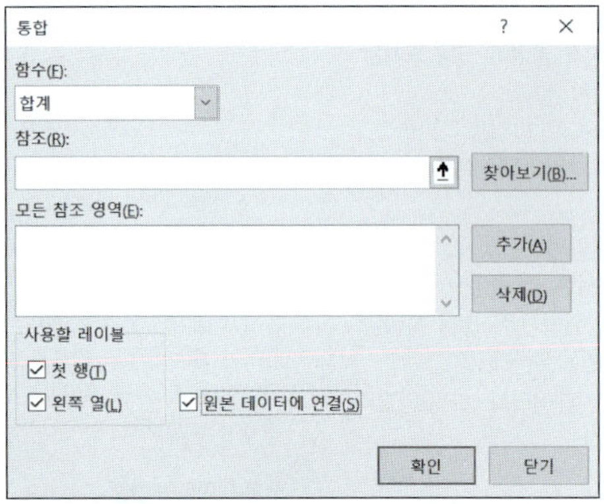

① '모든 참조 영역'에 다른 통합 문서의 워크시트를 추가하여 통합할 수 있다.

② '사용할 레이블'을 모두 선택한 경우 각 참조 영역에 결과 표의 레이블과 일치하지 않은 레이블이 있으면 통합 결과 표에 별도의 행이나 열이 만들어진다.

③ 지정한 영역에 계산될 요약 함수는 '함수'에서 선택하며, 요약 함수로는 합계, 개수, 평균, 최대, 최소 등이 있다.

④ '원본 데이터에 연결' 확인란을 선택하여 통합한 경우 통합에 참조된 영역에서의 행 또는 열이 변경될 때 통합된 데이터 결과도 자동으로 업데이트 된다.

> • 아래 [그림1]의 상반기 판매현황과 하반기 판매현황을 [그림2]와 같이 다른 시트에 통합할 때, '원본 데이터에 연결' 확인란을 선택한 경우 [그림1]의 [B3:C6], [F3:G6] 영역의 데이터가 변경되면 [그림2]의 통합 결과(C5:D14)가 자동으로 업데이트됩니다.
> • 하지만 행과 열(A3:A6, E3:E6, B2:C2, F2:G2)이 변경되면 자동으로 업데이트 되지 않습니다.

[그림1]

	A	B	C	D	E	F	G
1	상반기 판매현황				하반기 판매현황		
2	품목	판매량	판매액		품목	판매량	판매액
3	냉장고	15	14,250		비디오	18	10,080
4	오디오	10	14,000		카메라	35	11,900
5	비디오	15	14,250		냉장고	15	14,250
6	카메라	14	4,760		오디오	20	28,000

이 부분만 업데이트 됨

[그림2]

	A	B	C	D
1	한해 판매현황			
	품목		판매량	판매액
5	냉장고		30	28,500
8	오디오		30	42,000
11	비디오		33	24,330
14	카메라		49	16,660

23년 1회, 22년 4회

3. 다음 중 데이터 통합에 대한 설명으로 옳지 않은 것은?

① 참조 영역은 최대 3개까지만 추가가 가능하다.

② 지정한 영역에 계산될 요약 함수는 '함수'에서 선택하며, 요약 함수로는 합계, 개수, 평균, 최대, 최소 등이 있다.

③ 통합할 여러 데이터의 순서와 위치가 동일할 경우 위치를 기준으로 통합할 수 있다.

④ 사용할 데이터의 형태가 다르더라도 같은 이름표를 사용하면 항목을 기준으로 통합할 수 있다.

> 통합할 참조 영역의 개수는 기본적으로 제한이 없습니다. 다만 시스템의 사용 가능한 메모리에 따라 제한될 수는 있습니다.

24년 2회

4. 다음의 데이터 통합에 대한 설명으로 옳지 않은 것은?

	A	B	C	D	E
1	강동지점			강서지점	
2	분기	매출		분기	매출
3	1분기	980		1분기	784
4	2분기	875		2분기	950
5	3분기	684		3분기	674
6	4분기	584		4분기	846
7					
8	강북지점			지점통합	
9	분기	매출		분기	매출
10	1분기	485		1분기	2249
11	2분기	584		2분기	2409
12	3분기	852		3분기	2210
13	4분기	648		4분기	2078

① '사용할 함수'로 '합계'를 선택하였다.

② 각 지점의 데이터 영역을 참조 영역에 추가하였다.

③ 사용할 레이블로 '첫 행'을 선택하였다.

④ '원본 데이터에 연결'을 선택하지 않았다.

> 문제에 제시된 데이터 통합의 결과 그림은 사용할 레이블로 '첫 행'과 '왼쪽 열'을 선택하여 작성한 것입니다.

▶ 정답 : 1. ② 2. ④ 3. ① 4. ③

6장 핵심요약

101 부분합

❶ 부분합
25.5, 25.4, 25.3, 24.5, 24.4, 24.1, 23.4, 22.2, 22.1, 21.3, 21.2, 21.1, 20.상시, 20.2, 20.1, …

- 많은 양의 데이터 목록을 그룹별로 분류하고, 각 그룹별로 계산을 수행하는 데이터 분석 도구이다.
- 부분합을 작성하려면 기준이 되는 필드가 반드시 오름차순이나 내림차순으로 정렬되어 있어야 한다.
- 작성된 부분합의 데이터 목록에는 자동으로 개요가 설정되며, 개요 기호를 이용하여 하위 목록 데이터들의 표시 여부를 지정할 수 있다.
- '부분합' 대화상자의 주요 옵션
  - 새로운 값으로 대치 : 이미 작성된 부분합을 지우고, 새 부분합으로 변경할 경우 선택함
  - 데이터 아래에 요약 표시 : 부분합의 결과를 각 그룹의 아래 또는 위에 표시할지를 결정함
  - 모두 제거 : 부분합을 해제하고, 원래 데이터 목록을 표시함

❷ 개요 기호
24.3, 23.5, 16.2, 15.2, 14.1

- 부분합 작업 후 개요가 설정된 워크시트의 모양을 바꿀 때 사용하는 기호이다.
- 부분합을 작성하면 워크시트 왼쪽에 부분합을 계산한 하위 그룹 단위로 개요가 설정되고, 개요 기호가 나타난다.
- 개요 기호를 이용하여 워크시트에서 하위 수준(그룹)을 숨기거나 나타낼 수 있다.

❸ 중첩 부분합 작성하기
25.2, 24.3, 23.5, 22.2, 21.3, 19.1

- 이미 작성된 부분합 그룹 내에 새로운 부분합 그룹을 추가하는 것이다.
- 중첩 부분합을 작성하려면 중첩할 부분합 그룹의 기준 필드들이 정렬(2차 정렬 기준)되어야 하고, '부분합' 대화상자에서 반드시 '새로운 값으로 대치'를 해제해야 한다.
- 중첩 부분합을 수행하면 먼저 작성한 부분합의 결과가 아래쪽에 표시된다.

102 피벗 테이블

❶ 피벗 테이블의 개요
25.3, 25.2, 24.4, 23.2, 23.1, 22.3, 21.3, 21.1, 20.상시, 19.상시, 18.2, …

- 많은 양의 데이터를 한눈에 쉽게 파악할 수 있도록 요약·분석해서 보여주는 도구이다.
- 필드별로 다양한 조건을 지정할 수 있으며, 그룹별로 데이터 집계가 가능하다.
- 원본 데이터가 변경되면 [피벗 테이블 분석] → [데이터] → [새로 고침(🔄)]을 이용하여 피벗 테이블의 데이터를 변경할 수 있다.
- 피벗 테이블을 작성한 후에 사용자가 새로운 수식을 추가하여 표시할 수 있다.
- 피벗 테이블의 필터, 행, 열 영역에 배치된 항목을 자유롭게 이동시킬 수 있다.
- 문자, 숫자, 날짜, 시간 등 모든 필드에 대해 그룹 지정이 가능하다.
- 피벗 테이블을 삭제하려면 전체 범위를 블록으로 지정한 후 Delete 를 누른다.

❷ 피벗 차트
25.2, 23.5, 21.3, 21.1, 18.상시, 18.2, 18.1, 16.2, 15.1, 13.3, 11.1

- 피벗 테이블의 데이터를 이용하여 작성한 차트이다.
- 피벗 테이블에서 항목이나 필드에 변화를 주면 피벗 차트도 변경되고, 반대로 피벗 차트에서 변화를 주면 피벗 테이블도 변경된다.
- 피벗 차트는 피벗 테이블을 사용하므로 피벗 테이블을 만들지 않고 피벗 차트를 작성할 수 없다.
- 피벗 테이블을 삭제하면 피벗 차트가 일반 차트로 변경되지만, 피벗 차트를 삭제해도 피벗 테이블에는 아무 변화가 없다.
- 분산형, 거품형, 주식형 차트는 피벗 차트로 만들 수 없다.

6장 핵심요약

③ 피벗 테이블의 구성 요소 25.1, 23.5, 21.4, 19.2, 18.1, 15.1, 14.2, 12.3, 12.1

- **필터 필드** : 필터 영역에는 값 영역에 페이지별로 구분하여 나타낼 필드들이 들어 있으며, 모두 나타내거나 특정 필드만 나타낼 수 있음
- **값 필드** : 데이터가 들어 있는 원본 목록으로, 분석할 대상을 나타냄
- **행 레이블(필드 머리글) / 열 레이블(필드 머리글)** : 피벗 테이블에서 열 방향/행 방향으로 지정된 필드 이름임
- **값 영역** : 분석·요약한 데이터가 표시되는 곳으로, 기본적으로 데이터가 문자일 때는 개수(COUNTA), 숫자일 때는 합계(SUM)가 표시됨

② 시나리오 만들기 24.5, 23.5, 23.4, 23.3, 21.3, 21.2, 19.1, 18.2, 14.1

- 결과 셀은 반드시 변경 셀을 참조하는 수식으로 입력되어야 한다.
- 하나의 시나리오에는 최대 32개의 변경 셀을 지정할 수 있다.
- 시나리오 병합을 통하여 다른 통합 문서나 워크시트에 저장된 시나리오를 가져올 수 있다.

---

103 시나리오

① 시나리오의 개요 25.4, 25.3, 25.2, 25.1, 24.5, 24.3, 23.3, 22.1, 21.3, 21.2, 20.1, 19.1, 18.2, …

- 다양한 상황과 변수에 따른 여러 가지 결과값의 변화를 가상의 상황을 통해 예측하여 분석하는 도구이다.
- 시나리오를 작성하면 현재 작업하는 워크시트의 왼쪽에 새 워크시트를 삽입하고 그 시트에 시나리오 보고서를 표시한다.
- '시나리오 관리자' 대화상자에서 시나리오를 삭제해도 이미 작성된 시나리오 요약 보고서는 삭제되지 않고, 반대로 시나리오 요약 보고서를 삭제해도 시나리오는 삭제되지 않는다.
- 시나리오가 작성된 원본 데이터를 변경해도 이미 작성된 시나리오 요약 보고서에는 반영되지는 않는다.
- '변경 셀'과 '결과 셀'에 이름을 지정한 후 시나리오 요약 보고서를 작성하면 셀 주소 대신 지정한 이름이 표시된다.

104 목표값 찾기

① 목표값 찾기의 개요 25.5, 24.4, 23.3, 22.3, 21.4, 21.2, 20.2, 18.2, 18.1, 17.2, 16.3, 13.2, …

- 수식에서 원하는 결과(목표)값은 알고 있지만 그 결과값을 계산하기 위해 필요한 입력값을 모를 경우에 사용하는 도구이다.
- 목표값 찾기는 주어진 결과값에 대해 하나의 입력값만 변경할 수 있다.
- 결과값은 입력값을 참조하는 수식으로 작성되어야 한다.

② '목표값 찾기' 대화상자 25.4, 24.1, 23.1, 21.2, 20.2, 18.2, 18.1, 17.2, 13.2, 12.3, 11.3, 11.2

- **수식 셀** : 결과값이 출력되는 셀 주소로, 해당 셀에는 반드시 수식이 있어야 함
- **찾는 값** : 목표로 하는 값을 키보드를 통해 직접 입력해야 함
- **값을 바꿀 셀** : 목표값을 만들기 위해 변경되는 값이 들어 있는 셀 주소

문제1 다음 그림과 같이 목표값 찾기를 설정했을 때, 이에 대한 의미를 쓰시오.

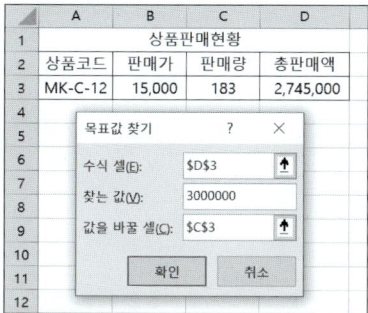

답 :

해설
목표값 찾기는 수식에서 원하는 결과 값(총판매액 3,000,000)은 알고 있지만 그 결과값을 계산하기 위해 필요한 입력값(판매량)을 모를 경우 사용하는 도구입니다.

문제2 신의수의 평균이 90점이 되기 위한 2학기 점수 값을 '목표값 찾기'를 이용하여 계산할 때 '목표값 찾기' 대화상자에 지정할 수식 셀, 찾는 값, 값을 바꿀 셀을 쓰시오.

	A	B	C	D
1	이름	1학기	2학기	평균
2	유기정	86	91	88.5
3	김경아	95	96	95.5
4	조경원	77	71	74
5	신의수	93	85	89
6	황정준	84	90	87
7	이명복	68	72	70
8	홍민수	89	84	86.5

답
- ① 수식 셀 :
- ② 찾는 값 :
- ③ 값을 바꿀 셀 :

해설
- 수식 셀 : 결과값이 표시되는 셀 주소, 즉 신의수의 평균이 있는 D5 셀을 지정함
- 찾는 값 : 목표로 하는 값인 90을 입력함
- 값을 바꿀 셀 : 목표값을 만들기 위해 변경될 값이 들어 있는 셀 주소, 즉 신의수의 2학기 점수가 있는 C5 셀을 지정함

105 데이터 표

1 데이터 표의 개요 25.5, 25.3, 23.3, 21.2, 17.2, 16.1, 15.3, 15.3, 12.1

- 특정 값의 변화에 따른 결과의 변화 과정을 표의 형태로 표시해 주는 도구이다.
- 데이터 표는 지정하는 값의 수에 따라 단일 표와 이중 표로 구분한다.
- 데이터 표의 결과는 반드시 변화하는 값을 포함한 수식으로 작성되어야 한다.
- 변화하는 값이 2개라도 수식은 하나만 작성한다.
- 데이터 표의 결과값은 일부분만 수정할 수 없다.

106 데이터 통합

1 데이터 통합의 개요 25.5, 24.3, 23.5, 23.2, 23.1, 22.4, 22.3, 22.2, 22.1, 21.4, 21.1, 20.2, …

- 비슷한 형식의 여러 데이터를 하나의 표로 통합·요약하여 표시해 주는 도구이다.
- 사용할 데이터의 형태가 다르더라도 같은 이름표를 사용하면 항목을 기준으로 통합할 수 있다.
- 통합할 여러 데이터의 순서와 위치가 동일할 경우 위치를 기준으로 통합할 수 있다.
- 여러 시트에 입력되어 있는 데이터 및 다른 통합 문서에 입력되어 있는 데이터도 통합할 수 있다.
- 통합 함수의 종류 : 합계, 개수, 평균, 최대, 최소, 곱, 숫자 개수, 표본 표준 편차, 표준 편차, 표본 분산, 분산

정답 1. 총판매액이 3,000,000이 되려면 판매량이 얼마가 되어야 하는가? 2. ① D5 ② 90 ③ C5

6장 핵심요약

❷ '통합' 대화상자 _{25.4, 24.3, 24.2, 23.5, 23.2, 23.1, 22.4, 22.2, 22.1, 21.4, 21.3, 21.1, 20.2, …}

- **함수** : 사용할 함수를 선택함
- **참조** : 통합할 데이터의 범위를 지정함
- **모든 참조 영역** : 추가된 참조 영역이 모두 표시됨. 참조 영역의 개수는 제한이 없음
- **첫 행** : 참조된 데이터 범위의 첫 행을 통합된 데이터의 첫 행(열 이름)으로 사용함
- **왼쪽 열** : 참조된 데이터 범위의 왼쪽 열을 통합된 데이터의 첫 열(행 이름)으로 사용함
- **원본 데이터에 연결**
  - 원본 데이터가 변경될 경우 통합된 데이터에도 반영한다.
  - 통합할 데이터가 있는 워크시트와 통합 결과가 작성될 워크시트가 서로 다를 경우에만 적용할 수 있다.

7장 매크로

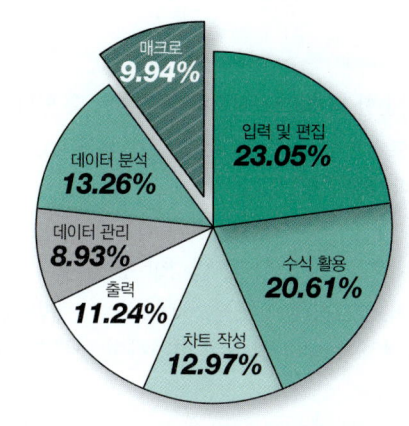

107 매크로 생성 Ⓐ등급

108 매크로 실행 및 편집 Ⓐ등급

꼭 알아야 할 키워드　Best 10

1. '매크로 기록' 대화상자　2. VBA　3. PERSONAL.XLSB　4. 기록 중지　5. 상대적 참조　6. 매크로 실행　7. '매크로' 대화상자
8. Sub … End Sub　9. 모듈　10. Visual Basic Editor

SECTION 107

매크로 생성

전문가의 조언

매크로에 대한 설명으로 잘못된 것을 고르는 문제가 출제됩니다. 매크로는 기본적으로 절대 참조로 기록되지만 '상대 참조로 기록'을 선택하여 상대 참조로 기록할 수 있다는 것을 중심으로 정리하세요.

VBA(Visual Basic for Applications)
MS 사의 오피스 제품(엑셀, 액세스, 파워포인트 등)을 지원하기 위한 Visual Basic 언어입니다.

VBE(Visual Basic Editor)
VBA 언어를 이용하여 작성된 매크로를 수정하거나 다양한 개체의 속성을 편집할 때, 또는 직접 매크로를 작성할 때 사용하는 일종의 편집기입니다.

 준비하세요

'길벗컴활2급필기\2과목.xlsm' 파일을 불러와 '섹션107' 시트에서 실습하세요.

1 매크로의 개요

24.2, 23.5, 22.2, 19.2, 18.상시, 15.3, 13.3, 13.1, 09.4, 06.4, 06.3, 05.3, 99.2

매크로는 엑셀에서 사용되는 다양한 명령들을 일련의 순서대로 기록해 두었다가 필요할 때마다 해당 키나 도구를 이용하여 호출하면 기록해 둔 처리 과정이 수행되도록 하는 기능을 말한다.

특징

- 자주 사용하는 반복적이고 복잡한 작업을 단순한 명령으로 신속하게 실행할 수 있다.
- 키보드나 마우스로 매크로를 기록했더라도 VBA* 언어로 된 코드가 자동으로 생성되고, VBA문을 이용하여 직접 코드를 작성할 수도 있다.
- 매크로 기록에 사용된 명령과 함수는 Visual Basic 모듈에 저장되므로 VBE(Visual Basic Editor)*를 사용하여 내용을 추가, 삭제, 변경할 수 있다.
- 매크로 기록 중에 선택된 셀 주소는 기본적으로 절대 참조로 기록되지만 [개발 도구] → [코드] → [상대 참조로 기록]을 선택하여 상대 참조로 변경하여 기록할 수 있다.
- 매크로 기록 중에 수식이 입력되는 경우 수식의 참조 셀은 절대 참조, 상대 참조로 기록 여부와 관계 없이 항상 상대 참조로 인식된다.
- 매크로를 절대 참조로 기록하면 매크로를 실행할 때 선택한 셀의 위치를 무시하고 매크로가 셀을 선택한다.

2 매크로 생성

예제 장난감 회사별 하반기 매출액 합계와 평균을 구하는 과정을 매크로로 작성하시오.

	A	B	C	D	E	F
1	장난감 회사	10월	11월	12월	합계	평균
2	A사	850	980	1450		
3	B사	1360	2170	250		
4	C사	220	2850	2100		

	A	B	C	D	E	F
1	장난감 회사	10월	11월	12월	합계	평균
2	A사	850	980	1450	3280	1093.333
3	B사	1360	2170	250	3780	1260
4	C사	220	2850	2100	5170	1723.333

① [개발 도구]* → [코드] → [매크로 기록]을 클릭한다.
② '매크로 기록' 대화상자에 다음과 같이 매크로 이름, 바로 가기 키, 매크로 저장 위치를 차례대로 지정한 후 〈확인〉을 클릭하면 [개발 도구] 탭의 [매크로 기록]이 [기록 중지]로 변경되어 표시된다.

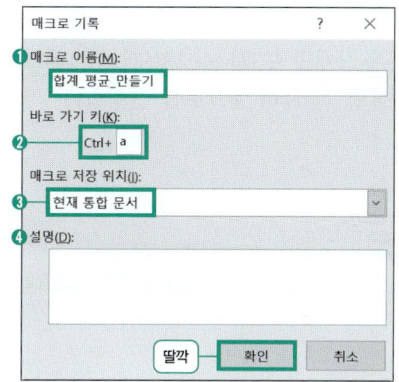

❶ 매크로 이름을 지정한다.
❷ 매크로를 실행시킬 바로 가기 키를 지정한다(선택 사항).
❸ 작성된 매크로가 저장될 위치를 지정한다.
❹ 매크로에 대한 간략한 설명을 기재한다(선택 사항).

③ [E2] 셀에 A사 하반기 매출액의 합계를 구하는 수식을 직접 입력(❶)하거나, '자동 합계' 아이콘을 이용하여 입력(❷)한다.

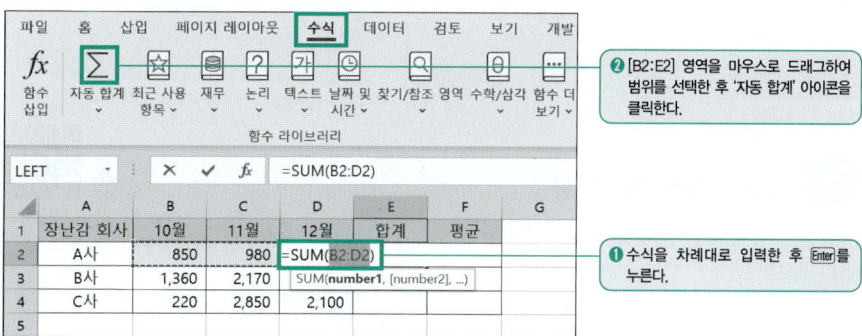

④ [E2] 셀의 채우기 핸들을 [E4] 셀까지 드래그한다.

장난감 회사	10월	11월	12월	합계	평균
A사	850	980	1,450	3,280	
B사	1,360	2,170	2,500		
C사	220	2,850	2,100		

⑤ [F2] 셀에 평균을 구하는 수식을 입력하고, 채우기 핸들을 [F4] 셀까지 드래그한다.

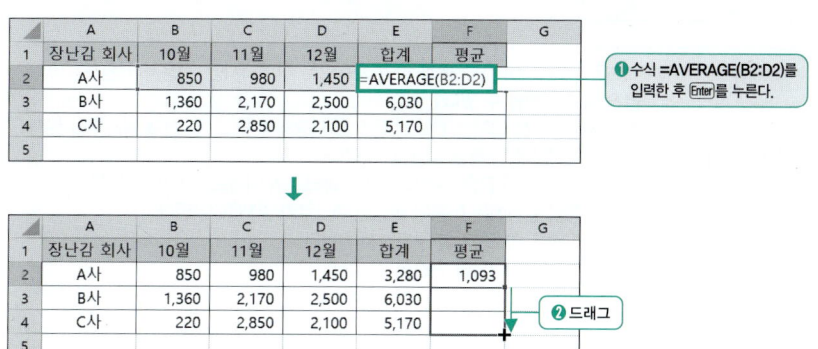

궁금해요 시나공 Q&A 베스트

Q [개발 도구] 탭이 없어요!

A [개발 도구] 탭은 기본적으로 화면에 표시되어 있지 않습니다. 화면에 표시하려면 [파일] → [옵션] → [리본 사용자 지정] 탭에서 '개발 도구' 탭을 체크 표시한 후 〈확인〉을 클릭하세요.

⑥ [개발 도구] → [코드] → [기록 중지]를 눌러 매크로 작성을 종료한다.

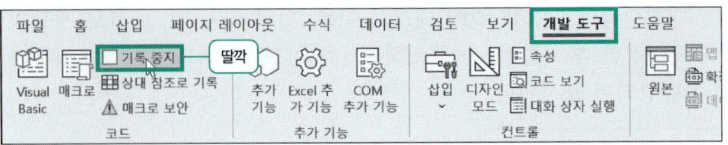

⑦ 워크시트에서 합계, 평균의 데이터를 지운 다음, [개발 도구] → [코드] → [매크로]를 선택하여 작성된 매크로를 확인하고, 〈실행〉을 눌러 매크로를 실행한다. 지정한 바로 가기 키 Ctrl + a 를 눌러도 실행된다.

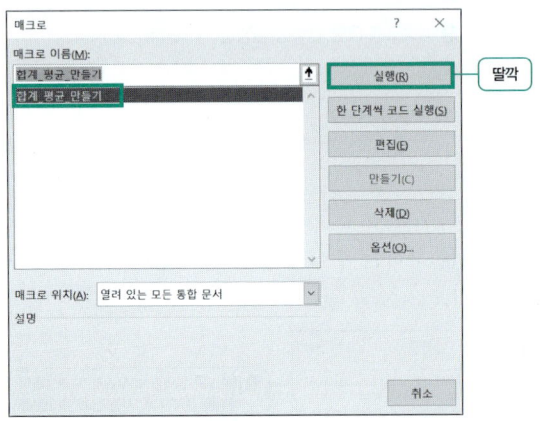

전문가의 조언

중요해요! 이 부분만 정확히 파악해도 매크로에 관련된 문제의 절반 이상을 해결할 수 있습니다. 매크로 이름 지정 방법, 바로 가기 키 지정 방법, 매크로가 저장되는 위치 등 '매크로 기록' 대화상자에서 설정하는 내용을 확실히 숙지하세요.

③ '매크로 기록' 대화상자

25.5, 25.4, 25.2, 25.1, 24.5, 24.4, 24.3, 24.1, 23.5, 23.4, 23.3, 23.2, 23.1, 22.4, 22.3, 22.2, 22.1, 21.4, 21.3, 21.2, 20.상시, …

매크로를 기록할 때 매크로 이름, 바로 가기 키, 매크로 저장 위치, 설명을 입력하는 대화상자이다.

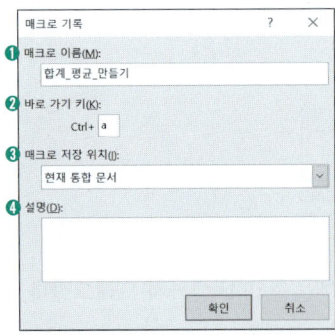

❶ 매크로 이름 지정하기	• '매크로1, 매크로2 , …' 등과 같이 자동으로 부여되지만, 사용자가 원하는 이름을 임의로 지정할 수 있다. • 이름 지정 시 첫 글자는 반드시 문자로 지정해야 하고, 두 번째 글자부터 문자, 숫자, 밑줄 문자(_) 등을 사용할 수 있다. • / ? ' ` . - ※ 등과 같은 문자와 공백은 매크로의 이름으로 사용할 수 없다. • 하나의 통합 문서에는 이름이 동일한 매크로가 존재할 수 없다. • 매크로 이름은 대소문자를 구분하지 않는다. • 지정된 매크로의 이름을 변경할 수 있다.

❷ 바로 가기 키 지정하기	• 바로 가기 키에는 영문자만 사용할 수 있으며, 지정하지 않아도 매크로를 기록할 수 있다. • 기본적으로 Ctrl과 조합하여 사용하고, 대문자로 지정하면 Shift가 자동으로 덧붙여 지정된다. • 매크로에 지정된 바로 가기 키가 엑셀의 바로 가기 키보다 우선한다. • 지정된 바로 가기 키를 수정할 수 있다.

❸ 매크로가 저장되는 위치 지정하기	• 개인용 매크로 통합 문서
	  – PERSONAL.XLSB는 개인용 매크로 통합 문서로, 이 문서에 저장된 매크로는 모든 통합 문서에서 실행할 수 있다.
	  – 엑셀이 시작될 때 XLSTART 폴더*에 있는 모든 문서가 한꺼번에 열리는데, 개인용 매크로 통합 문서는 이 XLSTART 폴더에 있다.
	• 새 통합 문서 : 새 통합 문서를 열어 매크로를 기록하고 적용한다.
	• 현재 통합 문서 : 현재 작업중인 통합 문서에 매크로를 기록하고 적용한다.

❹ 설명	해당 매크로에 대한 간략한 설명으로, 사용자가 임의로 지정할 수 있다.

XLSTART 폴더의 위치
Windows 10의 경우 Windows가 C 드라이브에 설치되어 있다면 'C:\사용자\사용자 계정\AppData\Roaming\Microsoft\Excel\XLSTART' 폴더에 있습니다.

기출문제 따라잡기

22년 3회, 2회, 20년 2회
1. 다음 중 매크로의 바로 가기 키에 대한 설명으로 옳지 않은 것은?

① 매크로 생성 시 설정한 바로 가기 키는 [매크로] 대화상자의 [옵션]에서 변경할 수 있다.
② 기본적으로 바로 가기 키는 Ctrl과 조합하여 사용하지만 대문자로 지정하면 Shift가 자동으로 덧붙는다.
③ 바로 가기 키의 조합 문자는 영문자만 가능하고, 바로 가기 키를 설정하지 않아도 매크로를 생성할 수 있다.
④ 엑셀에서 기본적으로 지정되어 있는 바로 가기 키는 매크로의 바로 가기 키로 지정할 수 없다.

엑셀에서 기본적으로 지정되어 있는 바로 가기 키도 매크로의 바로 가기 키로 지정할 수 있습니다.

24년 4회, 22년 4회, 2회, 20년 상시, 15년 2회, 13년 2회, 11년 1회
2. 다음 중 매크로에 관한 설명으로 옳지 않은 것은?

① 서로 다른 매크로에 동일한 이름을 부여할 수 없다.
② 매크로는 반복적인 작업을 자동화하여 복잡한 작업을 단순한 명령으로 실행할 수 있도록 한다.
③ 사용자의 마우스 동작은 그대로 기록되지만, 키보드 동작은 그대로 기록되지 않는다.
④ 현재 셀의 위치를 기준으로 실행되게 하려면 상대 셀 참조를 사용하여 매크로를 기록하면 된다.

매크로 기록 시 사용자의 마우스 동작은 물론 키보드 작업도 모두 기록됩니다.

22년 4회
3. 다음 중 매크로 단축키로 옳지 않은 것은?

① Alt + a   ② Ctrl + a
③ Ctrl + Shift + a   ④ Ctrl + p

매크로 단축키는 기본적으로 Ctrl과 조합하여 지정할 수 있고, 대문자로 지정할 경우에는 Shift가 자동으로 추가됩니다.

22년 3회
4. [매크로 기록] 대화상자에 대한 설명으로 옳지 않은 것은?

① 매크로 이름에 공백 문자는 사용할 수 없다.
② 바로 가기 키 조합은 숫자로 지정한다.
③ 매크로 이름에는 +, -, &, ?와 같은 특수문자는 포함될 수 없다.
④ 매크로 이름의 첫 글자는 반드시 문자로 지정해야 한다.

매크로의 바로 가기 키 조합 문자는 영문자만 가능합니다.

25년 1회, 24년 4회, 23년 2회, 22년 5회, 19년 2회
5. 다음 중 매크로에 관한 설명으로 옳지 않은 것은?

① 같은 통합 문서 내에서 시트가 다르면 동일한 매크로 이름으로 기록할 수 있다.
② [매크로 기록] 대화상자에서 바로 가기 키 지정 시 영문 대문자를 사용하면 Shift가 자동으로 덧붙는다.
③ 엑셀을 실행할 때마다 매크로를 사용할 수 있게 하려면 [매크로 기록] 대화상자에서 매크로 저장 위치를 '개인용 매크로 통합 문서'로 선택한다.
④ 통합 문서를 열 때 어떤 상황에서 어떤 매크로를 실행할지 매크로 보안 설정을 변경하여 제어할 수 있다.

하나의 통합 문서에는 동일한 이름의 매크로를 작성할 수 없습니다.

▶ 정답 : 1. ④ 2. ③ 3. ① 4. ② 5. ①

SECTION 108

매크로 실행 및 편집

전문가의 조언

중요해요! 매크로 실행 방법을 묻는 문제가 자주 출제됩니다. 바로 가기 키 외에 매크로를 실행하는 방법에는 어떤 것들이 있는가에 초점을 맞추어 공부하세요. 또한 '매크로' 대화상자를 호출하는 바로 가기 키와 '매크로' 대화상자의 각 단추의 기능도 꼭 기억하세요.

1 리본 메뉴를 이용한 실행

25.5, 24.5, 17.2, 14.3, 08.2, 08.1, 07.4, 06.4, 06.3, 05.4, 04.3, 04.2, 03.4, 03.3, 01.2, 00.3, 99.1

'매크로' 대화상자에서 직접 매크로 이름을 선택하여 실행한다.

- [개발 도구] → [코드] → [매크로]를 선택하거나 Alt + F8 을 누르면 '매크로' 대화상자가 나타난다.
- 매크로 이름 상자에 실행할 매크로 이름을 직접 입력하거나 실행할 매크로 이름을 선택한 후 〈실행〉을 클릭한다.

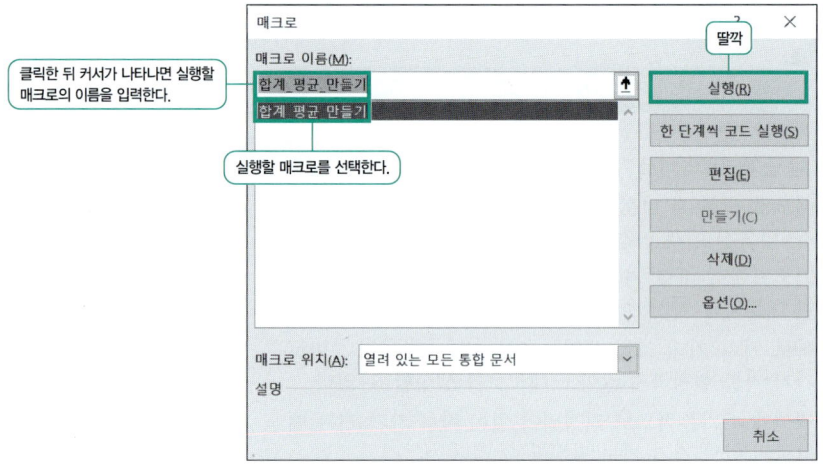

25.4, 25.3, 23.5, 23.4, 23.2, 23.1, 22.3, 22.2, 21.2, 20.1, 18.1, 16.2, 15.3, 13.1, 10.3, 05.3, 05.2, 01.1

잠깐만요 '매크로' 대화상자의 각 단추

- **실행** : 선택한 매크로를 실행합니다.
- **한 단계씩 코드 실행*** : 선택한 매크로를 한 줄씩 실행합니다(디버깅* 용도).
- **편집** : Visual Basic Editor를 이용해 선택한 매크로의 이름이나 키, 명령들을 편집합니다.
- **만들기** : Visual Basic Editor를 이용해 매크로를 작성합니다.
- **삭제** : 선택한 매크로를 삭제합니다.
- **옵션** : 선택한 매크로의 바로 가기 키나 설명을 변경합니다.

한 단계씩 코드 실행
〈한 단계씩 코드 실행〉 단추를 클릭하면 Visual Basic Editor가 실행되고 F8 을 누를 때마다 한 단계씩 실행됩니다.

디버깅(Debugging)
매크로 작성 혹은 실행하는 과정에서 오류가 발생한 경우 오류를 제거하기 위한 작업 과정을 말합니다.

② 바로 가기 키를 이용한 실행

25.5, 24.5, 24.2, 23.2, 21.4, 18.2, 17.2, 14.3, 10.2, 09.1, 08.2, 07.4, 06.3, 05.4, 03.3, 01.2

지정된 바로 가기 키를 누르면 매크로가 실행된다.

- 매크로를 기록할 때 바로 가기 키를 지정한 경우에만 사용할 수 있으며, 매크로를 보다 빠르게 실행할 수 있다.

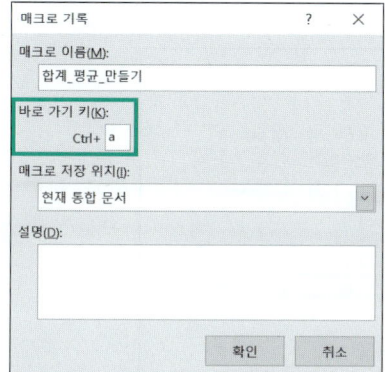

③ 개체나 도형, 워드아트를 이용한 실행

25.5, 23.4, 23.2, 18.2, 17.2, 13.3, 10.2, 09.2, 09.1, 05.4

원하는 도형이나 개체를 누르면 매크로가 실행된다.

① [삽입] → [일러스트레이션] → [도형]에서 원하는 모양을 골라 적절한 위치에 그린다.
② 도형의 바로 가기 메뉴에서 [매크로 지정]을 선택한 후 원하는 매크로와 연결하여 사용한다.

매크로를 연결할 수 없는 양식 컨트롤

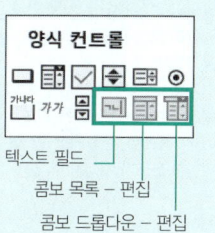

- 텍스트 필드
- 콤보 목록 – 편집
- 콤보 드롭다운 – 편집

궁금해요 시나공 Q&A 베스트

Q 단추를 삽입했는데 '매크로 지정' 대화상자가 나타나지 않아요.

A '매크로 지정' 대화상자가 나타나지 않을 경우 도형과 마찬가지로 작성한 '단추'의 바로 가기 메뉴에서 [매크로 지정]을 선택하여 원하는 매크로와 연결한 후 사용하면 됩니다.

④ 매크로 실행 버튼을 이용한 실행

25.3, 24.2, 23.4, 21.4, 14.3, 10.2, 09.1, 07.4, 03.3, 01.2

매크로 실행 버튼을 만들어 매크로를 실행한다.

① [개발 도구] → [컨트롤] → [삽입] → [양식 컨트롤]*에서 매크로를 연결하기 위한 '단추()'를 클릭한 후 적절한 크기로 드래그한다.
② '매크로 지정' 대화상자가 나타나면 원하는 매크로와 연결한 후 사용한다.

⑤ 빠른 실행 도구 모음을 이용한 실행

24.5, 21.4, 18.상시, 17.2, 14.3, 04.3

빠른 실행 도구 모음에 아이콘을 추가하여 매크로를 실행한다.

① [파일] → [옵션] → [빠른 실행 도구 모음] 탭의 '명령 선택'에서 '매크로'를 선택한다.

② 표시된 매크로 목록에서 '합계_평균_만들기'를 선택하고 〈추가〉를 클릭한 후 〈확인〉을 클릭한다.

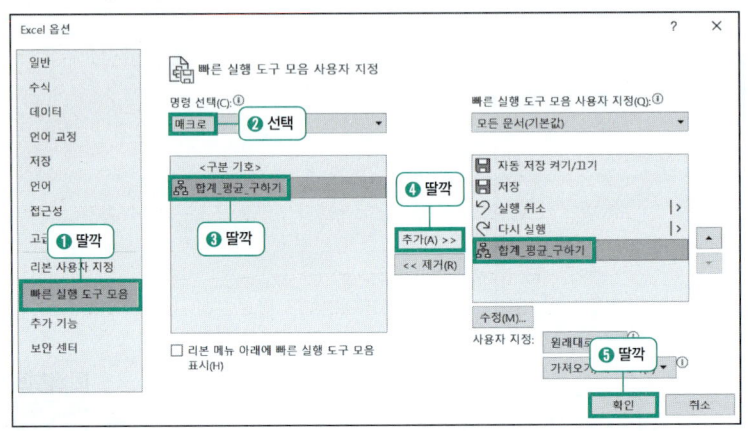

③ 빠른 실행 도구 모음에 추가된 매크로 아이콘을 클릭하여 매크로를 실행해 본다.

25.2, 22.1, 20.상시, 20.2, 18.상시, 16.1, 14.1, 12.1

 '보안 경고' 메시지

보안 수준([개발 도구] → [코드] → [매크로 보안])*이 '알림이 포함된 VBA 매크로 사용 안 함'으로 설정되어 있을때 매크로가 포함된 문서를 열면 '보안 경고' 메시지가 표시됩니다. 실제로 이 파일이 보안에 문제가 있다는 것이 아니라, '매크로가 포함되어 있기 때문에 보안에 문제가 있을 수도 있다'는 의미입니다. 매크로를 실행하려면 '보안 경고' 메시지에서 〈콘텐츠 사용〉을 클릭하면 됩니다.

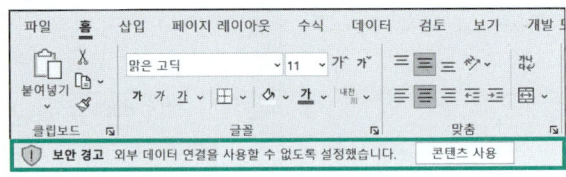

⑥ Visual Basic Editor*를 이용한 실행

23.4, 15.3, 12.2, 08.3, 07.1, 02.3

방법 1 F5 : 일반적인 실행

방법 2 F8 : 한 단계씩 코드 실행

방법 3 Ctrl + F8 : 모듈 창의 커서 위치까지 실행

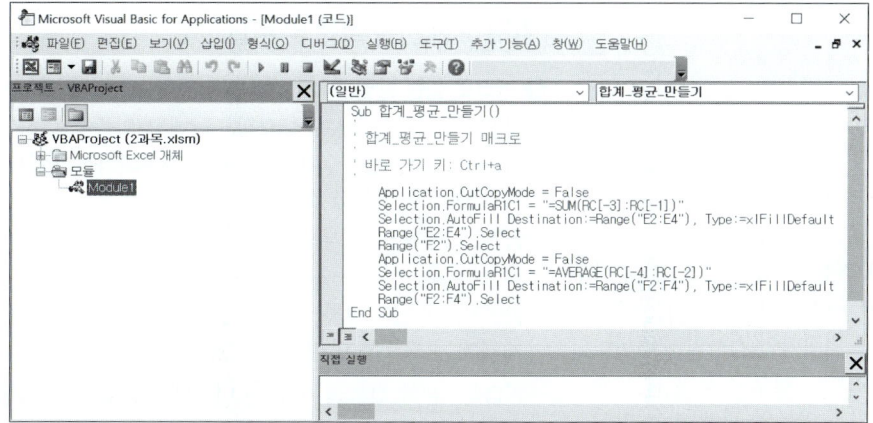

기출문제 따라잡기

 문제1 1310651    문제3 1310652

24년 5회, 2회, 23년 2회, 21년 4회, 1회, 18년 2회, 14년 3회, 10년 2회, 09년 1회, 07년 4회, 05년 4회, 03년 3회, …

1. 매크로의 실행 방법에 관한 설명 중 틀린 것은?

① 빠른 실행 도구 모음에 추가한 매크로 아이콘으로 실행할 수 있다.
② 양식 컨트롤에서 버튼을 만든 다음 해당 버튼을 클릭하여 실행되도록 할 수 있다.
③ 바로 가기 키를 이용해서 매크로를 실행할 수 있다.
④ 실행하려는 셀을 선택한 후 마우스 오른쪽 버튼 메뉴를 이용해 실행할 수 있다.

> 셀에서 마우스 오른쪽 버튼을 눌러 매크로를 연결하는 기능은 제공되지 않습니다.

23년 2회, 21년 2회, 16년 2회, 15년 3회, 13년 1회

2. 다음 중 아래의 괄호 안에 들어갈 단추명이 바르게 연결된 것은?

> 매크로 대화상자의 (㉮) 단추는 바로 가기 키나 설명을 변경할 수 있고, (㉯) 단추는 매크로 이름이나 명령 코드를 수정할 수 있다.

① ㉮ – 옵션   ㉯ – 편집
② ㉮ – 편집   ㉯ – 옵션
③ ㉮ – 매크로   ㉯ – 보기 편집
④ ㉮ – 편집   ㉯ – 매크로 보기

> '매크로' 대화상자의 〈옵션〉 단추는 바로 가기 키나 설명을, 〈편집〉 단추는 매크로 이름이나 명령들을 수정할 수 있습니다.

25년 4회, 23년 5회, 1회, 21년 2회, 20년 1회, 18년 1회, 13년 1회, 05년 2회

3. 다음 중 [매크로] 대화상자에 대한 설명으로 옳지 않은 것은?

① 매크로 이름을 선택한 후 [실행] 단추를 클릭하면 매크로가 실행된다.
② [한 단계씩 코드 실행] 단추를 클릭하면 Visual Basic Editor에서 매크로 실행 과정을 단계별로 확인할 수 있다.
③ [만들기] 단추를 클릭하면 빠른 실행 도구 모음에 매크로 실행 명령을 추가할 수 있다.
④ [옵션] 단추를 클릭하면 매크로 바로 가기 키를 수정할 수 있다.

> '매크로' 대화상자의 [만들기] 단추를 클릭하면 Visual Basic Editor를 이용해 매크로를 작성할 수 있습니다.

25년 2회, 22년 1회, 20년 상시, 18년 상시, 16년 1회, 14년 1회

4. 다음 중 [보안 센터] 창의 [매크로 설정]에 대한 선택 항목으로 옳지 않은 것은?

① 알림이 없는 매크로 사용 안 함
② 알림이 포함된 VBA 매크로 사용 안 함
③ 디지털 서명된 매크로를 제외하고 VBA 매크로 사용 안 함
④ VBA 매크로 사용(권장)

> 매크로 설정
> ○ 알림이 없는 매크로 사용 안 함(M)
> ○ 알림이 포함된 VBA 매크로 사용 안 함(A)
> ○ 디지털 서명된 매크로를 제외하고 VBA 매크로 사용 안 함(G)
> ● VBA 매크로 사용(권장 안 함, 위험한 코드가 시행될 수 있음)(N)

▶ 정답 : 1. ④ 2. ① 3. ③ 4. ④

7장 핵심요약

107 매크로 생성

❶ 매크로의 개요 24.2, 23.5, 22.2, 19.2, 18.상시, 15.3, 13.3, 13.1

- 엑셀에서 사용되는 다양한 명령들을 일련의 순서대로 기록해 두었다가 필요할 때마다 해당 키나 도구를 이용하여 호출하면 기록해 둔 처리 과정이 수행되도록 하는 기능이다.
- 매크로 기록 중에 선택된 셀 주소는 기본적으로 절대 참조로 기록되지만 [개발 도구] → [코드] → [상대 참조로 기록]을 선택하여 상대 참조로 변경하여 기록할 수 있다.
- 매크로 기록 중에 수식이 입력되는 경우 수식의 참조 셀은 절대 참조, 상대 참조로 기록 여부와 관계 없이 항상 상대 참조로 인식된다.

❷ '매크로 기록' 대화상자 25.5, 25.4, 25.2, 25.1, 24.5, 24.4, 24.3, 24.1, 23.5, 23.4, …

- 매크로 이름
  - 이름 지정 시 첫 글자는 반드시 문자로 지정해야 하고, 두 번째부터 문자, 숫자, 밑줄 문자(_) 등의 사용이 가능하다.
  - / ? ' ' . - ※ 등과 같은 문자와 공백은 매크로 이름으로 사용할 수 없다.
  - 매크로 이름은 대·소문자를 구분하지 않는다.
- 바로 가기 키
  - 영문자만 가능하고, 입력하지 않아도 매크로를 기록할 수 있다.
  - Ctrl과 조합하여 사용하나 대문자를 지정할 때에는 Shift가 자동으로 추가 지정된다.
  - 바로 가기 키가 엑셀 자체의 바로 가기 키와 중복되는 경우 매크로에서 지정한 바로 가기 키가 우선한다.
- 매크로가 저장되는 위치
  - 개인용 매크로 통합 문서 : PERSONAL.XLSB에 저장되어 엑셀을 실행시킬 때마다 사용 가능(모든 통합 문서에 매크로를 지정할 때 사용)
  - 새 통합 문서 : 새로운 통합 문서에 매크로를 만들어 사용함
  - 현재 통합 문서 : 현재 작업하고 있는 통합 문서에만 적용시킬 때 사용함

108 매크로 실행 및 편집

❶ 매크로 실행 방법 25.5, 24.5, 24.2, 23.4, 23.2, 21.4, 18.상시, 18.2, 17.2, 15.3, 14.3, 13.3, …

- 방법1 : [개발 도구] → [코드] → [매크로]를 클릭하거나 Alt + F8을 눌러 나타나는 '매크로' 대화상자에서 실행할 매크로 이름을 선택한 후 〈실행〉을 클릭함
- 방법2 : 매크로를 기록할 때 지정한 바로 가기 키를 눌러 실행함
- 방법3 : 텍스트 상자, 워드아트, 그림을 이용하여 그린 개체에 매크로를 연결하여 실행함
- 방법4 : 양식 컨트롤의 단추 버튼에 매크로를 연결하여 실행함
- 방법5 : 빠른 실행 도구 모음에 매크로 아이콘을 추가한 후 실행함
- 방법6 : Visual Basic Editor에서 F5를 눌러 전체를 실행하거나, F8을 눌러 한 단계씩 코드를 실행함

❷ '매크로' 대화상자의 각 단추 25.4, 25.3, 23.5, 23.4, 23.2, 23.1, 22.3, 22.2, 21.2, …

- 실행 : 선택한 매크로를 실행함
- 한 단계씩 코드 실행 : 선택한 매크로를 한 줄씩 실행함 (디버깅 용도)
- 편집 : 선택한 매크로를 Visual Basic Editor를 이용해 매크로 이름이나 키, 명령 내용을 편집함
- 만들기 : Visual Basic Editor를 이용해 매크로를 작성함
- 옵션 : 선택한 매크로에 바로 가기 키를 지정하거나 설명을 수정함

❸ 매크로 보안 설정 항목 25.2, 22.1, 20.상시, 20.2, 18.상시, 16.1, 14.1, 12.1

- 알림이 없는 매크로 사용 안 함
- 알림이 포함된 VBA 매크로 사용 안 함
- 디지털 서명된 매크로를 제외하고 VBA 매크로 사용 안 함
- VBA 매크로 사용(권장 안 함, 위험한 코드가 시행될 수 있음)

찾아보기 INDEX

숫자로 찾기

3차원 회전 · 330
64비트 · 22

영문으로 찾기

A
ABC · 102
ABS · 290
AC-3 · 184
Active X · 151
ALL-IP · 172
AND · 299
ASCII 코드 · 109
ASF · 185
ASP · 150
ATM · 158
AVERAGE · 283
AVERAGEA · 283
AVERAGEIF · 283
AVERAGEIFS · 283
AVI · 185
AVR · 131

B
BCD 코드 · 109
B-ISDN · 158
Blu-Ray · 120
BMP · 182
BPS · 158

C
CAI · 186
CGI · 151
CHOOSE · 304
Cmdlet · 93

CMOS 셋업 · 128
COLUMN · 304
COLUMNS · 304
command let · 93
COUNT · 284
COUNTA · 284
COUNTBLANK · 284
COUNTIF · 284
COUNTIFS · 284
CPS · 125
CVCF · 131

D
DATE · 424
DATE · 296
DAVERAGE · 308
DAY · 296
DAYS · 296
DCOUNT · 308
DCOUNTA · 308
DHCP · 95
DHTML · 150
DMA · 22
DMA · 84
DMAX · 308
DMIN · 308
DNS · 164
DNS 서버 주소 · 95
DOS 모드 · 52
DPI · 125
DSUM · 308
DVD · 120

E
EBCDIC 코드 · 109
EDATE · 296
EDSAC · 102
EDVAC · 102

EEPROM · 117
EIDE · 130
ENIAC · 102
EOMONTH · 296
EPROM · 117
Excel 옵션 · 232
EXP · 291
Exploit Protection · 80

F
FACT · 290
FALSE · 299
FAT(16) · 23
FAT32 · 23
FIND · 293
FLOPS · 114
FTP · 167

G
GIF · 182
GIGO · 102
GUI · 22

H
HDMI · 127
HLOOKUP · 303
HOUR · 297
HTML · 150
HTML5 · 150
HTTP · 168

I
I/O · 22
I/O · 84
IDE · 130
IF · 299
IFERROR · 299

INDEX · 304
INT · 290
IOPS · 133
IP 주소 · 95
IP 주소 · 163
ipconfig · 94
IPM · 125
IPv6 · 163
IRQ · 22
IRQ · 84

J
JPEG · 182
JSP · 150

L
LAN · 158
LARGE · 285
LEFT · 293
LEN · 293
LOWER · 293
LPM · 125

M
MAN · 158
MARK-I · 102
Mask ROM · 117
MATCH · 304
MAX · 283
MAXA · 283
MEDIAN · 285
Microsoft Edge · 73
MID · 293
MIDI · 184
MIME · 167
MIN · 283
MINA · 283

찾아보기

MINUTE · 297
MIPS · 114
MOD · 290
MOD(주문형 음악) · 186
MODE.SNGL · 285
MONTH · 296
MP3 · 184
MPEG · 184
MS/s · 133
m-VoIP · 161
MWV · 185

N
net view · 94
NOT · 299
NOW · 297
NTFS · 23

O
OLE · 22
OR · 299
OSI 7계층 · 166
OUT_1 · 94

P
PATA · 130
PDA · 105
Perl · 150
PHP · 150
PI · 291
ping · 94
PNG · 182
PnP · 22
POP3 · 167
POST · 128
POWER · 291
PPM · 125

PROM · 117
PROPER · 293
PS/2 포트 · 127

R
RAM · 118
RAND · 290
RANDBETWEEN · 290
RANK.EQ · 285
REPT · 293
RFID · 172
RIGHT · 293
RISC 프로세서 · 105
ROM · 117
ROUND · 289
ROUNDDOWN · 289
ROUNDUP · 289
ROW · 305
ROWS · 305
RPM · 133
RSS · 171

S
SATA · 130
SCSI · 130
SEARCH · 293
SECOND · 297
SGML · 150
SMALL · 285
SMTP · 167
SQRT · 290
SSD · 120
SSO · 171
STDEV.S · 285
SUM · 289
SUMIF · 289
SUMIFS · 289
SWITCH · 299

T
TCP/IP의 구성 요소 · 94
TIME · 297
TODAY · 296
TRIM · 293
TRUE · 299
TRUNC · 291

U
UNIVAC-I · 102
UPPER · 293
UPS · 131
URL · 164
USB 포트 · 127
USB 플래시 드라이브 · 118
USN · 172
UWB · 172

V
VAN · 158
VAR.S · 285
VB 스크립트 · 151
VBA · 410
VCS · 186
VDT 증후군 · 192
VLOOKUP · 303
VOD · 186
VoIP · 161
VRML · 150

W
WAN · 158
WAVE · 184
WCG · 64
WEEKDAY · 296
Wibro · 172
Wi-Fi · 63

Windows Defender 바이러스 백신 · 80
Windows Defender 방화벽 · 80
Windows HD Color · 64
Windows Hello · 77
Windows Powershell · 93
Windows 보안 · 80
Windows 보조프로그램 · 54
Windows 업데이트 · 79
WML · 150
WORKDAY · 296
WWW · 168

Y
YEAR · 296

한글로 찾기

ㄱ
가로 막대형 차트 · 338
가로(항목) 축 · 319
가로막기 · 197
가로채기 · 197
가산기 · 115
가상 메모리 · 118
가상현실 · 186
간단히 · 92
감열식 프린터 · 125
값 영역 · 392
값 필드 · 392
강제 로그아웃 · 92
개요 기호 · 383
객체 지향 프로그래밍 · 148
거품형 차트 · 338
검색 상자 · 28
검색 상자 · 206
검색 필터 · 49
검색된 앱 바로 실행 · 48

INDEX

게이트웨이 · 95
계정 · 77
계정 유형 변경 · 78
고급 언어 · 147
고대비 · 63
공개 소프트웨어 · 142
공용 폴더 · 46
공유 · 46
관리자 권한으로 실행 · 93
광색역 · 65
구조적 프로그래밍 · 148
그래픽 사용자 인터페이스 · 22
그리드 컴퓨팅 · 171
그린 IT · 172
그림 영역 · 319
그림 영역 서식 변경하기 · 335
글꼴 · 70
기계어 · 147
기본 아이콘 · 28
기본 앱 · 73
기본 프린터 · 85
기본 프린터 표시 · 86
기억 용량 단위 · 120
기억장치의 접근 속도 비교 · 121
꺾은선형 차트 · 337

ㄴ

날짜 서식 코드 · 252
날짜/시간 데이터 · 212
내래이터 · 75
내레이터 · 63
내림차순 · 362
내용 있는 셀만 붙여넣기 · 236
네트워크 기능 · 94
네트워크 인터페이스 카드 · 158
노즐 · 124
노트 · 215
노트북 · 105

누산기 · 115
눈금선 · 319
눈금선 서식 변경하기 · 334
눈동작 인식 · 172
눈속임 · 198
니블 · 108

ㄷ

다른 워크시트의 셀 참조 · 276
다른 통합 문서의 셀 참조 · 277
다중 디스플레이 · 66
다중 모드 처리 · 145
다중 처리 시스템 · 145
다중 프로그래밍 시스템 · 145
단말장치 · 156
단편화 · 89
단향 방식 · 156
더미 허브 · 159
데모 버전 · 142
데스크톱 컴퓨터 · 105
데이터 계열 · 319
데이터 계열 순서 변경하기 · 334
데이터 레이블 · 319
데이터 레이블 삭제하기 · 328
데이터 레지스터 · 115
데이터 삭제 · 226
데이터 수정 · 226
데이터 유효성 검사 · 224
데이터 입력의 기초 · 210
데이터 전송계 · 156
데이터 처리계 · 156
데이터 추가하기 · 329
데이터 테이블 · 319
데이터 표시 항목의 간격 너비 및 계열
 겹치기 변경하기 · 335
데이터베이스 · 108
도구 모음 · 34
도넛형 차트 · 338

도메인 네임 · 163
도트 매트릭스 프린터 · 124
도형 인쇄 · 357
돋보기 · 75
동배간 처리 방식 · 157
동적 잠금 · 80
듀얼 시스템 · 145
듀플렉스 시스템 · 145
드라이브 조각 모음 및 최적화 · 89
드롭퍼 · 198
디더링 · 180
디버깅 · 414
디스크 정리 · 90
디스크(Disc) · 23
디스플레이 · 65
디스플레이 포트 · 127
디지타이저 · 122
디지털 카메라 · 122
디지털 컴퓨터 · 106
디지털형과 아날로그형 · 106
디지털화 · 178
디코더 · 114

ㄹ

라우터 · 159
라이트 펜 · 122
래치(Latch) · 115
랜섬웨어 · 198
랩톱 · 105
레이저 프린터 · 124
레지스터 · 115
레코드 · 108
렌더링 · 180
리본 메뉴 · 207
리소스 · 92
리터칭 · 180
리피터 · 159

ㅁ

마스터 볼륨 · 65
마우스 · 122
마이크로 컴퓨터 · 105
마이크로소프트 엣지 · 169
마이크로프로세서 · 103
만능 문자 · 228
만물 인터넷 · 171
매크로 · 410
'매크로 기록' 대화상자 · 412
'매크로' 대화상자의 각 단추 · 414
매크로 바이러스 · 195
매크로 실행 · 414
머리글/바닥글 설정 · 350
멀티태스킹 · 22
멀티플렉서 채널 · 126
메모 · 215
메모리 버퍼 레지스터(MBR) · 114
메모리 용량이 부족할 경우 · 135
메모리 주소 레지스터(MAR) · 114
메인 프레임 · 105
메조틴트 · 180
메타버스 · 186
명령 레지스터(IR) · 114
명령 프롬프트 · 93
명령 해독기 · 114
모니터 · 124
모니터의 크기 · 124
모델링 · 180
모뎀 · 161
모핑 · 180
무손실 압축 · 182
문자 데이터 · 211
문자 표현 코드 · 109
문자열 서식 코드 · 253
문제 중심 언어 · 147
미니 컴퓨터 · 105
미디어 · 178

찾아보기 **421**

찾아보기

미러 사이트 • 170

ㅂ

바로 가기 아이콘 • 29
바로 가기 아이콘 만들기 • 29
바로 가기 아이콘의 확장자 확인 • 29
바로 가기 키 • 25
바이오스 • 128
바이트 • 108
'바탕 화면 보기' 단추 • 30
반이중 방식 • 156
방사형 차트 • 338
배경 • 68
백도어 • 198
버퍼 메모리 • 118
번들 • 143
범례 • 319
범용 컴퓨터 • 106
범용성 • 102
베타 버전 • 143
벡터 • 182
벤치마크 테스트 • 143
병렬 포트 • 127
보수 • 115
보수기 • 115
'보안 경고' 메시지 • 416
보안 프로세서 • 80
볼륨 • 44
부트 바이러스 • 195
부트/파일 바이러스 • 195
부호기 • 114
북마크 • 169
분산 서비스 거부 공격 • 197
분산 처리 시스템 • 145
분산형 차트 • 338
브리지 • 159
블록 • 108
블록 멀티플렉서 채널 • 126
블록합 검사(BSC) • 110
블루투스 • 127
비교 연산자 • 271
비선형성 • 178
비주얼 프로그래밍 • 148
비트 • 108
비트맵 • 182
비휘발성 메모리 • 117
빅 데이터 • 172
빠른 실행 도구 모음 • 206
빠른 포맷 • 44

ㅅ

사물 인터넷 • 171
사용 가능도 • 144
사용자 지정 정렬 • 365
사용자 지정 표시 형식 • 250
사이버 공간 • 192
산술 연산자 • 271
상대 참조 • 275
상용 소프트웨어 • 142
상태 레지스터 • 115
상태 표시줄 • 207
상호 작용 • 76
상황 인식 • 171
새 도구 모음 • 34
색 • 70
색 선택 옵션 • 70
서브넷 마스크 • 95
서브넷 접두사 길이 • 95
서비스 • 94
서지 보호기 • 131
선버스트 차트 • 339
선점형 멀티태스킹 • 22
선택적 기능 • 72
선택하여 붙여넣기 • 235
세로 막대형 차트 • 338
세로(값) 축 • 319
셀 • 208
셀 병합 • 256
셀 서식 • 246
셀 서식 - 맞춤 • 255
셀 서식 - 보호 • 257
셀 애니메이션 • 180
셀 주소 • 207
셀 포인터 • 208
셀 포인터 이동 • 230
셀렉터 채널 • 126
셀에 맞춤 • 256
셀의 선택 • 230
셰어웨어 • 142
소리 • 65
소프트웨어 • 103
손실 압축 • 182
솔러리제이션 • 180
수식 • 270
수식 입력줄 • 207
수정 • 197
수치 데이터 • 211
순환 중복 검사(CRC) • 110
숨김 파일 • 42
숫자 서식 코드 • 251
슈퍼 컴퓨터 • 105
스니핑 • 198
스레드 메모 • 215
스마트 그리드 • 171
스위치 허브 • 159
스캐너 • 122
스트리밍 기술 • 185
스파이웨어 • 198
스팸 메일 • 167
스푸핑 • 198
스풀(SPOOL) • 87
슬라이드 쇼 • 68
시각 • 75
시간 서식 코드 • 252
시맨틱 웹 • 172
시뮬레이션 • 105
시분할 시스템 • 145
시선 추적 기술 • 76
시스템 관리 • 131
시스템 복원 지점 제거 • 90
시스템 소프트웨어 • 142
시스템 앱 • 72
시작 • 70
시작 프로그램 • 74
시트 보호 • 244
시트 설정 • 351
시트 탭 • 208
신뢰도 • 144
쌍방향성 • 178

ㅇ

아날로그 컴퓨터 • 106
악성코드 • 198
안티앨리어싱 • 180
알림 영역 • 34
알파 버전 • 143
앱 • 22
앱 및 기능 • 72
앱 실행 별칭 • 72
어셈블러 • 148
어셈블리어 • 147
언더플로 • 115
언어 번역 프로그램 • 148
업그레이드 • 133
에러 검출 코드 • 110
에어로 기능 • 30
에어로 세이크 • 30
에어로 스냅 • 30
에어로 피크 • 30
엑셀의 화면 구성 • 206
엑스트라넷 • 161
엔코더 • 114

INDEX

여백 설정 · 350
연결 프로그램 · 73
연결된 항목 정보 · 29
연결하여 붙여넣기 · 236
연관 메모리 · 118
연산자 · 271
연산자 우선순위 · 272
연산장치 · 115
연상 메모리 · 118
열 너비 변경 · 239
열 레이블 · 392
열 머리글 · 208
열전사 프린터 · 125
영역형 차트 · 338
오류 메시지 · 273
오름차순 · 362
오버플로 · 115
오차 막대 · 330
와이파이 · 171
와일드 카드 · 228
외부 데이터 가져오기 · 376
운영체제의 운용 기법 · 145
워드 · 108
워크스테이션 · 105
워크시트 삭제 · 242
워크시트 삽입 · 241
워크시트 선택 · 241
워크시트 이동 및 복사 · 242
원본 데이터 변경하기 · 327
원본 파일 변경 · 29
원형 차트 · 338
웜 · 197
웨어러블 컴퓨터 · 105
웹 브라우저 · 169
웹 프로그래밍 언어 · 150
위조 · 197
위치 기반 서비스 · 172
유니코드 · 109

유틸리티 프로그램 · 144
응답시간 · 144
응용 소프트웨어 · 142
이름 상자 · 207
이름 정의 · 277
이중 축 차트 · 339
인덱스 레지스터 · 115
인쇄 · 356
인쇄 영역 설정 · 357
인수 · 280
인터레이싱 · 180
인터프리터 · 148
인트라넷 · 161
일괄 처리 시스템 · 145
임베디드 시스템 · 145
입력 표시기 · 34
잉크젯 프린터 · 124

ㅈ

자동 고침 옵션 · 232
자동 완성 기능 · 223
자동 줄 바꿈 · 256
자료 · 102
자바 · 150
자바 스크립트 · 151
자바 애플릿 · 151
작업 관리자 · 92
작업 표시줄 · 32
작업 표시줄 · 70
잠금 화면 · 69
장치 · 82
재생률 · 124
저급 언어 · 147
저장 매체 관리 · 132
저장소 · 63
전용 컴퓨터 · 106
전이중 방식 · 156
전자우편 · 167

절대 참조 · 275
절차 중심 언어 · 147
절차적 프로그래밍 · 148
점 간격 · 124
점프 목록 · 38
접근성 · 75
'정렬' 대화상자 · 364
정보 · 66
정보 · 102
정보의 통합성 · 178
정보통신 · 156
제목 표시줄 · 206
제어장치 · 114
제어판 · 63
조절점 · 322
주식형 차트 · 338
중앙 집중 방식 · 157
중앙 처리 시스템 · 145
중첩 부분합 작성하기 · 385
증강현실 · 186
지그비 · 172
직렬 포트 · 127
집중 지원 · 63

ㅊ

차가운 빛 · 64
차트 · 318
차트 디자인 · 325
차트 범례 위치 변경하기 · 327
차트 서식 편집 · 333
차트 영역 · 319
차트 위치 변경하기 · 328
차트 작성 · 319
차트 제목 · 319
차트 제목 서식 변경하기 · 333
차트 종류 변경하기 · 326
차트 편집 · 326
차트의 구성 요소 · 318

참조 · 275
참조 연산자 · 271
창 나누기 · 347
창 숨기기 · 347
창 정렬 · 347
창 조절 버튼 · 206
찾기 · 228
채널 · 126
채우기 핸들 · 217
처리 속도 단위 · 121
처리능력 · 144
천공 카드 시스템 · 102
추세선 · 319
추세선 추가하기 · 329
축 서식 변경하기 · 334
출력 대기 순서 조정 · 87

ㅋ

캐시 메모리 · 118
캐싱 · 170
컴파일러 · 148
컴퓨터 · 102
컴퓨터가 부팅되지 않을 때의 일반적 원인 · 135
컴퓨터의 5대 장치 · 103
컴퓨터의 기원 · 102
컴퓨터의 세대별 특징 · 103
코덱 · 161
코어 격리 · 80
쿠키 · 169
크래킹 · 193
크롬 · 169
클라우드 컴퓨팅 · 171
클라이언트 · 94
클라이언트/서버 방식 · 157
클럭 속도(Hz) · 114
클레이메이션 · 180
클립보드 · 50, 234

찾아보기 **423**

찾아보기 INDEX

키 프레임 애니메이션 · 180
키로거 · 198
키보드 · 122
키오스크 · 122

ㅌ
태블릿 · 122
태블릿PC · 105
터치 스크린 · 122
터치 패드 · 122
테마 · 70
테크노스트레스 · 192
텍스트 나누기 · 375
텍스트 연산자 · 271
텍스트 음성 변환 · 76
텍스트 제안 · 82
텍스트 커서 표시기 · 75
텔레매틱스 · 172
템플릿 · 46
토글 키 · 76
통합 문서 보호 · 245
튜링 기계 · 102
트라이얼 버전 · 142
트랙백 · 171
트랙볼 · 122
트로이 목마 · 197
트리맵 차트 · 339
트림 · 89
특수 차트 · 339
특수문자 · 214
틀 고정 · 346

ㅍ
파스칼의 계산기 · 102
파이어 폭스 · 169
파일 바이러스 · 195
파일 시스템 · 23
파일/폴더 복사 · 50

파일/폴더 삭제 · 50
파일/폴더 선택 · 50
파일/폴더 속성 · 45
파일/폴더 이동 · 50
파티션 · 134
판독기 · 122
팜톱 · 105
패리티 체크 비트 · 110
패치 버전 · 143
펌웨어 · 128
페이지 나누기 · 352
페이지 나누기 미리 보기 · 353
페이지 설정 · 349
평판 기반 보호 · 80
포인트 투 포인트 · 157
포털 사이트 · 170
폴더 사진 · 46
폴더의 유형 · 46
표면형 차트 · 338
표시 형식 · 246
표시 형식 관련 리본 메뉴 · 249
프로그래밍 기법 · 148
프로그램 계수기 · 114
프로그램 내장 방식 · 102
프로그램 카운터(PC) · 114
프로토콜 · 94
프로토콜 · 166
프리웨어 · 142
프린터 · 124
프린터 설치 · 85
프린터 포트 · 85
플래시 메모리 · 118
플러그 앤 플레이 · 22
플러그인 · 169
플롭스 · 105
플립플롭 · 115
피기배킹 · 198
피드백 허브 · 26

피벗 차트 · 389
피싱 · 198
픽셀 · 124
필드 · 108
필터 · 367
필터 필드 · 391
필터링 · 180

ㅎ
하드디스크 · 120
하드디스크의 용량의 부족할 경우 · 135
하드웨어 · 103
하이브리드 컴퓨터 · 106
하이퍼링크 · 178
하이퍼미디어 · 178
하이퍼텍스트 · 168
하이퍼텍스트 · 178
한자 · 214
할당 단위 · 44
함수 · 280
함수 마법사 · 281
핫스팟 · 63
해밍 코드 · 110
해상도 · 124
해석기관 · 102
해킹 · 193
해킹 · 197
행 높이 변경 · 238
행 레이블 · 392
행 머리글 · 208
행/열 숨기기 · 239
허니팟 · 198
허브 · 159
호환성 · 102
혹스 · 198
혼합 참조 · 275
혼합현실 · 186
혼합형(콤보) 차트 · 340

홀로그램 · 186
확대/축소 · 346
확인란 표시 · 43
활성창 · 25
휴대용 컴퓨터 · 105
휴지통 · 52
휴지통에 보관되지 않는 경우 · 52
히스토그램 차트 · 339
히스토리 · 169

컴퓨터활용능력
2급 필기 기본서 기출문제집

시험에 나오는 것만 공부한다!

시나공

2026 시나공

베스트셀러 1위 (산출근거 후면표기) | 최신 기출문제 10회

길벗알앤디(강윤석, 김용갑, 김우경, 김종일) 지음

길벗

이 책의 구성 미리 보기

초단타 합격 전략을 아시나요? — 기출문제를 확실하게 이해하세요.

시·나·공 기출문제집은 실력 테스트용이 아닙니다. 짧은 시간 안에 시험에 나온 내용을 파악하고, 나올 내용을 공부하는 초단타 합격 전략집입니다. 전문가의 조언을 통해 기출문제와 주변 지식만 확실히 습득해도 초단타 합격 전설은 내 이야기가 됩니다.

| 섹션과 필드 |

문제가 출제된 내용이 있는 교재의 섹션과 필드입니다. 이해가 안 되면 시·나·공 기본서에서 해당 섹션과 필드를 찾아서 공부하면 되겠죠.

| 전문가의 조언 |

기출문제만 이해해도 합격할 수 있도록, 왜 답이 되는지 명쾌하게 결론을 내려 줍니다.

| 정답 |

문제들의 정답은 효율적인 학습을 위해 해당 페이지 하단에 모아, 초단타 전략으로 공부하는 수험생의 편의를 최대한 제공했습니다.

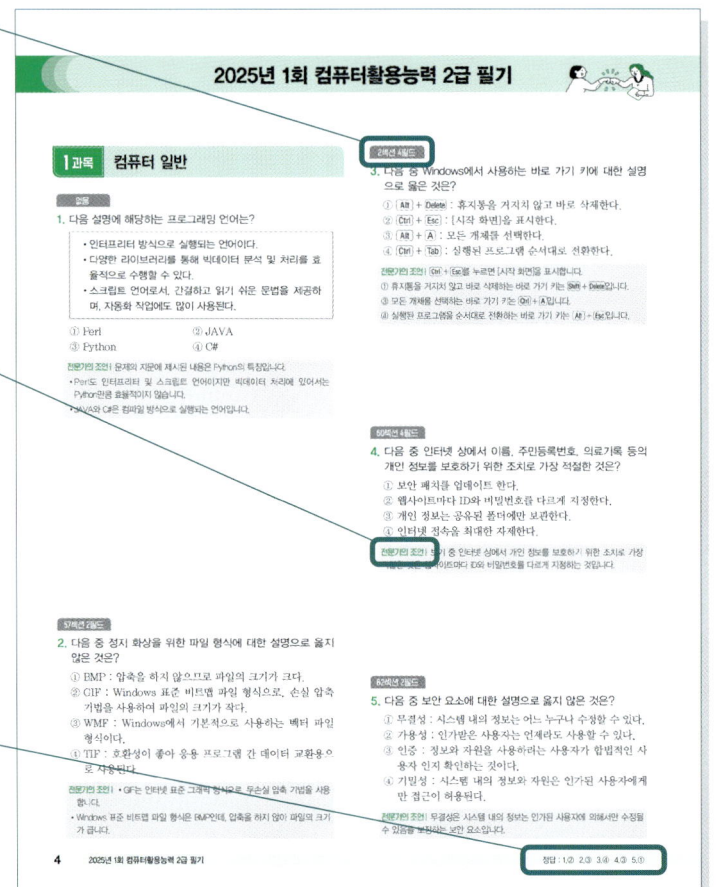

컴퓨터활용능력
2급 필기 | 기 본 서
기 출 문 제 집

2026 시나공

길벗알앤디 지음

길벗

2025년 1회 컴퓨터활용능력 2급 필기	4
2025년 2회 컴퓨터활용능력 2급 필기	13
2025년 3회 컴퓨터활용능력 2급 필기	22
2025년 4회 컴퓨터활용능력 2급 필기	32
2025년 5회 컴퓨터활용능력 2급 필기	41
2024년 1회 컴퓨터활용능력 2급 필기	50
2024년 2회 컴퓨터활용능력 2급 필기	60
2024년 3회 컴퓨터활용능력 2급 필기	69
2024년 4회 컴퓨터활용능력 2급 필기	78
2024년 5회 컴퓨터활용능력 2급 필기	87

컴퓨터활용능력 2급 필기 – 시나공 시리즈 ❸
The Written Examination for Advanced Computer Proficiency Certificate

초판 발행 · 2025년 6월 16일
초판 5쇄 발행 · 2025년 12월 29일

지은이 · 길벗알앤디(강윤석, 김용갑, 김우경, 김종일)
발행인 · 이종원
발행처 · (주)도서출판 길벗
출판사 등록일 · 1990년 12월 24일
주소 · 서울시 마포구 월드컵로 10길 56(서교동)
주문 전화 · 02)332-0931 **팩스** · 02)323-0586
홈페이지 · www.gilbut.co.kr **이메일** · gilbut@gilbut.co.kr

기획 및 책임 편집 · 강윤석(kys@gilbut.co.kr), 김미정(kongkong@gilbut.co.kr), 임은정(eunjeong@gilbut.co.kr)
표지 디자인 · 강은경, 윤석남 **제작** · 이준호, 손일순, 이진혁 **마케팅** · 조승모, 유영은
영업관리 · 김명자 **독자지원** · 윤정아 **유통혁신** · 한준희
편집진행 및 교정 · 길벗알앤디(강윤석 · 김용갑 · 김우경 · 김종일) **디자인** · 도설아 **일러스트** · 윤석남
전산편집 · 예다움 **CTP 출력 및 인쇄** · 예림인쇄 **제본** · 예림원색

- 이 책은 저작권법의 보호를 받는 저작물로 이 책에 실린 모든 내용, 디자인, 이미지, 편집 구성은 허락 없이 복제하거나 다른 매체에 옮겨 실을 수 없습니다.
- 인공지능(AI) 기술 또는 시스템을 훈련하기 위해 이 책의 전체 내용은 물론 일부 문장도 사용하는 것을 금지합니다.
- 잘못 만든 책은 구입한 서점에서 바꿔 드립니다.

ⓒ 길벗알앤디, 2025

독자의 1초를 아껴주는 정성 길벗출판사

(주)도서출판 길벗 IT단행본, 성인어학, 교과서, 수험서, 경제경영, 교양, 자녀교육, 취미실용 www.gilbut.co.kr
길벗스쿨 국어학습, 수학학습, 주니어어학, 어린이단행본, 학습단행본 www.gilbutschool.co.kr

시나공 홈페이지 · www.sinagong.co.kr

최신기출문제

2025년 1회 컴퓨터활용능력 2급 필기
2025년 2회 컴퓨터활용능력 2급 필기
2025년 3회 컴퓨터활용능력 2급 필기
2025년 4회 컴퓨터활용능력 2급 필기
2025년 5회 컴퓨터활용능력 2급 필기
2024년 1회 컴퓨터활용능력 2급 필기
2024년 2회 컴퓨터활용능력 2급 필기
2024년 3회 컴퓨터활용능력 2급 필기
2024년 4회 컴퓨터활용능력 2급 필기
2024년 5회 컴퓨터활용능력 2급 필기

2025년 1회 컴퓨터활용능력 2급 필기

1과목 컴퓨터 일반

없음

1. 다음 설명에 해당하는 프로그래밍 언어는?

- 인터프리터 방식으로 실행되는 언어이다.
- 다양한 라이브러리를 통해 빅데이터 분석 및 처리를 효율적으로 수행할 수 있다.
- 스크립트 언어로서, 간결하고 읽기 쉬운 문법을 제공하며, 자동화 작업에도 많이 사용된다.

① Perl ② JAVA
③ Python ④ C#

전문가의 조언 | 문제의 지문에 제시된 내용은 Python의 특징입니다.
- Perl도 인터프리터 및 스크립트 언어이지만 빅데이터 처리에 있어서는 Python만큼 효율적이지 않습니다.
- JAVA와 C#은 컴파일 방식으로 실행되는 언어입니다.

57섹션 2필드

2. 다음 중 정지 화상을 위한 파일 형식에 대한 설명으로 옳지 않은 것은?

① BMP : 압축을 하지 않으므로 파일의 크기가 크다.
② GIF : Windows 표준 비트맵 파일 형식으로, 손실 압축 기법을 사용하여 파일의 크기가 작다.
③ WMF : Windows에서 기본적으로 사용하는 벡터 파일 형식이다.
④ TIF : 호환성이 좋아 응용 프로그램 간 데이터 교환용으로 사용된다.

전문가의 조언 | • GIF는 인터넷 표준 그래픽 형식으로, 무손실 압축 기법을 사용합니다.
• Windows 표준 비트맵 파일 형식은 BMP인데, 압축을 하지 않아 파일의 크기가 큽니다.

2섹션 4필드

3. 다음 중 Windows에서 사용하는 바로 가기 키에 대한 설명으로 옳은 것은?

① Alt + Delete : 휴지통을 거치지 않고 바로 삭제한다.
② Ctrl + Esc : [시작 화면]을 표시한다.
③ Alt + A : 모든 개체를 선택한다.
④ Ctrl + Tab : 실행된 프로그램 순서대로 전환한다.

전문가의 조언 | Ctrl + Esc 를 누르면 [시작 화면]을 표시합니다.
① 휴지통을 거치지 않고 바로 삭제하는 바로 가기 키는 Shift + Delete 입니다.
③ 모든 개체를 선택하는 바로 가기 키는 Ctrl + A 입니다.
④ 실행된 프로그램을 순서대로 전환하는 바로 가기 키는 Alt + Esc 입니다.

60섹션 4필드

4. 다음 중 인터넷 상에서 이름, 주민등록번호, 의료기록 등의 개인 정보를 보호하기 위한 조치로 가장 적절한 것은?

① 보안 패치를 업데이트 한다.
② 웹사이트마다 ID와 비밀번호를 다르게 지정한다.
③ 개인 정보는 공유된 폴더에만 보관한다.
④ 인터넷 접속을 최대한 자제한다.

전문가의 조언 | 보기 중 인터넷 상에서 개인 정보를 보호하기 위한 조치로 가장 적절한 것은 웹사이트마다 ID와 비밀번호를 다르게 지정하는 것입니다.

62섹션 2필드

5. 다음 중 보안 요소에 대한 설명으로 옳지 않은 것은?

① 무결성 : 시스템 내의 정보는 어느 누구나 수정할 수 있다.
② 가용성 : 인가받은 사용자는 언제라도 사용할 수 있다.
③ 인증 : 정보와 자원을 사용하려는 사용자가 합법적인 사용자 인지 확인하는 것이다.
④ 기밀성 : 시스템 내의 정보와 자원은 인가된 사용자에게만 접근이 허용된다.

전문가의 조언 | 무결성은 시스템 내의 정보는 인가된 사용자에 의해서만 수정될 수 있음을 보장하는 보안 요소입니다.

9섹션 1필드

6. 다음 중 파일 및 폴더에 대한 설명으로 옳지 않은 것은?
① 파일은 파일명과 확장자로 구성되며, 마침표(.)를 이용하여 파일명과 확장자를 구분한다.
② 파일과 폴더의 이름은 255자 이내로 작성한다.
③ 파일이나 폴더의 이름에 공백을 사용할 수 있다.
④ 폴더의 이름을 변경할 수 있지만 하위 폴더가 있는 경우에는 삭제할 수 없다.

전문가의 조언 | 하위 폴더가 있는 경우에도 폴더를 삭제할 수 있습니다.

33섹션 1필드

7. 다음 중 보조기억장치에 대한 설명으로 옳지 않은 것은?
① 주기억장치에 비해 속도가 느리다.
② 주기억장치보다 저장 용량이 크다.
③ 전원이 꺼지면 기억된 내용이 모두 소멸된다.
④ 하드디스크, SSD, Blu-Ray 등이 사용된다.

전문가의 조언 | 보조기억장치는 전원이 차단되어도 내용이 그대로 유지됩니다.

54섹션 1필드

8. 다음 설명에 해당하는 용어는 무엇인가?

> • 지리적으로 분산되어 있는 컴퓨터를 초고속 인터넷 망으로 연결하여 공유함으로써 하나의 고성능 컴퓨터처럼 활용하는 기술이다.
> • 처리능력을 한 곳으로 집중시키므로 월드와이드웹(WWW)보다 처리 속도가 훨씬 빠르다.

① 그리드 컴퓨팅(Grid Computing)
② 클라우드 컴퓨팅(Cloud Computing)
③ 유비쿼터스 컴퓨팅(Ubiquitous Computing)
④ 사물 인터넷(Internet of Things)

전문가의 조언 | 문제의 지문에 제시된 내용은 그리드 컴퓨팅(Grid Computing)의 특징입니다.
• 클라우드 컴퓨팅(Cloud Computing) : 하드웨어·소프트웨어 등의 컴퓨팅 자원을 자신이 필요한 만큼 빌려 쓰고 사용요금을 지불하는 방식의 컴퓨팅 서비스
• 유비쿼터스 컴퓨팅(Ubiquitous Computing) : 언제 어디서나 어떤 기기를 통해서도 컴퓨팅이 가능한 환경
• 사물 인터넷(Internet of Things) : 세상에 존재하는 모든 사물을 네트워크로 연결해 인간과 사물, 사물과 사물 간 언제 어디서나 서로 소통할 수 있게 하는 새로운 정보 통신 환경

없음

9. 다음 중 그래픽 카드를 교체한 후 시스템이 정상적으로 동작하지 않을 때 Windows의 '복구' 기능을 이용해 문제를 해결할 경우 Windows '시작 설정'에서 선택해야 하는 옵션은?
① 디버깅 사용
② 안전 모드 사용
③ 저해상도 비디오 사용
④ 부팅 로깅 사용

전문가의 조언 | 그래픽 카드를 교체한 후 시스템이 정상적으로 동작하지 않을 때 문제 해결을 위해 Windows '시작 설정'에서 선택해야 하는 옵션은 '저해상도 비디오 사용'입니다.
• 디버깅 사용 : 네트워크로 연결된 경우 컴퓨터 관리자에게 해당 컴퓨터의 디버그 정보를 보내면서 컴퓨터를 시작
• 부팅 로깅 사용 : 부팅 과정을 Ntbtlog.txt 파일에 기록하며 부팅하는 방식임
• 안전 모드 사용 : 컴퓨터가 비정상적으로 작동될 때 컴퓨터에 발생한 문제를 해결하기 위해 컴퓨터 작동에 필요한 최소한의 장치만을 설정하여 부팅하는 방식임

50섹션 5필드

10. 다음 중 인터넷 상에 존재하는 각종 자원들의 위치를 같은 형식으로 나타내기 위한 표준주소체계를 뜻하는 용어로 옳은 것은?
① DNS   ② URL
③ HTTP   ④ NIC

전문가의 조언 | 인터넷 상에 존재하는 각종 자원들의 위치를 나타내는 표준주소 체계는 URL(Uniform Resource Locater)입니다.
• DNS(Domain Name System) : 문자로 된 도메인 네임을 숫자로 된 IP 주소로 바꾸어 주는 역할을 하는 시스템
• HTTP(Hyper Text Transfer Protocol) : 하이퍼텍스트 문서를 전송하기 위해 사용하는 프로토콜
• NIC(Network Interface Card) : 컴퓨터와 컴퓨터 또는 컴퓨터와 네트워크를 연결하는 장치로, 정보 전송 시 정보가 케이블을 통해 전송될 수 있도록 정보 형태를 변경함

51섹션 2필드

11. 다음 중 이기종 단말 간 통신과 호환성 등 모든 네트워크상의 원활한 통신을 위해 최소한의 네트워크 구조를 제공하는 모델로 네트워크 프로토콜 디자인과 통신을 여러 계층으로 나누어 정의한 통신 규약 명칭은?
① ISO 7 계층   ② Network 7계층
③ TCP/IP 7 계층   ④ OSI 7 계층

전문가의 조언 | 문제에 제시된 내용은 OSI 7계층의 개념입니다.

정답 : 1.③ 2.② 3.② 4.② 5.① 6.④ 7.③ 8.① 9.③ 10.② 11.④

24섹션 1필드

12. 다음 중 프린터의 스풀 기능에 관련된 설명으로 옳지 않은 것은?

① 프린터와 같은 저속의 입출력 장치를 CPU와 병행하여 작동시켜 컴퓨터의 전체 효율을 향상시켜 준다.
② 프린터가 인쇄 중이라도 다른 응용 앱을 실행할 수 있다.
③ 인쇄 대기 중인 문서의 용지 방향, 용지 종류, 인쇄 매수 등의 설정을 변경할 수 있다.
④ 기본적으로 모든 사용자는 자신의 문서에 대해 인쇄 일시 중지, 계속, 다시 시작, 취소를 할 수 있다.

> **전문가의 조언 |** 인쇄 명령을 내릴 때는 용지 방향, 용지 공급 및 인쇄 매수와 같은 설정을 변경할 수 있으나 일단 프린터로 보내져 대기중인 문서에 대해서는 설정 사항을 변경할 수 없습니다.

32섹션 4필드

13. 다음 중 컴퓨터에서 사용하는 캐시 메모리(Cache Memory)에 대한 설명으로 옳지 않은 것은?

① 기억 용량은 작으나 속도가 빠른 버퍼 메모리이다.
② 가능한 최대 속도를 얻기 위해 소프트웨어로 구성한다.
③ 기본적인 성능은 히트율(Hit Ratio)로 표현한다.
④ CPU와 주기억장치 사이에 위치한다.

> **전문가의 조언 |** 캐시 메모리는 하드웨어 장치입니다.

50섹션 4필드

14. 다음 중 인터넷 설정에 사용되는 DNS의 역할에 관한 설명으로 옳은 것은?

① 루트 도메인으로 국가를 구별해 준다.
② 최상위 도메인으로 국가 도메인을 관리한다.
③ 도메인 네임을 숫자로 된 IP 주소로 바꾸어 준다.
④ 현재 설정된 도메인의 하위 도메인을 관리해 준다.

> **전문가의 조언 |** DNS는 도메인 네임을 숫자로 된 IP 주소로 바꾸는 역할을 합니다.

33섹션 1필드

15. 다음 중 컴퓨터의 보조기억장치로 사용하는 SSD(Solid State Drive)의 특징으로 옳지 않은 것은?

① HDD보다 빠른 속도로 데이터의 읽기나 쓰기가 가능하다.
② 물리적인 외부 충격에 약하며 불량 섹터가 발생할 수 있다.
③ 작동 소음이 없으며 전력소모가 적다.
④ 자기 디스크가 아닌 반도체를 이용하여 데이터를 저장한다.

> **전문가의 조언 |** SSD(Solid State Drive)는 물리적인 외부 충격에 강하며, 디스크가 아닌 반도체 메모리에 데이터를 기록하므로 배드섹터가 발생하지 않습니다.

54섹션 1필드

16. 다음 중 통신 기술의 이용 현황을 올바르게 설명한 것은?

① NFC – 노트북을 핫스팟을 이용하여 연결한다.
② BlueTooth – 출·퇴근을 태그를 이용하여 관리한다.
③ WiFi – 헤드폰과 핸드폰을 연결한다.
④ RFID – 도서관에서 도서 대출/반납 시 태그를 이용하여 도서의 출납을 실시간으로 확인한다.

> **전문가의 조언 |** RFID는 사물에 전자 태그를 부착하여 사물 및 주변 정보를 감지하는 기술로, 도서 대출 및 반납, 출입 통제, 모바일 결제 등에 활용됩니다.
> ① NFC는 RFID 기술의 일종으로 태그를 사용하여 도서 대출 및 반납, 출입 통제, 모바일 결제 등에 활용됩니다.
> ② BlueTooth는 근거리 무선 통신 기술로, 핸드폰, 헤드폰, 노트북과 같은 휴대 가능한 장치들 간의 양방향 정보 전송을 지원합니다.
> ③ WiFi는 무선 인터넷을 지원하는 무선랜 기술을 의미합니다. 무선 인터넷을 사용하는 모든 전자기기를 지원하며 중계역할을 수행하는 핫스팟의 원천 기술이기도 합니다.

44섹션 2필드

17. 다음 중 컴퓨터 운영체제 운영방식에서 임베디드 시스템에 관한 설명으로 옳지 않은 것은?

① 제어가 필요한 시스템의 두뇌 역할을 하는 전자 시스템으로 TV, 냉장고 등의 가전제품에 많이 사용된다.
② 처리할 데이터를 일정량 또는 일정시간 동안 모아서 한꺼번에 처리한다.
③ 마이크로프로세서에 특정 기능을 수행하는 응용 프로그램을 탑재하여 컴퓨터 기능을 수행한다.
④ 하드웨어와 소프트웨어가 하나로 결합된 제어 시스템이다.

> **전문가의 조언 |** ②번은 일괄 처리 시스템(Batch Processing System)에 대한 설명입니다.

55섹션 3필드

18. 다음 중 하이퍼텍스트(Hypertext)에 대한 설명으로 옳지 않은 것은?

① 하이퍼텍스트는 텍스트가 링크로 연결되어 있는 문서이다.
② 동영상, 그래픽 등의 정보를 연결해 놓은 멀티미디어 형식이다.
③ 사용자가 하이퍼링크(Hyperlink)를 클릭함으로써 원하는 데이터를 찾을 수 있다.
④ 하이퍼텍스트는 사용자의 의도에 따라 문서를 읽는 순서가 결정되는 비선형 구조이다.

전문가의 조언 | 동영상, 그래픽 등의 정보를 연결해 놓은 멀티미디어 형식은 하이퍼미디어(Hypermedia)입니다.

10섹션 2필드

19. 다음 중 한글 Windows 10에서 작업 표시줄의 [검색 상자]에 대한 설명으로 옳지 않은 것은?

① 검색 항목은 모두, 앱, 문서, 웹, 동영상, 설정, 전자 메일, 폴더 등이다.
② 작업 표시줄의 바로 가기 메뉴에서 [검색]을 선택하여 검색 상자를 표시하거나 숨길 수 있다.
③ 검색된 앱을 선택하여 바로 실행할 수 있다.
④ ■ + F 를 누르면 검색 상자로 포커스가 옮겨진다.

전문가의 조언 |
• ■ + F 를 누르면 피드백 허브 앱이 실행됩니다.
• 작업 표시줄의 '검색 상자'로 이동하는 바로 가기 키는 ■ + S 입니다.

30섹션 2필드

20. 다음 중 컴퓨터에서 사용하는 ASCII 코드에 관한 설명으로 옳은 것은?

① 패리티 비트를 이용하여 오류 검출과 오류 교정이 가능하다.
② 표준 ASCII 코드는 3개의 존 비트와 4개의 디지트 비트로 구성되며, 주로 대형 컴퓨터의 범용 코드로 사용된다.
③ 표준 ASCII 코드는 7비트를 사용하여 영문 대소문자, 숫자, 문장 부호, 특수 제어 문자 등을 표현한다.
④ 확장 ASCII 코드는 8비트를 사용하며 멀티미디어 데이터 표현에 적합하도록 확장된 코드표이다.

전문가의 조언 | ASCII 코드에 관한 설명으로 옳은 것은 ③번입니다.
① 해밍 코드에 대한 설명입니다.
② 표준 ASCII 코드는 3개의 존 비트와 4개의 디지트 비트로 구성되며, 주로 데이터 통신 및 개인용 컴퓨터(PC)의 범용 코드로 사용됩니다. 대형 컴퓨터의 범용 코드로 사용되는 것은 EBCDIC 코드입니다.
④ 확장 ASCII 코드는 8비트를 사용하는 문자 표현 코드로, 멀티미디어 데이터 표현에 적합하지 않습니다.

2과목 스프레드시트 일반

94섹션 2필드

21. 다음 중 틀 고정에 대한 설명으로 틀린 것은 어느 것인가?

① 틀 고정 하위 메뉴에서 첫 행 고정, 첫 열 고정을 선택할 수 있다.
② 틀 고정을 수행하려는 셀의 오른쪽이나 아래쪽에 셀 포인터를 위치한 상태에서 실행한다.
③ '페이지 나누기 미리 보기' 상태에서는 틀 고정 기능을 사용할 수 없다.
④ 화면에 표시되는 틀 고정 형태는 인쇄 시 적용되지 않는다.

전문가의 조언 | '페이지 나누기 미리 보기' 상태에서도 틀 고정 기능을 사용할 수 있습니다.

79섹션 1필드

22. 다음 중 [조건부 서식]에 대한 설명으로 옳지 않은 것은?

① 다른 시트의 데이터를 참조하여 서식을 적용할 수 없다.
② 둘 이상의 조건부 서식이 참일 경우 두 규칙에 지정된 서식이 모두 적용된다.
③ 조건부 서식의 규칙별로 다른 서식을 적용할 수 있다.
④ 조건을 수식으로 입력할 경우 수식 앞에 등호(=)를 반드시 입력해야 한다.

전문가의 조언 | 다른 시트의 데이터를 참조하여 서식을 적용할 수 있습니다.

103섹션 1필드

23. 다음 중 시나리오에 관한 설명으로 옳지 않은 것은?

① 시나리오는 작업 시트에 입력된 데이터들에 대해 가상의 상황을 만들어서 그 결과를 분석하고 예측하는 기능이다.
② 결과 셀에 수식이 적용된 경우 수식이 그대로 표시된다.
③ 결과 셀에는 변경 셀을 포함하는 수식이 작성되어야 한다.
④ 요약 보고서나 피벗 테이블 보고서로 시나리오 결과를 작성할 수 있다.

전문가의 조언 | 결과 셀에 수식이 적용된 경우 수식의 결과 값이 표시됩니다.

77섹션 3필드

24. 다음 중 날짜 서식을 적용한 결과로 옳지 않은 것은?

	데이터	서식	결과
①	2024-01-25	yyyy-mm-dd	2024-01-25
②	2024-05-03	yy-m-d	24-05-03
③	2024-09-08	yy-mm-ddd	24-09-Sun
④	2024-10-29	yyyy-m-aaa	2024-10-화

> 전문가의 조언 | 2024-05-03을 입력한 후 표시 형식을 yy-m-d로 지정하면 24-5-3으로 표시됩니다.

97섹션 1필드

25. 다음 중 정렬에 관한 설명으로 옳지 않은 것은?

① 영문자를 오름차순으로 정렬하면 대문자가 앞에 위치한다.
② 정렬 기준에 관계없이 빈 셀은 항상 마지막에 정렬된다.
③ 사용자 지정 정렬은 오름차순이나 내림차순이 아닌 사용자가 등록한 목록을 기준으로 정렬한다.
④ 정렬 옵션으로 정렬의 방향을 왼쪽에서 오른쪽으로 지정할 수 있다.

> 전문가의 조언 | 영문자를 오름차순으로 정렬하면 소문자가 앞에 위치합니다.

83섹션 2필드

26. 다음 중 상품의 가격이 150,000 이상이고 200,000 미만인 상품의 개수를 구하는 수식으로 옳은 것은?

① =COUNTIF(범위, ">=150000") − COUNTIF(범위, "<200000")
② =COUNTIF(범위, ">150000") − COUNTIF(범위, "<=200000")
③ =COUNTIF(범위, "<=150000") − COUNTIF(범위, "<=200000")
④ =COUNTIF(범위, ">=150000") − COUNTIF(범위, ">=200000")

> 전문가의 조언 | 가격이 150,000 이상이고 200,000 미만인 상품의 개수를 구하는 방법 중 하나는, ④번과 같이 가격이 150,000 이상인 상품들의 개수를 모두 구한 다음 거기서 가격이 200,000 이상인 상품들의 개수를 빼면 됩니다.
>
> =COUNTIF(범위, ">=150000") − COUNTIF(범위, ">=200000")
>   ❶   ❷
>   ❸
>
> ❶ COUNTIF(범위, ">=150000") : 범위에서 150000 이상인 셀의 개수를 반환합니다.
> ❷ COUNTIF(범위, ">=200000") : 범위에서 200000 이상인 셀의 개수를 반환합니다.
> ❸ : ❶ − ❷ → 150000 이상인 셀의 개수에서 200000 이상인 셀의 개수를 뺀 값을 반환합니다.

95섹션 1필드

27. 다음 중 [페이지 설정] 대화상자에 대한 설명으로 옳지 않은 것은?

① [여백] : 인쇄할 내용이 페이지의 가로 및 세로 가운데에 위치하도록 설정할 수 있다.
② [머리글/바닥글] : 페이지마다 고정적으로 표시되는 머리글이나 바닥글을 설정한다.
③ [페이지] : 용지 방향, 용지 크기, 배율, 눈금선, 메모 인쇄 여부 등을 설정한다.
④ [시트] : 모든 페이지에 제목으로 반복 인쇄할 행이나 열을 지정할 수 있다.

> 전문가의 조언 | 용지 방향, 용지 크기, 배율은 '페이지' 탭에서 설정할 수 있지만 눈금선과 메모 인쇄 여부는 '시트' 탭에서 설정할 수 있습니다.

102섹션 3필드

28. 다음 중 아래와 같은 피벗 테이블을 작성하기 위한 작업으로 옳지 않은 것은?

	A	B	C	D
1				
2		열 레이블 ▼		
3	행 레이블 ▼	볼펜	샤프	연필
4	강남			
5	합계 : 수량	336	80	1,570
6	합계 : 매출액	161,280	72,000	305,280
7	강북			
8	합계 : 수량	870	280	933
9	합계 : 매출액	435,000	274,400	179,354
10	전체 합계 : 수량	1,206	360	2,503
11	전체 합계 : 매출액	596,280	346,400	484,634
12				

① 필터 영역이 표시되어 있지 않다.
② Σ(시그마 기호)가 행 영역에 표시되도록 설정하였다.
③ 값 영역에 1000 단위 구분 기호가 표시되도록 설정하였다.
④ 총합계는 행의 총합계만 표시되도록 설정하였다.

> 전문가의 조언 | 문제에 제시된 피벗 테이블에는 열의 총합계만 표시되어 있습니다.

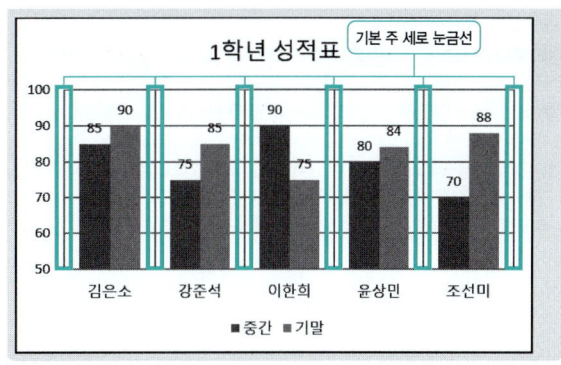

> 64섹션 1필드

30. 다음 중 데이터 입력에 대한 설명으로 옳지 않은 것은?

① 데이터를 입력하는 도중에 입력을 취소하려면 Esc 를 누른다.
② 셀 안에서 줄을 바꾸어 데이터를 입력하려면 Alt + Enter 를 누른다.
③ 텍스트, 텍스트/숫자 조합, 날짜, 시간 데이터는 셀에 입력하는 처음 몇 자가 해당 열의 기존 내용과 일치하면 자동으로 입력된다.
④ 여러 셀에 동일한 데이터를 입력하려면 해당 셀을 범위로 지정하여 데이터를 입력한 후 Ctrl + Enter 를 누른다.

> 전문가의 조언 | 텍스트와 텍스트/숫자 조합 데이터는 셀에 입력하는 처음 몇 자가 해당 열의 기존 내용과 일치하면 자동으로 입력되지만 숫자, 날짜, 시간 데이터는 자동으로 입력되지 않습니다.

> 90섹션 2필드

29. 다음 중 아래 차트에 대한 설명으로 옳지 않은 것은?

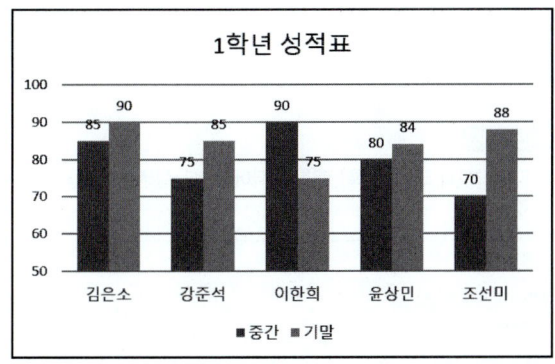

① 세로(값) 축의 최소값은 50, 기본 단위는 10으로 설정하였다.
② 기본 주 가로 눈금선과 기본 주 세로 눈금선이 표시되어 있다.
③ 데이터 레이블은 바깥쪽 끝에 표시되어 있다.
④ 계열 겹치기는 '0%'로 설정하였다.

> 전문가의 조언 |
> • 문제에 제시된 차트에는 기본 주 가로 눈금선만 표시되어 있습니다.
> • 기본 주 세로 눈금선을 표시하면 다음과 같습니다.

> 87섹션 1필드

31. '성적1' 필드와 '성적2' 필드의 값이 모두 90 이상이면 '진급여부' 필드에 "진급"을, 둘 중 하나만 90 이상이면 "대기", 나머지는 공백으로 표시하는 수식으로 옳은 것은?

	A	B	C	D
1	이름	성적1	성적2	진급여부
2	보라미	94	95	
3	미라미	80	97	
4	김은혜	85	82	
5	박한솔	90	83	
6				

① =IF(COUNTIFS(B2:C2, ">=90")=1, "진급", IF(COUNTIFS(B2:C2, ">=90")=2, "대기", " "))
② =IF(COUNTIF(B2:C2, ">=90")=2, "진급", IF(COUNTIF(B2:C2, ">=90")=1, "대기", " "))
③ =IF(COUNTIFS(">=90", B2:C2)>=1, "진급", IF(COUNTIFS(">=90", B2:C2)=1, "대기", " "))
④ =IF(COUNTIF(B2:C2, ">=90")>=1, "진급", IF(COUNTIF(B2:C2, ">=90")=1, "대기", " "))

정답 : 24.② 25.① 26.④ 27.③ 28.④ 29.② 30.③ 31.②

> 전문가의 조언 | [D2] 셀에 입력될 수식으로 옳은 것은 ❷번입니다.
> =IF(COUNTIF(B2:C2, ")>=90")=2, "진급", IF(COUNTIF(B2:C2, ")>=90")=1, "대기", " "))
>   ❶   ❷   ❸
>
> ❶ [B2:C2] 영역에서 90 이상인 점수가 2개이면 ❷("진급")를 반환하고, 아니면 ❸을 수행합니다.
> ❸ IF(COUNTIF(B2:C2, ")>=90")=1, "대기", " ") : [B2:C3] 영역에서 90 이상인 점수가 1개이면 "대기", 아니면 공백을 반환합니다.
> ※ [B2:C3] 영역의 값 94, 95가 모두 90 이상이므로 "진급"을 반환합니다.

> 전문가의 조언 | 고급 필터의 수행 결과가 다른 것은 ③번으로 ①, ②, ④번의 결과는 다음과 같고, ③번의 결과는 아무것도 추출되지 않습니다.
>
> | 등급 |
> |---|
> | 프리미엄 |
> | 골드 |
> | 일반 |
>
> ① [A2:D10] 영역에서 '이름'이 김으로 시작하는 '등급'을 추출하되 동일한 레코드는 하나만 추출합니다.
> ② [A2:D10] 영역에서 '등급'을 추출되 동일한 레코드는 하나만 추출합니다.
> ③ [A2:A10] 영역에서 '이름'이 김으로 시작하는 '등급'을 추출하되 동일한 레코드는 하나만 추출합니다. [A2:A10] 영역에는 '이름'이 없으므로 조건에 맞는 레코드가 없어 아무것도 추출되지 않습니다.
> ④ [A2:A10] 영역에서 '등급'을 추출되 동일한 레코드는 하나만 추출합니다.

`99섹션 2필드`

32. 아래 시트에서 고급 필터를 실행했을 때 그 결과가 다른 것은?

	A	B	C	D
1				
2	등급	주소지	이름	성별
3	프리미엄	서울	김용갑	남
4	골드	서울	김종일	남
5	일반	경기	김우경	여
6	골드	인천	최재균	남
7	일반	부산	박진호	남
8	프리미엄	인천	이재성	남
9	프리미엄	서울	최복선	여
10	일반	대구	마정희	여
11				
12			이름	
13			김*	
14	등급			

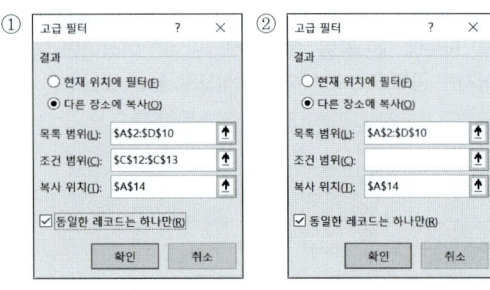
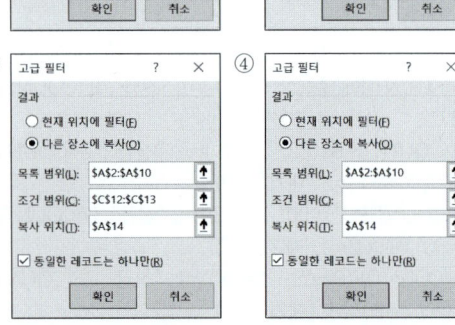

`95섹션 6필드`

33. 다음 중 '페이지 나누기 미리 보기'에 대한 설명으로 옳지 않은 것은?

① [페이지 나누기 미리 보기] 상태에서 파선은 자동 페이지 나누기를 나타내고 실선은 사용자 지정 페이지 나누기를 나타낸다.
② [페이지 나누기 미리 보기] 상태에서는 셀에 내용을 입력하거나 편집할 수 없다.
③ [페이지 나누기 미리 보기] 상태에서 마우스로 페이지 나누기 구분선을 클릭하여 끌면 페이지를 나눌 위치를 조정할 수 있다.
④ 페이지 나누기는 워크시트를 인쇄할 수 있도록 페이지 단위로 나누는 구분선이다.

> 전문가의 조언 | [페이지 나누기 미리 보기] 상태에서도 셀에 내용을 입력하거나 자유롭게 편집할 수 있습니다.

`107섹션 3필드`

34. 다음의 [매크로 기록] 대화상자에 대한 설명으로 옳지 않은 것은?

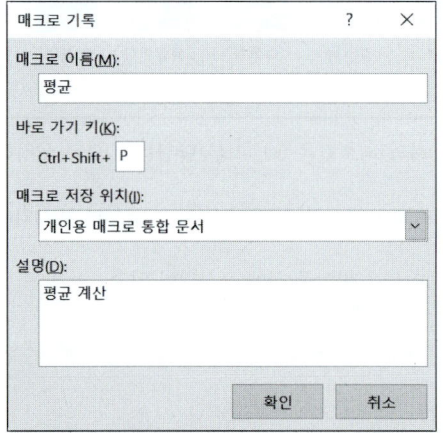

① 다른 통합 문서에서도 매크로가 실행된다.
② Ctrl + Shift + P를 누르면 '평균 계산' 매크로가 실행된다.
③ Visual Basic Editor에 'sub 평균( )'으로 코드가 작성된다.
④ 설명에 작성한 내용은 코드에 주석으로 삽입된다.

전문가의 조언 | 매크로의 이름은 '평균'이므로 Ctrl + Shift + P를 누르면 '평균' 매크로가 실행됩니다.

107섹션 3필드

36. 다음 중 매크로에 관한 설명으로 옳지 않은 것은?

① 같은 통합 문서 내에서 시트가 다르면 동일한 매크로 이름으로 기록할 수 있다.
② [매크로 기록] 대화상자에서 바로 가기 키 지정 시 영문 대문자를 사용하면 Shift가 자동으로 덧붙는다.
③ 엑셀을 실행할 때마다 매크로를 사용할 수 있게 하려면 [매크로 기록] 대화상자에서 매크로 저장 위치를 '개인용 매크로 통합 문서'로 선택한다.
④ 통합 문서를 열 때 어떤 상황에서 어떤 매크로를 실행할지 매크로 보안 설정을 변경하여 제어할 수 있다.

전문가의 조언 | 하나의 통합 문서에는 동일한 이름의 매크로를 작성할 수 없습니다.

93섹션 1필드

37. 다음이 설명하는 차트는 무엇인가?

- 전체 항목의 합에 대한 각 항목의 비율을 나타내는 차트로, 중요한 요소를 강조할 때 사용한다.
- 항상 한 개의 데이터 계열만 사용하므로 축이 없다.

① 세로 막대형 차트   ② 도넛형 차트
③ 원형 차트   ④ 분산형 차트

전문가의 조언 | 문제의 지문에서 설명하고 있는 차트는 원형 차트입니다.
- **세로 막대형 차트** : 각 항목 간의 값을 막대의 길이로 비교·분석하는데 적합한 차트
- **도넛형 차트** : 전체에 대한 각 부분의 관계를 비율로 나타내어 각 부분을 비교할 때 사용되는 차트로, 원형 차트와는 달리 여러 개의 데이터 계열을 갖음
- **분산형 차트** : X·Y 좌표로 이루어진 한 개의 계열로 두 개의 숫자 그룹을 나타내는 차트로, 주로 과학·공학용 데이터 분석에 사용됨

81섹션 2필드

35. 북부/남부의 제품 판매 현황에서 금액은 단가×수량으로 산출한 것이다. 다음 중 남부의 금액[D7:F7]을 구하는 방법으로 옳은 것은 무엇인가? (단, 북부의 금액[D5:F5]은 [D5] 셀의 수식(=D$3*D4)을 [F5] 셀까지 채우기 핸들을 드래그하여 구한 것이다.)

	A	B	C	D	E	F
1			북부/남부 제품 판매 현황			
2				OLED TV	냉장고	세탁기
3		단가		1,500,000	1,200,000	800,000
4		북부	수량	5	15	8
5			금액	7,500,000	18,000,000	6,400,000
6		남부	수량	10	8	12
7			금액			
8						

① [D5] 셀을 복사하여 [D7:F7] 영역에 붙여넣기 한다.
② [D7] 셀에 '=D$3*D4'를 입력한 후 채우기 핸들을 [F7] 셀까지 드래그한다.
③ [D5] 셀을 복사하여 [D7:F7] 영역에 '값'으로 붙여넣기 한다.
④ [D7:F7] 영역을 선택한 상태에서 '=D$3*D4'를 입력한다.

전문가의 조언 | 남부의 금액을 구하는 방법으로 옳은 것은 ①번입니다.
- [D5] 셀의 수식 'D$3 * D4'중 [D3] 셀의 행 번호에만 절대 참조($)가 지정되어 있으므로, 이를 복사하여 [D7:F7] 영역을 블록으로 지정한 후 붙여넣기하면 [D3] 셀의 열 문자와 [D4] 셀의 열 문자, 행 번호가 다음과 같이 변경되어 입력됩니다.
- [D7] : =D$3*D6, [E7] : =E$3*E6, [F7] : =F$3*F6

66섹션 1필드

38. 아래의 시트에서 [E2] 셀에는 수식 '=SUM(B2:D2)'가 입력되어 있다. [E2] 셀의 채우기 핸들을 더블클릭 했을 때 자동으로 합계가 계산되는 영역은 무엇인가?

	A	B	C	D	E
1	이름	국어	영어	수학	합계
2	이신호	80	85	90	255
3	최재균	80	87	78	
4	최준호	75	70		
5	김수영				
6	이대영	65	75	80	
7	김선봉	90	82	80	
8					

① E3:E7   ② E3
③ E3:E4   ④ E6:E7

전문가의 조언 | [A2:D7] 영역에는 한 행 전체에 데이터가 입력되지 않은 빈 행 없이 데이터가 연결되어 있으므로 [A2:D7]를 한 개의 데이터 영역으로 인식합니다. 즉 [E2] 셀의 채우기 핸들을 더블클릭하면 [E3:E7] 영역에 합계가 계산됩니다.

	A	B	C	D	E
1	이름	국어	영어	수학	합계
2	이신호	80	85	90	255
3	최재균	80	87	78	245
4	최준호	75	70		145
5	김수영				0
6	이대영	65	75	80	220
7	김선봉	90	82	80	252
8					

92섹션 1필드

40. 다음 차트에 대한 설명으로 틀린 것은?

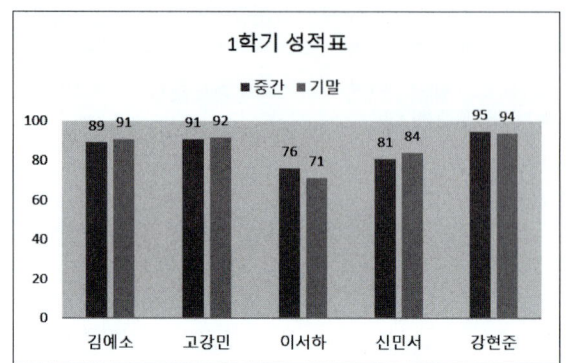

① 데이터 레이블이 '바깥쪽 끝에'로 설정되어 있다.
② 가로(항목) 축에 눈금선이 표시되어 있지 않다.
③ 차트 영역에 채우기 색이 지정되어 있다.
④ 범례가 위쪽에 배치되어 있다.

전문가의 조언 | 채우기 색이 지정된 위치는 차트 영역이 아니라 그림 영역입니다.

88섹션 1필드

39. 다음 워크시트에서 수식 =HLOOKUP(43, B1:E3, 3)의 계산 결과로 옳은 것은?

	A	B	C	D	E
1	판매수량	10	30	50	70
2	할인율	5%	6%	7%	8%
3	보너스	300	400	500	600
4					

① 6% ② 7%
③ 400 ④ 500

전문가의 조언 | 문제에 제시된 수식의 결과는 400입니다.
- HLOOKUP(찾을값, 범위, 행 번호, 옵션) 함수는 '범위'의 첫 번째 행에서 '옵션'에 맞게 '찾을값'과 같은 데이터를 찾은 후 '찾을값'이 있는 행에서 지정된 '행 번호' 위치에 있는 값을 반환합니다.
- =HLOOKUP(43, B1:E3, 3) : [B1:E3] 영역의 첫 번째 행에서 찾을값인 43과 같거나 작은 값 중에서 가장 근사치 값(옵션 생략) 30을 찾은 후 찾은 값이 있는 행의 세 번째에 있는 값 400을 반환합니다.

2025년 2회 컴퓨터활용능력 2급 필기

1과목 컴퓨터 일반

59섹션 1필드

1. 다음 중 AR/VR을 위한 핵심 기술이 아닌 것은?
① 인터렉션(Interaction)
② 스트리밍(Streaming)
③ 렌더링(Rendering)
④ 트래킹(Tracking)

> **전문가의 조언 |** 스트리밍(Streaming)은 웹에서 오디오, 비디오 등의 멀티미디어 데이터를 다운로드하면서 동시에 실시간적으로 재생해 주는 기술로, AR(증강 현실) 및 VR(가상 현실)을 위한 핵심 기술이 아닙니다.
> • 인터렉션(Interaction) : 사용자와 가상 환경 간의 상호작용을 담당
> • 렌더링(Rendering) : 가상 세계를 그래픽으로 구현하는 기술
> • 트래킹(Tracking) : 사용자의 위치 및 움직임을 감지하여 가상 환경과 동기화하는 기술

4섹션 2필드

2. 다음 중 한글 Windows 10의 작업 표시줄 설정에 대한 설명으로 옳지 않은 것은?
① 아이콘의 보기 형식이나 정렬 방식을 설정할 수 있다.
② 데스크톱 모드에서 작업 표시줄 자동 숨기기를 설정할 수 있다.
③ 화면에서 작업 표시줄의 위치를 왼쪽, 위쪽, 오른쪽, 아래쪽 중에서 설정할 수 있다.
④ 작업 표시줄이 꽉 차면 같은 앱은 그룹으로 묶어서 하나의 단추로 표시되도록 할 수 있다.

> **전문가의 조언 |** • 아이콘의 보기 형식이나 정렬 방식은 작업 표시줄 설정에서 지정할 수 없습니다.
> • 아이콘의 보기 형식이나 정렬 방식은 바탕 화면의 바로 가기 메뉴를 이용해 설정할 수 있습니다.

31섹션 3필드

3. 다음 중 컴퓨터에서 사용되는 레지스터에 관한 설명으로 틀린 것은?
① 프로그램 카운터(Program Counter)는 다음 번에 실행할 명령어의 주소를 기억한다.
② 명령 레지스터(Instruction Register)는 현재 실행 중인 명령의 내용을 기억한다.
③ 범용 레지스터(General Purpose Register)는 계산 결과의 임시 저장, 주소 색인 등 여러 가지 목적으로 사용될 수 있다.
④ 누산기(Accumulator)는 연산 중에 발생하는 오버플로, 언더플로, 자리올림, 인터럽트 등의 정보를 기억한다.

> **전문가의 조언 |** • ④번은 상태 레지스터(Status Register)에 대한 설명입니다.
> • 누산기(AC; Accumulator)는 연산 결과를 일시적으로 기억하는 레지스터입니다.

50섹션 2필드

4. IPv6의 주소 체계 중 단일 송신자와 다중 수신자 간의 통신에 사용되는 것은?
① 유니캐스트(Unicast)
② 멀티캐스트(Multicast)
③ 애니캐스트(Anycast)
④ 브로드캐스트(Broadcast)

> **전문가의 조언 |** IPv6의 주소 체계 중 단일 송신자와 다중 수신자 간의 통신에 사용되는 것은 멀티캐스트(Multicast)입니다.
> • 유니캐스트(Unicast) : 단일 송신자와 단일 수신자 간의 통신(일 대 일 통신에 사용)
> • 애니캐스트(Anycast) : 단일 송신자와 가장 가까이 있는 단일 수신자 간의 통신(일 대 일 통신에 사용)
> • 브로드캐스트(Broadcast) : 단일 송신자와 네트워크 내의 모든 수신자 간의 통신(일 대 다 통신에 사용)

12섹션 1필드

5. 한글 Windows 10의 [휴지통]에 관한 설명으로 옳지 않은 것은?
① 휴지통의 실제 파일이 저장된 폴더의 위치는 일반적으로 'C:\$Recycled.Bin'이다.
② 휴지통에 보관된 파일은 삭제된 위치, 삭제된 날짜와 시간, 크기 등의 정보를 갖는다.
③ 휴지통에 보관된 파일은 이름을 변경하거나 실행할 수 없다.
④ 휴지통의 크기는 드라이브 용량의 10%~20% 범위 안에서 시스템이 자동으로 설정하며, 변경할 수 없다.

> **전문가의 조언 |** 휴지통의 기본적인 크기는 드라이브 용량의 5%~10% 범위 내에서 시스템이 자동으로 설정하지만 사용자가 원하는 크기를 MB 단위로 지정할 수 있습니다.

정답 : 1.② 2.① 3.④ 4.② 5.④

44섹션 1필드

6. 다음 중 운영체제가 관리하는 주요 자원이 아닌 것은?
① 기억장치 관리
② 프로세스 관리
③ 시스템의 보안 관리
④ 파일 관리

전문가의 조언 | • 시스템의 보안은 운영체제가 관리하는 자원의 대상이 아닙니다.
• 운영체제가 관리하는 주요 자원에는 프로세스, 기억장치, 주변장치, 파일 및 정보 등이 있습니다.

53섹션 1필드

9. 다음 중 웹 브라우저의 기능에 관한 설명으로 옳지 않은 것은?
① 웹 페이지를 사용자 컴퓨터에 저장하거나 인쇄할 수 있다.
② HTML 문서나 PDF 문서를 확인할 수 있다.
③ 자주 방문하는 웹 사이트 주소를 관리할 수 있다.
④ 방문한 웹 사이트를 편집할 수 있다.

전문가의 조언 | 웹 브라우저로 방문한 웹 사이트를 편집할 수는 없습니다.

62섹션 3필드

7. 다음 중 웜(Worm)에 대한 설명으로 옳은 것은?
① 네트워크를 통해 연속적으로 자신을 복제하여 시스템의 부하를 높이는 프로그램이다.
② 정상적인 기능을 하는 프로그램으로 가장하여 프로그램 내에 숨어 있다가 해당 프로그램이 작동할 때 활성화되어 부작용을 일으키는 것으로 자기 복제 능력은 없다.
③ 컴퓨터 시스템에 불법적으로 접근, 침투하여 시스템과 데이터를 파괴하는 행위이다.
④ 네트워크 주변을 지나다니는 패킷을 엿보면서 계정과 패스워드를 알아내는 행위이다.

전문가의 조언 | • 웜(Worm)은 연속적으로 자신을 복제하여 시스템의 부하를 높이는 프로그램입니다.
• ②번은 트로이 목마, ③번은 해킹, ④번은 스니핑에 대한 설명입니다.

48섹션 2필드

10. 다음 중 네트워크 장비인 게이트웨이(Gateway)에 관한 설명으로 옳은 것은?
① 서로 다른 네트워크 간에 데이터를 주고받기 위한 장비이다.
② 1:1 통신을 통하여 리피터(Repeater)와 동일한 역할을 하는 장비이다.
③ 데이터의 효율적인 전송 속도를 제어하는 장비이다.
④ 컴퓨터와 네트워크를 연결하는 장비이다.

전문가의 조언 | 게이트웨이에 관한 설명으로 옳은 것은 ①번입니다.

50섹션 5필드

8. 다음 중 인터넷의 표준 주소 체계인 URL(Uniform Resource Locator)의 형식으로 옳은 것은?
① 프로토콜://호스트 서버 주소[:포트번호][/파일 경로]
② 프로토콜://호스트 서버 주소[/파일 경로][:포트번호]
③ 호스트 서버 주소://프로토콜[/파일 경로][:포트번호]
④ 호스트 서버 주소://프로토콜[:포트번호][/파일 경로]

전문가의 조언 | URL의 형식으로 옳은 것은 ①번입니다.

16섹션 1필드

11. 한글 Windows 10 바탕 화면의 바로 가기 메뉴에서 [개인 설정]을 선택한 후 수행할 수 없는 작업은?
① 가족 옵션 : 자녀 보호
② 잠금 화면 : 화면 보호기
③ 테마 : 마우스 커서
④ 배경 : 사용자 사진 선택

전문가의 조언 | '가족 옵션'의 '자녀 보호'는 [⚙(설정)] → 업데이트 및 보안 → Windows 보안 → 가족 옵션을 클릭하여 설정할 수 있습니다.

35섹션 2필드

12. 다음 중 컴퓨터에서 사용하는 레이저 프린터에 관한 설명으로 옳지 않은 것은?

① 회전하는 드럼에 토너를 묻혀서 인쇄하는 방식이다.
② 인쇄 해상도가 높으며 복사기와 같은 원리를 사용한다.
③ 비충격식이라 비교적 인쇄 소음이 적고 인쇄 속도가 빠르다.
④ 인쇄 방식에는 드럼식, 체인식, 밴드식 등이 있다.

전문가의 조언 | 드럼식, 체인식, 밴드식은 라인 프린터의 인쇄 방식입니다.

37섹션 1필드

15. 다음 중 컴퓨터에서 사용하는 USB 장치에 관한 설명으로 옳지 않은 것은?

① 주변장치를 127개까지 연결할 수 있다.
② 컴퓨터의 전원이 켜진 상태에서도 장치를 연결하거나 제거할 수 있다.
③ 기존의 직렬, 병렬, PS/2 포트 등을 하나의 포트로 대체하기 위한 범용 직렬 버스이다.
④ 한 번에 8비트의 데이터가 동시에 전송되는 병렬 방식을 사용한다.

전문가의 조언 | USB 포트는 최대 5Gps 이상의 데이터 전송 속도를 지원하지만 직렬 포트로 한 번에 1비트씩 데이터를 전송합니다. 한 번에 8비트의 데이터를 동시에 전송하는 것은 병렬 포트입니다.

25섹션 1필드

13. 다음 중 한글 Windows 10의 드라이브 조각 모음 및 최적화 기능에 관한 설명으로 옳지 않은 것은?

① 하드디스크에 단편화되어 조각난 파일들을 모아준다.
② USB 플래시 드라이브와 같은 이동식 저장장치도 드라이브 조각 모음을 수행할 수 있다.
③ 수행 후에는 디스크 공간의 최적화가 이루어져 디스크의 용량이 증가한다.
④ 일정을 구성하여 드라이브 조각 모음 및 최적화를 예약 실행할 수 있다.

전문가의 조언 | '드라이브 조각 모음 및 최적화'는 디스크의 접근 속도를 높이기 위한 것으로, 디스크의 용량 증가와는 관계가 없습니다.

2섹션 5필드

16. 다음 중 Shift 키 사용에 대한 설명으로 옳지 않은 것은?

① Shift 를 누른 채 파일을 드래그하면 이동된다.
② Ctrl + Shift + Esc 를 누르면 '작업 관리자' 대화상자가 표시된다.
③ Shift + F10 을 누르면 바로 가기 메뉴가 표시된다.
④ Shift + Delete 를 눌러 삭제한 개체는 휴지통에 보관된다.

전문가의 조언 | Shift + Delete 를 눌러 삭제한 개체는 휴지통을 거치지 않고 바로 삭제됩니다.

40섹션 2필드

14. 다음 중 컴퓨터의 저장 매체 관리 방법으로 옳지 않은 것은?

① 예상치 않은 상황에 대비하여 주기적으로 백업하여 둔다.
② 강한 자성 물체를 외장 하드디스크 주위에 놓지 않는다.
③ 주기적으로 디스크 정리, 검사, 조각 모음을 수행한다.
④ 오랜 기간 동안 저장된 데이터는 재저장한다.

전문가의 조언 | 보조기억장치에 한 번 저장된 자료는 매체가 손상되지 않으면 영구적이므로 재저장하는 것은 무의미한 행위입니다. 오랜 기간 동안 저장된 데이터라면 매체 손실에 대비하여 백업하는 것이 바람직합니다.

30섹션 2필드

17. 다음 중 컴퓨터에서 사용하는 유니코드(Unicode)에 관한 설명으로 옳은 것은?

① 표현 가능한 문자 수는 최대 256자이다.
② 문자를 2Byte로 표현한다.
③ 영문자를 7Bit, 한글이나 한자를 16Bit로 처리한다.
④ 한글은 KS 완성형으로 표현한다.

전문가의 조언 | 유니코드에 관한 설명으로 옳은 것은 ②번입니다.
① 유니코드는 전세계의 모든 문자를 표현하는 국제 표준 코드입니다.
③ 유니코드는 모든 문자를 2Byte로 표현합니다.
④ 한글은 완성형과 조합형을 동시에 사용할 수 있습니다.

43섹션 2필드
18. 다음 중 버전에 따른 소프트웨어에 대한 설명으로 옳지 않은 것은?

① 트라이얼 버전(Trial Version)은 특정한 하드웨어나 소프트웨어를 구매하였을 때 무료로 주는 프로그램이다.
② 베타 버전(Beta Version)은 소프트웨어의 정식 발표 전 테스트를 위하여 사용자들에게 무료로 배포하는 시험용 프로그램이다.
③ 데모 버전(Demo Version)은 정식 프로그램을 홍보하기 위해 사용기간이나 기능을 제한하여 배포하는 프로그램이다.
④ 패치 버전(Patch Version)은 이미 제작하여 배포된 프로그램의 오류 수정이나 성능 향상을 위해 프로그램의 일부 파일을 변경해 주는 프로그램이다.

> **전문가의 조언** | ①번은 번들(Bundle)에 대한 설명입니다.
> • 트라이얼 버전은 셰어웨어와 마찬가지로 제품을 구매하기 전에 해당 프로그램을 미리 사용해 볼 수 있도록 제작한 것으로, 셰어웨어는 대부분의 기능을 사용할 수 있고 일부 기능만 제한되지만 트라이얼 버전은 기본적인 기능이나 일부 기능만 사용할 수 있는 것이 다릅니다.

52섹션 2필드
19. 다음 인터넷 서비스 중에서 파일을 주고받기 위한 전송 프로토콜로 옳은 것은?

① E-Mail ② FTP
③ WWW ④ Telnet

> **전문가의 조언** | 파일을 주고받기 위한 전송 프로토콜은 FTP(File Transfer Protocol)입니다.
> • **전자우편(E-mail)** : 인터넷을 통해 다른 사람과 편지뿐만 아니라 그림, 동영상 등 다양한 형식의 데이터를 주고받을 수 있도록 해주는 서비스
> • **WWW(World Wide Web)** : 텍스트, 그림, 동영상, 음성 등 인터넷에 존재하는 다양한 정보를 거미줄처럼 연결해 놓은 종합 정보 서비스
> • **Telnet** : 멀리 떨어져 있는 컴퓨터에 접속하여 자신의 컴퓨터처럼 사용할 수 있도록 해주는 서비스

48섹션 2필드
20. 다음 중 정보 통신을 위한 디지털 방식의 통신 선로에서 전송 신호를 증폭하거나 재생하고 전달하는 중계 장치로 옳은 것은?

① 게이트웨이(Gateway)
② 모뎀(Modem)
③ 리피터(Repeater)
④ 라우터(Router)

> **전문가의 조언** | 통신 선로에서 전송 신호를 증폭하거나 재생하고 전달하는 중계 장치는 리피터(Repeater)입니다.
> • **게이트웨이(Gateway)** : 주로 LAN에서 다른 네트워크에 데이터를 보내거나 다른 네트워크로부터 데이터를 받아들이는 출입구 역할을 하는 장치
> • **모뎀(Modem)** : 디지털 신호를 아날로그 신호로 변환하는 변조 과정과 아날로그 신호를 디지털 신호로 변환하는 복조 과정을 수행하는 신호 변환장치
> • **라우터(Router)** : 데이터 전송 시 최적의 경로를 설정하여 전송하는 장치

2과목 스프레드시트 일반

107섹션 3필드
21. 다음의 '매크로 기록' 대화상자에 대한 설명으로 옳지 않은 것은?

매크로 기록
매크로 이름(M): 연습매크로
바로 가기 키(K): Ctrl+ k
매크로 저장 위치(I): 새 통합 문서
설명(D): 연습매크로 작성중
확인 취소

① '연습매크로'는 모든 통합 문서에서 실행이 가능하다.
② [Ctrl] + [k]를 누르면 '연습매크로'가 실행된다.
③ '매크로 기록' 대화상자에서 〈확인〉을 클릭하면 새로운 통합 문서가 열리면서 매크로 기록이 시작된다.
④ '설명' 항목에 작성된 내용은 프로시저에 주석으로 기록된다.

> **전문가의 조언** | '매크로 저장 위치'를 '새 통합 문서'로 지정하면 새로운 통합 문서가 열리면서 매크로가 기록되며, 해당 통합 문서에서만 매크로를 실행할 수 있습니다.

22. 아래의 워크시트에서 [C2:C8] 영역을 선택한 상태에서 실적에 대한 순위를 구한 후 Ctrl + Enter를 눌러 결과를 구하려고 한다. 이때 [C2] 셀에 입력될 수식으로 옳은 것은? (단, 순위는 실적이 가장 높은 지점을 1위로 함)

	A	B	C
1	지점	실적	순위
2	강서	5,684,240	
3	강북	6,548,250	
4	강동	4,587,950	
5	마포	2,548,650	
6	은평	7,485,950	
7	동대문	8,950,450	
8	영등포	6,698,740	
9			

① =RANK.EQ(B2, B2:B8, 0)
② =RANK.EQ(B2, $B$2:$B$8, 1)
③ =RANK.EQ($B$2:$B$8, B2, 1)
④ =RANK.EQ(B2, $B$2:$B$8, 0)

23. 다음의 고급 필터 조건 중 자동 필터 조건으로 사용할 수 없는 것은?

①
직급	급여
사원	>=2500000

②
부서	직급
영업2부	
	사원

③
부서	성별
영업1부	남자

④
직급
과장
사원

24. 다음 중 셀에 001과 같이 1앞에 00이 표시되도록 하기 위한 방법으로 옳지 않은 것은?
① '셀 서식' 대화상자의 '사용자 지정' 형식을 000으로 지정한 후 1을 입력한다.
② 작은 따옴표(')를 입력한 후 001을 입력한다.
③ '데이터 유효성' 대화상자에서 제한 대상을 '텍스트 길이', 제한 방법을 =, 길이를 3으로 지정한 후 001을 입력한다.
④ 셀의 표시 형식을 '텍스트'로 지정한 후 001을 입력한다.

25. 아래 워크시트의 [E2] 셀에 사원의 실적1과 실적2가 모두 전체 실적 평균을 초과하면 "★"을, 그렇지 않으면 공백을 표시하고자 한다. [E2] 셀에 알맞은 수식은?

	A	B	C	D	E
1	번호	사원명	실적1	실적2	평가
2	1	김봉선	85	90	
3	2	최재균	75	85	
4	3	최준호	90	75	
5	4	이대영	80	84	
6	5	강선봉	70	88	
7					

① =IF(C2>AVERAGE($C$2:$C$6), IF(D2>AVERAGE($D$2:$D$6), " ", "★"))
② =IF(COUNT((C2:D2)>AVERAGE($C$2:$C$6))=2, "★", " ")
③ =IF(AND(C2>AVERAGE($C$2:$C$6), D2>AVERAGE($D$2:$D$6)), "★", " ")
④ =IF(OR(C2>AVERAGE($C$2:$C$6), D2>AVERAGE($D$2:$D$6)), "★", " ")

> 67섹션 1필드

26. 다음 중 '셀 항목 자동 완성' 기능에 대한 설명으로 옳지 않은 것은?

① 데이터 입력 중 처음 몇 자가 같은 열에 이미 입력된 내용과 동일하면 자동으로 나머지 내용이 채워지는 기능이다.
② 문자나 날짜에만 적용되는 기능으로, 숫자에는 적용되지 않는다.
③ [파일] → [옵션] → [고급] 탭의 '편집 옵션' 항목에서 '셀 내용을 자동 완성'이 설정되어 있어야 실행된다.
④ 셀을 선택하고 Alt + ↓를 누르면 자동 완성 목록을 확인할 수 있다.

> 전문가의 조언 | '셀 항목 자동 완성' 기능은 문자 데이터에만 적용되고, 숫자나 날짜 데이터에는 적용되지 않습니다.

> 103섹션 2필드

27. 다음 중 아래 그림의 시나리오 요약 보고서에 대한 설명으로 옳지 않은 것은?

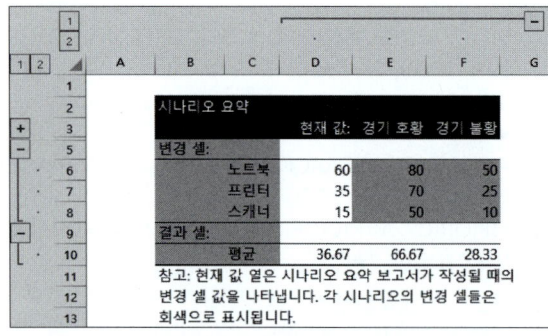

① 노트북, 프린터, 스캐너의 값 변화에 따른 평균을 분석한 것이다.
② '경기 호황'과 '경기 불황' 시나리오가 요약된 것이다.
③ 노트북, 프린터, 스캐너, 평균은 이름 정의된 것이다.
④ 변경 셀에 수식이 포함된 경우 시나리오가 작성되지 않는다.

> 전문가의 조언 | 변경 셀에 수식이 포함된 경우 수식의 결과 값으로 바뀌어 시나리오가 작성됩니다.

> 90섹션 3필드

28. 다음 그림의 차트에서 계열 끝에 숫자를 표시하기 위해 설정해야 하는 서식은?

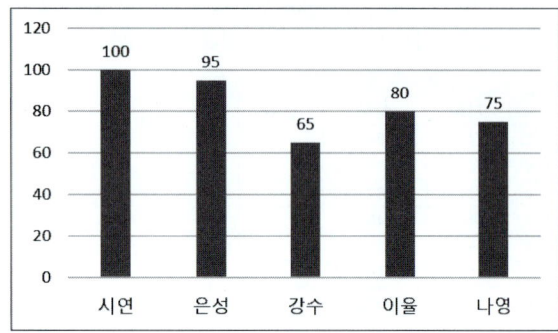

① 범례 서식 ② 차트 제목 서식
③ 데이터 레이블 서식 ④ 데이터 계열 서식

> 전문가의 조언 | 차트에서 계열 끝에 숫자를 표시하기 위해 설정해야 하는 서식은 '데이터 레이블 서식'입니다.
> • **데이터 레이블** : 데이터 계열의 값이나 계열 이름, 항목 이름, 백분율 등을 표시함
> • **데이터 계열** : 실질적인 값을 표시하기 위한 선이나 막대로, 각 계열마다 다른 색이나 무늬를 가짐
> • **범례** : 데이터 계열을 구분하는 표시와 데이터 계열의 이름을 표시함
> • **차트 제목** : 차트의 제목을 표시하며, 워크시트의 셀과 차트의 제목을 연결하여 셀의 내용을 차트 제목으로 표시할 수 있음

> 77섹션 3필드

29. 아래 워크시트에서 '생일' 필드와 같이 표시되도록 하는 사용자 지정 서식으로 올바른 것은?

	A	B	C	D
1				
2	학번	성명	학과	생일
3	A-2001	고아라	경영	2003-04-03(목)
4	A-2002	나영희	경제	2004-01-02(금)
5	A-2003	박철수	전산	2002-07-22(월)
6	A-2004	안도해	전산	2003-09-24(수)
7	A-2005	최순이	컴공	2002-12-16(월)
8				

① yyyy-mm-dd (aaaa) ② yyyy-mm-dd (dddd)
③ yyyy-mm-dd (aaa) ④ yyyy-mm-dd (ddd)

> 전문가의 조언 | 요일을 '월~일'로 표시하는 날짜 서식 코드는 aaa입니다. 다른 보기의 서식이 적용된 결과는 다음과 같습니다.
> ① 2003-04-03 (목요일)
> ② 2003-04-03 (Thursday)
> ④ 2003-04-03 (Thu)

79섹션 1필드

30. 조건부 서식에 대한 설명으로 틀린 것은?

① 조건에 맞지 않을 경우에 대한 서식도 함께 지정할 수 있다.
② 조건부 서식은 기존의 셀 서식에 우선하여 적용된다.
③ 조건을 수식으로 입력할 경우 수식 앞에 등호(=)를 반드시 입력해야 한다.
④ 조건부 서식에 의해 서식이 설정된 셀에서 값이 변경되어 조건에 만족하지 않을 경우 적용된 서식은 바로 해제된다.

> **전문가의 조언** | 조건부 서식의 규칙별로 다른 서식은 지정할 수 있지만 조건에 맞지 않을 경우에 대한 서식은 지정할 수 없습니다.

88섹션 1필드

31. 아래 워크시트는 수량과 상품코드별 단가를 이용하여 금액을 산출한 것이다. 다음 중 [D2] 셀에 사용된 수식으로 옳은 것은? (단, 금액 = 수량 × 단가)

	A	B	C	D
1	매장명	상품코드	수량	금액
2	강북	AA-10	15	45,000
3	강남	BB-20	25	125,000
4	강서	AA-10	30	90,000
5	강동	CC-30	35	245,000
6				
7		상품코드	단가	
8		AA-10	3,000	
9		CC-30	7,000	
10		BB-20	5,000	
11				

① =C2 * VLOOKUP(B2, $B$8:$C$10, 2)
② =C2 * VLOOKUP($B$8:$C$10, 2, B2, FALSE)
③ =C2 * VLOOKUP(B2, $B$8:$C$10, 2, FALSE)
④ =C2 * VLOOKUP($B$8:$C$10, 2, B2)

> **전문가의 조언** | [D2] 셀에 사용된 수식으로 옳은 것은 ③번입니다.
> • =C2 * VLOOKUP(B2, $B$8:$C$10, 2, FALSE) : VLOOKUP(찾을값, 범위, 열 번호, 옵션)은 '범위'의 첫 번째 열에서 '옵션'에 맞게 '찾을값'과 같은 데이터를 찾은 후 '찾을값'이 있는 행에서 지정된 '열 번호' 위치에 있는 값을 반환하는 함수로, 각각의 인수를 살펴보면 다음과 같습니다.
> • 찾을값 : '상품코드'에 따라 '단가'를 찾아와야 하므로 '상품코드'가 있는 [B2] 셀을 입력합니다.
> • 범위 : '상품코드'와 '단가'가 있는 [B8:C10] 영역을 지정하며, [D2] 셀에 수식을 입력한 후 채우기 핸들을 드래그하여 [D3:D5] 영역에도 값을 구해야 하므로 절대 참조($B$8:$C$10)로 지정해야 합니다.
> • 열 번호 : '단가'가 범위의 두 번째 열에 있으므로 **2**를 입력합니다.
> • 옵션 : 범위의 첫 번째 열에서 찾을 값인 '상품코드'와 정확히 일치하는 값을 찾아야 하므로, **FALSE** 또는 **0**을 입력합니다.

66섹션 5필드

32. 다음 중 채우기 핸들에 대한 설명으로 옳은 것은?

① 문자와 숫자가 혼합된 셀의 채우기 핸들을 Ctrl을 누른 채 드래그하면 동일한 내용으로 복사된다.
② 숫자가 입력된 첫 번째 셀과 두 번째 셀을 범위로 설정한 후 채우기 핸들을 드래그하면 두 번째 셀의 값이 복사된다.
③ 숫자가 입력된 셀에서 Ctrl을 누른 채 채우기 핸들을 오른쪽으로 드래그하면 숫자가 1씩 감소한다.
④ 사용자 지정 목록에 지정된 목록 데이터의 첫 번째 항목을 입력하고 Ctrl을 누른 채 채우기 핸들을 드래그하면 목록 데이터가 입력된다.

> **전문가의 조언** | 채우기 핸들에 대한 설명으로 옳은 것은 ①번입니다.
> ② 숫자가 입력된 첫 번째 셀과 두 번째 셀을 범위로 설정한 후 채우기 핸들을 드래그하면 첫 번째와 두 번째 셀의 값 차이만큼 값이 증가하거나 감소합니다.
> ③ 숫자가 입력된 셀에서 Ctrl을 누른 채 채우기 핸들을 오른쪽으로 드래그하면 숫자가 1씩 증가합니다.
> ④ 사용자 지정 목록에 지정된 목록 데이터의 첫 번째 항목을 입력하고 Ctrl을 누른 채 채우기 핸들을 드래그하면 입력한 내용이 복사됩니다. 목록 데이터를 입력하려면 아무것도 누르지 않은 채 채우기 핸들을 드래그해야 합니다.

101섹션 3필드

33. 다음 중 아래 워크시트의 부분합 실행 결과에 대한 설명으로 옳지 않은 것은?

		A	B	C
	1	지점	부서	수시고과
+	4		개발팀 요약	30
+	7		디자인팀 요약	27
+	10		지원팀 요약	35
-	11	본사 최대		19
+	13		개발팀 요약	13
+	16		디자인팀 요약	29
+	18		지원팀 요약	14
-	19	지사 최대		15
	20		총합계	148
	21	전체 최대값		19

① 개요 기호 3번이 클릭된 상태이다.
② 합계를 먼저 계산한 후 최대를 계산하였다.
③ '정렬' 대화상자에서 첫 번째 기준을 '지점'으로 두 번째 기준을 '부서'로 하여 정렬을 수행하였다.
④ 각 그룹의 아래쪽에 부분합 결과가 표시되어 있다.

> **전문가의 조언** | 중첩 부분합을 작성할 경우 먼저 작성한 부분은 아래쪽에, 나중에 작성한 부분합은 위쪽에 표시되므로 문제의 부분합은 최대를 계산한 후 합계(요약)를 계산하였습니다.

93섹션 1필드

34. 다음과 같이 수량과 실적에 따른 점유율을 확인하는데 가장 알맞은 차트는 무엇인가?

	A	B	C	D
1	순번	수량	실적	점유율
2	1	35	3,500,000	17%
3	2	40	4,000,000	19%
4	3	42	4,200,000	20%
5	4	58	5,800,000	28%
6	5	33	3,300,000	16%
7				

① 도넛형　　② 분산형
③ 거품형　　④ 영역형

전문가의 조언 | 수량, 실적, 점유율과 같이 데이터 계열 값이 세 개인 경우에 사용되는 차트는 거품형입니다. 문제에 제시된 데이터를 이용하여 거품형 차트를 작성하면 다음과 같습니다.

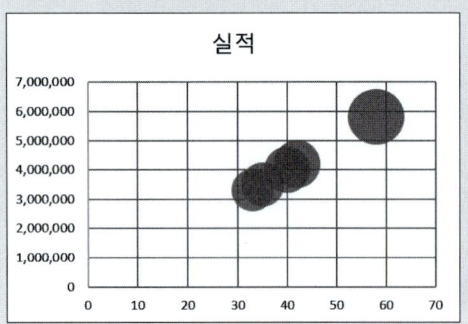

96섹션 2필드

35. 다음 중 워크시트에 입력된 도형만 제외하고 인쇄하려고 할 때의 방법으로 알맞은 것은?

① [페이지 설정] 대화상자의 '시트' 탭에서 '흑백으로' 항목에 체크하고 〈확인〉을 클릭한다.
② [페이지 설정] 대화상자의 '시트' 탭에서 '간단하게 인쇄' 항목에 체크하고 〈확인〉을 클릭한다.
③ [페이지 설정] 대화상자의 '시트' 탭에서 '시험출력' 항목에 체크하고 〈확인〉을 클릭한다.
④ 입력된 도형을 선택하고 바로 가기 메뉴에서 [크기 및 속성]을 선택한 후 [도형 서식] 창에서 '개체 인쇄'를 해제한다.

전문가의 조언 | 워크시트에 입력된 도형만 제외하고 인쇄하려면 도형의 바로 가기 메뉴에서 [크기 및 속성] 또는 [도형 서식]을 선택한 후 '도형 서식' 창의 [도형 옵션] → [📐(크기 및 속성)] → [속성]에서 '개체 인쇄' 옵션의 선택을 해제합니다.

70섹션 1필드

36. 아래 워크시트에서의 작업에 대한 설명으로 옳지 않은 것은?

① [B2] 셀에 데이터를 입력하고 Shift + Enter를 누르면 셀 포인터가 [B3] 셀로 이동된다.
② [B2] 셀에서 Enter를 5번 누르면 셀 포인터가 [C2] 셀로 이동된다.
③ [B2] 셀에 데이터를 입력하고 Ctrl + Enter를 누르면 [B2:C6] 영역에 동일한 데이터가 입력된다.
④ [B2] 셀에 데이터를 입력하고 Alt + Enter를 누르면 셀 안에서 줄 나누기가 수행된다.

전문가의 조언 |
• [B2] 셀에 데이터를 입력하고 Shift + Enter를 누르면 셀 포인터가 [C6] 셀로 이동됩니다.
• [B2] 셀에 데이터를 입력하고 [B3] 셀로 이동하려면 Enter를 눌러야 합니다.

81섹션 2필드

37. 다음과 같이 [B3:J11] 영역에 구구단을 입력하기 위해 [B3] 셀에 입력될 수식으로 올바른 것은?

	A	B	C	D	E	F	G	H	I	J
1	구구단									
2		1	2	3	4	5	6	7	8	9
3	1	1	2	3	4	5	6	7	8	9
4	2	2	4	6	8	10	12	14	16	18
5	3	3	6	9	12	15	18	21	24	27
6	4	4	8	12	16	20	24	28	32	36
7	5	5	10	15	20	25	30	35	40	45
8	6	6	12	18	24	30	36	42	48	54
9	7	7	14	21	28	35	42	49	56	63
10	8	8	16	24	32	40	48	56	64	72
11	9	9	18	27	36	45	54	63	72	81

① =$A$3*$B$2　　② =$A3*B$2
③ =A3*B2　　　　④ =A$3*$B2

전문가의 조언 | • 구구단을 입력하기 위해 [B3] 셀에 입력할 수식은 =$A3*B$2입니다.
• [B3] 셀에 수식을 입력한 후 채우기 핸들을 이용하여 [J11] 셀까지 결과를 표시할 때 A열과 2행은 고정되어야 하므로 $A3과 B$2로 지정해야 합니다.

38. 다음 중 선택 가능한 매크로 보안 설정으로 옳지 않은 것은?

① 알림이 없는 매크로 사용 안 함
② 알림이 포함된 VBA 매크로 사용 안 함
③ 디지털 서명된 매크로를 제외하고 VBA 매크로 사용 안 함
④ VBA 매크로 사용(권장)

전문가의 조언 | [개발 도구] → [코드] → [매크로 보안]에서 설정할 수 있는 항목은 다음과 같습니다.

매크로 설정
- ○ 알림이 없는 매크로 사용 안 함(M)
- ○ 알림이 포함된 VBA 매크로 사용 안 함(A)
- ○ 디지털 서명된 매크로를 제외하고 VBA 매크로 사용 안 함(G)
- ● VBA 매크로 사용(권장 안 함, 위험한 코드가 시행될 수 있음)(N)

39. 다음 중 피벗 테이블에 대한 설명으로 옳지 않은 것은?

① 값 영역의 특정 항목을 마우스로 더블클릭하면 해당 데이터에 대한 세부적인 데이터가 새로운 시트에 표시된다.
② 데이터 그룹 수준을 확장하거나 축소해서 요약 정보만 표시할 수도 있고 요약된 내용의 세부 데이터를 표시할 수도 있다.
③ 행을 열로 또는 열을 행으로 이동하여 원본 데이터를 다양한 방식으로 요약하여 표시할 수 있다.
④ 피벗 테이블과 피벗 차트를 함께 만든 후에 피벗 테이블을 삭제하면 피벗 차트도 자동으로 삭제된다.

전문가의 조언 | 피벗 테이블과 피벗 차트를 함께 만든 후에 피벗 테이블을 삭제하면 피벗 차트는 일반 차트로 변경됩니다.

40. 다음 중 입력한 수식에서 발생한 오류 메시지와 그 발생 원인으로 옳지 않은 것은?

① #VALUE! : 잘못된 인수나 피연산자를 사용했을 때
② #DIV/0! : 특정 값(셀)을 0 또는 빈 셀로 나누었을 때
③ #NAME? : 함수 이름을 잘못 입력하거나 인식할 수 없는 텍스트를 수식에 사용했을 때
④ #REF! : 숫자 인수가 필요한 함수에 다른 인수를 지정했을 때

전문가의 조언 | #REF!는 셀 참조가 유효하지 않을 때 발생하는 오류 메시지입니다.

2025년 3회 컴퓨터활용능력 2급 필기

1과목 컴퓨터 일반

54섹션 1필드

1. 지리적으로 분산된 컴퓨터를 초고속 인터넷망으로 연결하여 공유함으로써 하나의 고성능 컴퓨터처럼 활용하는 기술을 의미하는 것은?

① 클라우드 컴퓨팅(Cloud Computing)
② 그리드 컴퓨팅(Grid Computing)
③ 사물 인터넷(Internet of Things)
④ 빅 데이터(Big Data)

> **전문가의 조언** | 문제에 제시된 내용은 그리드 컴퓨팅(Grid Computing)의 개념입니다.
> - **클라우드 컴퓨팅(Cloud Computing)** : 하드웨어·소프트웨어 등의 컴퓨팅 자원을 자신이 필요한 만큼 빌려 쓰고 사용요금을 지불하는 방식의 컴퓨팅 서비스
> - **사물 인터넷(Internet of Things)** : 세상에 존재하는 모든 사물을 네트워크로 연결해 인간과 사물, 사물과 사물 간 언제 어디서나 서로 소통할 수 있게 하는 새로운 정보 통신 환경
> - **빅 데이터(Big Data)** : 기존의 관리 방법이나 분석 체계로는 처리하기 어려운 막대한 양의 데이터 집합

48섹션 2필드

2. 다음 중 정보통신에서 네트워크 관련 장비에 대한 설명으로 옳지 않은 것은?

① 라우터 : 네트워크 구성을 위해 꼭 필요한 장비로, 정보 전송을 위한 최적의 경로를 찾아 통신망에 연결하는 장치
② 허브 : 네트워크를 구성할 때 여러 대의 컴퓨터를 연결하고, 각 회선을 통합 관리하는 장치
③ 브리지 : 정보통신을 위한 디지털 방식의 통신 선로에서 전송 신호를 증폭하거나 재생하고 전달하는 중계 장치
④ 게이트웨이 : 한 네트워크에서 다른 네트워크로 들어가는 입구 역할을 하는 장치로 근거리 통신망(LAN)과 같은 하나의 네트워크를 다른 네트워크와 연결할 때 사용되는 장치

> **전문가의 조언** | ③번은 리피터(Repeater)에 대한 설명입니다.
> - **브리지(Bridge)**는 네트워크 분할을 통해 트래픽을 감소시키며, 물리적으로 다른 네트워크(LAN)를 연결하는 장비입니다.

60섹션 4필드

3. 다음 중 정보 보안을 위해 필요한 조치 방법으로 가장 거리가 먼 것은?

① 방화벽(Firewall)을 설치하여 네트워크를 관리한다.
② 중요한 데이터는 암호화하여 관리한다.
③ 불법적인 접근에 대한 접근 통제 도구를 개발하여 사용한다.
④ 불법적인 접근을 방지하기 위해 DNS의 설정을 변경한다.

> **전문가의 조언** | • DNS(Domain Name System)는 문자로 된 도메인 네임을 숫자로 된 IP 주소로 바꾸어 주는 역할을 하는 시스템으로, DNS 설정을 변경한다고 해서 불법적인 접근을 방지할 수 있는 것은 아닙니다.
> • 불법적인 접근을 방지하기 위해서는 데이터를 암호화하거나 방화벽과 같은 접근 통제 도구를 설치하여 관리해야 합니다.

52섹션 1필드

4. 다음 중 인터넷을 이용한 전자우편에 관한 설명으로 옳지 않은 것은?

① 전자우편을 통해 한 사람이 동시에 여러 사람에게 동일한 전자우편을 보낼 수 있다.
② 전자우편 주소는 '사용자ID@호스트' 주소의 형식으로 이루어진다.
③ 일반적으로 POP3는 메일을 수신하는 용도로, SMTP는 송신하는 용도로 사용되는 프로토콜이다.
④ IMAP는 멀티미디어 등의 다양한 형식의 전자우편을 주고받기 위한 인터넷 메일 규약이다.

> **전문가의 조언** | • ④번은 MIME 프로토콜에 대한 설명입니다.
> • IMAP는 로컬 서버에서 프로그램을 이용하여 전자우편을 액세스하기 위한 표준 프로토콜입니다.

6섹션 2필드

5. 다음 중 한글 Windows 10의 [파일 탐색기]에 대한 설명으로 옳지 않은 것은?

① 폴더와 파일을 계층 구조로 확인할 수 있다.
② [공유] 메뉴를 이용하여 사용자 전환이나 로그오프를 수행할 수 있다.
③ 파일 및 폴더를 복사하고, 옮기고, 이름을 바꾸고 검색할 수 있다.
④ 파일을 선택한 후에 바로 가기 메뉴에서 [인쇄]를 선택하면 해당 파일을 사용자가 직접 열지 않고 바로 인쇄할 수 있다.

> **전문가의 조언** | [공유] 메뉴를 이용하여 파일 및 폴더를 공유하거나 압축, 메일 발송 등을 수행할 수 있지만 사용자 전환이나 로그오프는 수행할 수 없습니다.

12섹션 1필드

6. 다음 중 휴지통에 관한 설정으로 옳지 않은 것은?

① [휴지통 비우기]를 실행한 파일은 복구할 수 없다.
② 네트워크 드라이브에서 삭제한 파일은 [휴지통]에 들어가지 않는다.
③ 휴지통에 있는 파일은 실행할 수는 없지만 이름은 변경할 수 있다.
④ 각 디스크 드라이브마다 [휴지통]의 크기를 다르게 설정할 수 있다.

전문가의 조언 | 휴지통에 있는 파일은 실행하거나 이름을 변경할 수 없습니다. 실행하거나 이름을 변경하려면 먼저 복원해야 합니다.

44섹션 2필드

7. 다음 중 운영체제의 운용 방식으로 옳지 않은 것은?

① 분산 처리 시스템(Distributed Processing System) : 하나의 시스템에 여러 개의 CPU를 두고 여러 프로그램을 동시에 처리하는 방식
② 일괄 처리 시스템(Batch Processing System) : 초기의 컴퓨터 시스템에서 사용된 형태로, 일정량 또는 일정 기간 동안 데이터를 모아서 한꺼번에 처리하는 방식
③ 시분할 시스템(Time Sharing System) : 여러 명의 사용자가 사용하는 시스템에서 컴퓨터가 사용자들의 프로그램을 번갈아 가며 처리해 줌으로써 각 사용자에게 독립된 컴퓨터를 사용하는 느낌을 주는 것이며, 라운드 로빈 방식이라고도 함
④ 실시간 처리(Real Time Processing) : 처리할 데이터가 입력될 때마다 즉시 처리하는 방식

전문가의 조언 |
• ①번은 다중 처리 시스템(Multi-Processing System)에 대한 설명입니다.
• 분산 처리 시스템(Distributed System)은 지역적으로 분산된 여러 대의 컴퓨터를 연결하여 작업을 분담하여 처리하는 방식입니다.

32섹션 4필드

8. 다음 중 가상 메모리(Virtual Memory)에 대한 설명으로 옳지 않은 것은?

① 주기억장치의 용량보다 큰 대용량의 프로그램을 수행할 수 있는 장점이 있다.
② 가상 메모리를 사용하면 개별 프로그램의 수행 속도가 향상된다.
③ 전원이 꺼지면 가상 메모리에 저장된 데이터는 사라진다.
④ 가상 메모리를 이용하면 한 번에 여러 개의 프로그램을 수행시킬 수 있다.

전문가의 조언 | 가상 메모리는 보조기억장치를 이용하여 프로그램을 처리하는 것으로, 주기억장치를 이용하여 프로그램을 처리하는 일반적인 방법에 비해 수행 속도가 느려질 수 있습니다.

없음

9. 다음 중 RAID에 대한 설명으로 옳지 않은 것은?

① 여러 개의 하드디스크를 모아서 하나의 하드디스크처럼 사용할 수 있도록 하는 기술이다.
② RAID를 사용하면 데이터 복구가 쉬우며, 속도도 빨라진다.
③ 중앙 컴퓨터를 중심으로 처리하는 중앙 집중 처리 방식에 유용하다.
④ 주로 서버에서 사용하며, 데이터의 안전성이 높다.

전문가의 조언 | RAID는 저장장치의 성능 및 안전성을 높이기 위해 저장장치를 관리하는 기술로, 서버(Server)에서 주로 사용됩니다. 즉 중앙 집중 처리 방식보다는 클라이언트/서버 방식이 적용되는 분산 처리 환경에 유용하다고 할 수 있습니다.

15섹션 1필드

10. 다음 중 다중 디스플레이 사용에 대한 설명으로 옳지 않은 것은?

① 디스플레이를 확장해서 사용할 수 있다.
② 디스플레이를 복제해서 사용할 수 있다.
③ 디스플레이별로 해상도를 다르게 사용할 수 있다.
④ 디스플레이별로 화면 보호기를 다르게 사용할 수 있다.

전문가의 조언 | 다중 디스플레이를 사용할 때, 디스플레이별로 화면 보호기를 다르게 설정하는 기능은 없습니다.

11섹션 2필드

11. 다음 중 파일이나 폴더를 복사하거나 이동하는 방법으로 옳지 않은 것은?

① 폴더를 마우스로 선택한 후 동일한 드라이브의 다른 폴더로 끌어서 놓으면 이동이 된다.
② USB에 저장된 파일을 마우스로 선택한 후 바탕화면으로 끌어서 놓으면 복사가 된다.
③ 파일을 마우스로 선택한 후 [Ctrl]을 누른 채 같은 드라이브의 다른 폴더로 끌어서 놓으면 복사가 된다.
④ 폴더를 마우스로 선택한 후 [Alt]를 누른 채 같은 드라이브의 다른 폴더로 끌어서 놓으면 이동이 된다.

전문가의 조언 |
• 폴더를 마우스로 선택한 후 [Alt]를 누른 채 같은 드라이브의 다른 폴더로 끌어서 놓으면 폴더의 바로 가기 아이콘이 생성됩니다.
• 같은 드라이브에서 파일이나 폴더를 이동하려면 키를 누르지 않고 끌어서 놓기만 하면 됩니다.

정답 : 1.② 2.③ 3.④ 4.④ 5.② 6.③ 7.① 8.② 9.③ 10.④ 11.④

38섹션 2필드

12. 다음 중 컴퓨터의 롬(ROM)에 기록되어 하드웨어를 제어하며, 하드웨어의 성능 향상을 위해 업그레이드할 수 있는 마이크로프로그램의 집합을 의미하는 것은?

① 프리웨어(Freeware) ② 셰어웨어(Shareware)
③ 미들웨어(Middleware) ④ 펌웨어(Firmware)

> **전문가의 조언 |** 문제에 제시된 내용은 펌웨어(Firmware)에 대한 설명입니다.
> - 프리웨어(Freeware) : 무료로 사용 또는 배포가 가능한 소프트웨어
> - 셰어웨어(Shareware) : 기능 혹은 사용 기간에 제한을 두어 배포하는 소프트웨어
> - 미들웨어(Middle Ware) : 운영체제와 해당 운영체제에 의해 실행되는 응용 프로그램 사이에서 운영체제가 제공하는 서비스 이외에 추가적인 서비스를 제공하는 소프트웨어

59섹션 1필드

13. 다음 중 실감미디어에 대한 설명으로 옳지 않은 것은?

① 홀로그램 – 기록 매체에 레이저와 같이 간섭성이 있는 광원을 이용하여 간섭 패턴을 기록한 결과물로, 광원을 이용하여 재생하면 3차원 영상으로 표현된다.
② 증강현실 – 가상 세계에서 일상생활이나 경제적 활동이 가능하며, 사용자를 대신하는 캐릭터에서 가상 세계에서의 사회적 책임과 의무를 요구하고 있다.
③ 가상현실 – 다양한 장치를 통해 컴퓨터가 만들어낸 가상 세계에서 여러 다른 경험을 체험할 수 있도록 한 모든 기술을 말한다.
④ 혼합현실 – 가상현실과 현실 세계를 합쳐, 현실의 물리적인 객체와 가상의 객체가 서로 작용할 수 있는 환경을 구현하는 기술이다.

> **전문가의 조언 |** ②번은 메타버스(Metaverse)에 대한 설명입니다.
> - 증강현실은 실제 촬영한 화면에 가상의 정보를 부가하여 보여주는 기술을 의미합니다.

31섹션 1필드

14. 다음 중 중앙처리장치의 구성 요소에 해당하지 않는 것은?

① ALU(Arithmetic Logic Unit)
② CU(Control Unit)
③ 레지스터(Register)
④ SSD(Solid State Drive)

> **전문가의 조언 |** • SSD는 반도체를 이용하여 정보를 저장하는 보조기억장치입니다.
> • 중앙처리장치는 사람의 두뇌와 같이 컴퓨터 시스템에 부착된 모든 장치의 동작을 제어하고, 명령을 실행하는 장치로, 제어장치(Control Unit), 연산장치(ALU; Arithmetic & Logic Unit), 레지스터(Register)로 구성됩니다.

44섹션 1필드

15. 다음 중 운영체제에 대한 설명으로 옳지 않은 것은?

① 운영체제는 제어 프로그램, 감시 프로그램, 응용 프로그램으로 구성된다.
② 자원의 효율적인 관리를 위해 자원의 스케줄링을 제공한다.
③ 시스템과 사용자 간의 편리한 인터페이스를 제공한다.
④ 데이터 및 자원 공유 기능을 제공한다.

> **전문가의 조언 |** 운영체제는 제어 프로그램과 처리 프로그램으로 구성되어 있습니다.

44섹션 1필드

16. 다음 중 컴퓨터 운영체제에 관한 설명으로 옳지 않은 것은?

① 운영체제는 컴퓨터가 작동하는 동안 하드디스크에 위치하여 실행된다.
② 프로세스, 기억장치, 주변장치, 파일 등의 관리가 주요 기능이다.
③ 운영체제의 평가 항목으로 처리 능력, 응답시간, 사용 가능도, 신뢰도 등이 있다.
④ 사용자들 간의 하드웨어 공동 사용 및 자원의 스케줄링을 수행한다.

> **전문가의 조언 |** 운영체제는 컴퓨터가 동작하는 동안 하드디스크가 아닌 주기억장치에 위치합니다.

37섹션 1필드

17. 다음 중 USB 인터페이스에 대한 설명으로 옳지 않은 것은?

① 직렬 포트보다 USB 포트의 데이터 전송 속도가 더 빠르다.
② USB는 컨트롤러당 최대 127개까지 포트의 확장이 가능하다.
③ 핫 플러그 인(Hot Plug In)과 플러그 앤 플레이(Plug & Play)를 지원한다.
④ USB 커넥터를 색상으로 구분하는 경우 USB 3.0은 빨간색, USB 2.0은 파란색을 사용한다.

> **전문가의 조언 |** USB 커넥터를 색상으로 구분하는 경우 USB 3.0은 파란색, USB 2.0 이하는 검은색 또는 흰색을 사용합니다.

55섹션 2필드

18. 다음 중 멀티미디어의 특징에 대한 설명으로 옳지 않은 것은?

① 다양한 아날로그 데이터를 디지털 데이터로 변환하여 통합 처리한다.
② 정보 제공자와 사용자 간의 상호 작용으로 데이터가 전달된다.
③ 미디어별 파일 형식이 획일화되어 멀티미디어의 제작이 쉬워진다.
④ 텍스트, 그래픽, 사운드, 동영상 등의 여러 미디어를 통합 처리한다.

전문가의 조언 | 멀티미디어는 그래픽, 비디오, 오디오 등 미디어별로 다양한 파일 형식이 있어 용도에 맞는 멀티미디어의 제작이 쉽습니다.

62섹션 3필드

19. 다음 중 정당한 사용자가 정상적으로 시스템을 종료하지 않고 자리를 떠났을 때 비인가된 사용자가 바로 그 자리에서 계속 작업을 수행하여 불법적으로 접근하는 범죄 행위에 해당하는 것은?

① 스패밍(Spamming) ② 스푸핑(Spoofing)
③ 스니핑(Sniffing) ④ 피기배킹(Piggybacking)

전문가의 조언 | 문제에 제시된 내용은 피기배킹(Piggybacking)의 개념입니다.
- **스패밍(Spamming)** : 다수의 수신인에게 무작위로 메일을 발송하는 행위
- **스푸핑(Spoofing)** : 눈속임(Spoof)에서 파생된 것으로, 검증된 사람이 네트워크를 통해 데이터를 보낸 것처럼 데이터를 변조하여 접속을 시도하는 침입 형태
- **스니핑(Sniffing)** : 네트워크 주변을 지나다니는 패킷을 엿보면서 계정과 패스워드 등의 정보를 가로채는 행위

44섹션 1필드

20. 다음 중 유틸리티 프로그램에 대한 설명으로 적절하지 않은 것은?

① 다수의 작업이나 목적에 따라 적용되는 편리한 서비스 프로그램이나 루틴을 말한다.
② 컴퓨터의 동작에 필수적이고, 컴퓨터를 이용하는 주목적에 대한 일부 특정 작업을 수행하는 소프트웨어들을 가리킨다.
③ 컴퓨터 하드웨어, 운영체제, 응용 소프트웨어를 관리하는 데 도움을 주도록 설계된 프로그램을 의미한다.
④ Windows에서 제공하는 유틸리티 프로그램으로는 메모장, 그림판, 계산기 등을 예로 들 수 있다.

전문가의 조언 | 유틸리티 프로그램은 컴퓨터 동작에 필수적이지는 않지만, 컴퓨터를 이용하는 주목적에 대한 특정 작업을 수행하는 소프트웨어들을 가리킵니다.

2과목 스프레드시트 일반

105섹션 1필드

21. 다음 중 가상 분석 도구인 [데이터 표]에 대한 설명으로 옳은 것은?

① [데이터] → [데이터 도구] → [가상 분석] → [데이터 표] 선택하여 수행한다.
② 특정 값의 변화에 따른 결과값의 변화 과정을 표의 형태로 표시해 주는 도구이다.
③ 데이터 표 결과의 일부를 수정할 수 있다.
④ 변화되는 값이 2개이면 수식도 2개가 작성되어야 한다.

전문가의 조언 | '데이터 표'에 대한 설명으로 옳은 것은 ②번입니다.
① 데이터 표는 [데이터] → [예측] → [가상 분석] → [데이터 표] 선택하여 수행합니다.
③ 데이터 표의 결과값은 일부만 수정할 수 없습니다.
④ 변화되는 값이 2개라도 수식은 하나만 작성되어야 합니다.

64섹션 1필드

22. 다음 중 데이터 입력에 대한 설명으로 옳은 것은?

① 특수문자나 특수기호를 입력하려면 한글 자음을 입력한 후 [한/영]을 눌러 표시되는 목록에서 선택하여 입력한다.
② [Ctrl] + [Shift] + [;]를 누르면 현재 날짜가 입력된다.
③ 문자는 기본적으로 왼쪽을 기준으로 입력되며, [Alt] + [Enter]를 누르면 셀 안에서 줄 나눔을 할 수 있다.
④ 숫자를 문자 형태로 입력하려면 큰따옴표(")를 입력한 후 숫자를 입력한다.

전문가의 조언 | 데이터 입력에 대한 설명으로 옳은 것은 ③번입니다.
① 특수문자나 특수기호를 입력하려면 한글 자음을 입력한 후 [한자]를 눌러 표시되는 목록에서 선택하여 입력합니다.
② [Ctrl] + [Shift] + [;]를 누르면 현재 시간이 입력되며, 현재 날짜를 입력하려면 [Ctrl] + [;]을 눌러야 합니다.
④ 숫자를 문자 형태로 입력하려면 작은따옴표(')를 입력한 후 숫자를 입력합니다.

23. 다음 차트에 대한 설명으로 옳지 않은 것은?

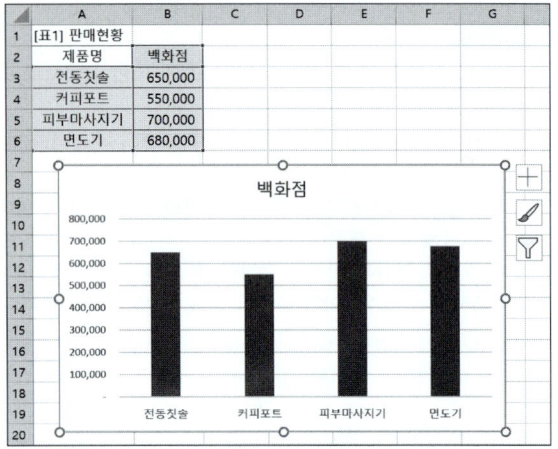

① 차트 제목은 계열이 한 개이므로 자동으로 표시된 것이다.
② 세로(값) 축을 선택한 후 Delete를 누르면 세로(값) 축이 삭제된다.
③ 가로(항목) 축의 축 서식을 이용하여 오름차순이나 내림차순으로 정렬을 수행할 수 있다.
④ 차트의 종류를 3차원 묶은 세로 막대형으로 변경할 수 있다.

> **전문가의 조언** | 세로(값) 축, 가로(항목) 축의 축 서식에서는 정렬 기능을 제공하지 않습니다.

24. 아래 워크시트에서 날짜의 요일에 따라 할인율을 일~월은 7%, 화~목은 20%, 금~토는 0%로 적용하려고 한다. 다음 중 [C2] 셀에 입력한 후 채우기 핸들로 [C7] 셀까지 복사한 경우 결과가 다른 수식은?

	A	B	C
1	날짜	여행지	할인율
2	2025-03-08(토)	태국	0%
3	2025-03-09(일)	베트남	7%
4	2025-03-10(월)	괌	7%
5	2025-03-11(화)	사이판	20%
6	2025-03-12(수)	북유럽	20%
7	2025-03-13(목)	미국	20%
8			

① =CHOOSE(WEEKDAY(A2), 7%, 7%, 20%, 20%, 20%, 0%, 0%)
② =CHOOSE(WEEKDAY(A2, 1), 7%, 7%, 20%, 20%, 20%, 0%, 0%)
③ =CHOOSE(WEEKDAY(A2, 2), 7%, 20%, 20%, 20%, 0%, 0%, 7%,)
④ =CHOOSE(WEEKDAY(A2, 3), 7%, 20%, 20%, 20%, 0%, 0%, 7%)

> **전문가의 조언** | 결과가 다른 수식은 ④번입니다.
> • WEEKDAY(날짜, 옵션)은 '날짜'에 해당하는 요일번호를 반환하는 함수로 '옵션'은 다음과 같습니다.
> - 1 또는 생략 : 1(일요일) ~ 7(토요일)
> - 2 : 1(월요일) ~ 7(일요일)
> - 3 : 0(월요일) ~ 6(일요일)
> • CHOOSE(인수, 첫 번째, 두 번째, ···) 함수는 인수가 1이면 첫 번째를, 인수가 2이면 두 번째를 반환합니다.
> • ④번 수식은 WEEKDAY 함수의 '옵션'을 3으로 지정했기 때문에 0~6이 반환됩니다. WEEKDAY 함수의 반환값이 CHOOSE 함수의 '인수'로 사용되는데 0은 사용할 수 없으므로 오류가 발생합니다. 다음과 같이 '인수'에 1을 더해야 올바른 결과가 표시됩니다.
> =CHOOSE(WEEKDAY(A2, 3)+1, 7%, 20%, 20%, 20%, 0%, 0%, 7%)

25. 다음 중 〈변경 전〉 차트를 〈변경 후〉와 같이 변경한 내용으로 옳지 않은 것은?

〈변경 전〉

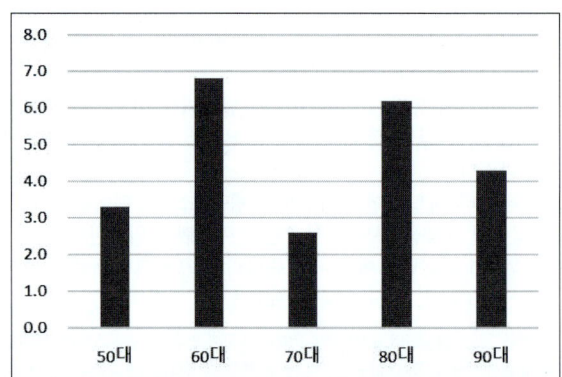

〈변경 후〉

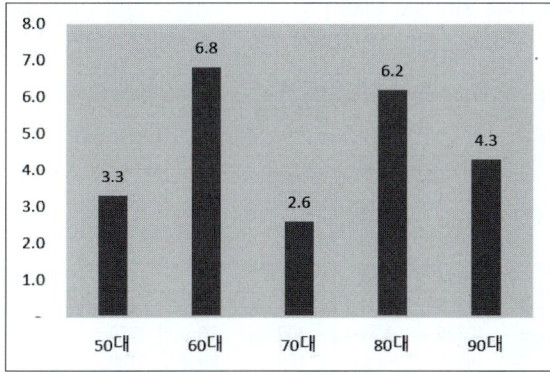

① 차트 영역의 색상을 변경하였다.
② 데이터 레이블을 추가하였다.
③ 가로 주 눈금선을 제거하였다.
④ 세로(값) 축의 표시 형식을 기호가 없는 회계 형식으로 변경하였다.

전문가의 조언 | •〈변경 후〉 차트에는 차트 영역이 아닌 그림 영역의 색상이 변경되어 있습니다.
• 차트 영역의 색상을 변경한 결과는 다음과 같습니다.

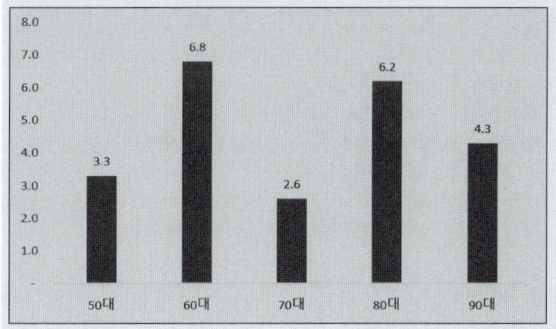

74섹션 3필드

26. 다음 중 워크시트 사용 방법에 대한 설명으로 옳지 않은 것은?

① 워크시트를 바로 전에 삭제한 경우에는 빠른 실행 도구 모음의 ↶(실행 취소)를 클릭하여 삭제를 되돌릴 수 있다.
② 시트를 복사하면 원래의 시트 이름 뒤에 ( )가 삽입되면서 (2), (3), … 등으로 일련번호가 붙는다.
③ 데이터 범위를 지정한 후 [Alt] + [F1]을 누르면 데이터가 있는 워크시트에 기본 차트가 작성된다.
④ [Ctrl]을 누른 채 여러 개의 시트를 선택하면 제목 표시줄에 '그룹'이라고 표시된다.

전문가의 조언 | 워크시트를 삭제한 경우에는 삭제 시기와 관계없이 되살릴 수 없습니다.

94섹션 2필드

27. 다음은 '창 나누기'와 '틀 고정'에 대한 설명이다. 잘못된 것은?

① 창 구분선을 마우스로 드래그하여 위치를 이동할 수 있다.
② 창 나누기는 워크시트를 여러 개의 창으로 분리하는 기능으로 최대 4개로 분할할 수 있다.
③ 틀 고정을 마우스로 끌어서 위치를 변경할 수 있다.
④ 메뉴 [창] → [틀 고정]을 선택하면 현재 셀 포인터의 왼쪽, 위쪽에 틀 고정선이 나타난다.

전문가의 조언 | • 틀 고정선의 위치는 마우스로 조정할 수 없습니다.
• 틀 고정선을 조정하려면 기존의 틀 고정을 취소한 후 새롭게 틀 고정을 설정해야 합니다.

95섹션 5필드

28. 다음 중 페이지 나누기에 대한 설명으로 옳지 않은 것은?

① 페이지 나누기는 워크시트를 인쇄할 수 있도록 페이지 단위로 나누는 구분선이다.
② [페이지 나누기 미리 보기] 상태에서 마우스로 페이지 나누기 구분선을 클릭하여 끌면 페이지를 나눌 위치를 조정할 수 있다.
③ 행 높이와 열 너비를 변경해도 자동 페이지 나누기 구분선의 위치는 변경되지 않는다.
④ [페이지 나누기 미리 보기] 상태에서 파선은 자동 페이지 나누기를 나타내고 실선은 사용자 지정 페이지 나누기를 나타낸다.

전문가의 조언 | 행 높이와 열 너비를 변경하면 자동 페이지 나누기는 영향을 받아 자동으로 변경되고, 수동 페이지 나누기는 영향을 받지 않고 원래대로 유지됩니다.

29. 다음 중 [시나리오 추가] 대화상자에 대한 설명으로 옳지 않은 것은?

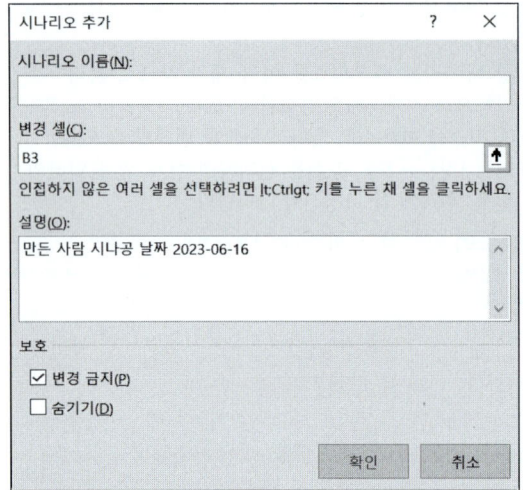

① [데이터] → [예측] → [가상 분석] → [시나리오 관리자] 대화상자에서 [추가] 단추를 클릭하면 표시되는 대화상자이다.
② 변경 셀을 미리 선택한 후 [시나리오 추가] 대화상자를 열면 셀 주소가 자동으로 입력된다.
③ '설명'은 시나리오에 대한 추가적인 설명으로 반드시 입력할 필요는 없다.
④ 시트 보호가 지정된 경우 시나리오가 표시되지 않도록 하려면 '변경 금지'를 선택한다.

전문가의 조언 | · 시트 보호가 지정된 경우 시나리오가 표시되지 않도록 하려면 '숨기기'를 선택해야 합니다.
· '변경 금지'는 시나리오가 변경되지 않도록 보호하는 옵션입니다.

30. 다음 시트에서 직책이 '과장'인 직원들의 급여총액의 합을 구하려고 한다. [D14] 셀에 들어갈 함수식으로 옳은 것은?

	A	B	C	D	E
1			급여 현황		
2					단위 : 만원
3	사번	직책	기본급	수당	급여총액
4	10101	과장	250	50	300
5	10102	과장	190	50	240
6	10103	사원	150	30	180
7	10214	사원	145	30	175
8	10215	과장	195	50	245
9	10216	부장	300	70	370
10	10315	사원	160	30	190
11	10316	과장	200	50	250
12					
13			직책	급여총액	
14			과장		
15					

① =DSUM(A3:E11, 5, C13:C14)
② =DSUM(A3:E11, E3, C13:D13)
③ =DSUM(5, A3:E11, C13:C14)
④ =DSUM(A3:E11, C13:C14, E3)

전문가의 조언 | DSUM(데이터 범위, 열 번호, 조건) 함수는 해당 범위에서 조건에 맞는 자료를 대상으로 지정된 열에서 합계를 계산하므로 올바른 함수식은 ①번입니다. 인수를 하나씩 살펴보겠습니다.
· 데이터 범위 : 데이터가 있는 [A3:E11] 영역을 입력함
· 열 번호 : 급여총액이 있는 열인 5를 입력함. 급여총액 필드명이 있는 E열의 주소인 'E3'을 입력해도 됨
· 조건 : 조건이 있는 [C13:C14] 셀을 입력함. 조건을 별도의 영역에 지정하지 않고 [B3:B4]와 같이 데이터 영역에 있는 값을 이용해도 됨

`99섹션 2필드`

31. 다음 중 고급 필터를 이용하여 국어 점수가 70점 이상에서 90점 미만인 데이터 행을 추출하기 위한 조건으로 옳은 것은?

①
국어	국어
>=70	<90

②
국어
>=70
<90

③
국어	국어
>=70	
	<90

④
국어	
>=70	<90

> 전문가의 조언 | • 고급 필터의 조건으로 옳은 것은 ①번입니다.
> • 고급 필터의 조건을 지정할 때는 조건을 지정할 범위의 첫 행에는 원본 데이터 목록의 필드명을 입력하고, 그 아래 행에 조건을 입력합니다.
> • 조건을 같은 행에 입력하면 AND 조건, 다른 행에 입력하면 OR 조건으로 연결됩니다. 문제의 고급 필터 조건은 '~에서 ~ 인'인, 즉 AND 조건이므로 각각의 조건을 같은 행에 입력하면 됩니다.

`108섹션 4필드`

32. 다음 중 워크시트 상에서 매크로를 연결할 수 없는 양식 컨트롤의 유형은?

① 레이블 ② 텍스트 필드
③ 단추   ④ 확인란

> 전문가의 조언 | 양식 컨트롤에서 '텍스트 필드'는 비활성되어 사용할 수 없습니다.

`69섹션 1필드`

33. 다음 중 찾기 및 바꾸기에 대한 설명으로 옳지 않은 것은?

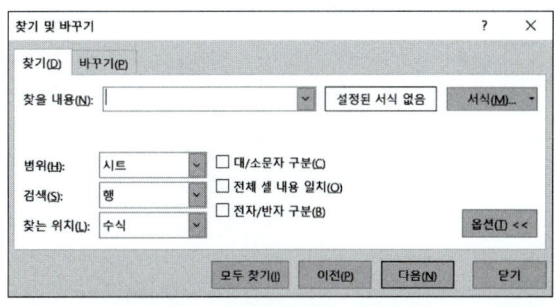

① 찾을 내용에 물음표(?)를 사용하면 찾고자 하는 단어의 길이를 제한할 수 있고, 별표(*)를 사용하면 단어의 길이에 상관없이 모든 단어를 검색할 수 있다.
② 서식을 사용하면 서식 조건에 맞는 셀을 검색할 수 있다.
③ 범위 항목에서 현재 워크시트에서만 검색하려면 '시트'를 선택하고 현재 통합 문서의 모든 시트를 검색하려면 '통합 문서'를 선택한다.
④ 찾는 위치 항목에서 '수식'으로 입력하면 수식이 계산된 결과에서 찾을 문자열을 검색한다.

> 전문가의 조언 | • 찾는 위치를 '수식'으로 지정하면 수식이 계산된 결과가 아닌 수식에서 해당 찾을 문자를 검색합니다.
> • 수식의 결과값에서 해당 찾을 문자를 검색하려면 찾는 위치를 '값'으로 지정해야 합니다.
> • 예를 들어, =5+3, 5, =2+3을 각각의 셀에 입력하면 화면에 8, 5, 5가 표시됩니다. 이때 찾을 문자열을 5로 지정하고 찾는 위치를 '수식'으로 지정한 다음 검색하면 8(=5+3)과 5가 검색되지만 찾는 위치를 '값'으로 지정하고 검색하면 5와 5(=2+3)가 검색됩니다.

`79섹션 1필드`

34. 다음 중 조건부 서식에 대한 설명으로 옳지 않은 것은?

① 조건을 수식으로 입력할 경우 수식 앞에 등호(=)를 반드시 입력해야 한다.
② 두 개의 조건을 만족하는 경우 우선순위가 높은 것만 적용된다.
③ 아이콘 집합을 이용하면 조건 없이 셀의 값에 따라 다양한 모양의 아이콘을 표시할 수 있다.
④ 조건부 서식에 의해 서식이 설정된 셀에서 값이 변경되어 조건에 만족하지 않을 경우 적용된 서식은 바로 해제된다.

> 전문가의 조언 | 두 개의 조건을 만족하는 경우 두 규칙에 지정된 서식이 모두 적용되며, 서식이 충돌할 경우에만 우선순위가 높은 규칙의 서식이 적용됩니다.

정답 : 29.④ 30.① 31.① 32.② 33.④ 34.②

[81섹션 2필드]

35. [D1] 셀에 입력된 수식 '=A$1+$B1'을 복사하여 [D3] 셀에 붙여넣을 경우 결과로 옳은 것은?

▲	A	B	C	D
1	80	60	70	
2	70	90	75	
3	85	70	75	
4	75	77	85	

① 140 ② 170
③ 150 ④ 157

전문가의 조언 | [D1] 셀에 입력된 수식 '=A$1+$B1'을 [D3] 셀로 복사하면 수식이 '=A$1+$B3'으로 변경되므로 결과는 150입니다.

[102섹션 1필드]

36. 다음 중 피벗 테이블에 대한 설명으로 옳지 않은 것은?
① 원본 데이터가 변경되면 피벗 테이블의 데이터도 자동으로 변경된다.
② 외부 데이터를 대상으로 피벗 테이블을 작성할 수 있다.
③ 피벗 테이블을 작성한 후에 사용자가 새로운 수식을 추가하여 표시할 수 있다.
④ 많은 양의 자료를 분석하여 다양한 형태로 요약하여 보여주는 기능이다.

전문가의 조언 | 원본 데이터가 변경된 경우 [피벗 테이블 분석] → [데이터] → [새로 고침]을 눌러 주어야만 피벗 테이블의 데이터도 변경됩니다.

[108섹션 1필드]

37. 다음 중 [매크로] 대화상자에 대한 설명으로 옳지 않은 것은?

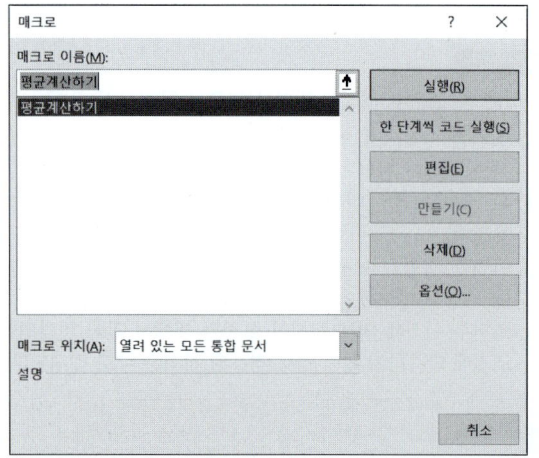

① [실행] 단추를 클릭하면 선택한 매크로를 실행한다.
② [한 단계씩 코드 실행] 단추를 클릭하면 선택한 매크로의 코드를 한 단계씩 실행할 수 있도록 Visual Basic 편집기를 실행한다.
③ [편집] 단추를 클릭하면 선택한 매크로의 명령을 수정할 수 있도록 Visual Basic 편집기를 실행한다.
④ [옵션] 단추를 클릭하면 선택한 매크로의 매크로 이름과 설명을 수정할 수 있는 [매크로 옵션] 대화상자를 표시한다.

전문가의 조언 | '매크로' 대화상자의 〈옵션〉 단추를 클릭하면 선택한 매크로에 바로 가기 키나 설명을 수정할 수 있는 '매크로 옵션' 대화상자가 표시됩니다.

[84섹션 2필드]

38. 다음 중 수식의 실행 결과가 옳은 것은?
① =MOD(−7, 4) ⇒ −3
② =POWER(2, 3) ⇒ 9
③ =INT(−7.4) ⇒ −8
④ =TRUNC(−8.6) ⇒ −7

전문가의 조언 | 수식의 수행 결과가 옳은 것은 ③번입니다.
① =MOD(−7, 4) : MOD(인수1, 인수2)는 '인수1'을 '인수2'로 나눈 나머지를 반환하는 함수이므로 −7을 4로 나눈 후 나머지인 1을 반환합니다.
※ 피제수(−7)가 음수이면 제수(4)로부터 채워야할 몫이 있다고 생각하세요. 7을 채우기 위해 4명에게 2개씩 받으면 10l 남으므로 나머지는 10l 됩니다.
② =POWER(2, 3) : POWER(인수, 제곱값)은 '인수'를 '제곱값'만큼 거듭 곱한 값을 반환하는 함수이므로 2를 3번 곱한 값인 8(2×2×2)을 반환합니다.
③ =INT(−7.4) : INT(인수)는 '인수'보다 크지 않은 정수값을 반환하는 함수이므로 −7.4보다 크지 않은 정수인 −8을 반환합니다.
④ =TRUNC(−8.6) : TRUNC(인수, 자릿수)는 '인수'에 대해 '자릿수' 미만의 수치를 버린 값을 반환하는 함수로, '자릿수'를 생략하면 정수만 표시하므로 −8.6에서 소수점 이하를 모두 버린 값인 −8을 반환합니다.

[77섹션 2필드]

39. 셀에 사용자 서식 코드로 #,###;@"원"을 지정한 후 다음과 같이 입력하였을 때 결과가 잘못 표현된 것은?
① −1234 → 1234원 ② 1234 → 1,234
③ 0 →   ④ 12.345 → 12

전문가의 조언 | • ①번의 결과는 −1,234입니다.
• 사용자 서식 코드로 **#,###;@"원"**을 지정하면 숫자 데이터에는 **#,###**이, 문자 데이터에는 **@"원"**이 적용됩니다.
• #은 유효한 자릿수만 표시하고 유효하지 않은 0은 표시하지 않습니다.
• ,(쉼표)는 천 단위 구분 기호를 표시합니다.
∴ −1234는 숫자 데이터이므로 **#,###**이 적용되어 **−1,234**로 표시됩니다.

101섹션 1필드

40. 다음 중 부분합에 대한 설명으로 옳지 않은 것은?

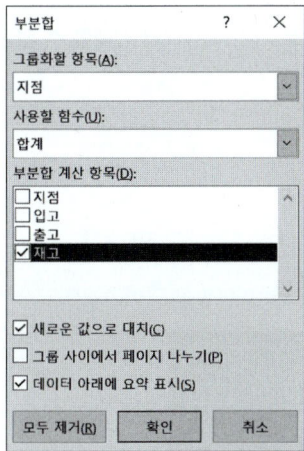

① 부분합을 실행하면 각 부분합에 대한 정보 행을 표시하고 숨길 수 있도록 목록에 개요가 자동으로 설정된다.
② 부분합은 한번에 한 개의 함수만 계산할 수 있으므로 두 개 이상의 함수를 이용하려면 함수의 개수만큼 부분합을 중첩해서 삽입해야 한다.
③ '새로운 값으로 대치'를 선택하면 이전의 부분합의 결과는 제거되고 새로운 부분합의 결과로 변경한다.
④ 그룹화할 항목으로 선택된 필드는 자동으로 오름차순 정렬하여 부분합이 계산된다.

전문가의 조언 | 부분합을 작성하려면 먼저 그룹화할 항목을 기준으로 반드시 오름차순이나 내림차순으로 정렬한 후 부분합을 실행해야 합니다.

2025년 4회 컴퓨터활용능력 2급 필기

1과목 컴퓨터 일반

54섹션 1필드

1. 무선 광대역을 의미하는 것으로, 핸드폰, 노트북, PDA 등의 모바일 기기를 이용하여 언제 어디서나 이동하면서 고속으로 무선 인터넷 접속이 가능한 서비스를 의미하는 것은?

① 와이파이 ② 와이브로
③ 블루투스 ④ UWB

> **전문가의 조언** | 문제에 제시된 내용은 와이브로(Wibro)의 개념입니다.
> • 와이파이(WiFi; Wireless-Fidelity) : 2.4GHz대를 사용하는 무선 랜(WLAN) 규격(IEEE 802.11b)에서 정한 제반 규정에 적합한 제품에 주어지는 인증 마크임
> • 블루투스(Bluetooth) : 근거리 무선 통신을 가능하게 해주는 통신 방식으로, 핸드폰, PDA, 노트북과 같은 휴대 가능한 장치들 사이의 양방향 정보 전송이 가능함
> • UWB(Ultra-Wide Band) : 근거리에서 컴퓨터와 주변기기 및 가전제품 등을 연결하는 초고속 무선 인터페이스로, 주로 개인 통신망에 사용됨

38섹션 1필드

2. 바이오스에 내장된 램(RAM)의 일종으로, 시스템의 날짜와 시간, 부팅 순서, 전원 관리, PnP 설정 등의 내용을 확인하거나 수정할 수 있는 것은?

① HDMI ② POST
③ CMOS ④ RAID

> **전문가의 조언** | 문제에 제시된 내용은 CMOS에 대한 설명입니다.
> • HDMI : 영상과 음성을 하나의 케이블로 전송하는 디지털 포트
> • POST(Power On Self Test) : 전원이(Power) 들어오면(On) 컴퓨터 스스로(Self) 이상 유무 검사(Test)를 수행하는 과정
> • RAID(Redundant Array Of Inexpensive Disk) : 여러 개의 하드디스크를 한 개의 하드디스크처럼 관리하는 관리 기술로, 중요한 자료를 다루는 서버(Server)에서 주로 사용됨

43섹션 2필드

3. 개발자의 장소에서 사용자가 개발자 앞에서 행하는 테스트 기법으로, 통제된 환경에서 오류와 사용상의 문제점을 사용자와 개발자가 함께 확인하는 것은?

① 알파 테스트 ② 베타 테스트
③ 데모 테스트 ④ 번들 테스트

> **전문가의 조언** | 문제에 제시된 내용은 알파 테스트의 개념입니다.
> • 베타 테스트 : 선정된 최종 사용자가 여러 명의 사용자 앞에서 행하는 테스트 기법

4섹션 2필드

4. 다음 중 작업 표시줄의 바로 가기 메뉴에서 선택할 수 없는 항목은?

① 작업 표시줄에 피플 표시
② 터치 키보드 단추 표시
③ 작업 보기 단추 표시
④ 개인 설정 표시

> **전문가의 조언** | 작업 표시줄의 바로 가기 메뉴에 '개인 설정 표시'라는 항목은 없습니다.
> [작업 표시줄의 바로 가기 메뉴]

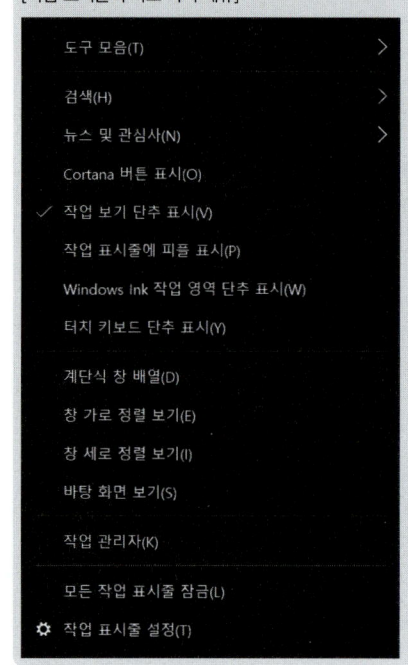

4섹션 2필드

5. 다음 중 작업 표시줄 설정에서 수행할 수 없는 작업은?

① 오랜 시간 컴퓨터를 사용하지 않는 경우 자동으로 프로그램이 실행되지 않도록 설정할 수 있다.
② 화면에서의 작업 표시줄 위치를 설정할 수 있다.
③ 작업 표시줄 단추를 하나로 표시할 수 있다.
④ 여러 디스플레이를 사용하는 경우 모든 디스플레이에 작업 표시줄을 표시할 수 있다.

> **전문가의 조언** | 작업 표시줄 설정에서 오랜 시간 컴퓨터를 사용하지 않는 경우 자동으로 프로그램이 실행되지 않도록 설정하는 기능은 제공하지 않습니다.

9섹션 1필드

6. 다음 중 파일 및 폴더에 대한 설명으로 옳은 것은?
① 파일과 폴더에 대한 여러 개의 바로 가기 아이콘을 만들 수 있다.
② 하나의 폴더 안에는 동일한 이름의 파일이나 폴더가 존재할 수 있다.
③ 하위 폴더가 있는 폴더는 삭제할 수 없다.
④ 폴더는 자료가 디스크에 저장되는 기본 단위이다.

전문가의 조언 | 파일과 폴더에 대한 여러 개의 바로 가기 아이콘을 만들 수 있습니다.
② 하나의 폴더 안에는 동일한 이름의 파일이나 폴더가 존재할 수 없습니다.
③ 하위 폴더가 있는 폴더도 삭제할 수 있습니다.
④ 자료가 디스크에 저장되는 기본 단위는 파일입니다. 폴더는 파일을 모아 관리하기 위한 장소입니다.

12섹션 1필드

7. 한글 Windows 10의 [휴지통]에 관한 설명으로 옳지 않은 것은?
① 지정된 휴지통의 용량을 초과하면 가장 오래전에 삭제되어 보관된 파일부터 지워진다.
② 각각의 드라이브마다 휴지통의 크기를 다르게 설정하는 것이 가능하다.
③ 휴지통에 보관된 파일은 실행과 복사를 할 수 없다.
④ 휴지통에 보관된 파일을 복사하여 복원할 위치에 붙여넣기 하면 복원할 수 있다.

전문가의 조언 | 휴지통에 보관된 파일은 복사(Ctrl+C)가 아니라 잘라내기(Ctrl+X) 한 후 복원할 위치에 붙여넣기(Ctrl+V) 해야 복원할 수 있습니다.

41섹션 2필드

8. 다음 중 컴퓨터에서 사용하는 하드디스크의 파티션에 대한 설명으로 옳지 않은 것은?
① 하나의 물리적인 하드디스크를 여러 개의 파티션으로 나눌 수 있다.
② 파티션을 나눈 후에 하드디스크를 사용하기 위해서는 포맷해야 한다.
③ 하나의 하드디스크 내의 모든 파티션에는 동일한 운영체제만 설치할 수 있다.
④ 하나의 파티션에는 한 가지 파일 시스템만 설치할 수 있다.

전문가의 조언 | 하나의 하드디스크 안의 각각의 파티션에는 서로 다른 운영체제를 설치할 수 있습니다.

60섹션 1필드

9. 다음 중 정보 사회의 특징으로 적절하지 않은 것은?
① 처리하고자 하는 정보의 종류와 양이 증가하였다.
② 정보처리 기술의 발달로 사회의 변화 속도가 빨라졌다.
③ 사이버 공간상에 새로운 인간관계와 문화가 형성되었다.
④ 대중화 현상이 강화되고 개성과 자유를 경시하게 되었다.

전문가의 조언 | 정보 사회에서는 대중화 현상이 약화되고, 개성과 자유를 중시하게 되었습니다.

없음

10. 다음 중 한글 Windows 10의 시스템 복원 기능에 대한 설명으로 옳지 않은 것은?
① 컴퓨터 시스템에 문제가 생겼을 경우 복원 지점을 이용하여 정상적인 상태로 만드는 기능이다.
② 복원 지점은 사용자가 임의로 설정할 수 있다.
③ 시스템 복원은 개인 파일을 백업하지 않으므로 삭제되었거나 손상된 개인 파일은 복구할 수 없다.
④ 시스템 복원 시 Windows Update에 의한 변경 사항은 복원되지 않는다.

전문가의 조언 | 시스템 복원 기능은 Windows Update에 의한 변경 사항도 복원합니다.

62섹션 2필드

11. 다음 중 정보 보안을 위협하는 유형에 대한 설명으로 옳지 않은 것은?
① 가로막기는 데이터의 정상적인 전달을 막아 흐름을 방해하는 행위이다.
② 수정은 전송된 데이터가 원래의 데이터가 아닌 다른 내용으로 바꾸는 행위이다.
③ 가로채기는 송신된 데이터가 수신지까지 가는 회선을 절단하는 행위이다.
④ 위조는 다른 송신자로부터 데이터가 송신된 것처럼 꾸미는 행위이다.

전문가의 조언 | 가로채기는 송신된 데이터가 수신지까지 가는 도중에 몰래 보거나 도청하여 정보를 유출하는 행위입니다.

정답 : 1.② 2.③ 3.① 4.④ 5.① 6.① 7.④ 8.③ 9.④ 10.④ 11.③

> 32섹션 4필드

12. 다음 중 컴퓨터에서 사용하는 캐시 메모리에 관한 설명으로 옳은 것은?

① 보조기억장치의 일부를 주기억장치처럼 사용하는 메모리이다.
② 기억된 정보의 내용 일부를 이용하여 주기억장치에 접근하는 장치이다.
③ EEPROM의 일종으로 비휘발성 메모리이다.
④ 중앙처리장치(CPU)와 주기억장치 사이에 위치하여 컴퓨터 처리 속도를 향상시키는 메모리이다.

> 전문가의 조언 | 캐시 메모리에 대한 설명으로 옳은 것은 ④번입니다.
> • ①번은 가상 메모리(Virtual Memory), ②번은 연상(연관) 메모리(Associative Memory), ③번은 플래시 메모리(Flash Memory)에 대한 설명입니다.

> 33섹션 3필드

15. 다음 중 컴퓨터에서 사용하는 각 기억장치의 접근 속도가 빠른 것에서 느린 순서로 옳게 나열된 것은?

① CPU의 레지스터 → 캐시 메모리 → 주기억장치 → HDD → ODD
② 캐시 메모리 → CPU의 레지스터 → 주기억장치 → HDD → ODD
③ CPU의 레지스터 → 캐시 메모리 → HDD → ODD → 주기억장치
④ 캐시 메모리 → CPU의 레지스터 → HDD → ODD → 주기억장치

> 전문가의 조언 | • 기억장치의 접근 속도를 빠른 것부터 올바르게 나열된 것은 ①번입니다.
> • ODD는 광 디스크 드라이브(Optical Disk Drive)를 가리키는 말로, DVD나 CD 등의 저장장치를 의미합니다.

> 48섹션 2필드

13. 다음 중 정보 통신 장비와 관련하여 리피터(Repeater)에 관한 설명으로 옳은 것은?

① 적절한 전송 경로를 선택하여 데이터를 전달하는 장비이다.
② 프로토콜이 다른 네트워크를 결합하는 장비이다.
③ 감쇠된 전송 신호를 증폭하여 다음 구간으로 전달하는 장비이다.
④ 같은 프로토콜을 사용하는 독립적인 2개의 근거리 통신망에 상호 접속하는 장비이다.

> 전문가의 조언 | 리피터(Repeater)에 대한 설명으로 옳은 것은 ③번입니다.
> • ①번은 라우터(Router), ②번은 게이트웨이(Gateway), ④번은 브리지(Bridge)에 대한 설명입니다.

> 57섹션 2필드

16. 다음 중 그래픽 데이터 형식에 관한 설명으로 옳지 않은 것은?

① BMP : Windows 운영체제의 표준 비트맵 파일 형식이다.
② PNG : GIF를 대체하여 인터넷에서 사용할 수 있으며, 애니메이션을 표현할 수 있다.
③ WMF : Windows에서 기본으로 사용되는 벡터 파일 형식이다.
④ GIF : 인터넷 표준 그래픽 형식으로, 256가지로 색 표현이 제한되어 있으나, 애니메이션 표현이 가능하다.

> 전문가의 조언 | PNG는 GIF를 대체하여 인터넷에서 사용할 수 있는 파일 형식이지만 애니메이션은 표현할 수 없습니다.

> 48섹션 2필드

14. 다음 중 네트워크 장비인 브리지(Bridge)에 대한 설명으로 옳지 않은 것은?

① 서로 독립적으로 동작하면서 같은 프로토콜을 사용하는 두 LAN을 연결하는 네트워크 장치이다.
② IP 주소를 이용한 최적의 경로를 설정하여 전송한다.
③ 네트워크 분할을 통해 트래픽을 감소시키는 역할을 한다.
④ OSI 7계층 중 데이터 링크 계층의 장비이다.

> 전문가의 조언 | IP 주소를 이용한 최적의 경로를 설정하여 전송하는 장비는 라우터(Router)입니다.

> 57섹션 1필드

17. 다음 중 그래픽 데이터의 표현에서 벡터(Vector) 방식에 관한 설명으로 옳은 것은?

① 점과 점을 연결하는 직선 또는 곡선을 이용하여 이미지를 표현한다.
② 이미지를 확대하면 테두리에 계단 현상과 같은 앨리어싱이 발생한다.
③ 래스터 방식이라고도 하며 화면 표시 속도가 빠르다.
④ 많은 픽셀로 정교하고 다양한 색상을 표시할 수 있다.

> 전문가의 조언 | 벡터 방식에 대한 설명으로 옳은 것은 ①번입니다.
> • ②~④번은 비트맵(Bitmap) 방식에 대한 설명입니다.

29섹션 4필드

18. 다음 중 디지털 컴퓨터와 아날로그 컴퓨터의 차이점에 관한 설명으로 옳은 것은?

① 디지털 컴퓨터는 전류, 전압, 온도 등 다양한 입력값을 처리하며, 아날로그 컴퓨터는 숫자 데이터만을 처리한다.
② 디지털 컴퓨터는 증폭 회로로 구성되며, 아날로그 컴퓨터는 논리 회로로 구성된다.
③ 아날로그 컴퓨터는 미분이나 적분 연산을 주로 하며, 디지털 컴퓨터는 산술이나 논리 연산을 주로 한다.
④ 아날로그 컴퓨터는 범용이며, 디지털 컴퓨터는 특수 목적용으로 많이 사용된다.

전문가의 조언 | 디지털 컴퓨터와 아날로그 컴퓨터의 차이점에 대해 올바르게 설명한 것은 ③번입니다.
① 디지털 컴퓨터는 숫자, 문자 데이터를 처리하며, 아날로그 컴퓨터는 전류, 전압, 온도 등 다양한 입력값을 처리합니다.
② 디지털 컴퓨터는 논리 회로로 구성되며, 아날로그 컴퓨터는 증폭 회로로 구성됩니다.
④ 아날로그 컴퓨터는 특수 목적용이며, 디지털 컴퓨터는 범용으로 많이 사용됩니다.

22섹션 1필드

19. 다음 중 한글 Windows 10에서 사용자 컴퓨터에 설치된 하드웨어의 종류 및 작동 여부를 확인하거나 하드웨어 제거를 수행할 수 있는 항목은?

① 시스템　　　　　② 관리 도구
③ 프로그램 및 기능　④ 장치 관리자

전문가의 조언 | 장치 관리자는 컴퓨터에 설치되어 있는 하드웨어의 종류 및 작동 여부를 확인하고, 하드웨어의 제거나 사용 여부, 업데이트 등의 속성을 변경할 때 사용합니다.

49섹션 1필드

20. 다음 중 인터넷에 대한 설명으로 적절하지 않은 것은?

① URL은 인터넷상에 있는 각종 자원의 위치를 나타내는 표준 주소 체계이다.
② 인터넷은 TCP/IP 프로토콜을 통해 연결된 상업용 네트워크로 중앙 통제 기구인 InterNIC에 의해 운영된다.
③ IP 주소는 인터넷에 연결된 모든 컴퓨터 자원을 구분하기 위한 고유의 주소이다.
④ www는 웹 브라우저를 통해 인터넷을 효과적으로 사용할 수 있게 하는 서비스이다.

전문가의 조언 | 인터넷은 TCP/IP 프로토콜을 통해 전세계 수많은 컴퓨터와 네트워크들이 연결된 광범위한 컴퓨터 통신망이지만 상업용 네트워크가 아니며, 중앙 통제 기구도 없습니다.

2과목　스프레드시트 일반

97섹션 1필드

21. 아래 워크시트에 입력된 데이터를 총점이 높은 순으로 표시하고, 총점이 같은 경우 국어 점수가 높은 순으로 표시하기 위한 정렬 기준으로 올바른 것은?

	A	B	C	D	E	F
1	학번	이름	국어	영어	수학	총점
2	1	이신호	87	85	92	264
3	2	최준호	83	74	85	242
4	3	김봉선	64	84	94	242
5	4	이영주	90	92	82	264
6	5	최재균	94	84	97	275
7	6	김성근	73	74	80	227
8						

① 첫째 기준 : 총점 - 오름차순, 둘째 기준 : 국어 - 내림차순
② 첫째 기준 : 총점 - 내림차순, 둘째 기준 : 국어 - 오름차순
③ 첫째 기준 : 총점 - 오름차순, 둘째 기준 : 국어 - 오름차순
④ 첫째 기준 : 총점 - 내림차순, 둘째 기준 : 국어 - 내림차순

전문가의 조언 | • 총점이 높은 순으로 표시하고, 총점이 같은 경우 국어 점수가 높은 순으로 표시하려면 큰 값에서 작은 값으로 정렬되는 내림차순 정렬을 지정하면 됩니다.
• 첫째 기준은 '총점'을 '내림차순', 둘째 기준은 '국어'를 '내림차순'으로 지정하면 됩니다.

22. 다음과 같이 부분합을 수행한 후 인쇄를 수행하면 인쇄되는 페이지 수는 얼마인가?

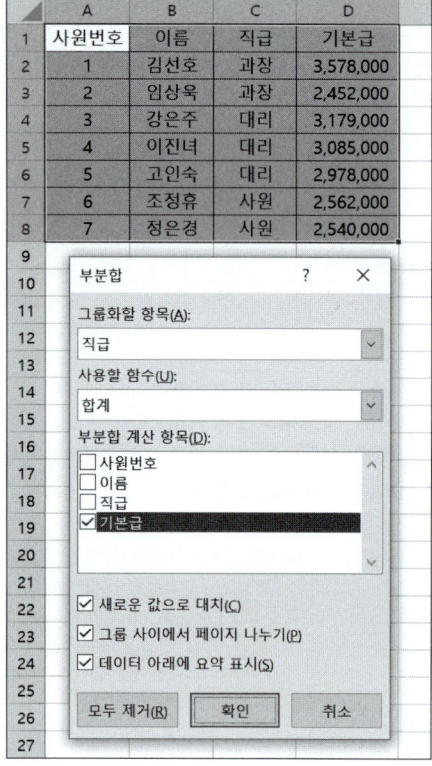

① 1   ② 2
③ 3   ④ 4

전문가의 조언 | · '부분합' 대화상자에서 '그룹 사이에서 페이지 나누기'를 지정하면 부분합을 수행한 후 각 그룹 다음에 자동으로 페이지 나누기가 삽입됩니다.
· '부분합' 대화상자에서 '그룹화할 항목'으로 '직급'을 지정했으므로 직급(과장, 대리, 사원)별로 페이지가 구분되어 총 3페이지가 인쇄됩니다.

23. 아래 그림에서 180,000원인 컴퓨터의 판매금액이 150,000원이 되려면, 할인율이 얼마가 되어야 하는지 알아보기 위해 목표값 찾기 기능을 적용할 경우 '수식 셀'의 값으로 알맞은 것은?

① B1   ② D3
③ 150000   ④ 180000

전문가의 조언 | · 판매금액(D3)이 150,000원이 되려면, 할인율(B1)이 얼마가 되어야 하는지 알아보려면 '목표값 찾기' 대화상자에서 다음과 같이 지정해야 합니다.
· 수식 셀 : 결과값이 표시되는 셀 주소인 'D3'을 지정함
· 찾는 값 : 목표로 하는 값인 150000을 입력함
· 값을 바꿀 셀 : 목표값을 만들기 위해 변경될 값이 입력된 셀 주소인 'B1'을 지정함

24. 다음 중 차트에 대한 설명으로 옳지 않은 것은?
① 그림 영역은 차트의 모든 요소가 표시되고, 패턴을 채우거나 도형 스타일을 지정할 수 있다.
② 3차원 차트에는 오차 막대를 표시할 수 없다.
③ 데이터 범위를 지정한 후 F11을 누르면 별도의 차트 시트에 기본 차트가 작성된다.
④ Alt를 누르고 차트의 크기를 조절하면 셀에 맞춰 조절할 수 있다.

전문가의 조언 | 차트의 모든 요소가 표시되는 영역은 차트 영역입니다.

25. 다음 중 '시나리오 추가' 대화상자에 대한 설명으로 옳지 않은 것은?

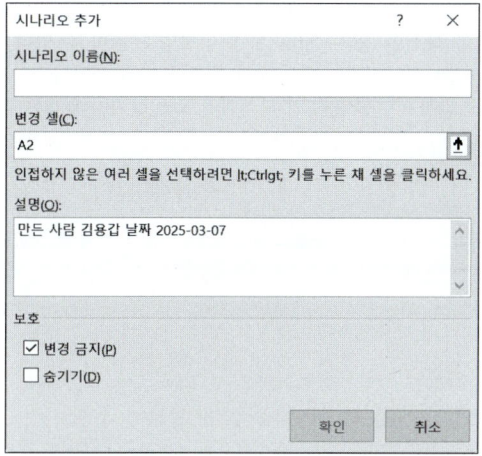

① '변경 셀'로 지정한 셀을 변경할 경우 반드시 수식이 포함된 셀로 지정해야 한다.
② '시나리오 관리자' 대화상자에서 〈추가〉를 클릭하면 표시된다.
③ '변경 금지'를 선택하면 시나리오를 변경할 수 없도록 보호한다.
④ '숨기기'를 선택하면 시나리오를 숨긴다.

전문가의 조언 | • '변경 셀'에는 수식이 포함된 셀을 지정하지 않아도 됩니다.
• 반드시 수식이 포함된 셀을 지정해야 하는 것은 '시나리오 요약' 대화상자의 '결과 셀'입니다.

26. 아래 워크시트의 [B7] 셀에 수식을 다음과 같이 입력할 경우 결과로 표시되는 것은?

=IFERROR(VLOOKUP(A7, A2:B5, 2, TRUE), "입력오류")

	A	B
1	참고표	
2	0	미달
3	5	보통
4	15	우수
5	25	최우수
6		
7	-5	
8		

① 미달　　　　② 보통
③ 입력오류　　④ 우수

전문가의 조언 | [B7] 셀에 표시되는 결과는 **입력오류**입니다.
=IFERROR(VLOOKUP(A7, A2:B5, 2, TRUE), "입력오류")
　　　　　　　❶
　　❷

❶ VLOOKUP(A7, A2:B5, 2, TRUE) : VLOOKUP(찾을값, 범위, 열 번호, 옵션)은 '범위'의 첫 번째 열에서 '옵션'에 맞게 '찾을값'을 찾은 후 '찾을값'이 있는 행에서 지정된 '열 번호' 위치에 있는 값을 반환하는 함수입니다. [A2:B5] 영역의 첫 번째 열에서 옵션이 TRUE이므로, [A7] 셀의 값 –5보다 크지 않은 가장 근삿값을 찾아야 하는데 없으므로 #N/A 오류를 반환합니다.
❷ =IFERROR(❶, "입력오류") → =IFERROR(#N/A, "입력오류") : IFERROR(인수, 오류 시 표시할 값)은 '인수'로 지정한 수식이나 셀에서 오류가 발생했으면 '오류 시 표시할 값'을, 그렇지 않으면 결과값을 반환하는 함수입니다. '인수'가 '#N/A' 오류이므로 **입력오류**를 반환합니다.

27. 아래 워크시트에서 차량번호 끝자리가 짝수인 경우에는 "짝수운행", 아니면 "홀수운행"을 운행일([C2:C5])에 표시하기 위한 수식으로 옳은 것은?

	A	B	C
1	차량번호	주소	운행일
2	12가1285	마포구	홀수운행
3	34나8546	은평구	짝수운행
4	56다8851	관악구	홀수운행
5	78라4858	서초구	짝수운행
6			

① =IF(MODE(RIGHT(A2, 1), 2)=0, "짝수운행", "홀수운행")
② =IF(MOD(RIGHT(A2, 1), 2)=0, "짝수운행", "홀수운행")
③ =IF(MOD(RIGHT(A2, 1), 2)=1, "짝수운행", "홀수운행")
④ =CHOOSE(MOD(RIGHT(A2, 1), 2), "짝수운행", "홀수운행")

전문가의 조언 | 운행일을 표시하기 위한 수식으로 옳은 것은 ②번입니다.
=IF(MOD(RIGHT(A2, 1), 2)=0, "짝수운행", "홀수운행")
　　　　　❶
　　　　❷
　　❸

❶ RIGHT(A2, 1) : RIGHT(텍스트, 개수)는 '텍스트'의 오른쪽부터 지정한 '개수'만큼 반환하는 함수이므로 [A2] 셀의 오른쪽에서부터 1글자를 추출한 "5"를 반환합니다.
❷ MOD(❶, 2) → MOD(5, 2) : MOD(인수1, 인수2)는 '인수1'을 '인수2'로 나눈 나머지를 반환하는 함수이므로 5를 2로 나눈 나머지인 1을 반환합니다.
❸ =IF(❷=0, "짝수운행", "홀수운행") → =IF(1=0, "짝수운행", "홀수운행") : IF(조건, 인수1, 인수2)는 '조건'이 '참'이면 '인수1', '거짓'이면 '인수2'를 반환하는 함수로, '조건'이 거짓(FALSE)이므로 "홀수운행"을 반환합니다.

> 70섹션 1필드

28. 다음 중 엑셀에서 사용하는 바로 가기 키에 대한 설명으로 옳지 않은 것은?

① Ctrl + 1 : '셀 서식' 대화상자 표시
② Ctrl + End : 워크시트의 마지막 데이터로 이동
③ F5 : 셀 이동
④ Ctrl + Tab : 다음 시트로 이동

> 전문가의 조언 | • Ctrl + Tab 은 열려 있는 통합 문서(파일)를 순서대로 전환하는 바로 가기 키입니다.
> • 다음 시트로 이동하는 바로 가기 키는 Ctrl + PgDn 입니다.

> 95섹션 1필드

29. 다음 중 3페이지 분량의 자료를 1페이지에 출력하기 위해 '페이지 설정' 대화상자의 [페이지] 탭에서 설정해야 하는 항목은?

① 용지 방향
② 용시 크기
③ 자동 맞춤
④ 확대/축소 배율

> 전문가의 조언 | 3페이지 분량의 자료를 1페이지에 출력하려면 '페이지 설정' 대화상자의 '페이지' 탭에서 '배율'을 '자동 맞춤'으로 지정하면 됩니다.

> 90섹션 2필드

30. 다음 중 차트에 대한 설명으로 옳지 않은 것은?

① '데이터 계열 서식'에서 '간격 너비'의 숫자를 늘리면 막대와 막대 사이의 간격은 넓어진다.
② '행/열 전환'을 수행하면 가로(항목) 축과 범례 항목이 서로 변경된다.
③ 세로(값) 축 제목의 '텍스트 방향'을 '가로'로 설정한 후 사용자가 지정한 각만큼 회전할 수 있다.
④ 세로(값) 축은 원본 데이터와 연결되어 있으므로 표시 형식을 변경할 수 없다.

> 전문가의 조언 | 세로(값) 축과 가로(항목)축은 원본 데이터와 연결되어 있지만 표시 형식을 변경할 수 있습니다.

> 64섹션 1필드

31. 다음 중 워크시트 사용 방법에 대한 설명으로 옳은 것은?

① 숫자는 기본적으로 오른쪽으로 정렬되지만 문자로 취급하도록 하려면 숫자 앞에 "를 입력한다.
② 시트를 삭제한 경우 Ctrl + Z 를 누르면 복원할 수 있다.
③ Alt + Enter 를 누르면 셀 안에서 줄 바꿈이 수행된다.
④ Ctrl + Shift + ; 를 누르면 시스템의 오늘 날짜가 입력된다.

> 전문가의 조언 | 워크시트의 사용 방법으로 옳은 것은 ③번입니다.
> ① 숫자를 문자로 취급하기 위해서는 숫자 앞에 '를 입력해야 합니다.
> ② 시트를 삭제한 경우에는 복원할 수 없습니다.
> ④ Ctrl + Shift + ; 를 누르면 시스템의 현재 시간이 입력됩니다. 오늘 날짜를 입력하는 바로 가기 키는 Ctrl + ; 입니다.

> 64섹션 4필드

32. 다음 중 새 워크시트에서 보기의 내용을 그대로 입력하였을 때, 입력한 내용이 텍스트로 인식되지 않는 것은?

① 01:02AM   ② 0 1/4
③ '1234   ④ 1월30일

> 전문가의 조언 | 0을 입력하고, 한 칸 띄운 다음에 1/4를 입력하면 분수 1/4로 입력됩니다.

> 95섹션 4필드

33. 다음 중 [페이지 설정] 대화상자의 [시트] 탭에 대한 설명으로 옳지 않은 것은?

① 눈금선을 체크하면 셀 눈금선이 인쇄되지 않는다.
② 인쇄 제목을 이용하면 모든 페이지에 반복 인쇄할 영역을 지정할 수 있다.
③ 워크시트의 행/열 머리글이 인쇄되도록 설정할 수 있다.
④ '간단하게 인쇄'를 체크하면 도형 등의 그래픽 요소가 인쇄되지 않는다.

> 전문가의 조언 | • 눈금선을 체크하면 셀 눈금선이 인쇄됩니다.
> • 셀 눈금선을 인쇄하지 않으려면 눈금선을 체크 해제해야 합니다.

88섹션 3필드

34. 아래 그림은 '총점' 필드를 이용하여 [E2] 셀에 순위를 계산한 후 채우기 핸들을 [E4] 셀까지 드래그한 결과이다. 다음 중 [E2] 셀의 수식으로 옳은 것은? (단 순위는 낮은 총점을 1위로 한다.)

	A	B	C	D	E
1	이름	A	B	총점	순위
2	김길순	85	75	160	1
3	박용섭	80	82	162	2
4	최순일	95	88	183	3
5					

① =RANK.EQ(D2, D2:D4, 1)
② =RANK.EQ(D2, $D$2:$D$4, 1)
③ =RANK.EQ(D2, D2:D4, 0)
④ =RANK.EQ(D2, $D$2:$D$4, 0)

> 전문가의 조언 | 총점에 대한 순위를 구하는 수식으로 옳은 것은 ②번입니다.
> • =RANK.EQ(D2, $D$2:$D$4, 1) : RANK.EQ(인수, 범위, 옵션)은 지정된 '범위' 안에서 '인수'의 순위를 반환하는 함수로, 각각의 인수를 살펴보면 다음과 같습니다.
> • 인수 : 총점이 있는 D2 셀을 지정합니다.
> • 범위 : 전체 총점이 있는 D2:D4 영역을 지정하되, 여러 셀에 결과값을 구해야 하므로 절대 참조로 지정합니다($D$2:$D$4).
> • 옵션 : 총점이 가장 낮은 것이 1위이므로 오름차순(1)으로 지정합니다.

77섹션 2필드

35. 입력된 값이 10,000 이상일 때 ○만○○○○원으로 표시하고자 한다. 올바르게 지정된 셀 서식 형식은?

> 표시 예 : 13546 → 1만3546원, 123 → 123원

① #"만"#"원"
② [>=10000]#"만"#"원";#"원"
③ [<10000]#"만"####"원";#"원"
④ [>=10000]#"만"####"원";#"원"

> 전문가의 조언 | [>=10000]#"만"####"원";#"원"은 입력된 값이 10000 이상이면 #"만"####"원"으로 표시하고, 그 외는 #"원"으로 표시합니다.

108섹션 1필드

36. 다음 중 [매크로] 대화상자에 대한 설명으로 옳지 않은 것은?

① 매크로 이름을 선택한 후 [실행] 단추를 클릭하면 매크로가 실행된다.
② [한 단계씩 코드 실행] 단추를 클릭하면 Visual Basic Editor에서 매크로 실행 과정을 단계별로 확인할 수 있다.
③ [만들기] 단추를 클릭하면 빠른 실행 도구 모음에 매크로 실행 명령을 추가할 수 있다.
④ [옵션] 단추를 클릭하면 매크로 바로 가기 키를 수정할 수 있다.

> 전문가의 조언 | '매크로' 대화상자의 [만들기] 단추를 클릭하면 코드를 직접 입력하여 매크로를 작성할 수 있는 Visual Basic Editor 화면이 표시됩니다.

106섹션 2필드

37. 다음 중 [통합] 데이터 도구에 대한 설명으로 옳지 않은 것은?

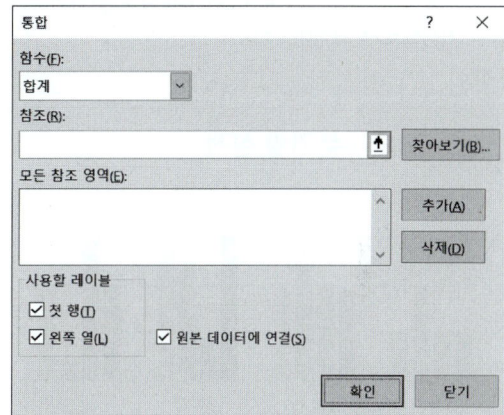

① '모든 참조 영역'에 다른 통합 문서의 워크시트를 추가하여 통합할 수 있다.
② '사용할 레이블'을 모두 선택한 경우 각 참조 영역에 결과 표의 레이블과 일치하지 않은 레이블이 있으면 통합 결과 표에 별도의 행이나 열이 만들어진다.
③ 지정한 영역에 계산될 요약 함수는 '함수'에서 선택하며, 요약 함수로는 합계, 개수, 평균, 최대, 최소 등이 있다.
④ '원본 데이터에 연결' 확인란을 선택하여 통합한 경우 통합에 참조된 영역에서의 행 또는 열이 변경될 때 통합된 데이터 결과도 자동으로 업데이트 된다.

> 전문가의 조언 | 아래 [그림1]의 상반기 판매현황과 하반기 판매현황을 [그림2]와 같이 다른 시트에 통합할 때, '원본 데이터에 연결' 확인란을 선택한 경우 [그림1]의 [B3:C6], [F3:G6] 영역의 데이터가 변경되면 [그림2]의 통합 결과(C5:D14)가 자동으로 업데이트되지만 행과 열(A3:A6, E3:E6, B2:C2, F2:G2)이 변경되면 자동으로 업데이트 되지 않습니다.

[그림1]

	A	B	C	D	E	F	G
1	상반기 판매현황				하반기 판매현황		
2	품목	판매량	판매액		품목	판매량	판매액
3	냉장고	15	14,250		비디오	18	17,100
4	오디오	10	14,000		카메라	35	11,900
5	비디오	15	14,250		냉장고	15	14,250
6	카메라	14	4,760		오디오	20	28,000
7							

[그림2]

	A	B	C	D
1	한해 판매현황			
2	품목	판매량	판매액	
5	냉장고	30	28,500	
8	오디오	30	42,000	
11	비디오	33	31,350	
14	카메라	49	16,660	
15				

38. 다음 중 〈변경 전〉 차트를 〈변경 후〉 차트로 수정하기 위해 적용한 기능으로 옳지 않은 것은?

〈변경 전〉

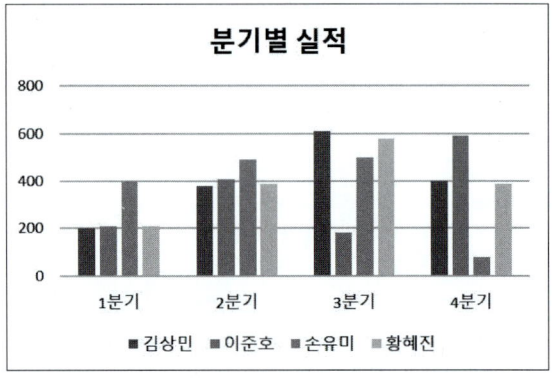

〈변경 후〉

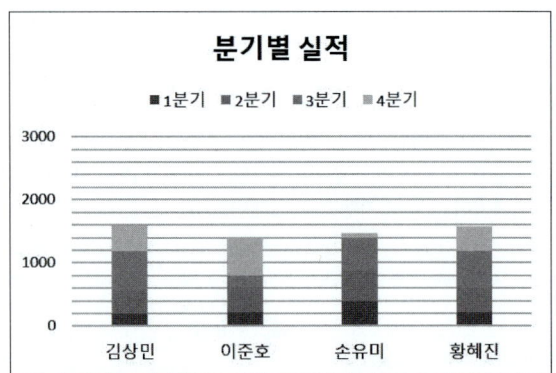

① 누적 세로 막대형으로 차트 종류 변경
② 데이터의 행과 열을 전환
③ 세로(값) 축 보조 눈금을 추가
④ 범례의 위치를 위쪽으로 변경

전문가의 조언 | 차트에는 세로(값) 축 보조 눈금이 아니라 가로(항목) 축 보조 눈금이 추가되었습니다.

[세로(값) 축 보조 눈금을 추가한 경우]

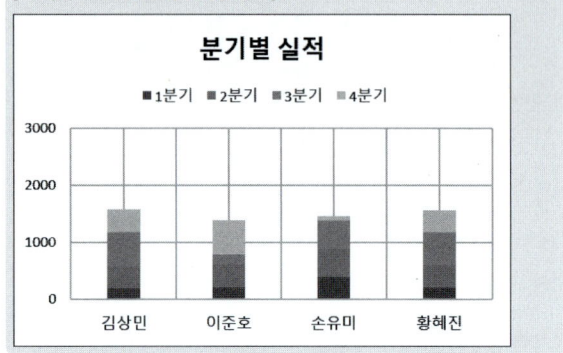

39. 다음 중 아래와 같이 조건을 설정한 고급 필터의 실행 결과에 대한 설명으로 옳은 것은?

소속	근무경력
〈〉영업팀	〉=30

① 소속이 '영업팀'이 아니면서 근무경력이 30년 이상인 사원 정보
② 소속이 '영업팀'이면서 근무경력이 30년 이상인 사원 정보
③ 소속이 '영업팀'이 아니거나 근무경력이 30년 이상인 사원 정보
④ 소속이 '영업팀'이거나 근무경력이 30년 이상인 사원 정보

전문가의 조언 | 고급 필터의 실행 결과에 대한 설명으로 옳은 것은 ①번입니다.
• 고급 필터의 조건이 같은 행에 있으면 AND 조건, 다른 행에 있으면 OR 조건으로 연결됩니다.
※ "〈〉"는 같지 않다는 의미입니다.

40. 다음 중 매크로 기록에 관한 설명으로 옳지 않은 것은?
① 바로 가기 키는 소문자, 대문자를 모두 사용할 수 있다.
② 매크로 이름에는 공백 문자는 사용할 수 없다.
③ 바로 가기 키는 Ctrl과 함께 사용한다.
④ 매크로 이름의 첫 글자는 문자나 숫자를 사용한다.

전문가의 조언 | 매크로 이름의 첫 글자는 반드시 문자로 지정해야 합니다.

2025년 5회 컴퓨터활용능력 2급 필기

1과목 컴퓨터 일반

없음

1. 다음 중 추상화, 캡슐화, 상속성, 다형성 등의 특징을 지니고 있으며, 크고 복잡한 프로그램 구축이 어려운 절차형 언어의 문제점을 해결하기 위해 개발된 프로그래밍 기법은?

① 구조적 프로그래밍
② 객체지향 프로그래밍
③ 하향식 프로그래밍
④ 비주얼 프로그래밍

전문가의 조언 | 문제에 제시된 내용은 객체지향 프로그래밍에 대한 설명입니다.
- **구조적 프로그래밍** : 입력과 출력이 각각 하나씩 이루어진 구조로 GOTO문을 사용하지 않으며, 순서, 선택, 반복의 세 가지 논리 구조를 사용하는 기법
- **비주얼 프로그래밍** : 기존 문자 방식의 명령어 전달 방식을 기호화된 아이콘의 형태로 바꿔 사용자가 대화형으로 좀 더 쉽게 프로그래밍 할 수 있는 기법

60섹션 2필드

2. 다음 정보 사회에서 발생할 수 있는 문제점으로 적절하지 않은 것은?

① 정보의 편중으로 계층 간의 정보 차이를 줄일 수 있다.
② 중앙 컴퓨터 또는 서버의 장애나 오류로 사회적, 경제적으로 혼란을 초래할 수 있다.
③ 정보기술을 이용한 새로운 범죄가 증가할 수 있다.
④ VDT 증후군이나 테크노스트레스 같은 직업병이 발생할 수 있다.

전문가의 조언 | 정보의 과다로 인한 혼란과 정보의 편중으로 인해 계층 간의 정보 차이가 증가할 수 있습니다.

50섹션 2필드

3. 다음 중 인터넷 주소 체계인 IPv6에 대한 설명으로 옳은 것은?

① 주소는 8비트씩 16개 부분으로 총 128비트로 구성되어 있다.
② 주소를 네트워크 부분의 길이에 따라 A클래스에서 E클래스까지 총 5단계로 구분한다.
③ IPv4와의 호환성은 낮으나 IPv4에 비해 품질 보장은 용이하다.
④ 주소의 한 부분이 0으로만 연속되는 경우 연속된 0은 '∷'으로 생략하여 표시할 수 있다.

전문가의 조언 | IPv6에서는 주소의 한 부분이 0으로만 연속되는 경우 연속된 0은 '∷'으로 생략하여 표시할 수 있습니다.
① IPv6는 16비트씩 8부분으로 총 128비트로 구성되어 있습니다.
② 주소를 네트워크 부분의 길이에 따라 A클래스에서 E클래스까지 총 5단계로 구분하는 것은 IPv4입니다. IPv6는 유니캐스트, 애니캐스트, 멀티캐스트 3종류의 형태로 구분합니다.
③ IPv6은 IPv4와의 호환성 및 주소의 확장성, 융통성, 연동성이 뛰어납니다.

24섹션 1필드

4. 다음 중 한글 Windows 10의 인쇄 기능에 대한 설명으로 옳은 것은?

① 기본 프린터를 2대 이상 지정할 수 있다.
② 프린터 속성 창에서 공급 용지의 종류, 공유, 포트 등을 설정할 수 있다.
③ 인쇄 대기 중인 작업은 취소시킬 수 없다.
④ 인쇄 중인 작업은 취소할 수는 없으나 잠시 중단시킬 수 있다.

전문가의 조언 | 프린터 속성 창에서 공급 용지의 종류, 공유, 포트 등을 설정할 수 있습니다.
① 기본 프린터는 1대만 지정할 수 있습니다.
③ 인쇄 대기 중인 작업도 취소시킬 수 있습니다.
④ 인쇄 중인 작업도 인쇄를 취소하거나 잠시 중단시킬 수 있습니다.

62섹션 3필드

5. 다음은 악성코드에 대한 설명이다. 옳지 않은 것은?

① 파일 감염 바이러스는 대부분 메모리에 상주하며, 프로그램 파일을 감염시킨다.
② 웜(Worm)은 자신의 명령어를 다른 프로그램 파일의 일부분에 복사하여 컴퓨터를 오동작하게 하는 종속형 컴퓨터 악성코드이다.
③ 트로이 목마는 겉으로 보기에 정상적인 프로그램인 것 같으나 악성코드를 숨겨두어 시스템을 공격한다.
④ 매크로 바이러스는 프로그램에서 어떤 작업을 자동화하기 위해 정의한 내부 프로그래밍 언어를 사용하여 데이터 파일을 감염시킨다.

전문가의 조언 | 웜(Worm)은 자신의 명령어를 다른 프로그램 파일에 복사하는 것이 아니라, 스스로 자신을 복제하여 시스템의 부하를 높이는 악성코드입니다.

정답 : 1.② 2.① 3.④ 4.② 5.②

> 43섹션 2필드

6. 다음 중 컴퓨터 소프트웨어 배포와 관련하여 셰어웨어(Shareware)에 관한 설명으로 옳은 것은?

① 정상 대가를 지불하고 사용하는 소프트웨어이다.
② 특정 기능이나 사용 기간에 제한을 두고 무료로 배포하는 소프트웨어이다.
③ 개발자가 소스를 공개한 소프트웨어이다.
④ 배포 이전의 테스트 버전의 소프트웨어이다.

> 전문가의 조언 | 셰어웨어에 대한 설명으로 옳은 것은 ②번입니다.
> • ①번은 상용 소프트웨어, ③번은 공개 소프트웨어, ④번은 알파 또는 베타 버전에 대한 설명입니다.

> 9섹션 1필드

7. 다음 중 파일 및 폴더에 대한 설명으로 옳지 않은 것은?

① 하나의 폴더 내에는 동일한 이름의 파일이나 폴더가 존재할 수 없다.
② 파일과 폴더의 이름은 255자 이내로 작성한다.
③ 파일과 폴더의 이름으로 * / ? ₩ : < > " | 등의 특수 문자나 공백을 사용할 수 없다.
④ 파일은 파일명과 확장자로 구성되며, 마침표(.)를 이용하여 파일명과 확장자를 구분한다.

> 전문가의 조언 | 파일과 폴더의 이름으로 공백을 사용할 수 있습니다.

> 없음

8. 다음 중 인터넷을 이용한 자체 검색 기능은 가지고 있지 않으나, 한 번의 검색어 입력으로 여러 개의 검색 엔진에서 정보를 찾아 주는 검색 엔진은?

① 디렉터리형 검색 엔진
② 키워드형 검색 엔진
③ 메타 검색 엔진
④ 하이브리드형 검색 엔진

> 전문가의 조언 | 문제에 제시된 내용은 메타 검색 엔진의 개념입니다.
> • 주제별 검색 엔진 : 정치, 경제, 문화 등과 같이 주제별로 정보를 분류해 놓은 형태로 디렉터리형 검색 엔진이라고 함
> • 키워드 검색 엔진 : 찾으려는 정보에 대한 키워드를 입력함으로써 원하는 결과를 얻는 검색 엔진
> • 하이브리드 검색 엔진 : 키워드 검색 엔진과 주제별 검색 엔진의 특징을 모두 제공하는 검색 엔진

> 56섹션 1필드

9. 다음 중 이미지의 가장자리가 톱니 모양으로 표현되는 계단 현상을 없애기 위하여 경계선을 부드럽게 해주는 필터링 기술은?

① 디더링(Dithering)
② 안티앨리어싱(Antialiasing)
③ 렌더링(Rendering)
④ 모핑(Morphing)

> 전문가의 조언 | 문제에 제시된 내용은 안티앨리어싱(Antialiasing)의 개념입니다.
> • 디더링(Dithering) : 제한된 색상을 조합하여 복잡한 색이나 새로운 색을 만드는 작업
> • 렌더링(Rendering) : 3차원 애니메이션을 만드는 과정 중의 하나로 물체의 모형에 명암과 색상을 입혀 사실감을 더해 주는 작업
> • 모핑(Morphing) : 2개의 이미지를 부드럽게 연결하여 변환·통합하는 것으로, 컴퓨터 그래픽, 영화 등에서 많이 응용하고 있음

> 15섹션 3필드

10. 다음 중 한글 Windows 10의 [설정] → [시스템] → [정보]를 선택했을 때 확인할 수 있는 정보에 해당하지 않는 것은?

① 설치된 Windows 운영체제의 버전
② CPU의 종류와 설치된 메모리의 용량
③ Windows의 설치 날짜
④ 컴퓨터 이름과 현재 로그인한 사용자 계정

> 전문가의 조언 | 현재 로그인한 사용자 계정은 [⚙(설정)] → [계정]에서 확인할 수 있습니다.

> 9섹션 2필드

11. 다음 중 폴더의 [속성] 창에 대한 설명으로 옳지 않은 것은?

① 폴더가 포함하고 있는 하위 폴더 및 파일의 개수를 알 수 있다.
② 폴더의 특정 하위 폴더를 삭제할 수 있다.
③ 폴더를 네트워크와 연결되어 있는 다른 컴퓨터에서 접근할 수 있도록 공유시킬 수 있다.
④ 폴더에 '읽기 전용' 속성을 설정하거나 해제할 수 있다.

> 전문가의 조언 | 폴더의 [속성] 창에서는 그 어떤 폴더도 삭제할 수 없습니다. 폴더 삭제는 파일 탐색기에서 수행할 수 있습니다.

49섹션 2필드

12. 다음 중 초고속 인터넷을 이용하여 동영상 콘텐츠, 정보 서비스 등 기본 텔레비전 기능에 인터넷 검색이 가능하게 한 서비스는?

① VoIP　　　　　② IPTV
③ IPv6　　　　　④ TCP/IP

전문가의 조언 | 기본 텔레비전 기능에 인터넷 검색이 가능하게 한 서비스는 IPTV입니다.
- VoIP : 음성 데이터를 인터넷 프로토콜(IP) 데이터 패킷으로 변환하여 인터넷을 통해 음성 통화를 가능하게 하는 기술
- IPv6 : 현재 사용하고 있는 IP 주소 체계인 IPv4의 주소 부족 문제를 해결하기 위해 개발된 것으로, 16비트씩 8부분, 총 128비트로 구성되어 있음
- TCP/IP : 인터넷에 연결된 서로 다른 기종의 컴퓨터끼리 데이터를 주고받을 수 있도록 하는 인터넷 표준 프로토콜

41섹션 1필드

13. 다음 중 컴퓨터의 하드웨어를 업그레이드할 때 수치가 작을수록 좋은 항목은?

① CPU 클럭 속도
② 하드디스크 용량
③ RAM 접근 속도
④ 모뎀 전송 속도

전문가의 조언 | RAM의 접근 속도는 수치가 작을수록 좋습니다.

57섹션 2필드

14. 다음 중 JPEG 표준에 대한 설명으로 옳지 않은 것은?

① 손실 압축 기법과 무손실 압축 기법이 있지만 특히 문제나 압축률 등의 이유로 무손실 압축 방식은 잘 쓰이지 않는다.
② JPEG 표준을 사용하는 파일 형식에는 jpg, jpeg, jpe 등의 확장자를 사용한다.
③ 파일 크기가 작아 웹 상에서 사진 같은 이미지를 보관하고 전송하는데 사용한다.
④ 문자, 선, 세밀한 격자 등 고주파 성분이 많은 이미지의 변환에서는 GIF나 PNG에 비해 품질이 매우 우수하다.

전문가의 조언 | JPEG는 문자, 선, 세밀한 격자 등 고주파 성분이 많은 이미지의 변환에서는 GIF나 PNG에 비해 품질이 나쁩니다.

62섹션 2필드

15. 다음 중 데이터 보안 침해 형태 중 하나인 변조에 대한 설명으로 옳은 것은?

① 데이터가 정상적으로 전송되는 것을 방해하는 것이다.
② 데이터가 전송되는 도중에 몰래 엿보거나 정보를 유출하는 것이다.
③ 전송된 데이터를 다른 내용으로 바꾸는 것이다.
④ 데이터를 다른 사람이 송신한 것처럼 꾸미는 것이다.

전문가의 조언 | 변조에 대한 설명으로 옳은 것은 ③번입니다.
- ①번은 가로막기, ②번은 가로채기, ④번은 위조에 대한 설명입니다.

18섹션 1필드

16. 다음 중 한글 Windows 10의 [설정] → [접근성]에서 설정할 수 없는 기능은?

① 다중 디스플레이를 설정하여 두 대의 모니터에 화면을 확장하여 표시할 수 있다.
② 돋보기를 사용하여 화면에서 원하는 영역을 확대하여 크게 표시할 수 있다.
③ 내레이터를 사용하여 화면의 모든 텍스트를 소리내어 읽어 주도록 설정할 수 있다.
④ 키보드가 없어도 입력 가능한 화상 키보드를 표시할 수 있다.

전문가의 조언 | 다중 디스플레이는 [⚙(설정)] → [시스템] → [디스플레이]에서 설정할 수 있습니다.

17섹션 2필드

17. 다음 중 Windows 10의 연결 프로그램에 대한 설명으로 옳지 않은 것은?

① 파일 탐색기에서 특정한 파일을 더블클릭했을 때 실행될 앱을 설정하는 것이다.
② 확장자가 .txt나 .hwp인 파일은 반드시 서로 다른 연결 프로그램이 지정되어야 한다.
③ 동일한 확장자를 가진 다른 파일을 열 때 항상 같은 앱을 사용하도록 연결 프로그램을 설정할 수 있다.
④ 일반적으로 앱을 설치하면 해당 앱에서 사용하는 파일은 연결 프로그램이 자동으로 설정된다.

전문가의 조언 | 확장자가 다른 파일을 수동으로 같은 앱에 연결하여 사용할 수도 있고, 여러 가지 확장자를 사용할 수 있는 앱도 있습니다.

44섹션 2필드

18. 다음 중 데이터가 발생되는 즉시 처리되어 결과를 바로 확인할 수 있는 시스템으로, 은행이나 여행사의 좌석 예약 조회 서비스 등에 이용되는 것은?

① 실시간 처리 시스템
② 일괄 처리 시스템
③ 분산 처리 시스템
④ 시분할 시스템

> **전문가의 조언** | 문제에 제시된 내용은 실시간 처리 시스템에 대한 설명입니다.
> - **일괄 처리 시스템(Batch Processing System)**: 초기의 컴퓨터 시스템에서 사용된 형태로, 일정량 또는 일정 기간 동안 데이터를 모아서 한꺼번에 처리하는 방식
> - **분산 처리 시스템(Distributed Processing System)**: 여러 대의 컴퓨터들에 의해 작업들을 나누어 처리하여 그 내용이나 결과를 통신망을 이용하여 상호 교환할 수 있도록 연결되어 있는 시스템
> - **시분할 시스템(Time Sharing System)**: 여러 명의 사용자가 사용하는 시스템에서 컴퓨터가 사용자들의 프로그램을 번갈아 가며 처리해 줌으로써 각 사용자에게 독립된 컴퓨터를 사용하는 느낌을 주는 것이며, 라운드 로빈 방식이라고도 함

25섹션 1필드

20. 다음 중 한글 Windows 10 운영체제에서 시스템의 속도가 느려진 경우 문제 해결 방법으로 가장 적절한 것은?

① [장치 관리자] 창에서 중복 설치된 해당 장치를 제거한다.
② '드라이브 조각 모음 및 최적화'를 수행하여 하드디스크의 단편화를 제거한다.
③ [작업 관리자] 대화상자에서 시스템의 속도를 저해하는 Windows 프로세스를 찾아 '작업 끝내기'를 실행한다.
④ [시스템 관리자] 대화상자에서 하드디스크의 파티션을 재설정한다.

> **전문가의 조언** | 시스템의 속도가 느려진 경우에는 '드라이브 조각 모음 및 최적화'를 수행하여 하드디스크의 단편화를 제거해야 합니다.

58섹션 2필드

19. 다음 중 오디오 데이터와 관련된 용어에 해당하지 않는 것은?

① 시퀀싱(Sequencing)
② 인터레이싱(Interlacing)
③ PCM(Pulse Code Modulation)
④ 샘플링(Sampling)

> **전문가의 조언** | 인터레이싱(Interlacing)은 이미지의 대략적인 모습을 먼저 보여준 다음 점차 자세한 모습을 보여주는 그래픽 기법입니다.
> - **시퀀싱(Sequencing)**: 컴퓨터를 이용하여 음악을 제작, 녹음, 편집하는 것
> - **PCM(Pulse Code Modulation)**: 가장 대표적인 디지털화 방법으로, 아날로그 파형을 작은 시간 폭으로 연속적으로 나누어 각기 직사각형 형태의 크기로 표시한 후 이의 높이를 숫자화 하는 방식
> - **샘플링(Sampling)**: 음성·영상 등의 아날로그 신호를 일정 시간 간격으로 검출하는 단계로 아날로그 신호를 디지털 신호로 변환하는 과정

2과목 스프레드시트 일반

64섹션 4필드

21. 다음 중 날짜 및 시간 데이터에 관한 설명으로 옳지 않은 것은?

① 시간을 12시간제로 표시하려면 '6:25 p'와 같이 시간 뒤에 a나 p를 입력한다.
② 날짜 데이터는 하이픈(-)이나 슬래시(/)를 이용하여 연, 월, 일을 구분한다.
③ 날짜를 년과 월만 입력하면 일은 1이 자동으로 입력된다.
④ 오늘 날짜를 입력하려면 Ctrl + Shift + ;를 누른다.

> **전문가의 조언** | • 오늘 날짜를 입력하려면 Ctrl + ;를 눌러야 합니다.
> • Ctrl + Shift + ;를 누르면 현재 시간이 입력됩니다.

> 99섹션 2필드

22. 다음 중 '지점'이 서울이면서 급여가 2,500,000원 이상이거나, 급여가 3,500,000원 이하인 직원의 데이터를 조회하기 위한 고급 필터의 조건으로 옳은 것은?

①
지점	급여
서울	>=2,500,000
서울	<=3,500,000

②
지점	급여
서울	>2,500,000
	<3,500,000

③
지점	급여
	>=2,500,000
서울	<=3,500,000

④
지점	급여
	>2,500,000
서울	<3,500,000

> 전문가의 조언 | • 고급 필터의 조건으로 옳은 것은 ①번입니다.
> • 고급 필터의 조건을 지정할 때는 조건을 지정할 범위의 첫 행에는 원본 데이터 목록의 필드명을 입력하고, 그 아래 행에 조건을 입력합니다.
> • 조건을 같은 행에 입력하면 AND 조건, 다른 행에 입력하면 OR 조건으로 연결됩니다.

> 94섹션 2필드

23. 다음 중 틀 고정 및 창 나누기에 대한 설명으로 옳지 않은 것은?

① 창 나누기는 셀 포인트의 위치에 따라 수직, 수평, 수직·수평 분할이 가능하다.
② 화면에 나타나는 창 나누기 형태는 인쇄 시 적용되지 않는다.
③ 창 나누기 구분선을 제거하려면 [보기] → [창] → [숨기기]를 선택한다.
④ 첫 행을 고정하려면 셀 포인트의 위치에 상관 없이 [틀 고정] → [첫 행 고정]을 선택한다.

> 전문가의 조언 | 창 나누기 구분선을 제거하려면 [보기] → [창] → [나누기]를 다시 클릭하거나 창 나누기 기준선을 마우스로 더블클릭하면 됩니다.

> 101섹션 1필드

24. 다음 중 아래의 부분합 대화상자에 대한 설명으로 옳지 않은 것은?

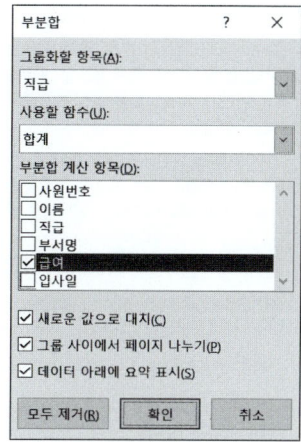

① 부분합을 실행하기 전에 직급 항목으로 정렬되어 있어야 올바른 결과를 얻을 수 있다.
② 부분합의 실행 결과는 직급별로 급여 항목에 대한 합계가 표시된다.
③ 인쇄시 직급별로 다른 페이지에 인쇄된다.
④ 계산 결과는 그룹별로 각 그룹의 위쪽에 표시된다.

> 전문가의 조언 | '부분합' 대화상자에 '데이터 아래에 요약 표시' 항목이 선택되어 있으므로 부분합의 결과는 각 그룹의 아래쪽에 표시됩니다.

> 83섹션 1필드

25. 다음 표에서 "중학생"의 봉사시간 평균을 구하려고 한다. 다음 중 옳은 함수식은?

	A	B	C	D	E	F
1	순번	날짜	성별	구분	접수	봉사시간
2	1	2022-10-03	여	중학생	단체	5
3	2	2022-10-10	남	고등학생	개인	8
4	3	2022-10-05	남	성인	개인	10
5	4	2022-10-02	여	중학생	단체	5
6	5	2022-10-12	남	중학생	단체	20
7	6	2022-10-08	남	고등학생	개인	19
8	7	2022-10-01	남	성인	단체	15
9	8	2022-10-09	여	성인	단체	35
10	9	2022-10-13	여	고등학생	단체	8
11	10	2022-10-15	남	고등학생	개인	10

① =AVERAGEIF(F2:F11, D2, D2:D11)
② =DAVERAGE(A2:F11, 6, D2:D11)
③ =AVERAGEIFS(F2:F11, D2:D11, D2)
④ =DAVERAGE(A2:F11, D2, D2:D11)

> **전문가의 조언** | '중학생'의 봉사시간 평균을 구하는 옳은 수식은 ③번입니다.
> ① =AVERAGEIF(F2:F11, D2, D2:D11) : AVERAGEIF(조건이 적용될 범위, 조건, 평균을 구할 범위)는 조건에 맞는 셀의 평균을 구하는 함수로, 인수 지정이 잘못되어 '#DIV/0!' 오류가 표시됩니다. 올바르게 수정하면 =AVERAGEIF(D2:D11, D2, F2:F11)입니다.
> ② =DAVERAGE(A2:F11, 6, D2:D11) : DAVERAGE(범위, 열 번호, 조건) 함수는 지정된 범위에서 조건에 맞는 자료를 대상으로 지정된 열의 평균을 계산하는 함수로, 범위와 조건을 지정할 때는 반드시 열 이름표를 함께 지정해야 합니다. 올바르게 수정하면 =DAVERAGE(A1:F11, 6, D1:D2)입니다.
> ③ =AVERAGEIFS(F2:F11, D2:D11, D2) : AVERAGEIFS(평균을 구할 범위, 조건1이 적용될 범위, 조건1, 조건2가 적용될 범위, 조건2 …)는 여러 조건에 맞는 셀의 평균을 구하는 함수로, '구분'이 '중학생'인 '봉사시간'의 평균인 10을 반환합니다.
> ④ =DAVERAGE(A2:F11, D2, D2:D11) : 올바르게 수정하면 =DAVERAGE(A1:F11, F1, D1:D2)입니다.
> ※ 열 번호는 '봉사시간'이 있는 6을 입력하거나 '봉사시간' 필드명이 있는 셀 주소인 'F1'을 입력해도 됩니다.

107섹션 3필드

26. 다음 중 매크로에 관한 설명으로 옳지 않은 것은?

① 하나의 통합 문서에는 동일한 이름의 매크로를 작성할 수 없다.
② 매크로 이름의 첫 글자는 반드시 문자로 지정해야 한다.
③ [매크로 기록] 대화상자에서 바로 가기 키 지정 시 영문 대문자를 사용하면 Alt 가 자동으로 덧붙는다.
④ 매크로 기록 시 사용자의 마우스 동작은 물론 키보드 작업도 모두 기록된다.

> **전문가의 조언** | 매크로의 바로 가기 키는 기본적으로 Ctrl 과 영문 소문자를 조합하여 사용하고, 영문 대문자로 지정하면 Shift 가 자동으로 덧붙여 지정됩니다.

106섹션 1필드

27. 다음 중 데이터 통합에 관한 설명으로 옳지 않은 것은?

① 통합은 비슷한 형식의 여러 데이터를 하나의 표로 통합, 요약해 주는 도구이다.
② 통합할 데이터가 있는 워크시트와 통합 결과가 작성될 워크시트가 같은 경우 '원본 데이터에 연결' 기능을 적용할 수 있다.
③ 사용할 데이터의 형태가 다르더라도 같은 이름표를 사용하면 통합할 수 있다.
④ 다른 원본 영역의 레이블과 일치하지 않는 레이블이 있는 경우에 통합하면 별도의 행이나 열이 만들어진다.

> **전문가의 조언** | 통합할 데이터가 있는 워크시트와 통합 결과가 작성될 워크시트가 서로 다를 경우에만 '원본 데이터에 연결'을 적용할 수 있습니다.

91섹션 1필드

28. 다음 차트에 대한 설명으로 옳지 않은 것은?

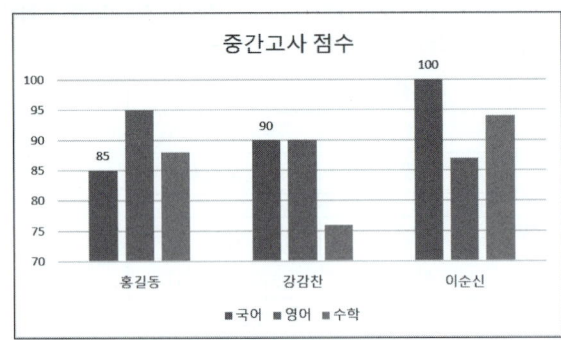

① '계열 겹치기' 값이 음수로 지정되었다.
② 국어 계열에 대해서만 데이터 레이블이 표시되었다.
③ 범례는 아래쪽으로 지정되었다.
④ '행/열 전환'을 수행하면 세로(값) 축과 가로(항목) 축이 서로 변경된다.

> **전문가의 조언** | '행/열 전환'을 수행하면 다음과 같이 가로(항목) 축 레이블과 범례 항목(계열)이 서로 변경됩니다.

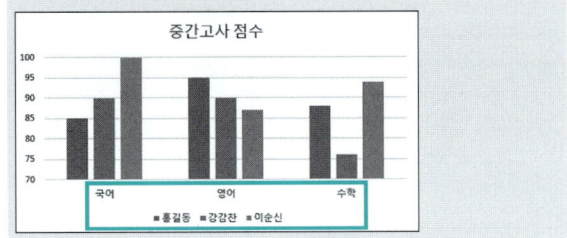

66섹션 2필드

29. 다음 중 아래 워크시트의 [A1] 셀에서 10.1을 입력한 후 Ctrl 을 누르고 자동 채우기 핸들을 아래로 드래그한 경우 [A4] 셀에 입력되는 값은?

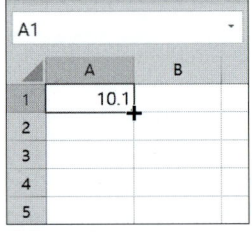

① 10.1 ② 10.4
③ 13.1 ④ 13.4

> **전문가의 조언** | Ctrl 을 누른 채 숫자가 들어 있는 셀의 채우기 핸들을 드래그하면 값이 1씩 증가하며 입력됩니다.
>
> 〈실행 결과〉
>
> | | A |
> |---|---|
> | 1 | 10.1 |
> | 2 | 11.1 |
> | 3 | 12.1 |
> | 4 | 13.1 |
> | 5 | |

97섹션 1필드

30. 아래 워크시트에서 [B2] 셀에 커서를 놓고 [데이터] → [정렬]을 클릭한 후 '순위'를 기준으로 오름차순 정렬을 수행한 결과로 옳은 것은?

	A	B	C	D	E	F
1	학번	성명	이론	실기	합계	순위
2	240402	김춘영	38	47	85	2
3	240401	이영주	47	45	92	1
4	240403	곽인호	46	48	94	3
5						
6	합계		131	140	271	
7						

①

	A	B	C	D	E	F
1	학번	성명	이론	실기	합계	순위
2	240403	곽인호	46	48	94	3
3	240402	김춘영	38	47	85	2
4	240401	이영주	47	45	92	1
5						
6	합계		131	140	271	

②

	A	B	C	D	E	F
1	학번	성명	이론	실기	합계	순위
2	240401	이영주	47	45	92	1
3	240402	김춘영	38	47	85	2
4	240403	곽인호	46	48	94	3
5						
6	합계		131	140	271	

③

	A	B	C	D	E	F
1						
2	합계		131	140	271	
3	학번	성명	이론	실기	합계	순위
4	240403	곽인호	46	48	94	3
5	240402	김춘영	38	47	85	2
6	240401	이영주	47	45	92	1

④

	A	B	C	D	E	F
1						
2	합계		131	140	271	
3	학번	성명	이론	실기	합계	순위
4	240401	이영주	47	45	92	1
5	240402	김춘영	38	47	85	2
6	240403	곽인호	46	48	94	3

> **전문가의 조언** | · '순위'를 기준으로 오름차순 정렬을 수행한 결과로 옳은 것은 ②번입니다.
> · [B2] 셀에 커서를 두고 [데이터] → [정렬]을 클릭하면 빈 행이 없이 데이터가 연결되어 있는 [A1:F4] 영역이 블록으로 지정되면서 '정렬' 대화상자가 나타나며, 정렬 기준을 '순위', 정렬을 '오름차순'으로 지정한 후 〈확인〉을 클릭하면 다음과 같이 정렬됩니다.
>
> | | A | B | C | D | E | F |
> |---|---|---|---|---|---|---|
> | 1 | 학번 | 성명 | 이론 | 실기 | 합계 | 순위 |
> | 2 | 240401 | 이영주 | 47 | 45 | 92 | 1 |
> | 3 | 240402 | 김춘영 | 38 | 47 | 85 | 2 |
> | 4 | 240403 | 곽인호 | 46 | 48 | 94 | 3 |
> | 5 | | | | | | |
> | 6 | 합계 | | 131 | 140 | 271 | |
> | 7 | | | | | | |

77섹션 2필드

31. 다음 중 입력 데이터에 주어진 표시 형식으로 지정한 경우 그 결과가 옳지 않은 것은?

	표시 형식	입력 데이터	표시 결과
①	@"귀중"	강광희	강광희 귀중
②	#.00	7.5	7.50
③	#"Kg"	0	0Kg
④	?/?	1.25	5/4

> **전문가의 조언** | #은 유효한 자릿수만 표시하고 유효하지 않은 0은 표시하지 않으므로, 0을 입력한 후 표시 형식을 #"Kg"로 지정하면 Kg가 표시됩니다.

95섹션 4필드

32. 다음 중 [페이지 설정] 대화상자의 [시트] 탭에 대한 설명으로 옳지 않은 것은?

① [행/열 머리글]을 선택하면 틀 고정으로 지정된 영역의 왼쪽 열과 위쪽 행이 페이지마다 반복하여 인쇄된다.
② 모든 페이지에 반복 인쇄할 인쇄 제목을 지정할 수 있다.
③ 메모 인쇄 위치를 '시트 끝'으로 지정하면 가장 마지막 시트 끝에 모아서 인쇄된다.
④ 시트에 표시된 셀 눈금선의 인쇄 여부를 지정할 수 있다.

> **전문가의 조언** | '페이지 설정' 대화상자의 '시트' 탭에서 '행/열 머리글'을 선택하면 워크시트의 행/열 머리글이 인쇄됩니다.

33. 다음 중 조건부 서식에 대한 설명으로 옳지 않은 것은?

① 조건부 서식에서 사용하는 수식은 등호(=)로 시작해야 한다.
② 규칙에 맞는 셀 범위는 해당 규칙에 따라 서식이 지정되고 규칙에 맞지 않는 셀 범위는 서식이 지정되지 않는다.
③ 조건부 서식이 적용된 후 셀 값이 바뀌어 규칙과 일치하지 않아도 셀 서식 설정은 해제되지 않는다.
④ 고유 또는 중복 값에 대해서만 서식을 지정할 수도 있다.

> 전문가의 조언 | 조건부 서식이 적용된 후 셀 값이 바뀌어 규칙과 일치하지 않으면 적용된 서식이 해제됩니다.

34. 다음 중 작성된 매크로를 실행하는 방법으로 옳지 않은 것은?

① 매크로를 지정한 도형을 클릭하여 실행한다.
② '매크로' 대화상자에서 매크로를 선택하여 실행한다.
③ 매크로를 기록할 때 지정한 바로 가기 키를 이용하여 실행한다.
④ 매크로를 지정한 워크시트의 셀 자체를 클릭하여 실행한다.

> 전문가의 조언 | 워크시트의 셀에 매크로를 지정하여 실행할 수 있는 기능은 없습니다.

35. 다음 중 가상 분석 도구인 [데이터 표]에 대한 설명으로 옳지 않은 것은?

① 테스트할 변수의 수에 따라 변수가 한 개이거나 두 개인 데이터 표를 만들 수 있다.
② 데이터 표를 이용하여 입력된 데이터는 부분적으로 수정 또는 삭제할 수 있다.
③ 워크시트가 다시 계산될 때마다 데이터 표도 변경 여부에 관계없이 다시 계산된다.
④ 데이터 표의 결과값은 반드시 변화하는 변수를 포함한 수식으로 작성해야 한다.

> 전문가의 조언 | 데이터 표를 이용하여 입력된 데이터는 부분적으로 수정 또는 삭제할 수 없습니다.

36. 다음 중 제품단가[C2:C7]와 수량[D2:D7] 그리고 수량에 따른 택배비[A11:C14]를 이용하여 판매금액[E2:E7]을 계산하되, 계산 시 오류가 발생할 경우 "보류"를 표시하는 수식으로 옳은 것은? (단, '판매금액 = 제품단가 × 수량 + 택배비'임)

	A	B	C	D	E
1	제품코드	제품명	제품단가	수량	판매금액
2	A-001	사과	10,500	8	
3	A-002	배	9,500	2	
4	A-003	체리	7,500	미정	
5	A-004	망고	9,500	12	
6	A-005	귤	5,500	미정	
7	A-006	바나나	4,500	13	
8					
9		<택배비>			
10	수량		택배비		
11	0	2	3,500		
12	2	5	2,000		
13	5	10	1,000		
14	10		0		
15					

① =IFERROR(C2*D2+VLOOKUP(D2, $A$11:$C$14, 3, 0), "보류")
② =IFERROR(C2*D2+VLOOKUP(D2, $A$11:$C$14, 3, 1), "보류")
③ =IFERROR("보류", C2*D2+VLOOKUP(D2, $A$11:$C$14, 3, 1))
④ =IFERROR("보류", C2*D2+VLOOKUP(D2, $A$11:$C$14, 3, 0))

> 전문가의 조언 | 판매금액을 계산하는 수식으로 옳은 것은 ②번입니다.
> =IFERROR(C2*D2+VLOOKUP(D2, $A$11:$C$14, 3, 1), "보류")
>   ❶
>   ❷
>
> ❶ VLOOKUP(D2, $A$11:$C$14, 3, 1) : VLOOKUP(찾을값, 범위, 열 번호, 옵션)은 '범위'의 첫 번째 열에서 '옵션'에 맞게 '찾을값'과 같은 값을 찾은 후 '찾을값'이 있는 행에서 지정된 '열 번호' 위치에 있는 값을 반환하는 함수입니다. [A11:C14] 영역의 첫 번째 열에서 옵션이 1이므로, [D2] 셀의 값 8보다 크지 않은 가장 근삿값 5를 찾은 후 5가 있는 행(13)에서 3번째 열에 있는 1000을 반환합니다.
>
> ❷ =IFERROR(C2*D2+, "보류") → =IFERROR(10500*8+1000, "보류") : IFERROR(인수, 오류 시 표시 할 값)은 '인수'로 지정한 수식이나 셀에서 오류가 발생했으면 '오류 시 표시 할 값'을, 그렇지 않으면 결과값을 반환하는 함수이므로 '10500*8+1000'의 결과값인 85000을 반환합니다.

> 전문가의 조언 | 인쇄에 대한 설명으로 옳은 것은 ③번입니다.
> ① 기본적으로 워크시트에서 숨기기를 실행한 영역은 인쇄되지 않습니다.
> ② 인쇄 영역에 포함된 도형들을 함께 인쇄하려면 '도형 서식' 창의 [도형 옵션] → [크기 및 속성] → [속성]에서 '개체 인쇄'를 선택한 후 인쇄해야 합니다.
> ④ 여러 시트를 한 번에 인쇄하려면 인쇄할 시트를 모두 선택한 후 [파일] → [인쇄]에서 '활성 시트 인쇄'를 선택한 후 인쇄해야 합니다.

93섹션 1필드

37. 데이터를 계층 구조로 하여 다른 범주 수준을 비교할 수 있도록 간단히 도식화하여 표현한 차트로, 색과 근접성을 기준으로 범주를 표시하며 다른 차트 유형으로 표시하기 어려운 많은 양의 데이터를 쉽게 표시할 수 있는 차트는?

① 히스토그램 ② 콤보
③ 폭포 ④ 트리맵

> 전문가의 조언 | 문제에 제시된 내용은 트리맵 차트에 대한 설명입니다.
> • 히스토그램 차트 : 특정 구간에 그룹화된 데이터의 분포를 표시할 때 사용하는 차트
> • 폭포 차트 : 데이터의 증감 및 누적 합계를 확인할 때 사용함
> • 콤보 차트 : 두 개 이상의 데이터 계열을 가진 차트에서 특정 데이터 계열을 강조하기 위해 해당 데이터 계열을 다른 차트로 표시하는 것

87섹션 1필드

40. 아래 워크시트에서 비고[C2:C8]에 1인면적[B2:B8]이 작은 순으로 순위를 구하여 1~3위까지는 "공간확장"을 표시하고, 나머지는 공백으로 표시하려고 한다. [C2] 셀에 입력할 수식으로 옳은 것은?

	A	B	C
1	부서	1인면적(m3)	비고
2	기획부	61.52	
3	영업부	58.61	
4	총무부	72.65	
5	관리부	48.25	
6	인사부	55.58	
7	국제부	65.45	
8	국내부	52.45	
9			

① =IF(RANK.EQ(B2, $B$2:$B$8, 0)<=3, "공간확장", " ")
② =IF(B2>=SMALL($B$2:$B$8, 3), "공간확장", " ")
③ =IF(RANK.EQ(B2, $B$2:$B$8, 1)>=3, "공간확장", " ")
④ =IF(B2<=SMALL($B$2:$B$8, 3), "공간확장", " ")

104섹션 1필드

38. 상품 가격이 2500원짜리인 물건에 대하여 총 판매액이 1,500,000원이 되게 하기 위해서는 판매수량이 얼마나 되어야 하는지 알아보기 위해 사용되는 유용한 기능은?

① 피벗 테이블 ② 고급 필터
③ 목표값 찾기 ④ 레코드 관리

> 전문가의 조언 | 목표값 찾기는 수식에서 원하는 결과 값(총 판매액 1,500,000)은 알고 있지만 그 결과값을 계산하기 위해 필요한 입력값(판매수량)을 모를 경우 사용하는 도구입니다.
> • 피벗 테이블 : 많은 양의 데이터를 한눈에 쉽게 파악할 수 있도록 요약·분석하여 보여주는 도구
> • 고급 필터 : 자동 필터에 비해 복잡한 조건을 사용하거나 여러 필드를 결합하여 조건을 지정할 경우 사용하는 기능

> 전문가의 조언 | [C2] 셀에 입력할 수식으로 옳은 것은 ④번입니다.
> =IF(B2<=SMALL(B2:B8, 3), "공간확장", " ")
>   ❶
>   ❷
>
> ❶ SMALL(B2:B8, 3) : SMALL(범위, n번째)는 '범위' 중 'n번째'로 작은 값을 반환하는 함수이므로 [B2:B8] 영역에서 3번째로 작은 값을 반환합니다.
> ❷ =IF(B2<=, "공간확장", " ") : IF(조건, 인수1, 인수2)는 '조건'이 참이면 '인수1', 거짓이면 '인수2'를 반환하는 함수이므로 [B2] 셀의 값이 ❶ 이하, 즉 세 번째로 작은 값 이하이면 "공간확장"을, 그 외에는 공백을 반환합니다.
>
> ※ IF와 RANK.EQ 함수를 이용하여 동일한 결과를 산출하는 수식은 다음과 같습니다.
> =IF(RANK.EQ(B2, B2:B8, 1)<=3, "공간확장", " ")
>   ❶
>   ❷
>
> ❶ RANK.EQ(B2, B2:B8, 1) : RANK.EQ(인수, 범위, 옵션)은 지정된 '범위'에서 '옵션'에 맞게 '인수'의 순위를 반환하는 함수입니다. 옵션이 1이므로 [B2:B8] 영역에서 오름차순으로 [B2] 셀의 순위를 반환합니다.
> ❷ =IF(<=3, "공간확장", " ") : ❶이 3 이하, 즉 순위가 3위 이내이면 "공간확장"을, 그 외에는 공백을 반환합니다.

96섹션 1필드

39. 다음 중 인쇄에 대한 설명으로 옳은 것은?

① 기본적으로 워크시트에서 숨기기를 실행한 영역도 인쇄된다.
② 인쇄 영역에 포함된 도형들을 함께 인쇄하려면 [파일] → [인쇄]에서 '개체 인쇄'를 선택하여 인쇄한다.
③ 워크시트에 삽입된 차트만 인쇄하려면 차트가 선택된 상태에서 인쇄 명령을 실행한다.
④ 여러 시트를 한 번에 인쇄하려면 [파일] → [인쇄]에서 '여러 시트 인쇄'를 선택하여 인쇄한다.

2024년 1회 컴퓨터활용능력 2급 필기

1과목 컴퓨터 일반

4섹션 2필드

1. 다음 중 한글 Windows 10의 작업 표시줄 설정에 대한 설명으로 옳지 않은 것은?

① 자주 사용하는 앱을 작업 표시줄에 표시할 수 있다.
② 데스크톱 모드에서 작업 표시줄 자동 숨기기를 설정할 수 있다.
③ 화면에서 작업 표시줄의 위치를 왼쪽, 위쪽, 오른쪽, 아래쪽 중에서 설정할 수 있다.
④ 작업 표시줄이 꽉 차면 같은 앱은 그룹으로 묶어서 하나의 단추로 표시되도록 할 수 있다.

전문가의 조언 | '작업 표시줄 설정'을 통해 자주 사용하는 앱을 작업 표시줄에 표시할 수 없습니다.
• 작업 표시줄에 앱을 추가하려면 앱을 드래그하여 작업 표시줄에 놓거나, [시작] 메뉴에 등록된 앱의 바로 가기 메뉴에서 [자세히] → [작업 표시줄에 고정]을 선택해야 합니다.

62섹션 3필드

2. 다음 중 웜(Worm)에 대한 설명으로 옳은 것은?

① 네트워크를 통해 연속적으로 자신을 복제하여 시스템의 부하를 높이는 프로그램이다.
② 정상적인 기능을 하는 프로그램으로 가장하여 프로그램 내에 숨어 있다가 해당 프로그램이 작동할 때 활성화되어 부작용을 일으키는 것으로 자기 복제 능력은 없다.
③ 컴퓨터 시스템에 불법적으로 접근, 침투하여 시스템과 데이터를 파괴하는 행위이다.
④ 네트워크 주변을 지나다니는 패킷을 엿보면서 계정과 패스워드를 알아내는 행위이다.

전문가의 조언 | • 웜(Worm)은 연속적으로 자신을 복제하여 시스템의 부하를 높이는 프로그램입니다.
• ②번은 트로이 목마, ③번은 해킹, ④번은 스니핑에 대한 설명입니다.

107섹션 3필드

3. 다음 중 정보 사회에서 발생할 수 있는 문제점으로 적절하지 않은 것은?

① 정보의 편중으로 계층 간의 정보 차이를 줄일 수 있다.
② 중앙 컴퓨터 또는 서버의 장애나 오류로 사회적, 경제적으로 혼란을 초래할 수 있다.
③ 정보기술을 이용한 새로운 범죄가 증가할 수 있다.
④ VDT 증후군이나 테크노스트레스 같은 직업병이 발생할 수 있다.

전문가의 조언 | 정보의 과다로 인한 혼란과 정보의 편중으로 인해 계층 간의 정보 차이가 증가할 수 있습니다.

24섹션 1필드

4. 다음 중 한글 Windows 10의 인쇄 기능에 대한 설명으로 옳은 것은?

① 기본 프린터를 2대 이상 지정할 수 있다.
② 프린터 속성 창에서 공급 용지의 종류, 공유, 포트 등을 설정할 수 있다.
③ 인쇄 대기 중인 작업은 취소시킬 수 없다.
④ 인쇄 중인 작업은 취소할 수는 없으나 잠시 중단시킬 수 있다.

전문가의 조언 | 프린터 속성 창에서 공급 용지의 종류, 공유, 포트 등을 설정할 수 있습니다.
① 기본 프린터는 1대만 지정할 수 있습니다.
③ 인쇄 대기 중인 작업도 취소시킬 수 있습니다.
④ 인쇄 중인 작업도 인쇄를 취소하거나 잠시 중단시킬 수 있습니다.

49섹션 1필드

5. 다음 중 인터넷에 대한 설명으로 적절하지 않은 것은?

① URL은 인터넷 상에 있는 각종 자원의 위치를 나타내는 표준 주소 체계이다.
② 인터넷은 TCP/IP 프로토콜을 통해 연결된 상업용 네트워크로 중앙통제기구인 InterNIC에 의해 운영된다.
③ IP 주소는 인터넷에 연결된 모든 컴퓨터 자원을 구분하기 위한 고유의 주소이다.
④ www는 웹 브라우저를 통해 인터넷을 효과적으로 사용할 수 있게 하는 서비스이다.

전문가의 조언 | 인터넷은 TCP/IP 프로토콜을 통해 전세계 수많은 컴퓨터와 네트워크들이 연결된 광범위한 컴퓨터 통신망이지만 상업용 네트워크가 아니며, 중앙통제기구도 없습니다.

53섹션 1필드

6. 다음 중 웹 브라우저의 기능에 관한 설명으로 옳지 않은 것은?

① 웹 페이지를 사용자 컴퓨터에 저장하거나 인쇄할 수 있다.
② HTML 문서나 PDF 문서를 확인할 수 있다.
③ 자주 방문하는 웹 사이트 주소를 관리할 수 있다.
④ 방문한 웹 사이트를 편집할 수 있다.

전문가의 조언 | 웹 브라우저로 방문한 웹 사이트를 편집할 수는 없습니다.

2섹션 5필드

7. 다음 중 Shift 키 사용에 대한 설명으로 옳지 않은 것은?

① Shift 를 누른 채 파일을 드래그 하면 이동된다.
② Ctrl + Shift + Esc 를 누르면 '작업 관리자' 대화상자가 표시된다.
③ Shift + F10 을 누르면 바로 가기 메뉴가 표시된다.
④ Shift + Delete 를 눌러 삭제한 개체는 휴지통에 보관된다.

전문가의 조언 | Shift + Delete 를 눌러 삭제한 개체는 휴지통을 거치지 않고 바로 삭제됩니다.

48섹션 2필드

8. 다음 중 정보 통신을 위한 디지털 방식의 통신 선로에서 전송 신호를 증폭하거나 재생하고 전달하는 중계 장치로 옳은 것은?

① 게이트웨이(Gateway) ② 모뎀(Modem)
③ 리피터(Repeater) ④ 라우터(Router)

전문가의 조언 | 통신 선로에서 전송 신호를 증폭하거나 재생하고 전달하는 중계 장치는 리피터(Repeater)입니다.
• 게이트웨이(Gateway) : 주로 LAN에서 다른 네트워크에 데이터를 보내거나 다른 네트워크로부터 데이터를 받아들이는 출입구 역할을 하는 장치
• 모뎀(Modem) : 디지털 신호를 아날로그 신호로 변환하는 변조 과정과 아날로그 신호를 디지털 신호로 변환하는 복조 과정을 수행하는 신호 변환장치
• 라우터(Router) : 데이터 전송 시 최적의 경로를 설정하여 전송하는 장치

11섹션 2필드

9. 다음 중 파일이나 폴더를 복사하거나 이동하는 방법으로 옳지 않은 것은?

① 폴더를 마우스로 선택한 후 동일한 드라이브의 다른 폴더로 끌어서 놓으면 이동이 된다.
② USB에 저장되어 있는 파일을 마우스로 선택한 후 바탕 화면으로 끌어서 놓으면 복사가 된다.
③ 파일을 마우스로 선택한 후 Ctrl 을 누른 채 같은 드라이브의 다른 폴더로 끌어서 놓으면 복사가 된다.
④ 파일을 마우스로 선택한 후 Alt 를 누른 채 같은 드라이브의 다른 폴더로 끌어서 놓으면 이동이 된다.

전문가의 조언 | • 폴더를 마우스로 선택한 후 Alt 를 누른 채 같은 드라이브의 다른 폴더로 끌어서 놓으면 폴더의 바로 가기 아이콘이 생성됩니다.
• 같은 드라이브에서 파일이나 폴더를 이동하려면 키를 누르지 않고 끌어서 놓기만 하면 됩니다.

44섹션 1필드

10. 다음 중 운영체제에 대한 설명으로 옳지 않은 것은?

① 운영체제는 제어 프로그램, 감시 프로그램, 응용 프로그램으로 구성된다.
② 자원의 효율적인 관리를 위해 자원의 스케줄링을 제공한다.
③ 시스템과 사용자 간의 편리한 인터페이스를 제공한다.
④ 데이터 및 자원 공유 기능을 제공한다.

전문가의 조언 | 운영체제는 제어 프로그램과 처리 프로그램으로 구성되어 있습니다.

44섹션 1필드

11. 다음 중 유틸리티 프로그램에 대한 설명으로 적절하지 않은 것은?

① 다수의 작업이나 목적에 대하여 적용되는 편리한 서비스 프로그램이나 루틴을 말한다.
② 컴퓨터의 동작에 필수적이고, 컴퓨터를 이용하는 주목적에 대한 일부 특정 작업을 수행하는 소프트웨어들을 가리킨다.
③ 컴퓨터 하드웨어, 운영체제, 응용 소프트웨어를 관리하는 데 도움을 주도록 설계된 프로그램을 의미한다.
④ Windows에서 제공하는 유틸리티 프로그램으로는 메모장, 그림판, 계산기 등을 예로 들 수 있다.

전문가의 조언 | 유틸리티 프로그램은 컴퓨터 동작에 필수적이지는 않지만, 컴퓨터를 이용하는 주 목적에 대한 특정 작업을 수행하는 소프트웨어들을 가리킵니다.

정답 : 1.① 2.① 3.① 4.② 5.② 6.④ 7.④ 8.③ 9.④ 10.① 11.②

32섹션 4필드

12. 다음 중 컴퓨터에서 사용하는 캐시 메모리에 관한 설명으로 옳은 것은?

① 보조기억장치의 일부를 주기억장치처럼 사용하는 메모리이다.
② 기억된 정보의 내용 일부를 이용하여 주기억장치에 접근하는 장치이다.
③ EEPROM의 일종으로 비휘발성 메모리이다.
④ 중앙처리장치(CPU)와 주기억장치 사이에 위치하여 컴퓨터 처리 속도를 향상시키는 메모리이다.

> **전문가의 조언 |** • 캐시 메모리에 대한 설명으로 옳은 것은 ④번입니다.
> • ①번은 가상 메모리(Virtual Memory), ②번은 연상(연관) 메모리(Associative Memory), ③번은 플래시 메모리(Flash Memory)에 대한 설명입니다.

57섹션 1필드

13. 다음 중 그래픽 데이터의 표현에서 벡터(Vector) 방식에 관한 설명으로 옳은 것은?

① 점과 점을 연결하는 직선 또는 곡선을 이용하여 이미지를 표현한다.
② 이미지를 확대하면 테두리에 계단 현상과 같은 앨리어싱이 발생한다.
③ 래스터 방식이라고도 하며 화면 표시 속도가 빠르다.
④ 많은 픽셀로 정교하고 다양한 색상을 표시할 수 있다.

> **전문가의 조언 |** • 벡터 방식에 대한 설명으로 옳은 것은 ①번입니다.
> • ②~④번은 비트맵(Bitmap) 방식에 대한 설명입니다.

38섹션 2필드

14. 다음 중 컴퓨터의 롬(ROM)에 기록되어 하드웨어를 제어하며, 하드웨어의 성능 향상을 위해 업그레이드 할 수 있는 마이크로프로그램의 집합을 의미하는 것은?

① 프리웨어(Freeware)
② 셰어웨어(Shareware)
③ 미들웨어(Middleware)
④ 펌웨어(Firmware)

> **전문가의 조언 |** 문제에 제시된 내용은 펌웨어(Firmware)에 대한 설명입니다.
> • 프리웨어(Freeware) : 무료로 사용 또는 배포가 가능한 소프트웨어
> • 셰어웨어(Shareware) : 기능 혹은 사용 기간에 제한을 두어 배포하는 소프트웨어
> • 미들웨어(Middle Ware) : 운영체제와 해당 운영체제에 의해 실행되는 응용 프로그램 사이에서 운영체제가 제공하는 서비스 이외에 추가적인 서비스를 제공하는 소프트웨어

22섹션 1필드

15. 다음 중 한글 Windows 10에서 사용자 컴퓨터에 설치된 하드웨어의 종류 및 작동 여부를 확인하거나 하드웨어 제거를 수행할 수 있는 항목은?

① 시스템
② 관리 도구
③ 프로그램 및 기능
④ 장치 관리자

> **전문가의 조언 |** 장치 관리자는 컴퓨터에 설치되어 있는 하드웨어의 종류 및 작동 여부를 확인하고, 하드웨어의 제거나 사용 여부, 업데이트 등의 속성을 변경할 때 사용합니다.

54섹션 1필드

16. 다음 중 통신 기술의 이용 현황을 올바르게 설명한 것은?

① NFC – 노트북을 핫스팟을 이용하여 연결한다.
② BlueTooth – 출·퇴근을 태그를 이용하여 관리한다.
③ WiFi – 헤드폰과 핸드폰을 연결한다.
④ RFID – 도서관에서 도서 대출/반납 시 태그를 이용하여 도서의 출납을 실시간으로 확인한다.

> **전문가의 조언 |** RFID는 사물에 전자 태그를 부착하여 사물 및 주변 정보를 감지하는 기술로, 도서 대출 및 반납, 출입 통제, 모바일 결제 등에 활용됩니다.
> ① NFC는 RFID 기술의 일종으로 태그를 사용하여 도서 대출 및 반납, 출입 통제, 모바일 결제 등에 활용됩니다.
> ② BlueTooth는 근거리 무선 통신 기술로, 핸드폰, 헤드폰, 노트북과 같은 휴대 가능한 장치들 간의 양방향 정보 전송을 지원합니다.
> ③ WiFi는 무선 인터넷을 지원하는 무선랜 기술을 의미합니다. 무선 인터넷을 사용하는 모든 전자기기를 지원하며 중계역할을 수행하는 핫스팟의 원천 기술이기도 합니다.

15섹션 3필드

17. 다음 중 한글 Windows 10의 [설정] → [시스템] → [정보]를 선택했을 때 확인할 수 있는 정보에 해당하지 않는 것은?

① 설치된 Windows 운영체제의 버전
② CPU의 종류와 설치된 메모리의 용량
③ Windows의 설치 날짜
④ 컴퓨터 이름과 현재 로그인한 사용자 계정

> **전문가의 조언 |** 현재 로그인한 사용자 계정은 [설정] → [계정]에서 확인할 수 있습니다.

33섹션 2필드

18. 다음 중 기억장치의 기억 용량 단위로 가장 큰 것은?

① 1TB
② 1EB
③ 1GB
④ 1MB

전문가의 조언 | • 보기 중 기억 용량 단위가 가장 큰 것은 1EB입니다.
• 기억 용량의 단위를 작은 것부터 큰 것까지 차례대로 나열하면 'Byte 〈 KB 〈 MB 〈 GB 〈 TB 〈 PB 〈 EB' 순입니다.

62섹션 3필드

19. 해커를 유인하기 위해 의도적으로 취약한 서버를 만들어 이를 모니터링하는 시스템으로 공격자의 공격 경로와 공격 수법을 알아내기 위한 목적으로 사용하는 것은?

① VPN(Virtual Private Network)
② 허니팟(Honeypot)
③ 침입 탐지 시스템(IDS)
④ 방화벽(Firewall)

전문가의 조언 | 문제에 제시된 내용은 허니팟(Honeypot)에 대한 설명입니다.
• VPN(Virtual Private Network) : 인터넷망(공중망)을 사용하여 사설망을 구축하게 해주는 통신망
• 침입 탐지 시스템(IDS) : 컴퓨터 시스템의 비정상적인 사용, 오용, 남용 등을 실시간으로 탐지하는 시스템
• 방화벽(Firewall) : 보안이 필요한 네트워크의 통로를 단일화하여 관리함으로써 외부의 불법 침입으로부터 내부의 정보 자산을 보호하기 위한 시스템

59섹션 1필드

20. 다음 중 멀티미디어와 관련된 용어에 대한 설명으로 옳지 않은 것은?

① VR이란 컴퓨터가 만들어 낸 가상세계의 다양한 경험을 체험할 수 있도록 하는 컴퓨터 그래픽 기술과 시뮬레이션 기능 등 관련 기술을 통틀어 말한다.
② LBS란 멀티미디어 기능 강화 실시간 TV와 생활정보, 교육 등의 방송 서비스를 말한다.
③ VCS란 화상회의시스템으로 초고속 정보통신망을 이용하여 멀리 떨어져 있는 사람들과 비디오와 오디오를 통해 회의할 수 있도록 하는 멀티미디어 시스템이다.
④ VOD란 주문형 비디오로 보고 싶은 영화나 스포츠 뉴스, 홈 쇼핑 등 가입자가 원하는 시간에 원하는 프로그램을 선택하여 시청할 수 있도록 하는 멀티미디어 서비스이다.

전문가의 조언 | LBS(Location Based Service, 위치 기반 서비스)는 통신 기술과 GPS, 그리고 컴퓨터에 저장된 데이터베이스를 이용하여 주변의 위치와 부가 서비스를 제공하는 기술로, 현재 위치 정보, 실시간 교통 정보 등 다양한 서비스를 제공합니다.

2과목 스프레드시트 일반

72섹션 4필드

21. 다음과 같이 결재란 내용을 그림의 형태로 복사하는 경우 원본의 변경사항이 복사된 그림에도 적용되도록 복사하는 방법으로 옳은 것은?

	A	B	C	D	E	F
1	〈원본〉					
2		결재란	팀장	실장	이사	사장
3						
4						
5	〈복사본〉					
6		결재란	팀장	실장	이사	사장
7						
8						
9						

① 원본 내용을 복사한 후 [삽입] → [일러스트레이션] → [그림]을 선택한다.
② 원본 내용을 복사한 후 [홈] → [클립보드] → [붙여넣기] → [선택하여 붙여넣기] → [연결하여 붙여넣기]를 선택한다.
③ 원본 내용을 복사한 후 [홈] → [클립보드] → [붙여넣기] → [그림]을 선택한다.
④ 원본 내용을 복사한 후 [홈] → [클립보드] → [붙여넣기] → [연결된 그림]을 선택한다.

전문가의 조언 | 내용을 그림의 형태로 복사하고 원본의 변경사항이 복사된 그림에도 적용되도록 하려면, 원본 내용을 복사한 후 [홈] → [클립보드] → [붙여넣기] → [연결된 그림]을 선택하면 됩니다.

95섹션 4필드

22. 다음의 '페이지 설정' 대화상자에서 행/열 머리글의 표시 여부를 설정할 수 있는 탭은 무엇인가?

페이지 설정			
페이지	여백	머리글/바닥글	시트

① 페이지
② 여백
③ 머리글/바닥글
④ 시트

전문가의 조언 | '행/열 머리글'의 표시 여부는 '페이지 설정' 대화상자의 '시트' 탭에서 설정할 수 있습니다.

정답 : 12.④ 13.① 14.③ 15.④ 16.③ 17.④ 18.② 19.② 20.② 21.④ 22.④

2024년 1회

없음

23. 아래 워크시트에서 [D2:D6] 영역을 블록으로 지정한 후 Ctrl + E를 눌러 빠른 채우기를 수행한 결과로 옳은 것은?

	A	B	C	D
1	사원번호	성명	입사일	년도
2	1	최규대	2015-07-08	2015
3	2	한경선	2017-08-15	
4	3	김희수	2002-06-20	
5	4	최무일	2004-11-18	
6	5	곽양례	2012-09-27	

①
	A	B	C	D
1	사원번호	성명	입사일	년도
2	1	최규대	2015-07-08	2015
3	2	한경선	2017-08-15	2015
4	3	김희수	2002-06-20	2015
5	4	최무일	2004-11-18	2015
6	5	곽양례	2012-09-27	2015

②
	A	B	C	D
1	사원번호	성명	입사일	년도
2	1	최규대	2015-07-08	2015
3	2	한경선	2017-08-15	2016
4	3	김희수	2002-06-20	2017
5	4	최무일	2004-11-18	2018
6	5	곽양례	2012-09-27	2019

③
	A	B	C	D
1	사원번호	성명	입사일	년도
2	1	최규대	2015-07-08	2015
3	2	한경선	2017-08-15	2017
4	3	김희수	2002-06-20	2002
5	4	최무일	2004-11-18	2004
6	5	곽양례	2012-09-27	2012

④
	A	B	C	D
1	사원번호	성명	입사일	년도
2	1	최규대	2015-07-08	2015-07-08
3	2	한경선	2017-08-15	2017-08-15
4	3	김희수	2002-06-20	2002-06-20
5	4	최무일	2004-11-18	2004-11-18
6	5	곽양례	2012-09-27	2012-09-27

> **전문가의 조언** | • '빠른 채우기'는 현재 셀 주변 데이터의 패턴을 분석하여 자동으로 데이터를 입력하는 기능입니다.
> • [D2] 셀의 2015는 입사일(C열)의 년도에 해당하므로 [D2:D6] 영역을 블록으로 지정한 후 Ctrl + E를 눌러 빠른 채우기를 수행하면 아래와 같이 입사일 중 년도만 입력됩니다.
>
> | | A | B | C | D |
> |---|---|---|---|---|
> | 1 | 사원번호 | 성명 | 입사일 | 년도 |
> | 2 | 1 | 최규대 | 2015-07-08 | 2015 |
> | 3 | 2 | 한경선 | 2017-08-15 | 2017 |
> | 4 | 3 | 김희수 | 2002-06-20 | 2002 |
> | 5 | 4 | 최무일 | 2004-11-18 | 2004 |
> | 6 | 5 | 곽양례 | 2012-09-27 | 2012 |

107섹션 3필드

24. 다음 중 매크로에 대한 설명으로 옳은 것은?

① 매크로의 이름은 문자로 시작하여야 하고, 공백을 포함할 수 있다.
② 모든 통합 문서에서 매크로가 실행될 수 있도록 매크로 저장 위치를 설정할 수 있다.
③ 한 번 작성된 매크로는 삭제할 수 없다.
④ 매크로 작성을 위해 Visual Basic 언어를 따로 설치해야 한다.

> **전문가의 조언** | 모든 통합 문서에서 매크로가 실행될 수 있도록 하려면 저장 위치를 '개인용 매크로 통합 문서'로 설정하면 됩니다.
> ① 매크로의 이름에는 공백을 포함할 수 없습니다.
> ③ [개발 도구] → [코드] → [매크로]를 선택한 후 '매크로' 대화상자에서 원하는 매크로를 선택하여 삭제할 수 있습니다.
> ④ 매크로를 작성하면 자동으로 VBA(Visual Basic for Applications)에 작성되므로 따로 Visual Basic 언어를 설치할 필요가 없습니다.

100섹션 1필드

25. 아래 워크시트에서 [B2:B7] 영역에 텍스트 형식으로 입력된 '생년월일'을 날짜 형식으로 변경하기 위한 방법으로 옳은 것은?

	A	B
1	성명	생년월일
2	이경자	2001.11.10
3	최복선	2002.05.15
4	성옥순	2003.06.08
5	마정희	2004.12.24
6	김준영	2005.07.25
7	이영주	2006.08.08

① 텍스트 나누기를 수행한 후 해당 열의 데이터 서식을 '날짜' 서식으로 변경한다.
② '셀 서식' 대화상자에서 사용자 지정 표시 형식을 0000-00-00으로 지정한다.
③ '셀 서식' 대화상자에서 표시 형식을 '날짜'로 지정한다.
④ '셀 서식' 대화상자에서 사용자 지정 표시 형식을 yyyy.mm.dd로 지정한다.

> **전문가의 조언** | 텍스트 형식으로 입력된 '생년월일'을 날짜 형식으로 변경하려면, 다음과 같이 텍스트 나누기를 수행하면 됩니다.
> ❶ [B2:B7] 영역을 블록으로 지정한 후 [데이터] → [데이터 도구] → [텍스트 나누기]를 클릭한다.
> ❷ '텍스트 마법사 1단계'에서 '원본 데이터 형식'의 '너비가 일정함'을 선택한 후 〈다음〉을 클릭한다.
> ❸ '텍스트 마법사 2단계'에서 〈다음〉을 클릭한다.
> ❹ '텍스트 마법사 3단계'에서 '열 데이터 서식'의 '날짜'를 선택한 후 〈마침〉을 클릭한다.

79섹션 1필드

26. 다음 중 조건부 서식에 대한 설명으로 옳지 않은 것은?

① 조건을 수식으로 입력할 경우 수식 앞에 등호(=)를 반드시 입력해야 한다.
② 조건부 서식을 적용한 후에는 셀의 값이 변경되더라도 적용된 서식이 해제되지 않는다.
③ 조건부 서식은 기존의 셀 서식에 우선하여 적용된다.
④ 조건부 서식의 규칙별로 다른 서식을 적용할 수 있다.

> 전문가의 조언 | 조건부 서식을 적용한 후 셀의 값이 변경되어 규칙을 만족하지 않으면 적용된 서식이 해제됩니다.

85섹션 1필드

27. 아래 워크시트에서 [B2] 셀은 '=LEFT(A2, 2)' 수식을 적용하여 텍스트 형식으로 입력된 [A2] 셀의 값에서 앞 2자리를 추출한 것이다. [B2] 셀의 수식을 채우기 핸들을 이용하여 [B5] 셀까지 계산한 후 [B6] 셀에 '=SUM(B2:B5)' 수식을 입력할 경우 표시되는 결과로 옳은 것은?

	A	B
1	입력값	추출값
2	35개	35
3	15개	15
4	20개	20
5	35개	35
6	합계	

① 0
② #VALUE!
③ #NAME?
④ 105

> 전문가의 조언 |
> • 텍스트 함수(LEFT, RIGHT, MID 등)를 이용해 추출된 값은 숫자 데이터가 아니고 문자 데이터이므로 [B6] 셀에는 0이 표시됩니다.
> • 텍스트 함수의 결과를 숫자 데이터로 표시하려면 수식의 뒤에 *1을 입력해야 합니다. 즉 [B2] 셀에 =LEFT(A2, 2)*1을 입력하고 채우기 핸들을 이용하여 [B5] 셀까지 계산한 후 [B6] 셀에 =SUM(B2:B5)을 입력하면 105가 표시됩니다.

92섹션 1필드

28. 다음 그림과 같이 데이터 계열을 그림으로 표시하기 위한 방법으로 옳은 것은?

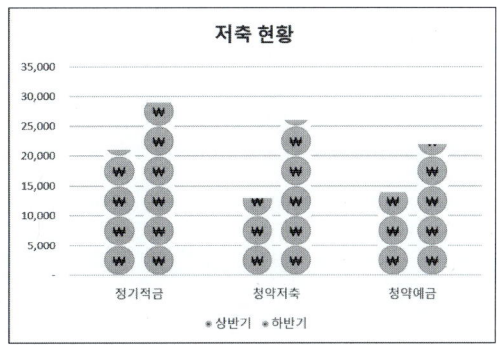

① [데이터 계열 서식] 창에서 [채우기] → [패턴 채우기] → 삽입할 그림 선택 → 다음 배율에 맞게 쌓기
② [데이터 계열 서식] 창에서 [채우기] → [그림 또는 질감 채우기] → 삽입할 그림 선택 → 늘이기
③ [데이터 계열 서식] 창에서 [채우기] → [패턴 채우기] → 삽입할 그림 선택 → 자동
④ [데이터 계열 서식] 창에서 [채우기] → [그림 또는 질감 채우기] → 삽입할 그림 선택 → 쌓기

> 전문가의 조언 | 문제에 제시된 그림처럼 데이터 계열을 그림으로 표시하려면, ④번 작업을 수행하면 됩니다.

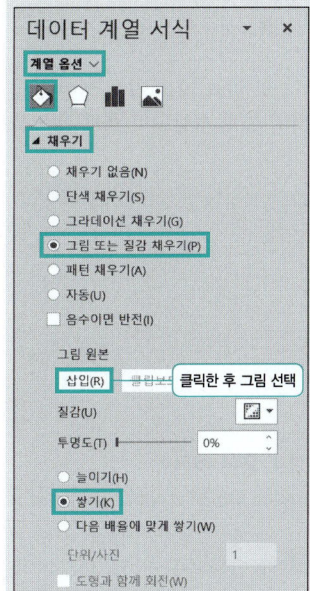

> 93섹션 1필드

29. 다음 중 단일 셀에 미니 차트 형태로 표현이 가능한 차트는 무엇인가?

① 트리맵 차트
② 스파크라인 차트
③ 선버스트 차트
④ 히스토그램 차트

> 전문가의 조언 | 단일 셀에 미니 차트 형태로 표현이 가능한 차트는 스파크라인 차트입니다.
> - **트리맵 차트** : 계층 간의 상대적 크기를 비교할 때 사용하며, 계층 간의 비율을 사각형으로 표시함
> - **선버스트 차트** : 계층 간의 관계를 비교할 때 사용하며, 계층 간의 비율을 고리 또는 원으로 표시함
> - **히스토그램 차트** : 특정 범위를 그룹화하여 그룹별 데이터의 분포를 표시할 때 사용함

> 94섹션 5필드

30. 다음 중 워크시트의 화면 설정에 대한 설명으로 옳지 않은 것은?

① 창 나누기를 이용하면 서로 떨어져 있는 데이터를 한 화면에 표시할 수 있다.
② 여러 개의 통합 문서가 열려 있는 경우 창을 바둑판식, 가로, 세로, 계단식으로 정렬할 수 있다.
③ 하나의 통합 문서만 열려 있는 경우에는 창 숨기기를 수행할 수 없다.
④ 틀 고정을 이용하면 데이터의 양이 많은 경우 열이나 행을 고정시켜 셀 포인터의 이동과 상관없이 특정 영역을 항상 표시할 수 있다.

> 전문가의 조언 | 하나의 통합 문서만 열려 있는 경우에도 창 숨기기를 수행할 수 있습니다.

> 90섹션 1필드

31. 다음 중 차트에 대한 설명으로 옳은 것은?

① 차트의 원본 데이터가 변경되더라도 차트의 모양은 변경되지 않는다.
② 차트는 데이터가 있는 시트에 만들 수도 있고, 별도의 차트 시트로도 만들 수 있다.
③ 3차원 차트에 추세선을 추가할 수 있다.
④ [Ctrl]을 누른 상태에서 차트 크기를 조절하면 차트의 크기가 셀에 맞춰 조절된다.

> 전문가의 조언 | 데이터 범위를 지정한 후 [Alt]+[F1]을 누르면 데이터가 있는 워크시트에 기본 차트가 작성되고, [F11]을 누르면 별도의 차트 시트에 기본 차트가 작성됩니다.
> ① 차트의 원본 데이터가 변경되면 차트의 모양도 자동으로 변경됩니다.
> ③ 3차원 차트에는 추세선을 추가할 수 없습니다.
> ④ [Ctrl]이 아닌 [Alt]를 누른 상태에서 차트 크기를 조절해야 차트의 크기가 셀에 맞춰 조절됩니다.

> 87섹션 1필드

32. 아래 워크시트의 [D2] 셀에 사원의 실적이 전체 실적의 평균 이상이면 "실적우수", 그렇지 않으면 "실적미달"이라고 표시하고자 한다. [D2] 셀에 수식을 입력한 후 채우기 핸들을 이용하여 [D5] 셀까지 계산하고자 할 때 [D2] 셀에 입력할 수식으로 옳은 것은?

	A	B	C	D
1	번호	사원명	실적	평가
2	1	김봉선	85	
3	2	최재균	75	
4	3	이준호	90	
5	4	이대영	80	
6	5	김명일	70	

① =IF(C2>=AVERAGE(C2:C6), "실적우수", "실적미달")
② =AVERAGEIF(C2, ">=", C2:C6, "실적우수", "실적미달")
③ =IF(C2>=AVERAGE($C$2:$C$6), "실적우수", "실적미달")
④ =AVERAGEIF(C2, ">=", $C$2:$C$6, "실적우수", "실적미달")

> 전문가의 조언 | [D2] 셀에 입력할 수식으로 옳은 것은 ③번입니다.
> =IF(C2>=AVERAGE($C$2:$C$6), "실적우수", "실적미달")
>   ❶   ❷   ❸
> - IF(조건, 인수1, 인수2) 함수는 '조건'이 참이면 '인수1', 거짓이면 '인수2'를 반환하므로, 실적(C2)이 전체 실적(C2:C6)의 평균 이상(❶)이면 "실적우수"(❷)를 표시하고, 그렇지 않으면 "실적미달"(❸)을 표시합니다.
> - [D2] 셀에 수식을 입력한 후 채우기 핸들을 이용하여 [D6] 셀까지 계산하려면 AVERAGE(인수) 함수의 '인수'를 절대 참조($C$2:$C$6)로 지정해야 합니다.

33. 다음 중 매크로 기록에 관한 설명으로 옳지 않은 것은?

① 매크로는 반복적인 작업을 자동화하여 복잡한 작업을 단순한 명령으로 실행할 수 있도록 한다.
② 매크로 이름에 공백이 포함되면 매크로를 기록할 수 없다.
③ 엑셀에서 이미 사용하는 바로 가기 키는 매크로의 바로 가기 키로 지정할 수 없다.
④ 기본적으로 바로 가기 키는 [Ctrl]과 조합하여 사용하지만 대문자로 지정하면 [Shift]가 자동으로 덧붙는다.

전문가의 조언 | 엑셀에서 이미 사용하는 바로 가기 키도 매크로의 바로 가기 키로 지정할 수 있습니다.

34. 다음 중 아래와 같이 조건을 설정한 고급 필터의 실행 결과에 대한 설명으로 옳은 것은?

소속	근무경력
〈〉영업팀	〉=30

① 소속이 '영업팀'이 아니면서 근무경력이 30년 이상인 사원 정보
② 소속이 '영업팀'이면서 근무경력이 30년 이상인 사원 정보
③ 소속이 '영업팀'이 아니거나 근무경력이 30년 이상인 사원 정보
④ 소속이 '영업팀'이거나 근무경력이 30년 이상인 사원 정보

전문가의 조언 | 고급 필터의 조건이 같은 행에 있으면 AND 조건, 다른 행에 있으면 OR 조건으로 연결되므로 소속이 '영업팀'이 아니면서 근무경력이 30년 이상인 사원 정보를 의미합니다.
※ '〈〉'는 같지 않다는 의미입니다.

35. 아래 워크시트에서 시급(D2)을 적용하여 아르바이트 급여를 계산하려고 한다. [D5] 셀에 수식을 입력하고 [D9] 셀까지 채우기 핸들을 이용해 복사하려고 할 때 [D5] 셀에 입력될 수식으로 옳지 않은 것은?

	A	B	C	D
1	아르바이트 급여 정산			
2			시급	11,000
3				
4		성명	시간	급여
5		최명희	45	
6		이인호	32	
7		김수영	55	
8		김명일	53	
9		최재균	48	
10				

① =$D$2*C5
② =D$2*$C5
③ =$D2*C5
④ =$D2*$C5

전문가의 조언 | =$D2*C5는 행 방향으로 채우기 핸들을 드래그 할 때 시급의 위치가 변경되어 잘못된 결과가 나타납니다.
• 시급에 해당하는 [D2] 셀은 모든 셀에 동일하게 계산되어야 하므로 행 방향으로 채우기 핸들을 드래그하여도 변하지 않도록 [D$2] 또는 [$D$2] 형태로 입력해야 합니다.
• 시간에 해당하는 [C5] 셀은 채우기 핸들을 드래그할 때 행 번호도 함께 변경되어야 하므로 [C5] 또는 [$C5] 형태로 입력해야 합니다.

36. 아래 워크시트에서 합계에 대한 순위를 구하여 1위는 '대상', 2위는 '금상', 3위는 '은상', 4위는 '동상', 나머지는 공백으로 표시하려고 할 때, [E2] 셀에 입력해야 할 함수식으로 옳은 것은?

	A	B	C	D	E
1	성명	이론	실기	합계	수상
2	이신호	47	45	92	은상
3	최준호	38	47	85	동상
4	김봉선	46	48	94	금상
5	이영주	40	42	82	
6	이지연	49	48	97	대상
7	백인호	37	43	80	
8					

① =CHOOSE(RANK.EQ(D2, $D$2:$D$7), "대상", "금상", "은상", "동상", " ", " ")
② =CHOOSE(RANK.EQ(D2, $D$2:$D$7), "대상", "금상", "은상", "동상")
③ =CHOOSE(RANK.EQ($D$2:$D$7, D2), "대상", "금상", "은상", "동상", " ", " ")
④ =CHOOSE(RANK.EQ($D$2:$D$7, D2), "대상", "금상", "은상", "동상")

정답 : 29.② 30.③ 31.② 32.③ 33.③ 34.① 35.③ 36.①

> 전문가의 조언 | [E2] 셀에 입력해야 할 함수식으로 옳은 것은 ①번입니다.
> =CHOOSE(RANK.EQ(D2, $D$2:$D$7), "대상", "금상", "은상", "동상", " ", " ")
>   ❶   ❷
>
> ❶ RANK.EQ(D2, $D$2:$D$7) : RANK.EQ(인수, 범위, 옵션)은 지정된 '범위'에서 '인수'의 순위를 반환하는 함수이므로 [D2:D7] 영역에서 내림차순(옵션 0)을 기준으로 [D2] 셀의 순위를 반환합니다.
> ❷ CHOOSE(❶, "대상", "금상", "은상", "동상", " ", " ") : CHOOSE(인수, 첫 번째, 두 번째, …)는 '인수'가 1이면 '첫 번째', '인수'가 2이면 '두 번째'를 반환하는 함수이므로 순위가 1이면 "대상", 2이면 "금상", 3이면 "은상", 4이면 "동상", 5와 6이면 공백을 반환합니다.

96섹션 1필드

38. 다음 중 [파일] → [인쇄]에 대한 설명으로 옳지 않은 것은?

① 인쇄 미리 보기 화면을 종료하려면 Esc를 누르거나 왼쪽 상단의 ⊖를 클릭한다.
② 차트를 선택한 후 [파일] → [인쇄]를 실행하면 선택한 차트만 미리 볼 수 있다.
③ 오른쪽 아래의 '페이지 확대/축소(🔲)'를 클릭하면 화면에는 적용되지만 실제 인쇄 시에는 적용되지 않는다.
④ 오른쪽 아래의 '여백 표시(🔲)' 아이콘을 클릭하면 '페이지 설정' 대화상자의 '여백' 탭이 표시된다.

> 전문가의 조언 | [인쇄 미리 보기 및 인쇄] 화면의 오른쪽 아래에 있는 '여백 표시(🔲)'를 클릭하면 미리 보기 화면에 여백을 표시하는 경계선이 표시되지만 '페이지 설정' 대화상자가 표시되지는 않습니다.

104섹션 1필드

37. 다음 중 아래 그림과 같이 목표값 찾기를 설정했을 때, 이에 대한 의미로 옳은 것은?

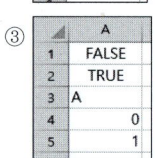

① 평균이 40이 되려면 노트북 판매량이 얼마가 되어야 하는가?
② 노트북 판매량이 40이 되려면 평균이 얼마가 되어야 하는가?
③ 노트북 판매량을 40으로 변경하였을 때 평균은 얼마가 되어야 하는가?
④ 평균이 40이 되려면 노트북을 제외한 나머지 제품의 판매량이 얼마가 되어야 하는가?

> 전문가의 조언 | 문제에 제시된 목표값 찾기 대화상자는 평균(E4)이 40이 되려면 노트북(B4)의 판매량이 얼마가 되어야 하는지를 찾기 위한 설정입니다.

97섹션 1필드

39. 아래 워크시트에서 [A] 열을 오름차순 정렬할 경우 올바르게 정렬된 것은?

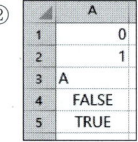

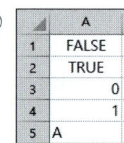

> 전문가의 조언 | • 오름차순으로 올바르게 정렬된 것은 ②번입니다.
> • 오름차순은 '숫자 〉 문자(특수문자 〉 영문 〉 한글) 〉 논리값 〉 오류값 〉 빈 셀' 순으로 정렬됩니다.

101섹션 1필드

40. 다음 중 [부분합] 대화상자의 각 항목 설정에 대한 설명으로 옳지 않은 것은?

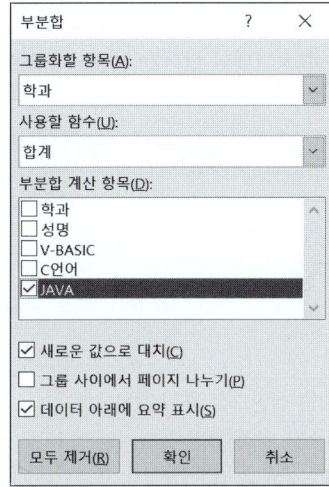

① '그룹화할 항목'에서 선택할 필드를 기준으로 미리 오름차순 또는 내림차순으로 정렬한 후 부분합을 실행해야 한다.
② 부분합 실행 전 상태로 되돌리려면 부분합 대화상자의 [모두 제거] 단추를 클릭한다.
③ 세부 정보가 있는 행 아래에 요약 행을 지정하려면 '데이터 아래에 요약 표시'를 선택하여 체크 표시한다.
④ 이미 작성된 부분합을 유지하면서 부분합 계산 항목을 추가할 경우에는 '새로운 값으로 대치'를 선택하여 체크 한다.

전문가의 조언 | 이미 작성된 부분합을 유지하면서 부분합 계산 항목을 추가하려면 '새로운 값으로 대치'를 반드시 해제해야 합니다.

2024년 2회 컴퓨터활용능력 2급 필기

1과목 컴퓨터 일반

> 9섹션 2필드

1. 다음 중 폴더의 [속성] 창에 대한 설명으로 옳지 않은 것은?

① 폴더가 포함하고 있는 하위 폴더 및 파일의 개수를 알 수 있다.
② 폴더의 특정 하위 폴더를 삭제할 수 있다.
③ 폴더를 네트워크와 연결되어 있는 다른 컴퓨터에서 접근할 수 있도록 공유시킬 수 있다.
④ 폴더에 '읽기 전용' 속성을 설정하거나 해제할 수 있다.

> 전문가의 조언 | 폴더의 [속성] 창에서는 그 어떤 폴더도 삭제할 수 없습니다. 폴더 삭제는 파일 탐색기에서 수행할 수 있습니다.

> 56섹션 1필드

2. 다음 중 멀티미디어 기법에 대한 설명으로 옳지 않은 것은?

① 안티앨리어싱(Anti-Aliasing)은 2차원 그래픽에서 개체 색상과 배경 색상을 혼합하여 경계면 픽셀을 표현함으로써 경계면을 부드럽게 보이도록 하는 기법이다.
② 모델링(Modeling)은 컴퓨터 그래픽에서 명암, 색상, 농도의 변화 등과 같은 3차원 질감을 넣음으로써 사실감을 더하는 기법을 말한다.
③ 디더링(Dithering)은 제한된 색을 조합하여 음영이나 색을 나타내는 것으로 여러 컬러의 색을 최대한 나타내는 기법을 말한다.
④ 모핑(Morphing)은 한 이미지가 다른 이미지로 서서히 변화하는 과정을 나타내는 기법이다.

> 전문가의 조언 | • ②번의 내용은 렌더링(Rendering)에 대한 설명입니다.
> • 모델링(Modeling)은 렌더링을 하기 전에 수행되는 작업으로 어떠한 방법으로 렌더링 할 것인지를 정하는 것입니다.

> 62섹션 3필드

3. 다음은 악성코드에 대한 설명이다. 옳지 않은 것은?

① 파일 감염 바이러스는 대부분 메모리에 상주하며, 프로그램 파일을 감염시킨다.
② 웜(Worm)은 자신의 명령어를 다른 프로그램 파일의 일부분에 복사하여 컴퓨터를 오동작하게 하는 종속형 컴퓨터 악성코드이다.
③ 트로이 목마는 겉으로 보기에 정상적인 프로그램인 것 같으나 악성코드를 숨겨두어 시스템을 공격한다.
④ 매크로 바이러스는 프로그램에서 어떤 작업을 자동화하기 위해 정의한 내부 프로그래밍 언어를 사용하여 데이터 파일을 감염시킨다.

> 전문가의 조언 | 웜(Worm)은 자신의 명령어를 다른 프로그램 파일에 복사하는 것이 아니라, 스스로 자신을 복제하여 시스템의 부하를 높이는 악성코드입니다.

> 57섹션 2필드

4. 다음 중 JPEG 표준에 대한 설명으로 옳지 않은 것은?

① 손실 압축 기법과 무손실 압축 기법이 있지만 특허 문제나 압축률 등의 이유로 무손실 압축 방식은 잘 쓰이지 않는다.
② JPEG 표준을 사용하는 파일 형식에는 jpg, jpeg, jpe 등의 확장자를 사용한다.
③ 파일 크기가 작아 웹 상에서 사진 같은 이미지를 보관하고 전송하는데 사용한다.
④ 문자, 선, 세밀한 격자 등 고주파 성분이 많은 이미지의 변환에서는 GIF나 PNG에 비해 품질이 매우 우수하다.

> 전문가의 조언 | JPEG는 문자, 선, 세밀한 격자 등 고주파 성분이 많은 이미지의 변환에서는 GIF나 PNG에 비해 품질이 나쁩니다.

> 62섹션 1필드

5. 다음 중 컴퓨터 보안과 관련된 기술에 해당하지 않는 것은?

① 인증(Authentication)
② 암호화(Encryption)
③ 방화벽(Firewall)
④ 브리지(Bridge)

> 전문가의 조언 | 브리지(Bridge)는 서로 독립적으로 동작하면서 같은 프로토콜을 사용하는 두 LAN을 연결하는 네트워크 장치입니다.
> • 인증(Authentication) : 정보를 보내오는 사람의 신원을 확인하는 것으로, 사용자를 식별하고, 사용자의 접근 권한을 검증하는 것
> • 암호화(Encryption) : 데이터를 보낼 때 송신자가 지정한 수신자 이외에는 그 내용을 알 수 없도록 평문을 암호문으로 변환하는 것
> • 방화벽(Firewall) : 보안이 필요한 네트워크의 통로를 단일화하여 관리함으로써 외부의 불법 침입으로부터 내부의 정보 자산을 보호하기 위한 시스템

4섹션 2필드

6. 한글 Windows 10의 작업 표시줄에서 할 수 있는 작업으로 옳지 않은 것은?

① 같은 종류의 작업 표시줄 단추를 그룹으로 표시하도록 설정할 수 있다.
② 아이콘 보기 형식과 정렬을 지정할 수 있다.
③ 작업 표시줄의 이동 및 크기 조절을 못하도록 작업 표시줄 잠금을 설정할 수 있다.
④ 작업 표시줄이 항상 나타나지 않도록 숨기기를 설정할 수 있다.

전문가의 조언 | 아이콘 보기 형식과 정렬은 바탕 화면의 바로 가기 메뉴 중 [보기]와 [정렬 기준]을 이용하여 지정할 수 있습니다.

54섹션 1필드

7. 다음 중 사물 인터넷(IoT)에 대한 설명으로 옳지 않은 것은?

① IoT 구성품 가운데 디바이스는 빅데이터를 수집하며, 클라우드와 AI는 수집된 빅데이터를 저장하고 분석한다.
② IoT는 인터넷 기반으로 다양한 사물, 사람, 공간을 긴밀하게 연결하고 상황을 분석, 예측, 판단해서 지능화된 서비스를 자율 제공하는 제반 인프라 및 융복합 기술이다.
③ 현재는 사물을 단순히 연결시켜 주는 단계에서 수집된 데이터를 분석해 스스로 사물에 의사결정을 내리는 단계로 발전하고 있다.
④ IoT 네트워크를 이용할 경우 통신 비용이 절감되는 효과가 있으며, 정보 보안 기술의 적용이 용이해진다.

전문가의 조언 | IoT는 인터넷을 기반으로 하기 때문에 IoT 네트워크를 이용할 경우 통신 비용이 추가로 늘어날 수 있습니다. 그리고 IoT는 정보 보안 기술의 적용에 어려움이 있어 보안에 취약합니다.

33섹션 3필드

8. 다음 중 컴퓨터에서 사용하는 각 기억장치의 접근 속도가 빠른 것에서 느린 순서로 옳게 나열된 것은?

① 레지스터 → 캐시 메모리 → 주기억장치 → 보조기억장치
② 캐시 메모리 → 레지스터 → 주기억장치 → 보조기억장치
③ 레지스터 → 캐시 메모리 → 보조기억장치 → 주기억장치
④ 캐시 메모리 → 레지스터 → 보조기억장치 → 주기억장치

전문가의 조언 | 기억장치의 접근 속도는 빠른 것부터 느린 순서로 정렬하면 레지스터(Register), 캐시(SRAM), 램(DRAM), 롬(ROM), 하드디스크(HDD), 집 디스크(Zip Disk), CD-ROM, 플로피 디스크(FDD), 자기 테이프 순입니다.

31섹션 3필드

9. 다음 중 컴퓨터의 연산장치에 있는 누산기(Accumulator)에 관한 설명으로 옳은 것은?

① 연산 결과를 일시적으로 기억하는 장치이다.
② 명령의 순서를 기억하는 장치이다.
③ 명령어를 기억하는 장치이다.
④ 명령을 해독하는 장치이다.

전문가의 조언 | • 누산기(AC; Accumulator)는 연산 결과를 일시적으로 기억하는 장치입니다.
• ③번은 명령 레지스터(IR; Instruction Register), ④번은 디코더(Decoder)에 대한 설명입니다.

52섹션 1필드

10. 다음 중 인터넷을 이용한 전자우편에 관한 설명으로 옳지 않은 것은?

① 인터넷에 접속하여 사용자들끼리 서로 편지를 주고받을 수 있는 서비스를 말한다.
② 전자우편 주소는 '사용자ID@호스트' 주소의 형식으로 이루어진다.
③ 일반적으로 SMTP는 메일을 수신하는 용도로, MIME는 송신하는 용도로 사용되는 프로토콜이다.
④ POP3를 이용하면 전자메일 클라이언트를 통해 전자 메일을 받아볼 수 있다.

전문가의 조언 | • 메일을 보낼 때(송신) 사용하는 프로토콜은 SMTP이고, 메일을 받을 때(수신) 사용되는 프로토콜은 POP3입니다.
• MIME는 웹 브라우저가 지원하지 않는 각종 멀티미디어 파일의 내용을 확인하고 실행시켜 주는 프로토콜입니다.

48섹션 2필드

11. 다음 중 네트워크 장비인 브리지(Bridge)에 대한 설명으로 옳은 것은?

① 서로 독립적으로 동작하면서 같은 프로토콜을 사용하는 두 LAN을 연결하는 네트워크 장치이다.
② 인터넷에 접속할 때 반드시 필요한 장비로, 가장 최적의 경로를 설정하여 전송하는 장치이다.
③ 주로 LAN에서 다른 네트워크에 데이터를 보내거나 다른 네트워크로부터 데이터를 받아들이는 출입구 역할을 하는 장치이다.
④ 네트워크를 구성할 때 한꺼번에 여러 대의 컴퓨터를 연결하는 장치이다.

전문가의 조언 | • 브리지(Bridge)에 대한 설명으로 옳은 것은 ①번입니다.
• ②번은 라우터, ③번은 게이트웨이, ④번은 허브에 대한 설명입니다.

정답 : 1.② 2.② 3.② 4.④ 5.④ 6.② 7.④ 8.① 9.① 10.③ 11.①

4섹션 2필드

12. 다음 중 한글 Windows 10에서 작업 표시줄의 바로 가기 메뉴에서 설정할 수 있는 항목으로 옳지 않은 것은?

① 계단식 창 배열
② 창 가로 정렬 보기
③ 모든 작업 표시줄 잠금
④ 아이콘 자동 정렬

전문가의 조언 | 아이콘 자동 정렬은 바탕 화면의 바로 가기 메뉴 중 [보기]의 하위 메뉴입니다.

17섹션 2필드

13. 다음 중 Windows 10의 연결 프로그램에 대한 설명으로 옳지 않은 것은?

① 파일 탐색기에서 특정한 파일을 더블클릭했을 때 실행될 앱을 설정하는 것이다.
② 확장자가 .txt나 .hwp인 파일은 반드시 서로 다른 연결 프로그램이 지정되어야 한다.
③ 동일한 확장자를 가진 다른 파일을 열 때 항상 같은 앱을 사용하도록 연결 프로그램을 설정할 수 있다.
④ 일반적으로 앱을 설치하면 해당 앱에서 사용하는 파일은 연결 프로그램이 자동으로 설정된다.

전문가의 조언 | 확장자가 다른 파일을 수동으로 같은 앱에 연결하여 사용할 수도 있고, 여러 가지 확장자를 사용할 수도 있는 앱도 있습니다.

없음

14. 다음 중 네트워크 구성 형태에 관한 설명으로 옳지 않은 것은?

① 망(Mesh)형은 응답 시간이 빠르고 노드의 연결성이 우수하다.
② 성형(중앙 집중형)은 통신망의 처리 능력 및 신뢰성이 중앙 노드의 제어장치에 좌우된다.
③ 버스(Bus)형은 기밀 보장이 우수하고 회선 길이의 제한이 없다.
④ 링(Ring)형은 통신회선 중 어느 하나라도 고장나면 전체 통신망에 영향을 미친다.

전문가의 조언 | 버스(Bus)형은 한 개의 통신 회선에 여러 대의 단말장치가 연결되어 있는 형태로, 기밀 보장이 어렵고, 회선 길이의 제한이 있습니다.

5섹션 2필드

15. 하나의 컴퓨터에서 A 사용자가 여러 개의 프로그램을 실행시킨 상태에서 잠시 B 사용자가 사용할 수 있도록 하는 방법으로 옳은 것은? (단, 해당 컴퓨터에 사용자 A와 사용자 B의 계정은 모두 등록되어 있다.)

① 로그오프를 수행한다.
② 사용자 전환을 수행한다.
③ 시스템을 다시 시작한다.
④ 전원을 종료한 후 재부팅한다.

전문가의 조언 | [시작] 메뉴에서 사용자 계정을 클릭한 후 등록된 다른 사용자를 선택하면 기존 사용자가 실행 중인 프로그램이 종료되지 않고 대기 상태에서 다른 사용자로 전환됩니다.

61섹션 2필드

16. 다음 중 컴퓨터 바이러스에 대한 설명으로 가장 적절하지 않은 것은?

① 사용자가 인지하지 못한 사이 자가복제를 통해 다른 정상적인 프로그램을 감염시켜 해당 프로그램이나 다른 데이터 파일 등을 파괴한다.
② 보통 소프트웨어 형태로 감염되나 메일이나 첨부 파일은 감염의 확률이 매우 적다.
③ 인터넷의 공개 자료실에 있는 파일을 다운로드하여 설치할 때 감염될 수 있다.
④ 온라인 채팅이나 인스턴트 메신저 프로그램을 통해서 전파되기도 한다.

전문가의 조언 | 컴퓨터 바이러스는 보통 소프트웨어 형태로 감염되며, 메일이나 첨부 파일의 경우 감염 확률이 매우 높습니다. 그러므로 발신자가 불분명한 메일이나 첨부 파일은 바이러스 검사를 수행한 후 열어보는 것이 좋습니다.

40섹션 1필드

17. 다음 중 컴퓨터를 관리하는 효율적인 방법으로 옳지 않은 것은?

① 컴퓨터를 이동하거나 부품을 교체할 경우에는 전원을 끄고 작업하는 것이 바람직하다.
② 시스템에 문제가 발생하면 시스템을 재부팅하고 하드디스크의 모든 파티션을 제거한다.
③ 정기적으로 최신 바이러스 백신 프로그램을 사용하여 바이러스 감염을 방지하며, 중요한 데이터는 백업하여 둔다.
④ 가급적 불필요한 프로그램은 설치하지 않도록 하며, 정기적으로 시스템을 점검한다.

전문가의 조언 | 하드디스크의 모든 파티션을 제거하면 하드디스크에 저장된 내용도 모두 삭제되므로 [⊞](시작) → [⚙](설정) → [업데이트 및 보안] → [복구]를 통해 문제를 해결하는 것이 좋습니다.

18. 다음 중 컴퓨터에서 사용되는 바이트(Byte)에 대한 설명으로 옳지 않은 것은?

① 1바이트는 8비트로 구성된다.
② 일반적으로 영문자나 숫자는 1Byte로 한 글자를 표현하고, 한글 및 한자는 2Byte로 한 글자를 표현한다.
③ 1바이트는 컴퓨터에서 각종 명령을 처리하는 기본 단위이다.
④ 1바이트로는 256가지의 정보를 표현할 수 있다.

전문가의 조언 | 바이트는 문자를 표현하는 최소 단위입니다. 컴퓨터에서 각종 명령을 처리하는 기본 단위는 워드(Word)입니다.

19. 다음 중 한글 Windows 10에서 아래 그림의 [오류 검사]에 관한 설명으로 옳지 않은 것은?

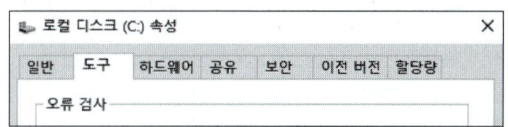

① 폴더와 파일의 오류를 검사하여 발견된 오류를 복구한다.
② 디스크의 물리적 손상 영역인 불량 섹터를 검출한다.
③ 네트워크 드라이브를 선택하여 오류 검사를 할 수 있다.
④ 시스템 성능 향상을 위해 정기적으로 수행하는 것이 좋다.

전문가의 조언 | 네트워크 드라이브, CD-ROM 드라이브는 드라이브 오류 검사를 수행할 수 없습니다.

20. 다음 중 추상화, 캡슐화, 상속성, 다형성 등의 특징을 지니고 있으며, 크고 복잡한 프로그램 구축이 어려운 절차형 언어의 문제점을 해결하기 위해 개발된 프로그래밍 기법은?

① 구조적 프로그래밍   ② 객체지향 프로그래밍
③ 하향식 프로그래밍   ④ 비주얼 프로그래밍

전문가의 조언 | 문제에 제시된 내용은 객체지향 프로그래밍에 대한 설명입니다.
- **구조적 프로그래밍** : 입력과 출력이 각각 하나씩 이루어진 구조로 GOTO문을 사용하지 않으며, 순서, 선택, 반복의 세 가지 논리 구조를 사용하는 기법
- **비주얼 프로그래밍** : 기존 문자 방식의 명령어 전달 방식을 기호화된 아이콘의 형태로 바꿔 사용자가 대화형으로 좀 더 쉽게 프로그래밍 할 수 있는 기법

2과목 스프레드시트 일반

21. 아래의 시트에서 [E2] 셀에는 수식 '=SUM(B2:D2)'가 입력되어 있다. [E2] 셀의 채우기 핸들을 더블클릭 했을 때 자동으로 합계가 계산되는 영역은 무엇인가?

	A	B	C	D	E
1	이름	국어	영어	수학	합계
2	이신호	80	85	90	255
3	최재균	80	87	78	
4	최준호	75	70		
5	김수영				
6	이대영	65	75	80	
7	김선봉	90	82	80	
8					

① E3:E7   ② E3   ③ E3:E4   ④ E6:E7

전문가의 조언 | [A2:D7] 영역에는 한 행 전체에 데이터가 입력되지 않은 빈 행 없이 데이터가 연결되어 있으므로 [A2:D7] 영역을 한 개의 데이터 영역으로 인식합니다. 즉 [E2] 셀의 채우기 핸들을 더블클릭하면 [E3:E7] 영역에 합계가 계산됩니다.

	A	B	C	D	E
1	이름	국어	영어	수학	합계
2	이신호	80	85	90	255
3	최재균	80	87	78	245
4	최준호	75	70		145
5	김수영				0
6	이대영	65	75	80	220
7	김선봉	90	82	80	252
8					

22. 아래 시트에서 [B6] 셀에 커서를 놓고 [매크로 기록] 클릭 → 매크로 이름 '합계계산' 지정 → 수식 '=SUM(B2:B5)' 입력 → [기록 중지]를 클릭하였다. 이후 커서를 [C6] 셀에 놓고 "합계계산" 매크로를 수행한 결과로 옳은 것은?

	A	B	C
1	학번	평가1	평가2
2	A001	15	20
3	A002	20	20
4	A003	35	15
5	A004	10	10
6	합계		
7			

① 80   ② 65
③ 145   ④ 오류 발생

정답 : 12.④ 13.② 14.③ 15.② 16.② 17.② 18.③ 19.③ 20.② 21.① 22.②

> **전문가의 조언** | 커서를 [C6] 셀에 놓고 '합계계산' 매크로를 수행하면 [C6] 셀에는 65가 표시되며, 매크로의 실행 과정은 다음과 같습니다.
> ❶ [C6] 셀에 수식 '=SUM(C2:C5)'가 입력됩니다.
>   ※ 매크로 기록 과정에서 수식이 입력되는 경우 수식의 참조 셀은 절대 참조, 상대 참조로 기록 여부와 관계 없이 항상 상대 참조로 인식되므로 '=SUM(B2:B5)'가 아닌 커서가 위치한 [C6] 셀의 2~5행의 합계를 계산하는 수식 '=SUM(C2:C5)'가 입력됩니다.
> ❷ 수식 입력 후 Enter를 누르면 커서가 [B7] 셀에 위치합니다.
>   ※ 문제의 그림에서 '상대 참조로 기록'이 해제되어 있어 키보드나 마우스 동작은 절대 참조로 기록됩니다. [B6] 셀에 수식을 입력한 후 Enter를 누르는 동작은 절대 참조로 기록되므로 어느 셀에서 매크로가 실행되더라도 커서는 [B7] 셀에 위치하게 됩니다.

89섹션 1필드

23. 아래 시트에서 월기본급이 2,000,000 이상인 직원의 월기본급 평균을 구하는 수식으로 옳지 않은 것은?

	A	B	C	D	E
1	순번	이름	직위	월기본급	상여금
2	1	김봉선	부장	3,800,000	380,000
3	2	김태영	과장	2,800,000	280,000
4	3	최복선	대리	1,900,000	190,000
5	4	최명희	사원	1,500,000	150,000
6	5	이준호	대리	2,100,000	210,000
7					
8				월기본급	
9				>=2000000	
10					
11		월기본급 2,000,000 이상 평균			

① =DAVERAGE(B1:E6, 3, D8:D9)
② =DAVERAGE(B1:E6, D1, D8:D9)
③ =DAVERAGE(B1:E6, 월기본급, D8:D9)
④ =AVERAGEIF(D2:D6, ">=2000000", D2:D6)

> **전문가의 조언** | • 월기본급 평균을 구하는 수식으로 옳지 않은 것은 ③번입니다.
> • DAVERAGE(데이터 범위, 필드 번호, 조건) 함수의 '필드 번호'에는 필드 번호(3)나 필드 주소(D1), 필드명("월기본급")을 지정할 수 있는데 필드명을 지정할 때는 필드명을 큰따옴표(" ")로 묶어야 합니다.

97섹션 1필드

24. 아래 워크시트에서 [B2] 셀에 커서를 놓고 [데이터] → [정렬]을 클릭한 후 '순위'를 기준으로 오름차순 정렬을 수행한 결과로 옳은 것은?

	A	B	C	D	E	F
1	학번	성명	이론	실기	합계	순위
2	240402	김춘영	38	47	85	2
3	240401	이영주	47	45	92	1
4	240403	곽인호	46	48	94	3
5						
6	합계		131	140	271	
7						

①
	A	B	C	D	E	F
1	학번	성명	이론	실기	합계	순위
2	240403	곽인호	46	48	94	3
3	240402	김춘영	38	47	85	2
4	240401	이영주	47	45	92	1
5						
6	합계		131	140	271	

②
	A	B	C	D	E	F
1	학번	성명	이론	실기	합계	순위
2	240401	이영주	47	45	92	1
3	240402	김춘영	38	47	85	2
4	240403	곽인호	46	48	94	3
5						
6	합계		131	140	271	

③
	A	B	C	D	E	F
1						
2	합계		131	140	271	
3	학번	성명	이론	실기	합계	순위
4	240403	곽인호	46	48	94	3
5	240402	김춘영	38	47	85	2
6	240401	이영주	47	45	92	1

④
	A	B	C	D	E	F
1						
2	합계		131	140	271	
3	학번	성명	이론	실기	합계	순위
4	240401	이영주	47	45	92	1
5	240402	김춘영	38	47	85	2
6	240403	곽인호	46	48	94	3

> **전문가의 조언** | • '순위'를 기준으로 오름차순 정렬을 수행한 결과로 옳은 것은 ②번입니다.
> • [B2] 셀에 커서를 두고 [데이터] → [정렬]을 클릭하면 빈 행이 없이 데이터가 연결되어 있는 [A1:F4] 영역이 블록으로 지정되면서 '정렬' 대화상자가 나타나며, 정렬 기준을 '순위', 정렬을 '오름차순'으로 지정한 후 〈확인〉을 클릭하면 다음과 같이 정렬됩니다.

	A	B	C	D	E	F
1	학번	성명	이론	실기	합계	순위
2	240401	이영주	47	45	92	1
3	240402	김춘영	38	47	85	2
4	240403	곽인호	46	48	94	3
5						
6	합계		131	140	271	
7						

25. 다음 중 제품단가[C2:C7]와 수량[D2:D7] 그리고 수량에 따른 택배비[A11:C14]를 이용하여 판매금액[E2:E7]을 계산하되, 계산 시 오류가 발생할 경우 "보류"를 표시하는 수식으로 옳은 것은? (단, '판매금액 = 제품단가 × 수량 + 택배비'임)

	A	B	C	D	E
1	제품코드	제품명	제품단가	수량	판매금액
2	A-001	사과	10,500	8	
3	A-002	배	9,500	2	
4	A-003	체리	7,500	미정	
5	A-004	망고	9,500	12	
6	A-005	귤	5,500	미정	
7	A-006	바나나	4,500	13	
8					
9		<택배비>			
10	수량		택배비		
11	0	2	3,500		
12	2	5	2,000		
13	5	10	1,000		
14	10		0		
15					

① =IFERROR(C2*D2+VLOOKUP(D2, $A$11: $C$14, 3, 0), "보류")
② =IFERROR(C2*D2+VLOOKUP(D2, $A$11: $C$14, 3, 1), "보류")
③ =IFERROR("보류", C2*D2+VLOOKUP(D2, $A$11: $C$14, 3, 1))
④ =IFERROR("보류", C2*D2+VLOOKUP(D2, $A$11: $C$14, 3, 0))

전문가의 조언 | 판매금액을 계산하는 수식으로 옳은 것은 ②번입니다.
=IFERROR(C2*D2+VLOOKUP(D2, $A$11:$C$14, 3, 1), "보류")
　　　　　　　　　　①
　　　　②

❶ VLOOKUP(D2, $A$11:$C$14, 3, 1) : VLOOKUP(찾을값, 범위, 열 번호, 옵션)은 '범위'의 첫 번째 열에서 '옵션'에 맞게 '찾을값'과 같은 값을 찾은 후 '찾을값'이 있는 행에서 지정된 '열 번호' 위치에 있는 값을 반환하는 함수입니다. [A11:C14] 영역의 첫 번째 열에서 옵션이 1이므로, [D2] 셀의 값 8보다 크지 않은 가장 근삿값 5를 찾은 후 5가 있는 행(13)에서 3번째 열에 있는 **1000**을 반환합니다.

❷ =IFERROR(C2*D2+, "보류") → =IFERROR(10500*8+1000, "보류") : IFERROR(인수, 오류 시 표시 할 값)은 '인수'로 지정한 수식이나 셀에서 오류가 발생했으면 '오류 시 표시할 값'을, 그렇지 않으면 결과값을 반환하는 함수이므로 '10500*8+1000'의 결과값인 **85000**을 반환합니다.

---

26. 다음 워크시트의 [D6] 셀에 작성한 수식 '=SUM(D2:CHOOSE(2, D3, D4, D5))'의 결과는?

	A	B	C	D
1	구분	남	여	합계
2	1반	23	22	45
3	2반	12	18	30
4	3반	8	7	15
5	4반	9	16	25
6				
7				

① 45　　② 15
③ 90　　④ 115

전문가의 조언 | [D6] 셀에 입력한 수식의 결과는 90입니다.
=SUM(D2:CHOOSE(2, D3, D4, D5))
　　　　　　　　❶
　　　❷

❶ CHOOSE(2, D3, D4, D5) : CHOOSE(인수, 첫 번째, 두 번째, …)는 '인수'가 1이면 '첫 번째', '인수'가 2이면 '두 번째'를 반환하는 함수이므로 '두 번째'에 있는 D4를 반환합니다.
❷ =SUM(D2:) → =SUM(D2:D4) : [D2:D4] 영역의 합계인 **90**을 반환합니다.

---

27. 셀에 사용자 서식 코드로 #,###;@"원"을 지정한 후 다음과 같이 입력하였을 때 결과가 잘못 표현된 것은?

① -1234 → 1234원
② 1234 → 1,234
③ 0 →
④ 12.345 → 12

전문가의 조언 | ①번의 결과는 -1,234입니다.
• 사용자 서식 코드 #,###;@"원"을 지정하면 숫자 데이터에는 #,###이, 문자 데이터에는 @"원"이 적용됩니다.
• #은 유효한 자릿수만 표시하고 유효하지 않은 0은 표시하지 않습니다.
• ,(쉼표)는 천 단위 구분 기호를 표시합니다.
∴ -1234는 숫자 데이터이므로 #,###이 적용되어 **-1,234**로 표시됩니다.

> 90섹션 1필드

28. 다음 중 차트에 대한 설명으로 옳지 않은 것은?

① 다른 통합 문서에 있는 시트의 데이터로는 차트를 만들 수 없지만 현재 통합 문서의 다른 시트에 있는 데이터로는 차트를 만들 수 있다.
② 차트에 두 개 이상의 차트 종류를 사용하여 혼합형 차트를 만들 수도 있다.
③ 사용자가 자주 사용하는 차트 종류를 차트 서식 파일로 저장할 수 있다.
④ 차트를 만들 데이터를 선택한 후 F11을 누르면 별도의 차트 시트가 생성된다.

> 전문가의 조언 | 다른 통합 문서에 있는 시트의 데이터로도 차트를 만들 수 있습니다.

> 106섹션 2필드

29. 다음의 데이터 통합에 대한 설명으로 옳지 않은 것은?

	A	B	C	D	E
1	강동지점			강서지점	
2	분기	매출		분기	매출
3	1분기	980		1분기	784
4	2분기	875		2분기	950
5	3분기	684		3분기	674
6	4분기	584		4분기	846
7					
8	강북지점			지점통합	
9	분기	매출		분기	매출
10	1분기	485		1분기	2249
11	2분기	584		2분기	2409
12	3분기	852		3분기	2210
13	4분기	648		4분기	2078
14					

① 사용할 함수로 '합계'를 선택하였다.
② 각 지점의 데이터 영역을 참조 영역에 추가하였다.
③ 사용할 레이블로 '첫 행'을 선택하였다.
④ '원본 데이터에 연결'을 선택하지 않았다.

> 전문가의 조언 | • 문제에 제시된 데이터 통합의 결과 그림은 사용할 레이블로 '첫 행'과 '왼쪽 열'을 선택하여 작성한 것입니다.
> • 사용할 레이블로 '첫 행'만 선택할 경우 다음과 같이 표시됩니다.

지점통합	
분기	매출
	2249
	2409
	2210
	2078

> 64섹션 4필드

30. 다음 중 날짜 및 시간 데이터에 관한 설명으로 옳지 않은 것은?

① 시간을 12시간제로 표시하려면 '6:25 p'와 같이 시간 뒤에 a나 p를 입력한다.
② 날짜 데이터는 하이픈(-)이나 슬래시(/)를 이용하여 연, 월, 일을 구분한다.
③ 날짜를 년과 월만 입력하면 일은 1이 자동으로 입력된다.
④ 오늘 날짜를 입력하려면 Ctrl + Shift + ;을 누른다.

> 전문가의 조언 | • 오늘 날짜를 입력하려면 Ctrl + ;을 눌러야 합니다.
> • Ctrl + Shift + ;를 누르면 현재 시간이 입력됩니다.

> 100섹션 1필드

31. 다음 시트에서 [A1] 셀에 있는 텍스트를 쉼표(,)를 기준으로 [A1:D1] 영역에 분리하여 표시하려고 할 때 사용할 적합한 기능은?

| A1 | ▼ | : | × | ✓ | fx | 서울,1,국어,2008 |

	A	B	C	D	E
1	서울,1,국어,2008				
2					

① 레코드 관리
② 텍스트 나누기
③ 유효성 검사
④ 자동 개요

> 전문가의 조언 | 텍스트 나누기를 실행하면 텍스트 마법사가 실행이 되는데, 텍스트 마법사 2단계에서 '구분 기호'를 '쉼표'로 선택하면 [A1:D1] 영역에 분리되어 표시됩니다.

> 79섹션 1필드

32. 다음 중 조건부 서식을 이용하여 [A2:C5] 영역에 EXCEL과 ACCESS 점수의 합계가 170 이하인 행 전체에 셀 배경색을 지정하기 위한 수식으로 옳은 것은?

	A	B	C
1	이름	EXCEL	ACCESS
2	김경희	75	73
3	원은형	89	88
4	나도향	65	68
5	최은심	98	96
6			

① =B$2+C$2<=170
② =$B2+$C2<=170
③ =$B$2+$C$2<=170
④ =B2+C2<=170

> 전문가의 조언 | 조건부 서식의 규칙으로 셀 주소를 이용해 규칙에 맞는 행 전체에 서식이 적용되도록 수식을 작성할 경우 열 문자에만 절대주소 표시($)를 해야 합니다.

90섹션 2필드

33. 아래 워크시트에서 [A1:C4] 영역을 원형 차트로 만든 후 데이터 레이블 표시 내용으로 '항목 이름', '값'을 선택했을 때의 결과로 옳은 것은?

	A	B	C
1	분류	매출	비율
2	가정용품	532,000	29%
3	청소용품	845,000	45%
4	위생용품	485,000	26%
5			

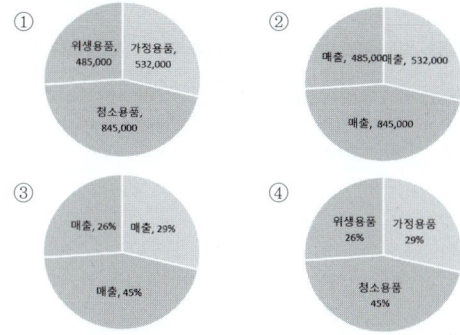

전문가의 조언 | 레이블에 표시할 내용으로 '항목 이름'과 '값'을 선택한 차트는 ①번입니다.
② '계열 이름'과 '값' 선택
③ '계열 이름'과 '백분율' 선택
④ '항목 이름'과 '백분율' 선택

93섹션 1필드

34. 다음 중 항목 레이블이 월, 분기, 연도와 같이 일정한 간격의 값을 나타내는 경우에 적합한 차트로 일정 간격에 따라 데이터의 추세를 표시하는 데 유용한 것은?

① 분산형 차트
② 원형 차트
③ 꺾은선형 차트
④ 방사형 차트

전문가의 조언 | 일정 기간의 데이터 변화 추이를 확인하는 데 적합한 차트는 꺾은선형 차트입니다.
• 분산형 차트 : X·Y 좌표로 이루어진 한 개의 계열로 두 개의 숫자 그룹을 나타내는 차트로, 데이터의 불규칙한 간격이나 묶음을 보여 주며, 주로 과학·공학용 데이터 분석에 사용됨
• 원형 차트 : 전체 항목의 합에 대한 각 항목의 비율을 나타내는 차트로, 중요한 요소를 강조할 때 사용함
• 방사형 차트 : 많은 데이터 계열의 집합적인 값을 나타낼 때 사용하며, 각 계열은 가운데서 뻗어 나오는 값 축을 갖음

95섹션 1필드

35. 워크시트 출력 시 머리글 또는 바닥글에 페이지 번호가 포함되어 있는 경우, 시작 페이지 번호를 100으로 저장하려고 한다. 다음 중 설명이 옳은 것은?

① [페이지 설정] → [머리글/바닥글] → [바닥글 편집] → [시작 페이지 번호]에 표시될 페이지 번호 100을 입력한다.
② [페이지 설정] → [페이지] → [자동 맞춤] → [용지 번호]에 표시될 페이지 번호 100을 입력한다.
③ [페이지 설정] → [페이지] → [시작 페이지 번호]에 표시될 페이지 번호 100을 입력한다.
④ [페이지 설정] → [설정] → [페이지 번호]에 표시될 페이지 번호 100을 입력한다.

전문가의 조언 | 시작 페이지 번호는 [페이지 설정] → [페이지] → [시작 페이지 번호]에서 지정합니다.

108섹션 1필드

36. 다음 중 매크로의 실행 방법에 관한 설명으로 옳지 않은 것은?

① 실행하려는 셀을 선택한 후 마우스 오른쪽 버튼 메뉴에서 [매크로 지정]을 선택하여 매크로를 기록한 후 실행할 수 있다.
② 양식 도구 모음의 '단추' 버튼을 사용하여 매크로 실행 단추를 만들어 매크로를 실행할 수 있다.
③ 바로 가기 키를 이용해서 매크로를 실행할 수 있다.
④ 매크로 이름 상자에서 실행할 매크로 이름을 선택하여 실행할 수 있다.

전문가의 조언 | 셀에서 마우스 오른쪽 버튼을 눌러 매크로를 연결하는 기능은 제공되지 않습니다.

80섹션 7필드

37. 다음 중 수식에 잘못된 인수나 피연산자를 사용할 때 표시되는 오류 메시지로 옳은 것은?

① #DIV/0!
② #NUM!
③ #NAME?
④ #VALUE!

전문가의 조언 | 수식에 잘못된 인수나 피연산자를 사용할 때 표시되는 오류 메시지는 #VALUE!입니다.
• #DIV/0! : 나누는 수가 빈 셀이나 0이 있는 셀을 참조할 때(피연산자가 빈 셀이면 0으로 간주됨)
• #NUM! : 표현할 수 있는 숫자의 범위를 벗어났을 때
• #NAME? : 인식할 수 없는 텍스트를 수식에 사용했을 때

95섹션 5필드

38. 다음 중 페이지 나누기에 대한 설명으로 옳지 않은 것은?
   ① 페이지 나누기는 워크시트를 인쇄할 수 있도록 페이지 단위로 나누는 구분선이다.
   ② [페이지 나누기 미리 보기] 상태에서 마우스로 페이지 나누기 구분선을 클릭하여 끌면 페이지를 나눌 위치를 조정할 수 있다.
   ③ 행 높이와 열 너비를 변경해도 자동 페이지 나누기 구분선의 위치는 변경되지 않는다.
   ④ [페이지 나누기 미리 보기] 상태에서 파선은 자동 페이지 나누기를 나타내고 실선은 사용자 지정 페이지 나누기를 나타낸다.

   전문가의 조언 | 행 높이와 열 너비를 변경하면 자동 페이지 나누기는 영향을 받아 자동으로 변경되고, 수동 페이지 나누기는 영향을 받지 않고 원래대로 유지됩니다.

84섹션 2필드

40. 다음 중 함수식에 대한 결과가 옳지 않은 것은?
   ① =MOD(9, 2) → 1
   ② =COLUMN(C5) → 3
   ③ =TRUNC(8.73) → 8
   ④ =POWER(5, 3) → 15

   전문가의 조언 | ④번의 결과는 125입니다.
   ① =MOD(9, 2) : MOD(인수1, 인수2)는 '인수1'을 '인수2'로 나눈 나머지를 구하는 함수로, 9를 2로 나누면 몫은 4이고 나머지는 1이므로 1을 반환합니다.
   ② =COLUMN(C5) : COLUMN(셀)은 주어진 '셀'의 열 번호를 반환하는 함수이므로 3을 반환합니다.
   ③ =TRUNC(8.73) : TRUNC(인수, 자릿수)는 '인수'에 대해 지정한 '자릿수' 미만을 버리는 함수로, 자릿수 0은 생략이 가능합니다. 즉 TRUNC(8.73, 0)과 같으므로 소수점 이하는 모두 버린 8을 반환합니다.
   ④ =POWER(5, 3) : POWER(인수, 제곱값)은 '인수'를 '제곱값'만큼 거듭 곱한 값을 반환하는 함수이므로 5를 3번 곱한 값인 125를 반환합니다.

94섹션 3필드

39. 다음 중 창 나누기에 대한 설명으로 옳지 않은 것은?
   ① 창 나누기를 실행하면 하나의 작업 창은 최대 4개 부분으로 나눌 수 있다.
   ② 첫 행과 첫 열을 제외한 나머지 셀에서 창 나누기를 수행하면 현재 셀의 위쪽과 왼쪽에 창 분할선이 생긴다.
   ③ 창 구분선은 틀 고정 구분선처럼 마우스로 드래그하여 위치를 이동할 수 없다.
   ④ 화면에 표시되는 창 나누기 형태는 인쇄 시 적용되지 않는다.

   전문가의 조언 | 창 구분선을 마우스로 드래그하여 위치를 이동할 수 있습니다.

2024년 3회 컴퓨터활용능력 2급 필기

1과목 컴퓨터 일반

49섹션 2필드

1. 다음 중 초고속 인터넷을 이용하여 동영상 콘텐츠, 정보 서비스 등 기본 텔레비전 기능에 인터넷 검색이 가능하게 한 서비스는?

① VoIP ② IPTV
③ IPv6 ④ TCP/IP

전문가의 조언 | 기본 텔레비전 기능에 인터넷 검색이 가능하게 한 서비스는 IPTV입니다.
- VoIP : 음성 데이터를 인터넷 프로토콜(IP) 데이터 패킷으로 변환하여 인터넷을 통해 음성 통화를 가능하게 하는 기술
- IPv6 : 현재 사용하고 있는 IP 주소 체계 IPv4의 주소 부족 문제를 해결하기 위해 개발된 것으로, 16비트씩 8부분, 총 128비트로 구성되어 있음
- TCP/IP : 인터넷에 연결된 서로 다른 기종의 컴퓨터끼리 데이터를 주고받을 수 있도록 하는 인터넷 표준 프로토콜

62섹션 2필드

2. 다음 중 데이터 보안 침해 형태 중 하나인 변조에 대한 설명으로 옳은 것은?

① 데이터가 정상적으로 전송되는 것을 방해하는 것이다.
② 데이터가 전송되는 도중에 몰래 엿보거나 정보를 유출하는 것이다.
③ 전송된 데이터를 다른 내용으로 바꾸는 것이다.
④ 데이터를 다른 사람이 송신한 것처럼 꾸미는 것이다.

전문가의 조언 | 변조에 대한 설명으로 옳은 것은 ③번입니다.
- ①번은 가로막기, ②번은 가로채기, ④번은 위조에 대한 설명입니다.

27섹션 3필드

3. 다음 중 인터넷을 수동으로 연결하기 위하여 지정해야 할 TCP/IP 구성 요소로 옳지 않은 것은?

① IP 주소 ② 서브넷 마스크
③ 어댑터 주소 ④ DNS 서버 주소

전문가의 조언 | • 어댑터 주소는 수동으로 연결하기 위해 지정해야 할 TCP/IP 구성 요소가 아닙니다.
• TCP/IP의 구성 요소에는 IP 주소, 서브넷 접두사 길이, 서브넷 마스크, 게이트웨이, DNS 서버 주소 등이 있습니다.

33섹션 1필드

4. 다음 중 컴퓨터에서 사용하는 일반 하드디스크에 비하여 속도가 빠르고 기계적 지연이나 에러의 확률 및 발열 소음이 적으며, 소형화, 경량화할 수 있는 하드디스크 대체 저장장치는?

① DVD ② HDD
③ SSD ④ ZIP

전문가의 조언 | 컴퓨터에서 사용하는 일반 하드디스크에 비하여 속도가 빠르고 기계적 지연이나 에러의 확률 및 발열 소음이 적으며, 소형화, 경량화할 수 있는 저장장치는 SSD입니다.

30섹션 2필드

5. 다음 중 컴퓨터에서 사용하는 유니코드(Unicode)에 관한 설명으로 옳은 것은?

① 표현 가능한 문자수는 최대 256자이다.
② 문자를 2Byte로 표현한다.
③ 영문자를 7bit, 한글이나 한자를 16bit로 처리한다.
④ 한글은 KS 완성형으로 표현한다.

전문가의 조언 | 유니코드에 관한 설명으로 옳은 것은 ②번입니다.
① 유니코드는 전세계의 모든 문자를 표현하는 국제 표준 코드입니다.
③ 유니코드는 모든 문자를 2Byte로 표현합니다.
④ 한글은 완성형과 조합형을 동시에 사용할 수 있습니다.

56섹션 1필드

6. 다음 중 애니메이션에서의 모핑(Morphing) 기법에 대한 설명으로 옳은 것은?

① 종이에 그린 그림을 셀룰로이드에 그대로 옮긴 뒤 채색하고 촬영하는 기법이다.
② 2개의 이미지나 3차원 모델 간에 부드럽게 연결하여 서서히 변하는 모습을 보여주는 기법이다.
③ 키 프레임을 이용하여 애니메이션을 만드는 기법이다.
④ 점토를 사용하여 애니메이션을 만드는 기법이다.

전문가의 조언 | 모핑(Morphing) 기법에 대한 설명으로 옳은 것은 ②번입니다.
• ①번은 셀 애니메이션, ③번은 키 프레임 애니메이션, ④번은 클레이메이션에 대한 설명입니다.

정답 : 1.② 2.③ 3.③ 4.③ 5.② 6.②

43섹션 2필드

7. 다음 중 버전에 따른 소프트웨어에 대한 설명으로 옳지 않은 것은?

① 트라이얼 버전(Trial Version)은 특정한 하드웨어나 소프트웨어를 구매하였을 때 무료로 주는 프로그램이다.
② 베타 버전(Beta Version)은 소프트웨어의 정식 발표 전 테스트를 위하여 사용자들에게 무료로 배포하는 시험용 프로그램이다.
③ 데모 버전(Demo Version)은 정식 프로그램을 홍보하기 위해 사용기간이나 기능을 제한하여 배포하는 프로그램이다.
④ 패치 버전(Patch Version)은 이미 제작하여 배포된 프로그램의 오류 수정이나 성능 향상을 위해 프로그램의 일부 파일을 변경해 주는 프로그램이다.

> 전문가의 조언 | • ①번은 번들(Bundle)에 대한 설명입니다.
> • 트라이얼 버전은 셰어웨어와 마찬가지로 제품을 구매하기 전에 해당 프로그램을 미리 사용해 볼 수 있도록 제작된 것으로, 셰어웨어는 대부분의 기능을 사용할 수 있고 일부 기능만 제한된 반면 트라이얼 버전은 기본적인 기능이나 일부 기능만 사용할 수 있는 것이 다릅니다.

13섹션 1필드

8. 다음 중 한글 Windows 10의 [메모장]에 대한 설명으로 옳지 않은 것은?

① 작성한 문서를 저장할 때 확장자는 기본적으로 .txt가 부여된다.
② 그림, 차트 등의 OLE 개체를 삽입할 수 있다.
③ 현재 시간/날짜를 삽입하는 기능이 있다.
④ 특정한 문자열을 찾을 수 있는 찾기 기능이 있다.

> 전문가의 조언 | 메모장에서는 그림, 차트 등의 OLE 개체를 삽입할 수 없습니다.

15섹션 1필드

9. 다음 중 한글 Windows 10의 [설정] → [시스템] → [디스플레이]에서 해상도 조정 설정에 대한 설명으로 옳지 않은 것은?

① 높은 화면 해상도에서는 텍스트와 이미지가 더 선명하지만 크기는 더 작게 표시된다.
② 해상도를 변경하면 해당 컴퓨터에 로그인한 모든 사용자에게 변경 내용이 적용된다.
③ 여러 디스플레이 옵션은 Windows에서 둘 이상의 모니터가 PC에 연결되어 있음을 인식할 때만 나타난다.
④ 두 대의 모니터가 연결된 경우 좌측 모니터가 주 모니터로 설정되므로 해상도가 높은 모니터를 반드시 좌측에 배치해야 한다.

> 전문가의 조언 | 주 모니터는 [⚙(설정)] → [시스템] → [디스플레이]에서 자유롭게 변경할 수 있으므로 모니터의 배치를 변경할 필요는 없습니다.

43섹션 2필드

10. 다음 중 컴퓨터 소프트웨어 배포와 관련하여 셰어웨어(Shareware)에 관한 설명으로 옳은 것은?

① 정상 대가를 지불하고 사용하는 소프트웨어이다.
② 특정 기능이나 사용 기간에 제한을 두고 무료로 배포하는 소프트웨어이다.
③ 개발자가 소스를 공개한 소프트웨어이다.
④ 배포 이전의 테스트 버전의 소프트웨어이다.

> 전문가의 조언 | • 셰어웨어에 대한 설명으로 옳은 것은 ②번입니다.
> • ①번은 상용 소프트웨어, ③번은 공개 소프트웨어, ④번은 알파 또는 베타 버전에 대한 설명입니다.

44섹션 2필드

11. 다음 중 데이터가 발생되는 즉시 처리되어 결과를 바로 확인할 수 있는 시스템으로, 은행이나 여행사의 좌석 예약 조회 서비스 등에 이용되는 것은?

① 실시간 처리 시스템
② 일괄 처리 시스템
③ 분산 처리 시스템
④ 시분할 시스템

> 전문가의 조언 | 문제에 제시된 내용은 실시간 처리 시스템에 대한 설명입니다.
> • 일괄 처리 시스템(Batch Processing System) : 초기의 컴퓨터 시스템에서 사용된 형태로, 일정량 또는 일정 기간 동안 데이터를 모아서 한꺼번에 처리하는 방식
> • 분산 처리 시스템(Distributed Processing System) : 여러 대의 컴퓨터들에 의해 작업들을 나누어 처리하여 그 내용이나 결과를 통신망을 이용하여 상호 교환할 수 있도록 연결되어 있는 시스템
> • 시분할 시스템(Time Sharing System) : 여러 명의 사용자가 사용하는 시스템에서 컴퓨터가 사용자들의 프로그램을 번갈아 가며 처리해 줌으로써 각 사용자에게 독립된 컴퓨터를 사용하는 느낌을 주는 것이며, 라운드 로빈 방식이라고도 함

> 2섹션 6필드

12. 다음 중 Windows에서 Winkey(⊞)와 함께 사용하는 바로 가기 키에 대한 설명으로 틀린 것은?

① ⊞+I : '설정' 창을 표시함
② ⊞+D : 모든 창을 최소화함
③ ⊞+L : 컴퓨터를 잠금
④ ⊞+E : '실행' 창을 표시함

> 전문가의 조언 | • ⊞+E는 파일 탐색기를 실행하는 바로 가기 키입니다.
> • '실행' 창을 표시하는 바로 가기 키는 ⊞+R입니다.

> 62섹션 3필드

13. 다음 중 네트워크 주변을 지나다니는 패킷을 엿보면서 계정(ID)과 비밀번호를 알아내는 보안 위협 행위는?

① 스니핑(Sniffing)   ② 스푸핑(Spoofing)
③ 백도어(Back Door)   ④ 키로거(Key Logger)

> 전문가의 조언 | 네트워크 주변을 지나다니는 패킷을 엿보면서 계정(ID)과 비밀번호를 알아내는 보안 위협 행위는 스니핑(Sniffing)입니다.
> • 스푸핑(Spoofing) : 다른 사람의 시스템에 침입할 때 침입자의 정보를 속여 역추적을 어렵게 만드는 방법
> • 백도어(Back Door) : 서비스 기술자나 유지 보수 프로그래머들의 액세스 편의를 위해 만든 보안이 제거된 비밀통로를 이르는 말로, 시스템에 무단 접근하기 위한 일종의 비상구로 사용
> • 키로거(Key Logger) : 키보드상의 키 입력 캐치 프로그램을 이용하여 ID나 암호와 같은 개인 정보를 빼내어 악용하는 기법

> 59섹션 1필드

14. 다음 중 실감미디어에 대한 설명으로 옳지 않은 것은?

① 홀로그램 - 기록 매체에 레이저와 같이 간섭성이 있는 광원을 이용하여 간섭 패턴을 기록한 결과물로, 광원을 이용하여 재생하면 3차원 영상으로 표현된다.
② 증강현실 - 가상 세계에서 일상 생활이나 경제적 활동이 가능하며, 사용자를 대신하는 캐릭터에서 가상 세계에서의 사회적 책임과 의무를 요구하고 있다.
③ 가상현실 - 다양한 장치를 통해 컴퓨터가 만들어낸 가상 세계에서 여러 다른 경험을 체험할 수 있도록 한 모든 기술을 말한다.
④ 혼합현실 - 가상현실과 현실 세계를 합쳐, 현실의 물리적인 객체와 가상의 객체가 상호 작용할 수 있는 환경을 구현하는 기술이다.

> 전문가의 조언 | • ②번은 메타버스(Metaverse)에 대한 설명입니다.
> • 증강현실은 실제 촬영한 화면에 가상의 정보를 부가하여 보여주는 기술을 의미합니다.

> 16섹션 1필드

15. 다음은 [설정] → [개인 설정]에 관한 설명이다. 다음 중 옳지 않은 것은?

① 바탕 화면의 배경을 사용자가 임의로 바꿀 수 있게 지원한다.
② 시스템을 켜둔 채 정해진 시간 동안 마우스나 키보드를 사용하지 않으면 모니터를 보호하기 위해 화면 보호기를 작동할지 여부를 설정한다.
③ 창의 색상과 구성 요소의 색상을 설정한다.
④ 모니터의 해상도 및 방향을 설정한다.

> 전문가의 조언 | • [⚙(설정)] → [개인 설정]에서는 모니터의 해상도 및 방향을 설정할 수 없습니다.
> • 모니터의 해상도와 방향은 [⚙(설정)] → [시스템] → [디스플레이]에서 설정할 수 있습니다.

> 30섹션 2필드

16. 다음 중 컴퓨터에서 문자 데이터를 표현하는 방법으로 옳지 않은 것은?

① EBCDIC   ② Unicode
③ ASCII   ④ Hamming Code

> 전문가의 조언 | 해밍 코드(Hamming Code)는 데이터 전송 시 에러 검출 및 교정을 위해 사용하는 코드로, 문자 데이터를 표현하기 위해 사용하는 코드가 아닙니다.

> 62섹션 3필드

17. 다음 중 각종 디지털 데이터에 저작권 정보를 삽입하여 관리하는 기술을 무엇이라고 하는가?

① 디지털 저작권 관리(Digital Right Management)
② 디지털 워터마킹(Digital Watermaking)
③ 디지털 저작권 표현(Digital Right Expression)
④ 디지털 서명(Digital Signature)

> 전문가의 조언 | 문제에 제시된 내용은 디지털 워터마킹의 개념입니다.
> • 디지털 저작권 관리(Digital Right Management) : 저작권자가 배포한 디지털 콘텐츠가 저작권자가 의도한 용도로만 사용되도록 디지털 콘텐츠의 생성, 유통, 이용까지의 전 과정에 걸쳐 사용되는 디지털 콘텐츠 관리 및 보호 기술
> • 저작권 표현(Right Expression) : 라이선스의 내용 표현 기술
> • 전자 서명(Digital Signature) : 전자 문서의 변경 여부를 확인할 수 있도록 작성자의 고유 정보를 암호화하여 문서에 포함하는 기술

55섹션 3필드

18. 다음 중 하이퍼텍스트(Hypertext)에 대한 설명으로 옳지 않은 것은?
① 하이퍼텍스트는 텍스트가 링크로 연결되어 있는 문서이다.
② 동영상, 그래픽 등의 정보를 연결해 놓은 멀티미디어 형식이다.
③ 사용자가 하이퍼링크(Hyperlink)를 클릭함으로써 원하는 데이터를 찾을 수 있다.
④ 하이퍼텍스트는 사용자의 의도에 따라 문서를 읽는 순서가 결정되는 비선형 구조이다.

전문가의 조언 | 동영상, 그래픽 등의 정보를 연결해 놓은 멀티미디어 형식은 하이퍼미디어(Hypermedia)입니다.

54섹션 1필드

19. 다음 중 사물에 전자 태그를 부착하고 무선 통신을 이용하여 사물의 정보 및 주변 상황 정보를 감지하는 센서 기술은?
① 텔레매틱스   ② DMB
③ W-CDMA   ④ RFID

전문가의 조언 | 문제에 제시된 내용은 RFID에 대한 설명입니다.
• 텔레매틱스(Telematics) : 자동차에 정보통신기술과 정보처리기술을 융합하여 운전자에게 다양한 멀티미디어 서비스를 제공하는 것
• DMB(Digital Multimedia Broadcasting, 디지털 멀티미디어 방송) : 방송과 통신이 결합된 이동 멀티미디어 방송 서비스로, 달리는 차 안에서도 음악, 문자, 데이터, 동영상 등 다양한 콘텐츠를 즐길수 있는 고품질 방송 서비스임
• W-CDMA(Wideband Code Division Multiple Access, 광대역 코드 분할 다중 접속) : 여러 사용자가 시간과 주파수를 공유하면서 신호를 송·수신할 수 있는 코드 분할 다중 접속(CDMA) 방식을 광대역화하는 기술

52섹션 3필드

20. 다음 중 인터넷 서비스를 위한 프로토콜로 웹페이지와 웹브라우저 사이에서 하이퍼텍스트 문서를 전송하기 위한 것은?
① TCP/IP   ② HTTP
③ FTP   ④ WAP

전문가의 조언 | HTTP는 웹페이지와 웹브라우저 사이에서 하이퍼텍스트 문서를 전송하기 위해 사용하는 프로토콜입니다.
• TCP/IP : 인터넷에 연결된 서로 다른 기종의 컴퓨터끼리 데이터를 주고받을 수 있도록 하는 인터넷 표준 프로토콜
• FTP : 컴퓨터와 컴퓨터 또는 컴퓨터와 인터넷 사이에서 파일을 주고받을 수 있도록 하는 원격 파일 전송 프로토콜
• WAP : 무선 통신에 사용되는 프로그램들에 적용되는 표준 프로토콜

2과목 스프레드시트 일반

98섹션 2필드

21. 다음의 '상위 10 자동 필터' 대화상자에 대한 설명으로 옳지 않은 것은?

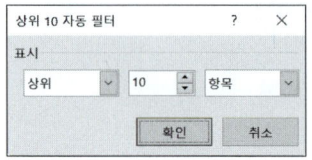

① 숫자가 입력된 셀에 대해서만 적용할 수 있다.
② 백분율을 적용하여 표시할 수 있다.
③ 가장 큰 값과 가장 작은 값을 찾을 수 있다.
④ 필터링된 결과는 자동으로 정렬되어 표시된다.

전문가의 조언 | 필터링된 결과는 자동으로 정렬되어 표시되지 않습니다.

101섹션 3필드

22. 다음 중 부분합 실행 결과에 대한 설명으로 옳지 않은 것은?

				A	B	C	D
			1				
			2	도서코드	도서명	분류	금액
	+		8			소설 최대	34,200
	-		9			소설 개수	5
	+		14			시/에세이 최대	32,800
	-		15			시/에세이 개수	4
	+		23			인문 최대	35,000
	-		24			인문 개수	7
	+		31			정치/경제 최대	35,400
	-		32			정치/경제 개수	6
-			33			전체 최대값	35400
			34			전체 개수	22
			35				

① 개요 기호 '3'을 클릭하여 3수준 상태로 표시되었다.
② 분류별 금액의 최대를 구한 후 개수를 구했다.
③ 데이터 아래에 요약이 표시되었다.
④ 분류를 기준으로 오름차순 정렬하였다.

전문가의 조언 | 중첩 부분합을 수행하면 먼저 작성한 부분합의 결과가 아래쪽에 표시되므로 문제의 부분합은 분류별 금액의 개수를 구한 후 금액의 최대를 구한 것입니다.

> 81섹션 2필드

23. 아래 워크시트에서 단가[B4:B8]에 부가세율[B1]을 곱해서 부가세[C4:C8]를 구하려고 한다. [C4] 셀에 수식을 입력한 후 채우기 핸들을 이용하여 [C8] 셀까지 계산하려고 할 때 [C4] 셀에 입력할 수식으로 옳은 것은?

	A	B	C
1	부가세율	10%	
2			
3	부서	단가	부가세
4	A4용지	15,000	
5	볼펜	12,000	
6	종이컵	8,000	
7	마우스	20,000	
8	키보드	25,000	
9			

① =B4*$B1
② =$B$4*B1
③ =B4*B1
④ =$B4*B$1

> 전문가의 조언 | [C4] 셀에 입력할 수식으로 옳은 것은 ④번입니다.
> • [C4] 셀에 수식을 입력한 후 채우기 핸들을 이용하여 [C8] 셀까지 채우면, 수식에서 행의 값만 증가하므로 '단가'인 [B4] 셀은 상대 참조(B4) 또는 열 고정 혼합 참조($B4)로 지정해야 하고, '부가세율'인 [B1] 셀은 절대 참조($B$1) 또는 행 고정 혼합 참조(B$1)로 지정해야 합니다.

> 107섹션 3필드

24. 다음 중 매크로에 관한 설명으로 옳지 않은 것은?
① 하나의 통합 문서에는 동일한 이름의 매크로를 작성할 수 없다.
② 매크로 이름의 첫 글자는 반드시 문자로 지정해야 한다.
③ [매크로 기록] 대화상자에서 바로 가기 키 지정 시 영문 대문자를 사용하면 [Alt]가 자동으로 덧붙는다.
④ 매크로 기록 시 사용자의 마우스 동작은 물론 키보드 작업도 모두 기록된다.

> 전문가의 조언 | 매크로의 바로 가기 키는 기본적으로 [Ctrl]과 영문 소문자를 조합하여 사용하고, 영문 대문자로 지정하면 [Shift]가 자동으로 덧붙여 지정됩니다.

> 92섹션 1필드

25. 다음 차트에 대한 설명으로 틀린 것은?

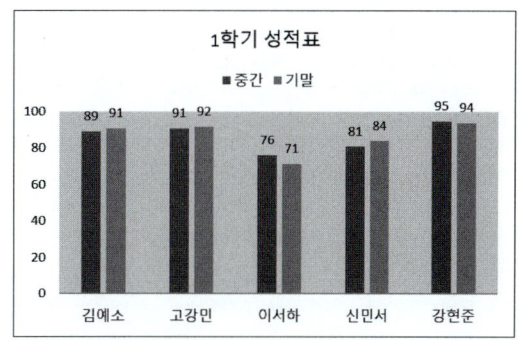

① 데이터 레이블이 '바깥쪽 끝에'로 설정되어 있다.
② 가로(항목) 축에 눈금선이 표시되어 있지 않다.
③ 차트 영역에 채우기 색이 지정되어 있다.
④ 범례가 위쪽에 배치되어 있다.

> 전문가의 조언 | 채우기 색이 지정된 위치는 차트 영역이 아니라 그림 영역입니다.

> 87섹션 1필드

26. 아래 워크시트에서 비고[C2:C8]에 1인면적[B2:B8]이 작은 순으로 순위를 구하여 1~3위까지는 "공간확장"을 표시하고, 나머지는 공백으로 표시하려고 한다. [C2] 셀에 입력할 수식으로 옳은 것은?

	A	B	C
1	부서	1인면적(m3)	비고
2	기획부	61.52	
3	영업부	58.61	
4	총무부	72.65	
5	관리부	48.25	
6	인사부	55.58	
7	국제부	65.45	
8	국내부	52.45	
9			

① =IF(RANK.EQ(B2, $B$2:$B$8, 0)<=3, "공간확장", " ")
② =IF(B2>=SMALL($B$2:$B$8, 3), "공간확장", " ")
③ =IF(RANK.EQ(B2, $B$2:$B$8, 1)>=3, "공간확장", " ")
④ =IF(B2<=SMALL($B$2:$B$8, 3), "공간확장", " ")

> 전문가의 조언 | [C2] 셀에 입력할 수식으로 옳은 것은 ④번입니다.
> =IF(B2(=SMALL(B2:B8, 3), "공간확장", " ")
>   ①   ②
>
> ❶ SMALL(B2:B8, 3) : SMALL(범위, n번째)는 '범위' 중 'n번째'로 작은 값을 반환하는 함수이므로 [B2:B8] 영역에서 3번째로 작은 값을 반환합니다.
> ❷ =IF(B2(=❶, "공간확장", " ") : IF(조건, 인수1, 인수2)는 '조건'이 참이면 '인수1', 거짓이면 '인수2'를 반환하는 함수이므로 [B2] 셀의 값이 ❶ 이하, 즉 세 번째로 작은 값 이하이면 "공간확장"을, 그 외에는 공백을 반환합니다.
> ※ IF와 RANK.EQ 함수를 이용하여 동일한 결과를 산출하는 수식은 다음과 같습니다.
> =IF(RANK.EQ(B2, B2:B8, 1)(=3, "공간확장", " ")
>   ①   ②
>
> ❶ RANK.EQ(B2, B2:B8, 1) : RANK.EQ(인수, 범위, 옵션)은 지정된 '범위'에서 '옵션'에 맞게 '인수'의 순위를 반환하는 함수입니다. 옵션이 1이므로 [B2:B8] 영역에서 오름차순으로 [B2] 셀의 순위를 반환합니다.
> ❷ =IF(❶(=3, "공간확장", " ") : ❶이 3 이하, 즉 순위가 3위 이내이면 "공간확장"을, 그 외에는 공백을 반환합니다.

`95섹션 4필드`

28. 아래의 [페이지 설정] 대화상자의 [시트] 탭에 대한 설명으로 옳지 않은 것은?

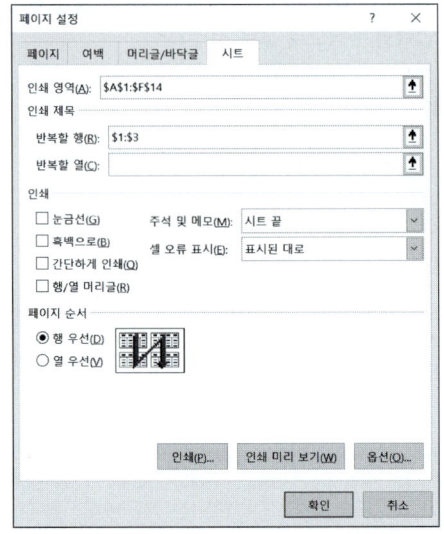

① 매 페이지마다 1~3행이 반복해서 표시된다.
② 메모는 가장 마지막 시트 끝에 모아서 표시된다.
③ 눈금선은 인쇄되지 않는다.
④ 워크시트에 입력된 차트, 도형, 그림 등 모든 그래픽 요소를 제외하고 텍스트만 빠르게 인쇄된다.

> 전문가의 조언 | • '간단하게 인쇄'가 해제된 상태이므로 워크시트에 입력된 차트, 도형, 그림 등 모든 그래픽 요소를 포함하여 인쇄됩니다.
> • '간단하게 인쇄'를 선택해야 모든 그래픽 요소를 제외하고 텍스트만 빠르게 인쇄됩니다.

`74섹션 4필드`

27. 다음 중 워크시트 작업 및 관리에 대한 설명으로 옳지 않은 것은?

① 모든 시트를 한 번에 선택할 때는 시트 탭에서 마우스 오른쪽 단추를 눌러 [모든 시트 선택] 메뉴를 선택한다.
② 현재의 워크시트 앞에 새로운 워크시트를 삽입하려면 Shift + F11을 누른다.
③ 시트 탭에서 시트를 클릭한 후 Shift를 누른 채 드래그하면 시트가 복사된다.
④ 비연속된 시트를 선택할 때 Ctrl을 사용하면 편리하다.

> 전문가의 조언 | • 시트 탭에서 시트를 클릭한 후 Shift를 누른 채 드래그하면 시트가 이동됩니다.
> • 시트를 복사하려면 Ctrl을 누른 채 드래그해야 합니다.

`79섹션 1필드`

29. 다음 중 조건부 서식에 대한 설명으로 옳지 않은 것은?

① 조건부 서식에서 사용하는 수식은 등호(=)로 시작해야 한다.
② 아이콘 집합을 이용하면 조건 없이 셀의 값에 따라 다양한 모양의 아이콘을 표시할 수 있다.
③ 조건부 서식에 의해 서식이 설정된 셀에서 값이 변경되어 조건에 만족하지 않을 경우 적용된 서식은 바로 해제된다.
④ 동일한 범위에 대해 글꼴 스타일을 '굵게' 지정하는 규칙과 글꼴 색을 '빨강'으로 지정하는 규칙이 모두 만족하는 경우 우선 순위가 높은 한 가지 규칙만 적용된다.

> 전문가의 조언 | 동일한 범위에서 두 개 이상의 조건을 모두 만족하는 경우 규칙에 지정된 서식이 모두 적용되며, 서식이 충돌할 경우에만 우선 순위가 높은 규칙의 서식이 적용됩니다.

> 96섹션 1필드

30. 다음 중 [인쇄 미리 보기 및 인쇄] 상태에서의 [페이지 설정] 대화상자에 대한 설명으로 옳은 것은?

① 눈금선이나 행/열 머리글의 인쇄 여부를 설정할 수 없다.
② 인쇄 영역이나 인쇄 제목으로 반복할 행 또는 반복할 열을 설정할 수 있다.
③ 인쇄 배율을 수동으로 설정할 수 있고, 배율은 워크시트 표준 크기의 '10%'에서 '200%'까지 가능하다.
④ 배율을 '자동 맞춤'으로 선택하고 용지 너비와 용지 높이를 '1'로 지정하는 경우 여러 페이지가 한 페이지에 출력되도록 확대/축소 배율이 자동으로 조정된다.

> 전문가의 조언 | '페이지 설정' 대화상자에 대한 설명으로 옳은 것은 ④번입니다.
> ① 눈금선이나 행/열 머리글의 인쇄 여부를 설정할 수 있습니다.
> ② • [인쇄 미리 보기 및 인쇄] 상태의 '페이지 설정' 대화상자에서는 인쇄 영역이나 인쇄 제목으로 반복할 행 또는 반복할 열을 설정할 수 없습니다.
> • 인쇄 영역이나 인쇄 제목은 시트 작업 상태에서 [페이지 레이아웃] → [페이지 설정]의 🔽을 클릭하면 나타나는 '페이지 설정' 대화상자에서 설정할 수 있습니다.
> ③ 인쇄 배율은 워크시트 표준 크기의 10%에서 400%까지 설정할 수 있습니다.

> 88섹션 2필드

31. '학부'를 기준으로 정렬된 아래 워크시트에서 '이름'을 기준으로 정렬해도 '번호'가 그대로 유지되도록 입력하려고 한다. '번호'에 입력할 함수식으로 옳은 것은?

	A	B	C
1	번호	이름	학부
2	1	한고은	국어국문과
3	2	김종숙	스포츠지도학과
4	3	차형섭	식품영향학과
5	4	김은수	신학과
6	5	황재윤	실용음악과
7	6	이선미	체육학과
8	7	홍진영	컴퓨터공학과
9			

① =COLUMN( ) − 1
② =COLUMNS( ) − 1
③ =ROW( ) − 1
④ =ROWS( ) − 1

> 전문가의 조언 | • '번호'는 2행에 1, 3행에 2, 4행에 3과 같이 행 번호에서 1을 뺀 값이 입력되어 있습니다.
> • ROW(인수)는 인수의 행 번호를 반환하는 함수인데, ROW( )와 같이 함수에 인수를 지정하지 않으면 ROW( ) 함수가 입력된 행을 의미합니다. 그러므로 '번호'에 =ROW( )−1을 입력하면 데이터 정렬에 상관 없이 항상 행 번호에서 1을 뺀 값이 표시됩니다.

> 107섹션 3필드

32. 다음 중 매크로 작성 시 [매크로 기록] 대화상자에서 선택할 수 있는 매크로의 저장 위치로 옳지 않은 것은?

① 새 통합 문서
② 개인용 매크로 통합 문서
③ 현재 통합 문서
④ 현재 열려있는 통합문서

> 전문가의 조언 | '매크로 기록' 대화상자에서 선택할 수 있는 매크로의 저장 위치에는 '새 통합 문서, 개인용 매크로 통합 문서, 현재 통합 문서'가 있습니다.

> 93섹션 1필드

33. 데이터를 계층 구조로 하여 다른 범주 수준을 비교할 수 있도록 간단히 도식화하여 표현한 차트로, 색과 근접성을 기준으로 범주를 표시하며 다른 차트 유형으로 표시하기 어려운 많은 양의 데이터를 쉽게 표시할 수 있는 차트는?

① 히스토그램   ② 콤보
③ 폭포   ④ 트리맵

> 전문가의 조언 | 문제에 제시된 내용은 트리맵 차트에 대한 설명입니다.
> • 히스토그램 차트 : 특정 구간에 그룹화된 데이터의 분포를 표시할 때 사용하는 차트
> • 폭포 차트 : 데이터의 증감 및 누적 합계를 확인할 때 사용함
> • 콤보 차트 : 두 개 이상의 데이터 계열을 가진 차트에서 특정 데이터 계열을 강조하기 위해 해당 데이터 계열을 다른 차트로 표시하는 것

> 91섹션 3필드

34. 다음은 차트의 오차 막대에 관한 설명이다. 옳지 않은 것은?

① 데이터 계열의 오차량을 표시한다.
② 고정값, 백분율, 표준 편차, 표준 오차 등으로 설정할 수 있다.
③ 통계 자료를 차트로 작성할 때 자료의 신뢰 수준을 시각적으로 보이게 하기 위해 사용한다.
④ 3차원 세로 막대형에서 사용 가능하다.

> 전문가의 조언 | 3차원 차트에는 오차 막대를 표시할 수 없습니다.

84섹션 2필드

35. 다음 중 수식의 실행 결과가 옳은 것은?

① =MOD(-7, 4) ⇒ -3
② =POWER(2, 3) ⇒ 9
③ =INT(-7.4) ⇒ -8
④ =TRUNC(-8.6) ⇒ -7

전문가의 조언 | 수식의 수행 결과가 옳은 것은 ③번입니다.
① =MOD(-7, 4) : MOD(인수1, 인수2)는 '인수1'을 '인수2'로 나눈 나머지를 반환하는 함수이므로 -7을 4로 나눈 후 나머지인 1을 반환합니다.
※ 피제수(-7)가 음수이면 제수(4)로부터 채워야 할 몫이 있다고 생각하세요. 7을 채우기 위해 4명에게 2개씩 받으면 1이 남으므로 나머지는 1이 됩니다.
② =POWER(2, 3) : POWER(인수, 제곱값)은 '인수'를 '제곱값'만큼 거듭 곱한 값을 반환하는 함수이므로 2를 3번 곱한 값인 8(2×2×2)을 반환합니다.
③ =INT(-7.4) : INT(인수)는 '인수'보다 크지 않은 정수값을 반환하는 함수이므로 -7.4보다 크지 않은 정수인 -8을 반환합니다.
④ =TRUNC(-8.6) : TRUNC(인수, 자릿수)는 '인수'에 대해 '자릿수' 미만의 수치를 버린 값을 반환하는 함수로, '자릿수'를 생략하면 정수만 표시하므로 -8.6에서 소수점 이하를 모두 버린 값인 -8을 반환합니다.

100섹션 1필드

37. 다음 중 [텍스트 나누기] 기능에 대한 설명으로 옳지 않은 것은?

① 한 셀에 입력되어 있는 데이터를 여러 셀로 분리시킬 수 있다.
② 텍스트 나누기 수행 시 데이터 형식의 변환 및 셀 서식 변경이 가능하다.
③ 열의 데이터 서식을 '일반'으로 지정하면 숫자 값은 숫자로, 날짜 값은 날짜로, 모든 나머지 값은 텍스트로 변환된다.
④ 데이터 필드를 구분하는 기호가 2개인 경우 텍스트 나누기를 수행할 수 없다.

전문가의 조언 | 텍스트 나누기를 실행하면 '텍스트 마법사' 대화상자가 표시되는데, '텍스트 마법사 2단계' 대화상자에서 두 가지 이상의 구분 기호를 선택하여 텍스트 나누기를 수행할 수 있습니다.

106섹션 1필드

36. 다음 중 데이터 통합에 관한 설명으로 옳지 않은 것은?

① 데이터 통합은 위치를 기준으로 통합할 수도 있고, 영역의 이름을 정의하여 통합할 수도 있다.
② '원본 데이터에 연결' 기능은 통합할 데이터가 있는 워크시트와 통합 결과가 작성될 워크시트가 같은 통합 문서에 있는 경우에만 적용할 수 있다.
③ 다른 원본 영역의 레이블과 일치하지 않는 레이블이 있는 경우에 통합하면 별도의 행이나 열이 만들어진다.
④ 여러 시트에 있는 데이터나 다른 통합 문서에 입력되어 있는 데이터를 통합할 수 있다.

전문가의 조언 | 통합할 데이터가 있는 워크시트와 통합 결과가 작성될 워크시트가 서로 다를 경우에만 '원본 데이터에 연결'을 적용할 수 있습니다.

77섹션 2필드

38. 다음은 표시 형식, 입력 데이터, 결과 순으로 표시한 것이다. 결과가 잘못 표현된 것은?

	표시 형식	입력 데이터	표시 결과
①	[>5]"▲";"▼"	2	▼
②	@"판매량"	5월	5월 판매량
③	?/?	1.25	5/4
④	#.#	12	12.0

전문가의 조언 | #은 유효한 자릿수만 표시하므로 입력된 값 12에 #.# 형식을 적용하면 12.이 표시됩니다.

83섹션 2필드

39. 다음 중 평균 매출량을 초과하는 지점의 개수를 구하는 수식으로 알맞은 것은?

	A	B	C
1	지점	매출량	
2	인천	88	
3	안양	75	
4	안산	82	
5	고양	65	
6	일산	56	
7			
8	평균 매출량 초과 지점수		
9			

① =COUNTIF(">"&AVERAGE(B2:B6))
② =COUNTIF(B2:B6, ">"&AVERAGE(B2:B6))
③ =COUNTIF(">"&AVERAGE(B2:B6), B2:B6)
④ =COUNTIF(B2:B6, ">AVERAGE(B2:B6)")

전문가의 조언 | 평균 매출량을 초과하는 지점의 개수를 구하는 수식은 ②번입니다.
=COUNTIF(B2:B6, ">"&(AVERAGE(B2:B6))
              ❶
          ❷

❶ AVERAGE(B2:B6) : [B2:B6] 영역의 평균인 73.2를 반환합니다.
❷ =COUNTIF(B2:B6, ">"&❶) → =COUNTIF(B2:B6, ">"&73.2) : COUNTIF(범위, 조건)는 지정된 '범위'에서 '조건'에 맞는 셀의 개수를 반환하는 함수이므로 [B2:B6] 영역에서 73.2보다 큰 값의 개수인 3을 반환합니다.

※ &는 두 문자열을 연결하여 하나의 문자열로 만드는 연산자입니다.

103섹션 1필드

40. 다음 중 아래 그림의 시나리오 요약 보고서에 대한 설명으로 옳지 않은 것은?

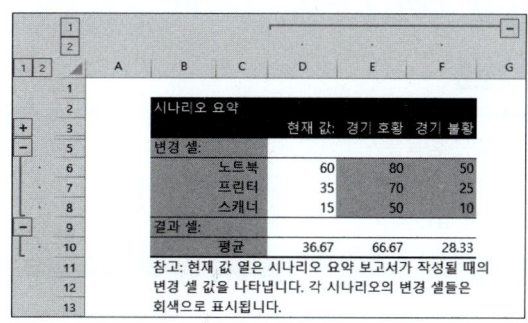

① 노트북, 프린터, 스캐너 값의 변화에 따른 평균 값을 확인할 수 있다.
② '경기 호황'과 '경기 불황' 시나리오에 대한 시나리오 요약 보고서이다.
③ 시나리오의 값을 변경하면 해당 변경 내용이 기존 요약 보고서에 자동으로 다시 계산되어 표시된다.
④ 시나리오 요약 보고서를 실행하기 전에 변경 셀과 결과 셀에 대해 이름을 정의하였다.

전문가의 조언 | 워크시트에서 시나리오에 반영된 셀의 값을 변경해도 이미 작성된 시나리오 요약 보고서에 반영되지는 않습니다.

2024년 4회 컴퓨터활용능력 2급 필기

1과목 컴퓨터 일반

41섹션 1필드

1. 다음 중 컴퓨터의 하드웨어를 업그레이드할 때 수치가 작을수록 좋은 항목은?
① CPU 클럭 속도
② 하드디스크 용량
③ RAM 접근 속도
④ 모뎀 전송 속도

> 전문가의 조언 | RAM의 접근 속도는 수치가 작을수록 좋습니다.

44섹션 1필드

2. 다음 중 컴퓨터와 같은 정보기기를 사용하기 위해서 반드시 설치되어야 하는 프로그램으로 가장 대표적인 시스템 소프트웨어는?
① 컴파일러
② 운영체제
③ 유틸리티
④ 라이브러리

> 전문가의 조언 | 정보기기를 사용하기 위해서 반드시 설치되어야 하는 대표적인 시스템 소프트웨어는 운영체제입니다.
> • 컴파일러 : FORTRAN, COBOL, C, ALGOL 등의 고급 언어로 작성된 프로그램을 기계어로 번역하는 프로그램
> • 유틸리티 : 컴퓨터 동작에 필수적이지는 않지만, 컴퓨터 시스템에 있는 기존 프로그램을 지원하거나 기능을 향상 또는 확장하기 위해 사용하는 소프트웨어

3섹션 3필드

3. 다음 중 한글 Windows 10에서 파일을 선택한 후 Ctrl + Shift를 누른 채 다른 위치로 끌어다 놓은 결과는?
① 해당 파일의 바로 가기 아이콘이 만들어진다.
② 해당 파일이 복사된다.
③ 해당 파일이 이동된다.
④ 해당 파일이 휴지통을 거치지 않고 영구히 삭제된다.

> 전문가의 조언 | 파일을 선택한 후 Ctrl + Shift를 누른 채 다른 위치로 끌어다 놓으면 해당 파일의 바로 가기 아이콘이 만들어집니다.

18섹션 1필드

4. 다음 중 한글 Windows 10의 [설정] → [접근성]에서 설정할 수 없는 기능은?
① 다중 디스플레이를 설정하여 두 대의 모니터에 화면을 확장하여 표시할 수 있다.
② 돋보기를 사용하여 화면에서 원하는 영역을 확대하여 크게 표시할 수 있다.
③ 내레이터를 사용하여 화면의 모든 텍스트를 소리내어 읽어 주도록 설정할 수 있다.
④ 키보드가 없어도 입력 가능한 화상 키보드를 표시할 수 있다.

> 전문가의 조언 | 다중 디스플레이는 [⊞](시작) → [⚙](설정) → [시스템] → [디스플레이]에서 설정할 수 있습니다.

52섹션 1필드

5. 다음 중 전자우편에서 사용하는 POP3 프로토콜에 관한 설명으로 옳은 것은?
① 이메일을 전송할 때 필요로 하는 프로토콜이다.
② 원격 서버에 접속하여 이메일을 사용자 컴퓨터로 가져오기 위한 프로토콜이다.
③ 멀티미디어 이메일을 주고받기 위한 프로토콜이다.
④ 이메일의 회신과 전체 회신을 가능하게 하는 프로토콜이다.

> 전문가의 조언 | POP3 프로토콜에 관한 설명으로 옳은 것은 ②번입니다.
> • ①번은 SMTP, ③번은 MIME에 대한 설명입니다.

35섹션 2필드

6. 다음 중 컴퓨터에서 사용하는 레이저 프린터에 관한 설명으로 옳지 않은 것은?
① 회전하는 드럼에 토너를 묻혀서 인쇄하는 방식이다.
② 인쇄 해상도가 높으며 복사기와 같은 원리를 사용한다.
③ 비충격식이라 비교적 인쇄 소음이 적고 인쇄 속도가 빠르다.
④ 인쇄 방식에는 드럼식, 체인식, 밴드식 등이 있다.

> 전문가의 조언 | 드럼식, 체인식, 밴드식은 라인 프린터의 인쇄 방식입니다.

> 43섹션 2필드

7. 컴퓨터 소프트웨어 배포와 관련하여 특정 기능 또는 기간을 제한하여 공개하고, 사용한 후에 사용자의 구매를 유도하는 소프트웨어는?

① 알파(Alpha) 버전
② 패치(Patch) 버전
③ 프리웨어(Freeware)
④ 셰어웨어(Shareware)

> **전문가의 조언** | 문제에 제시된 내용은 셰어웨어(Shareware)에 대한 설명입니다.
> - **알파(Alpha) 버전**: 베타테스트를 하기 전, 제작 회사 내에서 테스트할 목적으로 제작하는 프로그램
> - **패치(Patch) 버전**: 이미 제작하여 배포된 프로그램의 오류 수정이나 성능 향상을 위해 프로그램의 일부 파일을 변경해 주는 프로그램
> - **프리웨어(Freeware)**: 무료로 사용 또는 배포가 가능한 것으로, 배포는 주로 인터넷을 통해 이루어짐

> 37섹션 1필드

8. 다음 중 영상신호와 음향신호를 압축하지 않고 통합하여 전송하는 고선명 멀티미디어 인터페이스로 S-비디오, 컴포지트 등의 아날로그 케이블보다 고품질의 음향 및 영상을 감상할 수 있는 것은?

① HDMI
② DVI
③ USB
④ IEEE-1394

> **전문가의 조언** | 문제에 제시된 내용은 HDMI의 개념입니다.
> - **DVI**: Intel 사가 개발한 동영상 압축 기술로, 디지털 TV를 위한 압축 기술이었지만, Intel 사에 의해 멀티미디어 분야의 동영상 압축 기술로 발전되었음
> - **USB**: 기존의 직렬, 병렬, PS/2 포트를 통합한 직렬 포트의 일종으로, 플러그 인(Hot Plug In)과 플러그 앤 플레이(Plug & Play) 설치를 지원하고, 주변장치를 최대 127개까지 연결할 수 있음
> - **IEEE-1394**: 애플 사에서 매킨토시용으로 개발한 직렬 인터페이스로, 핫 플러그인(Hot Plug In)을 지원하고, 주변장치를 최대 63개까지 연결할 수 있음

> 33섹션 4필드

9. 다음 중 컴퓨터의 연산 속도 단위로 가장 빠른 것은?

① 1ms
② 1μs
③ 1ns
④ 1ps

> **전문가의 조언** | 보기의 연산 속도 단위를 빠른 것부터 차례대로 나열하면, 피코 초(ps, 10^{-12}) 〉 나노 초(ns, 10^{-9}) 〉 마이크로 초(μs, 10^{-6}) 〉 밀리 초(ms, 10^{-3})입니다.

> 52섹션 1필드

10. 다음 중 전자우편과 관련하여 스팸(SPAM)에 관한 설명으로 옳은 것은?

① 바이러스를 유포시키는 행위이다.
② 수신인이 원하지 않는 메시지나 정보를 일방적으로 보내는 행위이다.
③ 다른 사용자의 개인 정보를 허락없이 가져가는 행위이다.
④ 고의로 컴퓨터 파일상의 데이터를 파괴시키는 행위이다.

> **전문가의 조언** | 스팸(SPAM)이란 수신인이 원하지 않는 메시지나 정보를 일방적으로 보내는 행위입니다.

> 29섹션 4필드

11. 다음 중 디지털 컴퓨터와 아날로그 컴퓨터의 차이점에 관한 설명으로 옳은 것은?

① 디지털 컴퓨터는 전류, 전압, 온도 등 다양한 입력 값을 처리하며, 아날로그 컴퓨터는 숫자 데이터만을 처리한다.
② 디지털 컴퓨터는 증폭 회로로 구성되며, 아날로그 컴퓨터는 논리 회로로 구성된다.
③ 아날로그 컴퓨터는 미분이나 적분 연산을 주로 하며, 디지털 컴퓨터는 산술이나 논리 연산을 주로 한다.
④ 아날로그 컴퓨터는 범용이며, 디지털 컴퓨터는 특수 목적용으로 많이 사용된다.

> **전문가의 조언** | 디지털 컴퓨터와 아날로그 컴퓨터의 차이점에 대해 올바르게 설명한 것은 ③번입니다.
> ① 디지털 컴퓨터는 숫자, 문자 데이터를 처리하며, 아날로그 컴퓨터는 전류, 전압, 온도 등 다양한 입력 값을 처리합니다.
> ② 디지털 컴퓨터는 논리 회로로 구성되며, 아날로그 컴퓨터는 증폭 회로로 구성됩니다.
> ④ 아날로그 컴퓨터는 특수 목적용이며, 디지털 컴퓨터는 범용으로 많이 사용됩니다.

> 56섹션 1필드

12. 다음 중 이미지의 가장자리가 톱니 모양으로 표현되는 계단 현상을 없애기 위하여 경계선을 부드럽게 해주는 필터링 기술은?

① 디더링(Dithering)
② 안티앨리어싱(Antialiasing)
③ 렌더링(Rendering)
④ 모핑(Morphing)

정답: 1.③ 2.② 3.① 4.① 5.② 6.④ 7.④ 8.① 9.④ 10.② 11.③ 12.②

> **전문가의 조언** | 문제에 제시된 내용은 안티앨리어싱(Antialiasing)의 개념입니다.
> - **디더링(Dithering)** : 제한된 색상을 조합하여 복잡한 색이나 새로운 색을 만드는 작업
> - **렌더링(Rendering)** : 3차원 애니메이션을 만드는 과정 중의 하나로 물체의 모형에 명암과 색상을 입혀 사실감을 더해 주는 작업
> - **모핑(Morphing)** : 2개의 이미지를 부드럽게 연결하여 변환·통합하는 것으로, 컴퓨터 그래픽, 영화 등에서 많이 응용하고 있음

> **전문가의 조언** | 인터레이싱(Interlacing)은 이미지의 대략적인 모습을 먼저 보여준 다음 점차 자세한 모습을 보여주는 그래픽 기법입니다.
> - **시퀀싱(Sequencing)** : 컴퓨터를 이용하여 음악을 제작, 녹음, 편집하는 것
> - **PCM(Pulse Code Modulation)** : 가장 대표적인 디지털화 방법으로, 아날로그 파형을 작은 시간 폭으로 연속적으로 나누어 각기 직사각형 형태의 크기로 표시한 후 이의 높이를 숫자화 하는 방식
> - **샘플링(Sampling)** : 음성·영상 등의 아날로그 신호를 일정 시간 간격으로 검출하는 단계로 아날로그 신호를 디지털 신호로 변환하는 과정

`42섹션 1필드`

13. 다음 중 하드디스크 용량이 부족할 경우의 해결 방법으로 옳지 않은 것은?

① USB 파일 정리
② 휴지통 파일 정리
③ 디스크 정리 수행
④ Windows 기능 제거

> **전문가의 조언** |
> - USB 파일을 정리한다고 해서 하드디스크의 용량 부족이 해결되지는 않습니다.
> - 하드디스크의 파일을 USB로 백업한 후 하드디스크의 파일을 삭제해야 하드디스크의 용량 부족이 해결됩니다.

`46섹션 1필드`

14. 다음 중 인터넷 홈페이지 제작 언어로 옳지 않은 것은?

① DHTML
② ASP
③ JAVA
④ AIDA

> **전문가의 조언** | AIDA는 홈페이지 제작 언어가 아닙니다. AIDA는 CPU, 메인보드, 램, 그래픽 카드, 사운드카드 등 PC에 설치되어 있는 모든 하드웨어 정보를 확인할 때 사용하는 유틸리티 프로그램입니다.
> - **DHTML** : 이전 버전의 HTML에 비해 애니메이션이 강화되고 사용자와의 상호 작용에 좀더 민감한 동적인 웹 페이지를 만들 수 있게 해주는 HTML임
> - **ASP** : 서버 측에서 동적으로 수행되는 페이지를 만들기 위한 언어로, 마이크로소프트 사에서 개발함
> - **JAVA** : 웹 상에서 멀티미디어 데이터를 효율적으로 처리할 수 있는 객체지향 언어로, 네트워크 환경에서 분산 작업이 가능하도록 설계된 프로그래밍 언어

`58섹션 2필드`

15. 다음 중 오디오 데이터와 관련된 용어에 해당하지 않는 것은?

① 시퀀싱(Sequencing)
② 인터레이싱(Interlacing)
③ PCM(Pulse Code Modulation)
④ 샘플링(Sampling)

`32섹션 1필드`

16. 다음 중 주기억장치에 대한 설명으로 가장 옳지 않은 것은?

① 주기억장치는 비휘발성 메모리로 대용량의 데이터와 프로그램을 영구적으로 보관하는데 사용된다.
② ROM에는 주로 기본 입/출력 시스템(BIOS), 글자 폰트, 자가 진단 프로그램(POST) 등이 저장되어 있다.
③ 주기억장치는 CPU가 직접 접근하여 데이터를 처리할 수 있는 기억장치로 현재 수행되는 프로그램과 데이터를 저장하고 있다.
④ RAM(Random Access Memory)은 DRAM과 SRAM으로 구분된다.

> **전문가의 조언** |
> - 주기억장치의 종류에는 ROM과 RAM이 있는데 이 중 ROM은 비휘발성 메모리, RAM은 휘발성 메모리입니다.
> - 대용량의 데이터와 프로그램을 영구적으로 보관하는데 사용되는 것은 보조기억장치입니다.

`15섹션 2필드`

17. 다음 중 한글 Windows 10의 [설정] → [시스템] → [소리]에서 수행할 수 있는 작업이 아닌 것은?

① 출력 장치를 선택할 수 있다.
② 입력 장치를 선택할 수 있다.
③ 마스터 볼륨을 조절할 수 있다.
④ 내레이터를 설정할 수 있다.

> **전문가의 조언** |
> - [⚙(설정)] → [시스템] → [소리]에서는 내레이터를 설정할 수 없습니다.
> - 내레이터는 [⚙(설정)] → [접근성] → [내레이터]에서 설정합니다.

53섹션 2필드

18. 다음 중 사용자의 기본 설정을 사이트가 인식하도록 하거나, 사용자가 웹 사이트로 이동할 때마다 로그인해야 하는 번거로움을 생략할 수 있도록 사용자 환경을 향상시키는 것은?

① 쿠키(Cookie)
② 즐겨찾기(Favorites)
③ 웹 서비스(Web Service)
④ 히스토리(History)

전문가의 조언 | 문제에 제시된 내용은 쿠키(Cookie)에 대한 설명입니다.
- 즐겨찾기(Favorites) : 자주 방문하는 웹 사이트를 쉽게 찾아갈 수 있도록 해당 웹 사이트 주소를 목록 형태로 저장해 둔 것
- 히스토리(History) : 웹 브라우저를 처음 실행시킨 후부터 종료할 때까지 사용자가 방문했던 웹사이트 주소들을 순서대로 보관하는 기능

61섹션 2필드

19. 다음 중 컴퓨터 바이러스의 예방법으로 가장 거리가 먼 것은?

① 최신 버전의 백신 프로그램을 사용한다.
② 전자우편에 첨부된 파일은 바이러스 검사를 수행한 후 저장하여 사용한다.
③ 네트워크에 공유된 폴더는 쓰기 전용으로 설정한다.
④ 다운로드 받은 파일은 작업에 사용하기 전에 바이러스 검사 후 사용한다.

전문가의 조언 | 네트워크에 공유된 폴더는 폴더 내용을 임의로 수정할 수 없도록 읽기 전용으로 설정해야 합니다.

2섹션 3필드

20. 다음 중 Windows 10에서 실행중인 프로그램 사이의 작업 전환을 위한 바로 가기 키는?

① Alt + Enter
② Alt + F4
③ Alt + Tab
④ Alt + Delete

전문가의 조언 | 실행중인 프로그램 사이의 작업 전환을 위한 바로 가기 키는 Alt + Tab 입니다.
- Alt + Enter : 선택된 항목의 속성 대화상자를 나타냄
- Alt + F4 : 실행중인 창이나 앱을 종료함

2과목 스프레드시트 일반

67섹션 1필드

21. 다음 중 [B4:B7]의 데이터를 [B8] 셀의 목록으로 표시하여 입력하기 위한 바로 가기 키로 옳은 것은?

	A	B	C	D
1		부서별 재고 관리		
2				
3		부서	목록	
4		기획부	A	
5		관리부	B	
6		총무부	C	
7		인사부	D	
8				
9		관리부		
10		기획부		
11		인사부		
12		총무부		

① Alt + ↑
② Shift + ↓
③ Alt + ↓
④ Shift + ↑

전문가의 조언 | 같은 열에 입력된 문자열 목록을 표시하는 바로 가기 키는 Alt + ↓ 입니다.

91섹션 3필드

22. 다음 중 차트의 오차 막대에 대한 설명으로 옳지 않은 것은?

① 데이터 계열의 각 데이터 표식에 대한 오류 가능성이나 불확실성의 정도를 표시한다.
② 세로형 막대 차트는 가로 오차 막대, 세로 오차 막대 모두 사용 가능하다.
③ 계열에 있는 데이터 요소와 관련 있는 워크시트 값이나 수식을 변경하면 오차 막대도 조정된다.
④ 오차량 계산식으로는 표준 편차, 표준 및 오차, 백분율 등이 있다.

전문가의 조언 |
- 세로형 막대 차트는 세로 오차 막대만 사용 가능합니다.
- 가로 오차 막대와 세로 오차 막대 모두 사용 가능한 차트는 분산형과 거품형 차트입니다.

정답 : 13.① 14.④ 15.② 16.① 17.④ 18.① 19.③ 20.③ 21.③ 22.②

2024년 4회

90섹션 2필드

23. 다음 차트에 표시되지 않은 구성 요소는?

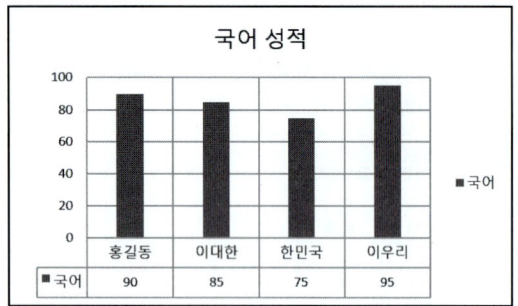

① 데이터 테이블　② 범례
③ 눈금선　　　　　④ 데이터 레이블

전문가의 조언 | • 문제에 제시된 차트에는 데이터 레이블이 표시되지 않았습니다.
• 데이터 레이블을 표시하면 아래와 같은 차트가 됩니다.

77섹션 3필드

24. 다음 중 원본 데이터를 지정된 서식으로 설정하였을 때, 결과가 옳지 않은 것은?

① 원본 데이터 : 5054.2, 서식 : ### → 결과 데이터 : 5054
② 원본 데이터 : 대한민국, 서식 : @"화이팅"→ 결과 데이터 : 대한민국화이팅
③ 원본 데이터 : 15:30:22, 서식 : hh:mm:ss AM/PM → 결과 데이터 : 3:30:22 PM
④ 원본 데이터 : 2024-02-01, 서식 : yyyy-mm-ddd → 결과 데이터 : 2024-02-Fri

전문가의 조언 | 15:30:22를 입력한 후 표시 형식을 hh:mm:ss AM/PM으로 지정하면 **03:30:22 PM**으로 표시됩니다.

87섹션 1필드

25. 다음 중 환자번호[C2:C5]를 이용하여 성별[D2:D5]을 표시하기 위해 [D2] 셀에 입력할 수식으로 옳지 않은 것은? (단, 환자번호의 4번째 문자가 'M'이면 '남', 'F'이면 '여'임)

	A	B	C	D
1	번호	이름	환자번호	성별
2	1	박상훈	01-M0001	
3	2	서윤희	09-F1002	
4	3	김소민	02-F5111	
5	4	이진	03-M0224	
6				
7	코드	성별		
8	M	남		
9	F	여		
10				

① =IF(MID(C2, 4, 1)="M", "남", "여")
② =INDEX($A$8:$B$9, MATCH(MID(C2, 4, 1), $A$8:$A$9, 0), 2)
③ =VLOOKUP(MID(C2, 4, 1), $A$8:$B$9, 2, FALSE)
④ =IFERROR(IF(SEARCH(C2, "M"), "남"), "여")

전문가의 조언 | [D2] 셀에 입력할 수식으로 옳지 않은 것은 ④번입니다.
① =IF(MID(C2, 4, 1)="M", "남", "여")
❶ MID(C2, 4, 1) : MID(텍스트, 시작위치, 개수)는 '텍스트'의 '시작위치'부터 지정한 '개수'만큼 반환하는 함수이므로 [C2] 셀의 4번째 글자를 추출한 "M"을 반환합니다.
❷ =IF(❶="M", "남", "여") → =IF("M"="M", "남", "여") : IF(조건, 인수1, 인수2)는 '조건'이 '참'이면 '인수1', '거짓'이면 '인수2'를 반환하므로 "남"을 반환합니다.
② =INDEX($A$8:$B$9, MATCH(MID(C2, 4, 1), $A$8:$A$9, 0), 2)
❶ MATCH(MID(C2, 4, 1), $A$8:$A$9, 0) : MATCH(찾을값, 범위, 옵션)은 '범위'에서 '찾을값'과 같은 값을 찾아 '옵션'을 적용하여 그 위치를 일련번호로 반환하는 함수이므로 [A8:A9] 영역에서 "M"과 정확히 일치(옵션 0)하는 값을 찾은 후 그 위치의 일련번호인 1을 반환합니다.
❷ =INDEX($A$8:$B$9, ❶, 2) → =INDEX($A$8:$B$9, 1, 2) : INDEX(범위, 행 번호, 열 번호)는 '범위'에서 '행 번호'와 '열 번호'에 있는 값을 반환하는 함수이므로 [A8:B9] 영역에서 1행 2열에 있는 "남"을 반환합니다.
③ =VLOOKUP(MID(C2, 4, 1), $A$8:$B$9, 2, FALSE) : VLOOKUP(찾을값, 범위, 열 번호, 옵션)은 '범위'의 첫 번째 열에서 '옵션'에 맞게 '찾을값'과 같은 값을 찾은 후 '찾을값'이 있는 행에서 지정된 '열 번호' 위치에 있는 값을 반환하는 함수이므로 [A8:B9] 영역의 첫 번째 열에서 "M"과 정확히 일치하는 값(옵션 0)을 찾은 후 "M"이 있는 행에서 2열에 있는 "남"을 반환합니다.
④ =IFERROR(IF(SEARCH(C2, "M"), "남"), "여") : SEARCH 함수의 인수를 잘못 지정하였기 때문에 결과는 항상 "여"로 표시됩니다. 수식을 옳게 수정하면 다음과 같습니다.

=IFERROR(IF(SEARCH("M", C2), "남"), "여")
             ❶
     ❷
   ❸

❶ SEARCH("M", C2) : SEARCH(찾을 텍스트, 문자열, 시작 위치)는 '문자열'의 '시작 위치'에서부터 '찾을 텍스트'를 찾아 그 위치 값을 반환하는 함수이므로 [C2] 셀에서 "M"을 찾아 그 위치 값인 4를 반환합니다.
❷ IF(❶, "남") → IF(4, "남") : 컴퓨터는 수치를 논리값으로 표현할 때 0이 아닌 값은 모두 'TRUE, 0은 'FALSE'로 인식하므로 "남"을 반환합니다.
❸ =IFERROR(❷, "여") → =IFERROR("남", "여") : IFERROR(인수, 오류 시 표시 할 값)은 '인수'로 지정한 수식이나 셀에서 오류가 발생했으면 '오류 시 표시할 값'을, 그렇지 않으면 결과값을 반환하는 함수이므로 결과값인 "남"을 반환합니다.

104섹션 1필드
28. 상품 가격이 2500원짜리인 물건에 대하여 총 판매액이 1,500,000원이 되게 하기 위해서는 판매수량이 얼마나 되어야 하는지 알아보기 위해 사용되는 유용한 기능은?

① 피벗 테이블   ② 고급 필터
③ 목표값 찾기   ④ 레코드 관리

전문가의 조언 | 목표값 찾기는 수식에서 원하는 결과 값(총 판매액 1,500,000)은 알고 있지만 그 결과값을 계산하기 위해 필요한 입력값(판매수량)을 모를 경우 사용하는 도구입니다.
- 피벗 테이블 : 많은 양의 데이터를 한눈에 쉽게 파악할 수 있도록 요약·분석하여 보여주는 도구
- 고급 필터 : 자동 필터에 비해 복잡한 조건을 사용하거나 여러 필드를 결합하여 조건을 지정할 경우 사용하는 기능

107섹션 3필드
26. 다음 중 매크로에 관한 설명으로 옳지 않은 것은?
① 같은 통합 문서 내에서 시트가 다르면 동일한 매크로 이름으로 기록할 수 있다.
② [매크로 기록] 대화상자에서 바로 가기 키 지정 시 영문 대문자를 사용하면 Shift가 자동으로 덧붙는다.
③ 엑셀을 실행할 때마다 매크로를 사용할 수 있게 하려면 [매크로 기록] 대화상자에서 매크로 저장 위치를 '개인용 매크로 통합 문서'로 선택한다.
④ 통합 문서를 열 때 어떤 상황에서 어떤 매크로를 실행할지 매크로 보안 설정을 변경하여 제어할 수 있다.

전문가의 조언 | 하나의 통합 문서에는 시트가 다르더라도 동일한 이름의 매크로를 작성할 수 없습니다.

64섹션 4필드
29. 다음 중 날짜 및 시간 데이터에 관한 설명으로 옳지 않은 것은?
① 날짜 데이터를 입력할 때 년도와 월만 입력하면 일자는 자동으로 해당 월의 1일로 입력된다.
② 셀에 '4/9'을 입력하고 Enter를 누르면 셀에는 '04월 09일'로 표시된다.
③ 날짜 및 시간 데이터의 텍스트 맞춤은 기본 왼쪽 맞춤으로 표시된다.
④ Ctrl + ;을 누르면 시스템의 오늘 날짜, Ctrl + Shift + ;을 누르면 현재 시간이 입력된다.

전문가의 조언 | 날짜 및 시간 데이터는 기본적으로 오른쪽 맞춤으로 표시됩니다.

85섹션 1필드
27. 다음과 같이 수식을 입력할 경우 결과로 표시되는 것은?

=LEFT(MID(LOWER("GOOD MORNING"), 3, 6), 2)

① GO   ② GOOD
③ od   ④ morn

전문가의 조언 | 문제의 지문에 제시된 수식의 결과는 "od"입니다.
=LEFT(MID(LOWER("GOOD MORNING"), 3, 6), 2)
             ❶
     ❷
  ❸

❶ LOWER("GOOD MORNING") : LOWER(텍스트)는 '텍스트'를 모두 소문자로 변환하는 함수이므로 "GOOD MORNING"을 소문자로 변환한 "good morning"을 반환합니다.
❷ MID(❶, 3, 6) → MID("good morning", 3, 6) : MID(텍스트, 시작 위치, 개수)는 '텍스트'의 '시작 위치'부터 지정한 '개수'만큼 반환하는 함수이므로 "good morning"에서 세 번째부터 여섯 글자를 추출한 "od mor"를 반환합니다.
❸ =LEFT(❷, 2) → =LEFT("od mor", 2) : LEFT(텍스트, 개수)는 '텍스트'의 왼쪽부터 지정한 '개수'만큼 반환하는 함수이므로 "od mor"에서 왼쪽에서 두 글자를 추출한 "od"를 반환합니다.

95섹션 4필드
30. 다음 중 [페이지 설정] 대화상자의 [시트] 탭에 대한 설명으로 옳지 않은 것은?
① 셀에 삽입된 노트를 시트 끝에 인쇄되도록 설정할 수 있다.
② 셀 구분선이나 그림 개체 등은 제외하고 셀에 입력된 데이터만 인쇄되도록 설정할 수 있다.
③ 워크시트의 행/열 머리글과 눈금선이 인쇄되도록 설정할 수 있다.
④ 페이지를 기준으로 가운데 인쇄되도록 '페이지 가운데 맞춤'을 설정할 수 있다.

전문가의 조언 | '페이지 가운데 맞춤'은 '페이지 설정' 대화상자의 '여백' 탭에서 설정할 수 있습니다.

107섹션 3필드
31. 다음 중 매크로에 관한 설명으로 옳지 않은 것은?
① 매크로 이름의 첫 글자는 반드시 문자로 지정해야 한다.
② 서로 다른 매크로에 동일한 이름을 부여할 수 없다.
③ 현재 셀의 위치를 기준으로 매크로가 실행되도록 하려면 별도의 추가 설정없이 '매크로 기록'을 클릭한 후 매크로를 기록한다.
④ 매크로 기록 시 사용자의 마우스 동작은 물론 키보드 작업도 모두 기록된다.

전문가의 조언 | 현재 셀의 위치를 기준으로 매크로가 실행되도록 하려면 '상대 참조로 기록'을 설정한 후 매크로를 기록해야 합니다.

102섹션 1필드
32. 다음 중 피벗 테이블에 대한 설명으로 옳지 않은 것은?
① 원본 데이터가 변경되면 피벗 테이블의 데이터도 자동으로 변경된다.
② 외부 데이터를 대상으로 피벗 테이블을 작성할 수 있다.
③ 피벗 테이블을 작성한 후에 사용자가 새로운 수식을 추가하여 표시할 수 있다.
④ 많의 양의 자료를 분석하여 다양한 형태로 요약하여 보여주는 기능이다.

전문가의 조언 | 원본 데이터가 변경된 경우 [피벗 테이블 분석] → [데이터] → [새로 고침]을 눌러 주어야만 피벗 테이블의 데이터도 변경됩니다.

69섹션 1필드
33. 다음 중 [찾기 및 바꾸기] 대화상자의 각 항목에 대한 설명으로 옳지 않은 것은?

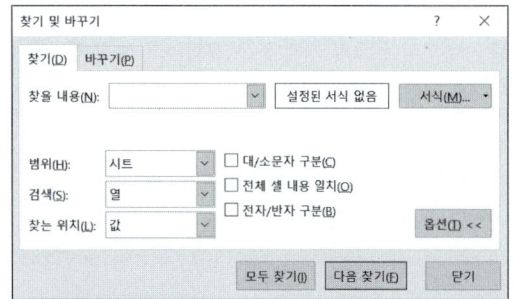

① 찾을 내용 : 검색할 내용을 입력할 곳으로 와일드 카드 문자를 검색 문자열에 사용할 수 있다.
② 서식 : 숫자 셀을 제외한 특정 서식이 있는 텍스트 셀을 찾을 수 있다.
③ 범위 : 현재 워크시트에서만 검색하는 '시트'와 현재 통합 문서의 모든 시트를 검색하는 '통합 문서' 중 선택할 수 있다.
④ 모두 찾기 : 검색 조건에 맞는 모든 항목이 나열된다.

전문가의 조언 | '찾기 및 바꾸기' 대화상자에서 '서식'을 지정하면 특정 서식이 지정된 텍스트나 숫자를 찾을 수 있습니다.

94섹션 3필드
34. 다음 중 창 나누기에 대한 설명으로 옳지 않은 것은?
① 창 나누기를 실행하면 하나의 작업 창은 최대 4개 부분으로 나눌 수 있다.
② 첫 행과 첫 열을 제외한 나머지 셀에서 창 나누기를 수행하면 현재 셀의 위쪽과 왼쪽에 창 분할선이 생긴다.
③ 현재의 창 나누기 상태를 유지하면서 추가로 창 나누기를 지정할 수 있다.
④ 화면에 표시되는 창 나누기 형태는 인쇄 시 적용되지 않는다.

전문가의 조언 | 창 나누기 상태에서 [보기] → [창] → [나누기]를 클릭하여 다시 창 나누기를 실행하면 지정되어 있던 창 나누기가 취소되고 새로 선택한 셀 위치를 기준으로 창 나누기가 실행됩니다.

97섹션 1필드
35. 다음 중 데이터 정렬에 대한 설명으로 옳지 않은 것은?
① 사용자 지정 목록을 사용하면 사용자가 정의한 순서대로 정렬할 수 있다.
② 색상별 정렬이 가능하여 글꼴 색 또는 셀 색을 기준으로 정렬할 수도 있다.
③ 정렬 옵션을 이용하면 데이터를 열 방향 또는 행 방향으로 선택하여 정렬할 수 있다.
④ 표에 병합된 셀들이 포함되어 있는 경우 병합된 셀들은 맨 아래쪽으로 정렬된다.

전문가의 조언 | 표에 병합된 셀이 포함되어 있을 경우에는 정렬할 수 없습니다.

36. 다음 중 채우기 핸들을 이용하여 데이터를 입력하는 방법으로 옳지 않은 것은?

① 인접한 셀의 내용으로 현재 셀을 빠르게 입력할 때 위쪽 셀의 내용은 단축키 Ctrl + D, 왼쪽 셀의 내용은 단축키 Ctrl + R을 누른다.
② 숫자와 문자가 혼합된 문자열이 입력된 셀의 채우기 핸들을 아래쪽으로 끌면 문자는 복사되고 마지막 숫자는 1씩 증가한다.
③ 숫자가 입력된 셀의 채우기 핸들을 Ctrl을 누른 채 아래쪽으로 끌면 똑같은 내용이 복사되어 입력된다.
④ 날짜가 입력된 셀의 채우기 핸들을 아래쪽으로 끌면 기본적으로 1일 단위로 증가하여 입력된다.

전문가의 조언 | 숫자가 입력된 셀의 채우기 핸들을 드래그하면 동일한 데이터가 복사되고, Ctrl을 누른 채 드래그하면 값이 1씩 증가하여 입력됩니다.

38. 다음 중 근무기간이 15년 이상이면서 나이가 50세 이상인 직원의 데이터를 조회하기 위한 고급 필터의 조건으로 옳은 것은?

①
근무기간	나이
>=15	>=50

②
근무기간	나이
>=15	
	>=50

③
근무기간	>=15
나이	>=50

④
근무기간	>=15	
나이		>=50

전문가의 조언 | • 고급 필터의 조건으로 옳은 것은 ①번입니다.
• 고급 필터의 조건을 지정할 때는 조건을 지정할 범위의 첫 행에는 원본 데이터 목록의 필드명을 입력하고, 그 아래 행에 조건을 입력합니다.
• 조건을 같은 행에 입력하면 AND 조건, 다른 행에 입력하면 OR 조건으로 연결됩니다.

37. 다음 중 아래의 부분합 대화상자에 대한 설명으로 옳지 않은 것은?

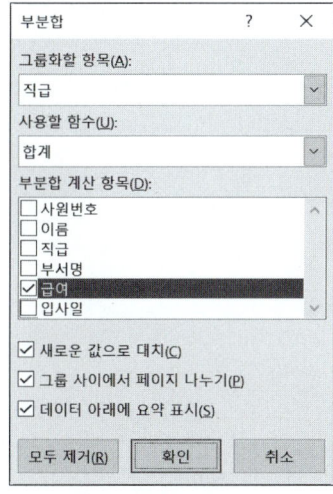

① 부분합을 실행하기 전에 직급 항목으로 정렬되어 있어야 올바른 결과를 얻을 수 있다.
② 부분합의 실행 결과는 직급별로 급여 항목에 대한 합계가 표시된다.
③ 인쇄시 직급별로 다른 페이지에 인쇄된다.
④ 계산 결과는 그룹별로 각 그룹의 위쪽에 표시된다.

전문가의 조언 | '부분합' 대화상자에 '데이터 아래에 요약 표시' 항목이 선택되어 있으므로 부분합의 결과는 각 그룹의 아래쪽에 표시됩니다.

39. '성적1' 필드와 '성적2' 필드의 값이 모두 90 이상이면 '진급여부' 필드에 "진급"을, 둘 중 하나만 90 이상이면 "대기", 나머지는 공백으로 표시하는 수식으로 옳은 것은?

	A	B	C	D
1	이름	성적1	성적2	진급여부
2	보라미	94	95	
3	미라미	80	97	
4	김은혜	85	82	
5	박한솔	90	83	
6				

① =IF(COUNTIFS(B2:C2, ">=90")=1, "진급", IF(COUNTIFS((B2:C2, ">=90")=2, "대기", ""))
② =IF(COUNTIF(B2:C2, ">=90")=2, "진급", IF(COUNTIF(B2:C2, ">=90")=1, "대기", ""))
③ =IF(COUNTIFS(">=90", B2:C2)>=1, "진급", IF(COUNTIFS((">=90", B2:C2)=1, "대기", ""))
④ =IF(COUNTIF(B2:C2, ">=90"))=1, "진급", IF(COUNTIF(B2:C2, ">=90")=1, "대기", ""))

> 전문가의 조언 | [D2] 셀에 입력될 수식으로 옳은 것은 ②번입니다.
> =IF(COUNTIF(B2:C2, ")=90")=2, "진급", IF(COUNTIF(B2:C2, ")=90")=1, "대기", " "))
>   ❶   ❷   ❸
>
> ❶ [B2:C2] 영역에서 90 이상인 점수가 2개이면 ❷("진급")를 반환하고, 그렇지 않으면 ❸을 수행합니다.
> ❸ IF(COUNTIF(B2:C3, ")=90")=1, "대기", " ")) : [B2:C3] 영역에서 90 이상인 점수가 1개이면 "대기"를, 그렇지 않으면 공백을 반환합니다.
> ※ [B2:C3] 영역의 값 94, 95가 모두 90 이상이므로 "진급"을 반환합니다.

80섹션 7필드

40. 다음 중 입력한 수식에서 발생한 오류 메시지와 그 발생 원인으로 옳지 않은 것은?

① #VALUE! : 잘못된 인수나 피연산자를 사용했을 때
② #DIV/0! : 특정 값(셀)을 0 또는 빈 셀로 나누었을 때
③ #NAME? : 함수 이름을 잘못 입력하거나 인식할 수 없는 텍스트를 수식에 사용했을 때
④ #REF! : 숫자 인수가 필요한 함수에 다른 인수를 지정했을 때

> 전문가의 조언 | #REF!는 셀 참조가 유효하지 않을 때 발생하는 오류 메시지입니다.

2024년 5회 컴퓨터활용능력 2급 필기

1과목 컴퓨터 일반

48섹션 2필드

1. 다음 중 정보통신에서 네트워크 관련 장비에 대한 설명으로 옳지 않은 것은?

① 라우터(Router) : 네트워크를 구성하기 위해 반드시 필요한 장비로 정보 전송을 위한 최적의 경로를 찾아 통신망에 연결하는 장치
② 리피터(Repeater) : 네트워크를 구성할 때 한꺼번에 여러 대의 컴퓨터를 연결하는 장치로, 각 회선을 통합적으로 관리하는 장치
③ 브리지(Bridge) : 서로 독립적으로 동작하면서 같은 프로토콜을 사용하는 두 LAN(Local Area Network)을 연결하는 네트워크 장치
④ 게이트웨이(Gateway) : 한 네트워크에서 다른 네트워크로 들어가는 입구 역할을 하는 장치로 근거리통신망(LAN)과 같은 하나의 네트워크를 다른 네트워크와 연결할 때 사용되는 장치

> 전문가의 조언 | • ②번은 허브(Hub)에 대한 설명입니다.
> • 리피터(Repeater)는 디지털 방식의 통신선로에서 전송 신호를 재생시키거나 출력전압을 높여 전송하는 장치입니다.

33섹션 2필드

2. 다음 중 1GB(Giga Byte)에 해당하는 것은?

① 1024 Bytes
② 1024 × 1024 Bytes
③ 1024 × 1024 × 1024 Bytes
④ 1024 × 1024 × 1024 × 1024 Bytes

> 전문가의 조언 | 1KB는 1024Bytes, 1MB는 1024KB(1024×1024Bytes), 1GB는 1024MB(1024×1024×1024Bytes), 1TB는 1024 GB(1024×1024×1024×1024Bytes)입니다.

31섹션 2필드

3. 다음 중 제어장치에서 사용되는 레지스터로, 다음 번에 실행할 명령어의 번지를 기억하는 것은?

① 프로그램 카운터(PC)
② 누산기(AC)
③ 메모리 주소 레지스터(MAR)
④ 메모리 버퍼 레지스터(MBR)

> 전문가의 조언 | 다음 번에 실행할 명령어의 번지를 기억하는 레지스터는 프로그램 카운터(PC)입니다.
> • 누산기(AC; Accumulator) : 연산된 결과를 일시적으로 저장하는 레지스터
> • 메모리 주소 레지스터(MAR; Memory Address Register) : 기억장치를 출입하는 데이터의 번지를 기억하는 레지스터
> • 메모리 버퍼 레지스터(MBR; Memory Buffer Register) : 기억장치를 출입하는 데이터가 잠시 기억되는 레지스터

2섹션 3필드

4. 다음 중 한글 Windows 10의 바로 가기 키에 대한 설명으로 옳지 않은 것은?

① Ctrl + Esc 를 누르면 Windows 시작 메뉴를 열 수 있다.
② 바탕 화면에서 아이콘을 선택한 후 Alt + Enter 를 누르면 선택된 항목의 속성 창을 표시한다.
③ 바탕 화면에서 폴더나 파일을 선택한 후 F2 를 누르면 이름을 변경할 수 있다.
④ 폴더 창에서 Alt + Spacebar 를 누르면 특정 폴더 내의 모든 파일이나 폴더를 선택할 수 있다.

> 전문가의 조언 | • 폴더 창에서 Alt + Spacebar 를 누르면 폴더 창의 바로 가기 메뉴를 표시합니다.
> • 폴더 내의 모든 파일이나 폴더를 선택하는 바로 가기 키는 Ctrl + A 입니다.

없음

5. 다음 중 한글 Windows 10의 [키보드 속성] 대화상자에서 설정할 수 있는 내용으로 옳지 않은 것은?

① 문자 반복을 위한 재입력 시간
② 포인터 자국 표시
③ 커서 깜박임 속도
④ 문자 반복을 위한 반복 속도

> 전문가의 조언 | 마우스 포인터의 자국 표시 여부는 '마우스 속성' 대화상자의 [포인터] 탭에서 설정할 수 있습니다.

57섹션 1필드

6. 다음 중 컴퓨터에서 그래픽 데이터 표현 방식인 비트맵(Bitmap) 방식에 관한 설명으로 옳지 않은 것은?

① 점과 점을 연결하는 직선이나 곡선을 이용하여 이미지를 표현한다.
② 이미지를 확대하면 테두리가 거칠어진다.
③ 파일 형식에는 BMP, GIF, JPEG 등이 있다.
④ 다양한 색상을 사용하여 사실적 이미지를 표현할 수 있다.

> 전문가의 조언 | ①번은 벡터(Vector) 방식에 대한 설명입니다.

정답 : 1.② 2.③ 3.① 4.④ 5.② 6.①

19섹션 1필드

7. 다음 중 한글 Windows 10에서 유해한 앱이나 불법 사용자가 컴퓨터 설정을 임의로 변경하려는 경우 이를 사용자에게 알려 컴퓨터를 제어할 수 있도록 도와주는 기능은?

① 사용자 계정 컨트롤
② Windows Defender
③ BitLocker
④ 시스템 복원

전문가의 조언 | 유해한 프로그램이나 불법 사용자가 컴퓨터 설정을 임의로 변경하지 못하도록 제어하는 기능은 사용자 계정 컨트롤입니다.
- Windows Defender : 사용자의 컴퓨터를 무단으로 접근하려는 위협 요소로부터 컴퓨터를 보호하는 방어막을 제공하는 앱
- BitLocker : Windows 7부터 지원되기 시작한 Windows 전용의 볼륨 암호화 기능
- 시스템 복원 : 컴퓨터가 최적의 상태일 때를 복원 지점으로 설정하여 기억시켜 놓은 후 컴퓨터 시스템에 문제가 생겼을 경우 복원 지점을 이용하여 정상적인 상태로 만드는 기능

없음

8. 다음 중 한글 Windows 10의 시스템 복원 기능에 대한 설명으로 옳지 않은 것은?

① 컴퓨터 시스템에 문제가 생겼을 경우 복원 지점을 이용하여 정상적인 상태로 만드는 기능이다.
② 복원 지점은 사용자가 임의로 설정할 수 있다.
③ 시스템 복원은 개인 파일을 백업하지 않으므로 삭제되었거나 손상된 개인 파일은 복구할 수 없다.
④ 시스템 복원 시 Windows Update에 의한 변경 사항은 복원되지 않는다.

전문가의 조언 | 시스템 복원 기능은 Windows Update에 의한 변경 사항도 복원합니다.

5섹션 3필드

9. 다음 중 한글 Windows 10의 작업 표시줄의 점프 목록 사용에 대한 설명으로 옳지 않은 것은?

① 앱의 점프 목록을 보려면 작업 표시줄의 앱 아이콘을 마우스 오른쪽 단추로 클릭한다.
② 점프 목록에서 항목을 열려면 앱의 점프 목록에서 해당 항목을 클릭한다.
③ 점프 목록에 항목을 고정하려면 앱의 점프 목록에서 항목을 가리킨 다음 압정 아이콘을 클릭한다.
④ 점프 목록에서 항목을 제거하려면 앱의 점프 목록에서 항목을 가리킨 다음 Delete 를 누른다.

전문가의 조언 | 점프 목록에서 항목을 제거하려면 해당 항목의 바로 가기 메뉴에서 [이 목록에서 제거]를 선택합니다.

39섹션 1필드

10. 다음 중 컴퓨터 하드디스크의 연결 방식인 SATA(Serial ATA)에 관한 설명으로 옳지 않은 것은?

① 병렬 인터페이스 방식이다.
② 핫 플러그인 기능을 지원한다.
③ CMOS에서 지정하면 자동으로 Master와 Slave가 지정된다.
④ 데이터 전송 속도가 빠르다.

전문가의 조언 | SATA는 직렬(Serial) 인터페이스 방식입니다.

30섹션 1필드

11. 다음 중 자료의 구성 단위에 대한 설명으로 옳지 않은 것은?

① 데이터베이스(Database)는 관련된 데이터 파일들의 집합을 말한다.
② 워드(Word)는 컴퓨터에서 한번에 처리할 수 있는 명령 단위를 나타낸다.
③ 니블(Nibble)은 4개의 비트가 모여 1개의 니블을 구성한다.
④ 비트(Bit)는 정보의 최소 단위이며, 5비트가 모여 1바이트(Byte)가 된다.

전문가의 조언 | 비트(Bit)는 정보의 최소 단위이며, 8비트가 모여 1바이트(Byte)가 됩니다.

25섹션 1필드

12. 다음 중 한글 Windows 10 운영체제에서 시스템의 속도가 느려진 경우 문제 해결 방법으로 가장 적절한 것은?

① [장치 관리자] 창에서 중복 설치된 해당 장치를 제거한다.
② '드라이브 조각 모음 및 최적화'를 수행하여 하드디스크의 단편화를 제거한다.
③ [작업 관리자] 대화상자에서 시스템의 속도를 저해하는 Windows 프로세스를 찾아 '작업 끝내기'를 실행한다.
④ [시스템 관리자] 대화상자에서 하드디스크의 파티션을 재설정한다.

전문가의 조언 | 시스템의 속도가 느려진 경우에는 '드라이브 조각 모음 및 최적화'를 수행하여 하드디스크의 단편화를 제거해야 합니다.

2024년 5회

28섹션 1필드

13. 다음 중 빈 칸의 용어를 올바르게 나열한 것은?

> (ⓐ)은(는) 생활에서 관찰이나 측정을 통해 얻을 수 있는 문자나 그림, 숫자 등의 값을 의미한다. 이러한 요소들을 모아서 의미있는 이용 가능한 형태로 바꾸면 (ⓑ)이(가) 된다.
> (ⓒ)란 정보통신기술의 혁신을 바탕으로 경제와 사회의 중심이 물질이나 에너지로부터 정보로 이동하여 정보가 사회의 전 분야에 널리 확산되는 것을 말한다.

① ⓐ 자료   ⓑ 지식   ⓒ 정보화
② ⓐ 자료   ⓑ 정보   ⓒ 정보화
③ ⓐ 정보   ⓑ DB   ⓒ 스마트
④ ⓐ 정보   ⓑ 지식   ⓒ 스마트

전문가의 조언 | 문제의 지문 중 빈 칸에 들어갈 용어는 ⓐ는 자료, ⓑ는 정보, ⓒ는 정보화입니다.

37섹션 1필드

14. 다음 중 USB 인터페이스에 대한 설명으로 옳지 않은 것은?

① 직렬 포트보다 USB 포트의 데이터 전송 속도가 더 빠르다.
② USB는 컨트롤러 당 최대 127개까지 포트의 확장이 가능하다.
③ 핫 플러그 인(Hot Plug In)과 플러그 앤 플레이(Plug & Play)를 지원한다.
④ USB 커넥터를 색상으로 구분하는 경우 USB 3.0은 빨간색, USB 2.0은 파란색을 사용한다.

전문가의 조언 | USB 커넥터를 색상으로 구분하는 경우 USB 3.0은 파란색, USB 2.0 이하는 검정색 또는 흰색을 사용합니다.

51섹션 2필드

15. 다음 중 이기종 단말 간 통신과 호환성 등 모든 네트워크상의 원활한 통신을 위해 최소한의 네트워크 구조를 제공하는 모델로 네트워크 프로토콜 디자인과 통신을 여러 계층으로 나누어 정의한 통신 규약 명칭은?

① ISO 7 계층   ② Network 7계층
③ TCP/IP 7 계층   ④ OSI 7 계층

전문가의 조언 | 문제에 제시된 내용은 OSI 7계층의 개념입니다.

29섹션 2필드

16. 다음 중 소형화, 경량화를 비롯해 음성과 동작 인식 등 다양한 기술이 적용되어 장소에 구애받지 않고 컴퓨터를 활용할 수 있도록 몸에 착용하는 컴퓨터를 의미하는 것은?

① 웨어러블 컴퓨터   ② 마이크로 컴퓨터
③ 인공지능 컴퓨터   ④ 서버 컴퓨터

전문가의 조언 | 문제에 제시된 내용은 웨어러블 컴퓨터의 개념입니다.

30섹션 2필드

17. 다음 중 컴퓨터에서 사용하는 ASCII 코드에 관한 설명으로 옳은 것은?

① 패리티 비트를 이용하여 오류 검출과 오류 교정이 가능하다.
② 표준 ASCII 코드는 3개의 존 비트와 4개의 디지트 비트로 구성되며, 주로 대형 컴퓨터의 범용 코드로 사용된다.
③ 표준 ASCII 코드는 7비트를 사용하여 영문 대소문자, 숫자, 문장 부호, 특수 제어 문자 등을 표현한다.
④ 확장 ASCII 코드는 8비트를 사용하며 멀티미디어 데이터 표현에 적합하도록 확장된 코드표이다.

전문가의 조언 | ASCII 코드에 관한 설명으로 옳은 것은 ③번입니다.
① 해밍 코드에 대한 설명입니다.
② 표준 ASCII 코드는 3개의 존 비트와 4개의 디지트 비트로 구성되며, 주로 데이터 통신 및 개인용 컴퓨터(PC)의 범용 코드로 사용됩니다. 대형 컴퓨터의 범용 코드로 사용되는 것은 EBCDIC 코드입니다.
④ 확장 ASCII 코드는 8비트를 사용하는 문자 표현 코드로, 멀티미디어 데이터 표현에 적합하지 않습니다.

40섹션 2필드

18. 다음 중 컴퓨터의 저장 매체 관리 방법으로 옳지 않은 것은?

① 예상치 않은 상황에 대비하여 주기적으로 백업하여 둔다.
② 강한 자성 물체를 외장 하드디스크 주위에 놓지 않는다.
③ 주기적으로 디스크 정리, 검사, 조각 모음을 수행한다.
④ 오랜 기간 동안 저장된 데이터는 재저장한다.

전문가의 조언 | 보조기억장치에 한 번 저장된 자료는 매체가 손상되지 않으면 영구적이므로, 재저장하는 것은 무의미한 행위입니다. 오랜 기간 동안 저장된 데이터라면 매체 손실에 대비하여 백업을 하는 것이 바람직합니다.

정답 : 7.① 8.④ 9.④ 10.① 11.④ 12.② 13.② 14.④ 15.④ 16.① 17.③ 18.④

31섹션 4필드

19. 다음 중 컴퓨터의 CPU에 있는 레지스터(Register)에 관한 설명으로 옳지 않은 것은?

① 프로그램 카운터는 다음에 수행할 명령어의 주소를 저장하는 레지스터이다.
② CPU 내에서 자료를 일시적으로 저장하는 저장장치이다.
③ 주기억장치보다 저장 용량이 적고 속도가 느리다.
④ 계산 결과의 임시 저장, 주소 색인 등 여러 가지 목적으로 사용될 수 있는 레지스터들을 범용 레지스터라고 한다.

전문가의 조언 | 레지스터는 CPU 내부에서 처리할 명령어나 연산의 중간 결과값 등을 일시적으로 기억하는 임시 기억장소로, 주기억장치보다 속도가 빠릅니다.

58섹션 3필드

20. 다음 중 멀티미디어 파일을 다운 받을 때 지연시간을 줄이기 위해 데이터를 다운로드 받으면서 재생할 수 있는 기술로 옳은 것은?

① CSS 기술　　　② 스트리밍 기술
③ 가상현실 기술　④ 매핑 기술

전문가의 조언 | 문제에 제시된 내용은 스트리밍 기술에 대한 설명입니다.

2과목　스프레드시트 일반

103섹션 1필드

21. 다음 중 시나리오에 관한 설명으로 옳지 않은 것은?

① 하나의 시나리오에 변경 셀을 최대 32개까지 지정할 수 있다.
② 요약 보고서나 피벗 테이블 보고서로 시나리오 결과를 작성할 수 있다.
③ 시나리오 병합을 통하여 다른 통합 문서나 다른 워크시트에 저장된 시나리오를 가져올 수 있다.
④ 입력된 자료들을 그룹별로 분류하고, 해당 그룹별로 원하는 함수를 이용한 계산 결과를 볼 수 있다.

전문가의 조언 | ④번은 부분합에 대한 설명입니다.

7섹션 1필드

22. 워크시트에 "(tel)"을 입력하면 자동으로 "☎"로 변경되어 입력되도록 하는 기능은?

① 자동 완성 기능　② 자동 고침 기능
③ 맞춤법 검사 기능　④ 자동 교정 기능

전문가의 조언 | 특정 단어((tel))를 입력하면 자동으로 다른 단어(☎)로 변경시키는 기능은 자동 고침 기능입니다.

81섹션 5필드

23. 다음 중 아래 그림과 같이 [A2:D5] 영역을 선택하여 이름을 정의한 경우에 대한 설명으로 옳지 않은 것은?

① [B3:B5] 영역을 선택하면 워크시트의 이름 상자에 '품_명'이라고 표시된다.
② [A3:A5] 영역을 선택하면 워크시트의 이름 상자에 '코드번호'라고 표시된다.
③ [B3:D3] 영역을 선택하면 워크시트의 이름 상자에 'A_002'라고 표시된다.
④ 정의된 이름은 모든 시트에서 사용할 수 있으며, 이름 정의 후 참조 대상을 편집할 수도 있다.

전문가의 조언 |
• [A3:A5] 영역을 선택하면 워크시트의 이름 상자에 'A3'이라고 표시됩니다.
• [B3:D5] 영역을 선택해야 이름 상자에 '코드번호'라고 표시됩니다.
• '선택 영역에서 이름 만들기' 대화상자에서 '첫 행'과 '왼쪽 열'을 선택하고 실행했을 때 정의된 이름은 다음과 같습니다.

번호	이름	셀 범위
❶	코드번호	B3:D5
❷	품_명	B3:B5
❸	규_격	C3:C5
❹	단_가	D3:D5
❺	A_002	B3:D3
❻	A_005	B4:D4
❼	B_010	B5:D5

`88섹션 2필드`

24. [A1] 셀에 '851010-1234567'과 같이 주민등록번호가 입력되어 있을 때, 이 셀의 값을 이용하여 [B1] 셀에 성별을 '남' 또는 '여'로 표시하고자 한다. 다음 중 이를 위한 수식으로 옳은 것은? (단, 주민등록번호의 8번째 글자가 1이면 남자, 2이면 여자임)

① =CHOOSE(MID(A1, 8, 1), "남", "여")
② =HLOOKUP(A1, 8, B1)
③ =INDEX(A1, B1, 8)
④ =IF(RIGHT(A1, 8)="1", "남", "여")

전문가의 조언 | 성별을 '남' 또는 '여'로 표시하기 위한 수식으로 옳은 것은 ①번입니다.

① =CHOOSE(MID(A1, 8, 1), "남", "여")
          ❶
    ❷

❶ MID(A1, 8, 1) : MID(텍스트, 시작 위치, 개수)는 '텍스트'의 '시작 위치'부터 지정한 '개수'만큼 반환하는 함수이므로 [A1] 셀의 8번째부터 한 글자를 추출한 1을 반환합니다.

❷ =CHOOSE(❶, "남", "여") → =CHOOSE(1, "남", "여") : CHOOSE(인수, 첫 번째, 두 번째, …)는 '인수'가 1이면 '첫 번째', '인수'가 2이면 '두 번째'를 반환하는 함수로, '인수'가 1이므로 "남"을 표시합니다.

② =HLOOKUP(A1, 8, B1) : HLOOKUP(기준값, 범위, 행 번호, 옵션)은 두 번째 인수로 '범위', 세 번째 인수로 '행 번호'를 지정해야 하는데, 인수를 잘못 지정하여 '#N/A' 오류가 표시됩니다.

③ =INDEX(A1, B1, 8) : INDEX(범위, 행 번호, 열 번호)는 '범위'에서 '행 번호'와 '열 번호'에 있는 값을 반환하는 함수인데 '열 번호' 8이 범위(A1)를 벗어나므로 '#REF!' 오류가 표시됩니다.

④ =IF(RIGHT(A1, 8)="1", "남", "여")
          ❶
    ❷

❶ RIGHT(A1, 8) : RIGHT(텍스트, 개수)는 '텍스트'의 오른쪽부터 지정한 '개수'만큼 반환하는 함수이므로 [A1] 셀의 오른쪽에서부터 8번째까지 글자를 추출한 "-1234567"을 반환합니다.

❷ =IF(❶ ="1", "남", "여") → =IF("-1234567"="1", "남", "여") : IF(조건, 인수1, 인수2)는 '조건'이 참이면 '인수1', 거짓이면 '인수2'를 반환하는 함수로, '조건'이 거짓이므로 "여"를 반환합니다.

`81섹션 5필드`

25. 다음 중 참조의 대상 범위로 사용하는 이름에 대한 설명으로 옳은 것은?

① 이름 정의 시 첫 글자는 반드시 숫자로 시작해야 한다.
② 하나의 통합 문서 내에서 시트가 다르면 동일한 이름을 지정할 수 있다.
③ 이름 정의 시 영문자는 대소문자를 구분하므로 주의하여야 한다.
④ 이름은 기본적으로 절대 참조로 대상 범위를 참조한다.

전문가의 조언 | 이름은 기본적으로 절대 참조로 대상 범위를 참조합니다.
① 이름 정의 시 첫 글자는 숫자로 지정할 수 없습니다. 반드시 문자(영문, 한글)나 밑줄(_) 또는 역슬래시(\)로 시작해야 합니다.
② 하나의 통합 문서 내에서는 동일한 이름을 지정할 수 없습니다.
③ 이름 정의 시 영문자는 대소문자를 구분하지 않습니다.

`108섹션 1필드`

26. 다음 중 매크로를 실행하는 방법에 대한 설명으로 옳지 않은 것은?

① [개발 도구] → [코드] 그룹의 [매크로]를 클릭한 후 매크로를 선택하여 실행한다.
② 셀의 바로 가기 메뉴에서 [매크로 지정]을 클릭하여 셀에 매크로를 연결한 후 실행한다.
③ 매크로를 기록할 때 지정한 바로 가기 키를 눌러 실행한다.
④ 빠른 실행 도구 모음에 매크로를 선택하여 아이콘으로 추가한 후 아이콘을 클릭하여 실행한다.

전문가의 조언 | 매크로는 셀에 연결하여 실행할 수 없습니다.

`97섹션 2필드`

27. 다음 중 정렬에 대한 설명으로 옳은 것은?

① 최대 24개의 열을 기준으로 정렬할 수 있다.
② 글꼴 색을 기준으로 정렬할 수 있다.
③ 정렬 대상 범위에 병합된 셀이 포함되어 있어도 정렬할 수 있다.
④ 숨겨진 행은 정렬 결과에 포함되나 숨겨진 열은 정렬 결과에 포함되지 않는다.

전문가의 조언 | 정렬에 대한 옳은 설명으로 옳은 것은 ②번입니다.
① 정렬 기준은 최대 64개의 열을 지정할 수 있습니다.
③ 정렬 대상 범위에 병합된 셀이 포함되어 있을 경우에는 정렬할 수 없습니다.
④ 원칙적으로 숨겨진 행이나 열에 있는 데이터는 정렬에 포함되지 않습니다.

정답 : 19.③ 20.② 21.④ 22.② 23.② 24.① 25.④ 26.② 27.②

2024년 5회

69섹션 1필드

28. [홈] → [편집] → [찾기 및 선택] → [찾기]를 선택하여 표시된 대화상자의 찾을 내용에 다음과 같이 입력하였을 경우 검색되는 대상에 대한 설명으로 옳은 것은?

> 삼?주식회사

① [전체 셀 내용 일치]를 설정하면 '삼'으로 시작하고 '주식회사'로 끝나는 6글자를 찾는다.
② '삼'으로 시작하고 '주식회사'로 끝나는 모든 글자를 찾는다.
③ '삼'으로 시작하는 모든 데이터를 찾는다.
④ '주식회사'로 끝나는 모든 데이터를 찾는다.

> 전문가의 조언 | '?'는 문자의 한 자리만을 대신할 수 있는 만능 문자이므로, '전체 셀 내용 일치'를 선택하고 찾을 내용을 '삼?주식회사'로 지정하여 찾기를 수행하면 '삼'으로 시작하고 '주식회사'로 끝나는 여섯 자리 문자를 찾습니다.
> ※ '전체 셀 내용 일치'는 찾을 데이터와 셀 안의 데이터가 정확히 일치하는 경우에만 찾는 옵션입니다. 예를 들어 '전체 셀 내용 일치'를 선택하면 셀 안의 데이터가 '삼보주식회사', '삼경주식회사' 등의 자료만을 찾지만 '전체 셀 내용 일치'를 선택하지 않으면 셀 안의 데이터가 '김삼보주식회사', '삼경주식회사 귀하' 등도 찾습니다.
> ② '삼'으로 시작하고 '주식회사'로 끝나는 모든 데이터 : 삼*주식회사
> ③ '삼'으로 시작하는 모든 데이터 : 삼*
> ④ '주식회사'로 끝나는 모든 데이터 : *주식회사

93섹션 1필드

29. 다음 중 원형 차트를 개선한 것으로 여러 개의 계열을 가지는 차트는?

① 3차원 효과의 원형 차트
② 도넛형 차트
③ 원통형 차트
④ 원뿔형 차트

> 전문가의 조언 | 원형 차트를 개선한 것으로 여러 개의 계열을 가지는 차트는 도넛형 차트입니다.
> • 원형 차트 : 전체 항목의 합에 대한 각 항목의 비율을 나타내는 차트로, 중요한 요소를 강조할 때 사용하며, 항상 한 개의 데이터 계열만 사용하므로 축이 없음

96섹션 1필드

30. 다음 중 인쇄에 대한 설명으로 옳은 것은?

① 기본적으로 워크시트에서 숨기기를 실행한 영역도 인쇄된다.
② 인쇄 영역에 포함된 도형들을 함께 인쇄하려면 [파일] → [인쇄]에서 '개체 인쇄'를 선택하여 인쇄한다.
③ 워크시트에 삽입된 차트만 인쇄하려면 차트가 선택된 상태에서 인쇄 명령을 실행한다.
④ 여러 시트를 한 번에 인쇄하려면 [파일] → [인쇄]에서 '여러 시트 인쇄'를 선택하여 인쇄한다.

> 전문가의 조언 | 인쇄에 대한 설명으로 옳은 것은 ③번입니다.
> ① 기본적으로 워크시트에서 숨기기를 실행한 영역은 인쇄되지 않습니다.
> ② 인쇄 영역에 포함된 도형들을 함께 인쇄하려면 '도형 서식' 창의 [도형 옵션] → [🔲(크기 및 속성)] → [속성]에서 '개체 인쇄'를 선택한 후 인쇄해야 합니다.
> ④ 여러 시트를 한 번에 인쇄하려면 인쇄할 시트를 모두 선택한 후 [파일] → [인쇄]에서 '활성 시트 인쇄'를 선택한 후 인쇄해야 합니다.

75섹션 1필드

31. 다음 중 [시트 보호] 기능에 대한 설명으로 옳지 않은 것은?

① 새 워크시트의 모든 셀은 기본적으로 '잠금' 속성이 설정되어 있다.
② 워크시트에 있는 셀을 보호하기 위해서는 먼저 셀의 '잠금' 속성을 해제해야 한다.
③ 시트 보호를 설정하면 셀에 데이터를 입력하거나 수정하려고 했을 때 경고 메시지가 나타난다.
④ 셀의 '잠금' 속성과 '숨김' 속성은 시트를 보호하기 전까지는 아무런 효과를 내지 못한다.

> 전문가의 조언 | 워크시트에 있는 셀을 보호하려면 '셀 서식' 대화상자의 '보호' 탭에서 '잠금'을 설정한 후 [검토] → [변경 내용] → [시트 보호]를 클릭해야 합니다.

99섹션 2필드

32. 고급 필터에서 다음과 같은 조건을 적용하였을 때 선택되는 데이터로 올바른 것은?

	A	B	C
1	제품명	금액	수량
2	냉장고	<650000	
3			>5
4			

① 제품명이 냉장고이고 금액이 650000 미만인 제품과 수량이 6 이상인 제품
② 금액이 650000 미만이고 수량이 5 이상인 제품
③ 제품명이 냉장고이거나 금액이 650000 미만인 제품이면서 수량은 6 이상인 제품
④ 수량은 5 이상이며 제품명이 냉장고이거나 금액이 650000 이상인 제품

> 전문가의 조언 | • 문제의 고급 필터 조건은 '제품명이 냉장고이고 금액이 650000 미만인 제품과 수량이 5보다 큰(6 이상) 제품'입니다.
> • 고급 필터에서 OR 조건은 각 조건을 서로 다른 행에 입력하고, AND 조건은 서로 같은 행에 입력합니다.

103섹션 2필드

33. 다음 중 [시나리오 추가] 대화상자에 대한 설명으로 옳지 않은 것은?

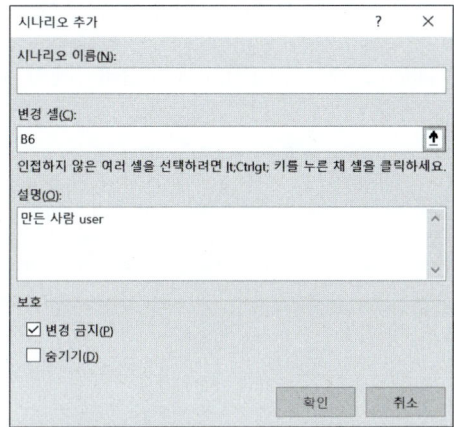

① [데이터] → [예측] → [가상 분석] → [시나리오 관리자] 대화상자에서 [추가] 단추를 클릭하면 표시되는 대화상자이다.
② '변경 셀'은 변경 요소가 되는 값의 그룹이며, 하나의 시나리오에 최대 32개까지 지정할 수 있다.
③ '설명'은 시나리오에 대한 추가적인 설명으로 반드시 입력해야 한다.
④ '보호'의 체크 박스들은 [검토] → [보호] → [시트 보호]를 설정한 경우에만 적용되는 항목들이다.

전문가의 조언 | '설명'은 시나리오에 대한 추가적인 설명으로 반드시 입력할 필요는 없습니다.

95섹션 5필드

34. 다음 중 '페이지 나누기' 기능에 관한 설명으로 옳지 않은 것은?

① '페이지 나누기 미리 보기' 상태에서는 데이터의 입력이나 편집을 할 수 없다.
② 페이지 구분선을 마우스로 드래그 하여 구분선의 위치를 변경할 수 있다.
③ 수동으로 삽입된 페이지 나누기는 실선으로 표시되고 자동으로 추가된 페이지 나누기는 파선으로 표시된다.
④ 인쇄할 데이터가 많아 한 페이지가 넘어가면 자동으로 페이지 구분선이 삽입된다.

전문가의 조언 | [페이지 나누기 미리 보기] 상태에서는 데이터 입력이나 편집뿐만 아니라 차트나 그림 등의 개체도 삽입할 수 있습니다.

101섹션 1필드

35. 다음 중 부분합에 대한 설명으로 옳지 않은 것은?

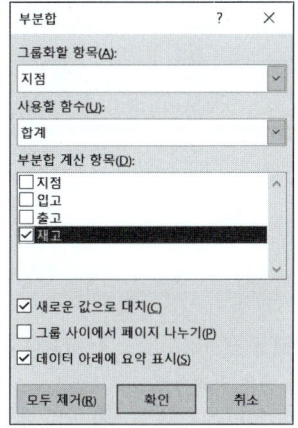

① 부분합을 실행하면 각 부분합에 대한 정보 행을 표시하고 숨길 수 있도록 목록에 개요가 자동으로 설정된다.
② 부분합은 한번에 한 개의 함수만 계산할 수 있으므로 두 개 이상의 함수를 이용하려면 함수의 개수만큼 부분합을 중첩해서 삽입해야 한다.
③ '새로운 값으로 대치'를 선택하면 이전의 부분합의 결과는 제거되고 새로운 부분합의 결과로 변경한다.
④ 그룹화할 항목으로 선택된 필드는 자동으로 오름차순 정렬하여 부분합이 계산된다.

전문가의 조언 | 부분합을 작성하려면 먼저 그룹화할 항목을 기준으로 반드시 오름차순이나 내림차순으로 정렬한 후 부분합을 실행해야 합니다.

77섹션 2필드

36. 다음 중 원본 데이터에 사용자 지정 서식을 적용하였을 때의 표시 결과가 옳은 것은?

① 원본 데이터 : 6000000
   사용자 지정 서식 : #,###,"백만원"
   표시 데이터 : 6백만원
② 원본 데이터 : kim
   사용자 지정 서식 : @"daehan.go.kr"
   표시 데이터 : kim@daehan.go.kr
③ 원본 데이터 : 2024/03/25
   사용자 지정 서식 : dddd, mmm dd yyyy
   표시 데이터 : Monday, Mar 25 2024
④ 원본 데이터 : 16:08:15
   사용자 지정 서식 : h:m:s AM/PM
   표시 데이터 : 4:08:15 PM

입력 자료	표시 형식	결과
① 6000000	#,###,"백만원"	6,000백만원
② kim	@"daehan.go.kr"	kimdaehan.go.kr
③ 2024/03/25	dddd, mmm dd yyyy	Monday, Mar 25 2024
④ 16:08:15	h:m:s AM/PM	4:8:15 PM

전문가의 조언 | 사용자 지정 서식이 올바르게 적용된 것은 ③번입니다.

① 매크로 이름은 Macro1이며, 변경하고자 할 경우 [매크로] 대화상자에서만 변경할 수 있다.
② 작성된 'Macro1' 매크로는 'Personal.xlsb'에 저장된다.
③ 설명은 일종의 주석으로 반드시 지정해 주지 않아도 된다.
④ 작성된 'Macro1' 매크로는 Ctrl + a 를 눌러 실행할 수 있다.

전문가의 조언 | 매크로 이름은 [개발 도구] → [코드] → [매크로]를 클릭하면 나타나는 '매크로' 대화상자에서 〈편집〉 단추를 클릭하거나 [개발 도구] → [코드] → [Visual Basic]을 클릭하면 나타나는 'Visual Basic Editor' 창에서 변경할 수 있습니다.

90섹션 1필드

37. 다음 중 차트에 대한 설명으로 옳지 않은 것은?

① 기본적으로 워크시트의 행과 열에서 숨겨진 데이터는 차트에 표시되지 않으며 빈 셀은 간격으로 표시된다.
② 표에서 특정 셀 한 개를 선택하여 차트를 생성하면 해당 셀을 직접 둘러싸는 표의 데이터 영역이 모두 차트에 표시된다.
③ 차트를 만들 데이터를 선택한 후 Alt + F1 을 누르면 별도의 차트 시트가 생성된다.
④ 차트에 두 개 이상의 차트 종류를 사용하여 혼합형 차트를 만들 수도 있다.

전문가의 조언 |
• 차트를 만들 데이터를 선택한 후 Alt + F1 을 누르면 데이터가 있는 워크시트에 기본 차트(묶은 세로 막대형)가 작성됩니다.
• 별도의 차트 시트를 생성하려면 차트를 만들 데이터를 선택한 후 F11 을 눌러야 합니다.

107섹션 3필드

38. 다음 중 아래와 같이 설정된 [매크로 기록] 대화상자에 대한 설명으로 옳지 않은 것은?

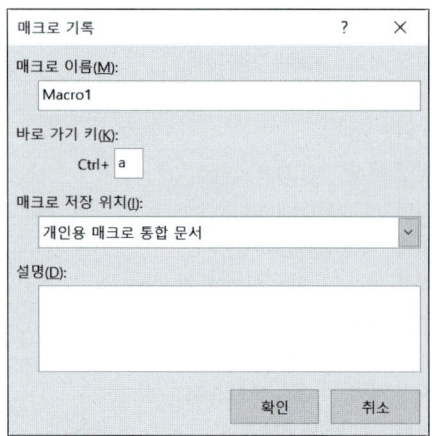

88섹션 1필드

39. 다음 중 아래의 워크시트를 참조하여 작성한 수식 '=VLOOKUP(LARGE(A2:A9, 4), A2:F9, 5, 0)'의 결과로 옳은 것은?

	A	B	C	D	E	F
1	번호	이름	국어	영어	수학	합계
2	1	이대한	90	88	77	255
3	2	한민국	50	60	80	190
4	3	이효리	10	50	90	150
5	4	김애리	88	74	95	257
6	5	한공주	78	80	88	246
7	6	박초아	33	45	35	113
8	7	박예원	84	57	96	237
9	8	김윤이	64	90	68	222
10						

① 90
② 95
③ 88
④ 74

전문가의 조언 | 문제에 제시된 수식의 결과는 88입니다.
=VLOOKUP(LARGE(A2:A9, 4), A2:F9, 5, 0)
　　　　　　　❶
　　　　　　　❷

❶ LARGE(A2:A9, 4) : LARGE(범위, n번째)는 '범위' 중 'n번째'로 큰 값을 구하는 함수이므로 [A2:A9] 영역에서 네 번째로 큰 값인 5를 반환합니다.
❷ VLOOKUP(❶, A2:F9, 5, 0) → VLOOKUP(5, A2:F9, 5, 0) : VLOOKUP(찾을 값, 범위, 열 번호, 옵션)은 '범위'의 첫 번째 열에서 '옵션'에 맞게 '찾을값'과 같은 값을 찾은 후 '찾을값'이 있는 행에서 지정된 '열 번호' 위치에 있는 값을 반환하는 함수이므로 5와 정확히 일치(옵션 0)하는 값을 [A2:F9] 영역의 첫 번째 열에서 찾은 후 찾은 값이 있는 행(6)의 다섯 번째 열에 있는 값인 88을 반환합니다.

> 81섹션 2필드

40. 북부/남부의 제품 판매 현황에서 금액은 단가×수량으로 산출한 것이다. 다음 중 남부의 금액[D7:F7]을 구하는 방법으로 옳은 것은 무엇인가? (단, 북부의 금액[D5:F5]은 [D5] 셀의 수식(=D$3*D4)을 [F5] 셀까지 채우기 핸들을 드래그하여 구한 것이다.)

	A	B	C	D	E	F
1				북부/남부 제품 판매 현황		
2				OLED TV	냉장고	세탁기
3			단가	1,500,000	1,200,000	800,000
4		북부	수량	5	15	8
5			금액	7,500,000	18,000,000	6,400,000
6		남부	수량	10	8	12
7			금액			
8						

① [D5] 셀을 복사하여 [D7:F7] 영역에 붙여넣기 한다.
② [D7] 셀에 '=D$3*D4'를 입력한 후 채우기 핸들을 [F7] 셀까지 드래그한다.
③ [D5] 셀을 복사하여 [D7:F7] 영역에 '값'으로 붙여넣기 한다.
④ [D7:F7] 영역을 선택한 상태에서 '=D$3*D4'를 입력한다.

> **전문가의 조언** | 남부의 금액을 구하는 방법으로 옳은 것은 ①번입니다.
> • [D5] 셀의 수식 'D$3*D4'중 [D3] 셀의 행 번호에만 절대 참조($)가 지정되어 있으므로, 이를 복사하여 [D7:F7] 영역을 블록으로 지정한 후 붙여넣기하면 [D3] 셀의 열 문자와 [D4] 셀의 열 문자, 행 번호가 다음과 같이 변경되어 입력됩니다.
> • [D7] : =D$3*D6, [E7] : =E$3*E6, [F7] : =F$3*F6

나는 시험에 나오는 것만 공부한다!
이제 시나공으로 한 번에 합격하세요.

기본서 (필기/실기)

기초 이론부터 완벽하게 공부해서 안전하게 합격하고 싶어요!

특징
자세하고 친절한 이론으로 기초를 쌓은 후 바로 문제풀이를 통해 정리합니다.

구성
본권
기출문제
토막강의

온라인 채점 서비스
- 워드프로세서 실기
- 컴퓨터활용능력 실기
- ITQ

출간종목
컴퓨터활용능력1급 필기
컴퓨터활용능력1급 실기
컴퓨터활용능력2급 필기
컴퓨터활용능력2급 실기
워드프로세서 필기
워드프로세서 실기
정보처리기사 필기
정보처리기사 실기
정보처리산업기사 필기
정보처리산업기사 실기
사무자동화산업기사 실기
ITQ OA Master
GTQ 1급/2급

총정리 (필기/실기)

이론은 공부했지만 어떻게 적용되는지 문제풀이를 통해 감각을 익히고 싶어요!

특징
간단하게 이론을 정리한 후 충분한 문제풀이를 통해 실전 감각을 향상시킵니다.

구성
핵심요약
기출문제
모의고사
토막강의

온라인 채점 서비스
- 컴퓨터활용능력 실기

출간종목
컴퓨터활용능력1급 필기
컴퓨터활용능력1급 실기
컴퓨터활용능력2급 필기
컴퓨터활용능력2급 실기
사무자동화산업기사 필기

기출문제집 (필기/실기)

이론은 완벽해요! 기출문제로 마무리하고 싶어요!

특징
최신 기출문제를 반복풀이하며 학습을 최종 마무리합니다.

구성
기출문제
핵심요약(PDF)
토막강의

온라인 채점 서비스
- 컴퓨터활용능력 실기

출간종목
컴퓨터활용능력1급 필기
컴퓨터활용능력1급 실기
컴퓨터활용능력2급 필기
컴퓨터활용능력2급 실기
정보처리기사 필기
정보처리기사 실기

 # 나는 스마트 시나공이다!
차원이 다른 동영상 강의

시나공만의 토막강의를 만나보세요

아직도 혼자 공부하세요? 혼자 공부하다가 어려운 부분이 나와도 고민하지 마세요!

토막강의 번호를 입력하거나 QR코드를 스마트폰으로 찍기만 하면
언제든지 시나공 저자의 속 시원한 해설을 바로 동영상으로 확인할 수 있습니다.

---

1. 스마트폰으로 QR코드를 찍어보세요!

STEP 1 스마트폰의 QR코드 리더 앱을 실행하세요.

STEP 2 시나공 토막강의 QR코드를 스캔하세요.

STEP 3 스마트폰을 통해 토막강의가 시작됩니다.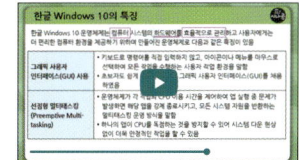

---

2. 시나공 홈페이지에서 토막강의 번호를 입력하세요!

STEP 1 시나공 홈페이지에 접속한 후 [컴퓨터활용능력] → [2급 필기] → [동영상 강좌] → [토막강의]를 클릭하세요.

STEP 2 '강의번호'에 토막강의 번호를 입력하면 강의목록이 표시됩니다.

STEP 3 강의명을 클릭하면 토막강의를 볼 수 있습니다.

---

3. 유튜브에서는 이렇게 이용하세요!

STEP 1 유튜브 검색 창에 "시나공"+토막강의 번호를 입력하세요.

STEP 2 검색된 항목 중 원하는 토막강의를 클릭하여 시청하세요.

★ 토막강의가 지원되는 도서는 시나공 홈페이지를 통해 확인할 수 있습니다.
★ 스마트폰을 이용하실 경우 무선랜(Wi-Fi)에 연결되지 않은 상태에서 토막강의를 이용하시면 가입하신 요금제에 따라 과금이 됩니다.

이 책은 IT 자격증 전문가와 수험생이 함께 만든 책입니다.

'시나공' 시리즈는
독자의 지지와 격려 속에 성장합니다!

깔끔한 편집에 출제 비중이 높은 문제들로만 구성되어 있어 자격증을 처음으로 준비하는 저에게 적합한 교재인 것 같습니다. 여러 개의 자격증을 취득하기 위해 준비하는 수험생들에게 이 책을 우선 추천합니다.
| 리브로 권** |

수험자를 배려한 책! 시간에 다소 여유가 있는 학생과 빠듯하게 공부하는 직장인이 같을 수는 없습니다. 이러한 맥락에서 꼭 필요한 사항들을 골라 중요도를 체크해 놓은 것은 너무 좋습니다. 바쁜 와중에 합격했습니다.
| 인터파크 김** |

워드와 정보처리기능사도 시나공으로 공부해서 한 번에 붙고, 이번엔 컴퓨터활용능력까지 시나공으로 준비했습니다. 시나공을 통해 다들 자격증 하나씩 늘리시는 게 어떠실지^^*
| 도서11번가 inte*** |

자격증 시험은 100점을 맞을 필요도, 1등을 할 필요도 없습니다. 기준점수를 넘겨서 합격하는데 그 의의가 있습니다. 시나공이 당신의 자격증 공부를 효율적으로 기획해줍니다.
| 알라딘 회색** |

학원 선생님이 옆에서 지도해 주는 것처럼 어떻게 공부해야 할지 어디가 중요한지 콕콕 짚어주고, 이해하기 어려운 부분에는 항상 보충 설명이 따라 다닙니다. 이 책의 가장 큰 장점이라면 필기 책이지만 실습을 병행하는 구성이라서 자연스럽게 실기 시험도 대비할 수 있게 해준다는 것입니다.
| 교보문고 wlsrld*** |

추천합니다. 학원에 다니지 않아도 될 만큼 자세한 설명이 있어 아주 좋습니다. 그리고 기출문제집도 덤으로 주니 금상첨화^^
| 알라딘 이공칠** |

믿는 도끼에 발등은 절대~ never~ 찍히지 않습니다. 올해 시나공 교재로 컴활 필기와 실기를 모두 합격했어요.^^ 시나공이 컴퓨터 자격증에 대한 두려움을 없애 주었어요!
| YES24 경* |

다른 사람에게 추천하고 싶은 책. 매우 잘 짜여진 책이라는 생각이 듭니다. 그동안 시험에 나온 횟수, 나올 확률, 각 섹션별 자세한 설명 등이 다른 책은 필요 없게 합니다.
| 인터파크 박** |

컴퓨터활용능력 분야 베스트셀러 1위 기준 : 2025년 3월~4월(알라딘)

sinagong.co.kr

가격 22,000원
ISBN 979-11-407-1372-1

TO.시나공
온라인 독자엽서

스마트한 시나공
수험생 지원센터